刑事诉讼法学

·第二版·

王敏远　主　编
冀祥德　副主编

知识产权出版社
全国百佳图书出版单位
—北京—

图书在版编目（CIP）数据

刑事诉讼法学 / 王敏远主编；冀祥德副主编 .—第二版 .—北京：知识产权出版社，2023.1

ISBN 978-7-5130-8321-8

Ⅰ . ①刑…　Ⅱ . ①王…②冀…　Ⅲ . ①刑事诉讼法—研究—中国　Ⅳ . ① D925.204

中国版本图书馆 CIP 数据核字（2022）第 156860 号

责任编辑： 龚　卫　　**责任印制：** 刘译文

封面设计： 乾达文化

刑事诉讼法学（第二版）

XINGSHI SUSONG FAXUE (DI ER BAN)

王敏远　主　编

冀祥德　副主编

出版发行：知识产权出版社有限责任公司　　网　址：http：//www.ipph.cn

http：//www.laichushu.com

电　话：010-82004826　　邮　编：100081

社　址：北京市海淀区气象路50号院　　责编邮箱：gongwei@cnipr.com

责编电话：010-82000860转8120　　发行传真：010-82000893

发行电话：010-82000860转8101　　经　销：新华书店、各大网上书店及相关专业书店

印　刷：天津嘉恒印务有限公司　　印　张：52.75

开　本：720mm×1000mm　1/16　　印　次：2023年1月第1次印刷

版　次：2023年1月第1版　　定　价：248.00元

字　数：860千字

ISBN 978-7-5130-8321-8

编委会

王敏远 浙江大学光华法学院教授。1985 年毕业于中国政法大学研究生院，法学硕士。代表作：《刑事程序性法律后果新论》《认罪认罚从宽制度疑难问题之研究》《一个谬误两句废话三种学说——案件事实与证据的哲学、历史学分析》（中国政法大学出版社 2013 年版）。

冀祥德 中国社会科学院法学研究所研究员，中国社会科学院大学法学院教授。毕业于北京大学法学院，获法学博士学位。代表作：《控辩平等论》（法律出版社 2018 年版）、《建立中国控辩协商制度研究》（北京大学出版社 2006 年版）、《建立中国刑事辩护准入制度理论与实践研究》（中国社会科学出版社 2010 年版）、《法学教育的中国模式》（中国社会科学出版社 2010 年版）、《中国改造罪犯模式之转型——兼论改造罪犯的中国模式》（方志出版社 2014 年版）。

郭华 中央财经大学法学院教授。2006 年毕业于中国政法大学，获法学博士学位，2006—2008 年在中国社会科学院法学研究所从事博士后研究工作。代表作：《鉴定结论论》（中国人民公安大学出版社 2007 年版）、《案件事实认定方法》（中国人民公安大学出版社 2009 年版）。

郭云忠 国家检察官学院教授。2005 年毕业于中国政法大学，获法学博士学位，2008—2010 年在中国社会科学院法学研究所从事博士后研究。代表作：《刑事诉讼谦抑论》（北京大学出版社 2008 年版）、《法律实证研究导论》（北京大学出版社 2012 年版）。

张品泽 中国人民公安大学法学院教授。2005 年毕业于中国政法大学，获法学博士学位，2005—2007 年在中国社会科学院法学研究所从事博士后研究。代表作：《人本精神与刑事诉讼——人权保障的一种探索》（中国人民公安大学出版社 2006 年版）、《受刑事追诉农民工的法律援助》（中国人民公安大学出版社 2011 年版）。

程雷 中国人民大学法学院教授。2007 年毕业于中国人民大学法学院，获法学博士学位，2007—2009 年在中国社会科学院法学研究所从事博士后研究工作。代表作：《秘密侦查比较研究》（中国人民公安大学出版社 2008 年版）、《秘密侦查的中国问题研究》（中国检察出版社 2018 年版）。

彭海青 北京理工大学法学院教授。2006 年毕业于中国政法大学，获法学博士学位。2006—2008 年在中国社会科学院法学研究所从事博士后研究工作。代表作：《刑事裁判共识论》（法律出版社 2012 年版）、《德国司法危机与改革——中德司法改革比较与相互提示》（法律出版社 2018 年版）。

陈心歌 北京政法职业学院副教授。毕业于中国社会科学院研究生院，获法学博士学位。代表作：《刑事二审程序问题研究》（中国政法大学出版社 2013 年版）。

祁建建 中国社会科学院法学研究所副研究员，中国社会科学院大学法学院副教授。2004 年毕业于北京大学法学院，获法学博士学位。代表作：《美国辩诉交易研究》（北京大学出版社 2007 年版）、《论有效辩护权——作为一种能够兑现的基本权利》（中国政法大学出版社 2019 年版）、《认罪认罚处理机制研究——无罪推定基础上的自愿性》（中国人民公安大学出版社 2020 年版）。

孔军 中央国家机关干部。2012 年毕业于中国社会科学院研究生院，获法学博士学位。

杨东亮 中央国家机关干部。2013 年毕业于中国社会科学院研究生院，获法学博士学位，2014—2017 年在中国社会科学院法学研究所从事博士后研究工作。代表作：《刑事诉讼中的司法审查》（法律出版社 2014 年版）。

刘晨琦 中国社会科学院法学研究所诉讼法室助理研究员，中国社会科学院大学法学院讲师。2014 年毕业于中国社会科学院研究生院，获法学博士学位。代表作：《中国技术侦查的程序控制研究》（中国社会科学出版社 2021 年版）。

目　录

“以审判为中心”的诉讼制度改革研究（代序）

王敏远

【引言】

关于“以审判为中心”的诉讼制度改革问题，国内学界普遍开展的研究，源于党的十八届四中全会决议所提出的“要推进以审判为中心的诉讼制度改革”。[1]参与讨论的普遍赞同这项改革，主张应当在现代刑事司法理念的指引下，按照司法的规律及坚持“司法是社会公平正义的最后一道防线”等诸多要求，推进这项改革。我们认为，“以审判为中心”的诉讼制度改革所要解决的问题，不仅仅是充分发挥法庭审判的功能，更重要的是为了促进司法公正、更加有力地保障司法公正、更加有效地维护司法公正。为此，通过这项改革，应当有利于对诉讼的整个过程（包括侦查这个“源头”）治理司法不公正的问题，即针对以往的刑事诉讼实践中的“以侦查为中心”的各种问题，确立“以审判为中心”的新的诉讼制度。

“以审判为中心”的诉讼制度改革是一项意义深刻的改革，其所改变的不仅仅是刑事诉讼的中心，更是刑事诉讼的意识、刑事诉讼的方式

---

[1] 据统计，近些年来，以审判为中心为主题发表的论文近4000篇，其中不乏学界和实务界的诸多名家，如：陈光中：“推进‘以审判为中心’改革的几个问题”，载《人民法院报》2015年1月21日；龙宗智：“‘以审判为中心’的改革及其限度”，载《中外法学》2015年第4期等。也出版了一些学术专著，如：王敏远等：《重构诉讼体制：以审判为中心的诉讼制度改革》，中国政法大学出版社2016年版；卞建林、杨松：《推进以审判为中心的诉讼制度改革》，中国人民公安大学出版社2017年版；兰跃军：《以审判为中心的刑事诉讼制度改革》，社会科学文献出版社2018年版等。

以及相关的诉讼程序规则。这项改革对于刑事诉讼的诸多观念、诉讼体制、程序以及诉讼主体间的关系，都将产生深刻影响，积极推动我国刑事程序法治的发展。

推进以审判为中心的诉讼制度改革，是我国司法改革的重要组成部分，也是刑事司法改革中最为复杂和艰难的部分。这项改革，关系到刑事司法改革的整体，甚至可以说决定了刑事司法改革的其他方面。为此，应当力争其取得成功。我们的研究将以肯定推进以审判为中心的诉讼制度改革的意义为基础，确定这项改革的目标导向；分析这项改革所要解决的主要问题，以明确这项改革的问题意识；探讨这项改革应当注意的关键环节（改革的着力点），以有助于深刻认识并积极推动这项改革。

一、推进“以审判为中心”的诉讼制度改革的重要意义

党的十八届四中全会《关于〈中共中央关于全面推进依法治国若干重大问题的决定〉的说明》指出：“推进以审判为中心的诉讼制度改革，目的是促使办案人员树立办案必须经得起法律检验的理念，确保侦查、审查起诉的案件事实证据经得起法律检验。”由此，我国开始了针对以侦查为中心所产生的各种问题的、具有基础意义的诉讼制度改革。此后，由最高人民法院、最高人民检察院、公安部、国家安全部、司法部于 2016 年发布并实施《关于推进以审判为中心的刑事诉讼制度改革的意见》（以下简称《意见》），对这项改革的具体内容，作了进一步的规定。例如，《意见》第 11 条规定，“规范法庭调查程序，确保诉讼证据出示在法庭、案件事实查明在法庭。证明被告人有罪或者无罪、罪轻或者罪重的证据，都应当在法庭上出示，依法保障控辩双方的质证权利。对定罪量刑的证据，控辩双方存在争议的，应当单独质证；对庭前会议中控辩双方没有异议的证据，可以简化举证、质证”。《意见》第 14 条规定，完善当庭宣判制度，确保裁判结果形成在法庭。而 2017 年，最高人民法院《关于全面推进以审判为中心的刑事诉讼制度改革的实施意见》（以下简称《实施意见》）在此基础上，又进行一些细化的规定。例如，《实施意见》规定，“坚持程序公正原则，通过法庭审判的程序

公正实现案件裁判的实体公正。发挥庭审在查明事实、认定证据、保护诉权、公正裁判中的决定性作用，确保诉讼证据出示在法庭、案件事实查明在法庭、诉辩意见发表在法庭、裁判结果形成在法庭"。学界关于这项改革的讨论也逐渐展开。

在对这项改革展开讨论之前，首先需要确定"以审判为中心"的基本含义。我认为，所谓"以审判为中心"，是指刑事审判在整个刑事诉讼中具有核心的地位。对此，从三个方面进行分析。一是只有经符合正当程序的审判，才能最终确定被告人的刑事责任；二是审前程序应当围绕公正审判的需要、服从公正审判的需要；三是为实现刑事诉讼的公正，审判机关不仅应在刑事诉讼进入审判阶段发挥其主导刑事诉讼的作用，而且，应当对审前程序发挥积极作用，以使审判在刑事诉讼中真正具有决定性的作用。以上这三个方面的内容，只是简要地确定了"以审判为中心"这个概念的基本含义，而不是关于这个概念的详尽探讨。然而，就此可确定这个概念的基本含义，以满足我们对此进一步探讨的需要。

现代刑事诉讼制度之所以强调以审判为中心，笔者认为，主要基于两个方面的原因。一是以审判为中心强调法庭审判在刑事诉讼中具有决定性的重要作用，源于刑事审判比较审前程序能够更全面地体现现代刑事司法公正的各项基本要求，并且，以审判为中心的司法体制，更有利于实现刑事司法公正的目标；二是审前程序在刑事诉讼中虽然具有极为重要的基础意义，但审前程序由强大且强势的侦查机关主导，因此，如果不能受到司法的有效制约，易于偏离现代刑事司法公正的要求，且对刑事审判的公正产生难以弥补的不利影响。而以审判为中心的诉讼制度特别注重司法对审前程序的有效制约。正是基于这两个方面的原因，通过实现法庭审判的重要作用和司法对审前程序的有效制约，以满足促进和保障刑事司法公正的需要，我国新一轮的司法改革为此提出了推进以审判为中心的诉讼制度改革的要求。

我国的司法改革所涉及的内容很多，其中，以审判为中心的诉讼制度改革是刑事司法改革的一个重点，也是其中的一个亮点，更是一个难点。

之所以说推进以审判为中心的诉讼制度改革是司法改革的一个重点，不仅仅是因为党的十八届四中全会的决议专门提到了这项改革，更主要的是因为这项改革在刑事司法改革中居于中枢地位，是这次刑事司法改革的关键所在。我国自1979年制定了《刑事诉讼法》之后，历经1996年和2012年以及2018年的修正，趋于不断完善；而从司法实践的情况来看，也在逐渐发展。然而，应当看到，刑事诉讼法律制度的完善，某种意义上可以说已经遇到了瓶颈。这个瓶颈就是现行刑事司法体制在运行中未能遵循以审判为中心的诸多要求。正是这个瓶颈，不仅使刑事诉讼法律制度的进一步完善难以推进，而且，刑事诉讼法已有的那些修改完善，也往往难以产生应有的积极效果。[1]因此，推进以审判为中心的诉讼制度改革，是进一步完善我国刑事司法制度的关键。

推进以审判为中心的诉讼制度改革，也是这次刑事司法改革的亮点。之所以说这是一个亮点，不仅因为这项改革是刑事司法改革的关键，而且，更重要的是，因为这项改革契合了现代刑事诉讼发展的潮流，对促进具有现代意义的刑事司法公正来说，具有突出的价值。众所周知，一方面，现代刑事司法所要求的公正，不仅包含传统意义上的实体公正，而且包括现代的程序公正，而刑事审判因为由法官居中主持、控辩双方平等参与法庭调查、法庭辩论，较之刑事审前程序，能够更加充分地体现现代刑事司法公正的诸多要求，因此，现代刑事司法公正必然要求确定以审判为中心的诉讼制度。另一方面，现代刑事诉讼发展的趋势表明，确立以审判为中心的诉讼制度，有助于使审前程序，尤其是侦查程序得到有效制约，以使刑事司法的公正问题，能从源头予以有效解决。

推进以审判为中心的诉讼制度改革，更是这次刑事司法改革的难点。自1979年制定《刑事诉讼法》以来，当时所确定的我国刑事诉讼的体制就没有发生过变化。历经三次重大修改，刑事诉讼法所规定的内容，均已发生了广泛且重大的变化，如总则增加规定了尊重和保障人权等任务和中国特色的无罪推定原则等[2]，管辖制度、辩护制度、证据制度、强制措施制度等诸多具体制度均显著完善，而从立案、侦查、起诉、审判到执行的各项基本程序，也均有重大修改。对比而言，我国的刑事诉讼体制却基本未变。这个对比足以说明，改变刑事诉讼的体制是十分困难的。而推进以审判为中心的诉讼制度改革，意味着需要改变以往

---

[1] 例如，2010年就已确立并在2012年修正后的《刑事诉讼法》中予以肯定的非法证据排除制度，实践效果不理想，就与现行的刑事诉讼体制密切相关。人们对此的分析很多，财新网2014年12月8日就以“非法证据排除亟待改革”为题，报道了部分学者对此的意见。其他诸如辩护制度、证人出庭作证制度等的修改完善，其在实践中的积极意义也往往受到现行刑事诉讼体制的制约。

[2] 1996年《刑事诉讼法》新增的第12条的规定，可以视为具有中国特色的无罪推定。

的以侦查为中心的诉讼模式，这将是一场司法体制意义上的艰巨改革。对此，若缺乏清醒的认识，就会对这项改革的困难估计不足；只有充分认识这项改革的困难，才能对此高度重视，并积极研究针对性的措施，以有效解决问题。

二、推进以审判为中心的诉讼制度改革所要解决的问题

刑事司法改革是基于促进刑事司法公正的需要，解决我国刑事司法体制及实践中影响司法公正的相关问题，因此，理论研究应当以问题为导向，为促进刑事司法公正问题的解决提供来自理论研究视角的思路。基于此，我们关于推进以审判为中心的诉讼制度改革的研究，需要基于“以审判为中心”的基本要求，针对刑事诉讼现实中的问题，从刑事诉讼体制改革的角度探讨解决问题的方法、途径，研究并不限于法庭审判阶段，更非基于刑事诉讼中的审判职能对此进行研究。

就研究的“问题意识”而言，推进“以审判为中心”的诉讼制度改革，主要针对的是以往刑事诉讼中常见的“以侦查为中心”所产生的问题，因此，我们研究的问题意识，首先需要从梳理实践中的情况着手。同时，还应当看到，提出这项改革，也是基于中央所提出的对刑事司法更高的目标而产生，即“努力让人民群众在每一个司法案件中感受到公平正义”。由此，我们对问题的分析也将以该目标作为基准。换句话说，一方面，我们需要通过剖析以往的“以侦查为中心”的实践问题，探讨其原因，另一方面，则应立足于刑事司法的新目标来发现问题，并研究如何通过“推进以审判为中心的诉讼制度改革”解决这些问题。因此，我们的研究并不是要对以往的刑事司法的全盘否定，更不是对这些年来刑事司法不断进步和发展的否定，而是为了进一步完善刑事司法，探讨新的发展路径和新的发展方法。

应当看到，被人们所诟病的“以侦查为中心”的诉讼模式，与其说是基于法律的明确规定，不如说是对刑事司法实践中诸多现象的一种概括性描述。我国的刑事诉讼实践中常见的现象，包括“侦查案卷笔录中心主义”“侦查讯问中心主义”“侦查羁押中心主义”、法庭审判的形式化等相互关联的现象，人们将其统称为“侦查中心主义”。之所以如此称谓，是因为这种种现象，使侦查以及侦查所形成的卷宗对刑事案件的命运具有决定性的影响，以至于法庭审判被严重虚化，

本应是刑事司法公正最后一道防线的审判，因此往往不能发挥其应有的制约作用，而在那些冤错案件中，审判甚至“沦为”最后的一枚图章。对这些问题，人们早已进行了分析和批判。[1]笔者认为，“以侦查为中心”的诉讼模式所存在的问题，除了人们普遍认同的上述问题，还有许多需要进一步分析的问题。

首先，我们对“以侦查为中心”的诉讼模式与“侦查失控”及其危害性的关联问题，应有清醒的认识。众所周知，即使将刑事诉讼分为侦查、起诉和审判等不同阶段，刑事侦查程序仍然在刑事诉讼中居于基础地位。为此，法律赋予了侦查机关广泛且强大的权力以便其完成刑事侦查任务。然而，侦查如果失控，其所产生的问题也极为严重。佘祥林案、赵作海案、杜培武案等冤错案件表明，侦查中的错误一直延伸到审判，冤错案件的源头，实际就在失控的侦查。从实践中时有发生的侦查错误情况[2]可以清晰地看到，刑事诉讼中司法机关对侦查机关的及时而有效的制约，对于遏制侦查的失控，避免冤案，具有十分重要的意义。当然，就解决侦查失控问题来说，根据有关规定，侦查机关内部也有制约机制，我国以往也主要依赖这样的内部制约以预防“侦查失控”的问题。但是，应该看到，来自外部的制约，尤其是来自司法部门对侦查的制约，其效果与侦查机关内部的制约不可同日而语。对此，我们可以从张辉、张高平的冤案中得到更加充分的说明。[3]这些案例表明，以往实践中的侦查中心主义的做法，使侦查阶段缺乏司法机关及时、有效的监控，易于导致“侦查失控”并因此产生冤案。

---

[1] 关于以往对“侦查中心主义”的批判，人们多从刑事诉讼程序法的角度展开。实际上，从刑事实体法的角度分析，问题同样严重。例如，审判时关于刑事责任的确定有时会根据羁押期限而采用“刑期实报实销”，导致罪刑关系的失衡，就是一个由“羁押中心主义”所导致的严重问题，而这与“侦查中心主义”同源。参见郭晶：“‘逮捕实体化’之模式、危害及成因——‘行政内控’与‘诉讼制衡’之间的尖锐冲突”，载《西部法学评论》2012 年第 6 期。

[2] 从被冤为“杀人犯”到最后无罪释放，对河北省保定市顺平县白云乡北朝阳村村民王某雷而言，2014 年可谓惊心动魄。替王某雷洗脱冤屈的正是保定市两级检察院侦查监督部门，他们在批捕环节排除非法证据，纠正了王某雷重大冤错案件。参见徐盈雁：“纠正王玉雷冤错案：排除非法证据引导抓获真凶”，载《检察日报》2015 年 2 月 13 日。

[3] 张辉、张高平冤案，首先是侦查阶段内部制约的失灵，此案中甚至沦为掩盖问题的帮手，参见林战：“绞尽脑汁办了一件‘无懈可击’的错案预审员聂海芬：‘女神探’冤不冤”，载《南方周末》2013 年 5 月 16 日。而侦查之后的司法程序也未能发挥应有的制约作用，由此导致侦查的错误一再延续，最终酿成冤案，参见付晓英：“冤狱十年：张辉、张高平案始末”，载《三联周刊》2013 年 4 月 8 日。

其次，我们还需要进一步对“以侦查为中心”的诉讼模式所导致的“制约失灵”的因由，予以深刻剖析。从已经揭露的冤错案件来看，几乎都有在诉讼过程中数次发回重审、多次退回补充侦查等程序上的反复，而诉讼程序的这些反复所表明的，不仅仅是案件质量（尤其是侦查质量）出现了严重问题，而且表明，这些质量问题已经被当时的司法机关认识到了。显然，在司法机关已经认识到案件质量有严重问题的前提下，最终仍然酿成了冤案。一方面，说明了在这些冤错案件的诉讼过程中，侦查阶段完全排除了司法的制约，只是由侦查机关独自负责；另一方面，则说明了侦查之后的起诉和审判，难以发挥纠错作用，只不过是为其“背书”而已，侦查因此早就决定了案件的命运，刑事诉讼法所规定的程序制约机制，实际已经失灵。当然，“以侦查为中心”的诉讼模式所导致的“制约失灵”的问题，并不限于此。法庭审理过程中的“侦查卷宗中心主义”、刑事诉讼中的“口供中心主义”等侦查中心主义的典型表象，所导致的问题还包括，那些被告人被彻底“讯服”[1]后的虚假口供，在“制作精良”的卷宗中，如果未经具有实质意义的法庭审判，往往难以发现问题，更遑论将其排除在裁判的依据之外。由此可见，在“以侦查为中心”的诉讼模式中，司法机关对侦查终结移送起诉的结果（结论），往往只能“屈从”或“盲从”，难以发挥刑事诉讼法所要求的制约作用，以至于因“制约失灵”而导致刑事司法的实体公正和程序公正，均受到严重损害。

最后，我们应当对“以侦查为中心”的诉讼模式所产生的“控辩失衡”及由此导致的其他问题，进行深入分析。侦查阶段的程序主要由侦查机关主导，即使2012年《刑事诉讼法》规定辩护律师可以在侦查阶段介入诉讼，以及2018年《刑事诉讼法》规定值班律师为所有未聘请（或指定）辩护人的被刑事指控的人提供法律帮助，然而，因为缺乏审讯时在场等权利，律师在侦查阶段也难以发挥有效抗衡职权机关违法办案的作用。辩护律师在侦查阶段发挥其作用通常需要得到司法机关的有力支持，这是现代刑事诉讼具有普遍性的现象。而在我国传统的

---

[1] 有的被刑讯逼供而屈打成招的犯罪嫌疑人，因为害怕翻供后再遭受刑讯或者其他不利境遇而被迫“始终认罪”。笔者将这种现象称为“讯服”。实践中，这种情况并不罕见。除了前述王某雷案件，据报道，呼格吉勒图自从在侦查阶段被刑讯，屈打成招之后直到审判阶段，一直认罪。参见谷岳飞：“内蒙古呼格吉勒图死刑之后：一起命案的‘快’与‘慢’”，载《新京报》2014年11月20日。

刑事诉讼模式中，司法机关对处于侦查阶段的辩护方所能提供的权利保障方面的支持，十分有限，这使侦查阶段的刑事辩护处于弱势地位，难以对侦查中的违法产生抗衡，难以及时、有效维护犯罪嫌疑人的合法权益。在刑事诉讼中对控辩关系产生损害更严重的是，因为审判主要采用的是“以侦查卷宗为中心”的模式，导致庭审的形式化，使司法机关在审判阶段对辩护方的质证与辩论等辩护活动也很难提供有效的支持。辩护人提出关键证人出庭作证等诉讼请求，主持庭审的法官予以支持因此十分困难。辩护律师虽然提出申请，而有争议的关键证人却并未出庭作证的情形，现实中时有所闻。这种现象，使法庭审判阶段的控辩平等几无可能，辩护方因此很难通过有效辩护以维护被告人的合法权益。至于实践中时有发生的“死磕派”律师与庭审法官在法庭审判过程中的冲突，这种在现代刑事诉讼中属于极不正常的现象，实际也往往与“以侦查为中心”的诉讼模式密切相关。

综上，笔者认为，推进“以审判为中心”的诉讼制度改革，应当解决以往的实践中时有发生的“侦查失控”“制约失灵”“控辩失衡”等问题。当然，这些问题的解决，其最终目的是进一步促进司法公正，更加有力地保障司法公正。

三、“以审判为中心”的诉讼制度改革的关键点

“以审判为中心”的含义究竟是什么，这样的诉讼制度应该包含哪些内容，迄今为止，学界观点纷呈，尚无定论。[1]我认为，虽然对其完整准确的界定目前还未能达成共识，但人们对推进“以审判为中心”的诉讼制度改革所要解决的问题，即所谓的“以侦查为中心”及其所产生的诸多问题，是有基本共识的；对这项改革的主要方面，也基本没有争议。认识到这一点，有助于我们展开针对性研究，以确定这项改革的关键所在，在改革的着力点上下功夫，以有效、有序、妥善处理改革所面临的各种困难，真正实现改革的目标。

在笔者看来，推进“以审判为中心”的诉讼制度改革主要有庭审的实质化、

---

[1] 关于“以审判为中心”的含义，目前的解说众多。诸如“围绕审判说”“审判标准说”“审判权威说”“审判决定说”等，不一而足。

审判职能的转变以及控辩关系的完善这三个关键之处，我们需要对此着力推动。

（一）庭审的实质化——以关键证人出庭作证为例

2021年中共中央印发的《法治中国建设规划（2020—2025年）》明确提出：深化以审判为中心的刑事诉讼制度改革……落实证人、鉴定人、侦查人员出庭作证制度，完善技术侦查证据的法庭调查和使用规则。《意见》第12条则要求：“完善对证人、鉴定人的法庭质证规则。落实证人、鉴定人、侦查人员出庭作证制度，提高出庭作证率。公诉人、当事人或者辩护人、诉讼代理人对证人证言有异议，人民法院认为该证人证言对案件定罪量刑有重大影响的，证人应当出庭作证。”

与这些关于司法改革文件的要求相同，人们普遍认为，庭审实质化是“以审判为中心”的诉讼制度的核心内容，因此，推进“以审判为中心”的诉讼制度改革，必然要求实现庭审实质化。关于庭审实质化的含义，基本没有争议，诸如法庭应直接、有效地进行法庭调查，在控辩双方的积极参与下展开举证、质证和审查证据；控辩双方应在法庭审判过程中就事实、证据、法律适用等方面平等、充分展开辩论，裁判的意见应当形成在法庭等。

庭审实质化是“以审判为中心的诉讼制度改革”的基本要求。其内核是被告人的刑事责任在审判阶段通过庭审方式解决。[1]对此，学界没有争议。为了促进法庭审判的实质化，最高人民法院2015年发布的《人民法院第四个五年改革纲要（2014—2018）》提出了“四个在法庭”的要求，即诉讼证据质证在法庭、案件事实查明在法庭、诉辩意见发表在法庭、裁判理由形成在法庭。促进庭审实质化的改革，虽然内容很多，包括完善证人出庭作证制度，落实非法证据排除制度；完善庭审调查程序，完善举证、质证与认证制度；甚至需要加强释明权的运用，增强裁判的说理，改革裁判方式等。而其中最重要的，我认为，就在于关键证人的出庭作证。因为，这是法庭在查清案件事实和证据方面实现实体公正与程序公正的基础。

---

[1] 关于庭审实质化是“以审判为中心”的诉讼制度的核心内容，或者是其必然要求，学界多有论述。参见汪海燕：“论刑事庭审实质化”，载《中国社会科学》2015年第2期；龙宗智：“庭审实质化的路径和方法”，载《法学研究》2015年第5期等。

为此，我们需要在明确这个问题的意味后，针对现实问题，分析这项改革的程序意义，并由此深入探讨这项改革要求刑事诉讼相关的程序规则所应作出的相应调整。

具体而言，首先，应当明确何谓关键证人出庭作证。这应是指（对定罪量刑有影响的）重要的且控辩双方有争议或者法官有疑虑的证人出庭作证。这就意味着，解决关键证人的出庭作证问题，并不是简单地提升证人出庭作证的比率，而是要在庭审中解决控辩双方关于证人证言的争议。鉴于刑事诉讼中的证人证言多由控方提供，因而争议通常是由于辩护方的异议而产生，因此，就需要庭审规则特别重视辩护方对证人证言的异议。为此，《刑事诉讼法》第 192 条关于证人应当出庭作证的“三要件”，需要修改为“两要件”；而在法律未作修改的时候，司法解释可以先进行相应的修改。[1]其次，鉴于有争议的证人出庭作证，其重要原因并不是在法庭上公开揭露被告人的罪行，而是在法庭审判过程中经受有效的质证，因此，就需要完善法庭审理的交叉询问规则，以促进有效的质证，避免证人仅仅是出庭发表证词，拒绝接受控辩审等各方的询问。2021 年《刑诉法解释》第 261 条关于向证人发问应当遵循的规则，需要进行相应的修改。[2]最后，也是最重要的是，鉴于证人出庭作证的重要原因是解决对证人证言的争议，以使法庭对其作出符合庭审实际情况的裁判，那么，就应当避免依赖侦查卷宗进行审判的“传统”，[3]而应当真正确立法庭审理的直接、言词原则，使裁判依据由此发生根本的变化。笔者认为，这正是“裁判理由形成在法庭”这项改革的原因所在，并且应当成为这项改革的目标。并且，只有完成这项改革，才能真正阻断以往的那种侦审关系，使法庭审判能够有效发挥其“中心”作用。

---

[1] 为此，可以将《最高人民法院关于适用〈中华人民共和国刑事诉讼法〉的解释》法释〔2021〕1号（以下简称 2021 年《刑诉法解释》）第 249 条规定的（公诉人、当事人或者辩护人、诉讼代理人对证人证言有异议，且该证人证言对定罪量刑有重大影响，或者对鉴定意见有异议，人民法院认为证人、鉴定人有必要出庭作证的，应当通知证人、鉴定人出庭）“三要件”改为“两要件”，将“法院认为有必要”调整为程序性要件。即只要该证人证言有争议且对定罪量刑有影响，法院就应当认为“有必要出庭作证”。

[2] 例如，该条第（二）项规定：“不得以诱导方式发问。”而未区分主询问与交叉询问等情况的差别，明显不当。

[3] 当然，这并不是否定侦查卷宗可以在法庭审判过程中作为辅助方法，以辨别证言的真伪。然而，应当看到，侦查卷宗作为辨别真伪的辅助方法，与其作为裁判的依据，存在着质的差别。

举证、质证对于法庭审判的意义并不限于在法庭审判中查清事实、核实证据等方面，而且其对实现实体公正与程序公正也具有决定性的作用。另外，其对非法证据的排除等制度的落实，也具有不言而喻的重要意义，甚至于可以说，如果没有关键证人的出庭作证，包括办案警察的出庭作证，那么非法证据的排除，几无可能。

（二）审判职能的转变——以无罪判决为例

关于“以审判为中心”的诉讼制度改革，人们认为因此可以强化审判的权威性，审判更容易受到重视。然而，笔者认为，这项改革中更重要的内容是审判职责的转变，甚至可以说，审判职能在多大程度上能够按照现代审判的职责要求得到调整，是这项改革成功与否的关键。

在现代刑事诉讼中，审判与起诉和侦查职能存在着明确的分工并且相互不可替代。从诉讼职能来看，审判职能要求其根据事实和法律居中裁判。根据现代刑事诉讼的基本要求，审判应当秉持公正的立场、采用符合司法公正程序的方法得到公正的裁判结果。而侦控职能则是以发现和揭露犯罪为己任，虽然法律也要求侦控机关应当秉持客观公正立场，似乎与法院的审判应当客观公正之要求相同，然而，两者的职责却存在质的差异。而辩护职能天然要求其维护被指控者的合法权益，因此，尽管辩护同样需要根据事实与法律，但这只是为了避免其在维权过程中跑偏，却并不意味着其与审判和侦控职能的同一。由此可见，在（侦）控辩审三项职能中，唯有审判职能要求其竭尽全力居中进行裁判，以维护刑事司法的公平正义。

以无罪推定为基础的现代刑事审判职责涉及的内容很多，其中，具有核心价值的主要是两项，即坚守居中裁判立场；坚定落实疑罪从无的原则。为此，首先要求审判者摆正自己的位置，真正摆脱审判与控诉职责的混淆，彻底放弃控审一家的思维模式。显然，只有审判者放弃控诉思维模式，才能坚守居中裁判的立场；只有审判者放弃控诉思维模式，才能在审判中对侦控进行有效制约，避免因为不敢、不能制约而导致冤错；只有审判者放弃控诉思维模式，才能真正解决我国司法实践中特有的审辩对抗这种难题。坚守审判的居中裁判的职能，这既是为了规范侦控机关的行为，预防、避免侦控机关不择手段地履行职能，也是为了更好地维护诉讼参与人的合法权益，尤其是更容易遭受侵犯的被刑事追诉者的合法权益。

转变审判职能，将审判者从控诉模式中解脱出来，就意味着需要改变以往对审判中“查清”案件事实的职能之理解。应当认识到，法庭审判中的“查清”，其含义在于核实指控，而并非意味着由法院收集证据、侦破案件，否则，这将使审判承担其不能也不应承担的职责。显然，如果在侦控方未能完成其侦查破案的责任时，由审判者代为履行其查清案件事实、收集确实充分的证据以证明被告有罪，将与现代审判职责不符，且会与审判职能产生严重冲突。[1] 而且，在现代刑事诉讼中，一个事实不清、证据不确实不充分的刑事案件，到了审判阶段，由法庭通过法庭审理来查清案件事实、收集确实充分的证据，基本也不可能。因为，审判并不是破案的最佳时机，法庭也不是收集证据的合适场所。所谓查清事实与收集证据等破案工作，当然应由侦控机关在审前完成。因此，法庭审判阶段的“查清”案件事实，实际只是在控辩审三方共同参与的法庭审判中，对控方所提出的事实、证据，通过法庭调查、辩论进行核实的活动而已。[2]

此外，对“疑罪从无”的职责，也应进一步明确。鉴于刑事诉讼的被告人往往很难自证清白，因此，现代刑事审判中的无罪裁判多为疑罪从无的情形。然而，“疑罪从无”在理论上并不是个问题，但在实践中却往往举步维艰，其中的原因虽然很多，诉讼体制是其中的关键因素。因此，只是从观念的角度作努力，难以解决问题。例如，确立诸如“宁可错放，不能错判”这样的观念是不够的，对此，还应从诉讼程序、审判职能以及诉讼体制等多个层面进行深入分析。一方面，我们应当看到这个观念的积极意义，即可以此促进审判真正做到疑罪从无；另一方面，也需要认识到，在“疑罪”的情况下，法院基于其审判职权作出无罪裁判予以释放，并非“错放”，而是应当放、依法放，并无任何“错误”可言。

---

[1] 在集侦查、起诉和审判于一身的诉讼体制中，审判确实可以（在侦控方未能履行好其查清事实的职能时）承担如同侦控机关那样的查清案件事实的职能。

[2] 笔者曾撰文说明这个问题，即在现代刑事诉讼中，我们对“经法庭审理查明”的含义应正确认识，因为法庭审判所需解决的事实和证据问题，只是核实指控是否成立，其证明是否成立等。参见王敏远：《一个谬误、两句废话、三种学说——对案件事实及证据的哲学、历史学分析》，中国政法大学出版社2013年版，第144页。

只有这样认识，法院通过审判对侦控的有效制约才能真正得到实现。必须认识到，审判的职责并不在于侦破案件，即查清案件事实，收集确实充分的证据，抓获犯罪人；审判的职责只应在于：经过法庭审理，核实指控，作出符合法律规定的判决。审判不仅需要落实法庭调查所应履行的组织、指挥举证、质证和法庭辩论等职责，而且应在经法庭审理后被告人仍处于疑罪时，依法作出无罪判决。由此，审判要履行其作为公平正义的最后一道防线的职责，其对侦控的有效制约是关键，并以此摆脱其在诉讼中的最后一枚图章的窘境。

（三）完善控辩关系——以辩护权的保障为例

人们对以审判为中心的诉讼制度改革的关注点，主要集中在刑事诉讼中的职权机关之间的关系上，然而，控辩关系同样应当作为改革的重点。被刑事指控的人享有辩护权是现代刑事诉讼的基本特点，这是刑事诉讼中的人权保障的基本要求，由此使刑事诉讼中控辩审得以形成三角结构。然而，刑事诉讼中的辩护方无疑是最弱的，且在实践中还会受到各种挤压，在我国，甚至会因特有的审辩对抗而更显飘摇。因此，辩护权是一种需要特别保护的权能，以至于辩护权只有受到有效保障，才能真正发挥其作用。刑事诉讼中的职权部门在诉讼的各个阶段，都负有保障辩护权的职责。而在对辩护权的保护中，司法对辩护的保障尤其重要。《法治中国建设规划（2020—2025年）》提出，应加强人权司法保障。建立重大案件侦查终结前对讯问合法性进行核查制度。健全讯问犯罪嫌疑人、听取辩护人意见工作机制。这些要求，对刑事诉讼中的人权保障，有积极的促进作用，对完善控辩关系具有积极意义。

“以审判为中心”的诉讼制度改革，不仅是诉讼中心的转变并进而推动诉讼结构的完善，而且某种意义上可以说是诉讼主体之间关系的变化，并由此使诉讼程序得到完善。在这场改革引起的诉讼主体关系的变革中，控辩关系的改革是一个关键。控辩关系的改革意味着增强辩护的地位和权利，这不仅意味着辩护方在法庭审判中可以与控诉方平等（武装），而且意味着辩护方在审前具有与侦控方抗衡的能力，使其足以与审前侦控机关的违法相对抗。这样的控辩关系，其影响所及不仅在于诉讼结构，而且会涉及其他主体之间的关系。如果辩护的权利未能在改革中得到加强，以至于不能改善控辩关系，那将意味着以审判为中心的诉讼制度改革未能获得成功。显然，如果控辩关系因为辩护方的弱势而严重失衡，控辩审的三角结构就难以真正形成，法庭的居中裁判也将因为控方的绝对优势而难以成立。鉴于司法对侦查的制约关系，也往往需要借助于辩方的意见（力量），而辩护方的弱势将使其质疑之声不能发出或者不被重视，因此导致司法对侦查的制约失去了可以借重的力量。由此可见，强化辩护权利、完善控辩关系，对于“以审判为中心”的诉讼制度改革来说，至关重要。

基于辩护方的弱势地位是诉讼中的常态，因而所谓完善控辩关系，实际就是强化辩护的力量。这需要在三个方面进行努力：一是被刑事指控者普遍获得律师辩护，即每一个刑事案件中的每一个被刑事指控的人在诉讼的每个阶段，都能够获得律师辩护；二是获得有效辩护；[1] 三是辩护权获得充分的保障。在这三个方面，辩护权获得充分的保障，特别关键。控辩双方在法庭审判中的平等（武装），辩护方在审前具备足以抗衡侦控方的能力，都只有依靠对辩护权的充分而有效的保护机制。

辩护权在诉讼的各个阶段都需要得到保障，才能真正完善控辩关系。鉴于审前程序的控辩抗衡，需要以会见、阅卷等各项权利得到保障作为支撑，不论是公安机关（看守所）、检察机关还是法院，都应充分保障这些基本权利，以使审前辩护真正得以进行。鉴于法庭中的控辩平等，需要以庭前的有效准备与庭审中有力保障辩护为基础，仰赖传唤证人出庭作证以及庭审中的举证、质证等法庭调查充分展开，法庭辩论的有效进行，因此，法庭应当充分保障辩护方这些权利的充分有效行使。鉴于非法证据排除等制约侦控方的程序，往往由辩护方启动，法庭对其申请排除非法证据的请求应当高度重视、充分保障其权利。诸如此类，辩护权获得保障的需要，体现在刑事诉讼程序的各个方面。

为了使辩护权获得充分的保障，我们不仅应摒弃以往将审判者和控诉方视为“同盟军”的观念，因为这将使审判失去居中裁判的公正立场，并使被告人沦为诉讼的客体，而不再是诉讼中的权利主体；而且需要改变以往将刑事诉讼的侦查、起诉、审判、执行视为对被刑事追诉之人的“接力赛”，而应积极维护其合

---

[1] 究竟何谓有效辩护，学界对此虽有诸多讨论，但迄今为止尚无确切结论。鉴于这个问题的复杂性，在此不予讨论。但是，可以肯定的是，刑事辩护只强调数量而忽视品质，显然与现代辩护制度的要求不相符。

法权益。这是我们接着需要讨论的问题。

四、“以审判为中心”的诉讼制度改革是个复杂、系统且艰难的工程

推进“以审判为中心”的诉讼制度改革所要解决的，是长期影响我国刑事诉讼的问题，是对我国刑事司法制度有着深刻影响的问题，是对整个刑事诉讼都有影响且与其他诸多因素纠结在一起的问题。因此，一方面，推进“以审判为中心”的诉讼制度改革不仅是个复杂工程，也是一个系统工程，更是一个艰难工程。另一方面，这项改革涉及诉讼观念、诉讼体制和诉讼程序等不同的层面，这使改革面临的问题更复杂、更难解，改变实属不易。我们需要对这项改革的困难有充分的认识。

（一）推进“以审判为中心”的诉讼制度改革是复杂工程

之所以说推进“以审判为中心”的诉讼制度改革是个复杂工程，是因为这项改革的复杂性。这种复杂性首先源于人们对改革中的一些复杂问题的认识需要进一步提高。例如，这项改革所要达到的目标，就需要深入剖析才能认识清楚。

就这项改革的目标而言，不言而喻，其根本目标是进一步促进刑事司法公正、更加有力地维护刑事司法公正，然而，在这个根本目标之下，有许多具体问题需要研究。例如，进一步促进刑事司法公正的含义，就需要分析。这当然意味着从质和量两个方面促进刑事司法公正。所谓从质的方面促进刑事司法公正，其含义是可以确定的，即刑事司法不仅要求实现刑事实体公正，而且要求实现程序公正。而从量方面促进刑事司法公正，则应是指“努力让人民群众在每一个司法案件中感受到公平正义”，对此，应当怎样理解，需要分析。一方面，基于人间的司法不同于人们想象中无所不知、无所不能的“神的审判”，难免会有差错，因此，人们很容易将这个要求视为可望而不可及的目标；另一方面，也应当预见到，一旦按照“以审判为中心”的要求完善了我国的诉讼制度之后，刑事诉讼领域仍然可能会发生（实体或程序）不公正的问题。因此，就此而言，这项改革在促进诉讼公正的质量提升方面，其成功的标志究竟应该是什么，也将是个疑问。笔者认为，对这个问题，可以从两个不同的方面进行分析。

其一，“努力让人民群众在每一个司法案件中感受到公平正义”，确实是个前所未有的高目标，似乎高不可攀。但提出这个目标有其合理性以及必然性。从民众对司法领域的不公正现象的“零容忍”要求而言，党中央对司法提出的这个目标有其合理性；而从司法的公平正义包含着不同内容来看，从诉讼的公正可以进行分类来看，又有其必然性。一方面，如果说司法的公平正义所包括的刑事实体公正（不枉不纵地解决刑事责任问题），其中的不放纵犯罪需要主客观条件的充分具备，因而难以在每一个刑事案件中都实现，但不冤枉无辜，以及“疑罪从无”这个最低限度的刑事实体公正，应当能够在刑事审判这最后一道防线中被坚守；另一方面，如果说司法的公平正义所包括的刑事程序公正难以在所有的刑事案件的整个诉讼过程中都得到保障，那么，起码应该在刑事审判这最后一道防线中得到有效保障。

其二，关于从质和量这两个方面促进司法公正，我们不仅应该看到上限的提升，努力达到“每一个司法案件”实现公正，同时，也应当看到，关于司法不公正的底线也需要相应的提升，以此彰显司法的公平正义的品质的改善。司法不公正的典型是冤错案件，所谓司法不公正的底线的提升，就是指冤错案件不仅在数量方面的下降，而且在冤错案件的性质以及造成冤错案件的原因方面，也发生积极的变化。由此，虽然司法终究难免出错，但是，通过改革，我们至少应该能够有效预防、避免和减少因为“不可挽回的错误”，以及“不可饶恕的错误”而导致的冤假错案。[1]笔者认为，这正是通过推进“以审判为中心”的诉讼制度改革在提升司法公正的品质方面所要达到的目的。并且，因为“以侦查为中心”的司法模式所产生“制约失灵”从而导致的冤假错案，通过这项改革，应能进一步预防、避免和减少。

当然，这项改革需要解决的问题很多且往往很复杂，除了客观方面的因素，即使是在认识方面，也有许多我们尚未涉及的复杂难解的问题。例如，人们以往关于公检法三机关的关系问题的认识，与“以审判为中心”的诉讼制度，就有相当的距离，如何弥合两种观念的鸿沟，就是个复杂的问题。《法治中国建设规划

[1] 关于刑事诉讼中的“不可挽回的错误”和“不可饶恕的错误”问题，笔者曾撰文予以论述。参见王敏远：《一个谬误、两句废话、三种学说——对案件事实及证据的哲学、历史学分析》，中国政法大学出版社 2013 年版，第 228 页。

（2020—2025年）》提出，健全公安机关、检察机关、审判机关、司法行政机关各司其职，侦查权、检察权、审判权、执行权相互配合、相互制约的体制机制。这表明，我国刑事诉讼中公检法三机关的关系，并不是改革不能触碰的“红线”。自1979年颁布《刑事诉讼法》以来，公检法的关系在法律的规定中几乎未发生大的变化，但这绝不意味着其在实践中实际未发生变化，更不意味着人们对此的理解没有分歧。从党的十八大以来的司法改革情况来看，对这种关系（即三机关相互配合、相互制约的体制及机制）也始终存在予以相应完善的目标设计。可以肯定的是，在以审判为中心的诉讼制度改革要求中，公安机关、检察机关、审判机关、司法行政机关的关系，必然面临着调整的需要，虽然，这种关系的调整将是极为复杂的，且是艰难的。

之所以说推进“以审判为中心”的诉讼制度改革是个复杂工程，除了以上所述，还因为改革的方法也是个复杂的问题，需要深入探讨、谨慎选择。只是，对此的分析，更适合放在下面的讨论中。

（二）推进“以审判为中心”的诉讼制度改革是个系统工程

之所以说推进“以审判为中心”的诉讼制度改革是个系统工程，是因为这项改革涉及了整个刑事司法体制，影响到整个刑事诉讼过程，甚至可以说，关于这项改革的每一项具体措施，都会产生牵一发而动全身的效应，因此，改革必须注重刑事诉讼的全局效应。对此，我们试从以下两个方面简要说明。

第一，“以审判为中心”的诉讼制度与“以侦查为中心”的诉讼制度的差别，表面看是刑事诉讼中究竟是“谁说了算”的不同，实际上，更重要的是“凭什么说了算”的差别。如果认识不到这一点，推进“以审判为中心”的诉讼制度改革，就会从易于“失控的侦查”走向易于“失控的审判”。显然，这不符合这项改革的初衷。我们需要认识到，推进“以审判为中心”的诉讼制度改革，当然意味着会强化审判的权威性，但这绝不意味着增加其任意性。因此，“以审判为中心”的诉讼制度使审判者权威的增加，必须建立在妥善解决审判“凭什么说了算”的问题的基础上。而要解决审判“凭什么说了算”的问题，就只有改变诉讼的结构，将侦查、起诉、审判与执行的诉讼过程，从类似于“接力赛”改为“预决赛”，审查起诉并不是接力赛中的一棒，而是预赛后的一个筛选环节，使不合格的侦查能够被审查起诉所筛选；而进入审判也绝不意味着起诉就一定能够得到肯定，就如同进入决赛也并不意味着其一定是赢家，甚至于可以得到审判的帮助而获胜。为此，应彻底杜绝审判替代起诉履行职责，使控辩审等诉讼主体之间的关系与以审判为中心诉讼制度的要求一致。只有在以审判为中心的诉讼体制中，线性的诉讼过程，才能在刑事诉讼中处于三角的审控辩关系中重新整合。由此，审判“凭什么说了算”的问题也就清晰了，即应当凭借公正的法庭审判结果说了算。

第二，“以审判为中心”的诉讼制度与“以侦查为中心”的诉讼制度的差别，表面看是刑事诉讼重心的不同，实际上，更重要的是其诉讼方式的差异。需要说明的是，这里所说的诉讼方式，并不限于法庭审理方式，而是有着更加广泛的内容。“以侦查为中心”的诉讼模式中，法庭审理主要围绕“侦查卷宗”，有争议的重要证人几乎不出庭作证，使质证难以真正展开，从而使法庭审理虚化，对此，当然应当予以改变。应当按照“以审判为中心”的诉讼制度的要求，使法庭审理具有实质性的意义。同时，我们应当看到，刑事诉讼是个整体，不同诉讼阶段中的内容、方法和程序的变化，对其他相关部分，存在着程度不同的影响，正所谓“牵一发而动全身”。法庭审理方式的改变，将必然影响到起诉甚至侦查方式的变化，而绝不是仅仅局限于审判阶段的变化。例如，法庭审判一旦强调证人出庭作证以使质证真正得以展开，对侦查而言，让证人作证的难度将会增加——原本在公安机关就不愿作证的，因为还将要面对出庭作证的要求，其在侦查阶段会更不愿意作证。由此可见，推进“以审判为中心”的诉讼制度改革是个系统工程，对相关问题需要统筹考虑，全面解决。

推进“以审判为中心”的诉讼制度改革之所以是个系统工程，除了上述因素，原因还有很多。例如，严重影响公检法各机关办理刑事案件的，除了法律的规定，还有各种考核要求、考评指标，这些考核要求、考评指标的影响力，甚至会超过法律的规定。实践表明，一些不符合诉讼规律的考核要求、考评指标，会产生公检法各机关办理刑事案件时行为“严重变形”的效应。因此，推进“以审判为中心”的诉讼制度改革，还必须废除对公检法机关的不科学不合理的考核要求、考评指标。

（三）推进"以审判为中心"的诉讼制度改革是个艰难工程

之所以说推进"以审判为中心"的诉讼制度改革是个艰难工程，是因为我国刑事诉讼长期受"以侦查为中心"模式的影响，且这种影响根深蒂固，要在较短的时间内彻底消除这种影响，完成"以审判为中心"的诉讼制度改革，十分艰难。这可以从以下两个方面作进一步说明。

其一，如前所述，"以审判为中心"的诉讼制度改革，所要推进的不仅仅是诉讼体制的变化，更重要的是诉讼方式的改变，而诉讼方式的转变，将是一个艰难的过程。我们以侦查方式的变化为例。毫无疑问，"以审判为中心"的诉讼制度与"以侦查为中心"的诉讼模式，对侦查的要求是不同的，其对侦查将提出更高的要求，即不仅要求其破案，而且要求其收集到确实、充分的证据证明其确实破了案，甚至还要求其是采用刑事诉讼法所规定的合法的方式履行其侦查职能；更进一步来看，侦查应当能够经受得住公正审判的检验。实现所有这些要求，将可能使侦查在刑事审判中"沦为"被审者，甚至意味着侦查本身也将越来越多地受到来自司法的制约。这对长期习惯于刑事诉讼中的"老大"地位，习惯于传统的办案方式的侦查机关来说，将是一个艰难的过程。

其二，推进"以审判为中心"的诉讼制度改革，不仅是改变刑事诉讼的中心，更是改变刑事诉讼主体间的关系，甚至要求刑事诉讼主体关系的重构。推进"以审判为中心"的诉讼制度改革，对公检法三家在刑事诉讼中的关系的影响不言而喻，同样重要的是，我们还应当看到，刑事辩护主体与刑事诉讼中的职权机关的关系，也将发生深刻的变化。"以审判为中心"的诉讼制度对刑事辩护提出了很高的要求，即不仅对刑事辩护的数量提出了要求——逐步实现刑事辩护的全覆盖，而且对刑事辩护的质量也提出了要求——从有辩护到有效辩护。显然，"以审判为中心"的诉讼制度所要求的公正审判，应当是有辩护律师广泛且有效参与的审判，否则，"控辩失衡"的情景中难以真正实现"以审判为中心"。因此，从刑事辩护的数量来说，应当实现所有的刑事案件的所有被告人都有辩护律师为其辩护。这对我国目前只有 30% 左右的辩护率来说，需要提升的空间很大。

目前所进行的审判阶段刑事辩护全覆盖的试点[1]，只是改革的初步。至于辩护质量的提高，真正实现有效辩护，则不仅是辩护律师的责任，也是刑事诉讼中职权机关的责任，尤其是法院的责任。因为，辩护得到司法机关的尊重并被有力维护，是其真正有效的必要前提。

认识到推进“以审判为中心”的诉讼制度改革是个艰难工程，我们就需要对此有充分的准备，并确定逐步推进这项改革的方案，以使改革的困难能够得到有效的解决，改革能够有序地展开。

[1] 2017 年，为配合以审判为中心的诉讼制度改革，最高人民法院和司法部联合发文，在部分省市开展审判阶段的刑事辩护全覆盖的试点（参见最高人民法院、司法部《关于开展刑事案件律师辩护全覆盖试点工作的办法》），虽经 2018 年扩大试点范围（参见最高人民法院、司法部《关于扩大刑事案件律师辩护全覆盖试点范围的通知》），但这仍然只是刑事辩护全覆盖的起步阶段。

第一章　刑事诉讼中的主体与客体

【导读】

刑事诉讼的主体与客体，是一个与刑事诉讼构造、刑事诉讼职能、刑事诉讼法律关系等密切相关的基本范畴。其所要解决的是哪些部门和个人在刑事诉讼中具有主体地位，他们具有怎样的职能和权利，相互之间应有怎样的关系，以及这些主体围绕着什么进行刑事诉讼等基本问题。

研究刑事诉讼主体，除了需要对认识论上有关主体与客体的理论有所了解外，还应当对传统诉讼法理论中有关诉讼主体的内容予以考察，并对其作为立法概念进行解读，同时还应当了解，其作为一种学说和理论，与18—19世纪欧洲大陆法系国家的刑事司法改革之间的关系，尤其是自然法思想的复兴及人权理念的勃兴，对被告人在刑事诉讼中主体地位确立的影响，并因此将刑事诉讼法学研究的关注点放在实现和巩固诉讼主体的主体地位、协调诉讼主体之间的关系问题上。

刑事诉讼客体理论，属于大陆法系传统的刑事诉讼基础理论。这一理论对于明确辩方防御的对象、限定法院审判的范围、固定裁判效力的边界，以及对禁止重复追诉等制度构建、完善和运行，均会产生重要的影响。对该理论的深化研究需要对德、日等国有关刑事诉讼客体理论的相关研究成果以及“单一性”和“同一性”理论有所了解与掌握。

由于刑事诉讼主体与客体理论对于刑事诉讼程序与制度的设立与完善，尤其是刑事司法理念的形成具有引领性功能，因此，其在刑事诉讼法学习研究中具有基础性地位，对于理解控辩平等、控审分离、审判中立等基本原则及公检法机关与当事人在程序中的角色定位、权利义务关系等具有启发意义。

第一节　刑事诉讼的主体

刑事诉讼主体是刑事诉讼活动的进行者和刑事诉讼法律关系的承载者。“有诉讼活动就必然有诉讼主体，诉讼主体是诉讼活动中客观存在的，不以人们是否承认的主观意志为转移。”[1]一般认为，刑事诉讼主体作为一种学说和理论，与18—19世纪欧洲大陆法系国家的刑事司法改革相伴而生，是对中世纪纠问式诉讼反思与批判的成果之一。在纠问式诉讼中，被追诉人是刑事诉讼的客体，不仅不享有基本的辩护权，还是刑讯的对象，只能被动地接受追诉和审判，甚至承担着自证其罪的义务。这种模式不仅会在实体上制造大量冤假错案，而且在程序上压制、反对、践踏人性。在启蒙运动影响下，自然法思想的复兴以及由此带来的人权理念的勃兴，为被告人刑事诉讼主体地位的确立奠定了思想基础。资产阶级革命胜利以后，欧洲大陆主要国家进行了宪政和司法改革，司法与行政实现了分立，司法成为一项独立的裁判权力；检察、警察机构被设计、改造为专门追诉机关，完成了关键的控审分离；同时，赋予了被追诉人辩护权，免除了其自证其罪义务，并逐渐实现了控辩双方程序地位的平等。经过这一过程，被追诉人逐渐获得了与追诉方、裁判方交涉、协商、抗辩、说服的机会和能力，能够在一定程度上影响诉讼的进程和结局，这标志着被追诉人的地位发生了根本变化，从刑事诉讼客体跃升为了刑事诉讼主体。诉讼主体理论于民国初年传入我国。20世纪80年代起，我国学界对刑事诉讼主体的概念、范围、划分标准等进行了热烈讨论，形成了我国刑事诉讼主体基本理论。研究者对诉讼主体的认识，对于诉讼法学的发展、诉讼结构的优化及诉讼机制的完善等方面都有着重要影响。

---

[1] 陈卫东：“刑事诉讼主体探微”，载《现代法学》1990年第2期。

一、刑事诉讼主体的概念与范围

作为刑事诉讼法学的基本概念之一，刑事诉讼主体广受讨论。

民国时期的学者，以及当今我国台湾地区学者基本沿袭了德国理论。夏勤在《刑事诉讼法要论》中认为诉讼主体是诉讼上不可缺少之人，“诉讼主体因诉讼方式而异，在纠问式诉讼中，惟审判官；在弹劾式中，审判衙门而外，当事人亦为诉讼主体”，其他诉讼参与人如证人、鉴定人等虽然也是刑事诉讼必要之人，但“因此种人与诉讼无始终关系（诉讼案件中，简单案件即无证人、鉴定人亦可审理），且诉讼成立及终结时所不可或缺之人，此种人参加不过为达诉讼目的而来，故不得以诉讼主体论也”。陈瑾昆在《刑事诉讼法通议》中认为：“凡成立刑事诉讼，须有三个主体，一为原告，一为被告，统称曰当事人；一为立于当事人外之法院。刑事诉讼乃为此三者为主体，三面在刑事诉讼法上有种种权利义务关系，因起诉而开始，因诉讼进行而发展，因判决而终结。”[1]胡开诚认为：“诉讼主体，是为进行刑事诉讼之主体，就现行刑事诉讼之立法而言，应包括法院及两造当事人之内，至于辩护人，辅佐人及告发人等，仅为各个诉讼行为之主体，而非进行刑事诉讼之主体。”[2]

日韩等国学者关于刑事诉讼主体的理论也承袭自德国。日本学者平野龙一认为：“裁判官、检察官和被告人之间的持续性交涉过程就是诉讼。如果没有这些人，那么诉讼就不能成立。在这个意义上，把这三者称为诉讼主体。”韩国学者许一泰指出：“在韩国构成刑事程序的主体是法院、检察官、犯罪嫌疑人和被告人。法院是审判权的主体，检察官是公诉权和侦查权的主体……嫌疑人是对侦查权的防御权之主体，由检察官提起公诉，嫌疑人的立场也成为被告人的立场，同时产生被告人的防御权。”[3]

我国当代刑事诉讼主体理论是在吸收苏联法学理论的基础上发展而来的。相对于欧洲大陆主要关注被追诉人的诉讼主体地位，苏联的诉讼主体理论扩大了研

---

[1] 陈瑞华：《刑事诉讼的前沿问题》，中国人民大学出版社 2000 年版，第 147–148 页。

[2] 胡开诚：《刑事诉讼法论》，三民书局 1983 年版，第 11 页。

[3] 刘涛：《刑事诉讼主体论》，中国人民公安大学出版社 2005 年版，第 15 页。

究范围。苏联学者认为："诉讼活动的主体是享有一定权利或有全权侦查和审理刑事案件并积极参加这种案件的诉讼程序的人和机关。法院，这个实行审判的国家政权机关，是诉讼活动的主要主体。此外，在审判庭执行其他诉讼职能的人是诉讼活动的主体……这些人就是控诉人、被告人、辩护人、民事原告——被害人，以及民事被告，即依法对被害人负物质赔偿责任的人……在侦查阶段，诉讼活动的主体是检察长、侦查员、被告人和被害人。"还有学者认为："参加诉讼的一切机关和个人，作为一定权利和义务的承担者，都是刑事诉讼主体"，并根据各主体参加诉讼的作用和目的的不同，分为国家机关主体、社会团体主体、刑事诉讼的参加人（包括犯罪嫌疑人、被告人、受害人、民事当事人及其代理人）、其他参加诉讼的人。❶

20 世纪八九十年代，我国大陆学界对诉讼主体进行了热烈的讨论。依据界定标准的不同，这些观点大致如下。

（一）权利义务说

有的学者认为，刑事诉讼主体是在刑事诉讼活动中依法享有相应的诉讼权利、同时承担相应的诉讼义务，或承担一定后果的司法机关和主要诉讼参与人。刑事诉讼主体具有以下特征：第一，独立行使或者辅助执行一定诉讼职能的能力；第二，具有某种诉讼职能而在诉讼中处于完全独立或相对独立的诉讼地位；第三，由于具有特定的诉讼职能和特定的诉讼地位，而依法享有与之相应的诉讼权利以及履行与之相应的诉讼义务，或者承担相应的诉讼后果。这种观点把辩护人列为诉讼主体，认为从刑事诉讼中的地位和作用来看，辩护人是独立的诉讼参与人，具有独立的诉讼地位，既是被追诉人合法权利的专门维护者，又不受被追诉人非法意志所左右，符合刑事诉讼主体的条件。另外，司法行政机关自 1983 年开始执行刑事诉讼中的执行职能，并参加执行中的有关诉讼活动，因此，应当将司法行政机关列为诉讼主体。❷

---

❶ ［苏］蒂里切夫：《苏维埃刑事诉讼》，法律出版社 1984 年版，第 10–11 页；陈瑞华：《刑事诉讼的前沿问题》，中国人民大学出版社 2000 年版，第 152–153 页。

❷ 李学宽："我国刑事诉讼主体刍议"，载《政法论坛》1989 年第 2 期。

（二）地位作用说

有的学者认为，凡在刑事诉讼中是一定诉讼职能的主要执行者，可以影响一定人的诉讼关系，对一定诉讼程序的发生、发展、结局能起决定性影响和作用的机关和诉讼参与人，都是诉讼主体。刑事诉讼主体应具备两个条件：第一，对一定诉讼职能的执行能起到主导作用。刑事诉讼实质上是控诉、辩护、审判三种职能的辩证统一过程。作为刑事诉讼主体所要满足的首要条件就是对一定的诉讼职能的执行起着主导作用，否则就没有资格成为诉讼主体。第二，这种主体必须在刑事诉讼中依法享有主要的诉讼权利。所谓主要的诉讼权利，一是指具有影响一定的人诉讼关系的权利，二是对于一定诉讼程序的产生、发展、结局具有决定性作用。依照这种观点，诉讼主体包括 7 种：公安机关、检察机关、人民法院、被告人、自诉人、附带民事诉讼的原告人、附带民事诉讼的被告人。[1]

（三）诉讼职能说

有的学者认为，刑事诉讼中控诉职能、辩护职能、审判职能、监督职能的基本担当者都是刑事诉讼主体。这种观点以诉讼职能理论作为基础，从传统的三大职能说起，加上监督职能为补充。该说认为，控辩审三大职能是刑事诉讼得以进行的必要条件，但有些问题，例如，评价应否发动刑事诉讼，则是三大诉讼职能本身无法解决的，必须通过监督职能得以解决，监督职能的实现是保障诉讼公正的充分条件。因此，刑事诉讼应当具有控诉、辩护、审判、监督四项基本职能，四大职能的担当者即刑事诉讼的主体。包括：第一，执行控诉职能的机关、个人，即公诉案件中的公诉机关和自诉案件中的自诉人；第二，辩护职能的承担者，即被告人及其法定代理人；第三，审判职能的唯一承担者，即法院；第四，监督职能的专门执行机关。其他参与诉讼的机关和个人都不是诉讼主体。[2]

---

[1] 胡锡庆："略论我国刑事诉讼主体"，载《法学研究》1986 年第 1 期。

[2] 吴杰、宋英辉、洪道德："刑事诉讼主体论"，载《中外法学》1991 年第 4 期。

（四）综合说

有的学者认为，诉讼主体是指在刑事诉讼中，由其诉讼权利和义务所确定的，具有独立诉讼地位和诉讼职能，并因此在一定程度上决定诉讼方向和结局，从而推动诉讼活动进行的国家司法机关和诉讼当事人。其论点包括：第一，刑事诉讼是一种社会实践活动，必须依靠一定的人或国家机关，所以，有诉讼活动就必须有诉讼主体。第二，诉讼主体与诉讼职能是紧密联系的，诉讼职能包括控诉职能、辩护职能和审判职能，不同的诉讼职能由不同的诉讼主体实施。第三，确立诉讼主体有助于明了司法机关和诉讼参与人的诉讼地位以及各自的权利、义务。其中最重要的是刑事被告人不再是诉讼客体，而是享有法定诉讼权利的诉讼主体，司法机关应当保障当事人的各项诉讼权利，并为这些诉讼权利的实现创造必要的条件。[1]

从以上观点可以看出，对于何者应为诉讼主体，通常是以其对于实现刑事诉讼目的和诉讼职能的作用大小为标准界分的。我们认为，探讨刑事诉讼主体，须先明确主体的含义。主体是一个多义词，在古汉语中，它指事物的主要部分，在现代汉语中，又可指组成整体的独立部分；在哲学上，它是客体的对称，是具有认识、行动能力的能动一方；在法律上，它指权利的享有者和义务的承担者。主体的这些含义说明其并非一个确定无争的概念，即便只在法律的层面上使用，由于权利义务本身是多元的、分层次的，也无法得出唯一结论。因而，明智的做法，是在区别刑事诉讼主体界定标准的基础上，区分广义的刑事诉讼主体与狭义的刑事诉讼主体。

广义的刑事诉讼主体，是指一切参与刑事诉讼活动并在诉讼中享有权利、承担义务的专门机关、当事人和其他诉讼参与人。在外延上，广义的刑事诉讼主体包括侦查机关、人民检察院、人民法院、犯罪嫌疑人、被告人以及被害人、自诉人、辩护人、证人、鉴定人、翻译人员，等等。广义的刑事诉讼主体可以分为三类：一是代表国家行使侦查权、起诉权和审判权的侦查人员、公诉人和法官；二是当事人，即直接影响诉讼进程并与诉讼结局有着直接关系的诉讼参与人，如被告人、自诉人等；三是其他诉讼参与人，即在刑事诉讼活动中通过享有诉讼权

---

[1] 陈卫东："刑事诉讼主体探微"，载《现代法学》1990 年第 2 期。

利、承担诉讼义务而协助其他诉讼主体进行诉讼活动的人，如辩护人、证人等。[1]有的学者把诉讼主体分为两类：一类是权力主体，即在刑事诉讼中享有国家法律所赋予的侦查权、检察权、审判权的公安机关、检察机关和审判机关；一类是权利主体，即在刑事诉讼中享有一定诉讼权利、负有一定诉讼义务的除国家专门机关工作人员以外的人，统称为“诉讼参与人”。[2]

狭义的刑事诉讼主体，是指对刑事诉讼法律关系的产生、变更、消灭具有决定作用的机关和个人。在外延上，狭义的刑事诉讼主体包括刑事诉讼中追诉、辩护、裁判三种权责的基本承担者，即追诉机关、被追诉人、裁判机关。追诉机关，又可称为控诉机关，是指在刑事诉讼中承担追诉职能的专门机关。追诉，即追查和控诉。刑事诉讼中的追诉，包括侦查与起诉两种活动。因而，追诉机关是侦查机关与起诉机关的合称。在我国，依据案件性质或案件发生的时空环境不同，侦查机关可能为公安机关、监察机关、人民检察院、国家安全机关、军队保卫部门、海警部门、监狱；起诉机关则恒为检察机关。被追诉人，是指受到追诉机关追诉而承担辩护职能的人。在侦查、审查起诉阶段，被追诉人即犯罪嫌疑人；在审判阶段，被追诉人即被告人。裁判机关，即司法机关，是指在刑事诉讼中承担裁判职能的专门机关。

二、刑事诉讼主体的个别化研究

对刑事诉讼主体的研究，最终还要落实到诉讼主体地位的实现上。其中，最值得探讨的莫过于被追诉人、被害人以及监察机关的诉讼主体地位。

（一）被追诉人的诉讼主体地位

刑事诉讼主体理论主要关注的是被追诉人的诉讼地位，因为刑事诉讼所要处分的是被追诉人的自由、财产甚至生命。被追诉人在刑事诉讼中并非完整意义上的“意思自治”主体，他的意思行为的效果往往被追诉机关、裁判机关的意思行为所抑制、削弱、阻却或吸收、确认，因而其主体地位具有特殊性。

---

[1] 陈光中、徐静村主编：《刑事诉讼法学》，中国政法大学出版社 1999 年版，第 45–46 页。

[2] 张建伟：《刑事诉讼法通义》，清华大学出版社 2007 年版，第 117 页。

有学者指出，被追诉人的诉讼主体地位，是以一系列权利保障为基础的。而犯罪嫌疑人权利的扩大并获得有效保障，经历了一个不断发展的过程，特别是“二战”以后，世界范围内的人权运动提升到了一个新的高度，人权保障成为刑事诉讼中的重要目标并获得推崇，犯罪嫌疑人的权利保障取得了突破性的进展。就现阶段而言，犯罪嫌疑人以下列基本权利支撑着其诉讼主体地位：沉默权、辩护权、调查取证权及证据保全申请权、人身自由权。在我国，犯罪嫌疑人在立法中的地位是当事人，但对于侦查人员的讯问仍负有如实回答的义务，同时刑讯逼供、超期羁押大量存在，律师对侦查阶段的介入又非常有限，使得其诉讼主体地位的实现具有较大的局限性。为避免犯罪嫌疑人的客体化，真正实现其诉讼主体地位，应当建构侦辩平衡的侦查结构，对侦查机关的强制措施和秘密侦查手段实施司法审查与控制，同时赋予犯罪嫌疑人充分的权利并予以保障。[1]

也有学者从主体间性的角度论述被追诉人的诉讼主体地位，认为被追诉人主体性具有以下三个特征。[2]

1. 主体性的客体化限制

被追诉人由于处于被追诉的特殊地位，从进入诉讼程序的那一刻起，就必然成为追诉方以及其他相关诉讼主体的认知和处分的客体，成为诉讼程序的对象化客体。在此现实下，被追诉人主体的自在自为就必然受到被客体化对待的限制，其基本的公民权利和诉讼权利处于被冻结、克减，甚至侵犯和剥夺的境地。这决定了被追诉人主体性需要考虑如下的制约性因素：首先，主体地位确认是被动的、“他律”的，而不是“自律”的、“自在自为”的。其次，被追诉人主体性突出地表现为与其他诉讼主体的主体间性，强烈地取决于其他诉讼主体的地位和价值取向。最后，被追诉人往往可能被处以强制措施，主体性权利常常处于被克减的状态，这使得其主体性的内涵特质突出地表现为抵御性和与其他主体的对立性。

2. 主体性角色的漂移与虚置

这是从被追诉人自身内在的视角考量的。由于被追诉人处于被国家公权力

---

[1] 陈卫东、刘计划：“论犯罪嫌疑人的诉讼主体地位”，载《法商研究》2003 年第 3 期。

[2] 林林：“从主体间性论被追诉人主体性特质”，载《比较法研究》2006 年第 3 期。

追究的地位，显得无助和脆弱，认知心理处于激烈的矛盾冲突的状态。这使得被追诉人的主体意识在诉讼程序展开的过程中，是复杂多变的、不稳定的，对自身主体意识的认识、肯定，以及主体性权利的主张，处于忽强忽弱的“漂移”状态。主体的虚置是指这样一种状况：主体只是虚位主体，缺少实然的主体性及其权利。事实上，被追诉人在维护自身应有的诉讼权利时，其主体性往往是缺位的——或是缺乏应有的意识和权能，或是基于利益权衡而放弃应有的权利主张，或是因为客观条件特别是其他主体和法律的限制无法实现权利主张。

3. 主体性的人格异化

绝大多数被追诉人经立案侦查程序，进入审查起诉阶段后，尽管从无罪推定原则和罪刑法定原则等诉讼原则来说，仍然被视为无罪之人，要享有普通公民所具有的法定权利，但由于事实上的被追诉地位，一方面使其人格受到了限制并因此引起人格心理和行为的变化，另一方面从犯罪学的视角看，除了事实上是被冤屈的外，绝大多数被追诉人不论罪轻罪重，不论最后法律判决结果如何，其犯罪心理和行为所影响的人格扭曲、异化是客观存在的。这对我们认识被追诉人主体性特质，并在此基础上保障其权利、规范其义务，并从根本上矫正、预防犯罪，具有重要的坐标参照意义。

（二）被害人的诉讼主体地位

无论持何种观点的学者，均认为被追诉人为刑事诉讼主体，但对于同样作为案件当事人并且与诉讼结果有直接利害关系的被害人是否为刑事诉讼主体，则存在分歧。持有限主体说的学者通常不认为被害人是刑事诉讼主体。随着被害人权益保护意识的觉醒，认为应确立被害人诉讼主体地位的观点逐渐为学界所关注。

有的学者从被害人作为诉讼当事人的地位独立性角度阐述了其诉讼主体地位。该学者认为，主体独立享有权利、承担义务，依自身意志以自己名义为诉讼行为而不受其余主体控制的诉讼地位之特性，为诉讼地位独立性。被害人诉讼地位独立于法官与被告人易于为人们所理解，容易模糊的是其独立于控诉机关。公诉中被害人独立于控诉机关主要体现在以下几个方面：第一，被害人在公诉中以自己名义进行诉讼活动，而不是控诉机关用于执行控诉职能的附属人。第二，被害人在诉讼中独立享有诉讼权利和承担诉讼义务，其可以自主地处分自己的诉讼权利而不受控诉机关干涉。第三，被害人与被告人的关系同检察机关与被告人的关系有所不同。检察机关依法追究犯罪，维护的是国家和社会利益，甚至包含了被告人个人利益，因而其与被告人之间的关系是既对立又是统一的。而被害人参加诉讼是站在个人利益的维护基础上，其与被告人之间仅是对立，不存在利益的一致性。第四，被害人以独立主体参诉有其独立的目的，既包括使罪犯得到公正惩罚，又为了确保自己在诉讼中得到公正的待遇，而不受第二次伤害。❶

有学者认为，刑事被害人具有当然的诉讼主体地位。首先，刑事诉讼法赋予被害人当事人的地位，刑事被害人因遭受犯罪行为的侵害而成为与案件有直接利害关系的当事人参与到诉讼当中。其次，刑事诉讼法还赋予被害人一定的诉讼职能，即当被害人对公安机关和检察院的不立案和不起诉决定不服时，有直接向人民法院起诉的权利。最后，作为当事人，被害人在诉讼中享有一定的诉讼权利和承担一定的诉讼义务。因此，从外延上把刑事被害人界定为诉讼主体是合适的。❷

（三）监察机关的诉讼主体地位

按照监察体制改革的主流观点，监察机关实质上就是“反腐败工作机构”，与纪委合署办公，代表党和国家行使“监督权”，“是政治机关”，“不是行政机关、司法机关”。监察机关行使监督、调查和处置三项职能，不执行刑事诉讼法，而遵守监察法及相关法律的规范，监察委员会的调查权不是侦查权，也无须遵循刑事诉讼法为规范侦查活动所确立的各项诉讼程序。据此，难以把监察机关列为刑事诉讼主体。

但有学者指出，尽管监察体制改革再三强调监察委员会的调查权不属于侦查权，但是从刑事调查的形式和后果来看，它已经具备了侦查权的基本属性。❸监察机关的刑事调查活动无论是在行使方式、所获证据材料的法律效力上，还是在所受到的法律限制方面，都与侦查机关的侦查活动没有实质性的差异，也不

---

❶ 石英：“论公诉案件被害人诉讼当事人地位的特点”，载《法学家》2001 年第 5 期。

❷ 郑荣：“从刑事诉讼主体角度论刑事诉讼被害人权利的保障”，载《河南公安高等专科学校学报》2007 年第 2 期。

❸ 陈瑞华：“论监察委员会的调查权”，载《中国人民大学学报》2018 年第 4 期。

可避免地要受到刑事诉讼法的约束和规范。[1] 即便从《监察法》第四章“监察权限”与第五章“监察程序”看，也应当认为监察调查权的本质系收集证据、查明事实，这与侦查并无明显区别。[2]

有学者指出，将监察委员会仅定性为政治机关而否认其为侦查机关的理由并不充分。首先，监察委员会行使复合职权，因此不是侦查机关的逻辑似不成立。监察委员会虽然有多项职能，但其行使的职务犯罪调查职能本质上就是侦查。其次，将监察委员会定性为政治机关，强调其政治属性，有利于提高对反腐败的重视程度，但是不能由此否认监察委员会作为侦查机关的属性。就如军队保卫部门具有政治色彩一样，将其定位为侦查机关，并不影响其职能的发挥，相反有助于将职务犯罪调查纳入程序法治的轨道。最后，监察委员会与纪委虽然合署办公，但监察委员会查办职务犯罪案件，须遵守《刑法》关于犯罪构成要件的规定，亦须根据《刑事诉讼法》对证据的要求进行调查取证，在此意义上，将监察委员会定位为侦查机关并无不当。[3]

我们认为，监察机关是否属于刑事诉讼主体，是一个在理论、实践和制度上有待解决的问题。一方面，认为监察机关属于刑事诉讼主体存在障碍。监察机关调查案件，适用监察法而不适用刑事诉讼法，与公安机关刑事侦查行为具有明显区别。比如，有关管辖、律师辩护、羁押批准权等等方面，都与一般侦查机关办理刑事案件存在明显差异。另一方面，认为监察机关不属于刑事诉讼主体也存在明显问题。根据宪法和监察法之规定，监察机关办理职务违法和职务犯罪案件，应当与审判机关、检察机关、执法部门互相配合，互相制约。这意味着监察机关在办理职务犯罪案件时并不具有超脱地位，其权力义务的行使是在刑事程序法之内，而不是在之外，更不是在之上。此外，以监察机关为政治机关为由强调其独特性的观点显然难以成立。政治机关是国家机关的普遍属性而非个别机关的特殊属性，古今中外概莫能外。

监察机关是否属于刑事诉讼主体，也是一个在理论、实践和制度上必须解决的问题。首先，这关系到监察机关是否具有产生、变更、消灭刑事诉讼法律关系

---

[1] 陈瑞华：“论国家监察权的性质”，载《比较法研究》2019 年第 1 期。

[2] 程雷：“‘侦查’定义的修改与监察调查权”，载《国家检察官学院学报》2018 年第 5 期。

[3] 刘计划：“监察委员会职务犯罪调查的性质及其法治化”，载《比较法研究》2020 年第 3 期。

的决定性作用。只有认可其刑事诉讼主体地位，监察机关才能享有主体所特有的权力和义务，具有启动、变动、关闭刑事程序的权力。如否认其刑事诉讼主体地位，其在刑事诉讼中只能具有从属性、随附性权力和义务，不能对刑事诉讼法律关系产生决定性影响。其次，这关系到刑事审前程序的基本结构。只有认可监察机关为刑事诉讼主体，才涉及其在办理职务犯罪案件时与审判机关、检察机关的制约配合问题。否则，其与诸如市场监管、环境保护等行政部门在刑事诉讼中的角色相似，不能独立开启和关闭刑事诉讼程序。最后，这关系到被追诉人实体权利和诉讼权利的保障问题。如果认可监察机关为刑事诉讼主体，其调查行为就要受到刑事诉讼基本原理、原则、规则的规范。反之，则难以在国际公认的刑事司法理论框架内解释和解决监察机关的调查活动，更难以解决诸如办案人员出庭作证、非法证据排除等实践中的疑难问题。

第二节　刑事诉讼的客体

国内学界对刑事诉讼客体的普遍关注缘起于 1999 年的重庆綦江虹桥案。在该案中，被告人之一的赵某忠被检察院指控犯有玩忽职守罪。经过审理，一审法院以工程重大安全事故罪对其定罪量刑。由此，使原来就有争议的刑事审判中的罪名变更问题成为学界关注的热点。[1]从此，学界对与诉讼客体相关的罪名变更问题、重复追诉问题以及诉讼客体理论展开了大量的研究，取得了丰硕的成果，但对刑事诉讼客体的深入研究还需关注以下问题。

刑事诉讼客体，是刑事诉讼理论中的一个重要范畴，也是一个与实践密切相关的问题。刑事诉讼客体与刑事诉讼主体、刑事诉讼行为、刑事诉讼法律关系、刑事诉讼构造等范畴有着密切的联系，对刑事诉讼的一系列具体制度，如罪名变

---

[1] 罪名变更的问题，早在 20 世纪 80 年代中期就有学者开始关注，参见王敏远："刑事审判中的变更控诉问题"，载《法学评论》1986 年第 1 期。

更、禁止重复追诉的制度设计和运行，发挥着重要的影响。刑事诉讼客体的一个重要实践价值在于其对控辩审的规范功能，对追诉机关而言，它具有明确控诉请求和事实及法律依据的作用；对被追诉人而言，它具有明确辩护标的和防御、攻击对象的作用；对审判机关而言，它具有明确裁判范围和支持、反对内容的作用。

一、刑事诉讼客体的概念

学者对诉讼客体概念的界定，主要有两种观点：一是诉讼认识对象说。如有学者指出："所谓刑事诉讼客体，就是刑事诉讼主体认识活动所针对的对象。"其理由是，"主体与客体是一对哲学认识论上的范畴，二者相互依存、相辅相成。客体只有在主体的认识视野中才是有意义的。因此，不能脱离主客体的关系孤立地看待客体，这是关于主客体关系的一般论断"。[1] 二是诉讼活动对象说。如有学者指出："刑事诉讼客体就是指刑事诉讼主体实施诉讼行为、进行刑事诉讼活动所指向的对象。刑事诉讼主体的活动围绕一定的诉讼客体进行，刑事诉讼主体进行的诉讼活动所共同指向的对象，即为诉讼客体。离开了诉讼客体，诉讼主体的活动也就失去了目标和对象。"[2] 把诉讼客体当作是认识活动的对象还是诉讼活动的对象，反映的是对刑事诉讼的不同认识，学者们对刑事诉讼客体的争论，主要体现在"对象"到底是什么的意见分歧。

（一）刑罚权说

民国时期的学者及当今我国台湾地区学者将刑罚权视为刑事诉讼客体。如陈谨昆认为："刑事诉讼，乃以确定国家刑罚权之存在否及范围为目的，故其诉讼标的，自为刑罚权。"[3] 蔡枢衡认为：刑事诉讼客体是国家对于特定被告的刑罚权，也就是"国家对于特定被告有无刑事处分权及范围"。陈朴生认为："刑事诉讼，系以对于特定人之特定事实，为适用抽象的刑罚权，而形成并确定具体的刑罚权

[1] 宋英辉主编：《刑事诉讼原理导读》，法律出版社 2003 年版，第 67 页。

[2] 陈光中、徐静村主编：《刑事诉讼法学》，中国政法大学出版社 1999 年版，第 57–58 页。

[3] 陈谨昆：《刑事诉讼法通义》，朝阳学院 1934 年版，第 136 页。

为其对象。”[1]

（二）案件事实说

持案件事实说者认为：“所谓诉讼客体或案件，其实即可能构成国家刑罚权之主体及其行为事实。”[2]目前我国台湾地区多数学者也持此种观点。如张丽卿指出：“因为国家有权对被告之犯罪行为，科以处罚，而被告则居于被处罚之地位；此种处罚者与可能被处罚者之关系，即为诉讼之实体，以案件为其具体之表征。故案件实为诉讼之客体，乃以实体法上之国家刑罚权为其内涵。”[3]褚剑鸿指出：“刑事诉讼之客体，则为刑事诉讼关系中，追诉与审判之具体案件，亦即为刑事诉讼之标的，为确定国家刑罚权是否存在及其适用范围之对象。此一具体案件，应为检察官提起公诉或自诉，所指之被告及其犯罪事实，二者乃组成一追诉与审判之具体案件，成为刑事诉讼之客体，而为法院审判之范围。”[4]

（三）刑事责任说

刑事责任说认为，刑事诉讼客体是被告人的刑事责任。“刑事诉讼是国家司法机关有目的的活动，它所要解决的问题和指向的对象，构成了刑事诉讼的客体，即被告人的刑事责任问题。一切刑事诉讼活动都是为了确定被告人的刑事责任，因此，被告人是刑事诉讼的中心人物，在刑事诉讼中处于特殊地位。”[5]“刑事诉讼法律关系的客体就好似指由刑事案件派生出来的，对被告人刑事责任的追究。”[6]刑事诉讼客体“就是通过审判程序解决刑事被告人的刑事责任问题”。[7]

（四）案件事实与刑事责任结合说

有学者指出，刑事诉讼客体包括刑事诉讼中所要查明的案件事实及通过刑事

---

[1] 蔡墩铭：《刑事诉讼法论》，五南图书出版公司 1982 年版，第 102 页。

[2] ［日］田口守一：《刑事诉讼法》，刘迪等译，法律出版社 2000 年版，第 173 页。

[3] 张丽卿：《刑事诉讼法理论与运用》，五南图书出版公司 1995 年版，第 131 页。

[4] 褚剑鸿：《刑事诉讼法论》，台北商务印书馆 2001 年版，第 461 页。

[5] 宋世杰：“论刑事诉讼法律关系的特殊性及主客体”，载《湘潭大学学报（社会科学版）》1993 年第 3 期。

[6] 裴苍龄、易萍：“论刑事诉讼法律关系”，载《法律科学》1996 年第 2 期。

[7] 张学军、肖丽萍、敖荧：“刑事诉讼客体论”，载《云南法学》1994 年第 4 期。

诉讼活动所要确定的犯罪嫌疑人、被告人的刑事责任。[1]一方面，刑事诉讼中认识的主体也是诉讼主体，认识客体也是诉讼客体。案件事实是诉讼主体认识活动所指向的对象，因而是刑事诉讼的客体。另一方面，刑事诉讼主体进行刑事诉讼活动所指向的目标是犯罪嫌疑人、被告人刑事责任的有无及其大小。因此，案件事实和犯罪嫌疑人、被告人的刑事责任应当同时成为刑事诉讼的客体。[2]

（五）实体事实和程序事实叠加说

以上四种观点界定的刑事诉讼客体的内容主要限于实体法领域。也有学者主张将程序法事实纳入刑事诉讼客体的范畴。有学者认为，诉讼客体即为程序的启动者提出的事实，具体又包含实体法事实与程序法事实。[3]有学者指出，对案件事实的法律评价不仅包括被告人的刑事责任问题，也包括诉讼程序是否合法的问题，作为客体的案件事实既包括所谓原生事实（犯罪人与犯罪事实），也包括在诉讼中产生的续生事实（即所谓程序法事实，如应当回避而未回避的事实）。[4]但也有学者认为目前相关理论存在缺陷和不足，将刑事诉讼客体的确定建立在单纯的语词分析基础上，使得该问题沦为肤浅的术语之争，失去了应有的学术价值和理论水平；将程序法事实纳入刑事诉讼客体的范畴，忽视了语源考察，背离了诉讼客体理论的初衷；将刑事诉讼客体与诉讼理念及诉讼模式割裂，忽视了语境分析，使之成为孤立的概念。[5]

二、公诉事实与诉因的比较分析

大陆法系和英美法系在诉讼客体上的差别体现在公诉事实和诉因的差异。认识公诉事实和诉因的意义和差异，对于分析、研究我国的刑事诉讼客体理论问

---

[1] 卞建林主编：《刑事诉讼法学》，法律出版社 1997 年版，第 45 页。

[2] 熊秋红："刑事证明对象再认识"，载王敏远主编：《公法（第 4 卷）》，法律出版社 2003 年版，第 30 页。

[3] 锁正杰：《刑事程序的法哲学原理》，中国人民公安大学出版社 2002 年版，第 75 页。

[4] 熊秋红："刑事证明对象再认识"，载王敏远主编：《公法（第 4 卷）》，法律出版社 2003 年版，第 30–31 页。

[5] 张小玲："我国刑事诉讼客体再探究"，载《政法论坛》2010 年第 1 期。

题，具有重要参考价值。

（一）公诉事实

在德国，刑事诉讼标的就广义而言，即被告是否曾经负罪责地犯一可罚性之行为，以及对其应处以何种法律效果。而专有名词“诉讼标的”则指被提起告诉之人的“被提起告诉行为”。[1]

然而，对于何谓“被起诉之犯罪行为”，其性质与范围如何，德国诉讼法学界还存在争议。比较通行的观点认为，这一“行为”作为刑事诉讼法中的概念，与刑事实体法中的“行为”具有本质的差异。其是指检察官在起诉书中所载明的“历史性的事实经过”，而并非符合刑事实体法所规定的犯罪构成要件的特定犯罪事实。这一观点也被司法实务部门用作处理实践中相关问题的标准。“法院强调，‘行为’的程序性意义是指在历史上所发生的事件（einheitlicher geschichtlicher vorgang），因此比实体法上的犯罪行为的定义更广泛。”[2]

但何为“历史上所发生的事件”，对此尚无一致的看法，有新的判例从实际性与标准化的立场出发认为，“所有实际上无法分割并且交错复杂的事件经过均可视为一行为，而在实体法上实质竞合时可以分割得独立的数个事件，当其就其不法的内涵可相互进行比较，并且相互在时间及空间上有一紧密之关联性”。[3]

在德国，诉讼标的有三项任务：其一，表明了法律程序的标的（法院受此标的拘束，不得任意独断地将调查范围扩张，同时要求检察机关所提交法院的有关犯罪事实应尽可能地叙述清楚。对犯罪事实太粗略的叙述得为诉讼阻碍之原因）；[4] 其二，法院调查时即为裁判的界限；其三，规定了法律效力之范围。

---

❶ ［德］克劳思·罗科信：《刑事诉讼法》，吴丽琪译，法律出版社 2003 年版，第 179 页。

❷ ［德］托马斯·魏根特：《德国刑事诉讼程序》，岳礼玲、温小洁译，中国政法大学出版社 2004 年版，第 130 页。

❸ ［德］克劳思·罗科信：《刑事诉讼法》，吴丽琪译，法律出版社 2003 年版，第 180 页。

❹ ［德］克劳思·罗科信：《刑事诉讼法》，吴丽琪译，法律出版社 2003 年版，第 366 页。

（二）诉因制度

诉因（count）是日本和英美国家刑事诉讼制度上的概念。[1]根据《布莱克法律词典》中的定义，诉因，是指记载于起诉书中的指控嫌疑人犯有某一明确罪名的事实部分，或者是关于在控告或者类似的诉状中表示明确主张的陈述。日本诉因制度是对英美诉因制度的继承和发展。由于诉讼模式及实体法的差异，英美诉因制度对于我国的现实启示意义有限，而作为混合式诉讼模式代表的日本法中的诉因制度，则提供了更多的参考和研究价值。

1. 诉因的记载

《日本刑事诉讼法》第256条第2款规定："起诉书必须记载公诉事实"；第3款又规定："公诉事实必须明示诉因予以记载。要载明诉因，必须尽量通过日期、场所及方法以特定应当称为犯罪的事实。"可见，在日本的刑事诉讼制度中既保留了"公诉事实"这一大陆法系概念，又引进了英美法系中诉因的概念。诉因的对象，包括事实性要素和法律性要素两部分。事实性要素主要包括六个方面的内容：谁、何时、何地、对谁、以何种方法、做了什么。法律性要素只要没有错误记载惩罚条目、对被告人的防御造成不利，就不影响提起公诉的效力。[2]

日本的诉因制度中，诉因记载需符合以下具体要求：一是在记载诉因的同时必须记载公诉事实；二是诉因记载必须特定；三是诉因可预备性记载或选择性记载。[3]在诉因预备记载的情形下，法院应当依据请求的顺序加以审理；在诉因选择性记载的情形下，法院可以依职权裁量审理其中一个诉因。诉因记载时，一个公诉事实有数个罚条时也可以预备或择一地记载。[4]

2. 诉因的变更

诉因变更是日本诉因制度的重要组成部分，也是其区别于英美法诉因制度与大陆法公诉事实制度的关键要素。《日本刑事诉讼法》第312条第1款、第2款规定："法院在检察官提出请求时以不妨碍公诉事实的同一性为限，应当准许追

---

[1] 应当说，诉因制度是日本法中的特有概念，英美法中的对应概念为罪状，只是国内部分学者为研究方便，将诉因的称谓运用于英美法。

[2] ［日］田口守一：《刑事诉讼法》，张凌等译，法律出版社2000年版，第138-140页。

[3] 刘少军："日本诉因制度评介"，载《中国刑事法杂志》2004年第4期。

[4] 《日本刑事诉讼法典》，宋英辉译，中国政法大学出版社2000年版，第12-13页。

加、撤回或变更记载于起诉书的诉因或罚条。法院鉴于审理的过程认为适当时，可以命令追加或变更诉因或罚条。”因此，诉因变更制度是指在诉讼进展过程中，判明存在与当初诉因不同的犯罪事实时，可以变更当初诉因的制度。变更诉因必须限定在“不损害公诉事实的同一性”，也叫“诉因的限制变更主义”。

三、刑事案件的单一性和同一性

刑事诉讼客体理论中，有两个重要的原理，即案件的单一性和案件的同一性。这两者是应用于刑事司法实践中关于客体的最重要的理论。[1]

（一）单一性

案件之单一性，指的是从某个程序阶段的特定时点横切观察，探究诉讼客体是否为一个，若是一个，即为单一案件。单一性的约束力在于诉审同一，未经起诉不得审判。单一案件，在实体法上为一个刑罚权，诉讼法上为一个诉讼客体，具有不可分的性质。

单一性的标准：单一被告之单一犯罪事实，为单一案件。被告单一，以人数判断。犯罪事实的单一包括实体法上所谓的单纯一罪、实质上一罪及裁判上一罪等情形，具有不可分性。至于一人犯数罪之数罪并罚情形，并非单一犯罪事实。

单一性的效果包括：①审判权不可分；②管辖权不可分；③不起诉处分确定后，原则上不得对于同一案件再行起诉；④检察官就一部分犯罪事实起诉者，效力及于全部；⑤审判范围须与起诉犯罪一致；⑥犯罪事实一部分起诉自诉者，他部虽不得自诉，亦以得提起自诉论；⑦对判决一部分上诉者，其有关系部分，视为已经上诉；⑧第三审上诉不可分；⑨既判力扩张，一部分有罪及于全部，一部分无罪，效力未必及于全部。

单一性理论存在存废之争。单一性概念由日本学者小野清一郎提出，立足于旧的刑事诉讼法背景，当今日本学者也指出，单一性与公诉不可分原则结合起来，具有划定审判对象的机能。但是，在现在的诉因制度下，则没有这种必要。

---

[1] 本部分单一性和同一性基本理论的介绍参见林钰雄：《刑事诉讼法》，中国人民大学出版社 2005 年版，第 198–219 页。

林钰雄认为，在控诉原则下，法院应受检察官起诉之拘束者，乃犯罪事实本身，而非犯罪事实的法律评价。杨云骅认为，传统的单一性概念，仅以完整实现刑罚权为出发点，将实体法上罪数与程序法之犯罪事实画上等号，并科以刑事诉讼程序要达成使命的任务，是否妥适，颇有疑问。对于诉讼标的的犯罪事实部分，应该只有起诉犯罪事实与审判犯罪事实是否同一（控诉原则），以及本案审判事实与他案审判犯罪事实是否同一的问题（一事不再理原则）。

（二）同一性

同一性是数诉之间的比较问题，处理的是案件是否重复起诉的问题。犯罪事实的同一性，是检察官变更起诉法条的前提。

同一性的标准：被告人同一且犯罪事实同一。被告人是否同一，以起诉状所指被告人是否同一为准。犯罪事实同一，分解为事实上同一与法律上同一两种情形。事实同一有新旧两说。旧说以社会事实关系是否相同为准，新说以原告请求确定其具有侵害性之社会关系为准。法律上同一，一般认为，实质上、裁判上的一罪，基本事实虽不相同，但因在实体法上作为一罪，刑罚权仅有一个，在法律上之事实关系也仅有一个，因此仍属同一犯罪事实。

同一性效果：一事不再理。对于同一被告、同一犯罪事实之同一案件，国家仅有一个刑罚权，不容重复起诉、裁判——又可分为禁止重复起诉和禁止双重危险。

学界对于刑事案件的同一案件究竟为何，历来存在诸多争论。德国对案件同一性的观点颇多，代表性的有限界不可能说、意图单一说、动作结果统一说、合诉讼目的及当事人利益说、法定对象同一说、实质的不法内容同一说、法律关系同一说、历史的构成要件同一说、内部同质之构成要件同一说及行为主要素共通说等。[1]其中，法律关系同一说为通说，其主要观点是：犯罪事实之同一性，系法律关系之同一性。因此，为处罚某犯罪而确实运用诉讼时，应限于在诉之事实的基础——犯罪构成要件——全部维持不变或略于修正之情形下，始许原告变更诉之法律基础。而诉之事实的基础，则限于原犯罪类中，方许为

[1] 黄淳：《刑事诉讼中的重复追诉问题研究》，西南政法大学 2009 年博士学位论文，第 99–104 页。

部分之变更。

日本对案件同一性的观点主要有基本事实同一说、罪质同一说、构成要件共通说、指导形象类似说、法益侵害同一说、诉因共通说、社会嫌疑同一说、刑罚关心同一说、综合评价说等。尽管学术界对同一性标准争论热烈，但长期以来，在日本司法实务中取得通说地位的仍然是“基本事实同一说”。之所以如此，“采基本事实同一说，虽不免使起诉事实同一性之认定范围较宽，惟其实益是使同一行为得于一次之诉讼程序解决，符合诉讼经济，同时有利于被告诉讼利益的保护，其同一行为不致蒙受双重的追诉”。该说认为，应将原起诉之诉因还原为其基础的社会事实，观察审理中发现之新事实是否能归属于该基础的社会事实的范畴内，若此二者背后的历史事实经过具有共通性，即使在枝节上有若干的差异，亦可认具有起诉事实之同一性。

《美国宪法第五修正案》规定，不得使任何人因同一犯罪而蒙受两度生命或肢体上之危险。如何判断何为同一犯罪，在实务上出现过犯罪构成要件完全同一说（same statutory offense test）、Blockburger 标准（Blockburger test）、行为同一说（same conduct test）、附带禁反言（collateral estoppel）几种观点。[1] 目前，美国司法实践中主要适用 Blockburger 标准，该标准又称要件同一说、证据同一说、犯罪构成要件同一说，由美国最高法院 1932 年在 Blockburger v. United States，282 U.S. 299（1932）一案判决中所提出。其观点为：当同一行为（the same act）或同一非法勾当（the same transaction）构成对于两项不同法律规定之违背时，用以判断其究为一件犯罪抑或两件犯罪之标准，乃各该个别之法律规定，是否要求各自证明一项事实，而此一各自须加以证明之事实，却系另一规定所不需要者。在此情形下，两罪之犯罪构成要件纵有雷同，但因不能彼此包括，故而为两项独立之犯罪，可一并加以追诉处罚，而不发生两重危险之问题。但该标准也存在不少问题，如布伦南大法官曾指出：在单一犯罪过程涉及多个受害人的情况下，对每一个受害人的犯罪都可以分别提出指控；在一个单一的犯罪过程中可以被分割为按时间顺序排列的离散犯罪的情况下，多次指控

---

[1] 美国相关判例与法则详见林朝荣、林芸澧：《既判力与二重危险之研究》，一品文化出版社 2009 年版，第 97–163 页。

无法通过适用此标准而加以避免；在单一犯罪触犯不同的制定法条文时，多次指控无法通过适用此标准而加以避免。[1]

问题与思考

刑事诉讼主体和客体是刑事诉讼法学理论体系中的基本范畴。研究这个问题，需要对主体问题的产生背景、客体问题的研究缘由以及该概念的实践意义有清醒的认识。否则，易于陷入因各种不同观点自成系统且聚讼纷纭而形成的迷雾之中。

关于刑事诉讼主体的理论，与刑事诉讼目的论、刑事诉讼构造论一样，属于刑事诉讼法学的基础理论部分。遗憾的是，目前关于刑事诉讼主体的讨论主要集中在概念和范围这两个问题上，而且没有形成统一的说法。故此，对刑事诉讼主体有进一步深入研究的空间。

一是诉讼主体、当事人、刑事诉讼法律关系主体，这些不同概念之间区分的意义何在?

二是诉讼主体与诉讼职能之间的关系有待探讨。诉讼职能往往成为我们划分诉讼主体的依据和方法，这样是否合适?诉讼职能和诉讼主体应当存在何种关系?有无统一的标准?不同诉讼主体的权利（力）存在差异的原因何在?此外，还应当对诉讼主体的共性问题和个性问题进行细致的研究。

三是对诉讼主体地位如何实现的研究有待加强。被告人作为诉讼主体如何避免客体化的倾向?被害人的诉讼主体地位如何实现和保障?刑事执行程序中的个体是不是诉讼主体?如果是，其诉讼主体地位如何体现和保证?

由于诉讼客体关涉刑事实体法和刑事程序法的基础理论问题，如罪数与诉讼客体的关系、犯罪构成要件与诉讼客体的关系等，都是诉讼客体理论及应用无法回避的问题，但我国目前的相关研究却付诸阙如，这与我国刑法和刑事诉讼法专业的分离相关，这与刑法学者对刑事诉讼法关注不够、刑事诉讼法学者的刑法知识储备不足等因素相关。应当加强诉讼客体与刑法理论的综合研究，促进研究的

---

[1] 黄淳:《刑事诉讼中的重复追诉问题研究》，西南政法大学 2009 年博士学位论文，第 115 页。

刑事一体化。

需要进一步研究的问题还有很多。例如，诉因制度当否引进？近年来，诉因制度吸引了诸多学者的研究热情，纷纷主张借鉴或引入诉因制度来改良我国的相关制度。但诉因制度的引进是否还需结合诉讼模式的变革通盘考虑？诉因制度在日本的实施状况如何？没有诉因制度的欧陆诸国如德国、法国是如何实现《欧洲人权公约》禁止重复追诉要求的？这些问题均有待刑事诉讼理论进一步深入研究。

参考文献

一、论文类

[1] 刘计划．监察委员会职务犯罪调查的性质及其法治化［J］．比较法研究，2020（2）．
[2] 陈瑞华．论国家监察权的性质［J］．比较法研究，2019（1）．
[3] 陈瑞华．论监察委员会的调查权［J］．中国人民大学学报，2018（4）．
[4] 程雷．“侦查”定义的修改与监察调查权［J］．国家检察官学院学报，2018（5）．
[5] 张小玲．我国刑事诉讼客体再探究［J］．政法论坛，2010（1）．
[6] 张泽涛．诉因与公诉方式改革［J］．中外法学，2007（2）．
[7] 郑荣．从刑事诉讼主体角度论刑事被害人权利的保障［J］．河南公安高等专科学校学报，2007（2）．
[8] 韩阳．刑事再审理由探析［J］．法学研究，2005（3）．
[9] 宋英辉，李哲．一事不再理原则研究［J］．中国法学，2004（5）．
[10] 李玉华．日本的诉因制度研究［J］．河北经贸大学学报（综合版），2004（1）．
[11] 刘少军．日本诉因制度评介［J］．刑事法杂志，2004（4）．
[12] 龙宗智．论公诉变更［J］．现代法学，2004（6）．
[13] 秦宗文．比较与借鉴：我国刑事重复追诉问题之求解［M］// 陈兴良．刑事法判解（第 7 卷）．北京：法律出版社，2004.

[14] 周菁 . 试论日本诉因制度之借鉴 [J] . 国家检察官学院学报，2003（1）.
[15] 李昌林 . 诉判同一与变更罪名 [J] . 现代法学，2003（2）.
[16] 宋振武 . 刑事诉讼主体的法理分析：以刑事法律关系为基础 [J] . 烟台大学学报（哲学社会科学版），2002（4）.
[17] 陈瑞华 . 刑事诉讼中的重复追诉问题 [J] . 政法论坛，2002（5）.
[18] 谢佑平，万毅 . 论刑事审判对象 [J] . 云南法学，2001（1）.
[19] 谢佑平，万毅 . 一事不再理原则重述 [J] . 中国刑事法杂志，2001（3）.
[20] 石英 . 论公诉案件被害人诉讼当事人地位的特点 [J] . 法学家，2001（5）.
[21] 杨宇冠 . 论禁止双重危险原则 [J] . 北京市政法管理干部学院学报，2000（3）.
[22] 周国均 . 关于法院能否变更指控罪名的探讨 [J] . 法学研究，2000（4）.
[23] 卞建林，魏晓娜 . 起诉效力与审判范围 [J] . 人民检察，2000（7）.
[24] 锁正杰 . 刑事诉讼主体理论的历史及其问题 [M] // 樊崇义 . 刑事诉讼法专论 . 北京：中国方正出版社，1998.
[25] 宋世杰. 论刑事诉讼法律关系的特殊性及主客体 [J] . 湘潭大学学报（社会科学版），1993（3）.
[26] 吴杰，宋英辉，洪道德 . 刑事诉讼主体论 [J] . 中外法学，1991（4）.
[27] 陈卫东 . 刑事诉讼主体探微 [J] . 现代法学，1990（2）.
[28] 李学宽 . 我国刑事诉讼主体刍议 [J] . 政法论坛，1989（2）.
[29] 胡锡庆 . 略论我国刑事诉讼主体 [J] . 法学研究，1986（1）.
[30] 王敏远 . 刑事审判中的变更控诉问题 [J] . 法学评论，1986（1）.
[31] JOY P A. A Judge’s Duty to Do Justice：Ensuring the Accused’s Right to the Effective Assistance of Counsel [J] .Hofstra Law Review，2017（46）.
[32] ROBERTS，ROSALYND C E.The Lubanga Trial Chamber’s Assessment of Evidence in Light of the Accused’s Right to the Presumption of Innocence [J] .Journal of International Criminal Justice，2012（4）.
[33] ALLY D.Constitutional Exclusion under s 35（5）of the Constitution：Should an Accused Bear a Threshold Burden of Proving That His or Her Constitutional Right Has Been Infringed? [J] .South African Computer Journal，2010（1）.

[34] SALINAS L S，MARTINEZ J.The Right to Confrontation Compromised：Monolingual Jurists Subjectively Assessing the English-Language Abilities of Spanish-Dominant Accused [J] .Journal of Gender，Social Policy & the Law，2010（3）.

[35] MARCUS，PAUL.Re-evaluating Large Multiple-Defendent Criminal Prosecutions [J] .William & Mary Bill of Rights Journal，2002（11）.

[36] JAWORSKY，TODD E.A Defendent's Right to Exculpatory Evidence：Does the Constitutional Duty to Disclose Exculpatory Evidence Extend to New Evidence Discovered Post-Conviction? [J] .Thomas Law Review，2002，15.

二、著作类

[1] 谢进杰 . 刑事审判对象理论 [M] . 北京：中国政法大学出版社，2011.

[2] 杨杰辉 . 刑事审判对象研究 [M] . 北京：中国社会科学出版社，2010.

[3] 张小玲，樊崇义 . 刑事诉讼客体论 [M] . 北京：中国人民公安大学出版社，2010.

[4] 林钰雄 . 刑事诉讼法（上、下）[M] . 北京：中国人民大学出版社，2005.

[5] 刘涛 . 刑事诉讼主体 [M] . 北京：中国人民公安大学出版社，2005.

[6] 托马斯 · 魏根特 . 德国刑事诉讼程序 [M] . 岳礼玲，温小洁 . 译 . 北京：中国政法大学出版社，2004.

[7] 张毅 . 刑事诉讼中的禁止双重危险规则论 [M] . 北京：中国人民公安大学出版社，2004.

[8] 克劳思 · 罗科信 . 刑事诉讼法 [M] . 吴丽琪，译 . 北京：法律出版社，2003.

[9] 锁正杰 . 刑事程序的法哲学原理 [M] . 北京：中国人民公安大学出版社，2002.

[10] 田口守一 . 刑事诉讼法 [M] . 刘迪，张凌，穆津，译 . 卞建林，校 . 北京：法律出版社，2000.

[11] 陈瑞华 . 刑事诉讼的前沿问题 [M] . 北京：中国人民大学出版社，2000.

[12] 蔡墩铭 . 刑事诉讼法概要 [M] . 台北：三民书局股份有限公司，1999.

[13] 张丽卿 . 刑事诉讼法理论与运用 [M] . 台北：五南图书有限公司，1995.

[14] 土本武司 . 日本刑事诉讼法要义［ M ］. 董璠舆，宋英辉，译 . 台北：五南图书出版有限公司，1997.

[15] 陈朴生 . 刑事诉讼法争议问题研究［ M ］. 台北：五南图书出版公司，1987.

[16] 褚剑鸿 . 刑事诉讼法论（增订本）［ M ］. 台北：商务印书馆股份有限公司，1983.

第二章　刑事诉讼的目的

【导读】

刑事诉讼目的所涉及的，既是诉讼程序设计的基本理念问题，也是司法实践活动的基本方向问题。由于刑事诉讼目的关系到刑事诉讼的目标设定、结果的理想模式评判、具体任务的确定，因此，刑事诉讼目的贯穿整个刑事诉讼过程，所有刑事诉讼阶段具体程序的设计都与刑事诉讼目的问题息息相关。所以，研究者对于刑事诉讼目这一问题理应格外重视。

刑事诉讼目的不仅仅是一个刑事诉讼法学的基本理论范畴，而且也是一个立法问题、司法实践问题。鉴于此，在认识、了解和掌握刑事诉讼目的之理论意义的基础上，应当对关于刑事诉讼目的的立法规定进行分析，特别是应当对我国《刑事诉讼法》第1条的规定进行分析；同时，还应当对我国司法实践中有关实现刑事诉讼目的之情况予以考察，这样才能对我国刑事诉讼目的的理论与实践有一个较为全面的认识，从而为进一步的深入研究奠定坚实的理论与实践基础。

在本章对此范畴的研究中，我们要对刑事诉讼目的在我国刑事诉讼法学研究过程中的流变予以考察，理解“正当程序”“犯罪控制”“实体真实”“诉讼真实”等概念，进而从理论上了解与把握我国刑事诉讼法学界对刑事诉讼目的争论的根源以及观点之间的异同。

第一节　刑事诉讼目的之立法规定

国家制定刑事诉讼法，都有预期目标或是要实现的某种预期结果，这种目标或结果被称为制定法律的目的或宗旨。有的国家在刑事诉讼法中明确宣示了制定的目的，如《日本刑事诉讼法》第1条规定："本法以在刑事案件上，于维护公共福利和保障个人基本人权的同时，明确案件的事实真相，正当而迅速地适用刑罚法令为目的。"有的虽然没有在法律中明确表达立法的目的，但实际上都有着明确的立法目的，这种目的往往体现在立法的具体内容上。当然，刑事诉讼的目的不同于刑事诉讼法制定的目的[1]，但是两者有一定的联系。因此，研究刑事诉讼的目的不能忽视相关方面的法律规定。

我国《刑事诉讼法》第1条明确规定了立法的目的："为了保证刑法的正确实施，惩罚犯罪，保护人民，保障国家安全和社会公共安全，维护社会主义社会秩序，根据宪法，制定本法。"这一规定表明，我国刑事诉讼法制定的目的，具体包括三个方面：其一，保障刑法的正确实施；其二，惩罚犯罪，保护人民；其三，保障国家安全和社会公共安全，维护社会主义社会秩序。这三个方面互相联系，形成了统一的刑事诉讼法的制定宗旨。

首先，保证刑法的正确实施。刑法规定的是犯罪和刑罚的问题，刑事诉讼法规定的是如何追究和惩罚犯罪的程序问题。如果只制定刑法而不制定刑事诉讼法，则刑法如何实施就没有规范可以遵循，刑法的正确实施就难以得到保障。刑事诉讼法除了保证刑法正确实施，还有其独立价值。其所规定的诉讼结构、原则、制度及程序，体现着程序本身的民主、法治、人权精神，也反映出一国刑事

---

[1] 有的学者提出："刑事诉讼与刑事诉讼法，目的不尽相同，各有侧重。前者旨在发现犯罪真相并将罪犯绳之以法；后者旨在减少错案并维护个人尊严。"参见邓子滨："刑事诉讼及刑事诉讼法目的要旨"，载《中国社会科学院研究生院学报》2018年第6期。

司法制度的进步、文明程度，是衡量社会公正度的一个极为重要的指标。

其次，惩罚犯罪，保护人民。惩罚犯罪，是通过实现国家刑罚权的活动来实现的。一方面，实现刑罚权的结果具有抑制犯罪的作用；另一方面，实现刑罚权是一个过程，即使某些情况下最终未能在个案中实现具体的刑罚权，但追诉犯罪的具体程序中，其活动本身即具有抑制犯罪的功能。保护人民，是与惩罚犯罪紧密联系的刑事诉讼立法目的之一。需要指出的是，通过及时惩处犯罪人来保护公民的生命、人身、财产等合法权利，以及在打击犯罪的同时保障无罪的人不受刑事追究，只是保护人民的一个重要方面。由于公民的财产乃至生命等权利不仅可能受到犯罪行为的侵害，也可能因为国家权力的滥用而遭受损害，因此，“保护人民”也意味着国家权力不得滥用而侵犯诉讼参与人的权利，刑事诉讼法承担着在法律上对此加以保障的职责。

最后，保障国家安全和社会公共安全，维护社会主义社会秩序。各种犯罪行为都会对社会构成一定的危害，有的直接危害国家安全，如背叛国家、分裂国家、颠覆国家政权、从事间谍活动、窃取情报等；有的直接危害公共安全，如放火、爆炸、投毒、劫持航空器等；有的则直接侵犯公民人身权利、民主权利和财产权利，如杀人、强奸、绑架、抢劫、盗窃等。因此，保障刑法的正确实施，有效地惩罚犯罪和遏制犯罪，从而保障国家安全和社会公共安全，维护社会主义社会秩序，保持社会稳定，为社会成员安定生活和国家经济建设提供良好的环境，是制定刑事诉讼法的根本目的。

与刑事诉讼法目的相关的另一个问题是刑事诉讼法的任务。对此，我国《刑事诉讼法》第 2 条规定：“中华人民共和国刑事诉讼法的任务，是保证准确、及时地查明犯罪事实，正确应用法律，惩罚犯罪分子，保障无罪的人不受刑事追究，教育公民自觉遵守法律，积极同犯罪行为作斗争，维护社会主义法制，尊重和保障人权，保护公民的人身权利、财产权利、民主权利和其他权利，保障社会主义建设事业的顺利进行。”对于我国《刑事诉讼法》的任务，可以从以下三方面理解：保证准确、及时地查明犯罪事实，正确应用法律，惩罚犯罪分子，保障无罪的人不受刑事追究——这是刑事诉讼法的直接任务；教育公民自觉遵守法律，积极同犯罪行为作斗争——这是刑事诉讼法的重要任务；维护社会主义法制，尊重和保障人权，保护公民人身权利、财产权利、民主权利和其他权利，保障社会主义建设事业的顺利进行——这是刑事诉讼法的根本任务。

第二节　刑事诉讼目的之理论综述

我国刑事诉讼法学界对刑事诉讼目的的研究始于20世纪90年代初期。随着美国、日本等国家刑事诉讼目的理论在我国的引介以及对当时我国刑事诉讼立法与司法过于注重实现国家刑罚权而忽视人权保障这一现实之反思，一些学者开始系统研究刑事诉讼目的。

刑事诉讼目的是刑事诉讼理论的一个基本范畴，它贯穿刑事诉讼各阶段，影响刑事诉讼基本构造、职能及诉讼主体的权利和义务等相关制度设计，并指导刑事诉讼立法和司法活动。长期以来，刑事诉讼有“打击犯罪”和“保障人权”双重目的之观点在我国占据绝对主导地位——已经成为中国法学界对刑事诉讼目的论之经典阐述。但由于近年来司法实践中不断出现的冤错案件和刑讯逼供等问题，一些学者已经开始对双重目的论之科学性产生质疑，并提出了他们自己的学术主张。这些研究对于进一步探讨刑事诉讼目的问题，具有积极意义。

一、刑事诉讼目的的含义

明确“什么是刑事诉讼的目的”，是认识刑事诉讼目的之前提。有关“刑事诉讼目的”的界定，学者们提出以下不同观点。

第一种观点认为，刑事诉讼目的是指国家根据各种刑事诉讼主体的客观需要及其对刑事诉讼价值的认知，所预先设计的，希望通过刑事诉讼立法和司法而实现的、理想的诉讼结果。刑事诉讼目的既是刑事诉讼的内在要素和基本前提，又是国家制定刑事诉讼法的基点和进行刑事诉讼活动所追求的目标。刑事诉讼目的具有以下特点：（1）主观意志性。刑事诉讼目的的表现形式是主观的，它是立法者预先设计的理想的诉讼结果。这种理想的诉讼结果既可能与实际结果相一致，也可能不一致，这需要根据实际情况作适时、适当的调整。（2）客观条件对刑事诉讼目的的设立起制约作用。立法者对刑事诉讼目的的确立不是任意的，它要受当时社会的政治、经济、文化等条件的影响和制约。如在专制主义社会下必然将严厉惩罚犯罪、实现国家刑罚权视为刑事诉讼所追求的最为重要的甚至是唯一的目的。（3）刑事诉讼目的的实现依靠国家强制力作保障。在刑事诉讼中突出表现在：国家权力在启动和推动刑事诉讼进行方面处于一种主动、积极状态。❶

第二种观点认为，刑事诉讼的基本目的是设计和运用刑事诉讼制度想要追求的基础目的和想要获得的主要结果。具有以下特征：从本质上看，刑事诉讼基本目的是一种为特定社会认同，在立法中预先设定，在司法实践中应当践履、满足的特定利益；刑事诉讼基本目的的选定是由一定社会物质生活条件决定的；刑事诉讼基本目的是一个有机整体，在整体内存在多种目标，各种目标有主次之分，且该整体兼具稳定性与变动性；刑事诉讼基本目的与其他法律目的相比，主要体现为自由与安全这两种目的。❷

第三种观点认为，刑事诉讼目的就是以观念形式表达的国家进行刑事诉讼所期望达到的目标，是统治阶级按照自己的需要和基于对刑事诉讼及其对象固有属性的认识，预先设计的关于刑事诉讼结果的理想模式。包括如下含义：刑事诉讼目的是潜在的，通过无数诉讼主体的行为而实现的，统治阶级预期达到的目标；刑事诉讼目的表现为国家基于需要和对刑事诉讼及案件事实的认识而设计的，关于刑事诉讼结果的理想模式；法律的实施是以国家强制力作为后盾的，刑事诉讼目的也不例外；刑事诉讼目的作为刑事诉讼结果的预见性反映，可能与实践的结果并不等同。❸

第四种观点认为，刑事诉讼目的是指国家根据各种刑事诉讼主体的客观需要及其对刑事诉讼价值的认知所预先设计的，希望通过刑事诉讼立法和司法而实现的理想的诉讼结果。它可以区分为浅层目的与深层目的。浅层目的包括根本目的和直接目的，根本目的是维护法治秩序和民主政治制度，直接目的是公正地实施

❶ 王敏远主编：《刑事诉讼法》，社会科学文献出版社 2005 年版，第 7–8 页。

❷ 徐静村主编：《刑事诉讼法（上）》，法律出版社 1997 年版，第 53–54 页。

❸ 宋英辉：《刑事诉讼目的论》，中国人民公安大学出版社 1995 年版，第 2–3 页。

刑法和保障人权。深层目的是通过刑事诉讼实现自由、平等、公正和安全。[1]

第五种观点认为，刑事诉讼目的是指进行刑事诉讼所要达到的目标。刑事诉讼的目的起着统摄刑事诉讼各个阶段的作用，规范着各个诉讼参与者的刑事诉讼行为，是刑事诉讼最重要的基础理论之一。刑事诉讼的目的体系决定着刑事诉讼的整体构造，决定着刑事诉讼证明制度的特征。[2]刑事诉讼目的是统治者按国家和社会的需要和刑事诉讼固有属性的认识，预先设计的关于刑事诉讼结果的理想模式。

二、刑事诉讼目的与刑事诉讼价值的关系

一些学者在刑事诉讼目的理论的研究中经常混淆目的与价值的区别。例如，有学者认为："目的是价值的组成部分。价值包括目的，目的就是目的性价值。"还有学者认为："价值如果从其价值目标这一层面来理解的话，就可以等同于目的。"因此，厘清刑事诉讼目的与价值的关系不仅能够还原目的与价值的本来面目，而且能够促进我国刑事诉讼法学基础理论的研究。

有论者从刑事诉讼目的与价值的联系与区别的角度，讨论二者之间的关系。他认为，要弄清刑事诉讼目的与价值的联系，应当从刑事诉讼目的产生和实现的动态过程来考察。刑事诉讼目的的产生是人们对刑事诉讼价值进行认知、评价、选择的结果，刑事诉讼目的的实现是刑事诉讼价值的体现。这是刑事诉讼目的与价值的最基本的联系。关于刑事诉讼目的与价值的区别，该学者认为应该包括三个方面：（1）刑事诉讼目的具有主观性，而刑事诉讼价值具有客观性；（2）从哲学认识论角度来讲，刑事诉讼目的是人们从事刑事诉讼活动的起点和终点，而刑事诉讼价值则是人们形成刑事诉讼目的前的认识对象；（3）从刑事诉讼目的和价值的公正内容上看，刑事诉讼目的所要追求的程序公正与刑事诉讼程序本身的公正性也不是一回事。[3]

有学者认为，刑事诉讼目的和价值的联系在于：刑事诉讼目的之产生是人

---

[1] 陈建军："刑事诉讼的目的、价值及其关系"，载《法学研究》2003 年第 4 期。

[2] 李长城："刑事诉讼目的新论"，载《中国刑事法杂志》2006 年第 1 期。

[3] 陈建军："刑事诉讼的目的、价值及其关系"，载《法学研究》2003 年第 4 期。

们对刑事诉讼价值认识、评价和选择的结果，刑事诉讼目的的实现是刑事诉讼价值的体现。二者的区别在于：刑事诉讼目的是人们从事刑事诉讼活动的起点和终点，刑事诉讼价值是人们价值认知的对象。刑事诉讼目的追求的程序公正是人们的主观目标，刑事程序本身的公正性是其本质的内在规定。[1]

三、域外有关刑事诉讼目的的学说

20 世纪 60 年代，美国和日本学者对刑事诉讼目的研究逐步深入，形成了许多学说，具有代表性的学说主要有以下几种。

（一）犯罪控制模式与正当程序模式

1964 年，美国学者赫特・帕卡根据刑事程序的价值观不同，将刑事诉讼分为两种模式：犯罪控制模式和正当程序模式，这两种模式将刑事诉讼目的研究居于核心的地位。

1. 犯罪控制模式

犯罪控制模式的基本价值理念是：刑事诉讼以惩罚犯罪的"效率"为目标与评价标准。认为一个能以有限的资源处理数量庞大的案件，并制造出相当高的逮捕与有罪判决率的刑事程序，才是符合犯罪控制模式的成功者。刑事诉讼不应拘泥于程序而减缓、阻挠案件进行的速度。高效率意味着高速度地打击犯罪率。为此，法律应尽可能减少对警察、检察官等权力的限制。该理论以发现真相为主，强调有罪必罚。在具体诉讼程序上，犯罪控制模式主张：（1）赋予警察逮捕权；（2）逮捕后的拘禁期限应有利于警察用合法讯问取得有罪证据；（3）电子窃听技术可适用于依通常手段难以发现的犯罪和证据；（4）非法搜查取得的证据具有可采性；（5）律师不得介入侦查；（6）是否公诉由检察官决定，无须治安法官审查；（7）审判前的拘禁是必要的；（8）对被告人答辩有罪的原因无须追究，国家也没有为其提供律师的义务；（9）诉讼权利不得鼓励而应有所限制；（10）限制人身保护令的提出。犯罪控制模式忽视惩罚犯罪的效率与保障被告人的权利有统

---

[1] 王敏远主编：《刑事诉讼法》，社会科学文献出版社 2005 年版，第 19–20 页。

一的一面，以牺牲被告人权利的保障为代价来换取惩罚犯罪的高效率，对追诉机关权力运用限制较少，而对被告人权利保障不够。该模式将被告人作为最佳的证据来源，导致追诉官员滥用权力逼取口供，而这又是形成冤错案件的重要根源。此外，该模式片面追求打击与惩罚，忽视刑事程序独立的价值，有违刑事诉讼本身的规律，也与诉讼的文明民主的发展趋势相违背。

2. 正当程序模式

正当程序模式与犯罪控制模式相对立。正当程序模式的理论基础是自然法学说，认为人类拥有某些与生俱来的基本权利，如果统治者侵犯了这些权利，人们将不信任政府，并撤回授予统治者的权力，即个人权利在社会与国家权利之上。该模式主张，刑事诉讼目的不单是发现实体真实，更重要的是以公平与合乎正义的程序保护被告人的人权。正当程序的基本理念是：（1）关注正式审判程序对正确处理案件和维护司法公正的作用，而对非正式的非裁判性质的发现事实的程序，强调其发生错误、不可信任与产生弊端的可能性。（2）在个人与社会、国家利益发生冲突时，主张限制政府官员权力。刑事程序运用的结果，常体现为刑事制裁，这是对个人最严重的利益剥夺，且这种制裁具有强制与压迫的特点，足以贬抑个人人格。再者，权力易于滥用。在刑事程序中，由于个人与国家在地位、能力方面的悬殊，权力滥用是以公开的令人厌恶的方式进行的，加上无法避免刑事程序运作中个人服从国家强制这一特点，必须限制权力以最大效率运作，因为最大效率即意味着最多的暴行存在。（3）奉行无罪推定原则。（4）法律的目的在于实现正义，而平等则是正义实现的前提。平等的实质意义是不因性别、信仰、种族或肤色而有所歧视或待遇上存在差别。（5）注重辩护律师的作用，认为辩护人的存在尤为必需。

在具体诉讼程序上，正当程序模式主张：（1）除非某犯罪业已发生且某人很可能为犯罪人，不得进行逮捕；逮捕应由治安法官签发令状。（2）嫌疑人被逮捕后应立即带到治安法官处预审，逮捕时告知其有沉默权与获得律师帮助权。（3）电子监听侵犯公民隐私权，确有必要而对间谍、叛乱及其他直接影响国家安全的犯罪进行监听，须实施严格的司法控制。（4）非法搜查获得的证据应予以排除，“毒树之果”也应排除。（5）应设立预审程序，以保证检察官行为公正。（6）审前羁押原则上不可取。（7）有罪答辩不应鼓励。（8）赋予被告人绝对的上诉权。（9）保障人身保护令的提出。[1]

正当程序模式的目的观强调对被告人诉讼权利的保障和充分发挥辩护律师的作用，符合刑事诉讼文明、民主的发展趋势，也有利于保障无辜，防止和减少冤错案件的发生；强调为达此目的而充分肯定正当程序的价值，反映了刑事诉讼认识规律的要求。但是，如果对赋予被告人的权利不加任何限制，势必影响办案效率。因此，刑事程序不仅要保障被告人权利，还必须通过保证对犯罪的惩罚来维护社会和平与公民安全。

（二）家庭模式

针对帕卡提出的两种模式，美国学者格里费斯提出了刑事程序的第三种模式——家庭模式。他认为，帕卡的模式是基于“国家与个人间为敌对关系”，并以“整个刑事程序自始至终为一场战争”为出发点的。因此，帕卡所提出的两种模式是一种“战斗模式”。格里费斯提出的家庭模式以家庭中父母与子女的关系为喻，强调国家与个人之间的和谐关系，并以此为出发点，提出解决问题的途径。该模式可以概括为以下几点。

（1）刑事处罚目的之重新思考。该模式认为刑事程序适用处罚的目的在于追求犯罪人能够自我控制，而不是报应或预防未来的犯罪。刑事程序中适用刑罚同家庭中适用处罚一样，是建立在调和利益与显示爱的基础上的。刑事程序的最佳效益是个人无法达到自我控制目的时，才由社会介入干预，处罚应是最后运用的纠正措施，否则国家无须干预，即使犯罪人自我排斥于人际间的各种联系与关系之外。

（2）对国家官员权力运作的认识。此模式认为，如果相信国家官员权力的运作，很少发现潜藏的权力滥用事实，官员也将回应这种信任，尽量以“公平”及“公开”的方式运作；但如果对官员不信任，反而会发现在“合法性”外表下，存在着不少权力滥用的事实。

（3）关于辩护律师的重要性。该模式认为，律师的职责是全力保护被告人利益，同时兼顾实现正义。既然被告人的利益取决于事实上是否有罪，因而律师必

---

[1] 宋英辉：《刑事诉讼原理导读》，法律出版社 2003 年版，第 66–71 页。

须谋求促使法院圆满地解决这一问题。律师在家庭模式的调和程序中所扮演的角色，比在正当程序中更为重要。

（4）刑事程序的教育功能。刑事程序最基本和最重要的一项功能是教育，被告人可以通过参与刑事程序而获得学习与受教育的机会。[1]

（三）实体真实主义与正当程序主义

我国台湾地区，通常将不同的刑事诉讼目的归结为实体真实主义与正当程序主义两种类型，日本也是如此。实体真实主义与正当程序主义同帕卡模式中的控制犯罪与正当程序的目的观大体对应，即都是对价值目标作了不同选择的目的观。

关于实体真实主义与正当程序主义，详见第三章“程序公正与实体公正”。

（四）其他学说

在德国，关于刑事诉讼的目的主要有三种观点：一些学者在刑事实体法和刑事程序法之间建立了一种紧密的联系。他们认为刑事诉讼程序是实施刑法的工具，或者像许多学者所说的，是实现国家惩罚权的工具。在某种意义上该定义是有用的，因为这个定义指出未经过刑事诉讼程序就不能施加刑罚。然而，这只是在刑事实体法和刑事程序法之间建立一种形式上的关系。因为保障无辜者不受刑事惩罚也应被看作是刑事诉讼程序的目标之一，所以只认为刑事诉讼程序是执行刑法的工具将导致对诉讼目的的片面解释。此外，刑法的目的（报应、威慑或改造）是否能够在某一具体的诉讼程序中实现，应更多地依赖于刑事实体法的质量（以及执行情况）而不是诉讼程序。还有人将刑事诉讼目的片面理解为发现事实真相。这个定义非常狭窄并集中于程序本身。但是鉴于刑事诉讼程序的终点是判决，而不仅仅是对事实的陈述，该定义又显得不够充分。法院对被指控人有权作出处理以及发现相关事实仅仅是诉讼程序结束的一个必要的先决条件。而且，与历史学家或心理学家采用相同的方式去发现“全部”事实并不是法院的任务——刑事法院只需确定作出公正判决所必要的事实即可。第三种观点认为冲突的解决或法律秩序的确立是刑事诉讼的目的。因为这种阐述是没有结论的，所以它的支

---

[1] 宋英辉：《刑事诉讼原理导读》，法律出版社 2003 年版，第 72–73 页。

持者希望达成一致的意见。但是法律秩序的概念包括了若干实质不同的含义。[1]

由于日本刑事诉讼法的许多基本原则是从法国、德国和美国引进的，因此许多日本学者很关注德国刑事诉讼目的理论。田口守一教授认为，德国刑事诉讼的目的有三大种：实体真实追求说和刑法实现说、个人和国家的利益调整说、法的平和恢复说。最后一种又包括纠纷处理说和社会平和说。程序的结果超过诉讼终结的范围并对法律社会发挥效果时，就是法的平和，这也是诉讼的目的。社会平和因犯罪行为受到双重侵害，因此必须清除对社会平和的双重侵害所造成的混乱。他还注意到，德国法中的诉讼目的论还存在许多不确定的要素，追求实体真实是刑事诉讼的中间目的，恢复社会平和这一意义上的法律平和是刑事诉讼的本来目的，这种观点是长期争论的问题之一，对于今后诉讼目的论来说，应当是研究的出发点。[2]

四、我国学界关于刑事诉讼目的的学说

我国对刑事诉讼目的理论的研究开始于 20 世纪 90 年代。在我国，首次系统研究刑事诉讼目的有关问题的是宋英辉教授。其后，有关刑事诉讼目的理论的研究成果不断出现，其中有些观点对传统的目的论观点提出了挑战，这些研究成果不仅丰富了我国刑事诉讼理论的发展，而且为推动我国刑事诉讼的民主化和科学化提供理论支持。我国学者关于刑事诉讼目的理论的研究主要有以下几种观点。

第一种观点认为，刑事诉讼目的分为直接目的与根本目的。其直接目的包括控制犯罪和保障人权两方面。所谓控制犯罪，是指通过刑事诉讼活动，在准确、及时地查明案件事实真相的基础上，对构成犯罪的被告人公正适用刑法，以抑制犯罪，以及通过刑事程序本身的作用来抑制犯罪。所谓保障人权，是指在通过刑事诉讼控制犯罪的过程中，保障公民合法权益不受非法侵犯。具体有以下含义：第一，保障无罪的人以及依法不应当追究刑事责任的人不受刑事追究或及时将其

---

[1] ［德］托马斯·魏根特：《德国刑事诉讼程序》，岳礼玲、温小洁译，中国政法大学出版社 2004 年版，第 13–15 页。

[2] ［日］田口守一：《刑事诉讼的目的》，张凌、于秀峰译，中国政法大学出版社 2011 年版，第 30–37 页。

从刑事诉讼中解脱出来。第二，保障犯罪人只受公正的刑罚处罚。第三，保障被害人等其他诉讼参与人因犯罪行为或刑事诉讼而受到侵害和损失的实体性权益。第四，保障宪法、刑事诉讼法等有关法律规定的被告人以及其他诉讼参与人的诉讼权利。第五，保障一般公民的各项基本权利。

实际上，正确控制犯罪，在另一方面也包含着保障无罪的人不受刑事追究和保障被害人权利的意思。控制犯罪与保障人权既对立又统一。所谓统一，是指作为刑事诉讼目的的两个矛盾方面，控制犯罪与保障人权共处于刑事诉讼的统一体中，贯穿刑事诉讼程序的始终，相互依赖。一方面，正确控制犯罪与保障被害人权利以及无罪的人不受刑事追究是统一的。同时，正确控制犯罪也不能脱离开程序性权利的保障。另一方面，保障人权也不能脱离开正确控制犯罪。刑事诉讼直接目的的两方面的统一性，根源于我国刑事诉讼的根本目的。所谓对立，是指追求控制犯罪和追求保障人权体现出不同的价值观，甚至有时还会发生冲突。这种冲突的解决，依照均衡价值观和我国刑事诉讼中利益权衡的原则，来考虑不同层次的目的中所体现的刑事诉讼追求的价值目标的根本点或归宿。一般来说，刑事诉讼中，以实体正义与程序正义、控制犯罪与保障人权的冲突所代表的不同利益的冲突，常常表现为追求对个案被告人的惩罚而牺牲诉讼的某项制度或程序，即表现为个别利益与总体利益的冲突。由于总体利益一般来说更接近国家或社会的利益，因此在权衡时一般应当选择总体利益而放弃个别利益。但是，由于刑事诉讼涉及利益的相互关系的复杂性，也不宜将上述权衡的规则绝对化。因此，应该具体问题具体分析。当在具体案件上对犯罪的控制与维护刑事程序某项制度的利益冲突时，一般应放弃对犯罪的控制而维护属于总体利益的程序。但是，如果放弃具体案件中对犯罪的控制会危及国家的和社会的根本利益时，刑事程序应顾及具体案件中对犯罪的控制。根本目的是维护宪法制度及其赖以巩固和发展的秩序。

论者之所以强调刑事诉讼的根本目的在于：明确刑事诉讼根本目的，并将各层次目的作为相互联系的事物，才能使刑事诉讼直接目的的两个方面发生冲突时有选择的方向，而不会失去权衡的基准，从而有利于根本目的的实现。刑事诉讼通过对具体案件的处理控制犯罪，维护刑法保护的具体犯罪行为侵犯的社会关系，通过具体诉讼活动中的人权保障，以维护法律赋予诉讼参与人的权利，进而维护了刑法、刑事诉讼法调整的某一方面的社会关系或制度。通过对上述某方面社会关系和法律制度的保障，实现刑事诉讼的根本目的。因此，我国刑事诉讼根本目的的实现，有赖于直接目的的实现。同时，刑事诉讼根本目的的实现，使实现直接目的的社会价值得到确认，因为只有有利于根本目的的实现，刑事诉讼直接目的的实现对设计者才有意义。[1]

第二种观点认为，自由和安全是刑事诉讼所追求的基本目标。所谓自由，就是不受约束，即个人可以不受他人控制地作出选择并开展活动。在英美法系刑事诉讼中，自由更多的是对被告人、嫌疑人个体权利的关注、强调。任何追求自由的刑事诉讼都必然设定诸多程序措施、原则来保障犯罪嫌疑人的合法权利。刑事诉讼追求自由目的的原因主要有以下两个方面：一是出于对作为主体的人的肯定和尊重，体现了近现代民主与法治精神的要求。二是由一定的政治结构和经济结构决定的。在近现代，与民主政治相联系的人民主权、权力有限和权力制衡原则，已经把个人自由提升到前所未有的高度。

在刑事诉讼中，维护安全主要表现在国家机关通过追诉犯罪，惩罚犯罪人的活动，保障现存社会秩序不因犯罪而处于紊乱无序状态，保护社会成员的财产安全和人身安全。安全作为刑事诉讼基本目的的原因有：首先，这是社会成员生存的不可缺少的基本条件。寻求安全是人与生俱来的本能与天性，这是由人的个体的脆弱性决定的。其次，这是社会存在和发展的必要条件。安全目的的实现途径有两个：一是适当限制公民个人权利；二是扩张国家机关的权力，增强其揭露、追究犯罪的能力。该观点还认为，自由和安全两种目的是相互对立的，但是，现代民主与法治精神要求刑事诉讼兼顾自由与安全两个目的。[2]

第三种观点认为，刑事诉讼目的是整个刑事程序的灵魂。目的不同，表明在刑事诉讼中保护的利益侧重点不同，体现出国家与个人之间在法律上的相互关系不同。资产阶级革命胜利以后，以三权分立和国民主权原则为基础，建立了分权制衡的民主宪政体制，国家与个人之间的关系发生了质的变化。这是基于政治国家与市民社会的分离而产生的程序，同时也是保障基本人权的重要程序。刑事诉

---

[1] 宋英辉：《刑事诉讼目的论》，中国人民公安大学出版社 1995 年版，第 72–80 页。

[2] 徐静村主编：《刑事诉讼法（上）》，法律出版社 1999 年版，第 19–22 页。

讼目的由纠问式刑事程序的惩罚犯罪的单一目的，转变为惩罚犯罪与保障人权并行的双重目的。这种双重性要求司法机关在公正地惩罚犯罪的同时，还应当注意遵守正当、合法的程序，防止公民的权利和自由受到非法或不当的侵害。因此追求惩罚犯罪与保障人权的统一，成为现代各国刑事诉讼的共同目的。

但在现实的刑事诉讼中，惩罚犯罪与保障人权却总是表现出明显的对立。这就要求立法机关和司法机关本着利益权衡的原则进行极为慎重的政策选择。至于如何选择，各国学者意见不一。有人主张惩罚犯罪优先，也有人提倡保障人权优先，还有人持折中观点，即在充分肯定和锐意追求一方面目的的同时，对于另一方面的目的也给予不同程度的关注。刑事诉讼中惩罚犯罪与保障人权的双重目的在本质上的静态统一，总是通过立法和司法机关在特定条件下的不同选择所反映出的动态对立而实现的。从世界范围内刑事诉讼制度发展的整体趋势来看，在惩罚犯罪过程中进一步尊重个人的正当权益，不断扩大和切实保障犯罪嫌疑人和被告人的法定权利，仍是中外学者公认的国际性趋势，以最小限度地侵害人权的代价，收到最大限度的惩罚犯罪的效果，是各国刑事诉讼发展过程中所孜孜以求的理想。[1]

第四种观点针对上面提到的双重目的论提出质疑，刑事诉讼目的双重论并没有能够准确地阐释现代刑事诉讼目的理论的本质特征，特别是把打击犯罪仍然作为刑事诉讼的首要目的，是对现代刑事诉讼目的理论的重大误读。该学者认为，双重论显然是有罪推定思想的延续和翻版，也是导致国家公共权力滥用及冤假错案不断滋生的罪魁祸首。评述双重目的论弊端的同时，该学者提出以正当程序保障人权为诉讼目的的范式的新刑事诉讼法学。首先，人权保障是刑事诉讼的核心目的，刑事诉讼法即为人权保障法。双重论根本性的缺陷在于，它把保障人权目的放置在打击犯罪这一首要目的的附属性地位上，实际上主张人权保障应当服务或服从打击犯罪目的，基本否定了保障人权目的的独立价值，这就从根本上颠覆了现代刑事诉讼的价值目标体系和理论基础。而现代刑事诉讼法的根基就是在刑事诉讼过程中通过规范国家公共权力，以公平与合乎正义的程序来充分保障犯罪嫌疑人、被告人及被害人等诉讼主体的宪法性基本人权。其次，正当程序同样是刑

[1] 樊崇义主编:《刑事诉讼法学》，法律出版社 2004 年版，第 30–37 页。

事诉讼目的，刑事诉讼法即是维护正当程序的限权法。现代刑事诉讼法学之所以把正当程序“提升”为刑事诉讼目的，并突出强调程序至上和程序正义的意义，主要原因可以归结为如下两个方面：一是刑事司法领域人权保障的现实需要；二是防范国家公共权力滥用的需要。最后，以正当程序保障人权，是对现代刑事诉讼目的范式准确且完整的描述。一方面，把人权保障目的置于刑事诉讼目的的核心地位，充分体现了刑事诉讼规律的要求和刑事诉讼法的时代特征，并且成为影响刑事诉讼立法和司法实践的决定性力量。另一方面，这一理论范式又不是一句空洞的口号，它通过构建完善的权力制衡机制和权利保障机制，确保刑事诉讼所追求的理想目标能够变为实实在在的现实效能。[1]

第五种观点对“惩罚犯罪，保障人权”的双重目的论提出质疑，认为“惩罚犯罪”作为我国刑事诉讼的两大目的之一，存在缺陷，刑事诉讼目的应当是“发现真实、保障人权”。[2]

第六种观点从刑事政策的视角分析了“惩罚犯罪与保障人权”二元论结构的缺陷，主张在倡导惩罚犯罪、保障人权的张力结构中，注入犯罪治理思想的新的司法理念。通过诉讼程序实现犯罪治理的思想，在很大程度上是刑事诉讼程序吸收现代刑罚理念的一种结果，也是刑事政策在诉讼程序中的一种贯彻。诉讼程序中贯彻犯罪治理的思想，有利于控制犯罪——不过是老生常谈的制度价值。例如，以被追诉人认罪为诉讼程序的运作前提，可以让其有机会忏悔并接受教化。无刑罚之“刑罚”，更有利于犯罪人的改造与回归社会，它可以把犯罪人在尽可能早的阶段从刑事司法的流程中解放出来，可以有效地避免经公权力机关之手所造成的犯罪人标签化以及妨碍其回归社会的障碍等。更有意义的价值是从刑罚的角度看，这样的程序设计改变了刑罚的方式、控制犯罪的方式。它可以“过程地控制犯罪”，即通过协商、交易，以被告人的同意为运作前提，在司法过程中就让犯罪人接受了制裁，这有利于实现刑罚目的。这也印证了“司法交易也是一种刑罚”的观点。因此，在某些诉讼程序中应该超越惩罚犯罪、保障人权的二元论，以恢复社会和谐为旨归的犯罪治理思想为指针，进一步整合诉讼目标，使诉

---

[1] 郝银钟：“刑事诉讼目的双重论之反思与重构”，载《法学》2005 年第 8 期。

[2] 李长城：“刑事诉讼目的新论”，载《中国刑事法杂志》2006 年第 1 期。

讼目的更加合理化，进而增强诉讼程序在保障法和平性方面的功能。但这种整合的名分并不重要，重要的是该理念是否有所体现。[1]

问题与思考

刑事诉讼目的是一个非常重要、非常复杂的问题。说它重要，是因为它涉及刑事诉讼法各个阶段的程序问题与各项重要制度；说它复杂，是因为它涉及更基础的专业学科，如哲学等。如何理解目的之含义、目的与价值的关系、目的与任务的关系、目的与认识的主体、客体的关系等，都是研究中需要注意的具有哲学意义的问题。此外，目的是否应该分为根本目的和直接目的两个层次等，如何对目的在观念形态与实践过程中的不同作用进行分析，也要求我们对哲学关于这些问题的研究有所把握。

刑事诉讼目的还是个实践意义极强的概念。刑事诉讼的许多具体制度、程序的设置与运作均与此相关。例如，之后我们将分别予以讨论的强制措施制度的根据、非法证据排除规则的基础、辩护制度的设置缘由等。

在研究刑事诉讼法的目的时，应当特别注意这个概念与刑事诉讼的目的之区别。由于目的是与主体的主观需要密切相关的概念，刑事诉讼的目的若只是诉讼中的部分主体的主观需要，那么，当其与其他主体的主观需要有差异，甚至于冲突时，应当如何确定？尤其是职权机关的主观需要与当事人的主观需要往往会不同，应当根据什么来确定刑事诉讼法的目的？因此甚至可以说“刑事诉讼的目的”是个难以确定的概念。然而，“刑事诉讼法的目的”则不同。两者不应混淆。这并不是玩文字游戏，如果不注意分辨两者的差异，许多问题的研究就会陷入困境。例如，职权机关决定采用强制措施的目的固然应是为了保障诉讼的顺利进行，但规定强制措施制度却不应以此为目的，否则，诸如为何要设置非羁押措施等问题，就难以理解了。显然，如果以“保障诉讼的顺利进行”为目的设置强制措施制度，那么，只要确定羁押这一种措施即可，而且不应为此规定期限——应

---

[1] 马明亮：“‘犯罪治理’作为刑事诉讼目的的若干思考”，载《法律科学（西北政法大学学报）》2006年第4期。

以诉讼终结为限。

在价值多元化的现代社会，刑事诉讼目的的多元现象是现代刑事诉讼发展的一个重要趋势。重要的是，每个国家、每个时代都应当因时制宜、因地制宜地确定刑事诉讼的二元或者多元目的，并设计相应的制度来实现这些目的，同时，需要协调好不同目的之间的关系。这应是我们进一步研究这个问题的目的。

三 参考文献

一、论文类

[1] 邓子滨．刑事诉讼及刑事诉讼法目的要旨［J］．中国社会科学院研究生院学报，2018（6）．

[2] 杨正万，杨影．刑事诉讼目的理论反思［J］．贵州民族学院学报（哲学社会科学版），2008（1）．

[3] 周标龙．从刑事诉讼目的角度看警检关系［J］．学术探索，2007（1）．

[4] 李长城．刑事诉讼目的新论［J］．中国刑事法杂志，2006（1）．

[5] 马明亮．“犯罪治理”作为刑事诉讼目的的若干思考［J］．法律科学（西北政法学院学报），2006（4）．

[6] 郝银钟．刑事诉讼目的双重论之反思与重构［J］．法学，2005（8）．

[7] 陈建军，喻永红．论我国刑事诉讼目的、价值的定位及其实现条件［J］．河北法学，2004（1）．

[8] 陈建军．刑事诉讼的目的、价值及其关系［J］．法学研究，2003（4）．

[9] 万毅．刑事诉讼价值评论［J］．法学论坛，2003（5）．

[10] 李富源，等．论刑事诉讼目的实现中的利益冲突与选择［J］．法学，1997（7）．

[11] 陈光中，宋英辉．我国刑事诉讼目的与审判结构之探讨［J］．政法论坛，1994（1）．

[12] CHRISTIANTO H.From Crime Control Model to Due Process Model：A Critical Study of Wiretapping Arrangement by the Corruption Eradication

Commission of Indonesia [J] .Padjadjaran Journal of Law，2020，7（3）.
[13] BOTTOMS A，TANKEBE J.Beyond Procedural Justice：A Dialogic Approach to Legitimacy in Criminal Justice [J] .The Journal of Criminal Law and Criminology，2012，102（1）.
[14] ZEDNER L，SECURITY.The State，and the Citizen：The Changing Architecture of Crime Control [J] .New Criminal Law Review，2010.
[15] FINDLRY K A.Toward a New Paradigm of Criminal Justice：How the Innocence Movement Mergers Crime Control and Due Process [J] .Texas Tech Law Review，2009，41.
[16] SMITH D J.The foundations of legitimacy [M] //TYLER T R.Legitimacy and Criminal Justice：An International Perspective. New York：Russell Sage Foundation，2007.
[17] DUFF P. Crime Control，Due Process and the Case for the Prosecution：A Problem of Terminology? [J] .The British Journal of Criminology，1998，38（4）.
[18] FITZGERALD R，ELLSWORTH P C.Due Process vs. Crime Control [J] . Law and Human Behavior，springer，1984（8）.

二、著作类

[1] 宋英辉，等 . 外国刑事诉讼法 [M] . 北京：北京大学出版社，2011.
[2] 田口守一 . 刑事诉讼的目的 [M] . 张凌，于秀峰，译 . 北京：中国政法大学出版社，2011.
[3] 宋英辉 . 刑事诉讼法学研究述评 [M] . 北京：北京师范大学出版社，2009.
[4] 宋英辉 . 刑事诉讼原理导读 [M] . 北京：中国检察出版社，2008.
[5] 松尾浩也 . 日本刑事诉讼法 [M] . 丁相顺，张凌，译 . 北京：中国人民大学出版社，2005.
[6] 林钰雄 . 刑事诉讼法 [M] . 北京：中国人民大学出版社，2005.
[7] 蔡墩铭 . 刑事诉讼法概要 [M] . 台北：三民书局，2005.

[8] 彼得·斯坦，约翰·香德．西方社会的法律价值［M］．王献平，译．北京：中国法制出版社，2004.

[9] 托马斯·魏根特．刑事诉讼法［M］．岳礼玲，温小洁，译．北京：中国政法大学出版社，2004.

[10] 丹宁勋爵．法律的正当程序［M］．李克强，等，译．北京：法律出版社，2000.

[11] 田口守一．刑事诉讼法［M］．刘迪，等，译．北京：法律出版社，2000.

[12] 土本武司．日本刑事诉讼法要义［M］．董璠舆，宋英辉，译．台北：五南图书出版有限公司，1997.

[13] 宋英辉．刑事诉讼目的论［M］．北京：中国人民公安大学出版社，1995.

[14] 贝卡利亚．论犯罪与刑罚［M］．黄风，译．北京：中国大百科全书出版社，1993.

[15] 黄东熊．刑事诉讼法论［M］．台北：三民书局，1991.

[16] 蔡墩铭．刑事诉讼法论［M］．台北：五南图书出版有限公司，1982.

第三章 程序公正与实体公正

【导读】

公正是司法的目标，而程序公正与实体公正则是司法公正的两个基本内容。人们对程序公正的认知与认同不同于实体公正，对两者的研究，既需要相互结合，也应根据其特点进行。研究程序公正应掌握其起源以及发展，了解相应的法律规定以及论述，进而掌握程序公正的内涵、外延，理解国内外学者对于程序公正的共识和不同解读；还要掌握程序公正存在的内在逻辑，譬如判决的可错性及超越实体公正的内在独特品质等。研究实体公正的关键，是掌握其内涵与外延，把握实体公正的两大要素，即事实的查明及实体法律的正确适用，进而明确实体公正的价值及其局限性。

研究程序公正与实体公正，需要掌握刑事诉讼的目的，注重程序公正与实体公正的关系，要了解绝对工具主义程序理论、相对工具主义程序理论、程序本位主义理论和经济效益主义程序理论的起源、内容及其代表人物，知悉刑事诉讼的目的价值观、过程价值观这两大观点及其各自的哲学渊源、局限性，特别要掌握程序公正与实体公正冲突时的价值选择，明确其孰轻孰重的价值选择直接决定着刑事诉讼程序和刑事诉讼制度的设计和运行。

公正历来被视为人类社会所追求的崇高美德和最高理想。对于公正的概念，《现代汉语词典》的解释是：公平正直，没有偏私；拉丁语中的用语是“justitia”；英语中的用语则很多，如“justice”“equity”“impartiality”等。在域外的传统哲学中，“公正”与“正义”几乎是可以混用的。正义作为人类社会生生不息的追求，从古希腊的柏拉图、亚里士多德到近现代的边沁、奥斯丁、凯尔森和罗尔斯，都对这一概念有过不同的论述和深入的研究。例如柏拉图认为：“政治家最基本的才能就是这一点——严格的公正。”[1] 对于何谓司法公正，中国法学界基本达成共识：“司法公正实际上包括两方面的内容，一是通过司法来实现纠纷的正确解决，即通常所说的结果公正或实体公正；二是指司法活动本身的运行要公正，即通常所说的形式公正或者程序公正。”[2] 但是，对程序公正和实体公正的内涵及其标准的理解以及两者的关系解读，不同时代、不同国家、不同流派，甚至不同的学者也会有不同的诠释，甚至存在激烈的争论。对这些问题的界定不仅仅是学术争论的重要话题，而且关系到立法活动和司法实践，因此必须予以厘清。

第一节　程序公正解读

法谚云：“公正不仅应当得到实现，而且应该以人们看得见的形式得到实现。”从公正到“看得见的公正”再到程序公正，三者的关系，以及我们为什么需要程序公正，这些关于程序公正的基本问题，需要进行深入研究。

有学者认为，从法律学的角度看，程序主要体现为按照一定的顺序、方式和手段来作出决定的相互关系。认为程序不能简单地还原为决定过程，因为程序还包含着决定成立的前提，存在着左右当事人在程序完成之后的行为态度，并保留着客观评价决定过程的可能性，而且程序没有预设真理标准。[3] 我们认为这种观点比较切合程序的内涵，不能将程序仅仅理解为作决定的过程，程序还包括作决定应当遵守的制度和原则，以及对此的评价。

---

[1] ［古希腊］柏拉图：《法律篇》，张智仁、何勤华译，上海人民出版社 2001 年版，第 165 页。

[2] 陈卫东主编：《司法公正与司法改革》，中国检察出版社 2002 年版，第 479 页。

[3] 季卫东：“程序比较论”，载《比较法研究》1993 年第 1 期。

英国普通法早期存在的“诉讼方式”（formsofaction）制度，以及罗马法中极为发达的“诉权”制度，清楚地表明人类社会早期的法律制度中仅存在程序法，而没有实体法或者没有较为完备的实体法。同时司法机构据以作出法律决定的程序本身也成了实体法产生和发展的源泉之一。[1]因此有学者认为：“程序是实体之母，或程序法是实体法之母。”[2]美国学者戈尔丁就认为，历史上最早的公正就是一种程序上的公正。[3]从历史角度看，程序公正确实是随着人类文明和法的发展逐渐发展起来的。

一、程序公正的起源

国内外学者一般都认为，程序公正的理念源起于英美法系。按照英国著名的法学家科克大法官的解释，程序正义的规范表述最早见于 1215 年英王颁布的《自由大宪章》，根据《自由大宪章》第 39 条之规定：“凡自由民，如未经其同级贵族之依法裁判，或未经国法判决，皆不得被逮捕和监禁，没收财产，剥夺法律辩护权，流放，或加以任何其他损害。”传统上，国内学者大多将其视为程序正义的出处，但也有学者提出了不同的看法。例如，陈瑞华教授就认为《自由大宪章》第 39 条并不是程序正义的起源，因为，作为一项理念应当具备完整的内容，第 39 条只是强调程序的合理性和正当性，程序正义应当起源于自然正义理念。[4]自然正义的理念起源于自然法，很早以来，自然正义的理念就一直被牢固地确立于英国司法制度中，是英国法治的核心概念。这一原则有两个基本要求：（1）任何人不得担任自己或者与自己有利害关系的案件的法官。（2）法官应当听取双方当事人的陈述。这两项原则是法官解决纠纷时所要遵循的最低限度程序公正标准。据考证，在司法程序中，最早使用“自然公正”一词的是英国的普拉特法

---

[1] 陈瑞华：“程序正义论纲”，载陈光中、江伟主编：《诉讼法论丛（第一卷）》，法律出版社 1998 年版，第 20 页。

[2] ［日］谷口安平：《程序的正义与诉讼》，王亚新、刘荣军译，中国政法大学出版社 1996 年版，第 8 页。

[3] 张文显主编：《法理学》，法律出版社 1997 年版，第 329 页。

[4] 管宇：“程序正义现代进路”，载《政法论坛》2008 年第 5 期。

官，他在“国王诉剑桥大学案”中评论道：该会议在对他进行与之不利的指控、降低其资格的时候拒绝听取他的申辩，这与自然公平是不相容的。[1] 而首先对正当程序进行规范化表述的法律文件当推1354年英国国会通过的《伦敦威斯敏斯特自由律》第3章第28条之规定：未经法律的正常程序进行答辩，对任何财产或者身份的拥有者一律不得剥夺其土地或住所，不得逮捕或监禁，不得剥夺其继承权，或剥夺其生存之权利。

英国普通法上的程序正义观念在美国得到继承和发展，但是原来的自然公正观已经被正当程序观所取代。“正当法律程序”在美国最先出现在1787年纽约州的法律，其中有这样的表述：除非依照“正当法律程序”，否则，任何人都应得到保证其不被剥夺特定的权利。1791年12月15日批准的《美国宪法修正案》（权利法案）中的第五修正案规定：“非依法律正当程序，不得剥夺任何人的生命、自由或者财产。”此后，1867年的第十四修正案又将其扩大到州的诉讼。根据美国学者和联邦最高法院的解释，正当法律程序可分为“实质性正当程序”（substantive due process）和“程序性正当权利”（procedural due process），其中前者是对联邦和各州立法权的一种宪法限制，它要求任何一项涉及剥夺公民生命、自由或者财产权的法律不能是不合理的、任意的或者反复无常的，而应符合公平、正义、理性等基本理念；而后者则涉及法律实施的方法和过程，它要求用以解决利益争端的法律必须是公正、合理的。美国权威的《布莱克法律词典》认为：程序性正当权利的中心含义是指：“任何权益受判决结果影响的当事人都享有被告知和陈述自己意见并获得庭审的权利……合理的告知、获得庭审的机会以及提出主张和抗辩等。”[2]

程序正义的观念在英美法系中出现和发展并不是偶然的现象。按照日本学者谷口安平的解释，英美法中之所以产生这一观念与以下三个因素有关：首先，是当事人主义诉讼结构以及由其所孕育的陪审团裁判制度。由一般市民组成陪审团，当事人在陪审团面前进行对抗和辩论，胜负由陪审团裁判，而且陪审团的评议不提示理由只给出结论，在这样的制度下，结果是否真正合乎客观真实已然无

---

[1] 肖建国：《司法公正的理念与制度研究》，中国人民公安大学出版社2006年版，第90页。

[2] H.C.Black，Black's Law Dictionary，West Pubblishing Co.1979.p.1083.

从检验，只能通过程序的正确性来间接地支持结果的妥当性。其次，是先例拘束原则。先例拘束原则是指诉讼参与人在过去无数已经审判过的案件中找出与现在审理的案件相类似的先例。先例拘束原则是关于法律适用的原则，其前提在于当事者（主要是其律师）尽量找出有利于己方的先例，并通过辩论说服法官予以采用。最后，衡平法的发展。衡平法是在当事人无法获得普通法救济时，法官运用自由裁量权对案件作出适当的决定而发展而来的法律规范，当然，在这里保证结果“正确”的仍然是程序。[1] 在以上三个因素的影响下，英美法系形成了重程序的传统。

关于程序正义与正当程序的关系，在谷口安平看来，在英美法系里，满足正当程序要件的程序才是合乎程序正义的程序，反过来说，合乎程序正义的程序就是正当程序。

二、程序公正的内涵

域外对程序公正的研究的共同点在于，他们都认为法律程序是为保障一些独立于判决结果的程序价值而设计的，这些价值有参与、公平以及保障个人的人格尊严等。[2] 例如，戈尔丁认为程序公正的标准包括如下九方面的内容：第一，与自身有关的人不应是法官；第二，结果中不包含纠纷解决者个人的利益；第三，纠纷解决者不应有支持或反对某一方的偏见；第四，对各方当事人的意见均应给予公平的关注；第五，纠纷解决者应听取双方的论据和证据；第六，纠纷解决者应只在一方在场的情况下听取另一方的意见；第七，各方当事人都应得到公平机会来对另一方提出的论据和证据作出翻译；第八，解决的诸项条件应以理性推演为依据；第九，推理应论及所提出的所有论据和证据。罗尔斯认为，社会基本结构是正义的主要问题，而其首要的分配问题是基本权利和义务的分配，是社会和经济的不平等以及以此为基础的合法期望的调节。罗尔斯提出并分析了程序正义的三种具体形态：第一种是“完善的程序正义”，是指在程序之外存在着分配是

---

[1] ［日］谷口安平：《程序的正义与诉讼》，王亚新、刘荣军译，中国政法大学出版社 1996 年版，第 4-5 页。

[2] 谭世贵主编：《刑事诉讼原理与改革》，法律出版社 2002 年版，第 27 页。

否公平的独立标准，而且设计一种保证达到预期结果的程序是可能的，典型的例子就是公平分配蛋糕。为了保证每个人分配到公平的蛋糕，最好的办法就是让一个人来划分蛋糕并得到最后一份，其他人都被允许在他之前拿。这样他将平分这块蛋糕，因为只有如此他才能确保自己得到可能有的最大一份。第二种是“不完善的程序正义”，是指存在一种衡量结果是否正确公正的独立标准，但是却没有可以保证达到它的程序，典型的例子就是刑事审判。在刑事审判中，只要被告犯有被指控的罪行，他就应当被宣判有罪，这是判断结果是否公正的标准，但是即使法律被仔细遵守，过程被公正恰当地引导，还是有可能达到错误的判决结果，即一个无罪的人可能被判有罪，一个有罪的人却可能被判无罪。第三种是“纯粹的程序正义”，是指不存在对正当结果的独立标准，而是存在一种公正或公平的程序，这种程序若被人们恰当地遵守，其结果也会是正确或公平的，无论它们可能会是什么样的结果，典型例子就是赌博，如果赌博的程序是公平的，在公平条件之下自由地进入，那么无论赌博后的现金怎么分配都是公平的。[1]

同罗尔斯一样，戴维·米勒也对结果正义与程序正义的关系进行了阐述。他指出程序正义是重要的，有时其重要程度甚至凌驾于结果正义之上。就程序正义的重要性而言，戴维·米勒认为：“人们是怎样被分配机构对待的与他们最终得到的利益（或负担）同样重要。的确，我们对程序公平的许多关切都能由我们避免不公平的结果的愿望得到解释。”他也承认，有一些例子“表明，对我们来说，程序本身可以具有一些性质，这些性质可使得程序产生超越和凌驾于它们产生实质正义结果的倾向”。这些性质包括：（1）平等。“一种公平的程序要求对正在分配的物品具有自明的要求的每个人都应得到平等的对待。这首先意味着形式的平等，也说明了为什么程序正义要特别强调遵循规则的重要性，后者恰恰是为保护申请者免遭由那些操作程序的人所代表的偏袒和专断行为的侵害服务的。”法律适用上的平等，是一项特别重要的宪法原则，足以证明平等对待的重要性。（2）准确。“一种公平的程序必须努力去揭示与所进行的分配相关的全部信息。‘对公平的这种理解存在于诉讼双方的声音都应当被倾听，即使裁判似乎

[1] ［美］罗尔斯：《正义论》，何怀宏、何包钢、廖申白译，中国社会科学出版社1988年版，第84–87页。

是显而易见的’这个古老的法律箴言之中，人们不但想要正当的结果，他们还想要那些确定结果以正当方式达到的因素，即注意到了所有相关的事实。”在刑事诉讼中，给予控辩双方收集有利于本方证据的权利、在法庭上允许他们充分举证辩论，都体现了这一要求。（3）公开。“一种公平的程序必须是一种开放的程序，在其中运用的规则和标准对运用它们的人们而言是透明的。”反之，进行暗箱操作，就无法使人们理解为何他们得到或者没有得到裁判的利益，裁判者也可以上下其手，从而使裁判失去公众的信任和实体的公正。（4）尊严。进行程序运作，接受者的人格必须得到尊重。“在公共生活中得到遵循的程序也许会一方面增强人们对他们自己作为平等的公民的理解，要不然在另一方面就会导致某些群体感到被贬低或被侮辱。”“也许有些程序原则上会产生正义的结果，但是为了达到这些结果，接受者的人格尊严就会受到侵犯。在刑事诉讼中存在着一些方法可以获得证明力较强的证据，但对受其影响的人们来说，这些方法是卑鄙的。例如，强迫洗胃可以用来发现那些涉嫌服用不法药品”，这种做法应当被禁止，即使由此途径能够发现事实真相。[1]

在我国，关于诉讼公正的讨论，始于对实体法与程序法的关系的质疑。学界对实体法与程序法的关系的认识主要经历了两个阶段：第一个阶段，将实体法与程序法的关系定位于前者为主、后者为从的主从关系；第二阶段，将实体法与程序法的关系视为同等重要的关系。[2]

关于程序公正的概念，大多数国内学者并没有从正面给程序公正进行准确的界定，只是提出了程序设计应当具备的公正标准。有学者单纯从刑事诉讼法的角度认为，程序公正的具体要求是：（1）严格遵守刑事诉讼法的规定。（2）认真保障当事人和其他诉讼参与人特别是犯罪嫌疑人、被告人、被害人的诉讼权利。（3）严禁刑讯逼供和以其他非法手段取证。（4）真正实现司法机关依法独立行使职权。（5）审判前程序尽量透明，审判程序公开。（6）审判程序中，控辩双方平等对抗，法庭居中裁判。（7）按法定期限办案、结案。[3]有学者认为，公正的司法程序应包括以下三个要素：（1）中立性。中立性在本质上是对裁判主体提出的

---

[1] 张建伟：《刑事诉讼法通义》，北京大学出版社 2016 年版，第 79 页。

[2] 谭世贵主编：《刑事诉讼原理与改革》，法律出版社 2002 年版，第 28 页。

[3] 陈光中主编：《刑事诉讼法》，北京大学出版社、高等教育出版社 2005 年版，第 12 页。

要求：裁决主体在对立和冲突的诉讼各方之间采取不偏向任何一方的立场、态度和行为。具体要求可以从以下几个方面来理解：裁决者不能代行诉讼当事人的权利义务；整体上，裁决活动不得偏向诉讼任何一方；裁决活动不应压抑双方当事人的诉讼活动。（2）平等性。平等性是指纠纷各方当事人在诉讼中的法律地位完全平等，彼此都拥有相等或对应的诉讼权利和义务。（3）充分性。当事人应当具备充分的攻击和防御手段和有充分的机会行使上述手段以维护自己的合法权益，并且裁判者对双方当事人的诉讼活动和意见予以充分的尊重。[1]也有学者在综合考虑罗尔斯的程序正义三种形态后，发现它们背后贯穿这样一个基础性思想：利益主体参与程序并自主行使权利足以确立程序结果在道德上的可接受性。这也是为什么虽然三种形态的程序结果的差异很大，但罗尔斯仍然认为该程序是正义的。该学者将这种观念引入刑事诉讼中，认为程序正义的最基本要求是：与诉讼结果有利害关系或者可能因该结果蒙受不利影响的人，都有机会参与到诉讼中，并得到提出有利于自己的主张和证据以及反驳对方提出的主张和证据的机会。该学者进一步指出，刑事诉讼中的程序正义包括如下几点：（1）获得听审的机会。获得听审的机会被认为是公正的刑事审判的基本要求。获得听审机会主要包括以下权利：获得充分告知的权利，在合理的时间内举行公开的审判，律师帮助权，审前开示权，传唤证人和质证对方证据的机会，无罪推定，反对自我归罪，禁止双重危险，上诉权等。除此之外还包括两个没有明确承认为宪法权利的重要原则，一个是判决必须根据法庭上提供的信息作出，另一个是制作法庭记录的原则。（2）法官公正。独立与公正的审判者是程序正义的一个基本要求。法官公正的实现首先要确保裁判者对诉讼结果不存在个人利益或者怀有偏见；其次要保证裁判者独立——不受裁判者以外的人或组织的控制以及不在审判过程中兼行不相容的职能；最后要禁止单方面联络。如果非当事人与裁判者单方面联络，那么裁判者的独立性就会受到影响，如果当事人与裁判者单方面联络，这种联络不仅会使法官产生个人偏见或者对案件事实产生偏见，而且会使另一方当事人失去反驳对方证据的机会，也会对法官的公正形象产生不利影响。（3）判决理由。为什么要裁判者陈述事实认定和法律结论的理由呢？原因在于：第一，可以防止专断；

---

[1] 左卫民：《刑事程序问题研究》，中国政法大学出版社 1999 年版，第 36–38 页。

第二，有助于保证判决实际上是基于笔录中记载的证据而不是其他的证据材料；第三，便于进行有效的司法审查；第四，对判决理由的陈述可以防止错误或者不正确的判决；第五，人们会了解为什么会作出这样的判决，使当事人更好地作出安排；第六，陈述判决理由会使判决更趋于一致；第七，理由陈述可以增加判决的可接受性。（4）形式正义。这包括两方面的内容：一是遵循先例原则；二是遵守规则，即按照一个或者一套既定规则的规定进行判决。[1]此外，有学者从刑罚权的角度对程序公正进行了界定，认为合理设置一种规则以实现国家刑罚权的合理运作是程序公正的关键，而实现刑罚权合理运作应当考虑的基本原则就是防止权力腐败以及有利于法官作出正确判决，包括如下要求：起诉权与审判权分立与制衡是刑事司法程序公正的第一步；辩护权与起诉权的直接制衡和辩护权对审判权的间接制衡；设置一种有利于法官实事求是听取意见的程序氛围或者环境。同时需要对起诉权、辩护权和审判权三方关系进行合理塑造以形成控辩平等对抗与法官中立的理想诉讼结构模式，这是刑事司法程序公正的核心内容。当然，实现刑事司法公正的措施还包括回避制度、公开审判制度以及防止法官先定后审的“起诉状一本主义”等一些附属内容。[2]有的学者从最低限度程序公正标准角度认为：程序公正应遵循程序参与原则、裁判者中立原则、控辩双方程序对等原则、程序理性原则、程序自治原则、程序及时原则和终结原则。[3]

综上可知，国内外学者对程序公正的内涵基本能达成共识，只是在表述上存在或多或少的差异。

三、程序公正的内在逻辑

谷口安平认为：“在实体公正被相对化、纠纷所涉及的关系越来越复杂的当代社会中，以利害关系者的参加和程序保障为中心内容的程序公正理念，在其固有的重要意义基础上获得前所未有的重要性，这也是我们必须更加重视程序的理由。”对此，他进一步分析道，随着社会发展，出现了许多新的不同于以往的新

---

[1] 宋英辉主编：《刑事诉讼原理》，法律出版社 2003 年版，第 40-55 页。

[2] 马贵翔：《刑事司法程序正义论》，中国检察出版社 2002 年版，第 13-15 页。

[3] 陈瑞华：《刑事审判原理论》，北京大学出版社 1997 年版，第 61 页。

的纠纷，特别是出现了涉及大量利害关系者的公共政策发生争议并要求法院对此作出裁判的新型纠纷，如选举区的代表比例问题、核电站的安全问题、文部省检定学校教科书的当否问题、石油的涨价问题等，在这些问题被提交法院时，“审判的正当性”就成为问题，因为法院在处理这些问题时并没有以事先存在的实体法作为判断的基准。这种情况下，不得不向程序本身寻求正当性的依据。也就是说，即使没有事先存在的实体法或者存在的规范并不清楚完整，而当事者双方积极地提出证据和主张，当事者和法官围绕这些证据和主张进行认真对话，通过这样一种具有透明度和可视性的程序过程来逐渐实现并获得客观性是可行的。这就是所谓的从程序中产生实体规范的过程实现正当化的机制。❶

也有的学者认为，程序公正问题的产生需要从判决的可错性谈起。单从认识论意义上看，判决偏离事实真相的情况有两种可能：有罪而错定无罪和无罪而错定有罪。对此，我们如何解释它的正当性问题呢？实际上，在上述情况下，我们可以通过程序正义来对判决的正当性作出解释。首先，事实认定过程离不开裁判者的主观判断。由于法律规定难以穷尽各种各样的事实状态，而且裁判者也只能在事后凭借自己的知识、经验和价值进行判断，事实认定正确与否缺乏一个客观的评价标准并且有可能发生错误，其自身的正当性只能来源于程序的公正性。其次，法律实施过程离不开价值判断。在法的适用领域，总有些法律的适用是依赖于适用者的价值判断的，特别是在法的解释方面。在一个一元价值观的社会里，判决的正当性取决于是否符合该价值判断。而在一个多元价值观并存的现代社会里，单纯的某种价值观已经很难获得社会成员的普遍接受，这时候程序的地位就开始凸显。再次，法律的适用过程离不开自由裁量。自由裁量权的本质在于执法者对法律或者程序的选择适用权。而没有程序保障的自由裁量权，是很容易被法官滥用的；即使法官没有滥用，其判决的可接受性也会备受质疑。最后，程序的正义性也可以满足诉讼当事人的人格要求，使诉讼具有公正、民主、文明、进步的外观，促进判决的可接受性。❷

另有学者强调程序正义具有超越刑事实体正义的内在优秀品质。原因如下：

---

❶ ［日］谷口安平：《程序的正义与诉讼》，王亚新、刘荣军译，中国政法大学出版社 1996 年版，第 20–22 页。

❷ 宋英辉主编：《刑事诉讼原理》，法律出版社 2003 年版，第 35–38 页。

第一，刑法作为实体法，其本身存在依靠自身无法克服的固有缺陷，故而需要程序补救。实体法的一个普遍性缺陷就是它自身存在很高程度的不确定性，刑法不可能把犯罪的内涵与外延规定得天衣无缝，也不可能对每一个案件的证明标准都作出详尽的具体描述，刑法规定所存在的这种固有缺陷是靠刑法自身难以解决的。正如谷口安平所说："我们的世界已变得越来越错综复杂，价值体系五花八门。常常很难就实体上某一点达成一致。一个问题的正确答案因人而异，因组织而异。程序是他们唯一能达成一致的地方，而且他们能达成一致的唯一程序是能保证程序公正的程序，因为他们一旦同意了程序，则无论是何种结果，都必须接受所同意的程序带来的结果。"第二，国家刑罚权的产生与运作的必然性直接昭示了刑事司法程序正义取代刑事实体正义的必然性。从理论上讲，上述刑法的固有缺陷所引起的刑法实施上的困难与纷争直接促成了立法者用立法形式确立国家刑罚权，其直接目的在于把收集证据、认定事实和确立刑罚的权力交给国家的司法机关统一行使，以图用权力来消除纷争与偏见。国家刑罚权的科学运作是一个侦查、起诉、辩护与审判都合乎理性的程序运作过程，有利于从实质上保证判决结果的正确性；刑罚权的运作过程本身又是一个有规则的、看得见的程序操作过程，这个过程具有向当事人和社会宣示正义的作用。宣示作用在于让社会公民和当事人亲眼看到程序的运作过程公正无私，否则，案件的判决即使是正确的，也会引起社会和当事人的种种猜疑；实质保障和程序宣示使得刑罚权的合理运作过程变成了一种能最大程度保证实体公正得以实现的可把握和可操作的程序公正过程，由此，程序公正便替代了实体公正。程序法的价值首先体现在根据经验、逻辑把一些有利于查明案件真相，有利于作出正确判决的实质性方法用法律的形式固定下来。这意味着，只要国家刑罚权的运作正常进行，就可以保证实体公正得到实现，也就可以避免人们因单纯追求实体公正而导致的更多冤假错案出现的那种无序或混乱状态。程序公正的可操作性使得程序公正彻底摆脱实体公正而变得独立，这使得人们可以把追求看得见的程序公正作为可把握的、固定的、简捷的目标追求。[1]

就程序正义的实践价值而言，有学者指出，对程序正义的评价一贯成为使人

---

[1] 马贵翔：《刑事司法程序正义论》，中国检察出版社 2002 年版，第 10-13 页。

们形成对法律机构之体验的中心评价因素。结果就是，警察和法院可以通过程序性机制使居民感到警察和法院以公平的方式在行使权力，促进其权力行使结果的合法性和可接受性。什么可以促进合法性？研究同样表明，公众对于权力机关行使其权力的方式——程序性正义十分敏感；对合法性的看法深深地植根于对警察和法院在对待社区成员时是否公正的评价方面。正如汤姆·泰所指出的：以前存在的权威对于人们在与警察和法院打交道的过程中形成的特殊经验的评价也起着十分重要的作用。如果人们认为法律机构是合法的，则在他们碰到这些机构的人员时更有可能因为其行为公正而与之合作。这就使得特定的警察或法院官员在实施规则的程序性策略时更为简便。换句话说，以前的一般观念可以促进或阻碍特定法律机构制定规则以调整社会行为的努力。因此，法律机构能够通过程序的公平获得公众的信服。如果它们能够做到这一点，它们就建立起了自己的权威性，也就使其以程序为基础的社会调整有可能在将来更为有效。如果它们不能做到这一点，它们就不得不实现从以程序为基础的规制向以暴力和惩罚为基础的规制的转变，也就较少有能力使人们感到它们的行为是公平的。这将葬送其权威性并使其在将来运用以程序为基础之规制的有效性受到影响。与此同时，美国的民意测验也显示，在公众对司法不满意的项目中，公众对纠纷解决程序之公平与否的感觉最终决定着公众对它的信任程度。例如，尽管公众对诉讼的高费用和慢速度均表示不满，但是这些均不是首要的因素，而只有法院的程序公平才是决定公众对法院是否信任的首要因素，这就是可接受性。[1]

当然，也需要认识到程序公正的局限性：法律为人们的活动所设定的条件都是形式的，所有的人在这些条件面前都是平等的。然而这仅仅是抽象的平等，事实上，由于财产、地位、身份的差异，这种形式上的平等条件掩盖了人与人之间诉讼参与能力的差异。在这种体制下，能够支付高昂诉讼费用的被告人自然会获得更好的辩护。在对抗制的刑事诉讼程序框架下，可能有一些人或阶层会成为天生的弱者，他们雇不起律师，支付不起高昂的诉讼费用，公正合理的程序对他们来说像一道“门”，虽然可以看见门内的公平，却只能“望门兴叹”，成了程序公正的牺牲品。

---

[1] 易延友：《刑事诉讼法》，法律出版社 2008 年版，第 39 页。

第二节 实体公正解读

刑事诉讼法领域的实体公正可以从很多角度去解读。有学者主张，一般认为实体公正有自然法意义上的实体公正和实证法上意义上的实体公正之分。“各得其所、互不侵犯”“坚持正义、避免非正义”“给予每个人其应得的东西”，表达了自然法意义上的实体公正观点。而实证法意义上的实体公正，是指符合实体法正义的实体公正，其实现取决于实体法上规定的权利义务是否被现实地予以实现。但是，实证法意义上的实体公正首先需要满足自然法意义上的实体正义标准，即最低的道德准则，且要求实体法本身对权利义务的规定具有合目的性。刑事诉讼的主要目的之一是通过侦查发现案件事实真相，依据事实和法律确定被告人是否构成犯罪，构成何罪，以及罪之轻重，从而最终确定是否适用刑罚或适用刑罚之轻重。这意味着实体正义的本质内涵应该是追求查明案件真相达到罪、责、刑相适应的目标。同时，在刑事诉讼中，由于被追诉人处于弱势地位，人身自由常常受到限制，其人身权与财产权很容易受到国家权力的侵犯。只有给予相应的保护，才能真正实现实体公正的要求。保护被追诉人的人身权与财产权是实体正义本质内涵的延伸。[1]有的学者认为实体公正是指审判结果的公正性，其本质就是把实体规范所确立的一般公正转化为对个人、个别案件的公正，即一般公正的个别化、具体化、实定化。[2]也有学者认为对实体公正可以从两种意义上理解：一是立法者对人们实体权利和义务的公正分配，反映了实体法的价值目标，这是实体一般公正，即“公正的法律”；二是指司法者或执法者根据实体一般公正的要求，通过在诉讼程序中行使自由裁量权而达到公正的裁判结果，这是实体个别公正，即“公正的判决”或“法律的公正实施”。前一种意义的实体公正属

---

[1] 冀祥德：《控辩平等论》，法律出版社 2018 年版，第 89 页。

[2] 李修源：《司法公正理念及其现代化》，人民法院出版社 2002 年版，第 60 页。

于实体法的研究范围，司法上的实体公正通常是指实体个别公正，即裁判结果对于实体一般公正的追求和趋近。实体个别公正必须是法官经由诉讼程序作出裁判而达成，因而表现为裁判结果的公正或“结果公正”。裁判结果的公正往往依赖于许多因素，其中最重要的是裁判的大前提，即公正的法律。[1] 如果大前提错误，即使有公正的程序，也很难达到结果的公正。

一、实体公正的要素

公正的裁判结果是法院或法官通过整个诉讼过程所要达到的一种理想结果，即法院“给予每个人以其应得的对待”。它主要表现在事实认定和法律适用两个方面，二者构成了裁判结果公正的标准，任何一项裁判必须符合这两项公正标准，否则便违背了结果公正的要求。正如日本学者团藤重光教授所言：“在实体方面，把明确案件事实真相、准确地适用刑罚法令作为目的。刑罚权的实现，首先在内容上必须正当和公平，这是以正确认定事实（实体真实主义）和正确、公平地适用法令及量定刑罚为条件的。”[2]

（一）事实的查明

事实是什么？按照最通常的解释，“事实是事情的真实情况”。然而这一解释却是从最普遍的意义上讲的，就刑事诉讼这一特殊领域来说，事实却表现为三种不同的样式：一是作为记录犯罪过程的事实，可以简称为“犯罪事实”，其信息内容客观地注入了由犯罪行为所产生的物品、痕迹或反映现象，它是唯一的、不可替代的。二是作为犯罪证明过程中的事实，即程序主体用以进行逻辑推理，进行主观理性思维过程中所运用的事实，可以简称为“案件事实”，其信息内容是各程序主体根据证据所推导出来的。因此，由于程序主体所运用的证据不同，认识问题的角度不一样，案件事实也往往表现为不同的样式，同一个案件中，控方可能得出被告人犯罪的结论，辩方则可能得出被告人没有犯罪的结论。三是作为定案根据的事实，即法院据以进行裁判的事实，可以简称为法律上的事实，其信

---

[1] 肖建国:《司法公正的理念与制度研究》，中国人民公安大学出版社 2006 年版，第 53 页。

[2] 肖建国:《司法公正的理念与制度研究》，中国人民公安大学出版社 2006 年版，第 60 页。

息内容是由审理案件的法官在控辩双方进行充分陈述和辩论的基础上，从各种信息交流中所总结出来的事实，法律上的事实是以国家强制力保障其获得普遍接受的事实，不管它同犯罪事实之间发生多大的冲突，都必须以法律上的事实作为裁判的依据，只有这样才有可能维持司法的权威。❶

事实认定是法律适用的基础。事实是司法过程中司法机关审理案件的基本依据，离开案件事实，即使有再好的程序，司法判决也不可能公正。理论上判决所依据的事实，应当是客观真实的事实，即事实真相。但是，司法活动具有滞后性，往往是事件发生以后才进入司法程序的，司法机关只能凭借事件发生时留下的证据来发现和推断案件事实，并作出自己的认定。因此，进入司法程序的事件表现出两种形态：一是司法机关根据证据规则认定的事实，被称为“形式真实”或“法律真实”；二是事件发生的本来面目或本来事实，被称为“实体真实”或“客观真实”。❷

在诉讼中法官认定的事实究竟为实体真实还是法律真实，学者们对此有不同的理解。

一种观点认为，法官认定的事实为实体真实，即实体真实主义观。这种观念是大陆法系国家职权主义诉讼模式产生的原因，在职权主义模式下法官可以根据案件的需要，主动调查证据、讯问或询问当事人。在此种模式下，刑事诉讼中的侦查机关、检察机关和审判机关属于一种互相配合的关系，因此对于发现案件的客观真实情况，特别是对于打击犯罪更为有利。但是由于对国家机关的权力没有约束和限制，不重视保护刑事诉讼被告人的权利，有时候也容易造成对事实真相的掩盖。从形式上看，法院的“中立”地位不明显，诉讼过程有欠民主，不符合现代司法理念的要求。❸

也有一种观点认为司法活动追求的是法律真实，即法律真实观。这种观点的理论依据在于：（1）当事人的举证、质证活动不能保证发现客观真实。在趋利心理的驱使下，当事人陈述案件时只说对自己有利的部分，隐瞒或歪曲对自己不利的部分；提供证据时专挑对自己有利的材料；与证人恶意串通；唆使证人作伪证

---

❶ 汪建成：“论刑事诉讼程序”，载《法学评论》2000 年第 2 期。

❷ 李修源：《司法公正理念及其现代化》，人民法院出版社 2002 年版，第 61 页。

❸ 李修源：《司法公正理念及其现代化》，人民法院出版社 2002 年版，第 65-66 页。

等情况多有发生。况且在西方当事人主义诉讼模式下，当事人的事实主张和证据提供对法院具有约束力。出于种种原因，当事人可能不主张客观存在的事实，不提供有关证据材料，甚至可能承认对方主张不存在的事实。在上述情况下，法院难免会作出错误的事实判断。（2）法官的认知能力、经验积累、知识构成和情感禀性等方面的差异，也不能保证查明事实真相。尤其是法官的认识能力要受到诉讼期限的限制，裁判必须在一个相对较短的时间内作出，这使法官不可能无限探求案件的客观真相。[1]英美法系国家多奉行法律真实观，并建立起对抗制审判方式，在这种审判方式下，当事人享有充分地参与诉讼的权利并处于完全平等的诉讼地位，法官则处于超然、消极的地位，事实的查清，完全由当事人通过证据的展示，采取交叉询问的方式展开，因此更体现了法官中立、当事人地位完全平等的现代司法理念。但在这种诉讼模式下，法官过于消极，即使认为当事人在某一事项上有忽略，而可能导致事实不清，也不能依职权调查，在一定程度上失去对法庭审判进程的“控制”，使得听审有时成为辩护律师的一种“表演”，从而不利于对事实真相的查清。这种法律真实观对英美法系国家的证据观也产生了重要影响，英美法系国家认为，证据和程序的合法性是“法律事实”的前提，因此，对通过违法方式收集的证据，一律排除其效力，不得作为定案的依据。典型的例子就是美国的“米兰达规则”。[2]

总之，法官对争执事实的真实再现，是建立在证据基础上的对案件事实的认识。“客观真实说”仅把诉讼视为一种单纯的认识活动，并且把这种以恢复过去发生的事实真相为目标的认识活动绝对化，排除了程序内在价值存在的可能性和必要性。但是，通过诉讼程序再现事实，并非是“那种作为物自体而存在的事实真相，法官只能根据他听证或获得关于事实的印象而判定。而且由于人类认识能力的局限性和时间的不可逆性，任何案件事实都无法完全恢复其本来状态。因此用“法律事实”或“形式真实”来说明法院裁判中再现的事实也许更为科学，因为如果客观真实不通过一定的法律形式，就不能产生法律上的后果。证明就是在程序中实现客观真实向法律真实的转化。依照程序公正的要求，诉讼中所再现的

---

[1] 肖建国:《司法公正的理念与制度研究》，中国人民公安大学出版社 2006 年版，第 63 页。

[2] 李修源:《司法公正理念及其现代化》，人民法院出版社 2002 年版，第 65–66 页。

冲突事实必须合乎法律的形式规定，并且受制于法律评价，在此基础上所认定的法律上的事实，才是评价实体公正与否的标准之一。[1]

（二）实体法律的正确适用

正确地适用实体法是实现司法公正的当然内容，但是在如何正确地适用实体法上，却存在两种不同的态度：一种观点是法官在司法过程中严格适用法律规则判案，完全排除法官的自由裁量的因素，因为人们认为立法可以穷尽所有需要调整的社会关系，法官就像孟德斯鸠所说的“自动售货机”一样，不要求有任何的创造性和能动性，即在法律适用过程中法官没有自由裁量权和司法解释权；另一种观点认为，法官在司法过程中既要遵守现行法律的规定，又要恰当地运用其知识、经验、价值判断，对法律规范进行选择、分析、解释直至创造，以实现个案的公正处理，因此必须赋予法院或者法官一定的依公平正义进行裁决的权力，也就是所谓的“衡平权”，将衡平原则运用到具体的诉讼过程中，要求法官在严守法律规则的前提下，应当享有一定的司法能动性和创造性，主要表现在法官自由裁量权和司法解释权的行使上。[2]

1. 实体法的正确适用与自由裁量权

一般认为，司法自由裁量权是指法官不拘泥于既有的法律规范，而是根据公正、合理原则就案件事实的认定和法律的适用视具体情况酌情自由决定的权力。在英美法系中，司法自由裁量权的出现是衡平法对普通法的一大特殊贡献，它是法官传统上所固有的权力，给予法官某些决策方面的选择。英美法系国家法官的自由裁量权较大，法官就某一案件适用法律时，有根据案件事实来调整所适用法律的一定权力，如果立法者制定的法律不适用，法官可以略作改动，使之与案件事实相符，当处理案件所适用的法律是一个或几个前任法官所作的判例时，这种权力就更大。在大陆法系国家中，因缺乏衡平法体系的保障，司法自由裁量权受到立法的严格限制，大陆法系国家的法官必须按照立法者划定的框架处理案件，如果案件事实与法律所设定的框架不相符，只能牺牲事实的某些因素以求达到与法律相一致。

---

[1] 肖建国：《司法公正的理念与制度研究》，中国人民公安大学出版社 2006 年版，第 74 页。

[2] 肖建国：《司法公正的理念与制度研究》，中国人民公安大学出版社 2006 年版，第 76–77 页。

法官拥有自由裁量权的原因是多方面的：首先，实体法具有普遍性、一般性的特点，难以确切无疑地预见生活中的各种具体情况，自由裁量可以缓和或消弭法律规范的僵硬性与现实生活的流动性之间的矛盾；其次，实体法体系过于庞杂，以至于难以完全实施，有时候法律条文相互冲突或者发生法条竞合，法官对此必须行使自由裁量权以确定优先适用哪种规定；最后，法官拥有自由裁量权最根本的原因是追求实质正义、个别公正的需要。总之，自由裁量权的行使，有助于法官在解决冲突时融入公平正义的价值观念，使抽象的法律规范更加贴近或符合个案的情况，使纠纷的解决更具有实体上的妥当性。而且今天人们已经认识到，法治（对法律规则的严格遵守）并不排斥自由裁量权，自由裁量与法治原则也不相悖。法治所要求的并不是消除广泛的自由裁量权，而是法律应当控制它的行使，防止自由裁量权的滥用，为此，实体法和程序法规则都按照平衡自由裁量权这一宗旨对其加以适用。[1]

2. 实体法的正确适用与司法解释

所谓的司法解释，一般是指法院或者法官在法律适用中，对法律规范的含义及其所适用的概念、术语、定义等所作的解释说明。将抽象、概括的法律适用于具体案件时，离不开法院或者法官的司法解释。[2] 原因包括以下几个方面：首先，实体法规范是抽象、概括的规定，是对一般人或事，而不是对具体的、特定的人或事来规定的，也不可能对一切社会现象都作出详尽无疑的规定。其次，实体法规范的外延并不明确，同一概念可能有多种意义，即使较为明确的法律规范或者概念，仍然经常在某些方面需要进一步明确界定，而且许多重要的法律概念在法律中没有定义，或者定义不完全。最后，同一案件事实可以援引多个法条作为判决的依据，如果不同的法条所产生的法律效果不同，甚至完全排斥，就需要法官进行解释。[3] 英美法系国家以判例法为主，法官在法律调整机制中地位十分重要，无论理论上还是实践上，对法院的司法解释权并不存在任何疑问，而且有时候法官为了实现个别公正，可以像立法者那样造法。司法解释通过以下几种途径实现裁判结果的公正：对一般条款的解释；对空白条款的解释；对条文冲突的处理；

[1] 肖建国：《司法公正的理念与制度研究》，中国人民公安大学出版社 2006 年版，第 77–83 页。

[2] 肖建国：《司法公正的理念与制度研究》，中国人民公安大学出版社 2006 年版，第 83 页。

[3] 刘作翔主编：《法理学》，社会科学文献出版社 2005 年版，第 414–415 页。

对法律漏洞的补充。❶事实上，不仅在法制不完善时需要司法解释，即使是在法制完备时也需要司法解释，“因为任何一种人类语言，都不可能将某个法律规定表达得精确到可以完全排除法官在解释和适用它时的自由裁量权。根据法律规定的精神对它进行解释，并不会使它失掉确定性和可预测性，虽然这种解释需要司法机构高度的自我约束”。❷大陆法系国家，法官解释法律的权力经历了一个从否定到肯定的过程，一开始并不承认法官享有司法解释权，认为法官只有认定事实的权力，而赋予立法机关以解释法律的权力。为此，大陆法系许多国家企图制定涵盖现实中正在发生和将会发生的一切的详尽的法典，并且组建了不具有司法性质的法律解释机关。但是，这仍然不能适应社会对法律解释的需要。在这种状况下出现了一个折中的方式，即允许法官作解释。但是可通过向在立法机构内部设立的一个上诉法庭申请上诉或复审对依据错误解释而作出的判决予以撤销。此后，上诉法庭逐渐由一个类似立法机构的组织，逐渐演变成了一个具有司法机关性质的组织。20世纪以后，大陆法系国家对法院司法解释权的行使有诸多的限制，但是毕竟从法律上肯定了法院对法律的解释作用，而且法律解释方法也从严格解释走向自由解释。今天，人们更加注重司法解释过程的独立性。

二、实体公正的价值及其局限性

有学者从宏观的角度来解读实体公正的价值，认为实体公正的价值体现在以下几个方面：首先，司法活动按照实体法的规范解决纠纷，法律规范所具有的功能通过司法方式得以实现，从而使社会关系按照立法者的意愿得到调整。其次，直接体现了审判的规范性，避免或消除了当事人及公众因为审判缺乏规范性或者审判的恣意而对审判结果产生的不满，为审判被理性接受创造了条件。最后，裁判的实体公正通常意味着裁判结果的公正，这与人们注重结果的心理定势和公众普遍的价值观念相吻合，从而使审判为当事人和社会公众所认可和接受。❸

---

❶ 肖建国：《司法公正的理念与制度研究》，中国人民公安大学出版社2006年版，第83–88页。

❷ ［英］彼得·斯坦、约翰·香德：《西方社会的法律价值》，王献平译，中国人民公安大学出版社1990年版，第47页。

❸ 李修源：《司法公正理念及其现代化》，人民法院出版社2002年版，第75页。

有的学者从微观的角度来界定实体公正的价值，认为刑事诉讼运行的理想结果无非包括以下几个方面：第一，实施犯罪行为的人被判决有罪；第二，无罪的人不受定罪；第三，有罪的人得到与其罪行相当的惩罚。一个完美的实体公正理念应包括这三方面的要求，然而，在现实的刑事诉讼中，由于主客观条件的限制，这三个方面并不总能同时得以实现，特别是第一方面和第二方面似乎永远是一对矛盾，对其中任何一个方面的放弃都会导致实体上的不正义。因此便产生了对三种实体价值目标的位阶进行排序的需要，因为我们之所以能忍受一种不公正是因为它可以避免一种更大的不公正。该学者通过对报应论和功利论的解读，得出了刑罚的正当性根据在于保障无辜，因此，保障无辜是实体公正的首要价值，其次为惩罚犯罪，最后为罪刑相适应。为保障无辜，各国产生了无罪推定原则和排除合理怀疑的证明标准；为了惩罚犯罪，产生了职权侦查和强制起诉等原则和制度设计；为了实现罪刑相适应，产生了“对相同的事件作相同的对待，对相同的犯罪处相同的刑罚”以及“刑罚应当与该不法行为的危害程度相适应”等原则。❶

实体公正是人们追求的美好理想，但是在刑事诉讼中能达到绝对的实体公正吗？实体公正的局限性就在于，很难达到绝对的实体公正。有学者认为其原因在于：首先，在事实认定上，司法活动很难发现绝对真实的事实。案件事实的发生具有不可逆性，法官只能凭借案件发生时留下的一些痕迹或见证，即法律上所说的证据来推断事实。法官对案件事实的认定取决于证据和法官的推断两方面的因素。证据本身存在的局限性，如证人的遗忘、证言的虚假、物证的变质等，常常使证据不能反映案件的全貌。此外，受技术手段、认识水平的限制，有些案件事实无法被发现或者被认定。法官对事实的认定不仅受当事人举证能力的影响而且受法官自身的认识判断能力及其他主观因素如经验、逻辑思维能力、感情倾向等的影响和制约，这些因素会使得法官推断带有一定模糊性和不确定性。其次，实体法律的适用很难达到理想状态的正确性。前文曾经对实体法的局限性做过剖析，在此不再赘述，需要说明的是实体法的适用还受到公共政策、某种利益观念或某种价值取向的影响，从而影响到实体公正。最后，实体公正未必能为当事人

❶ 宋英辉主编：《刑事诉讼原理》，法律出版社 2003 年版，第 15–35 页。

和社会公正所认可。基于各自知识结构、立场、地位、动机和目的、价值观等因素的不同，当事人及社会公众与法官在案件事实认定和实体法的适用上经常存在不同的认识。当事人一般经历了案件的发生，往往认为应当以其所经历的事实作为裁判的根据，而法官并没有经历案件的发生，法官对事实的认定基于对证据的判断，由此当事人和法官直接便产生了事实上的冲突。社会公众了解案件事实的渠道有三：当事人的陈述、媒体报道、民间传言。这些渠道很难对案件事实有一个全面、准确的把握，加之社会公众对事实的判断主要基于对普通道理的感性认识，受到自身情感、经历影响，因此与法官的理性思考得出的事实判断不同。[1]

第三节　程序公正与实体公正的关系

学界对于程序公正价值及程序价值的论述往往是从程序公正与实体公正之间关系展开的。确实，关于程序公正与实体公正之间关系的研究，具有基础意义。

一、实体公正和程序公正关系理论综述

柏拉图曾在《法律篇》中作出了“服从法律的统治”的重要命题，然而柏拉图竭力反对用固有的法律规范去限制司法程序中的活动，而希望法官仅受其理想国中的社会哲理和道德哲理的约束，因此实质上是一种反程序的做法。[2]根据现有的资料，有关法律程序价值理论的研究鼻祖当推英国学者边沁，早在 19 世纪早期，他就开始了对法律程序问题的研究，提出了有关法律程序价值的一般理论，并首次对实体法和程序法的关系、程序法的价值目标以及功利原则对法律程序的制约等问题进行了分析。从那时起，域外学者对法律程序价值的著述不断出

[1] 李修源：《司法公正理念及其现代化》，人民法院出版社 2002 年版，第 75-77 页。

[2] 王利明：《司法改革研究》，法律出版社 2001 年版，第 53 页。

现，可谓学说林立、学派众多。从总体上看，程序价值理论可以分为两个基本模式：一为程序工具主义理论，二为程序本位主义理论。而程序工具主义理论又有特殊的分支，即绝对工具主义理论、相对工具主义理论。

1. 绝对工具主义理论

该理论认为，法律程序作为用以确保实体法实施的工具，只有能够产生符合正义、秩序、安全和社会公共福利等标准的实体结果的同时才富有意义。一项法律程序无论被设计得多么合理和精致，只要它不具备这种能力，就将失去其存在的意义。功利主义法学理论的鼻祖边沁曾对绝对工具主义理论作出过经典性的阐述。他认为，“实体法的唯一正当目的，是最大限度地增加大多数社会成员的幸福”，“程序法的唯一正当目的，则为最大限度地实现实体法”，“程序法的最终有用性要取决于实体法的有用性……除非实体法能够实现社会的最大幸福，否则程序法就无法实现同一目的”。刑事审判的唯一目的就在于确保实体法目标的实现；国家构建和设计其刑事审判程序也必须以其能够最大限度地实现刑事实体法为标准。相对于实体法而言，程序只是工具，程序法只是“附从法”，它本身不具有任何独立的内在价值。“实体法应当（首先）被制定出来，否则程序法将毫无意义。”绝对工具主义理论揭示了法律程序在确保实体法目标得以实现方面的工具价值，为人们正确评价法律程序提供了一项重要的价值标准，但是绝对工具主义论者将法律程序的这种工具性价值强调得过了头，否认程序自身独立的内在价值的存在，也否定了作为程序参与者的被告人的独立诉讼主体地位，将他们视为诉讼客体。工具主义理论的绝对化必然导致程序虚无主义以及“重实体、轻程序”等现象的盛行。[1]

2. 相对工具主义理论

这一理论是由美国学者德沃金首先提出来的。相对工具主义理论基本上也坚持了程序工具主义的立场，也认为法律程序是用以实现实体法的工具和手段，但是它要求人们在追求程序工具性价值目标的同时兼顾一些独立于工具性价值的价值，也就是说，需要对法律程序工具性价值的追求给予一些非工具性价值目标的限制，这些目标主要有两个：一是无辜者免受定罪的权利，为此应当确立无罪推

---

[1] 陈瑞华：“程序价值理论的四个模式”，载《中外法学》1996 年第 2 期。

定原则；二是被告人获得公正审判的权利。相对工具主义论者对绝对工具主义理论的一些缺陷进行了修正，他们认识到法律程序不仅要产生对实现实体法目标有用的判决结果，而且要产生公正的结果，但是这种结果的公正性要靠程序本身的公正性加以保障。但是相对工具主义论者仍然坚持认为公正的程序只是服务于公正裁判结果的手段和工具，因此他们提出的对程序工具性价值追求的限制性目标的两项限制能否实现也是令人怀疑的。

3. 程序本位主义理论

程序本位主义理论对法律程序的价值作出了完全非工具主义的解释。这一理论认为评价法律程序的价值标准在于它本身是否具有一些内在的优秀品质，而不是它在确保好结果得以实现方面的有用性。受法律传统的影响，程序本位主义理论在英美法系国家学者的著述中十分盛行，持这一观点的学者们相信“正义先于真实”（justice before truth），认为法院的审判只要按公正的程序进行，就能作出公正合理的判决。英国学者达夫认为绝对工具主义和相对工具主义理论都犯了一个致命的错误，即它们把审判程序与通过审判程序产生的裁判结果作了不适当的分离，同时也把刑事审判程序自身的公正性同程序所产生的裁判结果公正性作了不合理的割裂。如果仅仅从工具主义的角度对刑事审判程序进行评价，我们很可能会认为一个被告人即使在没有获得公正审判的情况下——例如，他没有获得律师的有效帮助，他没有机会在法院审判时到现场，他没有就控诉方提出的对他不利的证据作出评价和反驳，等等——也能受到公正的定罪和判刑，同时，法庭即使遵循了一种不公正、不合理甚至不人道的审判程序，其也能作出公正的裁判。这样，公正裁判的结果就可以通过不公正的审判程序产生。但事实上，这一立论是不能成立的。[1]他认为：“被告人在刑事诉讼中的参与及其所获得的公正听审，既不是用以实施实体法的有效手段，也不是对程序工具主义价值目标的独立限制，而是我们用以评价和构建刑事审判程序的内在价值标准。”程序本位主义理论的重要贡献在于，它详尽地阐述了法律程序的内在价值问题，为人们评价和构建法律程序提供了独立的价值标准。程序本位主义理论认为当事人是诉讼程序的控制者而不是诉讼客体，它将程序内在价值与人的道德主体地位联系在一起，确

[1] 樊崇义：《刑事诉讼法的哲理思维》，中国人民公安大学出版社 2020 年版，第 148–149 页。

认法律程序具有一种独立的非工具价值。程序本位主义理论的缺陷就在于，它把程序与程序结果完全混为一谈，认为公正的判决是程序公正的必然结果和逻辑延伸。而事实上，程序与结果虽有十分密切的联系，但是不能合二为一，公正的结果具有其独立于程序的评判标准，程序公正只是结果公正的一项必要条件而不是充分条件。

4. 经济效益主义理论

这一理论是西方经济分析法学派提出来的，兴起于20世纪70年代的美国，代表人物是美国法律经济学家波斯纳，他在《法律之经济分析》《法律程序和司法活动的经济分析》等著作中指出，所有法律活动（包括立法、执法和诉讼等）和全部法律制度都以利用自然资源、最大限度地增加社会财富为目的。因此，“效益”是法律活动的重要宗旨，效益是一个公认的法律价值。波斯纳等学者独具特色地运用经济效益这一价值标准，对包括法律程序在内的法律制度各个领域进行了详尽的分析。由于坚持“审判程序不过是最大限度地实现某一外在价值目标的工具”这一观点，因此本质上经济效益主义理论属于程序工具主义理论的一个特殊分支。只不过这里所谓的“外在目标”是最大限度地增加公共福利或提高经济效益。法律程序的运作过程也会耗费大量的经济资源，因此最大限度地减少这种资源耗费是对程序进行评价的一项基本价值标准。按照波斯纳的观点，审判活动中的经济耗费主要有：“错误耗费”和“直接耗费”。审判活动的主要目的就在于最大限度地减少法律程序运作过程中的这两种耗费，而且是对两种耗费的总和予以最大的降低，不能仅是单独地减少其中任何一项，否则会破坏两者的平衡。经济效益主义理论对法律程序进行了细致的经济分析，这使得法律程序价值问题的研究开始从传统的定性分析走向定量分析，启示我们在分析和构建一项法律程序时应将经济效益价值作为一项基本的价值标准。但是经济效益价值理论获得认可的同时也遭到了许多批评，批评者认为该理论过于绝对地强调经济效益的价值，人的生命、自由、人格尊严不能用金钱衡量。有的批评者认为经济效益论者忽略了其他更加重要的程序价值目标，如正义等。面对批评，经济效益主义程序论者回应道，效益与正义是同义词，波斯纳明确宣称，正义的第二种意义，简单来说就是效益。

在我国，关于程序公正与实体公正的关系，存在目的价值观和过程价值观两种迥然对立的观点。[1]

（1）目的价值观。

我国早期的程序价值理论渊源于一般法律价值理论，并且力图与法学界关于法律价值的已有研究成果保持一致。站在法哲学的角度，法的价值一般被认为是法律作为客体对于主体——人的意义，是法律作为客体对于人的需要的满足。在这一视角下，可以将诉讼程序价值定义为诉讼活动通过满足社会及其成员的需要而对国家和社会所具有的效用和意义。在这种观念的影响下，学者们对法律程序的价值认识往往是从对法的一般价值认识出发的，如对秩序、安全、正义、自由、效益等不同的排列和组合。如有的学者就认为，刑事诉讼的法律价值大体包括秩序、公正、效益诸项内容。无论法的一般价值怎么排列组合，它们都是诉讼制度欲实现的目的，因此这种诉讼程序价值理论可以称为目的论。这种理论不仅揭示了诉讼制度的实体目的和社会理想，也揭示了诉讼制度存在的正当性和合法性根基，同时，把自由、秩序等价值作为诉讼制度的理想，也为诉讼制度自身的发展提供了目标和动向。但是，人的需求的多样性决定了程序的价值不可能表现为单一的目的价值，而是一个多元的价值系统。从主体需求的角度而言，人们对诉讼的期望不仅是获得胜诉，更希望获得一个“满意”的判决，正义不仅应得到实现而且应以看得见的方式实现，这就要求纠纷的解决过程必须保持一定程度的形式合理性，如程序公开性、平等性、参与性等。因此程序除了目的意义上的自由、秩序价值外，还必须具备一种形式价值。从这个角度来看，我们便可以看到目的价值观的局限性。[2]

（2）过程价值观。

过程价值观是在目的价值观的理论缺陷的废墟上建立起来的，并逐渐成为我国诉讼理论界的通说。有学者认为将程序价值定位为自由和秩序等目的价值，是由于我国长期以来片面重视哲学认识论、忽视哲学伦理学的结果，而这种将价值定位于认识论上的主体与客体之间关系的观念，只能推导出“价值就是有用性”的结论。为此，该观点主张要摆脱认识论束缚，从哲学伦理学即道德评价的

[1] 谢佑平主编:《司法公正的建构》，中国检察出版社 2005 年版，第 254 页。

[2] 谢佑平主编:《司法公正的建构》，中国检察出版社 2005 年版，第 254-257 页。

角度来认识刑事诉讼。伦理学意义上的价值可以被区分为工具价值与固有价值两个方面，也就是“作为方法的善”和“作为目的的善”。据此，人们对程序的评价，也可以有两项独立的价值标准：第一，外在价值或工具价值；第二，内在价值或者固有价值。程序的价值应当是一种过程价值，诉讼价值不是指什么抽象的安全、自由、秩序和正义价值，而是包含着程序的内在价值与功利价值。为了实现其内在价值，诉讼程序必须具有特定的内在优秀品质，而为了实现其功利价值或工具价值，诉讼程序必须对实体法的正确实施有积极的效用和保障。

也有的学者认为程序公正的价值体现在以下几个方面：程序的价值首先在于保证实体价值的实现，如果程序的设计和实施是公正的，那么大多数情况下得出的实体结论会是公正的；程序价值的第二个方面在于它的独立价值，即程序公正本身直接体现出来的民主、法治、人权和文明的精神，它不依附于实现实体公正而存在，本身就是社会正义的一种重要内容；程序价值的第三个方面体现在它的终局性上，也就是对效率的保证；最后，程序价值还体现在增加当事人对案件的实体结果的可接受程度上。[1]此外，也有学者认为程序正义的终极价值在于主体性原则，认为程序正义的功能在于保障自由，在于保障为人类所珍视的基本权利不受野蛮地践踏或恣意地侵犯，而对自由的尊重，体现了对人的尊严的尊重，体现了主体性原则的思想。所谓的主体性原则，其实质是强调与赞扬自我、主体，主张自我的价值，反对把人与作为客体的物同等对待。主体不为客体所决定，亦不为别的主体所决定。主体性原则作为一项思想原则体现到诉讼中，就是要求将被指控犯有罪行的人作为有着其自身目的的主体来对待，而不是将他作为惩罚的对象和获得证据的工具。[2]还有的学者认为，在刑事诉讼领域存在着社会利益和被告人的个人利益两种对立的利益。“基于历史和现实的各种因素，无论立法者、司法者还是社会人士都看重社会利益而相对忽略被告人的权利，设计和运用刑事司法规则时，常常本着严厉打击犯罪的思想，偏向国家司法机关，赋予其强大的权力及相当的自由裁量范围从而限制、缩小被告人的诉讼权利范围，弱化其诉讼防御能力。因此，只有遵循公正理念，建立充分保障刑事被告人诉讼权利的诉讼

---

[1] 陈光中主编：《刑事诉讼法》，北京大学出版社、高等教育出版社 2005 年版，第 13 页。

[2] 易延友：《刑事诉讼法（第二版）》，法律出版社 2004 年版，第 65-66 页。

体系，适当控制国家机关的权力范围和行使的自由度，明确规定控诉机关与被告人的平等法律地位，强化法官的中立性，才能有效制约司法权力，保障涉诉公民的合法权益。”[1]

二、实体公正和程序公正关系评价

在现代刑事诉讼价值理论中，程序公正和实体公正被奉为刑事诉讼的两大价值目标，对此学术界已经达成共识。但是，对两者之间的关系，可谓是见仁见智，众说纷纭。在前文笔者对程序公正的价值的阐释中，不难发现学者们对程序公正价值的认识，主要还是以对程序公正和实体公正之间的关系认识为基础，在程序公正和实体公正之间关系上也存在程序工具主义和程序本位主义之争。通过前文的分析我们发现无论是程序工具主义还是程序本位主义都存在其难以克服的固有缺陷，因此在构建我们的法律制度时应当坚持一种多元的价值观而不是一种一元的价值观。对此有学者认为：首先，评价和设计一项法律程序应当尽力确保它符合其内在价值标准，使它具备最低限度的合理性。其次，法律程序应当具备一种基本的工具性价值标准，即拥有产生好结果的能力。最后，法律程序的设计应满足经济效益的要求，即确保其对经济资源的消耗降低到最低限度。这三种价值观是一种对立统一关系，有关当事各方应当在使三者同时得到兼顾的前提下获得合理和适当的权衡。也就是说，在对待程序公正和实体公正之间的关系上，我们不能采取一种极端的态度，应当采取一种折中的或中庸的观点，既不能只强调程序的本位价值而忽略了对实体公正的追求，也不能只追求实体公正而忽视程序的“内在”价值。对此美国学者萨默斯在其论文《对法律程序的评价与改进——关于“程序价值”的陈辩》有过论述，他不仅首次提出了法律程序的独立价值标准问题，并对法律程序的独立价值和法律程序的工具价值（萨默斯称法律程序所具有的形成“好结果”的能力为“好结果效能”）进行了较为系统的分析和论证。他认为程序价值和好结果效能是法律程序的两项独立价值，对于二者之间的关系，萨默斯认为：首先，“法律程序”不依附于好结果效能而独立存在；其次，

---

[1] 左卫民:《刑事诉讼问题研究》，中国政法大学出版社 1999 年版，第 44 页。

程序价值与程序的好结果效能在很多情况下具有和谐一致性；最后，程序价值与程序的好结果效能之间会发生冲突。在文中萨默斯对程序价值的强调并没有达到忽视甚至否定程序工具性价值的程度，他并没有从一个极端走向另一个极端，而采取了一种中庸的态度，认为人们在评价和设计法律程序时必须考虑两种独立价值——“程序价值”和“好结果效能”，并且这两种价值都是同样重要的。[1]实体公正和程序公正的一致性表现在，一般情况下公正的程序比不公正的程序能够产生更加公正的结果，因为公正的程序能够确保裁判各方充分地参与诉讼程序以对裁判结果施加影响，避免裁判建立在偏听偏信的基础上，而且公正的程序尊重当事人的主体意志和尊严，而不仅仅把当事人作为裁判客体来看待，经过公正的程序产生的判决更容易为受到裁判结果影响的当事人接受和信服，而且使公众对司法产生信任和尊重。但是，公正的程序并不必然的产生公正的结果，程序公正和实体公正在有的时候也会产生冲突，这两种价值经常也会产生不一致，一种价值的实现往往需要以牺牲另一种价值为代价，如在实现实体公正时，就需要加大对当事人权利的保障，这必然要求增加诸多的诉讼程序以保障当事人的权利，从而造成诉讼成本的增大和降低诉讼效率，这显然是程序公正所不允许的，因为迟到的正义显然非正义。再如我们在坚持程序公正时，许多不符合程序公正的事项被我们或者排除在诉讼程序之外或者没有被法庭采纳，从而难以查明事实真相，妄论达到实体公正。

在我国，有关实体公正和程序公正的相互关系上，也产生了一种程序正义和实质正义应当兼顾的观点，持有这种观点的学者不仅承认程序法具有独立价值，而且肯定程序法的第一价值是保证实体法的正确实施。尽管我国现在面临重点纠正“重实体、轻程序”的观念，但是也不能矫枉过正，对实体法和程序法不能有主次、轻重之分，在诉讼过程中，既不能因为实施实体法的需要而忽视程序法，也不能因为强调程序法的独立价值而忽视其保证实体法实施这个“第一位”意义的价值。因此，正确实施实体法以实现实质正义，与严格遵守刑事诉讼程序以实现程序正义应当兼顾。也有学者对这种观点提出了批评，认为程序法和实体法同

---

[1] 陈瑞华：“通过法律实现程序正义——萨默斯‘程序价值’理论评析”，载《北大法律评论》1998年第1卷第1辑。

等重要，实质正义和程序正义应当兼顾的观点，既不能说明程序法的独立价值问题，也不能解决立法和司法实践中如何尊重和保障程序法的独立价值问题，理由如下：刑事诉讼法是规定解决刑事实体法律问题的方法、步骤及其相关司法机关的职权、诉讼参与人员的权利与义务等规范的总和。这一概念决定了实体法在诉讼程序中所具有的重要性，这也决定了诉讼程序本身是否应当存在。在刑事程序规定产生而刑事实体法律出现之前的那段时间，刑事程序规则为何产生？难道不是为了解决刑事实体问题？从这个意义说，实体法的实施是诉讼法存在的基础，而且程序法的各项独立价值，诸如程序公正、诉讼权利保障、文明司法等，则是自近代诉讼活动中方才受到重视并逐渐在程序法中加以强化的理念。而且，以无罪推定、保障人权、限制恣意等价值为标准的刑事诉讼程序与古代有罪推定、司法恣意、擅断为特征的刑事诉讼程序的基本区别，并不在于是否尊重刑事实体法的实施，而是在于以不同的手段和方法来保障实体法的实施。因此，保障实体法的实施和诉讼程序的各项独立价值是两个不同的问题，并不属于同一阶位的价值。实体公正作为立法和司法实践共同追寻的目标，为了实现这一目标，刑事诉讼法在确定相关的程序、司法机关的职权以及诉讼参与人的权利和义务时，必须有利于这一目标的实现。然而近代出现的程序公正概念，却对实现这一目标的手段和方法提出了限制，即不允许不择手段，不允许采取愚昧、野蛮、残酷的方法进行刑事诉讼。从这个意义上说，与程序正义相对立的并不是实质正义，而是非正义的程序。在明确了以上关系后，对实体公正和程序公正同等重要就可以有进一步的认识，这种同等重要，是指在立法过程中应当将程序法律规定作为一种与实体法一样不得违反的规定来对待，应当使程序法的规定获得同样的尊严，而不是一种可遵守可违反的“软法”。也就是，程序一旦确定，就应当是不可违反的。如果刑事诉讼法没有规定体现程序正义的各种规范，或者这些规范可以在刑事诉讼实践中被任意违反，而且这种违反程序规定的诉讼活动被实现实质正义这一冠冕堂皇的理由予以认可，那么程序公正就不可能实现，所谓实质正义和程序正义兼顾就将沦为空谈。[1]

---

[1] 王敏远：“程序正义与实质正义辨析”，载《人民法院报（理论专版）》2000 年 11 月 3 日第 003 版。

也有学者认为，程序公正，即过程公正，指诉讼程序方面体现的公正。刑事案件的程序公正，其具体要求主要是：（1）严格遵守刑事诉讼法的规定。当然，这是以刑事诉讼法的公正内容为前提的。如果立法不公，执法越严越不公正，这是不言而喻的。（2）有效保障当事人和其他诉讼参与人，特别是犯罪嫌疑人、被告人的诉讼权利。（3）严禁刑讯逼供和以其他非法手段取证。（4）司法机关依法独立行使职权。（5）审判程序的公开。（6）在审判程序中，控辩双方平等对抗，法庭居中裁判。（7）按法定期限办案、结案。以上七点，第一点可以说是形式上的程序公正，后六点可以说是实质上的程序公正，其核心是程序上的人权保障。实体公正，即结果公正，指案件实体的结局处理所体现的公正。刑事案件的实体公正，其具体要求主要是：（1）据以定罪量刑的犯罪事实应当准确地认定，做到事实清楚，证据确实充分，但法律规定降低证明标准的例外（如推定等）。（2）正确适用刑法，准确认定犯罪嫌疑人、被告人是否有罪及其罪名。（3）认定犯罪嫌疑人、被告人有罪或罪重在事实上、法律上产生疑问的，应当从有利于被追诉人方面作出处理。（4）按照罪刑相适应原则，依法适度判刑。（5）对于错误或处理明显不公的案件，特别是无罪错作有罪处理的案件，依法采取救济方法及时纠正、及时补偿。由上可见，程序公正和实体公正各自有其独立的公正内涵和标准，不能互相代替。[1]

程序公正和实体公正，总体上说是统一的，但有时不可避免地发生冲突。在二者发生矛盾时，在一定情况下，应当采取程序优先的原则，例如，非法证据排除规则、程序的终局性等，但在某种情况下，又应当采取实体优先的原则，例如非法证据的自由裁量规则，又如由于错误地认定事实或适用法律，造成错判错杀，冤枉无辜，在这种情况下，一旦发现，就必须纠错平反，并且给予国家赔偿，而不受终局程序和任何诉讼时限的限制。当然，这种实体和程序的并重不是静态的机械并重，而是动态的辩证的并重，即应当从实际情况出发对两者的价值取向有所调整和侧重。[2]该学者主张，就总体而言，程序公正和实体公正的价值应当从全方位多角度地加以衡量，才能得出更加科学合理的结论。用马车和马来

---

[1] 陈光中："坚持程序公正与实体公正并重之我见——以刑事司法为视角"，载《国家检察官学报》2007年第2期。

[2] 陈光中主编：《刑事诉讼法》，北京大学出版社、高等教育出版社2005年版，第14页。

比喻两者的关系可能过于看重实体，认为两者如车之两轮，鸟之两翼，互相依存，互相联系，不能有先后轻重之分，更不能搞程序本位主义。如果以程序为本位，必然否定或基本否定程序为实体服务的作用，必然主张程序绝对优先，这不仅不符合我国实际，而且是不符合诉讼规律的。[1] 也有的学者认为："在程序公正与实体公正两个价值目标发生冲突时，程序公正优先是我们现实的、理性的、必然的价值选择。形象地说，以获得事实真相为前提和基础的实体公正不过是彼岸的一座摩天大楼，而程序公正则是位于此岸的高层大厦。实体公正作为一种理想，它始终应当是我们不懈追求的一个重要价值目标。但目前，我们只能不时地仰望着彼岸的摩天大楼，低头走好我们脚下的路——精心地构筑程序公正这座大厦。"该学者进一步分析道，实际上，实体公正永远是刑事诉讼不懈的价值追求，但是基于人类理性的局限性，事实真相是无法完全获得的，由此也决定了实体公正实现上的有限性。针对同一案件、同一结果，不同的人对它们的公正性有不同的客观评价标准。与此相反，程序公正的标准一旦被制定出来，则是看得见的、明确的，易于把握的、易于掌握的，也是易于被人们接受的。[2] 有的学者认为，当两者发生冲突时，应当坚持以下处理原则：（1）不能冤枉无辜。（2）作出有利于被告人的解释。具体来说，如果是由于错误地认定事实或适用法律，造成错判错杀，冤枉无辜的，一旦发现，就必须提起救济程序予以纠错，并给予国家赔偿，不受终局程序和诉讼时限的限制；而在侵犯被告人权利的情况下又要作出不利于被告人的实体处理时，应当作出有利于被告人的解释。在我国长期存在着"重实体、轻程序"的理念和做法，应当着重予以纠正。在立法上要强化程序的诉讼性，并增加有关程序性后果的规定，以保证刑事诉讼法能够得到严格贯彻；在执法方面，要严格执法，既遵守实体法，也遵守程序法。[3] 也有的学者以刑事政策理论为依据，认为对于实体公正和程序公正的侧重，应当根据诉讼阶段的不同而有所区别。在侦查阶段程序公正优于实体公正，在起诉阶段应当坚持实体公

---

[1] 陈光中："坚持程序公正与实体公正并重之我见—— 以刑事司法为视角"，载《国家检察官学报》，2007 年第 2 期。

[2] 冀祥德："程序优先：实体公正与程序公正的冲突选择"，载《诉讼法论丛（第八卷）》，法律出版社 2003 年，第 178–179 页。

[3] 宋英辉、甄贞主编：《刑事诉讼法学》，中国人民大学出版社 2012 年版，第 99 页。

正和程序公正并重，在审判阶段应当主张实体公正优于程序公正。[1]还有学者主张，第一，就总体上而言，实体与程序的联系，是一种内容与形式的联系，这种关系正如“植物的外形和植物的联系，动物的外形和血肉的联系一样”，是一种彼此关联、不可分离的关系。脱离了程序的实体是无法运作的空洞内容，它必须借助“本身特有的必要的诉讼形式”才能实现其调整社会的价值；同样，程序如果不能体现内容，只是一种“毫无内容的形式”，那么，这种程序就没有任何实质意义上的价值。第二，实体与程序具有同样的精神，都关系到法律的生命。法律的存活有赖于国家机关的法律创制，法律的公布与生效，使法律取得了相应的“内部生命”，而法律的运用与施行，则是使法律获得了生命的外在表现形式，只有通过司法活动，经历审判程序，法才得以完成由抽象到具体、由普遍到个别的生命过程，成为一种在实际生活中制约人们行为的规则；再者，程序本身具有“独立的价值”。一方面，缺乏程序法的参与，法本身就是不完整的，因为任何实体法均必须有相应的程序法，否则，法就难以发挥调整社会关系的作用；另一方面，程序的运作可以弥补实体的缺漏，矫正实体的不公。[2]

在刑事诉讼的价值选择中，追求实体公正和程序公正之间的平衡和一致性，无疑是正确和理想的，因为二者永远都是刑事诉讼价值追求的终极目标。但是在二者发生冲突时，应当如何处理？主流观点认为，在程序公正和实体公正两个价值目标发生冲突时，应当把程序公正作为我们首要的、现实的、理性的、必然的价值选择。这是因为：

第一，刑事诉讼所涉及的利益，主要表现为国家和社会利益、被害人的利益以及被告人的利益三种，而且这三种利益之间存在一种共生关系，当三种利益发生冲突时，又出现一种同消共损状态，理想的诉讼制度和程序应该能够满足各种诉讼主体的利益，尽可能促成各种利益间的共生共长，减少利益间的共消同损。而且对于刑事诉讼中各种利益大小、轻重的判断，没有也不应该有统一的标准，真正影响利益判断的实际上是诉讼结构、历史传统、价值观念、犯罪形势、人权状况以及法律文化等诸多具体综合因素。不仅在不同的国家，即使是在同一国

---

[1] 汪建成、王敏远：“刑事诉讼法学研究述评”，载《法学研究》2001 年第 1 期。

[2] 胡玉鸿：“程序公正的价值——经典作家的分析视角”，载《政治与法律》2003 年第 6 期。

家，刑事诉讼中的利益选择也不是固定不变的，而是随着犯罪形势、人权状况、价值观念等的不断变化，利益选择也在不断地进行调整，以适应新的变化了的形势的需要。[1] 在这种利益观之下，国家利益和社会利益、被告人的利益以及被害人利益之间是一种并列关系而不是传统观念上的梯次关系。传统上那种国家利益、社会利益、某一方面总体利益永远高于个人利益的利益观，表现在刑事诉讼中，就是当国家利益、社会利益、某一方面总体利益与个人利益发生冲突时，出于保障国家及社会利益或某一方面总体利益之需要，必然追求犯罪控制，实现实体公正则当然成为该当性的选择，从而导致了实体公正显然优于程序公正。笔者认为，实体利益和程序利益不存在孰轻孰重的问题，程序利益本身有其独立的价值。“当发现真实与惩罚犯罪与程序保障发生冲突时选择程序保障，不仅仅是由于它可以为在更广阔的领域为案件真实的发现提供保障，还在于它本身对于实现刑事诉讼根本目的的价值。”[2] 而且“对程序保障不适当地放弃，不仅仅会导致更多案件不能准确惩罚犯罪，而且其放弃本身（即使实体处理正确）也会造成严重的后果：侵犯公民的程序性利益，使公民对司法权威的信任产生危机，在冲突主体及其周围的人们心理上形成长期的对抗情绪以致引起新的社会冲突，这些均有违刑事诉讼所追求的根本目的”。

第二，刑事诉讼过程也是人们认识事物的过程，无论是立案与侦查，抑或是公诉和审判，甚至包括死刑复核、审判监督。刑事诉讼作为诸事物认识行为过程的链接，辩证唯物主义认识论作为其理论基础是毋庸置疑的。但是，刑事诉讼又不仅仅是简单的或单纯的对事物的认识行为，因为法律真实论者所主张的很多论点，例如，有人提出，立法的规定为查明案件事实提供了必不可少的条件，但同时也在某种程度上阻却了对客观事实的发现，并以非法取证的排除规则等作为例证，从认识论的角度肯定是解释不通的，而从价值论的角度则很自然地能够得到其存在的理论空间。因为，在刑事诉讼中，有很多制度，例如非法取证的排除规则、上诉不加刑原则等，本身就不是从认识论的角度考虑的，而是从价值论的角度考量的，强调的是刑事诉讼中的程序公正、人权保护和诉讼效率等价值。[3] 只有

---

[1][2] 汪建成：“论刑事诉讼中的利益观”，载《中国法学》2000 年第 2 期。

[3] 汪建成、王敏远：“刑事诉讼法学研究述评”，载《法学研究》2001 年第 1 期。

将马克思主义的真理观和价值观结合起来，我们才能从根本上理解刑事诉讼的价值追求——刑事诉讼到底“应当是什么”，也才能使我们在实体公正和程序公正两个价值目标发生冲突时理性地作出选择。

第三，传统诉讼法理论认为人类完全有能力追求到客观真实，从而将对客观真实的探求作为诉讼活动追求的目标。上述理论忽略了马克思主义的另一重要理论——相对真理理论，犯了绝对主义的错误。在刑事诉讼中，由于案件发生在过去，我们也只不过凭借一些客观存在的过去遗留的不完全的证据材料，通过我们的主观判断而得出案件的结论。而且受其他因素，如技术条件、当事人自身因素的影响，我们对证据的判断也会产生局限性，而且受到时间、地点和司法资源投入上的诸多限制，充分考虑效率和效益价值目标，不可能为了探求事实真相而无限制地进行下去，我们只能无限地接近事实真相，即只能达到相对真理的程度，而不能完全重现案件事实真相。我们所探求到的事实真相只不过是法律上的事实，这一法律事实之所以被人们接受，原因并不在于法律事实就是客观事实，而在于这是法律权威和法律程序展现给人们的，人们可以感知到它的公正性，所以人们才会去接受它、尊重它。基于以上认识，在实体公正和程序公正发生冲突时，坚持程序公正优先无疑是理性选择。

问题与思考

公正像普洛透斯那张变幻无穷的脸，仁者见仁，智者见智，且随着历史而不断发生变化。在当下中国刑事诉讼体制变革的重要时期以及今后相当长的一个时期，如何确立恰当的公正理念，在立法和司法层面上正确解读实体公正和程序公正的内涵、外延、标准及其关系，具有十分重要的意义。

对此的进一步讨论可以在两个层面展开。

第一，正确解读程序公正和实体公正的内涵、外延、标准及其关系。应当扭转重实体、轻程序传统思想倾向。在中国，重实体传统已久。因为受儒家思想影响，中国有着轻权利、有罪推定、重情轻法、中庸之道的传统。这些传统理念使刑事被告人未被审判便被认为有罪，家长制使法官职权主义大行其道，重情轻法使得审判对于合情合理的审查大于对事实的调查和对法的适用，中庸之道则淡化了公理和逻辑推理。这种种传统的影子无不在现实的司法活动中和人们的意识中大量地存在。因此，尽管程序与实体公正应兼顾、需并重的理念已经进入人们的视野，但轻程序、重实体的传统思想倾向，要从立法到司法实践中得到彻底扭转，仍有待进一步努力。

第二，重新确立程序公正和实体公正之间的关系模式。对程序公正和实体公正及其关系正确解读是具有决定刑事诉讼模式走向意义的基础命题，需要从理念、立法、司法实践等各个层面进行深入探讨。当然，对现在具有主流观点地位的“平衡论”，也需要我们进一步思考和研究。那种以程序公正和实体公正处于非此即彼、此消彼长的对立关系为基础的“平衡论”“兼顾论”，其理论的科学性需要反思，对我国司法实践可能产生的不利影响，也应警惕。

特别重要的是，自本轮司法改革以来，对司法公正这个目标提出了新的要求，即“努力让人民群众在每一个案件中感受到公平正义”，如何理解和落实这个前所未有的极高的目标，是人们在研究司法的程序公正和实体公正这个问题时，应当高度重视的问题。

三 参考文献

一、论文类

[1] 管宇.程序正义现代进路[J].政法论坛，2008(5).
[2] 冀祥德.程序优先：实体公正与程序公正的冲突选择[M]//陈光中，江伟.诉讼法论丛(第8卷).北京：法律出版社，2003.
[3] 王敏远.程序正义与实质正义辨析[N].人民法院报(理论专版)，2000-11-3(003).
[4] 汪建成.论刑事诉讼程序[J].法学评论，2000(2).
[5] 汪建成，王敏远.刑事诉讼法学研究述评[J].法学研究，2001(1).
[6] NAGIN D S，TELEP C W.Procedural Justice and Legal Compliance[J].

Annual Review of Law and Social Science，2017，13（1）.
[7] MURPHY K，SARGEANT E，CHERNEY A.The Importance of Procedural Justice and Police Performance in Shaping Intentions to Cooperate with the Police：Does Social Identity Matter? [J].Annals of Oncology Official Journal of the European Society for Medical Oncology，2015，10（6）.
[8] BEN B，KRISTINA M，JONATHAN J.Officers as Mirrors：Policing，Procedural Justice and the（Re）Production of Social Identity [J]. British Journal of Criminology，2014（4）.
[9] STOTT C，HOGGETT J，PEARSON G. 'Keeping the Peace'：Social Identity，Procedural Justice and the Policing of Football Crowds [J]. British Journal of Criminology，2012，52（2）.
[10] JACKSON J，BRADFORD B，HOUGH M，et al.Developing European indicators of trust in justice [J].European Journal of Criminology，2011，8（4）.
[11] SUNSHINE J，TYLER T R.The Role of Procedural Justice in Shaping Public Support for Policing [J].Law & Society Review，2003，37.
[12] LIND E A，TYLER T R，HUO Y J.Procedural Context and Culture：Variation in the Antecedents of Procedural Justice Judgments [J].Journal of Personality & Social Psychology，1997，73（4）.

二、著作类

[1] 樊崇义.刑事诉讼法的哲理思维 [M].北京：中国人民公安大学出版社，2020.
[2] 宋英辉.刑事诉讼原理 [M].北京：北京大学出版社，2014.
[3] 罗尔斯.正义论 [M].何怀宏，何包钢，廖申白，译.北京：中国社会科学出版社，2009.
[4] 谢佑平.司法公正的构建 [M].北京：中国检察出版社，2005.
[5] 谷口安平.程序的正义与诉讼 [M].王亚新，刘荣军，译.北京：中国政法大学出版社，2002.

[6] 马贵翔 . 刑事司法程序正义论 [M] . 北京：中国检察出版社，2002.

[7] 李修源 . 司法公正理念及其现代化 [M] . 北京：人民法院出版社，2002.

[8] 陈卫东 . 司法公正与司法改革 [M] . 北京：中国检察出版社，2002.

[9] 柏拉图 . 法律篇 [M] . 张智仁，何勤华，译 . 上海：上海人民出版社，2001.

[10] 王利明 . 司法改革研究 [M] . 北京：法律出版社，2001.

[11] 左卫民 . 刑事程序问题研究 [M] . 北京：中国政法大学出版社，1999.

[12] 彼得 · 斯坦，约翰 · 香德 . 西方社会的法律价值 [M] . 王献平，译 . 北京：中国法制出版社，1990.

[13] CHARMAN S.Police Socialisation，Identity and Culture：Becoming Blue [M] .London：Palgrave Macmillan，2017.

[14] LIND E A，TYLER T R.The Social Psychology of Procedural Justice [M] . New York：Plenum，1988.

第四章　刑事诉讼的效率

【导读】

诉讼效率是刑事诉讼法学中相对较新的问题。国内学者以往虽也有初步讨论，但人们较少关注诉讼效率及效率和公正之间关系等问题。1996年修正的《刑事诉讼法》在提升诉讼效率方面有较大的举措，其中最为显著的就是简易程序的创设，由此促进了对诉讼效率与诉讼公正关系问题的广泛讨论。2001年，最高人民法院提出“公正与效率是21世纪人民法院的工作主题”。同年12月，最高人民法院举办了“公正与效率世纪主题论坛”，邀请全国各地法官和国内外著名学者出席论坛，探讨公正与效率的价值，公正与效率的保障机制，公正、效率与人民法院改革，公正、效率与司法监督以及公正、效率与完善审判程序和制度等问题。最高人民法院在其多个五年改革纲要中提出了一系列涉及司法效率的改革措施，对于提高诉讼效率，节约诉讼成本具有重要意义。最高人民法院的一系列举措将针对诉讼效率与司法公正关系的讨论进一步推向深入，对效率和公正以及相关问题的研究也随之出现了大量的研究成果。据不完全统计，自2001年始，与诉讼效率问题相关的论文发文量快速增长，从2004年至今，每年发文量均在百篇以上，2010年和2019年的发文量更是接近200篇。与此同时，可以看到对这一问题的讨论更为深入，分析也更为理性，这种情况尤其表现在具体制度的效率分析方面。除了简易程序之外，其他一些具体制度的讨论也被纳入到诉讼效率的视野之内，并因此有了更加细致、深入的分析，如对侦查讯问、审查批捕、证据开示、庭前会议制度、认罪认罚从宽制度等问题的研究。如今，经历了研究热潮的诉讼效率问题历久弥新，不断出现新的问题、新的研究视角。

上述研究在一定程度上推动了实践变迁与立法变动，在2012年修正的《刑事诉讼法》中，将简易程序的范围再次大幅扩大，基层人民法院审理的所有刑事案件符合相应条件的，均可适用简易程序审理。2018年《刑事诉讼法》第三次修正中更是专门确立了认罪认罚从宽原则及相应的制度安排。

这一立法的变动表明诉讼资源之优化配置已经成为未来我国刑事诉讼发展的方向之一，同时立法的修改也必将吸引更多的研究者继续探索诉讼效率这一重大课题。

刑事诉讼效率的中心问题是诉讼效率的含义及其与司法公正之间的关系问题。公正和效率是刑事诉讼的基本价值目标，二者相辅相成，缺一不可，但这两个基本价值之间也存在一定的冲突，当二者发生冲突时，普遍认为，应把握“公正优先，兼顾效率”的原则，只有处理好公正与效率的关系，才能顺利完成刑事诉讼打击犯罪和保障人权的双重任务。公正是刑事诉讼的终极目标，而公正的实现离不开效率，如何在保证司法公正的前提下提高诉讼效率，就成为需要研究的课题。“迟来的正义即非正义”（Justice delayed is justice denied）这一源自于英国的法谚，说明了诉讼效率问题是个经典的且具有世界性的问题。当然，在当今中国的语境中，诉讼效率是个具有许多新内容的问题。

第一节　刑事诉讼效率及其与司法公正关系的界分

什么是刑事诉讼的效率？效率与公正的关系如何？这些问题是刑事诉讼法学界探索的重要课题。刑事诉讼法学中的许多重要问题都可归结于司法公正和诉讼效率的关系，并可以从诉讼效率的角度对其进行新的研究。公正和效率作为刑事诉讼的两个基本价值目标，研究者有必要确定其内涵以及二者之间的关系。

一、刑事诉讼效率的界分

效率原本是经济学的一个概念，20 世纪 60 年代开始于美国的法律经济学研究，首先把效率概念引入法学领域。此后，人们开始用经济学的方法和理论考察、研究法律和法律制度。美国著名法律经济学家波斯纳法官曾经指出——法律经济学的核心思想就是效率。而效率在中国法学界引起人们的关注，也与中国的经济体制改革进程密不可分。在经济体制改革期间，西方经济学理论进入中国，法律的经济分析方法也被介绍到中国法学界。由于我国的社会主义市场经济起步较晚，司法诉讼资源相对紧缺，在这种情形之下，诉讼效率问题更加具有重要的现实意义，甚至成为中国法学界关注的焦点话题。

早期开始关注诉讼效率的学者认为："诉讼在一定意义上也可以被视为一种受制于投入产出规律的经济行为。从微观上看，诉讼过程中各主体所作出的财力、物力和人力的耗费，同主体从诉讼裁决结果中所获得的利益之间的比值关系，制约甚至决定着主体的行为选择。在宏观层次上，诉讼耗费与诉讼效益之间的关系体现和反映着诉讼的基本价值。因此降低诉讼成本，提高诉讼效益，是完善诉讼机制的基本措施。"[1] 在这里，诉讼结果中所获得的利益与诉讼中投入的财力、物力和人力之间的比值就可以看作是诉讼效率。接着，有学者提出，公正、效率和效益是现代法律制度共同追求的价值目标。为了实现刑事诉讼的目的并提高办案效率，刑事诉讼的主要任务应当是惩罚犯罪。维护人权的行动主要通过准确地惩罚犯罪来进行。诉讼效率简单地说就是司法机关在单位时间里的办案量。而诉讼效益的内涵主要指投入最少的司法资源取得最大的收益。[2]

有学者进一步阐明，效率是投入与效用之间的最佳函数关系，还有一种可

---

[1] 顾培东："效益：当代法律的一个基本价值目标——兼评西方法律经济学"，载《中国法学》1992 年第 1 期。

[2] 马贵翔："公正·效率·效益——当代刑事诉讼的三个基本价值目标"，载《中外法学》1993 年第 1 期。

能，是指制度效率，即整个经济制度的安排是否促进生产效率，有时笼统地称之为经济效率。[1]

后来，有学者把效率与自由、秩序与公正并列，作为人类社会的价值目标，同时指出，“效率”与“效益”两个概念所表示或传递的价值内涵或价值目标是相同的，二者是在同一意义上使用的，二者之间的差别在于所强调的侧重点不同，效率强调人类社会活动的过程价值，而效益强调人类社会活动的结果价值。[2]

有的学者不再把效率和效益都作为刑事诉讼的基本价值目标相提并论，而认为三大基本价值目标应该是公正、效率和保护人权。该学者指出，诉讼效率主要指投入的司法资源与取得的收益之间的比例关系。[3]刑事诉讼的收益主要是指，维护刑法权威，保护社会稳定，修复受损的社会关系，并通过惩罚犯罪达到预防犯罪的作用；而刑事诉讼的投入主要包括揭露、证实和惩治犯罪以及保护人权而支出的人力和物力，即刑事诉讼中投入的司法资源，或者叫作成本。这二者之间的比值越大，则刑事诉讼的效率越高。

上述内容是 20 世纪 90 年代期间学者们对诉讼效率的界分。进入 21 世纪，对诉讼效率的分析更加深入。有学者分析了诉讼效率的基本要素，包括公安司法机关机构精简，公安司法人员素质优良，诉讼程序适度并尽可能简便，诉讼活动及时进行，司法决策实行个人负责制五项基本要素。机构精简是对司法资源的节约，以降低在刑事诉讼活动中投入的成本。公安司法人员专业化程度高，能够缩短诉讼案件的办案时间，公安司法人员的素质优良，则可以增强国家所投入的司法资源的使用效能，同时也能为诉讼参与人节约诉讼成本，从而削减社会资源的总体投入量，达到提高效率的效果。诉讼程序进行繁简分流，案情复杂、影响重大的案件适用公正性程度较高的普通程序，而罪行轻微、情节简单的案件，则可适用较为便捷的简易程序，使得重要案件得到重点关注，从整体上实现诉讼效率的提升。及时性原则的适用，可以迅速固定证据，避免因诉讼拖延而导致证据灭失或证人记忆模糊，诉讼拖延的时间越长，查明真相的难度就越大，及时处理案件可以避免不必要的麻烦，从而节约司法资源，并能防止案件的积压。司法决策

---

[1] 强世功：“法理学视野中的公平与效率”，载《中国法学》1994 年第 4 期。

[2] 李文健：《刑事诉讼效率论》，中国政法大学出版社 1999 年版，第 29 页。

[3] 敖德明：“论刑事诉讼的基本价值目标——公正、人权和效率”，载《当代法学》1998 年第 3 期。

个人负责制可以减少司法资源的“内耗”，给司法人员足够的自由，可以及时应对各种变化，避免贻误时机。[1] 还有学者特别强调，要避开诉讼效率的认识误区，包括：（1）诉讼效率不是单纯追求办案速度越快越好；（2）司法效率不应通过加大工作强度来实现；（3）简化程序的前提必须保持最基本的程序正义要素，确保程序的基本功能；（4）司法效率可以通过增加人力资源来实现，但人力的增加幅度和数量必须保持在合理的范围之内；（5）司法职能的缩减或扩展应当根据宪法的发展来完成，而不应当在不具备条件时任意变动。[2]

二、刑事诉讼效率与司法公正的关系

关于公正和效率之间的关系，国内学者从不同的角度、以不同的方法分析，得出了不同的观点。

第一种观点认为，公正与效率是互补的关系。[3] 持这种观点的学者认为，公正单一地作为法律的价值目标具有多方面局限性，需要与效率目标形成互补。第一，当代社会经济生活中某些现象，仅仅用公正无法对其作定性评价。第二，公正的内涵是历史性的，当代社会中公正内涵的确定，需要借助资源使用与配置的效率评价。第三，法律对许多权利的安排或手段、方式的选择，必须以公正与效率双重目标为依据。在诉讼程序中，许多程序措施的设计也必须兼顾公正与效率双重目标。第四，从整体上看，公正往往更适于作为法律制度确定与实施的定性依据，而定量依据则有赖于效率目标。原文作者在这一部分没有使用“效率”一词，而是代之以“效益”。笔者认为，原文作者所指的“效益”就是我们在这里讨论的“效率”。20世纪90年代，国内学者经常使用“效益”一词来指代“效率”，这两个词在当时使用较为混乱。“效率”在英语里是efficiency，而“效益”则没有一个明确的单词与之相对应，大体上效益应被理解为效果和收益。此外，

---

[1] 谭世贵：《刑事诉讼原理与改革》，法律出版社2002年版，第75-79页。

[2] 罗东川、黄斌：“我国司法效率改革的实践探索——立足于当前人民法院‘案多人少’问题的思考”，载《法律适用》2011年第3期。

[3] 顾培东：“效益：当代法律的一个基本价值目标——兼评西方法律经济学”，载《中国法学》1992年第1期。

原文中引用了波斯纳的名言“正义的第二种意义，简单地说来，就是效益”，而今天我们一般都把波斯纳这句话里的 efficiency 译为效率，由此可见，原文作者所指之“效益”正是“效率”。

第二种观点认为，效率是当代刑事诉讼的价值取向。该学者从当代中国经济建设的背景出发，分析了效率升值的原因，认为中国法学界出现效率升值的现象与中国当前的经济体制改革有关，也与法学与经济学的理论结合分不开。中国经济从计划经济走向社会主义市场经济，价值选择从公平、正义优先走向效率、效益优先，“一部分人先富起来”的时代性的口号充分体现了这种价值取向的转变。市场经济的价值观念，要求人们将利益作为制度设计的核心，在分配制度上贯彻“效率优先、兼顾公平”的思想。“将按资分配所形成的结果不平等维持在社会可以承受的限度内，将这种不平等维持在妨碍到整体经济效率的边际上。”[1]从公平优先到效率优先，反映出中国经济发展模式的变化，也反映出中国人价值观念的更新。法学价值领域中的效率目标也是在这种经济发展的背景下确定的。1960 年美国著名经济学家科斯发表了“社会成本问题”一文，首次以经济学的方法系统地分析法律问题。1973 年芝加哥大学法学院教授波斯纳出版了《法律的经济分析》一书，正式确立了法律经济学这一学科。法律经济学中移植了经济学的两个前提：第一，理性人的假设；第二，法律与经济学的部分价值观是相同的。他们均认为，法律在某种程度上与经济学的主旨是相吻合的，都是为了更好地分配资源以达到社会的最佳效率。所以，可以采用经济学的方法研究法律问题。法律效率作为一种价值需求，是根据法律与社会供求关系决定的。要充分发挥法律的效率，一方面应当根据社会的需要，使法律的制定与实施尽可能符合国家和民众的愿望，产生好的社会效果，另一方面还应该考虑社会的支付能力，并使法律的设计和运作尽可能增加社会财富或降低社会成本。

持这一观点的学者进一步阐述，中西方思想史上探索的“义”与“利”的关系就是现在所讨论的公正与效率的关系。法律既要追求效率，又要追求公正。在效率与公正的关系上，他澄清了三点：（1）效率与公正是相互包含、相互依存的。（2）效率较之公正更具有全人类性。（3）效率较之公正更具有社会进步性。

---

[1] 强世功：“法理学视野中的公平与效率”，载《中国法学》1994 年第 4 期。

从这些分析中，该学者得出的结论是，在当代中国法律领域，选择效率作为首要的价值目标是社会发展的必然。在社会主义市场经济发展的初期，法律的效率价值应当处于法律价值体系的首位。法律对权利义务的安排和对社会关系的调整，不可避免地要遵循效率优先的原则。[1]

第三种观点认为，如果把视野仅停留在公正与效率自身的关系上，则只能在二者中以一种规定另外一种。于是这种观点主张，将价值的视野扩大到马克思主义社会发展的观念中，在发展的目标中确立公正与效率的价值取向，可以实现公正与效率价值视野的融合。这种观点分析到：公正是社会发展的目标，效率是实现社会发展目标的基础，二者互为目的与手段，互相包含。根据发展对公正与效率的规定性，说明在公正与效率的相互关系上，二者应当并重，不可偏废任何一方。[2] 当公正与效率发生矛盾冲突时，这种观点认为，在刑事诉讼的价值体系中，公正是最高价值，效率是第二价值。因为只有公正才能使法官不偏不倚，才能使当事人服判；只有公正才能有助于对人们的行为产生积极的暗示和导向；只有公正才能使社会正义得到重要保障。此外，鉴于中国司法资源贫乏，应当科学架构诉讼程序，使公正与效率价值比例达到最大限度的理想化。比如审判阶段应以公正为主要指导理念，而侦查阶段，应当把效率放到一个突出的位置上。[3]

第四种观点把公正与效率的关系细化为内部关系和外部关系。[4] 从司法中的公正与效率的内部关系来讲，效率正是公正的必要内涵之一，司法公正的实现需要一定的效率度来维持，缺失了起码效率的公正将不再是公正。正如波斯纳所说，“正义的第二种含义——也许是最普通的含义——是效率”。[5] 因此，效率只是公正的下位概念、从属概念，效率并不是作为司法的独立目的而存在的；司法的目的永远只有一个——包含效率在内的公正。从公正与效率的外部关系而言，二者存在重大的区别。首先，公正与效率在司法中的地位不同，公正是司法的核心，没有公正，司法就失去其存在的根本；而效率只是现代司法应有的一个重要

---

[1] 李文健：《刑事诉讼效率论》，中国政法大学出版社 1999 年版，第 41-55 页。

[2] 谭世贵：《刑事诉讼原理与改革》，法律出版社 2002 年版，第 83 页。

[3] 谭世贵：《刑事诉讼原理与改革》，法律出版社 2002 年版，第 86-88 页。

[4] 万毅：《底线正义论》，中国人民公安大学出版社 2006 年版，第 65-71 页。

[5] ［美］波斯纳：《法律的经济分析》，蒋兆康译，法律出版社 2012 年版，第 31 页。

外部特征，所以二者不可同日而语。其次，公正和效率在司法中的权重不同，该学者通过分析指出，公正与效率的关系只有在经济领域内才有广泛讨论的必要，在政治和法律领域内，由于自由、民主、人权等基本原则具有不可动摇的基础性地位，它们是不可妥协的。在司法领域中，公正相对于效率具有不言而喻的重要性、优先性，只有在公正得到保障的前提下才有讨论效率的余地。

第五种观点认为，在公正与效率二者的价值选择上，应当“公正优先、兼顾效率”。该观点从公正与效率的内在逻辑关系上分析二者的关系，认为效率是公正的必要条件，但不是充分条件，而公正则是效率的充分必要条件。应当将公正价值放在首要的位置，但同时对于效率价值也给予足够的重视，不能忽视效率价值的存在。如果忽视公正，那么没有公正的效率将会产生可怕的后果；如果忽视效率，那么公正也实现不了。因为公正是在效率基础上的公正，迟到的公正等于不公正。刑事诉讼是一种分配权利义务，并据以解决纠纷的程序。刑事诉讼存在的前提是：社会的公正秩序受到了犯罪行为的破坏。为了保证刑罚权的实现并不被演变成为赤裸裸的国家报复，必须对国家追诉犯罪的行为予以程序规范，以保证国家刑罚权实施的公正性。因而刑事司法程序的设计和程序权利与义务的分配都应以公正为价值取向。但是，我们在充分关注公正价值目标的同时，也不应忽略刑事司法对效率的追求。因为无论是被害人及其亲属，还是一般社会公众都希望犯罪分子尽快受到刑事制裁，即使被告人自己，往往也希望国家能够尽快地对其应否负刑事责任和判处何种刑罚给出一个结论。同时，对国家来说，一定时期内所投入的司法资源也是相对固定和有限的，如果程序过于烦琐或者无论案件繁简都适用同样的程序，可能导致案件拖延甚至积压，司法机关也无法承受。公正是进行刑事诉讼的目的，而效率只是达到目的的手段。应当在价值选择上偏向公正，而同时也不能忽略效率。[1]

---

[1] 陈卫东：《程序正义之路（第一卷）》，法律出版社 2005 年版，第 495–496 页。

第二节 具体刑事诉讼制度的效率分析

学界关于刑事诉讼效率问题的研究，并非只是局限于纯粹概念探讨的范围，而是与诸如审级等具体的制度、程序问题密切相关。有学者强调，司法机关在日常工作中应当特别注意处理好包括司法规律与经济规律、效率与公正权威、当事人与国家等在内的，与司法效率有关的八大关系。[1]还有学者强调，司法效率的提高必须将“司法成本最小化”和“司法收益最大化”进行有机结合。要明确规定进入司法程序的纠纷性质和条件，要针对不同的纠纷作出不同的科学且合理的程序设计，要在具体设计司法程序时，做到在能够保证纠纷真正解决的前提下，有利于减少时间、人力、财力的投入，同时要体现基本的程序公正。[2]有学者进一步指出，高效是司法效率的一种良好状态，为实现高效的司法体制改革目标，必须正确认识司法效率的逻辑基础。在司法程序中寻求司法活动和司法行为的效率是由司法的程序性属性决定的，司法效率也只能在程序改进过程中才能获得正当性与合理性。[3]以审判阶段为例，在审判的过程中有三个基本变量起到至关重要的作用：资源、程序以及正义的生产，三者不同的配置方式产生了三种不同的司法效率实现路径。[4]诉讼效率是现代司法公正的基本构成要素，司法资源的稀缺使得司法必须追求效率，否则不足以完成其实现法律公正之价值使命。及时审判规范是司法效率的规范依据。审判及时与否直接决定着当事人能否获得公正审判。未能在合理期限内审结案件的无效率司法，必将侵犯到当事人的公正审判权。[5]因此，我们需要从这些具体问题入手，进一步探讨刑事诉讼中的效率问题。

---

[1] 蒋惠岭：“论司法效率中的八个关系”，载《人民司法》2008 年第 17 期。

[2] 李家军：“司法的效率之维”，载《法律适用》2009 年第 6 期。

[3] 程关松：“司法效率的逻辑基础与实现方式”，载《江西社会科学》2015 年第 8 期。

[4] 沈明磊，蒋飞：“资源配置视野下的司法效率”，载《人民司法》2008 年第 17 期。

[5] 刘练军：“司法效率的性质”，载《浙江社会科学》2011 年第 11 期。

一、审级制度、各级审判程序改造的效率分析

审级制度如何确定、各级审判程序如何设计——这两个问题是关系到刑事诉讼的公正和效率的重要问题。这两个问题直接决定司法资源投入量的大小。投入太少，无法满足诉讼需要，案件得不到及时的解决，严重影响诉讼效率，并最终导致司法不公。投入太多，同样也会使诉讼效率低下，造成司法资源浪费。因此，审级制度和各级审判程序的妥当设计，至关重要。

审级制度在刑事司法体系中占据重要的地位，国内学者对究竟使用“三审终审制”还是“两审终审制”有过一些讨论，但总的来说关注度并不高。目前，人民法院共有四级设置，实行“两审终审制”，即一个案件最多经过两级人民法院的审判即告终结。目前，学界主要有赞同“两审终审制”和主张“三审终审制”两种观点。

（一）赞同“两审终审制”的原因和理由

第一，符合中国国情。中国地域辽阔，三级法院之间距离远，与此同时，国内交通又不够发达，使得从下一级法院到上一级法院往往需要耗费较长的时间。如果实行三审终审，则会有相当数量的案件进入省级法院进行终审。案件从县级人民法院到地级人民法院，再到省级人民法院，势必给当事人和其他诉讼参与人造成不便，影响生产和工作。

第二，便利群众。依靠群众是我国完成各项工作必须遵循的根本路线，也是我国刑事诉讼法的原则。根据我国法院审判管辖的规定，除极少数重大案件属省级以上法院审理外，大多数案件属县、地两级法院审理。实行两审终审制，使大多数案件可以在县、地两级法院得到解决。一般来说，县地两级法院所在地比较靠近，办案人员依靠群众进行调查核实案情，传唤当事人和证人接受询问、出席庭审都比较方便。有利于审判公开，向群众进行法制教育和接受群众监督。

第三，有利于及时惩罚犯罪，保护当事人的合法权益。实行两审终审制，既保障了当事人的诉讼权利，又简化了诉讼程序，减少了重复审理。对当事人的上诉，不论是认定事实还是适用法律方面的问题，通过全面审查，包括对一审判决

中可能存在的其他一些法律问题，都能一并得到正确解决。案件的及时处理，有利于惩罚犯罪，纠正错误。

当然，由于两审终审制与三审终审制相比较，少了一次上诉审程序，剥夺了当事人再次上诉的机会，对案件的质量可能会造成影响，当事人的合法权益可能会受到侵犯。但是，他们认为刑事诉讼法规定的两审终审制完全可以保证审判质量。理由是：第一，我国的二审程序实行全面审查原则。全面审查原则要求第二审人民法院在审理上诉或者抗诉案件时，对整个案件的事实、证据及定罪量刑等问题进行综合审查，全面考虑。二审法院贯彻全面审查原则，对于执行有罪必究的方针，保证第二审程序任务的顺利完成，具有重要意义。第二，死刑案件实行复核程序能够保证死刑案件质量。二审终审后，对判处死刑的案件，还须报最高人民法院复核，即使被告人不上诉的案件，也须上报，经过复核程序才能执行，从而切实保证特别重大案件的正确处理。第三，我国的审判监督程序具有强大的纠错功能。人民法院对于发生法律效力的终审判决可以依法提起审判监督程序，检察机关实行法律监督，行使监督职能可以在相当程度上纠正错判，当事人在判决生效后如果不服还可以申诉。

也有学者提出，目前国内实行的并非“两审终审制”，而是“以两审终审为主体、以死刑复核程序和审判监督程序为补充”的审级制度。并且进一步将目前的审级制度概括为“两审终审无法终审，死刑复核程序名存实亡，审判监督程序导致无限申诉，无限再审，终审不终，导致公正和效率两败俱伤”。[1]

（二）赞同“三审终审制”的原因和理由

目前，我国绝大多数终审的判决和裁定都由中级人民法院作出。但在基层法院和中级法院的关系上，二者是等级化的行政关系，而非司法独立所要求的上下级法院之间各自独立的关系。这种行政化的运作使得立法者想要通过审级制度实现司法公正的努力成为徒劳。在这种体制下，为了个人的升迁，也为了减少承担错案的风险，下级法官会主动与上级法官进行交流、沟通，并听取上级法院的指导意见。于是，一审法院作出的判决实际上成了上下级法院共同形成的判决，这

---

[1] 陈卫东、李训虎：“公正、效率与审级制度改革——从刑事程序法的视角分析”，载《政法论坛》2003 年第 5 期。

无疑将对当事人的上诉造成不利影响。

为了防止两审终审制可能带来的不利影响，立法机关寄希望于审判监督程序对两审终审进行补救。然而，实践中审判监督程序的启动过于随意，使得这一在大多数情况下应该备而不用的非常救济程序变成了频频启动的普通救济程序。再审功能的过度扩张严重破坏了司法的终结性，更有甚者，经过再审的案件也无法终结。如果司法机关作出的裁判被随意否定，则司法就丧失了其作为纠纷解决机制的功能——不仅解决不了现有的纠纷，还会使矛盾加深、冲突加剧。

基于以上分析，有学者认为，不管是从审级制度设立的初衷还是从审级制度在现实中的运行来看，我国现行的“两审终审制”既不能保证公正也不能促进效率，造成了对公正和效率的双重损害。根据“公正优先，兼顾效率”的原则，提出了重构中国的审级制度的建议，即建立有限的三审终审制的审级制度。这一改革包括以下几个方面。

第一，针对目前人民法院功能定位不当的问题，重新定位各级人民法院的功能。目前四级人民法院的功能定位以及运作方式差别不大，每一级法院都可以受理一审案件，发动再审。中级法院以上的法院都可以作为二审法院，但每一级法院所作的判决都没有最后的拘束力，当事人可以针对每一级法院的判决提起申诉，每一个判决都有可能被再审。要解决人民法院功能定位不当的问题，基层人民法院应当定位于查明事实，解决纠纷；中级人民法院应当是一个承上启下的中间法院，由中级法院来承担统一司法的使命是大而不当的；高级人民法院应当作为部分案件的三审法院，在本地区内起到统一司法的作用，同时也应当成为少部分案件的二审法院，以发挥救济功能；最高人民法院作为最高司法机关其职能就在于统一全国的司法。

第二，取消最高人民法院和高级人民法院的一审管辖权，重新划分级别管辖。实行三审制以后，将有大量案件涌入高级人民法院和最高人民法院。为了减轻三审给这两级人民法院带来的压力，且考虑到实践中最高人民法院和高级人民法院很少作为一审法院审理案件，应当取消最高人民法院和高级人民法院作为一审法院审理案件。

第三，有限的三审终审。具体而言，是对部分案件实行三审终审，包括危害国家安全的犯罪，可能判处 15 年以上有期徒刑、无期徒刑以及死刑的案件，一审判无罪、二审判有罪的案件，二审中的重大程序性违法案件。除此之外的其他案件则实行两审终审。实行三审的案件，二审实行事实审，既审查事实又审查法律，三审只对法律适用问题进行审查，但二审与三审的审查范围都只限于当事人上诉不服的部分。并且对于三审的案件，实行强制指定辩护制度，三审上诉必须有律师的附署意见，说明上诉理由。

第四，废除死刑复核程序，改革再审制度。对于死刑案件实行三审终审制，并且对死刑案件二审实行强制性上诉，以保留死刑复核程序中主动报核的优点。对于再审制度的改革，应当使再审制度回归非常救济程序的原形。废除法院主动提起再审制度，将当事人申诉制度诉讼化，构建检察院与当事人平等的申请再审制度，并实行再审一审终审。

有学者从诉讼效率和司法公正的关系角度，对实行有限的三审终审制的问题，予以分析：首先，实行有限的三审终审制并没有违背法律面前人人平等原则。因为一个国家的诉讼资源是有限的，不可能对于所有的人提供完全相同的保护，并且也不能实行平均主义，否则每个人所获得的正义都只能是不充分的正义。并且比例原则也适用于刑事诉讼中审级制度的构建。对刑事诉讼中的不同案件实行区别对待，并不违反法律面前人人平等的原则。其次，实行三审终审增加了一个审级，但并不会极大地降低诉讼效率。将用于再审案件的资源用于三审上诉，完全可以完成三审上诉案件的审理。并且，三审仅审理法律争议，这一审判方式决定了其审判效率远远高于再审案件。更重要的是，三审法院的存在就能构成对二审法院的纠错效应，从而能减少二审的错误率，这样三审上诉率势必下降，加上三审上诉律师必须附署意见，也减少了无理上诉、缠诉现象。最后，实行三审终审制，大量案件涌入最高人民法院，会不会使其不堪重负？针对这一问题，在设计最高人民法院的三审上诉时，可以从以下几个方面加以限制：上诉理由仅限于法律适用错误，并且必须有律师附署意见，实行许可上诉制（死刑立即执行案件除外）；可以借鉴最高人民法院设立巡回法庭的做法和经验，设计将全国划为东北、华东、华南、西南、西北、华北等几个大的司法区，受理三审上诉。此外，还应深化最高法院的内部改革，优化人员组合，以提高诉讼效率。[1]

二、审查逮捕制度运作的效率分析

西方法治国家形成羁押决定的时间比较短暂，但我国审查逮捕法定期限为7天，明显多于西方国家。[2] 审查逮捕的期限在中国刑事诉讼程序中有较大的意义。一方面它直接关涉程序流转的效率与制度成本，另一方面审查逮捕期限牵涉到犯罪嫌疑人的人身自由权。[3] 实践中犯罪嫌疑人被移送审查逮捕时，大多处于拘留（羁押）状态，审查逮捕的运作期限会影响犯罪嫌疑人羁押时间的长短。

有学者对审查逮捕制度在中国刑事诉讼中的运行现状进行了实证考察，发现审查逮捕的运作期限在实践中有下降的趋势。[4] 考虑到审查逮捕期限与程序运作效率以及犯罪嫌疑人权利之间的关系，我们可以认为实践中审查逮捕运作的效率在不断提高，犯罪嫌疑人的权利保障因此也得到了一定的增强。产生这种现象的原因，一方面是因为检察官普遍具备了办案期限的意识，避免因案件处理超过法定期限而造成超期羁押。另一方面也是由于检察机关对传统的审查逮捕运作方式进行了程序上的改革。[5]

对审查逮捕制度期限问题讨论的意义在于明确了提高审查逮捕制度运作效率的根本方向，即要进行适当的制度变迁与制度创新。审查逮捕运作的期限之所以能够降低，最关键的原因在于实践中推行了相应的制度改革。此外，在当前逮捕案件的处理模式下，三个程序环节虽然都存在一些不合理的时间耗损，但对这些耗损形成的原因分析也揭示出，除非我国检察机关整体的权力结构与宏观的司法条件发生根本性的转变，否则这些时间耗损将会继续存在。这意味着通过改变或优化案件处理方式以及最大限度地减少案件处理过程中的程序耗损来提高审查逮

---

[1] 陈卫东、李训虎：“公正、效率与审级制度改革——从刑事程序法的视角分析”，载《政法论坛》2003年第5期。

[2] 刘计划：“刑事拘留与审查逮捕的期限应予缩短”，载《中国司法》2009年第3期。

[3] 刘计划：“逮捕审查制度的中国模式及其改革”，载《法学研究》2012年第2期。

[4] “审查逮捕：由5至7天缩短至1至3天”，http://newspaper.jcrb.com/2018/20180609/20180609_002/20180609_002_2.htm，最后访问时间：2021年1月19日。

[5] 刘计划：“我国逮捕制度改革检讨”，载《中国法学》2019年第5期。

捕制度运作效率的思路，至少在相当长的一段时间内——空间非常狭小。❶

旨在提高审查逮捕制度运作效率的制度改革都要立足于当前的案件处理模式。必须树立一种关于审查逮捕制度运作的整体效率观，并将之作为一种制度文化来加以培育。

在制度改革的具体思路上，有学者认为应该在实践中已初步展开的检察引导侦查制度与案件分类审查机制的基础上，完善具体实施机制，继续进行深化改革。具体主张如下：第一，在案件分类审查机制的基础上，对法定审查逮捕期限进行调整，将以“天”为单位的法定期限改为以“小时”为标准，以避免检察官的懈怠。可以把公安机关移送案件的时间作为起始时间，对于简单案件，检察机关必须在 72 小时内作出批捕与否的决定；对于疑难复杂案件必须在 144 小时内决定是否批捕。同时，可以采用列举的立法技术，以案件类型作为分类标准，明确简单与疑难案件的具体种类。第二，可以将检察引导侦查机制作为配套改革措施进一步推行，在公安机关设置专门的“检察引导侦查室”，配备专门的检察官来从事检察指导侦查的工作。目前，检察引导侦查制度在效率上的价值仅仅体现在个案上，而且在具体的实施过程中还有延误其他案件处理情况的存在。这表明，在司法资源一定的条件下，检察引导侦查机制占用了本该属于处理其他案件的司法资源，因此，需要对检察引导侦查机制进行改革完善。❷

问题与思考

公正与效率是司法的两大价值目标，关于二者关系的论证，不同学科的研究成果已经不少。然而，不同学科之间的讨论内容及其语境是不同的，刑事司法的公正与效率之间的关系应当从刑事诉讼自身价值的特殊视角出发给予更为深入的论证。

刑事诉讼中效率问题的重要性及其与公正的关系，理论和实践的视角存在差异。从理论上看，虽说“迟来的正义非正义”这句谚语为效率的重要性作了最

❶ 陈卫东：《转型与变革：中国检察的理论与实践》，中国人民大学出版社 2015 年版，第 102 页。

❷ 郭松：“审查逮捕制度运作效率研究——基于审查逮捕期限的实证分析”，载《中国刑事法杂志》2009 年第 2 期。

好的辩护，然而，只有正义才有迟来与否的问题，非正义则是不论迟来早来，都只是非正义。因此，公正与效率在刑事司法中的关系，原理上应无争议。通常认为，公正优先、兼顾效率，或者说效率是公正的子概念。然而这种理论通说在司法实践中经常显得非常苍白，许多实务改革的动因不是因为公正，而恰恰是基于追求效率。这种状况表明，未来对这对抽象价值目标的研究应当与刑事诉讼的具体语境更紧密的结合。同时，理论上对两个价值目标的次序安排不应当是一成不变的，应当区分原则与例外，比如对于特殊程序，包括反恐程序、有组织犯罪追诉程序中，应当研究公正与效率两大目标的配置原则是否需要进行调整。

此外，对于效率价值的考量，以往的研究虽然认识到这是源自于经济学成本分析方面的一个术语，但经济学的具体原理或者说成本分析的具体方法并没有引入刑事诉讼法学的研究过程中，这样，对效率价值的研究易于成为虚无缥缈的空中楼阁。当然，强调刑事诉讼法学问题的研究过程中借鉴经济学的具体原理或者说成本分析的具体方法时，应当认识到两个学科所面临的问题所存在的差异。例如，经济学的成本收益分析方法往往与经济过程中的成本和收益均可计量相关，而司法的成本虽然可以用经济学的方法予以分析，但其收益有时却往往难以用经济学的方法予以统计，因此，两者经常难以比较。对此，不可不察。需要引起注意的是，在2018年修正的《刑事诉讼法》实施后，因为认罪从宽制度的大范围适用，司法实践中关于效率的可能出现的新问题，是今后研究的重点。

三 参考文献

一、论文类

[1] 刘计划．我国逮捕制度改革检讨［J］．中国法学，2019（5）．

[2] 程关松．司法效率的逻辑基础与实现方式［J］．江西社会科学，2015（8）．

[3] 刘计划．逮捕审查制度的中国模式及其改革［J］．法学研究，2012（2）．

[4] 罗东川，黄斌．我国司法效率改革的实践探索：立足于当前人民法院“案多人少”

问题的思考［J］. 法律适用，2011（3）.
［5］刘练军 . 司法效率的性质［J］. 浙江社会科学，2011（11）.
［6］郭松 . 审查逮捕制度运作效率研究：基于审查逮捕期限的实证分析［J］. 中国刑事法杂志，2009（2）.
［7］刘计划 . 刑事拘留与审查逮捕的期限应予缩短［J］. 中国司法，2009（3）.
［8］李家军 . 司法的效率之维［J］. 法律适用，2009（6）.
［9］张玉平 . 从经济学视角看刑事诉讼的效率性［J］. 齐鲁学刊，2008（3）.
［10］冀祥德 . 刑事审判改革的基本立场：简者更简、繁者更繁［J］. 人民司法，2006（8）.
［11］蒋惠岭 . 论司法效率中的八个关系［J］. 人民司法，2008（17）.
［12］沈明磊，蒋飞 . 资源配置视野下的司法效率［J］. 人民司法，2008（17）.
［13］陈健松，芦光 . 快速审理机制中的量刑建议权：基于效率与公正的考察［J］. 人民检察，2008（18）.
［14］甄贞，孙瑜 . 论我国刑事诉讼处罚令程序之构建［J］. 法学杂志，2007（3）.
［15］李莉 . 刑事简易程序研究［D］. 北京：中国政法大学，2006.
［16］高珊琦 . 论刑事司法中公正与效率之均衡及途径［J］. 河北法学，2006（8）.
［17］刘根菊，黄新民 . 从普通程序简化审看我国刑事速决程序的建构［J］. 法学评论，2005（3）.
［18］谢佑平，万毅 . 法理视野中的刑事诉讼效率和期间：及时性原则研究［J］. 法律科学，2003（2）.
［19］于晓青 . 司法的特质与理念［J］. 现代法学，2003（2）.
［20］刘丁炳 . 从欧盟国家司法效率的制度设计看我国公诉制度的完善［J］. 国家检察官学院学报，2003（2）.
［21］成凯 . 论效率价值在我国刑事诉讼中的定位［J］. 社会科学研究，2003（3）.
［22］陈卫东，李训虎 . 公正、效率与审级制度改革：从刑事程序法的视角分析［J］. 政法论坛，2003（5）.
［23］吕斌 . 从四次判死刑谈我国二审诉讼程序公正与效率的完善［J］. 政法论丛，2003（6）.
［24］易延友 . 辩诉交易应当缓行［J］. 法学，2003（12）.
［25］陈卫东，刘计划 .2001 年刑事诉讼法学研究的回顾与展望［J］. 法学家，2002（1）.

[26] 王敏远．“辩诉交易”及其借鉴分析［J］．政法论坛，2002（6）．

[27] 马宏健．试论提高刑事诉讼效率的途径［J］．法律适用，2002（6）．

[28] 李学宽，尚华．论刑事诉讼中公正与效率的关系和协调［G］// 陈光中．诉讼法理论与实践（上）．北京：中国政法大学出版社，2002.

[29] 陈卫东．公正和效率：我国刑事审判程序改革的两个目标［J］．中国人民大学学报，2001（5）．

[30] 高一飞．程序正义在刑事诉讼效率中的意义［J］．现代法学，2000（3）．

[31] 柯葛壮．刑事简易程序的改革和完善［J］．上海社会科学院学术季刊，1999（2）．

[32] 王国枢，项振华．中外刑事诉讼简易程序及比较［J］．中国法学，1999（3）．

[33] 姚莉，尹世康．我国刑事诉讼简易程序中存在的若干问题［J］．法学，1999（3）．

[34] 卞建林，李菁菁．略论刑事简易审判程序中的若干问题［J］．法学杂志，1998（3）．

[35] 敖德明．论刑事诉讼的基本价值目标：公正、人权和效率［J］．当代法学，1998（3）．

[36] 熊秋红．刑事简易速决程序探究［G］// 陈光中．诉讼法论丛（第二卷）．北京：法律出版社，1998.

[37] 邓自力．论刑事简易程序与公正和效率［J］．社会科学研究，1997（6）．

[38] 左卫民，宗建文，周光权．论刑事程序中的效率观［J］．四川大学学报，1995（4）．

[39] 强世功．法理学视野中的公平与效率［J］．中国法学，1994（4）．

[40] 马贵翔．公正 · 效率 · 效益：当代刑事诉讼的三个基本价值目标［J］．中外法学，1993（1）．

[41] 顾培东．效益：当代法律的一个基本价值目标：兼评西方法律经济学［J］．中国法学，1992（1）．

[42] LIAKOPOULOS D.Mutual Cooperation and Criminal Efficiency Under Regulation（EU）2018/1805 for the Mutual Recognition of Freezing and Confiscation Measures［J］.Revista do Curso de Direito do UNIFOR，2020，11（1）．

[43] CHOPIN J，AEBI M F.The Level of Attrition in Domestic Violence：A Valid Indicator of the Efficiency of a Criminal Justice System?［J］.European Journal of Criminology，2020，17（3）．

[44] JOHNSTON E.The Adversarial Defence Lawyer：Myths，Disclosure and

Efficiency－A Contemporary Analysis of the Role in the Era of the Criminal Procedure Rules [J] .Int' l J. Evidence & Proof，2020，24（1）.
[45] BAGRIC M，HUNTER D，LOBERG C.Introducing Disruptive Technology to Criminal Sanctions：Punishment by Computer Monitoring to Enhance Sentencing Fairness and Efficiency [J] .Brooklyn Law Review，2019（4）.
[46] JONES A.A Quiet Transformation? Efficiency Building in the "Fall" of International Criminal Justice [J] .International Criminal Law Review，2019，19（3）.
[47] DELAGRANGE M.The Path towards Greater Efficiency and Effectiveness in the Victim Application Processes of the International Criminal Court [J] . International Criminal Law Review，2018，18（3）.
[48] SIMOVIC M，SIKMANN M.Efficiency of Criminal Proceedings-Between Expectations and Reality [J] .Journal of Criminology and Criminal Law，2018，56（3）.
[49] JACOBI T，KIND J.Criminal Innovation and the Warrant Requirement：Reconsidering the Rights-Police Efficiency Trade-Off [J] .Social Science Electronic Publishing，2015，56.

二、著作类

[1] 陈卫东 . 中国刑事诉讼权能的变革与发展 [M] . 北京：中国人民大学出版社，2018.
[2] 最高人民检察院侦查监督厅 . 刑事案件审查逮捕指引 [M] . 北京：中国检察出版社，2015.
[3] 陈卫东 . 转型与变革：中国检察的理论与实践 [M] . 北京：中国人民大学出版社，2015.
[4] 田口守一 . 刑事诉讼法 [M] . 张凌，于秀峰，译 . 北京：中国政法大学出版社，2010.
[5] 万毅 . 底线正义论 [M] . 北京：中国人民公安大学出版社，2006.

[6] 陈卫东．程序正义之路（第一卷）[M]．北京：法律出版社，2005.

[7] 陈卫东．程序正义之路（第二卷）[M]．北京：法律出版社，2005.

[8] 马贵翔．刑事诉讼结构的效率改造[M]．北京：中国人民公安大学出版社，2004.

[9] 鲁千晓，吴新梅．诉讼程序公正论[M]．北京：人民法院出版社，2004.

[10] 樊崇义．诉讼原理[M]．北京：法律出版社，2003.

[11] 波斯纳．正义/司法的经济学[M]．苏力，译．北京：中国政法大学出版社，2002.

[12] 谭世贵．刑事诉讼原理与改革[M]．北京：法律出版社，2002.

[13] 曹建明．公正与效率的法理研究[M]．北京：人民法院出版社，2002.

[14] 陈瑞华．刑事诉讼的前沿问题[M]．北京：中国人民大学出版社，2000.

[15] 李文健．刑事诉讼效率论[M]．北京：中国政法大学出版社，1999.

[16] 博登海默．法理学：法律哲学与法律方法[M]．邓正来，译．北京：中国政法大学出版社，1999.

[17] 波斯纳．法律的经济分析[M]．蒋兆康，译．北京：中国大百科全书出版社，1997.

[18] 陈瑞华．刑事审判原理论[M]．北京：北京大学出版社，1997.

第五章　刑事诉讼的构造

【导读】

刑事诉讼构造是刑事诉讼法学的一个基本理论范畴。20 世纪 80 年代由日本引入我国，其后如何归纳我国的刑事诉讼构造特点，以及如何完善我国的刑事诉讼构造等问题逐渐成为学界探讨的热点。通过深入探讨，多数学者对我国采用典型的职权主义诉讼模式提出了质疑，认为应当同时吸收职权主义和对抗主义的合理因素，在此基础上才能形成适合我国国情的刑事诉讼构造。不过，关于引进的具体程度，各方主张有所不同。但从总体上来说，学者们普遍认为，在完善我国刑事诉讼构造的过程中既要坚持传统，传承历史积淀下来的精华，又要敢于突破，寻找适合我国实际情况的路径。

本章择其要点，分两节展开研究，分别是，刑事诉讼构造的概念及相关问题和刑事诉讼构造研究综述。在刑事诉讼构造的概念及相关问题中，着重分析刑事诉讼构造的概念、构成要素与制约因素、刑事诉讼构造与刑事诉讼之“结构”“形式”“模式”等的关系，以及刑事诉讼构造的理念与原则等基本问题。刑事诉讼构造研究综述的内容较丰富，主要包括：刑事诉讼构造的基本类型、我国刑事诉讼构造的研究状况以及关于完善我国刑事诉讼构造的讨论等。在刑事诉讼构造的基本类型专题中，主要是针对职权主义、当事人主义等基本类型进行分析。限于篇幅，本章在遵循这一框架下，选取刑事诉讼构造中较为引人注目，也是刑事诉讼法修改中有争议的问题，作为重点关注的对象，并对学者的代表性观点和现有研究成果进行了梳理。

第一节 刑事诉讼构造的概念及相关问题

刑事诉讼构造是揭示刑事诉讼主体之间的法律关系、认识刑事诉讼的价值目标、描述刑事诉讼基本结构和刑事诉讼主体的行为方式、探讨各相关影响因素的一个理论概念。关于这个问题的讨论，需要从认识刑事诉讼构造的概念之由来及其演变入手，梳理刑事诉讼构造的内容，分析刑事诉讼构造的特点，以便为运用刑事诉讼构造这个概念研究刑事诉讼其他问题打下坚实的基础。

一、刑事诉讼构造的概念

刑事诉讼构造是由一定的诉讼价值观所决定的，通过一系列诉讼基本方式所体现的控诉、辩护、裁判三方的法律关系。[1]学者对“刑事诉讼构造”这一概念的基本内涵和外部范围加以界定，确定了刑事诉讼构造的决定因素，就英美对抗制或当事人主义诉讼与大陆法国家的职权主义诉讼重新进行了比较，并从诉讼构造，也就是控、辩、裁三方地位和法律关系的角度，对中国刑事诉讼的构造类型和特点作出了概括分析。[2]

刑事诉讼构造，又称刑事诉讼形式、刑事诉讼模式、刑事诉讼结构。[3]有学者认为，刑事诉讼的构造或者结构是指刑事诉讼中控诉、辩护和裁判三方诉讼主体的诉讼地位和法律关系。刑事诉讼模式或类型，应指不同制度下的刑事诉讼构造经过简化和抽象所具有的样式。一般而言，模式尽管可以用来对某一刑事诉讼构造的特征进行概括，但它还不是构造或结构本身。人们说某一刑事诉讼程序的

---

[1] 宋英辉主编:《刑事诉讼原理》，法律出版社 2007 年版，第 217 页。

[2] 陈瑞华:《刑事诉讼的前沿问题》，中国人民大学出版社 2005 年版，第 84 页。

[3] 李心鉴:《刑事诉讼构造论》，中国政法大学出版社 1998 年版，第 1 页。

构造形成特定的“模式”时，一般是相对于另一刑事诉讼程序而言的。例如，将英美法系和大陆法系国家的刑事诉讼程序分别归结为当事人主义和职权主义的诉讼模式，就是在对这两种程序进行比较的基础上所作的归纳。[1]有的学者认为，刑事诉讼构造是指刑事诉讼法所确立的进行刑事诉讼的基本方式及控诉、辩护、裁判三方在刑事诉讼中形成的法律关系的基本格局。刑事诉讼构造，又称为刑事诉讼结构或者刑事诉讼形式。[2]本章在第二节综述中，将以刑事诉讼构造、形式、模式、结构为关键词的研究均视为对诉讼构造论的探讨。

关于刑事诉讼构造的概念，还有学者认为，刑事诉讼构造是由一定的诉讼目的所决定的，并体现为控诉、辩护、裁判三方的法律地位和相互关系，而这种关系主要由诉讼程序和证据规则中的诉讼基本方式所体现。根据这一概念，刑事诉讼构造的主体是控诉、辩护和裁判三方，其内容则是三方的法律地位和相互关系，载体则主要是程序规则。这一概念明确了这样一个基本问题：刑事诉讼构造是由一定的诉讼目的所决定的，同时作为手段，刑事诉讼构造也是为实现诉讼目的服务的。[3]“刑事诉讼学者对将控诉、辩护和裁判三方的法律关系作为诉讼构造或结构的内容这一点，基本上达成了共识……刑事诉讼构造这一范畴的提出，为人们观察和分析控诉、辩护和裁判三方的基本法律关系，提供了理论上的注解和基本的思路。”[4]

二、刑事诉讼构造的构成要素与制约因素

刑事诉讼构造的要素有哪些？哪些因素影响着刑事诉讼的构造？认识这些问题是研究刑事诉讼构造问题的基础。

（一）刑事诉讼构造的构成要素

关于刑事诉讼构造的构成要素，有学者认为，主要是指对刑事诉讼有着决定

---

[1] 陈瑞华：《刑事诉讼的前沿问题》，中国人民大学出版社 2005 年版，第 90 页。

[2] 宋英辉主编：《刑事诉讼原理》，法律出版社 2007 年版，第 218 页。

[3] 陈瑞华：《刑事诉讼的前沿问题》，中国人民大学出版社 2005 年版，第 84 页。

[4] 陈瑞华：《刑事诉讼的前沿问题》，中国人民大学出版社 2005 年版，第 86 页。

性影响的诉讼主体，即承担着控诉职能的追诉者，也就是控诉权主体，承担着辩护职能的被追诉者，也就是辩护权主体，以及承担着裁判职能的裁判者。应当指出，这里的控诉、辩护、裁判均应作广义的理解。根据国家法律规定的权限承担起诉准备活动和起诉实施活动者，构成刑事诉讼控诉权的主体；辩护权是法律赋予受到刑事追诉的人针对所受到的指控进行反驳、辩解和申辩，以维护其合法权益的一种诉讼权利，因此刑事诉讼程序的辩护权主体，是犯罪嫌疑人、被告人；裁判权主体，是指在诉讼程序中有权对争论各方争议的事项进行裁判的机关。从时间上来说，这里的裁判权主体并非单纯是审判程序中对案件作出裁判的主体，而且包括在审判前程序中对案件争议事项作出裁判的主体。[1]

除了审判阶段，“在侦查和起诉程序中是否应有裁判方，裁判方为谁的问题，是构造论中的重要理论问题”[2]。有的学者认为，侦查、起诉阶段也存在着控诉、辩护和裁判三方的法律关系。对于中国审判前的诉讼构造，该学者认为检察机关作为国家法律监督机关，负有监督公安机关侦查活动合法性的职责，因此可将其视为这一阶段的裁判者，而公安机关与犯罪嫌疑人则构成诉讼意义上的控辩双方。

（二）刑事诉讼构造的制约因素

关于刑事诉讼构造的制约因素，有学者认为，刑事诉讼目的是刑事诉讼构造的制约因素，但刑事诉讼构造的制约因素不限于此，可以将制约因素概括为三个方面：刑事诉讼制度在历史上的演变和发展情况；控、辩、裁三方在案件实体结局和程序运作方面的控制力的分配情况；主流的诉讼价值。[4]影响刑事诉讼构造的，除了刑事诉讼目的、价值等因素，主要是下面将要讨论的关于刑事诉讼构造的基本理念和原则。

---

[1] 宋英辉主编：《刑事诉讼原理》，法律出版社 2007 年版，第 219–228 页。

[2][3] 陈瑞华：《刑事诉讼的前沿问题》，中国人民大学出版社 2005 年版，第 85 页。

[4] 陈瑞华：《刑事审判原理论》，北京大学出版社 2003 年版，第 5 章。

第二节 刑事诉讼构造研究综述

学界关于刑事诉讼构造的研究，是本章的主要内容。通过了解学界以往的研究，对于认识刑事诉讼构造问题具有重要的意义，也是深入研究刑事诉讼构造的基础。

一、刑事诉讼构造的基本类型

刑事诉讼构造的基本类型是构造论的重要理论问题。依据构造分类的标准，典型的刑事诉讼构造基本类型有：职权主义与当事人主义；纵向构造和横向构造；三角结构与线形结构以及对抗模式与合作模式等。

（一）职权主义与当事人主义

有学者认为，在现代刑事诉讼理论中，当事人主义与职权主义应该说是一种最普遍使用的关于刑事诉讼结构的理论模式。这种划分是基于诉讼程序中，诉讼各方权利义务配置尤其是国家权力在诉讼程序中的意义和行使方式，以及推动诉讼进行的力量和方式等基本的程序性因素所作出的理论划分。[1] 当事人主义又称“对抗制”，职权主义又称“审问制”或“非对抗制”，前者具有非国家主义倾向，它强调诉讼当事人通过辩论式诉讼对抗发现真实，而后者则是一种强调运用国家权力查明真相的国家主义模式。以美国为代表的英美法系国家的当事人主义和以法国及德国为代表的欧洲大陆国家的职权主义，是当代世界两大典型的诉讼构造。比较一致的观点认为，英美法实行的是对抗式或当事人主义的诉讼制度，大陆法国家则实行审问式或职权主义的诉讼制度。日本战后通过借鉴美国的对抗

[1] 龙宗智：《相对合理主义》，中国政法大学出版社 1999 年版，第 88 页。

制，确立了一种混合式诉讼制度。[1]

关于职权主义和当事人主义两大诉讼构造的优缺点，有学者认为，职权主义的诉讼构造的优点集中体现在国家专门机关充分行使职权，以提高查明犯罪、惩罚犯罪的效率上。其缺点表现在：第一，在侦查程序中，被告人实际上是侦查活动的客体，虽然被告在法律上也享有一定的诉讼权利，但并不一定能够切实地实现这些权利。第二，在起诉程序中，过多地限制检察官的裁量权，难以贯彻刑罚个别化原则。第三，在审判程序中，由于法官以侦查、起诉材料为审判的基础，很有可能庭审前接受公诉主张，先入为主；同时被告人及辩护人在这种审判中，难以自主地调查证据，进而难以充分、有效地进行辩护。[2]还有学者认为，中国刑事诉讼改革既应避免进入“当事人主义”或“对抗制”的陷阱，也不应设立理念混乱、制度杂糅的“混合式诉讼”，而应坚持走职权主义的道路，核心的原因主要有三：国家权力主导的制度背景、追求客观真实的司法传统以及原有职权主义诉讼的基本构架。[3]

关于当事人主义诉讼构造的优缺点，有学者认为，其优点主要表现在三个方面：第一，被告人在侦查程序中切实地获得了自卫、自救的机会，当事人主义赋予被告人及其辩护人在侦查程序中调查的权利，是其切实保护被告人权利的一个重要措施。第二，当事人主义在起诉程序中有两大优点——检察官的自由裁量权和起诉书一本主义。第三，法庭审理的交叉询问，这一规则的诉讼价值在于能使证据越问越明，事实越辩越清，而法官的不多干涉，则是这一规则得以执行的保证。而当事人主义诉讼构造的缺点表现为：第一，起诉缺乏制约，没有适当的司法审查制度与程序相配套，是弊大于利的。第二，法官在法庭审理中过分消极，这无疑不利于发挥法官在查明案情时的应有作用，不利于正确判决。[4]

有学者指出，用职权主义与当事人主义来分别概括大陆法系国家和英美法系国家不同的诉讼构造类型，是学者们正确的分类理论。职权主义直接反映出警察、检察和审判机关处于优势的诉讼地位和被告人及其辩护人处于劣势的诉讼地

---

[1] 陈瑞华：《刑事诉讼的前沿问题》，中国人民大学出版社 2005 年版，第 86 页。

[2] 李心鉴：《刑事诉讼构造论》，中国政法大学出版社 1997 年版，第 98–99 页。

[3] 施鹏鹏：“为职权主义辩护“，载《中国法学》2014 年第 2 期。

[4] 李心鉴：《刑事诉讼构造论》，中国政法大学出版社 1997 年版，第 95–96 页。

位，同时也表明控方与辩方不平等，裁方倾向于控方的这样一种诉讼关系。当事人主义则直接反映出警察、检察官与被告人及其辩护人的平等诉讼地位、在诉讼中的主导作用以及法官的消极地位，同时也表明控方与辩方相对，裁方居中的一种诉讼关系。通过考察，进入文明社会的国家在诉讼构造上的属性都能够并不勉强地区分出是属于职权主义，还是属于当事人主义，或者是属于以职权主义为主、当事人主义为辅，还是属于以当事人主义为主，以职权主义为辅。[1]

还有学者反对将“当事人主义”和“职权主义”作截然划分。我们给当事人诉讼赋予太多专属的内容……其中有些基本的特征源于基本的素材、适用于所有的刑事诉讼程序。将职权主义与当事人主义截然对立，其后果便是将一些职权主义不具有的特质强加于当事人主义。该学者驳斥了一些他认为极为武断的观点，例如“仅当事人主义诉讼方以证据为基础作出有罪判决”“当事人主义诉讼的基本特征是言词庭审”“私人控告仅存在于当事人主义诉讼中”，以及“当事人主义诉讼和职权主义诉讼究竟何种程序占据主导地位，取决于这个国家政治制度的性质：当事人主义诉讼仅适用于民主国家，而职权主义诉讼则适用于专制国家”等。其认为，当事人主义诉讼与职权主义诉讼并无优劣之分，“每条路径均可达到目的，仅是同一思想有不同载体罢了”。其进一步指出，“在任何诉讼程序中，不同当事人之间的自然诉求均逐渐演变为‘控告’和‘辩护’这两个程序的基本要素，侦查的目的便是探求绝对的真实。双方当事人各自抛出支持己方的、可能影响裁判天平的事实和论据，这才是诉讼程序中真正有用的要素”，“私人控告不仅仅存在于当事人主义诉讼中，所有的刑事诉讼程序均以私人控告为基础，只不过功能有所差别罢了”，不应据此将当事人主义诉讼和职权主义诉讼截然分开。[2]

还有学者分析了职权主义与当事人主义的异同，两者的差异之处体现在：第一，被告人权利保护方式不同。职权主义诉讼模式下，侦查机关享有较广泛的权力，被告人的权利受到一定程度的限制。当事人主义模式下，在侦查程序中，当事人主义即强调对被告人权利的保护，赋予被告人及其辩护人与警察、检察官相

---

[1] 李心鉴：《刑事诉讼构造论》，中国政法大学出版社 1997 年版，第 70–71 页。

[2] 施鹏鹏：“为职权主义辩护“，载《中国法学》2014 年第 2 期。

抗衡的权利。第二，检察官自由裁量权不同。职权主义诉讼模式下，在起诉程序上，检察官对是否起诉一般无自由裁量权。当事人主义模式下，在起诉形式上，当事人主义赋予检察机关较大的自由裁量权，可以视案件的具体情况而作出灵活的起诉方式。第三，案卷材料移送要求不同。职权主义诉讼模式下，在起诉活动中实行卷宗移送主义。当事人主义模式下，在案卷材料的移送上，当事人主义实行“起诉状一本主义”。第四，法官的职权不同。职权主义诉讼模式下，庭审过程中，法官是整个活动的中心，查明事实真相的责任归属于法官，法官掌握诉讼的主动权，当事人处于受支配的地位。当事人主义的对抗性质集中体现在审判程序中，法庭审判活动以控辩双方的积极活动为核心内容，在地位平等的基础上他们按交叉的方式进行质证、争辩，然后双方作终结性辩论。[1]

两者的共同之处体现在：第一，在诉讼结构上，起诉职能与审判职能分开，控诉、辩护、审判三足鼎立，构建刑事诉讼的基本结构，实行不告不理。近代国家一方面认为犯罪不只是侵犯了个人的利益，也直接侵犯了国家或社会的利益，应由国家主动干预，进行追究；另一方面认为起诉须与审判分开，才能保证审判客观、公正，因此，普遍建立检察机关专门代表国家对犯罪人提出公诉。第二，实行审判独立，法官独立行使刑事司法权。立法、行政、司法三种权力分立并相互制衡，即“三权分立”的学说和制度，构成了审判独立的政治基础。审判独立作为刑事诉讼中的一项基本诉讼原则，在各国的宪法和刑事诉讼法中得到肯定，即要求审判权由法院独立行使，法院的审判活动只服从于宪法和法律，不受立法机关和行政机关的干涉。第三，实行无罪推定原则，被告人享有广泛的诉讼权利。肯定被告人的主体地位和辩护人的能动作用，确认和保障被告人的辩护权；在被告人未经法庭审判而正式被确定为有罪之前，先假定其无罪；被告人不再是诉讼的客体，而是诉讼主体，被告人有权获得律师的帮助，有权保持沉默；刑讯逼供被禁止，被告人的人格尊严和诉讼权利得到法律的确认和维护。第四，实行公开审判，肯定言词原则和直接原则。近现代刑事诉讼强调“公平的”“公正的”审判，因此，在审判活动中要求贯彻一系列保证“程序公正”的制度与

[1] 陈卫东主编：《刑事诉讼法学关键问题》，中国人民大学出版社 2013 年版，第 8 页。

原则。[1]

另外，国内外学者普遍认为，在当代，除了上述两大构造类型为典型的诉讼构造类型外，日本的刑事诉讼构造也是一种典型的构造类型。这是因为，日本采取了一种与传统的两大诉讼构造类型不同的特殊构造类型，即以当事人主义为主，以职权主义为辅的诉讼构造，它是一种其他国家所没有的有机结合。对此，有学者评价，日本以当事人主义为主、职权主义为辅的诉讼构造，一方面重视国家专门机关在诉讼中的地位，强调发挥审判官的诉讼积极性，从而使刑事诉讼所应有的惩罚犯罪功能得以有效发挥，另一方面强化当事人在诉讼中的地位，赋予被告人一系列诉讼权利，并通过各种程序和制度保证其得以实现，从而使刑事诉讼能够切实保护被告人，防止冤错。当然，日本刑事诉讼构造也有不足。在侦查程序中，犯罪嫌疑人及其辩护人的调查是十分有限的，主要是对证人的调查和对有关案件的情况进行一般性了解。其原因：一是刑诉法对这种诉讼活动并不关注，因而未规定他们在此问题上的具体权利和有关规则；二是在实践中，辩护律师的调查能力和精力有限，而日本又是一个私人侦探制度很不发达的国家，这种情况对日本侦查活动的准确性和犯罪嫌疑人及其辩护人在侦查中诉讼活动的有效性是有一定影响的。[2]

（二）纵向构造和横向构造

有的学者认为，我们可以将刑事诉讼构造分为两个方面：一是横向构造，也就是控、辩、裁三方在侦查、起诉和审判等各具体诉讼阶段上的法律关系；二是纵向构造，也就是侦查、起诉和裁判机构在整个刑事诉讼过程中的法律关系。如果说横向构造较多地关注控诉和裁判机构与辩护方的法律关系的话，那么，纵向构造则更加重视控诉与裁判双方之间的法律关系。针对目前关于刑事诉讼构造的研究状况，有人认为："刑事诉讼构造研究者普遍将侦查、起诉和审判等三个诉讼阶段作为分析的主要对象，这固然有助于揭示刑事诉讼横断面上的构造特征，却忽略了刑事诉讼程序在纵向构造上的特点……如果从刑事诉讼的纵向角度观察，英美法系与大陆法系国家的刑事诉讼基本上是以司法裁判为中心进行构建

---

[1] 陈卫东主编：《刑事诉讼法学关键问题》，中国人民大学出版社 2013 年版，第 9 页。

[2] 李心鉴：《刑事诉讼构造论》，中国政法大学出版社 1997 年版，第 111–112 页。

的……与此相反，中国刑事诉讼在纵向上显然没有确立以司法裁判为中心的格局，而多多少少带有一定的行政化色彩……由此看来，中国刑事诉讼构造在纵向上具有'流水作业'式的特点，这与西方两大法系的刑事诉讼构造形成了鲜明的对比……研究者除了关注控、辩、裁三方在刑事诉讼横向构造上的法律关系，重视侦查、起诉和审判等主要诉讼程序的构造特点以外，还必须将观察的视野集中到司法警察、检察机关和法院在诉讼中的相互关系上。"[1]

还有些学者从其他角度赞同对刑事诉讼构造的"纵向构造"和"横向构造"之分。有学者认为，刑事诉讼的纵向构造是指控诉、辩护和裁判三方在整个刑事诉讼程序中的法律地位与相互关系；刑事诉讼横向构造则是指控诉、辩护和裁判三方在各主要诉讼阶段中的法律地位和相互关系，即在刑事诉讼的任何一个点上，都存在着的控诉、辩护和裁判三方的关系。纵向构造着眼于三方诉讼主体在整个诉讼程序流程中的动态关系；横向构造则更加强调三方诉讼主体在各个程序横断面上的静态关系。[2]有学者将刑事诉讼构造称为横向构造和纵向构造"二重形式"，横向构造的实质体现为在同一诉讼程序中控、辩、裁三方的制约与制衡关系，而纵向构造的实质则体现为审判程序对侦查程序的制约。[3]

（三）三角结构与线性结构（裁判中心主义与流水作业式的诉讼构造）

在有关刑事诉讼构造类型问题的研究上，有一种观点认为，刑事诉讼构造（或结构）有三角结构与线形结构之基本分类。[4]刑事诉讼三角结构的特征是，"法官作为第三方居于其中，居于其上，公正裁判，解决纠纷。"由于这种诉讼结构具有所谓等腰三角形或正三角形的形式，因而称为三角结构。在三角结构中，审判中立，控辩双方平等、积极展开对抗，诉、审分离和审判本位主义是体现这一结构根本特点的诉讼原则和制度。刑事诉讼的线形结构则将诉讼视为一种所谓的双方组合：一方是作为整体的国家司法机关，另一方则是犯罪嫌疑人、被告人，诉讼活动的基本内容是司法机关积极地推进司法活动。这一结构的内在要求有三

---

[1] 陈瑞华：《刑事诉讼的前沿问题》，中国人民大学出版社 2005 年版，第 89 页。

[2] 李心鉴：《刑事诉讼构造论》，中国政法大学出版社 1997 年版，第 242 页。

[3] 陈少林、顾伟："刑事诉讼构造之二重形式论"，载《法学评论》2008 年第 5 期。

[4] 左卫民："刑事诉讼基本结构论纲"，载《上海社会科学院学术季刊》1993 年第 1 期。

个：一是司法一体化；二是司法活动的积极性、主动性；三是被告方的权利受到限制。

与三角结构一样，线形结构也表现为特定的诉讼原则和制度：侦查本位主义、审判过程中的法官职权主义以及被告人诉讼地位的实际客体化。从所谓诉讼机制的起源来看，三角结构更多的是与有效解决社会冲突和保障个人权利有着内在的关联性，而线形结构则与有效惩治犯罪和准确揭示案件真实情况有着密切的关联性。❶有学者认为，有关刑事诉讼三角结构与线形结构的区分，固然在理论上有一些新意也能说明一些问题，但事实上，任何国家的刑事诉讼都不能被归结为典型的三角结构或者线形结构。所谓的三角结构可以被视为一种诉讼结构，而线形结构则可以被视为一种行政治罪结构。❷

有学者认为，从基本的构造看，所谓诉讼，即三方组合。在三方组合中，原告和被告形成一定的诉讼对抗，法官则是居于其中、居于其上的仲裁者，由此而形成一个等腰的正三角结构。由三方组合所形成的三角结构正是诉讼结构区别于“命令—服从”这种行政管理结构的特质与特征。❸而从警察、检察官、法官在刑事诉讼的职能来看，无论是就刑事案件的工序性流转，还是就不同执法机关工作及权力行使的相继性而言，可以抽象出一种线形结构。案件的流转关系，可谓客体的线形结构；执法机关工作及权力行使的相继性，可谓主体的线形结构。但从本质上看，线形结构即刑事诉讼中的权力（而非权利）互动结构。❹

也有学者认为，刑事程序中存在两种类型的三角结构，一种是正三角结构，一种是倒三角结构，后者之所以成立，是因为刑事公诉中的三角结构处在平行线结构之中，因而受到平行线结构的影响。公诉机关与审判机关同处在一条水平线上，而被告人处于被控诉和被审判的位置，因此在平行线结构影响下自然形成的是一个倒三角结构，即检、审在上，被告人在下的倒三角结构。❺对此，有学者认为，这种倒三角结构，确实反映了我国刑事诉讼中的某些现实。但这种结构是

---

❶ 徐静村主编：《刑事诉讼法学（上）》，法律出版社 1997 年版，第 90–100 页。

❷ 陈瑞华：《刑事诉讼的前沿问题》，中国人民大学出版社 2005 年版，第 90–91 页。

❸ 龙宗智：《相对合理主义》，中国政法大学出版社 1999 年版，第 96 页。

❹ 同上，第 100 页。

❺ 裴苍龄：“关于刑事诉讼结构的研究”，载《政治与法律》1996 年第 5 期。

否是对刑事诉讼结构的扭曲，它是否具有法理和现实的合理性，都是值得研究的。倒三角结构缺乏合理性依据。首先，倒三角结构与正三角结构存在根本矛盾，它冲击了诉讼结构公正性构架。其次，如果肯定倒三角为刑事诉讼的一种基本的、自然形成的结构，无异于将一种结构的扭曲视为合理，因为倒三角结构因检控方和审判方的联手与统一，逻辑的必然是追究倾向和有罪推定。[1]

（四）对抗模式与合作模式——一种新的刑事诉讼模式理论

有学者认为，对于刑事诉讼模式的分析，中外法学界已经有相对成熟的理论，然而，刑事和解制度的出现，第一次打破了犯罪与侵权、刑事诉讼与民事诉讼的理论界限，确立了一种司法机关通过接纳被告人与被害人的和解协议而解决刑事案件的诉讼模式。不仅如此，侦查机关、公诉机关通过与被告人就认罪和量刑问题达成某种协议，而促使法院作出轻缓裁决的做法，在一些地方也开始出现，并被用来处理那些在证据运用上存在争议的“疑难案件”。

这种以被告人与被害人、被告人与刑事追诉机构达成和解协议为标志的新的诉讼方式，与那种建立在国家追诉原则基础上的诉讼模式迥然不同。如果我们将前者定性为一种合作模式的话，那么，后者其实具有对抗模式的属性。[2]有学者指出了对抗性司法的局限性，首先，对抗性司法是一种需要投入巨大司法资源的诉讼模式。其次，对抗性司法是以控辩双方具有对立诉讼立场为前提的，但在那些被告人自愿认罪的案件中，这种诉讼模式就没有存在的前提和基础。最后，对抗性司法不仅无法解释控辩双方的诉讼合作情况，而且对于被害人的诉讼参与也没有给予重视。[3]

而对于如何称谓通过控辩双方“协商”“合作”“妥协”等方式达成合意，从而解决被告人刑事责任及相关问题的刑事诉讼形式，学者们有不同观点。较早系统研究这种刑事诉讼形式的学者，称其为“合作性司法”。他指出：“那种建立在被告人自愿认罪基础上的诉讼程序，被认为是‘最低限度的合作模式’。在

---

[1] 龙宗智：《相对合理主义》，中国政法大学出版社 1999 年版，第 110–112 页。

[2] 陈瑞华：《刑事诉讼的中国模式》，法律出版社 2010 年版，第 10 页。

[3] 陈瑞华：“司法过程中的对抗与合作——一种新的刑事诉讼模式理论”，载《法学研究》2007 年第 3 期。

此前提下，被告方与侦查机关、公诉机关经过协商和妥协所进行的合作，则被称为‘协商性的公力合作’；被告方与被害方经过协商而力图达成和解的诉讼活动，则被统称为‘和解性的私力合作’。”[1] 有学者把这种刑事诉讼形式称为“合作式诉讼”。他认为，“合作式诉讼，是指刑事诉讼中的程序主体在充分考虑各自利益诉求的合理性和可接受性的基础上进行一定的妥协、协商和合作，形成纠纷解决共识的诉讼”；“合作式诉讼以合作为基本结构要素”。[2] 有学者用“协商”来概括这种刑事诉讼形式，她认为“协商性刑事司法，是在刑事诉讼中避免正式审判程序、通过协商解决刑事案件的方式方法的统称”。[3] 还有学者认为，“合作性司法”“合作式诉讼”“协商性司法”等称谓不能准确反映这种刑事诉讼形式的本质属性，而“合意式刑事诉讼”是最妥当的名称。首先，用“合意”来概括这种刑事诉讼形式，能够反映其本质特征。其次，用“合意”命名这种刑事诉讼形式，可以减少强迫合作、过度协商的情况发生。[4]

二、关于我国刑事诉讼构造的研究

关于我国刑事诉讼构造问题，有学者认为，应当以控、辩、裁三方在诉讼中的法律地位和相互关系为标准，在进行具体考察时分为两个步骤：一是着眼于我国刑事诉讼构造的主要方面，概括我国的基本特点；二是以现代刑事诉讼构造的基本类型为依据，通过比较，认识我国刑事诉讼构造的属性。[5] 还有学者认为，认识中国刑事诉讼构造的类型，除了应以控、辩、裁三方在诉讼中的地位和关系为标准以外，还应以职权主义与当事人主义这种诉讼构造的基本类型为根据。因为“只有这样，才能把研究纳入刑诉构造论之中，而更重要的是能够把我国的刑诉构造与世界主要国家的刑诉构造加以比较，看到我国刑诉构造的优点和存在的

---

[1] 陈瑞华：《刑事诉讼的中国模式》（第三版），法律出版社 2018 年版，第 70 页以下。
[2] 谭世贵："论刑事诉讼模式及其中国转型"，载《法制与社会发展》2016 年第 3 期。
[3] 魏晓娜：《背叛程序正义——协商性刑事司法研究》，法律出版社 2014 年版，第 3 页。
[4] 王新清："合意式刑事诉讼论"，载《法学研究》2020 年第 6 期。
[5] 李心鉴：《刑事诉讼构造论》，中国政法大学出版社 1997 年版，第 146 页。

问题，从而为完善我国刑诉构造奠定理论基础”。[1]

研究者一般都承认，以当事人主义和职权主义为根据来考察，中国的刑事诉讼构造虽然具有某些当事人主义的因素，但就构造类型的主要方面而言，则仍属于职权主义类型。这一特点不仅体现于审判程序之中，而且体现在侦查和起诉程序之中。[2] 有学者认为，1996 年修正的《刑事诉讼法》仅仅是弱化了强职权因素，并没有完全剔除强职权主义内容，修改后的刑事诉讼法吸收了当事人主义的一些内容，特别是审判方式的改革向当事人主义靠拢，但是，相当多的强职权因素仍得以保留，形成以强职权主义为基调的混合式诉讼。[3]

有学者将我国刑事诉讼构造的特征归纳为以下三方面：第一，控、辩、裁三方分立，构成刑诉构造的主体；刑诉法严格划分了公安机关、人民检察院和人民法院三机关各自的职权，同时规定了被告人及其辩护人的辩护权利，由不同的机关在不同的诉讼程序中分别行使控诉、辩护和裁判三种职能。第二，控、辩双方既对立又统一，决定二者特有的法律地位。第三，控、辩双方既配合又制约，形成了特有的相互关系。[4]

还有学者认为，我国的刑事诉讼结构是典型的侦查中心主义，主要表征有二：其一，侦查阶段最重要。通常，侦查机关在具备捕获嫌疑人，获取其有罪供述，该口供再得到其他证据补强这几个条件的情况下，就可以认为已经“破案”。侦、控、审之间按互相配合、互相制约的原则，依时序排列，形成所谓流水作业的工序关系。控诉、审判工作被理解为深加工、质检性质，自然不如“一线”重要。其二，侦查权过大，没有司法审查进行制约。除了逮捕需要检察机关批准，其他强制措施和侦查措施均由侦查机关自行决定。检察院虽然是法律监督机关，但其监督的有效性通常不足。侦查中心主义直接导致侦查阶段法治化程度低、涉诉公民权利救济难的恶果，进而影响了整个刑事诉讼维护人权目的的实现。[5]

---

[1] 李心鉴:《刑事诉讼构造论》，中国政法大学出版社 1997 年版，第 160 页。

[2] 陈瑞华:《刑事诉讼的前沿问题》，中国人民大学出版社 2005 年版，第 86–87 页；李心鉴:《刑事诉讼构造论》，中国政法大学出版社 1997 年版，第 160–161 页。

[3] 汪海燕:《刑事诉讼模式的演进》，中国人民公安大学出版社 2004 年版，第 442–446 页。

[4] 李心鉴:《刑事诉讼构造论》，中国政法大学出版社 1997 年版，第 150–160 页。

[5] 谢佑平、江涌:“从治罪到维权：我国刑事诉讼构造之重构”，载《江海学刊》2007 年第 3 期。

（一）我国刑事诉讼纵向构造

1. 关于刑事程序侦控构造

有学者认为，我国刑事诉讼由公安机关负责大部分案件的侦查，检察机关主要负责提起公诉，其关系建立在分工负责、互相配合、互相制约原则的基础上，既有侦控双方的分立，也有两者的制约。这种关系模式有利于发挥侦查机关的积极性，提高侦查效率，但也存在与诉讼规律相悖之处。[1]其缺陷体现在两个方面：（1）法律规定的检察机关对公安机关的立案监督权存在缺陷，难以落到实处，致使国家追诉权难以有效实现。[2]（2）检察机关的侦查监督权具有被动性及滞后性，无法真正监督及制约侦查机关的违法侦查。[3]有学者进一步指出，检察机关对侦查实施一元化监督，构成侦查监督制度的中国模式。检察监督侦查模式具有重大缺陷：对自行侦查的监督陷入同体监督的困局，对公安侦查的监督则存在追诉主导的局限性。其实质是自我监督、控方内部监督，弊端在于规避、排斥异体监督，即来自控方之外的法院监督和律师监督。在该模式下，侦查讯问监督机制缺失致刑讯发生，逮捕因审查程序中法官缺位和律师参与不足而沦为追诉的附庸，搜查、扣押、监听等强制处分也未能建立起外部审查监督机制。以上种种，致自由、财产、隐私诸权处于侦查机关的完全控制之下。为实现对侦查的监督，应贯彻法治和保障人权的宪法原则，根据诉讼结构理论建立对强制侦查的法院监督机制和律师监督机制，并完善程序规则约束侦查行为。[4]

2. 关于刑事程序的控审构造

有学者指出，由于我国检察机关起诉时不移送全案卷宗，也不采用起诉状一本主义，而是“有限卷宗移送”的制度，导致了诸多问题。如不能有效防止法官预断，而且其整理和明确讼争要点的功能、证据排除功能和特殊证据的提前通知和检验功能均未得到体现，律师阅卷权的行使也受到极大限制。[5]

有学者认为，中国刑事审判中存在着一种“以案卷笔录为中心”的审判方

---

[1] 宋英辉主编：《刑事诉讼原理》，法律出版社 2007 年版，第 266 页。

[2] 宋英辉、张建港：“刑事程序中警、检关系模式之探讨”，载《政法论坛》1998 年第 2 期。

[3] 宋英辉、吴宏耀：《刑事审判前程序研究》，中国政法大学出版社 2002 年版，第 66–67 页。

[4] 刘计划：“侦查监督制度的中国模式及其改革”，载《中国法学》2014 年第 1 期。

[5] 宋英辉主编：《刑事诉讼原理》，法律出版社 2007 年版，第 269 页。

式。在这一审理方式下，公诉方通过宣读案卷笔录来主导和控制法庭调查过程，法庭审判成为对案卷笔录的审查和确认程序，不仅各项控方证据的可采性是不受审查的，而且其证明力也被优先选择。结果，现代刑事证据规则在这种审理方式下难以有存在的基础，法庭审理只能流于形式，那种通过当庭审判来形成裁判结论的机制和文化难以形成。不抛弃这种案卷笔录中心主义的审判方式，任何以加强庭审功能为宗旨的司法改革将没有存在的空间。[1]

（二）我国刑事诉讼横向构造

1. 关于侦查程序的构造

有学者认为，我国侦查程序的构造，具有纠问式侦查构造的特点。这种侦查程序构造虽然可以实现侦查的高效率，但又往往容易导致权力滥用，侵犯公民合法权利，尤其是犯罪嫌疑人的权利。[2] 也有学者认为，我国侦查程序的构造特点是侦查机关以查明案件事实真相为目的，依职权积极主动追诉犯罪，属于职权主义的类型。[3]

有学者指出，通过对嫌疑人人身自由的自行剥夺以及对涉案财物的自行处置，也通过对犯罪案件、嫌疑人构成犯罪等问题的公开披露和实质化定性，侦查机关与案件的结局发生了利害关系；通过侦查案卷移送制度的设计，法庭审判成为对侦查结论的形式审查和确认过程；通过各种法定的程序倒流机制，检察机关对侦查机关有所疏漏的案件进行必要的拾遗补漏和程序补救，对法院作出有罪裁决施加重大的影响。侦查中心主义构造带来了一系列负面后果，但迄今为止，我国的司法改革并没有对此产生实质性的触动。要彻底解决庭审形式化问题，真正推动审判中心主义改革，就必须对侦查中心主义给予认真的对待，并逐步抛弃这一问题重重的诉讼构造。[4]

---

[1] 陈瑞华："案卷笔录中心主义——对中国刑事审判方式的重新考察"，载《法学研究》2006 年第 4 期。

[2] 宋英辉主编:《刑事诉讼原理》，法律出版社 2007 年版，第 270 页。

[3] 李心鉴:《刑事诉讼构造论》，中国政法大学出版社 1997 年版，第 161 页。

[4] 陈瑞华："论侦查中心主义 "，载《政法论坛》2017 年第 2 期。

2. 关于起诉程序的构造

《刑事诉讼法》在1996年进行修正以后，卷宗移送式的起诉方式变为法院在审判开始之前不再对控诉方的案卷材料进行全面阅览，至少有一部分证据要由控辩双方在庭审中直接向法庭提出。但是，控诉方的案卷对法院审判的决定作用并没有因此消失，审判作为对侦查的确认程序的状态依然存在。在法庭审理结束后的三日以内，检察机关仍然要将全部案卷材料移送法院，由合议庭进行阅览，以便为制作裁判作准备。这种在各地法院普遍盛行的做法，直接导致卷宗移送式的起诉方式全面“复活”，只不过过去案卷移送发生在法庭审理开始之前，现在则发生在法庭审理结束之后。但遗憾的是，案卷移送仍然发生在法庭作出裁判之前，法庭仍然将阅卷作为采纳证据、认定事实和适用法律的主要根据。由此，控方案卷对法院裁判结论的直接影响和决定作用仍然广泛地存在着。[1]而在这种裁判方式没有受到触动的情况下，即便刑事法庭传唤证人、鉴定人、被害人甚至侦查人员出庭作证，即便未来的刑事第二审程序都能通过开庭审理的方式来进行，中国刑事审判制度的整体面貌也很难发生实质性的改观。作为长期隐藏在中国刑事审判制度背后的“无形之手”，案卷笔录中心主义的裁判方式不仅造成现代刑事证据规则难以建立和实施，而且还导致第一审案件开庭审理过程流于形式，诸多为规范法庭审判而建立的诉讼原则和程序规则形同虚设。[2]

案卷移送制度在我国经历了若干次的改革：从1979年的全部案卷移送制度，到1996年仅允许检察机关向法院移送“证人名单”“证据目录”“主要证据的复印件、照片”，再到2012年对全部案卷移送制度的恢复。在此过程中，“引入起诉书一本主义”的呼声一直不绝于耳，但立法者和改革者却始终都没有将这种起诉制度引入我国的立法中。就连1996年吸收起诉书一本主义的精神，对庭前案卷移送所进行的形式化的限制措施也在实施不久后，被庭后案卷移送制度所架空。这一改革历程说明，囿于悠久职权主义的诉讼传统，我国检察机关提起公诉的方式似乎始终都走不出案卷移送制度的范围。因此，有学者认为，不能盲目地

---

[1] 陈瑞华：“从‘流水作业’走向‘以裁判为中心’——对中国刑事司法改革的一种思考”，载《法学》2000年第3期。

[2] 陈瑞华：“案卷笔录中心主义——对中国刑事审判方式的重新考察”，载《法学研究》2006年第4期。

通过呼吁构建起诉书一本主义来解决当前存在的问题，而应直面案卷移送制度与审判中心主义改革之间的矛盾，并在该制度的框架下，讨论如何在我国更好地实现审判中心主义。[1]

3. 关于审判程序的构造

1979年7月我国颁布了第一部《刑事诉讼法》。在这部刑事诉讼法上，在审前程序中作为公安机关和检察机关办案对象的不是“犯罪嫌疑人”而是“人犯”。这就意味着，一个人一旦被公安机关作为立案侦查的对象，就几乎已经成为“罪犯”了。虽然也要经过法院审判才能最终定罪，但审判其实是走过场。根据1979年《刑事诉讼法》第108条的规定，当一个刑事案件被检察机关向法院提起公诉后，法院一旦决定开庭审判，意味着已经确定被告人是有罪的，审判只是走个过场而已。该条规定：“人民法院对提起公诉的案件进行审查后，对于犯罪事实清楚、证据充分的，应当决定开庭审判；对于主要事实不清、证据不足的，可以退回人民检察院补充侦查；对于不需要判刑的，可以要求人民检察院撤回起诉。”案件还未开庭审理，就对案件事实和证据材料进行了实质性审查，而且审查后只有认为被告人有罪的才决定开庭审判，那“开庭审判”的意义何在？恐怕只能是走过场了。对这种制度安排，理论界称之为“先定后审”。

1979年《刑事诉讼法》所确立的刑事审判模式具有典型的职权主义特征，甚至是具有浓厚中国特色的超职权主义特征。当时的法官在法庭调查等一系列环节上都占据着主导和控制地位，控辩双方难以进行充分的对抗。不仅如此，当时的法官还拥有十分广泛并且具有追诉性质和追诉效果的证据调查权，不仅可以在法庭审判过程中对于证据不充分的案件或发现新的需要调查的事实自行进行调查，而且可以在开庭前的审查公诉活动中展开证据调查活动。然而，法官在法庭审理中承担过多的责任，造成了控审职能混淆，一方面限制了公诉人指控犯罪、证实犯罪职能的充分发挥，另一方面也极易形成法官与被告人、辩护人的对立情绪，与法官形成直接矛盾、冲突的局面，导致被告人及其辩护人不敢依法进行辩护和辩解，也不利于法官客观公正地听取控辩双方的意见，从而作出公正的判

[1] 刘译矾：“论对公诉方案卷笔录的法律限制——审判中心主义改革视野下的考察“，载《政法论坛》2017年第6期。

决。在此情形下，庭审自然是走过场，不可能实质化。

需要指出的是，以上是从当时刑事诉讼法的规定作出的分析和得出的结论，但并不等于在那个时代的司法实践中，凡是法院开庭审判的案件，由于庭审前已经确定被告人是有罪的，开庭后便无一例外地都被定罪判刑。实践中，还是有少数案件经过审判而被判决无罪的。但从总体上和法律上看，还是“先定后审”，庭审完全虚化。

1996 年修正后的《刑事诉讼法》，对审判阶段控、辩、裁三方关系的格局加以重新配置，吸收了两种审判程序构造，特别是当事人主义的长处。然而，1996 年《刑事诉讼法》对审判方式的改革并没有达到预期效果。具体表现为：（1）由于实行有限卷宗移送制度，庭前程序并没有完全消除法官的预断，庭审实质化不彻底，又由于没有设立证据展示程序，反而妨碍了律师阅卷权的行使和审判效率的提高。（2）审判程序难以实现控辩平等对抗。（3）审判程序缺少具有可操作性的庭审规则的指引，使庭审无法规范化，随意性强，没有为控辩双方提供平等活动的平台。[1]

针对 1996 年《刑事诉讼法》实施中存在的问题，2012 年《刑事诉讼法》再次修正，在促进庭审活动向实质化方向发展方面采取了多项立法举措。2012 年修改《刑事诉讼法》时则延续了控辩式庭审方式的改革方向。如完善了回避制度，规定辩护人有权申请回避及复议；改革辩护制度，完善了法律援助制度，扩大了强制辩护的适用范围，强化了辩护律师的会见权、阅卷权、申请调取证据权及保守职业秘密权等执业权利；修改证据制度，2012 年修改后《刑事诉讼法》第 49 条规定了“公诉案件中被告人有罪的举证责任由人民检察院承担”的规则，建立了非法证据排除规则，完善了证人保护制度，建立了证人作证补偿制度；完善了审判程序，2012 年《刑事诉讼法》第 188 条建立了强制证人出庭作证制度，此外，辩护人有权申请法庭通知有专门知识的人出庭就鉴定人作出的鉴定意见提出意见，辩护人可以就定罪、量刑问题进行辩论等。上述新规定都有助于控辩式庭审方式改革的深化。

此外，为了将有限的司法资源用在“刀刃上”，加大了审判程序中的繁简分

---

[1] 宋英辉主编：《刑事诉讼原理》，法律出版社 2007 年版，第 272 页。

流，对于基层法院管辖的案件，事实清楚，证据充分，被告人本人认罪且同意适用简易程序的案件，都可以适用简易程序进行审判，以便把更多的司法资源投入到应当采用庭审实质化审判的案件中。

应该说，2012 年《刑事诉讼法》修改确实想在庭审实质化问题上有所作为，也确实为在司法实践中促进庭审向实质化方向发展提供了法律依据。2013 年 1 月 1 日修正后的《刑事诉讼法》开始生效施行，同年中共十八届三中全会召开，提出全面深化改革的战略任务。正是在此背景下，2014 年四中全会决定提出了“推进以审判为中心诉讼制度改革”的重大任务。所谓“以审判为中心”，是指刑事审判在整个刑事诉讼中具有核心的地位，只有经符合正当程序的审判，才能最终确定被告人的刑事责任问题；审前程序应当围绕公正审判的需要、服从公正审判的需要；审判机关不仅在刑事诉讼进入审判阶段才发挥其主导刑事诉讼的作用，而且应当对审前程序发挥积极作用，以使审判在刑事诉讼中真正具有决定性的作用。[1]

限于篇幅，刑事诉讼构造中的其他问题，虽然理论界与实务界也进行了大量的研究，我们并没有一一列举，主要包括：刑事诉讼构造的价值、刑事诉讼构造与刑事诉讼目的及刑事诉讼功能的关系问题、混合型模式问题等。关于这些问题的研究，可以进一步参见本章所列参考文献的有关内容。

问题与思考

刑事诉讼构造是指导人们认识、分析一国刑事诉讼特征的重要工具，将元素众多、复杂的程序要素类型化为一定的模式，有助于人们从宏观、系统的视角审视一国的刑事诉讼制度的整体结构。近年来，理论界对这一基础性课题进行了一定的研究，这些研究主要集中在对国外刑事诉讼构造理论进行介绍与评价等方面。对我国的刑事诉讼构造问题的研究应当在如下几个方面展开，以求能够发挥这一理论分析模型应有的价值。

首先，对既有的国外学界关于刑事诉讼的模型应当更为全面地分析，目前国

[1] 王敏远：“以审判为中心的诉讼制度改革问题初步研究”，载《法律适用》2015 年第 6 期。

内学术界更为关注对抗式与职权审问式这对理论模型，事实上，如本章综述介绍所言，关于刑事诉讼构造的模型多样，一种模型实际上就代表着一种视角，对多元模型的研究就意味着能够从更为多元的视角分析刑事诉讼制度架构，这对于分析我国的问题是非常有益的。

其次，对刑事诉讼构造的研究应当既关注整体，也关注部分，应当将整体构造问题与具体某个部分的构造问题的研究予以有机结合。这样，对刑事诉讼中的侦查构造、起诉构造与审判构造等具体构造的研究，就会进一步拓展空间。

最后，在我国刑事诉讼实践正处于不断完善的时刻，非常有必要结合我国的国情对刑事诉讼的构造进行深入分析，这种分析既要进行比较研究，更要进行实证研究，既要借鉴国际社会的先进经验，更要关注中国的国情。针对理论界关于采用对抗制、审问制或走混合式道路的不同主张，以及当事人主义与职权主义的不同分析模型，应当保持一定的警觉。鉴于刑事诉讼构造问题的研究存在的局限性和特有的问题，研究时应高度警惕。例如，人们往往会基于对模式的种类差异进行界限分明的划分，从而易于忽略不同模式之间实际存在的共性；又如，刑事诉讼的不同模式的差异，有的属于历时性差异，有的则是共时性差异，研究中不可不察。

参考文献

一、论文类

[1] 陈瑞华. 论协商性的程序正义 [J]. 比较法研究，2021（1）.

[2] 周新. 检察引导侦查的双重检视与改革进路 [J]. 法律科学，2020（2）.

[3] 施鹏鹏. "新职权主义"与中国刑事诉讼改革的基本路径 [J]. 比较法研究，2020（2）.

[4] 褚福民. 案卷笔录与庭审实质化改革 [J]. 法学论坛，2020（4）.

[5] 王新清. 合意式刑事诉讼论 [J]. 法学研究，2020（6）.

[6] 卞建林. 刑事诉讼模式的演化与流变：以海峡两岸刑事司法改革为线索 [J]. 政法

论坛，2019（1）.
[7] 陈瑞华 . 刑事诉讼的公力合作模式：量刑协商制度在中国的兴起 [J]. 法学论坛，2019（4）.
[8] 孙远 .“分工负责、互相配合、互相制约”原则之教义学原理：以审判中心主义为视角 [J]. 中外法学，2017（1）.
[9] 陈瑞华 . 论侦查中心主义 [J]. 政法论坛，2017（2）.
[10] 刘译矾 . 论对公诉方案卷笔录的法律限制：审判中心主义改革视野下的考察 [J]. 政法论坛，2017（6）.
[11] 王贞会 . 重大疑难案件检察引导侦查制度探讨 [J]. 人民检察，2017（9）.
[12] 李昌林 . 刑事程序法治的发展路径 [J]. 理论探索，2016（1）.
[13] 卞建林，谢澍 .“以审判为中心”视野下的诉讼关系 [J]. 国家检察官学院学报，2016（1）.
[14] 李奋飞 . 从“顺承模式”到“层控模式”：以审判为中心”的诉讼制度改革评析 [J]. 中外法学，2016（3）.
[15] 熊秋红 . 刑事庭审实质化与审判方式改革 [J]. 比较法研究，2016（5）.
[16] 陈卫东 .“以审判为中心”与审前程序改革 [J]. 法学，2016（12）.
[17] 陈光中 . 审判中心与相关诉讼制度改革初探 [J]. 政法论坛，2015（2）.
[18] 汪海燕 . 论刑事庭审实质化 [J]. 中国社会科学，2015（2）.
[19] 詹建红，张威 . 我国侦查权的程序性控制 [J]. 法学研究，2015（3）.
[20] 龙宗智 . 庭审实质化的路径和方法 [J]. 法学研究，2015（5）.
[21] 王敏远 . 以审判为中心的诉讼制度改革问题初步研究 [J]. 法律适用，2015（6）.
[22] 刘计划 . 侦查监督制度的中国模式及其改革 [J]. 中国法学，2014（1）.
[23] 施鹏鹏 . 为职权主义辩护 [J]. 中国法学，2014（2）.
[24] 陈杭平 .“职权主义”与“当事人主义”再考察：以“送达难”为中心 [J]. 中国法学，2014（4）.
[25] 顾永忠 . 试论庭审中心主义 [J]. 法律适用，2014（12）.
[26] 刘计划 . 检警一体化模式再解读 [J]. 法学研究，2013（6）.
[27] 陈瑞华 . 义务本位主义的刑事诉讼模式：论“坦白从宽、抗拒从严”政策的程序效应 [J]. 清华法学，2008（1）.

[28] 韩红兴 . 刑事诉讼模式演进的理论评析 [J]. 贵州大学学报（社会科学版），2008（3）.
[29] 冀祥德 . 和谐社会语境下的控辩平等：以构建平等合作诉讼模式为中心的研究 [J]. 法学家，2008（3）.
[30] 许乃曼，茹艳红 . 论刑事诉讼的北美模式 [J]. 国家检察官学院学报，2008（5）.
[31] 陈少林，顾伟 . 刑事诉讼构造之二重形式论 [J]. 法学评论，2008（5）.
[32] 卞建林，郭志媛 . 诉讼模式视角下的证明责任 [J]. 甘肃政法学院学报，2008(6).
[33] 刘婵秀 . 建构与生成：诉讼模式分化中的检察司法规律试析 [J]. 河北法学，2008（9）.
[34] 阎朝秀 . 论司法认知模式：以帕卡的诉讼模式理论为切入点 [J]. 西南民族大学学报（人文社科版），2008（11）.
[35] 汤尧 . 司法听证与刑事诉讼构造之匡正：以不起诉听证为切入点的考量 [J]. 金陵法律评论，2007（2）.
[36] 谢佑平，江涌 . 从治罪到维权：我国刑事诉讼构造之重构 [J]. 江海学刊，2007（3）.
[37] 陈瑞华 . 司法过程中的对抗与合作：一种新的刑事诉讼模式理论 [J]. 法学研究，2007（3）.
[38] 马静华，潘利平 . 迅速审判：不同刑事诉讼模式下的理念与制度比较 [J]. 四川大学学报（哲学社会科学版），2007（4）.
[39] 征汉年，马力 . 两大法系国家的侦查指挥构造比较与借鉴 [J]. 北京工业大学学报（社会科学版），2007（6）.
[40] 韩旭 . 刑事诉讼模式演进中的价值探究 [J]. 法制与社会，2007（7）.
[41] 谭宁 . 从律师的调查取证权看我国的刑事诉讼构造 [J]. 法制与社会，2007(11).
[42] 曾德军，杨威 . 论中国刑事诉讼模式的择取方向：评“全面当事人主义化”之偏误 [J]. 法制与社会，2007（12）.
[43] 胡斌，陈卫 . 论我国刑事诉讼模式的构建：由对“沉默权”的选择展开 [J]. 南方论刊，2007（12）.
[44] 黄豹 . 刑事诉讼构造的研究起源及概念辨析 [J]. 中南民族大学学报（人文社会科学版），2006（S1）.

[45] 陈瑞华．案卷笔录中心主义［J］．法学研究，2006（4）．
[46] 陈瑞华．刑事诉讼的私力合作模式：刑事和解在中国的兴起［J］．中国法学，2006（5）．
[47] 许斌龙．中国刑事诉讼模式：从传统走向现代［J］．西南民族大学学报（人文社科版），2006（7）．
[48] 张月满．试论刑事诉讼构造［J］．政法论丛，2005（1）．
[49] 江伟．论刑事侦查程序的诉讼化改造途径：以刑事诉讼构造为视角［J］．犯罪研究，2005（4）．
[50] 汪海燕．法文化共性、相异性与我国刑事诉讼模式转型［J］．政法论坛，2005（5）．
[51] 王浩．清末诉讼模式的演进［D］．北京：中国政法大学，2005．
[52] 蔡杰，肖萍．我国侦查程序引入对抗制之必要性：对我国侦查模式的反思［J］．中国人民公安大学学报，2004（1）．
[53] 宋英辉．建构我国刑事诉讼合理构造的理念与原则［J］．政法论坛，2004（3）．
[54] 高庆盛．我国刑事诉讼模式透视与重构［J］．兰州学刊，2004（3）．
[55] 侯明．浅析我国刑事诉讼构造理论与现实［J］．西藏发展论坛，2004（6）．
[56] 秦明华．刑事诉讼模式的转变与交叉询问制度的确立［J］．法治论丛，2003（1）．
[57] 汪海燕．法国刑事诉讼模式转型及启示［J］．金陵法律评论，2003（2）．
[58] 谢佑平．刑事诉讼模式的历史演变和文化成因［J］．河南省政法管理干部学院学报，2003（3）．
[59] 宋英辉．论合理诉讼构造与我国刑事程序的完善［J］．湖南社会科学，2003（4）．
[60] 谢佑平．历史视野和文化语境下的刑事诉讼模式［J］．复旦学报（社会科学版），2003（4）．
[61] 唐力．当事人程序主体性原则：兼论“以当事人为本”之诉讼构造法理［J］．现代法学，2003（5）．
[62] 汪海燕．日本非对抗式诉讼成因分析［J］．法商研究，2003（5）．
[63] 汪海燕．古罗马刑事诉讼制度与模式探微［J］．现代法学，2003（5）．
[64] 魏晓娜，范培根．我国刑事诉讼纵向构造的宏观思考和改革建议［J］．国家检察官学院学报，2002（2）．
[65] 高德道．刑事诉讼构造新论［J］．浙江公安高等专科学校学报，2002（2）．

[66] 宋英辉，陈永生. 刑事案件庭前审查及准备程序研究 [J]. 政法论坛，2002（2）.
[67] 胡铭. 侦查模式问题之比较与反思 [J]. 江西公安专科学校学报，2002（5）.
[68] 石英. 被害人的地位与诉讼构造 [J]. 理论界，2001（1）.
[69] 陈瑞华. 从“流水作业”走向“以裁判为中心”：对中国刑事司法改革的一种思考 [J]. 法学，2000（3）.
[70] 陈卫东，郝银钟. 我国公诉方式的结构性缺陷及其矫正 [J]. 法学研究，2000(4).
[71] 陈兴良. 诉讼结构的重塑与司法体制的改革 [J]. 人民检察，1999（1）.
[72] 李生斌. 我国刑事诉论模式及其完善 [J]. 学术界，1999（5）.
[73] 陈瑞华. 刑事侦查构造之比较研究 [J]. 政法论坛，1999（5）.
[74] 陈岚. 侦查程序结构论 [J]. 法学评论，1999（6）.
[75] 许江. 论我国刑事诉讼的结构和职能 [J]. 南京大学学报（哲学社会科学版），1998（2）.
[76] 程味秋. 两大法系刑事诉讼模式之比较 [J]. 比较法研究，1997（2）.
[77] 谢佑平. 刑事诉讼模式评论：《关于修改中华人民共和国刑事诉讼法的决定》随想 [J]. 云南大学学报（法学版），1996（2）.
[78] 谢佑平. “混合型”刑事诉讼模式评论：《刑事诉讼法修改决定》随想 [J]. 法学，1996（5）.
[79] 李心鉴. 我国刑事诉讼法学的两大现代课题：诉讼目的与诉讼构造 [J]. 中外法学，1991（1）.
[80] AMBOS K.International Criminal Procedure：“adversarial”，“inquisitorial” or “mixed”? [J]. International Criminal Law Review，2003.
[81] WEIGAND W.The Reception of American Law In Europe [J]. 39 American Journal of Comparative Law，1991.
[82] DAMASKA M.Presentation of Evidence and Factfinding Precision [J]. 123 University of Pennsylvania Law Review（1975）.

二、著作类

[1] 王敏远，等．重构诉讼体制：以审判为中心的诉讼制度改革［M］．北京：中国政法大学出版社，2016.
[2] 陈卫东．刑事二审开庭程序研究［M］．北京：中国政法大学出版社，2008.
[3] 汪海燕．我国刑事诉讼模式的选择［M］．北京：北京大学出版社，2008.
[4] 陈瑞华．刑事诉讼的中国模式［M］．北京：法律出版社，2008.
[5] 宋英辉．刑事诉讼原理［M］．北京：法律出版社，2007.
[6] 汪建成．冲突与平衡：刑事程序理论的新视角［M］．北京：北京大学出版社，2006.
[7] 陈瑞华．刑事诉讼的前沿问题［M］.2 版．北京：中国人民大学出版社，2005.
[8] 陈卫东．程序正义之路（第一卷）［M］．北京：法律出版社，2005.
[9] 陈卫东．程序正义之路（第二卷）［M］．北京：法律出版社，2005.
[10] 张建伟．司法竞技主义：英美诉讼传统与中国庭审方式［M］．北京：北京大学出版社，2005.
[11] 汪海燕．刑事诉讼模式的演进［M］．北京：中国人民公安大学出版社，2004.
[12] 陈瑞华．刑事审判原理论［M］．北京：北京大学出版社，2003.
[13] 陈永生．侦查程序原理论［M］．北京：中国人民公安大学出版社，2003.
[14] 陈卫东．刑事诉讼法实施问题对策研究［M］．北京：中国方正出版社，2002.
[15] 宋英辉，吴宏耀．刑事审判前程序研究［M］．北京：中国政法大学出版社，2002.
[16] 樊崇义．刑事诉讼法实施问题与对策研究［M］．北京：中国人民公安大学出版社，2001.
[17] 龙宗智．相对合理主义［M］．北京：中国政法大学出版社，1999.
[18] 陈光中．诉讼法论丛（第二卷）［G］．北京：法律出版社，1998.
[19] 李心鉴．刑事诉讼构造论［M］．北京：中国政法大学出版社，1997.
[20] 徐静村．刑事诉讼法学（上、下）［M］．北京：法律出版社，1997.
[21] 宋英辉．刑事诉讼目的论［M］．北京：中国人民公安大学出版社，1995.
[22] 马贵翔．刑事诉讼的理想结构与现实结构［M］．兰州：甘肃人民出版社，1994.

[23] BRADLEY C. Criminal Procedure：A Worldwide Study [M]. Durham：Carolina Academics Press，1999.

[24] DAMASKA M. The Faces of Justice and State Authority：A comparative Approach to the Legal Process [M]. New Haven：Yale University Press，1986.

第六章　无罪推定原则

【导读】

无罪推定原则，是指任何人在未经司法程序最终确认有罪之前，应假定其无罪。作为一种法律思想，无罪推定是在反对封建司法专制的斗争中提出来的。意大利法学家贝卡利亚在其名著《论犯罪与刑罚》中最早提出这一思想后，该思想不仅迅速在理论界得到肯定，而且，许多国家的立法也随之纷纷响应，相继在宪法和相关法律中对无罪推定作出规定，第二次世界大战后，更是成为诸多国际公约所公认的一项原则。

在现代社会中，无罪推定原则已经成为刑事诉讼的一项重要原则，是现代刑事诉讼制度的基石。有些国家即使在成文法中没有明文规定，在理论和司法实践上也都对无罪推定原则予以确认。而且，随着法治文明的传播，该原则已为国际社会普遍接受，并被诸多国际人权法律文件所确认。为切实贯彻无罪推定原则，许多国家的法律和国际公约提出了无罪推定原则的具体要求和措施。主要包括：被刑事指控者是权利主体，控诉一方承担证明被告人有罪的责任，被告人没有证明自己无罪的义务，如果控诉一方不能证明被告人有罪，则应判决被告人无罪；被告人享有不得强迫自证其罪的权利；疑案应作为无罪处理。

无罪推定作为现代刑事诉讼的基本原则，并不是一项孤立的原则，而是与刑事诉讼中的其他原则均有密切联系的原则，是理解和把握现代刑事诉讼各项重要制度、程序的关键，因而是对认识、探讨现代刑事诉讼法具体问题具有基础意义的原则。学习这个原则具有重大的理论意义和现实价值，是进入现代刑事诉讼法学殿堂的基础。本章主要对无罪推定的概念、历史渊源、基本内容、重大意义及我国关于无罪推定原则的规定、研究情况进行分析。

第一节 我国刑事诉讼立法与实践中的无罪推定问题

无罪推定原则虽然最初由学者提出，但无罪推定既是与有罪推定相对而言的理论色彩十分浓烈的概念，也是实践性鲜明的原则，现代刑事诉讼立法和司法实践从不同的方面反映了无罪推定的精神。

一、无罪推定的基本内涵

无罪推定原则，是指任何人在未经司法程序最终确认有罪之前，应假定其无罪。无罪推定是针对封建专制下的纠问式刑事诉讼中的有罪推定而言的。有罪推定是对纠问式刑事诉讼中一系列现象的归纳，这些现象包括：被告人主要作为诉讼客体而存在，没有辩护权；被告人是主要证据来源，认罪口供是最有价值的证据之一，为取得口供可以刑讯；审判无须公开；司法程序缺乏公正的保障，司法与行政不分，控诉与审判不分；被指控犯罪的人，可以不经其他司法程序而被拥有审判权的机关确定为犯罪等。所有这些现象，均体现了这样一种观念：被指控的人，在法律上可以视为罪犯，并给予相应的处遇。[1]

作为一种法律思想，无罪推定是在反对封建司法专横的斗争中提出来的。意大利法学家贝卡里亚在其名著《论犯罪与刑罚》中最早提出这一思想，他指出："在法官判决之前，一个人是不能被称为罪犯的。只要还不能断定他已经侵犯了给予他公共保护的契约，社会就不能取消对他的公共保护。"[2]根据这一包含人道

---

[1] 宋英辉等：《外国刑事诉讼法》，法律出版社 2006 年版，第 27-28 页。

[2] ［意］贝卡里亚：《论犯罪与刑罚》，黄风译，中国大百科全书出版社 1993 年版，第 31 页。

主义的法律思想，法国大革命成功后制定的《人权宣言》第9条规定："任何人在其未被宣告有罪以前应推定为无罪。"此后，许多国家纷纷效仿，相继在宪法和法律中对无罪推定作出规定。

在现代社会中，无罪推定原则已经成为刑事诉讼的基本原则。有些国家即使在立法上没有明文规定，在理论和司法实践上也都对无罪推定原则予以确认。而且，随着法治文明的传播，该原则已逐步为国际社会所接受，并为诸多国际人权法律文件确认。例如，1948年12月联合国大会通过的《世界人权宣言》第11条规定："凡受刑事控告者，在未经获得辩护上所需的一切保证的公开审判而依法证实有罪之前，有权被视为无罪。"1966年12月联合国大会通过的《公民权利和政治权利国际公约》再次确认了无罪推定原则。随后，一些重要的区域性法律文件和国际性学术会议的决议也对无罪推定原则进行了确认。

为切实贯彻无罪推定原则，许多国家的法律和国际公约提出了保障被告人诉讼权利的具体要求和措施，主要包括：首先，控诉一方承担证明被告人有罪的责任，被告人没有证明自己无罪的义务，如果控诉一方不能证明被告人有罪，则应判决被告人无罪。其次，被告人有权拒绝陈述，即享有沉默权，既不能强迫被告人自己证明有罪，也不能因被告人沉默而认定其有罪。最后，疑案应作无罪处理，控方证据不能确切证明被告人有罪，或者对被告人有罪的证明存在合理怀疑时，应作有利于被告人的解释，对被告人按无罪处理。

无罪推定原则具有重大的理论意义和现实价值：第一，无罪推定原则体现了尊重基本人权和人格尊严的理念；第二，无罪推定原则是人类追求个人自由与社会秩序多元价值所作选择的必然结果；第三，无罪推定原则与当今刑事程序的诉讼构造具有相互依存的天然联系；第四，无罪推定原则是刑事诉讼制度历史发展的必然结果，对于如何界定被刑事追诉之人的诉讼主体地位及对其应当给予切实的法律保障、对于现代刑事诉讼的各项基本制度，均具有决定性的意义。

二、我国刑事诉讼立法与实践中的无罪推定问题

我国1979年《刑事诉讼法》并没有明确规定无罪推定原则。虽然如此，鉴于我国并没有对已参加或缔结的国际人权保障公约（如《联合国少年司法最低限

度标准规则》《儿童权利公约》）中规定的无罪推定条款声明保留，因此，无罪推定在法律规定的层面并未予以否定。我国立法机关首次以法律形式确认无罪推定原则见于1990年全国人大通过的《中华人民共和国香港特别行政区基本法》，其第87条规定："任何人在被合法逮捕后，享有尽早接受司法机关公正审判的权利，未经司法机关判罪之前均假定无罪。"其后，1993年通过的《中华人民共和国澳门特别行政区基本法》第29条对无罪推定原则也作出了明文规定。

我国1996年《刑事诉讼法》第12条明确规定："未经人民法院依法判决，对任何人都不能确定为有罪。"有人认为，此次《刑事诉讼法》确立了无罪推定原则；也有人认为，修正后的《刑事诉讼法》仍然没有规定无罪推定原则；还有人认为，我国刑事诉讼法吸收了无罪推定原则的精神或者内核，但这不能完全等同于规定了无罪推定原则。下面分别说明其理由。

（一）我国刑事诉讼立法及实践已确立无罪推定原则

有学者认为，1996年《刑事诉讼法》第12条确立了无罪推定原则。这是因为，无罪推定原则的核心是，只有经过法院依法定程序作出有罪判决，某人才能被确定有罪，而在判决生效前的整个诉讼过程中，该人在法律上不是罪犯，而应享有推定无罪的待遇。该部《刑事诉讼法》的规定尽管没有出现"假定"或"推定"无罪的表述，但实际已包含了"在法院依法判决前，任何人都不得处于有罪公民之地位"这样一种含义。1996年《刑事诉讼法》不仅作出了上述规定，而且还通过确立一系列规则和制度，使无罪推定原则的具体要求得到法律的采纳，具体表现在以下几个方面。

第一，受刑事追诉者的称谓发生变化。受刑事追诉者在起诉前处于"犯罪嫌疑人"的地位，在起诉后则处于"被告人"的地位。"犯罪嫌疑人"和"被告人"作为两种诉讼程序上的身份界定，标志着受刑事追诉者拥有诉讼主体的资格，能够与追诉方展开积极主动的争辩和对抗，并对裁判者的结论形成施加充分有效的影响。为此，受追诉者应拥有一系列为有效参与诉讼活动所必备的程序保障和诉讼权利。这样，修正后的《刑事诉讼法》就为受刑事追诉者充分有效地行使防御权设定了一个前提，使其诉讼主体地位有了现实的基础：他们在法律上无罪，在诉讼程序上拥有当事人的地位和资格。

第二，控诉方负有举证责任。1996年《刑事诉讼法》改革法庭审判程序，检察官在提起公诉时不再将所有证据材料移送给法院，而只需将起诉书（附有证据目录、证人名单及主要证据复印件或照片）移送法院。在庭审过程中，检察官须将其作为指控根据的证据依次向法庭提出，如讯问被告人，询问证人、鉴定人，出示物证、宣读书证等，并接受和反驳辩护一方对其证据的质证和诘难。法官不再承担提出控方证据、展示控诉证据内容的义务，而仅作补充性的调查。这样，提出证据、证实被告人有罪的责任事实上就由公诉一方承担，被告人不承担证明自己有罪或无罪的义务，而拥有充分的防御权。这显然是符合无罪推定原则的要求。

第三，确立了“疑罪从无”的规定。1996年《刑事诉讼法》吸收了最高人民法院以往司法解释中有关“罪疑从无”的规定，确立了对“疑罪”作有利于被告人解释的规则。如果公诉人不能提出确实充分的证据证实被告人的罪行，法庭经过庭审和补充性调查也不能使被告人有罪的事实得以查明，那么这就意味着“无罪的推定”尚未被推翻，而必然转化为“无罪的判定”。这显然是无罪推定原则的应有之义。

1996年《刑事诉讼法》对无罪推定原则的吸收和确立，标志着我国刑事司法制度朝着科学化和民主化的方向迈进了一大步。因为在这一原则的保障下，犯罪嫌疑人和被告人的诉讼主体地位将会有一个现实的法律基础，刑事审判程序的参与性、合理性及自治性将会得到加强，程序自身的公正性也将得到现实的保证。[1]

还有学者认为，1996年《刑事诉讼法》将无罪推定原则确立为我国刑事诉讼原则之一，但该原则在立法中尚有不完善之处。无罪推定原则在我国《刑事诉讼法》中具体表现如下。

第一，证明被告人有罪的责任由控方承担，被告人不承担举证责任。第二，确认了被告人、犯罪嫌疑人在人民法院判决有罪之前的诉讼主体地位，对充分保障被告人、犯罪嫌疑人的诉讼权利具有重要意义。第三，在对案件实体问题的处理上，实行疑罪从无的原则。该学者同时还指出，1996年《刑事诉讼法》对无

---

[1] 陈瑞华：《刑事审判原理论》，北京大学出版社1997年版，第157–159页。

罪推定原则并未完全充分肯定。这主要表现在仍然否定了犯罪嫌疑人和刑事被告人的沉默权；仍然规定了犯罪嫌疑人和刑事被告人对于侦查人员的讯问应当如实回答；仍然没有明确规定以非法手段获取的证据应予以排除的原则。[1]

（二）我国刑事诉讼立法及实践中并未确立无罪推定原则

对《刑事诉讼法》第12条的规定，有学者认为，该条在一定程度上吸收了无罪推定的精神，但只是确立了法院的统一定罪权，尚未在立法中确立无罪推定原则。具体理由如下。

首先，从立法缘由上，不能确认已确立无罪推定原则。在全国人大法工委原主任顾昂然向全国人大所作的《关于刑事诉讼法修正案（草案）的说明》中，以“未经人民法院判决不得定罪”概括了第12条及相关部分的内容，突出了人民法院的定罪权，并未一处言及无罪推定，也不能从其解释中推导出无罪推定的基本内容。而从修法背景看，确立第12条的同时废止了检察院有定罪权的免予起诉制度，目的主要在于统一定罪权。

其次，权威性法律解释否认《刑事诉讼法》第12条为无罪推定。全国人大常委会法制工作委员会刑法室编著的《中华人民共和国刑事诉讼法释义》一书解释《刑事诉讼法》第12条时称：“我们反对有罪推定，但也不是西方国家的那种无罪推定，而是实事求是地进行侦查，客观地收集有罪或无罪、罪轻或罪重的各种证据，在人民法院作出有罪判决以前，我们不称被告人为罪犯，但也不说他没有罪或假定他无罪，如果假定他无罪，那么侦查机关对他进行侦查、采取强制措施就没有根据了。”该解释仍然持传统观点，以“实事求是”否认无罪推定。由于全国人大法工委刑法室是刑事诉讼法立法的工作机关，这种解释应当说代表了立法机关的主流意见。

最后，从司法实践看，无罪推定并未获得广泛认同。因为所谓“实事求是”地认识涉嫌人员法律地位的观念还占主导的地位，即认为嫌疑人、被告人处于一种涉嫌犯罪状态，必须对其采取相应的追究措施包括强制措施。[2]

---

[1] 王振荣：“‘无罪推定’原则在我国刑事诉讼中的适用”，载《河北法学》1997年第5期。

[2] 龙宗智主编：《徘徊于传统与现代之间——中国刑事诉讼法再修改研究》，法律出版社2005年版，第32–33页。

（三）刑事诉讼立法与实践中无罪推定原则的借鉴与差距问题

有学者认为，一方面，我国目前还没有确立完全意义上的无罪推定原则。首先，中国并未像西方国家那样在自己的刑事诉讼法典中将无罪推定表述为“未经法院依法判决之前，被告人应被推定为无罪或不应被认为有罪。”条文表述不明确，是目前我国还没有确立完全意义上的无罪推定的理由之一。其次，《刑事诉讼法》第 12 条的规定只是为了在立法上做到与宪法一致，立法者的本意并不是要确立无罪推定，而在于强调法院的统一定罪权，同时废除检察院的免予起诉权。最后，在大多数司法人员的意识里，“实事求是”的政治观念占主导地位，认为被指控人是处于一种涉嫌犯罪的存疑状态，不应该被推定为无罪。

另一方面，1996 年《刑事诉讼法》又吸收了无罪推定的合理内核。第一，在起诉以前，被指控人一律被称为“犯罪嫌疑人”而不是“被告人”，这就标志着被指控人在整个诉讼过程中拥有诉讼主体的资格，能够与控诉方展开积极主动的争辩和对抗，并对裁判者的结论形成施加充分有效的影响。第二，公诉人负有在庭审过程中提出证据、证明被告人有罪的责任，而被告人不承担证明自己有罪或无罪的义务，并拥有一定的防御权。第三，法院在证据不足，不能认定被告人有罪时，应当作出证据不足、指控的犯罪不能成立的无罪判决。很显然，1996 年《刑事诉讼法》吸收了无罪推定的一个方面，即“疑罪从无”原则。[1]

还有学者从无罪推定的构成要件分析入手，指出我国在刑事立法、刑事政策和刑事司法方面同完全意义上的无罪推定所存在的差距，并提出确立和贯彻无罪推定的应对之策，具体内容如下。该学者认为，我国刑事诉讼立法与无罪推定存在三大差距：第 12 条的规定不符合无罪推定的国际标准；没有赋予犯罪嫌疑人、被告人以沉默权；未明确禁止非法证据的排除使用。同时，我国“坦白从宽，抗拒从严”的刑事政策与无罪推定原则也存在差距，“坦白从宽”与“抗拒从严”二者均是以涉嫌人有罪为前提的。并且，我国刑事司法实践与无罪推定原则也存在差距，1996 年《刑事诉讼法》颁布后，在贯彻无罪推定方面存在以下问题：刑讯逼供、诱供、骗供、套供、疲劳讯问等折磨肉体和精神的违法取证方法仍屡见不鲜；仍有大量的刑事案件久拖不决，超过法定办案时限；被告人的辩护权未

---

[1] 赵树荣：“刍议无罪推定原则”，载《河北法学》1999 年第 6 期。

能充分得到行使。[1]

还有学者认为，我国《刑事诉讼法》第12条的确没有彻底承认和规定无罪推定原则，我国目前的法院统一定罪原则既有对无罪推定原则的贯彻，也有对该项原则的背离。[2]

（四）我国2012年、2018年《刑事诉讼法》关于无罪推定的规定

上述争论是建立在对1979年、1996年《刑事诉讼法》规定的基础上展开的，随着2012年对《刑事诉讼法》的修正，有些内容又有了新发展，因此，需要我们用新的视角来审视我国立法实践中关于无罪推定原则的内容。具体而言，在2012年新修正的《刑事诉讼法》中，关于无罪推定原则增加的内容主要包括第49条和第50条。第49条明确规定："公诉案件中被告人有罪的举证责任由人民检察院承担，自诉案件中被告人有罪的举证责任由自诉人承担。"第50条增加的内容是明确规定了"不得强迫任何人证实自己有罪"。此外，第54~58条还详细规定了非法证据排除规则。可以说，这些规定在一定程度上丰富了我国无罪推定原则的具体内容。2018年对《刑事诉讼法》的新修正，则基本不涉及无罪推定的问题。由于2012年、2018年《刑事诉讼法》未对无罪推定的立法规定作出革命性创新，因而，前述争论在学术研究上仍然是非常有意义的，它们的价值不会因为《刑事诉讼法》的修改而降低。

---

[1] 卢勤忠："试探无罪推定在中国的确立和贯彻问题"，载《法学》1998年第10期。

[2] 樊崇义等：《刑事诉讼法再修改理性思考》，中国人民公安大学出版社2007年版，第479–480页。

第二节　关于无罪推定原则研究的综述

无罪推定作为被现代法治社会普遍肯定的基本原则，在我国长期的理论研究和司法实践中，却并未被明确而充分肯定。是否应当把无罪推定作为一项诉讼原则，规定在我国的刑事诉讼制度中？我国法学界对于这个问题，曾在20世纪50年代末、70年代末至80年代初，进行了两次激烈的争论。经历了半个世纪的讨论，该项原则依然未能明确写入我国的《刑事诉讼法》中。当然，无罪推定原则的许多实质内容已被我国的刑事立法所吸收——这使得我国的刑事立法向国际公约的有关规定靠近了一步。迄今为止，人们对无罪推定原则的争论主要集中在：对无罪推定的理解、无罪推定与实事求是的关系以及无罪推定是否应成为我国刑事诉讼的一项原则等问题，以下分别加以综述。

一、无罪推定的概念

联合国《公民权利和政治权利国际公约》第14条第2款规定：“凡受刑事控告者，在未依法证实有罪之前，应有权被视为无罪。”这是著名的无罪推定原则在该公约中的体现。这条规定的直接渊源是联合国于1948年制定的《世界人权宣言》第11条的规定。

关于无罪推定的概念，我国学者认识不尽相同，其中主要有以下几种观点。

第一种观点认为，无罪推定是指刑事被告人在未经法院判决确定有罪之前，应被视同无罪。也就是说，在审判机关没有用发生法律效力的判决或裁定确定被告人为有罪之前，都应推定该被告人为无罪。持该论点的学者认为无罪推定原则的核心，就是在判决没有确定之前，运用有罪证据和无罪证据反复验证，然后确

定刑事被告人是否为有罪之人。❶

第二种观点认为，无罪推定是指在刑事诉讼中，任何被怀疑犯罪或者受到刑事控告的人在未经司法程序最终确认有罪之前，在法律上应推定或假定其无罪。持这种观点的学者认为，无罪推定原则的基本出发点在于确定被告人在刑事诉讼中的地位。并据此设定被告人的诉讼权利和义务，设定控辩对抗的现代诉讼机制。无罪推定要求被告人的罪行必须经过依法证明才能确定。这是无罪推定原则所包含的证据法上的效果。另外，被告人的罪行只有在法院通过合法、正当的程序作出有罪判决之后，国家才能对被告人予以定罪。❷

第三种观点认为，无罪推定是指任何人在未经证实和判决有罪之前，应推定他为无罪的人。因此，无罪推定所强调的是，对被告人所指控的罪行必须有充分的证明；如果审判中不能证明被告人有罪，就应推定被告人无罪；如果对被告人有罪的证明不足但又存在合理怀疑时，应作出有利于被告人的结论。❸

第四种观点认为，无罪推定原则的基本含义是，对任何人，在未依法确定有罪以前，应当假定其无罪。持这种观点的学者认为，首先，无罪推定体现了尊重基本人权和人格尊严的理念。无罪推定思想产生的历史时期，正值封建专制时期。为维护封建专制制度，封建统治者对危害统治的人员进行残酷迫害，一经指控犯罪，即可拘捕，对被告人人身进行摧残，并通过拷讯，逼取定罪口供，作为定罪根据。其次，无罪推定原则是对刑事诉讼规律认识深化的结果，体现了刑事诉讼的规律。提出法律上无罪的概念，是无罪推定的一大贡献。无罪推定原则尊重一个基本事实，即绝大多数的社会成员事实上是无罪的。而基于有罪推定的观念将处于刑事程序的并未真正犯罪的人作为罪犯对待，既严重背离事实，也违背逻辑。再次，无罪推定原则是人类追求个人自由与社会秩序多元价值所做选择的必然结果。最后，无罪推定是人类对如何界定犯罪嫌疑人、被告人的诉讼地位及应当给予怎样的法律保障进行长期思考的结果。❹

---

❶ 许康定："论无罪推定原则"，载《现代法学》1994 年第 2 期。

❷ 陈光中主编：《比较与借鉴：从各国经验看中国刑事诉讼法改革路径》，中国政法大学出版社 2007 年版，第 199-201 页。

❸ 谢佑平："无罪推定原则评论"，载《法学评论》1993 年第 5 期。

❹ 宋英辉主编：《刑事诉讼原理》，法律出版社 2007 年版，第 86-90 页。

第五种观点认为，无罪推定原则的含义可从两个方面加以解释：一是它规定了对被告人或任何人加以定罪的程序条件。二是它规定了受到追诉或审判的嫌疑人、被告人在刑事诉讼过程中的待遇：不应被作为犯罪人来对待，拥有无罪公民的一切权利，并可以为维护自己的权益而与追诉者展开程序上的对抗和论辩。持此观点的学者认为无罪推定原则包括三个层次的内容：（1）被告人的罪行须经依法证明才能确定；（2）只有在法院通过合法、正当的程序作出有罪判决之后，国家才能对被告人予以定罪；（3）被告人在审判过程中应拥有为对抗国家追诉权所必备的程序保障。[1]

第六种观点认为，无罪推定是指犯罪嫌疑人在未被发生法律效力的法院判决确定有罪以前，应当认为他是无罪的人。在刑事诉讼中，无罪推定原则有两个方面的核心内容：其一是从法律上明确有权最终确定被告人有罪的司法机关的地位和权力；其二是在法律上明确被指控的犯罪嫌疑人、被告人的诉讼主体地位，在法院生效判决确定之前从法律上推定无罪，各项诉讼权利和人身权利应依法得到保护。[2]

第七种观点认为，无罪推定的含义应理解为：无罪推定是指刑事被告人在未经法律规定的正当程序判决有罪以前，应当被假定为无罪的人；作为刑事诉讼的一项原则，与有罪推定相同，并不是一项孤立的原则，而是与刑事诉讼制度诸多方面有密切联系的原则；这项原则不仅在反封建斗争中曾经具有重要的历史意义，而且在现代仍是一种具有世界普遍意义的法律文化现象。[3]

第八种观点认为，无罪推定的含义应为“凡受刑事追诉者，在未依法证实有罪之前，应有权被视为无罪”。持该观点的学者认为，无罪推定的具体内容应当包括以下几点：其一，控方承担证明责任，有罪的证明标准达到排除合理怀疑的程度，被告人不承担证明自己无罪的责任；其二，被告人享有沉默权；其三，法院享有最终的定罪权，法官不得形成预断；其四，疑罪从无，罪疑从轻。其理由是：首先，控方承担被追诉人有罪的证明责任属于国际性人权文件以及域外立法例的共识性规定；其次，沉默权属于无罪推定的延伸性权利，缺乏该项权利，无

---

[1] 陈瑞华：《刑事审判原理论》，北京大学出版社 2003 年版，第 131–133 页。

[2] 王永波：“无罪推定原则的内容和意义”，载《当代法学》2001 年第 10 期。

[3] 王敏远：《刑事司法理论与实践检讨》，中国政法大学出版社 1999 年版，第 17 页。

罪推定的贯彻举步维艰；再次，控审分离的诉讼模式和被告人的公正审判权决定了法院享有定罪权，被告人是否有罪也应取决于公正审判的过程；最后，存疑利于被告属于结果意义上的举证责任的必然结果。[1]

虽然学者们对无罪推定的内涵，在认识上存在一定的差异，但是对无罪推定原则引申出的几项规则及其核心内容的认识基本一致，即证明被告人有罪的责任由控诉人承担，被告人不负有证明自己无罪的责任；被告人有沉默、拒绝陈述的权利；对被告人是否犯罪、罪行轻重疑惑不决、难以确证的，应当从有利于被告人的角度作出结论。

二、无罪推定与实事求是的关系

“无罪推定是否与实事求是原则相悖”，在有关无罪推定的讨论中较为突出。关于这个问题的讨论，主要有两种不同的观点。

第一种观点认为，无罪推定与我国刑事诉讼的基本原则，即实事求是以及“以事实为根据，以法律为准绳”的原则是矛盾对立的。[2]理由如下：其一，无罪推定违反实事求是原则。其二，无罪推定不符合侦查、司法机关办案人员的实际认识过程。其三，无罪推定与刑事诉讼中的强制措施是矛盾的。其四，我国刑事诉讼法明确规定了“以事实为根据，以法律为准绳”的原则。其五，无罪推定主张在法院对被告人作出有罪判决以前，应假定被告人是无罪的。[3]

第二种观点认为，无罪推定原则和实事求是是相辅相成、互为补充的。理由是：无罪推定原则和实事求是原则并不是同一个层面的问题，两者不可同日而语或相提并论。无罪推定原则涉及的是法律价值选择问题，确立的是一个法治国家正常的法治秩序和刑事司法的主体构成、追诉犯罪的程序逻辑，出发点是确定正

---

[1] 李国华：“刑事诉讼中的无罪推定原则评述”，载《江苏警官学院学报》2019 年第 3 期。

[2] 该观点的代表性人物是张子培先生，可参见他的论文：“驳资产阶级的无罪推定原则”，载《法学》1958 年第 1 期；“‘无罪推定’原则剖析”，载《法学研究》1980 年第 3 期；“评‘无罪推定’”，载《中国政法大学学报》1983 年第 4 期。

[3] 樊崇义主编：《刑事诉讼法学研究综述与评价》，中国政法大学出版社 1991 年版，第 231-232 页。

常的生活空间与犯罪之间的程序界标，保护广大民众的安宁，并同时给犯罪嫌疑人以更多的权益保障。无罪推定原则将安全、秩序、人权、人道等价值注入刑事诉讼中，使现代刑事诉讼呈现多元化的价值追求。实事求是原则属于认识论的范畴，是唯物主义世界观运用于刑事诉讼的体现。实事求是就是强调要重证据，重调查研究，努力发现案件的事实真相，并在此基础上依法作出符合实际情况的处理决定。刑事诉讼从立案到法庭审判的全过程，是一个事实的发现和认定的过程。因而，作为一个认识论规则，实事求是贯穿于刑事程序的始终。[1]

三、无罪推定是否应成为我国刑事诉讼的基本原则

无罪推定能否成为我国刑事诉讼中的一条原则，曾经在理论界有过激烈的争论，有肯定论者，有否定论者，也有持批判继承无罪推定论者。对本问题的阐述以1996年《刑事诉讼法》修正前学者们的研究内容而展开，其中本部分提到的《刑事诉讼法》特指1979年《刑事诉讼法》，其具体观点和理由如下。

（一）肯定说

持肯定论的学者认为，将无罪推定概括为刑事司法的基本原则并使之系统化的工作，虽然是由资产阶级完成的，但这并不意味着只有资产阶级的刑事审判才有和才能适用无罪推定原则。应将无罪推定视为人类社会刑事司法文明化进程中所产生的共同财富，其内在生命力是不可否认的。无罪推定的合理内核应当为我所用。其具体理由如下。

其一，无罪推定原则并非资产阶级所独创，其立法思想的渊源可以追溯到奴隶社会中后期和封建社会。我国最早的古籍《尚书》中记载着“罪疑惟轻”“与其杀无辜，宁失不经”，《礼记·吕刑》中也确定了“阅实其罪”的原则等，这些都表明当时已经开始形成朦胧朴素的无罪推定思想，并适用于刑事司法实践。又如《罗马法》所确定的“一切主张在未证明前推定其不成立”原则，在刑事司法中就是要求在没有证据证明某人有罪时，应推定为无罪。在我国封建社会中，部

---

[1] 梁玉霞：“无罪推定原则的价值选择与理念调适”，载《河北法学》2005年第12期。

分刑律都对以证据定罪有明确规定，这些规定所体现的断案原则同《尚书》《礼记》有关记载中以证据定罪的基本精神一脉相承。

其二，无罪推定原则已成为当代世界不同社会制度国家采用的刑事司法原则。它的基本精神是科学的，体现了人类社会法制和法律思想发展和进步的共同要求，是一份具有共同价值的法学遗产。如苏联最高法院在1946年全体会议上强调："被告人在他的罪行未根据法定的程序加以证明以前，不得被认为是犯罪人。"第二次世界大战后东欧以及其他一些社会主义国家宪法中也有类似规定。当代大多数国家都认为如果在刑事司法中否认无罪推定的价值，人身权利和其他权利就难以得到有效保障。正因为如此，联合国通过的《世界人权宣言》第11条第1款宣称："凡受刑事控告者，在未经获得辩护上所需的一切保证的公开审判而依法证实有罪前，有权被视为无罪。"因此，无罪推定并非资产阶级国家所独有，刑事司法中无罪推定原则的确立和发展，是人类法制文明进化的必然结果。

其三，我国《刑事诉讼法》虽然没有明文规定无罪推定原则，但基本精神实质上体现了无罪推定。如我国《刑事诉讼法》规定，"中华人民共和国刑事诉讼法的任务，是保证准确、及时地查明犯罪事实，正确应用法律，惩罚犯罪分子，保障无罪的人不受刑事追究"，"对一切案件的判处都要重证据，重调查研究，不轻信口供。只有被告人供述，没有其他证据的，不能认定被告人有罪和处以刑罚；没有被告人供述，证据确实、充分的，可以认定被告人有罪和处以刑罚"，"审判人员、检察人员、侦查人员必须依照法定程序，收集能够证实犯罪嫌疑人、被告人有罪或者无罪、犯罪情节轻重的各种证据"等。以上规定，都体现了无罪推定的具体内容，与无罪推定的固有含义是没有二致的。[1]

另有学者认为，我国特别需要强调无罪推定原则。因为中国传统的政治文化，有一种根深蒂固的倾向，即"非个体化"，认为群体是能动的主体，个体是被动的客体，只能消极地适应群体的要求，因而一切权利应归于整体，一切义务则归于个体。这种非个体化反映在法的意识上，就是人民根本没有公民权利一类的观念。随着我国政治、经济环境的根本性改善和民主与法制的复苏，以1979

---

[1] 谢佑平："无罪推定原则评论"，载《法学评论》1993年第5期。

年《刑事诉讼法》颁布为标志，重新改造、构建的我国刑事司法制度，基本适合我国的社会情况，发挥了保护法律秩序和社会安定以及广大公民的人身、财产权利，从而促进社会发展的重大积极作用。然而，在刑事诉讼中无视个体价值的封建思想依然存在。毋庸讳言，我国刑事诉讼法利益保护机制仍存在着某种不平衡现象——对刑事被告人的合法权利与利益未予充分尊重，有罪推定的幽灵仍然在该领域徘徊。

这些有罪推定的问题如何解决？最好的方法，就是反其道而行之，实行无罪推定，从而平衡我国刑事司法的利益机制，改善我国刑事诉讼的价值模式。这就是引入无罪推定概念及其相关原则的直接意义。持该论者认为：

首先，“疑罪”现象的存在，迫使司法人员作“推定”（对尚不够清楚的客观情况作出决定），是从有，从轻，从挂，还是从无？如果所持有的指导性价值观念是宁肯冤枉一个好人，也不放过一个坏人，那就选择前两种办法；如果是为了进一步“实事求是”，而置法律限制与被告人人权于不顾，就会“从挂”——让被告一直处于“准犯罪”状态，久押不放；如果奉行“宁肯放过一个坏人，也不冤枉一个好人”的诉讼哲学，那就应疑罪从无，也就是无罪推定——有利被告人。可见，是否肯定无罪推定，首先是一个价值观问题，是对进入刑事司法过程的公民的地位和权利如何看待的问题。

其次，无罪推定的作用还不限于案件“敲定”阶段，在整个诉讼过程，起着确定被告人法律地位的作用，同时也有对执法人员进行心理指导和心理矫正的作用。无罪推定作为一种价值观要求执法人员在追究犯罪时，充分注意被告人合法权益的保护，充分注意其无罪的可能性。通过把无罪推定引入刑事司法过程，就有利于在执法人员的意识中，与追究犯罪的职业责任意识取得某种平衡，消除他们因追究犯罪的“职业惯性”常常具有的偏执和片面性。也就是以此作为司法过程中有罪推定的一种抗衡力量，防止“有罪推定”的先入为主。

再次，无罪推定虽然是资产阶级的刑事诉讼原则，但不能因其阶级性而否定它的进步意义。无罪推定体现了保护人的正当权利免受国家权力非法伤害的民主性和科学性，无疑应当为我们所肯定，对其基本内容我们也应当作为人类社会制度文明中的民主性精华予以继承。

最后，无罪推定的作用不仅限于刑事司法过程以内，它还具有广泛的社会政治意义。大众传播媒介在刑事被告人被证明并被法律判定有罪以前，先作舆论控诉、舆论审判、舆论定罪，其结果是某些时候由于证据不足、事实不清，对某些刑事被告人的名誉造成了严重损害，同时以舆论压力干扰了司法审判的独立性。为充分保护刑事被告人的权利与利益，矫正那种有罪推定的社会心态，我们有必要引入并在社会上宣传无罪推定这个概念。[1]

（二）否定说

持否定论的学者从阶级观点、认识论观点和法律观点看无罪推定原则，认为在我国的刑事诉讼中认定犯罪的基本原则，是以事实为根据，以法律为准绳。既反对有罪推定，也不赞成无罪推定，具体理由有以下几个方面。

1. 从阶级观点看无罪推定原则

持否定论的学者大都认为，无罪推定原则具有资产阶级的阶级倾向性和虚伪性。无罪推定首先是由 18 世纪中叶意大利资产阶级法学家贝卡利亚，在 1764 年出版的《论犯罪与刑罚》一书中提出来的。1789 年《法国人权宣言》宣布了无罪推定的原则。此后，不少国家采用无罪推定作为刑事诉讼的原则，即刑事被告人在未被法院判决为有罪以前，应推定为无罪。无罪推定原则的出发点是保障人权，保护被告人的利益，它是资产阶级上升时期提出的人权口号在司法上的具体表现。作为封建统治阶级实行有罪推定的对立物，无罪推定原则反对封建的司法专横，在历史上具有一定的进步意义。但是无罪推定原则也具有资产阶级的阶级倾向性和虚伪性。法国是最早从法律上肯定无罪推定原则的国家，可是在 1804 年至 1810 年制定的《拿破仑法典》中，就违背了这个原则。《法国刑法典》第 218 条规定："没有固定住址和职业的人、乞丐和流浪者，如果身边被发现有价值一百法郎以上的物品，而不能说明其来源者，则应受惩罚。"不但法国如此，英美等国家法律上的规定也是如此。例如，英国法律曾规定，妻子犯罪除叛国罪和杀人罪以外，如果丈夫在场，就推定她是受丈夫强迫而犯罪；如果某人持有最近被盗窃之物，就推定某人为盗窃犯。这十分清楚地说明资产阶级的法律和法官对穷人是实行有罪推定，而不是无罪推定。享受到无罪推定好处的，当然是资产

---

[1] 龙宗智："对'无罪推定'的新思维"，载《现代法学》1989 年第 2 期。

阶级。

2. 从认识论观点看无罪推定

否定论者认为，无罪推定是主观唯心主义的，违反了认识事物的客观规律。所谓“推定”就是“推测”“假定”的意思。究竟有没有罪，应根据事实和法律来确定，先给它“推测”“假定”，就不符合认识事物的客观规律。这种推定虽然不是整个案件的最后结论，但在判决生效前的每个诉讼阶段都起了结论性的作用，这就违反了认识事物的客观规律。有罪推定和无罪推定，只是在一个“有”和“无”字上的不同，而在推定的意义上则完全是一致的。对“有罪推定”原则，谁都不否认它是剥削阶级唯心的形而上学的东西，是剥削阶级的世界观和方法论在刑事诉讼中的反映；而对“无罪推定”原则我们却莫衷一是。我们是唯物主义的反映论者，而不是意识决定存在。刑事被告人是有罪还是无罪，不是任何人的主观推测所能认定的，而是完全由客观事实来证明的。而客观事实又是案件一发生即存在于客观外界的真实的东西，不以人的意志为转移，既不能变更，也不能消灭，只有把它如实反映到人的头脑中来，才能使人们得到正确的认识。所以人们对案件的正确认识来源于实践，是客观存在在主观意识上的反映。“有罪推定”是封建统治阶级在审判上的主观推测，是入人于罪；“无罪推定”则是资产阶级在审判上的主观推测，是出人于罪；都是认识先于实践的先验论，因而都是不科学的，在理论上是讲不通的。[1]除此之外，还有学者认为无罪推定是形而上学的。因为，为了反对有罪推定，就从一个极端走到另一个极端，从一种片面性陷入另一种片面性。[2]

3. 从法律观点看无罪推定

从法律观点上看，综合主张无罪推定论者的理由主要有四点：一是无罪推定的意义在于确定被告人在判决生效前的法律地位；二是无罪推定的意义在于划分举证责任；三是实行无罪推定原则，才能保障被告人的诉讼权利；四是无罪推定是处理疑案的原则。下面分别加以讨论。

---

[1] 许康定：“论无罪推定原则”，载《现代法学》1994 年第 2 期。

[2] 王桂五：“评‘无罪推定’的诉讼原则”，载《法学》1984 年第 4 期。

（1）关于被告人的法律地位问题。这一问题是和被告人的权利问题联系在一起的。其目的在于说明被告人在判决生效之前究竟应当推定有罪呢，还是应当推定为无罪？该学者认为，就被告人在判决生效前的法律地位来说，被告人这一称谓就最确切不过了，根本不需要作出这样那样的“推定”，另外虚拟一个法律地位。既然是被告人，就不是把他放在罪人的位置上，剥夺他的诉讼权利。按照我们的法律规定，被告人享有诉讼权利，也承担相应的诉讼义务。如果按照无罪推定的原则，推定被告人无罪，那就会导致权利与义务的分离。同时，作为被告人，究竟有罪还是无罪，尚处于审理的过程中，属于未定之数，要以发生法律效力的判决而定，而不是如主张无罪推定论的人认为的，一定要在此时推定被告无罪，否则被告人就会失去一切诉讼保障，司法机关就不保障被告人的诉讼权利，可以随意处置被告。事实恰恰相反，我国刑事诉讼法并没有采取无罪推定原则，却规定了对被告人诉讼权利的切实保障。[1]

另有学者认为，在资本主义国家的刑事诉讼中，当检察机关向法院起诉时，不言而喻，都是认为被告人是有罪的，并掌握一定的犯罪证据，否则就不起诉了，而且有的被告人已被逮捕在押了。如果持无罪推定原则，认为宣判前的被告是无罪的，那么逮捕、起诉便是非法的了，岂非矛盾？因此，无罪推定是自相矛盾的。

（2）关于划分举证责任问题。主张无罪推定的论者认为，实行无罪推定原则，举证的责任直接在控诉一方，被告人没有证明自己无罪的义务。持反对论者认为，无论从诉讼制度的历史来看，或者从司法实践来看，这种说法也只有部分的片面的道理，而不是全部的真理。从诉讼制度史来看，原告的举证责任很早就和刑事诉讼的形式联系在一起，而无罪推定原则的提出则是很晚的事情。在古代采取私人诉讼的原则，即由被害人提起诉讼，由原告一方承担举证责任，同时被告一方也可以举证，并且可以在诉讼中互相辩论。这就是个人弹劾式的诉讼。废除了弹劾式的诉讼，实行纠问式的诉讼，推定被告有罪，秘密审判，广泛使用肉刑，以逼取口供。资产阶级革命废除了纠问式诉讼，实行国家弹劾主义即公诉制度，并在审判中进行言词辩论，证明被告有罪的责任属于控诉一方，被告只是在

---

[1] 王桂五：“评‘无罪推定’的诉讼原则”，载《法学》1984 年第 4 期。

反驳控诉时才负有举证的责任。由此可见，从诉讼制度发展过程来看，举证责任主要是由诉讼的形式决定的。

从司法实践来看，诉讼双方总是在提出自己的诉讼主张的同时，积极地举出证据，以求影响法庭，作出符合自己主张的判决。问题在于对被告人的举证行为究竟叫作权利还是叫作义务。我们认为被告人的举证行为具有两重性：就被告的辩护权来说，是他的权利，但被告人必须证明自己的诉讼主张不是无根据地瞎说，因而又有举证的义务。再者，我们主张被告人在一定情况下负有举证责任，并不是要求被告去完成调查、补充、核实证据的证明任务，这是不应当发生误解的。[1] 对此问题，另有学者也持相同论点，认为不负举证责任与“无罪推定”原则将被告人在生效判决以前笼统地一概推定为无罪的做法和看法是有严格区别的。[2]

（3）关于无罪推定和沉默权的关系的问题。按照无罪推定的原则，被告人不仅享有推定为无罪的权利，而且没有证明自己无罪的责任，由此推导出被告人享有在法庭上沉默的权利，却没有必须陈述的义务，甚至享有说谎的权利，却不承担说谎的任何责任。这显然只对被告人有利。该学者认为，我国的刑事诉讼法当然不能采用这种有利于被告人的主张和做法，而是坚持权利和义务相一致的原则，规定“被告人对侦查人员的提问，应当如实回答。但是对与本案无关的问题，有拒绝回答的权利”。这里所说的“如实回答”，既包括有罪的陈述，也包括无罪的辩解。对于同本案有关的问题，被告人有回答的义务，而没有拒绝回答的权利。同时，我们的刑事政策一向是“坦白从宽，抗拒从严”。被告人对于自己是否有罪是完全清楚的，对于有罪的被告人来说，能够真诚坦白交代，如实回答问题，是一种悔罪的表现，在量刑时可以从轻考虑。如果承认被告人享有沉默和说谎的权利，而没有陈述的义务，那显然是鼓励和怂恿被告人进行抗拒，这只能危害人民的利益。总之，按照无罪推定原则来引申被告人的诉讼权利，会导致一些荒谬的结论。[3]

---

[1][3] 王桂五：“评‘无罪推定’的诉讼原则”，载《法学》1984 年第 4 期。

[2] 许康定：“论无罪推定原则”，载《现代法学》1994 年第 2 期。

（4）关于把无罪推定作为处理疑案的原则问题。持反对论者认为，无罪推定是作为刑事诉讼的普遍原则提出来的，把它作为处理疑案的原则，不仅大大缩小了它的适用范围，而且也改变了它原来的含义。无罪推定的含义是，在法院判决被告人有罪以前，应推定被告人无罪；而作为处理疑案的原则，则只能表述为凡不能确定被告人有罪亦不能确定其无罪的案件，应作为无罪处理。这显然是两个范围、两种性质不同的问题，不能混淆。把对疑案的处理作为支持无罪推定的论据是缺乏说服力的。我国刑事诉讼法虽然没有就疑案的处理作具体规定，但按照以事实为根据、以法律为准绳的原则和证据必须充分确实的要求，由于疑案的事实不清、证据不足，不能认定被告人有罪，因而是作为无罪处理的。并不如有的同志所说的那样，以事实为根据、以法律为准绳的原则只适用于那些有罪与无罪判然分明的案件，而不能适用于那些是非难以分晓的疑案，因而需要由无罪推定原则加以补充。❶

有学者认为，应当批判地继承无罪推定原则的合理内核，为我国刑事司法实践服务。对无罪推定原则，既不能全盘接受，也不能不加分析地予以排斥和抛弃，而应当将它视为人类司法史上的一份历史遗产予以批判继承。具体理由如下。

其一，无罪推定原则在反对封建司法专横的斗争中发挥了历史性作用，是现代刑事司法制度构建的基础，众多现代民主制度无不与无罪推定原则有着千丝万缕的联系。而且从目前的情况看，现代大多数国家仍普遍采用无罪推定原则，它在世界范围内的影响是不可否认的。我国法学界对无罪推定原则的含义有不同理解，这是正常的。不能因为理解的差异而否定无罪推定本身的价值，更不应把它作为洪水猛兽看待。正确的做法是：采取科学态度，实事求是，研究它，认识它，吸取它的合理内核。

其二，以无罪推定为基石形成的民主诉讼原则，在现代司法实践中广泛采用，具有普遍意义，如被告人享有沉默权，不负举任责任、有权获得辩护等。对于确立被告人在刑事审判中的主体地位，保障被告人的合法权利，促使法院全面倾听控、辩双方的意见，作出公正判决，有着极为重要的作用。因此，对无罪推定在司法实践中的地位不应全盘否认，用历史的、辩证的眼光看待它，无罪推定

❶ 王桂五："评'无罪推定'的诉讼原则"，载《法学》1984年第4期。

的基本精神是有可取之处的。[1]

另有学者也主张应批判地继承无罪推定的内容，确立适合于我国国情的“罪从证定”原则。理由如下。

其一，批判继承历史文化遗产是我们应有的马克思主义态度。无罪推定是在全面、彻底地否定了有罪推定基础上建立起来的，是人类从文明较低的社会步入文明程度较高的社会发展的一个重要步骤和表现。无罪推定原则正是19世纪法国资产阶级革命给全人类带来的文明和文化成果之一。对全人类包括资产阶级在内所取得的一切积极的文明和文化成果，采取剔其糟粕、取其精华的批判继承态度，是马克思主义历来的原则立场。

其二，无罪推定原则已被许多国家的宪法、刑事诉讼法或有关的决议所承认，有的还运用于司法实践。联合国大会在有关国际公约中也号召各国采用无罪推定原则。普遍采用无罪推定原则已成大势所趋。这表明，无罪推定原则有相当多的合理因素。既然如此，我国立法机关应本着维护广大人民群众根本利益的宗旨，去批判继承无罪推定原则，并在刑事诉讼法中作出符合我国国情的规定。

其三，无罪推定原则确有可批判继承的合理内容，即强调把被告人当做诉讼主体，允许被告人享有以辩护权为中心的各种法定权利，对疑案做无罪处理等合理内容，对此均可批判地继承。

因此，根据我国的社会主义制度和司法实践的需要，应在批判无罪推定原则的基础上，吸收其合理的内容，确立“罪从证定”原则。所谓“罪从证定”，是指在侦查、起诉、审判各个诉讼阶段确定被告人是否有罪时，既不搞有罪推定也不搞无罪推定，而根据已有的充分、确实的有罪证据认定被告人有罪，否则就认定被告人无罪。[2]

---

[1] 陈光中：“应当批判地继承无罪推定原则”，载《法学研究》1980 年第 4 期。

[2] 周国均：“试论确立‘罪从证定’原则——兼论批判地继承无罪推定”，载《政法论坛》1991 年第 3 期。

问题与思考

在现代社会中，无罪推定原则已经成为刑事诉讼的一项重要原则，是现代刑事诉讼法的基石。无罪推定原则具有重大的理论意义和现实价值，涉及的问题非常广泛而重大，需要我们进一步思考。

正确认识无罪推定，一方面，我们需要从价值论的层面对无罪推定予以充分肯定。如果只是从认识论的角度看待无罪推定，那么，以往批判该原则的诸多说法和现实中仍有人对其疑虑，确实可以理解。然而，究竟应从认识论还是价值论的立场认识和分析无罪推定，是个需要厘清的问题。应该看到，这并不是一个哲学意义上的选择问题，而是应当从历史角度认识的问题。由此可以分析，无罪推定思想产生的历史背景及经济、政治、文化条件是什么？该问题也是德国法学家萨维尼在《论立法与法学的当代使命》一书中思考和回答的重要问题。认识这个问题，将使我们对无罪推定原则的本意及价值有更加清晰地认识。另一方面，也需要从与有罪推定比较的角度认识无罪推定。既然有罪推定并无明确的立法表达，而只是对封建专制、擅断、残酷、野蛮、愚昧的刑事诉讼制度的归纳，那么我们为何要拘泥于无罪推定的文字含义，甚至注重于该原则的认识论含义呢？通过与有罪推定的对比，就可以更好地在现代刑事诉讼的各项具体制度的设计、运作中理解无罪推定的含义与意义。

无罪推定这一思想提出后，各国纷纷追捧，相继在宪法和法律中对无罪推定作出规定。有些国家即使在立法上没有明文规定，在理论和司法实践上也都对无罪推定原则予以确认。而且，随着法治文明的传播，该原则已逐步为国际社会所接受，并被诸多国际人权法律文件所确认。无罪推定作为国际刑事司法准则公认的一项基本原则，也是衡量一国刑事司法文明的标志性要求之一。无罪推定原则体现了尊重基本人权和人格尊严的理念，是人类追求个人自由与社会秩序多元价值所做选择的必然结果。因此，有学者把无罪推定原则称为“刑事诉讼法中不可放弃的原则”之一。[1]

无罪推定原则在我国的理论界得到理解与接纳，经历了一个漫长而曲折的过程，而在立法中，我国为什么如此难以明确规定无罪推定原则？在无罪推定的问题上，我国的刑事诉讼法是否以及应当如何与我国已签署的国际公约相协调，也是个需要进一步研究的问题。

三 参考文献

一、论文类

[1] 李国华．刑事诉讼中的无罪推定原则评述［J］．江苏警官学院学报，2019（3）．

[2] 祁建建．无罪推定、排除合理怀疑与自愿性：对认罪认罚案件和普通程序庭审定罪正当性来源的思考［J］．人民检察，2018（2）．

[3] 杨宇冠．重论无罪推定［J］．国家检察官学院学报，2005（3）．

[4] 李晓明，王春福．论无罪推定原则及其立法完善［J］．检察实践，2005（6）．

[5] 梁玉霞．无罪推定原则的价值选择与理念调适［J］．河北法学，2005（12）．

[6] 王永波．无罪推定原则的内容和意义［J］．当代法学，2001（10）．

[7] 邓杰．无罪推定原则的立法思考［J］．法学杂志，1999（3）．

[8] 杨明．论我国刑事诉讼法对无罪推定原则的贯彻与背离［J］．法学，1998（1）．

[9] 卢勤忠．试探无罪推定在中国的确立和贯彻问题［J］．法学，1998（10）．

[10] 王敏远，刘东华．刑事诉讼法学研究述评［J］．法学研究，1996（1）．

[11] 许康定．论无罪推定原则［J］．现代法学，1994（2）．

[12] 谢佑平．无罪推定原则评论［J］．法学评论，1993（5）．

[13] 周国均．试论确立“罪从证定”原则：兼论批判地继承无罪推定［J］．政法论坛，

---

[1] ［德］托马斯·魏根特：“刑事诉讼法中不可放弃的原则”，樊文译，载中国法学网，2011 年 3 月 20 日访问。

1991（3）.
[14] 龙宗智 . 对“无罪推定”的新思维 [J] . 现代法学，1989（2）.
[15] 王桂五 . 评“无罪推定”的诉讼原则 [J] . 法学，1984（4）.
[16] 林欣 .“无罪推定”还是“无罪假定”? [J] . 中国社会科学，1983（3）.
[17] 宁汉林 . 论无罪推定 [J] . 中国社会科学，1982（2）.
[18] 苏万觉 .“无罪推定”原则不能否定：与张子培同志商榷 [J] . 现代法学，1981（2）.
[19] 张子培 .“无罪推定”原则剖析 [J] . 法学研究，1980（3）.
[20] 陈光中 . 应当批判地继承无罪推定原则 [J] . 法学研究，1980（4）.
[21] 张子培 . 驳资产阶级的无罪推定原则 [J] . 法学，1958（1）.
[22] 黄道 . 略论刑事诉讼中的无罪推定原则 [J] . 法学，1957（2）.
[23] 吴磊，王华 . 驳“无罪推定”论 [J] . 光明日报，1957-12-13.
[24] YAKREN S.Brett Kavanaugh vs. the Exonerated Central Park Five：Exposing the President’s “Presumption of Innocence” Double Standard [J] .Journal of Civil Rights and Economic Development，2019，33（1）.
[25] SCHEHR R.Standard of Proof，Presumption of Innocence，and Plea Bargaining：How Wrongful Conviction Data Exposes Inadequate Pre-Trial Criminal Procedure [J] .California Law Review，2018，54.
[26] DAVIDSON G A.The Presumption of Innocence Under Attack [J] .New Criminal Law Review，2017，20（4）.
[27] TANOOS，ARIANA.Shielding the Presumption of Innocence from Pretrial Media Coverage [J] .Indiana Law Review，2017，50（3）.
[28] WHITMAN J Q.Presumption of Innocence or Presumption of Mercy：Weighing Two Western Modes of Justice [J] .Texas Law Review，2016，94（5）.
[29] BAUGHMAN S B.Restoring the Presumption of Innocence [J] .Ohio State Law Journal，2011，72（4）.
[30] SHEPPARD S M.The Metamorphoses of Reasonable Doubt：How Changes in the Burden of Proof Have Weakened the Presumption of

Innocence [J] .Notre Dame Law Review，2003，78 (4) .
[31] INGRAHAM B L.The Right of Silence，the Presumption of Innocence，the Burden of Proof，and a Modest Proposal：A Reply to O' Reilly [J] . Journal of Criminal Law and Criminology，1996，86 (2) .
[32] THALER J.Punishing the Innocent：The Need for Due Process and the Presumption of Innocence Prior to Trial [J] .Wisconsin Law Review，1978，1978 (2) .

二、著作类

[1] 勒内 · 弗洛里奥 . 错案 [M] . 赵淑美，张洪竹，译 . 北京：法律出版社，2013.
[2] 宋英辉 . 刑事诉讼原理导读 [M] . 北京：中国检察出版社，2008.
[3] 宋英辉 . 刑事诉讼原理 [M] . 北京：法律出版社，2007.
[4] 樊崇义，等 . 刑事诉讼法再修改理性思考 [M] . 北京：中国人民公安大学出版社，2007.
[5] 陈光中 . 比较与借鉴：从各国经验看中国刑事诉讼法改革路径 [M] . 北京：中国政法大学出版社，2007.
[6] 王敏远 . 刑事司法理论与实践检讨 [M] . 北京：中国政法大学出版社，1999.
[7] 贝卡里亚 . 论犯罪与刑罚 [M] . 黄风，译 . 北京：中国大百科全书出版社，1993.
[8] 樊崇义 . 刑事诉讼法学研究综述与评价 [M] . 北京：中国政法大学出版社，1991.
[9] 塞西尔 · 特纳 . 肯尼刑法原理 [M] . 王国庆，等，译 . 北京：华夏出版社，1989.

第七章 刑事证据的基本理论

【导读】

证据是诉讼得以产生与推进的基础，因此关于证据的基本原理在现代诉讼理论中具有十分重要的意义。研究证据问题需要对证据的概念、特征及属性等基础知识予以掌握。研究者应具有一定的哲学理论基础，能从内容上对本体论意义上的事实、认识论意义上的事实以及证据法上的事实有一个基本的把握，对“真”“真实”“真理”等哲学范畴的含义有基本的了解。同时，研究证据一般理论还需要历史学的基本知识。

研究证据的一般理论，一方面，应当理解我国法律关于证据的基本规定之变迁：从原来的“证明案件真实情况的一切事实，都是证据”，到现在的“可以用于证明案件事实的材料，都是证据”，分析其缘由。另一方面，也要对西方国家的有关证据一般理论的论述有基本的了解。我们需要关注大陆法系国家关于证据的“证据能力”与“证明力”的理论和英美法系国家有关证据“关联性”与“可采性”的理论。这些知识和理论是研究证据一般理论必须具备的基础性知识。

对证据分类进行研究也是证据基本理论学习的重要内容。研究证据的法定分类之变迁，尤其是电子数据、大数据等新的证据种类产生与发展的缘由，有助于对证据进行深入的探讨，并能够为公安、司法人员收集、审查、判断、运用证据提供理论指导，可以使办案人员少走弯路，自觉地按照证据的规律办案，客观、科学认识不同证据的特点，使公安、司法人员收集、审查、判断、运用证据的活动逐步走向规范化、科学化，提高办案效率，促进司法公正的实现。

第一节　刑事证据概述

证据是诉讼活动的核心和基础，可以说整个诉讼活动就是围绕着证据的收集、审查判断和运用而展开的活动。正如边沁所称："证据乃正义之基础。"证据的概念和属性则是证据法学研究的理论起点，整个证据法学的构建均始于此。证据法学的理论基础是一个国家证据法学体系的基点和核心问题，决定着一个国家证据法的存在价值和发展方向，是证据立法以及相关证据制度赖以确立的理论前提。

一、有关证据的概念探讨

自中华人民共和国成立以来，学术界对证据概念的争论大致可以分为三个阶段。第一阶段，1949 年至 1979 年。这一阶段对证据概念的讨论还处于自发状态，多数人是在谈论证据的重要性和意义时提及证据的概念。人们对证据概念持有朴素的认识，并没有实质性差异，基本无争论。第二阶段，随着 1979 年《刑事诉讼法》的制定和颁布，法学界逐渐形成了"证据就是事实""不属实者非证据"的传统"事实说"观点[1]，并且一直占据了证据概念的主流地位。同时，也出现了一些质疑与反思，其中比较典型的有"反映说"[2]"信息说"。[3]第三阶段的讨论肇始于何家弘教授 1999 年在《法学研究》第 5 期上发表的论文《让证据走下人造的神坛》。以下对关于证据概念的一些代表性的观点加以综述。

---

[1] 陈一云主编:《证据学》，中国人民大学出版社 1991 年版，第 99 页。

[2] 吴家麟:"论证据的主观性与客观性"，载《法学研究》1981 年第 6 期。

[3] 齐剑侯、童振华:《刑事诉讼证据基本原理》，吉林人民出版社 1982 年版，第 50 页。

（一）事实说

关于证据概念的通说是“事实说”。该说认为：“诉讼证据就是司法人员在诉讼过程中可用以证明案件真实情况的各种事实。”由于该学说的核心观点认为证据是事实，故理论界称其为“事实说”。“事实说”是根据我国1996年《刑事诉讼法》有关刑事证据的规定而得出的结论。我国1996年《刑事诉讼法》第42条规定：“证明案件真实情况的一切事实，都是证据。证据有下列七种：（一）物证、书证；（二）证人证言；（三）被害人陈述；（四）犯罪嫌疑人、被告人供述和辩解；（五）鉴定结论；（六）勘验、检查笔录；（七）视听资料。以上证据必须经过查证属实才能作为定案的根据。”该法第43条规定：“审判人员、检察人员、侦查人员必须依照法定程序，收集能够证实犯罪嫌疑人、被告人有罪或者无罪、犯罪情节轻重的各种证据。”根据这些规定，学者们认为，刑事诉讼中的证据，是指审判人员、检察人员、侦查人员依照法定程序收集和审查属实的，用以确定或者否定犯罪事实，证明犯罪嫌疑人、被告人是否有罪、罪责轻重的一切事实。简言之，刑事诉讼中的证据，就是指证明案件真实情况的一切事实。

（二）根据说

所谓“根据说”，就是把证据界定为证明案件事实的根据。具体有以下几种表述：（1）证据就是证明案件事实或者与法律事务有关之事实存在与否的根据，无论这根据是真是假，是否被法庭所采纳，它都是证据。（2）诉讼证据，是审判人员、检察人员、侦查人员等依照法定的程序收集并审查核实，能够证明案件真实情况的根据。（3）证据是查明和确定案件真实情况的根据。（4）证据是指出示并用于证明某一个事实存在或不存在的证人证言、书面文件、实质性物体或者其他事物的总称。简单地说，证据就是证明的依据。（5）证据者，足使法院认定当事人之主张为真实之凭据。

（三）材料说

所谓“材料说”，就是把证据界定为证明案件事实的材料。英国证据学家摩菲认为，证据是能够说服法官认定某个案件事实为真实或者可能的任何材料。《美国加利福尼亚州证据法典》第140条规定，证据是指被提供用以证明某一事实存在或者不存在的证言、文书、物品或其他可感知物。我国持此学说者有不同的表述：（1）证据是指法定人员依法收集调取的能够证明案件事实情况的法律存在。而此处的“法律存在”即法律事实，是指法定人员依法收集的用以证明案件事实的合法性材料。（2）证据系指在诉讼程序中用以认定事实之一切材料。在刑事程序中所谓证据系指直接或间接足以证明犯罪行为之一切合法之积极证据，而对犯罪事实能为具体证明者而言，包括证明犯罪与反证未犯罪之一切资料。[1]

（四）统一说

所谓“统一说”，就是要强调证据内容与证据形式的统一。由于出发点略有不同，“统一说”也有不同的表述，其中，有些可以看作对“根据说”的完善，有些可以视为对“事实说”的补充。例如，有的学者认为，“诉讼证据，是审判人员、检察人员、侦查人员等依照法定的程序收集并审查核实能够证明案件真实情况的根据”。“从证据所反映的内容方面看，证据是客观存在的事实；从证明关系看，证据是证明案件事实的凭据，是用来认定案情的手段；从表现形式看，证据必须符合法律规定的表现形式，诉讼证据是客观事实内容与表现形式的统一。”[2] 有的学者则指出，“证据是证据的内容（事实材料）与证据的形式（证明手段）的统一，是以法律规定的形式表现出来的能够证明案件真实情况的一切事实。[3]

二、证据的属性

有关证据属性的争论颇多。其中较典型的争论主要表现为“三性说”和“两性说”之争。所谓“三性说”，即认为证据有三个基本属性：客观性、关联性和合法性。[4] 所谓“两性说”，即认为证据的基本属性有两个：客观性和关联性。[5]

---

[1] 宋英辉、汤维建主编：《证据法学研究述评》，中国人民公安大学 2006 年版，第 151–152 页。

[2] 樊崇义主编：《证据法学》，法律出版社 2001 年版，第 45–46 页。

[3] 卞建林主编：《证据法学》，中国政法大学出版社 2000 年版，第 70 页。

[4] 陈光中主编：《刑事诉讼法学》，中国政法大学出版社 1996 年版，第 159–162 页。

[5] 陈一云主编：《证据学》，中国人民大学出版社 1991 年版，第 99–104 页。

因此，证据的合法性问题一直是有关证据属性争论的焦点。此外，还有学者认为，证据不仅具有客观性，还有主观性，是主客观的统一体。[1]也有学者提出了对客观性的批判。[2]

（一）证据的客观性

证据的客观性，是指证据事实必须是伴随着案件的发生、发展的过程而遗留下来的，不以人们的主观意志为转移而存在的事实。证据的客观性的根据有二：一是由案件本身的客观性决定的，任何一种犯罪行为都是在一定的时间和空间内发生的，只要有行为的发生，就必然留下各种痕迹和印象，即使行为诡秘，甚至毁灭证据的各种痕迹和印象。这是不以人的意志为转移的客观实在。二是辩证唯物主义哲学告诉我们，对证据的认识同对任何事物的认识一样，必须坚持物质存在第一性，认识第二性的基本原理，按照这一基本理论的要求，从证据的来源来考察，其客观性是必然存在的。没有客观存在为依据的任何一种陈述，都是理所当然的谎言，不能作为定案的证据使用，在此意义上讲，客观性是证据的基本属性。[3]

在具体的司法和执法活动中，客观性标准应该包括两个方面：首先，证据的内容必须具有一定的客观性，必须是对客观事物的反映。虽然这种反映可能会有错误和偏差，但是它必须以客观事物为基础。纯粹的主观臆断，毫无根据的猜测，以及梦幻中的情节和迷信邪说的咒语，即使被当事人提交法庭，也不具有证据的资格。其次，证据必须具备客观存在的形式，必须是人们可以通过某种方式感知的东西。无论是物证、书证，还是证人证言、鉴定结论，都必须有其客观的外在表现形式，都必须是看得见摸得着的东西。如果对案件有关情况的反映仅存在于某人的大脑之中，没有以证人证言或当事人陈述等形式表现出来，那它就不具备证据的资格。诚然，由于人脑本身就是物质的高级存在形式，所以存在于人脑中的信息也具有一定的客观性，但是这种存在形式无法让他人感知，不符合采

---

[1] 汤维建："关于证据属性的若干思考和讨论——以证据的客观性为中心"，载《政法论坛》2000年第6期。

[2] 张保生："证据客观性批判"，载《清华法学》2019年第6期。

[3] 陈光中主编：《刑事诉讼法》，北京大学出版社、高等教育出版社2002年版，第129-130页。

纳证据的客观性标准。[1]

（二）证据的关联性

证据的关联性也称相关性，是指证据必须与案件事实有实质性联系，从而对案件事实有证明作用。关联性是证据的一种客观属性，根源于证据事实同案件事实之间的客观联系，而不是办案人员的主观想象或者强加的联系，它是案件事实作用于客观事物以及有关人员所产生的。[2]证据的关联性，对证明案情有实际意义。证据对于案件事实有无证明力，以及证明力的大小，取决于证据与案件事实有无联系，以及联系的紧密与强弱程度。这就是说，证据不仅是客观存在的事实，而且必须是与案件事实存在某种联系的事实。证据之所以有关联性是由于证据是伴随着案件的发生而形成的，所以它和案件事实之间应当具有必然的客观联系。

正确地认识和理解证据的关联性，必须注意以下几点：（1）证据事实与案件事实之间的联系是客观存在的，其联系是不以办案人员的主观意志为转移的。办案人员分析认识这种联系时，既不能主观臆造，又不能牵强附会，更不能强加，否则就会导致冤假错案。（2）证据事实与案件事实关联的形式、途径和方法是多种多样的。在联系的范围上，有时间和空间之分；在联系的途径上，有直接关联和间接关联之分；在联系的规律上，有的是因果关系的必然关联，个别情况下是偶然的巧合而形成的偶然关联；在联系的功能和作用上，有肯定关联和否定关联。（3）确定证据的关联性是一个非常重要又极为复杂的问题。因为有的关联比较明显容易判明；有的关联比较复杂，不大容易判明；有的需要经过仔细地检查、辨认、检验和鉴定才能确定；有些言词证据，由于每个作证主体的背景不同、同本案的关系不同，所提供的证据的关联性的确定，要经过对比、分析、推理、实物验证等。[3]

评价证据的关联性时一般要考虑两个方面的因素：一个是时间和人力的耗

---

[1] 何家弘、刘品新：《证据法学（第3版）》，法律出版社2008年版，第115页。

[2] 毕玉谦：《民事证据法及其程序功能》，法律出版社1997年版，第19页；陈光中、徐静村主编：《刑事诉讼法学》，法律出版社1999年版，第163页。

[3] 陈光中主编：《刑事诉讼法》，北京大学出版社、高等教育出版社2002年版，第130页。

费是否允许采纳该证据；另一个是该证据的采纳是否会给证明带来不必要的干扰或混乱。在具体的司法和执法活动中可以把证据的关联性标准分解为以下三个问题：第一，这个证据能够证明什么事实；第二，这个事实对解决案件中的争议问题有没有实质性意义；第三，法律对这种关联性有没有具体的要求。通过回答这三个问题，就可以比较准确地把握具体证据的关联性。[1]

在英美法系国家，诉讼证据的关联性亦受到极大重视。美国学者华尔兹解释说，证据的“相关性”是实质性（materiality）和证明性（probativeness）的结合。如果所提出的证据对案件中的某个实质性争议问题具有证明性（有助于认定该问题），那么它就具有相关性。[2]美国学者摩根将证据的关联性分为一个问题的两个方面，即与案件事实之间同时具有逻辑关联和法律关联。他认为，直接证据与案件事实具有当然联系，因此其关联性既体现出逻辑上的关联也体现出法律上的关联。倘若某情况证据在推论上并无公平合理之可能，无阐明疑难之处之可能，或无发现待证事实之可能，则属于无逻辑关联，均应在排除之列。证据的法律关联，是指法律对其立证价值的判断。[3]《美国联邦证据规则》第 401 条规定：“有关联性证据，指具有下述盖然性的证据，即任何一项对诉讼裁判结案有影响的事实的存在，若有此证据将比缺乏证据是更为可能或更无可能。”该规则第 402 条规定：“所有有关联性证据均可采纳。无关联性的证据不可采纳。”

在大陆法系国家，证据的关联性是“证据对其所要证明的事实具有的必要的最小限度的证明能力……无关联性的证据，当然没有证据能力”。[4]《意大利刑事诉讼法》第 190 条规定：“如果需要获取法律未规定的证据，当该证据有助于确保对事实的核查并且不影响关系人的精神自由时，法官可以调取该证据。法官就调取证据的方式问题听取当事人意见后决定采纳该证据。”

有学者认为，证据的相关性是证据对特定案件事实的证明价值，具有如下四

---

[1] 何家弘、刘品新：《证据法学（第 3 版）》，法律出版社 2008 年版，第 117 页。

[2] [美] 乔思·R. 华尔兹：《刑事证据大全》，何家弘等译，中国人民公安大学出版社 1993 年版，第 64 页。

[3] 毕玉谦：《民事证据法及其程序功能》，法律出版社 1997 年版，第 17–18 页。

[4] [日] 我妻荣等编：《新法律学词典》，董璠舆等译校，中国政法大学出版社 1991 年版，第 486 页。

个要件：第一，系争事实，即作为特定证明对象的案件事实。第二，证明性，即特定证据能使系争事实的存在和不存在更有可能，使案件事实更加明确（积极证明性）或不明确（消极证明性）。第三，重要性，即特定证据对系争事实的证明价值必须达到一定程度，但因案件的性质、系争事实的重要性、收集证据的成本等不同因素而异。第四，合理性，即证据与案件事实之间的联系应当符合客观规律或者主观情理。与之配套的是，必须确立相关性规则，具体而言，包括因没有相关性而排除、因利益权衡而排除、因品格证据而排除、因存在不合理的证明性而排除等。[1]

（三）证据的合法性

证据的合法性也叫证据的许可性，是指对证据必须依法加以收集和运用，包括，收集、运用证据的主体要合法，每个证据来源要合法，证据必须具有合法形式，证据必须经法定程序查证属实。证据的合法性，是证据客观性和相关性的重要保证，也是证据具有法律效力的重要条件。为确保证据的合法性，我国刑事诉讼法对于收集证据、固定和保全证据、审查和判断证据、查证核实证据等环节，都规定了严格的程序和制度。只有司法工作人员以及当事人、辩护人、代理人等才有权收集证据、审查和运用证据。严格禁止司法工作人员刑讯逼供和以威胁、引诱、欺骗及其他非法的方法收集证据。

证据的合法性具有以下四个要素：[2]一是证据必须具有合法的形式；二是提供、收集证据的主体必须合法；三是证据的内容合法；四是证据必须依据法定程序收集。反映在立法上，主要是1996年《刑事诉讼法》第43条规定，审判人员、检察人员、侦查人员必须依照法定程序，收集能够证实犯罪嫌疑人、被告人有罪或者无罪、犯罪情节轻重的各种证据。严禁刑讯逼供和以威胁、引诱、欺骗以及其他非法的方法收集证据。必须保证一切与案件有关或者了解案情的公民，有客观地、充分地提供证据的条件，除特殊情况外，并且可以吸收他们协助调查。

---

[1] 高家伟、邵明、王万华：《证据法原理》，中国人民大学出版社2004年版，第14–17页。

[2] 宋英辉、汤维建主编：《证据法学研究述评》，中国人民公安大学出版社2006年版，第161页。

（四）证据能力和证明力

西方国家的证据法理论认为，证据具有证据能力和证明力两大属性。所谓证据能力，即证据适格性、证据资格，是指某一材料能够用于证明的能力或者资格，亦即其在法律上允许采用的能力，解决的是证据资格问题。证据能力是大陆法系国家的概念，在英美证据法中被称为证据的可采性或者正当性。与传闻规则、非法证据排除规则、最佳证据规则、意见证据规则等紧密相关。在我国，与可采性有关的证据的法律性是人为附加的属性，是利益价值权衡的结果。所谓证明力，又称为证据的证明能力、证据价值，是指证据对案件事实的证明是否有作用以及作用力的大小的程度。它是证据本身具有的自然效力，是客观存在的。证据具有客观性并与案件待证事实具有关联性，就具有一定的证明力。证据的相关性是证据具有证明力的基础，证据的证明力是证据相关性的反映。[1]

第二节　证据分类

证据分类是指按照不同的标准或者从不同角度对证据所作的分类。对证据分类旨在通过理论上对各类不同证据的特点进行分析与归纳。分类是科学研究的基础。对证据进行科学的分类与研究，有利于发现运用各类证据的一般规则，便于探讨收集、审查和判断不同证据的关系及规律，进而有助于深化对各类证据的认识与理解。

一、证据分类概述

对任何事物的分类都需要有一个统一的标准，否则会造成概念上的混淆和实

[1] 卞建林主编:《证据法学》，中国政法大学出版社 2002 年版，第 52-56 页；樊崇义主编:《刑事诉讼法学》，法律出版社 2004 年版，第 205-207 页。

践中的混乱，证据分类也不例外。证据分类包括证据的法定种类和证据的学理分类。这两种分类的原因、根据及意义并不相同。

（一）证据分类的概念

关于证据分类的概念，有论者认为，证据分类既包括证据的法定种类，也包括理论上证据的学理分类。“一般而言，对诉讼证据进行分类具有两种不同的目的，一是确立客观事物作为证据的资格，这一分类一般通过立法的方法加以体现，因而称之为法定的分类；另一是对证据的属性和功能进行分析，这一分类具有一定的学术性，通常由证据理论加以体现，因此被称为理论分类。”[1] 在证据分类中，有关证据种类的区分标准一般是单一的，这种单一性并不代表法定证据种类之间的关系是隔绝的。如我国的法定证据种类中的物证，一旦涉及专门性问题则可能以鉴定结论表现出来。而证据的理论分类则是多角度或者按照不同标准进行的。一般来说，证据的理论类别与法律上的证据种类区别是明显的，因为两种划分有时是交叉的。例如，证人证言是一种法定证据，由于分类的标准和角度不同，其在理论上的类属却可能完全不同，可表现为原始证据或传来证据、控诉证据或辩护证据等。对证据分类的研究不仅有利于全面、系统地认识证据制度，而且还能够为证据制度提供深刻、丰富的理论支持。

（二）法律有关证据分类的规定

我国有关证据分类在1979年《刑事诉讼法》中规定为，物证，书证，证人证言，被害人陈述，犯罪嫌疑人、被告人供述和辩解，鉴定结论，勘验、检查笔录六种证据种类。1996年《刑事诉讼法》修改规定证据有七种：物证，书证，证人证言，被害人陈述，犯罪嫌疑人、被告人供述和辩解，鉴定结论，勘验、检查笔录，视听资料。2010年最高人民法院、最高人民检察院、公安部、国家安全部、司法部印发《关于办理死刑案件审查判断证据若干问题的规定》（以下简称《办理死刑案件证据规定》）第八部分的“其他规定”中增加了“电子邮件、电子数据交换、网上聊天记录、网络博客、手机短信、电子签名、域名等电子证据”的种类。2012年《刑事诉讼法》将“鉴定结论”改为“鉴定意见”，并增加

---

[1] 陈浩然：《证据学原理》，华东理工大学出版社2000年版，第212页。

了“辨认、侦查实验笔录”和“电子数据”新的证据种类，并将物证和书证分列为两种证据，证据的法定形式因此多达八种。2018 年《刑事诉讼法》，对上述证据的法定种类没有作出任何变动。

当然，刑事诉讼法涉及证据种类的规定，并不仅限于法定分类，有时，也会涉及理论分类的内容。例如，2018 年《刑事诉讼法》第 52 条就有“审判人员、检察人员、侦查人员必须依照法定程序，收集能够证实犯罪嫌疑人、被告人有罪或者无罪、犯罪情节轻重的各种证据”的规定。

（三）证据分类的实例

对证据分类研究最早的法学家可追溯到英国的边沁。他在 1827 年出版的《司法证据原则》一书中将证据分为实物证据和人的证据，自愿证据和强制证据，宣誓证据、言词证据和书证，直接证据和情况证据，原始证据和传来证据。然而，在英美法系国家的实践中，证据法定种类和证据理论分类往往是混在一起的，二者没有严格的界限。如英国司法实践中常见的分类有：原始证据和传闻证据，直接证据和间接证据，证人证言、书面证据和实物证据等。德国一般将证据分为证人、鉴定人和实物证据（实物证据包括物证、书证和录音材料）。美国的证据分类一般将证据形式与证据类型予以区别且存在多种多样的分类方法。在证据形式上，证据一般分为物证、书证和言词证据；而在证据类型上，证据分为直接证据、情况证据、补强证据和辅助证据。其另一种分类方法则将证据分为物证、书证、科学证据、传闻证据、品格证据、习惯证据以及类似事实证据。

大陆法系国家特别注重证据理论的研究，证据的法定种类和理论分类的界限相对比较清楚，甚至在法典上明确规定了不同的证据种类。

我国证据分类承继了苏联学者对证据分类的研究成果，尽管刑事诉讼法明确规定了证据种类，但在实践中仍有些不属于法定证据种类的证据被适用，如测谎结果与警犬鉴别结果等，以至于出现刑事诉讼法确立的法定证据种类与实践中真正使用的证据种类不相一致的情况。

（四）研究证据分类的意义

分类是各门学科中普遍使用的方法，也是人们认识和研究客观事物的基本方式之一。只有按一定的方法把各种事物区别开来，揭开各种事物之间的异同，这是科学认识的一个基本途径。

对证据分类进行研究可以借助于证据分类的方法对证据进行深入的探讨，这种探讨不仅可以将有关证据理论的研究引向深入，更重要的是还能够为公安、司法人员收集、审查、判断、运用证据提供理论指导，可以使办案人员少走弯路，自觉地按照证据的规律办案，客观、科学认识不同证据的特点。

证据分类是认识不同类别证据的特点、加深对证据规则的理解的基础，以此促使公安、司法人员收集、审查、判断、运用证据的活动逐步走向规范化、科学化，提高办案效率，促进司法公正的实现。

二、证据分类问题研究综述

关于证据的形式与证据的可采性的关系，在证据制度的发展过程中存在两种截然不同的观点。一种观点认为，证据必须按照法定的形式提出，证据的形式决定了证据能否被采纳。另一种观点认为，证据的形式与证据的采纳之间没有必然的联系，证据可以以任何的形式出示给法庭，法官不能仅仅因为证据在形式上不符合法律的规定而拒绝采纳。后一种观点在当代被许多国家的立法接受。[1]

证据分类既是个立法的问题，也是个理论的问题。以下将学界关于证据的法定种类、证据的理论分类等方面所进行的讨论进行梳理，以便于我们对证据分类问题的关键所在、人们意见分歧的原因等，有更进一步的认识。

（一）关于证据法定分类的讨论

有论者认为："证据种类，是指法律规定的表现各种待证事实的证据材料的各种外在形式，又称为证据的法定形式。"[2] 法律对证据的具体形式作出规定的立法模式主要有以下三种：

一是开放型证据形式。开放型是指法律并不囿于司法实践中已有的证据形式，对可能会出现的各种信息资源持开放和包容的态势。这种模式下的证据形式

---

[1] 纪格非："边沁证据法学思想的当代解读"，载《法制与社会发展》2010 年第 6 期。

[2] 叶青主编：《诉讼证据法学》，北京大学出版社 2006 年版，第 63 页。

多为判例制度国家采用，如美国联邦证据规则并未对证据形式进行任何分类。因此，在这种模式中，所有具有相关性的证据均可采纳，任何展示在陪审团或法庭面前的、具有相关性和可采性的事物都是证据。

二是半封闭型的证据形式。这种模式的特点是由法律规定诸如证言、物证等所允许的证据类型。这种方式为大陆法国家的刑事诉讼法所采用，如法国、德国、日本等。

三是封闭型证据形式。这种形式是通过立法对证据类型作出列举性的规定，以限定其形式。这种立法模式往往对新生的证据形式缺乏应有的包涵力和兼容性。最为典型的国家为俄罗斯和中国。[1] 这种立法模式的特点包括：第一，具有某种形式主义倾向，这与大陆法系和英美法系在证据形式上的法律规范较为“随意”不同。第二，构筑了封闭式的分类体系，全部证据材料在法律上被划分为几个种类，并被赋予证据资格，凡是未纳入这些类别的材料就不能作为证据。第三，倾向于更为细致具体的分类方式，特征鲜明。[2]

（二）证据的法定种类

有学者对证据法定形式进行批判，对法定证据种类概念的价值予以否定，值得关注。[3]

从世界各国和我国立法及理论来看，证据的法定种类主要有以下几种。

1. 物证

物证作为一种客观性较强的证据历史悠久。其立法概念最早见之于 1808 年《法国刑事诉讼法典》，其范围相当广泛。在英国，物证一般指实物证据，也被称为“指示证据”“客体证据”，是指送检物品、当事人的身体外形、现场勘验和文件的外形特点。德国理论将物证和书证统称为实物证据。物证一般指“感知证据”，因其存在、位置、状态或性质而能够对法庭判断案情产生影响的一切物体，同时物证还包括一定的无形的客观存在，如路口的交通噪声情况等。物证包括为

---

[1] 《俄罗斯联邦刑事诉讼法典》第 74 条规定的证据有：证人证言、被害人的陈述、犯罪嫌疑人的陈述、刑事被告人的供述、鉴定人的意见、各种物证、侦查行为和审判行为的笔录及其他文件。

[2] 龙宗智：“证据分类制度及其改革”，载《法学研究》2005 年第 5 期。

[3] 孙远：“论法定证据种类概念之无价值”，载《当代法学》2014 年第 2 期。

法庭检验而出示的有形物（动产、文件、照片、电影和录音），或者法庭可以听取的材料（信息）。[1] 我国古代也将其作为一种证据类型。

我国学界有关物证的定义主要包括：（1）物证是指据以查明案件真实情况的一切物品和痕迹。[2]（2）物证是对当事人之间争议有证明作用的物品。（3）证据物，简称物证，证据的物质形态，指诉讼中作为证据使用的物品或痕迹。[3]（4）物证指能够以其存在形式、外部特征、内在属性证明案件真实情况或其他案件事实的实体物和痕迹。这属于我国学界的通说，认为物证包括刑事诉讼中犯罪人使用的工具、遗留下的痕迹、犯罪行为侵犯的客体物、犯罪现场留下的物品、其他可以用来发现犯罪行为和查获犯罪实施者的存在物等。关于物证的概念基本包括物品和痕迹。[4]

2. 书证

理论界对书证的定义主要有：书证是指："以文字、符号、图画等记载的内容和表达的思想来证明案件事实的书面文件和其他物品。"[5] 书证是指："能够根据其表达的思想和记载的内容查明案件的一切物品。"[6] 书证是指："以文字、符号、图画等所记载的内容证明案件情况的书面材料。"[7] 书证是指："记载或表示了一定事实的物，个物本身和它所记载或表示的事实均与待证事实相关联。"[8] 书证是指："以其物质载体和具体的记载内容共同提供证明依据的证据方法。"[9] 学界对因现代科技形成的证据存在不同的观点。有论者认为，应将录音、录像、照相、计算机形成的证据划入书证范围，称为音像书证。因为"它具有书证的一切特征"，"它

[1] ［英］理查德·梅：《刑事证据》，王丽等译，法律出版社2007年版，第12页。

[2] 陈一云主编：《证据学》，中国人民大学出版社1991年版，第247页；樊崇义主编：《证据法学》，法律出版社2001年版，第55页。

[3] 柴发邦主编：《诉讼法大词典》，四川人民出版社1989年版，第423页。

[4] 王国枢主编：《刑事诉讼法学》，北京大学出版社1999年版，第126页；陈光中、徐静村主编：《刑事诉讼法学》，中国政法大学出版社1999年版，第195页。

[5] 陈光中、徐静村主编：《刑事诉讼法学》，中国政法大学出版社1999年版，第195页。

[6] 陈一云主编：《证据学》，中国人民大学出版社1991年版，第261页。

[7] 宋世杰主编：《新刑事诉讼法教程》，中南工业大学出版社1996年版，第195页。

[8] 裴苍龄：《新证据学论纲》，中国法制出版社2002年版，第73页。

[9] 陈浩然：《证据学原理》，华东理工大学出版社2002年版，第271页。

是以音像、计算机记录文字和图表所反映的事实起证据作用的”。[1] 也有学者认为，将科技证据作为一种独立的证据种类。

3. 证人证言

证人证言是知道案件情况的人向司法人员所作的有关案件部分或全部事实的陈述。关于证人证言这一证据形式存在“一分法”“三分法”“四分法”。

英美法系国家的证人证言包括证人证言、专家证人证言、被害人陈述、被告人供述等以言词的方式表现的证据。传统的大陆法国家往往采用“三分法”，把证人证言分为一般证人证言、鉴定人证言和犯罪嫌疑人、被告人供述三种形式，如法国、德国、日本等。俄罗斯和我国将上述证人证言作为四种不同的证据形式，即证人证言、犯罪嫌疑人、被告人供述和辩解、被害人陈述和鉴定意见。

4. 被害人陈述

有论者从程序的角度界定被害人陈述的概念，认为：“被害人陈述是犯罪行为的直接受害者就其所了解的案件情况向公安、司法机关工作人员所做的陈述。它包括公诉案件被害人所做的陈述，也包括自诉案件中作为自诉人的被害人和刑事附带民事诉讼中作为附带民事诉讼原告人的被害人关于案件事实所做的陈述。”[2] 有论者从被害人陈述的内容来界定被害人陈述的概念，认为：“被害人陈述，是指受犯罪行为直接侵害的人向公安机关、人民检察院或人民法院就遭受犯罪行为侵害的事实和有关犯罪嫌疑人、被告人的情况所做的陈述。”[3] 有论者区分了被害人影响陈述与被害人陈述。所谓被害人影响陈述，是指在定罪之后的量刑程序中，被害人就其本人已经因为犯罪受到的或者正在、肯定将要继续受到的肉体伤害、精神伤害或者经济利益损失，以及对于法院将要对被定罪之被告人所科处的刑罚，向法院所表达的口头上的或者书面上的陈述。

5. 犯罪嫌疑人、被告人供述和辩解

犯罪嫌疑人、被告人的供述和辩解，也被称为口供。口供包括口头和书面两种形式，其内容包括司法人员根据犯罪嫌疑人、被告人陈述有罪的情节和无罪的辩解以及回答司法人员的提问时所作的讯问笔录和录音录像资料。后者主要指

---

[1] 裴苍龄：《新证据学论纲》，中国法制出版社 2002 年版，第 90 页。

[2] 龙宗智、杨建广主编：《刑事诉讼法》，高等教育出版社 2003 年版，第 135 页。

[3] 程荣斌主编：《刑事诉讼法》，中国人民大学出版社 1999 年版，第 178 页。

犯罪嫌疑人亲自书写的供述。口供又可分为有利于自己的陈述和不利于自己的陈述两种。有利陈述是犯罪嫌疑人、被告人通过否认、申辩、反驳、反证等方式为自己无罪或罪轻作出辩解。不利陈述则是通过自首、坦白和供认等方式承认自己的犯罪事实。在被告人口供与自白的关系上，学界主要有两种观点。一种观点认为，自白是指肯定自己犯罪事实的全部或主要部分的陈述。另一种观点认为，自白是指肯定自己的犯罪事实并且确认自己应负刑事责任的陈述。这种观点因不需要区分主要事实与次要事实，便于操作，因而为司法实务所采纳。[1]

对共同犯罪的同案被告人，在只有共犯口供的情况下能否定案，有着不同的认识，主要有以下三种观点。第一种观点认为，鉴于口供的特点和共同犯罪中犯罪嫌疑人、被告人相互之间存在不同程度的利害关系，即使共犯的口供一致，可以相互印证，也不能据此定罪和量刑。第二种观点认为，共犯之间是互为证人的关系，只要可以相互印证，就可以对被告人定罪和量刑，不受刑事诉讼法中有关仅有被告人口供不能定案规定的限制。第三种观点认为，共犯口供的性质仍然是口供，共犯不能互为证人，对待共犯口供的原则依然适用我国刑事诉讼法关于仅有被告人口供不能定案的规定，否则容易导致违法取证和不正确地运用口供。[2]1996年《刑事诉讼法》第46条中的被告人供述，不仅是指单一被告人的供述，还应包括共同被告人的供述。只有将共犯口供理解为被告人的供述，才符合诉讼规律，才能体现诉讼的科学性和民主性。[3]

6. 鉴定意见

鉴定意见作为鉴定人的判断性意见，可以弥补其他证据在查明案件事实上的不足，尤其是能够弥补法官在专门性问题上认识能力的短缺。这些功能在诉讼证明中是其他证据无可比拟的。其功能主要体现在以下三个方面。（1）鉴定意见能够甄别其他证据的真伪，对其他证据与案件事实的联系发挥着识别功能。这为法官识别证据本身真伪提供了审查判断的依据。（2）鉴定意见能够提供其他证据与案件事实之间的内在关系，“解释事情如何、为何发生，或者事情如何、为何没有如此发生”的桥梁功能。它通过对于存在某些特定的场所以及相关人或者物的

---

[1] 孙长永：“日本证据法研究”，载《外国法学研究》1995年第1期。

[2] 陈光中主编：《刑事诉讼法学（新编）》，中国政法大学出版社1996年版，第177页。

[3] 吴丹红：“论共犯口供的证明力”，载《中国刑事法杂志》2001年第5期。

内存信息揭示，使其他证据与案件事实之间的关联得以确定，并发挥连接其他证据与案件事实之间具有关联性的证明效力。（3）鉴定意见是鉴定人借助于专门知识对专门性问题的主观分析与判断，它通过展示事实本身的内在运动规律对案件事实发生证明作用。如精神疾病鉴定对犯罪构成要件的影响；DNA 鉴定的似然率（LR）或者父权指数（PI）对亲子关系的确认等。鉴定意见在此方面的功能更多地表现为一种理论解释的力量。[1]

7. 勘验、检查、辨认、侦查实验等笔录

2012 年《刑事诉讼法》扩张了此前的“勘验、检查笔录”法定证据种类，增加规定“辨认、侦查实验等笔录”，理论界通称为“笔录证据”。由于上述条款中的“等”字属于不完全同类列举。执法、司法部门根据实践状况做了进一步拓展。如 2012 年《公安机关办理刑事案件程序规定》第 56 条将此类证据进一步列举为“勘验、检查、侦查实验、搜查、查封、扣押、提取、辨认等笔录”。2012 年《人民检察院刑事诉讼规则（试行）》第 449 条，在规定庭审质证异议时，列举了“搜查、查封、扣押、冻结、勘验、检查、辨认、侦查实验等侦查活动中形成的笔录”。2012 年《最高人民法院关于适用〈中华人民共和国刑事诉讼法〉的解释》（以下简称 2012 年《刑诉法解释》）第 73 条，提及了“勘验、检查、搜查、提取笔录”。随着科技的发展，摄影、录音、录像、同步视频等方式成为“笔”录的有效辅助手段。有些情况下，还可能成为记录的主要或唯一手段。就此而言，有人认为，“在所有诉讼和执法活动中，依据职权开展的发现证据、调查证据、审查证据、固定证据以及现场执法等具有收集证据意义的活动所作的客观记载，可统称为“职权活动记录”。[2]

勘验笔录，是指办案人员在勘查、检验中对于与犯罪有关的场所、物品、痕迹、尸体等所做的记载。检查笔录，是指办案人员为确定被害人、犯罪嫌疑人、被告人的某些特征、伤害情况或者生理状态，而对他们人身进行检验和观察时所作的客观记载。[3] 理论界的通说认为，勘验的对象是与犯罪有关的场所、物品、尸体等在性质上属于“死”的物体，检查的对象是与案件有关的“活”的身体。

---

[1] 郭华：“司法鉴定制度改革的基本思路”，载《法学研究》2010 年第 1 期。

[2] 刘万奇等编著：《证据法学》，中国人民公安大学出版社 2020 年版，第 71 页。

[3] 陈光中主编：《刑事诉讼法学》，中国政法大学出版社 2009 年版，第 179–180 页。

因此，检查也被称为人身检查。[1]勘验、检查笔录中的检查并不包含司法实践中实施的其他被称为检查的行为。

采用常规性或者侵入性的手段，提取属于人体自然组织物而进行的收集证据行为与勘验、检查笔录概念下进行的，属于人身检查行为。[2]1996年《刑事诉讼法》第104条规定："对于死因不明的尸体，公安机关有权决定解剖，并通知死者家属到场。"2012年公安部《公安机关办理刑事案件程序规定》第213条规定："为了确定死因，经县级以上公安机关负责人批准，可以解剖尸体……"进一步明确了解剖尸体的目的是确定死因。2018年《刑事诉讼法》第132条第1款规定："为了确定被害人、犯罪嫌疑人的某些特征、伤害情况或者生理状态，可以对人身进行检查，可以提取指纹信息、采集血液、尿液等生物样本。"

有论者根据这些规定，对尸体检验和人身检查作出如下界定：尸体检验，是通过对尸表进行检验或解剖，确定死亡的原因、时间，判明致死的工具、手段和方法，为侦查破案提供线索和根据的一种侦查活动；人身检查，是指为了确定被害人、犯罪嫌疑人的某些特征、伤害情况或者生理状态，对他们人身进行检验、查看的一种侦查活动。[3]

辨认作为一种特殊的认识活动，本身即不可避免地存在错误的可能性。辨认人的辨认至少包括三个阶段，即感知、记忆及辨识。辨认人错误辨认的危险在这三个阶段都会存在。此外，辨认笔录的错误还存在侦查人员有意或无意地错误记录的情形。辨认人的辨认错误固有辨认人故意、恶意所为，但更常见的是辨认人"诚实"的错误，即辨认人不知自己的辨认为错误，这种"诚实"的辨认错误对被告人更为不利。

我国刑事诉讼法对辨认笔录证据能力的规定主要包括两个方面：一是辨认笔录的准入规则，即辨认笔录满足何种条件时可以被提交法庭；二是辨认笔录的排除规则，即对于不符合法律要求制作的辨认笔录是否予以排除。目前，我国刑事诉讼法对辨认笔录的准入规则缺乏限制，对排除规则虽然作了初步规定，

---

[1] 樊崇义主编：《证据法学》，法律出版社2001年版，第164页。

[2] 陈光中主编：《中华人民共和国刑事证据法专家拟制稿》，中国法制出版社2004年版，第345-354页；瓮怡洁："刑事身体检查制度之探讨"，载《人民检察》2004年第6期。

[3] 陈光中主编：《刑事诉讼法学》，中国政法大学出版社1996年版，第294-295页。

但仍存在着严重的问题。辨认人及辨认笔录制作人员出庭作证制度也极为疏漏。为此，有必要从准入规则与排除规则两个层面对辨认笔录的证据能力规则予以建构。[1]

侦查实验是指侦查人员为了确定和判明对案件侦破或证实犯罪有重要意义的某一事实或现象是否存在或者在某种情况下能否发生、怎样发生，而模拟案件原有条件或参照案件发生时的条件，将该事实或现象实验性地重新加以演示再现的一种侦查活动。侦查实验结论是侦查人员通过模拟、再现来探求与案件有关的事实、情节存在或发生的可能性结论，其通过笔录的形式固定下来即为侦查实验笔录。因此，侦查实验笔录是侦查实验结论的具体表现形式，是侦查人员按照法定的程序和格式制作的，用于描述和证明实验过程中发生的具有法律意义的事实状况的书面记录。

有人提出，对侦查实验笔录的证据能力应作特别规定。建议在法律及司法解释中明确规定：实验条件与案件境况的极度相似性，实验过程的客观记载，实验方法和论证方法的科学性，危险禁止的具体内容，被要求参加实验者的拒绝权和选择权。[2]

搜查、扣押笔录是指侦查人员对与犯罪有关的人身、物品、住处或其他有关 场所进行搜查，并对相关物品、文件进行扣押时所作的记录。搜查、扣押笔录并不直接证明案件的实体事实，而主要是证明案件的程序事实，即对侦查行为的合法性和实物证据的真实性进行证明。搜查、扣押笔录反映了搜查、扣押行为的实施是否合法，起到了证明侦查行为合法性的作用。此外，搜查、扣押笔录还反映了实物证据的来源，属于证据保管链中的一环，发挥着对实物证据真实性的证明功能。从这个意义上来说，搜查、扣押笔录不属于证明案件实体事实的实质证据，而是属于对实质证据的可信性进行证明的辅助证据。在我国，搜查、扣押笔录所证明的实质证据主要指物证、书证等实物证据，搜查、扣押笔录对实物证据取得是否合法的证明，属于对其证据能力问题的证明，而搜查、扣押笔录对实物证据是否真实的证明，则属于对其证明力问题的证明。此外，

---

[1] 宋维彬："论刑事辨认笔录的证据能力"，载《当代法学》2017 年第 2 期。

[2] 初殿清、磨海连："侦查实验笔录证据能力的特殊性"，载《北航法律评论》2012 年第 1 辑。

搜查、扣押笔录在用来证明实物证据的证据能力与证明力问题的时候，搜查、扣押笔录本身也需要具备证据能力与证明力，否则，搜查、扣押笔录便不能作为证据使用。❶

8. 视听资料、电子数据

我国最早将视听资料规定为独立的证据种类是 1982 年颁布的《民事诉讼法（试行）》。后经 1989 年的《行政诉讼法》、1991 年《民事诉讼法》，再到 1996 年的《刑事诉讼法》修改，都对此作了明确规定。然而，学界对此一直存在争论。争论主要集中在视听资料与物证、人证等证据种类通过“物”“言词”这种一元的表现形态相比，视听资料具有录音带、录像带、电影胶片、计算机数据等多元复杂的表现形态，这种多元的形态是否能用同一证据种类来规定。

2012 年《刑事诉讼法》增加了一种新的证据种类，即电子数据。1997 年《刑法》将计算机犯罪写进刑事实体法后，刑事诉讼领域对计算机犯罪的追诉进行了大量的关注和研究，其中不可避免地涉及计算机犯罪认定的依据——电子数据。此时，电子数据与电子证据、计算机数据处于混用的状态。❷

“电子数据”作为一个法律术语，首次被写进刑事成文法是在 1998 年公安部为贯彻刑事诉讼法所颁布的《公安机关办理刑事案件程序规定》。2005 年，在《公安机关电子数据鉴定规则》中，公安部强化了“电子数据”这一术语的使用，在第 2 条规定电子数据是指“以数字化形式存储、处理、传输的数据”。但 2006 年，公安部在《公安机关办理行政案件程序规定》中，又使用了“电子证据”这一术语，并将其与视听资料并列，作为公安机关办理行政案件时认可的证据种类。2010 年《办理死刑案件证据规定》，以及《关于办理网络赌博犯罪案件适用法律若干问题的意见》中，也使用了“电子证据”这一术语。❸

对电子数据证据的内涵及外延主要包括三种观点：第一种观点是计算机证据说，如有人提出“电子数据证据是在网络犯罪行为实施过程中，计算机或计算机

---

❶ 宋维彬：“搜查、扣押笔录的证据能力研究——以美国法为借镜”，载《中国刑事法杂志》2017 年第 6 期。

❷❸ 赵长江、李翠：“‘电子数据’概念之重述”，载《重庆邮电大学学报（社会科学版）》2015 年第 6 期。

系统运行时产生的，以其记录的内容来证明案件事实的信息数据”；[1] 也有人认为电子数据证据是“在计算机或者计算机系统运行过程中存储的能够证明案件事实的数据和资料”。[2] 持这种观点的学者们多数认为电子数据证据只与计算机挂钩，在网络尚未普及时，电子产品、存储介质多需经过电脑，但随着科技的发展，出现了智能手机、数码相机等介质，这一学说只抓住了数字化特征，忽略了在数字化同时存储、处理、输入信息等功能。

第二种观点是数字证据说。电子数据证据的产生发展是和电子技术的革命分不开的，而电子技术的变革在近年来又经历了从模拟通信到数字通信的“质变”。因此，数字证据说认为电子证据就是数字证据。[3] 近年来，随着电子信息技术的飞速发展，有学者指出，数字通信技术所形成的数字证据是该证据的载体之一，也就是说，从信息技术的发展趋势来看，“数字证据可以电子形式存在，也可以其他形式存在，任何人无法否定将来人类会制造出原理类似的非电子计算机”。[4] 如果仅将电子数据证据认为是数字证据，那将导致有数字化内涵却不具备电子载体的证据无法纳入电子数据证据中，无法科学归纳概括电子数据证据内涵。

第三种观点是电子材料说。有人认为电子证据是指以电子形式存在的、作为证据使用的一切材料及其派生物；或者说，借助电子技术或电子设备而形成的一切证据。[5] 也有人赞同这种观点，认为电子证据“是指以电子形式存在、能够作为证据使用的一切材料及其派生物”。[6] 可以说这一种观点观察到了电子数据证据的共性，即产生、发展及实践中的运用都无法离开电子设备和信息技术的支持，并承认了其可变内涵与外延。

基于上述学说，我们认为电子数据应包括以电子、数字、磁性、无线、光

---

[1] 徐静村：“电子证据——证据学的一个新领域”，载《重庆邮电学院学报（社会科学版）》2003 年第 1 期。

[2] 毕玉谦：《证据法要义》，法律出版社 2003 年版，第 16 页。

[3] 樊崇义、李思远：“论电子证据时代的到来”，载《苏州大学学报（哲学社会科学版）》2016 年第 2 期。

[4] 戴莹：“电子证据及其相关概念辨析”，载《中国刑事法杂志》2012 年第 3 期。

[5] 何家弘：《电子证据法研究》，法律出版社 2002 年版，第 5 页。

[6] 刘品新：“论电子证据的定位：基于中国现行证据法律的思辨”，载《法商研究》2002 年第 4 期。

学、电磁等类似无纸化性能的科技形式所生成、存储或通讯的所有类似的信息，这些电子数据信息被用来证明某个待证事实的时候，它就是电子证据。

电子数据作为证据种类的一种，其本身具有证据的三种属性，即合法性、关联性、客观性。除此之外，其还具有自身特性的“新三性”。[1]

第一是高科技性。电子证据所要依赖的科学技术包括计算机技术、信息技术、互联网技术、存储技术等，这些科学技术使得电子证据的载体由有形化逐渐走向了无形化的同时，也给我们的证据法学研究带来了新的难题与挑战。第二是复合性。电子信息逐渐演变为集图像、文字、声音、动画、音频、视频等于一体的一项复合信息。第三是脆弱性。电子证据的脆弱性主要是指两个方面：一是由于电子信息本身的无形化、不直观、不可捉摸，同时又较为复杂，存储的信息也较为广博，因此稍有不慎，就有可能出现信息丢失或破坏，这直接会导致电子证据取证的不完整，从而会产生再次取证的情况。二是指电子信息容易被伪造和篡改并且难以为人们所察觉。

（三）大数据

对大数据的定义目前已基本形成了共识，从技术能力视角，将大数据定义为“规模超过现有数据库工具获取、存储、管理和分析能力的数据集”；另一是从大数据内涵的视角，将大数据定义为“具备海量性、高速性、多样性和可变性等特征的多维数据集，需要通过可伸缩的体系结构实现高效的存储、处理和分析”。可以说大数据是源于互联网及其延伸所带来的无处不在的信息技术应用，是一个科学领域的概念。与前文所述的电子数据相比，大数据证据是电子证据迭代的产物。相比早期一条一条的电子数据而言，大数据证据则以数据量大为新特色，且可以隐藏其中的规律来证明案件事实。这已然是一种质的变化。

大数据改变了社会的诸多方面，在法律领域内，突出表现为基于机器算法、机器人和高级人工智能等新兴科技的各种大数据材料涌向法庭。我国的司法领

---

[1] 樊崇义、李思远：“论电子证据时代的到来”，载《苏州大学学报（哲学社会科学版）》2016 年第 2 期。

域内已出现了“舆情分析报告”[1]“百度指数”[2]“淘宝客反作弊系统数据”[3]“轨迹大数据”[4]“公安大数据平台数据”[5]“证券交易监控系统数据”[6]“大数据资金分析报告”[7]等用于证明事实的案件，这些材料的特点是数据量巨大，并可被编译为分析报告。

大数据材料具有“容量大”“种类多”“价值密度低”等特点。大数据材料能否列入证据种类？

大数据材料既然有值得作为证据种类的依据，应将其确定为何种法定证据呢？从技术原理上讲，大数据变身证据通常要经过三个环节：第一步是汇总数据并进行数据清洗，第二步是建构分析模型或机器算法，第三步是进行运算形成分析结论。这一过程结束后，就会产生大数据证据。

有人认为，可将大数据材料看作鉴定意见。该观点针对“资金大数据分析结论”，提出“最好把资金大数据分析纳入司法鉴定范畴，这有利于司法实践的展开，在法律上也可以找到依据”。[8]然而，鉴定意见本意是由鉴定机构的鉴定人对专业问题作出的专业判断。将大数据证据纳入司法鉴定的范围，必然会遭遇诸多挑战。立法上，有关鉴定规则的法律条文并未将大数据材料纳入鉴定范围。在鉴定主体、程序等方面，鉴定也与大数据搜集过程有区别。故，这一说法值得

[1] 参见《山西省晋城市中级人民法院刑事判决书》（2017）晋05刑终271号。在该案中，控方举证了公安局制作的关于刑满释放人员程某某出狱网上舆情相关数据统计及舆情专报。

[2] 参见《广东省高级人民法院民事判决书》（2013）粤高法民三终字第565号。在该案中，原告提交了公证人员百度指数查询qunar和quna两个关键词的指数对比情况。

[3] 参见《杭州市余杭区人民法院民事判决书》（2014）杭余民初字第3号。在该案中，被告（淘宝）提供了抓取淘宝客异常推广行为的反作弊系统的数据。

[4] 参见《江苏省高级人民法院刑事裁定书》（2017）苏刑终135号。在该案中，公安机关依法调取的警务大数据平台之车辆大数据（截图）。

[5] 参见《四川省成都高新技术产业开发区人民法院刑事判决书》（2018）川0191刑初392号。在该案中，控方提交了公安大数据平台及情报系统查询资料。

[6] 参见《北京市第一中级人民法院行政判决书》（2013）一中行初字第1171号。在该案中，中国证监会提交了证券交易监控系统记录的数据作为证据，证明这些证券账户网上委托交易所用的IP地址、Mac地址高度重合。

[7] 参见《湖南省长沙市中级人民法院刑事判决书》（2018）湘01刑终18号。在该案中，控方提交了利安达鉴审财报字（2016）第1209号鉴定意见书，以证明非法集资的金额和投资人数。

[8] 何家弘等：“大数据侦查给证据法带来的挑战”，载《人民检察》2018年第1期。

商榷。

有人认为，可将大数据材料看作专家辅助人意见。2018 年《最高人民检察院关于指派、聘请有专门知识的人参与办案若干问题的规定（试行）》第 2 条及第 7 条，明确了各级人民检察院可以指派、聘请有专门知识的人，运用专门知识参与办案活动，协助解决专门性问题或者提出意见。但专家辅助人意见在我国立法中，目前仍属于一种学术观点，而无这样的证据形式。我国立法规定了，具有专门知识的人在法庭上就专业问题提出的意见，视为当事人陈述。对案件中专门性问题，可以指派、聘请有专门知识的人检验，检验报告可以作为参考。故，大数据证据可以看作“准专家辅助人”意见。但其面临的问题是，专家辅助人意见尚未取得法律规定的证据地位，大数据材料则更难成为这一种类。

有观点认为，可将大数据材料看作证人证言。美国学者洛斯教授指出[1]，机器在解决法律争议事实中正扮演着越来越重要的角色，机器传递出的一些信息可作为“机器证言”。其列举的“机器证言”包括专家系统的意见等，并解释道：与人类证言一样，机器证言的可信性取决于其来源的可信性；而类似于“传闻的危险”潜藏在人类主张中，“黑箱危险”也潜藏在机器传达的信息中。这一“机器证言说”，理论上可适用于大数据证据。但我国还尚未接受机器证言的概念，且以证人证言对此进行质证存在漏洞。[2]因而这一学说也存有问题。

此外，还有人将大数据材料看作其他证据种类。其包括书证、物证；作为“破案经过材料”；作为单列出来的报告等。

（四）证据的理论分类

1. 原始证据与传来证据

原始证据是指直接来源于案件的第一手证明材料，如犯罪现场遗留的物品、痕迹等；而传来证据是经过转手传抄、他人转述等第二手或者第二手以上的材料，如各种物证的复制品，证人转述从别人处听到的情况等。传来证据由原始证据派生而来，其证明力往往存在问题。问题不仅在于其证明力小于原始证据，而且在于其证明力之有无。因此，原始证据与传来证据这一分类方法对于确定证据

---

[1] Andrea Roth，Machine Testimony，126 Yale L. J. 1972（2017）.

[2] 刘品新：“论大数据证据”，载《环球法律评论》2019 年第 1 期。

的价值具有特别重要的意义。

2. 直接证据与间接证据

英国法学家边沁最早提出间接证据的概念。他认为，直接证据与间接证据的区别就在于：在间接证据中，存在着一种“特殊的推论”，而在直接证据中，从原始命题到结论的推演却相对简单。[1] 通说认为，“根据证据与案件主要事实的证明关系，即能不能独立地证明案件的主要事实，可以将证据分为直接证据和间接证据”。[2] “根据证据与案件主要事实的证明关系，可以将证据分为直接证据和间接证据。能单独地直接证明案件主要事实的证据是直接证据。不能单独地直接证明案件主要事实，需要与案件其他证据结合才能证明的证据是间接证据。”[3]

3. 有利于被告人的证据和不利于被告人的证据

有利于被告人的证据和不利于被告人的证据，是以证据同被告人的切身利害关系为标准划分的。在我国较早提出这种证据分类法的是王国枢教授。此后，又出现了两种不同的划分方法，一种称为“有罪证据和无罪证据”，另一种则称为“控诉证据和辩护证据”。《刑事诉讼法》第 52 条明确规定：“审判人员、检察人员、侦查人员必须依照法定程序，收集能够证实犯罪嫌疑人、被告人有罪或者无罪、犯罪情节轻重的各种证据。”在这一规定中，很明显地将有罪、罪重的证据同无罪、罪轻的证据对应起来，作为两类不同的证据，前者是不利于被告人的证据，后者是有利于被告人的证据。

4. 主要证据和再生（派生）证据

关于刑事再生证据的概念，我国法学理论界和司法实务界尚无定论。第一种观点认为，刑事再生证据“就是案件当事人为掩盖犯罪真相而作出的客观上能部分或全部地再现犯罪真相的一切反侦查活动事实”。[4] 第二种观点认为，刑事再生证据是指“犯罪嫌疑人及其利益关系人，以使犯罪嫌疑人逃避司法追究为目的，在侦查主体开展侦查后，实施的掩盖犯罪事实，隐藏包庇犯罪嫌疑人的反侦查活

---

[1] 纪格非：“边沁证据法学思想的当代解读”，载《法制与社会发展》2010 年第 6 期。

[2] 陈光中主编：《刑事诉讼法》，北京大学出版社 2002 年版，第 157 页。

[3] 徐静村主编：《刑事诉讼法学（下）》，法律出版社 2004 年版，第 58 页。

[4] 曹旭红、陆文心：“试谈贪污贿赂案件的‘再生证据’”，载《法治论丛》1996 年第 6 期。

动中形成新的能够证明案件真实情况的证据事实”。❶ 第三种观点称再生证据为派生证据，认为派生证据是指“被告人或行为人在实施了犯罪行为之后，为掩盖犯罪，逃避法律追究而进行的一系列反侦查、反追诉活动中产生的，侦查人员依法通过必要的侦查手段所获取的，能够证明犯罪事实存在、证明‘原生证据’存在或证明反侦查活动存在的一切事实材料”。❷

5. 合法证据和非法证据

合法证据是指具有合法形式、由法定人员依照法定程序收集和运用并经法定程序查证属实的证据。非法证据是合法证据的对称，是指因不符合法定形式或取得的程序违法而不具有可采性的证据材料。在我国刑事诉讼中，非法证据包括我国刑事诉讼法规定的 8 种证据形式以外的证据；法定人员以外的人非法收集的证据材料；非经法定程序收集的证据材料。例如，非法搜查、扣押的物品，以刑讯逼供、威胁、引诱、欺骗及其他非法方法取得的被告人、犯罪嫌疑人、被害人、证人的供述、陈述和证言；未经法定程序在法庭上出示并查证属实的证据材料。

随着 2017 年最高人民法院、最高人民检察院、公安部等《关于办理刑事案件严格排除非法证据若干问题的规定》（以下简称《非法证据规定》）的出台，根据证据的收集活动是否符合法律规定而确定证据的合法性问题，将会显得更加突出。关于非法证据排除的问题，将有专章分析。

第三节　证据法学的理论基础研究综述

一、辩证唯物主义认识论的一元论

以辩证唯物主义认识论作为证据法学的理论基础，是传统的刑事证据基础理

❶ 杜树生、张立东：“论贿赂案件刑事再生证据及其侦查收集”，载《检查实践》2001 年第 6 期。

❷ 付中欣、安秀廷：“贿赂案件‘派生证据’的作用与收集”，载《人民检察》1996 年第 5 期。

论的通说。按照传统的认识论，诉讼活动首先是一种认识活动，要受到认识规律的制约，而辩证唯物主义认识论就是关于人类认识自然、社会，包括认识具体事物的一般规律的科学。辩证唯物主义认识论，就是反映论，是揭示认识的源泉、过程和基本规律，只有坚持辩证唯物主义认识论，才能正确地认识证据，正确开展证明活动。因此，可以把证据法学看做一门认识科学。最后，证据法学也贯穿唯物辩证法的一些基本观点，如矛盾的观点和相互联系的观点。

还有一种属于发展认识论的观点认为，人类的一切与认识有关的证明活动可大体分为以自然现象为对象的自然证明和以社会现象为对象的社会证明。作为社会证明之一的诉讼证明，其特殊性表现在：（1）一切刑事案件都是过去发生的事情，目睹案件事实的公检法人员只能以证人身份参加诉讼；（2）认识案件的手段只能是证据；（3）诉讼证明要受到与司法公正直接相关的法律规定和证据规则的制约；（4）诉讼效率的追求影响证明目标的发现。刑事案件不能排除认识论，而大多数规则恰恰是按照认识论规律设置的。[1]

二、价值论的一元论

将价值论作为刑事证据法学的理论基础，是学界相对较新的观点。主要有以下两种。

1. *形式理性和程序正义论*

该论认为证据法学的理论基础为两个方面：一是形式理性观念，二是程序正义理论。形式理性观念，即所有的法律原则、规则或制度一旦建立并具有实际的效力，就必须得到遵守。具体到证据法实践方面，所有旨在规范证据资格、证据收集、证据审查和司法证明活动的法律程序规范都必须得到遵守和实施，而不论这种遵守和实施会带来什么样的后果。另外，形式理性必须对诉讼中的事实作重新认识。无论是裁判者还是控辩双方，都不能为寻求社会和经验上的事实而无限制地进行活动，“事实”真相的揭示过程处处受到法律的限制。

---

[1] 陈光中、陈海光、魏晓娜：“刑事证据制度与认识论——兼与误区论、法律真实论、相对真实论商榷”，载《中国法学》2001 年第 1 期。

该论提出，根据程序正义理论，法律程序是为保障一些独立于判决结果的程序价值而设定，这些价值包括参与、公平以及保障个人的人格尊严等。一项法律程序或法律实施过程是否具有正当性和合理性，不是看它能否有助于产生正确的结果，而是看它能否保护一些独立于实体结论的内在价值。证据法主要是一种程序法，它本身必须具有内在的优秀品质。因此，将程序正义理论奉为证据法学理论基础，能够为一系列证据规则的确立提供新的理论解释。[1]

2. 裁判事实可接受性理论

所谓裁判的可接受性指的是裁判必须具有的，使公众能够对以此裁判为基础而施加之制裁予以正当化的品质，包括定罪事实的可接受性，也包括无罪认定、证据不足认定的可接受性。该论引述英美证据法理论对裁判可接受性的认识：司法审判并不追求过去发生之事实的最终真相的探索过程，而是建立起一种关于发生过什么事情的版本，这个版本对于过去发生之事实的正确性必须达到可以接受的可能性。就此而言，发现真实这一价值仅仅具有从属性地位。

该论认为，诉讼模式对于裁判结果的可接受性具有重大影响。在当事人主义模式下，裁判结果的正当性主要源于程序的正当性，而不是实体的正确，因为裁判事实被认为是当事人争斗的结果，而不是法官依职权反复查究的结果，既然是当事人自己争斗的结果，也就无所谓是否符合客观真相。在职权主义模式下，当事人推动诉讼进程能力有限，裁判中认定事实的可接受性主要来源于该认定与客观事实相符这一属性，而不是来自程序正当。在我国，裁判事实的可接受性的主要来源是实体的正确性。[2]

三、以辩证唯物主义认识论为基础的二元论

1. 辩证唯物主义认识论与程序正义二元论

该论者认为，证据法学与证据学的区别应当体现在，前者不仅要研究如何运用证据查明案件事实或争议事实真相，还要研究借以发现事实真相的手段、途径

[1] 陈瑞华：“从认识论走向价值论——证据法理论基础的反思与重构”，载《法学》2001年第1期。

[2] 易延友：“证据法学的理论基础——以裁判事实的可接受性为中心”，载《法学研究》2004年第1期。

和方法如何符合法律的规定和程序正义的要求。诉讼中的证明活动不仅要符合人类主观认识客观世界的一般规律，而且还要强调用于发现事实真相的手段和方法的合法性、正当性、合理性、公平性，还要受程序法律的规范，体现程序正义的理念。因此，辩证唯物主义认识论和程序正义理论应当是我国证据法学的理论基础。该论所指的程序正义，包含人权保障、社会安定、诉讼经济等，同时还涉及法官在认识案件事实中的作用，认为法官应严守中立和控审分离原则。[1]

2. 辩证唯物主义认识论和法律价值论二元论

该论认为，认识活动贯穿于诉讼活动的始终，不仅仅存在于刑事诉讼的侦查阶段，证明活动主要是一个认识过程，这种认识活动在诉讼和仲裁中都具有根本的决定性意义。因为要在实质上解决利益争端和纠纷就非得建立在客观真实的基础上，不建立在客观真实基础上的对利益争端和纠纷的解决只是形式上的解决，它只杜绝了在实质上解决争端和纠纷的诉讼渠道而不能在争端和纠纷的解决上实现实体正义。法官判决通常要建立在一定的事实基础上，是通过证据对一定的事实存在与否，这些事实的性质、意义和法律与这些事实的契合性进行感知、判断所形成的结论。因此，认识活动是判决的基础。同时，在诉讼过程中，通过证据认定案件事实的活动，不仅是一种单纯的认识活动，同时还是一种司法实践活动。[2] 因此，证据法学的理论基础为两部分，即认识论和法律价值论。

四、多元论

（一）认识论、价值论之三元论

该论认为，证据法学的理论基础与证据法的主旨有关，即规范司法证明活动。因此，探讨其理论基础，必须先从司法证明活动开始。司法证明是一种特殊的认识活动。司法证明既要遵循认识活动的一般规律，又要考虑其内在的特殊性。辩证唯物主义认识论应该成为我国证据法在认识论方面的理论基础。其中，辩证唯物主义认识论中的物质论、反映论以及可知论对证据法具有指导作用。

司法证明不仅是认识活动，还涉及各种法律价值的选择和实现，在这些冲突

---

[1] 卞建林主编：《证据法学》，中国政法大学出版社 2002 年版，第 5-11 页。

[2] 樊崇义主编：《证据法学（第 3 版）》，法律出版社 2004 年版，第 59 页。

和抵触的价值之间达到某种权衡或平衡就是证据法学的理论基础。该论认为，证据法所追求的法律价值和其他价值之间的平衡，可看作如下不同领域正义观念的权衡：作为外部平衡的法律正义与道德正义，司法公正与经济效率，司法正义与传统文化、宗教信仰、社会观念之间的平衡；作为内部平衡的实体正义与程序正义、案件事实与纠纷解决、个体利益与社会利益之间的平衡。[1]

（二）超多元论

其一，马克思主义认识论、逻辑学、心理学。该论认为，作为法律事务的证明具有显著的认识论特征、逻辑学特征和心理学特征，因此除了法学之外，马克思主义哲学、逻辑学，心理学就成了证明的不可缺少的理论基础。[2]

其二，认识论、价值论、效率论、信息论（包括概率）多元论。该论分别以认识论一元论、价值论一元论、二元论以及二元论的证据法学为理论基础，这四类理论相互补充，而非绝对对立。[3]

其三，认识论、行为主义、心理学、伦理要求、自然科学（如物理学、数学概率与计算机学、逻辑学等）多元论。该论从证据与案件事实及裁判结果的动态关系入手，对证据的理论基础进行了细致的分析，认为证据的理论基础涉及与认识论原理相互联系的一系列哲学命题，这些与证据制度密切相关的哲学命题包括：法现实主义的影响、伦理学的要求，自然科学基础以及概率论。[4]

问题与思考

从我国学界在不同时期关注点所发生的变化中，可以看到刑事证据的基础理论研究的热点不断转换。应当认识发生这些变化的原因，结合刑事诉讼演变的进程，可以使我们对问题的实质有更明确、深刻的认识。例如，关于证据的本质属性的讨论，如果只是局限于属性问题的理论探讨，而不是将这个问题放在不断

---

[1] 何家弘、刘品新:《证据法学》，法律出版社 2004 年版，第 58–70 页。

[2] 刘金友主编:《证据理论与实务》，法律出版社 1992 年版，第 202–214 页。

[3] 高家伟、邵明、王万华:《证据法原理》，中国人民大学出版社 2004 年版，第 198–205 页。

[4] 陈浩然:《证据学原理》，华东理工大学出版社 2002 年版，第 16–84 页。

发展的立法和司法的背景中予以考察，就会感到问题难解，甚至会很容易迷失方向。但如果我们换个角度来看，就可以发现，证据的本质属性问题应对的是与立法选择相关的问题，即按照“两性说”，承担举证责任的一方只需要证明证据的客观性和关联性，而按照“三性说”，承担举证责任的一方还需要证明证据的合法性。从这个意义上来说，合法性究竟是不是证据的本质属性的问题，应该转换成合法性是不是个需要证明的问题，以及由谁证明的问题。由此，这个难解的问题不仅可解，而且易解。

关于证据种类研究，不仅需要注意如何科学、合理地划分证据的种类，而且需要调整对证据种类的观念。或许，对证据的法定形式应持一种开放的心态。证据毕竟只是一种可以作为证明根据的材料，重要的是其是否具有作为证明根据的价值，而非拘泥于现在所规定的8种法定形式。当然，研究证据分类是有价值的，因为这有助于在研究证据的共性的基础上，揭示不同证据的个性，为科学、合理地处理不同种类的证据，提供坚实的基础。

随着互联网、电子信息技术的发展，以及电子设备、产品及移动客户端的应用日益普遍，运用大数据提供的线索侦查破案，根据大数据提供的信息证明案件事实，实践中越来越普遍并逐渐被人们认同。尽管在立法上尚未将大数据作为法定的证据种类，但是从规范意义上讨论大数据的内涵和外延，从证据法意义上研究大数据的证据属性，从证据收集、审查判断角度关注以大数据为基础获取的证据材料，从办案机制方面讨论大数据对案件事实的认定乃至定罪量刑的意义，均具有显著的理论与实践价值。

证据分类研究中的一些问题，不仅对学生来说是疑难问题，即使对专门的研究者来说，也往往会有所困惑。不论是传统分类中的书证，还是新出现的电子数据，常会有使人疑惑的问题。对此，有时需要我们转变关于证据分类的刻板意识，将研究的重点转移到为什么需要如此分类的问题上来。由此，证据分类问题与立法和理论研究的宗旨的相关性，才会受到重视。显然，对证据分类本身并不是目的，分类应当为立法解决不同证据的收集、固定、移转、运用、认定的程序，提供相应的基础；应当为理论针对其特性进行研究提供基础。

另外，关于行政执法、纪检监察办案中收集的物证、书证、视听资料、电子数据等证据材料如何在刑事诉讼中作为证据使用的问题，其他类型的证据材料如何处理的问题等，仍需要研究。

刑事证据基础理论问题的不断变化，所体现的主要是理论研究及实践的进步。例如，近年来，以英美法系和大陆法系国家为主的西方证据理论，经积极引入后引发越来越多的关注和讨论，这对推动我国的证据法学的发展起着积极的作用。“证据能力”“证明力”“可采性”等因此成为理论研究的热点。

在不断转换的热点问题的研究中，我们不仅需要站在理论研究的前沿，对理论研究和实践中不断出现的新问题进行探讨，而且应当在坚守理论研究所应遵循的原理和原则的基础上，不断更新知识，以应对新的挑战。我们所要坚守原理和原则内容很多，有的已被人们关注，如哲学中的认识论原理等，有的则需要进一步强调，如逻辑学的原理和原则。我们曾为此强调，应在证据法学的院门口书写“未经逻辑训练者不得入内”的警示。[1]

从人们已经进行的研究来看，刑事证据的基础理论是个研究范围不断扩展、研究层次不断深入的过程。因此，进一步的研究应当继续扩大研究的范围。例如，我国是否应当制定专门、统一的证据法典的问题。三大（刑事、民事、行政）诉讼法所调整法律关系存在的差异，虽然我国制定统一证据法的可能性十分渺茫，但对这个问题的研究的价值却应该肯定。通过探讨，可以认识不同的诉讼证据制度的背景、特殊的功能及具有共性与差异的原则、规范，在比较的基础上加深研究。

三 参考文献

一、论文类

[1] 陈永生 . 论电子通讯数据搜查、扣押的制度构建 [J] . 环球法律评论，2019（1）.
[2] 刘品新 . 论大数据证据 [J] . 环球法律评论，2019（1）.

[1] 王敏远主编：《公法（第四卷）》法律出版社 2003 年版，第 486–487 页。

[3] 裴炜 . 刑事立案前后电子取证规则衔接问题研究：以电子数据过程性为视角 [J] . 当代法学，2019（2）.
[4] 郭金霞 . 电子数据鉴真规则解构 [J] . 政法论坛，2019（3）.
[5] 谢登科 . 电子数据的取证主体：合法性与合技术性之间 [J] . 环球法律评论，2018（1）.
[6] 何家弘，等 . 大数据侦查给证据法带来的挑战 [J] . 人民检察，2018（1）.
[7] 左卫民 . 关于法律人工智能在中国运用前景的若干思考 [J] . 清华法学，2018（2）.
[8] 刘译矾 . 论电子数据的双重鉴真 [J] . 当代法学，2018（3）.
[9] 褚福民 . 电子证据真实性的三个层面：以刑事诉讼为例的分析 [J] . 法学研究，2018（4）.
[10] 冯姣 . 互联网电子证据的收集 [J] . 国家检察官学院学报，2018（5）.
[11] 谢登科 . 电子数据的鉴真问题 [J] . 国家检察官学院学报，2017（5）.
[12] 宋维彬 . 搜查、扣押笔录的证据能力研究：以美国法为借镜 [J]. 中国刑事法杂志，2017（6）.
[13] 毕玉谦 . 电子数据庭审证据调查模式识辨 [J] . 国家检察官学院学报，2016（1）.
[14] 樊崇义，李思远 . 论电子证据时代的到来 [J] . 苏州大学学报（哲学社会科学版），2016（2）.
[15] 刁胜先，刘文魁 . 电子证据出示的法庭保障义务研究 [J] . 重庆邮电大学学报（社会科学版），2016（5）.
[16] 刘品新 . 电子证据的关联性 [J] . 法学研究，2016（6）.
[17] 龙宗智 . 寻求有效取证与保证权利的平衡：评“两高一部”电子数据证据规定 [J] . 法学，2016（11）.
[18] 赵长江，李翠 . “电子数据”概念之重述 [J] . 重庆邮电大学学报（社会科学版），2015（27）.
[19] 王敏远，祁建建 . 电子数据的收集、固定和运用的程序规范问题研究 [J] . 法律适用，2014（3）.
[20] 陈永生 . 电子数据搜查、扣押的法律规制 [J] . 现代法学，2014（5）.
[21] 初殿清，磨海连 . 侦查实验笔录证据能力的特殊性 [J]. 北航法律评论，2012(1).
[22] 戴莹 . 电子证据及其相关概念辨析 [J] . 中国刑事法杂志，2012（3）.

[23] 赵旭光 . 刑事被害人陈述的证据学思考 [J]. 证据科学，2011 (1).
[24] 王敏远 . 现代刑事证据法的两个基本问题：兼评我国刑事证据法的新发展 [J]. 国家检察官学院学报，2010 (6).
[25] 肖建华 . 证据属性之判断：比较法与法学方法论的启示 [J]. 甘肃政法学院学报，2006 (2).
[26] 周洪波 . 证明标准视野中的证据相关性：以刑事诉讼为中心的比较分析 [J]. 法律科学，2006 (2).
[27] 吴丹红 . 面对中国的证据法学：兼评易延友"证据学是一门法学吗"[J]. 政法论坛，2006 (2).
[28] 裴苍龄 . 论实质证据观 [J]. 法律科学，2006 (3).
[29] 龙宗智 . "大证据学"的建构及其学理 [J]. 法学研究，2006 (5).
[30] 吴丹红 . 证据法学研究的迷思：在西方样本和中国现实之间 [J]. 政法论坛，2006 (6).
[31] 苏力 . 窦娥的悲剧：传统司法中的证据问题 [J]. 中国社会科学，2005 (2).
[32] 何家弘 . 对法定证据制度的再认识与证据采信标准的规范化 [J]. 中国法学，2005 (3).
[33] 何家弘 . 从司法证明模式的历史沿革看中国证据制度改革的方向 [J]. 法学家，2005 (4).
[34] 龙宗智 . 证据分类制度及其改革 [J]. 法学研究，2005 (5).
[35] 宋英辉，吴宏耀，雷小政 . 证据法学基本问题之反思 [J]. 法律研究，2005 (6).
[36] 张继成 . 论命题与经验证据和科学证据符合 [J]. 法学研究，2005 (6).
[37] 易延友 . 证据法学的理论基础：以裁判事实的可接受性为中心 [J]. 法学研究，2004 (1).
[38] 史立梅 . 程序视角下的刑事证据概念 [J]. 社会科学研究，2004 (3).
[39] 雷建昌 . 论我国刑事证据分类模式的缺陷及其完善 [J]. 法律科学，2004 (3).
[40] 孙孝福，兰耀军 . 被害人陈述之比较研究 [J]. 法学论坛，2004 (5).
[41] 瓮怡洁 . 刑事身体检查制度之探讨 [J]. 人民检察，2004 (6).
[42] 王敏远，等 . "证据法的基础理论"笔谈 [J]. 法学研究，2004 (6).
[43] 袁志 . 人身检查程序的法律完善 [J]. 法学，2004 (11).

[44] 徐静村 . 电子证据：证据学的一个新领域 [J] . 重庆邮电学院学报（社会科学版），2003（1）.
[45] 裴苍龄 . 也论事实、命题、证据 [J] . 中国刑事法杂志，2003（3）.
[46] 江伟，吴泽勇 . 证据法若干基本问题的法哲学分析 [J] . 中国法学，2002（1）.
[47] 张建伟 . 证据法学的理论基础 [J] . 现代法学，2002（2）.
[48] 许康定 . 电子证据基本问题分析 [J] . 法学评论，2002（3）.
[49] 刘品新 . 论电子证据的定位：基于中国现行证据法律的思辨 [J] . 法商研究，2002（4）.
[50] 殷耀德，李卫国 . 刑事证据的合法性及其制度完善 [J] . 法学杂志，2002（6）.
[51] 陈光中，陈海光，魏晓娜 . 刑事证据制度与认识论：兼与误区论、法律真实论、相对真实论商榷 [J] . 中国法学，2001（1）.
[52] 陈瑞华 . 从认识论走向价值论：证据法理论基础的反思与重构 [J] . 法学，2001（1）.
[53] 童兆洪，俞晓辉 . 证据：一个亟待重塑的概念：用自然科学的方法对证据的本质揭示、分析、重新表述 [J] . 法学，2001（1）.
[54] 张晋红，易萍 . 证据的客观性特征质疑 [J] . 法律科学，2001（4）.
[55] 张继成 . 事实、命题与证据 [J] . 中国社会科学，2001（5）.
[56] 杨忠宽 . 刑事诉讼证据的标准 [J] . 当代法学，2000（1）.
[57] 汤维建 . 关于证据属性的若干思考和讨论：以证据的客观性为中心 [J]. 政法论坛，2000（6）.
[58] FRENCH D J.The Cutting Edge of Confession Evidence：Redefining Coercion and Reforming Police Interrogation Techniques in the American Criminal Justice System [J] .Texas Law Review，2018，97.
[59] ENGEL R S，CORSARO N，OZER M M.The Impact of Police on Criminal Justice Reform [J] .Criminology & Public Policy，2017，16（2）.
[60] HOHL K，STANKO E A.Complaints of Rape and the Criminal Justice System：Fresh Evidence on the Attrition Problem in England and Wales [J]. European Journal of Criminology，2015，12（3）.
[61] SHELTON D E.Juror Expectations for Scientific Evidence in Criminal

Cases：Perceptions and Reality about the CSI Effect Myth［J］.Thomas M. Cooley Law Review，2010，27（1）.
［62］DRAKE E K，AOS S，MILLER M G.Evidence-Based Public Policy Options to Reduce Crime and Criminal Justice Costs：Implications in Washington State［J］.Victims & Offenders，2009，4（2）.
［63］MURPHY E.The New Forensics：Criminal Justice，False Certainty，and the Second Generation of Scientific Evidence［J］.California Law Review，2007，95.
［64］KERR O S.Digital Evidence and the New Criminal Procedure［J］. Columbia Law Review，2005，279.
［65］LAWSON，RAMARA F.Can Fingerprints Lie?：Re-weighing Fingerprint Evidence In Criminal Jury Trials.［J］.American Journal of Criminal Law，2003，31（1）.

二、著作类

［1］刘万奇，等．证据法学［G］．北京：中国人民公安大学出版社，2020.
［2］王敏远．一个谬误、两句废话、三种学说：对案件事实及证据的哲学、历史学分析［M］．北京：中国政法大学出版社，2013.
［3］江伟．中国证据法草案（建议稿）及立法理由书［M］．北京：中国人民大学出版社，2009.
［4］郭华．鉴定结论论［M］．北京：中国人民公安大学出版社，2007.
［5］袁志．勘验检查笔录研究［M］．成都：西南财经大学出版社，2007.
［6］何家弘．证据法学研究［M］．北京：中国人民大学出版社，2007.
［7］理查德·梅．刑事证据［M］．王丽，李贵方，译．北京：法律出版社，2007.
［8］宋英辉，汤维建．证据法学研究述评［M］．北京：中国人民公安大学，2006.
［9］詹妮·麦克埃文．现代证据法与对抗式程序［M］．蔡巍，译．北京：法律出版社，2006.
［10］陈卫东．刑事诉讼法资料汇编［M］．北京：法律出版社，2005.

[11] 刘品新. 中国电子证据立法研究 [M]. 北京：中国人民大学出版社，2005.
[12] 张斌. 视听资料研究 [M]. 北京：中国人民公安大学出版社，2005.
[13] 皮勇. 刑事诉讼中的电子证据规则研究 [M]. 北京：中国人民公安大学出版社，2005.
[14] 熊志海. 刑事证据研究：事实信息理论及其对刑事证据的解读 [D]. 重庆：西南政法大学，2004.
[15] 刘品新. 美国电子证据规则 [M]. 北京：中国检察出版社，2004.
[16] 王敏远. 公法（第 4 卷）[M]. 北京：法律出版社，2003.
[17] 史立梅. 程序正义与刑事证据法 [M]. 北京：中国人民公安大学出版社，2003.
[18] 何家弘. 刑事证据制度改革研究 [M]. 北京：法律出版社，2003.
[19] 孙长永. 刑事诉讼证据与程序 [M]. 北京：中国检察出版社，2003.
[20] 毕玉谦，郑旭，刘善春. 中国证据法草案建议稿及论证 [M]. 北京：法律出版社，2003.
[21] 毕玉谦. 证据法要义 [M]. 北京：法律出版社，2003.
[22] 吴宏耀，魏晓娜. 诉讼证明原理 [M]. 北京：法律出版社，2002.
[23] 甄贞. 刑事诉讼法学研究综述 [M]. 北京：法律出版社，2002.
[24] 何家弘. 电子证据法研究 [M]. 北京：法律出版社，2002.
[25] 樊崇义，等. 视听资料研究综述与评价 [M]. 北京：中国人民公安大学出版社，2002.
[26] 樊崇义，刑事证据法原理与适用 [M]. 北京：中国人民公安大学出版社，2001.
[27] 乔思 · R. 华尔兹. 刑事证据大全 [M]. 何家弘，等，译. 北京：中国人民公安大学出版社，1993.
[28] 摩根. 证据法之基本问题 [M]. 李学灯，译. 北京：世界书局，1970.

第八章　刑事证明标准、证明对象与证明责任

【导读】

刑事证明标准、证明对象与证明责任在刑事证明活动中处于基础性地位。证明责任内容与证明对象的范围和证明标准的高低密切关联，需要与证明标准和证明对象一并探讨。由于这些内容涉及较高的理论深度，研究证明标准、证明责任需拥有哲学（认识论）、逻辑学、心理学、语言学以及统计学（概率）等相关学科的知识，对不同国家确立的证明责任和证明标准的理论有所了解，同时还需对“真实”“证实”“证伪”等相关术语的含义及实践要求有所认识，以便能够较好地把握这些术语及制度的内涵及理论价值。

研究证明责任应把握“证明”“责任”与“义务”“职责”“负担”等概念的基本含义，了解证明责任与司法体制、裁判组织、诉讼程序之间的关系以及不同诉讼制度中证明责任的不同配置和承担方式，掌握其与“提供证据责任”“说服责任”等概念的界分，认识证明对象的范围以及证明标准的高低对证明责任配置的制约，尤其是免证事实、司法认知、推定和自认等制度对其的影响。

研究证明责任需要以“无罪推定”为基础，而且应当对有关证明标准的理论及沉默权等概念有所把握，特别是对西方哲学中的怀疑主义理论要有所了解，同时还需要结合我国《刑事诉讼法》相关法条以及《刑法》有关持有型犯罪和巨额财产来源不明罪的规定，进行整体性分析。

第一节 证明标准概述及研究综述

证明标准，是指法律规定的承担证明责任的诉讼主体运用证据证明自己的主张或对案件事实予以认定所达到的标准和程度要求。由此可见，掌握证明标准，是认识与理解举证责任的基础。

刑事证明标准的高低直接影响甚至决定着案件事实能否确认的问题，其科学合理与否会影响司法公正以及社会对诉讼公正的评判。科学、合理、恰当地设定刑事证明标准不仅有助于确定现代诉讼结构，实现诉讼程序的公平与公正，也有助于防止错判和优化司法资源。证明标准的设定与举证责任、无罪推定、诉讼价值等刑事诉讼理论密切相关，对整体推动诉讼法理论与实践的发展、完善具有特别的意义。因此，研究刑事诉讼的证明标准具有重要理论与实践意义。

一、证明标准的概念及关于证明标准的基本问题

证明标准是刑事诉讼证明理论中的重要范畴，也是控辩双方履行证明活动的灯塔，又是指导和规范证明活动的行为准则。证明标准作为衡量证明是否达到法定要求的尺度，在诉讼历史上历经了神示真实、法定真实、内心确信真实或者排除合理怀疑的不同要求。有关证明标准目前主要有三种模式，即英美法系国家的“排除合理怀疑”（也译为“超越合理怀疑”）、大陆法系国家的“内心确信”（或称为“自由心证”）以及我国的“案件事实清楚、证据确实充分”（也称为“客观真实”）。虽说大陆法系国家采用内心确信的刑事证明标准；英美法系国家采用排除合理怀疑的刑事证明标准，有论者认为，二者没有本质上的差别。[1]也有论者认为，我国的刑事证明标准与此也无质的区别。[2]由于证明标准存在不同的法律

[1] 龙宗智：“我国刑事诉讼的证明标准”，载《法学研究》1996 年第 6 期。

[2] 王敏远：《一个谬误、两句废话、三种学说——对案件事实及证据的哲学、历史学分析》，中国政法大学出版社 2013 年版，第 191 页。

界定，学者对证明标准的理解存在不同的观点。

证明标准问题不仅对举证责任、证明要求以及证明活动等制度存在一定的影响，而且还影响到其他诉讼制度的实施，如提起公诉制度、二审制度、死刑复核制度、再审制度。每一个案件都涉及证明标准，在具体办理案件的过程中也常围绕着证明标准问题发生一些争论。因此，合理、明确的证明标准不仅在司法实践中可以减少不必要的分歧，而且可以保障诉讼结果的可接受性。那么，什么是刑事证明标准？不同证明标准意味着什么以及有无优劣？学界对此进行了广泛讨论，有必要对以往的研究成果予以梳理，为进一步研究提供资料和认识基础。

（一）关于刑事证明标准的概念

刑事证明标准是指法律规定的承担举证责任的诉讼主体运用证据证明自己的主张所需要达到的程度，这也是肯定承担举证责任一方的诉讼请求的基础。证明标准由“证明”和“标准”组成。“证明”作为名词常表示用来证明某事或某项活动的内容，而作为动词则表示以某项活动或动作来说明、证实人或事物的可靠性或真实性。“标准”被诠释为衡量事物的准则。对刑事证明标准的研究不能仅局限于词义解释上的意义，还应从以下方面来理解。

一是从刑事诉讼控方负担举证责任的角度来理解，证明标准是指负有举证责任的控方为了成功地赢得诉讼，提供证据证明所主张事实应当达到的程度。无论是“所举证据达到具有说服力的程度”还是“证据证明所应达到的可能性程度”，均是对控方证明的要求或者法律赋予控方的证明任务，证明标准在一定意义上成为控方举证负担能否卸除的界限，所以它又被称为案件事实的“解明度”。

二是从法官认定案件事实的角度来理解，证明标准是法官判断控方举证分量应达到多少的衡量尺度，是其对案件事实能否作出肯定性认定的界限。无论是内心确信的证明标准，还是排除合理怀疑的证明标准，这种心理上的尺度均与案件事实裁判者确信程度有关。证明标准是法官作出案件事实认定的根据和有罪认定与否的界限。

无论控方举证达到何种程度以及具有何等的说服力，也无论控方举证负担何时卸除，这些问题均与法官是否能够认定案件事实有关。因此，对证明标准的理解也有必要从控方（证明有罪方）和法官认定有罪的视角进行认识。

（二）关于刑事证明标准的基本情况

我国“案件事实清楚，证据确实、充分”的刑事证明标准适用于全部的刑事案件和诉讼的基本阶段，既包括重罪也包括轻罪案件，无论是适用普通程序审理的案件还是简易程序审理的案件，也不论是侦查终结抑或起诉和审判等程序都以此为标准。由于这一高标准在某些案件中难以达到，实践中形成了“基本事实清楚”和“基本证据充分”的所谓“两个基本”的定案标准。彭真同志曾在全国五大城市治安座谈会上指出：“只要有确实的基本的证据，基本的情节清楚，就可以判。”这个标准在理论上和实务上通常被称之为“两个基本”，即基本事实清楚，基本证据确实充分。2001 年最高人民检察院《关于检察机关积极参加“严打”整治斗争和整顿规范市场经济秩序工作的意见》（〔2001〕6 号）指出：“要依法从重从快方针与‘两个基本’原则结合起来，只要基本事实清楚，基本证据确凿，就应依法快批捕、快起诉，不纠缠细枝末节。”

“基本事实清楚、基本证据确凿”是实践中办理刑事案件的证明要求，适用“两个基本”认定案件，必须达到确定无疑的程度，必须排除其他可能性，保证对被告人定罪量刑的正确。有学者认为，“案件事实清楚，证据确实充分”就是“基本事实清楚，基本证据确实充分”。由于刑事犯罪的复杂性和技术、自然等条件的限制，要将所有案件的所有证据收集齐全，是无法做到的。只要基本证据能够证明案件的基本事实和情节，就可以认定案件性质，决定起诉和作出判决。而司法实践对证明标准的掌握体现以下特征：（1）由于证明程度的表述缺乏应有的规范性和统一性，在实践中基本没有形成大体一致的把握标准。法官在案件事实认定中各自凭经验判断掌握，体现出较大的随意性。（2）法官最终作出的裁判结论与每个证据证明力的分析有时没有必然的联系，以至于在个别法官那里“案件事实清楚，证据确实、充分”成了套话，并被草率地使用。（3）司法实践中司法工作者基本上没有证明程度的等级和“盖然率”的概念，大多采用“估堆式”的笼统判断和缺乏理性的思考和方法。[1]我国《刑事诉讼法》以及相关规定与解释对公诉案件的立案、逮捕、移送审查起诉、提起公诉和判决等规定了证明要求，因程序处于不同阶段与对实体要求的程序不同，证明标准存在一定的差异性。

---

[1] 胡建萍：“证明标准问题之司法实务考察”，载《法律适用》2002 年第 2 期。

目前，我国对证明标准认识、理解和诠释的法律依据主要是刑事诉讼法关于“证据确实、充分”的规定，即“（一）定罪量刑的事实都有证据证明；（二）据以定案的证据均经法定程序查证属实；（三）综合全案证据，对所认定事实已经排除合理怀疑”。其中，“排除合理怀疑”是对“证据确实、充分”进一步明晰、界定、说明，还是引入“排除合理怀疑”的证明标准，还存在分歧。因为1996年《刑事诉讼法》没有对“证据确实、充分”这一证明标准的具体含义作出规定，实践中学术界和司法机关存在不同认识，2010年的《办理死刑案件证据规定》对办理死刑案件的“证据确实、充分”的含义进行了解释，2012年《刑事诉讼法》增加认定“证据确实、充分”的条件的规定，进一步明确了刑事案件的证明标准，为司法机关准确适用这一标准提供了法律依据。

二、刑事证明标准研究综述

刑事证明标准的法律规定呈现出复杂的局面，学界对刑事证明标准的理论解读，则显得更加丰富多彩。以下将梳理学界对刑事诉讼证明标准概念的讨论。

（一）刑事证明标准的概念

1. 我国刑事证明标准的概念分歧

证明标准作为诉讼证明最基本的问题之一。理论研究对此相当重视，并将刑事诉讼法规定的“案件事实清楚，证据确实、充分”归纳为证明标准，并将证明标准定义为诉讼中的证明任务，或称证明要求，是指诉讼中对案件事实的证明所要达到的程度或标准。有论者将证明标准与诉讼效益结合起来，从诉讼效益角度来理解证明标准；[1] 也有学者从证明标准与刑事政策的关系来探讨证明标准，提出经验性证明标准的概念。[2] 基于以上证明标准，提出了认定被告人刑事责任的事实必须与客观上存在过的事实相符合的“客观真实的标准”，并具体化为：（1）每个证据都应查证属实；（2）据以定案的证据具有关联性；（3）据以定案的证据具有可采性；（4）属于犯罪构成各要件的事实均有相应的证据加以证明；（5）所有

---

[1] 陈响荣等：“诉讼效益与证明要求”，载《法学研究》1995年第5期。

[2] 左卫民、周洪波：“证明标准与刑事政策”，载《比较法研究》2006年第2期。

证据在总体上已足以对所要证明的案件事实得出确定无疑的结论，排除了其他一切可能性。❶

我国学者在证明标准的具体化要求方面的认识大致相同，但在其概念表述上存在差异，主要有三种观点。

第一种观点认为，证明标准与证明要求密切相关，将证明要求称为证明标准、证明任务、法定的证明程度、证明度等，并将它们在同等意义上交替使用，彼此不分。这种概念将证明标准归结为按照法律规定，认定一定的事实或者形成一定的诉讼关系，对诉讼证明所要求达到的程度或标准。证明所要解决的问题是确认在何种证明状态下可以采取某一诉讼行为，启动某一诉讼程序或者实现某一诉讼结果，这种证明状态体现为一定质的和量的证据所能达到的揭示全部或部分案情的明晰程度。

第二种观点认为，证明标准与证明责任紧密相关，并予以等同。证明标准和证明责任本质上是一物两面的概念，它们是从不同角度就同一个诉讼现象进行考察所得出来的不同概念，并认为刑事诉讼中的证明标准是负担证明责任的人提出证据，对案件事实加以证明所要达到的程度，它像一支晴雨表，昭示着当事人的证明责任能否解除。

第三种观点认为，证明标准有其特性或其独特性，认为证明标准指法律规定的，司法人员运用证据证明待证事实所要达到的程度，并注意到证明标准与证明要求、证明程度的区别，它们之间并非属于全然等值的术语。证明要求是一个抽象的目标，证明标准是衡量是否达到这一目标的具体尺度。

我国学界基于以上不同观点，对证明标准提出以下建议：（1）继续采用传统的“案件事实清楚，证据确实、充分”的证明标准；（2）采用“折中”的证明标准；（3）采用“排除合理怀疑”的证明标准；（4）采用“排他性”的证明标准；（5）采用“高度盖然性”的证明标准；（6）采用“确定无疑”的证明标准。❷

---

❶ 樊崇义：“客观真实管见——兼论刑事诉讼证明标准”，载《中国法学》2000 年第 1 期；陈光中、陈海光、魏晓娜：“刑事证据制度与认识论——兼与误区论、法律真实论、相对真实论商榷”，载《中国法学》2001 年第 1 期。

❷ 龙宗智：“‘确定无疑’——我国刑事诉讼的证明标准”，载《法学》2001 年第 11 期。

2. 国外有关证明标准的表述

我国学者对国外有关证明标准的概念与含义进行了研究，并形成了不同的研究成果。

英美法系证据法的证明标准一般采用“standard of proof”“the degrees of proof”的表述方式，通常译为“证明标准”“证明程度”。英美法系国家一般从当事人角度来理解证明标准，将证明标准视为负有证明责任的一方当事人提供证据证明其主张事实应达到的水平、程度或量（level，degree，quantum）。美国学者摩菲认为：“证明标准是指履行举证责任所必须达到的范围或程度，是证据必须在事实裁判者头脑中造成的确定性或盖然性的程度，是承担举证责任的当事人在有权赢得诉讼之前，使事实裁判者形成确信的标准，从履行证明责任的角度，它是证据质量和证据所需要的确信力的标尺。”[1]

英美法系国家最初适用的证明标准是对被告人定罪量刑必须有“明白的根据”。嗣后交替使用过其他不同用语，因受自由心证的影响，旨在表示“信念”的不同程度。都柏林审理的叛逆案件中将信念程度落在“疑”上，便形成了一直沿用至今的“排除合理怀疑”证明标准。“排除合理怀疑”的证明标准是一种以试错法和反证法来表述其含义的证明标准，与英美法系国家怀疑主义的思维传统有关。然因这一证明标准在实践操作中存在一定的困难，致使其在20世纪50年代受到英美国家法官及一些学者的批评。如英国的戈达德勋爵说：我认为与陪审团谈论合理怀疑是不幸的，因为解释什么是合理怀疑，什么不是合理怀疑通常是非常困难的，告诉陪审员合理怀疑不能是想象的怀疑，等于没有进行真正指导。[2]基于从实用主义出发的诉讼法理论，英美法系国家对证明标准作出了等级性解释。第一等是绝对确定。由于认识论的限制，认为这一标准无法达到，因此无论出于任何法律目的均无这样的要求。第二等是排除合理怀疑，为对刑事案件作出定罪裁决所要求，也是诉讼证明方面的最高标准。第三等是清楚和有说服力的证据，在某些司法机关在死刑案件中拒绝保释时，以及作出某些民事判决时有这样的要求。第四等是优势证据，是作出民事判决以及肯定刑事辩护时的要求。第五

---

[1] Peter Murphy：A Practical Approach to Evidence，Blackstone Press Limited，1992，p.104.

[2] J. D. Heydon：Evidence：Case & Material（Second Edition），London Butterworths，1984. p.32.

等是合理根据，适用于签发令状，无证逮捕、搜查和扣押，提起大陪审团起诉书和检察官起诉书，撤销缓刑和假释以及公民扭送等。第六等是有理由的相信，适用于“拦截和搜身”。第七等是有理由的怀疑，足以将被告宣告无罪。第八等是怀疑，可以开始侦查。第九等是无线索，不足以采取任何法律行为。[1]佛罗里达州立大学法学教授迈克尔·贝勒斯（Michael D.Bayles）认为：“人们常指出，说服责任有三级标准：较为可靠、确凿可信与毋庸置疑。从理论上讲，较为可靠指证据的真实性超过 50%，其他标准的要求更高。然而，有一些证据表明，法官和陪审团事实上把较为可靠改为指证据有 75% 以上的真实性，把毋庸置疑改为指证据有 85% 以上的真实性。这给确凿可信标准留下的余地很小。”[2]英国的起诉标准与作出有罪判决标准是不同的。如 1994 年《英国皇家检察官守则》第 5.1 条规定：“皇家检察官应当确信对每一个被告人提出的每一项指控，都具有‘预期可予定罪’所需的充分的证据。”

大陆法系国家主要从法官角度将证明标准理解为法官认定案件事实的尺度。如德国法学家汉斯·普维庭认为：“如果说证明评价仅仅限于检测证明是否成功，即法官可以否认个案中的某个事实已经被证明，那么证明尺度（有时也称证明标准、证明额度或者证明强度）则是一把尺子，衡量什么时候证明成功了；证明尺度也决定对某个具体内容的法官心证，它决定着法官凭什么才算得到了心证。”[3]

大陆法系国家的证明标准源于法国，是欧洲资产阶级革命时期反叛法定证据制度的产物，对证明标准一般表述为“内心确信”，并将其作为“自由心证”的基本内容。而德国刑事诉讼法典直接对“自由心证”作出规定，即“对证据调查的结果，有法庭根据它在审理的全过程中建立起来的内心确信而决定”。德国学者埃克罗夫和马森以刻度盘作为工具来说明证明标准。刻度盘的两端为 0 和 100%，从 0 到 100% 分为不同的级别。第一级为 1%~24%，第二级为 26%~49%，第三级为 51%~74%，第四级为 75%~99%。0 为绝对不可能，100% 为绝对可能。第一级为非常不可能，第二级为不太可能，第三级为大致可能，第

---

[1] 《美国联邦刑事诉讼规则和证据规则》，卞建林译，中国政法大学出版社 1996 年版，第 22 页。

[2] ［美］迈克尔·D. 贝勒斯：《法律的原则——一个规范的分析》，张文显等译，中国大百科全书出版社 1996 年版，第 67 页。

[3] ［德］汉斯·普维庭：《现代证明责任问题》，吴越译，法律出版社 2000 年版，第 91 页。

四级为非常可能，即高度盖然性。[1] 而日本的证明标准通常采用“高度的盖然性”，并认为“高度的盖然性”与“排除合理怀疑”的要求在实质上是一致的。随着刑事诉讼结构的当事人化，日本对证明标准的表述渐自舍弃“高度的盖然性”而采用“无任何合理怀疑”或者“排除一切合理怀疑”。日本学者认为：“‘高度的盖然性’的标准，是双重肯定的评价方法；‘超过合理的怀疑’的证明标准，是排除否定的评价方法。两者是同一判断的表里关系。”“这两种证明在程度上没有大的差别。”[2]

国外的“排除合理怀疑”与“内心确信”二者具有的相同的一面，在主观确信方面，内心确信意味着排除合理怀疑，二者是一个标准的两个方面，或者说是一项标准的两种操作性的表述。内心确信属于从正面表述为“自由心证”的刑事证明标准，而“排除合理怀疑”是“自由心证”另外一种表达方式。国外的这些学说与研究成果，引起了我国学者对证明标准问题的探索与研究，并以此作为完善或者改造我国刑事诉讼证明标准的理论参考。基于此，学习与研究刑事诉讼中的证明标准，需要对国外有关证明标准的理论进行考察与探索，因为这些研究成果或者规定对改善我国证明标准是有益的。

（二）我国刑事诉讼证明标准的理论

我国证明标准在立法上表述为“案件事实清楚，证据确实充分”。学者对证明标准的理解存在分歧，并在理论上形成了不同的观点。其中，“客观真实标准”和“法律真实标准”属于最有代表性的观点。

1. 我国刑事诉讼证明标准的主要理论分歧

20 世纪 80 年代前，我国有关证明标准的论述是“客观真实”。90 年代初期出现了不同的观点，21 世纪初引发了有关证明标准的争议，其中，“客观真实说”与“法律真实说”的争论最为激烈。

持传统客观真实证明标准的学者认为，客观真实是指，“客观存在的案件事实在司法人员主观认识中的正确反映。简言之，符合案件客观事实的认识，是

---

[1] ［德］汉斯·普维庭：《现代证明责任问题》，吴越译，法律出版社 2000 年版，第 108 页。

[2] ［日］田口守一：《刑事诉讼法》，张凌等译，法律出版社 2019 年版，第 444 页。

真实，不符合案件客观事实的认识，是不真实”。[1] 客观真实的证明标准源于诉讼法的任务，因为确定案件的客观真实，是诉讼的基本任务之一。“案件真实情况”，指的是案件的客观真实，而不是任何其他形式、其他程度的真实。[2] 我国诉讼中的证明任务是查明案件的客观真实或案件的真实情况……查明案件的客观真实，归根结底，就是要求司法人员的主观认识必须符合客观实际。而且，查明案件的客观真实是完全可能的。[3] 客观真实是指诉讼涉及的案件事实曾经发生或者实际存在的状态，是案件事实的真实状态，是指实际发生过的“原汁原味”的案件事实，是曾经存在过的事实真相。客观真实说对查明案件事实真相提出了四条具体要求：一是据以定案的每一个证据均经过查证，确是客观存在的事实。二是据以定案的证据与案件事实之间存在着客观联系。这种联系是客观的，而不是人为的、牵强附会的联系。三是证据之间、证据与案件事实之间的矛盾得到合理排除。四是案件事实都有相应的证据予以证明，并且排除了其他可能性。“其中第四点是最根本、最关键的要求。”[4] 由于我国诉讼立法未明确规定“客观真实”，这一术语是诉讼法学研究者的理论提炼和高度概括。它“不是一个具象的实在，而是法律家们在共同经验之上抽象归纳的结果……只能运用比喻的修辞手法来描述”。[5] 对客观真实标准提出质疑的学者主要从以下方面对其责问和发难。

一是人类认识能力的有限性制约了案件客观真实的发现。诉讼活动中对案件事实的认定是在特定条件、特定期限内进行的，在这种特定的条件、期限内，要求法院认定的每一个案件事实，都与实际发生的事实完全一致，事实上是难以做到的。“由此推论，那种主张‘客观真实’的证明标准，具体到诉讼中的证据法领域就是把案件事实绝对化，强调其客观真理的绝对性，忽视甚至完全置案件客观事实还具有相对的一面于不顾，这种将认识过程的某个片段或某个方面凝固化、绝对化的形而上学的认识方式，在理论上是有害的。”[6]

---

[1] 张子培等：《刑事证据理论》，群众出版社 1982 年版，第 94 页。
[2] 巫宇甦主编：《证据学》，群众出版社 1983 年版，第 78 页。
[3] 陈一云主编：《证据学》，中国人民大学出版社 1991 年版，第 114–116 页。
[4] 陈光中等：“刑事证据制度与认识论”，载《中国法学》2001 年第 1 期。
[5] 张卫平：《民事证据制度研究》，清华大学出版社 2004 年版，第 220 页。
[6] 毕玉谦：《民事证据法及其程序功能》，法律出版社 1997 年版，第 72 页。

二是客观上已经发生的案件事实，在外界是会留下各种物质、痕迹，包括通过经历者感官形成的某些感知、印象，为再现原始事实提供了材料和根据。然因时间的不可逆性，这决定了无论采取何种方法、手段，都无法将案件事实原原本本地回复到发生当时的原始状态。

三是司法人员是社会中的普通一员，具有常人所有的一切因素，如性格、情绪、喜好等，况且法官与法官之间心理素质、职业水平、道德情操、价值观念、智商高低等并不整齐划一，这些都会对案件事实的认定打下不同的烙印，特别是要求法官的事实认定都达到主观符合客观的程度是不现实的。

四是诉讼中的证据运用活动包含着一系列法律价值的实现和选择过程，而这种“法律价值的冲突与协调也造成了证明的相对性”。[1]

持“法律真实说”观点的学者认为，法律真实，是指“裁判人员运用证据认定的案件事实达到了法律所规定的视为真实的标准，在诉讼证明的过程中，法官运用证据、逻辑推理和经验法则，对案件事实的认定应当符合实体法和程序法的规定，应当达到从法律的角度认为是真实的程度”。[2]这一观点强调在理论上区分两种事实，即客观事实和法律事实。认为案件发生时的事实是原始状态的实际事实，属于自然事实、自在事实，在诉讼的视野中，纯粹的客观事实是不存在的，在诉讼中再现的仅仅是法律意义上的事实，而非原始状态的实际事实。原始状态下的实际事实如果不通过法律规定的程序和规则进行审查、判断、认定，就不能产生法律上的后果。法律意义上的事实是事实因素与法律相结合的产物，是获得了法律的评价，带有法律价值判断色彩的事实。司法人员在作出裁判时，作为其裁判基础的事实只能是在法律规范约束下形成的法律事实。而这种法律事实是在证据裁判主义的基础上产生的，即法官对案件客观事实的认识是通过证据来完成的，没有证据就没有事实，有什么样的证据就有什么样的事实。证据先经过法律的评价，带有法律价值色彩，才成为法官认定案件事实的前提和手段。

绝大部分法律真实论者并不否认客观真实的存在，只是因为裁判者根本不知道客观事实究竟是什么样子，所以人们无法将诉讼中根本不存在的客观事实作为

---

[1] 樊崇义等:《刑事证据法原理与适用》，中国人民公安大学出版社 2001 年版，第 16 页。

[2] 樊崇义:“客观真实管见——兼论刑事诉讼证明标准”，载《中国法学》2000 年第 1 期。

判断裁判者主观认识的具体尺度。即使认识达到了与客观事实相一致的程度，也无从知晓。客观真实论是将案件发生时的原始状态下的事实，作为比对法官诉讼中的认识结果（即法律事实）是否符合客观存在的事实原貌的参照物，这样就造成了一个悖论，客观事实一方面要靠在刑事程序中发现的事实来认定，另一方面又要作为认定案件事实的参照。

“客观真实”与“法律真实”的争论为证明标准制度提供了理论依据。这种理论依据既支持着一种制度的确立，也支持着一种制度的运作。在制度运作层面，以“法律真实说”作为正当化依据是有缺陷的，因为在案件审理已尽，仍真伪不明时，法官应依照举证责任规则作出判决，“法律真实说”不解释为什么这样做。于是，有学者对“法律真实说”进行责难，并认为，“法律真实”根本不存在，因为在案件事实不明或者尚处于争议之中时，法律不可能规定何为真、何为假，因此“法律真实”本身就是一个伪概念。[1]我国学者对刑事诉讼中的证明标准争议与分歧，主要在证明标准是否应当继续坚持客观真实的理念追求，能否设立绝对化、精确客观的证明标准，是否应当根据不同的证明对象设置不同的证明标准及如何设置问题，特别是如何修正我国现行刑事证明标准的法律表述问题上。这些争议为理论的进一步研究提供启迪。

2. 我国刑事证明标准理论的多样化

在“客观真实”或者“法律真实”争论中又产生了一些新的观点和理论。这些新的观点与理论主要包括相对真实论、接近真实论、证明标准的科学理论、证明标准不同层次论。这些研究成果对于从多视角、多层面来理解刑事证明标准具有积极的意义。

（1）相对真实论与接近真实论理论。有论者认为，“司法证明的结果都只是相对真实，不是绝对真实”。[2]“公安司法人员的主观认识只能最大限度地接近案件的全部客观事实，而不能查明案件事实的每一个情节。从这个意义上讲，案件

---

[1] 张继成、杨宗辉：“对‘法律真实’证明标准的质疑”，载《法学研究》2002 年第 4 期。

[2] 何家弘：“论司法证明的目的和标准——兼论司法证明的基本概念和范畴”，载《法学研究》2001 年第 6 期。

真实永远是相对真实。”[1]也有论者认为，我国学者大多以法律真实为标签，有的在法律真实的名目下进一步贴上了确定无疑、排除合理怀疑或排除一切合理怀疑等小标签，无论对新的证明标准如何称谓，其实质目的都应该是主张只能以或然性的事实认定即相对真实作为中国刑事证明的法律标准。[2][3]从上述争论来看，相对真实论与接近真实论也逐渐成为学者们的重要观点。

（2）证明标准的科学理论。有论者以“法律真实说”与“客观真实说”的比较、批判和反思为基础，提出了与新的关于刑事证明标准的科学理论。

“客观真实说”和“法律真实说”存在如下共同问题：①未认识现实中的证明标准之真谛。“客观真实说”和“法律真实说”虽然都肯定了现实中的三种对刑事证明标准的表述，即英美法系国家所奉行的“超越合理怀疑”、大陆法系国家所奉行的“内心确信”以及我国的“事实清楚，证据确实、充分”，却未认识到这三种关于刑事证明标准的法律表述之真谛。因为这些观点实际上均表达关于主观信念的要求，而非是确定意义上的“标准”。如果脱离了主观信念，事实自身既无所谓“清楚”，也无所谓不“清楚”。如果脱离了主观信念，证据本身既无所谓“确实、充分”，也无所谓不“确实”或不“充分”。这不仅仅是理论上的推断，而且也早已为有关刑事证明的实践所证明。同样的案件事实与证据若呈现于不同法庭之上，即使不同的法庭均信奉“超越合理怀疑”，也往往可能得出完全不同的结论，这当然证明了“超越合理怀疑”只不过是关于主观信念的要求，不足以成为具有外在于主观信念的“标准”。②不清楚所讨论之刑事证明标准的特点。“客观真实说”和“法律真实说”均讨论了刑事证明标准的特点问题，其观点基本相同，即都认为刑事诉讼因直接关系着公民的基本权利，其证明标准原则上必须高标准、严要求；查明案件必须借助于证据，案件事实清楚必须表现为证据的“确实、充分”、逻辑一致。然而，两者并未认识到其所讨论的刑事证明标准的真正特点，即确定性与科学性。而“客观真实说”和“法律真实说”所提

---

[1] 陈光中等：“刑事证据制度与认识论——兼与误区论、法律真实论、相对真实论商榷”，载《中国法学》2001 年第 1 期。

[2] 周洪波：“刑事证明标准问题之争中的四大误区”，载《清华法学》2008 年第 5 期。

[3] 王敏远：《一个谬误、两句废话、三种学说——对案件事实及证据的哲学、历史学分析》，中国政法大学出版社 2013 年版，第 10–23 页。

供的证明标准，既不具有确定性，也不具有科学性。③为不当的研究方法所困。“客观真实说”和“法律真实说”由于不清楚其所讨论之刑事证明标准的特点，各自得到了一些并不科学的结论，其原因在于均为不当的研究方法所困。该观点在反思上述两种理论的基础上，得出研究者应当改变研究方法的结论，并提出了“关于证明标准的科学理论”。

刑事证明标准的理论应是一种能够对现实起充分说明作用的理论，是一种能够对现实的发展具有指导意义的理论，包括以下方面：一方面，刑事证明标准应符合科学与常识（社会理性）。在诉讼实践中人们主要依据科学与常识来判断案件事实与证据。有的问题不能或不便由科学提供依据时，人们往往需要依据常识作出判断。如在没有其他证据可以用作判断依据时，面对两个不同证人的不同证词时，人们往往以证人与本案或是案件当事人等有无利害关系、证人的感知能力、证人在以往的经历中所表现的诚信度、自己的证词前后有无矛盾、该证词与其他证据的关系等，作为判断其证词真假的根据。而这些之所以成为判断真假的根据，实际上就是因为常识。另一方面，应通过程序来控制刑事证明的任意性。对刑事证明的肯定或否定的任意性问题，是我国以往的刑事证明标准理论试图解决的一个主要问题。在科学与常识并非绝对固定——不仅其自身不断发生着变化，更重要的是，每种具体的科学原理及技术、常识在不同案件中的运用，其意义也不可能是固定——的前提下，我们对刑事证明的肯定或否定的任意性问题的解决，就绝不能指望法律对何为真实予以具体规定的方式。对刑事证明的实践而言，不仅面临着“任意性”问题，而且还需要解决“正当性”问题。如果说刑事证明作为控诉方的一种活动，不论这种证明是否遇到来自辩护方或其他方面的质疑，裁判者对这种证明的肯定或否定的“正当性”依据，显然并不能完全与其解决“确定性”的依据同一。就此而言，刑事证据规则中的人权保护或权利保护的内容，是解决“正当性”的问题的重要依据。但应当认识到，刑事证据规则中的人权保护等价值，固然是非法证据排除规则的基础，因而只能够为否定刑事证明提供“正当性”的根据，却并不能为肯定刑事证明提供“正当性”的根据。[1]

---

[1] 王敏远：《一个谬误、两句废话、三种学说——对案件事实及证据的哲学、历史学分析》，中国政法大学出版社 2013 年版，第 186-191 页。

（3）刑事诉讼不同层次的证明标准。有论者对诉讼不同阶段的证明标准问题进行探讨。认为现行刑事诉讼法对不同阶段证明标准存在基本相同的规定，针对刑事诉讼的立案、侦查、强制措施、起诉、审判等提出了不同的证明标准。这一多层次的证明标准理论得到了一些学者支持。❶

根据证明对象的差异和诉讼阶段的不同，刑事诉讼的证明标准应当有层次性。①刑事诉讼的不同阶段诉讼目的和任务不同，诉讼主体及其采取的诉讼行为不同。这些因素决定了不同阶段适用不同的证明标准。②证明活动是一个由浅入深的认识过程，这一过程因受认识规律的制约，不同阶段证明标准也应当不同。移送起诉、提起公诉的证明标准应低于有罪判决的证明标准。③所有诉讼阶段必须达到刑事诉讼的最高标准脱离实际。由于案情的复杂、侦查技术手段和办案人员素质的限制，加上证明过程的不完全（尚未对证据进行质证和辩论）等原因，要求移送和提起公诉都必须达到刑事证明的最高标准，显然是不切实际的。超越实际的过高要求所导致的结果，只能是法律无法得到遵守，反而有损法律的尊严。④所有诉讼阶段必须达到刑事诉讼的最高标准，没有充分考虑司法资源的有限性，不利于节约诉讼成本，忽视了诉讼效率，不符合法律适用中的及时性要求。在这种最高标准的影响下，公安机关片面追求起诉率，检察机关片面追求有罪判决率，因而在司法实践中不仅造成了司法资源和诉讼成本的浪费，还容易导致对犯罪的放纵。

有论者认为，立案侦查阶段因证据比较少，很难对案件真实作出非常准确的判断，其主要任务为收集证据，目的是通过侦查对案件获得感性认识。由于这种认识具有局限性，其证明标准一般较低，可以将有犯罪事实需要追究责任作其证明标准。移送审查起诉的证明标准为“明晰而有说服力的证明”，侦查机关认为侦查终结的案件犯罪事实清楚、证据有相当的说服力的，可以移送同级人民检察院审查决定。提起公诉的证明标准为内心确信，检察人员根据自己的经验和理智，认为本案的证据已经足以令其相信被告人实施了被指控的犯罪，并预测本案的审判结果有较大的定罪可能性时，就可以提起公诉。刑事诉讼中定罪的证明标

---

❶ 卞建林主编:《刑事证明论》，中国人民公安大学出版社 2004 年版，第 258–260 页；陈光中主编:《刑事诉讼法》，北京大学出版社、高等教育出版社 2005 年版，第 186–187 页。

准为“排除合理怀疑”，法院认定被告人有罪，必须达到证据确实、充分、排除合理怀疑的程度。

但也有论者持否定观点，不同诉讼阶段应当适用相同的证明标准。证明标准应是整个刑事证明行为的标尺，适用于各个诉讼阶段，适用于一切刑事证明的场合；证明标准主要是为负有证明责任的主体设立的，检察官提起公诉时要用这个标准审查起诉的事实是否有证据确实充分地证明，而此前检察官对于侦查终结的案件自然也应使用同样的标准进行审查，否则就不能作出是否应当提起公诉的正确决定。至于审判阶段，法官也同样运用这一标准来衡量和确认案件事实，形成自己的内心确信。如果我们给刑事证明设立几个标准，无论在理论上或者应用上都会造成紊乱，显然是不可取的。[1]

（4）刑事诉讼不同性质案件的证明标准。有论者针对案件性质的不同，特别是重罪与轻罪，提出采用不同证明标准的观点。也有论者提出，对死刑案件的定罪与量刑“分而治之”的证明标准。[2]有学者认为，要区分案件的不同性质，采用不同的证明标准。死刑案件应当把握严格的证明标准，即合理地排除了无罪的怀疑。在被追诉人负举证责任情况下应采用优势证明标准，即在举证责任倒置的情况下，被追诉方承担举证责任，由于控辩双方承担的举证责任的目的和功能不同以及控辩双方在举证能力上的差异，使得其证明标准必然不能与控方的证明标准相提并论。辩方承担举证责任的证明标准应当低于控方。[3]

但也有学者认为，“排除合理怀疑的标准”不是死刑案件的证明标准。基于《联合国关于保护死刑犯权利的保障措施》第4条规定的“只有在对被告的罪行根据明确和令人信服的证据而对事实没有其他解释余地的情况下，才能判处死刑”。死刑案件的证明标准应当高于“排除合理怀疑的标准”。有论者认为，在定罪问题上不存在差别性的证明标准，其定罪的规格应当是一致的，不能有任何的含糊。在《办理死刑案件证据规定》征求意见中曾从正反两方面对此作出规定，

---

[1] 徐静村：“我的‘证明标准’观”，见陈光中、江伟主编：《诉讼法论丛（第7卷）》，法律出版社2002年版，第15页。

[2] 陈卫东、李训虎：“分而治之：一种完善死刑案件证明标准的思维”，载《人民检察》2007年第8期。

[3] 李培龙等：“证明层次理论下的公诉证明标准”，载《华东政法大学学报》2008年第1期。

即“事实清楚，证据确实、充分，排除一切合理怀疑”。对此存在不同意见。检察机关提出，我国刑事诉讼法规定并强调的刑事案件的证明标准是事实清楚，证据确实、充分，而事实清楚，证据确实、充分，排除一切合理怀疑的证明标准，突破了刑事诉讼法证明标准的范围，建议作出修改。公安机关提出，“从宽处罚事实”的证明标准和对被告人定罪证据应当达到确实、充分，排除一切合理怀疑的证明标准明显不同。最后删除了“排除一切合理怀疑”的规定。[1] 这种分歧对于深刻理解“事实清楚，证据确实、充分，排除一切合理怀疑”具有重要意义。

（5）其他因不同原因而需确定的不同证明标准。①不同证明对象的证明标准。证明对象存在实体法事实与程序法事实的差异。因实体法事实与程序法事实的价值不同，其证明标准也应当不同，实体法事实与程序法事实的证明标准也应当区别对待。实体法事实应当采用较高的证明标准，而程序法事实适用较低的证明标准。在诉讼理论上普遍认为对程序法事实的证明标准应当低于对实体法事实的证明标准，司法实践中也是这样理解和掌握的。对实体法事实与程序法事实的证明采用差别证明标准，以体现诉讼证明标准的层次性和科学性。②不同诉讼主体的证明标准。不同证明责任承担主体适用不同的证明标准。控辩双方在分别承担责任时，应当适用差别证明标准。控方应当承担最高、最严格的证明标准，达到排除合理怀疑的程度；而辩方证明只要使事实裁判者对控方主张发生合理怀疑即可。[2] ③不同学科的证明标准。证明标准从不同的角度看有不同的表达方式。通常有心理学标准、逻辑学标准和概率标准。任何一个案件的证明均存在着这三个不同角度的证明标准。④关于量刑的证明标准。但对量刑的证明标准，存在三种不同意见。

第一种意见认为，量刑的证明标准应当比定罪的证明标准低，在证明从重、从轻、减轻、免除刑罚或应适用缓刑等方面只需达到优势证明程度即可。

第二种意见认为，对量刑事实的证明应当区分罪重事实和罪轻事实，适用不同的证明标准：罪重事实适用排除合理怀疑的证明标准；罪轻事实适用优势证明标准。

---

❶ 郭华、王进喜主编:《〈办理死刑案件证据规定〉与〈非法证据排除规定〉的释义和适用》，中国人民公安大学出版社 2010 年版，第 26 页。

❷ 卞建林主编:《刑事证明论》，中国人民公安大学出版社 2004 年版，第 262–263 页。

第三种意见认为，由于定罪事实与量刑事实存在交叉，量刑事实的证明标准应分两种情况：对定罪与量刑重合或交叉的事实的证明应采用定罪证明标准，尤其是对死刑案件的证明；对其他量刑事实的证明可采用优势证明标准。

另外，有论者还针对不同的犯罪构成要件，其证明的难易程度的不同以及在犯罪构成中的重要程度的不同，提出了对不同犯罪构成要件采用不同的证明标准。还有学者认为，从证明标准设置的一般原理来看，量刑事实没有必要像定罪事实那样设定最高的证明标准。大陆法系国家的司法实践要求将不利于被告人的量刑事实和有利于被告人的量刑事实区分开来；英美法系国家量刑事实的证明以争议为前提且将争议的量刑事实区分为罪轻情节和罪重情节，并设置了不同的证明标准。根据量刑情节对量刑之影响，将量刑情节划分为罪轻情节、一般罪重情节、“升格”加重量刑情节，并根据不同的事实设置相应的证明标准。[1]

有观点认为，证明标准有其“隐性层次”，即程序的严格程度。[2]

以上刑事证明标准问题的激烈争执，在学界持续了多年，基本上是无果而终。这可能主要不是由问题本身的复杂性所致，而是因为争执中存在着诸多误区。其中，最为要害的是，案件与案件事实之间的误区、真理与事实之间的误区、事实的主客观性与“事实确信”的主客观性之间的误区、哲学主义与证明标准之间的误区等，使我们无法看清中国与有代表性的现代法治国家在刑事证明标准方面的实质差异，以及在这种比较中所呈现出来的中国问题。以上需要研究的问题不仅包括证明标准如何构建问题，还包括构建证明标准是否可能的问题，更为主要的是能否科学构建证明标准问题。

---

[1] 汪贻飞：“论量刑程序中的证明标准”，载《中国刑事法杂志》2010 年第 4 期。

[2] 孙远：“论认罪认罚的证明标准”，载《法律适用》2016 年第 11 期。

第二节　刑事证明对象概述及学术观点综述

证明对象是刑事诉讼证明活动的起点和归属，是认识证明责任的一个基础概念，也是我国刑事诉讼法学界存在争论的问题之一。其争论的焦点主要集中在刑事证明对象的范围及其与举证责任的关系等问题。

一、证明对象及其研究的意义

证明对象，又称待证事实、证明客体、争议事实或者要证事实，是指司法机关和当事人在诉讼活动中需要运用证据加以证明的事实。这些事实是指对诉讼请求的成立或者裁判的作出具有法律意义，从而需要运用证据加以证明的法定要件事实。[1]有关刑事证明对象争论焦点主要集中在范围上。有论者认为，刑事证明对象包括实体法事实、程序法事实和证据事实；也有论者认为，刑事证明对象仅包括实体法事实和程序法事实；还有论者将刑事证明对象的范围仅仅限制于实体法事实。

刑事证明规则的核心内容是规定哪些事实需经严格证明，哪些事实经自由证明即可。只有明确了证明对象，才能进一步明确由谁负责证明（证明责任），证明到何种程度为止（证明标准）以及如何进行证明（证明程序）；也只有明确了证明对象，取证、举证、质证和认证等证明活动才能有的放矢进行。[2]研究证明对象对于深入研究其他证明问题具有特别重要的意义。研究刑事证明对象需要解决的中心问题是确定证明范围，而证明对象的明确对于办案人员在办案中确定查证的范围，及时全面地查明案情，分清主次和缓急，进而有重点、有次序地安排

---

[1] 卞建林、谭世贵主编:《证据法学》，中国政法大学出版社 2010 年版，第 383 页。

[2] 何家弘主编:《新编证据法学》，法律出版社 2000 年版，第 282 页。

工作、提高效率均具有非常重要的指导意义。

二、证明对象问题研究综述

20 世纪 90 年代中期前，对证明问题的研究多集中在证据的属性、证据的种类和证据的收集、审查判断上，很少论及证明对象。20 世纪 90 年代中期后，对证明对象研究日益发达，形成不同观点。

（一）关于证明对象的基本观点

刑事证明对象通常被理解为刑事诉讼中的案件事实，主要包括犯罪行为是否发生、是否系被追诉人所为及其情节轻重的事实，即所谓“实体法事实”。由于现代刑事诉讼对于诉讼证明活动施加程序控制，以保障诉讼证明的正当性与合法性，因而使回避的事实、管辖的事实、期限是否可以延长的事实、采取强制措施的事实、申请证据保全的事实等所谓“程序法事实”也成为了证明对象。作为证明对象的“案件事实”具体包括哪些内容，在学界是一个颇有争议的问题。

第一种观点认为，证明对象是指“由实体法律规范所确定的、对诉辩请求产生法律意义的、应当由当事人提供证据加以证明的事实”。这种观点强调证明对象限于实体法事实。

第二种观点认为，证明对象是“需要用证据予以证明的待证事实”，而“待证事实包括实体法事实、程序法事实和证据事实”。

第三种观点认为：“证明对象是调查人员办理案件必须运用证据予以证明的案件事实……主要是由实体法所规定的行为人的行为是否构成犯罪，以及民事争议、行政争议所涉及的事实。此外，在诉讼中对解决诉讼程序具有法律意义的事实……因与正确处理案件密切相关，也是在调查中应当予以证明的事实。”

（二）证明对象的分歧与争议

有关证明对象问题研究，对案件事实作为证明对象不存争议，其主要分歧在程序法事实和证据事实问题上。

1. 证据事实是否为证明对象

一种观点认为，证据（对象）事实是证明对象。理由是：任何证据事实，其本身不能证明自身的真实性，必须通过与其他证据的对照，比较才能确认某一证据是否真实可靠。证据既是证明的手段，同时也应当是需要证明的对象。另一种观点认为，证据事实不是证明对象。主要理由是：①从证据事实与案件事实的关系方面看，两者作为证明对象，有些是重合的。直接证据事实与案件主要事实有重合的情况，间接证据事实与案件事实也有重合的情况。既已重合就没有必要再将其列为证明对象。②从证据事实的作用看，证据事实归根结底只是证明实体法和程序法事实的手段。从证明过程看，它虽然属于需要查明的事实，但就证明的最终目的而言，它只是一个中间环节，是证明手段，而不是证明对象。

2. 程序法事实是否为证明对象

一种观点认为程序法事实是证明对象。理由包括：把程序法事实列为证明对象，既有法律根据，又有实际意义。另一种观点否认程序法事实是证明对象。其理由是：如果把程序法事实列为证明对象，可能导致办案人员注意力分散，影响办案效率，还可能把举证责任转嫁到被告人身上。因为程序立法的目的和任务是为了保证实体法准确、及时地实施。在案件的处理上，它始终处于从属地位。从程序法事实对案件本身的影响看，案件涉及的实体法事实对确定被告人罪与非罪、罪轻罪重以及最后量刑的问题，虽有一定影响，但不起决定作用。从程序法事实的举证主体看，不一定是司法人员，有时也可能是被告人，因为有些程序事实，只有被告人才能证明清楚。但是，根据证明责任的理论，不能也不应将举证责任转嫁到被告人身上。

（三）研究证明对象的方法、视角与进路

对刑事证明对象的研究方法和进路问题，有学者认为，在研究证明对象的界定上应采取以下方法：一是采取联系的方法。理论联系实际，不仅要联系我国证据制度需要和可能，还要联系司法经验以及结合典型的问题和新情况研究，联系诉讼制度并结合证明主体、证明的方法、目的和标准研究。二是用比较研究的方法。随着我国经济、文化、科技等领域的拓宽，司法界的国际交往也日益发展，坚持从我国国情出发，借鉴他人之长，在主要研究我国证据要素的同时，还要了

解国外现行的证据理论，通过比较借鉴，完善和丰富我国的证据理论。[1]

关于研究证明对象的视角，有论者认为，在证明对象的理论研究中采用以法律规范为线索的研究进路，这是多数诉讼法学教科书在证据制度一章和证据法学教材在论及证明对象时所采取的描述方法。在此种研究进路之中，法律规范的内容是研究的基本脉络。该进路的优势在于：明确划定了证明对象的抽象范围、结构简单清晰、层次较为分明，因而常被介绍基础知识的教材而非研究类著述采用。其缺陷在于：抽象笼统的证明对象的表述，在具体的诉讼活动中显得虚空无力。此外，如果将此进路作为一个基本理论范畴，研究的主要内容也是缺乏深度和反思力的。

因此，研究应把关注的重心引向具体的证明对象，借助于“证明对象的功能”将证明对象的研究分为三个层面进行阐述，即抽象存在的证明对象、诉讼层面上的具体化的证明对象、需证据证明的证明对象。这是三个层次渐次缩小了证明对象的范围，是一个以抽象存在的证明对象为最外圈、需证据证明的证明对象为最内圈的同心圆。与前一进路不同之处在于，它以更多的笔墨关注了诉讼层面具体化的证明对象和毋庸证明的证明对象，尤其是通过这种逐渐缩小的层次关系，由静态的关注转为对动态的诉讼活动的关注。研究者主要以实体法事实为例，依诉讼主张的线索，阐述了控方“实体证明对象的初步确定”和辩方“实体证明对象的增补、调整”。通过具体的诉讼主张确定了具体存在的证明对象的范围。这一研究路径的优势是将研究从笼统空洞引入细致具体的探讨，并且借助渐进的证明对象范围，使抽象与具体的衔接、类型化事实与具体举证证明事实的衔接更为顺畅。此外，该进路还将证明对象与证据法学和诉讼法学中的其他范畴和研究领域联系起来，特别是与主张责任、证明责任、诉讼模式等理论紧密连接，并着意勾画一个动态的证明对象理论。其不足在于，忽视了作为证明对象研究基础的事实。正因在这方面欠缺考虑，可能使之丧失了将证明对象的研究向纵深拓展的机会。

对事实进行剖分，可将事实按不同的标准分类，进一步考察证明对象所对应事实的具体所指。该观点主要是通过案件事实与争议事实的比较和考察，界定了

---

[1] 闵春雷、刘铭：“证明对象研究走向评析”，载《吉林大学社会科学学报》2009 年第 2 期。

我国的证明对象应是介于案件事实和争议事实之间的“法律要件事实”。通过待证事实和免证事实的分析，指出待证事实和免证事实是证明对象的一体两面，不能忽视免证事实的研究，通过对案件事实的单一性与同一性的分析，将证明对象与诉讼客体相联系，不仅考察在一个切面内的证明对象问题，而且随着诉讼的流程考察纵向上的证明对象问题，如起诉事实和审判事实的关系。该研究进路的优势是以事实为基点，通过分析事实的方法和角度的变化，使证明对象的研究更趋多样化，并拓展了研究涉及的范围。

第三节　刑事证明责任研究概述

证明责任是诉讼中的一种特殊的责任，其重点并不在于哲学上的认识论，而在于诉讼中公正如何实现，与诉讼中的相关主体的职责分配、诉讼结构等密切相关。证明责任肇始于古罗马法时代确立的“谁主张，谁证明”的原则。1883 年德国学者尤力乌斯·格拉色（Julius Glasser）最早对证明责任的概念进行分解，后经过莱昂哈德、罗森贝克以及普维庭的努力得以发展，使证明责任的研究不断得以深化。英美法系国家的证明责任作为证明负担（burden of proof），主要包括提证责任、举证责任和说服责任。我国古代没有证明责任的概念，1910 年的《大清民事诉讼律草案》最早将证明责任作为法定概念。

一、关于刑事证明责任的基本问题

举证责任又称证明责任。我国《刑事诉讼法》的许多内容与证明责任问题相关。从刑事证明责任分配的角度来说，如果公诉机关所举出的被告人的犯罪证据不充分，则需要承担其指控不被认可的后果。我国《刑事诉讼法》明确了“公诉案件中被告人有罪的举证责任由人民检察院承担，自诉案件中被告人有罪的举证责任由自诉人承担”。对证明责任问题，我国实体法也存在一些规定，如《刑法》第282条第2款、第395条分别规定：“非法持有属于国家绝密、机密的文件、资料或者其他物品，拒不说明来源与用途的，处三年以下有期徒刑、拘役或者管制。”“国家工作人员的财产、支出明显超过合法收入，差额巨大的，可以责令该国家工作人员说明来源，不能说明来源的，差额部分以非法所得论，处五年以下有期徒刑或者拘役；差额特别巨大的，处五年以上十年以下有期徒刑。财产的差额部分予以追缴。”研究证明责任首先需要理解以下几个方面的问题。

（1）证明责任的宗旨。确定证明责任是为解决在刑事审判中系争事实真伪不明时的不利后果应当由哪方承担的问题。理论上确立证明责任的功能并不是解决由何方提供证据，而是要解决案件事实经过法庭调查后仍处于真伪不明的问题。在一定意义上说，证明责任是一种诉讼风险的分配问题。

（2）证明责任涉及控辩双方责任的分担。一般来说，证明责任由提出（肯定性的）诉讼主张之人负担，而否定其诉讼主张之人不负担证明责任。根据无罪推定原则和实体法规范的结构，刑事证明责任一般应由控方承担，辩方不承担。这种控方承担证明责任尤其是由其消极承受不利的诉讼后果必然会促进其积极地提供证据，这样要求，更有利于案件事实的查明，也更符合理论上确立此制度的目的。

（3）法院不承担证明责任。法院尽管没有证明责任，但为求实体真实，仍应依职权负担“澄清案情”的义务。

刑事证明责任还与刑事诉讼制度、程序、司法制度以及刑事实体法密切相关。对证明责任问题的研究，往往需要将其置于刑事诉讼制度、程序、司法制度甚至于刑事实体法的背景之中。诉讼参与者在诉讼中享有申请证据调查的权利、提出证据的权利、质疑证据的权利。但这些都是权利，而非责任。

二、证明责任研究综述

根据上文的说明与介绍，可以看到，刑事证明责任是个需要深入探讨的问题。国内外对该问题进行了广泛而深入的研究。对学界相关讨论情况进行梳理，可为进一步研究提供基础。

（一）证明责任的性质

自1883年格拉色将证明责任区分为主观证明责任和客观证明责任以来，德国的诉讼法学者虽对这一划分进行了深入的研究和批判，但划分方法却是相同的。在美国，赛耶提出的“双层次证明责任概念”。根据该理论，证明责任是说服责任与提出证据责任的通称，如果没有明确的指涉，专指陪审团不能排除合理怀疑时的败诉风险。我国学界对证明责任性质主要存在以下几种观点。

1. 权利说

该学说认为，当事人提供证据是自己行使诉讼权利的体现，主要是一种权利，因此，证明责任具有权利的属性。“因为古日耳曼诉讼中的正式的证明制度，仅允许一方当事人加以证明，排除另一方当事人进行反证，所以，证明被视为被允许加以证明的当事人的权利。”[1]“权利和义务总是相对应的，一方义务的不履行一般总会侵犯对方的权利。而证明责任或举证责任的未完成状态，只会使己方的利益受损，不会侵犯对方的权利。”[2]

2. 义务说

该学说认为，证明责任指由谁承担提出证据并运用证据证明案件事实的义务。[3]证明责任的作用是促使当事人提供证据证明其主张，如果当事人不能提供证据证明其诉讼主张，他将受到不利的裁判，因此，提供证据具有义务的属性，是当事人的义务。并认为“权利说”难以成立，因为权利享有者可以放弃权利，而不会给其造成不利后果。

3. 风险说

该学说认为，证明责任是指司法机关或某些当事人应当收集或提供证据证明所认定的案件事实或有利于自己主张的责任，否则，将承担其认定或主张不能成立的危险。[4]证明责任是当事人为了使法院支持其诉讼主张或者为了避免败诉的风险，而不得不负担的提供证据进行证明的一种法律责任。证明责任是一种承担不利后果的负担，因为“它涉及真伪不明时，总有一方要承担不利后果的问

---

[1] ［德］莱奥·罗森贝克：《证明责任论》，庄敬华译，中国法制出版社2002年版，第56-61页。

[2] 胡锡庆主编：《诉讼证明学》，中国法制出版社2002年版，第190页。

[3] 徐静树、樊崇义主编：《刑事诉讼法学》，中国政法大学出版社1994年版，第159页。

[4] 严瑞：“诉讼中证明责任探讨”，载《中国法学》1991年第3期。

题”。[1] 证明责任主要表现为当事人在未能举证或者证明不能时所负担的一种败诉风险责任。

（二）证明责任的理论研究现状

有论者对大陆法系与英美法系的证明的不同进行了分析，并认为大陆法系的行为责任与结果责任以及英美法系的提出证据的责任与说服责任，植根于不同的法律体制，既有共同之处，又有一定的区别。行为责任与结果责任的两分法概念是大陆法系一元法庭的产物。即担任庭审主持与诉讼指挥并主持审判的法官与事实审理（判定）者相分离的情况下，就产生了对法官的责任（提出证据的责任）与对陪审团的责任（说服责任）的举证责任区分。因此，如果作简单的比较，“行为—结果”责任是形式与实质的关系，是法律要求与责任后果的关系，亦即“表里关系”；“提出—说服”责任则是举证责任的阶段性体现，而不同阶段有不同的行为要求（这种要求的不同集中体现在证明度的不同），如果不实现这种行为要求都会承担相应的结果责任，因此这组概念处理的是诉讼程序中产生的证明责任关系问题。[2] 我国学者强调提供证据责任与说服责任是相互独立的责任，并列出了七点区别：针对的职能不同；发生的时间不同；实际的后果不同；设置的目的不同；检验的标准不同；转移与否的不同以及证明标准的不同。[3]

（三）对我国证明责任的讨论

学界主流的观点是：刑事诉讼中的证明责任的承担主体主要是控方。因为是控方发动了起诉并认为被告人有罪，要求审判机关追究其刑事责任。无罪推定原则要求：①提供证据证明被告人有罪的责任由控诉一方承担，不得采用酷刑和其他非法方法收集证据。②控诉一方履行证明责任必须达到“案件事实清楚，证据确实、充分”或者不存在合理怀疑的程度，若不能证明被告人有罪或者证明达不到法律的要求，则应判定被告人无罪，所谓疑罪从无，疑案作有利于被告人的处理。③被告人有辩护的权利，却没有证明自己无罪的义务，不能因为被告人未能

---

[1] 胡锡庆主编：《诉讼证明学》，中国法制出版社 2002 年版，第 190 页。

[2] 龙宗智：“刑事证明责任制度若干问题新探”，载《现代法学》2008 年第 4 期。

[3] 黄维智：《刑事证明责任研究》，北京大学出版社 2007 年版，第 13–15 页。

证明自己无罪而认定被告人有罪。[1]关于证明责任问题的讨论还涉及以下内容：

1. 检察官的证明责任与客观义务

理论界在检察官的证明责任与客观义务的关系上存在不同的观点：第一种观点认为，应当强调证明责任而不重视客观义务。当事人主义或称对抗制是以原、被告当事人之间的平等对抗推动诉讼的发展，实现诉讼的目的。其制度机制是当事人性质的，是对立和抗辩的，亦即“相对主义”的。

第二种观点认为，应当重视客观义务而不强调证明责任。非对抗制即职权主义的诉讼，是以另一种构造和机理实现诉讼的目的。职权主义包含审前程序的检察官职权主义与审判程序的法官职权主义。检察官主持审前程序时，他作为官方的护法者，应当全面收集对被告人不利和有利的证据，站在客观的立场作出是否追诉的决定。

第三种观点认为，应当在区分层次的基础上，协调二者关系，实行二者并重。客观义务与证明责任有一定的矛盾，但二者并非绝对排斥而不相容。事实上，无论前述哪一种制度都不是非此即彼的。[2]

2. 法院是否承担证明责任

对于法院是否承担证明责任的问题，在理论上存在不同观点。有论者认为，人民法院为查明案件的事实真相，在必要的情况下，可以不受控辩双方证据资料的限制，有权收集证据；在审判过程中，应当对全案证据进行调查核实，查明案件真实情况。人民法院与公安机关、人民检察院应共同负证明责任。[3]也有论者认为，人民法院不承担证明责任。人民法院审理案件，收集、调取证据或者自行调查证据，审查判断和运用证据，是人民法院独立行使审判权的具体体现，不能认为是履行证明责任。[4]人民法院作为中立的裁判者，没有自己的诉讼主张，也无承担不利后果的风险，应当是收受证明的主体，而不是承担刑事证明责任

[1] 卞建林主编:《刑事证明理论》，中国人民公安大学出版社 2004 年版，第 186-187 页。

[2] 龙宗智:“刑事证明责任制度若干问题新探”，载《现代法学》2008 年第 4 期。

[3] 肖胜喜:《刑事诉讼证明论》，中国政法大学出版社 1994 年版，第 60-62 页。

[4] 樊崇义主编:《刑事诉讼法学研究综述与评价》，中国政法大学出版社 1991 年版，第 264 页。

的主体。[1]

另外，更有论者认为，法院不承担证明责任，并不意味着它在诉讼证明的问题上无任何责任。法院作为社会纠纷与冲突的裁决者，承担着查明案件事实，正确适用法律的审判义务，由此在证据、事实方面承担着“查证”的责任。根据法官查证责任的不同内容，这种责任可以区分为两种类型：一种类型可称为消极的“判定责任”，即法官根据控辩双方的举证，在“听证”以后，运用经验与逻辑法则对证据进行判定（包括对证据的客观性、相关性与合法性的判定），从而确定案件事实；另一种类型可称为积极的“调查查明责任”。这是指法官不仅应当对控辩双方的举证进行判定，在必要时还应当运用职权直接调查证据，查明案件情况。我国刑事诉讼并非完全的当事人主义诉讼，为了有效查明事实真相，实现案件的实体真实，在必要时法官仍然应当运用职权调查证据查明案情。因此，刑事诉讼法应当在否定法院的证明责任、保留法院的查证义务的同时，加强控辩双方对法院查证活动的有效参与。法律规定，人民法院调查核实证据时，“应当通知检察人员、辩护人到场”，并规定法院应当听取控辩双方对其调查核实证据的情况及其结果的意见后再作出裁判。[2]

3. 被害人是否承担证明责任

公诉人承担证明责任的公诉案件中，被害人是否有一定的证明责任，是一个法律上不明确、实践中未解决、理论上需要探讨的问题。有论者认为，一般情况下，被害人的诉求与公诉人的诉讼主张是一致的，被害人在刑事诉讼中是公诉人的协助者。但在特殊情况下，被害人会提出不同于公诉人的独立的事实主张。例如，公诉机关请求法院判定被告人成立故意伤害，而被害人请求法院认定被告人成立故意杀人。类似此种情形，应出于发现事实真相和保护被害人权利的双重考虑，让被害人承担一定的证明责任，成为举证主体。也有论者认为，被害人作为公诉案件的当事人，在享有一定的诉讼请求权和调查、辩论权等权利的同时，也应当承担一定的责任，包括提供某些证据的责任。被害人作为公诉案件中起辅助作用的控方，应当适度承担证明责任。这种责任与检察官的证明责任相对独立，

---

[1] 卞建林等：“诉讼证明——一个亟待重塑的概念”，载《证据学论坛（第3卷）》，中国检察出版社2001年版，第25页。

[2] 龙宗智：“证明责任制度的改革完善”，载《环球法律评论》2007年第3期。

但在整个的控诉证明体系中，与检察官的举证责任是主、辅关系。不过，由于被害人的有限能力，被害人承担的这种证明责任也是十分有限的。在证明标准上，不要求其必须达到“排除合理怀疑”的标准，而只需要实现某种“优势证明”，即足以使检察官和法官认为存在被害人事实主张成立的较大可能性即可。[1]

4. 侦查人员是否承担证明责任

有论者认为，侦查人员有辅助性证明责任。其理由为：在刑事诉讼中，检察官对法官承担证明责任，但是作为控诉官员的检察官承担证明责任必须有一前期准备过程，即收集证据的侦查过程。这一过程是由侦查官员，包括刑事警察以及担当侦查或指挥侦查的检察官负责。没有侦查官员，公诉人就难以有效承担其对法庭的证明责任。因此，侦查官员是以证据收集的方式成为检察官证明责任的辅助承担者。他为检察官履行其证据上的行为责任提供条件，如果行为责任不能有效履行，他也会因共同努力失败而实际分担结果责任。鉴于检察官直接承担证明责任，而侦查官员辅助承担这种责任，那么，侦查官员应当按照检察官的要求去收集证据，由此形成责任承担的合力，这也是处理警检关系的基本法理之一。

5. 被告人及其辩护人是否承担证明责任

有些国家的刑事诉讼立法及司法实践中并没有完全排除被告人在刑事诉讼中的证明责任。关于我国的被告人是否有证明责任的问题，存在不同观点：一是被告人应负证明责任。根据是《刑事诉讼法》第120条规定：“犯罪嫌疑人对侦查人员的提问，应当如实回答。”二是被告人一般不负证明责任。后者得到我国大多数学者所支持，系理论界的通说。也有论者认为，对于特殊情形下，被告人应当承担证明责任，这种责任属于局部责任。还有的学者认为，在巨额财产来源不明罪、持有型犯罪、辩方主张其未达到刑事责任年龄或无刑事责任能力案件以及被告人主张其存在正当化辩护事由等情形下，被告人应当承担责任。

对正当防卫事实的证明责任承担存在三种观点：第一种观点认为，被告人应负说服责任。第二种观点认为，控方应就包含正当防卫不存在的犯罪要素，负担证明至无合理怀疑程度的证明责任；被告人关于正当防卫，既不负说服责任，也不负提出证据责任。第三种观点认为，被告人就正当防卫仅负担提出证据责任，

[1] 龙宗智：“刑事证明责任制度若干问题新探”，载《现代法学》2008年第4期。

不负说服责任，从而其就正当防卫只需证明致使控方的主张存有合理怀疑的程度即可。控方就关于正当防卫事实的不存在负说服责任，但被告人如未能提出存有正当防卫怀疑的证据时，则正当防卫事实的不存在受事实上的推定。

被告人主张其不在犯罪现场的证明责任。对于不在犯罪现场的证明责任的承担存在不同观点：一种观点认为，被告人应负说服责任。持这一见解的部分学者认为，被告人主张犯罪时不在现场，则必在另一场所，被告人就其在另一场所的肯定事实，应加以证明。有论者认为，不在场的事实是属于被告人知识范围的事项，应由被告人负证明责任。还有学者认为，基于公平的观点，被告人不在犯罪现场，被告人较控方易取得确实证据，因此使被告人证明其在其他场所，并无不当。另一种观点认为，被告人在犯罪现场的事实是控方主张犯罪事实的要素，应由控方负担证明责任，且应举证至无合理怀疑的程度。[1]

有论者认为，上述所谓被告人承担的局部举证责任，实质上是被告人反驳控方为自己的行为进行辩护的权利。这种权利可以行使，也可以放弃。也有论者认为，证明责任的适用空间、承担主体及责任指向有一定的特殊性，并表现为一种"延伸性"。"无罪推定"使检察官承担证明其有罪控诉主张的责任，但是被告人也在特定情况下承担证明责任。包括从证明上的可能性以及政策因素考虑而形成特殊的责任分配。被告人承担的责任是面向法庭，即以法官和事实审理者为最终的指向，同时要求其在审前阶段对审前程序的主持者承担证明责任。例如，根据《刑事诉讼法》第120条的规定，嫌疑人对侦查人员的讯问应当如实回答。这种如实供述义务，实际上是履行其证明责任，并由此减轻控方证明责任的一种特定的方式，这里的证明责任，也是直接针对侦查机关。[2]

6. 量刑证明责任

有论者认为，由于量刑权专属人民法院，所以辩护方在量刑程序中不承担提供量刑资料的责任，但是辩护方有权提出自己掌握的有关被告人从轻、减轻、免除刑罚，或应适用缓刑的证据和相关材料。如果控方没有证明其提出的量刑主张，法官有权依据法律规定，行使自由裁量权判处自认为最合适的刑罚。如果辩

---

[1] 钟启炜："检察官举证责任与法院依职权调查证据之研究"，载《司法院年报》(1987年)，第24页。

[2] 龙宗智："刑事证明责任制度若干问题新探"，载《现代法学》2008年第3期。

护方没有证明其提出的量刑主张，法官不能因此判处被告较重的刑罚。

另外，在自诉程序中，自诉人是控方，由其独立承担控诉职能。自诉人在立案阶段不仅要提交自诉状，还要承担提供相应的证据加以证明的责任。这一阶段证明责任的法律后果是：如果履行了该证明责任，法院将受理案件，并开庭审判；如果自诉人没有履行，法院将驳回起诉。在开庭审理时，自诉人提出自己的诉讼主张，并对实体法事实和部分的程序法事实加以证明。

（四）证明责任转移问题

刑事证明责任的转移包括刑事证明责任倒置和狭义的刑事举证责任转移。

1. 证明责任倒置

刑事诉讼的控方承担犯罪构成要件的证明责任，即承担确实充分地或者排除合理怀疑地证明被告人犯有某罪的证明责任，但是立法上为体现打击某类犯罪的需要，而将其中部分犯罪构成要件的证明责任规定由被告人承担，即证明责任的倒置。证明责任的倒置必须由法律予以规定，法律没有规定倒置的，证明责任还应由控方承担。证明责任倒置中，倒置的证明责任是犯罪构成要件的内容。[1]换言之，刑事证明责任倒置是指根据实体法关于犯罪构成要件的规定，控方不必证明某个要件或某个要件中的部分事实，即推定犯罪成立，被告人就此事实提出抗辩时承担举证责任。

2. 狭义的证明责任转移

狭义的刑事证明责任转移是指在刑事诉讼中，控方履行证明责任后，被告人提出某些抗辩主张时，根据公平、证据距离等利益衡量因素的考量而承担证明责任，以及控方进行反驳时承担证明责任和证明责任在双方之间的往复转移。在狭义的刑事证明责任转移中，被告人提出一定的抗辩主张，而产生举证证明之必要，或者说因其主张而有举证证明之负担，否则面临控方指控成立、被定罪的危险，或者己方主张不被接受。

---

[1] 黄永：《刑事证明责任分配研究》，中国人民公安大学出版社 2006 年版，第 394 页。

问题与思考

证明标准与证明对象和证明责任的关系密切，因此，将这三个问题集中探讨很有必要。从学者们对证明标准、证明对象和证明责任的讨论及相关立法规定及实践的情况可以发现，理论分歧较为明显，立法和司法实践的问题众多，因此，无论在实践层面还是在理论层面仍存在许多需要研究解决的问题。对这些问题的研究需要考虑的是如何在已有的研究成果的基础上，分析理论分歧的原因和实质，研究实践问题产生的缘由，使理论探讨更进一步深入并切合实际。

对证明标准的理论研究之所以产生如此多的争议，其原因之一，是将刑事证明标准问题仅仅作为本体论问题来探讨其哲学意义。这种理论上的探讨虽是必要的，但是对刑事诉讼这一具有实践意义的问题来说却是不够的。从哲学的角度来说，除了关于“真实”的本体论之外，还需要从认识论的角度掌握“真实”的含义。而且，证明标准作为诉讼中的一个实践问题，更需要从科学和经验、常识的意义上进行深入研究。对证明标准的理论表述与证明标准的司法实践把握不属于一个层面的问题，可以说，后者更为复杂，对司法实践更具有实际意义。理论研究应当认识到不同的证明标准理论所依据的“真实”概念的异同。由此，才能对那些有代表性的刑事证明标准有更深刻的理解。某种意义上可以说，当理论界摆脱了对证明标准的“纯理论”探讨，而是从程序规则的层面讨论证明标准的问题，理解和认识不同的诉讼以及诉讼的不同阶段所要求的证明标准之异同，由此展开刑事证明的实践方面的研究，将是这个问题研究得以深入的标志。

从学界现有的研究看，有关证明对象的研究主要集中在证明范围上，但这种对实体法事实、程序法事实和证据事实等问题的研究，不仅显得单薄而缺乏理论应有的厚度，而且作为证明对象的边界仍需要相对的参照系。在深入证明对象研究中还需要对案件事实的“单一性”和“同一性”等深层问题进行探讨，尤其应将证明对象放置在不同层次、不同角度和不同背景下进行多视角研究，从而使证明对象的研究形成一个完整的体系，以使其成为证明责任的一个坚实基础。。

基于刑事证明责任与诉讼结构、诉讼价值等问题紧密相关，不同的诉讼模式以及诉讼理念必然影响到证明责任的配置与功能，也深刻影响着诉讼实践。因此，对证明责任进一步予以研究，有利于澄清不恰当的认识，为确立符合我国刑事诉讼法所规定的证明责任提供理论支持。证明责任作为与诉讼主张和不利后果相联系的问题，其功能主要在于解决事实真伪不明的状态。然而，对于证明责任的理论研究不能因此而脱离刑事诉讼的保障人权和控制犯罪目标。对此需要将有关证明、证明主体、证明责任的功能和分配等内容作为一个完整的理论体系进行系统化研究，对控方的追诉权进行法律控制和对被告人在法律上的“无罪”地位提供程序保护，并进一步延伸到对侦查活动有一定的控制功能。对于证明责任的深入研究应当考虑证明责任涉及一系列的程序和制度。在对被告人是否承担证明责任问题上，理论研究应当贯彻无罪推定原则，从权利的角度予以设计。

三 参考文献

一、论文类

[1] 郭华．我国疑罪从无的理论省察及规则重述［J］．政法论坛，2021（1）．
[2] 王敏远．重新认识排除合理怀疑［J］．检察日报，2013-11-26.
[3] 聂立泽，苑民丽．主客观相统一原则与刑事证明标准的层次性研究［J］．法学评论，2011（2）．
[4] 陈光中，陈学权．中国语境下的刑事证明责任理论［J］．法制与社会发展，2010（2）．
[5] 孙远．法律要件分类说与刑事证明责任分配：兼与龙宗智教授商榷［J］．法学家，2010（6）．
[6] 疑罪不诉证据问题课题组．证明层次理论下的公诉证明标准［J］．华东政法大学学报，2008（1）．
[7] 龙宗智．刑事证明责任制度若干问题新探［J］．现代法学，2008（4）．
[8] 周洪波．刑事证明标准问题之争中的四大误区［J］．清华法学，2008（5）．
[9] 魏虹．论我国刑事证明的最高标准之重构［J］．法学论坛，2007（3）．
[10] 龙宗智．证明责任制度的改革完善［J］．环球法律评论，2007（3）．

[11] 左卫民，周洪波．刑事判决中的权力技术：证明标准与刑事政策［J］. 比较法研究，2006（2）．

[12] 刘铭，闵春雷．刑事被告人证明责任进程分析［J］．当代法学，2005（5）．

[13] 孙长永．论刑事诉讼中的证明责任［J］．中外法学，2004（3）．

[14] 何家弘．司法证明标准与乌托邦：答刘金友兼与张卫平、王敏远商榷［J］．法学研究，2004（6）．

[15] 熊秋红．对刑事证明标准的思考［J］．法商研究，2003（1）．

[16] 卞建林，郭志媛．刑事证明主体新论：基于证明责任的分析［J］. 中国刑事法杂志，2003（1）．

[17] 陈永生．排除合理怀疑及其在西方面临的挑战［J］．中国法学，2003（2）．

[18] 刘金友．实践是检验司法证明真理性的唯一标准：与何家弘教授商榷［J］．法学研究，2003（4）．

[19] 张卫平．证明标准建构的乌托邦［J］．法学研究，2003（4）．

[20] 王圣扬．刑事证明标准层次性论略［J］．政治与法律，2003（5）．

[21] 霍海红．证明责任：一个功能的分析［J］．华东政法学院学报，2003（5）．

[22] 黄永．刑事证明责任概念的比较法分析［J］．政治与法律，2003（6）．

[23] 何家弘．刑事诉讼中举证责任分配之我见［J］．政治与法律，2002（1）．

[24] 张继成，杨宗辉．对“法律真实”证明标准的质疑［J］．法学研究，2002（4）．

[25] 陈光中．构建层次性的刑事证明标准［M］// 陈光中，江伟．诉讼法论丛（第7卷）．北京：法律出版社，2002.

[26] 陈卫东，刘计划．关于完善我国刑事证明标准体系的若干思考［J］．法律科学，2001（3）．

[27] 孙长永．提起公诉证据标准及其司法审查的比较研究［J］．中国法学，2001（4）．

[28] 李学宽，汪海燕，张小玲．论刑事证明标准及其层次性［J］. 中国法学，2001(5).

[29] 何家弘．论司法证明的目的和标准［J］．法学研究，2001（6）．

[30] 龙宗智．“确定无疑”：我国刑事诉讼的证明标准［J］．法学，2001（11）．

[31] 史立梅，汪海燕．从理想的绝对走向现实的相对：走出刑事证明标准的事实乌托邦［J］．法学，2001（11）．

[32] 樊崇义．客观真实管见：兼论刑事诉讼证明标准［J］．中国法学，2000（1）．

[33] 牟军 . 论英国刑事证明责任 [J] . 现代法学，2000（1）.

[34] 王圣扬 . 论诉讼证明标准的二元制 [J] . 中国法学，1999（3）.

[35] 龙宗智 . 我国刑事诉讼的证明标准 [J] . 法学研究，1996（6）.

[36] 李浩 . 论我国自诉程序中的证明责任 [J] . 现代法学，1994（2）.

[37] EVANS M，SAUNDERS K M.Criminal Trade Secret Theft Cases Against Judgment Proof Defendants in Texas and California [J] .William & Mary Business Law Review，2019（3）.

[38] SCHEHR R.Standard of Proof，Presumption of Innocence，and Plea Bargaining：How Wrongful Conviction Data Exposes Inadequate Pre-Trial Criminal Procedure [J] .California Western Law Review，2018，54（1）.

[39] GAROUPA N.Explaining the Standard of Proof in Criminal Law：A New Insight [J] .Supreme Court Economic Review，2017，25.

[40] LEVY J.A Principled Approach to the Standard of Proof for Affirmative Defenses in Criminal Trials [J] .American Criminal Law Review，2013，40.

[41] REYNOLDS C.Implicit Bias and the Problem of Certainty in the Criminal Standard of Proof [J] .Law and Psychology Review，2013，37.

[42] GRAHAM M H.Burden of Proof and Presumptions in Criminal Cases [J] . Social Science Electronic Publishing，2009，21（7）.

[43] BROSE D A.Interpreting the Criminal Sentencing Provisions of the Clean Water Act：Lessening the Government's Burden of Proof at the Cost of Constitutional Rights [J] .Journal of Environmental and Sustainability Law，2002，10.

[44] SOLAN L M.Refocusing the Burden of Proof in Criminal Cases：Some Doubt About Reasonable Doubt [J] .Texas Law Review，1999，78（1）.

二、著作类

[1] 黄永．证明责任分配基本理论：以刑事诉讼为参照的研究［M］．北京：中国法制出版社，2019.

[2] 李训虎．排除合理怀疑的中国叙事［M］．北京：法律出版社，2018.

[3] 拉里·劳丹．错案的哲学：刑事诉讼认识论［M］．李昌盛，译，北京：北京大学出版社，2015.

[4] 王敏远．一个谬误、两句废话、三种学说：对案件事实及证据的哲学、历史学分析［M］．北京：中国政法大学出版社，2013.

[5] 宁松．刑事举证责任研究［M］．北京：中国检察出版社，2013.

[6] 林辉煌．刑事审判证明负担及证明程度［M］．台北：元照出版有限公司，2011.

[7] 郭志远．证明标准研究：以刑事诉讼为视角［M］．北京：中国人民公安大学出版社，2010.

[8] 王雄飞．检察官证明责任研究［M］．北京：中国人民公安大学出版社，2009.

[9] 孙长永．刑事证明责任制度研究［M］．北京：中国法制出版社，2009.

[10] 刘金友．证明标准研究［M］．北京：中国政法大学出版社，2009.

[11] 黄维智．刑事证明责任研究［M］．北京：北京大学出版社，2007.

[12] 黄永．刑事证明责任分配研究［M］．北京：中国人民公安大学出版社，2006.

[13] 卞建林．刑事证明理论［M］．北京：中国人民公安大学出版社，2004.

[14] 吴宏耀，魏晓娜．诉讼证明原理［M］．北京：法律出版社，2002.

[15] 艾伦·德肖维茨．合理的怀疑［M］．高忠义，侯荷婷，译．北京：法律出版社，2001.

[16] 肖胜喜．刑事诉讼证明论［M］．北京：中国政法大学出版社，1994.

[17] 张子培，等．刑事证据理论［M］．北京：群众出版社，1982.

第九章　程序性法律后果

【导读】

程序性法律后果问题，是刑事诉讼法学中一个展开研究时间较短，但却事关程序法自身地位与价值的重大而迫切的问题。人们对于任何一个新课题的研究，多始于对概念的界定。本章的结构也是如此。在第一节除了界定程序性法律后果的定义，还涉及其在我国刑事诉讼法中的个例分析，以及部分研究者对程序性法律后果的性质与特点的研究。这些都是在定义之外对内涵的进一步阐释与说明。第二节分四个方面就有关重要问题的研究状况展开综述。其一为程序性法律后果的意义，包括开启程序性法律后果研究的动因，即重实体、轻程序的传统观念的破除；程序性法律后果在我国刑事诉讼法中的现状及成因；设置程序性法律后果的微观价值与作用。其二为程序性法律后果的类型。其三是对设置程序性法律后果的原则的综述，将设置程序性法律后果的目的、策略与注意的问题等作为在“原则”范畴之下的内容。其四将对程序性法律后果问题的具体表现形态中一个有代表性的研究领域——程序性辩护方面的研究成果，进行阐释和说明。

第一节　界定程序性法律后果：理论阐释与立法规定

诸如补充侦查、发回重审等是刑事诉讼中的经常能见到的程序性法律后果。人们通常都是在诉讼过程中遇到实体性问题时才碰到这类情况。例如，在发生事实不清、证据不足、适用法律有错误等实体性问题时，依照刑事诉讼法的规定，就会发生补充侦查、发回重审等程序性法律后果，这是程序法为保障实体公正而设置的。然而，我们在此所讨论的程序性法律后果，是违反诉讼程序的规定而产生的程序性法律后果，是程序法保障程序法的尊严而设置的。因此，设置这样的程序性法律后果，其宗旨、涉及的范围，不论是在立法层面还是司法层面以及理论研究层面，都是新的问题。目前，人们对此的探讨十分有限。

一、程序性法律后果的概念

20 世纪 90 年代中期开始，我国已有学者关注程序性法律后果问题。在此之前，尽管已有研究成果开始关注许多程序违法的后果问题，但研究的范围多是就具体问题提出不同的法律后果，而未将程序性法律后果作为一个整体性范畴加以系统研究。将程序违法的程序性法律后果作为一个独立而重要的概念予以研究，首要的工作当然是对概念作出界定。对于任何一个全新的研究领域而言，这也是符合学术研究规律的。因此，我们回顾程序性法律后果的研究状况，首先也要从其概念的界定谈起。

我国较早提出程序性法律后果概念的学者认为，程序性法律后果是指违反诉讼程序的行为及其后果，在诉讼程序上不予认可，或应予否定，或应予补正的法律规定。按照其论证的观点，该定义中所指的诉讼程序应当从广义上进行理解，程序性法律后果所要讨论的范围，是指违反刑事诉讼法的有关程序的各项规定所引发的程序性后果，包括违反了侦查、起诉、审判和执行程序等的规定的程序法律后果问题。设置程序性法律后果的目的，是为解决刑事法领域中的重实体、轻程序问题，旨在维护程序法应有的、不可违反的法律尊严。[1]如果结合上述作者同年发表的另一篇论文，会更清楚地看到这一点。[2]

就程序性法律后果展开后续研究的研究者多将程序性法律后果称为“程序性制裁”。[3]在本章的叙述过程中，除特别说明以外，将等同使用这两个概念。仔细观察后续研究者对程序性制裁的界定，可以发现程序性制裁所包含的实际并不是传统意义上的制裁，而是与程序性法律后果基本相同的内容，而且，人们也常将这两个术语混用。比如张会峰博士认为，要完善我国刑事诉讼中的程序性裁判机制，需要完善程序性法律后果的规定，并应当提高人权保障意识，加大程序性制裁的力度。[4]陈瑞华教授认为，程序性制裁属于一种程序性法律后果，是通过对那些违反法律程序的侦查、公诉和审判行为宣告无效、使其不再产生所预期的法律后果的方式，来惩罚和遏制程序性违法行为。关于两个概念的等同性，在陈瑞华教授的研究成果中有着直接而明确的表述，“刑事诉讼法所规定的任何一项规则，无论是授权性的、义务性的还是禁止性的，都必须包含一个极为重要的逻辑构成要素：违反该程序规则的法律后果，也就是针对程序性违法的程序性制裁措施”。[5]值得注意的是，使用程序性制裁概念的学者，在其引出这一概念之前，往往会求助于法理学上法律规范构成内容的概念加以分析，且多使用“假定—处分—制裁”这种三要件说，[6]而不是采用“行为模式—法律后果”的两要件说。再比如，另有研究者认为“程序性制裁是指侦查、起诉、审判人员等因违反法定的诉讼程序所必须承担的程序上的不利后果”[7]，这些定义都直接使用了程序性法律后果的实质含义来界定程序性制裁，使其与“制裁”的性质，完全不同。

---

[1] 王敏远：“论违反刑事诉讼程序的程序性后果”，载《中国法学》1994 年第 3 期。

[2] 王敏远：“轻程序的现象、原因及其纠正”，载《法学研究》1994 年第 5 期。

[3] 陈永生：“刑事诉讼的程序性制裁”，载《现代法学》2004 年第 1 期。

[4] 张会峰：“刑事诉讼法中的程序性裁判”，载《法学》2002 年第 4 期。

[5][6] 陈瑞华：《程序性制裁理论》，中国法制出版社 2005 年版，第 194–195 页。

[7] 陈永生：“刑事诉讼的程序性制裁”，载《现代法学》2004 年第 1 期。

有学者通过揭示程序性法律后果的特点等方面的内容，进一步揭示了这个概念的一个重要价值，是综合了以程序的方法应对程序违法，并由此展开了对其积极意义与局限性的谈论，[1]这不仅有助于廓清程序性后果与制裁的实质不同，推进对程序性法律后果的理论研究，而且可以使探讨相关实践问题时，不至于因为认识不到其与制裁的本质差异而陷入思维的僵局。

二、程序性法律后果的立法规定

概念是抽象的语义表述，它来自具体现象，也可以通过具体化的个例加以说明。研究者在界定程序性法律后果时，也在遵循着这一路径。现有的关于程序性法律后果或者程序性制裁的研究成果在提出相应概念的同时，也都探讨了我国刑事诉讼法中已有的程序性法律后果的相关规定，使用这些较为具体的规定作为例证加强对概念的阐释力度。

如有论者认为，1979年《刑事诉讼法》中的严禁刑讯逼供及以其他非法方法收集证据的规定，由于没有程序法律后果的规定作为保障，实际上并不具有程序性法律后果的性质；而1979年《刑事诉讼法》第52条规定的检察机关在审查批捕时发现侦查活动违法时应通知其纠正的规定，虽具有程序法的意义，却不具有程序法律后果的价值；[2]修正后的1996年《刑事诉讼法》第191条之规定，只是对部分违反诉讼程序的行为规定了尚不全面的程序性法律后果。[3]该条规定："第二审人民法院发现第一审人民法院的审理有下列违反法律规定的诉讼程序的情形之一的，应当裁定撤销原判，发回原审人民法院重新审判：（一）违反本法有关公开审判的规定的；（二）违反回避制度的；（三）剥夺或者限制了当事人的法定诉讼权利，可能影响公正审判的；（四）审判组织的组成不合法的；（五）其他违反法律规定的诉讼程序，可能影响公正审判的。"

也有论者认为，迄今为止，中国刑事诉讼中的程序性制裁只有两类：一是针对非法证据的排除规则；二是针对一审法院违反法定诉讼程序行为的撤销原判、

---

[1] 王敏远："刑事程序性法律后果新论"，载《法商研究》2021年第3期。

[2] 王敏远："论违反刑事诉讼程序的程序性后果"，载《中国法学》1994年第3期。

[3] 王敏远："设置刑事程序法律后果的原则"，载《法学家》2007年第4期。

发回重审制度。前者确立于最高法院的司法解释当中，后者则属于修正后的刑事诉讼法所确立的新制度。❶

上述两种观点从不同的方面，结合我国刑事诉讼法及其司法解释的规定，用例证的方式进一步描述了刑事程序法律后果的概念，并使得概念的内涵进一步走向明确、具体。

三、程序性法律后果的特征及性质

为将程序性法律后果的研究进一步深化，有的学者提出了程序性法律后果的性质与特点。关于其性质与特点的阐释实际上可以看作是对程序性法律后果概念的进一步深化与发展。

有观点认为，程序性制裁的明显特征有二：一是程序性制裁直接针对的是违反法定诉讼程序的行为，也就是说，程序性制裁直接惩罚的是违反程序法的行为，而非违反实体法的行为；二是程序性制裁强制违法者承担的是程序上的不利后果，而非实体上的不利后果，也即规定违反法定程序的行为不得产生预期的法律效力，而非直接对违法行为者个人进行惩罚。❷

另外一种观点从四个方面进一步扩充了程序性制裁制度的内涵：首先，从所针对的违法行为来看，程序性制裁所要惩罚的是侦查人员、检察人员和法官在刑事诉讼过程中违反法律程序的行为。程序性制裁所依据的事实不仅是警察、检察官或法官存在程序性违法行为，而且是他们在刑事诉讼中破坏了刑事诉讼法所确定的基本法律准则，或者侵犯了被告人的人身权利或诉讼权利。其次，从实体性法律后果来看，程序性制裁所带来的是宣告无效的后果，也就是那些受到程序违法行为之直接影响的证据、起诉、判决、行为以及羁押命令，不再具有法律效力，也不能产生其预期的法律后果，即程序性制裁追究责任的方式为"宣告无效"。再次，从法院在宣告无效方面的裁量空间来看，对于违反诉讼程序的行为，应当依据行为不完善或者瑕疵的严重程度，而不应按照等同划一的方式加以制

---

❶ 陈瑞华：《程序性制裁理论》，中国法制出版社 2005 年版，第 239 页。

❷ 陈永生："刑事诉讼的程序性制裁"，载《现代法学》2004 年第 1 期。

裁，更不应都采取宣告无效这种最为严厉的制裁方式。最后，从适用程序来看，程序性制裁要通过一种独立的司法审查程序加以实施，这种司法审查程序相对于那种为确定被告人刑事责任问题而进行的实体性裁判而言，构成了一种独立的程序性裁判。[1]

第二节　程序性法律后果研究综述

在确定了程序性法律后果这个概念之后，学界对设置违反刑事诉讼程序的程序性法律后果的价值、程序性法律后果的类型、设置程序性法律后果的原则等问题进行了探讨。以下是对这些研究的简要梳理。

一、设置程序性法律后果的意义

（一）确立刑事诉讼程序不可违反的法律地位与价值

1. 破除重实体、轻程序的传统观念与倾向

学术界在 20 世纪 90 年代中期提出程序性法律后果的命题，并展开相应的研究，其重要的动因或者说意义指向是：我国长期以来重实体轻程序、忽视程序法独立价值的倾向。程序性法律后果的阙如恰恰是轻视刑事诉讼程序的核心问题。[2]

以往刑事诉讼法学的研究过程中，不少学者关注了某些或者某个方面的程序违法行为，然而提出程序性法律后果课题的学者认为："对违反诉讼程序的情况只是进行零敲碎打式的研究，只满足于揭示出存在的各类现象，开出相应的治疗药方，对于全面系统而有效地解决立法和司法中不够重视违反诉讼程序的问题，大概很难奏效。因此，我们所需要解决的更重要而且具有普遍意义的问题，应是

---

[1] 陈瑞华：《程序性制裁理论》，中国法制出版社 2005 年版，第 188–193 页。

[2] 王敏远："论违反刑事诉讼程序的程序性后果"，载《中国法学》1994 年第 3 期。

揭示出轻视程序问题的核心和该种现象的原因，然后才能对症下药。”[1]这种观点一针见血地指出了研究程序性法律后果问题的初衷与重要意义，即着眼于刑事诉讼程序自身地位与价值的核心问题，通盘考虑程序的独立价值与地位，力图从整体上扭转长期以来在我国立法、司法实践中存在的重实体、轻程序的倾向，提出解决问题的策略：“刑事诉讼程序应具有其不可违反的法律地位和价值，而不应只是可以为着某一项任务是否实现而予以否定的手段和工具。”[2]该论者认为，要确立刑事诉讼程序不可违反的法律地位与价值的重要途径与必由之路，就是建立违反刑事诉讼法的程序性法律后果。

后继的研究者大抵是沿着这一思路展开对程序性违法问题的思考的，也就是说多数研究者开始思考这一问题的原点是程序的独立价值与地位问题。如有论者认为，程序性制裁所具有的“违反法律程序即告无效”的惩罚方式，使得遵守程序法不再仅仅具有工具性意义，也就是不再仅仅是作为实施实体法的手段而存在，而具有其独立的、内在的价值。[3]这种典型的程序中心主义的法律责任制度，将刑事程序的独立价值强调到前所未有的高度。

有学者从刑事诉讼法作为法律规范所应具有的本质要素出发，提出程序性法律后果应当是刑事诉讼法作为完整的法律规范所必备的要素，且认为这是解决重实体、轻程序问题的核心。“轻视刑事诉讼程序的核心问题，实际上是没有将刑事诉讼法作为法律来对待，至少是没有将其作为独立的完整的法律规范来看待。众所周知，法律规范与其他一般社会规范的重要差别之一就是具有不可违反性。若违反法律规范，就会产生相应的法律后果。刑事诉讼法并未规定违反诉讼程序的程序性法律后果，实际上是未将其视为具有法律强制力的法律规范”；“作为完整的法律规范，刑事诉讼法应具备其特殊的法律后果要件，即违反刑事诉讼法的程序意义上的法律后果”；“如果违反刑事诉讼法，除了在一定条件下会引起刑事实体法后果之外，而并没有其自身的法律后果，实际上完全使刑事诉讼法成为刑事实体法的附属，而未将刑事诉讼法作为具有独立和完整意义的法律规范”。[4]

在有关这一问题的早期研究阶段，鉴于理论界与实务界对刑事诉讼法的独

---

[1][2][4] 王敏远：“论违反刑事诉讼程序的程序性后果”，载《中国法学》1994 年第 3 期。

[3] 陈瑞华：《程序性制裁理论》，中国法制出版社 2005 年版，第 536 页。

立价值认识尚不充分甚至有认识上的偏差的现实状况，论证建立程序性法律后果问题的一项重要基础性工作就是厘清程序法与实体法的关系——这一涉及刑事程序法自身命运与地位的核心问题。因此在早期的理论研究中，研究者提出了阻碍程序性法律后果制度建立的各种对待刑事诉讼法的观念误区。该论者认为，这些观念误区主要包括三类：工具论的观念、目标一致和刑事诉讼活动应当为效率所左右的观念、实用主义的观念。所谓“工具论的观念”是指把刑事诉讼法只看成是为实现刑法准确打击犯罪的工具，刑事诉讼因此不再有自己的特殊任务，而完全成了刑事实体法的依附。所谓“目标一致和刑事诉讼活动应当为效率所左右的观念”是指只看到刑事诉讼中的各项程序和公安、检察院、法院的任务有其一致性，而对各机关的分工、各程序的特性却认为可以在目标一致的前提下予以忽视；同时，在治安形势严峻时，不仅适用刑事实体法要从重，而且诉讼活动要强调的也只是打击犯罪的效率（从快）。所谓“实用主义的观念”是指在对刑事诉讼的任务和价值予以片面理解的前提下，以诉讼活动的结果对实现刑事实体法来说是否正确，确定其在程序上是否应予以认可、突破诉讼程序是否需要。[1]纠正上述观念，需要充分认识到刑事诉讼法的实质和刑事诉讼法与实体法的关系这两项根本命题，认识的路径应当采取历史性的视角，通过考察刑事诉讼的历史发展进程，分析刑事诉讼法从古代到现代的发展演化以及影响因素。在这种视角的考察下，得出的结论为“刑事诉讼以及规定刑事诉讼方式和手段的刑事诉讼法，其与刑事实体法的关系，已不仅仅是简单的依附关系，而具有了其独立的地位，它有自身的发展规律和功能上的要求”。[2]就上述错误观念的澄清与纠正，研究者进一步从哲学方法论的角度，根据以历史唯物主义和辩证唯物主义为基础的实事求是原则的要求，认为“刑事诉讼程序应具有其不可违反的法律地位与机制，而不应只是可以为着某一项任务是否实现而予以否定的手段和工具”。[3]

2. 我国刑事诉讼中缺乏程序性法律后果的历史与现实原因

与设置程序性法律后果的意义问题相联系，特别是与解决重实体、轻程序的障碍性观念问题相联系，有学者进一步分析了程序性制裁机制阙如的历史与现实原因：一是从人性基础来看，我国立法者过分相信侦控和审判机关能公正行使权

---

[1][2][3] 王敏远：“论违反刑事诉讼程序的程序性后果”，载《中国法学》1994 年第 3 期。

力，而忽视了权力在运行过程中必然存在的异化现象。二是从法律渊源来看，我国现行刑事诉讼制度是中华人民共和国成立后在全盘否定解放前移植的大陆法系诉讼制度的基础上引进苏联的诉讼制度建立起来的，“左”的政治空气一直十分浓厚，强调打击犯罪而不太重视保障人权，特别强调赋予侦控机关以充分的权力，而不太注意对其权力进行制约。三是从政治背景看，我国现行刑事诉讼法的框架基本上是在1979年《刑事诉讼法》制定时确定的，而当时“左”的思想还比较浓重，使得现行刑事诉讼法不可避免地带有“左”的烙印。四是从价值取向上看，就控制犯罪与保障人权的价值冲突而言，我国更重视对犯罪的控制，这是导致我国刑事诉讼制裁机制极其疏漏的直接原因。[1]

（二）设置程序性法律后果的其他价值与作用

关于程序性法律后果或者说程序性制裁的价值与意义，除了上述从程序法价值与地位的宏观层面提出的论证角度之外，也有观点从更为贴近刑事程序法自身运行的角度提出了更为详尽的阐释。

陈瑞华教授将建立程序性制裁的理由概括为四点：程序法实施的需要、公共权力机构遵守法律的保证、权利救济的必由之路以及实现司法正义原则的制度保障。具体而言，该观点认为，程序性制裁是程序法实施的需要，理由在于“无制裁则无规则”适用于各个部门法，与实体法的制裁机制一样，刑事诉讼法所规定的任何一项规则，无论是授权性的、义务性的还是禁止性的，都必须包含一个极为重要的逻辑构成要素：违反该程序规则的法律后果，也就是针对程序性违法的程序性制裁措施。由于程序性违法行为主要是由警察、检察官或者法官在刑事诉讼中所实施的，属于他们在行使公共权力过程中所犯下的法律错误；相对于实体性制裁所具有的促使普通民众遵守实体法的功能而言，程序性制裁显然具有督促国家权力机关遵守法律的意义。[2] 从权利救济的角度看程序性制裁制度的价值，可以发现通过对程序性违法者实施程序性制裁措施，被侵权者不仅可以看到实施侵权行为的警察、检察官或者法官受到一定的制裁，还可以得到相应的权利补救。由于程序性违法行为是对公民诉讼权利甚至是宪法性权利的侵犯，因此被告

[1] 陈永生：“刑事诉讼的程序性制裁”，载《现代法学》2004年第1期。

[2] 陈瑞华：《程序性制裁理论》，中国法制出版社2005年版，第193-201页。

人通过提出司法审查之诉，促使法院对侦查、公诉和审判程序的合法性进行司法审查并作出判决本身，就会产生权利救济的作用。此外，程序性违法行为除了具有破坏程序法制、侵犯当事人基本权利的后果之外，还在不同程度上破坏了基本的司法正义原则，损害了法律程序的内在正当性，而通过实施程序性制裁制度，促使警察、检察官、法官遵守法律程序，那些隐含在法律程序背后的基本正义原则才能得到实现。❶

在程序性法律后果的意义方面，也有论者从程序性制裁与其他制裁方式的差异出发，论证了在存在实体性制裁的情况下为何还需要建立程序性制裁的问题，从而间接地阐明了建立程序性制裁的意义。“实际上，这里存在着一个极为明显的道理，如果诉讼程序的被遵守，只是依靠刑事实体法后果或行政后果等，那往往会是无效的。因为许多违反诉讼程序的行为，并不一定会引起刑事实体法后果或行政法后果，甚至不会引起民事法律后果。在这种情况下，若没有程序性法律后果，出现了违反诉讼程序的行为，法律将无可奈何。并且，即使该行为引起了刑事法律后果或行政、民事法律后果，如果没有程序性法律后果，也将会出现令人不可思议的结果。”❷ 另有观点对程序性制裁的独特性进行了更为全面的阐释，如有论者认为刑事制裁、民事制裁、纪律制裁以及国家赔偿都只能对部分违反刑事诉讼程序的行为进行制裁，而程序性制裁则可以对几乎所有违反刑事诉讼程序的行为进行制裁；程序性制裁制度中制裁主体与违法者分离，即法院作为制裁主体，由于其不承担追诉职能，其公正性通常能够得到保障，且从举证责任的角度来看，程序性制裁中受害人无须承担严格的举证责任，就证明程度而言，程序性事实的证明标准低于实体性事实的证明标准；程序性制裁更加能够实现利益剥夺与损害补偿的双重功能，其对违法者的利益剥夺更为彻底、有效，对受害人的补偿更加全面。❸

另外一种观点也从程序性制裁相对于实体性制裁的不同之处着眼，论证了程序性制裁建立的意义与必要性：首先，当程序性违法行为不能达到实体制裁的严重程度时，只能依靠程序性制裁；其次，程序性制裁对程序性违法具有更为明显

---

❶ 陈瑞华：《程序性制裁理论》，中国法制出版社 2005 年版，第 193-201 页。

❷ 王敏远：“论违反刑事诉讼程序的程序性后果”，载《中国法学》1994 年第 3 期。

❸ 陈永生：“刑事诉讼的程序性制裁”，载《现代法学》2004 年第 1 期。

的特殊预防效果，也足以发挥更好的一般预防的功能；最后，程序性制裁所针对的都是法律所禁止的程序性违法行为，在其适用过程中要比实体制裁方式更少受到一些偶然和不确定因素的影响。[1]

二、程序性法律后果的类型

在明确了程序性法律后果的内涵与价值之后，研究者们开始关注构建程序性法律后果的类型问题，这其中一个前提性问题是违反诉讼程序应有哪些程序意义上的法律后果。关于这一问题，目前主要有两种观点，一种是四类型说，另外一种为五类型说，以下分述之。

（一）四类型说

四类型说为早期研究者提出的一种对程序性法律后果类型的概括方式，其认为程序性法律后果包括四种：

（1）否定该违反诉讼程序的行为的效力，并使诉讼从违反诉讼程序的行为发生的那个阶段重新开始。这种程序性法律后果主要是针对那些严重的违反诉讼程序行为的，其含义为：无论该行为发生于哪个诉讼阶段，都将会使该诉讼阶段重新开始。比如，违反诉讼程序的行为发生于侦查阶段，但至第二审时才被发现，则不仅侦查应当重新开始，而且在此之后的起诉和第一审程序也应重新开始。

（2）否定该违反诉讼程序的行为的效力，并否定该行为已得到的诉讼效果。这种程序性法律后果也是针对严重违反诉讼程序的行为，与第一种类型不同，此种后果仅否定行为的效力及其结果，并不要求诉讼程序重新开始，典型的例子为：违反法定程序取得的证据，虽然会因为这种程序性法律后果而予以否定，但如果其他合法证据足以定案，则诉讼程序并不需要重新开始。

（3）否定违反诉讼程序的行为及其结果，并使诉讼进入另一阶段，这种法律后果也是针对严重违反诉讼程序的情况，其意味着违反诉讼程序的行为，应是导致诉讼进入另一阶段的理由或根据。

---

[1] 陈瑞华：《程序性制裁理论》，中国法制出版社 2005 年版，第 206–209 页。

（4）补正该违反诉讼程序的行为，以使其得到纠正，最终符合程序法的要求。这种程序性法律后果主要针对那些较轻的违反诉讼程序的行为，所谓补正，即是将违反诉讼程序的行为及其结果补充，使之更正为合法行为与合法结果。[1]

（二）五类型说

另外一种观点可以简称为五类型说，其中又根据类型划分的细微差异可再划分为两种观点。

第一种五类型说将程序性法律后果的类型归纳为非法证据排除规则、终止诉讼制度、撤销原判制度、诉讼行为无效制度与解除羁押制度。[2]

第二种五类型说将程序性制裁的主要方式概括为终止诉讼、撤销原判、排除非法证据、诉讼行为无效（包括绝对无效与相对无效）与从轻量刑。[3]

三、构建程序性法律后果的原则

着眼于如何在刑事诉讼法再修改的过程中真正确立程序性法律后果制度，近年来学术界开始就设置程序性法律后果的若干具体问题展开了更加深入的研究。其中关于设置程序性法律后果的原则就是其中一个关系到整个制度构建的重点问题，首先得到了理论研究的关注。如有论者提出了权利保障、规范职权、完整、充分、适当、协调以及法定与裁量相结合七个原则，就设置程序性法律后果的具体策略与方法提出了相应的建议。[4]其他研究者虽未使用“设置原则”的提法，但也从完善我国程序性制裁机制的角度探讨了相同的问题，笔者将其一并予以综述。

（一）权利保障原则

这一原则揭示的是设置程序性法律后果的目的与现实意义，也就是说设置程

---

[1] 王敏远：“论违反刑事诉讼程序的程序性后果”，载《中国法学》1994 年第 3 期。

[2] 陈瑞华：《程序性制裁理论》，中国法制出版社 2005 年版，第 161–187 页。

[3] 陈永生：“刑事诉讼的程序性制裁”，载《现代法学》2004 年第 1 期。

[4] 王敏远：“设置刑事程序法律后果的原则”，载《法学家》2007 年第 4 期。

序性法律后果的价值与出发点之一在于对公民个人权利的保障，同时这个原则也表明在刑事诉讼法中系统设置程序法律后果，其宗旨并不仅仅在于简单维护刑事程序的尊严，而在于彰显刑事程序法对保障人权的价值。该观点在阐释权利保障原则时，还特别澄清了为何在设置程序性法律后果时对保障公权力机关的职权问题没有涉及，其理由在于：一方面刑事诉讼法对职权行使已经有了较为周密的规定；另一方面现实中如果发生影响职权行使的行为，一般也都会产生相应的刑事程序法律后果，甚至于实体法律后果，因此在设置程序性法律后果时考虑职权保障原则几无必要。❶

着眼于权利保障的视角，揭示设置程序性法律后果的上述观点也得到其他研究结论的印证，比如有的论者在谈及程序性违法与程序性制裁问题时，也认为程序性违法除了具有形式违法性之外，通常还可能破坏法律秩序或者侵犯了当事人的权利。从比较法的角度来看，英美法系更强调程序性违法行为的公共侵权属性，甚至将其上升到“宪法性侵权”的高度；而在大陆法系国家，近年来的发展也表明程序性违法的侵权属性已经越来越多地得到承认，并被作为构建程序性制裁的直接依据。因此其初步的结论为“程序性违法”并不仅仅是指警察、检察官或法官“违反诉讼程序规则”的行为，它还应当包括“公共侵权行为”，甚至是“宪法性侵权行为”。刑事诉讼法所要制裁的并不是技术意义上的程序性违法行为，而应当是那些严重侵犯公民权利甚至是宪法权利的行为，这样程序性违法行为就因其“侵权”性质而有了加以严厉制裁的正当性。❷

（二）规范职权原则

规范职权原则与权利保障原则相同，共同表明了构建程序性法律后果的目的。职权保障原则是基于违反刑事诉讼程序法律的行为，主要表现为刑事诉讼中的职权机关不遵守有关规范职权的程序及相关规定的状况，强调设置程序性法律后果时则应当注重规范职权的出发点。该原则表明，在刑事诉讼法中系统设置程序法律后果，其宗旨并不在于强调所谓的“程序中心主义”，更不是基于否定实体公正的需要，而是为了反映时代对刑事诉讼中的职权机关规范行使职权提出的

---

❶ 王敏远：“设置刑事程序法律后果的原则”，载《法学家》2007 年第 4 期。

❷ 陈瑞华：《程序性制裁理论》，中国法制出版社 2005 年版，第 277–279 页。

更高要求。规范职权原则的确立与权利救济原则共同厘清了设置程序性法律后果的目的与方向，有助于避免研究设置程序法律后果问题时迷失方向，或者冲淡其与权利保障、规范职权的需要之间的相关性，甚至于误将其与之相冲突。❶

（三）完整性原则

完整性原则是指刑事程序法律后果的设置应当体系完整、种类齐全，以便于能够处理各种不同情况下的违反刑事诉讼法的行为。无论是四类型说，还是五类型说，均根据程序性法律后果的严重程度上的差异，将其划分为不同的类型，各种类型的法律后果则是构建程序法律后果完整体系的基本内容。此处的“完整性”强调的是程序性法律后果自身的类型与构成的完整性，以便能够充分适应形式多样、缤纷复杂的各种刑事诉讼违法行为及其造成的轻重程度不同的各种后果。“如果对所有的违反刑事诉讼法的行为仅规定一种类型的程序法律后果，那不仅将使其程序法律后果的设置自身显得极不合理，而且，其效果也将十分可疑。”该观点认为，确立这一原则的意义在于该原则不仅将有助于坚定我们对系统设置刑事程序法律后果的认识，而且可以将其作为处理刑事程序法律后果设置中的技术性问题的依据。❷

围绕着这一原则，也有观点结合目前我国程序性法律后果体系过于单一的现状，分析了完善程序性制裁方式的必要性。该观点认为，我国《刑事诉讼法》只确立了撤销原判以及排除非法证据两种程序性制裁方式，从整个程序性制裁方式体系来看，属两种中等程度的制裁方式，更严厉的制裁方式如直接终止诉讼，以及更为轻微的制裁方式，如诉讼行为绝对与相对无效以及从轻量刑在我国都尚付阙如，这在实践中极可能因“上不着天”（对一些严重违反法律规定，继续进行诉讼已丧失正当性的案件无权直接终止诉讼）、“下不着地”（对违法程度较轻的程序性违法行为没有相应的程序性制裁方式与之配套），导致对大量程序性违法行为无法进行制裁，以致影响程序性制裁功能的发挥。❸

---

❶❷ 王敏远：“设置刑事程序法律后果的原则”，载《法学家》2007 年第 4 期。

❸ 陈永生：“刑事诉讼的程序性制裁”，载《现代法学》2004 年第 1 期。

（四）充分性原则

设置程序性法律后果时考虑充分性原则所强调的是，将对司法公正有影响的违反刑事诉讼法规定的行为都纳入视野，不论是因违法而直接侵犯相关主体权益的行为，还是其他违反职权规范的行为，均应考虑对其规定相应的程序法律后果。该论者认为，适用这一原则特别需要注意的一点为：在设置刑事程序法律后果时，除了关注影响实体公正的违法行为，更要关注对司法的程序公正产生影响的违反诉讼程序的行为。举例而言，1996 年《刑事诉讼法》第 191 条第（三）项所体现的理念，即将“剥夺或者限制了当事人的法定诉讼权利”的行为，仍作为“可能影响公正审判”的情况来处理，这种理念与条文设计值得深入检讨，因为所有“剥夺或限制了当事人的法定诉讼权利”的行为，都是严重违反诉讼程序的行为，已经影响了公正审判，就应当作为程序违法行为处理。当然，该观点也认为，强调充分性原则并非意味着对所有违反诉讼程序的行为均一视同仁，而是应当与协调性原则等综合运用、循序渐进，同时重点处理、规制那些现实中严重的、常见的程序违法行为。[1]

也有研究者从本原则的反向角度指出了目前我国刑事司法中存在的程序性制裁范围过于狭窄的缺陷。这种观点认为，刑事诉讼法每设定一项行为规范，通常就意味着必须有相应的制裁条款来保证其实施，而我国刑事诉讼法规定的制裁条款只有两项，很明显是不可能涵盖全部违反刑事诉讼法的情形的，以《刑事诉讼法》第 191 条规定的几项程序违法行为为例，这些行为不仅可能发生在一审阶段，而且可能发生在二审、审判监督或者侦查、起诉甚至立案阶段，而按照现行条文的规定，只有一审程序中出现这些违法情形时才可进行程序性制裁，而在其他程序中违反有关规定时却无须承担任何程序上的不利后果。[2]

（五）适当性原则

适当性原则是程序法领域构建程序性法律后果时与实体法领域的罪刑相适应原则相类似的一项原则，其要求程序性法律后果的设置应与违反刑事程序的行为

---

[1] 王敏远：“设置刑事程序法律后果的原则”，载《法学家》2007 年第 4 期。

[2] 陈永生：“刑事诉讼的程序性制裁”，载《现代法学》2004 年第 1 期。

之严重程度相适应，与违反刑事程序的行为所侵犯的权利的情形相适应。与违反刑事程序的行为之严重程度相适应是指对于严重的违反刑事程序的行为应当设置严厉的程序法律后果，而对轻微的违反刑事程序行为，则可以设置相对缓和的程序法律后果。另外，由于设置程序性法律后果的目的之一为保障诉讼参与人的合法权益，因此适当性原则的贯彻还要求后果的设定应与违反刑事程序的行为侵犯的权利情况相适应，而与权利侵犯情况相适应又具体包括两方面的内容：一是与违反刑事程序的行为侵犯的权益之重要程度相适应；二是与违反刑事程序的行为侵犯的权益之结果相适应。该观点特别强调的一点是，如果违反刑事程序的行为侵犯的权利是宪法性权利，鉴于该权利的重要性，对其保护的力度就应当强调，对此应当确定更加严厉的程序法律后果。[1] 适当性原则在其他学者有关程序性违法后果的研究中，也得到了高度的重视与强调，比如有论者在阐释程序性制裁的性质时也提出，对于违反诉讼程序的行为，应当依据行为不完善或者瑕疵的严重程度，而不应按照等同划一的方式加以制裁，更不应都采取宣告无效这种最为严厉的制裁方式；正如刑法中确立了罪刑相适应原则一样，刑事诉讼中的程序性制裁制度其实也存在着一种“程序错误与程序性制裁相适应的原则”。不仅最为严厉的程序性制裁只能针对那些最为严重的程序性违法行为，而且对于一般的程序性违法行为，法院还可以对是否宣告无效行使自由裁量权，并在不得不宣告无效的情况下作出可补正的附加条件。另在陈瑞华教授看来，此处的“宣告无效”为各种程序性制裁的统称。[2]

（六）协调性原则

协调性原则强调的是在设定程序性法律后果时应当考虑与相关要素的协调，包括程序性法律后果与公正等相关观念的协调、程序性法律后果规定的自身要协调、与刑事诉讼法基本原则的协调、与其他法律规定的协调。[3] 具体而言，首先，协调性原则强调的是设定程序性法律后果，需要人们树立正确的对待程序公正、实体公正的观念，应当对程序公正具备应有的重视。为了促进人们通过实践对程序公正的认同，故有必要对那些严重影响了程序公正的行为设置相应的程序法律

[1][3] 王敏远：“设置刑事程序法律后果的原则”，载《法学家》2007 年第 4 期。

[2] 陈瑞华：《程序性制裁理论》，中国法制出版社 2005 年版，第 192 页。

后果。其次，程序性法律后果的规定自身应当协调，避免由于“避重就轻”等原因导致程序性法律后果设置轻重失当，比如目前实践中非法证据规则排除的仅仅是言词证据，而对于非法搜查等采用非法手段获得的非法证据，尚不在排除之列，这种程序性法律后果的设定就显得轻重不平衡。再次，协调性原则要求程序性法律后果的设定与刑事诉讼法的基本原则相一致，比如与刑事诉讼中的无罪推定、禁止双重危险等原则相协调，并在设定程序性法律后果时将各项基本原则作为设置的依据。我国目前的法律规定中依然存在着设定的程序性法律后果违反相应基本原则的情形，比较明显的例子为退回补充侦查、发回重审、提起审判监督等程序性后果的设定没有充分考虑到禁止双重危险原则的要求。最后，与其他法律规定的协调，尤其是刑事实体法的协调，如对于刑讯逼供这种刑法上规定为严重犯罪的程序违法行为，就应当规定最为严厉的程序法律后果，否则就显得与实体法的规定极不协调。此外，设置程序性法律后果时还应当考虑与人们对该问题的认识、研究程度相协调，在推进改革的过程中应本着循序渐进的原则，先规定那些最为严重且常见的程序违法行为，以逐步使得立法与司法部门积累经验、提高人们对程序法律后果的认识。[1]

协调性原则作为一项设置程序性法律后果的策略也得到了其他研究者的认同，如有观点认为，未来在扩大程序性制裁范围的过程中，应当坚持适度原则。程序性制裁的范围并不是可以无限扩大，而是应当在公正与效率以及控制犯罪与保障人权之间保持合理的平衡。这种“平衡论”的观点也可以看作是对协调性原则的一种阐释。此外，有观点也提出了建立程序性制裁的配套制度问题，这一问题也与协调性原则有异曲同工之妙。该论者所建议的配套制度包括三项内容：一是应建立审前的司法审查制度，由法院作为审查的主体对侦控机关的行为进行审查；二是应当完善程序性制裁的申请与审查程序；三是应正确分配程序性制裁的举证责任，由侦控机关对相关程序行为的合法性承担举证责任。[2]

---

[1] 王敏远：“设置刑事程序法律后果的原则”，载《法学家》2007 年第 4 期。

[2] 陈永生：“刑事诉讼的程序性制裁”，载《现代法学》2004 年第 1 期。

（七）法定与裁量相结合的原则

该原则是指设置刑事程序法律后果，既要考虑对那些最严重违反刑事程序法的行为从程序上绝对予以否定，也要考虑对其他违反刑事程序法的行为在设置程序法律后果时，进行否定但并不具有绝对的确定性，可以由司法者在具体案件中根据情况，酌情对违反刑事程序法的行为确定所应适用的程序法律后果。[1] 确定这一原则主要是考虑到刑事诉讼法在规定刑事程序法律后果时需要与多种因素相协调，而现实中各种违反刑事程序法的行为、结果及具体情况确实存在较大差异，司法实践中适用关于程序法律后果的规定时需要综合考虑有关情况。

比较法上的研究成果也充分印证了该原则的合理性，有观点认为，几乎所有的程序性制裁制度都存在着“自动无效”和“自由裁量的无效”之别，在大陆法系诉讼行为无效制度中也存在着“不可补正的无效”与“可补正的无效”之区分，这表明法院对于情节不同的程序性违法行为确定了相应的不同程序性制裁后果，对于最严重的程序性违法行为或者宪法性侵权行为，法院可以自动地宣告无效，而没有任何自由裁量的空间和余地；而对于一般的程序性违法行为，法院则不一定都作出宣告无效的裁决，而必须考虑案件的具体情况，并对不同的利益进行权衡，然后才能作出选择。各国适用程序性法律后果的做法正是法定与裁量相结合原则的生动体现。

四、程序性辩护及其意义与困境

程序性法律后果问题的研究不局限在基本理论方面，而且对于相关问题也有不少学者开展了研究，包括程序辩护、程序裁判等概念都有相关的研究成果。在这其中程序辩护是一个有代表性的研究领域，我们在此作简要梳理。

较早提出程序性辩护概念的观点主要是针对现有“辩护”概念的缺陷提出的。由于普遍认为刑事辩护的界定应以 1996 年《刑事诉讼法》第 35 条对辩护职责的界定为依据，即刑事辩护是指根据事实和法律，提出证明犯罪嫌疑人、被告人无罪、罪轻或者减轻、免除其刑事责任的材料和意见，其中“法律”仅指实体

---

[1] 王敏远：“设置刑事程序法律后果的原则”，载《法学家》2007 年第 4 期。

性法律。因此，传统意义上的刑事辩护主要是指实体性辩护，即仅仅是指针对有关刑事实体问题所进行的辩驳、辩解性的活动。这种对刑事辩护的传统理解方式排除了程序性辩护的存在空间。然而，程序性辩护理应在辩护形态中占有一席之地。程序性辩护是指以有关部门的侦查、起诉、审判活动程序违法为由，提出犯罪嫌疑人、被告人无罪、罪轻或者不应追究刑事责任的意见，以及要求诉讼程序应予补充或者重新进行的辩护方法。程序性辩护概念提出的重要意义在于，有助于进一步强化刑事诉讼程序的地位，维护诉讼程序的尊严；有利于丰富刑事辩护的方法，更好地保护当事人的合法权益；有助于规范司法、侦查部门的行为，减少其违反诉讼规则的现象。这种观点同时认为，目前程序性辩护之所以未能成为一种辩护实践中的典型形态，一个重要的原因在于缺乏法律的明确规定，举例而言，关于非法证据排除的辩护，由于刑事诉讼法中并未明确、充分肯定非法证据排除规则及其后果，致使实践中以非法证据排除为由提出的程序辩护很难获得支持。因此程序性辩护的广泛、有效展开依赖于法律对其的充分肯定。[1]

另一种观点认为，程序性辩护有广义与狭义之分。广义上的程序性辩护泛指所有以刑事诉讼程序为依据的辩护活动；而狭义的程序性辩护针对的不是一般的刑事诉讼程序问题，而主要是针对警察、检察官、法官在诉讼过程中是否存在违反刑事诉讼程序或是否实施过诉讼侵权行为，辩护方所提出的程序性申请也不是一般的旨在实施某一诉讼程序的诉讼请求，其最终目的在于通过说服法庭判定警察、检察官、法官存在程序性违法行为，从而宣告某一侦查、公诉或裁判行为丧失法律效力。[2]从性质上看，程序性辩护是一种更加积极的辩护形态，是一种通过指控检警机构和法院违法而实施的辩护活动，可以被称为“攻击性辩护”。该学者还分析程序性辩护在我国所面临的现实困境：（1）程序性制裁制度的不完善和不发达，造成程序性辩护在中国刑事诉讼中不具备发挥作用的制度基础。（2）对于侦查行为、公诉行为和初审程序的合法性，中国法院没有建立专门的司法审查机制，这势必造成程序性辩护无法对法院的裁判活动产生有效的约束力。（3）两审终审制本身的内在缺陷，导致上级法院无法通过上诉审程序审查并纠正

[1] 王敏远：“刑事辩护中的程序性辩护”，载《法制日报》2001 年 12 月 23 日；王敏远：“刑事辩护概念的发展”，载陈卫东主编：《司法公正与律师辩护》，中国检察出版社 2002 年版。

[2] 陈瑞华：《程序性制裁理论》，中国法制出版社 2005 年版，第 377 页。

下级法院的程序错误。（4）中国特有的“公检法三机关”之间流水作业的法律关系，导致法院至少相对于公安机关和检察机关而言，既没有独立的裁判权力，也不具备权威的裁判效力。❶

问题与思考

关于违反诉讼程序行为的程序性法律后果，不论是对于立法还是司法以及理论研究，都是一个较新的问题，而这个问题在刑事诉讼法学中的重要性十分突出。从立法层面来看，这个问题关系到是否将刑事诉讼法作为具有不可违反的法律来看待，以及在多大程度上重视其尊严的问题。从司法层面而言，这个问题关系到能否有效保障权利、规制职权，切实依照程序法的要求进行刑事诉讼。从理论研究的层面，则可以将程序性法律后果问题的探讨，视为关系到刑事诉讼法的独立地位、独特价值的基本问题。因此，这个问题对于刑事诉讼法学来说，具有基础性的意义。

遗憾的是，刑事诉讼法学界目前对此进行研究的人还很少，与该问题的重要性严重失衡。当然，对这个问题可以从不同角度展开。程序性后果、程序性制裁等只是其中的一种进路，还可以从诉讼行为无效等进路展开研究。或许，这是个更容易“与国际接轨”的进路。关于这种进路的研究，已有代表性的研究。❷

程序性法律后果问题的研究直指我国刑事诉讼重实体、轻程序的软肋，近二十多年的研究初步探讨了相关概念并勾勒出缺乏刚性的刑事诉讼法在实践中会导致何种问题。理论界与实务界均认识到设置程序性法律后果的巨大价值与功效，当下摆在研究者面前的后续研究，主要在于探讨程序性法律后果的制度设计。刑事诉讼中的程序行为形式多样，不可能不加区分地设置统一的法律制裁机制，如何着眼于在保障公民基本权利的前提下，完整、全面、充分、适当地设置各种程序行为的法律后果，才是解决问题的最终出路。实际上，这一研究课题及其在立法中的转化是一项工程浩大的任务，需要学界与实务界共同努力，深入探

---

❶ 陈瑞华:《程序性制裁理论》，中国法制出版社 2005 年版，第 377 页。

❷ 锁正杰:《刑事程序的法哲学原理》，中国人民公安大学出版社 2002 年版。

索适合于各种诉讼行为的程序性法律后果。事实上，这一问题的研究与刑事诉讼法所新确立的非法证据排除制度的健全与落实问题息息相关。在推进非法证据排除规则完善的过程中，需要考虑非法取证的范围、相应的程序法后果、排除程序等事项，此种考虑问题的路径完全可以看作是微缩的程序性法律后果实施机制。《办理死刑案件证据规定》与《非法证据规定》，确立了更为细致的非法证据排除规则与程序。然而，近些年的实施效果显示，其中的程序性后果的规定的落实情况远未达到最初的制度设计初衷。其实施的效应，仍然有待于进一步的观察与研究。毕竟，在非法证据排除规则贯彻的过程中，遇到的问题与解决的路径对于整体上程序性法律后果制度的构建具有示范作用、启示意义。2012 年《刑事诉讼法》在立法上肯定了非法证据排除规则与程序，并作出了相较于上述两个证据规定更为科学、全面的规范。理论界与实务界应当进一步关注新法实施情况，通过完善相关司法解释、配套措施等方法，推动非法证据排除规则的实质化落实。2017 年“两高三部”《关于办理刑事案件严格排除非法证据若干问题的规定》进一步细化了非法证据排除的范围与程序，推动着非法排除法律依据的进一步健全。上述规范性文件所确定的排非规则及制度在 2021 年《刑诉法解释》中增设专节予以了确认。[1]

对于程序性法律后果的建立而言，需要进一步深入研究相应的配套机制。在这样一个“重实体、轻程序”“重打击、轻保护”“重配合、轻制约”的国度里，如何健全相应的配套机制、培养程序刚性的理念，是应当慎重考虑的重大问题。在现有的审判机关与侦控机关的权力格局中，一味地要求法官对违法的程序性行为施加程序性后果，如果没有相应的配套机制，对于法官而言是非常棘手的问题。1998 年“两高”关于刑事诉讼法的司法解释当中确立的非法证据排除规则在当时的实践中几无适用的事实，有力地印证了这种担忧。须知，设立程序性法律后果并不是对刑事诉讼法细枝末节的修正，而是对我国刑事诉讼制度的根本性、系统性变革，这种根本性、系统性变革必然要求大量的、健全的配套机制作为支撑，改革的目标才能实现。

当然，需要研究的不仅是配套的制度，而且应当将程序性后果与社会的现

---

[1] 详见该解释第 123～138 条。

实情况及发展的需要、可能的趋势相结合进行研究。显然，如果缺乏极为重视程序的意识，那么程序性后果中最为严重的以宣告无罪的方式“终止诉讼”，将只可能是针对实体性的问题（如事实不清、证据不足或者行为不构成犯罪）解决方法，而难以作为仅仅是严重违反诉讼程序行为的处置措施。因此，只要发生诸如刑讯逼供、非法搜查等这类最严重的违反诉讼程序行为就应终止诉讼，宣告被告人无罪，法律要作这样的规定需要怎样的社会条件，就是必须研究的问题。

三 参考文献

一、论文类

[1] 王敏远 . 刑事程序性法律后果新论［J］. 法商研究，2021（3）.
[2] 吴宏耀，赵常成 . 程序性违法的量刑补偿机制研究［J］. 国家检察官学院学报，2019（3）.
[3] 易延友 . 非法证据排除规则的中国范式［J］. 中国社会科学，2016（1）.
[4] 李昌盛 . 违法侦查行为的程序性制裁效果研究 .［J］. 现代法学，2012（3）.
[5] 刘忠 . 被识别的几率：非法取证程序性制裁的构成性前提［J］. 中外法学，2011（2）.
[6] 陈虎 . 程序性制裁之局限性：以非法证据排除规则为例的分析［J］. 当代法学，2010（2）.
[7] 王敏远 . 设置刑事程序法律后果的原则［J］. 法学家，2007（4）.
[8] 周欣 . 侦查程序违法的法律制裁体系初探［J］. 中国人民公安大学学报，2006（2）.
[9] 陈永生 . 刑事诉讼的程序性制裁［J］. 现代法学，2004（1）.
[10] 陈瑞华 . 审判之中的审判：程序性裁判之初步研究［J］. 中外法学，2004（3）.
[11] 张会峰 . 刑事诉讼法中的程序性裁判［J］. 法学，2002（4）.
[12] 王敏远 . 刑事辩护概念的发展［G］// 陈卫东 . 司法公正与律师辩护 . 北京：中国检察出版社，2002.

[13] 陈永生 . 大陆法系的刑事诉讼行为理论 [J] . 比较法研究，2001（4）.

[14] 王敏远 . 违反刑事诉讼程序的程序性后果 [J] . 中国法学，1994（3）.

[15] 王敏远 . 轻程序的现象、原因及其纠正 [J] . 法学研究，1994（5）.

[16] SHERESHEVSKY Y.Monetary Compensation as a Remedy for Fair Trial Violations under International Criminal Law [J] .New Criminal Law，2015，18（1）.

[17] FRIESS A K.Soothsaying with a Foggy Crystal Ball：A Critique of the U.S. Supreme Court’s Remedy for Ineffective Assistance of Counsel When a Criminal Defendant Rejects a Plea Bargain [Lafler v. Cooper，132 S. Ct. 1376（2012）] [J] .Washburn Law Journal，2012，52.

[18] SCHWINN S D.Was a Criminal Defendant Denied Effective Assistance of Counsel When His Attorney Failed to Tell him about a Plea Offer，and He Later Pleaded Guilty on a Related Charge and Received a Greater Prison Sentence - If So，What is the Proper Remedy（10-444）[J]. Preview U.S. Sup. Ct. Cas.，2011，39.

[19] BRICKER C.Revisiting the Crime-Fraud Exception to the Attorney-Client Privilege：A Proposal to Remedy the Disparity in Protections for Civil and Criminal Privilege Holders [J] .Temple Law Review，2009，82.

[20] ENGLE E.Extraterritorial Corporate Criminal Liability：A Remedy for Human Rights Violations [J] .St. John’s Journal of Legal Comment，2006，20.

二、著作类

[1] 李玉萍 . 刑事诉讼行为无效制度论 [M] . 北京：中国人民公安大学出版社，2010.

[2] 夏红 . 无效刑事诉讼行为研究 [M] . 北京：中国人民公安大学出版社，2009.

[3] 陈瑞华 . 程序性制裁理论 [M] . 北京：中国法制出版社，2005.

[4] 锁正杰 . 刑事程序的法哲学原理 [M] . 北京：中国人民公安大学出版社，2002.

第十章　刑事管辖制度

【导读】

在发现犯罪事实或者犯罪嫌疑人需要追究刑事责任时，面临的第一个程序问题就是应由哪一个职权机关立案受理，以及哪一个级别、哪一个地区的法院有权进行一审，这就是刑事诉讼中的管辖问题。我国刑事诉讼中的管辖，分为职能管辖和审判管辖。职能管辖，是我国特有的一项诉讼制度，原本是指公安、司法机关在直接受理刑事案件上的权限划分，监察体制改革之后，又增加了国家监察机关对职务犯罪案件的管辖。审判管辖是指人民法院系统内部在审判第一审刑事案件上的权限划分，包括级别管辖、地区管辖和指定管辖。本章第一节主要说明管辖制度的基本情况、职能管辖、审判管辖、级别管辖、地区管辖、指定管辖等内容，以及刑事诉讼法和司法解释有关管辖的规定，该节的内容多为学术界对管辖制度的一般性阐释。第二节则是关于管辖问题的学术探讨，不仅涉及管辖问题的理论，而且包括关于管辖的法律规定的完善的讨论。

需要明确，刑事诉讼管辖涉及刑事司法权的配置，因此具有宪制属性。学习本章时，应特别注意我国监察体制改革给刑事诉讼职能管辖带来的影响，在检察机关自侦职能整体移交监察机关的情况下，准确把握不同部门在刑事诉讼管辖上的权力界分，对由此带来的监检衔接等新情况、新问题予以关注。

管辖关系到刑事诉讼从何开始以及能否顺利地进行，并在深层次上，作为正当法律程序的重要组成部分，对被追诉人乃至当事人的权利保障均有重大影响。因此，案件管辖的确定是刑事诉讼中的基本问题之一。

第一节　管辖概述及关于管辖的几个基本问题

刑事诉讼管辖，非仅为刑事案件与特定国家机关之间的对应归属关系，其实质是刑事司法权力的配置问题。特别是在国家监察体制改革之后，检察机关职务犯罪侦查职能转隶监察委员会，重构了我国刑事案件职能管辖的格局。有学者甚至认为，职务犯罪追诉领域的调查活动在一定程度脱离刑事诉讼范畴，形成了监察调查与刑事诉讼之程序分野。[1]但如聚焦于具体的、实践的职务犯罪追诉工作，不可否认的是，职务犯罪管辖问题仍然是职务犯罪刑事诉讼的首要程序问题。因而，我们讨论刑事诉讼管辖时，不仅要依据刑事诉讼法及相关解释，还要准确把握国家监察法的相关规定，做好法法衔接。

一、管辖的概念及分类

刑事诉讼中的管辖，作为刑事诉讼法上的案件分配机制，具有职权划分的特点和公共秩序的属性，在我国主要是指公安、司法和监察机关等在直接受理刑事案件上的权限划分以及人民法院系统内部在审判第一审刑事案件上的权限划分。与民事诉讼、行政诉讼管辖相比较，我国刑事诉讼管辖更显复杂。其一，民事诉讼、行政诉讼管辖仅涉及人民法院系统内部的分工，而刑事诉讼管辖还涉及公安、司法和监察机关之间的职能管辖问题。其二，民事诉讼、行政诉讼当事人对某些案件的管辖法院有一定的选择权，但在刑事诉讼中，无论是公诉案件还是自诉案件，当事人对案件管辖均不享有选择权。

---

[1] 姚莉："《监察法》第33条之法教义学解释——以法法衔接为中心"，载《法学》2021年第1期。

我国刑事诉讼管辖分为职能管辖和审判管辖两大类。职能管辖是公安、司法机关和监察机关在直接受理刑事案件上的权限划分。审判管辖是人民法院系统内各级法院、普通人民法院与专门人民法院以及专门法院之间在审判第一审刑事案件上的权限划分。审判管辖又分为普通法院的审判管辖和专门法院的审判管辖等。

国外刑事诉讼中的管辖通常是指审判管辖，一般分为级别管辖、地域管辖和专门管辖，而没有类似我国的立案管辖，为解决管辖中的各种复杂问题，各国立法普遍规定了合并管辖、移送管辖和指定管辖等制度。

二、职能管辖

刑事诉讼中的职能管辖，又称立案管辖或部门管辖，是指公安、司法机关和监察机关之间在直接受理刑事案件范围上的权限划分。它解决的是哪类刑事案件应当由公安、司法机关和监察机关中的哪一个机关立案受理的问题。

职能管辖的划分，首先应当与宪法、法律赋予特定国家机关的法律性质和职能定位相契合。譬如，监察机关是国家反腐败工作专责机构，国家监察体制改革便将对职务犯罪案件的管辖权从人民检察院转移到监察机关。此外，职能管辖的划分还应当考虑案件的性质和复杂程度。一般而言，案件比较重大、复杂，需要专业侦查调查的，由公安、检察、监察等专门机关立案受理，告诉才处理的案件和不需要侦查调查的轻微刑事案件，由人民法院直接立案。

（一）公安机关直接受理的刑事案件

我国《刑事诉讼法》第19条第1款规定：“刑事案件的侦查由公安机关进行，法律另有规定的除外。”法律另有规定的情形包括：（1）由监察机关直接立案调查的案件；（2）由人民检察院直接立案侦查的案件；（3）由军队保卫部门负责侦查的军队内部发生的刑事案件；（4）由国家安全机关立案侦查的案件；（5）由监狱立案侦查的罪犯在监狱内犯罪的案件。这些例外情形种类虽多，但数量上仅占刑事案件总数的一小部分，大多数刑事案件的立案侦查由公安机关承担。这是由公安机关的性质与职能决定的。一方面，公安机关是国家的治安机关，负有维护社会秩序、保卫社会治安的责任；另一方面，公安机关拥有严密的组织系统和人员配备以及良好的技术装备，其担负绝大多数案件的立案侦查任务具有坚实的基础。

（二）监察机关直接受理的刑事案件

《监察法》第 11 条规定："监察委员会依照本法和有关法律规定履行监督、调查、处置职责……（二）对涉嫌贪污贿赂、滥用职权、玩忽职守、权力寻租、利益输送、徇私舞弊以及浪费国家资财等职务违法和职务犯罪进行调查……"这是对监察机关刑事案件管辖范围的直接列举式规定，但并非完全列举，只是"党的十八大以来通过执纪审查、巡视等发现的比较突出的职务违法犯罪行为。"[1]另据《监察法》第 3 条的规定，监察机关有权对"所有行使公权力的公职人员"（以下称公职人员）进行监察、调查职务违法和职务犯罪，因而，未在第 11 条第（二）项所列 7 项行为之列的其他职务违法犯罪也在管辖范围。

2018 年 4 月 16 日出台的《国家监察委员会管辖规定（试行）》（以下简称《管辖规定》）第 12~17 条作了更加具体明确和完整的列举，包括贪污贿赂犯罪案件、滥用职权犯罪案件、玩忽职守犯罪案件、徇私舞弊犯罪案件、重大责任事故犯罪以及公职人员在行使权力过程中实施的其他犯罪案件，共计 6 类、88 个罪名。国家监察委员会 2021 年 9 月 20 日施行的《中华人民共和国监察法实施条例》，则将其管辖的范围扩大为 101 种职务犯罪案件。由于"权力寻租""利益输送""浪费国家资财"行为在《刑法》中并无对应的单个罪名或罪类，《管辖规定》同时明确，"权力寻租""利益输送"这两类行为构成犯罪的，适用受贿罪、行贿罪或为亲友非法牟利罪等有关规定；"浪费国家资财"这类行为构成犯罪的，适用贪污罪、徇私舞弊低价折股出售国有资产罪。

需要指出的是，监察机关的刑事管辖还涉及以下几种特殊情况。

第一，共同管辖问题。人民检察院在监察体制改革前管辖的罪名，并未全部划转给监察机关，2018 年修正的《刑事诉讼法》作了部分保留，其第 19 条第 2 款规定，检察机关在对诉讼活动实行法律监督中发现司法工作人员利用职权实施

---

[1] 中共中央纪律检查委员会中华人民共和国国家监察委员会法规室编：《〈中华人民共和国监察法〉释义》，中国方正出版社 2018 年版，第 81 页。

的非法拘禁、刑讯逼供、非法搜查等侵犯公民权利、损害司法公正的犯罪，“可以”立案侦查。“可以”一词否定了检察机关的排他性管辖权，暗示了监察机关管辖的可能性。实践中，对于司法工作人员利用职权实施的非法拘禁、刑讯逼供、非法搜查等侵犯公民权利及损害司法公正的犯罪，监察机关和人民检察院均有管辖权。在操作上，对涉嫌上述犯罪的司法工作人员，如不涉嫌贪污贿赂等监察机关管辖的其他职务犯罪，一般由人民检察院立案侦查，必要时监察机关也可以立案调查，监察机关立案调查、人民检察院立案侦查后应当及时通报对方。

第二，互涉案件管辖问题。这里的互涉案件，仅指主体统一型互涉，即同一主体既实施了职务犯罪，又单独或与他人共同实施了普通犯罪，或者同一主体既实施了普通犯罪，又同时系职务犯罪的共犯。根据《监察法》第 34 条第 2 款和实践做法，被调查人既涉嫌职务犯罪，又涉嫌其他犯罪的，一般情况下由监察机关和其他机关分别依职权立案，但以监察机关为主调查，其他机关予以协助。国家监察委员会立案调查的职务犯罪案件，被调查人同时涉嫌其他犯罪的，由国家监察委员会为主调查。对不适宜由监察机关为主调查的互涉案件，由监察机关和其他机关分别依照法定职责开展工作，同时应加强沟通协作。有学者认为，处理职能管辖竞合，“一刀切”地适用监察机关为主导的原则可能并不妥当，根据司法实践的经验来看，通常分别立案侦查，但以涉嫌主罪来确定管辖主体，建议建立案件管辖的前置协调沟通机制，先由监察机关与公安机关、检察机关等协商解决管辖问题。[1]

第三，案件线索的移送问题。《监察法》第 34 条第 1 款规定，人民法院、人民检察院、公安机关、审计机关等国家机关在工作中发现公职人员涉嫌贪污贿赂、失职渎职等职务违法或者职务犯罪的问题线索，应当移送监察机关，由监察机关依法调查处置。有学者将这种仅要求其他国家机关向监察机关移送、未要求监察机关对外移送的情形界定为“单向移送”，并认为，这一规定会使得监察机关产生“消化不良”的现象，造成大量案件积压，同时也很有可能会出现侦查机关将案件整体移送至监察机关，以规避《刑事诉讼法》规制的情形。[2] 笔者以为，

---

[1] 卞建林：“配合与制约：监察调查与刑事诉讼的衔接”，载《法商研究》2019 年第 1 期。

[2] 袁相亭、刘方权：“监察与司法的管辖衔接机制研究”，载《交大法学》2019 年第 4 期。

《监察法》该处所说问题线索，既指职务犯罪案件与普通案件有密切事实牵连的问题线索，也指无关联的问题线索，不能一概而论。对于前者，可适用处理互涉案件的规则。对于后者，规定单向移送的原因或许有二：其一，其他国家机关将公职人员职务违法犯罪问题线索向监察机关移送，正属于《监察法》规范的范畴，而监察机关向其他国家机关移送，规定在刑事诉讼法中更为合适。其二，监察机关认为其调查的职务犯罪案件“主体身份特殊，犯罪手段隐蔽，案件内容涉及大量国家秘密、国家安全和国家利益”，[1] 出于保密、方便调查等审慎考虑，不便于向其他国家机关移送某些案件线索。然而，由此认定将造成大量案件积压、规避刑事诉讼法规等问题，则实属多虑。一方面，在相关职务犯罪调查结束后，保密等原因即不复存在，监察机关继续保留属于其他机关的案件线索已无必要，向其他有关机关移送案件线索将变成现实中的正常操作，所谓案件积压可能最多不过是时间上的迟延。另一方面，监察机关对属于其他机关的案件线索，并没有相应侦查权力和能力，也没有顺应侦查机关意志、接受案件整体移送的需要与意愿。

第四，监察机关管辖的只是公职人员的职务犯罪行为而非对“罪名”的独占。对非公职人员也可能触犯的职务侵占罪、挪用资金罪、重大责任事故罪及贪污贿赂类犯罪中的“非国家工作人员受贿罪”“对非国家工作人员行贿罪”“对外国公职人员、国际公共组织官员行贿罪”等罪名，在确定管辖时，应当重点把握涉嫌犯罪人员身份，对公职人员的职务犯罪由监察机关管辖，若犯罪主体是公职人员以外的其他人员，则由公安机关管辖。

（三）人民检察院直接受理的刑事案件

在职务犯罪自侦职能整体转隶监察机关的基础上，2018 年《刑事诉讼法》保留了检察机关在特定情形下对部分职务犯罪案件的管辖权。《刑事诉讼法》第 19 条第 2 款规定：“人民检察院在对诉讼活动实行法律监督中发现的司法工作人员利用职权实施的非法拘禁、刑讯逼供、非法搜查等侵犯公民权利、损害司法公正的犯罪，可以由人民检察院立案侦查。对于公安机关管辖的国家机关工作人员

---

[1] 中央纪委国家监委法规室编：《〈中华人民共和国监察法〉释义》，中国方正出版社 2018 年版，第 153 页。

利用职权实施的重大犯罪案件，需要由人民检察院直接受理的时候，经省级以上人民检察院决定，可以由人民检察院立案侦查。”显然，这里将人民检察院的直接管辖分为两个部分。

其一是司法工作人员部分职务犯罪案件。最高人民检察院于 2018 年 11 月 28 日发布的《关于人民检察院立案侦查司法工作人员相关职务犯罪案件若干问题的规定》，列举了人民检察院可以自侦的 14 个职务犯罪的具体罪名，具体是：（1）非法拘禁罪（非司法工作人员除外）；（2）非法搜查罪（非司法工作人员除外）；（3）刑讯逼供罪；（4）暴力取证罪；（5）虐待被监管人罪；（6）滥用职权罪（非司法工作人员滥用职权侵犯公民权利、损害司法公正的情形除外）；（7）玩忽职守罪（非司法工作人员玩忽职守侵犯公民权利、损害司法公正的情形除外）；（8）徇私枉法罪；（9）民事、行政枉法裁判罪；（10）执行判决、裁定失职罪；（11）执行判决、裁定滥用职权罪；（12）私放在押人员罪；（13）失职致使在押人员脱逃罪；（14）徇私舞弊减刑、假释、暂予监外执行罪。

上述 14 个犯罪体现出三个基本特征：第一，犯罪主体均为“司法工作人员”，而不再是“国家机关工作人员”。根据《刑法》第 94 条的规定，司法工作人员是指有侦查、检察、审判、监管职责的工作人员。第二，犯罪手段表现为在诉讼活动中“利用职权实施”。第三，从犯罪客体来看，分别侵犯公民合法权利和损害司法公正。需要注意的是，实践中，司法工作人员的滥用职权、玩忽职守犯罪，可能发生在司法活动中，也可能发生在行使其他职权的活动中。对于其他国家机关工作人员滥用职权罪、玩忽职守罪或者司法工作人员犯滥用职权罪、玩忽职守罪，但未侵犯公民权利、损害司法公正的，不由检察机关管辖，应当由监察机关依法调查处置。此外，非法拘禁罪、非法搜查罪这两个罪名犯罪主体可能是司法工作人员，也可能是其他国家工作人员或其他人员，根据修正后《刑事诉讼法》的规定，检察机关立案侦查的非法拘禁案件、非法搜查案件的犯罪主体仅限于司法工作人员。为了突出强调，上述的规定在相关罪名之后增加了备注，进一步明确了管辖的案件范围。

其二是机动侦查案件。机动侦查是指当原侦查主体对法定管辖内的具体个案行使侦查权有悖于程序正当性时，由另一更适当侦查主体取而代之而进行侦查。我国检察机关的机动侦查权最早由 1979 年《刑事诉讼法》确立，但因程序性规则缺失、启动随意性过大、适用案件范围过宽，导致了实践中的滥用。为此，从1996年《刑事诉讼法》开始，大幅缩小机动侦查范围，并设置需由省级检察机关批准才能启动的严格审批程序。[1]目前，机动侦查对象只是公安机关管辖的国家机关工作人员利用职权实施的重大犯罪案件，不包括监察机关管辖的国家机关工作人员利用职权实施的重大犯罪案件。机动侦查只能针对个别案件，否则就违反了刑事诉讼法关于管辖的规定，违反了公检法机关分工负责、相互制约的原则。实践中，人民检察院行使机动侦查权主要有五种情况：一是公安机关对国家机关工作人员实施的其他重大犯罪案件有案不立、有罪不究，经人民检察院通知立案仍未依法追究的案件；二是公安机关对国家机关工作人员实施的其他重大犯罪案件以罚代刑、降格处理，经人民检察院督促后仍不纠正的案件；三是公安机关和人民检察院对国家机关工作人员的行为是否构成犯罪认识不一致，而人民检察院认为应当依法追究刑事责任的案件；四是对案件管辖发生争议，而有管辖权的公安机关拒不侦查或者长期拖延不予立案的案件；五是因为案件具有某种特殊情况，从维护司法公信力出发由人民检察院立案侦查更为适宜的案件。

（四）人民法院直接受理的刑事案件

由人民法院直接受理的刑事案件，在刑事诉讼中称为自诉案件，是指被害人及其法定代理人、近亲属，为追究被告人的刑事责任，直接向人民法院提出诉讼的案件。我国《刑事诉讼法》第19条第3款规定：“自诉案件，由人民法院直接受理。”根据第210条规定，自诉案件具体包括三大类。

1. 告诉才处理的案件

是指被害人及其法定代理人提出控告和起诉，人民法院才予受理的案件。根据2021年《刑诉法解释》第1条第（一）项，具体包括侮辱、诽谤案（《刑法》严重危害社会秩序和国家利益的除外）；暴力干涉婚姻自由案；虐待案（被害人没有能力告诉或者因受到强制、威吓无法告诉的除外）；侵占案。如果被害人及其法定代理人没有告诉或者告诉后又撤回告诉的，人民法院就不予追究。被害人不起诉必须是他本人真实意思的体现，如果被害人因受到强制、威吓等原因无法

---

[1] 郭晶：“检察侦查权全面机动化的模式选择及制度准备”，载《深圳大学学报（人文社会科学版）》2020年第1期。

告诉的，人民检察院或者被害人的近亲属也可以告诉。此外，依据《刑事诉讼法》第114条规定，告诉才处理的案件，被害人死亡或者丧失行为能力的，被害人的法定代理人、近亲属有权向人民法院起诉。人民法院应当依法受理。

2. 被害人有证据证明的轻微刑事案件

根据2021年《刑诉法解释》第1条第（二）项，这类案件包括：故意伤害案（轻伤）；非法侵入住宅案；侵犯通信自由案；重婚案；遗弃案；生产、销售伪劣商品案（严重危害社会秩序和国家利益的除外）；侵犯知识产权案（严重危害社会秩序和国家利益的除外）；《刑法》分则第四章、第五章规定的，可能判处三年有期徒刑以下刑罚的案件。这类自诉案件必须符合以下两个条件：（1）必须是轻微的刑事案件。（2）被害人必须有相应的证据证明被告人有罪。

上述所列八种案件中，被害人直接向人民法院起诉的，人民法院应当依法受理。对其中证据不足，可以由公安机关受理的，或者认为对被告人可能判处三年有期徒刑以上刑罚的，应当告知被害人向公安机关报案，或者移送公安机关立案侦查。

3. 被害人有证据证明对被告人侵犯自己人身、财产权利的行为应当依法追究刑事责任，而公安机关或者人民检察院不予追究被告人刑事责任的案件

根据最高人民法院2021年《刑诉法解释》第1款第（三）项的规定，这类自诉案件必须具备四个条件：（1）被告人的行为侵犯的是被害人的人身权利或财产权利。（2）被告人的行为应当依法追究刑事责任。（3）被害人有证据证明被告人的行为构成犯罪。（4）有证据证明曾经提出控告，而公安机关或者人民检察院不予追究被告人刑事责任的案件。这类自诉案件实际上是原本应当公诉的案件转化为自诉案件，其目的是维护被害人的诉讼权利，解决司法实践中被害人“告状难”的问题。

三、审判管辖

刑事诉讼中的审判管辖，是指各级人民法院之间、同级人民法院之间、普通人民法院与专门人民法院之间、各专门人民法院之间在审判第一审刑事案件上的职权范围。审判管辖所要解决的是在人民法院系统内部受理案件的分工问题，即

一起刑事案件具体应该由哪一个人民法院进行第一审。立案管辖和审判管辖的关系在公诉案件和自诉案件中有所不同。在自诉案件中，人民法院的立案管辖和审判管辖是重合的，都具体落实到审判权。在公诉案件中，两者间的关系具体表现为：一是立案管辖和审判管辖是先后关系，发生在刑事诉讼程序的不同阶段。立案管辖是公安、司法机关和监察机关在受理刑事案件上的第一次分工，审判管辖则是刑事案件进入到审判阶段后的第二次分工。二是立案管辖并不一定会必然导致审判管辖。因为有些案件在经过侦查调查或者经过审查起诉阶段后即告终结，没有进入审判程序，所以，不一定会产生审判管辖问题。

（一）级别管辖

级别管辖是指各级人民法院在审判第一审刑事案件上的权限划分，解决的是上下级人民法院之间在审判第一审刑事案件上的权限分工。

现代各国的刑事诉讼一般是根据罪行轻重来确立刑事案件的级别管辖，而罪行轻重的依据则是对该案可能判处的刑罚。刑法对犯罪所规定的刑期越长，表明犯罪行为的社会危害性越大，犯罪行为的社会危害性越严重，受诉法院的级别越高，法院的组织结构也就更复杂，其审理刑事案件、揭示案件事实真相、保证案件公正审理的审判能力就越强，因此，法院的级别管辖是案件公正审判的一项制度保证。

我国划分级别管辖考虑的主要因素有：案件的性质和影响；罪行的轻重和可能判处刑罚的轻重；案件涉及面的大小；不同级别法院在审判体系中的地位、职责和条件等。根据《刑事诉讼法》第 20 ~ 23 条规定，基层人民法院管辖第一审普通刑事案件，但是依照本法由上级人民法院管辖的除外；中级人民法院管辖危害国家安全、恐怖活动案件及可能判处无期徒刑、死刑的案件；高级人民法院和最高人民法院分别管辖全省（自治区、直辖市）性、全国性的重大刑事案件。基层人民法院在人民法院组织体系中数量最多、分布最广，且案件发生地都在其辖区内，最接近犯罪地和群众，便于及时、高效地处理案件，因而由其审判占绝大多数的普通刑事案件。中级人民法院管辖的案件，实际是指最低应由中级人民法院进行第一审，并不排除由高级人民法院、最高人民法院一审的可能。高级人民法院和最高人民法院管辖的一审刑事案件，由其自主认定和把握，实际数量很少，这显然是与他们所处的位置、担负的职能及工作负担相适应的。

值得一提的是，在刑事司法实践中，职务犯罪案件一审的管辖并不完全遵守上述规则，被告人原有职务是非常重要的考量因素。一般来说，厅局级以上干部犯罪案件由中级人民法院一审。

由于刑事案件的实际情况十分复杂，为了适应审判实践中可能出现的一些特殊情况的需要，保证案件的正确、及时处理，除上述级别管辖的法定情形外，人民法院在级别管辖方面还存在一些变通的情形，比如《刑事诉讼法》第 24 条规定："上级人民法院在必要的时候，可以审判下级人民法院管辖的第一审刑事案件；下级人民法院认为案情重大、复杂需要由上级人民法院审判的第一审刑事案件，可以请求移送上一级人民法院审判。"2021 年《刑诉法解释》第 15 条规定："一人犯数罪、共同犯罪或者其他需要并案审理的案件，其中一人或者一罪属于上级人民法院管辖的，全案由上级人民法院管辖。"当然，这种级别管辖的变通只能是上级人民法院审理下级人民法院管辖的案件，上级人民法院不能将自己管辖的案件交给下级人民法院审判。第 14 条规定："人民检察院认为可能判处无期徒刑、死刑，向中级人民法院提起公诉的案件，中级人民法院受理后，认为不需要判处无期徒刑、死刑的，应当依法审判，不再交基层人民法院审判。"

（二）地区管辖

级别管辖是从纵向来解决案件由哪一级人民法院管辖的，而地区管辖则是在明确案件的级别管辖的基础上，确定该案件由该级人民法院中的哪一个地方的人民法院管辖，是从横向来解决案件的管辖问题。只有级别管辖和地区管辖都解决了，案件的管辖权才能最终落实。

确定地区管辖的原则有两个。

首先，以犯罪地人民法院管辖为主，被告人居住地人民法院管辖为辅原则。《刑事诉讼法》第 25 条规定："刑事案件由犯罪地的人民法院管辖。如果由被告人居住地的人民法院审判更为适宜的，可以由被告人居住地的人民法院管辖。"2021 年《刑诉法解释》第 2 条规定，犯罪地包括犯罪行为地和犯罪结果地。法律之所以规定以犯罪地法院管辖为主，主要原因在于：一是犯罪证据大多都在犯罪地，由犯罪地法院审理，有利于法院就地调查核实证据，正确及时处理案件。二是被害人、证人等往往都在犯罪地，便于法院就近传唤或者通知其参加诉讼，也便于诉讼参与人参加诉讼。三是犯罪地群众最为关心本地发生的犯罪案件的审理，由犯罪地法院审理，便于当地群众旁听，也有利于结合案件的审理进行法制宣传。由被告人居住地的人民法院管辖更为适宜的情况一般包括：被告人流窜作案，主要犯罪地难于确定，而其居住地的群众更多地了解案件的情况；被告人在居住地民愤极大，当地群众要求在当地审判的；可能对被告人适用缓刑、管制或者单独适用剥夺政治权利等刑罚，因而需要在其居住地执行的；临时外出的组织成员之间相互进行侵犯的等。被告人居住地包括其户籍所在地、经常居住地、工作或学习的地点，在司法实践中要根据具体情况来确定。

其次，以最初受理的人民法院审判为主，主要犯罪地人民法院审判为辅的原则。《刑事诉讼法》第 26 条规定："几个同级人民法院都有权管辖的案件，由最初受理的人民法院审判。在必要的时候，可以移送主要犯罪地的人民法院审判。"这里指的是一个犯罪涉及多个地点、多个地区的人民法院都有权审判的情况，而以被告人居住地确定也可能出现多个法院都具有管辖权的情形。遇到这种情况，原则上由最初受理的人民法院优先管辖。在必要的时候，最初受理的人民法院可以把案件移送主要犯罪地人民法院审判。必要的时候，是指对查清主要犯罪事实以及及时处理案件更为有利等情况。所谓主要犯罪地，包括案件涉及多个地点时对该犯罪的成立起主要作用的行为地，也包括一人犯数罪时主要罪行的实行地。

（三）指定管辖

指定管辖，是指当管辖不明或者有管辖权的法院不宜行使管辖权时，由上级人民法院以指定的方式确定案件的管辖。《刑事诉讼法》第 27 条规定："上级人民法院可以指定下级人民法院审判管辖不明的案件，也可以指定下级人民法院将案件移送其他人民法院审判。"2021 年《刑诉法解释》18 ~ 22 条作了更为详尽的规定。

指定管辖分为两种情况：一是由上级人民法院以指定的方式确定管辖不明的案件的管辖权。管辖不明的情况，应当由争议各方在审限内协商解决；协商不成的，由争议的人民法院分别逐级报请共同的上级人民法院指定管辖。二是由上级人民法院以指定的方式改变管辖权。司法实践中有时会出现有管辖权的法院不宜行使审判权的情况。例如，本院院长需要回避的案件；因案件在该法院审判受到严重干扰而不能很好地行使审判权等情形。在此情况下，可以请求上一级人民法院管辖，上一级人民法院也可以指定与提出请求的人民法院同级的其他人民法院管辖。

职务犯罪案件被告人一般都在一定的重要岗位担任职务，有可能影响案件公正审判，所以较多适用指定管辖。从实践情况看，省部级以上官员一律指定异地管辖，不由其原任职地法院审判。综合考虑案件严重程度和官员影响力，部分厅局级以上官员也指定异地管辖。

（四）专门管辖

专门管辖是专门人民法院与普通人民法院之间，各种专门人民法院之间以及各专门人民法院系统内部在受理第一审刑事案件上的权限分工。所要解决的是哪些案件由专门人民法院审判以及由哪一个专门人民法院审判的问题。《刑事诉讼法》第 28 条规定："专门人民法院案件的管辖另行规定。"由于 2012 年全国铁路法院完成管理体制改革，整体纳入国家司法体系，目前有刑事管辖权的专门法院主要是军事法院。

军事法院管辖的案件有：违反军人职责罪案件及现役军人、在军队编制内服务的无军职人员的犯罪案件、普通公民危害与破坏国防军事的犯罪案件。对军队与地方互涉案件，原则上实行分别管辖的制度，即现役军人（含在编职工）和非军人共同犯罪的，分别由军事法院和地方法院或者其他专门人民法院管辖。但涉及国家军事秘密的，全案由军事法院管辖。对于下列案件，由地方人民法院或者军事法院以外的其他专门法院管辖：（1）非军人、随军家属在部队营区内犯罪的。（2）军人在办理退役手续后犯罪的。（3）现役军人入伍前犯罪的（需与服役期内犯罪一并审判的除外）。（4）退役军人在服役期内犯罪的（犯军人违反职责罪的除外）。

四、特殊管辖

2021 年《刑诉法解释》第 4 ～ 13 条对在中华人民共和国内水、领海发生的刑事案件，在列车上的犯罪，在国际列车上的犯罪，在中华人民共和国领域外的中国船舶内的犯罪，在中华人民共和国领域外的中国航空器内的犯罪，中国公民在中国驻外使领馆内的犯罪，中国公民在中华人民共和国领域外的犯罪，外国人在中华人民共和国领域外对中华人民共和国国家或者公民犯罪，对中华人民共和国缔结或者参加的国际条约所规定的罪行以及正在服刑的罪犯的犯罪等 10 种特殊案件的管辖作了规定，兹不赘述。值得关注的是，根据 2020 年 2 月 28 日最高人民法院、最高人民检察院、中国海警局《关于海上刑事案件管辖等有关问题的通知》，海上发生的刑事案件的立案侦查，由海警机构负责。

第二节　管辖问题研究综述

围绕着管辖问题的法律规定，针对司法实践中出现的问题，学术界基于刑事诉讼的基本原理进行了广泛的讨论，以期有助于完善我国的刑事管辖制度。以下是对管辖问题的讨论情况的简要梳理。

一、关于人民法院的职能管辖问题

人民法院管辖的三类自诉案件，在实践中引发了不少问题，对此学者讨论较多，具体包括如下几个方面。

（一）关于告诉才处理的案件

1. 告诉主体的问题

根据《刑法》第 98 条，告诉才处理是指被害人告诉才处理。如果被害人因受强制、威吓无法告诉的，人民检察院和被害人的近亲属也可以告诉。但《刑事诉讼法》及其解释，却没有关于人民检察院告诉的规定。由此产生立法歧义。

一种观点认同检察机关代为行使告诉权，并表示必须明确几个问题：一是案件不必经过公安机关侦查。检察机关行使告诉权时必须进行必要的调查或侦查，收集必要的证据，使告诉有所根据。二是检察机关在告诉过程中，被害人要求撤诉或自愿与被告人达成和解时，检察机关在查明被害人系自愿时，应当充分尊重被害人的意愿。三是检察机关在行使告诉过程中，被告人提出反诉时，检察机关不是反诉案件中的被告人。[1]

另一种观点认为，不应该赋予检察机关告诉权，《刑法》第98条的规定值得商榷。首先，应当明确，诉讼法中“告诉才处理”中的“告诉”，实际上是指“私诉”，即被害人或其法定代理人自己提出控告。这种控告方式是相对于国家专门机关发起的“公诉”而言的。如果本应根据自诉才处理的案件，现由人民检察院提出控告，那么这里的控告就不是本来意义上的“告诉”了。就起诉方式而言，案件则变成了公诉案件。其次，根据《刑法》的规定，“告诉才处理”不是行为是否构成犯罪的要件，而只是在已经确认一行为为犯罪的情况下，仅就这一犯罪行为可能引发的刑事程序上的后果而作出的一种任择性的规定，这一规定的本意是从保护被害人的实体权利出发，就是否提起刑事诉讼、以追究加害人的刑事责任而赋予被害人或其法定代理人的一种程序性权利。这种程序性权利具有一定的专属性。因此，人民检察院不宜作为告诉才处理的案件的告诉主体。[2]

还有一种观点认为，告诉才处理的案件，按照刑法和司法解释的规定，这类案件具有较强的排他性，即是否起诉由被害人自行决定，国家通常不予干预。不过，上述规定也存在一定的缺陷：一是脱离实际。比如，暴力干涉婚姻自由案、虐待案，通常发生在家庭成员之间，而且加害人往往就是被害人的父母、子女和配偶，指望被害人不讲情面，不计利害得失，公开指控犯罪人是非常困难的。二是有关国家干预的规定不妥。首先，自诉机制受阻的原因很多，可是刑法却将国家干预的范围限于被害人因受到强制、威吓无法告诉，显然不利于维护被害人的合法权益。其次，在身体强制时即非法拘禁时，公安机关或者人民检察院的当务之急是帮助被害人恢复自由，而不是代替被害人表达意志。在这种情况下，由人

---

[1] 樊崇义等:《刑事诉讼法修改专题研究报告》，中国人民公安大学出版社2004年版，第178-179页。

[2] 樊崇义主编:《刑事诉讼法实施问题与对策研究》，中国人民公安大学出版社2001年版，第174页。

民检察院行使告诉权是不必要的。[1]

2. 侵占罪的管辖问题

侵占罪作为告诉才处理的案件之一，其立法本意是赋予财物的所有人或占有人在其合法财物遭受侵犯时，能够独立地启动诉讼程序，不受立案、侦查程序的影响。但在实践运作中存在被害人取证难以及诉讼主体往往不知道其财物受到了非法侵占而无人告诉等情况。上述情况都违背了侵占罪的立法本意，为此，学界进行了探讨。

一种观点认为，侵占罪作为自诉案件处理是有一定缺陷的。

首先，由于这类案件的被害人在证据的收集上受到实际情况的限制，往往不能有效行使自诉权。有观点提出，对这类案件，公安机关可以依被害人的请求进行侦查，然后再把收集到的有关证据材料交给被害人，由被害人再行自诉。笔者以为，该种观点值得商榷。公诉案件与自诉案件本是一种人为界定，若有现实必要，以立法形式破除其壁垒也未尝不可，但由此可能带来如下问题，似应考虑。其一，从司法实践来看，公安机关本身承担着绝大多数刑事案件的侦查工作，很难抽出人力来进行自诉案件的侦查工作。其二，被害人提出侦查请求，公安机关是否需要进行必要性审查？如不需要，则可能导致被害人滥用请求权；如需要，则公安机关考虑前述实际困难，难免将绝大多数请求予以拒绝，使得该制度设计沦为具文。其三，侦查终结后，由谁来审查是否达到起诉条件，如因证据不足等因素导致被害人败诉，公安机关是否承担责任？

其次，将侵占罪规定为自诉案件，不仅不利于保护普通被害人的合法权益，也不利于保护国家利益。侵占罪中侵占他人遗忘物行为的犯罪对象是他人遗忘物，侵占埋藏物行为的犯罪对象是埋藏物。至于在拾得人不知道业主是谁的情况下对遗失物如何处理，法律则没有明确规定。通常做法是交公共场所管理机构处理或交公安机关处理，如无人认领，即作为无主财产上缴财政，归国家所有。因此，犯罪行为人所占有的埋藏物或者属于该埋藏物的原所有人所有，或者属于国家所有。如果将上述侵占罪作为告诉才处理的案件，则在该埋藏物为无主财产的情况下，国家的财产权利难以得到有效保护。

---

[1] 吴步钦："我国刑事立案管辖制度的缺陷及其完善"，载《人民检察》2005 年第 17 期。

最后，侵占罪案件并非都属于情节轻微，危害不大的案件。从实践情况来看，有的侵占罪案件涉及的数额巨大，对社会的危害性也很大。将这些案件交由被害人自诉，与案件的性质是不相适应的。因此，建议今后应把侵占罪作为公诉案件管辖，由公安机关进行侦查。[1]

另一种观点认为，将侵占罪作为告诉才处理的案件碰到的第一个问题是，当该罪的犯罪对象是公共财产时，可能会出现有起诉权的主体因不知晓其财产受侵占而不能行使起诉权，或者起诉主体不积极行使起诉权的情况，因而导致案件无法进入诉讼程序，犯罪也就不能受到处理。碰到的第二个问题是，当遗忘物被侵占时，被害人很难举出证据向法庭证明自己的起诉请求。因此，司法实践中，很多被害人在财物被他人侵占后，不是到人民法院起诉，而是向公安机关报案和控告，公安机关据此立案侦查，收集证据，然后移送检察机关审查起诉。在法庭上，检察机关对此种案件的起诉权往往成为一个激烈争论的焦点。可见，侵占罪的诉讼程序应为公诉程序，法律应否定侵占罪告诉才处理的规定。[2]

（二）被害人有证据证明的轻微刑事案件

针对这类案件的规定，学者们指出了其中存在的主要问题，具体观点如下。

1. 公诉和自诉的界限模糊

首先，《刑事诉讼法》条文使用的是“被害人有证据证明的轻微刑事案件”，而2021年《刑诉法解释》使用的则是“人民检察院没有提起公诉，被害人有证据证明的轻微刑事案件”。根据最高人民法院、最高人民检察院、公安部、国家安全部、司法部、全国人大常委会法制工作委员会等六机关1998年《关于刑事诉讼法实施中若干问题的规定》第4条，“被害人有证据证明的轻微刑事案件”属于当事人对于公诉或自诉有选择权的案件，“被害人向公安机关控告的，公安机关应当受理”。据此，增加“人民检察院没有提起公诉”的条件尚可理解。但该规定现已废止，2021年《刑诉法解释》也删除了“被害人向公安机关控告的”的规定。这是否意味着，该类案件变成了纯粹自诉案件呢？若是纯粹自诉案件，

---

[1] 樊崇义主编:《刑事诉讼法实施问题与对策研究》，中国人民公安大学出版社2001年版，第84–86页。

[2] 陈光中主编:《刑事诉讼法实施问题研究》，中国法制出版社2000年版，第18页。

则“人民检察院没有提起公诉”就没有意义，因而其含义究竟为何，尚需最高人民法院作出进一步解释。其次，自诉转公诉的界限不清楚。根据2021年《刑诉法解释》，被害人直接向人民法院起诉的，人民法院应当依法受理。对其中证据不足，可以由公安机关受理的，或者认为对被告人可能判处三年有期徒刑以上刑罚的，应当告知被害人向公安机关报案，或者移送公安机关立案侦查。但是如何理解“证据不足，可由公安机关受理”？实践中人们的理解不同，可能会产生法院和公安机关互相推诿，导致被害人合法权益得不到维护的现象。并且，这一规定也和《刑事诉讼法》第211条“缺乏罪证的自诉案件，如果自诉人提不出补充证据，应当说服自诉人撤回自诉，或者裁定驳回”的规定相矛盾。即自诉案件中自诉人应承担举证责任。如果在证据不足的情况下，由公安机关受理，则实质上自诉人不再承担举证责任。这是与自诉的原理不相容的。

2. 案件范围过大，与人民法院职能和自诉案件的性质不相适应

一是重婚案和遗弃案作为自诉案件处理不适当。重婚案件是对宪法和婚姻法确立的一夫一妻制度的侵犯。把重婚案件作为自诉案件来处理，如果被害人不起诉，人民法院则不能对犯罪行为人进行审判。这不仅使犯罪行为人无法受到应有的制裁，而且也不利于弘扬社会正气，不利于维护社会主义道德。因此，对重婚案件应当作为公诉案件由公安机关管辖。遗弃案中被遗弃者往往是缺乏行为能力的人，其自诉权的行使本身存在障碍。将这类案件作为自诉案件处理，不利于对这些人员合法权益的保护。二是案件范围过宽。许多案件由被害人自诉是不适当的，如《刑法》分则第四章、第五章规定的过失致人死亡罪、过失致人重伤罪、破坏军婚等由自诉人自诉，是难以有效履行举证责任的。三是生产、销售伪劣商品案和侵犯知识产权案包含的案件类型、数量太多，不宜作为自诉案件处理。这与当前刑事诉讼中缩小自诉范围，扩大公诉范围的发展趋势是不相适应的。

3. 严重危害社会秩序和国家利益的含义不明确

2021年《刑诉法解释》规定，生产、销售伪劣商品案和侵犯知识产权案在严重危害社会秩序和国家利益的情况下属于公诉案件。然而，什么是“严重危害社会秩序和国家利益”则在解释中没有明确规定，在刑法中也没有明确规定。学者建议，在划分公安机关与人民法院分工时，最简便易行的做法是以法定刑为标准，即受理生产、销售伪劣商品和侵犯知识产权的行为凡是可能判处3年有期徒

刑以下的，由人民法院直接受理；凡是可能判处 3 年有期徒刑以上的，由公安机关直接立案侦查。

4. 生产、销售伪劣商品和侵犯知识产权涉及单位犯罪时遇到的问题

在办理单位犯罪案件过程中，为了保证诉讼的顺利进行和判决的有效执行，往往涉及冻结、扣押被告单位的财产等诉讼行为，而自诉人是不具有这些权力的。

5. 对自诉途径和公诉途径发生冲突时的解决措施缺乏规定

在实践中，上述八类案件有多个被害人的情况屡见不鲜。有的被害人向人民法院提起自诉，有的被害人向公安机关提出控告，要求启动公诉程序。在两个机关都受理的情况下如何处理，立法和司法解释均无明确规定。对此应当确立公诉优先的原则。在公诉已经立案的情况下，应当自诉终止，公诉先行。这主要是考虑到当事人的收集证据的能力比较弱，并且公诉在性质上更加符合公共利益的要求。同时，在一定意义上讲，这也是公诉对自诉干预权的表现。[1]

（三）公诉转化为自诉的案件

《刑事诉讼法》第 210 条第（三）项规定："被害人有证据证明对被告人侵犯自己人身、财产权利的行为应当依法追究刑事责任，而公安机关或者人民检察院不予追究被告人刑事责任的案件。"这种情况在理论上称为公诉转自诉案件。这种案件，是针对司法实践中存在的告状难问题而规定的，目的在于完善和加强对犯罪的追诉机制，维护公民的合法权益。由于这类案件规定过于简陋，在实践中理解也不一致，因此产生了诸多需要研究的问题。

一种观点认为，这类案件的范围不明确。关于公诉转自诉的规定，《刑事诉讼法》中共有两条，分别是第 180 条和 210 条第（三）项。这两条存在明显不协调的地方。首先，公诉转自诉案件的范围规定不一致。前者没有限定案件的具体范围，后者则仅仅涉及侵犯被害人人身、财产权利的案件。其次，涉及的诉讼阶段不一致。前者仅涉及审查起诉阶段不起诉的刑事案件，后者则涉及侦查阶段和审查起诉阶段不予追究被告人刑事责任的案件。

---

[1] 樊崇义主编：《刑事诉讼法实施问题与对策研究》，中国人民公安大学出版社 2001 年版，第 89 页。

另有观点认为，公诉转自诉与人民检察院相对不起诉相矛盾。相对不起诉本是对轻微犯罪的非犯罪化处理，但依第210条第（三）项规定，只要被害人提起自诉，人民法院在事实清楚、证据确实充分的情况下就应当作出有罪判决。这在很大程度上抵消了起诉便宜主义的功效。因此，学者建议取消第三类自诉案件，健全申请复议和申诉程序，建议推广人民监督员制度，以促进司法民主，保证人民检察院作出的不予追诉决定真正符合公众利益。同时规定被害人对公安机关不立案或者撤销案件的决定不服的，可以向同级人民检察院申请复议；对人民检察院不立案、撤销案件或者不起诉的决定不服的，可以向上一级检察院申请复议或者申诉。[1]

二、关于级别管辖的问题

级别管辖是指各级人民法院之间在审理第一审刑事案件上的分工。级别管辖在我国刑事诉讼法中只有一些原则性的规定，以至于人民法院和人民检察院有时在办理案件时对法律认识不一致，造成人民法院与人民检察院无所适从，对有的案件相互推诿，影响了案件的及时审结，同时也在一定程度上影响了诉讼程序，使审理案件的公正性和严肃性受到影响。

（一）最高人民法院案件管辖的问题

有学者认为，《刑事诉讼法》规定最高人民法院管辖的一审案件是全国性重大刑事案件，但对什么是全国性重大刑事案件，未进一步指明或列举规定，也未以《刑法》有关罪刑条文参照规定，造成最高人民法院一审管辖的随意性。从1979年《刑事诉讼法》颁布至今，最高人民法院一审仅审判过“江青反革命集团”案。陈希同贪污、玩忽职守案，成克杰贪污、受贿案，按其职位级别及巨大社会危害性和恶劣影响，在全国可谓重大刑事案件，但这些案件的一审最高人民法院并未管辖。对遏制极为猖獗的腐败类大、要案，在审判入口处已有所失轻，不利于对重大犯罪的打击和震慑，也引起了法治意识不断上升的广大群众以及全

---

[1] 吴步钦：“我国刑事立案管辖制度的缺陷及其完善”，载《人民检察》2005年第17期。

国人大代表的关注和不满。若立法明确规定最高人民法院一审管辖的具体范围，无疑对最高人民法院依法管辖、树立公信力，具有良好促进作用。❶

有学者赞同取消最高人民法院一审案件的管辖权。理由如下：第一，现有法律规定在司法实践中很难操作，还可能造成最高人民法院管辖的随意性。第二，最高人民法院为我国的最高审级，一审判决、裁定终局，被告人不能上诉，剥夺了被告人上诉权，而上诉权是被告人享有的最重要诉讼权利之一。第三，目前，我国最高人民法院工作任务繁重，其负责对全国各下级人民法院的审判工作进行指导，发布大量适用法律的司法解释，受理对下级人民法院裁决的申诉、上诉和抗诉而进行二审或者审判监督程序。第四，以前制定法律时赋予最高人民法院一审管辖权，是考虑到最高人民法院的法官，更有能力依法处理全国性的大案，保证办案质量。❷

（二）高级人民法院案件管辖的问题

根据我国现行审级制度的规定，我国高级人民法院除受理大量上诉案件外，还受理一定数量的一审案件。一些学者认为，这些一审案件既分散了高级人民法院的精力，又将大量的一审案件直接推向最高人民法院。而按照世界各国的通例，高级法院被定位为上诉法院，主要受理第一次复审的案件。因此，应取消高级人民法院受理第一审案件的权力，使其将精力集中在上诉案件的审理上，以便法院任务的分担走向合理化，也与国际上通行的做法接轨。❸

另有学者认为，高级人民法院管辖的一审案件是全省性的重大刑事案件，但何谓全省性重大刑事案件则并不清晰，以致法律规定与现实之间缺乏一致性。如，江西省原副省长胡长清贪污受贿被处死刑，云南省原省长李嘉廷受贿被判死缓，这类案件按其犯罪性质及被告人职位级别和巨大社会危害性，应属全省性重大案件，事实上发案地高级人民法院都未管辖，而是由千里之遥且审级低一级的中院管辖。这与《刑事诉讼法》关于刑事案件由犯罪地法院管辖规定相冲突，凸

❶ 陈永革、李志平："论我国刑事审判管辖的完善"，载《江海学刊》2005年第4期。

❷ 宋英辉：《刑事诉讼法修改问题研究》，中国人民公安大学出版社2007年版，第47-52页。

❸ 刘根菊、张建："我国刑事审级制度的重新构建"，载《法学论坛》2005年第5期。

显高级人民法院一审管辖过于随意，有损其司法权威。[1]

三、刑事诉讼管辖异议制度

长期以来，我国刑事诉讼中的管辖异议权是一种“事实上”的权利。一方面，刑事诉讼规范从未明确确认该种权利，另一方面，审判实践中被告人提出管辖异议又非常普遍，司法机关或多或少地也予以承认。根据2021年《刑诉法解释》第228条，庭前会议可以就“是否对案件管辖有异议”向控辩双方了解情况，听取意见。有学者指出，如果对司法解释相关条款作体系上的解释，最高人民法院似乎只是将管辖异议作为庭前会议的讨论内容来对待，并没有将其作为权利条款来规定。[2]

（一）建立刑事诉讼管辖异议制度的必要性

一种观点认为，《刑事诉讼法》有必要增加规定当事人的管辖异议制度，理由如下：第一，刑事管辖异议制度是当事人，尤其是被告人获得公平审判权的重要内容，能保证被告人诉讼权利的充分实现。管辖权问题虽然不和决定审判结果的事实认定与法律适用直接相关联，但在一定程度上存在着影响审判结果的可能。第二，刑事管辖异议制度有利于维护程序法治。通过管辖异议制度可以纠正错误的管辖行为，保证刑事诉讼程序合理启动，规范运行。第三，刑事管辖异议制度是保障人权的重要体现。司法机关代表国家行使管辖权，管辖权是国家公权力的体现，它以国家强制力为后盾。作为当事人的被告人被追究刑事责任，则处于弱者的地位。如果被告人认为管辖不当，却无法提出意见，在一定程度上损害了当事人合法权益，也影响了刑事诉讼公正、及时、顺利进行。[3]

另有学者引入“法定管辖权利”作为管辖异议的权利来源，认为：在管辖制度中，包括管辖异议权在内的被追诉人的程序性权利来自其享有的“法定管辖”的权利，即由法律所规定的公权力机关管辖案件的权利。“法定管辖权利”是正

[1] 陈永革、李志平：“论我国刑事审判管辖的完善”，载《江海学刊》2005年第4期。

[2] 张曙：“被追诉人的管辖程序性权利研究”，载《法治研究》2020年第1期。

[3] 宋英辉：《刑事诉讼法修改问题研究》，中国人民公安大学出版社2007年版，第62-63页。

当法律程序权的重要内容。被追诉人所提出的无管辖权之异议，是为了使案件管辖恢复到“法定管辖”这一状态。公权力机关的违法管辖，不仅违反了《刑事诉讼法》的管辖规则，还不当侵犯了被追诉人的“法定管辖权利”；被告人同意法院无权管辖，只是因为其放弃了应有的“法定管辖权利”。[1]

（二）刑事诉讼管辖异议程序的设计

如何设计刑事管辖异议程序的内容，学界意见不统一，意见主要集中在如下几方面。

1. 关于申请管辖权异议的主体

一种观点认为，管辖权异议的申请主体应该是当事人，即被害人、犯罪嫌疑人、被告人、自诉人等。公诉案件涉及的职能管辖或者审判管辖，如果被害人、犯罪嫌疑人、被告人认为存在错误或不适当，均有权提出管辖权异议。在自诉案件中，被告人任何情况下均可提出管辖权异议；共同自诉人如不同意其他自诉人向某法院起诉，有权对该法院的管辖权提出异议；在自诉案件存在优先、移送、指定管辖的前提下，自诉人如果认为以上管辖改变存在错误或不适当，则有权提出管辖权异议。附带民事诉讼当事人无权提出管辖权异议。如果被害人、犯罪嫌疑人、被告人、自诉人由于法定理由无法参加诉讼或无法亲自提出，其法定代理人、近亲属、代理人可以代为提出管辖权异议。[2]

另一种观点认为，只有被告人有权提出管辖异议，被害人和自诉人不能提起管辖异议。因为被告人与案件有切身的利害关系，管辖的确定对其意义重大。虽然被害人、自诉人也与案件有切身利害关系，但如果被害人对案件管辖有异议，其可以通过检察机关改变起诉来处理。自诉人由自己来选择起诉，如果管辖错误，人民法院在审查自诉时，会告知其向有管辖权的人民法院起诉，不存在管辖异议问题。[3] 也有学者持相同的观点，认为管辖权异议的主体必须是被告人。被告人的辩护人也不得单独提出管辖异议，以防止侵害被告人的利益。[4]

---

[1] 张曙：“被追诉人的管辖程序性权利研究”，载《法治研究》2020 年第 1 期。

[2] 石晓波：“刑事诉讼管辖权异议制度研究”，载《中国刑事法杂志》2004 年第 4 期。

[3] 宋英辉：《刑事诉讼法修改问题研究》，中国人民公安大学出版社 2007 年版，第 63-64 页。

[4] 刘崇理：“对刑事案件中审判管辖异议程序的构想”，载《法律适用》2003 年第 9 期。

2. 关于申请管辖权异议的期间

一种观点认为，申请管辖权异议的期间因管辖种类的不同而有所差别，要保证有关申请主体有必要的时间提出申请，并考虑刑事诉讼的及时性。据此，公诉案件中对职能管辖提出管辖权异议的期间应是在侦查终结前的任何阶段，对审判管辖提出管辖权异议的期间是在一审法院法庭调查阶段开始之前。自诉案件中，被告人和共同自诉人提出管辖权异议的期间是一审法院法庭调查开始之前；若自诉人认为优先、移送、指定管辖存在错误或不适当，提出异议的期间应在优先、移送、指定管辖裁定送达后，审理法院法庭调查阶段开始之前。[1]

一种观点认为，申请管辖异议的期间是人民法院受理刑事案件后至法庭调查开始前。侦查、审查起诉阶段未赋予犯罪嫌疑人管辖异议权，一方面是因为侦查、起诉阶段不涉及案件的实体处理，另一方面是因为只有起诉机关将案件起诉到某一人民法院时才能判断审判管辖是否适当，侦查、审查起诉阶段的管辖错误不意味着审判管辖也必然错误，完全有可能出现起诉机关发现案件管辖错误，而将案件移送其他起诉机关向有管辖权的人民法院起诉的情况。[2]

另有观点认为，管辖异议一般应当在庭前提出，这是一种规范上的倡导性时间，不应作为“除斥期间”来对待。如果被告方于庭审期间发现新的事实和理由，据此可以质疑管辖权的存在，那么也应当允许其提出管辖异议。在司法实践中，法院受理案件之后才发现管辖权事实存在疑问的情况，时有发生。[3]

3. 关于可以提出异议的情形

有学者将管辖异议概括为三种情形：其一，管辖错误。主要表现为公检法机关的职能管辖错误和法院的审判管辖错误。其二，管辖不适当。一是在刑事诉讼过程中，如果当事人提出侦查或审判机关工作人员回避并得到批准，那么当事人可能担心自己的行为会引起侦查或审判机关的不满，从而导致不公平的对待，因此可以要求其他的侦查或审判机关进行管辖。二是媒体、当地舆论的偏见。媒体、当地舆论偏见经常会使办案人员产生错误的倾向、心理上的压力，影响其作出决

---

[1] 石晓波：“刑事诉讼管辖权异议制度研究”，载《中国刑事法杂志》2004 年第 4 期。

[2] 宋英辉：《刑事诉讼法修改问题研究》，中国人民公安大学出版社 2007 年版，第 63–64 页。

[3] 张曙：“被追诉人的管辖程序性权利研究”，载《法治研究》2020 年第 1 期。

定，从而导致诉讼活动对当事人的不公平。三是基于诉讼效率、经济的要求。[1]

有学者认为，被追诉人管辖异议的类型应限于地区管辖和职能管辖。对级别管辖而言，如基层法院管辖了中级法院的案件，被告人基于量刑利益的考虑，实际上不会因案件可能判处无期徒刑以上的刑罚，而提出管辖异议；且因上级法院具有吸收性的管辖权，实际不存在上级法院错误管辖下级法院案件的可能。[2]

4. 审查方式

有学者认为，对于管辖权异议，法官应在控辩双方参与并充分发表意见的情况下作出裁决。对管辖异议的证明责任则应由提出异议的被告人承担，一是因为管辖是诉讼中的程序性事项，对于案件管辖是否适当，被告人有能力举证，二是可以防止被告人滥用管辖异议权，保证诉讼及时、顺利进行。当然对证明标准不能要求过高，毕竟管辖异议是程序问题，而且当事人举证能力有限。[3]

也有学者提出，管辖异议的调查应当是一种递进式的调查程序。即对于部分管辖异议，法院经过审查后认为该种异议因明显没有事实上或法律上的依据而根本无法成立的，可以直接裁定驳回。如果经审查后认为，管辖异议已经使法官的心证形成了初步的疑点，那么就应当展开控辩式的调查程序，或者法官依职权进行调查。[4]

5. 裁决

人民法院经过听证认为本院有管辖权的，裁定驳回管辖异议申请；认为本院无管辖权的，退回检察机关，并提出移送管辖建议，或者移送有管辖权的人民法院，或者提交上级人民法院指定其他人民法院管辖。

有学者认为，申请人提起职能管辖权异议，不涉及法院的，正在进行管辖的侦查机关应将此异议移交同级法院审查。异议成立的，同级法院裁定将案件移送有管辖权的侦查机关处理，异议不成立的，驳回当事人的申请。申请人提起审判管辖权异议以及涉及法院的职能管辖权异议的，正在进行管辖的司法机关的上一级法院经过审理后，应当用裁定书认可管辖权异议成立并作出移送案件的裁定，或用裁定书驳回异议。此间，除特别紧急的情形外，正在进行管辖的法院，其审

---

[1] 石晓波："刑事诉讼管辖权异议制度研究"，载《中国刑事法杂志》2004 年第 4 期。

[2][4] 张曙："被追诉人的管辖程序性权利研究"，载《法治研究》2020 年第 1 期。

[3] 宋英辉：《刑事诉讼法修改问题研究》，中国人民公安大学出版社 2007 年版，第 64 页。

判活动应当中止进行，而侦查机关并不停止相应的诉讼活动。[1]

问题与思考

管辖制度是刑事诉讼的基础性制度。但是，实践情况和以往的讨论分歧表明，刑事管辖制度在立法和司法实践、理论研究中均存在一些问题，需要我们进一步研究。例如，监察体制改革对职能管辖制度带来巨大冲击，由此导致的监检衔接等问题，现有法律规则还没有很好地解决。再如合并管辖、指定管辖中的诸多问题，学术界虽然从20世纪就多有讨论，但是近年来并未得到应有的进展；而诉讼当事人（尤其是辩护方）的管辖异议权利，仍然是个悬而未决的问题；审判监督程序等特殊程序中的异地管辖制度，也需要进一步研究。

关于刑事管辖的研究，一方面需要进行横向比较，认识我国刑事管辖与其他国家相比的特点及其原因，以便为完善我国的管辖制度提供借鉴。另一方面需要将研究视野作历史的延伸，审视管辖制度曾经存在的诸多问题（例如，在20世纪80年代初期的“严打”中，为了从重从快，曾经将死刑案件交由基层法院审判），由此对刑事管辖制度的完善有更深的理解。更重要的是应当立足现实、面向未来，揭示现实中关于管辖所存在的问题，探讨进一步完善管辖制度的路径和方法。

参考文献

一、论文类

[1] 姚莉.《监察法》第33条之法教义学解释：以法法衔接为中心[J].法学，2021（1）.

---

[1] 石晓波：“刑事诉讼管辖权异议制度研究”，载《中国刑事法杂志》2004年第4期。

[2] 郭晶．检察侦查权全面机动化的模式选择及制度准备［J］．深圳大学学报（人文社会科学版），2020（1）．
[3] 卞建林．配合与制约：监察调查与刑事诉讼的衔接［J］．法商研究，2019（1）．
[4] 袁相亭，刘方权．监察与司法的管辖衔接机制研究［J］．交大法学，2019（4）．
[5] 龙宗智．刑事诉讼指定管辖制度之完善［J］．法学研究，2012（4）．
[6] 周常志．刑事案件指定管辖制度的完善［J］．人民检察，2008（3）．
[7] 朱祖洋．刑事职能管辖的完善［J］．国家检察官学院学报，2008（5）．
[8] 王俊民，潘建安．刑事案件职能管辖冲突及其解决［J］．法学，2007（2）．
[9] 王延祥，张少林．刑事管辖常见问题争议析解［J］．法学，2007（2）．
[10] 周其华．刑事审判管辖几个法律问题的适用研究［J］．检察实践，2005（4）．
[11] 陈永革，李志平．论我国刑事审判管辖的完善［J］．江海学刊，2005（4）．
[12] 刘根菊，张建．我国刑事审级制度的重新构建［J］．法学论坛，2005（5）．
[13] 吴步钦．我国刑事立案管辖制度的缺陷及其完善［J］．人民检察，2005（17）．
[14] 刘崇礼．对刑事案件中审判管辖异议程序的构想［J］．法律适用，2003（9）．
[15] 申君贵．对建立我国刑事诉讼管辖异议制度的构想［J］．贵州民族学院学报（哲学社会科学版），2002（5）．
[16] 谢佑平，万毅．刑事诉讼牵连管辖制度探讨［J］．政法学刊，2001（1）．
[17] 嘉海霞．试论刑事诉讼中的竞合管辖［J］．政法论丛，1999（2）．
[18] 李忠诚．职能管辖若干问题研究［J］．政法论坛，1999（4）．
[19] 陈国庆．刑事诉讼中的牵连管辖［G］// 陈光中，江伟．诉讼法论丛（第 1 卷）．北京：法律出版社，1998.
[20] 尹元庆．当事人管辖异议权异议［J］．政治与法律，1990（6）．
[21] MACOMBER S.Disparate Defense in Tribal Courts：The Unequal Right to Counsel as a Barrier to Expansion of Tribal Court Criminal Jurisdiction［J］. Cornell Law Review，2020，106.
[22] WHEELER C H.Human Rights Enforcement at the Borders［J］.Journal of International Criminal Justice，2019，17（3）.
[23] CLAY D N.Protecting Due Process during Terrorism Adjudications：Redefining Crimes against Humanity and Eliminating the Doctrine of

Complimentary Jurisdiction in Favor of the International Criminal Court [J]. Arkansas Law Review，2019，71（3）.

[24] KEOGH G S.Extending Tribal Criminal Jurisdiction outside of Indian Country：Kelsey v.American Indian Law Review [J] .2018，43（1）.

二、著作类

[1] 中共中央纪委检察委员会中华人民共和国国家监察委员会法规室 .《中华人民共和国监察法》释义 [M] . 北京：中国方正出版社，2018.

[2] 王新清 . 刑事管辖权基本问题研究 [M] . 中国人民大学出版社，2014.

[3] 时延安 . 刑事管辖制度适用 [M] . 中国人民公安大学出版社，2012.

[4] 宋英辉 . 刑事诉讼法修改问题研究 [M] . 北京：中国人民大学出版社，2007.

[5] 樊崇义 . 刑事诉讼法修改专题研究报告 [M] . 北京：中国人民公安大学出版社，2004.

[6] 樊崇义 . 刑事诉讼法实施问题与对策研究 [M] . 北京：中国人民公安大学出版社，2001.

[7] 陈光中 . 刑事诉讼法实施问题研究 [M] . 北京：中国法制出版社，2000.

第十一章　回避制度

【导读】

回避贯穿于诉讼的各个阶段，是防止偏见或者偏袒的重要措施，也是保障刑事诉讼程序公正和实体公正的基本制度。研究回避制度应当掌握我国《刑事诉讼法》总则第三章的内容以及相关法律、司法解释对回避的具体规定，认识其意义。同时，还应当了解域外有关回避制度的规定，认识回避制度的功能，深刻理解“任何人不得做自己案件的法官”等法律格言的价值。

研究回避制度不仅需要从诉讼法学的角度了解回避制度所依据的基本原理，而且需要了解伦理学、心理学和社会学的相关基础知识和基本理论。认识回避制度需要对自然公正、程序公正的要求以及程序公正对实体公正的影响等内容有所了解。这些知识是研究回避所应具备的基础。

本章建立在刑事诉讼目的、原则等内容的基础上。研究回避制度应当了解我国刑事诉讼实践中存在的问题，在梳理学界以往探讨的基础上，分析问题产生的原因，提出并论证相应的对策。

第一节　回避制度概述

1979年《刑事诉讼法》第23～25条对回避制度作了较为明确的规定。但是，这三个条款的规定过于原则，无法解决和回应司法实践中遇到的现实问题。1996年修正后的《刑事诉讼法》对回避制度作了进一步的规定。这些规定是我们研究回避制度的基础。2012年以来的刑事司法改革对回避制度的影响较大。2012年之后的《刑事诉讼法》，对回避制度并未作出调整。

一、回避制度的定义与定位

刑事诉讼中的回避，是指依照法律规定，与刑事案件有直接的利害关系或者有其他关系可能影响对案件公正处理的侦查人员、检察人员、审判人员以及书记员、鉴定人、翻译人员不得参加该案的侦查、起诉、审判工作的一项诉讼制度。[1]有研究者指出："回避是指侦查、检察、审判人员等同案件有法定的利害关系或者其他可能影响案件公正处理的利害关系，不得参与办理该案件或者参与该案件的其他诉讼活动的诉讼制度。所谓'不得参与办理该案件'，既不得参与该案件的立案、侦查、批捕、起诉、审判活动，也不得在上述诉讼活动中从事记录工作。所谓'不得参与该案的其他诉讼活动'，即不得以诉讼参与人的身份从事该案鉴定活动和翻译工作。"[2]也有研究者认为："回避是指与案件或者案件的当事人有某种关系的人员不能参加本案件诉讼的一项刑事诉讼制度。"[3]还有研究者认为："回避是指为了保证案件的公正审理，而要求与案件有一定利害关系的有关

---

[1] 汪建成：《刑事诉讼法学概论》，北京大学出版社2001年版，第131页。

[2] 李忠诚："论刑事诉讼中的回避"，载陈光中主编：《司法公正与司法改革——诉讼法理论与实践（1998年卷）》，中国民主法制出版社1999年版，第400页。

[3] 周道鸾、张泗汉主编：《刑事诉讼的修改与适用》，人民法院出版社1996年版，第72页。

人员，不得参与本案的侦查、起诉及审理等诉讼活动的一项基本制度。”[1] 也有研究者提出：“回避制度，是指侦查人员、检察人员、审判人员等因与案件有某种利害关系或其他可能影响案件公正处理的因素，从而不得参与本案诉讼活动的一项法律制度。”[2]

二、回避制度的功能与宗旨

我国刑事诉讼法学界对回避制度的重要意义基本达成共识，认为这一制度是司法公正的表现和重要内容之一，在刑事诉讼中贯彻这一制度有重要意义：首先，可以防止与案件或者当事人有利害关系的办案人员先入为主、主观臆断或者徇私舞弊、滥用权力、枉法裁判，保证客观公正地处理案件；其次，可以增强当事人对有关办案人员的信任感，消除顾虑，维护司法的权威；最后，当事人及其法定代理人可以依法对有关办案人员进行选择，不仅有利于提高公民积极参与诉讼的法律意识，维护其合法权益，也有利于提高办案工作的透明度，加强群众监督。有研究者指出，回避制度有三方面的功能：保障实体公正、保障程序公正、加强裁判之正当性或曰可接受性。[3] 还有研究者指出：回避除了在保障实体公正和程序公正方面的价值外，还可提高诉讼效率。[4]

回避作为程序公正的重要保障，通过使与案件或者与案件双方有利害关系的人退出程序，消除他们在诉讼程序中对案件的影响力，以确保对案件的事实认定和法律适用在程序上及实体上具有影响力的人与案件或者与案件双方没有利害关系，让有权力影响诉讼结局的人或者有权作出裁判的人保持公正的立场。回避制度旨在保持无偏私法官居中裁判的诉讼结构，使当事人得到公平对待，以公平的程序形象来彰显公正，维持刑事司法的权威。

从回避的目的出发，并不难筛选哪些人应当适用回避，也容易确定回避的范

---

[1] 彭岱：“完善回避制度的一点建议”，载《律师世界》1999 年第 10 期。

[2] 樊崇义、吕萍主编：《刑事诉讼法学》，中国人民公安大学出版社 2002 年版，第 131 页。

[3] 易延友：“司法权行使的正当性——由回避制度看刑事诉讼程序之弊病”，载《北大法律评论（第 6 卷）》第 1 辑，北京大学出版社 2004 年版，第 80 页。

[4] 张品泽：“刑事回避对象之比较——兼评我国侦诉人员的回避”，载《政法论坛》2004 年第 4 期。

围、理由、主体、决定、救济等重大问题。然而，由于我国情况的特殊性，使回避所涉及的一些问题显得过于复杂，在短时期内尚难以解决。例如，有研究者指出：法院的行政化管理方式导致的直接后果是，任何法官相对于法院院长、副院长、庭长而言，下级法院相对于上级法院而言，无法具有独立的裁判权，回避制度本身对此可以作为的余地有限。又如，由于司法权严重地方化，法院相对于地方政府等权力机构，也不具有独立裁判权，回避制度的实质意义因此也很有限。[1]因此，回避问题是一个涉及面很广的理论和实践问题。回避制度宗旨的实现，不仅需要研究如何完善回避制度所涉及诸多规范的修改、补充，而且需要研究司法制度以及其他相关制度的配套问题，以防止回避权仅仅成为纸面上的权利，避免使回避制度的价值成为空中楼阁。

三、回避制度的法律渊源与发展

回避是刑事诉讼中的重要制度，相关法律规定的内容较多。除刑事诉讼法的专门规定以外，还涉及司法解释与相关法律规定，比如，《人民检察院刑事诉讼规则》《最高人民法院关于适用〈中华人民共和国刑事诉讼法〉的解释》《公安机关办理刑事案件程序规定》《关于对配偶子女从事律师职业的法院领导干部和审判执行岗位法官实行任职回避的规定》《检察人员任职回避和公务回避暂行办法》《关于审判人员在诉讼活动中执行回避制度若干问题的规定》《关于落实任职回避制度的实施方案》等。这些法律文件对回避制度做了系统规定，如回避的各种主体（包括决定回避的主体、申请和被申请回避的主体等）、回避的决定程序、对不服回避决定的救济、法律责任等。其中，不同的规定关于回避的理由虽有差异，但共同点是均为附有理由的回避。

---

[1] 陈瑞华："无偏私的裁判者——回避与变更管辖制度的反思性考察"，载《北大法律评论（第6卷）》第1辑，北京大学出版社2004年版，第74-79页。

四、域外回避制度的基本内容

域外刑事诉讼法均确立了回避制度，认为回避制度是为了正确行使司法权，保证法院公正地进行审判的一项重要制度。

域外刑事诉讼法对回避理由的规定，归纳起来大致有以下几种：（1）法官是本案当事人或者被害人。（2）法官是或者曾经是被害人或者被告人的配偶或者是与之有血缘关系、姻亲关系或者代养关系的人。（3）法官是或者曾经是被告人或者被害人的法定代理人、监护人。（4）法官是或者曾经是本案被告人的代理人、辩护人。（5）法官是或者曾经是本案的证人、鉴定人。（6）法官曾执行本案的检察官或者司法警官的职务。（7）法官曾参与本案原审的调查和裁判。（8）法官与律师有一定亲属关系。（9）法官对本案有偏见，裁判时可能偏袒。（10）法官同本案有其他利害关系。❶

域外回避的方式主要有三种：一是当然回避，法官具有法定回避情形的，在法律上当然从其担任的职务上排除出去而不能审理本案。二是自行回避，法官认为自己符合回避条件的，主动提出不审理案件。三是申请回避，有申请权的人根据法定回避理由，申请法官回避。各国法律都肯定被告人有权申请回避，承认自诉制度的国家，也认可自诉人申请回避的权利。也有国家将检察官作为当事人赋予其申请回避权。日本法律还规定，辩护人为了被告人的利益申请回避时，不得违反被告人所表明的意思。❷

有研究者比较了两大法系的回避对象，认为英美法系国家的回避，主要适用于法官和陪审员。与英美法系国家对比，法德等大陆法系国家没有把回避对象集中于法官和陪审员，而且兼顾了预审法官、书记员、译员、笔录制作人等，总体范围上大于英美法系。❸

---

❶❷ 王以真主编：《外国刑事诉讼法学》，北京大学出版社 1994 年版，2001 年重排本，第 29 页。

❸ 张品泽："刑事回避对象之比较——兼评我国侦诉人员的回避"，载《政法论坛》2004 年第 4 期。

第二节　回避制度综述

鉴于我国回避制度与许多国家的规定所存在的差异，基于我国刑事诉讼实践中发生的关于回避的诸多问题，学界对回避制度进行了广泛、深入的讨论。

一、无因回避

我国刑事诉讼法仅仅规定了有因回避，即符合法律规定的原因、理由的，公安、司法人员应当自行回避，当事人及其法定代理人有权申请其回避。有研究者认为，必要时可以建立有条件的无因回避制度，使得控辩双方都有机会无条件地要求若干名法官、陪审员退出案件的审判。也有研究认为，应规定一种“有条件的无因回避”。此处的条件是指，无因回避申请只能在一种情况下提出，即当事人或其法定代理人认为某理由可能影响对案件的公正处理，并有证据证明该理由确实存在，但法律未就此作出明文规定或虽有法律规定，而公安、司法人员认为此理由不会影响对案件的公正处理而驳回了申请。在满足了这种条件的前提下，申请人可要求无因回避。该主张的理由是：（1）可加强当事人的诉讼权利，弥补其申请回避权的不足。（2）有条件的无因回避不会造成无意义的诉讼时间拖延。（3）能促使审判公正地进行，实现案件处理结果的公正。（4）能完善回避制度，进而推进刑事诉讼法整体的进步。[1]

有学者建议建立限定型无因回避，即通过对申请时间、次数和“无因”本身进行限定，不仅能最大限度地防止申请的“滥用”，保障裁判者的中立性，强

---

[1] 陈瑞华：“无偏私的裁判者——回避与变更管辖制度的反思性考察”，载《北大法律评论（第6卷）》第1辑，北京大学出版社2004年版，第69页。

化裁判结果的正当性和可接受性，更为重要的是可有效推动法官与律师的良性关系，并从根本上解决当事人申请回避难这一困境。[1]

二、回避的主体

（一）申请回避的主体

《刑事诉讼法》第29条规定，当事人及其法定代理人有权申请回避。对于诉讼代理人和辩护人是否享有申请回避的权利，学界有两种不同的观点。一种观点认为，应当“赋予辩护人和诉讼代理人回避申请权”。理由是：“当事人一般不精通法律，对回避制度的意义乃至回避申请权并不了解，他们有时无法独立行使回避申请权。辩护人和诉讼代理人作为当事人和被害人的法律协助者，应当有机会代替当事人和被害人行使回避申请权，从而保障其委托人的诉讼权利得到充分的行使”。[2]另外一种观点认为，以上主张不可取，原因在于：首先，律师或者诉讼代理人不是独立的诉讼主体，其与当事人之间的关系是委托关系，可以随时确立或者解除。律师或者诉讼代理人的职责只是帮助当事人行使辩护权或者代理权，而不是直接代替当事人行使一切诉讼权利。如果案件中出现了需要回避的法定情形，律师或者诉讼代理人应当告知当事人及其法定代理人，由其自行决定是否申请回避，并由当事人及其法定代理人提出申请。其次，其他国家并未赋予律师或者诉讼代理人独立的申请回避权。[3]

有的国家在刑事诉讼中将检察官视为当事人，因而也赋予其申请回避的权利。我国没有类似的规定。[4]对此，有研究者认为，这一方面违背了控辩双方平等对抗的原则，另一方面也否定了刑事诉讼的诉讼特征，使控辩双方在法官回避问题上带有明显的不对称性和不平衡性。假使具有法定回避事由的法官不退出审判，而支持公诉的检察官无权申请回避，则无以有效维护诉讼的公正。因此，检

---

[1] 张友好：“论我国申请法官回避的现状及改革”，载《清华法学》2012年第4期。

[2] 陈光中、严端主编：《中华人民共和国刑事诉讼法修改建议稿与论证》，中国方正出版社1995年版，第139页。

[3] 周道鸾、张泗汉主编：《刑事诉讼的修改与适用》，人民法院出版社1996年版，第75、76页。

[4] 王以真主编：《外国刑事诉讼法学》，北京大学出版社1994年版，2001年重排本，第37页。

察官没有申请回避权，只是属于被申请回避的司法裁判者的定位，与刑事诉讼的性质不符。[1]

（二）决定回避的主体

关于决定回避的主体，问题主要集中于书记员、翻译人员、鉴定人员的回避决定由谁作出更为合适。2021 年《刑诉法解释》第 38 条将这一决定权赋予了法院院长。有研究者认为，从有利于提高诉讼效率的角度看，书记员、翻译人员、鉴定人回避问题的决定权由审判长行使是完全可以的。因为：（1）审判长是审判活动的组织者、指挥者，直接接触诉讼参与人，比只听汇报的院长更能直观地了解案情、更易于分析判断该三种人员是否存在应该回避的情形。（2）书记员的记录活动目前可由视听技术来印证，其作弊的可能性不大；其回避与否的问题完全可由审判长决定。翻译人员、鉴定人员属于法院聘请的人员，其回避的决定虽应由代表法院的院长来行使，但他们的回避是有因回避、是诉讼中的回避，而诉讼活动由审判长主持，因而也可由审判长决定。[2]

（三）应当回避的主体

关于应当回避的主体，主要指向的是那些在刑事诉讼中履行重要职能的人员，其中，有的主体比较特殊。

1. 受指派或聘请的勘验、检查人员的回避

《刑事诉讼法》第 128 条规定：“侦查人员对于与犯罪有关的场所、物品、人身、尸体应当进行勘验或者检查。在必要的时候，可以指派或者聘请具有专门知识的人，在侦查人员的主持下进行勘验、检查。”对此，有研究认为，刑事案件的勘验、检查人员有两类：一类是公安机关或检察机关的侦查人员；另一类是受公安机关或检察机关指派或聘请的具有专门知识的人员。若出现了法定的应当回避的事由，侦查人员可以依据法律自行回避；但受指派或聘请从而进行勘验、检

[1] 陈瑞华：“无偏私的裁判者——回避与变更管辖制度的反思性考察”，见《北大法律评论（第 6 卷）》第 1 辑，北京大学出版社 2004 年版，第 48 页。

[2] 李忠诚：“论刑事诉讼中的回避”，载陈光中主编：《司法公正与司法改革——诉讼法理论与实践（1998 年卷）》，中国民主法制出版社 1999 年版，第 400-401 页。

查的专门人员应否回避，法律却没有相应的规定。事实上，出于利害关系的考虑，各种复杂因素均可能影响专门人员的客观公正性，从而影响到当事人的权利，因此，有必要使受指派或聘请的勘验、检查人员也适用回避制度。[1]

2. 当事人是法人或者其他组织时的回避

有研究者认为，关于当事人是法人或者其他组织的回避条件，应作出特别规定。我国立法关于回避条件的规定，主要针对当事人的是自然人。如果当事人是法人或者其他组织，回避往往缺乏明确的法律依据。在司法实践中，司法人员与作为当事人的法人或者其他组织，如果存在某种特殊关系，同样可能影响对案件的公正处理。因此，有必要对这种情形作出特别规定。该研究者建议，可以规定有下列情形之一的，审判人员、检察人员、侦查人员必须回避：一是本人与法人的法定代表人或者其他组织的主要负责人有亲属关系的；二是本人的配偶、直系亲属为法人或者其他组织的工作人员的。[2]

3. 职权机关的整体回避

回避和管辖制度具有密切联系，均是基于保障裁判者中立而设立的制度性保障。有研究者认为，当原审案件发回重审，如果原判经原审法院的院长、庭长主持审判或者案件经审判委员会讨论，那么原法院重新审理的公正性无法保障，这种情况不是回避制度能解决的问题，而实际上属于全体法官回避或法院回避的问题，也就是变更法院管辖的问题。该论者提出了狭义的回避，认为当事人申请某一名法官回避是狭义的法官回避问题，如果要求全体法官回避或者法院回避，就不再属于狭义的回避问题，而应是申请变更法院管辖问题。[3]有研究者认为，集体回避更确切而言是一种管辖权异议后的管辖权转移问题，回避的适用对象主要是进行裁决的个人，但机关作为一个整体如果需要回避而未回避，至少在其他诉讼主体以及普通民众看来，表面上的公正都很难达到，因此有必要对这种情形加以规制。但规制的方式应当是管辖权异议制度，而非整体回避。[4]

---

[1] 程晓斌、王永和：“关于完善我国法官回避制度的思考”，载《人民司法》1999 年第 4 期。

[2] 张杰：“刑事诉讼回避范围不应限于近亲属”，载《检察日报》2005 年 1 月 10 日。

[3] 陈瑞华：“无偏私的裁判者——回避与变更管辖制度的反思性考察”，载《北大法律评论（第 6 卷）》第 1 辑，北京大学出版社 2004 年版，第 38 页。

[4] 陈卫东主编：《模范刑事诉讼法典》，中国人民大学出版社 2005 年版，第 144 页。

2021年《刑诉法解释》第18条："有管辖权的人民法院因案件涉及本院院长需要回避等原因，不宜行使管辖权的，可以请求移送上一级人民法院管辖；上一级人民法院可以管辖，也可以指定与提出请求的人民法院同级的其他人民法院管辖。"对此，有论者指出：司法机关已经意识到法院整体回避的情形，只是将法院整体回避的情形以管辖的情况予以规范。

有研究者认为，刑事诉讼法在关于回避的法律条款中，只规定了审判人员、检察人员、侦查人员及法院院长、检察院检察长、公安机关负责人回避的内容，却没有对单位回避作出规定。这个缺陷需要弥补。为此，在刑事诉讼法中应增加以下内容：审判机关、检察机关、公安机关在遇到与本单位切身利益相关，或犯罪嫌疑人是或曾是本单位工作人员的刑事案件时应当自行回避，当事人及其法定代理人也有权要求其回避。以上单位的回避，由拟立案或受案的审判机关、检察机关、公安机关书面向上一级审判机关、检察机关、公安机关提出回避申请，由上一级审判机关、检察机关、公安机关负责审查决定。[1]

2018年，吉林省辽源市中级人民法院审理王某忠案时引发争议，由于"本院刑庭法官审理本院民庭法官"，辩护人申请辽源市中级人民法院"整体回避"。此后，吉林省高级人民法院直接指定通化市中级人民法院管辖该案。有研究建议确立刑事二审的指定管辖规则。[2]有学者认为，王某忠案说明回避制度并没有在司法实践中完全得到执行，同时暴露出我国回避制度在审判阶段中存在的缺陷、审判委员会成员的回避程序缺失、审判管辖权异议制度不完善等问题。因此，建议立法层面填补审判委员会成员回避的决定主体及相应救济程序等空白状况，进一步细化我国刑事审判管辖权异议制度，以达到保障当事人程序性权利的目的。[3]

4. 刑罚执行阶段的回避

有研究者认为，执行是刑事诉讼的最后阶段，是刑事诉讼的重要环节之一，

---

[1] 金恺："应当将单位列为刑事回避的主体"，载《人民检察》2005年第11期。

[2] 单子洪："刑事二审指定管辖问题研究——以吉林省辽源市中院'整体回避案'为切入"，载《西部法学评论》2019年第3期。

[3] 郭沙沙、郝世坤："探讨我国刑事回避及管辖权异议制度——以王成忠案件为例"，载《西安文理学院学报（社会科学版）》2019年第2期。

因此，负责执行的人员也不能违反回避的规定，执行人员应当属于回避的范围。[1]有研究指出，执行也属于诉讼的主要阶段，缺少回避等正当程序的保障将有损实体公正。犯罪分子虽然被绳之以法，但在监狱执行期间如果得到与其有利害关系的刑罚执行者的袒护或者压制，都会伤及刑罚尊严，有损司法公正。因此，《刑事诉讼法》应回避的规定也适用于刑罚执行人员。同时还应结合监狱工作特点，在监狱法中作出可操作性较强的对应性规定。[2]

5. 侦诉机关不适用回避制度的建议

有研究者通过比较两大法系的回避制度，建议改革我国侦查人员、公诉人同审判人员一样被列为回避对象的立法体例。该建议提出，改革可以分两步走：第一步，取消侦查人员作为回避对象的规定，在审前阶段，可以考虑侦查人员有权申请检察院在批捕等裁决性活动中的回避；在审前阶段，暂不改变要求公诉人回避的立法，但在庭审中应当与被告人一样，是申请法官回避的主体，而非被他人回避的对象。第二步，首先，现行立法至少作出以下变革：（1）公诉权与法律监督权分离，取消公诉人所属机关的法律监督权。（2）建立审前司法审查制度，法官作为中立的裁判者介入侦查起诉程序。（3）树立审判中心主义观念，废除宪法和刑诉法中公、检、法三机关分工负责、相互配合、相互制约原则。（4）以国家、集体、个人诉讼利益并重的多元化价值取向，代替国家本位主义的一元化诉讼价值追求。其次，进一步变革回避对象，完全去除要求公诉人回避的立法，即整个诉讼过程中，公诉人都不是回避的对象而是同被告人、被害人一样有权申请法官、陪审员、鉴定人、书记员等人回避。法官、陪审员作为案件事实和适用法律的裁判者，是回避的重心。[3]

有研究者反对以上观点，认为侦查起诉阶段的这种诉讼构造在我国目前的刑事司法改革中很难通过一两次法律修改得以确立，同时我国的侦查、检察人员仍然承担审前裁决职能，赋予他们公正、无偏私的执法义务，保持现有回避制度对

---

[1] 樊崇义主编：《刑事诉讼法学研究综述与评价》，中国政法大学出版社 1991 年版，第 75 页。

[2] 孙涛："刑罚执行阶段也应实行回避制度"，载《人民检察》2004 年第 4 期。

[3] 张品泽："刑事回避对象之比较——兼评我国侦诉人员的回避"，载《政法论坛》2004 年第 4 期；另可参见樊崇义：《刑事诉讼法修改专题研究报告》，中国人民公安大学出版社 2004 年版，第 187–190 页。

他们的约束还是具有现实性的，不主张为了追求诉讼结构上的理论合理性而无视实践中遏制侦诉阶段人情案、关系案的现实需要。[1]

6. 律师的回避

关于律师在诉讼过程中应否回避的问题早有争议。一种观点认为，律师应当成为回避的对象，另外一种观点认为律师不应当成为回避的对象。而主张律师应当成为回避的对象的，对于如何定义律师回避制度，又有两种不同的认识。一种认为，律师回避是指与案件或者案件当事人有利害关系的律师，不得参加该案件的审判活动的一项诉讼制度。另一种则认为，律师回避的理由不是因为律师与当事人之间的关系，而是律师与案件的审判人员、公诉人、对方当事人及其委托的律师之间存在的某些密切关系。[2]有研究者认为，解决这一问题的关键还是在法院，并设想凡有近亲属从事律师业务的审判人员应该实行业务回避，在条件许可的情况下实行异地任职。[3]

7. 任职回避

有研究认为，法官任职回避制度欲通过在法官个人利益与社会公共利益之间设立“隔离墙”实现司法公正，但由于法官回避制度缺乏宪政层面的制度保障又无法弥补现有制度中的技术性缺陷，在实施过程中还有一系列消极的副作用，造成法官回避制度在运行中的失灵。[4]

有研究者建议，进一步完善任职回避制度，要建立严格的家庭职业信息制度，建立法律职业者全国联网检索系统，明确法官任职回避的严格标准，建立严格的法官任职回避监督制度。[5]还有研究者建议，法官实行任职地域回避制度，可以使其摆脱家乡及成长地各种复杂人情关系对其工作的干扰。[6]

根据2019年修订的《法官法》《检察官法》规定，法官、检察官的配偶、父母、子女有下列情形之一的，法官、检察官应当实行任职回避：其一，担任该法

---

[1] 陈卫东主编：《模范刑事诉讼法典》，中国人民大学出版社2005年版，第143页。

[2] 樊崇义主编：《刑事诉讼法学研究综述与评价》，中国政法大学出版社1991年版，第77–79页。

[3] 程晓斌、王永和：“关于完善我国法官回避制度的思考”，载《人民司法》1999年第4期。

[4] 谢登科：“论法官回避制度的失灵”，载《湖南社会科学》2013年第3期。

[5] 王亚明：“法官任职回避的完善”，载《人民法院报》2018年10月23日。

[6] 国中兴：“论我国法官回避制度的完善”，载《湖北经济学院学报（人文社会科学版）》2018年第8期。

官、检察官所任职人民法院、人民检察院辖区内律师事务所的合伙人或者设立人的；其二，在该法官、检察官所任职人民法院、人民检察院辖区内以律师身份担任诉讼代理人、辩护人，或者为诉讼案件当事人提供其他有偿法律服务的。2020年开始实施的最高人民法院《关于对配偶父母子女从事律师职业的法院领导干部和审判执行人员实行任职回避的规定》有如下要求：配偶、父母子女与兄弟姐妹、配偶的父母与兄弟姐妹、子女的配偶及其父母具有律师身份的，相关人员应主动报告院组织人事部门。以上亲属在其任职法院辖区内从事律师职业的，应责令其辞去领导职务或者将其调离审判执行岗位。

任职回避方式是否属于刑事诉讼法所指的回避，需要对其进行更进一步的研究。

8. 人民陪审员的回避

2018年通过的《人民陪审员法》是我国人民陪审制改革理论探索与试点的总结性、经验性立法成果。但是，仍有亟待完善之处。有学者认为，有关回避制度的规定需加强，将作为业余参与者的陪审员与身为职业法律人的审判员按同等条件对待，无助于实现促进司法公正、提高司法公信力的目标，需要另行规划适合人民陪审员特点的回避机制，包括适当的无因回避等。[1]

三、其他问题

回避制度所涉及的内容较多，除了前述部分，实践中还有许多需要关注的问题。

（一）应当回避的人员在回避前所实施诉讼行为有效性之确认

2019年《人民检察院刑事诉讼规则》第36条规定，被决定回避的检察长在回避决定作出以前所取得的证据和进行的诉讼行为是否有效、被决定回避的公安机关负责人在回避决定作出以前所进行的诉讼行为是否有效，由检察委员会根据案件具体情况决定。被决定回避的其他检察人员在回避决定作出以前所取得的证

---

[1] 李响："人民陪审员回避制度改革的法理与情感逻辑"，载《深圳大学学报（人文社会科学版）》2019年第4期。

据和进行的诉讼行为是否有效，由检察长根据案件具体情况决定。

有研究者认为，对应当回避的人员在回避前实施的诉讼行为有效性的确认，应当由确认机关及其人员遵循一定的原则进行，视应当回避的具体情况，采用一定的确认方式予以确认：（1）确认的主体既有检察委员会、审判委员会两个集体，也有法院院长、检察院检察长、公安机关负责人等个人。（2）确认的方式有口头确认和书面确认两种，都应当由有权决定的人员在作出回避决定的同时作出，且口头确认应当记录在案。（3）应当遵循的确认原则有：①区别对待的原则。应当回避人员的诉讼行为性质不同的，其效力不同。②优先考虑诉讼行为可否重复的原则。即有待确认效力的诉讼行为若不能重复，则在有证据证明该诉讼行为没有违法的情况下，可确认其有效。③尊重法定时限的原则。即在重新进行有关诉讼行为已经为法定时限所不容时，应慎重而非简单地决定该诉讼行为的效力。④确认权与决定权统一的原则。即有权决定有关人员应否回避者，就应有权确认该人员在回避前实施的诉讼行为之效力。[1]

也有研究者认为，对应当回避而未回避的人员实施的诉讼行为，法律应当明文规定为一律无效。[2]

（二）对回避申请的裁决程序

申请回避是回避制度启动的主要方式。有研究者就申请回避裁决方式的行政化提出批评：对于当事人提出的要求审判人员回避的申请，法院完全采取了一种行政化的裁决方式。对于普通审判人员的回避申请，法院院长有权直接作出批准与否的决定，而对于法院院长的回避，则由法院审判委员会讨论决定。但在司法实践中，大量的回避申请由合议庭直接作出决定，绝大多数是不批准回避申请的决定。作为当事人提出的一项重要的诉讼请求和程序异议，回避申请无法按照诉讼的方式进行裁决，法律对此也没有建立最基本的裁判程序，对回避申请的裁决具有明显的行政色彩，无法保障当事人的基本诉权。该论者认为，未来回避制度应当通过引入并扩大当事人的诉权，重新建立一种有关回避的裁判制度，使之具

[1] 李忠诚："论刑事诉讼中的回避"，载陈光中主编：《司法公正与司法改革诉讼法理论与实践（1998年卷）》，中国民主法制出版社1999年版，第402–407页。

[2] 殷啸虎、徐平："我国司法回避制度存在的若干问题"，载《法律适用》2003年第4期。

有诉讼形态，以当事人的申请权来推动、限制和约束法院裁判权的行使。[1]

关于回避申请的审查，有研究者提出，应当由专门组成的合议庭就有关回避的申请举行听证。在这种听证会上，提出回避申请的一方可以提供证据，证明审判人员如不退出审判将影响审判的公正性。对方可以反驳、辩论。从而将回避问题的裁决程序变成一种双方对席辩论的形式。[2]

关于回避申请的裁决者，有研究者认为，应当改变现行法律所要求的那种法院院长决定一般审判人员回避、审判委员会讨论决定院长回避的做法，真正建立由法官按照合议原则组成法庭来裁决回避事项的制度。具体而言，对于院长、副院长以及其他审判委员会委员的回避，不应由本院来作出决定，而应由上一级法院的法官组成合议庭加以裁决；而对于其他一般的法官回避问题，则应由本院组成合议庭来予以裁决。

2018 年 6 月 13 日，最高人民法院第一巡回法庭在深圳对顾某军案开庭审理。顾某军申请出席本案再审庭审的最高人民检察院检察员回避，理由是检方提交的新证据有的是虚假的，其目的是阻止案件的纠正，因而应当回避。有学者认为，在顾某军提出回避申请后，因不属于法定回避理由，合议庭直接驳回了顾某军的申请，而没有决定延期审理，提交最高人民检察院检察长决定，是正确的。[3] 2012 年《刑诉法解释》第 30 条规定，对于不属于《刑事诉讼法》第 28 条、第 29 条所列情形的回避申请，由法庭当庭驳回，并不得申请复议。对此，2019 年《人民检察院刑事诉讼规则》第 28 条也规定，不属于《刑事诉讼法》第 29 条、第 30 条规定情形的回避申请，出席法庭的检察人员应当建议法庭当庭驳回。2021 年《刑诉法解释》第 36 条结合以上条文，对于申请出庭的检察人员回避的，要求人民法院应当区分情况作出处理："（一）属于刑事诉讼法第二十九条、第三十条规定情形的回避申请，应当决定休庭，并通知人民检察院尽快作出决定；（二）不属于刑事诉讼法第二十九条、第三十条规定情形的回避申请，应当当庭驳回，并不得申请复议。"可见，对检察人员的回避申请，原属人民检察院决定事项，现法庭可接受人民检察院的建议或者主动驳回一部分回避申请。

---

[1][2] 陈瑞华："无偏私的裁判者——回避与变更管辖制度的反思性考察"，载《北大法律评论（第 6 卷）》第 1 辑，北京大学出版社 2004 年版，第 66 页。

[3] 陈永生："刑事再审程序中检察官的职责和回避"，载《检察日报》2019 年 4 月 10 日。

（三）回避的法律责任

有研究者认为，相对于当事人及其法定代理人的申请回避而言，审判人员、检察人员等的自行回避更能够体现司法公正，但是，纵观我国现行有关回避制度的各种法律、法规，可以发现对于当事人及其法定代理人申请回避的程序及其结果等规定得较为详细，而对审判人员、检察人员等的自行回避却较少涉及，这种立法上的漏洞和社会对司法公正的期待显然形成了较大的对比。针对现行回避制度的缺陷，有必要建立审判人员、检察人员、书记员、鉴定人、翻译人等的庭前声明制度，即在庭审之前，由这些人员声明自己不具有法定应当回避的情形，并在庭审笔录中记录，如发表虚假声明，则予以相应惩处。[1]

1996 年《刑事诉讼法》第 191 条规定，第二审法院发现有违反回避制度的，应撤销原判，发回重审。有研究者认为，这一条款仅对案件本身作出约束，但对个人该承担什么样的法律后果却没有涉及，这显然不利于保障回避制度的实施。为此，有必要从严处理违反回避制度的行为，专门规定“回避对象应回避而不主动回避，经查证属实，情节较轻的，给予行政纪律处分；造成错审错判的，依法追究法律责任”。同时规定“违反回避制度的，如案件在上诉期间，二审法院应撤销原判，发回重审；如案件已发生法律效力，当事人申请再审的，人民法院应当再审，上级法院也应指令再审”。[2]

对于违反回避制度的法律后果，有研究者认为，需要考虑三个方面的问题：一是程序性违法的性质和范围；二是程序性制裁的方式和效果；三是有关程序性裁判机制的构建问题。在大多数情况下，法院审判如果明显违反了刑事诉讼法所规定的回避规则，就是程序性违法行为，这种违反某一诉讼规则的行为是“形式违法”。形式违法的确定一般只需法官适用程序规则即可完成。但在一些特殊的情形下，法院的审判活动尽管并未违反任何一项法定规则，却明显违反了公正审判的基本原则，违反了程序的正义价值，侵犯了当事人的公正审判权，也是一种程序性违法行为。这种行为尽管在形式上并不一定违反某一具体的诉讼程序规则，却违反公正审判原则，破坏了司法制度的基础，甚至侵犯了当事人的重要诉

---

[1] 彭岱：“完善回避制度的一点建议”，载《律师世界》1999 年第 10 期。

[2] 程晓斌、王永和：“关于完善我国法官回避制度的思考”，载《人民司法》1999 年第 4 期。

讼权利，被称为“实质性违法”行为。实质性违法的确定，需要法官遵循公正审判和程序正义的理念行使一定的自由裁量权，并对有关的程序规则和制度作出必要的解释。同时，必须使当事人有机会行使诉权向法官充分地提供证据和理由并与对方进行必要的辩论。[1]

（四）回避决定错误的救济

有研究者认为，对于回避决定可能出现的错误，刑事诉讼法规定适当的救济措施是十分必要的，但根据我国刑事诉讼法和相关的司法解释，对于回避决定有异议的，回避申请人和被决定回避的人均只能申请复议一次；对于申请人提出的不属于法定回避理由的申请，由法庭当庭驳回，并不得申请复议。对比意大利的相关规定，即对回避决定不服，申请人不论是否符合法定条件或程序，均可以向最高法院提起上诉，相比之下我国的救济措施显得软弱无力。[2]

也有研究者认为，驳回回避申请的两种救济都是有缺陷的。申请复议必须说服法院院长或者审判委员会撤销其原来所作的驳回回避申请的决定。属于一种自我审查甚至自我审判的问题，实际上是院长或者审判委员会充当自己案件的法官。中国刑事司法的基本经验显示，当事人提出的这种复议申请几乎全部被拒绝。当事人以回避问题为由提出上诉的，事实上，第二审法院在绝大多数情况下都是以不开庭的方式审理的，同时，二审法院通常更倾向于对一审判决所涉及的事实认定和实体法适用问题进行审查，而极少将一审的程序适用问题作为二审的对象，使那些违反回避制度的一审程序很难有接受审查、受到程序性制裁的可能。[3]

有研究者认为，刑事诉讼法规定的：被决定回避的人员对决定有异议的，可以在恢复庭审前复议一次；被驳回回避申请的当事人及其法定代理人，对决定有异议的，可以当庭申请复议一次。与大多数国家的规定不符，因为既然被申请回

---

[1] 陈瑞华：“无偏私的裁判者——回避与变更管辖制度的反思性考察”，载《北大法律评论（第6卷）》第1辑，北京大学出版社2004年版，第72页。

[2] 吴高庆：“中意刑事回避制度之比较”，载《河北法学》1999年第6期。

[3] 陈瑞华：“无偏私的裁判者——回避与变更管辖制度的反思性考察”，载《北大法律评论（第6卷）》第1辑，北京大学出版社2004年版，第47页。

避的人员，没有要求审理特定案件的权利，那么就没有必要赋予其“申请复议一次”的救济，否则令人猜疑。[1]

问题与思考

回避制度作为诉讼公正的保障性制度，如何进一步完善与如何落实，是研究的重点。完善回避制度的重要着眼点是确立当事人管辖权异议的权利等方面，而落实已有的回避制度，涉及的问题更多。例如，使当事人及其律师知情，以便其能够提出回避申请。[2]2019年《人民检察院刑事诉讼规则》第26条规定：“人民检察院应当告知当事人及其法定代理人有依法申请回避的权利，并告知办理相关案件的检察人员、书记员等人员的姓名、职务等有关情况。”为此，可考虑充分开发运用智慧司法资源之模式。比如，在线建立侦查人员、检察人员、审判人员、书记员、鉴定人、翻译人、勘验人等的回避关系网络。人员姓名可隐去，但有应当回避关系的情况，以高亮显示或者提示：一方面，办案部门在确定办案人员时即可自行检索，对回避关系网络中的人员自行回避。另一方面，可供当事人和律师查询，也有利于落实监督。对于检察委员会（以下简称“检委会”）和审判委员会（以下简称“审委会”）委员的回避，应将回避纳入诉讼程序及检委会和审委会议事日程。向当事人送达的文件和通知中应附有审委会和检委会名单。审委会和检委会开会前，将当事人信息交给每个委员，请其签署知情文件以及是否属于回避情形、是否自行回避等相关文件。如是，则既有利于申请方与被申请人知情，又有利于监督的落实。

---

[1] 殷啸虎、徐平：“我国司法回避制度存在的若干问题”，载《法律适用》2003年第4期。

[2] 实证调查表明，实践中当事人因为“缺少相关信息和证据”，“法院不会接受，浪费时间”，从而“害怕申请回避不成，会得罪法官”。囿于申请回避法定事由的局限、当事人举证能力的不足和对于裁判者相关信息的缺乏等诸多因素，实践中当事人成功申请回避的案件极为少见。因此，尽管可考虑通过扩充并具体化回避事由的范围、公开审判人员有关回避方面的信息，并借以举证责任倒置、证明标准降低等多种途径来缓解当事人收集证据的难度，但都不可避免地存在这样那样的局限。参见张友好：“论我国申请法官回避的现状及改革”，载《清华法学》2012年第4期。

三 参考文献

一、论文类

[1] 陈永生．刑事再审程序中检察官的职责和回避［N］．检察日报，2019-04-10（4）．
[2] 单子洪．刑事二审指定管辖问题研究：以吉林省辽源市中院“整体回避案”为切入［J］．西部法学评论，2019（3）．
[3] 李响．人民陪审员回避制度改革的法理与情感逻辑［J］．深圳大学学报（人文社会科学版），2019（4）．
[4] 刘文斌，孟健．公安机关侦查回避立法未决问题研究［J］．湖南警察学院学报，2018（5）．
[5] 王亚明．法官任职回避的完善［N］．人民法院报，2018-10-23（2）．
[6] 孙海霞，李德勇．浅议检察委员会委员回避制度的完善［J］．人民检察，2017（19）．
[7] 孙其华．我国刑事回避中举证责任制度实施现状与制度建构［J］．法制与社会，2016（6）．
[8] 邹祎．论我国法官任职回避制度：以最高人民法院的司法文件为视角［J］．法制与社会，2014（33）．
[9] 谢登科．论法官回避制度的失灵［J］．湖南社会科学，2013（3）．
[10] 王淑华．刑事回避制度的缺陷剖析及重构［J］．学术探索，2013（3）．
[11] 刘瑜，李锦阳．检委会委员回避制度探析［J］．法制与社会，2013（28）．
[12] 张友好．论我国申请法官回避的现状及改革［J］．清华法学，2012（4）．
[13] 韩波．论回避制度的根基：信息披露［J］．法律科学，2011（1）．
[14] 左德起，谢宏魁．刍议检察委员会的回避制度［J］．西藏大学学报（社会科学版），2010（2）．
[15] 张杰．刑事诉讼回避范围不应限于近亲属［N］．检察日报，2005-01-10（4）．
[16] 金恺．应当将单位列为刑事回避的主体［J］．人民检察，2005（11）．
[17] 孙伟．刑事回避制度研究［G］//徐静村．刑事诉讼前沿研究（第3卷）．北京：中国检察出版社，2005．

［18］张品泽．外国刑事回避制度比较研究［J］．比较法研究，2004（3）．
［19］刘本燕．完善刑事诉讼法官回避制度之思考［J］．甘肃政法学院学报，2004（3）．
［20］张品泽．刑事回避对象之比较：兼评我国侦诉人员的回避［J］．政法论坛，2004（4）．
［21］孙洪坤，王冠军．刑事回避制度的观念更新与改革［J］．中国刑事法杂志，2004（5）．
［22］温晋锋，汪自成．我国司法回避的制度检视［J］．政法论坛，2004（6）．
［23］杨春华．刑事诉讼回避制度评析［J］．兰州大学学报，2003（1）．
［24］陈瑞华．回避制度需要改革［N］．南方周末，2003-09-18（3）．
［25］陈明国．审判回避制度：问题及完善［J］．法律适用，2003（10）．
［26］林劲松，朱珏．确立公诉人的建议回避权［J］．政法论丛，2002（4）．
［27］熊洪文．刑事诉讼回避制度若干思考［J］．人民检察，2002（7）
［28］程新生．论我国法官回避制度的完善［J］．法律适用，2001（3）．
［29］洪艳蓉．司法改革中的律师回避问题［J］．法学，2001（7）．
［30］杨粉米．大陆与台湾刑事诉讼中回避制度之比较研究［J］．西安建筑科技大学学报（社会科学版），2000（2）．
［31］王学栋．建立我国法官地区回避制度的思考［J］．当代法学，2000（6）．
［32］李忠诚．论刑事诉讼中的回避［J］．公安研究，1999（2）．
［33］程晓斌，王永和．关于完善我国法官回避制度的思考［J］．人民司法，1999（4）．
［34］吴高庆．中意刑事回避制度之比较［J］．河北法学，1999（6）．
［35］彭岱．完善回避制度的一点建议［J］．律师世界，1999（10）．
［36］张艳军．完善刑事诉讼回避制度的思考［J］．检察理论研究，1995（2）．
［37］沈庆中，朱爱莹．建立律师回避制度的必要性［J］．法学杂志，1989（3）．
［38］卫东，春力．关于辩护人应否回避的问题［J］．法学杂志，1989（5）．
［39］卞建林，刘玫．论健全我国刑事回避制度［J］．法学研究，1987（5）．
［40］DENNISTON L.Court to Rule on Challenge to Juror Bias［EB/OL］.（2022-06-14）［2014-04-04］.https://www.scotusblog.com/2016/04/court-to-rule-on-challenge-to-juror-bias/.
［41］MCELROY P R.Jury—Allowing Challenge for Cause to a Prospective Juror

Opposed to Capital Punishment［J］.North Aarolina Law Review，1967，45（4）.

［42］GOLDMAN M.Relationship of a Juror to a Person Injured by the Commission of a Crime as Grounds for Challenge［J］.University of Miami Law Review，1958，13（2）.

二、著作类

［1］刘计划 . 刑事诉讼法学的发展脉络（1997—2018）［M］. 北京：中国人民大学出版社，2020.

［2］桂梦美 . 刑事诉讼管辖制度研究［M］. 北京：中国政法大学出版社，2019.

［3］卞建林 . 修改后的刑事诉讼法实施情况调查与研究［M］. 北京：中国检察出版社，2016.

［4］冀祥德，等 . 新刑事诉讼法实施状况实证研究［M］. 北京：方志出版社，2015.

［5］邓思青 . 检察机关实施新刑事诉讼法问题研究［M］. 北京：中国检察出版社，2013.

［6］卞建林，谭世贵 . 新刑事诉讼法的理解与实施［M］. 北京：中国人民公安大学出版社，2013.

［7］王尚新 .《关于实施刑事诉讼法若干问题的规定》解读［M］. 北京：中国法制出版社，2013.

［8］陈卫东 . 刑事诉讼法实施问题对策研究［M］. 北京：中国方正出版社，2002.

［9］樊崇义 . 刑事诉讼法实施问题与对策研究［M］. 北京：中国人民公安大学，2001.

［10］陈卫东 . 刑事诉讼法实施问题调研报告［M］. 北京：中国方正出版社，2001.

［11］陈光中 . 刑事诉讼法实施问题研究［M］. 北京：中国法制出版社，2000.

第十二章　辩护制度

【导读】

辩护制度是刑事诉讼的基本制度，既是司法公正的基本内容，也是司法公正的保障，是实现控辩平等、审判中立以及保障人权的重要制度，在刑事诉讼理论研究和刑事诉讼制度构建中具有基础性的地位。学习和研究辩护制度应当了解和掌握哲学、政治学、社会学等相关知识，尤其是价值论、主体论等基本知识和基本原理。这些知识和原理是研究辩护制度的必备基础。刑事诉讼主体理论和诉讼模式、诉讼构造、诉讼职能等知识和原理，是学习和研究辩护制度的重要基础。辩护制度作为贯穿刑事诉讼全过程的一项基本制度，与侦查程序、起诉程序、审判程序、执行程序等密切相关。

学习和研究辩护制度，除了应重视刑事诉讼法关于辩护的相关规定，还应当对其宪法意义予以了解，特别是对我国《宪法》规定的“尊重和保障人权”，以及“被告人有权获得辩护”的宪法原则应有深入的认识和理解。同时，还应掌握《律师法》《法律援助法》等法律法规中有关辩护的规定。这些规定是研究我国辩护制度的基本规范基础。国际公约和国际刑事司法准则中有关律师辩护的规定，如《关于律师作用的基本原则》等，也是学习和研究辩护制度不可缺少的知识。

第一节 辩护制度的一般原理

辩护既是被刑事追诉者的基本权利，也是刑事诉讼中的一项基本职能。

被追诉人自我辩护权与聘请他人（主要是律师，包括接受法律援助机关指派的律师）进行辩护的权利共同构成辩护权的内容。鉴于被追诉人在国家强大司法权面前的弱势地位，尤其是自我辩护权的实现往往存在若干障碍，所以，由律师进行辩护就是一项特别重要的权利。

辩护权的发展是一个伴随着人权运动的发展而不断扩展完善的过程，人们对辩护权的认识以及辩护权内容的自身发展，也是一个逐步被接受且从实体辩护到程序辩护的过程。所谓“刑事诉讼的历史就是扩大辩护权的历史”[1]，从历史考察的视角，古今中外，概莫能外。

辩护制度尚处于不断完善的过程中。不仅应当厘清与辩护相关的一系列概念，而且需要辨识辩护和辩护权与辩护制度之间的逻辑关系，需要认识辩护制度的发展历程、辩护制度的理论基础与价值、辩护人的地位与范围、辩护人的权利与义务、辩护权的保障与辩护人的职业规范、法律援助制度等若干问题。

一、辩护、辩护权、辩护制度的概念辨析及其逻辑关系

辩护，从词义上看，是指在刑事诉讼中，犯罪嫌疑人、被告人及其辩护人针对控告进行申辩。[2]辩护之“辩”与“护”的关系，从逻辑上看，应是以“辩”为手段、工具，以“护”为目的。从立法上看，《刑事诉讼法》第37条之规定，

---

[1] ［日］田口守一：《刑事诉讼法》，刘迪、张凌、穆津译．法律出版社2000年版，第89页。

[2] 中国社会科学院语言研究所词典编辑室：《现代汉语词典（第5版）》，商务印书馆2008年版，第86–87页。

可以将辩护解释为：犯罪嫌疑人、被告人及其辩护人针对指控，依据事实和法律，提出犯罪嫌疑人、被告人无罪、罪轻、减轻或者免除其刑事责任的材料和意见，以维护其诉讼权利和其他合法权利的一种诉讼活动。

关于辩护权，从词义上看，是指犯罪嫌疑人、被告人对控告的内容进行申述、辩解的权利。[1]从刑事诉讼法学研究视角来说，这个解释显然过于简单。有学者将辩护权界定为：是法律赋予犯罪嫌疑人、被告人针对指控进行辩解，以维护自己合法权益的一种诉讼权利，它是犯罪嫌疑人、被告人各项诉讼权利中最基本的权利，并在各项诉讼权利中居于核心地位。[2]这个解释从辩护权的内容、功能、地位三个方面进行了概括。也有的学者从狭义和广义两个角度对辩护权进行阐释，认为狭义辩护权就是指犯罪嫌疑人、被告人针对指控进行反驳、辩解以及获得辩护人帮助的权利。狭义的辩护权是通过陈述权、提供证据权、提问权、辩论权、获得辩护人帮助权等将辩护权得以具体化。广义的辩护权除包括狭义辩护权外，还包括延伸部分，如证据调查请求权、上诉权、申诉权等，甚至可以说是犯罪嫌疑人、被告人所有诉讼权利的综合。理由是犯罪嫌疑人、被告人各项诉讼权利的行使，其总体目的均在于针对刑事追诉进行防御，维护自身的合法权益。[3]这一解释将辩护权与犯罪嫌疑人、被告人的其他诉讼权利结合在一起，认为辩护权与其他诉讼权利相比，具有基本性和概括性，同时突出了辩护权中的“获得辩护人帮助的权利”。学者们从辩护权在诉讼各阶段的功能与地位的角度，认为辩护权具有如下属性：一是辩护权贯穿整个刑事诉讼全过程，不受诉讼阶段的限制；二是辩护权不受犯罪嫌疑人、被告人罪行程度的限制，任何犯罪嫌疑人、被告人均享有辩护权；三是辩护权不受案件调查情况的限制，无论案件事实是否清楚，证据是否确实充分，犯罪嫌疑人、被告人均依法享有辩护权；四是辩护权不受犯罪嫌疑人、被告人认罪态度限制；五是辩护权不受辩护理由的限制，即不管

---

[1] 中国社会科学院语言研究所词典编辑室:《现代汉语词典（第5版）》，商务印书馆2008年版，第87页。

[2] 陈卫东主编:《刑事诉讼法学研究》，中国人民大学出版社2008年版，第143页；陈光中主编:《刑事诉讼法》（第二版），北京大学出版社、高等教育出版社2005年版，第129页。

[3] 王敏远主编:《刑事诉讼法》，社会科学文献出版社2005年版，第189页。

犯罪嫌疑人、被告人是否有辩护的理由均享有辩护权。[1]有的学者则考察了辩护权的历史发展，认为：首先，辩护权是一种自然权利。辩是诉的本能反应，普遍存在于各个历史时期的刑事诉讼程序之中；其次，律师辩护权是一种延伸权利。从本源上看，辩护权属于被指控者本人；最后，辩护权是一种发展中的权利。刑事辩护经历了从无到有，从强调被追诉人权利到兼顾被害人权利的过程，同时对被追诉人的保护也在不断强化与完善。[2]还有的学者认为辩护权的属性包括：一是专属性，即辩护权专属于犯罪嫌疑人、被告人。辩护权的获得基于犯罪嫌疑人、被告人在刑事诉讼中所处的当事人地位。二是防御性，即辩护权针对控诉权而存在，没有控诉就没有辩护权。辩护权是犯罪嫌疑人、被告人进行自我保护的一种手段。三是绝对性，即无论处于何种诉讼阶段，还是涉嫌何罪，均不影响犯罪嫌疑人、被告人享有辩护权。其中，在诉讼各阶段，其辩护权的行使方式和侧重点有所不同。[3]三种观点虽然角度不同，但均强调了辩护权的一个重要属性，就是辩护权对于犯罪嫌疑人、被告人而言是必不可少的自然权利，需要加以重视。

关于辩护制度，刑事诉讼法学界普遍认为，是指法律规定关于犯罪嫌疑人、被告人行使辩护权和司法机关有义务保障他们行使辩护权的一系列规则所形成的有机整体，它包括辩护权、辩护种类、辩护方式、辩护人的范围、辩护人的责任、辩护人的权利和义务等。[4]可见，辩护制度围绕犯罪嫌疑人、被告人的辩护权的行使而生，是一项重要的诉讼制度，其自产生以来，一直处于不断丰富、完善、发展的过程中，被视为刑事司法制度变革的焦点，是衡量一国刑事诉讼制度科学、民主程度的重要标志。律师作为一类重要的辩护人，决定了辩护制度与律师制度之间显然存在着十分密切的关系，二者从内容上有交叉之处，在发展历史上呈现出相互依存、相互促进的特点，因下文将有对二者关系的详细论述，此处不再赘述。

---

[1] 陈光中主编：《刑事诉讼法》（第二版），北京大学出版社、高等教育出版社 2005 年版，第 129 页。

[2] 冀祥德：《控辩平等论》（第二版），法律出版社 2018 年版，第 223–224 页。

[3] 王敏远主编：《刑事诉讼法》，社会科学文献出版社 2005 年版，第 189–190 页。

[4] 陈卫东主编：《刑事诉讼法学研究》，中国人民大学出版社 2008 年版，第 143 页。

辩护、辩护权和辩护制度之间的逻辑关系是：辩护是辩护权、辩护制度的外在表现形式，辩护权的实现需要通过各种辩护活动完成；辩护权是辩护、辩护制度的基础，没有辩护权，就没有辩护活动和辩护制度；辩护制度是辩护、辩护权的保障，各项辩护制度均围绕辩护活动和辩护权的实现来设定，以利于保障犯罪嫌疑人、被告人充分、正确行使辩护权。[1]

二、辩护制度的发展历程

刑事辩护虽然发端于古代的刑事诉讼，但其形成完整的制度则是在近现代人权思想被普遍肯定之后。20 世纪以来，保护人权已经成为法治社会的必然要求，人们日趋重视保护刑事被追诉人人权的重要性，因此在法治国家的刑事诉讼法中都把辩护权明确确立为一项基本人权，并加强对辩护权的保障措施的建设。同时，被指控人有权获得辩护不仅成为各国国内法原则，而且也成为联合国所重视的基本原则之一，在一系列国际文件中得以规定并被不断强化、具体化。《世界人权宣言》第 11 条规定："凡受刑事控告者在审判时必须予以答辩上所需之一切保障。"基于此，1957 年联合国《囚犯待遇最低限度标准规则》第 93 条和 1966 年联合国《公民权利与政治权利国际公约》第 14 条第 3 款第（2）项及第（4）项也对受刑事控告者的辩护权予以了规定。其后联合国有关文献对保障犯罪嫌疑人、被告人的辩护权作了更为具体的规定。这些文献主要包括联合国 1984 年《关于保护面对死刑的人的权利的保障措施》、1988 年《保护所有遭受任何形式拘留或监禁的人的原则》、1990 年《关于律师作用的基本原则》等。刑事辩护制度在世界范围得到了快速发展。

20 世纪 70 年代开始，"平等武装"（equality of arms）理论逐渐为国际规则和法治发达国家的刑事诉讼制度所肯定。欧洲人权委员会是最早提出并运用"平等武装"的组织。在奥夫纳与霍普芬格诉奥地利（Ofner and Hopfinger v. Austria）一案中，欧洲人权委员会在判决中指出："检察官与被告人的程序平等（Procedural Equality）一般可称为'平等武装'，这是公正审判的一项内在要素。"因为欧洲

[1] 汪建成：《刑事诉讼法学概论》，北京大学出版社 2001 年版，第 142 页。

人权委员会认为，案件的审理应当是对抗性的，而“平等武装”原则是这种对抗性程序的核心。它假设程序中的每一方当事人都应当拥有充分的机会陈述自己的案件，包括事实和法律上的内容，并且可以对对方提供的案情作出评论。1972 年第 12 届国际刑法学大会上，讨论了刑事诉讼中控辩双方“平等武装”的主题。[1]自此之后，辩护权得到了历史上的空前扩张，控辩平等成为刑事诉讼的基本原则，刑事辩护制度进入繁荣时期。[2]

通过上述对刑事辩护制度历史演变的描述，至少可以得出以下几点结论。

第一，辩护权是一种自然权利。辩是诉的本能反应。在人权之生命权、健康权、自由权等诸多内容中，犯罪嫌疑人、被告人的辩护权是存在于其中的一项特殊权利，他是犯罪嫌疑人、被告人作为人的一项自然权利或天然权利。

第二，律师辩护权是一项延伸权利。从本源上看，辩护权属于被指控人本人。被指控人的辩护权只有借助于专业律师的辩护，才能真正成为一种现实权利。从此意义上讲，辩护律师的权利来源于被指控人的权利。现代刑事诉讼活动中辩护律师相对独立的诉讼地位，是在辩护制度的发展中形成的。

第三，辩护权是一项发展中的权利。辩护权在不同的历史条件与制度背景之下的具体内容存在差异，但从总体上讲，刑事辩护经历了一个从无到有逐渐扩展的过程，从强调被追诉人权利到兼顾被害人权利的过程。

第四，辩护权发展至今，已经具有实体辩护与程序辩护的双重内容。实体辩护的内容包括对定罪与量刑的事实、证据、法律适用等方面进行的辩护，例如不在犯罪现场、被害人同意或过错、陷入圈套、被迫、过失、未成年、精神异常、防卫等，而程序辩护的内容是为被指控人在诉讼程序上应当享有的诉讼权利受到侵犯而抗辩。程序辩护是刑事诉讼中的人权保障不断发展的结果。

第五，辩护权是一项被普遍承认的权利。尽管世界各国的政治体制、社会制度、意识形态、文化传统不同，但是，被指控人有权获得辩护却是现代各国公认的法律原则，并且得到国际社会的高度认同。

第六，辩护权是一项与控诉权对等的权利。从 20 世纪 70 年代世界法治发达

---

[1] 冀祥德：《控辩平等论》（第二版），法律出版社 2018 年版，第 35 页。

[2] 关于本问题的专论，详见冀祥德：“和谐社会语境下的控辩平等——以构建平等合作诉讼模式为中心的研究”，载《法学家》2008 年第 3 期。

国家刑事诉讼制度发展的状况看，控辩平等武装已经逐渐成为指导现代刑事诉讼制度的基本原则。

此外，随着认罪认罚从宽制度的确立，控辩关系也发生了变化，开始从对抗为主转向以合作与对抗并存。

三、辩护制度的理论基础

辩护制度有其赖以产生和发展的理论基础。学界对于辩护制度的理论基础的认识基本一致，但是也有不同的看法和观点。

有学者在分析辩护权存在的根据时，认为可以将辩护权分解为两个层次进行分析：一是犯罪嫌疑人、被告人辩护权存在的根据；二是犯罪嫌疑人、被告人获得律师帮助权存在的根据。该学者指出，程序正义观念和无罪推定原则是犯罪嫌疑人、被告人辩护权存在的根据，一个“产生了辩护的逻辑必要，一个赋予了辩护的法律权利性，二者的结合确立了刑事辩护制度牢固的基础，也为刑事辩护制度提供了丰富的发展余地”。该学者指出，首先，律师作为法律共同体的成员可以更好地监督职权机关的诉讼活动，监督和制约权力的运行；其次，诉讼程序的技术化和专门化要求熟悉法律并有实务经验的专家——律师参与诉讼活动；最后，被指控人由于缺乏专门的法律知识，且被指控人人身自由常常受到不同程度的限制，这些不利因素都对被追诉人本人辩护权的有效行使造成了障碍。[1] 因此，需要由熟悉法律的律师来帮助进行辩护。还有学者从不同的角度论述了辩护权存在的根据：一是价值论根据：保障被告人的人权。二是制度性根据：无罪推定。三是方法论根据：控辩相对制度，刑事辩护制度的形成是对司法权的一种制约，法官的判决是从控辩双方的辩论中引申出来的。[2] 也有学者认为，控辩平衡理论也是辩护权存在的理论基础。

有的学者认为，在刑事诉讼中之所以要赋予被追诉人以辩护权，理论基础有

---

[1] 魏晓娜：“论辩护权的存在根据”，载《中美“律师辩护职能与司法公正”研讨会论文集》，中国检察出版社 2004 年版。

[2] 陈兴良：“为辩护权辩护——刑事法治视野中的辩护权”，载《中美“律师辩护职能与司法公正”研讨会论文集》，中国检察出版社 2004 年版。

三：一是无罪推定原则，无罪推定不仅成为犯罪嫌疑人、被告人享有辩护权的根据，而且它可以保障犯罪嫌疑人、被告人辩护权的真正实现；二是程序性主体理论，犯罪嫌疑人、被告人与警察、检察官、法官没有身份上的高低贵贱之分，只有所承担的诉讼角色的区别，都具有同等的程序主体地位；三是对立统一规律。

由此可见，学者们关于辩护权的理论基础的有关论述大同小异，不管是程序主体性理论、人权保障理论还是程序正义理论，只是在表述角度上有所不同，但其实质含义是一致的。根据控辩平衡的要求，在中立的法官面前，控方与辩方是平等的诉讼主体，既然控方有控诉权，那么辩方也应有辩护权。而控辩之所以要平衡、对等，一个重要的原因就在于保证被追诉人的人权。

有很多学者都将无罪推定原则视为辩护权存在的理论基础。但是，也有学者对此提出了质疑，认为无罪推定原则是辩护权存在根据之一的观点值得商榷，因为辩护权的确立早于无罪推定原则的确立。英国平均主义派首领李尔本在其《人民约法》和《英国根本法和自由》等著作中提出的观点，就包含着被告人有辩护权，包括自行辩护和请他人为其辩护的权利等。这显然要早于贝卡利亚在《论犯罪与刑罚》中提出的无罪推定思想。从现有史料看，最先在法律上确立被告人辩护权的法律文件是发布于 1676 年《英国人身保护律》，其第 19 条规定："关于本律所称犯法行为之控诉，各被告得同具原案总争点之答辩。"而在法律上对无罪推定作出明确规定，最早是法国大革命后制定的《人权宣言》，其第 9 条规定："任何人在其未被宣告为有罪之前应被推定为无罪。"并且，从无罪推定原则的基本内容来看，其与被告人辩护权的确立并无内在的和必然的联系。

第二节　辩护律师角色定位与辩护人地位、责任

辩护律师的角色定位及其诉讼地位和责任，是近年来法学界和法律界讨论的焦点问题，也是民众关注的热点问题。虽然，学术界的认识基本一致，但是，实

务部门特别是社会民众对于这些问题的认识依然有限，表现出法律人与大众认识的较大差异。当然，即使在专业人士中，认识也有不同。

一、关于律师定位的讨论

有学者认为，律师定位是一个国家法治状况的晴雨表。辩护律师的地位在相当程度上取决于被追诉人的地位，所以，要想提高刑事辩护律师的地位必须首先确立犯罪嫌疑人、被告人在刑事诉讼中的地位，这是因为，辩护权源于被诉人的权利，如果被追诉人的权利得不到重视，辩护人的权利也就无从谈起。而仅就辩护律师的权利而言，对辩护律师地位的正确认识是完善辩护制度的一个重要前提。相当长的一段时间以来，乃至当今，人们对于律师的定位依然是模糊的，甚至是错误的。达马斯卡理论关于内部人和外部人的划分，其实给了我们一个对律师地位的总体性认识：如果把律师划定为法律职业共同体的异体的话，那么对律师地位的认识显然是错误的，由此而谈辩护制度的完善也是不可能的。基于此，该学者在对中国法律职业共同体理性构建的背景中，在对中国立法中刑事辩护功能定位和司法中辩护律师角色定位的反思与重构的基础上提出了“公、检、法、律车轮说”，认为：“公、检、法、律是推进社会法治进程不可或缺的四个车轮，缺乏现代辩护律师制度的刑事司法制度，永远不可能驶入现代法治的轨道。为此，公安司法机关必须改变过去长期以来形成的那种律师参与刑事诉讼会给侦查起诉、审判工作造成困难的观念，树立律师参与诉讼论是为了保障被追诉人的合法权益、保障程序公正的现代法治观念，在刑事诉讼中平等地、善意地对待辩护律师，与辩护律师携手并肩，共同推动我国法治建设的进程。”[1]

该论者进一步指出，对律师的角色或者说是职责进行怎样的定位，影响着刑事辩护在一个国家的法制运行中能够在多大程度上发挥作用。1979 年《刑事诉讼法》制定的时候，刑事诉讼程序被设计为政策执行的工具和阶级斗争的工具。在这种体制下，律师除了维护委托人的利益之外，还必须维护国家和社会利益。所以，刑事诉讼中的辩护律师就不仅仅是被告人利益的代表者，在特定场合下，还

---

[1] 冀祥德：“公、检、法、律四轮缺一不可”，载《中国律师》2007 年第 9 期。

要代表国家利益和社会公共利益。这种意识形态上将律师视为公共利益的代表的观念，促使决策者在稍后不久颁布的《律师暂行条例》中，将律师定位为国家工作人员。在我国法制尚不健全的情况下，将律师规定为国家的法律工作者，无疑使律师具有了较大的权威性。而且，律师作为国家法律工作者对改变人们不正确的传统观念，确立律师与法院审判员同等法律地位，是有利于发挥律师的作用，是保证律师执行职务，开展业务，保障律师自身合法权益的有效措施。[1]

1997年起施行的《律师法》将律师界定为依法取得律师执业证书，为社会提供法律服务的执业人员，即社会法律工作者。律师的角色不再被定位为公共利益的代言人，也就是说，应强调律师所代表的是其委托人的利益。从国家法律工作者到社会法律工作者的转变，表明我国对律师性质认识上的一大飞跃，具有历史进步意义。[2]但是这一变化却带来了一系列消极的后果。将律师界定为国家工作人员实际上是将律师置于与检察官、法官平等的位置，从理论上说，检察官和法官有更多的理由将律师视为内部人，而不是外部人。因此，律师的权利也更能够得到官方的尊重。然而修改后的《律师法》，将律师不再视为国家工作人员，相应的，律师更容易被检察官、法官视为外部人，所以，在律师的执业活动中，公、检、法的人员尤其是公、检部门的人员认为“律师是异己分子”。而公众更容易认为律师和“个体户”没有什么区别。

为此，该论者在重构我国刑事辩护功能与辩护律师角色定位时提出两个观点：其一，应当用法治的思想规范刑事辩护。从人权保护的角度出发，公正的程序，权力的制约，是反对专权，保护个人权利的基本手段，是现代法治观念的基本内容。因此，我国刑事诉讼中强化保护被追诉人权利是大势所趋，在刑事诉讼结构中自然要提高辩护方的地位，扩充辩护方的权利，这种地位的提高应是诉讼各阶段全方位的提高。特别是确立刑事辩护在侦查与审查起诉阶段的地位与功能，彻底改变我国现阶段刑事辩护的地位在刑事诉讼中前后不一致的局面。2012年《刑事诉讼法》的修改实现了这一点，明确了律师介入侦查阶段时的辩护人身份，并且明确了侦查阶段辩护权的律师专属性。其二，应当用法治的观念认识辩

---

[1] 陈卫东主编：《中国律师学》，中国人民大学出版社1990年版，第52-53页。

[2] 陈兴良：“为辩护权辩护”，载《中美“律师辩护职能与司法公正”研讨会论文集》，中国检察出版社2004年版，第128页。

护律师。从总体上讲，辩护律师应当成为私权利的维护者，即在现行法律规定的框架中，依法最大限度地维护委托人的利益。“一个高效、廉洁的政府，虽然可以体恤民情，造福于百姓，却不可直接代表公民个人去与自身的权力抗衡，只有律师才可以起到这种作用。司法机关公正裁判的基础，是兼听则明和权利的制约，而律师制度正是维系这个基础的有效保障。”[1]2018年《刑事诉讼法》的修正，增设了值班律师制度，同时增加了犯罪嫌疑人、被告人约见值班律师的权利。

检察官之职责在于追诉犯罪，维护国家和社会公共利益，保障社会秩序的稳定和社会发展的有序进行；而辩护人之职责则在于保护刑事被追诉人的实体性权利和程序性权利，使得实施了犯罪行为，应当承担刑事责任的人在合法的框架限度内承受刑事诉讼程序的追究，罚当其罪不仅体现在实体的定罪量刑上，同时还应表现在刑事诉讼程序适用的恰当性、准确性和及时性上。从这个角度来看，似乎可以认为检察官是社会公益的代表，而律师仅是刑事被追诉人个人利益的代表，实则如果从刑事诉讼程序的程序性质和基本原则来着眼分析律师的权能的话，则不难发现，律师身份定位的明确及其辩护权的有效行使同样对于社会公益保护之价值的实现具有十分重要的作用。刑事诉讼程序要承担及时发现犯罪、查明案情、固定证据、控制刑事被追诉人并及时对其予以定罪量刑的程序任务，这一任务本身就决定了刑事诉讼程序在立法设计和司法运行过程中都体现出重公益保护、轻私益救济的特点。可以说在司法实践中曾经频频发生的，不仅对当事人本人及其家庭造成严重伤害，同时也是对社会法治环境，以及国家司法公信力产生极大破坏力的冤假错案，其根源就在于国家公权力机关在权力行使的过程中，没有坚持刑事诉讼程序惩罚犯罪与保障人权并重的价值导向，没有严格遵照法定程序之要求履行职权，没有重视刑事被追诉人的权利。刑事诉讼程序本身就是一种“干涉式”的程序，仅从刑事诉讼活动中协助公权力机关尽快定位刑事被追诉人的范围及其罪责刑，同时从减少不必要的司法资源浪费的角度而言，将律师的角色定位为社会公共利益的维护者以及刑事诉讼程序文明化的推动者是不为过的。

---

[1] 田文昌：“关于律师职责定位的深层思考”，载《中美“律师辩护职能与司法公正”研讨会论文集》，中国检察出版社2004年版，第117页。

二、关于辩护人诉讼地位的讨论

辩护人的诉讼地位是指辩护人在刑事诉讼法律关系中所处的位置。在刑事诉讼过程中，控方、法院与辩护人以及辩护人与当事人之间发生的许多冲突和矛盾，与对辩护人的诉讼地位认识的差异相关。

根据《刑事诉讼法》第37条以及相关条文之规定，辩护人在刑事诉讼中的法律地位是独立的诉讼参与人，是犯罪嫌疑人、被告人合法权益的专门维护者。辩护人在刑事诉讼中的独立性主要表现在两个方面。

第一，从辩护人与犯罪嫌疑人、被告人之间的关系来看，辩护人独立于犯罪嫌疑人、被告人，不受其意见左右。辩护人不是犯罪嫌疑人、被告人的代言人，其有独立的诉讼地位，除上诉权等专属性权利需要被告人同意外，其参与诉讼的主要权利基础是法律规定，如法律赋予辩护人尤其是辩护律师具有会见权、阅卷权、通信权、辩论权、调查取证权以及发表意见权等，这些权利的行使无需犯罪嫌疑人、被告人的同意或者要求。辩护人在刑事诉讼中原则上应服从法律和事实，根据自己的专业知识、经验，按照自己的判断、评估进行辩护活动，而不为犯罪嫌疑人、被告人的意志所左右。

第二，从辩护人与司法机关的关系来看，辩护人与司法机关之间主要系相互制约的关系。辩护人与犯罪嫌疑人、被告人系相互配合的关系，辩护人与犯罪嫌疑人、被告人相对于司法机关来说，是一个辩护整体，共同行使辩护权。辩护人相对于司法机关来说，既存在相互配合的关系，也存在相互制约的关系。其中就相互配合而言，尽管辩护人与司法机关各自的职能不同，但在刑事诉讼活动中的总目的是一致的，都是为了惩罚犯罪和保障人权，使刑事案件得到公正处理。就相互制约而言，虽然公、检、法三机关之间也有相互制约，可以使案件中的错误得到某种程度上的纠正，但是这种制约是不够的，必须要有辩护人的制约才能纠正司法机关在办理同一案件中共同的错误，因为只有辩护人是犯罪嫌疑人、被告人合法利益的专门维护者。但是，也有人对此提出了不同看法，认为，从“制约”上来说，辩护人的权利不足以制约司法机关的权力；从“配合”来说，究竟谁配合谁？如果强调辩护人的配合责任，则不仅会使人对辩护人及辩护制度产生误解，而且还会使辩护人丧失自己独立的诉讼地位。

此外，应当注意到，辩护人在刑事诉讼中虽属于独立诉讼参与人，法律赋予了其诸多执业权利，但是其是否属于诉讼主体存在分歧。

2017 年全国律师协会发布了修订后的《律师办理刑事案件规范》，对原有的“律师独立辩护”条款作出了重大调整，该规范在坚持律师“依法独立履行辩护职责”观点的同时，又明确要求律师“在法律和事实的基础上尊重当事人意见，按照有利于当事人的原则开展工作，不得违背当事人的意愿提出不利于当事人的辩护意见”。与此同时，该规范还要求，律师与委托人就辩护方案产生严重分歧，不能达成一致的，可以“代表律师事务所与委托人协商解除委托关系”，这一规范的出台，引发了学界对于独立辩护人理论的反思以及委托人与律师关系定位的重新思考。有学者提出了对辩护人身份进行重新定位的“协同性辩护理论”。这一观点的论证基础在于充分肯定刑事被追诉人的诉讼主体地位，进而对辩护人与其委托人之间关系进行调整和重新界定。[1]

三、关于辩护人责任的讨论

辩护人的责任是指辩护人在参与刑事诉讼过程中所应当承担的责任。辩护人在刑事诉讼中的责任与辩护人的诉讼地位密切相关。从某种意义上说，辩护人在刑事诉讼中的责任是辩护人诉讼地位的直接体现。

辩护人在刑事诉讼中的责任是诉讼法学界存在争议的一个问题。英国的布鲁厄姆爵士认为：律师的神圣职责是，为了拯救和保护当事人，即使赴汤蹈火，粉身碎骨也在所不惜。英国高等法院院长科伯恩勋爵对此予以反驳，他认为与当事人相比，律师对永恒的真理和正义负有更重大的责任。我国台湾学者林山田教授认为：虽然辩护人一方面负有相当程度之司法功能，可是在另一方面却是被告之辅助者与保护者，而站在被告之一端，为其辩护。[2] 从以上观点可以看出，有关辩护人责任的分歧集中在辩护人的主要责任是应当诚实地忠于并保护自己的当事

---

[1] 陈瑞华：“论协同性辩护理论”，载《浙江工商大学学报》，2018 年第 3 期。

[2] 熊秋红：《刑事辩护论》，法律出版社 1998 年版，第 164 页。

人，还是应当担负起查明案件事实的责任，抑或是既担负着查清案件事实的责任，又担负着诚实地保护当事人的责任？

有学者将辩护人在刑事诉讼中的责任分为直接责任与一般责任。辩护人的直接责任就是维护被指控人的合法权益：（1）保护被指控人免受错误的控告、定罪和判刑。（2）保护被指控人的各项诉讼权利。（3）维护被指控人的各项诉讼权利。（4）给被指控人以必要的法律帮助。而辩护人所负有的一般责任是由刑事诉讼目的所决定的，刑事诉讼的目的决定了辩护人负有对刑事司法进行协助的责任，包括预防和揭露刑事司法中的错误，促进遵守法制，协助维护个人权利和合法利益，揭示犯罪产生的根源和条件，促进刑事司法的教育和感化作用的实现等。辩护人首先是被指控人的保护者，因此必须坚持使用法律允许的一切手段、方法和法律知识，尽可能把被指控人权益反映到诉讼中去但是如果过分地强调这种责任，就可能促使辩护人采用一切手段不管是否合法来维护当事人的权益，这是一种典型的被指控人中心主义。而如果过分地强调被指控人作为刑事司法协助者的责任，最终将忽视被指控人的权益，也会破坏辩护人与当事人之间的信任关系，这是一种典型的国家本位主义，可见，过分强调辩护人的一般责任不可取，而完全忽略辩护人的一般责任也会产生种种弊端。因此，辩护人应当兼顾其所负的直接责任和一般责任。[1]

我国1996年《刑事诉讼法》中规定："辩护人的责任是根据事实和法律，提出证明犯罪嫌疑人、被告人无罪、罪轻或者减轻、免除其刑事责任的材料和意见，维护犯罪嫌疑人、被告人的合法权益。"从上述法律条文可以看出我国1996年《刑事诉讼法》专门就辩护人的责任作了具体规定，但是有学者认为这一规定存在明显的偏差：首先，在辩护内容上，根据事实和法律，无论提出"意见"还是"材料"，其内容都是关于"被告人无罪、罪轻或者减轻、免除其刑事责任的材料和意见"，都只限于实体辩护而不包含程序上的辩护。其次，我国即使在立法上没有规定无罪推定原则，但控方承担证明责任，辩方不承担证明责任是立法者、司法者以及理论工作者的共识。1996年《刑事诉讼法》却要求辩护人"根据事实和法律，提出证明犯罪嫌疑人、被告人无罪、罪或者减轻、免除其刑事责

---

[1] 熊秋红：《刑事辩护论》，法律出版社1998年版，第165–169页。

任的材料和意见”，这实质上是要求辩护人承担证明其委托人无罪、罪轻的证明责任。更令人难以接受的是，2007 年修订的《律师法》第 31 条[1]规定：“律师担任辩护人的，应当根据事实和法律，提出犯罪嫌疑人、被告人无罪、罪轻或者减轻、免除其刑事责任的材料和意见，维护犯罪嫌疑人、被告人的合法权益。”该条法律对律师担任辩护人的责任规定，不仅与 1996 年《刑事诉讼法》规定的内容完全相同，而且增加了“应当”的要求，这种变化使得辩护所具有的“权利”属性转变为“举证责任”的属性，其“义务”的意味不言而喻。[2]因此，2012 年《刑事诉讼法》再修改时，将第 35 条改为“辩护人的责任是根据事实和法律，提出犯罪嫌疑人、被告人无罪、罪轻或者减轻、免除其刑事责任的材料和意见，维护犯罪嫌疑人、被告人的诉讼权利和其他合法权益”。删除“证明”的表述，淡化了辩护人应当承担证明责任的意味，这无疑是进步的。同时，与 1996 年《刑事诉讼法》相比，2012 年《刑事诉讼法》第 35 条将“诉讼权利”从犯罪嫌疑人、被告人的合法权益中单独列出并予以重点强调，显示出立法者有将程序辩护纳入辩护定义中的意图。为了保障辩护人的程序性辩护，立法还应当进一步建立程序性救济与之相配套。

关于辩护人的检举义务，即辩护人如果在履行职务的过程中发现不利于犯罪嫌疑人、被告人的事实是否有控诉的义务，一直以来存在争议。一种观点认为，辩护人应拒绝继续辩护，并向司法机关揭发检举；另一种观点认为，辩护人有保密义务，但是危害国家安全和社会公共利益的重大犯罪预谋除外。目前，学界普遍的观点赞同后一种观点，理由是：辩护职能相对于控诉职能存在，目的是协助实现犯罪嫌疑人、被告人的辩护权，若转而履行了控诉职能，就失去了其存在的本来意义；辩护人如果对犯罪嫌疑人、被告人进行了揭发，那么就失去了与犯罪嫌疑人、被告人的信任基础，会导致辩护制度的衰落，从长远来看，损害了国家利益。因此，辩护律师对其在执业活动中知悉的委托人或者其他人的违法犯罪情况和信息，没有义务也不应当告知司法机关。2012 年《刑事诉讼法》修改吸收学

---

[1] 需要说明的是，《律师法》在 2007 年修订后，分别又经历了 2012 年和 2017 年两次修改，但是第 31 条的内容均未改动。

[2] 顾永忠：“我国刑事辩护制度的改革与再完善”，载《人民检察》2008 年第 1 期；顾永忠：“刑事辩护的现代法治含义解读——兼谈我国刑事辩护制度的完善”，载《中国法学》2009 年第 6 期。

界通说，新增加了有关律师保守职业秘密权条款，并将其界定为律师的一种“权利”而非“义务”。2012 年《刑事诉讼法》第 46 条规定：“辩护律师对在执业活动中知悉的委托人的有关情况和信息，有权予以保密。但是，辩护律师在执业活动中知悉委托人或者其他人，准备或者正在实施危害国家安全、公共安全以及严重危害他人人身安全的犯罪的，应当及时告知司法机关。”在我国法律语境中，司法机关专指检察院和法院，并不包括公安机关在内，而公安机关是我国犯罪案件主要的侦查机关。辩护律师对其在执业活动中知悉委托人或者其他人，准备或者正在实施危害国家安全、公共安全以及严重危害他人人身安全的犯罪，如果只允许其告知司法机关，无疑增加了打击、查处犯罪的难度。此外，辩护律师同委托人发生争议时，律师为了自身利益准备起诉或者律师因代理案件而受到刑事指控、民事起诉、纪律指控时，有权利用知悉的执业秘密为自己辩护。

第三节　中国刑事辩护制度现状分析

在中国当下刑事诉讼的各项制度中，没有哪一项制度像刑事辩护制度一样在实践中备受争议。律师颇多怨言，公安司法机关对辩护律师权利保障不足，民众对辩护律师评价不高，当事人对辩护律师缺乏信任，辩护的效果常被质疑。

刑事辩护制度的发展在较长时期内起伏波折。事实上，中国刑事辩护制度四十年来，经过社会各界特别是几代法学人和法律人的共同努力，已经有了长足的进步。[1]虽然刑事辩护率不高，人们对刑事辩护质量有所诟病，但是，刑事辩护权利依然一直呈扩张之势，刑事辩护制度依然呈螺旋式上升、曲折中前行之势。党的十八大以来，伴随着国家深化司法体制改革的实质性推进，刑事辩护制度沿着法治化轨道快速发展。特别是 2018 年开始实施的刑事诉讼律师辩护全覆

---

[1] 关于我国改革开放 40 年来刑事辩护制度的发展，学界有详细的分析。参见孙长永主编：《中国刑事诉讼法制四十年：回顾、反思与展望》，中国政法大学出版社 2021 年版，第二章“辩护制度”。

盖试点工作和于2017年开展、2019年扩大范围的律师专业水平评价体系和评定机制试点工作，进一步推动了刑事辩护量的扩大和质的提高。

一、中国刑事辩护的实际状况

中国刑事辩护真实境况到底怎样？《刑事诉讼法》实施至今刑事辩护率到底是多少？辩护人意见采纳率有多高？法律职业共同体、当事人和社会公众对中国辩护律师的辩护水平、职业道德、执业环境和辩护质量是何种评价？中国刑事辩护是处于“绝境”“困境”还是“美景”？情况究竟如何，应通过调研确定。有学者于2010年上半年组织课题组就相关问题，分别到中国北部、东中部、南部和西部的七个省份的十多个城市，在相关的公安机关、检察院、法院、律师事务所、监狱、看守所、国家机关、企业，与相关的警察、检察官、法官、律师、被追诉人以及可以代表一般社会公众的社会各级人员，分别进行了广泛的问卷调查和访谈。通过调研，发现存在辩护律师执业环境亟待改善、社会各界对辩护律师评价不高等问题。这些问题，现在仍然在相当程度上存在。

有学者认为，非律师作为辩护人在司法实践中的作用是十分有限的，1979年《刑事诉讼法》制定时，规定被追诉人的亲友等非律师可以担任辩护人，是基于当时律师数量少、法律专业化分工不够细致、法制尚不够健全等历史背景，具有现实意义。目前，中国律师数量已经从1979年的200多人到现在已经有很大幅度的发展。[1]而且，随着中国法学院培养的学生数量和质量的提高，特别是法律职业资格考试的推行以及法律服务市场的良性发展，可以合理地预见，中国律师的数量会越来越多，符合刑事辩护资格条件的律师数量也相应会增加。所以从律师当前的数量及其以后的增长趋势看，取消非律师担任辩护人的规定，在中国建立刑事辩护准入制度的条件已经成熟。[2]

---

[1] 到2018年年底，全国律师已有42.3万多人，解决了全国174个县无律师问题，实现了县域以上律师服务的全覆盖。

[2] 冀祥德：“刑事辩护状况调研报告”，载《中国法治发展报告（2011）》，社会科学文献出版社2011年版，第261–277页。

二、我国辩护制度存在的主要问题

自 1979 年《刑事诉讼法》制定以来，尽管伴随着《刑事诉讼法》的每一次修正，我国辩护制度都在不断地发展和完善，但是，由于诸多复杂因素的影响，我国的刑事辩护制度依然存在一些问题。

（一）律师在侦查阶段之会见权的“司法阻碍”

律师会见在押的犯罪嫌疑人、被告人是刑事诉讼法规定的律师的一项基本诉讼权利，是辩护律师了解案情、准备辩护以及维护犯罪嫌疑人、被告人诉讼权利的前提条件。但是在之前较长的一段时间内，这一立法规定在司法中却被“依法”剥夺：一是律师会见批准制由例外变成了通例；二是侦查机关阻挠律师会见犯罪嫌疑人，以各种理由拖延安排会见时间，并对会见的时间和次数进行限制；三是限制会见内容，不允许律师向犯罪嫌疑人了解有关案件情况；另外律师会见犯罪嫌疑人，侦查机关普遍派员到场，律师与犯罪嫌疑人的交流完全由侦查人员控制。有鉴于此，《刑事诉讼法》第 39 条第 2 款明文规定：“辩护律师持律师执业证书、律师事务所证明和委托书或者法律援助公函要求会见在押的犯罪嫌疑人、被告人的，看守所应当及时安排会见，至迟不得超过四十八小时。”这一条款对于保障律师在侦查阶段的会见权具有重要作用，使司法实践中律师会见难的问题得到了很大的改善。但应当看到，在司法实践中会见权的行使仍存在一定阻碍：一是根据《刑事诉讼法》第 39 条 3 款涉及危害国家安全犯罪、恐怖活动犯罪的案件，律师会见需要经过侦查机关批准，而在侦查期间犯罪嫌疑人的犯罪事实并没有经过法院认定，存在诸多不确定性，该条款存在被滥用的现象；二是“应当尽快安排会见，至迟不得超过四十八小时”的规定在实践中被异化成“只要在四十八小时内安排会见就可以”，部分看守所尽量拖延律师会见的时间安排；三是部分案件中存在异地羁押或秘密羁押的方式，辩护律师无法知悉羁押看守机关导致会见受阻。

（二）律师调查取证权之行使受限较多

调查取证是辩护律师进行有效辩护的重要方式与基础，调查取证权也是辩护律师不可或缺的重要权利之一。我国刑事诉讼法对律师取证权作了规定，但又有诸多的限制。这种限制主要表现为以下三个方面：第一，法律没有明确赋予律师在侦查阶段享有调查取证权。《刑事诉讼法》第 38 条规定："辩护律师在侦查期间可以为犯罪嫌疑人提供法律帮助；代理申诉、控告；申请变更强制措施；向侦查机关了解犯罪嫌疑人涉嫌的罪名和案件有关情况，提出意见。"但是未规定调查取证。第二，辩护律师只能有限行使调查取证权。在审查起诉和审判阶段，法律虽然规定律师可以向证人、被害人或者被害人的近亲属、被害人提供的证人或者其他有关单位和个人收集与本案有关的材料，但同时又规定，向证人或者其他单位和个人收集材料必须经被调查者同意；向被害人或其近亲属以及被害人提供的证人收集材料时，除必须经这些人的同意外，还必须经过人民检察院或者人民法院的许可。这意味着律师以辩护人的身份参加诉讼后，其收集证据的权利仍受到很大的制约，一旦上述人员不同意或者司法机关不许可，辩护律师的调查取证权就成为虚设。第三，律师申请调查取证权缺乏法律保障。立法虽然赋予了辩护律师申请人民检察院、人民法院收集、调取证据的权利，但这一规定对人民检察院来说并没有实际的约束力，因为许可与否，没有明确的不利后果承担，检察院完全可以视其需要来作出相应的处理，实践中检察院对于这种申请往往也是不予理睬，且律师的申请被拒绝之后也缺乏有效的救济渠道。

（三）立法上没有规定律师之讯问在场权

辩护律师的在场权，普遍存在于现代法治国家的刑事诉讼制度之中，在刑事审判前程序中具有极为重要的功能，它不仅可以有效防止侦查人员侵犯犯罪嫌疑人的人权，抑制非法侦查，而且对于保障犯罪嫌疑人诉讼权利的及时行使，保障程序的诉讼构造，维护程序的正当性和权威性，都有十分积极的意义。[1] 正因为

---

[1] 宋英辉：《刑事审判前程序研究》，中国政法大学出版社 2002 年版，第 398 页。

如此，现代各国刑事诉讼法多数都规定了辩护律师的在场权。[1]我国侦查机关刑讯逼供现象之所以屡禁不止，除了侦查机关对口供过分依赖之外，在录取口供时缺乏辩护律师的制约也是很大原因。同时，在场权的缺失，使得辩护律师难以为被指控人提供有效的辩护。

（四）辩护律师之执业权利缺乏有效保障

律师的言论豁免权是联合国《关于律师作用的基本原则》中明确规定的律师基本权利，目的在于使辩护律师在执业中获得了某种特权，以抵御可能来自控方的侵害，并且使律师在义务冲突中得到解脱，保障辩护律师的正常执业活动。2007 年《律师法》在修订时，增加了“律师在法庭上发表的代理、辩护意见不受法律追究”的规定，实际上就是辩护律师言论豁免权的体现，对于促进辩护事业的发展具有重要意义，2012 年以及 2017 年《律师法》两次修订时也得以保留。但我国《刑事诉讼法》并没有关于律师执业豁免的规定，而且在《刑法》第 306 条还针对辩护人规定了辩护人毁灭、伪造证据、妨碍作证罪，该条规定使得辩护律师履行职责时常常如履薄冰，极大降低了律师参与刑事辩护的热情。辩护律师的人身权利缺乏保障是实践中刑事辩护制度发展步履维艰的一个重要原因。

（五）缺乏刑事辩护准入制度

当下，关于刑事辩护制度的改革，我们听到的更多声音是对律师执业环境恶化的声讨和对执业权利扩张的呼吁，少有从律师自身的原因剖析。律师不能仅仅强调客观环境，只想到自己的权利；律师还应当反思自己。第一，毋庸置疑，辩护律师中的非个别人在履行辩护律师职责上存在重大问题，受功利主义影响，在会见、调查取证等执业活动中，背离职业道德，违反执业纪律的问题、事件屡见

[1] 英国法律规定除特定情况之外，警察对犯罪嫌疑人的讯问，律师有权自始至终在场，并且必须进行同步录音录像。在美国，一切司法程序都必须有律师在场，否则程序的结果将是无效。《意大利刑事诉讼法典》第 350 条规定，警察应当在辩护律师的参与下从被调查人那里获得情况。虽然在特定地点和紧急情况下，警察也可以在辩护律师不在场的情况下向被调查人了解有助于立即开展侦查工作的消息和情况，但是由此而获得的信息和材料，不得列入档案并不得使用。律师不在场时，警察可以听取被调查人的自动陈述，但所获取的有关材料除用作弹劾被告人的证据外，不得在审判中使用。《法国刑事诉讼法典》第 114 条规定，讯问犯罪嫌疑人时，律师必须在场。除非双方当事人的律师在场或者已经合法传唤，不得听取当事人的陈述、讯问当事人或者让其对质，除非当事人公开放弃此项权利。

不鲜；第二，刑事辩护业务不精，质量不高，辩护意见谈不到关键要害上；第三，刑事辩护资格门槛过低，甚至没有门槛，刑事辩护业务没有设置必要的准入制度，刑事辩护成了初出茅庐的律师的实习业务。刑事辩护准入制度的缺失，是影响刑事辩护制度评价的一个关键性要素。

三、我国刑事辩护制度的完善

经过40多年的长足发展，当前我国律师队伍已经成为全面依法治国不可或缺、充满活力的重要力量，律师制度已经成为依法治国、建设社会主义法治国家的重要标志。立足于我国刑事辩护现状之当下，放眼我国刑事辩护制度未来发展之前景，除了进一步完善法庭审判过程中的辩护权及其保障，辩护制度还可以从不同方面予以进一步完善。

（一）建立辩护律师自由会见制度

律师会见犯罪嫌疑人是一项双向的法定诉讼权利，不仅关系到律师辩护职能的发挥，而且关系到犯罪嫌疑人人权的保障。实践中限制或者剥夺律师会见权的情况之所以比比皆是，一方面是因为有法不依，另一方面则由于立法不完善以及缺乏可操作性。有鉴于此，除应加强严格执法外，也应完善立法，加强律师会见制度的可操作性。例如，明确规定对于会见时间、次数及会见内容不得予以限制；明确规定对于律师会见不得安装录音录像设备予以监控，切实保障其权利得到行使；增加有关非法剥夺或限制律师会见权的法律后果的规定，明确规定对于律师会见权受到剥夺或限制的情况下所取得的不利于犯罪嫌疑人口供不得作为证据使用等。

（二）建立辩护律师阅卷保障制度

应当通过证据展示制度或者律师阅卷权保障制度，保证辩护人在庭审前全部掌握控诉机关的一切证据，包括不利于犯罪嫌疑人的证据和有利于犯罪嫌疑人的证据。对于控方故意不提供有关证据的，要按照有利于被告原则，规定必要的控方不利后果承担机制。当然，为了确保司法公正和审判效率，控诉方和辩护方都负有向对方开示相应证据的义务。

（三）建立辩护律师讯问在场制度

辩护律师享有自由而充分的讯问在场权，对犯罪嫌疑人的权利保障就尤为重要。一方面，律师介入并参与讯问过程，可以增强被讯问人的信心，平衡讯问人与被讯问人之间的力量对比。另一方面，侦查讯问时的律师在场，也可以起到监督或制约侦查权滥用、防止违法现象出现之作用。辩护律师的讯问在场权是一项能使“被告人有权获得辩护”这一宪法权利具体实现的权利，世界上多个国家均有不同程度的规定。我国2005年开始，在一些地方开展律师在场权的试点工作，但是尚未规定在刑事诉讼法中。有人认为，《刑事诉讼法》规定，对于犯罪嫌疑人“认罪认罚”的，应当在辩护人或者值班律师在场的情况下签署认罪认罚具结书，这是在中国法律当中第一次明确“律师在场权”，这个观点值得商榷。

（四）完善辩护律师调查取证制度

应当通过立法变动取消对律师调查取证权的过多限制，赋予辩护律师必要的调查取证权，并进一步完善律师通过司法调取证据的制度。2012年《刑事诉讼法》（第41条）虽然赋予了律师的申请调取证据的权利，但这项权利缺乏有效的保障，对相关职权机关不依法提供证据的，未规定相应的程序性后果。

（五）建立刑事辩护准入制度

毋庸置疑，我国当下的刑事辩护质量还处在较低的层面，这与刑事辩护者职业素质与水平有直接关联。要彻底走出刑事辩护的当前窘境，除去前述角色地位的转变以及法律制度所必需的立法变动之外，还必须提高刑事辩护的“门槛”，让适格的律师承担刑事辩护职责。[1] 当前我国已经开展了两轮律师专业水平评价体系和评定机制试点工作，试点范围由上海、内蒙古等4个省、自治区、直辖市扩展到全国31个省、区、市和新疆生产建设兵团，对9个专业领域的执业律师开展评级工作。应当说这一试点工作正是辩护准入制度开展的第一步。一旦准入

---

[1] 关于该问题之专论，详见冀祥德：《建立中国刑事辩护准入制度理论与实证研究》，中国社会科学出版社2011年版。

制度变为现实，必将极大地提高我国刑事辩护的质量，有力地推动司法公正建设进程，使刑事诉讼领域中的犯罪嫌疑人及被告人的权利得到更加全面、彻底的保障。

（六）建立完善之无效辩护制度

我国有关辩护律师执业规范的规定主要有《刑事诉讼法》《律师法》《法律援助条例》《律师和律师事务所违法行为处罚办法》等法律、法规、规章。在这些规范中，虽然规定了辩护律师应当忠实地履行职责，但是如果律师实施了损害委托人利益的行为，视情节轻重，会受到警告、没收违法所得、停止执业、吊销律师执业证书等行政处罚；律师违法执业或者因过错给当事人造成损失的，由其所在的律师事务所承担赔偿责任，律师事务所赔偿后，可以向有故意或者重大过失的行为的律师追偿。但是，对于律师提供质量低劣的辩护，立法没有给予任何回应。笔者认为，在今后刑事诉讼法之再修改中，应当建立无效辩护制度，以保障被告人真正获得律师的有效辩护。正如日本学者田口守一所言，“保障辩护权，首先必须保障辩护人委托权。但是，更为重要的是可以接受辩护人的有效辩护。现在的辩护权论强调的是保障辩护人委托权，今后辩护权论必须向可以接受有效辩护的辩护机制论发展”。[1]

（七）建立信息技术与辩护深度融合的机制

在现阶段的我国，伴随着科学技术的发展，以计算机犯罪为代表的高科技犯罪呈现出高发性、智能化和隐蔽性的发展趋势。犯罪数量不断攀升，犯罪方式手段日趋多元，破坏力也不断增强。为实现对高科技犯罪的有效控制和精准打击，现代科学技术的应用成为了司法体制改革的重要内容，公检法三机关都出台了与之相应的改革措施。公安部 2017 年发布的《关于推进公安信息化发展若干问题的意见》，明确提出要推进大数据时代公安工作的信息化、智能化、现代化建设，积极探索“互联网 + 警务”新模式。最高人民检察院 2018 年工作报告中明确要求“深入推进智慧检务建设，推动新时代检察工作质量效率变革”。最高人民法院 2018 年工作报告中同样也强调“加强信息化、人工智能与法院工作的

---

[1] ［日］田口守一：《刑事诉讼法》，刘迪、张凌、穆津译，法律出版社 2000 年版，第 90 页。

深度融合、完善智能审判支持、庭审语音识别、电子卷宗随案生成等智能辅助办案系统”。必须看到，现代科学技术的发展及其在刑事司法领域的应用，对于刑事辩护而言，既是难得的机遇，同样也是重大的挑战。一方面，在刑事辩护专业化发展的背景下，计算机类型刑事案件的高发为律师辩护提供了一个崭新的专业方向。高科技使得刑事诉讼活动变得更为透明，有利于辩护人更早、更全面、更深入地介入诉讼程序。另一方面，伴随智慧公安、智慧检察和智慧法院的快速发展，我国刑事辩护变革正在发生但处于相对滞后的状态，司法改革过程中控、辩、审三方技术革命不平衡问题日益突出，[1]这就要求建立现代科技与辩护技术的深度融合机制，运用科技手段提升辩护效率，发挥数据科技在法律咨询、律师会见、调查取证以及出庭支持等多方面的积极作用。

第四节 刑事法律援助制度

法律援助制度又称法律扶助、法律救济或司法援助制度，是指国家对因经济困难无力支付或不能完全支付法律服务费用的公民给予减免收费的法律帮助，以保障其法律赋予的合法权益得以实现的一项法律制度，属于司法救济制度范畴。普遍认为，是否建立完善的法律援助制度，是衡量一个国家法制是否健全、司法人权保障是否完善、社会文明与进步程度的重要标准。

刑事法律援助制度，是指刑事诉讼中的法律援助制度。刑事法律援助是法律援助制度的最初形式，也是法律援助制度最重要的组成部分，因为同其他法律援助相比较，刑事诉讼事关公民的生命与自由，因此，刑事法律援助显得尤为重要。《公民权利与政治权利国际公约》第 14 条中规定，受刑事控告者有权出庭受审并亲自替自己辩护或者经由他自己选择的法律援助（律师）进行辩护；如果他

[1] 胡铭、钱文杰：“现代科技融入刑事辩护的机遇、挑战与风险防范”，载《江淮论坛》2019 年第 1 期。

没有法律援助（律师），要通知他享有这种权利，在司法利益有此需要的案件中，为他指定法律援助（律师），而在他没有足够能力偿付法律援助（律师）的案件中，不应由他自己付费。可见，国家对于没有能力聘请律师为自己进行辩护的犯罪嫌疑人、被告人提供必要的法律援助已成为在国际社会获得广泛认同的一项国际惯例。

一、我国关于刑事法律援助制度的法律规定

关于刑事法律援助的法律依据，除了2021年通过的《法律援助法》，还有《刑事诉讼法》等法律。我国关于刑事法律援助的法律制度，发展变化较快。2012年《刑事诉讼法》第34条[1]对法律援助的范围作了扩充性规定，犯罪嫌疑人、被告人因经济困难或者其他原因没有委托辩护人的，本人及其近亲属可以向法律援助机构提出申请。对符合法律援助条件的，法律援助机构应当指派律师为其提供辩护。犯罪嫌疑人、被告人是盲、聋、哑人或者是尚未完全丧失辨认或者控制自己行为能力的精神病人，或者犯罪嫌疑人、被告人可能被判处无期徒刑、死刑，没有委托辩护人的，人民法院、人民检察院和公安机关应当通知法律援助机构指派律师为其提供辩护。关于法律援助的有关规定进行的重大修改，具体表现在以下几个方面。

（一）律师介入法律援助的时间提前，从审判阶段提前到侦查阶段和审查起诉阶段

1996年《刑事诉讼法》只规定公诉案件公诉人出庭时，法院可以为被告人指定辩护人，而在侦查和审查起诉阶段，均没有法律援助的规定。虽然法律援助条例中规定的法律援助介入时间比较早，但基于上位法与下位法的关系，法律援助条例对公安机关和检察机关没有约束力。司法实践中，法律援助介入刑事诉讼的时间几乎都在审判阶段。2012年《刑事诉讼法》取消了因经济困难等原因由人民法院指定辩护律师的规定，取而代之的是赋予当事人申请法律援助的权利，这

[1] 2018年《刑事诉讼法》第35条。2018年《刑事诉讼法》关于法律援助的规定与2012年《刑事诉讼法》的规定，内容并无变化，只是条文序号有变化。

就解除了法律援助与法院指定辩护之间的绑定状态。无论犯罪嫌疑人、被告人身处何种诉讼阶段，犯罪嫌疑人、被告人及其近亲属向法律援助机构提出申请后，如果符合刑事诉讼法、法律援助条例等规定的条件，法律援助机构就应当指派律师为其提供辩护。

（二）强制辩护的范围扩大

按照1996年《刑事诉讼法》第34条的规定，强制辩护的对象仅仅限于盲、聋哑人、未成年人以及可能被判处死刑的被告人。2012年《刑事诉讼法》扩大了强制辩护的适用对象范围，增加了尚未完全丧失辨认或者控制自己行为能力的精神病人及可能判处无期徒刑的犯罪嫌疑人、被告人。强制辩护适用对象范围的扩展，体现了人权保障的现代立法精神，也与2012年《刑事诉讼法》新增依法不负刑事责任的精神病人强制医疗这一特别程序相适应。

二、对我国刑事法律援助制度的反思

从历史发展上来看，我国法律援助制度起步较晚，尚处于探索发展阶段；从立法规定上来看，我国法律援助制度还处在基本规范建设阶段，一方面表现在尚未上升为公民的宪法权利，另一方面表现为现行法律规定的不足。具体而言，主要还存在如下几个方面的问题。

第一，救济制度缺失。由于公安司法部门在法律援助的程序衔接上没有明确的法律规定，各地自行制定的规范标准不一，严重影响了刑事法律援助的正常进行。公安司法机关任何一方违反了法律援助的程序性义务，立法上不仅没有规定任何程序性法律后果，另外，承担法律援助各种义务（包括告知义务、配合义务等）的机构一旦出现不作为现象，也未对其程序违法行为设置制裁性措施，使刑事法律援助制度的实施缺乏法律保障。[1]

第二，经费保障不足。《法律援助法》第4条规定："县级以上人民政府应当

---

[1] 2021年制定的《法律援助法》第六章"法律责任"，其中所规定的违法责任，主要针对的是法律援助机构和法律援助律师的违法行为，对刑事诉讼中的职能部门与法律援助相关的违法行为，并未规定相应的程序性法律后果。

将法律援助工作纳入国民经济和社会发展规划、基本公共服务体系，保障法律援助事业与经济社会协调发展。县级以上人民政府应当健全法律援助保障体系，将法律援助相关经费列入本级政府预算，建立动态调整机制，保障法律援助工作需要，促进法律援助均衡发展。”第 52 条第 2 款规定：“法律援助补贴的标准，由省、自治区、直辖市人民政府司法行政部门会同同级财政部门，根据当地经济发展水平和法律援助的服务类型、承办成本、基本劳务费用等确定，并实行动态调整。”上述规定并未明确具体的法律援助经费标准，因此，各地一般规定的法律援助案件办案补贴较少，多数地区仅有数百元人民币。在办理比较复杂的刑事案件时，这些费用尚不足以用于支付会见、调查取证等基本差旅费用，不够部分只能由法律援助律师自掏腰包。法律援助经费问题一定程度上影响了律师承担法律援助案件的积极性，也严重制约了刑事法律援助事业的发展。

第三，法律援助质量缺乏保障。在市场经济之下，法律援助经费缺乏保障，加之刑事法律援助缺乏质量保障机制，导致了刑事法律援助的质量危机。有些律师对刑事法律援助案件敷衍了事，不阅卷、不会见、不调查取证、不发表有实质内容的辩护意见，法庭上如同旁观者，其辩护质量可想而知。有些律师甚至干脆找出各种理由拒绝刑事法律援助案件的辩护。也有些律师对刑事法律援助案件具有极大“热情”，“承包”了一个区域的指定辩护案件，但是在履行职责时，依然是不阅卷、不会见、不调查取证、不发表有实质内容的辩护意见的“四不”律师，法庭辩论时永远是老一套“认罪态度好、初犯、偶犯或是聋哑人等”从轻理由。与之相对的，被指定辩护的被告人或符合申请法律援助的涉案人员，甚至是社会公众，对于刑事法律援助抱着不信任的态度，认为法律援助不起作用，这也极大制约了刑事法律援助工作的展开。

三、我国关于值班律师制度的规定

2014 年出台的《关于授权最高人民法院、最高人民检察院在部分地区开展刑事案件速裁程序试点工作的决定》和 2015 年出台的《关于完善法律援助制度的意见》对值班律师制度作了初步规定。随着以审判为中心诉讼制度改革和认罪认罚从宽制度试点工作的推进，律师辩护全覆盖的需求越来越大，呼声越来越高。2017 年 8 月发布《关于开展法律援助值班律师工作的意见》，对值班律师的职责、权利义务等作了具体的规定。2017 年 10 月，《关于开展刑事案件律师辩护全覆盖试点工作的办法》应运而生，将值班律师提供法律帮助作为指定辩护制度的补充，明确规定了对于适用简易程序、速裁程序审理的案件，无论案由、可能判处的刑罚期限以及被告人是否认罚，人民法院均应当通知法律援助机构派驻的值班律师为被告人提供法律帮助。这一规定扩大了指定辩护和值班律师的适用范围，改善了我国法律援助制度，发展了刑事辩护制度。2018 年《刑事诉讼法》修正时将值班律师制度作为一项正式法律制度予以规定，为与现行《刑事诉讼法》配套一致，公安部办公厅、司法部办公厅出台《关于进一步加强和规范看守所法律援助值班律师工作的通知》，2019 年《人民检察院刑事诉讼规则》。2019 年《人民检察院刑事诉讼规则》中明确规定人民检察院要及时听取值班律师意见。在认罪认罚案件中，犯罪嫌疑人没有辩护人的，人民检察院应通知公安机关或值班律师为其提供法律帮助。同时，人民检察院还应当为值班律师法律援助工作提供必要的场所和阅卷等案件信息获取方面的便利和支持。2020 年 8 月 20 日，最高人民法院、最高人民检察院、公安部、安全部、司法部联合印发《法律援助值班律师工作办法》（以下简称《办法》），进一步规范细化了值班律师制度。《办法》对法律援助值班律师的工作职责、工作程序、工作保障等进行了细致且详尽的规定。2019 年《人民检察院刑事诉讼规则》和《办法》的出台，为值班律师法律援助制度的开展提供了制度上的保障。

值班律师制度的确立，对于保障犯罪嫌疑人、被告人的诉讼权利，推动刑事辩护“全覆盖”具有重要意义。但是，也有一些问题引起争议，甚至批评。

关于认罪认罚案件中值班律师的角色与功能定位，在法学界、法律界就有“辩护人说”“准辩护人说”“法律帮助者说”“见证人说”等。[1] 法律界则多主张“见证人说”。有学者认为，我国的值班律师制度与传统的法律援助制度、值班律师与辩护人包括法律援助辩护人还是有较大的差异。第一，产生方式。值班律师

[1] 参见陈瑞华：“认罪认罚从宽制度的若干争议问题”，载《中国法学》2017 年第 1 期；闵春雷：“认罪认罚案件中的有效辩护”，载《当代法学》2017 年第 4 期；孔冠颖：“认罪认罚自愿性判断标准及其保障”，载《国家检察官学院学报》2017 年第 1 期；姚莉：“认罪认罚程序中值班律师的角色与功能”，载《法商研究》2017 年第 6 期。

制度是认罪认罚从宽制度改革不断推进的产物，其伊始就带有一定的功利色彩；而法律援助制度的产生是基于我国刑事辩护律师数量较少、辩护率低的现状，是为保障符合条件的犯罪嫌疑人、被告人的合法权益而构建的一项较为庞大的法律援助体系。第二，受案范围。值班律师提供法律服务对象是所有的犯罪嫌疑人、被告人，而不需要考虑当事人的经济状况、涉嫌罪名的性质和罪行的轻重等因素，即只要犯罪嫌疑人、被告人提出申请，法院、看守所均应为其安排值班律师提供法律帮助。但是法律援助律师提供辩护需要满足一定的条件，只有符合法定的援助条件，法律援助机构才会指派律师为犯罪嫌疑人、被告人提供辩护。对此，法律援助辩护的受案范围比值班律师提供服务的受案范围要小得多。第三，与当事人的关系紧密程度不同。律师为当事人提供法律帮助是一种临时性、基础性的法律服务，其内容主要是咨询和提供意见。甚至在刑事诉讼法律关系当中，值班律师并不是诉讼参与人。[1]在笔者看来，值班律师“见证人说”直接源于认罪认罚制度试点办法中被模糊化处理的值班律师之身份定位。要厘清值班律师的诉讼定位，笔者主张必须从现代刑事诉讼基本构造需要入手研究，值班律师的本体属性还是律师，在现代刑事诉讼控、辩、审三方基本构造中，值班律师参与刑事诉讼的唯一目的就是保障被追诉人权利。从委托辩护到指定辩护，再到值班律师的法律服务是一个国家辩护制度不断发展的过程。当然，值班律师的法律服务是应急性和便利性的，其所发挥出的辩护职能较弱，尚需继续推进发展。

除此之外，值班律师既不属于法律援助机构提供的辩护律师，也不属于被告人委托代理的辩护人，那与被追诉人是何种关系?《办法》规定，值班律师办理案件时，可以应犯罪嫌疑人、被告人的约见进行会见，也可以经办案机关允许主动会见。能否改为值班律师有权会见，不经过办案机关允许？针对值班律师责任意识、专业素养、道德品质不强等问题，是否需要建立培训机制、选任机制、奖惩机制等一系列问题，还有待于进一步讨论研究。

---

[1] 汪海燕：“三重悖离：认罪认罚从宽程序中值班律师制度的困境”，载《法学杂志》2019 年第 4 期。

四、完善我国刑事法律援助制度的路径

当今世界刑事诉讼制度面临的一个共同难题就是如何通过制度设计，同时有效保障被追诉人和被害人的利益。纵观国际规则、国外立法例及其实践，解决这个问题的共同性要素，一方面在于建立完善的法律援助制度，另一方面要有必要的法律援助基金保障。所以，完善我国的刑事法律援助制度，至少有以下三条路径。

第一，建立公设辩护人制度。笔者曾经组织课题组对某县级行政区划《刑事诉讼法》修正后13年（1997年1月1日至2009年12月31日）之间的刑事法律援助情况进行调查，发现法律援助比例平均为5.5%，而高达68.1%的案件无辩护人。[1]近年来，我国一些地区探索通过公设辩护人制度解决该类问题，收到较好效果。刑事诉讼理论研究中，尽快建立公设辩护人制度的若干研究成果，也为该制度的法律化奠定了坚实的基础。

第二，建立法律援助质量评估机制和惩戒救济机制等。司法行政机构、律师行业协会应考虑建立法律援助质量评估机制，并将评估考评结果公布于众，置于社会监督之下，从市场化的角度建立激励和监督机制。同时，应从立法上确立公安司法机关、律师机构，以及有关单位违反法律援助义务行为的追责机制和受援人权利救济机制，包括但不限于惩戒机制、申诉机制、有利于受援人权利保护机制等，尤其注意构建兼顾被追诉人、被害人合法权益均等保护机制。

第三，多方筹集资金。充足的资金是刑事法律援助制度的物质基础。因此，必须通过各种方式增加法律援助资金：一是要增加政府投入，把法律援助列入各级政府财政预算以增加财政拨款。此外，也可以通过减免诉讼费用间接增加政府对法律援助资金的投入。二是把律师及律师机构上缴管理费用的一部分作为法律援助资金。三是广泛吸收社会各界的捐赠。

当然，随着个体权利保障的不断被重视和保障制度的逐步发展，刑事法律援助制度的理论研究和实践探索都需要进一步拓展。

---

[1] 冀祥德："刑事辩护状况调研报告"，载《中国法治发展报告（2011）》，社会科学文献出版社2011年版，第261–277页。

问题与思考

对一个刑事诉讼法学者来说，不能深入研究刑事辩护制度，相当于严重“失职”。鉴于刑事辩护是刑事法治文明的试金石，因此，其发展与健全由整个社会的文明程度、法治的发展水平所决定，且对社会的文明和法治的发展具有极强的反作用，因此，推动刑事辩护制度的发展，意义重大，人们的研究应对此有所贡献。

关于刑事辩护的研究，一方面，需要具有很强的“问题意识”，注重研究辩护在实践中的各种问题。应当看到，刑事辩护制度中需要研究的问题，几乎都是操作性很强的问题，除了偶尔可以提出的“程序性辩护”这样的概念，理论上的创新难得一见。就此而言，今后的研究，聚焦点应放在诸多实践问题上。另一方面，研究应当注重“原因意识”，不仅要思考刑事诉讼法关于刑事辩护已有的一些规定在实践中难以落实的制度层面的原因，也应研究社会其他层面的原因。认识到问题的产生原因的复杂性，有助于解决问题的对策研究的综合性与有效性。

鉴于刑事辩护制度与刑事诉讼的程序以及其他制度密切相关，因此，对刑事辩护的研究，视角应扩大到其与各相关制度的关系方面。甚至，对刑事辩护问题的研究视野应当拓展到刑事诉讼的诸多基本方面，例如，以审判为中心的诉讼制度改革与刑事辩护制度完善之间的相互影响。

在法治的木桶中，刑事辩护则是其最短的木板。根据“木桶理论”，由于木桶的容量取决于最短的那块木板，因此，进一步完善辩护制度，提高刑事辩护的质量，改善辩护律师的执业环境，就成为一个社会能否走向法治的核心环节之一。在当下的中国，随着《刑事诉讼法》三次修正对辩护制度在法律规定的层面越来越完善之后，辩护律师如何履行好辩护职责，刑事诉讼中的职权机关如何保障辩护权落到实处，以及如何处理好辩护律师与值班律师的关系等问题，尤其是妥善解决认罪认罚从宽制度中的刑事辩护这样的新问题，需要在今后的研究中予以重点关注。

参考文献

一、论文类

［1］顾永忠 .2018 年刑事诉讼法再修改对律师辩护的影响［J］. 中国法律评论，2019（1）.

［2］顾永忠 . 以刑事审判为突破口带动刑事案件律师辩护全覆盖试点向纵深发展［J］. 中国律师，2019（2）.

［3］左卫民，张潋瀚 . 刑事辩护率：差异化及其经济因素分析：以四川省 2015—2016 年一审判决书为样本［J］. 法学研究，2019（3）.

［4］顾永忠 . 刑事辩护制度改革实证研究［J］. 中国刑事法杂志，2019（5）.

［5］陈卫东，司楠 . 审判中心主义场域下刑事辩护制度的再造［J］. 浙江工商大学学报，2018（1）.

［6］顾永忠 . 刑事诉讼律师辩护全覆盖的挑战及实现路径初探［J］. 中国司法，2017（7）.

［7］曹金林 . 英美刑事代理责任制度在我国适用之否定［J］. 西部学刊，2017（8）.

［8］顾永忠 . 以审判为中心背景下的刑事辩护突出问题研究［J］. 中国法学，2016（2）.

［9］唐文波 . 刑事代理制度之完善［J］. 法制博览，2014（4）.

［10］顾永忠 . 我国刑事辩护制度的回顾与展望［J］. 法学家，2012（3）.

［11］冀祥德 . 刑事辩护准入制度与有效辩护及普遍辩护［J］. 清华法学，2012（4）.

［12］顾永忠 . 我国刑事辩护制度的重要发展、进步与实施：以新《刑事诉讼法》为背景考察分析［J］. 法学杂志，2012（6）.

［13］顾永忠 .《刑事诉讼法》再修改与刑事辩护制度的完善［J］. 中国律师，2012（7）.

［14］冀祥德 . 中国刑事辩护若干问题调查分析［J］. 中国司法，2011（7）.

［15］冀祥德 . 建立刑事辩护准入制度 实现刑事辩护专业化：兼与张青松律师商榷［J］. 中国司法，2009（2）.

[16] 顾永忠．刑事辩护的现代法治涵义解读：兼谈我国刑事辩护制度的完善［J］．中国法学，2009（6）．
[17] 顾永忠．我国刑事辩护制度的改革与再完善［J］．人民检察，2008（1）．
[18] 冀祥德．和谐社会语境下的控辩平等：以构建平等合作诉讼模式为中心的研究［J］．法学家，2008（3）．
[19] 冀祥德．提高我国刑事辩护质量的另一条路径：再论刑事辩护准入制度的建立［J］．法学杂志，2008（4）．
[20] 冀祥德．再论刑事辩护准入制度在我国的建立［J］．中国律师，2008（5）．
[21] 冀祥德．中国刑事辩护制度发展的命运：以建立中国控辩协商制度为视角［J］．北方法学，2007（2）．
[22] 冀祥德．刑事辩护：本体属性　有效辩护　准入制度：兼论《刑事诉讼法》修改若干问题［J］．中国司法，2006（9）．
[23] 顾永忠．关于辩护权的主体归属及存在根据的再认识［J］．中国司法，2005（1）．
[24] 陈卫东．刑事辩护律师权利体系的合理架构与立法规制［J］．国家检察官学院学报，2005（3）．
[25] 冀祥德．中国刑事辩护本体省思［J］．中国司法，2005（6）．
[26] 晏辉，杨文兵．刑事辩护制度的价值分析［J］．求实，2005（12）．
[27] 冀祥德．中国刑事辩护的困境与出路［J］．政法论坛，2004（2）．
[28] 谢佑平，万毅．刑事司法国际准则视野中的刑事辩护制度［G］// 游伟．华东刑事司法评论（第六卷）．北京：法律出版社，2004．
[29] 刘根菊，王君．刑事代理制度的理论基础［J］．政法论坛，2003（4）．
[30] 魏晓娜．论辩护权的存在根据［D］．中美“律师辩护职能与司法公正”研讨会论文集，2003．
[31] 陈兴良．为辩护权辩护：刑事法治视野中的辩护权［D］．中美“律师辩护职能与司法公正”研讨会论文集，2003．
[32] 王敏远．刑事辩护概念的发展［G］// 陈卫东．司法公正与律师辩护．北京：中国检察出版社，2002．
[33] 陈卫东，石献智．刑事诉讼律师代理之探讨［J］．福建政法管理干部学院学报，2001（1）．

［34］韦忠语．论辩护人在刑事诉讼中的地位与责任［J］．现代法学，1998（3）．
［35］徐静村．律师辩护有待解决的几个问题［G］// 陈光中，江伟．诉讼法论丛（第 1 卷）．北京：法律出版社，1998.
［36］马进保．律师在侦查阶段介入诉讼探析［G］// 陈光中，江伟．诉讼法论丛（第 2 卷）．北京：法律出版社，1998.
［37］樊学勇．论公诉案件刑事代理［J］．国家检察官学院学报，1997（3）．
［38］刘敏．论公诉案件刑事诉讼代理制度［J］．南京师大学报（社会科学版），1995（2）．
［39］VALCHEV I.Can You See and Hear Us，Ms.Smith? Protecting Defendants' Right to Effective Assistance of Counsel When Using Audio and Video Conferencing in Judicial Proceedings［J］.Journal of Criminal Law and Criminology，2020，110（3）．
［40］JOY P A.A Judge's Duty to Do Justice: Ensuring the Accused's Right to the Effective Assistance of Counsel［J］.Hofstra Law Review，2018，46（1）．
［41］SACHS K.You Snooze，You Lose，and Your Client Gets a Retrial: United States v. Ragin and Ineffective Assistance of Counsel in Sleeping Lawyer Cases［J］.Villanova Law Review，2017，62（2）．
［42］GROSS J.Through a Federal Habeas Corpus Glass，Darkly-Who is Entitled to Effective Assistance of Counsel in Tribal Court under ICRA and How Will We Know if They Got It［J］.American Indian Law Review，2017，42（1）．
［43］RUDOVSKY D.Gideon and the Effective Assistance of Counsel: The Rhetoric and the Reality［J］.Law and Inequalit，2014，37（2）．

二、著作类

［1］赖早兴．刑事辩护与代理实录［M］．北京：知识产权出版社，2022.
［2］柳波．证据的脸谱：刑事辩护证据要点实录［M］．北京：中国法制出版社，2019.
［3］徐宗新．刑事辩护实务操作技能与执业风险防范［M］．北京：法律出版社，2018.
［4］冀祥德．控辩平等论［M］．北京：法律出版社，2018.
［5］杨汉卿．命案的辩护：从侦查角度谈刑事辩护［M］．北京：北京大学出版社，2018.

[6] 陈卫东 . 刑事辩护与代理制度：外国刑事诉讼法有关规定 [M] . 北京：中国检察出版社，2017.
[7] 林昌炽，门金玲 . 刑事辩护：策略、技术与案例 [G] . 北京：法律出版社，2017.
[8] 盛高璐 . 刑事辩护原理与实务 [M] . 北京：中国政法大学出版社，2012.
[9] 林宇 . 刑事辩护策略与技巧：寻找辩护视野的公正 [M] . 北京：法律出版社，2012.
[10] ED CAPE，等 . 欧洲四国有效刑事辩护研究：人权的视角 [G]. 丁鹏，彭勃，等，译 . 北京：法律出版社，2012.
[11] 佐藤博史 . 刑事辩护的技术与伦理：刑事辩护的心境、技巧和体魄 [M] . 张凌，于秀峰，译 . 北京：法律出版社，2012.
[12] 冀祥德 . 建立中国刑事辩护准入制度理论与实证研究 [M] . 北京：中国社会科学出版社，2011.
[13] 顾永忠 . 刑事辩护技能与技巧培训学习指南 [M] . 北京：法律出版社，2010.
[14] 顾永忠 . 刑事辩护律师审查、运用证据指南 [M] . 北京：北京大学出版社，2010.
[15] 冀祥德 . 司法制度新论 [M] . 北京：社会科学文献出版社，2009.
[16] 陈卫东 . 刑事诉讼法学研究 [M] . 北京：中国人民大学出版社，2008.
[17] 朗胜 . 刑事辩护与非法证据排除 [M] . 北京：北京大学出版社，2008.
[18] 汪建成 . 冲突与平衡：刑事程序理论的新视角 [M] . 北京：北京大学出版社，2007.
[19] 陈光中 . 中国刑事诉讼法再修改专家建议稿与论证 [M] . 北京：中国法制出版社，2006.
[20] 冀祥德 . 建立中国控辩协商制度研究 [M] . 北京：北京大学出版社，2006.
[21] 王敏远 . 刑事诉讼法 [M] . 北京：社会科学文献出版社，2005.
[22] 陈光中 . 刑事诉讼法 [M] .2 版 . 北京：北京大学出版社，高等教育出版社，2005.
[23] 徐静村 . 中国刑事诉讼法（第二修正案）学者拟制稿及立法理由 [M] . 北京：法律出版社，2005.
[24] 宋英辉 . 刑事诉讼法原理导读 [M] . 北京：法律出版社，2003.
[25] 熊秋红 . 刑事辩护论 [M] . 北京：法律出版社，1998.

第十三章　刑事被害人及代理制度

【导读】

刑事被害人又称犯罪被害人（Victim of Crime），通常是指由于犯罪人的犯罪行为直接受到身体伤害、精神伤害或者其财产权益被侵害的人。一般而言，刑事被害人这个概念应当与犯罪人这个概念同时存在，两者同属于一个古老的概念。刑事被害人在诉讼活动中的身份地位及其权利范围经历了一个由压缩到恢复再到延展的历史发展过程。

在国家和社会阶级形成的初期，犯罪在通常情况下并没有被纳入对于国家和社会公共利益的侵犯，而被认为只是对于私人权利侵犯的行为。私人之间的纠纷也多采用武斗而非诉诸国家机构的形式来加以解决，此时被害人具有刑罚执行者的地位。当人类社会发展进入到封建社会时期，国家开始制订一系列法律制度，并且成立了专门的审判机关。国家审判机关是以一种居中裁判者的身份来处理刑事案件，而不是主动追究犯罪。控告犯罪是被害人享有的绝对权利，只有原告起诉才会启动诉讼程序；没有原告，司法机关便不会主动启动追究犯罪的刑事诉讼程序。此时，被害人享有法定控诉权。伴随着控诉权归国家所有，被害人的权利受到了进一步的缩限和挤压，及至在刑事诉讼活动中，被害人的身份转变成为了与案件事实最密切相关的特殊证人，而在控诉主张内，一般情况下，被害人只有提起对于刑事犯罪行为的民事赔偿的权利，而无权向法院主张对犯罪嫌疑人的刑事处罚。进入到现代社会，各个文明国家都已经普遍认识到被害人权利保护的重要性，国家公权力的行使并不应该弱化对于被害人的权利保护，否则同样会引发社会矛盾和民众对司法公信力的质疑。在这一时期，被害人的地位有了较大幅度提升，其权利也获得了长足的发展。刑事代理虽然面对的主体并不仅限于被害人，还包括刑事自诉案件的当事人等，但在实践中，刑事代理主要为被害人权益而产生，因此，刑事代理制度对被害人的权利保护具有重要意义，需要在本章中一并论述。

学习本章内容，首先应当掌握刑事被害人的概念特征、基本分类、权利来源、理论基础等基本知识和基本原理，并在此基础上了解我国刑事被害人的权利内容及其历史发展情况，对我国刑事被害人的权利架构和完善方向形成基本认识。对于刑事代理制度，重点在于代理制度之理论基础和权利内容等内容及其在相关诉讼程序中的体现。

第一节　刑事被害人

虽然并非所有的刑事案件都有被害人，但在有被害人的刑事案件中，其作为刑事诉讼的主体，是刑事诉讼法中不可忽视的当事人。被害人在刑事诉讼理论中是个逐渐被重视的概念，而且，关于刑事诉讼的人权保护中，被害人所占据的分量也越来越重。就国际趋势来看，刑事被害人也已普遍受到关注，甚至产生了被害人学。正是基于被害人越来越重要的地位，需要加强对其的研究。在确定刑事被害人的概念与特征以及类型的基础上，我们将在此探讨被害人诉讼地位和诉讼权利的理论基础，全面分析被害人诉讼权利的相关问题。

一、刑事被害人之概念与特征、类型

确定刑事被害人的概念、特征与分类，是对刑事被害人的诉讼地位和权利等诸多问题进行研究的基础。

（一）被害人之概念

被害人，又称被害者、受害者，是与加害人（或者加害者）的对称，其概念的产生可追溯至远古时期，本意根植于“牺牲”，是指宗教仪式上向神供奉的祭品。后来这一概念的内涵不断扩大，被引申为遭受侵害或者不利后果的承受者。我国大多数学者为了使被害人的概念与法律规定相统一，主张使用被害人这一称谓。[1]在欧美部分国家的研究中，“被害人”这个带有一定消极内涵的词汇被更具中性的“幸存者”所替代。

现代刑事诉讼法学、犯罪学、被害人学等学科均研究被害人问题。由于各学科是从本学科的学科特点和研究角度出发来对被害人这一概念进行界定，从而导致其成为法学研究中使用频率较高但其含义争议颇多的一个概念。因此，有必要厘清不同学科研究语境下被害人的概念差异。

1985 年联合国《关于公正对待因犯罪和滥用权利而受害的被害人的基本原则宣言》（以下称《宣言》）规定的“被害人”是指：受到了伤害，包括肢体损伤、情感痛苦、经济损失或是基本权利遭到重大损害的人或集体，而这种伤害是由于违反会员国刑法造成的，包括禁止非法滥用权力的作为与不作为造成的。同时，《宣言》还认为，在一定条件下，直接被害人的直系亲属或其受扶养人以及出面干预以援助受难中的被害人或防止受害情况蒙受损失的人均可列入被害人之列。[2]由此可见，《宣言》中被害人既包括直接被害人，也包括被害人的近亲属等间接被害人，即被害人学意义上的被害人。被害人学从防治和治理犯罪、防止被害的角度研究被害人问题，将间接受到犯罪行为侵害的人纳入被害人的范围。与之相区别，刑事诉讼法学中的被害人，则仅指因合法权益受到犯罪行为直接侵害，为主张追究加害人责任，维护自身合法权利，行使法定控诉权利而参与到刑事诉讼进程中的自然人、法人及有关组织。对比两概念，不难发现，其差异之处在于刑事诉讼法学中的被害人不包括遭受犯罪行为间接侵害的人，这是由刑事诉讼程序的特点所决定的。被害人概念的界定在诉讼法的意义上标志着控诉权的赋

---

[1] 我国台湾学者一般将被害人称为被害者。

[2] 张鸿巍：《刑事被害人保护的理念、议题与趋势——以广西为实证分析》，武汉大学出版社 2007 年版，第 35 页。

予，也即被害人有权向司法机关主张对加害人追究刑事责任和民事责任的权利，然而犯罪行为所造成的间接损害和不良影响，在实际法律实践中，很难确定一个明确的标准来对间接被害人作出明确的范围划定。如果使用被害人学上的被害人概念，可能会导致被害人范围的扩大化，既容易加重对犯罪人的惩罚，也会弱化对直接被害人的权利主张和权利保护。[1]本书中的刑事被害人，若未作特别说明，仅指刑事诉讼法学中的被害人。

（二）被害人之特征

刑事诉讼法学中的被害人这一概念具有实体和程序的双重含义：一方面，被害人由于遭受犯罪行为的直接侵害而有实体权利和义务；另一方面，被害人是刑事诉讼活动的当事人，有程序权利和义务。因此，刑事诉讼中的被害人的特征，就应当从实体和程序两个方面予以分析。

1. 实体方面的特征

实体方面的特征是指刑事诉讼中的被害人诸特点和属性中，与其合法权益遭受犯罪行为的直接侵害紧密相关的特点和属性。主要有两个方面：第一，法益受害性。即被害人被犯罪行为所侵害的利益是受刑法所保护的，这是所有被害人的首要特征和共同条件。[2]不受刑法所保护的利益，即使被侵害了，也不能够通过刑法的适用来获得保护。从侵害行为的性质上看，被害人受到的侵害必须是犯罪行为所造成的侵害。作为侵害被害人合法权益的行为，必须具有刑事违法性，并且达到一定严重程度，从而具有追究加害人刑事责任和民事赔偿责任的必要。第二，心理报复性。直接遭受犯罪行为加害的诉讼主体，希望尽快对加害人实施报复或复仇是被害人心理状态的共同特征，司法制度的诞生和发展，其基本动力来源就是人类的复仇本能，现代刑事责任制度的产生机制也同样是基于满足被害人报复心理的理性考量。因此，被害人在法律上具有不可替代性和独立品格性。

2. 程序方面的特征

程序方面的特征是指刑事诉讼中的被害人的诸特点和属性中，与其作为刑事诉讼参与者紧密相关的属性和特征主要有三个方面。第一，纠纷解决的当事人

---

[1] 郑瑞平：《刑事被害人之权利新论》，北京交通大学出版社 2016 年版，第 29 页。

[2] 兰跃军：《刑事被害人人权保障机制研究》，法律出版社 2013 年版，第 153 页。

性。被害人不同于证人等其他诉讼参与人，其与诉讼结局有直接的利害关系，在刑事诉讼中属于控诉一方当事人，不同的诉讼结局会对被害人的利益产生不同的影响。第二，诉讼利益的特殊性。尽管，一般而言，在刑事诉讼中被害人与公诉机关的根本立场是一致的，但是，有时被害人仍有特殊的利益需求，刑事被害人有既要将犯罪人绳之以法，还要实现自己利益的希望。第三，陈述内容的证据特性。刑事被害人陈述是刑事诉讼证据的种类之一，刑事被害人遭受了犯罪行为的直接侵害，常常亲身经历犯罪过程，了解犯罪事实的真相，因此，刑事诉讼中被害人对犯罪过程的陈述，是诉讼中至为重要的证据。被害人的这些陈述具有最直接证明犯罪的作用，是其他证据所无法比拟的。[1]

（三）被害人之分类

基于类型化考量的思路，可以根据不同情况将被害人予以类型划分，具体如下。

1. 未成年被害人、女性被害人、老年被害人和残疾被害人

根据被害人生物学方面的特征可将被害人分为未成年被害人、女性被害人、老年被害人和残疾被害人。应当注意，这几类被害人并不相互独立，相互之间还有可能产生重叠，同时各种被害人都有自己独有的特征。之所以将这几类被害人作同类归划，是因为其都具有一个突出共性，即由于生理方面的结构特征，相较于一般被害人，其对于犯罪行为的警惕性和防范意识相对较为薄弱，且抵御侵害行为的水平也较低，属于被害率较高的一类群体。因此，针对这几类被害人，在我国《刑事诉讼法》及相关法律法规中，设置了相应的特殊权利保障机制。

2. 亲告罪被害人和非亲告罪被害人

根据被害人对刑事诉讼程序启动和犯罪人责任追究是否具有规范意义，可将被害人分为亲告罪被害人和非亲告罪被害人。亲告罪即自诉犯罪，是指在追诉之时必须经有告诉权的人的告诉，方才能够被纳入刑事诉讼程序之犯罪。在我国《刑法》规定中，包括侮辱罪、诽谤罪、暴力干涉婚姻自由罪、虐待罪和侵占罪这五种罪名属于告诉才处理的犯罪。除此之外，刑法中绝大多数犯罪是由公诉机

---

[1] 胡敬:《刑事被害人权益保障问题研究》，吉林人民出版社 2014 年版，第 97 页。

关代替法益主体提起追诉要求，被害人在其中的作用往往是证人和受限制的诉讼参加人，即非亲告罪被害人。这一类型划分，清晰地彰显了犯罪被害人在亲告罪和非亲告罪中的巨大差异，比较而言，亲告罪中犯罪被害人的评价和责任往往具有决定性的作用。

3. 已然刑事被害人和潜在刑事被害人

根据刑事被害人被害的可能性向现实性转化的过程，可将被害人分为已然刑事被害人和潜在刑事被害人。已然刑事被害人系指被害人遭受到犯罪事实的侵害已经成为既定事实，如交通肇事逃逸致使被害人大出血而死亡等。潜在刑事被害人是指处于被害临界状态的刑事被害人，即犯罪行为处于预备或是已经着手但是尚未实施完毕的状态，具有被害的现实危险性，已经或正在遭遇被害之中，但犯罪被害后果尚未表现出来。

4. 无责性被害人和有责性被害人

根据被害人在被害过程中对犯罪行为的发生以及犯罪结果的造成是否负有责任以及责任的大小，可将被害人分为无责性被害人和有责性被害人。无责性被害人也可被称为无过错被害人，是指对于自己所遭受的加害行为没有任何道义上的或者法律上的责任的被害人。有责性被害人，又称为有过错被害人或有罪性被害人，系指那些本身实施了违法犯罪行为或者违背道德或其他社会规范行为或过失行为，从而与加害行为的发生之间具有一定直接关系的人。被害人刑事责任的有无及大小，在实践中直接影响着对刑事被告人的定罪及量刑。

此外，暴力犯罪与经济犯罪是刑法中最常见的两类犯罪形态。暴力犯罪的被害人与犯罪人之间关系主要为对立型法律关系，其中的被害人多为自然人，其入罪标准较为明确，并且在“这一类加害人与被害人对抗性明显的犯罪中，分析被害人和加害人的互动往往更具有典型性”。[1]与之相对，经济犯罪的被害人与犯罪人之间的关系较为复杂，既有对立，也有自愿和协作关系，因而犯罪被害人对犯罪的刑事政策处遇要求侧重于经济补偿，而不是刑罚处罚。

---

[1] 任克勤：《被害人学新论》，广东人民出版社 2012 年版，第 177 页。

二、刑事被害人诉讼权利的理论基础

刑事被害人的诉讼权利体系由程序性权利和救济性权利两部分组成，即被害人作为诉讼主体参与刑事程序所享有的程序性权利；以被害人国家救助制度和补偿制度为基础所构建的救济性权利。不同类属的被害人权利集群对应不同的理论基础，需要予以分别论述。

（一）程序性权利的理论基础

程序性权利的理论基础为诉讼主体理论和诉讼平等理论。

1. 诉讼主体理论

诉讼主体理论是被害人权利保护的理论基石之一，其逻辑基础在于现代刑事诉讼是以人为本的，人应当且必须是现代刑事诉讼活动中的主体而非客体。被害人作为刑事犯罪的受害者，其自身对犯罪对其造成的损害有最直观深刻的感受，在解决其利益遭受侵害的刑事犯罪冲突中，自然也就成为权益会受到刑事裁判所直接影响的诉讼主体，被害人进入刑事诉讼，享有对参与诉讼活动的程序性权利和主张诉讼请求的实体性权利，应该说具有天然的正当性。被害人作为诉讼参与人之一理应属于诉讼主体。为此，就应赋予被害人相应的诉讼权利并保障其充分实现。由于被害人与诉讼结果之间存在直接利害关系，与证人、鉴定人等其他诉讼参与人相比，被害人享有的诉讼权利应当更加广泛。与犯罪嫌疑人、被告人一样，被害人的诉讼主体地位也需要得到确立，以满足其趋利避害的人性需求，保障被害人能够通过充分的诉讼参与和理性的诉讼手段维护合法权益。

被害人主体地位的树立和强化与理论研究中对犯罪认识的深化相生相随，特别是与犯罪行为所侵犯的法益之顺次变化关系颇为密切。在国家公力救济出现后，犯罪不再仅仅被视为是发生于私人主体之间侵害被害人个人法益的行为，而是侵害国家、社会法益的行为，被害人法益仅是国家、社会法益的一部分。从表面上看，国家负责追究和惩罚犯罪，被害人所获得的是一种免费救济，这实质上导致了被害人诉讼主体地位的丧失，造成了对被害人意愿表达和权利主张的忽视。随着对犯罪行为本质认识的深化，犯罪行为所侵害的首先是被害人的个人法益，其次才是国家、社会法益；它既有私人侵权性，又有社会危害性，只是在具体不同的犯罪类型中所表现的法益侵害类型和法益侵害程度不同而已。[1]被害人是犯罪发生和处理的一个重要因素，国家在控制犯罪过程中很大程度上要依赖于被害人的合作，若将被害人排除出刑事纠纷的解决程序，则无法保障纠纷解决的彻底性和结果的可接受性。“使审判区别于其他秩序形成原理的内在特征，在于承认审判所做决定将对之产生直接影响的人能够通过一种特殊的形式参与审判，即承认他们为了得到对自己有利的决定而提出证据并进行理性的说服和辩论”。[2]

2. 诉讼平等理论

刑事诉讼程序中，诉讼平等性是诉讼对抗性的基础。在由控辩审三方所构成的诉讼格局中，诉讼平等包含两方面的内容：一是指当事人双方的诉讼地位平等，诉讼权利义务相等，彼此不凌驾于对方之上；二是指裁判者在诉讼过程中给予各方当事人以平等的参与机会，对各方的主张、意见和证据予以同等的尊重和关注，在诉讼过程中对冲突主体的任意一方都不得有歧视或偏爱。[3]被害人以当事人身份进入刑事诉讼，不仅具有形式上的意义，同时还具有实质上的意义，被害人能够拥有平等的机会参与诉讼的全过程，享有充分的诉讼手段对抗一切不公正的行为，才能够感受到公正的实现。

就刑事被追诉人和被害人二者关系而言，只有正义的双向适用，方才能够实现真正的平等。换言之，正义并不是犯罪嫌疑人、被告人的专利，被害人也同样享有。刑事司法制度应当保障被害人和犯罪嫌疑人、被告人双方面的“正当程序权”，而不是畸轻畸重。公平正义的真谛在于兼顾犯罪嫌疑人、被告人和被害人双方的利益，并力争使之达到平衡的状态，从而使受到犯罪破坏的社会秩序能够获得尽快恢复。这一原则已然成为现代法治国家的立法基石。现代刑事诉讼的基本原则之一就是平等原则，这一原则要求对刑事诉讼中的当事人，即被害人与刑事被追诉人平等对待。1999 年《意大利宪法》第 111 条增加了“正当程序”原则，适用于所有司法程序，要求一切诉讼都必须遵循程序的正当性和诉讼权利的平等性。法国于 2000 年 6 月 15 日专门在《法国刑事诉讼法典》增设首条文，规定“刑事诉讼程序应当是公正的、对审的程序，应当保障各方当事人的权利

[1] 兰跃军：《刑事被害人人权保障机制研究》，法律出版社 2013 年版，第 153 页。

[2] 陈瑞华：《刑事审判原理论》，北京大学出版社 1997 年版，第 12 页。

[3] 杨正万：“论被害人诉讼地位的程序公正价值”，载《中国人民大学学报》2002 年第 3 期。

平衡”。

就被害人与国家公诉机关二者关系而言，根据现代刑罚理论，刑事诉讼在本质上是国家刑罚权的运用，而刑罚权是基于公民之间的合意，以契约的形式让渡出来的，刑罚权的运用不能够完全由公共机构及其代表人专断。公民让渡出自己的自然权利，应当对由此产生的公共权力的行使方式享有一定的话语权。国家司法机关只是刑罚权的保管者与代行者，不能简单地认为国家惩罚犯罪就完全等同于对被害人权利的保护，因为自从自然权利的脱离开始，国家利益就不与个人利益完全相同。与之同理，国家从公共利益的角度出发追诉犯罪难以完全符合被害人的个人利益。也就是说，国家不能完全取代被害人，公共机构对刑罚权的运用不能完全代表被害人的意志主张。因此，应当允许被害人参与到国家追诉犯罪的过程中，让其行使应有的权利，表达出自身的利益诉求，以对话协商的方式对刑罚权的运用达成合意，实现国家利益与个人利益的协调，同时，公共机构应当对此合意予以尊重。[1]在司法实践中，检察官在权力行使时，并不单纯只考虑被害人的个人利益，而是需要综合考量全案的事实情况、法律规定、社会背景等多种因素，因此检察官作出的是否提起公诉以及以何种罪名提起公诉并不一定能够满足被害人的报复主张和利益需求，甚至时常会出现国家利益与被害人个人利益的冲突。总之，被害人具有强烈的行使控诉职能从而维护自身利益的意愿，而行使控诉职能就必须将被害人置于平等的诉讼当事人的位置上。

（二）救济性权利的理论基础

被害人救济性权利则是在近现代所产生的人权尊严和国家责任理论基础之上衍生出来的。

1. 人性尊严理论

人性尊严的基本思想内涵是，人是一个理性、自决的道德主体，不得被物化与客体化。换言之，每一个人对于自己均应拥有自主性与自决的地位，不受任何外来力量的强制、侵害或贬损。人性尊严理念要求国家将每一个人作为一个平等、自治、自决的道德主体对待，并且负有尊重、保护和促进的义务。这不仅为

---

[1] ［意］贝卡里亚：《论犯罪与刑罚》，黄风译，中国法制出版社 2005 年版，第 47 页。

被害人作为诉讼当事人提供理论基础，也为保障被害人人权提供了法理根据。犯罪行为是对被害人人性尊严的一种严重侵害，被害人作为犯罪后果的直接承受者，与诉讼结局休戚相关。被害人应当作为一个理性的诉讼主体参与诉讼，而不得被视为是为实现他人目的而存在的客体、工具或手段，这正是保障被害人人权的宗旨所在。[1]

尊重被害人的人格尊严包含两方面的内容：第一，保障被害人在诉讼活动中的充分参与和意见表达。在审查起诉环节，让被害人更多地参与，使其对案件事实和证据认定形成实质性认识，有利于减少来自被害人一方的误解。另外，在法庭审判环节，保障被害人对被告人定罪量刑的实质参与，一方面能够推动被告人的悔罪和赔偿积极性的调动，另一方面也有利于提高被害人对最终裁判结果的认同度。第二，保障被害人诉讼救济渠道畅通。没有被害人参与诉讼，当公诉人、被告人与法官的意见较为一致，而与被害人的利益存在某种冲突时，对话原本所具有的限制恣意和最优选择功能就会受到影响，裁判者的决定也会因为缺乏充分的查明事实途径而难以保障对案件调查的全面性和适用法律的准确性。有观点认为，赋予被害人以独立上诉权，有利于将刑事纠纷控制在诉讼轨道内解决以维护其个体利益，也有利于从宏观上保证案件的正确处理。基于诉求差异以及诉讼效率考量的原因，在赋予被害人上诉权的同时，可以设置一定的必要条件，如规定公诉前置，或者明确可以提出上诉的案件类型，或者对上诉理由加以限制等。

2. 国家责任理论

国家责任理论在被害人权利救济中的价值主要有两个方面：一方面，维护公共安全和社会秩序，并通过公共安全的保障和社会秩序的维护从而实现个人自由。这种国家责任实际上内含保障被害人权利的内容。犯罪行为随时可能发生，因而国家管辖范围内的每一个公民都具有潜在的被害可能性，国家维护公共安全和个人自由的责任履行就是要通过制定法律规定，明确哪些行为是被允许的，哪些行为是不被允许的，进而使得公民明确其行为的边界，从而预防犯罪的发生。另一方面，如果公民实施了法律所不允许的犯罪行为时，就要受到相应刑罚的制

---

[1] 卫跃宁、宋振策：《国家责任视角下的刑事被害人权利保护研究：反思、调整与平衡》，中国人民公安大学出版社 2018 年版，第 153 页。

裁，国家权威的特点就在于其有能力调解其领土范围内每个人的重大利益。[1]当侵害公民生命、财产和自由的犯罪行为发生后，国家就要动用公权力对犯罪人予以惩戒，预防犯罪与惩罚犯罪是国家履行责任第一层面责任的具体体现，也是国家责任的初级形态。

但是，单纯惩罚还不足以完全救济和恢复被害人的权利，从根本上修复被犯罪行为所破坏的社会关系。因此要想更好地救济和恢复被害人的权利，还需要国家在更高层面上履行责任，也就是国家责任理论的第二个层次，即高级形态的责任。这种高级形态的责任就是增进社会福祉，即由国家承担对受到犯罪侵害的个人进行补偿和救助的责任，由国家自身以及动员社会力量对被害人施以援助。“社会救助的国家责任原则是指国家（具体表现为政府）应当采取积极措施推动社会救助工作，为社会救助提供制度供给、财政给付、监督管理等多方面的支持，保障社会救助事业的可持续发展，最终实现公民的社会救助权利。”[2]国家责任之履行，要求国家通过国民收入的再分配机制来平衡社会群体之间的利益，特别是对弱势群体予以倾斜，实现实质意义上的平等。对犯罪被害人进行国家补偿就是国家责任高级形态的具体体现，这种补偿带有一定的社会福利的性质。

三、刑事被害人的诉讼权利

刑事被害人的诉讼地位需要通过其诉讼权利得到体现，而被害人的保障机制也正是借助其权利才能得到落实。考察被害人权利的发展历程和被害人权利的体系结构，我们可以对被害人的诉讼权利构建比较全面的认识。

（一）我国刑事被害人权利的立法沿革

从立法层面看，我国对刑事被害人权利的保护经历了一个曲折变化并逐步完善的过程。1979 年《刑事诉讼法》确立了我国的起诉格局为公诉为主、自诉为辅且公诉自诉并行的模式，对被害人在刑事诉讼中的权利作了明确且系统的规定，被害人只属于一般的诉讼参与人，因而不能够独立行使控诉职能。在 1979

---

[1] 郑瑞平：《刑事被害人之权利新论》，北京交通大学出版社 2016 年版，第 62 页。

[2] 张剑秋：《刑事被害人权利问题研究》，中国人民公安大学出版社 2009 年版，第 135 页。

年《刑事诉讼法》中，许多法律赋予被告人的诉讼权利，作为对立方的被害人却不享有，如申请回避权利、对证人和鉴定人申请发问的权利、对证据的辨认权、上诉权等。随着时间的推移，由于对被害人利益保护不足而引发的问题日渐显现，其表征之一就是大量被害人上访。加之在国际范围内，保护被害人利益的呼声也在日益高涨，很多国家相应加强了对被害人利益的保护力度，在这样的背景下，我国 1996 年《刑事诉讼法》就在被害人权利保护方面加强了完善。

1996 年修正的《刑事诉讼法》主要对被害人的诉讼地位和诉讼权利进行了重大修改。首先在立法中明确将被害人的诉讼地位确立为当事人，从法律上确立了被害人的控诉主体地位。其次，规定了被害人享有的诉讼权利。其中，第 28 条规定："审判人员、检察人员、侦查人员有下列情形之一的，应当自行回避，当事人及其法定代理人也有权要求他们回避：（一）是本案的当事人或者是当事人的近亲属的；（二）本人或者他的近亲属和本案有利害关系的；（三）担任过本案的证人、鉴定人、辩护人、诉讼代理人的；（四）与本案当事人有其他关系，可能影响公正处理案件的。"第 40 条规定："公诉案件的被害人及其法定代理人或者近亲属，附带民事诉讼的当事人及其法定代理人，自案件移送审查起诉之日起，有权委托诉讼代理人。自诉案件的自诉人及其法定代理人，附带民事诉讼的当事人及其法定代理人，有权随时委托诉讼代理人。人民检察院自收到移送审查起诉的案件材料之日起三日以内，应当告知被害人及其法定代理人或者其近亲属、附带民事诉讼的当事人及其法定代理人有权委托代理人，人民法院自受理自诉案件之日起三日以内，应当告知被害人及其法定代理人或者其近亲属、附带民事诉讼的当事人及其法定代理人有权委托代理人。"申请回避、委托诉讼代理人和直接起诉这几项诉讼权利之立法规定对于确立被害人当事人的诉讼地位具有重要的意义。但 1996 年《刑事诉讼法》中没有赋予被害人程序知情权、刑罚执行阶段的参与权（即监外执行、减刑、假释决定的参与权）、被害人获得国家赔偿等在国际上普遍承认的重要诉讼权利。

2012 年我国《刑事诉讼法》进行了第二次修正，此次修正对于被害人诉讼权利部分的内容调整不大，刑事被害人诉讼权利与 1996 年《刑事诉讼法》中所形成的权利体系相较变化并不大。总结起来，此次修正在被害人诉讼权利的变化主要有以下三方面：第一，在立法中明确了被害人死亡或者丧失行为能力的，其法定代理人、近亲属有权提起附带民事诉讼；第二，加强了对被害人作证时人身权利的保护，增加了被害人在特殊案件（危害国家安全犯罪、恐怖活动犯罪、黑社会性质的组织犯罪以及毒品犯罪等）作证时人身安全受保护的规定；第三，进一步细化了被害人及其诉讼代理人在审查起诉中提出意见的权利，同时在第170条明确规定人民检察院审查案件时，被害人及其诉讼代理人提出书面意见的，人民检察院在审查起诉时应当附卷。就整体而言，2012年《刑事诉讼法》关于刑事被害人的修改主要体现在对被害人原有权利的细化。

2018年我国《刑事诉讼法》进行了第三次修正，有关刑事被害人权利方面，主要是在认罪认罚从宽制度和刑事速裁程序中增加了被害人的两项权利：一是犯罪嫌疑人认罪认罚的，人民检察院应当听取被害人及其诉讼代理人的意见（第173条）；二是被告人与被害人或者其法定代理人没有就附带民事诉讼赔偿等事项达成调解或者和解协议的，不适用速裁程序（第223条）。2019年《人民检察院刑事诉讼规则》根据刑事诉讼法及相关司法解释的精神，吸收2019年最高人民法院、最高人民检察院、公安部、国家安全部《关于适用认罪认罚从宽制度的指导意见》（以下简称《指导意见》）的内容，在“认罪认罚从宽案件办理”规定中，新增了认罪认罚从宽制度中被害人权益保护的内容，使被害人权益保障更臻完善。第一，听取意见。2019年《人民检察院刑事诉讼规则》延续了认罪认罚从宽制度试点规定，要求检察院办理认罪认罚案件，应当将犯罪嫌疑人是否与被害人达成和解协议、调解协议，或者赔偿被害人损失，取得被害人谅解，或者自愿承担公益损害修复、赔偿责任，作为从宽处罚的重要考虑因素。被害人的意见和态度是司法机关作出从宽处理时的重要考虑因素，特别是在一些重大人身伤害案件中，若未能与被害人达成和解、未能取得被害人谅解，在决定从宽幅度时要充分考虑社会效果，慎重把握。第二，被害人异议的处理。实践中，经常出现被害人不谅解，不同意对犯罪嫌疑人、被告人从宽处理的情形。对此，应当把握的原则是，既要充分尊重被害人意见，同时也要防止完全受被害人左右，司法机关应当秉承客观公正立场，不偏不倚，依法办理认罪认罚案件。具体来讲，要把握好三点：一是被害人及其诉讼代理人不同意对认罪认罚的犯罪嫌疑人、被告人从宽处理的，不影响认罪认罚从宽制度的适用。被害人没有程序选择权，比如其不同意适用速裁程序的，并不影响司法机关适用速裁程序。二是犯罪嫌疑人、被告人认罪认罚，但没有退赃退赔、赔偿损失，未能与被害人达成调解或者和解协议的，从宽时应当予以酌减。也就是说，虽然被害人不同意不影响认罪认罚从宽制度的适用，但仍然会影响最终的从宽幅度，这种规定有利于促使犯罪嫌疑人、被告人积极与被害人达成和解谅解。三是正确对待被害人“漫天要价”。2019年《人民检察院刑事诉讼规则》第276条第2款规定，犯罪嫌疑人自愿认罪并且愿意积极赔偿损失，但由于被害方赔偿请求明显不合理，未能达成和解或调解协议的，一般不影响对犯罪嫌疑人从宽处理。第三，促进和解谅解。为了更好地发挥认罪认罚从宽在化解社会矛盾、促进社会和谐方面的作用，该规则对检察院促进和解谅解作出了规定。对于符合当事人和解程序适用条件的公诉案件，犯罪嫌疑人认罪认罚的，检察院应当积极促使当事人自愿达成和解，和解协议书和被害方出具的谅解意见应当随案移送。被害方符合司法救助条件的，检察院应当积极协调办理。对被害方的司法救助，以往法院做得比较多，检察环节做得比较少。推进认罪认罚从宽制度适用，要求检察机关积极开展司法救助，对符合司法救助条件的，检察机关应当积极协调为被害方办理司法救助，这也是检察机关在刑事诉讼中履行主导责任的重要体现。[1]

（二）刑事被害人权利之完善

要在司法文明时代重构被害人的权利体系，就要以尊重被害人复仇意愿为基础，重新关切被害人的切实诉求，在程序设计中设置有利于被害人参与的相关制度，将矛盾化解在而不是隐藏在司法程序之中。[2]完善被害人权利体系应当从主体性权利的落实和救济性权利的保障两个方向同步推进。

1. 落实主体性权利

作为刑事诉讼程序的当事人之一，诉讼程序的进行和最终的诉讼结果对刑事被害人会产生直接的影响。因此在刑事诉讼程序设计和完善进程中，应当进一步落实刑事被害人的主体性权利，增强被害人在诉讼活动中的实际参与，提升被害人意见在刑事程序选择和结果生成的实际影响力。首先，应当赋予被害人对案件

---

[1] 周颖：《适用认罪认罚从宽制度如何保护犯罪嫌疑人和被害人权益》，载《检察日报》2020年2月18日。

[2] 卢希起：《刑事被害人国家补偿制度研究》，中国检察出版社2008年版，第179页。

进展情况的知情权，包括案件当前处于何种诉讼阶段，是否可以继续推进；如果案件中止（或终止）的话，被害人应有权知晓缘由。与被害人权利相对应的是应规定公安机关、人民检察院、人民法院负有定期向被害人通报案件进展情况的义务并向其送达相关的法律文书的义务。其次，应当赋予刑事被害人充分的意见表达权，2018 年《刑事诉讼法》只规定了被害人在审查起诉和庭审环节的意见发表权，并且没有规范公权力机关对于被害人意见的处理方式。在权利完善方面首先应将意见发表权前置到侦查程序，同时在诉讼文书（特别是法院判决书）中落实对被害人意见的阐释和回应。最后，为了实现被害人对刑事诉讼程序的充分参与，应当赋予被害人享有法律援助的权利。2018 年《刑事诉讼法》中只规定了符合特定条件的被告人享有获得法律援助的权利，对被害人法律援助保护的缺失有悖于公正之理念。有论者曾指出，应当确立在被害人(包括自诉人)处境不利的情况下，由人民法院指定承担法律援助义务的律师为其进行代理，尤其是在被害人认为对被告人侵犯自己人身、财产权利的行为应当依法追究刑事责任，而公安机关或者人民检察院却不予追究被告人刑事责任的情况下，更应保障被害人享有法律援助的权利。[1]

2. 保障救济性权利

刑事诉讼对于被害人的价值在于通过程序的设计，使得由于犯罪行为所造成的人身、财产等权利损害的被害人的权利状态回复到，或者是尽可能地接近于犯罪前的状态，也即刑事被害人在诉讼活动的合理诉求应当通过程序运行被落实为实然权利。虽然 2018 年《刑事诉讼法》中规定了刑事附带民事诉讼程序，明确规定被告人应对被害人因犯罪行为所遭受的物质损失给予赔偿，但在司法实践中，被害人的物质损失往往因为被告人经济困难等主客观方面的原因而无法得到实际赔偿。恢复被害人经济状况的根本出路在于进一步完善附带民事诉讼制度，并在当犯罪分子不能赔偿被害人损失，同时存在紧迫性的情况下，由国家对被害人进行补偿，把被害人的家庭纳入由国家救济的范围。刑事被害人国家补偿制度是国家通过为被害人提供医疗费和为被害人家属提供必要的生活费，安抚死亡被

---

[1] 石时态、张坤世："刑事被害人权利保护机制之反思与完善"，载《中国刑事法杂志》2010 年第 12 期。

害人的亲属，以帮助被害人及其亲属尽早从犯罪所造成的损失中恢复过来，防止其心理失衡向犯罪人转化，从而达到消除矛盾和冲突，控制犯罪，维护社会稳定的目的，进而恢复被犯罪行为严重破坏的社会秩序和社会关系。建议在之后的修法进程中，重视对被害人国家救助的制度建设，将救助机构、救助对象及条件、审核程序、补偿金额在立法上加以明确规定，并予以具体落实。

第二节 刑事代理制度

刑事代理，是指在刑事诉讼中，代理人接受公诉案件的被害人及其法定代理人或者近亲属、自诉案件的自诉人及其法定代理人以及附带民事诉讼的当事人及其法定代理人的委托，在法律规定或者授权范围内，以被代理人的名义参与诉讼，其代理行为所产生的法律后果由被代理人承担的诉讼活动。依照不同的划分标准，刑事代理可以被划分为不同的类型。依照代理权限产生的根据不同，刑事诉讼中的代理可以分为法定代理与委托代理两种；根据代理人代理案件的不同，可以把刑事诉讼活动中的代理划分为公诉案件中的代理、自诉案件中的代理和附带民事诉讼案件中的代理；根据被代理人权利行使范围（方式），可以分为一般代理和特别授权代理。刑事代理权，是指根据刑事诉讼法的规定或是被代理人的委托，在刑事诉讼程序中代理人所享有的一系列权利。

刑事代理制度，是指法律关于刑事诉讼，包括刑事附带民事诉讼中的代理权、代理人的范围、代理的种类与方式、代理人职责、代理人的权利与义务等一系列规定的总称。刑事代理制度与刑事辩护制度的设立基础和运行机制基本相同，出发点都是对刑事诉讼活动当事人权利的有效行使提供帮助和保障。刑事诉讼活动中的当事人，无论是被刑事追诉和审判的犯罪嫌疑人、被告人，或者说是承担部分控诉职能的被害人、刑事自诉人以及附带民事诉讼原告人，在参与到由国家专门机关主持下的刑事诉讼活动中时，由于其没有同代表着国家专门机关的侦查人员、检察人员和审判人员一样系统化地掌握有关刑事诉讼的专门知识，所以当然地处在一个相对被动和弱势的诉讼地位，而刑事辩护制度和代理制度的设立就在于弥合国家专门机关和刑事诉讼当事人之间过大的地位差距，因而对于代理、代理权以及代理制度的相关内容，可以参照和比较刑事辩护制度来进行学习。长期以来，理论界对刑事辩护制度研究成果较为丰富，而对刑事代理制度则不太重视，这和人们长期以来形成的固有观念有关：有了国家公诉机关代表被害人行使追诉权主张诉讼权利，刑事代理制度便是可有可无的事情。然而事实上并非如此，一旦我们深入地探讨刑事代理制度的相关内容，就会发现刑事代理制度在刑事诉讼活动中发挥着重要的作用，它的存在有其相应的理论基础和实践价值。

有学者对刑事代理的权利属性进行了分析，认为刑事代理作为一项法律权利，具有利他性、权能性和自由性的特征。（1）利他性。虽然代理权与辩护权具有一定的相似性，然而两种权利在权利来源和行使方式上还是存在诸多差异的。差异根源在于两种权利的权利属性不同。刑事被追诉人行使辩护权之目的主要在于对其自身的合法的刑事诉讼权益的维护，是一种在刑事诉讼活动中面对来自国家专门机关“进攻”的自我保护的手段。因此辩护权是一种利己性的权利。而代理人行使代理权，是为了维护被代理人的合法和正当利益的需要，代理人的代理活动所产生的法律后果归属于被代理人，由此所产生的权益归属于被代理人所享有，所以代理权是一种利他性的权利。（2）权能性。一种利益、主张和资格必须具有权能才能成立。一方面，权利应当具有不受侵犯的权威或强力保障；另一方面，权利主体还应该具备享有和实现其利益、主张或资格的实际能力或可能性。代理权在得到国家法律认可之后，受到国家强制力的保障，侵犯代理权会招致一定的法律后果。（3）自由性。即权利主体可以按照个人意志去行使或放弃该项权利，不受外来力量的干涉或者胁迫。代理人在代理权限范围内活动并不意味着代理人完全按照被代理人的指示进行代理活动，代理人在代理权限内为完成代理任务有权依法自由独立地进行各项具体的代理活动。代理权一经法律的规定或者被代理人的授予而产生，就作为代理人所享有的一项专属权利而相对独立地存在，代理人可以在符合法律规定的情况下自由地进行代理活动，不受他人的干涉；同时，在受到包括来自被代理人的权利干涉时，代理人有权解除委托代理关系。[1]

一、刑事代理制度的理论基础

关于刑事代理制度的理论基础，有学者认为，刑事代理制度存在的理论基础有二：第一，尊重人的尊严，尊重被害人的主体性，即尊重他与他人交往时的平等性和其自身活动的目的性，不再简单地认为国家公诉机关就能完全代表被害人的意志和利益，这是刑事代理制度的首要基础；第二，法律虽然赋予被害人保护自己的多项具体权利，但是被害人大多由于自身的知识、精神等条件及周遭环境和案发后的心理情绪等方面的限制，不可能很好地进行自我保护，公检法三方由于出发点的不同也不能完全代表或者维护被害人的合法权益，因此保障被害人的权利是刑事代理制度的又一理论基础。[2]

还有学者从四个方面论证了刑事代理制度的理论基础：第一，刑事代理是加强被害人人权保障的必然要求。长期以来，刑事诉讼立法和理论研究只重视如何保障刑事被告人的权利，主流观点认为犯罪是对国家的暴力侵害，刑事诉讼是解决国家与违法者之间冲突的活动。随着 20 世纪中叶被害人要求受到刑事程序保护呼声的高涨以及理论研究领域被害人学的兴起，被害人在各国刑事诉讼程序中的地位日益受到重视。切实加强对被害人的保护和正确认识被害人在刑事司法中的地位问题，成为刑事司法政策中的一个重要的前沿课题。第二，刑事代理制度是实体正义实现之必然要求，刑事代理之所以必要，在于它能维护被代理人的合法权益，而被代理人的合法权益保障之实现，则必须建立在案件事实已经查清，正确适用实体法律的基础上才能够成为可能。刑事代理之所以有助于实体正义之实现，是由刑事代理所承担的诉讼职能及其自身的特点所决定的。刑事代理在诉讼中承担协助、促进控诉的职能。通过控辩双方的平等对抗，可以促进案情的查证、核实，发现事实的真相。第三，刑事代理制度是程序正义实现之必要条件，被害人作为犯罪行为的被侵害者，对犯罪者有着强烈的复仇愿望，这就要求被害

[1] 刘根菊、王君："刑事代理制度的理论基础"，载《政法论坛》2003 年第 4 期。

[2] 陈卫东、石献智："刑事诉讼律师代理之探讨"，载《福建政法管理干部学院学报》2001 年第 1 期。

人充分参与刑事诉讼活动，通过在诉讼中参加调查、法庭辩论，提出有利于自己的主张，通过对被告方提出的主张质证、辩论来寻求心理平衡和利益的补偿，同时刑事代理可以对国家权力予以有效的监督和制约，促使国家机关正确行使权力，诉讼代理人利用熟练的法律专业知识，积极行使法律赋予的诉讼权利，依法参加一系列的诉讼活动，可以有效地监督和制约司法机关，从而正确控诉犯罪，维护被害人的合法权益。第四，刑事代理制度有利于提升诉讼效率，通过刑事代理人活动的有效展开，可以迅速、有效地收集证据，提升刑事诉讼活动运作的效率，进而有效地防止和减少冤假错案发生，减少上诉、抗诉以及再审程序等对不服原审裁判的情况发生，从而提高单位时间内的有用工作量。由于案件得以迅速、公正审理，被害人的权益得到维护，被害人、自诉人与被告人之间的矛盾得以有效化解，有利于稳定社会秩序，在更大的程度上提高刑事诉讼的效益。[1]

二、刑事代理人的诉讼地位

关于刑事代理人的诉讼地位，根据诉讼代理人类型的不同，又可以划分为法定代理人诉讼地位和委托代理人的诉讼地位，对于这两者，法定代理人具有独立的诉讼地位，这一点在我国法学界已经达成普遍共识，一般没有争议。但是委托诉讼代理人是否具有独立的诉讼地位则存在着较大的争论。对诉讼代理人地位的认定，论证的角度主要从诉讼代理人在刑事诉讼活动中的权利行使方式，权利构成以及诉讼代理人与辩护方、裁判者、公诉机关、被代理人关系的角度来进行。当前，理论界主要有以下几种不同的观点。

有学者认为，代理人在刑事诉讼过程中是对立于辩护方而存在，处于与辩护方承担的职能相反的地位，其所承担的是控诉职能，具有独立的诉讼地位。首先，代理人虽然是被害人或者其近亲属委托的人，但他并不是被害人或者其近亲属的代言人，他不能完全按照被害人或其近亲属的要求实施代理活动，而只能根据国家法律和案件事实发表代理意见。代理人进行诉讼活动的目的在于维护被代理人的合法权益，他所进行的一系列诉讼活动都是围绕着这一个最终目的而展开

[1] 刘根菊、王君："刑事代理制度的理论基础"，载《政法论坛》2003 年第 4 期。

的，同时也是以这一点为出发点所进行的。因此代理人不需要听从被代理人的指示。代理人在诉讼中只应该无条件地服从于事实和法律，而不是根据被代理人的指示进行诉讼活动。其次，代理人发表的代理意见可以不受检察院起诉书或者公诉人公诉词的影响，可以向法院独立陈述自己关于被告人的犯罪事实、定罪量刑和适用法律的意见。在司法实践中，公诉机关的控诉请求有可能与被代理人的诉讼请求存在差异甚至完全不同，这正是诉讼代理人在其被授权范围内独立地进行代理活动，以维护被代理人的合法权益的有力例证。代理人进行代理活动时不受公诉机关的指使以及干涉。[1]

有学者则持有不同观点，认为代理人在刑事诉讼中居于依附于被代理人的诉讼参与人地位，即代理人不具有独立自主的诉讼地位。该观点认为，这是由代理的本质属性决定的。代理人进行代理活动只能以被代理人的名义进行，代理人如果以自己的名义实施代理行为，则该代理行为发生的法律后果只能由代理人自己承担，这种行为是代理人自身的诉讼行为而非代理行为。以被代理人的名义所进行的代理活动，才能为被代理人取得权利、设定义务。不仅如此，当被代理人和代理人分别向司法机关发表的意见不一致的情况发生时，由于被代理人是刑事诉讼活动的当事人，同时也是诉讼活动法律效果的直接承受者，所以司法机关只能采纳被代理人的意见。[2]

有学者提出第三种观点，认为代理人在公诉案件和自诉案件中具有不同的诉讼地位。在公诉案件中，代理人同辩护人一样，具有独立的诉讼地位，独立于检察官、法官，一旦受被害人委托参加诉讼，代理人也独立于委托人的意志而控诉犯罪，维护的是委托人的合法权益。在自诉案件中，代理人不具有独立的诉讼地位，但也不依附于自诉人。代理人必须有自诉人的授权，才可以作出上诉、撤诉、和解等决定，但并不等于说代理人完全以被代理人的意志为转移，代理人可以不同意自诉人不合理、不合法的要求。实际上，不具有独立的诉讼地位并不等于说完全地依附于委托人。[3]

---

[1] 刘敏："论公诉案件刑事诉讼代理制度"，载《南京师大学报》（社会科学版）1995 年第 2 期。

[2] 樊学勇："论公诉案件刑事代理"，载《国家检察官学院学报》1997 年第 3 期。

[3] 陈卫东、石献智："刑事诉讼律师代理之探讨"，载《福建政法管理干部学院学报》2001 年第 1 期。

还有学者主张，诉讼代理人的地位应当视其在诉讼活动中所行使的权利属性而定。根据被代理人授权的大小，刑事代理人可以只代理被代理人进行诉讼行为，而无权处分其实体权利；也可以在特别授权的情况下，代为处分被代理人的相关的实体权利，如代为承认、放弃或者变更诉讼请求，进行和解、调解等。在刑事代理人代理被代理人进行诉讼行为时，他是以自己的名义进行活动，比如代理人进行阅卷、调查取证、获得开庭的通知书、提交代理词以及参加法庭调查和法庭辩论等活动；当代理人在被代理人的特别授权下代为承认、放弃或者变更诉讼请求，进行和解、调解时，他是以被代理人的名义。之所以作此区分，是因为代理人与案件事实本身并没有利害关系，他参加到刑事诉讼中来是根据法律的规定或者是根据当事人的授权，他在代理权限范围内进行的合法代理活动，其法律后果是由被代理人来承担的，所以在处分完全属于被代理人的实体权利时应该以被代理人本人的名义进行。但是，代理人在刑事诉讼中又是相对独立的诉讼主体，他所享有的诉讼权利不仅是被代理人所赋予的，更是法律所规定的，代理人在行使这些法律规定的诉讼权利时如果出现违法现象，代理人应该承担相应的法律责任。因此，其以自己的名义进行各种程序性的诉讼活动，享有独立的诉讼地位。

三、委托诉讼代理人的期间

2018 年《刑事诉讼法》第 46 条第 1 款规定："公诉案件的被害人及其法定代理人或者近亲属，附带民事诉讼的当事人及其法定代理人，自案件移送审查起诉之日起，有权委托诉讼代理人。自诉案件的自诉人及其法定代理人，附带民事诉讼的当事人及其法定代理人，有权随时委托诉讼代理人。"该条第 2 款则明确了人民检察院以及人民法院的权利告知义务：人民检察院自收到移送审查起诉的案件材料之日起三日以内，应当告知被害人及其法定代理人或者其近亲属、附带民事诉讼的当事人及其法定代理人有权委托诉讼代理人。人民法院自受理自诉案件之日起三日以内，应当告知自诉人及其法定代理人、附带民事诉讼的当事人及其法定代理人有权委托诉讼代理人。

可见，公诉案件被害人在侦查阶段无权委托诉讼代理人，直至审查起诉阶段方有权进行委托。有学者认为，从侦查阶段起，就已经涉及被害人权益及附带民事诉讼的处理等问题，如在侦查阶段，公安机关可以对附带民事进行调解等。限制代理人在侦查阶段介入这些问题的处理，不利于维护被害人、附带民事诉讼当事人的合法权利。因此应规定，公诉案件的被害人及其法定代理人或者近亲属以及附带民事诉讼的当事人同样有权随时委托诉讼代理人。同时应当要求公诉案件的侦查机关在立案侦查之日起 3 日以内告知被害人及其法定代理人或近亲属、附带民事诉讼的当事人及其法定代理人，有权委托诉讼代理人。[1]而有的学者则认为，公安机关应当在"查明被害人身份之日起三日以内"告知委托代理人的权利。[2]

四、刑事代理人的权利

我国现行《刑事诉讼法》对代理人的诉讼权利没有作出专章规定。代理人诉讼权利之规定散见于《刑事诉讼法》有关章节规定中。例如，2018 年《刑事诉讼法》总则部分第三章回避制度中第 32 条第 2 款中规定了辩护人、诉讼代理人可以依照本章的规定要求回避、申请复议。第四章辩护制度中第 49 条规定了辩护人、诉讼代理人认为公安机关、人民检察院、人民法院及其工作人员阻碍其依法行使诉讼权利的，有权向同级或者上一级人民检察院申诉或者控告。人民检察院对申诉或者控告应当及时进行审查，情况属实的，通知有关机关予以纠正。第五章证据制度中第 58 条第 2 款规定了当事人及其辩护人、诉讼代理人有权申请人民法院对以非法方法收集的证据依法予以排除。申请排除以非法方法收集的证据的，应当提供相关线索或者材料。分则部分第二章侦查程序第 117 条赋予了诉讼代理人对司法机关及其工作人员违法职权行为的调查和取证权。在公诉程序

[1] 徐静村主编：《中国刑事诉讼法（第二修正案）学者拟制稿及立法理由》，法律出版社 2005 年版，第 38-39 页；宋英辉主编：《刑事诉讼法学研究述评（1978—2008）》北京师范大学出版社 2009 年版，第 191 页。

[2] 陈光中主编：《中华人民共和国刑事诉讼法再修改专家建议稿与论证》，中国法制出版社 2006 年版，第 314-315 页；宋英辉主编：《刑事诉讼法学研究述评（1978—2008）》北京师范大学出版社 2009 年版，第 191 页。

中，第173条规定了人民检察院审查案件时，应当讯问犯罪嫌疑人，听取辩护人或者值班律师、被害人及其诉讼代理人的意见，并记录在案。辩护人或者值班律师、被害人及其诉讼代理人提出书面意见的，应当附卷。在审判程序中，诉讼代理人有权参与庭前会议；在人民法院确定开庭日期后，至迟在开庭三日以前收到法院的传票和通知书；经审判长许可后向被告人发问、可以对证人证言和鉴定人意见提出异议，申请证人及鉴定人出庭，并经审判长许可后向证人及鉴定人提问；在法庭辩论阶段，经审判长许可，诉讼代理人可以对证据和案件情况发表意见并且可以互相辩论；在法庭审理结束后，法院应当在法定期间内将判决书送达诉讼代理人；在刑事二审程序中，对于第二审人民法院决定不开庭审理的，规定了应当讯问被告人，听取其他当事人、辩护人、诉讼代理人的意见。

除《刑事诉讼法》之外，律师担任诉讼代理人还当然享有《律师法》所赋予律师的一些诉讼权利，相关司法解释中也规定了诉讼代理人的一些诉讼权利。如阅卷权，诉讼代理人经人民法院准许，也可以查阅、摘抄、复制有关材料，了解案情；调查取证权以及申请调查取证权，诉讼代理人直接申请人民法院收集、调取证据，人民法院认为诉讼代理人不宜或者不能向证人或者其他有关单位和个人收集、调取，并确有必要的，应当同意；有权变更或解除委托，委托人可以拒绝律师为其继续代理，也可以另行委托律师担任代理人。律师接受委托后，无正当理由的，不得拒绝代理，但委托事项违法，委托人利用律师提供的服务从事违法活动或者委托人隐瞒事实的，律师有权拒绝代理。2020年11月5日，“两院三部”印发《关于规范量刑程序若干问题的意见》第10条规定，在刑事诉讼中，被害人及其诉讼代理人可以提出量刑意见，并说明理由，人民检察院、人民法院应当记录在案并附卷。

有学者认为代理人参加刑事诉讼，其诉讼权利应当分为两大部分：一是律师固有的权利；二是来自委托人的权利，即代理权。具体来说，律师固有的权利包括：查阅、摘抄、复制案件材料权；收集证据权；申请司法机关收集、调取证据权；向司法机关了解案情权；会见犯罪嫌疑人、被告人的权利；在审查起诉阶段，向公诉机关提出意见的权利；出席法庭审理的权利；庭审中的发问与辩论权；庭审中发表意见和异议的权利；依法拒绝代理的权利。代理人的代理权，是指代理人由于居于诉讼代理人的地位，其可以行使被代理人本身所拥有而又授予其行使的诉讼权利，并受被代理人意志的约束。在公诉案件中，被害人的代理人可以根据被害人的授权行使申请回避权、请求抗诉权等。在自诉案件中，代理人根据被害人的授权可以决定撤诉、和解、调解以及上诉等，如果自诉案件的被告人提起反诉，代理人与自诉人的关系要作相应的变化，代理人的权利当然也就有所变化。[1]

问题与思考

现代刑事诉讼法兼具“限制权力法”和“人权保障法”的性质，旨在规范国家追诉权和司法权的行使，同时，刑事司法承担着“控制犯罪”的天然使命，追诉犯罪的目的之一即为被害人提供权利保障和救济。国家禁止公民个人在遭受犯罪侵害后以暴力争斗或金钱和解的方式自行解决刑事案件，其就必须担负起追诉犯罪、保护被害人的义务。被害人参与刑事诉讼程序，在启动上受制于司法权的被动性，在运行中则受制于司法权的主导性，在结果上则一定程度受制于司法权的独立性，所以无论是从程序角度还是实体角度，刑事被害人的权利实现都受到多方面掣肘。

长期以来，由于未能清晰界定刑事被害人的诉讼地位，使得在被害人保护问题上方向不明且误区丛生。理论和实践中都存在着较多亟待解决的问题，如刑事被害人在诉讼活动中身份的界定，被害人程序性权利与救济保障性权利的建构，以及与之相关的代理制度中代理人身份地位和权利完善等方面问题。未来在这一领域制度设计中，如何逐步解决这些问题，从而使得刑事诉讼程序中被害人之意志得到充分尊重，其参与获得实际效果，其权利切实落实，值得进一步深入研究。而在刑事代理制度的完善方面，需要进一步研究的问题也有很多。例如，从参与的时间来看，诉讼代理人越早参与，越有利于权利保障。从诉讼代理人的范围来看，由于刑事案件涉案财产问题逐渐突出，相关的诉讼代理人的需求也将逐渐扩大，赋予刑事诉讼中其他诉讼参与人聘请代理人的问题，迫切需要解决。

---

[1] 陈卫东、石献智：“刑事诉讼律师代理之探讨”，载《福建政法管理干部学院学报》2001年第1期。

三 参考文献

一、论文类

[1] 石时态，张坤世 . 刑事被害人权利保护机制之反思与完善 [J] . 中国刑事法杂志 2010（12）.

[2] 刘根菊，王君 . 刑事代理制度的理论基础 [J] . 政法论坛，2003（4）.

[3] 杨正万 . 论被害人诉讼地位的程序公正价值 [J] . 中国人民大学学报 2002（3）.

[4] 陈卫东，石献智 . 刑事诉讼律师代理之探讨 [J] . 福建政法管理干部学院学报，2001（1）.

[5] 龙宗智 . 被害人作为公诉案件诉讼当事人制度评析 [J] . 法学，2001（4）.

[6] 罗国良 . 公诉案件中被害人的代理 [J] . 中国刑事法杂志，2000（3）.

[7] 刘根菊 . 关于刑事案件被害人权利保护问题 [J] . 法学研究，1997（2）.

[8] 樊学勇 . 论公诉案件刑事代理 [J] . 国家检察官学院学报，1997（3）.

[9] 刘敏 . 论公诉案件刑事诉讼代理制度 [J]. 南京师大学报（社会科学版），1995(2).

二、著作类

[1] 卫跃宁，宋振策 . 国家责任视角下的刑事被害人权利保护研究：反思、调整与平衡 [M] . 中国人民公安大学出版社，2018.

[2] 郑瑞平 . 刑事被害人之权利新论 [M] . 北京：北京交通大学出版社，2016.

[3] 兰跃军 . 刑事被害人人权保障机制研究 [M] . 北京：法律出版社，2013.

[4] 任克勤 . 被害人学新论 [M] . 广州：广东人民出版社，2012.

[5] 张剑秋 . 刑事被害人权利问题研究 [M] . 北京：中国人民公安大学出版社，2009.

[6] 卢希起 . 刑事被害人国家补偿制度研究 [M] . 北京：中国检察出版社，2008.

[7] 张鸿巍 . 刑事被害人保护的理念、议题与趋势：以广西为实证分析 [M] . 武汉：武汉大学出版社，2007.

[8] 汪建成．冲突与平衡：刑事程序理论的新视角［M］．北京：北京大学出版社，2007.

[9] 陈光中．中华人民共和国刑事诉讼法再修改专家建议稿与论证［M］．北京：中国法制出版社，2006.

[10] 徐静村．中国刑事诉讼法（第二修正案）学者拟制稿及立法理由［M］．北京：法律出版社，2005.

[11] 陈卫东．刑事诉讼法实施问题调研报告［M］．北京：中国方正出版社，2001.

[12] 郭建安．刑事被害人学［M］．北京：北京大学出版社，1997.

[13] 陈瑞华．刑事审判原理论［M］．北京：北京大学出版社，1997.

第十四章　刑事强制措施制度

【导读】

强制措施是刑事诉讼中职权机关对被刑事追诉之人所采取的暂时限制或剥夺人身自由的方法，规制这种方法的制度即为强制措施制度。强制措施制度对被刑事追诉者的影响极大，它是刑事诉讼领域国家权力和公民权利最易发生冲突的部分，与刑事诉讼领域中的人权保障和权力配置密切相关，在刑事诉讼法中占有重要的位置。

研究强制措施制度，首先，要了解我国强制措施的性质，对强制措施性质认识的不同，直接影响到对强制措施体系及适用程序的思考。其次，应当理解强制措施与无罪推定的关系，认识到无罪推定原则对建构和实践强制措施制度的基础性意义。再次，还应当对国外强制措施的设置以及运行程序、救济方式、理论基础等有所了解，尤其是应认识其中的“法律保留原则”“比例原则”（包括适当性、必要性与衡量性）。最后，研究强制措施制度不仅涉及制度自身的体系结构，它作为社会控制的一种手段还与羁押的刑事政策、羁押决定权的归属、羁押的正当程序以及未决羁押场所即看守所制度等密切关联。强制措施制度及其实践状况，是刑事诉讼中的人权保障、正当程序在多大程度上得到重视的集中体现。因此，研究强制措施制度还需要贯穿人权保障与程序正当的理念。

本章在对强制措施的概念、法律规定及相关问题的学术观点进行规范分析的基础上，梳理强制措施制度相关问题的学术讨论，汇集了较为前沿的有关强制措施制度和体系完善建议的理论观点和实践做法。掌握这些内容将有助于认识和把握现代强制措施制度和相关学说的发展，为该制度的研究提供系统而全面的视角。

第一节　强制措施的概念及相关法律规定

一、强制措施的概念

刑事司法实践的发展历程中，强制措施存在的历史甚为久远。《十二铜表法》第 1 条、第 2 条中就有关于将被告人押送到案的"拘捕"的规定。中国历史上第一部比较完整的成文法典《法经》中，也有关于拘捕人犯的条款。历史证明，刑事强制措施乃刑事诉讼的正常运行所必不可少的保障。

我国通行的观点认为，强制措施是指公安机关、人民检察院和人民法院为了保证刑事诉讼的顺利进行，依法对刑事案件的犯罪嫌疑人、被告人的人身自由采取限制或者剥夺的各种强制性方法。

强制措施本质上是对人身自由的限制与剥夺，具有五项特征。第一，适用主体具有法定性。根据《刑事诉讼法》的规定，强制措施的适用主体为公安机关、人民检察院和人民法院，其他任何机关、团体或个人都无权采取强制措施，否则就是对公民人身权利的任意干预与限制，情节严重者将受到刑法的制裁。第二，适用对象的特定性。刑事强制措施只能适用于犯罪嫌疑人和被告人，对于证人、被害人、鉴定人、辩护人、诉讼代理人等其他诉讼参与人不能采取强制措施。第三，适用内容的有限性。其内容是指对人身自由的限制，不包括对物品、财产权利、隐私权的干预与侵犯，后者如对物品的搜查、查封、扣押，在我国刑事诉讼中均被视为侦查行为。第四，适用过程的暂时性，即旨在预防犯罪嫌疑人、被告人可能存在的逃避审判、妨碍诉讼顺利进行或者再犯可能性及其他人身危险性，而采取的一种临时措施，其本身并非一种惩罚。第五，适用程序的法定性。由于强制措施涉及对公民人身权利的限制与剥夺，我国《刑事诉讼法》明确规定了公安、司法机关采用五种强制措施的适用条件和程序。该部分规定也是2012年修正的《刑事诉讼法》中变化最多、争议最大的内容。

在我国刑事诉讼法上，还存在一个极易与强制措施混淆的概念，即“强制性措施”。强制性措施，是指侦查机关所采取的涉及限制或剥夺个人人身自由、财产、隐私等权益的措施，既包括人身强制，如逮捕和拘留，又包括对物的强制，如搜查、扣押。[1]《刑事诉讼法》第108条第（一）项规定：侦查是指公安机关、人民检察院对于刑事案件，依照法律进行的收集证据、查明案情的工作和有关的强制性措施。这里所指的“强制性措施”与刑事诉讼法规定的拘传、取保候审、监视居住、拘留、逮捕五种强制措施有无联系和区别？对此法学界认识不一，主要有两种观点。

第一种观点认为，强制性措施外延大于强制措施。该观点认为，侦查的强制性措施不单纯是指《刑事诉讼法》规定的五种强制措施，还包括为确保证据的收集而采用的带有强制的方法，它体现在专门的各项调查活动中，强制性措施的外延大于强制措施。

第二种观点认为，二者既不等同，也不包含。首先，从法律规定及表现形式看，有关强制措施的规定见于《刑事诉讼法》第66~100条。而有关强制性措施的表述见该法第108条。其次，从目的看，强制措施的目的是限制犯罪嫌疑人、被告人的人身自由，以保障侦查、起诉、审判工作的顺利进行；强制性措施的目的则是通过对有关物品、场所和人身实施强制，以收集证据、查清案情和查获犯罪人。这种强制性措施是每个刑事案件的必用手段。再次，从适用对象看，强制措施的适用对象只能是人，而强制性措施的适用对象不但可以对人适用，也可以对物品、场所适用。最后，从适用阶段看，强制性措施只适用于侦查阶段，而强制措施则适用于整个诉讼程序。[2]多数学者持此种观点。

[1] 徐静村：《刑事诉讼法学》，法律出版社1999年版，第235页。

[2] 樊崇义主编：《刑事诉讼法研究综述与评价》，中国政法大学出版社1991年版，第11页；陈卫东主编：《刑事诉讼法资料汇编》，法律出版社2005年版，第147页；李忠诚：《刑事强制措施制度研究》，中国人民公安大学出版社1995年版，第8页。

不少学者对强制措施的概念进行了反思。有论者主张将强制措施和强制性措施两个概念统一起来，刑事诉讼法中不再区分强制措施和强制性措施。基于程序目的指向上的一致性，将保全证据的搜查、扣押、勘验、检查等强制性处分措施以及监听、采样等对隐私权的强制性干预措施统统纳入强制措施的序列加以规定，依据是否侵害公民基本权利来重新界定强制措施的概念，有利于避免法条上和理论上所面临的困境。[1]另有论者认为，强制措施概念的通说缺乏准确性、科学性，未能揭示出其本质特征，应将刑事强制措施的内涵界定为：公安、司法机关依法限制或剥夺公民基本权利的行为，其外延应包括对人的强制措施、对物的强制措施和对隐私权的强制措施，从而建立起具有完整性、层次性的刑事强制措施制度。[2]

二、强制措施的法律规定

关于在刑事诉讼中暂时限制或剥夺人身自由的规定，既应当从历史的角度认识其纵向发展演变，也需要通过横向比较拓宽认识。

（一）我国《刑事诉讼法》规定的演进

1979 年《刑事诉讼法》初步创立了由拘传、取保候审、监视居住、拘留、逮捕构成的强制措施体系。1996 年《刑事诉讼法》修改，废除了收容审查，“对不讲真实姓名、住址，身份不明和有流窜作案、多次作案、结伙作案的现行犯或者重大嫌疑分子，过去公安机关可以收容审查，改为公安机关可以先行拘留，并规定拘留期限可以延长至三十日”。修改了逮捕的条件，由“主要犯罪事实已经查清”修改为“有证据证明有犯罪事实，可能判处徒刑以上刑罚，采取取保候审、监视居住等方法，尚不足以防止发生社会危险性而有逮捕必要的”；完善了取保候审和监视居住，“除了保证人外，增加了财产保证；规定了保证人应当履

---

[1] 杨雄：“刑事强制措施概念之重构”，载陈光中等主编：《诉讼法理论与实践：司法理念与三大诉讼法修改》，北京大学出版社 2006 年版，第 215 页。

[2] 阮志勇：“我国刑事强制措施概念之再推敲”，载《湖北社会科学》2008 年第 11 期。

行的义务和承担的责任；明确了被取保候审和监视居住的人应当遵守的规定”。[1] 此外，公检法机关制定了相当细致的规定来落实。[2]

2012 年《刑事诉讼法》对强制措施作了重大修改。第一，进一步细化了逮捕条件。[3] 第二，完善了批捕程序。增加规定批捕时讯问和听取辩护律师的意见、逮捕后的羁押必要性审查。第三，改变了监视居住的条件并增加规定了指定居所监视居住。[4] 第四，对取保候审和监视居住所应遵守的具体规定予以细化并进一步加以区别。第五，延长了特殊案件传唤、拘传持续的时间并增加了保障人权的规定。[5] 第六，进一步完善关于通知家属的规定。[6]

现行《刑事诉讼法》因应《监察法》的出台、刑事司法实践的发展，对于强制措施制度的又作了如下修改：第一，理顺《刑事诉讼法》与《监察法》的关系，缩小了指定居所监视居住的范围；[7] 第二，将认罪认罚从宽原则贯彻到逮捕条件之中。[8]2021 年《刑诉法解释》在沿用原解释条文的基础上，根据司法实践反映的情况作了修改完善，主要涉及：（1）明确继续取保候审、监视居住的决定规则；（2）根据司法实践反映的情况对个别条文的规定作了微调，如对取保候审、

---

[1] 顾昂然："关于中华人民共和国刑事诉讼法修正案（草案）的说明"，载胡康生、李福成主编：《中华人民共和国刑事诉讼法释义》，法律出版社 1996 年版，第 253-254 页。

[2] 如 1999 年 8 月最高人民法院、最高人民检察院、公安部、国家安全部联合制定的《关于取保候审若干问题的规定》；2000 年 8 月最高人民检察院、公安部联合制定的《关于适用刑事强制措施有关问题的规定》等。

[3] 规定了三种应当或可以逮捕的情况：一是规定不逮捕不足以防止发生“社会危险性”的五种具体情况，应当逮捕；二是规定可能判处 10 年以上刑罚，或者特定身份情况的（曾经故意犯罪或身份不明）的，应当逮捕；三是被取保候审、监视居住的违反规定，情节严重的，可以逮捕。

[4] 三种（涉嫌危害国家安全犯罪、恐怖犯罪及特别重大的贿赂犯罪）案件在住处执行可能有碍侦查的，经上一级检察机关或公安机关批准，也可以在指定的居所执行。但是不得在羁押场所、专门的办案场所执行。

[5] 传唤、拘传持续的时间，一般不得超过 12 小时，案情特别重大、复杂，需要采取拘留、逮捕措施的，规定不得超过 24 小时，应当保证其饮食和必要的休息时间。

[6] 对被采取拘留和逮捕以及指定居所的监视居住之后，应当通知家属。但对被拘留的人，在涉嫌危害国家安全犯罪、恐怖活动犯罪，通知可能有碍侦查时，可以不通知家属。

[7] 第 175 条中删去了原有对于“特别重大贿赂犯罪”的监视居住之规定；并与之相对应对将批准机关改为“上一级公安机关”。

[8] 第 81 条第 2 款新增规定：批准或决定逮捕，应当将犯罪嫌疑人、被告人涉嫌犯罪的性质、情节、认罪认罚等情况，作为是否可能发生社会危险性的考虑因素。

监视居住送交公安机关执行的情形删去了“同级”的限定；（3）规定强制措施的自动解除制度。[1]

（二）我国台港澳地区相关规定

关于在刑事诉讼中暂时限制或剥夺人身自由的规定，我国台港澳地区有其特色。

1. 台湾地区的规定

（1）逮捕和羁押。在台湾地区，羁押是一种较长时间剥夺人身自由的强制措施，相当于大陆的逮捕。台湾地区“刑事诉讼法”对羁押的对象和条件有较严格的规定[2]。

（2）拘提。在台湾地区“刑事诉讼法”中，拘提是指在一定时间内拘束被告人自由，强制其到一定场所接受讯问的一种强制处分。其目的在保全证据或保证刑罚之执行。受刑人尚未羁押而传唤不到者和通缉犯，也可适用拘提。

（3）传唤。根据台湾地区“刑事诉讼法”第71条之一的规定，传唤被视为一种强制处分，有权传唤的机关，在侦查中为检察官，在审判中为审判长或受命推事。传唤被告所发传票，分别由检察官或审判长、受命推事签名。司法警察官或司法警察无权直接传唤被告。

2. 澳门特别行政区的规定

（1）羁押。澳门刑事诉讼有关法律将羁押分为两种：一种是对普通犯罪适用的羁押；另一种是对特定犯罪适用的羁押。对于前者，澳门刑事诉讼法设有严格的适用条件，只有当法官认为采用其他强制措施对于有关情况系不适当或不足够时，才可命令将嫌犯羁押。[3]

---

[1] 参见《刑事诉讼法解释》起草小组：“《关于适用刑事诉讼法的解释》的理解与适用”，载《人民司法》2021年第7期。

[2] 凡被拘提或逮捕到场的被告或犯罪嫌疑人（包括现行犯、通缉犯等）经讯问后，认为其犯罪嫌疑重大，并有下列情形之一，非予羁押，暂难进行追诉、审判或执行者，得羁押之：（1）逃亡或有事实足认为有逃亡之虞者。（2）有事实足认为有湮灭、伪造、变造证据或勾串共犯或证人之虞者。（3）所犯为死刑、无期徒刑或最轻本刑为五年以上有期徒刑之罪者。羁押的期限，侦查中不得逾2个月，审判中不得逾3个月。

[3] 柯葛壮：《刑事诉讼法比较研究》，法律出版社2012年版，第158–159页。

（2）拘留和传唤。澳门刑事诉讼有关法律未将拘留列入“强制措施”，但实质上也是一种暂时限制人身自由的措施。拘留分为现行犯拘留和非现行犯拘留，拘留的目的是多种多样的。[1]根据澳门刑事诉讼法之规定，传唤也未被视为强制措施。

3. 香港特别行政区的规定

（1）羁押。在香港刑事诉讼法律上，羁押在不同场合又称作扣留、还押、羁留等，其含义都是指将被控人关押于一定场所，等候司法机关审讯的一种强制措施。

（2）逮捕或拘捕。根据《香港刑事诉讼程序条例》第101条第5款的规定，法律上所称逮捕，有时又称拘捕等，也是一种短暂限制人身自由的强制措施，相当于内地的拘留和扭送。适用对象主要是犯有可逮捕罪的嫌疑人。“可逮捕罪”是“法例上有固定刑罚的犯罪或者依据法律可判处监禁12个月以上的犯罪，亦包括企图犯该等罪行”。

（三）德国的相关规定

德国刑事法上的强制措施均视为对基本权利之侵犯。[2]德国刑事诉讼法规定了三种限制人身自由的措施，为查明身份责令停止、暂时逮捕和审前羁押。[3]

1. 为查明身份而责令停止

警察对其怀疑已实施了犯罪行为的人可以责令其停止，进行搜查并拘留，以便确认身份。拘留在任何情况下都不得超过12小时。不得违背其意志对其进行搜查和提取指纹，除非存在进行搜查的独立理由。

---

[1] 其拘留的目的包括：（1）最迟在48小时内将被拘留人提交简易审判，或交由法官进行首次司法讯问，或对其采取强制措施；（2）确保其于法官主持诉讼行为时在场；（3）确保就缺席审判时所宣告的有罪判决作出通知；（4）确保徒刑或收容保安处分得以执行。参见《澳门刑事诉讼法典》第103条。

[2] ［德］克劳思·罗科信：《刑事诉讼法》，吴丽琪译，法律出版社2003年版，第273页。

[3] ［德］托马斯·魏根特：《德国刑事诉讼程序》，岳礼玲、温小洁译，中国政法大学出版社2004年版，第92–103页。

2. 暂时逮捕

暂时逮捕的目的是拘留犯罪嫌疑人以便检察院或警方能够启动对他的侦查。但是有一点是公认的，被逮捕的人必须被毫不延迟的带到法官面前，最迟延长至逮捕后的次日。法官听取嫌疑人的陈述，并决定对其实行审前羁押还是将其释放。

3. 审前羁押

施加审前羁押首先需要存在对嫌疑人已犯某种罪行的“紧急”怀疑，除了紧急怀疑外，法律列举了五种具体的理由，至少一种理由存在，审前羁押的令状才是合理的。犯罪嫌疑人可以就羁押令提起上诉，这种上诉通常由地区法院不经口头审理而作出裁决，他也可以申请签发法官对羁押令进行复议。即使没有嫌疑人的申请，审前羁押也会在下列情况下自动得到审查，包括法庭受理案件时，判决作出时，每隔 3 个月，被羁押人有律师时除外，以及被羁押人已被逮捕的 6 个月后。

（四）法国的相关规定

在法国刑事诉讼中，司法警察可以采取两项涉及人身自由的措施，分别是拘留和逮捕。[1]2000 年 6 月修改后的刑事诉讼法典设立了自由与羁押法官来决定审前羁押。自由与羁押法官的裁决应当说明理由，尤其是应当说明为什么必须适用先行羁押而不采用替代措施。自由与羁押法官的级别必须是法院的院长或副院长。[2]

（五）日本的相关规定

在日本，羁押人身的方法是逮捕和羁押，须依照法定主义和令状主义实施。逮捕是短时间的羁押，分普通逮捕、现行犯逮捕以及紧急逮捕三种。羁押是较

---

❶［法］贝尔纳·布洛克：《法国刑事诉讼法》，罗结珍译，中国政法大学出版社 2010 年版，第 233–235 页。

❷ 陈卫东、刘计划、程雷：“法国刑事诉讼法改革的新进展——中国人民大学诉讼制度与司法改革研究中心赴欧洲考察报告之一”，载《人民检察》2004 年第 10 期。

长时间的关押，分起诉前的羁押与起诉后的继续羁押两种。[1]普通逮捕即根据逮捕证的逮捕，其第一要件为有相当的“逮捕理由”，第二要件为有“逮捕的必要性”。逮捕权人是检察官、检察事务官或司法警察职员。他们在接收犯罪嫌疑人或被羁押人时，有告知犯罪事实和可以聘任辩护人的义务、给予辩护机会、及时审查和变更强制措施等。

羁押分为起诉前羁押与起诉后羁押。起诉前的羁押由检察官请求，法官决定。起诉后的羁押至第一次审判之日前由法官决定。法院收到保释申请时，只要不属于法定的除外事由，就必须批准保释。法院作出保释决定的时候，必须事先听取检察官的意见。

（六）英国的相关规定

英国涉及人身自由的强制措施有三种：逮捕、羁押和保释。逮捕分为有证逮捕和无证逮捕。1984 年《警察与刑事证据法》生效后关于逮捕的规定发生重大变化，[2]指控嫌疑人后，需要继续羁押的，由警察将嫌疑人带到治安法官席前，由治安法官经过听审程序加以决定。英国通过限制审判期限的方式来限制羁押期限。

英国的保释制度始于 1679 年颁行的《人身保护法》。《保释法》颁布于 1976 年，此后，保释制度又经过二三十年的发展，目前已相对发达。英国保释的适用越来越普遍，保释率达到 90% 以上，而 20 世纪六七十年代的保释率仅为 40%，90 年代为 80%。在英国，保释分为无条件保释和有条件保释两种形式。无条件保释是指嫌疑人无条件获得保释。一般情况下，应无条件保释，如情况变化，可以转化为有条件保释。英国内务部一项研究结果表明，1990—1993 年，被逮捕

---

[1] 只有对“存在一项或多项可以说得通的理由怀疑其实行了犯罪或者企图实行犯罪的人”才有实行拘留的可能性，只有司法警察能作出实行拘留的决定，实行拘留后，应当报告共和国检察官，而且检察官有权对拘留进行监督，可以查看拘留场所。对拘留的期限、审查延长期限的主体、未成年人的从宽政策、延长次数以及每次延长的时间等都有详细的规定。此外，每次对当事人进行讯问的时间、各次讯问之间隔的休息时间、当事人可能进食的时间，都应当在相同的登记簿上写明，笔录还应写明当事人对行使其权利提出的请求以及对这些请求所做的答复与处理。参见［日］田口守一：《刑事诉讼法》，刘迪等译，法律出版社 2000 年版，第 48-60 页；［日］松尾浩也：《日本刑事诉讼法（上卷）》，丁相顺译，中国人民大学出版社 2005 年版，第 104-122 页。

[2] 在侦查期间，无证逮捕已经成为惯用的方式，根据治安法官签发的逮捕通常只适用于嫌疑人的身份已经确定，但下落不明的情形。

的嫌疑人中，约 34% 被有条件保释，约 44% 被无条件保释，约 21% 被羁押。治安法院拒绝保释而决定的羁押一般为 20 天。❶

（七）美国的相关规定

美国逮捕分为有证逮捕和无证逮捕。在有证逮捕中，控告已经被记录在案并向治安法官出示，治安法官已经阅读并认为存在证明签发逮捕证正当性的“相当理由”。与此对应的是无证逮捕，通常发生在当警察出现在犯罪现场，或者在某些司法管辖区内公民就特定犯罪实施的逮捕。❷ 无论是有证逮捕还是无证逮捕，执行逮捕后，都必须将被捕人不迟延地带至治安法官处（初次到庭）。❸ 大多数案件，被告人会获得释放。❹

（八）国际人权公约的相关规定

《公民权利和政治权利国际公约》对羁押作了许多原则性的规定，主要集中在第 9 条。❺ 从我国的情况来看，一方面，羁押的正当程序应当对比该条的规定，另一方面，该公约对羁押的“数量”（等候审判的人受监禁不应作为一般规则）

---

❶ 庭前羁押的最长期限与案件性质有关：最严重的案件为 182 天，中等严重的案件为 112 天，轻罪案件（指治安法院审理的案件）为 56 天。关押每过 28 天法官需审查一次，根据情况变化作出变更。此外，保释在人员（比如对未成年人更优待）、处所、方法上都体现了一定程度的人性化设计，如通过一种电子转换装置进行监视，被保释人离开 200 米即自动报警。参见陈卫东、刘计划：“英国保释制度及其对我国的借鉴意义”，载陈卫东主编：《保释制度与取保候审》，中国检察出版社 2003 年版，第 117–126 页。

❷❸ ［美］罗纳尔多·V. 戴卡尔门：《美国刑事诉讼——法律和实践》，张鸿巍等译，武汉大学出版社 2006 年版，第 41–42 页。

❹ 具体方式包括：（1）具结释放。如果被告人已被逮捕，最宽松的条件是具结释放。具结释放只要被告人同意回来参加全部法院开庭，就允许释放被羁押的被告人等候法院的进一步诉讼。（2）附条件释放。法官也许愿意以具结的方式释放被告人，但会要求被告人遵守一些附加的条件。（3）金钱保释、保证人保证。［美］爱伦·豪切斯泰勒·斯黛丽、南希·弗兰克：《美国刑事法院诉讼程序》，陈卫东、徐美君译，中国人民大学出版社 2002 年版，第 339–370 页。

❺ 该条规定了五个方面的内容：①人人有权享有人身自由和安全。任何人不得加以任意逮捕或拘禁。除非依照法律所确定的根据和程序，任何人不得被剥夺自由。②任何被逮捕的人，在被逮捕时应被告知逮捕他的理由，并应被迅速告知对他提出的任何指控。③任何因刑事指控被逮捕或拘禁的人，应被迅速带见审判官或其他经法律授权行使司法权力的官员，并有权在合理的时间内受审判或被释放。等候审判的人受监禁不应作为一般规则，但可规定释放时应保证在司法程序的任何其他阶段出席审判，并在必要时报到听候执行判决。④任何因逮捕或拘禁被剥夺自由的人，有资格向法庭提起诉讼，以便法庭能不拖延地决定拘禁他是否合法以及如果拘禁不合法时命令予以释放。⑤任何遭受非法逮捕或拘禁的受害者，有得到赔偿的权利。

和羁押的“质量”（羁押应接受司法审查）所作的规定，需要引起特别的注意。

第二节　强制措施问题研究综述

强制措施的性质、功能、适用原则以及各种强制措施适用中的具体问题，是学界广泛关注、讨论的问题，掌握这些问题对强制措施制度的完善、刑事诉讼基础理论研究的深化和刑事诉讼观念的转变都有重要意义。

一、强制措施的性质、功能及适用原则研究

强制措施的性质、功能和适用原则彼此关联性很强，是需要关注的基本问题。

（一）强制措施的性质

有论者认为，强制措施的性质在于它的诉讼性和保证性。诉讼性是指强制措施的程序意义，也意味着这是公检法机关在诉讼中所采用的程序性措施；保证性是指适用强制措施的目的在于保证刑事诉讼的顺利进行。[1]有论者将强制措施的性质概括为三点：（1）强制性。任何种类的强制措施都具有强制性，这是由刑事司法本身的强制性亦即与之相随的刑罚的暴力性所决定的。（2）临时性。刑事诉讼中对犯罪嫌疑人或被告人采取的强制措施与诉讼活动的进程相联系，并与之相始终。随着刑事案件的产生，侦查活动的开展，司法机关掌握了充分的证据证明犯罪事实，强制措施才有了存在的可能。随着案件终结，强制措施也当然被取消。（3）程序性。强制措施的程序性意味着犯罪嫌疑人、被告人只有在具有妨碍诉讼顺利进行的行为或存在这种可能的情况下，才可对其适用强制措施。并且采

[1] 陈光中、徐静村主编：《刑事诉讼法学》，中国政法大学出版社 2002 年版，第 214 页。

取强制措施时，要严格条件、区别对待，每一种强制措施的适用过程都要符合诉讼程序的要求，注意保护被适用强制措施对象的合法权益。[1]另有论者认为，强制措施还具有依附性。强制措施的存在以刑事诉讼的存在为前提，依附于刑事诉讼各阶段诉讼行为的进行。如果诉讼活动结束，则强制措施就失去了应有的功能而随之终止。[2]

（二）强制措施的功能

有论者认为，强制措施的功能具体体现在：第一，保障诉讼顺利进行的功能。当司法机关采取了相应的强制措施后，就可能最大限度地防止现行犯、犯罪嫌疑人、被告人逃避侦查、起诉和审判；防止被告人、现行犯或者重大犯罪嫌疑人串供、隐匿或者伪造证据。第二，可以防止犯罪嫌疑人、被告人、现行犯等继续作案，再犯新罪。第三，防止现行犯、犯罪嫌疑人或者被告人自杀、自残或者发生其他意外事件。

有学者把强制措施的功能分为个体效用、法律效用等。个体效用是指在刑事诉讼过程中强制措施对被告人个人的影响。强制措施的适用意味着其人身自由权利的部分或全部丧失，以及与司法机关合作进而接受司法审查的强制性义务的承担。法律效用是指强制措施的适用，表明刑事诉讼活动正在进行、被告人性质的基本确定和被告人特殊诉讼地位的形成，他们普遍具有了委托辩护人的权利、提出证据证明自己无罪或罪轻的权利、保持沉默的权利、申请保释的权利等。

也有论者把刑事强制措施的功能分为保障性、预防性、保护性等几方面。一是刑事强制措施的保障性功能：（1）可以防止犯罪嫌疑人、被告人逃避诉讼。（2）可以防止犯罪嫌疑人、被告人通过毁灭罪证、伪造证据、串供或者干扰证人作证妨碍侦查机关迅速查明案情。（3）保障刑罚执行的顺利进行。二是预防性功能。有些犯罪嫌疑人、被告人涉嫌犯罪后并不思悔改，伺机继续犯罪。尤其是那些主观恶性较深的惯犯，更难轻易停止犯罪。有的犯罪嫌疑人、被告人在其罪行暴露后，还可能铤而走险对举报人、被害人、证人等进行报复。这一功能主要是预防犯罪嫌疑人、被告人继续犯罪。三是保护性功能。刑事强制措施虽然是限制

---

[1] 谢佑平：“论刑事诉讼中的强制措施”，载《政法学刊》1996 年第 1 期。

[2] 李忠诚：《刑事诉讼强制措施研究》，中国人民公安大学出版社 1995 年版，第 14–15 页。

或者剥夺犯罪嫌疑人、被告人的人身自由的措施，但是也具有保护犯罪嫌疑人、被告人的功能。在某些特殊情况下，被羁押者处于监管状态，就可防止自杀事件，有时也具有保障其人身安全防止被害的功能。

（三）强制措施的适用原则

有论者认为，强制措施的适用要遵循以下几个原则。第一，合法性原则。即必须严格按照法律规定的批准权限、适用对象、条件、程序和期限适用。第二，必要性原则。即只有在为保证刑事诉讼的顺利进行而有必要时才能采取，不得随意适用强制措施，更不能将强制措施作为一种处罚手段。第三，相当性原则。又称比例性原则，即适用何种强制措施，要与行为人的人身危险性程度相适应。第四，变更性原则。即任何强制措施，随着诉讼的进展和案情的变化要及时进行变更或解除。[1]

也有论者认为，适用强制措施还须遵循司法化原则和可救济原则。前者要求，为实现公民权利与社会公共利益的协调，应在强制措施制度中设置相应的司法审查程序，以实现对国家权力的事先性程序预防。可救济原则包括两种方式：一种是设立人身保护令制度，处于羁押状态的犯罪嫌疑人、被告人有权向当地法院申请人身保护令，以解除对他的非法羁押。另一种是设置中间救济程序，在法庭审判前，处于羁押状态的犯罪嫌疑人、被告人有权就羁押决定提出上诉，以使对他的羁押得到上一级法院的复查。[2]

还有论者指出，强制措施的适用还要遵循个别化原则，有关机关应当考虑犯罪嫌疑人、被告人的身体健康状况，以及其是否是正在怀孕、哺乳自己婴儿的妇女等，以便作出是否应当采取强制措施以及采取何种强制措施的决定。[3]

---

[1] 陈卫东主编：《刑事诉讼法》，中国人民大学出版社 2004 年版，第 196 页。
[2] 易延友：《刑事诉讼法》，法律出版社 2004 年版，第 181–182 页。
[3] 张建伟：《刑事诉讼法通义》，清华大学出版社 2007 年版，第 458 页。

二、刑事拘传相关研究

在 2012 年《刑事诉讼法》修正以前，已有论者建议从以下几方面完善拘传制度：（1）明确拘传条件。（2）延长拘传的时限至 24 小时，以满足实践的需要。（3）规定拘传的间隔，以 24 小时为宜。（4）统一拘传令状。（5）充实拘传程序。同时，还应注意保护被拘传人的身体及其名誉，尽量减少对被拘传人合法权益的侵犯；拘传时使用强制力和警械的，不得超过必要限度，而非仅仅从使用武器与警械角度进行原则性要求；拘传后应立即告知其涉嫌的犯罪以及可聘请律师为自己提供法律帮助的权利；拘传后立即讯问，不得到场后先行滞留。[1]

2012 年《刑事诉讼法》将部分案件的拘传时限从 12 小时延长到 24 小时，规定"案情特别重大、复杂，需要采取拘留、逮捕措施的，传唤、拘传持续的时间不得超过 24 小时"。对此，有论者认为这是警察权力扩张的表现，有的却认为，是侦查部门现实需求的反映。[2]

三、取保候审相关研究

（一）关于取保候审功能的探讨

有论者提出，我国取保候审的预设功能立足于其强制措施性质，抵消了其实现人权保障、程序保障和诉讼效益的功能，应当从两个方面加以改善：一是取保候审的权利化。必须确立取保候审的权利属性，使其制度结构由"权力主导型"转变为"权利主导型"，从而引导由控制犯罪向保障人权的转变；二是取保候审的程序化。必须重新理顺取保候审的操作流程，使取保候审由行政审批模式转变为诉讼程序模式。[3]

---

[1] 刘召刚："刑事拘传的立法完善"，载《上海高等公安专科学校学报》2006 年第 1 期。

[2] 刘坤绘："12 小时与 24 小时：拘传时限的利弊权衡"，载 2011 年 10 月 19 日《人民日报》。

[3] 宋英辉、王贞会："对取保候审功能传统界定的反思"，载《国家检察官学院学报》2007 年第 4 期。

（二）取保候审实施中的问题

有论者总结了我国取保候审制度实施过程中的主要问题：第一，获批难。我国《刑事诉讼法》第97条、第99条赋予被追诉人申请取保候审的权利，但实践中其申请很难获得批准。第二，被滥用。一是对部分轻微案件，把取保候审保证金作为变相罚款，甚至作为终结案件处理的一种途径。二是对于有罪证据不足，没有批准逮捕或者作出撤销案件、不起诉、终止审理、撤销起诉的案件，以“取保候审”的名义悬置起来，作为不追究刑事责任案件的一条“出路”。三是执行随意性较大，被追诉人是否遵守了取保候审的相关规定完全由执行机关单方面决定，没有相应的制度保障被取保候审人获得申辩和救济机会。第三，取保候审后的侦查、审查起诉、审判期限得不到严格执行，办案期限最大化，严重侵犯当事人权益。

有论者指出中国取保候审的功能在立法和司法中出现了两次异化，进而呈现出实体化问题，具有了惩罚化、实体裁判预期化和变相刑罚化的特征。其背后，体现出我国刑事诉讼法依附于刑法的深层次问题。[1]

（三）借鉴域外制度的探讨

学界常以域外保释制度作类比分析。保释制度发源于12—13世纪的英国，是指在被逮捕的人提供担保或者接受特定条件的情况下将其释放的制度，被视为被追诉人的一项基本权利，保释制度有两个根本性前提：人在被证明有罪前都是无罪的；无罪的人都享有自由权利。[2]

我国取保候审制度与西方保释制度具有不少相似之处，如都不对被指控者实施羁押措施而予以释放；都要求提供必要的保证或者要求提供财产作为保证等。二者的区别主要有以下四点：首先，关于是否准予的前提，取保候审需要符合法定条件并经过有关机关的批准，而保释则是如无法定特殊情况应当对被指控者普遍适用；其次，决定主体不同，保释都是由法庭审理作出的，而取保候审的主体则根据诉讼阶段不同而变化；再次，救济措施不同，西方保释制度中设立了对于

---

[1] 褚福民：“取保候审的实体化”，载《政法论坛》2008年第2期。

[2] ［英］麦高伟、杰弗里·威尔逊主编：《英国刑事司法程序》，姚永吉等译，法律出版社2003年版，第103-115页。

不准予保释情况下被追诉人的救济制度，而对于不准予取保候审的决定，我国没有任何法律救济措施；最后，期限不同，保释通常不设定期限，而取保候审则有最长不得超过 12 个月的期限限制。[1]

有论者指出，应借鉴保释的诉讼理念，建立相应的配套措施，改造取保候审为保释制度，并提出保释适用案件从未成年人到罪行不太严重犯罪到比较严重犯罪的改革路径。[2]有论者认为，应将取保候审的决定权赋予法官，引进具结释放的保证方式，规定保证金的最高限额；规定被取保候审人违反应当遵守的法定义务单独构成新的犯罪；规定控辩双方对取保候审决定不服的救济程序。[3]也有论者提出完善取保候审的保证方式，比如允许同时确定多名保证人，增设承诺的取保方式等。[4]

另有论者对引进保释制度提出反对意见，并认为人们在观念上应当将取保候审作为公民权利来对待，而不应纯粹视为公安司法机关单方面拥有的权力。改变取保候审使用率低的现实，无须引入保释，通过转变观念，改革取保候审立法，完善取保候审制度也可实现。[5]还有论者论证了借鉴保释制度的不可行，认为保释制度赖以产生和发展的两个深厚理论基础，无罪推定和人身自由权利原则在我国立法中尚未真正确立。[6]

四、监视居住相关研究

（一）监视居住实施中的问题

根据《刑事诉讼法》第 75 条的规定，有住处的必须在其住处执行监视居住，

---

[1] 陈卫东主编：《保释制度与取保候审》，中国检察出版社 2003 年版，第 161-162 页。

[2] 陈卫东、刘计划："英国保释制度及其对我国的借鉴意义"，载陈卫东主编：《保释制度与取保候审》，中国检察出版社 2003 年版，第 131-133 页。

[3] 徐静村、潘金贵："论英国保释制度及其借鉴意义"，载陈卫东主编：《保释制度与取保候审》，中国检察出版社 2003 年版，第 150-152 页。

[4] 宋英辉、何挺："我国取保候审制度之完善——以加拿大的保释制度为借鉴"，载《法学评论》2007 年第 5 期。

[5] 李建明："取保候审法律性质的错位兼论保释制度代替取保候审不必要性"，载陈卫东主编：《保释制度与取保候审》，中国检察出版社 2003 年版，第 397-399 页。

[6] 元轶："取保候审制度与保释制度的比较法考察及其改良"，载《比较法研究》2008 年第 2 期。

只有在没有固定住处时才能在指定居所执行。但实践中，有的犯罪嫌疑人、被告人明明是本地居民也被安排在指定居所进行监视居住。一些基层公安机关往往租用招待所，将本机关所有被监视居住人都关押在内，另加警察看守，且由被监视居住者负责本人和看守人员的食宿费用。这其实已成为一种变相羁押。对此，有论者建议，必须有一定的制约措施。一是通过刑事诉讼程序予以救济。对变相拘禁的，被监视居住的人及其法定代理人、家属或者委托的律师可以要求决定机关予以纠正，或者向上一级人民检察院申诉，请求其责令下一级决定机关纠正。二是通过国家赔偿程序予以救济。被变相拘禁的犯罪嫌疑人、被告人及其法定代理人可以向错误执行监视居住的机关要求赔偿非法剥夺其人身自由对其造成的损失。❶

也有论者主张建立专门的监视居住场所，如英国 20 世纪 90 年代就建立了一种特定的保释饭店，是为附条件保释者专门开设的。❷

（二）关于监视居住存废的争议

2012 年《刑事诉讼法》单独规定了监视居住的适用条件，严格了批准程序，规定了人民检察院的监督职责、通知家属、律师会见以及指定居所监视居住的期限折抵刑期等内容。但这些改进，并未能消除关于其存废的基本争点。

1. 废除监视居住

主张废除监视居住的理由有三。其一，适用监视居住的对象、条件不够明确，使监视居住的区域范围难以掌握，范围大了无法监视，范围小了又会形成变相羁押。其二，监视居住的执行条件因客观情况的变化而逐渐消失。公安派出所任务重、人手少，难以监视；基层组织力量薄弱，受委托的单位不愿意或者不对被追诉人进行监视。其三，监视居住与取保候审在适用对象、条件、作用、目的等方面相似，绝大多数可用取保候审取代。

还有论者认为，在本质上监视居住是犯罪嫌疑人、被告人在审前获得释放所附

---

❶ 周伟："关于监视居住的几个问题"，载《当代法学》2000 年第 4 期。

❷ 陈建新："对监视居住措施实施现状的调查与思考"，载《人大研究》2003 年第 1 期。

加的条件，没有必要将其与取保候审作为两种不同的强制措施，应当合二为一。[1]

2. 保留并完善监视居住制度

有人认为，监视居住与取保候审存在很大区别，有其自身价值和存在必要。[2]监视居住比取保候审更为严厉，是取保候审的补充。它可以适用于犯罪嫌疑人、被告人符合取保条件但不具备取保能力的情况，如外来人员、流动人口、外国人或无国籍人。大多数经济犯罪案件的犯罪特征在侦查初期并不十分明显，如究竟是合同诈骗还是合同纠纷，有待进一步查证。若是此时将嫌疑人逮捕，显然不符合条件，拘留时间又比较短，难以查明案情，采取取保候审则可能放纵犯罪。

五、刑事拘留相关研究

1996 年《刑事诉讼法》对刑事拘留取消了“罪该逮捕”的限制，并在废除收容审查的同时，增加了两种可以先行拘留的情形，即“不讲真实姓名、住址、身份不明的”和“有流窜作案、多次作案、结伙作案重大嫌疑的”现行犯或者重大嫌疑分子。现行《刑事诉讼法》第 82 条第（六）（七）项保留了此规定。

有论者认为，该规定存在以下问题。第一，只要嫌疑人符合《刑事诉讼法》第 82 条规定的 7 种情形之一，即使公安机关在对其决定拘留时就明知其只会判处管制、拘役或者独立适用附加刑，也完全可以刑事拘留。这同国际上的“审前羁押一般仅适用于可能被处以较重刑罚的涉嫌犯罪者”的准则是矛盾的。第二，尽管犯罪嫌疑人可能被判处徒刑以上刑罚，但采取取保候审或监视居住可以防止发生社会危险性，公安机关也可对其决定刑事拘留，这也不符合刑事强制措施使用中的相当性原则。第三，只要是符合 7 种情形之一的现行犯或重大嫌疑分子，哪怕属于拘留时就明知其属于“犯罪情节轻微，依照刑法规定不需要判处刑罚或者免除刑罚的”，公安机关对其刑事拘留也不违法，这正是导致“以拘代罚”的重要原因。第四，司法实践中，《刑事诉讼法》第 82 条规定的 7 种情形涵盖面过于宽泛，缺乏可操作性。

---

[1] 徐美君：“对刑事强制措施制度的研究”，载《法学杂志》2004 年第 1 期；陈静芳：“监视居住强制措施应予废除”，载《人民司法》2007 年第 17 期。

[2] 徐俊：“浅谈监视居住的适用价值及其完善”，载《政法学刊》2000 年第 2 期。

基于上述原因，有人认为，刑事拘留似乎变成了公安机关对任何犯罪嫌疑人都可以适用的一种强制措施，甚至使这种紧急措施不再具有紧急性的特点。司法实践中，“以拘代罚”“以拘代捕”大量存在，严重侵犯了公民的人身权利，少数地方甚至对那些属于《刑事诉讼法》第 16 条规定的不应当追究刑事责任的违法行为人，也采用刑事拘留而不需承担任何责任，因为，《国家赔偿法》第 17 条规定，对“依照刑事诉讼法规定的条件和程序对公民采取拘留措施”，只有在“拘留时间超过刑事诉讼法规定的时限”情况下，国家才承担赔偿责任。为此，有论者建议修改《刑事诉讼法》第 82 条，明确拘留只能对可能被判处徒刑以上刑罚的现行犯或重大嫌疑分子在紧急情况下适用，以求符合国际司法准则。[1]

有论者指出，鉴于司法实践中扩大拘留适用范围、以拘留代替侦查以及随意延长拘留时间等问题比较普遍，主张确立拘留是一种临时强制措施的观念，严格控制其适用的范围，明确拘留的时间限制，完善错拘惩罚机制。[2] 还有论者提出，应在刑事拘留程序中引入听证制度。

六、逮捕制度相关研究

对逮捕制度的研究，学界并未仅限于法律的规定，而是对其所涉及的原理、原则等学理问题，展开了深入探讨。

（一）逮捕的原则

有论者根据刑事诉讼法的规定及相关原理，认为实施逮捕要遵循以下原则：（1）合法性原则，是指逮捕必须符合法律规定的要求，即具有法定条件，符合法定程序，并经法定机关执行。（2）公正原则，即公平、正直、正当、正义。（3）谦抑原则，即在批准或决定逮捕的过程中，尽可能地少捕或不捕，以减少逮捕带给人权的危险性，取得最佳的法律效益和社会效益。（4）即时原则，即警察或法定的执行机构一旦收到了逮捕令，必须马上执行；或者在遇有紧急情况时，无须取得逮捕令，即可以紧急执行。（5）示证和告知权利原则，是指在执行逮捕

---

[1] 龚德云：“刑事拘留条件质疑”，载《湖南公安高等专科学校学报》2000 年第 6 期。

[2] 吕志平：“刑事拘留适用中的误区及对策”，载《人民检察》2002 年第 10 期。

时，必须向被逮捕的犯罪嫌疑人、被告人出示逮捕证或者逮捕令，并告知其应当享有的诉讼权利。[1]

（二）逮捕的证明标准

1. 有关逮捕证明标准的不同学说

关于我国《刑事诉讼法》中逮捕的证明标准目前有如下观点。

一是相当证据说。该观点认为只要有相当证据证明发生了犯罪事实，并且该犯罪事实是犯罪嫌疑人所为，便符合逮捕条件，在证明程度上不一定达到充分的程度。[2]坚持这一观点的学者主要从以下三个方面论证自己的主张：第一，从法解释学的角度，根据《刑事诉讼法》规定，“事实清楚，证据确实、充分”的证明标准仅适用于对“被告人”的定罪量刑，而不包括对犯罪嫌疑人审查逮捕等活动。尽管立法上并未明确有证据证明的具体内涵和要求，但针对逮捕和定罪量刑采取了完全不同的表述方式，其本身就表明了两者存在证明程度的差异。第二，从证据法的角度，案件提请批捕时还属于侦查阶段，属于“不完整的案件”，案情尚未完全查明，相关证据仍处于收集和调取的过程中，此时要求达到“排除合理怀疑”的证明标准，是不符合证明规律与办案规律的。第三，从比较法的角度，域外法治国家，不论是英美法系还是大陆法系国家，虽然表述不同，但逮捕的证明标准高于刑事侦查的诉讼程序启动标准，而低于定罪量刑的证明标准。[3]这不仅是证明标准科学性的体现，同时也是刑事诉讼程序阶段性特征的要求。

二是若干确实的证据说。证明有犯罪事实的证据在质上要达到“确实”的程度，在量上要有两个以上可相互印证的证据，但不必达到充分的程度。[4]

三是初步确定的观点说。所谓“初步确定”，包括以下含义：（1）作出判断的基础是建立在初步侦查所收集的证据上，证据尚未达到最充分、全面的程度。（2）判断所依据的证据要查证属实，具有真实性，合法性。（3）查证属实的证据

---

[1] 孙谦：“论逮捕的原则”，载《法学家》2000年第5期。

[2] 樊崇义主编：《刑事诉讼法学》，中国政法大学出版社1996年版，第186页。

[3] 万毅等：《刑事诉讼法2012年修正案实施情况调研》，上海三联书店2015年版，第159–160页。

[4] 朱孝清：“关于逮捕的几个问题”，载《法学研究》1998年第2期。

足以使一般人形成犯罪嫌疑人实施了犯罪的初步认识。❶

四是“三基本”条件下合理相信说。在客观方面，基本犯罪事实清楚、基本犯罪证据确实、基本犯罪指向明确，这三个要素必须同时具备，缺一不可。在主观方面，检察官对证据进行审查后，有合理的理由相信犯罪行为就是犯罪嫌疑人所为，从而赋予检察官自由裁量权和合理相信权。这里的合理相信是指检察官合乎逻辑思维下的理性裁量。❷

五是一般与特殊标准说。有论者从逮捕的性质、功能、逮捕在整个刑事诉讼活动中所处的阶段以及逮捕决定机关肩负的法律监督职责等多方面的因素，论证逮捕的证明标准应当达到或者接近起诉的证明标准。❸

2. 逮捕社会危险性的证明标准

逮捕社会危险性要件在我国立法和司法中，经历了从无到有、从笼统到具体、从被忽视到被重视的发展历程。立法上，1996 年《刑事诉讼法》修正时作了规定，此前一直阙如；2012 年《刑事诉讼法》修正又将其细化为五种特定情形。司法中，社会危险性审查则长期处于可有可无状态，2012 年后，在审查逮捕工作中比重逐渐提高，但实务部门仍普遍反映在责任承担方面争议较大，认定标准很难把握。2015 年 11 月最高人民检察院、公安部出台《关于逮捕社会危险性条件若干问题的规定（试行）》，规定检察机关办理审查逮捕案件，应当严格审查是否具备社会危险性条件；公安机关侦查刑事案件，应当收集、固定犯罪嫌疑人是否具有社会危险性的证据。解决了社会危险性是否要证明、证明责任由谁承担以及证明模式等一些重大问题，为司法实践提供了一定遵循。

有论者认为，对社会危险性的证明，多数情况下呈现“证明（ 基础事实）+推论（待证事实）”的结构，即社会危险性的大小存否，并非运用证据直接证明，而是基于基础事实进行推论的结果。学界对于社会危险性条件的证据应采取何种证明标准存在分歧，有优势证据、合理根据、高度盖然性等几种观点。实务界考虑社会危险性具有难以证明的特点、人权保障与惩罚犯罪的平衡以及对司法效率

---

❶ 周炳亮、黄楚元：“初步确定：逮捕的证明标准”，载《广西政法管理干部学院学报》2004 年第 2 期。

❷ 贺恒扬：“审查逮捕的证明标准”，载《中国刑事法杂志》2006 年第 2 期。

❸ 毛晓玲：“逮捕证明标准研究”，载《人民检察》2003 年第 7 期。

的合理追求，认为应以优势证据的证明标准为宜。

（三）附条件逮捕

附条件逮捕并不是严格意义上的法律用语，也不是法律文件的明确规定，只是司法部门对“证据有所欠缺但已基本构成犯罪”情况下适用逮捕措施的一种概括称谓。[1]2005 年 5 月 11 日召开的全国检察机关第二次侦查监督工作会议对附条件逮捕作了讨论，提出：其一，对逮捕的三个条件要全面把握、整体衡量，其中“有证据证明有犯罪事实”这一条件要以“证据所证明的事实构成犯罪”为原则，以“证据所证明的事实基本构成犯罪”为例外。其二，确需逮捕的，现有证据所证明的事实必须基本构成犯罪；根据现有证据综合分析，案件经过进一步侦查，能够取得定罪所必需的证据；必须符合逮捕的可能处刑条件和社会危险性条件。其三，为了保证这类案件的逮捕质量，在批捕时，要采取两条保障措施：一是要给侦查机关发补充证据通知书，并跟踪掌握其补证情况；二是对侦查机关经过努力仍然难以取到证明构成犯罪的充足证据的，要及时撤销批捕决定。[2]

对附条件逮捕制度，一直存在不少争论，焦点集中在这一制度的合法性和正当性上。

否定论者认为，附条件逮捕直接冲击了我国的法治原则和《刑事诉讼法》第 81 条所规定的三个不可偏废的逮捕条件，是有关部门通过自我授权的方式任意剥夺一个公民的自由，有“以捕代侦”之嫌，使逮捕完全沦为破案的需要。[3]在实践中，存在着任意扩大适用范围，逮捕比例高，违背程序现象严重，不利于提高公安机关办案质量等问题。[4]肯定论者认为，附条件逮捕并没有突破逮捕的法定标准，而是“对法律规定的逮捕证据标准的进一步阐释”[5]，是对逮捕条件的法

---

[1] 余浩：“附条件逮捕的内涵与功能探析”，载《山东警察学院学报》2008 年第 6 期。

[2] 冀祥德：“附定罪条件逮捕制度论——兼评《人民检察院审查逮捕质量标准（试行）》第 4 条”，载《法学家》2009 年第 4 期。

[3] 陈卫东：“关于逮捕条件与程序若干问题的思考”，载《河南社会科学》2009 年第 6 期；李继华：“附条件逮捕的四个争论”，载伦朝平、甄贞主编：《附条件逮捕制度研究》，法律出版社 2008 年版，第 44 页。

[4] 张兆松：“附条件逮捕制度批判”，载《现代法学》2009 年第 5 期。

[5] 高景峰：“附条件逮捕的法律和现实价值”，载《人民检察》2008 年第 20 期。

律回归[1]，“并没有牺牲对人权的保障，而是基于安全价值与自由价值平衡之后的必然选择”[2]，因而具有合法性和正当性。

有学者对附条件逮捕表示审慎的欢迎，认为它有利于建立案件分流机制。也有论者指出，应注意附条件逮捕改革的规范化问题，严防扩大化适用。[3]有学者主张应将附条件逮捕定位为附定罪条件逮捕，该制度应当包括逮捕前的案件分流机制，也包括逮捕时的听证机制与侦查指导机制，还包括逮捕后的羁押审查机制和权利救济机制。[4]

（四）逮捕的现状及改革

很长一段时期内，我国逮捕适用有以下三个特点：逮捕数量巨大，逮捕率高；羁押时间长；超期羁押大量存在，非法羁押合法化。其根本原因在于逮捕功能的异化，成为打击犯罪、维护社会稳定的工具，被视为惩罚和追究责任的一种方式，承担了预支刑罚的功能。[5]有论者建议对逮捕制度作以下改革：改行司法令状主义，实行逮捕与羁押相分离；根据国际公约的要求，完善被羁押者权利；改革羁押场所，实现羁押场所中立化。[6]还有论者建议在逮捕程序建立审查逮捕时听取律师和犯罪嫌疑人意见的制度及羁押必要性审查制度。犯罪嫌疑人和律师对侦查机关认定有逮捕必要等意见可以提出反驳，有权提供证据证明无逮捕必要。人民检察院对已作出批准逮捕决定的案件，应当在规定期限内（比如侦查终结时）或者根据犯罪嫌疑人的申请，再次审查是否有继续羁押的必要，以决定是否变更强制措施。此外，犯罪嫌疑人或其律师对检察院批准逮捕决定不服的，可以提出复议或复核。[7]

---

[1] 林琳：“附条件逮捕制度价值研究及制度完善”，载《北京政法职业学院学报》2008年第4期。

[2] 邓思清、盛宏文：“有条件逮捕的法理基础及制度建设”，载《人民检察》2009年第2期。

[3] 汪建成：“附条件逮捕改革述评”，载《烟台大学学报（哲学社会科学版）》2009年第4期。

[4] 冀祥德：“附定罪条件逮捕制度论——兼评《人民检察院审查逮捕质量标准（试行）》第4条”，载《法学家》2009年第4期。

[5] 刘计划：“逮捕功能的异化及其矫正——逮捕数量与逮捕率的理性解读”，载《政治与法律》2006年第3期。

[6] 陈卫东、刘计划：“谁有权利逮捕你——试论我国逮捕制度改革（上、下）”，载《中国律师》2000年第9期、第10期。

[7] 韩晓峰、王海：“逮捕必要问题研究”，载《人民检察》2010年第8期。

立法对改革逮捕制度的呼声作出了回应。2012 年《刑事诉讼法》第 86 条规定了人民检察院审查批准逮捕时讯问犯罪嫌疑人程序，第 93 条规定人民检察院有权对羁押进行必要的审查。认罪认罚从宽制度的确立也对提高不捕率、降低羁押率起到很大的作用。[1]2019 年 10 月“两高三部”发布的《关于适用认罪认罚从宽制度的指导意见》第 19 ~ 21 条专门规定，将认罪认罚作为被追诉人社会危险性评估的重要依据，依法尽量采取非羁押性强制措施；对于认罪认罚、罪行较轻且没有社会危险性的被追诉人，公安机关可依法不提请逮捕、检察院可依法不批捕，或者法院、检察院进行羁押必要性审查时，及时作出变更强制措施的决定。

司法实践显然走得更远一些。近年来，有的地方探索试点了审查逮捕听证程序。着眼于完善批捕权的行使方式，以程序保障为思路，赋予辩方阅卷、到场、辩论等一系列权利，构建以检察官居中听审、两造对抗的“诉讼化”审查模式，既实现了逮捕审查的正当化展开，也提升了批捕程序的人权保障水平。审查逮捕听证程序改革是一个系统过程：一方面，应在总结试点经验和借鉴域外制度的基础上出台规范性文件，明确规定审查逮捕听证程序的启动方式、参与人员、审查内容和救济途径；另一方面，完善相关配套制度，最大程度地发挥审查逮捕听证程序的应有作用。同时以司法责任制改革为契机，赋予并强化检察官对普通刑事案件的批捕权和因无社会危险性不批准逮捕的权力。[2]

对于改革的进展，有论者提出，应当认真对待逮捕批准程序行政化与羁押必要性审查程序诉讼化之间的反差：近年来羁押必要性审查制度的不断改革完善，逐步确立了检察官居中听取控辩双方意见的诉讼化审查模式。反观同为羁押决定程序的批准逮捕程序，2012 年《刑事诉讼法》仅仅规定了讯问犯罪嫌疑人程序以及必要时可以询问诉讼参与人、听取律师意见的程序，远未具备两造对质的诉讼化构造。伴随着羁押必要性审查程序的司法化、诉讼化，处于前端的批准逮捕程序也应与之保持同步，推进程序上的诉讼化与司法化。[3]还有论者经过实证研究认为，前两次修法对逮捕适用没有产生明显影响，过度适用逮捕的问题未获

---

[1] 根据最高人民检察院发布的 2019 年至 2020 年 8 月的数据显示，认罪认罚案件的不捕率达到 40.47%，而整体案件的不捕率是 22.16%，相差 18.3 个百分点。

[2] 周新：“审查逮捕听证程序研究”，载《中外法学》2019 年第 4 期。

[3] 陈卫东：“羁押必要性审查制度试点研究报告”，载《法学研究》2018 年第 2 期。

解决。究其根本原因，是检察机关惯于先行作出“有罪认定”进而奉行“构罪即捕”，不能真正履行逮捕的社会危险性即必要性要件审查义务。鉴于检察机关审查批准逮捕模式无法克服自身局限，建立法院统一审查逮捕模式从而实现逮捕审查司法化方为出路。[1]

七、审前羁押相关研究

审前羁押，是被追诉人权利较容易受到侵犯的环节之一。根据无罪推定的基本原则，犯罪嫌疑人在未经法院审判和确定有罪之前，应当被推定为无罪，但在审前阶段，犯罪嫌疑人被逮捕后羁押的提请和批准程序不及审判程序那样严格完备，且羁押的执行机关往往与侦查机关有着千丝万缕的联系，对被羁押人的权利保障存在一定威胁。

（一）审前羁押权滥用问题

这个问题在我国一度非常严重，学界认为其主要原因集中在：第一，诉讼体制方面，地方党委、政法委甚至政府部门对案件的不当介入；检察机关未能起到预期的监督和制约作用；看守所属公安机关的一个职能部门，对羁押缺乏应有的监督和制约。第二，立法方面，羁押期限与办案期限没有作出合理区分；对轻罪和重罪的羁押期限未作适当区分；羁押期限的延长、不计算或重新计算的条件过于宽松、条款弹性太大；对逮捕的审查程序规定过于简单，难以发挥有效的控制作用；对审判阶段检察机关要求退回补充侦查缺乏次数限制；对被追诉方申请解除羁押或变更为取保候审缺少必要的程序保障；对疑罪从无的规定存在疏漏；没有规定超期羁押的制裁机制。第三，侦查技术的制约。第四，获得律师帮助权得不到保障，法律援助制度的制约。[2]

（二）羁押必要性审查制度

如何通过完善、重构制度解决我国审前羁押所存在的问题，学界与实务界讨

---

[1] 刘计划：“我国逮捕制度改革检讨”，载《中国法学》2019 年第 5 期。

[2] 陈永生：“我国未决羁押的问题及其原因与对策”，载《中国刑事法杂志》2003 年第 4 期。

论建言久矣。有论者通过比较分析指出，西方国家对受羁押被告人的救济实行司法抑制模式，可分为事先的司法授权和事后的司法救济。有论者指出，由法官决定羁押，在我国现阶段难以实现。未决羁押的改革重点应当放在如何决定未决羁押事项上，即无论是检察官还是法官，均应按照“行使司法权力”的内在要求行使权力并最后作出决定。

羁押必要性审查制度正是在这样的背景下应运而生的。2012年《刑事诉讼法》修改的一项重要内容便是增加了检察机关对羁押必要性的审查。经立法、司法部门以及学术界不断共同探索，如今对羁押必要性审查制度的法律实施日趋成熟。

2016年最高人民检察院出台《人民检察院办理羁押必要性审查案件规定（试行）》规定，在很大程度上细化了羁押的审查程序和内容。该规定指出：羁押必要性审查的主管部门为办案机关对应的同级人民检察院刑事执行检察部门，由侦查监督、公诉、侦查、案件管理、检察技术等部门予以配合。检察院在进行必要性审查时，可以采用审查犯罪嫌疑人、被告人不需要继续羁押的理由和证明材料；听取犯罪嫌疑人、被告人及其法定代理人、辩护人的意见；听取被害人及其法定代理人、诉讼代理人的意见，了解是否达成和解协议等多种方式，审查方式可以采取量化方式，设置加分项目、减分项目、否决项目等具体标准，综合评估犯罪嫌疑人、被告人涉嫌犯罪事实、主观恶性、悔罪表现、身体状况、案件进展情况、可能判处的刑罚和有无再危害社会的危险等因素。

然而在近年的试点工作当中，依然暴露出一些问题。有论者指出，我国羁押必要性审查依赖内部制约即检察机关的检察监督，缺乏司法救济机制。[1]有论者指出，现有立法对羁押必要性审查的功能和属性的定位尚不够清晰。在功能定位上，羁押必要性审查应着眼于据以决定批准逮捕的条件有无变化，而非对逮捕适用条件进行重复审查。因而，羁押必要性审查应伴随诉讼进程定期进行。从属性看，羁押必要性审查权应当回归司法权，而非检察机关法律监督权的属性。法律监督权的本质是建议而非命令，然而对审前羁押这种剥夺公民人身自由的关键诉

---

[1] 陈卫东、陆而启：“羁押启动权与决定权配置的比较分析”，载《法学》2004年第11期；陈瑞华：“审前羁押的法律控制”，载《政法论坛》2001年第4期；汪建成、冀祥德：“我国未决羁押制度的批判性重构”，载《山东公安专科学校学报》2004年第1期。

讼环节，唯有司法权方能保障得到公正、公平的裁断，同时也符合《公民权利与政治权利国际公约》等国际性法律文件的要求。这便涉及相关法律条文的修改，以改变批捕后逮捕措施撤销权与变更权的现有制度安排。[1]当然，也有观点认为，由检察机关负责审查逮捕体现了宪法、刑事诉讼法中相互制约原则的要求；作为司法审查内容的逮捕授权、羁押审查和羁押救济共同构成了防止错捕错押的三道防线，而这三个程序均具有监督性质。[2]

此外，浙江等信息化程度较高的地区率先尝试羁押必要性审查的数字化办公，如绍兴市检察机关推出"羁押必要性审查智慧系统"，首先从检察机关统一办案系统中获取每个捕后在押人员的案件情况，根据预设的"相对固定要素"进行筛选，如对可能判处十年以上有期徒刑、累犯、通缉到案等案件进行自动过滤，暂不予进行羁押必要性审查，而对轻罪案由、初犯、未成年人、老年人等在押人员作为重点关注对象；检察官则可集中精力分析"相对可变因素"，如是否有同案犯在逃、证据是否已固定、是否取得被害人谅解等，在该系统内建立相应文件夹，将审查条件尚不完备的案件归入对应文件夹内，并通过持续跟踪案件办理进展，对同类案件进行有针对性的动态审查。[3]当然，这种尝试在进一步普及化、规范化和精准化上还存在许多挑战，数字化进程中出现的新情况值得我们密切关注。

（三）2021年《刑诉法解释》的有关理解、适用与思考

1. 关于继续取保候审、监视居住的决定规则

2012年《刑诉法解释》规定"对被告人采取、撤销或者变更强制措施的，由院长决定"。实践中，被告人在取保候审或监视居住的情况下，经常存在案件不能正常审结、一审与二审相互转换、宣判缓刑、判处无罪等情形，只规定由院长决定已不适应当前司法实践的要求。2021年《刑诉法解释》修改为："对被告人采取、撤销或者变更强制措施的，由院长决定；决定继续取保候审、监视居住

---

[1] 陈卫东："羁押必要性审查制度试点研究报告"，载《法学研究》2018年第2期。

[2] 孙谦："司法改革背景下逮捕的若干问题研究"，载《中国法学》2017年第3期。

[3] 参见"浙江绍兴检察院研发羁押必要性审查智慧系统"，http://news.sina.com.cn/sf/publicity/jcy/2019-07-04/doc-ihytcerm1286992.shtml，最后访问时间：2020年10月31日。

的，可以由合议庭或者独任审判员决定。”强制措施的变更，尤其是由羁押替代性强制措施向羁押性强制措施变更，涉及对被告人人身自由从限制转向剥夺，应当更加慎重。因此法院阶段变更强制措施，一般也应当由院长决定为宜。但在审判阶段延续此前所采取的强制措施的，可以由合议庭或者独任审判员决定。

2. 关于继续取保候审、监视居住的期限

2012 年《刑诉法解释》规定：“人民法院不得对被告人重复采取取保候审、监视居住措施。”司法实践反映上述规定存在歧义。例如，一审法院对于取保候审的被告人决定逮捕，逮捕后因患病等原因不能羁押的，仍然只能取保候审，此种情况是否属于“重复取保候审”有不同认识。有鉴于此，删去该款规定。但是，在不同审判程序中，是否可以对被告人各采取不超过 12 个月的取保候审、不超过 6 个月的监视居住措施，存在不同认识。例如，一审已经取保候审 12 个月，二审可否再次取保候审。有意见提出，根据刑事诉讼法的规定，人民法院对犯罪嫌疑人、被告人取保候审和监视居住的期限，并没有规定在不同的审判程序中可以分别计算。实践中，有观点认为分阶段把握取保候审、监视居住的期限更符合实际。不同程序统一计算期限，可能会导致对符合取保候审、监视居住适用条件的被告人，由于期限的限制，不得已变更为羁押性强制措施的情形，反而不利于被告人，不符合降低羁押性强制措施适用的基本趋势。

3. 关于强制措施的自动解除制度

鉴于对于交付执行刑罚的罪犯，此前采取强制措施的，法院不会出具解除强制措施文书，2021 年《刑诉法解释》设立了强制措施的自动解除制度。[1]需要注意的是，本条规定的“社区矫正开始”“刑罚开始执行”，是指已经实际开始执行刑罚或者缓刑，而非送交执行手续。被告人在实际执行刑罚前，对其所采取的强制措施不当然解除。因为在实践中，有部分被判处监禁刑的被告人，由于看守所拒收或者由于等待监外执行鉴定等原因，即使判决已经生效，实际上却未能被收监执行，一方面监禁刑尚未实际执行，另一方面没有其他监管措施，势必造成监管漏洞，故在监禁刑判决尚未实际执行前，对被告人仍然存在监管的必要。而

---

[1] 2021 年《刑诉法解释》第 172 条规定：“被采取强制措施的被告人，被判处管制、缓刑的，在社区矫正开始后，强制措施自动解除；被判处附加刑的，在判决、裁定发生法律效力后，强制措施自动解除；被判处监禁刑的，在刑罚开始执行后，强制措施自动解除。”

且，强制措施是为了保证刑事诉讼而非仅是刑事审判的顺利进行而设置的措施，刑罚执行也是刑事诉讼的一个重要环节。因此，应当明确强制措施的自动解除从交付执行刑罚，而非判决、裁定生效之日起。

八、强制措施体系改革的研究

刑事强制措施的完善是一个综合复杂的问题，不仅关系到诉讼观念的转变，而且关系到刑事司法制度的变革，并与诸多刑事诉讼基本原则密切相关。我国三次修正《刑事诉讼法》，均推进了强制措施体系改革，相关问题也已被学界广泛研讨，但在理论和实践层面，均仍存在着诸多有待进一步研究和解决的问题。

（一）关于强制措施体系改革的讨论

有论者主张，对强制措施的改革应从两方面进行：一是完善以拘传、拘捕和羁押为主要手段的限制人身自由的制度体系；二是增强替代性措施的广泛适用，进行保释的中国化改造。[1]有论者提出，刑事强制措施应当由对人、对物和对隐私权的强制措施三部分组成，我国刑事诉讼法规定的强制措施实际上是狭义的强制措施。对物的强制措施，如勘验、检查、搜查、扣押等放到了“侦查”中规定，对隐私权的强制措施仍需要进一步进行规定。借鉴西方国家对于刑事强制措施与隐私权保护方面的经验，对于中国刑事强制措施体系的完善有着重要的意义。对物和对隐私权的强制措施均应严格贯彻司法令状主义，避免公职人员以公共利益和打击犯罪为由，滥用强制措施随意侵犯公民财产权和隐私权，保护公民必要的知情权、个人信息安全和“合理的隐私期待”，将可能侵犯财产权和隐私权的侦查手段纳入中国刑事强制措施体系之中。[2]

（二）羁押作为独立强制措施的讨论

尽管强制措施在性质上属于预防性措施，而非惩戒性措施，但观念上以及实

---

[1] 陈卫东主编：《模范刑事诉讼法典》，中国人民大学出版社 2005 年版，第 12-13 页。

[2] 郭烁：“论中国刑事强制措施体系的理想模式”，载《苏州大学学报（哲学社会科学版）》2015 年第 5 期。

践中往往对其附加了预防犯罪、教育群众等功能，更有甚者，羁押性强制措施往往成为获取口供的一个手段。这就涉及在未来的制度设计中，羁押是否应当作为独立的强制措施加以规定。有论者指出，在我国现行羁押体制中，羁押状态只是羁押行为（逮捕、刑事拘留）自动带来的后果，不是独立和特定的强制措施，因而无法成为适用的“例外”。我国羁押立法体制的完善，应立足于重塑羁押制度的内核，实行羁押和逮捕的分离，把羁押设置为独立和特定的强制措施，从而更有助于规制羁押权，保护被羁押者的诉讼权利与其他合法权益，维护审前程序的正当性。[1]

（三）数字化监管方式对强制措施体系的重构

随着经济社会与信息科技的不断发展，许多互联网和信息化程度高的地区开始探索通过电子设备替代传统强制措施手段对犯罪嫌疑人加以监管的方式。在2020年新型冠状病毒肺炎疫情的背景下，杭州公检法机关出台“非羁码”（手机端数字监管）代替取保候审，进一步降低了监管的成本，也更加私密，比电子手铐的强制性又弱了一层。根据浙江省检察系统的数据，非羁码试点杭州西湖区的不捕率，由2018年的17.1%大幅度提高为44.6%，随着非羁码的持续推广，还有进一步提升的空间。

有论者认为，非羁码不仅是一个技术系统和管理系统，它还可能直接触动刑事强制措施的体系，导致目前五类强制措施的重新布局。通过非羁码和可穿戴电子监控措施两者对取保候审的改造，实际上将取保候审候审一分为二，形成强制力强弱有所区别的两种非羁押措施，而监视居住已经经过监管电子化、非现场化，可以更名为户内电子监管措施，不再是传统意义上的监视居住。而逮捕的范围将极大缩小，拘留的范围也会相应缩小。该论者指出，轻缓、高效且人性化的替代措施，或可能重构强制措施，拓展为拘传、取保候审、手机端数字监管（非羁码）、可穿戴设备监管（电子手铐）、户内电子监管、监视居住、拘留、逮捕（范围缩小）八种，其中数字监管措施可能会逐渐取得主导地位。[2]

---

[1] 石经海：“论羁押制度的内核”，载《中国刑事法杂志》2009年第2期。

[2] 参见“非羁码：勇闯‘无人区’！杭州非羁押人员数字监管时代来临”，https://baijiahao.baidu.com/s? id=1682266410287666986&wfr=spider&for=pc》，最后访问时间：2020年10月29日。

（四）留置措施与刑事强制措施的衔接

2018年《监察法》颁布以后，现行《刑事诉讼法》虽有针对性地调整和变动了部分内容，但如何在立法上进一步理顺留置措施与刑事强制措施之间的关系，在保证刑事追诉活动顺利进行的情况下维护刑事被追诉人的合法诉讼权利，值得进一步深入探讨。有论者提出，这其中涉及两个重要的问题应予解决。第一，留置措施与刑事强制措施的衔接并非自行衔接，而必须是经过检察机关严格审查后的依法衔接。对已经采取留置措施的被审查调查人，检察机关应当利用先行拘留的过渡期，对是否适用逮捕、取保候审或者监视居住等进行审查。如果检察机关决定适用逮捕，必须依照《刑事诉讼法》的规定进行批捕与羁押必要性审查。这是将留置措施纳入法治轨道的应有之义。第二，两者之间的转换，即检察机关对审查起诉时决定逮捕的犯罪嫌疑人，如需退回监察机关补充审查调查的，涉及强制措施的转换、羁押地点的改变、期间的计算甚至刑期折抵等问题，应当坚持“案退、人不退”原则，即使程序流转，案件退回监察机关补充调查，也不宜恢复留置措施。[1]

问题与思考

刑事强制措施的相关问题一直被广泛关注、深入研讨，但是，无论理论层面还是实践层面，仍然存在着诸多有待进一步研究和解决的问题。刑事强制措施制度的完善是一个综合性的复杂问题，不仅关系到诉讼观念的转变，而且关系到刑事司法相关体制的变革，并与诸多刑事诉讼的基本原则密切相关。

强制措施的改革和完善是我国刑事司法界所面临的一个重大问题。需要从理论上继续深入研究强制措施改革的定位问题，即强制措施是预防性措施还是制裁性措施？尽管强制措施在性质上属于预防性措施，而非惩戒性措施，但观念上以及实践中往往对其附加了预防和打击犯罪、教育群众等功能，更有甚者，羁押性强制措施往往会异化成为获取口供的一个手段。就强制措施的改革来说，除了以非羁押性强制措施代替羁押性强制措施和现有羁押必要性审查制度的运用外，在

[1] 卞建林：“配合与制约：监察调查与刑事诉讼的衔接”，载《法商研究》2019年第1期。

将来的制度设计中，如何进一步解决以羁押代侦查，进而在判决刑罚时采取“实报实销”的问题，应引起足够的重视。对某些替代性强的数字化非羁押措施予以合法化，对羁押性强制措施的适用条件、期限和程序予以进一步约束和明确，对现行羁押必要性审查制度加以改革，确立独立的羁押制度等。这些问题都值得进一步研究。

比例原则是处理强制措施制度中，处理国家权力和公民权利关系的一个原则。1994 年 9 月 10 日召开的第 15 届国际刑法学大会上通过的《关于刑事诉讼中的人权问题的决定》第 3 条规定“在预审阶段，无罪推定要求在与一切强制措施有关的活动中适用比例原则。根据这一原则，必须使政府干预刑事被告基本权利的严重程度与限制的替代性措施的目的存在合理关系。这一点应推动法律把规定审前羁押的替代性措施置于首位，审前羁押在任何情况下都应视为例外情况”。欣喜地看到，在“捕诉一体”的背景下，尤其是修正以后 2018 年《刑事诉讼法》随着认罪认罚从宽制度的推行，“少捕慎诉慎押”的观念得到进一步确立，刑事案件的未决羁押率大幅降低，当然，这一趋势还得益于认罪认罚案件的不捕率、不起诉率、羁押必要性审查适用率以及案件审结率较高。这些比率的变化，其背后有着深刻的原因，与其说是某项制度的“功劳”，不如说是“少捕、慎捕“和权利救济观念的确立对整个刑事司法环境的影响日益深入。未来我国的刑事强制措施如何按照其要求贯彻比例原则，强制措施体系中各种措施如何配置，公检法机关在强制措施上权力配置将如何发展，这些问题依然需要理论和实务界的进一步回应。而“非羁码”等技术手段的运用，其在实践中的效果如何，应特别予以关注。

三 参考文献

一、论文类

[1]《刑事诉讼法解释》起草小组.《关于适用刑事诉讼法的解释》的理解与适用[J].人民司法，2021(7).

［2］叶青．“捕诉一体”与刑事检察权运行机制改革再思考［J］．法学，2020（7）．
［3］卞建林．配合与制约：监察调查与刑事诉讼的衔接［J］．法商研究，2019（1）．
［4］周新．审查逮捕听证程序研究［J］．中外法学，2019（4）．
［5］王敏远．透视“捕诉一体”［J］．环球法律评论，2019（5）．
［6］孙长永．“捕诉合一”的域外实践及其启示［J］．环球法律评论，2019（5）．
［7］刘计划．我国逮捕制度改革检讨［J］．中国法学，2019（5）．
［8］苗生明．新时代检察权的定位、特征与发展趋向［J］．中国法学，2019（6）．
［9］郭华．司法改革背景下的捕诉关系路径选择［J］．河北法学，2019（7）．
［10］陈卫东．羁押必要性审查制度试点研究报告［J］．法学研究，2018（2）．
［11］沈海平．捕诉关系的辩证思考［J］．国家检察官学院学报，2018（4）．
［12］李训虎．无社会危险性被追诉人羁押替代性措施强制适用之反思［J］．政治与法律，2018（7）．
［13］孙谦．司法改革背景下逮捕的若干问题研究［J］．中国法学，2017（3）．
［14］王贞会．审查逮捕社会危险性评估量化模型的原理与建构［J］．政法论坛，2016（2）．
［15］郑锦春，任勇飞．对我国刑事强制措施制度改革完善之思考［J］．中国刑事法杂志，2011（5）．
［16］谢佑平，张海祥．论刑事诉讼中的强制措施［J］．北京大学学报（哲学社会科学版），2010（2）．
［17］邓思清，盛宏文．有条件逮捕的法理基础及制度建设［J］．人民检察，2009（2）．
［18］石经海．论羁押制度的内核［J］．中国刑事法杂志，2009（2）．
［19］汪建成．附条件逮捕改革述评［J］．烟台大学学报（哲学社会科学版），2009（4）．
［20］冀祥德．附定罪条件逮捕制度论：兼评《人民检察院审查逮捕质量标准（试行）》第4条［J］．法学家，2009（4）．
［21］张兆松．附条件逮捕制度批判［J］．现代法学，2009（5）．
［22］陈卫东．关于逮捕条件与程序若干问题的思考［J］．河南社会科学，2009（6）．
［23］顾永忠．关于未决羁押的几个理论与实践问题：兼谈我国逮捕制度的改革思路［J］．河南社会科学，2009（6）．
［24］陈卫东．羁押场所巡视制度研究报告［J］．法学研究，2009（6）．

[25] 宋英辉 . 我国逮捕程序完善之思考 [J] . 河南社会科学，2009（6）.
[26] 林莉红 . 审前羁押期间被羁押人权利状况调查报告 [J] . 中国刑事法杂志，2009（8）.
[27] 刘中发，等 . 取保候审运行现状调查 [J] . 国家检察官学院学报，2008（2）.
[28] 门金玲 . 对我国取保候审适用的实证研究：以某市基层侦查机关为视角 [J] . 北京人民警察学院学报，2008（2）.
[29] 褚福民 . 取保候审的实体化 [J] . 政法论坛，2008（2）.
[30] 元轶 . 取保候审制度与保释制度的比较法考察及其改良 [J] . 比较法研究，2008（2）.
[31] 刘方权 . 取保候审审批决定程序研究 [J] . 甘肃政法学院学报，2008（3）.
[32] 余浩 . 附条件逮捕的内涵与功能探析 [J] . 山东警察学院学报，2008（6）.
[33] 高景峰 . 附条件逮捕的法律和现实价值 [J] . 人民检察，2008（20）.
[34] 宋英辉，王贞会 . 对取保候审功能传统界定的反思 [J] . 国家检察官学院学报，2007（4）.
[35] 宋英辉，何挺 . 我国取保候审制度之完善：以加拿大的保释制度为借鉴 [J] . 法学评论，2007（5）.
[36] 宋英辉 . 取保候审适用中面临的问题与对策：基于未成年人案件实证研究的分析 [J] . 中国刑事法杂志，2007（6）.
[37] 陈静芳 . 监视居住强制措施应予废除 [J] . 人民司法，2007（17）.
[38] 贺恒扬 . 审查逮捕的证明标准 [J] . 中国刑事法杂志，2006（2）.
[39] 刘计划 . 逮捕功能的异化及其矫正：逮捕数量与逮捕率的理性解读 [J] . 政治与法律，2006（3）.
[40] 罗智勇 . 论我国强制措施的性质及其与人权保障的关系 [J]. 湖湘论坛，2006(4).
[41] 万毅 . 论我国刑事强制措施体系的技术改良 [J] . 中国刑事法杂志，2006（5）.
[42] 马静华，冯露 . 监视居住：一个实证角度的分析 [J]. 中国刑事法杂志，2006(6).
[43] 唐磊 . 论我国取保候审制度的完善 [J] . 社会科学研究，2005（1）.
[44] 徐美君 . 对刑事强制措施制度的研究 [J] . 法学杂志，2004（1）.
[45] 汪建成，冀祥德 . 我国未决羁押制度的批判性重构 [J] . 山东公安专科学校学报，2004（1）.

[46] 周炳亮，黄楚元．初步确定：逮捕的证明标准［J］．广西政法管理干部学院学报，2004（2）．

[47] 陈卫东，陆而启．羁押启动权与决定权配置的比较分析［J］．法学，2004（11）．

[48] 陈建新．对监视居住措施实施现状的调查与思考［J］．人大研究，2003（1）．

[49] 陈永生．我国未决羁押的问题及其原因与对策．中国刑事法杂志，2003（4）．

[50] 陈光中，张小玲．中国强制措施制度的改革与完善［J］．政法论坛，2003（5）．

[51] 毛晓玲．逮捕证明标准研究［J］．人民检察，2003（7）．

[52] 李忠诚．刑事强制措施功能研究［J］．法制与社会发展，2002（5）．

[53] 吕志平．刑事拘留适用中的误区及对策［J］．人民检察，2002（10）．

[54] 陈瑞华．审前羁押的法律控制：比较法角度的分析［J］．政法论坛，2001（4）．

[55] 周伟．关于监视居住的几个问题［J］．当代法学，2000（4）．

[56] 孙谦．论逮捕的原则［J］．法学家，2000（5）．

[57] 徐俊．浅谈监视居住的适用价值及其完善［J］．法治学刊，2000（6）．

[58] 陈卫东，刘计划．谁有权利逮捕你：试论我国逮捕制度改革［J］．中国律师，2000（9）．

[59] 朱孝清．关于逮捕的几个问题［J］．法学研究，1998（2）．

[60] RENGIFO A F，FLORES S G，JACKSON A N.From Bright Plots to Blind Spots：Mapping Departures in Case Review Post-Bail Reform in Two New Jersey Courts［J］.Causes of criminal behavior，2021，46（1）．

[61] HAGEL O M.My Cash Is My Bond：Recognizing Rights to Cash Bail Forfeiture Exoneration in Washington［J］.Washington Law Review，2021，96（1）．

[62] BENNETT T G.Down，out，and under Arrest：Policing and Everyday Life in Skid Row［J］.Criminal Justice Review，2021，46（1）．

[63] KOPAK A M.Behavioral Health Indicators and Time-to-Rearrest in an Adult Pre-Arrest Diversion Program［J］.Behavioral Sciences Law，2020，38（1）．

[64] LEE J G，TEATA A.Evidence，Arrest Circumstances，and Felony Cocaine Case Processing，Criminology［J］.Criminal Justice，Law & Society，

2020，21（1）.
[65] GARRETT B L，GREENE S S，LEVY M K.Fees，Fines，Bail，and the Destitution Pipeline [J] .Duck Law journal，2020，69（7）.

二、著作类

[1] 孙谦 . 刑事强制措施（外国刑事诉讼法有关规定）[M] . 北京：中国检察出版社，2017.
[2] 郭烁 . 刑事强制措施体系研究：以非羁押性强制措施为重点 [M] . 北京：中国法制出版社，2013.
[3] 赖玉忠 . 刑事强制措施体系研究 [M] . 北京：中国政法大学出版社，2012.
[4] 郭华 . 强制措施制度 [M] . 北京：中国人民公安大学出版社，2011.
[5] 张智辉 . 强制措施立法完善研究 [M] . 北京：中国检察出版社，2010.
[6] 郭天武 . 保释制度研究 [M] . 北京：法律出版社，2009.
[7] 杨雄 . 刑事强制措施的正当性基础 [M] . 北京：中国人民公安大学出版社，2009.
[8] 隋光伟 . 羁押论 [M] . 长春：吉林大学出版社，2008.
[9] 伦朝平，甄贞 . 附条件逮捕制度研究 [M] . 北京：法律出版社，2008.
[10] 孙连钟 . 刑事强制措施研究 [M] . 北京：知识产权出版社，2007.
[11] 郎胜 . 欧盟国家审前羁押与保释制度 [M] . 北京：法律出版社，2006.
[12] 隋光伟 . 羁押法论 [M] . 长春：吉林人民出版社，2006.
[13] 张建良 . 刑事强制措施要论 [M] . 北京：中国人民公安大学出版社，2005.
[14] 陈卫东 . 羁押制度与人权保障 [M] . 北京：中国检察出版社，2005.
[15] 徐建 . 英国保释制度与中国少年司法制度改革 [M] . 北京：中国方正出版社，2005.
[16] 陈瑞华 . 未决羁押制度的实证研究 [M] . 北京：北京大学出版社，2004.
[17] 陈卫东 . 保释制度与取保候审 [M] . 北京：中国检察出版社，2003.
[18] 孙谦 . 逮捕论 [M] . 北京：法律出版社，2001.

第十五章　非法证据排除制度

【导读】

非法证据排除制度既是一项证据制度，也是一项重要的人权保障制度。我国非法证据排除制度的产生不仅是证据制度体系的丰富与发展，更是人权保障在刑事诉讼中的贯彻与落实，是对诉讼权利实现的保障制度，对推动我国刑事诉讼法治文明发展具有重要的意义。

研究该制度首先应当认识其所依据的诉讼原理，了解其历史渊源及变化过程和经典判例，特别应对美国“米兰达诉亚利桑那州案（Miranda v.Arizona）”等一些著名的判例、美国宪法有关刑事诉讼中人权保障的规定、“银盘理论”“毒树之果理论”“例外”等有所认识；同时对德国证据制度中的“证据取得禁止”“证据使用禁止”及其“自主性证据使用禁止”和“非自主性证据使用禁止”的基本含义、功能也要有所认识。本章内容包括非法证据的含义、关于非法证据排除的规定及其实施情况以及理论界学者对非法证据排除问题的讨论。

非法证据排除制度最早源于大陆法系国家。“真正拒绝使用非法所得的证据的想法是在欧洲大陆，是在法国1789年以前旧制度时期的纠问式诉讼程序中产生和广泛被接受的。”[1]但美国却是使用这一制度发达的国家。非法证据排除制度历经司法判例的调试、刑事理性的反思以及权利主体的不断斗争，在世界各国相继确立，并得到国际社会的普遍认可。我国对非法证据排除制度进行研究是近30年来的事情。随着《非法证据规定》的出台、2012年《刑事诉讼法》的修正、2017年《关于

[1] 卞建林主编:《证据法学》，中国政法大学出版社2002年版，第356页。

办理刑事案件严格排除非法证据若干问题的规定》的发布，有关非法证据排除问题的理论探讨和实践应用逐步深入。

非法证据排除制度对于遏制刑讯逼供和其他违法行为具有重要的制度价值，是我国程序性法律后果的重要组成部分。研究该制度应当立足于程序不可违反的尊严，并深刻认识以非法证据排除这种程序的方法应对程序违法，相对于传统的制裁方法所具有的特殊价值及其局限性。

第一节 非法证据排除制度概述

非法证据的排除制度作为证据排除制度的一部分，有其特定的含义与意义。作为一项制度，法律对此作出了系统的规定，而其实践情况，更应纳入研究的视野。

一、非法证据的概念

证据排除制度既包括非法证据的排除制度，也包括没有证据能力的证据（如违反直接言词原则的传闻证据、没有关联性的证据等）排除适用制度。在证据排除制度中，证据的排除规则不同于非法证据排除规则。

我国刑诉法理论界对证据排除制度的研究主要限定在非法证据排除制度的范围内。对非法证据中“非法”的含义如何解释，存在不同的观点。

（1）非法证据既包括侦查人员、检察人员、审判人员在刑事诉讼中违反国家宪法和刑事诉讼法关于收集证据应遵守的原则和程序的规定所取得的证据即违法取得的证据，也包括不符合法定来源和形式的或者违反诉讼程序取得的证据材料。此种广义上的非法刑事证据是指在证据内容、证据形式、收集证据和提供证据的主体、取证程序等方面不合法的证据。

（2）从更加广泛的意义上来讲，违反宪法中关于保障公民权利的规定和其他法律中关于公民权利的规定收集的证据，同样属于“非法证据”。在一定意义上说，“非法证据”是指通过非法方法获得的证据和通过非法程序获得的证据。而在非法证据排除制度的研究内容中，不仅包括非法证据本身，还包括非法证据的衍生品即“毒树之果”的问题。

依照美国的证据法，有许多不同种类的证据可能会被排除。在一个案件中与事实没有关联的证据要被排除，因为它对决定被告人被指控的事实没有帮助，或者因为它可能给最终要决定被告人有罪或无罪的陪审团造成一定程度的困惑。为了保护某种关系，例如，配偶之间的关系，美国证据法要排除对决定案件事实可能极有帮助的事实。基于其他原因，美国证据法也排除许多对决定案件事实可能有帮助的事实，如“传闻规则”（Hearsay）。这些属于证据的排除。当美国的法学家提到“排除规则”时，它所指的是另外一个规则——排除警察或检察官用非法手段，特别是违反美国宪法的手段所取得的证据。在德国，“排除规则”这个概念并不如在美国使用得那么广泛。当德国法学家使用“排除规则”的概念时，是指“非自主性证据使用的禁止”，即在刑事诉讼中享有侦查权或调查权的国家机构在收集证据中有错误或有违法行为所导致的证据使用的禁止。德国学者使用的概念在很大程度上与美国学者使用的概念是相同的。❶

（3）非法证据不包括不符合法定形式的证据。有论者认为，这些证据不符合法律的规定，是因为法律对此没有规定，而不是违反法律规定所获得证据。如实践出现的电子证据等新型证据形式，不能仅仅因为法律没有列举该证据形式，就将其列入非法证据的范围。

也有论者认为，“非法证据”一般可以理解为违反刑事诉讼法的规定而取得的证据。关于“非法证据”中的形式或取证人员不合法，根据相关国际公约的规定和其他国家关于“非法证据”的界定，不应属于非法证据排除规则中“非法证据”的范畴。取证没有侵犯被取证人的权利，仅仅是证据本身不符合法律形式，不属于非法证据排除规则研究的对象。❷

---

❶ 岳礼玲：“德、美证据排除规则的比较——我国确立刑事证据规则之经验借鉴”，载《政法论坛》2003 年第 3 期。

❷ 杨宇冠：《非法证据排除规则研究》，中国人民公安大学出版社 2002 年版，第 5 页。

有论者从美国的规定与现状进行考察，认为这个概念一开始仅指违反美国联邦宪法第四修正案有关不得进行不合理的搜查和扣押之规定，如果违反了这条规定所取得的证据（通常是物证）为非法证据而不能在刑事司法中使用。因此，非法证据排除制度中的非法证据应当是狭义的。随着研究的深入和判例的发展，非法证据排除规则的内容才不限于对“物”的排除，还包括对非法取得的口供和其他陈述的排除，即不仅仅包括违反联邦宪法第四修正案，还包括违反联邦宪法第五修正案、第六修正案、其他成文法和判例法的情况下取得的证据都应加以排除。这可以称为广义的非法证据排除规则。[1]

二、关于非法证据排除的法律规定

非法证据排除规则是刑事证据制度的重要内容，也是现代法治国家刑事司法的标志性制度。现代法治发达国家对此十分重视并在法律中均予以规定，在美国尤为显著。非法证据排除也是一项国际性的规则，联合国《禁止酷刑和其他残忍、不人道或有辱人格的待遇和处罚公约》第 15 条规定：“每一缔约国应确保在任何诉讼程序中，不得援引任何已经确定系以酷刑取得的口供为证据，但这类口供可用作被控施酷刑者刑讯逼供的证据。”

我国现行《刑事诉讼法》第 52 条规定：“……严禁刑讯逼供和以威胁、引诱、欺骗以及其他非法方法收集证据，不得强迫任何人证实自己有罪。”第 56 条规定：“采用刑讯逼供等非法方法收集的犯罪嫌疑人、被告人供述和采用暴力、威胁等非法方法收集的证人证言、被害人陈述，应当予以排除。收集物证、书证不符合法定程序，可能严重影响司法公正的，应当予以补正或者作出合理解释；不能补正或者作出合理解释的，对该证据应当予以排除。在侦查、审查起诉、审判时发现有应当排除的证据的，应当依法予以排除，不得作为起诉意见、起诉决定和判决的依据。”

2019 年《人民检察院刑事诉讼规则》第五章规定了非法证据排除规则的具体执行性规范。比如第 67 条规定：“对采用下列方法收集的犯罪嫌疑人供述，应

---

[1] 杨宇冠：《非法证据排除规则研究》，中国人民公安大学出版社 2002 年版，第 4–5 页。

当予以排除：（一）采用殴打、违法使用戒具等暴力方法或者变相肉刑的恶劣手段，使犯罪嫌疑人遭受难以忍受的痛苦而违背意愿作出的供述；（二）采用以暴力或者严重损害本人及其近亲属合法权益等进行威胁的方法，使犯罪嫌疑人遭受难以忍受的痛苦而违背意愿作出的供述；（三）采用非法拘禁等非法限制人身自由的方法收集的供述。”第 69 条规定：“采用暴力、威胁以及非法限制人身自由等非法方法收集的证人证言、被害人陈述，应当予以排除。”第 70 条规定：“收集物证、书证不符合法定程序，可能严重影响司法公正的，人民检察院应当及时要求公安机关补正或者作出书面解释；不能补正或者无法作出合理解释的，对该证据应当予以排除。对公安机关的补正或者解释，人民检察院应当予以审查。经补正或者作出合理解释的，可以作为批准或者决定逮捕、提起公诉的依据。”

2021 年《刑诉法解释》第四章第九节专门规定了非法证据排除规则制度体系。其中，第 123 条规定：“采用下列非法方法收集的被告人供述，应当予以排除：（一）采用殴打、违法使用戒具等暴力方法或者变相肉刑的恶劣手段，使被告人遭受难以忍受的痛苦而违背意愿作出的供述；（二）采用以暴力或者严重损害本人及其近亲属合法权益等相威胁的方法，使被告人遭受难以忍受的痛苦而违背意愿作出的供述；（三）采用非法拘禁等非法限制人身自由的方法收集的被告人供述。”第 124 条规定：“采用刑讯逼供方法使被告人作出供述，之后被告人受该刑讯逼供行为影响而作出的与该供述相同的重复性供述，应当一并排除，但下列情形除外：（一）调查、侦查期间，监察机关、侦查机关根据控告、举报或者自己发现等，确认或者不能排除以非法方法收集证据而更换调查、侦查人员，其他调查、侦查人员再次讯问时告知有关权利和认罪的法律后果，被告人自愿供述的；（二）审查逮捕、审查起诉和审判期间，检察人员、审判人员讯问时告知诉讼权利和认罪的法律后果，被告人自愿供述的。”第 125 条规定：“采用暴力、威胁以及非法限制人身自由等非法方法收集的证人证言、被害人陈述，应当予以排除。”第 126 条规定：“收集物证、书证不符合法定程序，可能严重影响司法公正的，应当予以补正或者作出合理解释；不能补正或者作出合理解释的，对该证据应当予以排除。认定‘可能严重影响司法公正’，应当综合考虑收集证据违反法定程序以及所造成后果的严重程度等情况。”此外，第 74 条新增规定：“依法应当对讯问过程录音录像的案件，相关录音录像未随案移送的，必要时，人民法院可以通知人民检察院在指定时间内移送。人民检察院未移送，导致不能排除属于刑事诉讼法第五十六条规定的以非法方法收集证据情形的，对有关证据应当依法排除；导致有关证据的真实性无法确认的，不得作为定案的根据。”2010 年《非法证据规定》共 15 条，规定了“采用刑讯逼供等非法手段取得的犯罪嫌疑人、被告人供述和采用暴力、威胁等非法手段取得的证人证言、被害人陈述，属于非法言词证据”，以及“物证、书证的取得明显违反法律规定，可能影响公正审判的，应当予以补正或者作出合理解释，否则，该物证、书证不能作为定案的根据”。

2017 年“两高三部”发布《关于办理刑事案件严格排除非法证据若干问题的规定》，共 42 条，其中第 1 条规定：“严禁刑讯逼供和以威胁、引诱、欺骗以及其他非法方法收集证据，不得强迫任何人证实自己有罪。对一切案件的判处都要重证据，重调查研究，不轻信口供。”第 6 条规定：“采用暴力、威胁以及非法限制人身自由等非法方法收集的证人证言、被害人陈述，应当予以排除。”第 7 条规定：“收集物证、书证不符合法定程序，可能严重影响司法公正的，应当予以补正或者作出合理解释；不能补正或者作出合理解释的，对有关证据应当予以排除。”

我国非法证据排除规则制度构建了以宪法为权利保障基础，以刑事诉讼法为核心，相关司法解释为补充，单行规范文本为充实的法律规范体系。非法证据种类从口供到证人证言，再到物证书证，非法类型既包括侵权性的非法也包括程序性违法等瑕疵证据，甚至还有关于一系列不得作为定案的根据的相关规范，并构建了比较完善的排除证据的程序规范。可以说，立足于我国的实践，以国际公约为标准，以域外立法为参考，我国的非法证据排除规则体系已经成型，并处于发展完善进程中。

三、非法证据排除制度的实践情况

非法证据排除在实践中的情况与其在法律中被肯定，并不同一。在司法实践中，或者因为相关的配套制度、规则方面存在问题，或者因为司法理念方面的问题，非法证据排除制度运行的实际情况与法律规定存在反差，几乎是普遍现象。

而且，非法证据排除制度仍在发展过程中。只有了解实际情况，看到其发展变化过程，才能对非法证据排除制度有更深刻的认识。

（一）美国

美国实行严格意义上的非法证据排除规则，但其发展和适用范围一直都在不断地发生变化。1886年美国联邦最高法院在博伊德诉美国案（Boyd v. United States）中对涉及自我归罪问题采用了排除规则。1914年在威克斯诉美国案（Weeks v. United States）中，联邦最高法院运用排除规则否定了不合理的搜查和扣押，确立了非法证据排除规则。1920年联邦最高法院在朗伯诉美国案（Silverthorne Lumber Co. v. United States）中扩展了该规则的适用，不仅用该规则排除非法证据，也用于排除以非法取得之证据为线索而获取的衍生证据，并形成了“毒树之果”理论。

由于非法证据排除规则的贯彻执行影响到美国对犯罪的惩处，引起美国公众不满。美国联邦最高法院的大法官们面对社会压力，不得不对该规则的适用施加限制。联邦最高法院通过判例确认了一系列适用该规则的例外，主要包括“独立来源”“因果联系减弱”“必然发现”和“善意”的例外。[1] 自从“9·11”恐怖袭击事件发生后，基于国家安全的需要，联邦最高法院在一定程度上采取一种较为保守主义的立场。如在2003年的合众国诉班克斯案（United States v. Banks）的判决中，联邦最高法院认定在搜查时，只要条件成熟，警察可以不用敲门告知并等待15秒，即可破门而入，以免犯罪嫌疑人销毁罪证、逃逸或者组织武装拒捕。在2006年的哈德森诉密歇根州案（Hudson v. Michigan）的判决中，联邦最高法院再次认定，违反“敲门告知”原则而获得的证据具有可采性。这些判例意味着联邦最高法院对以往严格的证据排除理论在某种程度上的放松。

（二）英国

英国对非法自白证据和非法实物证据区别对待，同时赋予法官较大的自由裁

---

[1] ［美］罗纳尔多·V. 戴尔卡门：《美国刑事诉讼——法律和实践》，张鸿巍等译，武汉大学出版社2006年版，第115-122页；宋远升、闵银龙编著：《最新国外刑事司法制度研究》，东南大学出版社2007年版，第263页。

量权。对非法自白证据，不仅否定了使用压制方法获取的证据材料的证据资格，而且也否定了特定条件下所获得的证据材料的证据资格。对非法实物证据，英国采取了较为谨慎和保守的做法。在普通法上，非法实物证据获取方法的非法性本身并不导致该证据的不可采，被申请审查的证据是否可采，应考虑其与案件争议问题是否有联系。如果存在联系，它是可采的。只有当证据的采纳可能产生与诉讼的公正性相抵触的效果，法庭才可以拒绝该证据。对于非法证据的衍生证据，虽然被告人的供述本身不可采，但根据被告人的供述而获得的证据，一般不因被告人供述的无效而丧失其可采性。

（三）德国

德国非法证据排除制度主要体现在证据使用的禁止上。这一问题无论是在理论上还是在司法实践中都是比较复杂的问题。从理论来说，违背了证据取得禁止规定所得的证据属于非法证据，应当禁止使用。但事实上德国的司法实践并非如此简单。德国证据使用禁止在理论上被区分为自主性证据使用禁止和非自主性证据使用禁止。如果是违反法律关于证据取得禁止的规定而导致证据的使用禁止，属于非自主性证据使用禁止。那些收集证据过程中并未违反证据取得禁止规则，基于保护宪法所规定的基本人权的考虑而禁止使用某些证据，则属于自主性的证据使用禁止。自主性证据使用禁止并不基于在收集证据过程中是否有违反法律规定的取证行为，而在于当斟酌是否采纳证据作为判决的基础时要审查使用该证据是否已经侵害了具有优先性的法律原则或者宪法所保护的其他基本权利。目前，德国理论界和司法界对自主性证据使用禁止达成共识的规则并不多，对非自主性证据使用禁止也存在较大的争议，没有争议的仅仅是对享有拒绝作证特权证人的保护。

（四）日本

日本对非法言词证据绝对排除，对非法实物证据限制采用。对于言词证据的收集，日本将人权保障放在第一位加以考虑，一律加以排除。言词证据只要是以违法或不正当的方式取得，不论其内容真实与否，均应排除。即使经本人同意而采用这些方法获得证据，这些证据也不具有证据能力。对于非法实物证据，有关实物证据的收集，在程序上存在法定的重大违法情况时，若许可其作为证据使用可能对抑制将来违法侦查不利，才否定其证据能力。司法实践中一般由法官自由裁量。

（五）中国

我国1979年《刑事诉讼法》、1996年《刑事诉讼法》中就已有严禁刑讯逼供和以威胁、引诱、欺骗以及其他非法的方法收集证据的规定。分别于1998年、1999年颁行的《最高人民法院关于执行〈中华人民共和国刑事诉讼法〉若干问题的解释》《人民检察院刑事诉讼规则》基本确立了非法言词证据排除规则，但因其内容较为原则，缺少相应的操作程序，致使这一规则很难在司法实践中发挥其应有的功效。2010年《非法证据规定》中规定了排除非法证据的程序机制，尤其是明确了检察机关证据合法性证明的有关规范，大大增强了非法证据排除规则的可操作性。2012年《刑事诉讼法》将这些规范立法化，有关司法解释也及时跟进。2017年《关于办理刑事案件严格排除非法证据若干问题的规定》，应对切实防范冤假错案的现实需要，进一步完善了非法证据排除规则。2018年《刑事诉讼法》和2021年《刑诉法解释》则将改革成果予以固化。我国虽然确立了非法证据排除制度，但仅限于排除非法获得的言词证据。而且，实践中非法证据排除的情况并不理想。从控方的角度来看，由于部分案件是通过口供侦破的，获取口供成为侦破案件的有效手段，因此，有的侦查人员不愿放弃强迫的方法。当前我国非法收集证据主要表现为两类。一类是采用酷刑方法，即对被讯问的人实施暴力，长时间轮番连续讯问使被讯问人身心极度疲惫，长时间拒绝提供食品、饮水，采取让被讯问人服用药物或者催眠剂等方法使被讯问人丧失自我意志控制力。另一类是在收集实物证据方面，主要表现为：未经过合法授权或者批准非法搜查、扣押、擅自侵入公民住宅取得实物证据；未经过合法授权采取秘密监听、电讯截留、诱惑侦查或技术侦查手段获取证据；通过非法羁押取得实物证据等。

侦查人员刑讯逼供之所以得不到有效遏制，其在一定程度上与法官未能适用非法证据排除有关。实践中，法官易于倾向控方，对刑讯逼供的查处不积极。因此，在实践中很少发生法庭排除非法证据的情况。

第二节　非法证据排除制度研究综述

一、非法证据排除制度的理论基础

非法证据排除规则是刑事诉讼中颇受争议的一项证据制度，而且该制度虽然已经为很多国家所接纳，其理论依据却不尽相同。在非法证据排除规则的理论上，我国目前基本还是直接吸纳国外的观点，其中，影响最大的主要是“宪法权利理论”“司法诚实理论”和“抑制理论”。

（一）宪法权利理论

该观点认为，非法证据排除制度是维护公民宪法基本权利的救济性制度，是“给宪法装上牙齿，使宪法的某些规定能够在日常生活中可以执行”。[1]

（二）司法诚实性理论

该观点从法院维护司法正义的角度解释了非法证据排除制度的基础，法官对于通过侵害公民宪法权利的方式获得的非法证据，不得采纳为认定事实的证据。“因此，为实现司法的正直和正义，法院就必须对那种侵害公民宪法权利的警察违法行为施以必要的制裁，不允许政府官员从其非法行为中获得利益。而排除非法证据就是这样一种最为必要的制裁。”[2]

---

[1] 杨宇冠：《非法证据排除规则研究》，中国人民公安大学出版社 2002 年版，第 135 页。从宪法原理推导出的证据使用禁止规定，是该理论的基本方法。

[2] 陈瑞华：《问题与主义之间——刑事诉讼基本问题研究》，中国人民大学出版社 2003 年版，第 54 页。

（三）抑制理论

该观点认为，“非法证据排除规则最初在美国定为宪法权利，在后来的美国诉列昂案（United States v. Leon）中，联邦最高法院明确抛弃了‘宪法权利理论’，认为排除规则并不是一项宪法权利，是对侵犯宪法权利的救济”。[1]同时，这一学说与“阻吓效果说”的基本目的是一致的，旨在吓阻未来警察之不法行为，并借此达成保障人民在美国联邦宪法第四修正案下免予无理搜查与扣押的权利。排除法则仅具有对未来产生阻吓的作用，并不对过去所发生的损害进行救济。

近年来，学界对此的讨论注重解决程序性违法行为的程序性机制，并将非法证据排除规则定位为不同于民事侵权赔偿、行政纪律处分以及刑事追诉指控等实体性制裁机制的程序性机制，使非法证据排除规则获得了自身的属概念，也相应地找到了自身的功能定位。这些讨论使排除非法证据的目的更加清晰。即通过排除非法证据，以遏制刑事诉讼过程中的侵犯公民权利的行为。对此，可参见本书第九章关于程序性法律后果问题的讨论。

二、关于现有的非法证据排除制度的探讨

（一）关于非法证据排除规则的争论

非法证据排除规则在我国学者的视野中，几乎已成为美国刑事诉讼制度的一个重要象征，大多以比较法为基础论证我国构建此制度的必要性与合理性。然而，美国对此也存在论争，主要有废弃、捍卫及替代三种观点。

批评者将之视为法律技术主义，攻击它是放纵罪犯逃脱法庭惩处的罪魁祸首。持批评立场的主要包括证据学家威格莫尔和大法官卡多佐等。卡多佐大法官在1926年的人民诉笛福案（People v. Defore）中指出，排除非法证据并不是保障美国联邦宪法第四修正案权利或州宪法权利的唯一有效途径，完全可以通过“对实施非法行为的官员予以撤职、要求起诉赔偿，甚或进行刑事指控来实现，他应当受到其顶头上司的撤职或其他纪律处分”。[2]

---

[1] 陈瑞华:《问题与主义之间——刑事诉讼基本问题研究》，中国人民大学出版社2003年版，第54页。

[2] People v. Defore，150 N.E.585，587（1926）.

捍卫者将之视为自由社会的至上成就。[1]其认为，一方面，由于适用非法证据排除规则而导致重罪案件的犯罪分子逃脱制裁的情况非常少；另一方面，即使罪犯因为证据被排除而逃脱罪责，也并不应归咎于非法证据排除规则，相反，这恰恰是宪法权利的应有之义。[2]

主张用其他制度机制替代非法证据排除规则的学者认为："尽管司法权本质上享有解释与实施所有宪法性保障权利的权责，但是，这并不意味着司法机关应当在任一单一违法情况下介入进来，例如，由法院来排除非法证据不应被理所当然地视为唯一的一种权利救济机制。"[3]关于非法证据排除规则的替代性措施，主要有三种：民事侵权赔偿、行政纪律处分、刑事指控惩罚。[4]

（二）"毒树之果"的问题

"毒树之果"的概念最早出现于1939年，其理论发源于1920年的朗伯诉美国案。西方国家对于"毒树之果"的态度与做法存在着两种模式：一是美国的"毒树之果"；二是德国的"远距离的影响"。

1. 美国的"毒树之果"

美国联邦最高法院确立了"毒树之果"的规则，并通过该规则将非法证据的排除扩展到从非法证据获得的证据，以违法方式收集到的证据为有毒的树，以这些证据为线索获得的其他证据为毒树的果子，毒树之果不可食，因而也应当排除。美国对此类非法证据予以坚决排除，无论"毒树"还是"毒果"都不可使用，以至于确立了较为极端的"毒树之果"或"砍树弃果"理论。但美国联邦法院在其后的判例中创设了诸多例外，主要包括：

一是违法污染状态中断之例外。此种情形是指犯罪嫌疑人（被告人）自愿接

---

[1] Lawrence Crocker：Can the Exclusionary Rule Be Saved? 84 J. Crim. L. & Criminology 310（1993）.

[2] Yale Kamisar："Comparative Reprehensibility" and the Fourth Amendment Exclusionary Rule，86 Mich.L.Rev.1，44，47（1987）.

[3] Malcolm R. Willey：The Exclusionary Rule：Costs and Viable Alternatives，Criminal Justice Ethics，16，24（1982）.

[4] ［美］阿希尔·里德·阿马：《宪法与刑事诉讼——基本原理》，房保国译，中国政法大学出版社2006年版，第85页。

受侦查人员的违法行为而作出的任意性行为，此时，违法行为污染中断而使其所获证据具有证据能力。

二是必然发现之例外。此种例外情形是指即使侦查机关存在违法行为，如果其所获得的证据事实证明经由其他合法途径属于不可避免发现之证据时，该证据仍然具有证据能力，不受侦查人员违法行为影响。

三是独立来源之例外。此种情形是指侦查人员若能证明其所取得的证据与违法之搜查、逮捕、扣押无关，而是通过独立来源所收集的，则该证据具有证据能力。

四是逐渐减弱规则之例外。此种情形是指对于间接使用非法证据，由于“毒树之果”毒素已大为减弱，因而是可以容忍的。

2. 德国的“远距离的影响”

“毒树之果”理论在德国有四种不同的意见。

一是否定美国“毒树之果”理论。德国联邦最高法院认为，毒树“果实”可以作为证据使用，这是基于刑事政策的考虑。由于证据取得形式上的瑕疵而导致的无罪，毫无疑问会使犯有严重罪行的罪犯逍遥法外。特别是在很多案件中，人们几乎不能或根本不能确切证明：审讯机关只有依靠禁止使用的证据才能取得该毒树“果实”。

二是赞同美国“毒树之果”理论。德国多数学者认为，应禁止使用“毒树果实”。

三是折中的“权衡理论”。法官必须在具体案件中，衡量禁止使用“毒树果实”对判决案件的重要性与犯罪嫌疑人被控告罪名的危害性之间的关系，要进行公诉机关的利益和个人利益之间的利益分派。

四是“分等级”考察理论。该理论主要考察假定合法的因果关系链。如果该“毒树果实”在未违背刑事诉讼程序的前提下，也可以通过正常途径取得，就不排除该“毒树果实”在庭审中使用，即该“毒树果实”有证据能力。《德国刑事诉讼法典》第136a条规定，如果审讯机关采用禁止使用的审讯手段审讯犯罪嫌疑人，获得的犯罪嫌疑人供词禁止使用。

有论者认为，德国刑事诉讼实践中的价值权衡理论与德国针对第136a条的“分等级”考察制度，是谨慎对待“毒树果实”，在保障犯罪嫌疑人基本权利的前提下，不放纵真正犯有严重罪行的罪犯。[1]

（三）我国关于非法证据排除制度的不同观点

我国法学界对非法证据排除的共识是：采用非法的方法收集的证据会导致证据的虚假性或不真实性，该非法证据应被予以排除。因为这种非法证据的采用，既违反了实体正义精神，又背离程序正义的原则，排除非法不实证据也是英美等西方国家证据规则中所确立的首要动因。

1. 非法性的判断标准

随着理论研究深入，我国对非法证据问题的争论，因对非法性的认识不同，产生了不同的学说主张。

（1）真实性判断依据说。该观点认为，应当重视证据的客观性，实事求是地处理问题。如果非法证据经过调查属实，并于证明案件真实确有必要，则可予以采信。认为凡是属于真实的证据材料，即使采用非法方法获取的，也应加以采用。因为我国刑事诉讼法强调实质真实原则，只要对发现实质真实有益的材料就应加以采用，不因收集证据方法的非法性而影响证据的可采性。[2]

（2）方法（手段）非法性说。该观点认为，我国刑事诉讼法既然已经明确规定了严禁采用非法的方法收集证据。因此，“以非法手段取得的证据，如用刑讯逼供得到的口供，不能作为定案的根据”。对“非法手段”一词作适当的扩张解释，即不仅包括刑讯逼供等法律明确禁止的手段，还应包括诸如电讯监听、诱惑侦查、密搜密取等《刑事诉讼法》并未明确授权的手段。[3]甚至主张非法搜查、非法扣押等越权收集实物证据的行为和以不作为的方式严重违反法定程序的，也应作为非法手段纳入明文禁止的范围。[4]

（3）程序瑕疵非法说。在真实性、方法非法性基础上，又有研究者提出程序适用瑕疵非法说，实质就是“不合法证据”与“非法证据”的界分，不合法证据

---

[1] 陈卫东、刘昂：“我国建立非法证据排除规则的障碍透视与建议”，载《法律适用》2006 年第 6 期。

[2] 戴福康：“对刑事诉讼证据质和量的探讨”，载《法学研究》1988 年第 4 期。

[3] 万毅：“解读非法证据———兼评两个《证据规定》”，载《清华法学》2011 年第 2 期。

[4] 詹建红：“检察机关排除非法证据的制度建构”，载《法制资讯》2012 年第 8 期。

还包括取证主体不合法、取证形式不合法、取证程序违法等情形。[1]

2. 证据排除的方法

证据排除方式上有学者提出了非法证据的“不可补正排除规则”和瑕疵证据的“可补证排除规则”，而“不可补正的排除规则”又细分为“强制排除规则”和“自由裁量排除规则”的两层分类排除模式。[2]

3. 按照证据种类进行区别处理

因证据类别而产生的区别对待说。该学说根据所借鉴的西方制度经验的差异、考量中国语境的程度不同又可以分为三种。

观点一：非法言词证据绝对排除，非法实物证据原则排除。有论者认为，就非法言词证据而言，有必要……吸收联合国刑事司法准则的国际标准，借鉴英、德等国的制度经验，作出具体、明确和可操作性的规定，对非法获得的被告人的供述绝对排除，如可以规定“以上述非法方法收集的被告人供述，即使被告人同意，也不得作为指控犯罪和定案的依据。对非法获取的口供可以在任何诉讼阶段和审级指出，并且自动予以排除”。对非法获取的物证，则可以借鉴美国和日本的制度经验，原则上应予以排除，同时设立若干例外情形。[3]

观点二：非法言词证据绝对排除、非法实物证据原则不排除。有论者认为，尽管非法实物证据的采用也会造成对人权价值的破坏，有违法治精神，但如果一概否定其效力，必将对案件真实的发现产生不利影响。由于物证本身的特点，收集程序违法一般不会改变其固有性质和状态，不会导致证据内容的失实。鉴于我国目前打击犯罪的严峻形势和司法承受能力，非法证据排除规则的构建应立足国情，作出切合实际的程序设计。[4]

观点三：非法言词证据绝对排除、非法实物证据裁量排除。有论者认为，对于非法实物证据的处理，有必要赋予司法官员一定的裁量权，允许其根据个案

---

[1] 万毅：“论瑕疵证据——以‘两个《证据规定》’为分析对象”，载《法商研究》2011 年第 5 期；闵春雷：“非法证据排除规则适用问题研究”，载《吉林大学社会科学学报》2014 年第 2 期。

[2] 陈瑞华：“论瑕疵证据补正规则”，载《法学家》2012 年第 2 期。

[3] 佘川、程辉、葛娟娟：“讼刑事诉讼非法证据排除规则”，载《法律科学》2001 年第 3 期；张智辉主编：《刑事非法证据排除规则研究》，北京大学出版社 2006 年版，第 162–163 页。

[4] 陈卫东、刘昂：“我国建立非法证据排除规则的障碍透视与建议”，载《法律适用》2006 年第 6 期。

的具体情形，进行权衡裁断。主张法官在进行利益权衡时，原则上对于违反搜查、扣押等程序取得的实物证据，如果执法人员主观上并非出自故意或重大过失，客观上造成的危害后果不严重，可以不排除；如果执法人员主观上出于故意，客观上严重侵犯了公民的合法权益，那么，由此获得的实物证据，应予排除。❶

有论者认为，从人权保障角度出发，应规定非法取得的言词证据不能作为认定案件事实的根据；从惩罚犯罪的客观要求出发，应规定非法取得的实物证据由法官根据取证行为违法的程度和案件的具体情况裁定。采用此种非法言词证据绝对排除，非法实物证据裁量排除的做法，更有利于实现刑事诉讼惩罚犯罪和保障人权双重价值目标的有机统一。❷

4. 因其他原因而导致的区别对待说

该说又可以具体区分为两种：一种主张认为，对所有非法取得的证据均应原则上予以排除，但可保留一定的例外情形。就例外情形，应考虑以下两方面因素：案件的危害程度、司法官员的违法程度。❸

另一种主张则认为，非法证据的排除应当着眼于非法取证行为的违法性质和后果，而不应以证据的形式作为排除的标准。该说主张打破非法言词证据与非法实物证据的划分，而是将需要排除的非法证据区分为违反宪法的证据、一般的非法证据、技术性的违法证据三种。

对于“违反宪法的证据”，应当绝对排除。违反宪法的证据基于其侵害利益的严重性，法官没有裁量的余地，应绝对排除。对一般的非法证据则建立自由裁量的排除规则，也就是由司法裁判者根据这些违法行为的严重程度和危害结果，作出排除或者不排除、部分排除或者部分不排除的结论。由于技术性的非法证据，涉及的是技术性的违反法律程序，而并未造成一方利益受到侵害，因此原则上不必为裁判者所排除，其证据的证据能力不会因其技术性的违法而受到影响。❹

---

❶ 谢佑平、万毅：“多元与普适：刑事司法国际准则视野内的非法证据排除规则”，载《重庆社会科学》2001 年第 4 期。

❷ 徐静村：“论我国刑事诉讼法的再修正”，载《现代法学》2003 年第 3 期。

❸ 徐鹤喃：“论非法取得的刑事证据材料的排除”，载《政法论坛》1996 年第 3 期。

❹ 陈瑞华：“刑诉中非法证据排除问题研究”，载《法学》2003 年第 6 期。

一般的不法证据主要是指取证人的行为没有明显违反宪法，但侵害了公民的一般实体性权利和程序性权利，构成了一般意义上的违法取证行为。如采取引诱、欺骗等方法获取的证据、通过一般的违法搜查、扣押、查询冻结等行为所取得的证据。对“一般的非法证据”采取“自由裁量的排除”，即由司法裁判者根据这种违法行为的严重程度和危害后果，作出排除或者不排除，部分排除或者部分不排除的结论。

技术性的不法证据是指取证人以没有侵害任何一方权益的违法行为获取的证据。在任何一个国家的司法实践中，都存在着大量的无侵权之违法。由于所涉及的是技术性的违反法律程序，而并未造成某一方利益受到侵害，因此原则上不必为裁判者所排除，其证据的可采性不会因其技术性的违法而受到影响。[1]

三、我国非法证据排除制度的发展与完善

学界对建构我国的非法证据排除制度展开讨论，主要观点如下。

（一）建构我国非法证据排除制度的进路

我国构筑非法证据排除规则的主流观点为渐进改良，其观点可以分为立法渐进改良与司法渐进改良两种思路。

1. 立法渐进改良的思路

持此思路者认为，非法证据排除规则的实现应当分阶段、分步骤地通过立法修订来实现，一步到位的立法主张并不现实。为了维护法律的严肃性，应当在中国的司法实践中确立非法证据排除规定，但确立非法证据排除规则的时间和范围不能一步到位，而是在时间上分阶段地进行，在程序上必须具有可操作性，同时不致在实践中造成太大的困难。[2]

还有论者认为，非法证据排除规则忽视了诉讼结构加工信息的特有功能，证据具有的自在性、必然发现性以及公用性使得非法方法不能作为断送证据“前

[1] 汪建成：“中国需要什么样的非法证据排除规则”，载《环球法律评论》2006 年第 5 期。

[2] 杨宇冠：《非法证据排除规则研究》，中国人民公安大学出版社 2002 年版，第 270 页；岳礼玲：“德、美证据排除规则的比较——我国确立刑事证据规则之经验借鉴”，载《政法论坛》2003 年第 3 期。

途”的合理理由，考虑到公民无权把隐私权和沉默权作为隐藏犯罪证据的手段，建议引入非法与合法事后证明规则以及收集证据人员的取证风险选择权。❶

2. 司法渐进改良的思路

持此思路者认为，由于非法证据排除规则在西方国家的制度经验中基本上均是司法建构的产物，而且考虑到我国司法实践中的具体情况，期望通过立法的方式来确立非法证据排除规则并彻底治理程序性违法很不现实，因此，我国刑事非法证据排除规则只能通过司法经验的累积与建构。有论者认为，我们有必要建立一种更加科学、更加完备的非法证据排除规则。这不仅仅是立法技术的完善问题，更意味着非法证据排除规则的真正建立问题。根据美国的司法经验，非法证据排除规则并非由国会通过的成文法加以确立，而是由美国联邦最高法院历经上百年的努力，通过联邦宪法修正案中的“正当法律程序”条款，逐步在司法判例中加以确立并予以完善的。事实上，中国立法制度中存在的“法律一公布即告落后”的现象，以及各地、各级司法机构纷纷创制新的法律制度的现实，足以显示仅仅依靠立法机构制定的成文法，任何法律制度都不可能得到一蹴而就的建立。❷

（二）对我国非法证据排除规则的探讨

2010年《非法证据规定》对采用刑讯逼供等非法手段取得的供述以及采用暴力、威胁等非法手段取得的证人证言、被害人陈述这些非法言词证据，采取了非常严厉的态度，即绝对予以排除。这不仅意味着在法庭审判时应当排除非法言词证据，不能将其作为认定被告有罪的依据，而且人民检察院在审查批准逮捕、审查起诉中，对于非法言词证据也应当依法予以排除，不能作为批准逮捕、提起公诉的依据。并将此延伸到了刑事二审程序。❸类似观点认为，在确立审判阶段的非法证据排除程序的同时，还可以考虑建构由检察院提前进行非法证据的听证

---

❶ 马贵翔、倪泽仁：“非法证据排除规则的理论误区与规则重构”，载《国家检察官学院学报》2002年第1期。

❷ 陈瑞华：“刑诉中的非法证据排除问题研究”，载《法学》2003年第6期。

❸ 王敏远：“现代刑事证据法的两个基本问题——兼评我国刑事证据法的新发展”，载《国家检察官学院学报》2010年第6期。

和排除程序，以阻隔非法证据进入审判人员的视野。但是，这些问题的解决牵涉司法体制、司法独立、各有关部门的职能等制度，需要在司法改革过程中逐步解决。[1]对于该规定，学界存在不同的观点。有论者认为，非法证据排除规定确有一定的“超前”。因存在观念障碍、社会障碍尤其是体制障碍难以执行。[2]如今，现行相关立法已经确立了非法证据的侦查、起诉、审判各个阶段的排除程序，非法证据排除的程序制度日益丰富与完善。

在非法证据排除的范围上，由于《非法证据规定》在界定非法取证手段上用了“采用刑讯逼供等非法手段”“采用暴力、威胁等非法手段”的表述，而没有像刑事诉讼法那样规定“刑讯逼供和以威胁、引诱、欺骗以及其他非法的方法”，由此引发了对“引诱、欺骗”取得的证据是否需要排除的不同认识。有论者认为，《非法证据规定》只是明确列举了非法手段的极端方式，但绝不局限于这些明确列举的方式，因为它使用了“等非法手段”，尽管没有明确列举，作为司法解释当然应当与刑事诉讼法规定的精神相一致，因此新规定中的“等非法手段”应当包括刑事诉讼法规定的“引诱、欺骗”。[3]

《非法证据规定》对非法证据排除的程序作了较具体的规定，包括程序启动、法庭初步审查、控方证明、双方质证、法庭处理五个步骤。该规定要求，法庭对被告人审判前供述的合法性问题应在此之后，根据情况作出裁定：如公诉人的证明达到确实、充分的程度，能够排除被告人审判前供述属非法取得的，法庭确认该供述的合法性，准许当庭宣读、质证；否则，法庭对该供述予以排除，不作为定案的根据。

然而，关于证据非法问题的证明责任问题，存在意见分歧。有论者认为，证明证据合法与否的责任并非由控方单方承担，应适当分配证明责任，而不是平均分配。在具体确定证明责任的分担时，要综合考虑“非法”证据的形式、取证行为的方式、控辩双方取证可能性大小等因素。证据合法性的审查对象主要是控诉方，即有关国家机关取证行为的合法性。在证据合法性审查程序中，对取证行为合法与否的证明责任在不同阶段不固定地由控辩双方分担，在具体分配有关证明

[1] 杨宇冠：“非法证据排除规则及其在中国确立问题研究”，载《比较法研究》2010 年第 3 期。
[2] 龙宗智：“两个证据规定的规范与执行若干问题研究”，载《中国法学》2010 年第 6 期。
[3] 宋英辉、王贞会：“我国非法证据排除规则及其适用”，载《法学杂志》2010 年第 7 期。

责任时，需要综合考虑诉讼的便利性和双方当事人的举证能力。[1]

有论者认为，辩方对非法证据的证明承担初步责任。也有论者认为，辩方对非法证据提供相关线索，至于提出证据非法则属于辩护的权利。[2]针对非法证据排除的证明责任分配的规定，有学者进行了评析：非法证据排除的证明责任的分配原则是“辩方建立争点、控方证明争点不存在”。该分配原则总体上是合理的，要求辩方提供相关线索与证据以建立非法证据之争点，可以有效地防止非法调查程序无事实条件启动损耗司法资源，减轻控方和判方的诉累以及保证庭审案件事实调查的顺畅。要求控方承担审前口供合法性的证明责任，则是无罪推定原则的基本要求。[3]还有论者认为，非法证据排除规定确立了“两步式的证明责任分配规则”。在法庭初步审查阶段，法官所要解决的是应否受理被告方有关非法证据排除的申请问题，也就是程序性裁判程序的立案问题。被告人及其辩护人有义务向法庭提出相关的证据或者线索，以证明“涉嫌非法取证的人员、时间、地点、方式、内容等”相关事实和信息。换言之，被告方为说服法庭作出受理诉讼申请的决定，需要承担初步的证明责任。假如被告方不能提出任何相关证据或者线索，法庭也没有对被告人供述取得的合法性产生疑问，那么，法庭将拒绝受理被告方的申请，不仅不会作出排除证据的决定，甚至就连启动程序性裁判程序的决定都不会作出。司法解释之所以要求被告方承担初步的证明责任，主要是为了避免被告方滥用诉讼资源，无根据地行使申请权，以至于造成诉讼的不合理拖延。同时也是为了引导被告方提前做好调查收集证据的准备，以便有效地行使诉权，从而成功地说服法院启动排除非法证据的程序。[4]

关于非法证据排除的标准，学界有观点主张，辩护方就刑讯逼供问题的证明应该达到使法官对证据的合法性产生疑问的程度，这可以理解为“构成合理怀疑”的证明标准。公诉方对证据合法性的证明应该达到确实充分的证明标准，这可以理解为“排除合理怀疑”的证明标准。[5]

---

[1] 陈永生：“非法证据排除规则的举证责任”，载《现代法学》2001 年第 6 期。

[2] 樊崇义：“‘两个证据规定’理解与适用中的几个问题”，载《证据科学》2010 年第 5 期。

[3] 张斌：“非法证据证明责任及标准的实践把握”，载《国家检察官学院学报》2011 年第 3 期。

[4] 陈瑞华：“非法证据排除规则的中国模式”，载《中国法学》2010 年第 6 期。

[5] 何家弘：“适用非法证据排除规则需要司法判例”，载《法学家》2013 年第 2 期。

为了防止非法证据的污染问题，有学者主张审查证据合法性的主体与审判案件的主体分离。与之对应，对供述的合法性调查的程序应当设立在法庭审判程序之前，而不能将其合二为一。[1] 有学者进一步主张，关于非法证据的认定采取“两步认证模式”，即将采纳证据的标准和采信证据的标准相分离，提出采纳证据的主要标准是关联性和合法性，而采信证据的标准是真实性与充分性。[2]

有关重复性供述（反复自白）证据效果问题，属于“毒树之果”在我国应用的表现之一。对此，有学者主张排除重复供述，但可附条件地部分使用，并强化公诉方对这些条件的证明。[3] 另有学者主张对重复自白不能确立强制性排除规则。其证据能力问题要一概交由法官进行自由裁量。对于那些明显受到前次非法取证行为影响的重复自白，未来的法律依然可以确立强制性排除规则。对于那些在重复自白是否排除方面存在争议的案件，未来可以确立裁量性排除规则。[4] 还有学者主张基于惩治犯罪与保障人权平衡之考虑，倾向赞同“同一主体排除”说，即侦查机关有一次刑讯逼供行为，侦查机关取得的所有供述就都排除，到审查起诉阶段，因为消除了被告人的心理影响，检察机关的供述笔录可以采用。[5]

四、私人非法收集证据的排除问题

私人取证有些是受公权机关指使的个人取证，即私人出于公权机关的授意，或私人有意协助公权机关而暗中从事的取证行为。有些未受公权机关指使的个人取证，是指私人既非出于公权机关的授意也非故意协助公权机关，而进行的取证行为。[6] 讨论私人非法取得证据主要指后者，对此是否排除存在不同的观点。

---

[1] 汪海燕：“评关于非法证据排除的两个《规定》”，载《政法论坛》2011 年第 1 期。

[2] 何家弘、马丽莎：“证据‘属性’的学理重述——兼与张保生教授商榷”，载《清华法学》2020 年第 4 期。

[3] 闵春雷：“非法证据排除规则适用问题研究”，载《吉林大学社会科学学报》2014 第 2 期。

[4] 陈瑞华：“非法证据排除规则的适用对象——以非自愿供述为范例的分析”，载《当代法学》2015 年第 1 期。

[5] 陈光中、郭志媛：“非法证据排除规则实施若干问题研究——以实证调查为视角”，载《法学杂志》2014 年第 9 期。

[6] See Stuekey，Evidence，Znded.1974，p.319.

（一）不应排除说

这种学说在美国最为典型，认为私人非法取得的证据不应被排除。一方面是私人不法取证与公权机关取证有别，不适用非法证据排除规则。非法证据排除规则目的在于吓阻警察等公权机关的违法行为。"私人通常非如警察以收集证据为职业，偶因被害或其他原因而有违法收集行为，并无反复为之的动机，故法律没有吓阻私人不法取证行为之必要。私人违法搜查、扣押或逮捕时，公权力并未介入，被侵害的一方对之有抵抗能力；且违法取证人应负民、刑事责任，司法机关没有对其偏袒的理由，故私人不法取得证据并无适用证据排除法则的必要。"❶

（二）法秩序一元说

这种学说在我国台湾地区有学者主张。认为实体法与程序法保护相同的法益和客体，实体法对某行为的否定评价在证据法上也应当产生证据排除的效果。由于私人不法取证违反了实体法的规定，在证据法上也应该予以排除，不能作为证据使用。实体法和程序法均是法秩序的构建者，如果私人违法方法取得证据的行为受到刑事实体法的非难，那么该行为在刑事诉讼法上也应该受到负面评价而排除该证据的使用，否则法院若允许使用该证据，无异于由司法机关再次侵害因违法取证而受损的法益。❷

（三）权衡理论

我国台湾地区相关部门持此观点，即认为对于私人非法取得证据的证据能力问题应运用权衡理论进行判断，法官必须将排除非法证据可能产生的社会收益与其可能产生的成本相权衡，进而决定证据应否排除。权衡理论，是指任何违法取证之个案，均需由法院衡量国家实现真实利益与个人因违法取证行为所侵害之法益保护利益以决定该证据是否应该排除。亦即当国家发现真实之利益大于个人因违法取证行为所受侵害之法益保护利益，则违法取得之证据不排除；若国家实现

---

❶ 吴巡龙："私人不法取得证据应否证据排除"，载《月旦法学杂志》，2004 年第 108 期。

❷ 杨云骅："赔了夫人又折兵？私人违法取得证据在刑事诉讼的证据能力处理"，载《台湾法学杂志》，2002 年第 41 期。

真实之利益小于个人因违法取证行为所受侵害之法益保护利益，则违法取得之证据应该排除。❶

对于私人不法取证的分类排除，较有影响的观点是将私人不法获取的证据分为三类：（1）以窃录、窃听等和平方法获得的证据，并无公权力之介入，且民事实体法及刑事实体法对此等行为已经评价，法院不应再以证据排除来处罚行为人。（2）私人以诈欺或利诱方法取得被告之陈述，并未使用强制力侵害被告人之人身自由，被告人若未犯罪，纵私人以诈欺、利诱方式询问，被告人也不会承认，一般并无诱发虚伪陈述之危险。因此，除非其方法已经违背社会良知或有诱发虚伪陈述之危险，否则应承认其证据能力。（3）私人若以强暴、胁迫方法取得被告人或证人之陈述，已严重违背基本人权，应认为无证据能力，但无“毒树果实”法则之适用。因私人以违法方式取得证据，并无证据排除原则的适用，自然也无“毒树果实”法则适用之余地，故私人以强暴、胁迫等非和平方法取得被告人或证人陈述之衍生证据应有容许性。❷

问题与思考

非法证据排除制度虽然在制度规范上获得了重大的发展，在制度理论上有了新的突破，但更为关键的问题是实践的有效实施。目前，我国非法证据排除规则仍然存在非法证据认定难、排除难等问题。这其中既有非法证据排除制度设计是否符合刑事司法运行实践的问题，更有司法机关不愿排、不想排、不敢排等现实问题。切实解决这些问题，需要构建能够有效遏制非法方法收集证据的规则体系，集预防与治理相结合、规制职权与权利保障一体化的非法证据排除制度。为此，既需要从根本上反思我国刑事司法实践重实体公正、惩罚犯罪而轻程序尊严的思维模式，也需要从规范层面进一步完善诸如重复性供述之排除等规则，更需要从诸如审讯等制度层面构建完善的相关配套制度。应当研究如何从制度上形成对刑讯逼供等非法方法收集证据的治理体系，实践中真正落实刑讯逼供等非法方法的受害人之权利救济，促使职权部门收集证据时不能、不敢、不愿采用非法

---

❶❷ 吴巡龙：“私人不法取得证据应否证据排除”，载《月旦法学杂志》，2004 年第 108 期。

方法。

此外，监察体制改革，引发的监诉衔接问题中，非法证据排除制度监诉衔接问题也应进行研究。当然，非法证据排除制度的非法性问题也仍需要继续深入研究，伴随诉讼实践经验的发展，智能性刑事司法制度的日益形成，非法证据排除制度面临着诉讼文明发展与司法科技进步带来的冲击，会有非法证据排除制度的新的认识与新的理论突破。

三 参考文献

一、论文类

[1] 刘艳红 . 职务犯罪案件非法证据的审查与排除：以《监察法》与《刑事诉讼法》之衔接为背景 [J] . 法学评论，2019（1）.

[2] 陈瑞华 . 非法证据排除程序的理论展开 [J] . 比较法研究，2018（1）.

[3] 易延友 . 非法证据排除规则的中国范式：基于 1459 个刑事案例的分析 [J] . 中国社会科学，2016（1）.

[4] 陈瑞华 . 非法证据排除规则的适用对象：以非自愿供述为范例的分析 [J] . 当代法学，2015（1）.

[5] 左卫民 . “热” 与 “冷”：非法证据排除规则适用的实证研究 [J] . 法商研究，2015（3）.

[6] 杨波 . 由证明力到证据能力：我国非法证据排除规则的实践困境与出路 [J] . 政法论坛，2015（5）.

[7] 孙长永，王彪 . 审判阶段非法证据排除问题实证考察 [J] . 现代法学，2014（1）.

[8] 陈瑞华 . 非法证据排除程序再讨论 [J] . 法学研究，2014（2）.

[9] 闵春雷 . 非法证据排除规则适用问题研究 [J] . 吉林大学社会科学学报，2014，（2）.

[10] 杨宇冠，郭旭，陈子楠，杨超，戴婧婧 . 非法证据排除与庭前会议实践调研 [J] .

国家检察官学院学报，2014（3）.
[11] 吴宏耀 . 非法证据排除的规则与实效：兼论我国非法证据排除规则的完善进路 [J]. 现代法学，2014（4）.
[12] 程雷 . 非法证据排除规则规范分析 [J]. 政法论坛，2014（6）.
[13] 杨宇冠 . 我国非法证据排除规则实施问题研究 [J]. 法学杂志，2014（8）.
[14] 陈光中，郭志媛 . 非法证据排除规则实施若干问题研究：以实证调查为视角 [J]. 法学杂志，2014（9）.
[15] 陈卫东 . 人民检察院适用非法证据排除规则若干问题的思考 [J]. 国家检察官学院学报，2013（1）.
[16] 何家弘 . 适用非法证据排除规则需要司法判例 [J]. 法学家，2013（2）.
[17] 顾永忠 . 我国司法体制下非法证据排除规则的本土化研究 [J]. 政治与法律，2013（2）.
[18] 戴长林 . 非法证据排除规则司法适用疑难问题研究 [J]. 人民司法，2013（9）.
[19] 杨宇冠 .《刑事诉讼法》修改凸显人权保障：论不得强迫自证有罪和非法证据排除条款 [J]. 法学杂志，2012（5）.
[20] 樊崇义，吴光升 . 审前非法证据排除程序：文本解读与制度展望 [J]. 中国刑事法杂志，2012（11）.
[21] 汪海燕 . 评关于非法证据排除的两个《规定》[J]. 政法论坛，2011（1）.
[22] 万毅 .“全国首例非法证据排除案”法理研判 [J]. 证据科学，2011（6）.
[23] 卞建林 . 检察机关与非法证据排除 [J]. 人民检察，2011（12）.
[24] 杨宇冠 . 非法证据排除规则及其在中国确立问题研究 [J]. 比较法研究，2010(3).
[25] 陈瑞华 . 非法证据排除规则的理论解读 [J]. 证据科学，2010（5）.
[26] 王敏远 . 现代刑事证据法的两个基本问题：兼评我国刑事证据法的新发展 [J]. 国家检察官学院学报，2010（6）.
[27] 陈瑞华 . 非法证据排除规则的中国模式 [J]. 中国法学，2010（6）.
[28] 宋英辉，王贞会 . 我国非法证据排除规则及其适用 [J]. 法学杂志，2010（7）.
[29] 张斌 . 我国非法证据排除规则运用的十大技术难题：兼评《关于办理刑事案件排除非法证据若干问题的规定》[J]. 中国刑事法杂志，2010（10）.
[30] 谢佑平 . 检察机关与非法证据排除 [J]. 中国检察官，2010（21）.

[31] 王敏远. 非法证据排除对维护程序尊严的意义：兼评我国刑事证据法的新规定[J]. 中国检察官，2010（23）.
[32] 陈卫东，刘中琦. 我国非法证据排除程序分析与建构[J]. 法学研究，2008（6）.
[33] 万毅. 非法证据排除规则若干操作问题研究[J]. 中国刑事法杂志，2007（3）.
[34] 邓思清. 论非法证据排除规则的理论基础[J]. 法律科学（西北政法学院学报），2006（3）.
[35] 汪建成. 中国需要什么样的非法证据排除规则[J]. 环球法律评论，2006（5）.
[36] 吴丹红. 非法证据排除规则的实证研究：以法院处理刑讯逼供辩护为例[J]. 现代法学，2006（5）.
[37] 陈瑞华. 非法证据排除规则的理论反思[J]. 法律适用，2006（6）.
[38] 陈光中，张小玲. 论非法证据排除规则在我国的适用[J]. 政治与法律，2005(1).
[39] 黄维智. 非法证据排除规则价值论纲[J]. 中国刑事法杂志，2004（6）.
[40] 陈瑞华. 刑诉中非法证据排除问题研究[J]. 法学，2003（6）.
[41] 杨宇冠. 论非法证据排除规则的价值[J]. 政法论坛，2002（3）.
[42] 陈永生. 非法证据排除规则的举证责任[J]. 现代法学，2001（6）.
[43] 左卫民，刘涛. 非法证据排除规则的确立与完善[J]. 法商研究，1999（5）.
[44] 宋英辉. 关于非法搜查、扣押的证据物的排除之比较[J]. 政法论坛，1997（1）.
[45] PALMER D D.Constitutional Law – Confessions – Evidence Obtained Pursuant to an Illegal Arrest is Inadmissable at Trial – Taylor v. Alabama [J].National Black Law Journal，1983，8（2）.

二、著作类

[1] 戴长林. 非法证据排除规定和规程理解与适用[M]. 北京：法律出版社，2019.
[2] 高咏. 非法证据排除规则在美国的兴衰[M]. 北京：知识产权出版社，2019.
[3] 裴显鼎. 非法证据排除程序适用指南[M].2 版. 北京：法律出版社，2018.
[4] 胡忠惠. 基于实证观察的我国非法证据排除规则研究[M]. 北京：中国政法大学出版社，2018.
[5] 吴国章. 非法证据排除规则实务研究[M]. 北京：法律出版社，2017.

[6] 戴长林，罗国良，刘静坤．中国非法证据排除制度：原理 · 案例 · 适用［M］．修订版．北京：法律出版社，2017.
[7] 郭旭．中国非法证据排除规则研究［M］．北京：中国人民公安大学出版社，2016.
[8] 甘雨来．非法证据排除规则实施问题研究［M］．北京：中国人民公安大学出版社，2016.
[9] 杨宇冠．非法证据排除规则在中国的实施问题研究［M］．北京：中国检察出版社，2015.
[10] 高咏．非法证据排除的证明问题研究［M］．北京：中国财政经济出版社，2014.
[11] 陈光中．非法证据排除规则实施问题研究［M］．北京：北京大学出版社，2014.
[12] 丹尼尔 · J. 凯普罗．美国联邦宪法第四修正案：非法证据排除规则［M］．吴宏耀，陈芳，白燕，译．北京：中国人民公安大学出版社，2010.
[13] 郭华，王进喜．《办理死刑案件证据规定》与《非法证据排除规定》的释义和适用［M］．北京：中国人民公安大学出版社，2010.
[14] 张智辉．刑事非法证据排除规则研究［M］．北京：北京大学出版社，2006.
[15] 杨宇冠．非法证据排除规则研究［M］．北京：中国人民公安大学出版社，2002.

第十六章　刑事附带民事诉讼制度

【导读】

对于因犯罪行为而形成的民事侵权纠纷，我国选择了在刑事诉讼中附带解决民事侵权的立法模式，其初衷应是基于刑事优先兼顾民事的考虑。刑事附带民事诉讼是一种依附于刑事诉讼的民事诉讼，是一种复合型诉讼，是刑事诉讼和民事诉讼结合形成的一种特殊诉讼。因此，不仅其性质特殊，而且处理程序具有依附性，其法律依据具有复合性。

刑事附带民事诉讼是将符合条件的民事诉讼与刑事诉讼合并审理，不仅从实体上及时弥补刑事被害人因犯罪遭受的损失，而且从程序上方便当事人诉讼，体现了刑事诉讼公正与效率两大价值目标的要求。对于附带民事诉讼程序的研究来说，除了需要掌握刑事程序法基本理论外，还需要具备相应的刑事实体法以及民事程序法和实体法方面的基本知识。

目前，我国关于刑事附带民事诉讼的立法规定仍存在不协调的问题，以至于不仅学界存有争议，而且实务界也存在理解和做法上的较大差异。由于我国在该制度的设计上遵循的是“刑优于民”的立法指导思想，因此，刑事附带民事诉讼缺乏应有的独立地位，未能给予被害人应有的保障。由此，引发了理论界对刑事附带民事诉讼立法模式存与废的争论。了解这些观点的内容，是进一步分析我国刑事附带民事诉讼制度的基础。

第一节 刑事附带民事诉讼之法律规范与实践

随着由犯罪引起的民事侵权纠纷的增多，附带民事诉讼程序的地位和作用越来越重要，但现有规定过于原则，还有些规定存在法律冲突的情况，致使实践中的理解和做法存在差异，难以给予被害人应有的程序保障和实体保障。

一、我国刑事附带民事诉讼立法及实践

1. 我国刑事附带民事诉讼的立法规定

我国1979年和1996年《刑事诉讼法》都规定了刑事附带民事诉讼制度。1997年修正后的《刑法》第36条规定："由于犯罪行为而使被害人遭受经济损失的，对犯罪分子除依法给予刑事处罚外，并应根据情况判处赔偿经济损失。承担民事赔偿责任的犯罪分子，同时被判处罚金，其财产不足以全部支付的，或者被判处没收财产的，应当先承担对被害人的民事赔偿责任。"该条规定为刑事附带民事诉讼提供了实体法上的依据，并且提出了对被害人优先赔偿的原则，意义重大。

在1998年《最高人民法院关于执行〈中华人民共和国刑事诉讼法〉若干问题的解释》第84~102条专门就刑事附带民事诉讼问题作了比较详尽的规定，明确了刑事附带民事诉讼的程序规范，很大程度上便利了审判实践。后来，最高人民法院又陆续颁布了一些司法解释，对刑事附带民事诉讼的一些具体的专门问题作了规定，如《最高人民法院关于刑事附带民事诉讼范围问题的规定》《最高人民法院关于人民法院是否受理刑事案件被害人提起精神损害赔偿民事诉讼问题的批复》等，这些规定都是处理刑事附带民事诉讼的法律依据。立法机关在2012年修正《刑事诉讼法》的过程中，结合已有的研究成果、司法解释和实践经验作

出规定，增加了条文数量，丰富了章节内容。[1]

2021年《刑诉法解释》沿用2012年《刑诉法解释》第六章"附带民事诉讼"的条文，仅对个别条文根据司法实践反映的问题作了微调。司法解释起草小组对相关内容的说明如下。

（1）关于因受到犯罪侵犯起诉要求赔偿精神损失的处理规则。

2021年《刑诉法解释》第175条第2款基本沿用2012年《刑诉法解释》第138条的规定，仅将第2款规定的"人民法院不予受理"调整为"人民法院一般不予受理"。主要考虑如下：其一，若认为对精神损失可以另行提起民事诉讼，则意味着刑事诉讼法有关只有遭受物质损失的才能提起附带民事诉讼，附带民事诉讼只能根据物质损失判赔的规定就将失去实际意义，导致附带民事诉讼制度被架空、虚置，使附带民事诉讼制度的重要功能无法发挥。其二，避免被害方就同一犯罪行为两次提出损失赔偿要求，存在"一事两诉"的问题。其三，避免制造"空判"问题，引发新的社会矛盾。

（2）关于起诉要求赔偿残疾赔偿金、死亡赔偿金（以下简称"两金"）的处理规则。

2003年之前，将"两金"理解为精神损失，均不在附带民事诉讼判赔范围，但《最高人民法院关于审理人身损害赔偿案件适用法律若干问题的解释》（以下简称《人身损害赔偿解释》）首次明确"两金"属于物质损失。此规定是否适用刑事附带民事诉讼案件，实践中存在不同认识。2021年《刑诉法解释》明确规定，除驾驶机动车致人伤亡或者造成公私财产重大损失的案件外，"两金"不在附带民事诉讼的判赔范围，但调解、和解的，赔偿范围、数额不受限制。主要考虑：其一，根据法律、法理以及我国的法文化传统，对附带民事诉讼不应适用与单纯民事诉讼相同的标准。判决被告人承担刑事责任是对被害方抚慰、救济的主要方式。其二，应当深刻认识我国国情。我国判决得不到执行就会引发申诉、上访，影响社会和谐稳定。其三，按单纯民事案件的经济赔偿标准判赔导致"空判"现象突出，严重影响案件的裁判效果。据调研，凡套用民事标准判赔的，赔偿到位率极低。其四，赔偿标准过高，实际极不利于维护被害人的合法权益，不

[1] 陈卫东、柴煜峰："刑事附带民事诉讼制度的新发展"，载《华东政法大学学报》2012年第5期。

利于矛盾化解，还导致附带民事调解和矛盾化解的工作难度大大增加。一旦被告人不能足额赔偿，就认为其没有悔罪诚意和表现，以致民事调解工作、矛盾化解工作根本无法开展。其五，将《民法典》第 187 条和第 11 条规定结合起来分析，处理犯罪行为的赔偿问题，应当优先适用刑法和刑事诉讼法的相关规定，而不应当适用主要规定民事侵权的侵权责任编规定。其六，2012 年《刑诉法解释》有关规定在促进附带民事诉讼达成调解、保障被害人获得实际赔偿等方面发挥了良好效果，绝大多数意见建议维持原来的解释规定。

根据 2021 年《刑诉法解释》第 192 条的规定，同时结合附带民事诉讼审判工作实际，司法适用中应当注意：第一，在不违反自愿、合法原则的前提下，赔偿范围和数额不受限制，应当切实加大调解工作力度。第二，如调解不成，通过判决结案，充分考虑刑事案件被告人确有赔偿能力，原则上不应将死亡赔偿金、残疾赔偿金纳入判决赔偿的范围。第三，对因驾驶机动车致人伤亡或者公私财产遭受重大损失，构成犯罪的，要根据《道路交通安全法》第 76 条的规定确定赔偿责任。第四，对符合条件的被害人，可以开展刑事被害人救助工作，给予相应国家救助。

（3）另行提起民事诉讼的处理规则。

根据 2012 年《刑诉法解释》的规定，除因驾驶机动车致人伤亡或者公私财产遭受重大损失的案件外，不应判赔“两金”，但在适用中存在一定的混乱。为统一法律适用，2021 年《刑诉法解释》第 200 条作出适当调整。在刑事附带民事诉讼过程中未提起附带民事诉讼，另行提起民事诉讼的，人民法院应当优先进行调解。达成调解协议的，赔偿范围、数额不受限制；如果作出判决，则应当“根据物质损失情况作出判决”，即除因驾驶机动车致人伤亡或者公私财产遭受重大损失的案件外，不应判赔“两金”。[1]

2. 我国刑事附带民事诉讼实践中的问题

由于法律规定尚不完备，我国刑事附带民事诉讼的实践存在诸多问题，主要包括以下几个方面。

---

[1] “起草小组解读:《刑事诉讼法解释》理解与适用（上）”，载中国法院网，https://www.chinacourt.org/article/detail/2021/02/id/5796152.shtml，最后访问时间：2021-02-08。

（1）关于刑事附带民事诉讼案件的范围理解不一致。多数法院将附带民事诉讼的案件范围限定为伤害案件及侵犯财产的案件，但也有法院认为强奸、侮辱、诽谤等其他案件也可附带民事诉讼。

（2）关于附带民事诉讼的当事人主体范围理解、执行情况不一致。如附带民事诉讼的原告是否仅限于直接被害人，是否应包括间接被害人；《刑事诉讼法》第 101 条规定："……被害人死亡或者丧失行为能力的，被害人的法定代理人、近亲属有权提起附带民事诉讼。"从立法解决了上述理论界的争议。又如附带民事诉讼的被告人，是否仅限于刑事被告人或犯罪嫌疑人，是否应包括虽未犯罪或者未被追究刑事责任但参与实施侵权行为的共同致害人及刑事被告人的近亲属。[1]

（3）关于附带民事诉讼被害人滥用诉权的现象无法完全避免。有的被害人出于气愤、报复等心理，在损失微不足道或者没有明显的损失时，动辄起诉，甚至缠诉，浪费大量的人力和物力，违背了附带民事诉讼制度追求诉讼经济的初衷。

（4）关于人民检察院提起附带民事诉讼的理论基础有所争论。对人民检察院在附带民事诉讼中的活动内容，缺乏一致的认识，做法差异较大。

（5）关于刑事附带民事诉讼审理中还存在诸多问题，如审判中查明被告人的财产状况和执行有很大的难度；在赔偿与刑罚的关系上理解有差异，处理比较混乱，导致刑事责任和民事责任相互吸收；对赔偿的原则缺乏明确、统一的认识，导致相同性质的案件赔偿的数额差别较大等。

二、国外刑事附带民事诉讼模式

如何解决那些犯罪行为在触犯刑事法律的同时又具有民事侵权的性质，从而产生刑事和民事两种法律责任的问题，各国的处理并不相同，主要有平行式和附带式两种模式。

1. 平行式

这种模式强调民事诉讼与刑事诉讼完全分开，民事赔偿问题由民事诉讼程序予以解决。英美法系国家特别强调民事诉讼的独立地位，将民事诉讼与刑事诉

---

[1] 陈卫东主编：《刑事诉讼法实施问题调研报告》，中国方正出版社 2001 年版。

讼完全分离，民事诉讼与刑事诉讼不存在任何依附关系。犯罪行为的损害赔偿主要是由民事诉讼程序解决，并且必须在刑事诉讼终结后进行。此外，还可以通过私人保险、公共资助、国家补偿等形式对刑事被害人进行赔偿。英美国家之所以绝对要求刑事诉讼与民事诉讼的分离，无疑是以强调民事诉讼与刑事诉讼的各自的特殊性为出发点。如美国证据法对刑事诉讼和民事诉讼的证明标准要求有很大不同。

2. 附带式

附带式是大陆法系国家采用的模式，这种模式又有法国式和德国式之分。

（1）法国式。法国式规定原告人可以在两种方式中进行选择，或提起附带民事诉讼，或单独提起民事诉讼。这种模式在鼓励受害人通过刑事诉讼程序提出民事赔偿救济的同时，兼顾了附带民事诉讼的独立性。如《法国刑事诉讼法》第3条明确规定："民事私诉可以与刑事公诉同时提起，并由同一审判官合并审理。民事私诉也可以与刑事公诉分别提起，分别提起时，不问刑事公诉的提起是在民事私诉起诉前或起诉后，在刑事公诉判决前，民事诉讼应中止进行。"与此模式相似的国家还有意大利、奥地利、瑞典等。[1]

该模式主要特点有：①附带民事诉讼请求的主体范围与客体范围十分广泛。任何遭受重罪、轻罪或违警罪直接损害者，有权提起损害赔偿的民事诉讼。（公诉管辖法院）对一切犯罪事实所造成的损失而提起的诉讼，包括物质的、身体的和精神上的损失，均应受理。附带民事诉讼不仅可以针对罪犯提起，而且可以针对罪犯的继承人、其他应负民事责任的第三人（犯罪行为的保险人、雇主、行政部门）等提起。②被害人有选择权。被害人可以选择刑事附带民事诉讼，也可以单独提起民事诉讼。③因刑事案件犯罪严重程度不同适用不同的程序进行审理，然后分别作出刑事和民事判决的；违警罪案件和轻罪案件及其附带民事诉讼，则是由同一法庭按照刑事诉讼程序合并审理，由同一判决宣判的。④被害人可以就物质损失，依法申请全部或部分的国家补偿金。⑤进行附带民事诉讼，应当交纳诉讼费。该费用由原告预交，由败诉方承担。

---

[1] 刘金友：《附带民事诉讼的理论与实践》，中国展望出版社 1990 年版。

（2）德国式。德国早期的刑事诉讼法没有规定刑事附带民事诉讼程序，1950年刑事诉讼法修改时增加了这一程序，但又有许多限制，如提起民事赔偿请求的范围仅限于财产损失、赔偿最高限额不得超过3000马克、刑事法官享有对民事部分裁判与否的酌定权等，从而使这一程序实际上已被虚置。现实的操作方式则与美国比较接近，对因犯罪行为而遭受的损失，被害人几乎很少在刑事诉讼中提起请求补偿之诉，而是在刑事诉讼结束之后提起独立的民事诉讼予以解决。[1]

第二节 刑事附带民事诉讼研究综述

由于附带民事诉讼的法律规定存在的问题及其在实践中发生的诸多问题，学界关于我国的附带民事诉讼制度讨论较多，涉及当事人范围、赔偿范围、诉讼时效、刑民交叉等问题。

一、附带民事诉讼当事人范围之争

附带民事诉讼的当事人是原告人和被告人。现行《刑事诉讼法》对附带民事诉讼当事人范围虽已有规定，但在审判实践中，对附带民事诉讼的当事人范围的理解不一致，漏列、错列附带民事诉讼当事人的情况时有发生。在理论界，人们对附带民事诉讼当事人范围也存在争议。

（一）附带民事诉讼原告人范围之争

附带民事诉讼的原告人是指在刑事诉讼过程中提出附带民事诉讼请求，要求刑事被告人等承担民事责任的人，关于主体范围问题的讨论涉及以下几个方面。

---

[1] 奚玮、叶良芳："刑事附带民事诉讼制度反思与重构"，载《政治与法律》2003年第3期。

1. 已死亡被害人的近亲属以外的人，为被害人承担医疗费、丧葬费以及护理费用是否有权提起附带民事诉讼的问题

主张有权提起的人认为：第一，附带民事诉讼关键在于解决因犯罪产生的民事赔偿问题，凡是因犯罪行为受到财产损害的人均有权向侵权人提出起诉。所以，承担了被害人丧葬费、医疗费、护理费等费用的人在被害人死亡后，可以成为附带民事原告人。第二，如果不允许为被害人承担丧葬费、医疗费、护理费等费用的人提起附带民事诉讼，那么因被告人犯罪行为造成的民事赔偿，就不能与刑事案件一并审判，违背设立民事诉讼制度的初衷。第三，不允许他们直接向被告人提出附带民事诉讼赔偿请求，既不符合司法实践的实际情况，也不合乎情理。

主张无权提起的人认为，由于为被害人承担丧葬费、医疗费、护理费等费用的人不是《刑事诉讼法》所规定的被害人及其他可以提起附带民事诉讼的人，由他们作为原告，没有法律依据。并且，为被害人承担丧葬费、医疗费、护理费等费用的人是利益付出人，受益人是受害人，利益付出人理当直接向受益人提出诉求，再由受害人或其近亲属向被告人提出赔偿主张。[1]

此外，有人认为，并非已死亡的被害人的近亲属，而为被害人承担丧葬费、医疗费、护理费等费用的人，一般情况下没有权直接提起附带民事诉讼。但是在没有被害人的近亲属及财产继承人的情况下，他们有权提出附带民事诉讼。[2]

2. 被害人死亡的，是否每个近亲属都有权单独就全部损失提起附带民事诉讼

一般认为，每个近亲属都有权单独就全部损失提起附带民事诉讼，但是人民法院在被害人近亲属单独就全部损失提起附带民事诉讼后，应查明被害人近亲属的范围，告知被害人每个成年近亲属、未成年近亲属的法定代理人或监护人。也有人认为，被害人的近亲属无权单独就全部损失提起附带民事诉讼，只能以被害人的全部近亲属名义提起附带民事诉讼，如果允许单独提出，可能损害其他近亲属的权利。

---

[1] 陈建国主编：《人民法院刑事审判诉讼实务》，人民法院出版社 1992 年版，第 150 页。

[2] 王俊民："附带民事诉讼当事人范围新问题探究"，载《法学》2001 年第 2 期。

3. 物质损失由非犯罪行为所致能否提起附带民事诉讼的问题

比如，甲在不知情时购得乙从丙处盗窃所得电视机，司法机关将该电视机追回，甲是否有权向乙提出赔偿。对此看法不一。有人认为，甲属于并非犯罪行为直接受到物质损失的人，不能提起附带民事诉讼。也有人认为，甲虽不能提起附带民事诉讼，但是可以作为第三人参加民事诉讼。另有人认为，甲不能作为第三人参加附带民事诉讼，也不能独立地提起附带民事诉讼，但是他可以提出独立的民事诉讼，解决自己物质损失赔偿问题。还有人认为，甲可以独立地提起附带民事诉讼。[1]

4. 当被害人是不满 18 周岁的未成年人或者精神病人等无行为能力或者限制行为能力人时，附带民事诉讼的原告人如何确定

根据 2012 年《刑诉法解释》的规定，无行为能力或者限制行为能力被害人的法定代理人有权提起附带民事诉讼。不少法院将无行为能力或者限制行为能力人的法定代理人列为附带民事诉讼的原告人。有论者认为，这种做法不妥。因为无行为能力或者限制行为能力人的法定代理人并非附带民事诉讼标的损害赔偿法律关系的主体，他提起附带民事诉讼的目的在于维护直接遭受损害的被害人而不是他本人的权益，其全部诉讼活动只能以被害人即附带民事诉讼原告人的法定代理人的身份进行，而不能以自己的名义作为附带民事诉讼的原告人。[2]

5. 人民检察院作为原告人的问题

人民检察院提起附带民事诉讼时，处于何种法律地位？1996 年《刑事诉讼法》对此没有明确规定，2012 年《刑诉法解释》则对此予以明确，其第 142 条第 2 款中规定，“人民检察院提起附带民事诉讼的，应当列为附带民事诉讼原告人”。2021 年《刑诉法解释》第 179 条第 2 款延续了这一规定。

（二）附带民事诉讼被告人的范围问题

关于刑事案件的被告人已经死亡，应以谁为附带民事诉讼被告这一问题，存在不同观点。

有论者认为，如果刑事案件被告人死亡，那么也就没有附带民事的被告人，

---

[1] 王俊民：“附带民事诉讼当事人范围新问题探究”，载《法学》2001 年第 2 期。

[2] 陈殿福：“浅议刑事附带民事诉讼当事人的范围”，载《人民司法》2002 年第 2 期。

被害人也无法提起附带民事诉讼。理由是：第一，附带民事诉讼应当向刑事被告人提起，既然刑事被告人已不存在，那么也就失去了承担民事责任的人。第二，附带民事诉讼以刑事诉讼的存在为前提，依据刑事诉讼法的规定，被告人死亡，刑事诉讼应当终止。既然刑事诉讼终止，附带民事诉讼也就无法进行。但是可以告知被害人到民庭作为民事案件起诉，如果被害人已经提起附带民事诉讼的，也应当和刑事案件一起终止审理，并将民事部分移送到民庭审理。[1] 也有论者认为，在审理过程中致害人死亡的，若致害人只有一个，则应终止刑事诉讼程序，告知原告另行提起民事诉讼或将民事诉讼部分移交民庭处理。如尚有共同致害的刑事被告人生存的，附带的民事诉讼部分可继续进行。对死亡的共同致害人，可追加其财产继承人参加民事诉讼。[2]

二、刑事附带民事诉讼赔偿范围的讨论

现行立法对附带民事诉讼中损害赔偿范围规定的不一致，形成了多重标准同时存在的局面。根据《刑事诉讼法》规定，附带民事诉讼的请求范围限于犯罪行为而产生的物质损失或财产损失，精神损失显然被排斥在附带民事诉讼之外。物质损失也只限于由犯罪行为而遭受的直接损失。而且物质损失的规定过于笼统、操作起来容易引起歧义，缺乏相应标准。[3]

基于相关规定，学界对附带民事诉讼中损害赔偿范围等诸多问题进行了广泛讨论。

（一）关于精神损失是否可以提起附带民事诉讼的问题

有论者认为，刑事追究主要不是为了抚慰被害人，且仅具有抽象抚慰作用，而被害人的精神损害则是具体的，需要漫长时间消解甚或延续终身，故金钱赔偿更具现实性。普通民事侵权可获精神损害赔偿，而犯罪作为极端之侵害行为，带给被害人的精神苦痛较普通民事侵权有过之而无不及，如果仅因附带民事诉讼的

---

[1] 王俊民："附带民事诉讼当事人范围新问题探究"，载《法学》2001 年第 2 期。

[2] 邵世星、刘选：《刑事附带民事诉讼疑难问题研究》，中国检察出版社 2002 年版，第 178 页。

[3] 王昆江："论刑事附带民事诉讼损害赔偿范围"，载《河北法学》1999 年第 6 期。

程序选择不同而造成救济效果的重大差异，不符合法治精神。因此，应将精神损害赔偿纳入刑事附带民事诉讼的请求范围。❶

有观点从法律规范统一的角度提出，中国刑事附带民事诉讼制度存在的最大问题是现行相关法律法规之间的相互冲突，导致该制度在司法实践中的混乱。刑法从审判的角度赋予审判机关在刑事判决的同时，根据情况判处赔偿被害人经济损失。刑事诉讼法作为程序法，并不能将被害人提起附带民事诉讼的权利仅局限在侵犯人身权利或者财物损害而造成的物质损失上。因此，刑事诉讼法应当以刑法为基础，确定受理被害人提起附带民事诉讼的案件范围。❷

（二）关于物质损失是否包括间接损失的问题

关于附带民事诉讼中的物质损失，我国学界通行的观点与法律的现有规定一致，即附带民事诉讼的物质损失仅限于由被告人的犯罪行为直接造成的部分，即被告人的犯罪行为与被害人所遭受的物质损失之间存在直接的因果关系。❸

但也有论者认为，物质损失应当包括直接损失和间接损失，只要物质损失是与被害人有关的，不论其是由犯罪行为直接造成或者间接造成的，被害人或其他受害人都可以提起附带民事诉讼。❹

有学者提出，在现有法律法规框架下，人民法院不予受理被害人提起精神损失的民事赔偿，就更应当合理确定赔偿物质损失的范围。物质损失的范围应当采取假设理论进行计算，即当犯罪行为人的行为对被害人物质损失的产生构成因果关系时，则物质损失为假定该事件没有发生，被害人的虚拟经济状况与现在实际状况之间的差距。❺

❶ 刘沛谞："刑事附带民事诉讼的价值评析与制度完善"，载《中国刑事法杂志》2006 年第 6 期。

❷ 刘道前："中国刑事附带民事诉讼的局限性及其完善"，载《华南师范大学学报（社会科学版）》2019 年第 5 期。

❸ 程荣斌主编：《刑事诉讼法》，中国人民大学出版社 2005 年版，第 250 页。

❹ 樊崇义等：《刑事诉讼法修改专题研究报告》，中国人民公安大学出版社 2004 年出版，第 336 页。

❺ 刘道前："中国刑事附带民事诉讼的局限性及其完善"，载《华南师范大学学报（社会科学版）》2019 年第 5 期。

（三）关于被害人是否有权获赔残疾赔偿金、死亡赔偿金的问题

2021年《刑诉法解释》明确了附带民事诉讼请求的赔偿范围，不包括死亡赔偿金、残疾赔偿金。反对意见认为，司法解释将我国刑事被害人索赔死亡赔偿金、残疾赔偿金的路彻底堵死。这种令刑事被害人无法获赔残疾赔偿金或死亡赔偿金的规定，是对刑事被害人情感的粗暴践踏，从合理性来考虑，都站不住脚，可谓“既不合法、也不合理”。[1]

有论者指出，死亡赔偿金应定性为物质损失赔偿金。从价值角度，将死亡赔偿金定性为物质损失赔偿金，可充分体现出死亡赔偿金立法的社会价值及合理性。具体而言，第一，将死亡赔偿金定性为物质损失赔偿金更能体现出司法为民理念。第二，将死亡赔偿金定性为物质损失赔偿金更能体现出诉讼效益原则。第三，将死亡赔偿金定性为精神损害抚慰金不合法理。第四，将死亡赔偿金定性为精神损害抚慰金将弱化对犯罪行为的打击力度。[2]

但2021年《刑诉法解释》起草人员认为，附带民事诉讼应与单纯民事诉讼的赔偿标准有所区分。犯罪是最严重的特殊侵权行为，刑法和刑事诉讼法是专门规定这种侵权行为的基本法。在处理犯罪行为的赔偿问题时，应当优先适用刑法和刑事诉讼法的相关规定，而不应当适用主要规定民事侵权的侵权责任法规定。

三、刑事附带民事诉讼时效的法律适用问题的讨论

由于我国刑法与民法所规定的追究行为人法律责任的诉讼期间、开始计算的起点及中断、中止的法定事由是极不相同的，因而在诉讼实践中，人民法院在审理侵犯人身、财产权利的犯罪案件时，就会出现对行为人的刑事追诉期限未过，但民事诉讼时效已过，而被害人又提起附带民事诉讼的矛盾。例如，我国《民法典》规定，向人民法院请求保护民事权利的诉讼时效期间为三年，法律另有规定的，依照其规定。诉讼时效期间自权利人知道或者应当知道权利受到损害以及义

[1] 胡学相、甘莉：“我国刑事被害人民事赔偿权的缺陷与完善——兼评相关司法解释的合理性”，载《法治研究》2016年第4期。

[2] 宋高初：“刑事附带民事诉讼中死亡赔偿金的性质界定及执行困境之破解”，载《法学评论》2014年第4期。

务人之日起计算。法律另有规定的，依照其规定。诉讼期间的最后六个月，因不可抗力或者其他障碍不能行使请求权的，诉讼时效中止。诉讼时效因提起诉讼、当事人一方提出要求或者同意履行义务而中断。而根据我国《刑法》总则的有关规定，犯罪的追诉期限最低为五年，从犯罪之日起计算。在人民检察院、公安机关、国家安全机关立案侦查或在人民法院受理案件后，逃避侦查或审判的以及被害人在追诉期限内提出控告，公、检、法三机关应当立案而不予立案的，不受追诉期限的限制。这种不同规定具体到附带民事诉讼案件的时效，到底是选择适用刑事法律的规定还是民事法律的有关规定，学界有不同的理解。

（一）应当选择适用刑事法律的有关规定

有论者认为，附带民事诉讼虽然本质上属于民事赔偿的性质，但它的成立是以刑事诉讼的存在为前提的。为更好地保护被害人的合法权益，因犯罪行为而造成的物质损失，如果被害人在刑事诉讼中提起附带民事诉讼，其诉讼时效的法律适用应当作为民事赔偿案件的例外，而选择适用刑事法律的规定。原因在于，第一，刑事案件错综复杂，需要经过侦查程序才能破案，抓获罪犯，但民事法律确立的诉讼时效较短，且民事案件立案的要求远高于刑事案件。如果在民法规定的时效终结后才破案、抓获罪犯，被害人却因超过诉讼时效而不得提起附带民事诉讼，被害人的合法权益就不能得到充分保护。第二，如果在追究被告人刑事责任的过程中，因民事时效已过而不予追究民事责任，即对社会应负的惩罚性责任追究了，但对被害人的补偿性责任却不予追究，则容易导致公众对法律公正性的误解及被害人心理的不平衡，从而不利于社会的安定团结。[1]

（二）应当选择适用民事法律的有关规定

有观点认为，根据法律规定，刑事附带民事诉讼在本质上仍然是民事诉讼，相对于刑事诉讼部分而言具有独立性，不能因为该诉讼是在刑事诉讼过程中提起就否认其本身的性质。附带民事诉讼部分有其相对独立性，因此，对刑事附带民事诉讼的时效问题，既然刑法、刑事诉讼法未作规定，自然就应当适用民事规范

---

[1] 姚莉："刑事附带民事诉讼若干问题的法律适用"，载《法商研究（中南政法学院学报）》1998 年第 4 期。

关于诉讼时效问题的规定。[1]

四、刑民交叉案件的相关问题

司法实践当中，有时会出现同一法律事实同时涉及民事、刑事两种法律关系，引发民事、刑事两种诉讼活动的现象。这种情况下的案件一般称之为刑民交叉案件。刑民交叉案件是司法实践的热点问题，理论界对这一问题众说纷纭。近年来，法学理论界和司法实务界对于刑事附带民事诉讼制度实施状况不断予以反思，从而衍生出了刑民先后问题以及刑民交叉法律关系的探讨。

（一）刑民先后问题

刑民先后问题也即程序问题，主要解决当存在一定交叉关系的法律事实分别引起民事责任和刑事责任时，如何协调适用民事程序和刑事程序。目前有三种程序处理规则："先刑后民""先民后刑""刑民并行"。

1. 先刑后民程序规则

先刑后民一直为我国司法实践普遍采用，理论界和司法实务界对先刑后民僵硬适用的问题多有探讨。先刑后民，是指在民事诉讼活动中，发现民事案件当事人涉嫌刑事犯罪时，应当将犯罪线索移送侦查机关，待人民法院对刑事犯罪审理后，再由人民法院对民事诉讼部分进行审理，或由人民法院审理刑事部分的同时附带审理民事部分。一言以蔽之，对于刑民交叉案件，在刑事部分审理以前不得对民事部分予以审理。[2]

先刑后民作为一般的处理刑民交叉案件的程序准则，缘于它具有法律规范层面和法理基础双重支撑。在法律规范方面，对先刑后民提供支撑的至少有 1985 年发布的《关于及时查处在经济纠纷案件中发现的经济犯罪的通知》、1987 年发布的《关于在审理经济纠纷案件中发现经济犯罪必须及时移送的通知》，以及 1997 年发布的《关于审理存单纠纷案件的若干规定》。在法理方面为先刑后民提

---

[1] 刘春英："刑事附带民事诉讼的时效问题之我见——从一起具体案件的讨论谈起"，载《河北法学》2000 年第 3 期。

[2] 董秀婕："刑民交叉法律问题研究"，吉林大学 2007 年博士学位论文，第 134 页。

供支持的较为有力观点有：个人利益与公共利益发生冲突时，公共利益优先；刑事诉讼证明标准高于民事诉讼证明标准；刑事判决预决力高于民事判决预决力；可以提高司法效率，减轻当事人讼累。这使得司法领域里，刑民交叉案件程序协调的主要做法是先刑后民。不过，自 20 世纪 90 年代中期以来，随着我国经济社会的不断发展，以及在司法实践中一贯推行先刑后民的弊端不断暴露，理论界与实务界都开始了对先刑后民的反思。[1]

有论者对民刑交叉案件中的先刑观念进行反思，认为先刑后民规则实际上是一个诉讼过程中的程序性原则，而先刑观念实际上是一种刑事实体法思维观念，在处理刑民交叉类的案件中时，会带来诸多消极的影响和负面的作用。第一，对于一些民刑交叉疑难案件，强调先刑观念通过刑法方法加以处理，势必会模糊了刑民界限，强化唯刑化、重刑化倾向，无视他法的存在，会造成刑法一法独强、独大的局面。第二，先刑观念明显违背了刑法属于第二次违法规范形式的刑法原理，损害了前置法的权威性。第三，先刑观念助长了社会的猎奇心理，大量浪费司法资源而效果适得其反。第四，先刑观念必然会增加犯罪总量，加重监狱的关押压力。第五，先刑观念会助长一些人的哀情表演，通过社会舆论“绑架”司法机关。第六，先刑观念往往会导致片面解释刑法，造成刑法技术运用的走样。破解先刑观念的思维模式，还有赖于司法观念的更新，新型刑事法律关系概念与机制的形成和刑法的二次性评价原则的贯彻执行。[2]

有论者指出，先刑后民实质上体现着国家本位主义的立法观，倡导着国家可以介入私权的传统理念，这与现代司法理念所倡导的民主、人权、科学观念相背，与现代刑事诉讼中当事人主义的法治观念不相吻合。从本质上讲，民事责任与刑事责任有着各自的价值追求和独立的规范原则及规则体系，二者并无冲突的制度基础，二者之间也不存在“刑主民辅”的价值选择，如果不是出于效率价值的追求，也就不存在刑事附带民事诉讼的必然逻辑基础。另外，如果继续遵循传统的刑事附带民事诉讼的规定，在新的历史条件下，我国社会中的一些新型案件则难以及时处理。例如，集资犯罪、证券犯罪、网络犯罪、环境犯罪等类案件，

[1] 于改之：“刑民交错案件的类型判断与程序创新”，载《政法论坛》2016 年第 3 期。

[2] 杨兴培：“刑民交叉案件中‘先刑观念’的反思与批评”，载《法治研究》2014 年第 9 期。

由于此类案件涉及的被害人往往人数众多，同时涉及诉讼主体资格的认定问题，使如此广泛、复杂的诉讼当事人都能够在“刑事案件立案以后第一审判决宣告以前提起”，这根本不能保证刑事案件的及时审判，附带民事诉讼的效率价值名存实亡。[1]

有学者提出，先刑后民原则容易变相鼓励人们通过刑事诉讼方式获得案件信息，被民事诉讼案件的被告作为拖延诉讼甚至是逃避民事责任、规避义务履行的诉讼策略，造成民事案件刑事化。由于有的刑事案件的诉讼处理可能需要很长时间，民事诉讼案件的被告即可以从本案民事诉讼的中止中获得迟延利益。而且，在诉讼实践中，还存在着尽管民事诉讼已经开始（系属之中）甚至进入了二审程序，民事被告仍然利用各种方法启动刑事诉讼程序，人为地形成刑民诉讼交叉的状态，并以先刑后民原则为理由阻止民事诉讼的进行的情形。[2]

2. 先民后刑程序规则

由于先刑后民使得司法实践中更加关注对犯罪人的惩罚和矫治，而被害人的权利恢复和心理抚慰并没有得到重视，司法实践中自生自发地采用先民后刑程序规则，理论界对于这一问题也多有探讨。

有学者论述了实务中对刑民交叉案件的分析步骤。首先要基于法秩序统一性原理，考察民商法对当前案件的基本立场，确定民商法上的权利归属、民商法对于行为性质的态度。其次要按照法益保护原则检验被害人有无损失。对于损失不存在的情形，不能定罪；对于损失难以确定的，定罪必须慎重；准确把握被害人财产损失的时点；如果被告人实施的欺骗行为很容易判断，且属于就交易的“重要事项”进行欺骗的，财产损害这一要件对于定罪的重要性就下降。最后要根据程序正义的要求，审查被害人主张权利的难度。在交易规则特殊或者存在长期交易惯例的场合，被害人应当自担风险，对于纠纷应当在民事领域解决；在权利义务关系特定化、清晰化的场合，可以不定罪。按照上述递进式检验逻辑，依次对行为性质不明的“难办案件”进行检验，可以最大限度地确保司法上少出错。[3]

---

[1] 郑天锋：“反思与祛魅：我国刑事附带民事诉讼制度重构论”，载《甘肃政法学院学报》2011 年第 2 期。

[2] 张卫平：“民刑交叉诉讼关系处理的规则与法理”，载《法学研究》2018 年第 3 期。

[3] 周光权：“‘刑民交叉’案件的判断逻辑”，载《中国刑事法杂志》2020 年第 3 期。

有论者提出，刑民交叉案件中，应维护民事审判之独立性与专业性。在以下几种情况下，应当允许审理民事案件的法官对刑事判决中认定的事实作出重新的评估与认定：其一，刑事立法与民事立法对某些事实评价的标准及法律术语的含义不同。在这种情况下，应当充分尊重民事法律的独立性以及民事审判机关的独立性。其二，审理民事案件的法官在重新评估被害人的过错的基础上，确定侵权人的责任大小与范围。审理民事案件的法官还需要对被害人的过错与损害的发生、损害的范围之间的因果关系作出比较精确的评估，从而确定加害人的责任程度与责任范围。其三，审理民事案件的法官在特定情况下对侵权行为的损害结果与因果关系重新作出认定。原因在于刑法与民法对于因果关系的关注重点与界定方法存在着许多差异，刑事判决与民事判决中对因果关系和损害结果的认定有可能出现不一致的情况。[1]有论者认为，刑民交叉案件中，打破固有的重刑观念思维模式而更新为民商法思维，具有时代的迫切性。民商法思维注重的是法律关系形式分析，根据证据进行事实认定。程序方面，在某一犯罪行为呈现多层次、复合性、杂糅着各种民事行为的情形下，如果这些民事行为的认定对犯罪性质或犯罪情节有决定性影响时，民商事关系的前置性分析则是判断刑事关系的关键。民商法的前置性适用指的是在刑民交叉案件的处理过程中，应当突出民商法的地位和作用，以民商法规范作为处理此类案件的主要依据，坚持民商法思维，以民商法规范与处理为先，并通过确定主体、行为边界以及行为结果来调整民事行为，维护通过意思自治以及契约自由形成的社会关系的稳定。当出现刑法与民商法规定相矛盾时，应摆脱对刑法的一味依赖，放弃威慑与遏止，转为正向激励与制度供给。实体方面，则从严解释刑法、从宽解释民法。[2]

3. 刑民并行程序规则

随着我国经济社会的不断发展，刑民并行程序规则逐渐出现在人们的视野里，指法律事实牵连型的刑民交错案件可以同时进行刑事诉讼和民事诉讼，人民法院可以分案处理，二者互不影响。

1998 年颁布的《最高人民法院关于在审理经济纠纷案件中涉及经济犯罪嫌

---

[1] 纪格非："刑民交叉案件的诉讼问题"，载《法律适用》2019 年第 16 期。

[2] 熊进光："互联网金融刑民交叉案件的法律规制"，载《厦门大学学报（哲学社会科学版）》2020 年第 4 期。

疑若干问题的规定》中第1条与第10条分别规定："同一公民、法人或其他经济组织因不同的法律事实，分别涉及经济纠纷和经济犯罪嫌疑的，经济纠纷案件和经济犯罪嫌疑案件应当分开审理；人民法院在审理经济纠纷案件中，发现与本案有牵连，但与本案不是同一法律关系的经济犯罪嫌疑线索、材料，应将犯罪嫌疑线索、材料移送有关公安机关或检察机关查处，经济纠纷案件继续审理。"这就使得由不同法律事实引起的刑民交错案件实行刑民并行的处理方式具有了规范依据。2015年的《最高人民法院关于审理民间借贷案件适用法律若干问题的规定》中，延续了刑民并行的思路，其第6条规定"人民法院立案后，发现与民间借贷纠纷案件虽有关联但不是同一事实的涉嫌非法集资等犯罪的线索、材料的，人民法院应当继续审理民间借贷纠纷案件，并将涉嫌非法集资等犯罪的线索、材料移送公安或者检察机关"。第7条规定，"民间借贷的基本案件事实必须以刑事案件审理结果为依据，而该刑事案件尚未审结的，人民法院应当裁定中止诉讼"。最高人民检察院、公安部《关于公安机关办理经济犯罪案件的若干规定》第22条规定："涉嫌经济犯罪的案件与人民法院正在审理或者作出生效裁判文书以及仲裁机构作出裁决的民事案件有关联但不属同一法律事实的，公安机关可以立案侦查，但是不得以刑事立案为由要求人民法院移送案件、裁定驳回起诉、中止诉讼、判决驳回诉讼请求、中止执行或者撤销判决、裁定，或者要求人民法院撤销仲裁裁决。"上述规定使刑民并行规则在法律规范上存有依据。

有观点认为，《民法典》的实施，特别是其所蕴含的私法自治、契约自由、权利保障、平等保护等理念，对于司法实践中民刑交叉案件的正确处理将产生重要影响。从民刑交叉到民刑协同，应当成为民刑关系发展的趋势和潮流。司法机关处理民刑交叉案件，应当充分贯彻民法典的基本精神，基于民刑协同的理念，通过民事法律和刑事法律的协调综合运用，推动此类案件的依法妥善处理，包括治理方向的协同、违法评价的协同、裁判思路的协同和救济手段的协同。[1]

有观点认为，学界对先刑后民的反思与批判不胜枚举，先民后刑以及民刑并存规则得到了许多学者的支持，但在我国法律未对其作出明确普适性的规定之前，笼统强调先刑后民或先民后刑都不能满足实践中的需求。刑民交叉案件直接

---

[1] 杨志国："民法典时代：从'民刑交叉'到'民刑协同'"，载《检察日报》2020年12月3日。

涉及刑事诉讼程序与民事程序的纷争，由于实践中情况复杂，无法进行单一化归类，至今也没有理论可以完全理顺两者之间的关系，进而也无法平复先刑后民、先民后刑、民刑并用之争。❶

（二）刑民交叉法律关系

正确处理刑民交叉案件，应通过分析刑民法律关系，对刑民交叉案件进行类型化区分，对不同类型的刑民交叉案件分别适用不同的处理方式。理论上对于刑民交叉案件的类型也存在不同认识。

有学者指出，刑民交叉包括三种情形：一是形式上看似民事法律行为，实质上属于刑事犯罪行为；二是形式上看似刑事犯罪行为，实质上属于民事法律行为；三是刑事犯罪关系和民事法律关系的交织，在一个案件中，客观上存在刑民这两种不同的法律关系，并且这两种法律关系纠缠交织在一起。❷

有论者提出，刑民交叉案件的具体表现可以划分为三大类：牵连型、疑难型、竞合型。不同的刑民交叉案件的基本属性不尽相同，其具体做法也应有所不同：（1）当因刑民交叉案件引起的民事诉讼和刑事诉讼的处理结果不会引起矛盾，也不会产生相互影响和相互依赖，孰先孰后并不影响两种诉讼顺利审结时，人民法院就应实行刑民并行，对民事诉讼和刑事诉讼分别进行审理。（2）当因刑民交叉案件引起的民事诉讼和刑事诉讼发生冲突，民事诉讼的处理结果必须以刑事诉讼的处理结果为前提时，人民法院应当实行先刑后民。（3）当因刑民交叉案件引起的刑事诉讼的处理结果必须以民事诉讼的处理结果为前提时，人民法院应当实行先民后刑，如知识产权犯罪。❸

有论者采用法律事实的标准，将刑民交叉关系分为两类：一是纵向的重合包容关系，二是横向的同位并列关系。当一个案件中包括着刑民两种法律关系，但它们是一种纵向的重合包容关系时，司法实践应当采取先刑后民的操作方式；但当一个案件中同样包括着刑民两种法律关系，而它们是一种横向的同位并列关系

❶ 肖建国、宋春龙："责任聚合下民刑交叉案件的诉讼程序——对'先刑后民'的反思"，载《法学杂志》2017 年第 3 期。

❷ 陈兴良："刑民交叉案件的刑法适用"，载《法律科学（西北政法大学学报）》2019 年第 2 期。

❸ 江伟、范跃如："刑民交叉案件处理机制研究"，载《法商研究》2005 年第 4 期。

时，这在司法实践中应当是一种“桥归桥，路归路”的事实现象，它们应当也有必要接受两种不同的法律规范的分别评价。[1]

有论者以法律事实为标准进行刑民交错案件的分类，同时在程序上进行制度创新，探索一种包含对刑民实体交错案件进行定性的预审制度，使刑民交错案件的定性与程序选择能严丝合缝地对接起来，具体包括：（1）对于同一法律事实的刑民实体交错案件，应通过预审判断是否能够进入刑事审判程序。例外情况是，有些刑民实体交错案件并没有移送检察机关，而是当事人直接进行了民事诉讼。若在民事审判过程中，发现案情可能涉及犯罪，中止民事审理，移送侦查机关，同时足够重视当事人的救济工作，切不可因为案件的“民转刑”而耽误了当事人合法权益的实现。（2）对于同一法律事实同时引起了刑事、民事法律关系的案件，出于刑事诉讼证明标准高于民事诉讼证明标准、刑事判决预决力高于民事判决预决力、提高司法效率等原因，大多数情况下的处理方式应为先刑后民。但如果出现了刑事案件久侦不破、犯罪嫌疑人潜逃导致刑事诉讼停滞等情况，应允许被害人单独提起民事诉讼，及时获得司法救济。（3）对于不同法律事实引起的刑民交错案件，应当以刑民合并行为处理原则。对于某些由不同法律事实引起的，需要以相牵连的刑事判决或民事判决为依据的案件，可以以先刑后民与先民后刑为例外性的处理原则。（4）对于司法实践中出现的民事审理后发现犯罪事实的情形，已发生的民事判决并不具备直接左右刑事审判的既判力。[2]

有学者提出，在刑民交叉问题的处理中需要兼具刑民区分和必要融合的理念：一方面，由于刑民评价对象和目的的不同，二者不能相互替代；另一方面，民事权利具有本源属性，刑法具有二次规范的特点，因此，二者又相互联系不可割裂。“私法自治的核心精神始终是：借助国家的意志和强制力，最大限度地尊重并保障私人在私法领域的意思自由，调和自然私权和国家公权力之间的潜在冲突和矛盾”。公法规范不可肆无忌惮地侵入私法领域，如不能以涉及犯罪行为直接否定合同的效力，导致以刑代民。刑法亦不创设新的义务，刑事司法不得对经济生活领域中的中性行为横加干涉，将法律并未规制的行为仅因与犯罪行为相关

---

[1] 杨兴培：“刑民交叉案件法理分析的逻辑进路”，载《中国刑事法杂志》2012 年第 9 期。

[2] 于改之：“刑民交错案件的类型判断与程序创新”，载《政法论坛》2016 年第 3 期。

联而推导为违法，以致侵犯公民权利、阻碍经济社会发展。[1]

有学者提出，刑法和民法在违法性判断层面存在契合与分离。其中，契合的表现本质上是法秩序统一的基本要求，分离的表现主要体现在财产犯罪中财产范围的界定上，这是刑法与民法的价值判断和规范保护目的之差异使然。[2]

正是由于学界对于刑民交叉法律关系存在不同看法，有学者指出，刑民交叉这一概念不是对事物本质的思考，刑法学不应当创制和使用这一概念。刑民交叉所表达的只是现象层面的刑民关系，不具有特定的机能与作用。刑民交叉这一用语既没有固定的对象，也没有将个人所感知的事物的共同本质特点抽象出来，没有从感性认识上升到理性认识，只具有视觉经验上的内容。试图借助刑民交叉的概念来解决所谓“难办”的案件是不可能成功的，只能导致问题更加混乱不堪。创制没有实际作用的概念，不可能在国际社会产生影响力，只会在国内学术界昙花一现。[3]

问题与思考

刑事附带民事诉讼程序实施过程中发生了很多问题，如诉讼拖延、民事赔偿落空、民事赔偿范围不充分等。问题的原因很复杂，立法不够完善是原因之一。因此，理论界对该制度的反思与批判较多。2012年《刑事诉讼法》扩大了被害人提起附带民事诉讼主体范围，同时，增加了保全措施和调解制度，正是对上述实践中的问题和理论研究的回应。

从历史角度看，刑事诉讼、民事诉讼分离体现了解决纠纷方式的专业化分工，也更有利于对犯罪的处理，有利于对受害人权益的保障。而刑事附带民事诉讼的出现，是在刑事诉讼、民事诉讼分离后，在特定的情况下，基于公正优先兼顾效率的原则，将两种不同的诉讼予以有限合并处理。然而，这不应是刑民一体的历史回归，而应是一种新的进步，这种进步的实质是在刑事诉讼中实现对民事

---

[1] 梅传强、欧明艳：“集资犯罪追赃中刑民交叉实体问题及其解决——以是否追缴集资参与人获得利息切入”，载《法治研究》2019年第6期。

[2] 吴镝飞：“法秩序统一视域下的刑事违法性判断”，载《法学评论》2019年第3期。

[3] 张明楷：“刑法学中的概念使用与创制”，载《法商研究》2021年第1期。

权益的保护。

对于同一犯罪行为引起的刑事责任和民事责任，刑事责任追究处于优先地位，这是个并无争议的问题，但刑事责任和民事责任的分担应当有怎样关系，却是个问题，而且这是个在特定时空中其含义会发生变化的问题。此前，通过刑事附带民事诉讼所要着重解决的是对犯罪“又打又罚”的问题、便利被害人得到民事赔偿问题等。现在人们所关注和讨论的问题则有很大的变化，而且，现在的问题显得更复杂。例如，精神损害赔偿是否应当纳入附带民事诉讼的问题，从被害人权利保护需要的角度来看，这应是无疑义的问题。然而，由于此时的民事诉讼具有“附带性”，即应以刑事为主，是在不影响刑事问题的公正、及时解决的前提下，顺带处理被害人的民事权益保护问题。就此而言，应当理解2021年《刑诉法解释》与以往一样将精神损害赔偿排除在附带民事诉讼的范围之外。因为在有被害人的刑事案件中，几乎都有精神损害，而精神损害赔偿是一个非常复杂的问题，处理十分棘手。如果将其纳入附带民事诉讼，势必影响刑事问题的及时、顺利解决。

正是因为附带的性质，决定了在刑事诉讼过程中解决民事赔偿问题的有限性，这应当是我们思考刑事附带民事诉讼制度存废及完善问题的基础，并为解决问题提供新的思路。例如，精神损害赔偿纳入附带民事诉讼的问题如此棘手，换另一种思路或许会有助于解决这个两难问题。附带民事诉讼仅限于解决相对简单的民事赔偿问题，至于复杂的民事赔偿问题，则应通过独立的民事诉讼解决。当然，此时两种诉讼仍需要协调，诸如诉讼结果应以“先刑后民”为原则，而程序设置则可以“民刑并举”甚至可以先民后刑，否则，两种诉讼的时效等诸多差异，将使被害人权利保障受到不利影响。

需要注意的是，刑事诉讼、民事诉讼分离之后，在刑事诉讼过程中解决民事赔偿问题并不是唯一的选择。既然可以有不同的选择，那么，将选择的权利交给被害人，可能是解决各类棘手问题应有的思路。由此，我们可能并不需要将现实中的问题都放在附带民事诉讼制度的范围内解决，而将棘手问题的解决思路放在民事和刑事这两个独立诉讼的协调机制中。

三 参考文献

一、论文类

[1] 张明楷.刑法学中的概念使用与创制[J].法商研究，2021(1).
[2] 周光权."刑民交叉"案件的判断逻辑[J].中国刑事法杂志，2020(3).
[3] 熊进光.互联网金融刑民交叉案件的法律规制[J].厦门大学学报(哲学社会科学版)，2020(4).
[4] 陈兴良.刑民交叉案件的刑法适用[J].法律科学(西北政法大学学报)，2019(2).
[5] 刘道前.中国刑事附带民事诉讼的局限性及其完善[J].华南师范大学学报(社会科学版)，2019(5).
[6] 纪格非.刑民交叉案件的诉讼问题[J].法律适用，2019(16).
[7] 张卫平.民刑交叉诉讼关系处理的规则与法理[J].法学研究，2018(3).
[8] 张海梅.刑事附带民事诉讼中应建立赔偿激励机制[J].理论月刊，2018(11).
[9] 肖建国，宋春龙.责任聚合下民刑交叉案件的诉讼程序：对"先刑后民"的反思[J].法学杂志，2017(3).
[10] 于改之.刑民交错案件的类型判断与程序创新[J].政法论坛，2016(3).
[11] 胡学相，甘莉.我国刑事被害人民事赔偿权的缺陷与完善：兼评相关司法解释的合理性[J].法治研究，2016(4).
[12] 宋高初.刑事附带民事诉讼中死亡赔偿金的性质界定及执行困境之破解[J].法学评论，2014(4).
[13] 杨兴培.刑民交叉案件中"先刑观念"的反思与批评[J].法治研究，2014(9).
[14] 刘为波.刑事附带民事诉讼制度修改内容的理解与适用[J].法律适用，2013(7).
[15] 陈卫东，柴煜峰.刑事附带民事诉讼制度的新发展[J].华东政法大学学报，2012(5).
[16] 杨兴培.刑民交叉案件法理分析的逻辑进路[J].中国刑事法杂志，2012(9).
[17] 郑天锋.反思与祛魅：我国刑事附带民事诉讼制度重构论[J].甘肃政法学院学报，2011(2).

[18] 毛立新. 诈骗犯罪处理中的刑民交叉问题 [J]. 法治研究，2011（12）.
[19] 毛立新. 刑民交叉案件的概念、类型及处理原则 [J]. 北京人民警察学院学报，2010（5）.
[20] 陈瑞华. 刑事附带民事诉讼的三种模式 [J]. 法学研究，2009（1）.
[21] 袁正英. 论刑事附带民事诉讼中共犯的民事责任分配 [J]. 法律适用，2009（2）.
[22] 广东省佛山市中级人民法院课题组. 刑事附带民事诉讼案件审理与执行情况的调查报告 [J]. 法律适用，2008（7）.
[23] 鄢智敏，查小云. 刑事附带民事诉讼若干问题探讨 [J]. 法律适用，2007（6）.
[24] 北京市第一中级人民法院刑一庭. 关于刑事附带民事诉讼面临的司法困境及其解决对策的调研报告 [J]. 法律适用，2007（7）.
[25] 董秀婕. 刑民交叉法律问题研究 [D]. 长春：吉林大学，2007.
[26] 谢佑平，江涌. 质疑与废止：刑事附带民事诉讼 [J]. 法学论坛，2006（2）.
[27] 谌鸿伟，杨凯. 审理刑事附带民事案件若干疑难问题的探讨 [J]. 法律适用，2006（4）.
[28] 刘沛谞. 刑事附带民事诉讼的价值评析与制度完善 [J]. 中国刑事法杂志，2006（6）.
[29] 廖中洪. 论刑事附带民事诉讼制度的立法完善：从被害人民事权益保障视角的思考 [J]. 现代法学，2005（1）.
[30] 魏盛礼，赖丽华. 试论取消刑事附带民事诉讼制度 [J]. 法学论坛，2005（1）.
[31] 刘菊. 析刑事附带民事诉讼中精神损害赔偿问题 [J]. 法学杂志，2004（4）.
[32] 沈月娣. 刑事附带民事诉讼中精神损害赔偿探析 [J]. 人民检察，2004（5）.
[33] 奚玮，叶良芳. 刑事附带民事诉讼制度反思与重构 [J]. 政治与法律，2003（3）.
[34] 曲新久. 论刑事附带民事诉讼中公权与私权的协调 [J]. 法学，2003（8）.
[35] 张忠斌. 刑事附带民事诉讼中赔偿问题的探讨 [J]. 人民司法，2002（2）.
[36] 陈殿福. 浅议刑事附带民事诉讼当事人的范围 [J]. 人民司法，2002（2）.
[37] 秦瑞基，吴多辰. 我国刑事附带民事诉讼制度的立法改造 [J]. 政法论坛，2002（3）.
[38] 张珺. 刑事附带民事诉讼的合理性探讨 [J]. 法律适用（国家法官学院学报），2002（6）.

[39] 王俊民 . 附带民事诉讼当事人范围新问题探究 [J] . 法学，2001 (2) .
[40] 肖建华 . 刑事附带民事诉讼制度的内在冲突与协调 [J] . 法学研究，2001 (6) .
[41] 黄达亮 . 论检察机关与刑事附带民事诉讼 [J] . 人民检察，2001 (11) .
[42] 余贵忠 . 论刑事附带民事诉讼 [J] . 贵州大学学报 (社会科学版)，2000 (2) .

二、著作类

[1] 邵世星，刘选 . 刑事附带民事诉讼疑难问题研究 [M] . 北京：中国检察出版社，2002.
[2] 陈建国 . 人民法院刑事审判诉讼实务 [M] . 北京：人民法院出版社，1992.
[3] 王桂五 . 中华人民共和国检察院制度研究 [M] . 北京：法律出版社，1991.
[4] 刘金友 . 附带民事诉讼的理论与实践 [M] . 北京：中国展望出版社，1990.
[5] 孙洁冰 . 刑事诉讼、行政诉讼附带民事诉讼制度研究 [M] . 重庆：重庆大学出版社，1990.

第十七章　证人作证制度

【导读】

证人作证制度是刑事证据的基本制度之一，包括普通证人作证制度、鉴定人（专家证人）作证制度和侦查人员（警察）作证制度。研究证人作证制度应在了解证人作证的历史演变基础上，认识证人，尤其是鉴定人或者专家证人、警察等特殊证人，在不同国家的范围及其含义。

研究该问题应将其放在刑事诉讼整体制度及证据制度的框架中进行。证人作证制度涉及不得强迫自证其罪原则、证人宣誓制度、证人特权制度、证人豁免权制度等内容；同时，还与直接言词原则、传闻证据规则等密切相关。研究证人作证制度，就规范的层面而言，应对我国《刑事诉讼法》，以及相关司法解释有关证人作证的规定进行梳理，以明确证据制度的规则基础。

作为证据基本制度的重要内容，证人出庭作证制度是司法公正的保障，其价值绝不仅仅是为了实现刑事诉讼中的实体公正，也是为了实现程序公正，应当认识到它对刑事司法实体公正和程序公正的双重意义。而在推进以审判为中心的诉讼制度改革中，完善证人出庭作证制度是一项核心内容。

第一节　证人作证制度

证人是以其感知所得的与法律相关事实向司法机关进行的陈述的自然人。在英美法系国家，证人的概念是广义的，指经过宣誓之后在庭审过程中对案件有关事实作证的人，既包括与案件没有利害关系的通常意义的证人，也包括当事人和专家证人。在大陆法系国家，证人的概念是狭义的，专指陈述自己感知事实的第三人，不包括当事人和鉴定人。我国有关证人的立法和理论与大陆法系国家基本相同，是指当事人以外了解案件情况向专门机关作证的诉讼参与人。

本节为深入研究证人作证制度，将围绕证人出庭作证制度展开研究，对于证人采用广义上的概念，即包括普通证人、当事人和鉴定人。

一、证人出庭作证概述

作为证人作证制度的核心内容，证人出庭作证，是指刑事案件开庭审理过程中，知晓案件情况的证人出席法庭，以言词的形式就自己所了解的案件事实向法庭如实陈述并接受控辩双方的质证，或者法官以询问的方式进行审查的诉讼制度。

证人出庭作证在刑事诉讼中具有如下功能：其一，证人出庭向司法机关提供有关案情的真相，接受双方的询问是当事人质证权实现的重要保障，不仅有利于发现案件事实真相、正确认定事实，而且还有利于程序公正目标的实现。其二，证人出庭作证是对刑事诉讼的直接言词原则和保障控辩双方质证权的贯彻落实。同时，将证人证词置于旁听群众监督之下，能够真实地体现公开审判的效果。其三，证人出庭作证制度能够推动庭审方式的改革，尤其是对警察出庭作证，有助于解决非法取证问题和提高诉讼效率，能够更好地促进程序公正的实现，从而最大限度地保护被告人的基本人权，体现司法的民主性。

对证人出庭作证问题，需要作以下三点说明：

一是证人出庭作证的证人不仅包括普通证人，还包括出庭作证的鉴定人与侦查人员，即特殊的“证人”以及调查人员以及其他人员。❶

二是我国证人的作证义务并不特指其在法庭的作证义务，本研究仅是从出庭作证的视角进行研究。

三是不论普通证人还是鉴定人、侦查人员（或者调查人员）出庭作证，所适用的规则具有共同性。也正是在这个意义上，本节将这三类证人的出庭作证问题一并讨论。

二、关于证人出庭作证的规则与实践之概况

我国司法实践中证人出庭作证所依据的规则，具有鲜明的特色；而证人出庭作证的实践情况，则不容乐观。

（一）证人出庭作证的有关法律规定

1. 关于普通证人和鉴定人作证的规定

《刑事诉讼法》第 61 条规定：“证人证言必须在法庭上经过公诉人、被害人和被告人、辩护人双方质证并且查实以后，才能作为定案的根据。法庭查明证人有意作伪证或者隐匿罪证的时候，应当依法处理。”第 62 条规定：“凡是知道案件情况的人，都有作证的义务。生理上、精神上有缺陷或者年幼、不能辨别是非、不能正确表达的人，不能作证人。”第 64 条第 1 款和第 2 款分别规定：“对于危害国家安全犯罪、恐怖活动犯罪、黑社会性质的组织犯罪、毒品犯罪等案件，证人、鉴定人、被害人因在诉讼中作证，本人或者其近亲属的人身安全面临危险的，人民法院、人民检察院和公安机关应当采取以下一项或者多项保护措施：（一）不公开真实姓名、住址和工作单位等个人信息；（二）采取不暴露外貌、真实声音等出庭作证措施；（三）禁止特定的人员接触证人、被害人及其近

---

❶ 单位是否具备证人资格存在争议，存在肯定说、否定说和限制说三种不同的观点。王永杰：“论刑事诉讼的证人范围：以《刑法》第 306 条为例”，载《西南政法大学学报》2011 年第 4 期。

亲属；（四）对人身和住宅采取专门性保护措施；（五）其他必要的保护措施。证人、鉴定人、被害人认为因在诉讼中作证，本人或者其近亲属的人身安全面临危险的，可以向人民法院、人民检察院、公安机关请求予以保护。”第 192 条第 1 款规定：“公诉人、当事人或者辩护人、诉讼代理人对证人证言有异议，且该证人证言对案件定罪量刑有重大影响，人民法院认为证人有必要出庭作证的，证人应当出庭作证。”第 3 款规定：“公诉人、当事人或者辩护人、诉讼代理人对鉴定意见有异议，人民法院认为鉴定人有必要出庭的，鉴定人应当出庭作证。经人民法院通知，鉴定人拒不出庭作证的，鉴定意见不得作为定案的根据。”

2. 关于侦查人员（或者调查人员）出庭作证的规定

《刑事诉讼法》第 192 条第 2 款规定：“人民警察就其执行职务时目击的犯罪情况作为证人作证，适用前款的规定。”

2021 年《刑诉法解释》第 246 条规定：“公诉人可以提请法庭通知证人、鉴定人、有专门知识的人、调查人员、侦查人员或者其他人员出庭，或者出示证据。被害人及其法定代理人、诉讼代理人，附带民事诉讼原告人及其诉讼代理人也可以提出申请。在控诉方举证后，被告人及其法定代理人、辩护人可以提请法庭通知证人、鉴定人、有专门知识的人、调查人员、侦查人员或者其他人员出庭，或者出示证据。”第 251 条规定：“为查明案件事实、调查核实证据，人民法院可以依职权通知证人、鉴定人、有专门知识的人、调查人员、侦查人员或者其他人员出庭。”《刑事诉讼法》第 59 条规定：“在对证据收集的合法性进行法庭调查的过程中，人民检察院应当对证据收集的合法性加以证明。现有证据材料不能证明证据收集的合法性的，人民检察院可以提请人民法院通知有关侦查人员或者其他人员出庭说明情况；人民法院可以通知有关侦查人员或者其他人员出庭说明情况。有关侦查人员或者其他人员也可以要求出庭说明情况。经人民法院通知，有关人员应当出庭。”

2021 年《刑诉法解释》第 135 条规定：“法庭决定对证据收集的合法性进行调查的，由公诉人通过宣读调查、侦查讯问笔录、出示提讯登记、体检记录、对讯问合法性的核查材料等证据材料，有针对性地播放讯问录音录像，提请法庭通知有关调查人员、侦查人员或者其他人员出庭说明情况等方式，证明证据收集的合法性。”2019 年《人民检察院刑事诉讼规则》第 410 条规定：“在法庭审理过程中，被告人及其辩护人提出被告人庭前供述系非法取得，审判人员认为需要进行法庭调查的，公诉人可以通过出示讯问笔录、提讯登记、体检记录、采取强制措施或者侦查措施的法律文书、侦查终结前对讯问合法性进行核查的材料等证据材料，有针对性地播放讯问录音、录像，提请法庭通知调查人员、侦查人员或者其他人员出庭说明情况等方式，对证据收集的合法性加以证明。”

（二）证人出庭作证之实践

在法治发达国家，因受直接言词原则、传闻规则以及强制出庭法律后果的制约，特别是在英美法系国家当事人主义诉讼模式下，普通证人经过法院传唤一般均能到庭作证，证人出庭作证在司法实践中未成为影响审判的问题。专家证人或者鉴定人出庭作证的情况也是如此。据统计，美国加利福尼亚州最高法院在1985~1986年的529起陪审团裁决的案件中，有86%的案件中有专家证人作证，每项审判平均3.3个专家；原告传唤的专家多于被告，大约占总数的64%。其中，一半的专家证人为医生。[1]在大陆法系的司法实践中，某些情况下警察可以作为证人出庭作证，如在法国的轻罪审判程序中，警察可以作为检察官的证人出庭。

有学者认为，我国证人作证在实践中有“三大怪”，即：证人向警察和检察官作证，却不向法庭作证；证人不出庭，书面证言在庭审中通行无忌，并可以作为认定案件事实的根据；2012年刑诉法修改以前，办案警察几乎不作证，办案警察多以书面证言或者调查笔录作证。此外，还存在着“三大乱象”：一是必要证人不出庭现象仍然普遍；二是证人出庭后不回答问题的情况不断发生；三是侦查机关阻挠证人出庭的现象渐成趋势。[2]据调查，在2012年《刑事诉讼法》修正之前，刑事案件的证人出庭率不足1%，虽然2012年《刑事诉讼法》修正时对证人出庭大着笔墨，甚至设立了强制证人出庭制度，但实践中证人出庭情况却改观不大。根据由陈光中先生负责的“庭审实质化与证人出庭作证实证研究”项目所调研的数据，在各个试点法院司法实践中证人实际出庭率非常低。一审法院有证

---

[1] ［美］罗纳德·J. 艾伦等：《证据法：文本、问题和案例（第3版）》，张保生等译，高等教育出版社2006年版，第722页。

[2] 易延友：“公众有权获得任何人的证言”，载《法律科学（西北政法大学学报）》2015年第5期。

人证言的案件中证人出庭率最高不超过 2.3%，最低仅为 0.33%；二审法院有证人证言的案件中证人出庭率最高也仅有 7.38%，最低仅有 1.35%。我国实际出庭作证的证人占 6.2%；受贿案件几乎无证人到庭。北京市海淀区人民法院刑一庭的证人出庭率在 5% 左右。上海市黄浦区人民法院审理的刑事案件中，证人的出庭率也仅有 5%。我国有的基层法院证人出庭率不足 1%。[1]

在我国司法实践中，警察一般不出庭作证。警察和检察官、法官一样属于执法人员，而不是证人，一般不出庭作证。有学者研究发现，"北大法意案例数据库"2013—2015 年收集刑事案例达 200 万起，其中涉及警察出庭作证的案例只有 207 起。在某市公安局的调研同样发现了这个问题，该局有侦查人员 141 名，自 2013 年 1 月至 2015 年 10 月共侦破并移送审查起诉刑事案件 3571 起，竟无一警察出庭作证的案件。[2] 实践中，是以刑警队、派出所名义出具证明材料，而不是以警察个人名义作证，且只有单位印章而无证人落款。其内容多为"关于被告人某某投案情况的证明""关于某某案件侦破的说明""关于审讯情况的证明"等。这些书面材料既不是证人证言，又不是书证，以至于刑事判决书中对这类证明材料仅仅常有如下表述："以上事实，有被告人供述、被害人陈述、证人证言，以及某某派出所关于被告人投案的证明等证据证实。"

在实践中，侦查人员极为罕见地出庭作证，只在发生"被告人翻供、不认罪"等"重大争议"且足以影响定罪量刑的情形下，经检察机关申请出庭作证，以证实被告人当庭所作无罪辩解的不可信性、当庭翻供的不合理性。[3]

我国刑事诉讼法和其他有关规范性文件虽然明确规定了鉴定人应当出庭作证，但是司法实践中鉴定人能够亲自出庭作证的比例一般也不超过 5%，绝大多数鉴定意见是由控诉方以书面的形式直接提交给法庭，并由公诉人通过宣读鉴定意见的方式进行。[4]

---

[1] 彭海青："我国出庭作证证人的特殊保护问题——由泸州李波案引发的反思"，载《法律适用》2018 年第 19 期。

[2] 乔宗楼："警察出庭作证现状实证分析与对策"，载《福建警察学院学报》2017 年第 2 期。

[3] 何家弘、方斌："论侦查人员出庭作证范围的科学界定"，载《中国刑事法杂志》2010 年第 10 期。

[4] 陈瑞华：《刑事诉讼的前沿问题》，中国人民大学出版社 2001 年版，第 556 页。

第二节　证人作证问题研究综述

系统梳理我国学界对证人作证问题的研究，有助于从总体上把握这个问题所涉的相关内容。

一、证人出庭作证的相关问题

（一）证人作证的保证方式

我国刑事诉讼法虽然要求证人如实提供证言，但除刑法规定的伪证罪对其约束外，尚缺乏相应的保障措施。为此，司法解释规定了签写具结保证书，以作为对证人作证的保证方式。

有论者认为，证人宣誓是众多保证证言真实性的制度中唯一在证人开口作证前就发挥作用的制度。证人宣誓制度在现代诉讼程序中发挥着独特的功能。证人宣誓功能主要有：仪式功能、提醒功能以及威慑功能等独特功能。[1] 从域外的法治效果看，宣誓并非是一种无形的约束，它不仅体现了作证的仪式感和庭审的严肃性，而且还能唤醒证人良知，明确自己的权利和义务，培养证人道德感，促使证人如实作证。[2]

另有论者认为，用宣誓的方式，仅靠信仰来保证证人证言的真实性是站不住脚的。利益既然可以驱动人去违反有国家强制力为后盾的法律，那么以道德为基础的信仰显然不足以禁止受利益支配的人的行为。仅依靠道德信仰、社会压力及虚幻的恐惧威慑的宣誓制度作为一种证言真实性的保证制度，抬高了法律的门槛。因为法律是道德的底线，而宣誓则应归属于道德的范畴，将对人的道德要求

---

[1] 李学灯：《证据法比较研究》，五南图书出版公司 1992 年版，第 492 页。

[2] 袁枫、陈彬："强制证人出庭作证制度的司法困境与立法重构"，载《人民检察》2016 年第 6 期。

上升为法律的要求而保证其实施的工具依然是人的自律，显然是徒劳无益的。证据规则如其他任何法律制度一般，都必须与我国特有之国情相适应。我国并不具备宣誓制度实施的资源基础，宣誓制度在我国无法保证证据之客观真实性，也无力促进我国法治建设的进步。宣誓制度无论从传统意识还是现实需要上都无引入我国的可能和必要。❶

（二）完善强制证人出庭作证的制度

在英美法系国家，证人出庭作证受到高度重视。作为普通法的一项基本原则，任何一个有资格作证的人均负有出庭作证的义务，这种作证义务具有法律上的强制性。也就是说，如果证人拒不出庭作证，将被指控犯有藐视法庭罪而受到监禁。❷证人的这种义务是一种公法上的义务而非私法上的义务，证人作证是为国家而不是为了某个特定的当事人履行义务。因此，在当事人不能传唤证人到庭的情况下，法庭应当采取强制措施促使证人到庭作证，证人义务履行的强制性正是国家义务履行的具体表现。❸有关我国证人出庭作证问题，有论者认为，应当建立强制证人出庭作证制度。强制出庭作证表现在两个方面：一是以强制手段使该到庭作证的证人到庭，使其履行出庭义务；二是由法庭判处不出庭证人监禁、罚金，直至以藐视法庭罪或者拒不作证罪追究刑事责任。❹有的地方在完善强制证人出庭配套措施方面作了具有可操作性的探索。一是借鉴破解执行难工作的经验，将必要证人出庭作证与个人征信体系挂钩，无正当理由拒不出庭、妨碍正常审判工作进行的不良行为，将被纳入社会诚信评价体系中。二是根据不同申请主体提出的证人，明确不同的保障其出庭的责任主体。在此前提下，建立公检法互通共享的证人信息数据库，在出庭前的必要时间段内请公安机关协助关注该证人地域间的流动并反馈动态信息。有关主体可以实时查询证人的所在，由多方共同关注证人的动向，与证人进行实时的沟通和交流，帮助解决出庭障碍。三是严格落实被要求强制到庭的证人不出庭情况下其书面证言不得采信的制度，一旦证人

---

❶ 王进喜：《刑事证人证言论》，中国人民公安大学出版社 2002 年版，第 272–275 页。

❷ 何家弘主编：《证人制度研究》，人民法院出版社 2004 年版，第 100 页。

❸ 何家弘主编：《证人制度研究》，人民法院出版社 2004 年版，第 89 页。

❹ 甄贞：“刑事证人出庭作证程序设计与论证”，载《法学家》2000 年第 2 期。

无法出庭，就会丧失证人资格，打破原有证据链条，从而倒逼相应机关从源头上重视对证人出庭状态的保障，使其在取证过程中就重视对证人身份信息、居住地、联系方式、近期去向的核实与了解。[1]

也有论者持不同观点，认为在普遍的法制权威未树立时强制证人出庭会“制造”出更多的违法甚至犯罪现象。因此目前更应当注重庭审的技术性操作，对证人出庭作证应以倡导和疏导为主，而不是一味地追求以强制和强迫为主的配套措施的完善。[2]强制证人出庭作证制度赖以依存的对抗制诉讼方式、被告人的对质权、直接言词原则与交叉询问规则等基本的立法支撑在我国现行刑事诉讼法中或缺位或虚设，同时，证人保护、证人补偿等配套措施也不健全。在此背景下，企图通过强制证人出庭作证这种制度设计来保障被追诉人合法权益的设想，实难奏效。[3]

有学者认为，在遵循实体公正和程序效率衡平原则下，有必要对强制证人出庭作证的主体、范围和条件作出明确规定，在一定条件下赋予部分证人拒绝作证的权利，完善程序繁简分流机制，在保证实体公正的前提下尽可能提高效率价值，最终实现司法正义。身份限制方面，建议可从以下方面对拒证权主体作出规定：首先，基于职业原因享有拒证权，如律师与委托人的保密事项，医院与病人间的保密事项。其次，基于亲属关系享有拒证权，将亲属范围扩大至配偶，直系血亲，三代以内旁系血亲、姻亲等。同时，赋予关键证人反对被自我归罪的特权。最后，基于公务原因享有拒证权，规定某些公职人员有权拒绝提供因履行公职所获知的某些秘密事项或有损国家重大利益的证言，如外交官员、司法官员等。范围限制方面：仅限于关键证人可以强制出庭作证。条件限制方面：为了避免证人出庭的随意性，应当明确在证人因客观原因在开庭之前确实无法到庭作证的，人民法院可以不强制其出庭，如因自然灾害等不可抗力因素不能到庭的、证

[1] 程银、朱若荪、谢丽珍：“论证人出庭‘温州经验’的新挑战与实务应对”，载《法律适用》2019年第1期。

[2] 陈卫东：“论刑事证据法的基本原则”，载《中外法学》2004年第4期。

[3] 李春珍、谭庆德：“被追诉人权益保护的刑事证据制度设计反思——以我国刑诉法强制证人出庭作证为视角”，载《山东社会科学》2016年第9期。

人死亡的、庭审期间身患严重疾病或者行动极为不便的等。[1] 也有论者提出应当对我国刑事审判中的证人出庭与被告人对质权保障问题展开研究，认为应建立侵犯对质权的审判无效制度。[2]

（三）证人特权与豁免权制度

1. 证人豁免权制度

所谓证人豁免权，主要是指污点证人罪行豁免权。早在19世纪初，英国就出现了污点证人豁免的案例。[3]《联合国反腐败公约》对此也有规定。污点证人豁免主要有两种类型：一是罪行豁免，指对于污点证人证言所涉及的该证人的犯罪行为不得起诉，污点证人的刑事责任因此得以免除。这是一种比较彻底的豁免，只有少部分国家和地区使用。在美国有一半的州适用罪行豁免。二是证据使用豁免，指污点证人提供的证言以及由此证言获得的其他证据不得在诉讼中用作不利于该证人的证据。在这种方式下，污点证人的刑事责任能否被免除是不确定的，如果追诉机关能够取得上述两类证据之外的其他证据并达到证明标准，仍可以对其提起诉讼。多数国家使用的是证据使用豁免。[4]

我国学界对于污点证人豁免存在以下争议。

一是污点证人豁免应是定罪豁免还是量刑豁免。有论者认为，对污点证人的刑事司法豁免包括完全豁免和部分豁免两种。完全豁免是指国家对污点证人某个特定的犯罪无论轻重都不予追诉；部分豁免指国家对污点证人的某个特定的犯罪虽然追诉，但给予从轻、减轻或免除处罚，即放弃一部分刑罚权。[5] 也有论者认为，对污点证人的豁免应是一种实体即定罪上的豁免，与量刑上的优惠划清界限。[6] 有学者从经济学的角度分析得出政府应加大对污点证人作证的奖励，“对

---

[1] 佘方晟、叶成国：“庭审中心视野下强制证人出庭作证研究”，载《河北法学》2016年第3期。

[2] 易延友：“证人出庭与刑事被告人对质权的保障”，载《中国社会科学》2010年第2期。

[3] 易延友：《沉默的自由》，中国政法大学出版社2001年版，第226–227页。美国在1857年制定了联邦证人豁免法。

[4] 孙长永：《沉默权制度研究》，法律出版社2001年版，第103页。

[5] 梁玉霞：“论污点证人作证的交易豁免——由綦江虹桥案引发的法律思考”，载《中国刑事法杂志》2000年第6期。

[6] 宋英辉、汤维建主编：《我国证据制度的理论与实践》，中国人民公安大学出版社2006年版，第223–224页。

于潜在的污点证人而言，由于刑罚的严厉性远低于犯罪组织实施的打击报复，而且犯罪组织会出高价收买证人证言，即使控诉机关承诺全部赦免其罪刑，并为其提供很好的保护，依然不能激励他出庭作证。更重要的是，必须加大对有组织犯罪的打击力度，使其无法长期存在。在这种情况下，犯罪组织可能实施的打击报复和许诺的未来收益都将贬值，潜在的污点证人可能因此而更看重现实的罪刑豁免，选择背叛犯罪组织。如果政府能够对污点证人实施奖励，则效果更好”。❶

二是污点证人豁免是否属于辩诉交易。有论者认为：该制度在本质上属于国家与被追诉人之间的一种辩诉交易，是侦查机关的强制取证权与公民不自证其罪特权妥协、调和的产物，是在给予其豁免所放弃的利益与可能获得的利益间权衡利弊之后作出的最合理选择。在国家刑事司法资源有限情况下，在面对重大、复杂刑事案件的取证瓶颈时，运用污点证人作证豁免，通过对情节轻微的犯罪嫌疑人不予追诉来获得关键证据，显然能够有效地降低诉讼成本，符合效率价值的要求。❷也有论者认为，污点证人豁免不属于辩诉交易，它与辩诉交易两者在价值取向、程序规范性、程序主导权、目的以及具体内容等方面都不相同。❸

三是污点证人豁免是否属于立功制度。有学者指出，我国刑法中的立功制度就是证人豁免制度，但实际上两者存在着本质上的差别。证人豁免制度是控方进行利益权衡后的选择，在是否作证的问题上证人没有选择权；而立功制度是犯罪嫌疑人、被告人在功利主义理念下积极主动地同控方合作，其自身具有是否作证的选择权。证人豁免制度在程序法中必然产生不被追诉或证据禁止使用的效果，证人在作证之前就能够预料；而立功制度在实体法上是否能产生从轻、减轻、免除处罚的效果，评判的权力属于司法机关，其法律效果是难以预期的。证人豁免制度的适用条件必须是证人证言所证实的犯罪性质的严重程度大于被豁免的犯罪，而立功制度没有关于犯罪性质及严重程度的限定。此外，立功制度也不仅限于提供证据，如制止犯罪行为、对社会有重大贡献等也属立功，其涵盖的范围远

---

❶ 刘廷华："刑事证人作证的经济分析"，载《广东商学院学报》2012 年第 2 期。

❷ 龚举文："审判中心主义与职务犯罪侦查的理论辨析及其制度构建"，载《法学评论》2015 年第 6 期。

❸ 宋英辉、汤维建主编：《我国证据制度的理论与实践》，中国人民公安大学出版社 2006 年版，第 224–225 页。

大于证人豁免制度。[1]

2. 拒绝作证权

拒绝作证权，是指公民在法定的情况下可以拒绝充当证人或对某些问题拒绝陈述的权利。拒绝作证权主要包括如下几种情形：

一是近亲属的拒绝作证权。这一权利在我国封建法律制度中被称为“亲亲容隐”原则，如今我国将其视为封建糟粕，要求每个公民应无条件地服从国家需要而作证。有论者认为，法律应当尊重人情，当然不意味着法律对世态人情的一味迁就，而是主张对于那些根植于最基本人性的善良人情，法律必须退避三舍，保有崇高的敬畏。以人性为本，应是立法者应当遵循的一条准则。有必要重新审视“亲亲相容隐”的传统法律文化，吸收国外的立法经验，赋予近亲属拒绝作证权，这不仅有利于法律上义务与道德伦理上义务的协调，而且有利于确保证言的真实可靠。[2]

《刑事诉讼法》193 条第 1 款规定：“经人民法院通知，证人没有正当理由不出庭作证的，人民法院可以强制其到庭，但是被告人的配偶、父母、子女除外。”关于该条款是否确立了亲属拒绝作证权，学界有“否定说”“肯定说”和“部分肯定说”三种观点。否定说认为我国并没有确立亲属免证特权制度，“不得强制被告人的配偶、父母和子女出庭作证”与证人拒绝作证特权不同。肯定说认为，该规定的前半部分赋予法院强制证人出庭作证的权力，是刑事诉讼法建立的强制证人出庭作证制度的重要组成部分，后半部分即为我国亲属作证特免权的由来，我国亲属作证特免权制度已初现端倪。部分肯定说认为，该条并不是完整意义上的亲属免证特权，该条款“为维护社会关系稳定和家庭关系和谐，避免近亲属之间对峙的尴尬局面出现，赋予近亲属出庭作证的豁免权”。还有的学者认为该条款属于“范围颇为狭窄的近亲属免予作证的特权规则”。[3]

二是基于职务、职业原因的拒绝作证权。法治发达国家对因某些职业需要

---

[1] 李国莉、房丽：“刑事诉讼法论域下的证人豁免制度建构”，载《求索》2012 年 12 期。

[2] 范忠信：“亲亲相为隐：中外法律的共同传统——兼论其根源及其与法治的关系”，载《比较法研究》1997 年第 2 期。

[3] 覃冠文：“亲属免证：究竟是谁的权利——以亲属免证特权权属为基点的展开”，载《政治与法律》2016 年第 1 期。

而享有拒绝作证权予以相应规定，并毫无例外地规定了律师的拒绝作证权。我国的律师法、刑事诉讼法对律师的拒绝作证权未作规定，只强调律师有保守职业秘密的义务。如果法律仅仅只规定律师有保守职业秘密的义务，而没有赋予其拒绝作证权，则如此，难以避免律师因不提供对于被告人不利的材料而受到司法机关追诉的情形出现。因此，有论者认为，有必要在法律上明确赋予律师拒绝作证权，以保证被指控人全面而坦率地向律师提供案情，从而使律师更好地发挥辩护作用，更加有效地保护被告人的合法权利。律师对于在履行职务过程中得知的有关委托人秘密的事实，有权拒绝提供证言，但当事人本人同意，或者危害国家安全、重大公共利益以及正在实施或者准备实施的犯罪事实除外。

除了律师以外，有论者认为，还应赋予某些（涉及国家、国防机密等）国家工作人员以及特殊行业从业人员（心理医师）拒绝作证权。[1]

除了身份上的限制，另有论者提出在范围和条件方面进行限制，其中，范围限制主要指仅限关键证人可以要求强制出庭。条件方面是指证人因客观原因在开庭之前确实无法到庭作证的，人民法院可以不强制其出庭。如因自然灾害等不可抗力因素不能到庭的、证人死亡的、庭审期间身患严重疾病或者行动极为不便的等。[2]

（四）证人作证的经济补偿与保护制度

证人出庭作证，无论是为了揭露犯罪、证实犯罪，还是为了维护人权、保护无辜，都是基于公益目的，因此，证人作证制度应关注证人权利的实现，这是对证人履行义务的一种肯定和保障，是刑事诉讼文明的重要标志。关于这个问题，学界的讨论主要包括以下两个方面：

1. 证人作证的经济补偿制度

作为接受补偿的主体，证人必须是愿意出庭作证的证人，拒绝出庭或出庭后拒绝作证的证人无权得到补偿，已经得到补偿金的证人如果拒绝作证或者作伪证，将丧失获得补偿的权利，已经支付的补偿金由法院追回。在证人出庭作证给

---

[1] 陈光中主编：《中华人民共和国刑事诉讼法再修改专家建议稿与论证》，中国法制出版社 2006 年版，第 44 页。

[2] 余方晟、叶成国："庭审中心视野下强制证人出庭作证研究"，载《河北法学》2016 年第 3 期。

予其经济补偿问题上，学界基本无分歧，但对补偿范围存在不同看法。有论者主张，支付给证人的费用包括两部分：一部分是补偿性的费用，如证人因作证而支付的交通费、住宿费、生活费等；另一部分则是因证人的作证行为而支付给他的报酬。[1]也有论者认为，证人出庭作证补偿的费用应该为证人因出庭所支出的费用以及因误工等所造成的直接损失。[2]另有学者指出："应当健全保护措施，除现行法律规定的四项措施外，可增加医疗照顾、住所迁移、异地安置、工作调整等必要措施，并将保护时间延伸到庭审结束后，以安全隐患完全消除为限，对特殊证人实行终身保护。"[3]

对于支付补偿的主体，一种观点认为，应当由控辩双方各自支付自己方证人的费用。这种观点认为，检察机关作为控诉机关，承担举证责任，应当承担证人出庭的误工费用并负责把证人带到法庭，辩护方的证人则由辩护人负责带到法庭。另一种观点认为，证人毕竟是依照法院的命令出庭作证的，而且刑事诉讼是国家行为，应当由法院代表国家支付。如果由控辩双方各自负担，似乎有贿买证人的嫌疑，导致证人作证的可信性受到怀疑。因此，对于控辩双方要求传唤到庭的证人，应当由控辩双方提出申请，由法院发出出庭通知书，如不到庭，由法院负责强制其出庭或给予处分，如果出庭则由法院负责支付经济补偿。还有类似的观点建议对证人补偿的费用由国库开支。[4]《刑事诉讼法》规定：证人因履行作证义务而支出的交通、住宿、就餐等费用及误工损失，应当给予补助。对证人作证的补助，列入司法机关业务经费，由同级政府财政予以保障。有工作单位的证人作证，所在单位不得克扣或者变相克扣其工资、奖金及其他福利待遇。但在司法改革过渡期内，对证人经济补偿的经费来源成为了一个"盲点"。在基层，特别是一些经济欠发达的县，连必要的工作经费都难以保障，将证人补助列入法院、检察院业务经费，由同级政府予以保障，更是难上加难。一些经济发达地区的法院在对证人进行经济补偿时，采用的是"实报实销"的做法，即让证人提供作证期间产生的差旅、食宿等发票凭据，从日常办案经费里报销。而一些经济

---

[1] 史立梅："证人出庭作证制度研究"，载《国家检察官学院学报》2002 年第 2 期。

[2] 刘敏："论强制证人出庭作证"，载《法学》2000 年第 7 期。

[3] 石莹莹："构筑'以审判为中心'诉讼制度诸要件的思考"，载《政法论坛》2016 年第 1 期。

[4] 王进喜：《刑事证人证言论》，中国人民公安大学出版社 2002 年版，第 51 页。

欠发达或证人出庭率不到1%的地区，暂时还没有对证人实行经济补偿。[1]所以，近几年有部分学者提出：在证人经济补偿方面，宜采取固定标准的方式，具体而言可以由国家在实施细则中制定指导性标准，再由各地根据当地经济水平制定本地区标准。在地方财政预算法院办案经费中应单列出专项经费，专门用于证人出庭作证的经济补偿之用，一方面提高证人作证的积极性，另一方面也使得法院在支出此笔经费时有据可依，杜绝财务违规甚至违法现象。[2]

2. 证人作证的保护制度

证人作证保护制度的构建是实现证人权利义务平衡的客观需要，也是克服证人出庭作证难的关键。“没有一种法律制度有正当理由能强迫证人作证，而在发现证人作证受到侵害时又拒绝给予援助。采用可行的手段来保护证人是法庭的职责。否则整个法律诉讼就会一钱不值。”[3]

证人作证保护包括其在受到威胁之前和之后予以保护两种情况。受到威胁之后的保护制度主要就是证人的保护制度。就受到威胁之前的保护而言，“隐蔽作证”是一种较有效的制度。“隐蔽作证”，也称隐名作证、秘密作证等，是指在刑事诉讼过程中，为了保护特定证人的人身财产安全，在不暴露证人身份信息、面貌特征甚至声音的情况下，通过特定的法庭隐蔽设备，运用现代科技手段，如现场闭路电视、电脑多媒体等，使证人接受控、辩、审三方的询问、质证，履行作证义务。

隐蔽作证主要适用以下案件：（1）有组织犯罪案件。众所周知，有组织犯罪一般实施的都是有预谋、有计划的严重暴力犯罪，组织严密，内部分工明确，等级森严，恐吓证人是其犯罪的一大特征，对证人人身安全威胁非常大。（2）与犯罪人处于同一生活范围或熟识的证人，对这类证人通过隐蔽作证可以化解其心理矛盾，减少因作证而对其正常生活造成的影响。（3）污点证人。（4）线人、卧底

---

[1] 叶扬：“审判中心主义视阈下证人出庭作证制度研究”，载《南昌大学学报（人文社会科学版）》，2017年第2期。

[2] 陈光中、郑曦、谢丽珍：“完善证人出庭制度的若干问题探析——基于实证试点和调研的研究”，载《政法论坛》2017年第4期。

[3] 张仲芳：“论建立健全刑事诉讼中证人出庭作证的保障机制”，载《中国刑事法杂志》2000年第2期；陈光中主编：《诉讼法学新探》，中国法制出版社2002年版，第352页。

警察等特情人员。(5)其他案件中可能遭受打击报复的证人。[1]“隐蔽作证”过程中的隐蔽、变声、远程、录像和作证后的隐姓埋名、改变档案、搬迁、甚至易容等保护措施花样繁多。[2]

二、鉴定人出庭作证制度

《中共中央关于全面推进依法治国若干重大问题的决定》指出：“推进以审判为中心的诉讼制度改革，确保侦查、审查起诉的案件事实证据经得起法律的检验。全面贯彻证据裁判规则，严格依法收集、固定、保存、审查、运用证据，完善证人、鉴定人出庭制度，保证庭审在查明事实、认定证据、保护诉权、公正裁判中发挥决定性作用。”从这些年的实践来看，鉴定人出庭作证问题仍未得到很好的解决。

(一)鉴定人出庭作证方式

从法律层面来说，鉴定人出庭作证既然是一项法律义务，就应当得到很好地履行，因此，鉴定人应当出庭作证。对于鉴定人可以不出庭的情形，应当严格限制，对于无正当理由拒绝出庭作证者应处以惩罚。有关鉴定人出庭问题主要存在以下不同的观点。

第一，控辩权力(利)选择说。持该观点学者认为，“公诉人或者被告人及其辩护人申请传唤鉴定人出庭的，法庭应当准许”。因为鉴定人的出庭作证不同于证人、被害人的出庭作证，它的出庭具有选择性，由公诉人、被告人及辩护人的意愿决定，不属于法律强制规定必须出庭的情况。[3]

第二，证人出庭作证说(主张以审判权裁量加以控制)。持该观点学者认为，鉴定人的出庭作证与证人的出庭作证相同的，采用证人出庭作证的规定。“鉴定

---

[1] 李胥：“隐蔽作证程序的限度探析”，载《安徽师范大学学报(人文社会科学版)》2019年第3期。

[2] 王刚：“论我国‘隐蔽作证’制度的建构”，载《中国刑事法杂志》2005年第4期；彭琼琳：“隐蔽作证制度研究”，载徐静村主编：《刑事诉讼前沿研究(第八卷)》，中国检察出版社2010年版，第86页。

[3] 徐静村主持：《中国刑事诉讼法(第二修正案)学者拟制稿及立法理由》，法律出版社2005年版，第236页。

人确因特殊原因或者正当理由无法出庭的，经法庭允许，可以书面形式答复当事人的质疑、询问。”“只有在人民法院允许的情况下鉴定人才可以不出庭。”[1]

第三，明确应当出庭具体情形。有论者认为，除鉴定意见直接影响案件最终处理的，控辩双方提出不同鉴定人且鉴定意见分歧较大的，当事人提出足够证据而对鉴定人的鉴定能力或鉴定资格产生怀疑的，以及新出现的鉴定技术类型等情形外，法庭可以裁定宣读鉴定意见以代替鉴定人当庭作证。

第四，进一步规定司法鉴定人“可以不出庭”的情形，对于“应当”与“可以”之间的“中间地带”由法官自由裁量。“经人民法院依法通知，司法鉴定人应当按时出庭作证。无正当理由，未经人民法院许可，不得拒绝出庭作证。有下列情形之一的，司法鉴定人可以不出庭作证：（1）庭前当事人（控辩）双方对鉴定意见没有争议的；（2）鉴定意见对案件不起直接决定作用的；（3）有权机关已经决定补充鉴定或者重新鉴定的。”[2]

对此，我国法律确立了鉴定人出庭作证的控辩双方申请权，法院裁量决定权的制度，同时规定了拒不出庭的鉴定意见失格与补救制度。

（二）专家辅助人与专家证人制度

随着社会的复杂化、技术化和专业化，诉讼中出现了必需有科学技术或者特别知识经验始可判断的事项，法官借助专业知识人员来判断这些事项因此成为必然。1988年意大利将刑事诉讼制度从职权主义向当事人主义进行大幅度改革，在鉴定制度方面的改革采用了为当事人服务的“技术顾问”制度。《意大利刑事诉讼法典》第225条、第230条规定，在决定进行鉴定后，公诉人和当事人有权任命自己的技术顾问。各方任命的技术顾问的数目不得超过鉴定人的数目。技术顾问可以开展如下工作：（1）参加聘任鉴定人的活动并向法官提出要求、评论和保留性意见。（2）参加鉴定工作，向鉴定人提议进行具体的调查工作，发表评论和保留性意见。（3）如果技术顾问是在鉴定工作完成之后任命的，可以对鉴定报告加以研究，并要求法官允许他询问接受鉴定的人和考查被鉴定的物品和地点。在法庭询问中，当事人聘请的技术顾问既可以在法官许可下直接向鉴定人发问，也

---

[1] 陈卫东主编：《模范刑事诉讼法典》，中国人民大学出版社2005年版，第486页。

[2] 郭华：《鉴定意见证明论》，人民法院出版社2008年版，第101–111页。

可以在当事人及其律师对鉴定人的询问中给予必要的提示，还可以将自己有关鉴定意见的一些不同意见以书面形式提交法庭。参与诉讼的技术顾问此时的作用在于辅助当事人进行法庭质证，有权直接对案件的鉴定资料发表意见，其发表的意见可以补强或削弱鉴定意见的证明力。

在传统的大陆法系国家转而采用当事人主义的鉴定制度的背景下，我国学界对改革现有的鉴定制度进行了探讨。

1. 关于我国是否应引进专家证人制度的问题

我国是否引进专家证人制度问题，存在不同的观点。一种观点认为，应当引入专家证人制度，尤其是在知识产权案件中司法实践对此予以支持，并在发布的文件中予以体现。该种观点认为，借鉴英美法系的专家证人制度，在保留鉴定人制度的基础上建立专家证人制度，实行鉴定结论与专家证言相结合的专家证据制度。❶

另一种观点认为，我国因实行鉴定人制度，如果再引进专家证人制度，会在专家证人与鉴定人、专家证人制度与证据制度以及与证据理论存在冲突。在一定程度上会影响我国司法鉴定制度改革的路向。❷

2. 关于引进专家辅助人的观点与建议

专家辅助人参与审判程序属于当事人（控辩）双方委托的人，其角色扮演为诉讼参加人，其诉讼地位和权利的范围仅限于专门知识领域。法院必要时也有义务为当事人指定专家辅助人，这一模式类似于刑事诉讼的辩护人，但又不同于辩护人，他负有对专门性问题进行说明、解释的责任和接受法庭或当事人询问的义务，经法庭许可，当事人（控辩）双方委托的专家辅助人也可以进行对质。因此，专家辅助人属于一种特殊的诉讼参加人。❸该论者认为，建立专家辅助人制

---

❶ 涂书田、程春华："英美国家的专家证据制度与我国专家证据制度的建立"，载《南昌大学学报（人文社会科学版）》2002 年第 3 期。

❷ 郭华："鉴定人与专家证人制度的冲突及其解决——评最高院有关专家证人的相关答复"，载《法学》2010 年第 5 期。

❸ 郭华："论鉴定结论审查模式的选择——从最高人民法院的一项'管理规定'说起"，载《法学》2008 年第 5 期。

度与专家证人制度更适合我国国情，也与职权主义诉讼制度相融洽。[1]

2012年修正的《刑事诉讼法》开始规定了专家辅助人出庭作证制度，即公诉人、当事人和辩护人、诉讼代理人可以申请法庭通知有专门知识的人出庭，就鉴定人作出的鉴定意见提出意见。根据专家辅助人制度在我国多年的司法实践，有学者提出："专家辅助人在法庭上发表的意见，也构成了与鉴定意见同等性质的专家证言，其可靠性同样复杂难辨。因此，当我们在司法实践中切实运行这项新制度时，一定要汲取美国司法实践中的经验教训，不能任由当事人来聘请专请辅助人，而应该由国家对无力聘请专家的被告进行资助，由法庭为某些被告聘任专家辅助人。事实上，特别是在刑事案件中，相比被告方，控诉方往往表现得"财大气粗"，他们拥有更多的资源去聘请优秀的专家替己方作证。近些年来，我国的一些重大冤假错案，在某种程度上，与被告方不能充分平等地行使辩护权是密切相关的。美国的相关司法经验教训警示我们，必须保障被告方拥有同等优质的专家与检控方抗衡。否则，专家证言这把"双刃剑"可能会错伤无辜。[2]

三、警察出庭作证制度

警察制度起源于16世纪的英国。警察在法庭审判中发挥重要作用。在治安法院管辖的案件中，警察可以直接向法院起诉；在刑事法院的重大刑事案件中，由政府雇佣的律师出庭支持公诉，警察就扮演了控方证人的角色。在英国的司法实践中，警察与其他普通证人负有同样的义务和责任。控辩双方传唤警察出庭作证的目的在于了解警察实施侦查行为时的情况，如逮捕、搜查、讯问、现场勘验等。英国法律强调警察支持公诉的观念，并有较健全的法律保证，因此实践中很少发生警察在接受法庭传唤时拒不出庭的情况。[3]

---

[1] 郭华："鉴定人与专家证人制度的冲突及其解决——评最高院有关专家证人的相关答复"，载《法学》2010年第5期。

[2] 张伟："影响专家证言可靠性的因素考证——基于美国司法实践的考察"，载《西藏民族大学学报（哲学社会科学版）》2019年第1期。

[3] 中国政法大学刑事法律研究中心："英美刑事制度的新发展"，载陈光中、江伟：《诉讼法论丛（第2卷）》，法律出版社1998年版，第373页。

（一）关于警察是否应当出庭作证问题的讨论

按照传统的观点：侦查、检察和审判人员（包括陪审员）……不能同时充当本案的证人，因为那样与其诉讼职责不相符合，可能影响公正处理案件。

有论者认为，由于警察出庭作证会加大警察的职业风险和工作负担，现有警力不足以承受，并间接地影响整个社会的稳定，这在我国犯罪数量不断增加的情况下尤其如此。[1]

我国从 2010 年“两个证据”[2]规定开始，对警察出庭作证制度有了具体规定。经过 2012 年和 2018 年《刑事诉讼法》修正，以及相关司法解释的完善，目前已经形成了三种警察出庭作证情形：一是以目击证人身份的出庭作证；二是非法证据排除规则中的出庭作证；三是对侦查行为笔录争议证明的出庭作证。我国 2010 年《非法证据规定》近年来，基于集中纠正冤假错案以及“推进以审判为中心的诉讼制度改革”，我国公安司法机关对警察出庭作证逐步从“要不要出庭作证”转向“如何出庭作证”，对警察出庭作证的研究也应当从“必要性”转向“规则与边界”研究。[3]

（二）关于警察出庭作证的身份问题

关于警察出庭作证的身份问题，学界主要存在四种观点：第一种观点认为警察应以侦查人员的身份出庭作证；第二种观点认为警察应以公职人员的身份出庭作证；第三种观点认为警察应以控方辅助人身份出庭作证；第四种观点认为警察应以证人身份出庭。

在我国，由于缺乏警察出庭作证的传统，如果将出庭警察完全看作一般证人的话，不利于消除警察对出庭作证的抵触情绪，也不利于正视和解决警察出庭作证中的实际问题。[4]从职权的视角来分析，侦查人员出庭作证就其法律地位而言，属于协助公诉方证明案件事实，履行的是控诉职能，是作为控方的辅助者身份进行工作的。因此，我国的侦查人员出庭应视为公诉人的辅助者。[5]警察在查办案

---

[1] 李群英：“警察出庭作证认识上的五个误区”，载《法学杂志》2006 年第 1 期。

[2] “两个证据”是《办理死刑案件证据规定》和《非法证据规定》的统称。

[3][4] 李玉华：“警察出庭作证的规则与边界”，载《法律适用》2018 年第 21 期。

[5] 郭太平：“侦查人员出庭作证的改革及其性质重述”，载《中国司法》2010 年第 12 期。

件过程中，在现场目击犯罪事实发生或现场抓获犯罪嫌疑人、查获赃款赃物知晓案情；或者是通过勘验、检查、扣押等侦查活动知晓案情；或者是在取证过程中知晓案情的，应以证人身份出庭作证。尽管警察与普通证人相比，对事实的认知方式存在一定的差异，但在庭审中，两者的目的是相同的，都是就其所知道的与审判有关的事情接受法官的调查，为判决的最终作出提供服务，因而，两者的作用和地位是相同的。[1]有论者认为，警察出庭作证是对公诉活动的有效支持，也是公诉人回应辩护方对侦查行为合法性所提异议的有效方式。[2]

（三）关于警察出庭作证的范围问题

有论者认为，警察出庭作证的范围不能太宽，主要集中在控辩双方有争议的事实以及有助于法庭查明事实真相，即有出庭作证的价值。警察出庭作证的范围应限制在以下几个方面：一是警察在巡逻时目击犯罪发生，并当场抓获嫌疑人，那么在日后的审判中，警察应当以证人的身份出庭证明他所目睹的犯罪经过和抓捕经过。二是警察实施勘验、检查、搜查、扣押、讯问等侦查活动时，当对这些侦查措施的实施过程或形成的笔录产生争议时，法官、检察院有权要求侦查人员出庭陈述，澄清获取证据的事实和笔录制作的经过，以证实没有刑讯逼供、非法取证等情形。三是证据在提取、保管过程中，如果当事人或辩护人对证据是否是原物提出异议，法院、检察院应当要求警察出庭证明整个提取或保管过程的适当性。四是如果对诱惑侦查的适用存在争议，侦查人员应当出庭接受法官的询问和当事人的交叉询问，证明采取诱惑侦查措施的必要性和取证行为的合法性。[3]五是当立功、自首、坦白等情况发生争议时，也需要警察出庭予以澄清。[4]

---

[1] 杨杰辉："侦查人员出庭作证问题研究"，载《中国人民公安大学学报（社会科学版）》2005 年第 2 期。

[2] 陈瑞华：《问题与主义之间——刑事诉讼基本问题研究》，中国人民大学出版社 2003 年版，第 153 页。

[3] 王超："警察作证若干问题研究"，载《法学》2002 年第 6 期。

[4] 徐公社："建立我国警察出庭作证制度的思考"，载《中国人民公安大学学报（社会科学版）》2005 年第 2 期。

（四）关于警察出庭作证的程序问题

在警察出庭作证的启动程序上，有论者认为，应当赋予控辩审三方申请警察出庭的动议权，刑事诉讼法应当明确规定，在庭审前和庭审过程中，控辩双方认为需要侦查人员出庭作证的，可以向法庭提出申请，法庭许可后，由法庭书面通知侦查人员出庭。在庭审过程中，法庭认为查明案件事实有必要的，也可自行通知侦查人员出庭作证。对于拒不出庭的可以采取强制措施使其出庭。可以从出庭作证的启动规则、出庭作证前的准备规则、作证规范规则、违法处罚和免责规则等几个方面进行建构。[1]

参与办案的警察作为证人出庭作证，揭露被告人的罪行，往往会为其以后的职务活动带来不便，甚至遭遇人身危险。特别在采用诱惑侦查等秘密侦查手段的案件中，这种危险更大。因此，法律在规定警察出庭作证时，应当设置一定的例外。即使在特情警察有必要出庭的情况下，也应尽可能采取秘密的方式，以防止公开暴露而带来不利的后果。[2]有论者认为："刑事诉讼法第59条第2款规定了侦查办案人员出庭的三种启动程序，即检察院提请的通知程序、法院的通知程序、侦查办案人员的要求程序。它们只赋予了检察院、法院和侦查办案人员的程序启动权，却唯独剥夺了辩方申请侦查办案人员出庭的权利，这有违控辩双方权利平等原则。《严格排除非法证据规定》[3]第27条规定：'被告人及其辩护人申请人民法院通知侦查人员或者其他人员出庭，人民法院认为现有证据材料不能证明证据收集的合法性，确有必要通知上述人员出庭作证或者说明情况的，可以通知上述人员出庭。'该规定在我国刑事司法史上第一次赋予辩方申请法院通知侦查办案人员出庭作证的程序启动权，只是仍然沿用了人民法院认为'确有必要通知上述人员出庭作证或者说明情况的，可以通知上述人员出庭'的规定，这是一个令人遗憾的缺陷。既然是'确有必要通知'，合乎逻辑的规定该是人民法院'应当通知'，而不是'可以通知'上述人员出庭作证。"[4]需要指出的是，2021年《刑诉

---

[1] 何家弘、杨建国："论警察出庭作证的程序保障——以《波士顿警察局规则与程序规则320》为蓝本"，载《犯罪研究》2010年第4期。

[2] 汪建成、杨雄："警察作证制度的理论推演与实证分析"，载《政法论坛》2003年第4期。

[3] 2017年"两高三部"《关于办理刑事案件严格排除非法证据若干问题的规定》。

[4] 张保生："非法证据排除与侦查办案人员出庭作证规则"，载《中国刑事法杂志》2017年第4期。

法解释》将“确有必要”修改为“认为有必要”。

证人作证与其出庭作证是两个不同的问题。就证人出庭作证而言，所要解决的不仅是事实问题，而且关系到公正审判的一系列目标能否实现。证人出庭作证不仅与直接言词原则、传闻证据规则等庭审原则、证据制度相关，而且与刑事诉讼的模式相关。显然，如果证人在法庭外的作证在法庭中有疑问，却不能通过出庭作证予以解决，那么，所谓的法庭调查将会因此而虚置。从这个意义上说，证人出庭作证是庭审具有实质意义的必然要求，是实现以审判为中心的诉讼制度改革的必然要求。

出庭作证本身不是目的，出庭作证的关键问题是有效质证。为此，应当设置完备的质证程序。研究证人出庭作证问题，应当从人权保障与公开审判的角度进行，需要考虑国际人权公约的基本要求，特别是应从保障被告人对质权的视角来架构证人出庭作证制度，并借助于对质权保障机制推进我国刑事审判方式改革实质化之实现。

关于证人出庭作证问题，我们不仅应从司法公正的需要进行研究，从当事人权利保障的角度进行研究，关注其维护程序正义的价值，还需要从证人保护的角度予以研究，以此保障证人作证制度能够有效运行。[1]

问题与思考

证人出庭作证对刑事司法的公正具有突出的意义。证人出庭作证难作为问题，其产生是我国刑事程序法治发展的一个结果，也是其需要进一步发展的一个原因。证人出庭作证难作为立法和司法实践问题，备受学界学者重视；作为一个综合性的问题，这也是刑事司法改革中的一个重点问题。以往关于这个问题的讨论，对解决这个问题有积极的推动作用，然而，这个问题尚未得到令人满意的解决。或许，只有完成以审判为中心的诉讼制度改革，这个问题才能获得根本解决。当然，证人出庭作证难问题的解决，本身就是推进以审判为中心的诉讼制度改革的重要部分。

---

[1] 如果证人保护问题不能得到有效的解决，证人出庭作证问题的解决很容易变成空谈。

研究解决证人出庭作证问题，应注意解决立法中的重点问题，例如，对定罪量刑有重要影响且有争议的证人出庭作证的问题。同时，应根据问题产生的原因，重视化解实践中的难点问题。例如，应当出庭作证而未出庭作证的，重要的不仅是通过完善强制证人出庭与对其的保障，而且，应当把解决问题的重心置于职权机关身上，健全程序性法律后果的设置，使这样的审判归于无效，促使其在实践中积极推动证人出庭作证。此外，证人出庭作证问题作为一个综合性的问题，对其的研究，不仅需要借鉴其他国家，而且更重要的是，作为综合性的问题，需要从诉讼体制等方面进行研究，并借助于社会学、心理学等相关学科的知识，从各方面推进问题的解决。

可以预见的是，在积极推进认罪认罚从宽制度背景下，因为司法资源的配置问题可以得到有效解决，对定罪量刑有影响且有争议的证人出庭作证等问题，应当能够得到真正的解决。

三 参考文献

一、论文类

[1] 张伟 . 影响专家证言可靠性的因素考证：基于美国司法实践的考察 [J]. 西藏民族大学学报（哲学社会科学版），2019（1）.

[2] 程银，朱若荪，谢丽珍 . 论证人出庭“温州经验”的新挑战与实务应对 [J]. 法律适用，2019（1）.

[3] 彭海青 . 我国出庭作证证人的特殊保护问题：由泸州李波案引发的反思 [J]. 法律适用，2018（19）.

[4] 李玉华 . 警察出庭作证的规则与边界 [J]. 法律适用，2018（21）.

[5] 叶扬 . 审判中心主义视阈下证人出庭作证制度研究 [J]. 南昌大学学报（人文社会科学版），2017（2）.

[6] 乔宗楼 . 警察出庭作证现状实证分析与对策 [J]. 福建警察学院学报，2017（2）.

［7］陈光中，郑曦，谢丽珍．完善证人出庭制度的若干问题探析：基于实证试点和调研的研究［J］．政法论坛，2017（4）．
［8］张保生．非法证据排除与侦查办案人员出庭作证规则［J］．中国刑事法杂志，2017（4）．
［9］覃冠文．亲属免证：究竟是谁的权利：以亲属免证特权权属为基点的展开［J］．政治与法律，2016（1）．
［10］石莹莹．构筑“以审判为中心”诉讼制度诸要件的思考［J］．政法论坛，2016（1）．
［11］余方晟，叶成国．庭审中心视野下强制证人出庭作证研究［J］．河北法学，2016（3）．
［12］袁枫，陈彬．强制证人出庭作证制度的司法困境与立法重构［J］．人民检察，2016（6）．
［13］李春珍，谭庆德．被追诉人权益保护的刑事证据制度设计反思：以我国刑诉法强制证人出庭作证为视角［J］．山东社会科学，2016（9）．
［14］易延友．公众有权获得任何人的证言［J］．法律科学（西北政法大学学报），2015（5）．
［15］龚举文．审判中心主义与职务犯罪侦查的理论辨析及其制度构建［J］．法学评论，2015（6）．
［16］刘廷华．刑事证人作证的经济分析［J］．广东商学院学报，2012（2）．
［17］李国莉，房丽．刑事诉讼法论域下的证人豁免制度建构［J］．求索，2012（12）．
［18］郭华．司法鉴定制度改革的基本思路［J］．法学研究，2011（1）．
［19］张南宁．科学证据可采性标准的认识论反思与重构［J］．法学研究，2010（1）．
［20］易延友．证人出庭与刑事被告人对质权的保障［J］．中国社会科学，2010（2）．
［21］何家弘，杨建国．论警察出庭作证的程序保障：以《波士顿警察局规则与程序规则320》为蓝本［J］．犯罪研究，2010（4）．
［22］郭华．鉴定人与专家证人制度的冲突及其解决：评最高院有关专家证人的相关答复［J］．法学，2010（5）．
［23］龙宗智．两个证据规定的规范与执行若干问题研究［J］．中国法学，2010（6）．
［24］郭太平．侦查人员出庭作证的改革及其性质重述［J］．中国司法，2010（12）．
［25］顾永忠．侦查人员出庭作证的法律依据辨析［J］．法学家，2009（6）．
［26］郭华．论鉴定结论审查判断模式的选择：从最高院的一项“管理规定”说起［J］．

法学，2008（5）.
[27] 何挺 . 证人宣誓：历史沿革和功能考察——兼论构建我国的证人宣誓制度 [J] . 安徽大学法律评论，2007（1）.
[28] 张吉喜 . 证人宣誓与仪式：证人宣誓制度的另类解读 [J]. 社会科学家，2007(2).
[29] 汪海燕 . 建构我国污点证人刑事责任豁免制度 [J] . 法商研究，2006（1）.
[30] 徐昕 . 法官为什么不相信证人？证人在转型中国司法过程中的作用 [J]. 中外法学，2006（3）.
[31] 胡云腾 . 证人出庭作证难及其解决思路 [J] . 环球法律评论，2006（5）.
[32] 姚健 . 关于我国刑事证人保护制度的立法构想 [J] . 中州学刊，2006（6）.
[33] 徐公社 . 建立我国警察出庭作证制度的思考 [J] . 中国人民公安大学学报（社会科学版），2005（2）.
[34] 王刚 . 论我国“隐蔽作证”制度的建构 [J] . 中国刑事法杂志，2005（4）.
[35] 崔敏 . 关于警察出庭作证的若干问题 [J] . 中国人民公安大学学报（社会科学版），2005（5）.
[36] 赖宇，侯瑞雪 . 构建我国证人反对被迫自证其罪特权制度的设想 [J] . 当代法学，2005（6）.
[37] 张春霞 . 论污点证人之豁免 [J] . 华东政法学院学报，2003（2）.
[38] 汪建成，杨雄 . 警察作证制度的理论推演与实证分析 [J] . 政法论坛，2003（4）.
[39] 谭世贵，王琳 . 关于建立我国警察作证制度的思考 [J] . 中国刑事法杂志，2003（5）.
[40] 徐惠，邓晓静 . 试论刑事诉讼中证人的拒绝作证权 [J] . 当代法学，2003（6）.
[41] 王超 . 警察作证若干问题研究 [J] . 法学，2002（6）.
[42] 刘敏 . 论强制证人出庭作证 [J] . 法学，2000（7）.
[43] 马贵翔 . 侦检关系的本质及其改革 [J] . 人民检察，2000（8）.
[44] 黄永 . 检警关系的若干思考：从非法证据的排除谈起 [J]. 人民检察，2000(12).
[45] 刘荣军 . 论证人的证言拒绝权 [J] . 法学，1999（5）.

二、著作类

[1] 叶扬 . 刑事证人作证论［M］. 北京：中国政法大学出版社，2017.

[2] 詹俊辉 . 刑事被告人对质权研究：以证人出庭作证为视角［M］. 长春：吉林大学出版社，2017.

[3] 王永杰 . 从讯问到询问：关键证人出庭作证制度研究［M］. 北京：法律出版社，2013.

[4] 郭华，王进喜 .《办理死刑案件证据规定》与《非法证据排除规定》的释义和适用［M］. 北京：中国人民公安大学出版社，2010.

[5] 张军 . 刑事证据规则理解与适用［M］. 北京：法律出版社，2010.

[6] 郭华 . 鉴定意见证明论：司法鉴定人出庭作证规则研究［M］. 北京：中国检察出版社，2008.

[7] 王超 . 警察作证制度研究［M］. 北京：中国人民公安大学出版社，2006.

[8] 何家弘 . 证人制度研究［M］. 北京：人民法院出版社，2004.

[9] 徐继军 . 专家证人研究［M］. 北京：中国人民大学出版社，2004.

[10] 王进喜 . 刑事证人证言论［M］. 北京：中国人民公安大学出版社，2002.

[11] 邹明理 . 我国现行司法鉴定制度研究［M］. 北京：法律出版社，2001.

第十八章 陪审制度

【导读】

陪审是公民直接参与司法活动的民主形式，也是公民参与审判的权利保障制度。陪审制度兼有政治和司法的双重属性。因法律传统、人文环境和社会结构的不同，英美法系国家实行陪审团制，大陆法系国家主要实行参审制，我国采用人民陪审员制度。我国陪审制度的模式脱胎于苏联，类似于大陆法系的参审制度。研究陪审制度，不仅需要对英美法系国家尤其是作为陪审制发源地英国的法律制度有所了解，而且需要对陪审制度产生的根源、发展的基础及其体现的民主政治观、法律文化背景、价值功能等问题予以掌握，还需要对大陆法系国家实行参审制的历史、基本结构以及运行机制和实际效果有所把握。同时对俄罗斯等国家司法制度改革后的陪审制度以及陪审制度在现代刑事诉讼中的价值、功能、作用、意义、发展趋势有一个较为全面地理解和清晰的认识。

陪审制度与现代政治制度关系密切，对其研究还需要具有政治学、社会学等学科的相关知识；同时也要对“司法民主”“审判独立”“人民主权”等范畴有所理解，这是进一步系统、深入研究现代陪审制度必备的基础知识。研究我国的陪审制度，需要掌握人民陪审员制度的基本含义，并对人民陪审员制度的历史发展、基本体制以及适用的范围有所了解，还应从我国宪法、人民法院组织法、刑事诉讼法、人民陪审员法以及最高人民法院《关于适用〈中华人民共和国人民陪审员法〉若干问题的解释》等相关规定及其变化中认识其含义、发现其价值。

研究陪审制度需要在把握立法和实践发展的基础上，梳理陪审制度前沿性的理论问题，以便有助于把握现代陪审制度和相关学说的发展，提升综合运用相关学科知识研究刑事诉讼法学理论和实践问题的能力。

第一节　陪审制度概述

陪审制度最早产生于中世纪的英国，经历了由知情陪审团向不知情陪审团的发展过程，逐渐成为一项司法制度。随着英国对外扩张，陪审团制度被带到了英国在美洲、澳洲、非洲、亚洲的殖民地并承袭下来，在美国发扬光大。大陆法系国家不存在英美法系国家典型的陪审团制度，却有与之相似的参审制度。19 世纪后，陪审制在整个英美法系呈现衰落迹象。[1]20 世纪末 21 世纪初陪审制度又出现勃兴与发展。我国的人民陪审员制度发轫于革命根据地时期，历经了长期的发展形成了颇具中国特色的人民陪审制度。

一、陪审制度的基本含义

陪审制度（Jury System），是指审判机关吸收非法律职业者参加法庭审判，与职业法官共同行使审判权的司法民主制度。陪审制度作为社会公众参与司法、监督法官正确行使司法权、遏制司法腐败的一项基本的司法制度，被视为宪政民主的体现，并作为一项政治制度而存在。对陪审制度可以作以下理解。

第一，陪审制度不仅是一项司法制度，更是一种民主政治制度。“将陪审团仅仅看成是一种司法机构，乃是看待事物的相当狭隘的观点，因为它虽然对诉讼的结局产生巨大的影响，但它对社会命运本身却产生大得多的影响。陪审团因而

---

[1] 陈林林：“陪审在现代法治社会中的功能——以形式合理性为中心的若干思考”，载《法律科学（西北政法学院学报）》2001 年第 5 期。

首先是一种政治制度，而且应当始终从这种观点对它作出评价。”[1] 对陪审制度的研究首先应考虑其政治制度属性，由此来探讨其含义、功能以及意义。

第二，我们研究陪审制度，不仅要研究英美法系的陪审团制度（Jury）与大陆法系的参审制度（Assessor），更需要研究我国的人民陪审员制度。因诉讼文化及诉讼制度的差异，我国的人民陪审员制度既不同于陪审团制度，也与参审制不同，颇具自己的特色。

第三，陪审制度在现代司法制度中属于保障公民权利的一项制度，是国家司法机关吸收普通公民参加审判活动的重要制度，更是现代司法民主和公民权利的保障制度。

基于对以上基本含义的阐释，对陪审制度的研究需要从多角度进行探讨，不宜仅局限于审判视角，以免忽视此制度的现代价值。

二、陪审制度的价值

陪审制曾被用来作为中央集权的工具。法兰克国王、诺曼底公爵、亨利二世，都曾将陪审制作为中央集权的重要工具。[2] 因为中央在与地方争权的过程中，不仅要依赖政治、经济、军事的力量，还必须依赖民主制度的力量。陪审制在中央集权过程中，其力量源自陪审制具有的收集地方信息、尊重地方权威、减少国家任官数量等特殊功能，充当着开路先锋的角色，对许多国家和地区产生了极为深远的影响。这种深远的影响不仅体现在英国开拓殖民地时期将陪审制度带到了世界各地，使“英裔国家都一律提倡陪审制度”[3]，而且体现在对欧洲大陆国家司法制度变革方面的重大影响，曾一度引起了远在亚洲的中国、日本这种高度中央集权国家的兴趣。随着近现代宪政民主理论的发展，人们对陪审制度的价值和功能等方面的认识也发生了变化。传统的观点认为，陪审制度像普选权一样，都是人民主权学说的直接结果。人民通过选举权表达了抽象的政治意愿，人民通过陪

[1] ［法］托克维尔：《论美国的民主（上卷）》，董果良译，商务印书馆 1988 年版，第 313 页。

[2] 何兵：“陪审制度的意义”，载 2005 年 4 月 25 日《人民法院报》。

[3] ［法］托克维尔：《论美国的民主（上卷）》，董果良译，商务印书馆 1997 年版，第 312 页。

审权实现了具体的政治意愿。[1]陪审权和普选权是使多数人能够进行统治的两个力量相等的手段。[2]陪审制度的价值包括以下方面。

一方面，陪审团的审判是民主政治和司法的重要表达。在一个多元社会里，其在整个社会范围内保证了被告人接受与其性别、社会地位、种族或经济状况相同的人员的审判。[3]法律之所以设置陪审法庭，原因在于相信，从陪审团的成员、遴选模式以及他们是来自社会各个阶层这个事实来看，陪审团比单个的法官更加善于判断行为的动机，衡量证据的盖然性。正是通过陪审员的社会化分散而不是提高其平均的受教育层次，提高了陪审团评议的精确性。[4]

另一方面，陪审团审判给每个公民提供了一个参与民主，并从解决纠纷中获得治理国家的机会，这使得普通民众对于公共事务具有更多和更大的影响力。[5]陪审制不仅是捍卫政治自由的重要手段，也是必要的手段。由于陪审制度将“外行人”注入法律体系内部，使不论对被告人还是对普通公众来讲，判决的公正性、合法性都会因被告人的命运是由他的同类人而不是由对他出身的阶层了解有限的职业法官决定，得到提升。[6]“陪审团似乎是政治案件的天然裁判者。”[7]因为“法官误认一切的人都像他们一样符合逻辑，而陪审员则往往比较更明了普通人的混乱和谬误”。[8]从“表面上看来似乎限制了司法权的陪审制度，实际上却在加强司法权的力量。其他任何国家的法官，都没有人民可分享法官权力的国家的法官强大有力”。[9]

由于陪审制难以避免与刑事诉讼中一些公认的基本制度或基本理念存在内在的矛盾或潜在的冲突，有可能破坏诉讼程序的内在逻辑以及陪审制度的理论根

---

[1] 汤维建:《美国民事司法制度与民事诉讼程序》，中国法制出版社 2001 年版，第 188 页。

[2] ［法］托克维尔:《论美国的民主（上卷）》，董果良译，商务印书馆 1997 年版，第 314 页。

[3] ［美］博西格诺等:《法律之门》，邓子滨译，华夏出版社 2002 年版，第 563 页。

[4] 汤维建:《美国民事司法制度与民事诉讼程序》，中国法制出版社 2001 年版，第 200 页。

[5] ［美］史蒂文・苏本、玛格瑞特・伍:《美国民事诉讼的真谛：从历史、文化、实务的视角》，蔡彦敏等译，法律出版社 2002 年版，第 252 页。

[6] ［英］麦高伟、杰弗里・威尔逊主编:《英国刑事司法程序》，姚永吉等译，法律出版社 2003 年版，第 347 页。

[7] William Roumier：Lavenir du jury criminal，LGDJ，2003，p.35.

[8] ［美］哈罗德・伯曼编:《美国法律讲话》，陈若恒译，三联书店 1988 年版，第 41 页。

[9] ［法］托克维尔:《论美国的民主（上卷）》，董果良译，商务印书馆 1997 年版，第 318 页。

基。基于此，有论者对其持批判意见："陪审制可能在司法领域内形成多数人的暴政，因为真理可能为少数人所掌握……社会的主流价值未必合乎司法的精神，也未必合乎正义的标准。"[1]陪审团制度从产生之日起就对诉讼程序与司法制度产生了深刻全面的影响，不仅影响着诉讼的结果，更深刻地影响着社会命运自身，因而我们不能机械地将其理解为一种简单的司法机构，而必须将其理解为一种作用重大的政治制度，并从这一角度评估它存在的价值与讨论其意义。

三、国外陪审制度的概况

（一）英美法系国家的陪审团制度

英国是现代陪审制的母国。公元 8 世纪，法兰克国王（皇帝）就曾经传唤邻居组成调查陪审团。这种调查陪审团实际上是当时国王面对众多封建地方割据势力而用以伸张王室权力的手段，仅是提供证据、说明案情的证人，而非现代陪审制度意义上的陪审团。在诺曼底公爵威廉一世征服英格兰后不久，将调查陪审团作为政府管理的一般方式，引入英格兰的司法实践。亨利二世起初只是将陪审团适用于民事诉讼，后来为了加强王室对全国的管理与控制，他将陪审团引入刑事诉讼。由于陪审团要向王室巡回法官宣誓检举重罪，便产生了起诉陪审团即大陪审团。1215 年第四次拉特兰宗教会议废止了通行西方基督教世界的神明裁判，审理刑事案件采用新的审判程序，英国王室便将小陪审团引入刑事审判。自此，陪审团在刑事审判和民事审判中迅速扩张，并得以形成较为稳固的审判制度。其中，大陪审团的职能主要包括犯罪侦查、预审和起诉。19 世纪后，由于专门负责犯罪侦查和起诉的机构相继出现，大陪审团仅剩下预审职能。20 世纪初，治安法官又逐渐接过了大陪审团的预审职能，审判前设立大陪审团的情况日趋减少。1948 年，大陪审团彻底退出了英国司法制度的历史舞台。小陪审团尽管没有被抛弃，但目前司法实践中有小陪审团参与审判的案件越来越少。诞生于英国的现代陪审制度在美国被发扬光大，表现出顽强的生命力。

美国的陪审团也有大陪审团和小陪审团之分。大陪审团负责决定对刑事案

---

[1] Tarde G.：La criminalité compare，8emé éd.，Paris，Pélix Alcan，1924，pp.104-105.

件是提起公诉还是不予起诉；小陪审团的主要任务是审判案件。除了联邦宪法所规定的情况外，美国各个州按自己的宪法和司法体制设计和运作陪审制度。根据联邦宪法修正案第5条规定："非经大陪审团提起公诉，人民不受死罪或因重罪而被剥夺部分公权之审判……亦不得未经正当法律程序使其丧失生命……。"大陪审团最少16人，最多23人，一般由23人组成，其成员是从公民中随机挑选出来的。美国在联邦司法系统和大约一半的州适用大陪审团制度，在其刑事诉讼中，没有大陪审团制作的控告书，不得进行刑事诉讼。大陪审团的审理程序是秘密的，仅仅听取检察官的意见。小陪审团审判刑事和民事案件，其责任是听取法庭辩论，评判证据，认定事实，根据法律规则和法庭指导作出裁决。联邦宪法修正案第6条规定，在一切刑事案件中，被告人有权由陪审团予以迅速和公开地审理。在司法实践中，联邦最高法院通过判例确定，不论是发生在联邦还是州的刑事案件，判处6个月以上监禁的，被告人即享有由陪审团审理的权利，但被告人可以放弃该权利，而选择由法官进行的审判。美国的小陪审团通常由12人组成。从20世纪30年代，在简易陪审制中的陪审团人数可少于12人，旨在减少因陪审员意见不一致造成悬案的可能性。但美国最高法院所允许的陪审团的人数不得少于6人。小陪审团的裁决通常要求全体一致同意。自1972年的"约翰逊"案件，路易斯安那州最高法院以9票对3票判决被告人有罪后，在刑事案件中开始采用不一致裁判的原则。尽管大多数州仍要求一致同意的裁决，但有5个州允许大多数人同意的裁决。而在只有6人组成的陪审团，仍然要求全体一致同意的裁决。[1]陪审团应服从法官指示，但在有利于被告的情况下，陪审团对法官的指示可以采取不理睬的态度。有时基于案件事实，被告人显然触犯了法律，应判有罪，但陪审团却可以不顾实体法律的规定判被告人无罪，这种情况被称为陪审团"使法律归于无效"。陪审团能不顾法律判被告人无罪的权力，被视为刑事诉讼中陪审团权力的重要组成部分。联邦宪法未规定陪审团参与量刑。在美国，陪审团只进行事实裁决，除非案件涉及死刑，否则，陪审团一般都不参与量刑。[2]对是否处死刑，必须由陪审团进行一致裁决。2002年以前，在美国38个有死刑的州

---

[1] ［美］爱伦·豪切斯泰勒·斯黛丽、南希·弗兰克：《美国刑事法院诉讼程序》，陈卫东等译，中国人民大学出版社2002年版，第510页。

[2] 宋冰编：《程序、正义与现代化——外国法学家在华演讲录》，中国政法大学出版社1998年版。

中，有 30 个州明确规定，死刑的量刑问题也由陪审团审理。但还有 8 个州对死刑案件的判决适用的是所谓的“凌驾陪审团”（Jury Override）制度，即最终对被告处以终身监禁或死刑，由法官而不是陪审团决定。在定罪后，陪审团只有建议判处终身监禁或死刑的权力，而法官有凌驾于陪审团建议之上的最终的权力。2002 年 6 月 24 日，美国联邦最高法院对瑞恩诉亚利桑那州一案作出裁决，认为，对被告人处以死刑所要求的一个以上的加重情节，必须是来自陪审团的有罪裁决所认定的事实。这一判例明确了有些州由法官而非陪审团决定死刑量刑的做法是违宪的。[1]

这两种不同的发展趋势反映了两个国家在社会文化传统方面的差异。19 世纪的英格兰，“陪审团是从国家的贵族阶层中选任的。贵族阶层制定法律，实施法律并惩罚那些违反法律的人。一切都建立在相同的基础之上，因此人们可以确实地说英格兰在建立一个贵族共和国。在美国，同样的制度却适用于全体人民。每一位美国公民都是既有资格也符合法律要求的选民。在我看来，陪审制度在美国就像普遍的选举权一样是人民掌握主权的直接且最大程度上的结果”。[2]20 世纪后期，美国出现了批评陪审制度和要求改革的声音。20 世纪 90 年代中期，以辛普森涉嫌杀妻案为代表的一些刑事案件引起广泛社会影响，导致人们对陪审团制度的抨击。例如，陪审制度影响了司法系统的效率、浪费了纳税人的钱、陪审团的裁决有时是非常荒唐的、担任陪审员的义务是对公民个人生活的侵扰等。面对这些批评意见，人们开始思考和探讨陪审制度改革问题，有些专家也提出了一些改革措施，如限制个人伤害案件中惩罚性赔偿金额的上限、刑事案件陪审团的判决不必一致同意等，美国现行的陪审制度也面临改革与完善。[3] 目前，美国继续保留大陪审团的州已不足一半。陪审团制度一直因成本高昂、效率低下、过度依赖检察官等问题受到民众的质疑，从而导致大陪审团制度悄然发生变化：其原有的“非对抗性”特征正逐渐弱化、被调查对象的权利保障也有所加强。[4]

---

[1] 高一飞：“死刑案件宜试行‘陪审团’制度”，载 2009 年 4 月 8 日《东方早报》。

[2][3] 何家弘：“中国陪审制度的改革方向——以世界陪审制度的历史发展为借鉴”，载《法学家》2006 年第 1 期。

[4] 高一飞、王金建：“昨日辉煌：风雨中的美国大陪审团制度”，载《重庆大学法律评论（第三辑）》，社会科学文献出版社 2020 年版，第 26–31 页。

（二）大陆法系国家的参审制度

20 世纪 90 年代以来，大陆法系国家的陪审制度表现出两个发展趋势。一是以法国为代表的陪审制度改革，在很多方面学习了英美法系陪审团模式的优点。例如，陪审员的当庭随机挑选、诉讼双方对候选陪审员的否决权以及陪审员人数的增加等。法国使用陪审员参与审判的案件数量大为减少，目前仅在重罪法庭的审判中采用陪审制度。二是专家陪审员参审制度在德国、丹麦、瑞典等国家中悄然兴起。“专家陪审员”参审制度是指在审理一些需要金融、财会、专利等专门知识的案件中，法院聘请有关的专家担任陪审员，帮助法官更好地认定案件事实。例如，瑞典在 1999 年修改了 1942 年颁布的司法程序法规定，瑞典的上诉法院在审理刑事案件时可以实行专家参审制，即由 3 名法官和 2 名专家组成的合议庭负责审判。[1] 法国和德国的参审制度具有典型性。

1. 法国的参审制度

1790 年法国制宪会议决定采用英国大陪审团起诉制度代替原有的检察官起诉制度，实行控告陪审团制度，多数刑事案件由 8 名当地居民组成的控告陪审团起诉。但法国引进英国陪审制度的试验并未取得预期的效果，在实践中，控告方往往可以轻而易举地得到陪审团的支持，通过陪审团制度来保障公民权利的制度却成了控告方滥用起诉权力的工具。1808 年通过的法国刑事预审法典废除了控告陪审团制度，恢复了原来的检察官公诉制度。在抛弃英国式大陪审团制度的同时，法国建立了具有本国特色的陪审制度，陪审员从当地选民中产生，与法官一起审理案件并作出判决。这种陪审制度自 20 世纪以来在实践中逐渐衰微。有论者指出，从制度层面看，法国参审制主要具有如下四个基本特点。

（1）参审员的遴选制度合乎司法民主的要求，可保障参审员独立自主地行使裁判权。一方面，参审员的遴选范围具有广泛性；另一方面，遴选程序具有民主性，不受行政力量的干预。陪审员意志的独立是法国司法独立的一大根本保障。

（2）严格奉行主权至上的理念，将这一理念贯彻到刑事诉讼的各个程序环节。比较典型的是法国的重罪上诉制度，鉴于“人民不会犯错”的政治信条，陪

---

[1] 何家弘：“中国陪审制度的改革方向——以世界陪审制度的历史发展为借鉴”，载《法学家》2006 年第 1 期。

审团所作出的判决理应具有终局效力，不得提起上诉。但在司法实践中，上诉制度又是纠错及保障法律统一适用的必要方式和手段。如何协调这一矛盾，法国学界存在争议。2000 年 6 月 15 日，法国在欧共体法院的压力下，对本国的陪审团上诉制度进行了改革，引入了“轮转上诉制度”。依据这一制度，当事人可以对重罪法院所作出的判决提起上诉，但该上诉由最高法院所指定的另外一个重罪法院负责审理而不专设重罪上诉法院。在上诉程序中，重罪法院的合议庭由 12 名陪审员（比原重罪法院增设 3 名陪审员）及 3 名职业法官所组成。被告人、检察官、涉及个人民事利益的民事责任人，以及公共行政机关，均有权提起上诉。检察官也可对无罪判决提出上诉。

（3）采用特殊的“问题列表”制度，解决了陪审制和判决理由制度的冲突。在陪审团审判中，判决理由制度却已俨然成为一道“难以逾越的鸿沟”与冲突。问题主要集中在如下方面：其一，未受过专业训练的陪审员与判决理由制度的冲突；其二，集体合议与判决理由制度的冲突；其三，集中的季审庭期与判决理由制度的冲突。面对这一难题，法国采用了颇具特色的问题列表制度，并影响到西班牙、俄罗斯等国的陪审制建构。所谓问题列表制度，即指在陪审团审判中，审判长依法律规定将案件进行细化分解，制作一定数量的问题，要求陪审团作出“是”或“否”的回答，以决定被告人行为是否构成犯罪，是否有减刑情节等。双方当事人有权阅读陪审团对问题列表的回答，从而可在一定程度上了解陪审团的事实认定及推理过程。问题列表相当于“简明的判决理由书”，可在一定程度上阐明陪审团据以作出裁判的理由。

（4）奉行诉讼经济的理念，限制参审制的适用范围。刑事诉讼中“如何在有限司法资源的前提下最大程度地实现司法真实”是最核心的内容。各国大多对陪审制的适用范围进行了一定程度的限制，以将有限的司法资源适用于少数最为重要的刑事案件，其目的在于确保这些案件可最大程度地实现司法真实。法国的参审团只负责审理重罪案件，其中重罪是指那些情节特别严重、可能判处 10 年以上监禁刑的刑事犯罪，如谋杀、抢劫、强奸等。[1]

---

[1] 施鹏鹏：“法国参审制：历史、制度与特色”，载《东方法学》2011 年第 2 期。

2. 德国参审制度

1848 年德国爆发“三月革命”，法兰克福民众大会呼吁要保障人民的权利，其中包括要求建立陪审制度。1849 年德意志各邦采用了陪审制度。一些州开始在刑事案件审判中适用“协作式”的审判模式，产生了由职业法官和陪审员（非职业法官）组成审判庭审判并共同作出裁判的形式，参审制成为具有德国特色的陪审制度。德国基本法没有明文规定参审制，但德国法院组织法予以确认。德国实行参审制度主要是因为民众对专业法官的不信任。他们认为非专业法官是最知道德国人民正确观念的唯一主体，由其参加审判才能够正确反映德国人民的权利观，通过非专业法官的参与确保司法独立于政府，来保护德国人民的权利。

德国以参审方式设立的法庭主要有两种：一是 5 人法庭，由 3 名职业法官和 2 名非职业法官组成，称为“二三法庭”；二是 3 人法庭，由 1 名职业法官和 2 名非职业法官组成，称为“二一法庭”。德国非职业法官任期为 4 年，每人每月参加一次审判工作。非职业法官的选拔程序分为提名和遴选两个阶段。[1]根据德国法院组织法的规定，参审员遴选采用相对特殊的提名制度，由社会团体或政党提名并推荐遴选。在司法实践中，各政治组织所推荐的候选人数量应为实际所需参审员数量的两倍。公共行政部门将指定 1 名职业法官、1 名行政官员及 10 名值得信任的其他人员组成遴选团队，负责从候选名单中选出正式的参审员。可见，德国的参审员遴选程序更具政治色彩，容易受到政治力量的操控。非专业法官与法官共同对案件的事实和法律作出判决，在认定事实和法律适用方面具有相同的权限，共同负责审查案件的证据和事实，非专业法官在法庭上可以向被告人发问，作出裁决需要 2/3 多数通过。但是，非专业法官对事实认定不具有最终性，无论有罪还是无罪案件，当事人针对事实问题都可以上诉。另外，德国非专业法官还可以参与二审案件的审判，但对基于法律原因提起上诉的二审不能参与。在德国司法实践中，非职业法官一般不能参阅卷宗，他们获得信息的唯一来源是听审。对非职业法官在审前可以提出异议，适用的异议规则和理由与职业法官回避制度相同。由于非职业法官对法律不熟悉，说话很难有足够的分量，导致

---

[1] 朱淑丽：“德国的参审制”，载《人民法院报》2006 年 6 月 9 日。

在实践中很大程度上服从于职业法官的意见。[1]

德国的参审制将美国陪审制度所特有的“使法律归于无效”的功能从制度中予以排除。一方面德国职业法官有义务在他们所作的书面判决中，分析裁判的正当性与合法性，从而防止裁判违法；另一方面上诉制度为裁判的合法性提供了有力的保障。德国法律规定，有罪及无罪判决均可上诉，联邦法院合议庭均由职业法官组成，故如果基层法院由于陪审员不懂法坚持作出了错误裁决，将会被联邦法院纠正。[2]

（三）俄罗斯、日本陪审制度的状况

1. 俄罗斯陪审制度

俄罗斯于1864年引进陪审团审判制度，之后在1917年又予以废除，开始实行人民陪审员制度。苏联解体后，1993年俄罗斯完全放弃了长期以来实行的人民陪审员制度，重建中断了60多年的陪审团制度，并在部分地区展开试点。2001年俄罗斯联邦委员会批准修订的俄罗斯联邦刑事诉讼法典认可了陪审团制度的试行结果，规定自2003年1月1日起在全国施行。[3]俄罗斯法律允许检察机关对陪审团裁决的无罪案件提出抗诉，进入第二审甚至第三审，而在上诉审中，由职业法官组成的法庭可能会推翻陪审团的无罪裁决，重新作出有罪判决。这样一来，陪审团审判功能的发挥会受到极大钳制。这将使民众对陪审团裁决效果产生怀疑，势必影响民众参与陪审团的积极性。而在美国，按“禁止双重危险原则”，作为代表检察机关的控方无权就无罪判决提出上诉，案件就此终结。

2. 日本陪审制度

日本于1923年首次引入陪审制，1928—1943年通过陪审制度审理了约500起案件，当时能参与陪审的国民资格仅限于有一定身份者。1943年日本废除陪审制。1999年日本司法改革的改革审议会作出决定，将在日本的审判实务上引进陪审制。日本律师界强烈反对陪审制，法官与检察官更倾向于欧洲的参审制，最

---

[1] 左卫民等：《刑事诉讼的理念》，法律出版社1999年版，第70页。

[2] 朱妙、沈品培等：“德国的陪审制度”，载《人民法院报》2003年11月20日。

[3] Stephen C. Thaman：Europes new jury systems：the Cases of Spain and Russia，in World Jury Systems，Oxford Scholarship Online Monographs October 2000，pp. 319-353.

后的结果是各方妥协。2004 年重启陪审制度，2009 年施行了关于裁判员参与刑事审判的法律。该法律规定：在民众关心程度较高、社会影响较大、法定刑较重的重大刑事案件中，由 3 名法官和 6 名国民裁判员组成合议庭，共同审理，共同裁判，就被告罪名是否成立及量刑作出裁决。6 名从 25 岁以上公民中随机抽选的陪审员将全程参与谋杀等重大刑事案件的事实认定和量刑。表决中多数意见只要 1 名法官支持，判决有效。日本吸收了英美陪审团制度中随机选任裁判员，并给予诉讼双方一定否决权的做法。[1]2009 年 5 月，日本开始在重大刑事案件审判中正式引入陪审团制度，但民众反应不佳，高达 80% 的日本人不愿成为陪审员，甚至出现了“我们不需要陪审制”运动。美国学者普雷契特表示：“作为一个等级森严的社会，日本民众不敢在威严的法官面前表达个人观点。”[2] 日本的裁判员制度在合宪性及法理上存在问题，而法理上存在着司法民主与司法中立、司法公信力与司法权威性、民众负担与司法正义三对矛盾。日本裁判员制度并未有效改善日本刑事诉讼中的“误判和侵犯人权”问题，而且在裁判员参审的案件中似乎有重刑化的倾向。从日本裁判员制度实践经验来看，裁判员资格及其权利责任设置的人性化，对庭前程序中争议观点的重视，确保证人证言在庭审程序中的审查，以及评议中裁判员的实质参与等，使裁判员制度在日本绝大多数民众心中落地生根并获得肯定，在一定程度上实现了日本实施裁判员制度的初衷——打破民众对司法不信任的僵局。[3] 截至 2019 年，日本裁判员合议庭裁判员的辞退率高达 84.5%，[4] 裁判员制度由活跃转向沉寂。

（四）陪审制度的模式与分析

由于政治制度与诉讼文化、诉讼模式的不同，陪审制度在英美法系和大陆法系国家呈现出不同的制度模式，其作用也相差甚远。

---

[1] 何家弘：“刑诉法修改应为陪审制度改革预留空间”，载《人民法院报》2011 年 5 月 25 日。

[2] 俞飞：“陪审团制度的历史变迁”，载《法制日报》2009 年 8 月 23 日。

[3] 许千钧、刘方权：“日本刑事诉讼裁判员制度十年检视”，载《福建警察学院学报》2020 年第 2 期。

[4] 参见平成 27 年 2 月 3 最高裁第二小法庭决定（事件番号 平成 25 年（あ）第 1729 号）。

1. 陪审团模式

陪审团模式是指由人数众多，大多为普通民众组成陪审团参与案件的审理，其特点是陪审团与法官分享司法裁判权。陪审团负责认定事实，法官负责适用法律。刑事诉讼中的陪审团可分为大陪审团（控诉陪审团）和小陪审团（审判陪审团）。实行这种模式的主要有英国、美国、加拿大、澳大利亚、新西兰等英美法系国家。现今的民事陪审团和大陪审团几乎仅在美国适用，其适用领域相对有限，已不具有普遍性。这种陪审制度模式保留了古典陪审制的主要特点，由普通公民组成，在审前对案件没有任何偏向性意见，在诉讼过程中始终处于冷静旁观的地位，并且能够单独行使事实裁定权，不仅对案件审理尤其是定罪起到关键性作用，而且对诉讼程序的其他方面也具有重大影响。

2. 参审模式

参审模式，又称混合模式，是指由人数较少的公民以个人身份参与法院的司法裁判活动。其特点是陪审员与法官组成混合法庭，共同行使审判权，既共同认定事实，又共同适用法律。实行这种模式主要有法国、德国、波兰等大陆法国家。我国的人民陪审员制度与此类似。

英美法国家的学者往往倾向于将陪审制和参审制对立起来，认为其区别不仅是纯粹的技术设计问题，还包括价值设定及功能实现等诸多方面。有观点认为，参审制根本不属于真正意义上的陪审制，只是某种形式的平民参与。大陆法国家的学者倾向于将两者统一起来，认为，参审制和陪审制虽存在一些差别，两者的共性大于差异，可作为一个理论共同体进行研究。对两者差异进行分析，更有助于认识其关系。大陆法系国家的混合式是陪审员以个人身份参加到以法官为核心的审判组织中，以个人名义参与审理、裁决、不存在一个统一的陪审集体。陪审员作为审判组织成员，有权与职业法官共同参与庭审活动，解决认定事实和适用法律的问题，共同享有与职业法官平等的表决权，按多数原则确定判决和裁定。这种形式是将司法民主与对专职司法机构的权威的尊重结合在一起，不同于英美法系国家那种作为事实审理者的陪审团和作为法律阐述者的职业法官的区分。

相比陪审团模式和参审模式，荷兰的代理法官制度具有独树一帜的鲜明特色。[1]一些经过一定的法律训练的人员可以被司法大臣任命为代理法官，代理法官一般是兼职的，可以与法官组成合议庭审判案件，有些资深的代理法官也可以独任审判案件，行使与正式法官同等的权力。

第二节 我国人民陪审员制度

一、我国陪审制度的历史沿革

1949 年 9 月我国《共同纲领》第 75 条规定："人民法院审判案件依照法律实行人民陪审员制度。"我国 1979 年《刑事诉讼法》第 9 条规定："人民法院审判案件，依照本法实行人民陪审员陪审的制度。"第 105 条规定了"人民陪审员在人民法院执行职务，同审判员有同等的权利"。1983 年修改《人民法院组织法》时将 1979 年《人民法院组织法》规定的"人民法院审判第一审应实行人民陪审员陪审制度"修改为"由审判员组成合议庭或者由审判员和人民陪审员组成合议庭进行"。1999 年 10 月《人民法院五年改革纲要》提出要完善人民陪审员制度。2004 年 8 月 28 日第十届全国人大常委会第十一次会议通过了《关于完善人民陪审员制度的决定》。2018 年 4 月 27 日第十三届全国人民代表大会常务委员会第二次会议通过了《中华人民共和国人民陪审员法》。2019 年 2 月 18 日最高人民法院审判委员会第 1761 次会议通过了《最高人民法院关于适用〈中华人民共和国人民陪审员法〉若干问题的解释》。在人民陪审员制度设计上规定了三人和七人合议庭两种审判组织。其中，三人合议庭延续了人民陪审员与法官同职同权的传统模式，而七人合议庭实行事实审、法律审"两审分离"，对于事实问题仍由人民陪审员与法官共同认定。以上规定是我国人民陪审员制度的法律基础。

[1] 郎胜、熊选国主编:《荷兰司法机构的初步考察和比较》，法律出版社 2003 年版，第 10 页。

二、我国陪审制度的现状与讨论

人民陪审制度是我国法律制度的重要组成部分，是人民群众直接参与国家管理、审判机关接受人民群众监督的具体体现，也是保证司法公正的一项有力措施。

（一）有关我国陪审制度“合宪”问题的讨论

对于我国的陪审制度，有论者从其存在的宪法和法律依据出发，认为，作为司法民主的重要内容和标志的人民陪审员制度，无论是作为公民的基本权利，还是作为国家司法制度的一个基本原则，就其地位和重要作用而言，都应在宪法中加以规定。我国 1954 年《宪法》第 75 条规定：“人民法院审判案件依照法律实行人民陪审员制度”，将人民陪审员参与审判案件规定为一项宪法原则。而这一规定在 1975 年《宪法》中被取消，后又被 1978 年《宪法》恢复。1978 年《宪法》第 41 条规定：“人民法院审判案件，依照法律的规定实行群众代表陪审的制度。”但 1982 年通过的我国现行《宪法》又重新将这一制度废除。之后，我国宪法的历次修改中均未提及人民陪审制度。因此，我国实行人民陪审制度没有宪法依据。尽管颁布了《中华人民共和国人民陪审员法》，但陪审制仍因缺少宪法基础而存在合法性方面的缺陷。也有论者认为，陪审制度的有无不取决于宪法上的存废，宪法中没有规定的制度在现实中仍可执行，我国的陪审制立法不存在“违宪”问题。

（二）有关陪审制度存废问题的讨论

关于我国陪审制度存在必要性的理论探讨，理论界和实务界产生了不同的观点。

1. 废除说

有论者认为，我国的陪审制度存在重大缺陷，陪审员参审活动少，“陪”而不审，“审”而不判，陪审成“陪衬”，陪审形式化，陪审员整体素质低，在现实中发挥不了多大作用，与其如此，不如干脆废除。[1]“我们应该以实事求是的态度

[1] 陈桂明:《诉讼公正与程序保障》，中国法制出版社 1996 年版，第 36 页。

看待人民陪审制存在的问题，这些问题的根源正是其自身弱点和我国法律体系不相容的体现，正是由于这些根源，对其任何的改革措施都是无能为力的”“法律规范和制度应社会发展规律而存之，人民陪审制走完了它应该走过的历程，它的存在已无实际意义，应当逐步加以取消。”[1]废除论的主要理由为：（1）我国没有推行陪审制度的法律文化传统。从历史渊源来看，在我国不存在实行陪审制的历史文化传统。我国古代历来是由各级官吏担任法官，从来没有出现过陪审制度。从制度设计的角度来看，我们沿袭的是适宜革命战争时期和中华人民共和国成立初期的传统制度设计模式，而与现代市场经济和社会经济政治体制转型时期的需求不相适应。（2）陪审员聘请范围受限。由于这部分人员同时担任本职工作，许多法院只能在离、退休人员当中聘请陪审员。由于聘请范围受限，被法院聘为人民陪审员的那些常常是一聘数年甚至终生，使其不具有群众参与审判的代表性。许多陪审员法律水平、政策水平不高，很难在合议庭中发挥应有的作用，制约着制度本身应有功能的发挥，使陪审制度在实际操作中流于形式。这种“摆设”不仅不能给审判带来益处，反而会滋生出诸多弊端。（3）陪审流于形式。陪审员审判素质不高必然导致陪审流于形式，“一人审，二人陪，三人同签名”现象普遍。许多陪审员“陪而不审，合而不议”，使陪审成为一种“陪衬”，合议也成了审判长个人独断，使合议庭无法做到集思广益、兼听则明，也很难保证审判质量。这种情况下的陪审员不但不能起到防止司法腐败、维护司法正义的作用，相反，在某些情况下，默认了案件的处理结果，促成了对案件枉判、错判行为的合法性，无意间成了“帮凶”。[2]

2. 保留说

有论者认为，虽然陪审制在英美法系国家的适用范围越来越窄，制度的功能正在萎缩，但我国的陪审制仍有保留的必要。其理由表现在以下方面：（1）陪审制有利于司法公正，陪审员的不同社会阅历，可以防止法官惯性思维。（2）陪审制可避免司法专权，加强法官的办案责任感，以减少法官在认定案件事实方面因疏忽而造成的失误。（3）人民陪审员制度一直是吸收人民群众参与国家审判活动

---

[1] 郑贤君：“陪审制：司法民主的制度保障”，载《首都师范大学学报（社会科学版）》1998 年第 4 期。

[2] 魏敏：“‘陪审’宜缓行：陪审制度发展方向之探讨”，载《甘肃社会科学》2001 年第 4 期。

的重要形式，也是人民法院在审判工作中依靠群众、联系群众的有效方法。（4）陪审制有利于司法公开。陪审员包括来自各行各业的公民，他们参与审判活动本身就扩大了司法裁决的知情范围，也增加了广大公民了解司法决策活动的渠道。（5）在陪审制中，判决由法官和人民陪审员共同作出，有利于法官在审判过程中抑制来自各方面的干扰，强化司法裁决过程的独立性。（6）陪审制有利于司法廉洁，法官在众多素不相识的陪审员面前进行审判，无论如何也不敢为所欲为、贪赃枉法。（7）陪审制有利于普及法律教育。公民作为人民陪审员参与刑事审判，可以直接了解具体案件的审理裁决过程，从而可以增加公民的法律知识、提高公民的法律意识。[1]

3. 改革完善说

有观点认为，英美法系的陪审团制由其历史、文化、法律传统等诸多因素所决定，虽有优势，但并不适合我国国情，不宜照搬。正如法德等国最初也曾借鉴陪审团制度，最终还是因效果不佳而废弃。因此，应在我国现行陪审制度——参审制基础上吸收陪审团制的某些优点，进行修缮，不必做大的变动。导致我国人民陪审员制度诸多不足的原因并不在于制度本身，而在于我们对陪审制度的运用和实施不当，有鉴于此，对人民陪审员制度的态度不应是取消，而是应对其改革和完善。[2]持这种观点的学者在基本肯定陪审制的同时，正视我国陪审制度面临的缺陷，并从陪审的适用范围、任职条件、任职期限、选任方式、职务保障和管理制度等方面提出完善的建议。也有论者认为，学术界关于陪审制度的思考，不应只是跟在现实后面，对现实中陪审制度受冷落的状况予以简单的肯定，甚至成为“存在的即合理”的注释者，轻易地否定陪审制度在现实中可能会产生的积极意义。同时，一些人因对陪审制度所抱有的良好愿望而主张积极全面推行陪审方式的观点，对此也应保持清醒的头脑。陪审制度的完善需要与相应的诉讼制度及规则相结合，予以统筹考虑。[3]

---

[1] 何家弘：“陪审制度纵横论”，载《法学家》1999 年第 3 期。

[2] 季卫东：“法治与选择”，载《中外法学》1993 年第 4 期。

[3] 王敏远：“中国陪审制度及其完善”，载《法学研究》1999 年第 4 期。

（三）关于人民陪审员构成成分的讨论

人民陪审员应当由谁来担任，学界的争论主要集中在人民陪审员宜是精英还是平民等问题上。在《关于完善人民陪审员制度的决定》实施后，因其只限制人大常委会的组成人员担任陪审员，对于人大代表能否担任陪审员又成为一个争论的问题。

1. 人大代表能否担任人民陪审员问题

理论界对司法实践中人大代表担任人民监督员存在不同观点。一种观点认为，人大代表是由民众选举产生，更了解民情、代表民意；人大代表担任人民陪审员全程参与审判活动，也就等于人民群众直接监督人民法院的审判，可增强裁判过程的权威性；我国现行法律没有禁止人大代表担任人民陪审员。另一种观点认为，人大代表担任人民陪审员有违陪审制度的价值取向，与我国政治体制不符，异化了人大对法院的监督。[1] 人大代表担任陪审员也很可能和法院的关系密切起来，这就有可能在述职评议、行风评议等监督工作中出现先入为主的倾向，难以确保对司法审判工作作出客观的评价。

2. 人民陪审员宜是精英还是平民的问题

有论者建议实行“专家陪审制”。因为专家对案件涉及的专业问题较为了解，也能够较好地协助法官进行案件的审理和裁判。这样，既体现了司法民主，又使陪审员“陪而且审，合而且议”，真正发挥陪审作用，使审判权落到实处。[2] 因此，在一些特殊类型的案件中可以吸纳具有专门技能的人员参与裁判。也可以“专家陪审制度”取代原先的人民陪审员制度。也有论者认为，人民陪审员精英化不符合其设置的初衷，会剥夺许多人受“同类人审判”的权利。[3] 按现行的立法规定，不管是法国、德国，还是英国、美国，陪审员的资格大抵与选民资格相同。以美国为例，不管是大陪审团审判还是小陪审团审判，陪审员都来自平民，他们通常是按照车牌号码或者社会保险证号码随机抽取产生的。除非心智不健全或有重罪前科，无论名门望族还是寻常百姓，都有可能成为陪审员的候选人。如果单从陪

---

[1] 李珊：“人大代表为什么不能担任人民陪审员”，载《西南政法大学学报》2008 年第 5 期。

[2] 徐静村、潘金贵：“我国刑事审判制度改革前瞻”，载《中国刑事法杂志》2003 年第 5 期。

[3] 周永坤：“人民陪审员不宜精英化”，载《法学》2005 年第 10 期。

审员命名上看，我国的“人民陪审员”毫无疑问应该是平民性的；但无论从人民陪审员的选任资格、选任方式上看，还是从人民陪审员的培训、任期、工作方式等方面来看，我们都可以说我国的人民陪审员是精英性与专业性的。现行人民陪审员制度并没有保障更广泛的公民参与审判。[1]

三、关于我国陪审制度的完善与发展的讨论

关于我国陪审制度如何完善的讨论，学界提出了三种模式：一是在人民陪审员制度的基础上予以完善，继续采用参审制的模式；二是借鉴英美法系国家的陪审团模式；三是采用陪审团和参审制并存的模式。

（一）完善人民陪审员制度运行机制

我国人民陪审员法虽然规定了部分案件实行事实审与法律审分离，但人民陪审员参审权发挥作用的范围、参审的规则和程序等还没有明确具体的规定，需要在以下方面完善。

1. 完善人民陪审员的挑选机制

有观点建议法院建立候选陪审员库，其来源应当是在本辖区有选举权的公民，除去法定的特殊主体，都应当纳入法院潜在陪审员的范围，法院再从中随机挑选出较多人数作为候选陪审员，从而扩大潜在候选人民陪审员的来源。实行庭前随机挑选制度。庭前随机挑选无论从司法技术、司法效率还是司法成本角度都不存在阻碍，关键是操作的程序问题。建议将庭前随机挑选作为一种程序性要求，由双方当事人或代理人参与。如果违反该程序性规定，会产生相应的法律后果即合议庭组成无效。人民陪审员法规定“两次随机”选任人民陪审员，也保留了个人申请和组织推荐的方式。

2. 建立保障陪审员独立行使裁判权的机制

为完善和保证合议庭职权的落实，发挥陪审员的作用，应当确立新的审理和评议规则。（1）界定陪审员参与审判事项规则。合议庭应当对“案件”进行审理

---

[1] 吴丹红：“中国式陪审的省察——主要以《关于完善人民陪审员制度的决定》为对象”，载《法制论坛》2007 年第 3 期。

和评议，但案件涉及实体问题和程序问题，有庭前程序又有审后执行程序，况且有案件事实问题还有法律适用问题。对哪些应当纳入合议庭评议，哪些不必由合议庭评议，法律应予以明确，不得由法官独自决定。（2）限定合议庭成员发言顺序规则。合议庭评议案件时，先由陪审员对认定案件事实，证据是否确实、充分等发表意见。不宜由承办法官（很多时候就是审判长）对案件发表意见，否则，极易干扰陪审员的独立思考。合议庭评议要保障每一成员畅所欲言，真实地展示自己的心证形成过程，充分阐述自己对案件证据、事实、定性和法律适用等问题的看法和意见，除自身自由意志外，应不受其他任何因素的干扰。[1]合理的发言顺序应先由陪审员发言，然后才是承办法官或审判长发言。（3）规范表决方式。对于评议的结果，合议庭成员原则上应当以无记名投票方式进行，而不宜当面口头表决，这样不利于陪审员坚持独立的裁判意见。在经过充分的讨论和争辩之后，对被告人是否有罪、如何处罚及应否从重、从轻、减轻或免除处罚等问题纳入表决范围。表决时应当用无记名投票方式进行，同时规定，投票时不能弃权。[2]（4）确定一次性表决规则。即合议庭对每一评议事项的表决只能进行一次，在此基础上依照少数服从多数的原则得出裁判结论。在对评议事项表决前，合议庭成员已进行过充分的意见交流，所以，最后对评议结果进行表决，只能进行一次，以避免合议庭成员之间为取得一致意见而相互妥协、让步。多次表决不仅有悖合议庭成员独立裁决的精神，而且影响裁判结论的及时作出。合议庭组成人员意见有重大分歧的，人民陪审员或者法官可以要求合议庭将案件提请本院院长决定是否提交审判委员会讨论决定。这种机制有利于法院实现对审判权力的有效控制，体现了职权主义诉讼模式下权力行使的要求。其中，“意见分歧”应是重大分歧，一般是指对案件重要事实、重要证据的认定存在分歧，对案件的法律适用存在重大认识分歧且关系到案件最终的裁判结果。

3. 取消固定陪审和专职陪审模式

人民陪审员制度改革不仅要关注我国陪审员如何有效地行使权力，也要关注如何将这种权力有效地分散到更多的普通民众手上。这两者的重要性至少是相当

---

[1] 林劲松：“我国合议庭评议制度反思”，载《法学》2005 年第 10 期。

[2] 左卫民等：《合议制度研究——兼论合议庭独立审判》，法律出版社 2001 年版，第 124 页。

的。所以应当对陪审员参与案件审理的数量和期限进行一定的限制，取消固定陪审和专职陪审模式。专职陪审员会变相成为“职业法官”。这样的陪审员既不能代表普通民众，又不具有法官的专业技能。而临时性的陪审员不同于职业法律者那样，每一起案件的证据对于他们都是陌生的，在这个特定的职位上初次行使判断事实的权力对于他们来讲也是新鲜的经历。[1]非职业法律工作者，由于以前没有听到过同样的辩解，他们可能在某些案件中，对辩解的真伪较为警觉。[2]也能使陪审员能够始终站在民众的立场上，对于权力机关可能的暴政构成有力的防范。[3]

4. 有关事实审与法律审的问题

两大法系主要将事实问题和法律问题的区分用于划分法官和陪审团的权限、确定对行政行为进行司法审查的范围以及划分初审法院和上诉法院的职权三大领域。域外理论界对事实问题和法律问题的区分标准尚未形成较为一致的看法，具有代表性的主要有“概念说”“分配说”和“功能说”等观点。对此问题主要集中在以下问题上。

一是事实问题与法律问题的界分与评议问题。从法理来看，案件中的事实与法律往往是相互交融，即便是将两者分开审理的英美法系，事实和法律也并未分割。[4]从程序角度看，事实审与法律审都要结合事实与法律，同时推进；从实体角度看，事实与法律更是无法分割，案件事实的认定，不仅是证据证明，更是法律对事实的评价。因此陪审制度的关键问题在于法官与陪审员职责的立法划分，而非区分清楚法律问题和事实问题。人民陪审员法对人民陪审员参审案件种类、事实审和法律审的分离作了规定，但仍有诸多需要讨论的问题。法官如何判断个案中哪些属于事实问题，很大程度上取决于判断时他考虑了哪些情境，乃至于他曾经尝试澄清哪些情况；选择应予考量的情况，又取决于判断时其赋予各种情况

---

[1] [英]麦高伟、杰弗里·威尔逊主编：《英国刑事司法程序》，姚永吉等译，法律出版社2003年版，第348页。

[2] 宋冰编：《读本：美国与德国的司法制度及司法程序》，中国政法大学出版社1998年版，第178页。

[3] 何兵：“陪审制度的意义”，载2005年4月25日《人民法院报》。

[4] 左卫民：“七人陪审合议制的反思与建言”，载《法学杂志》2019年第4期。

的重要性。[1] 由于合议庭评议案件采取少数服从多数的原则，即便适用七人陪审合议庭的案件，判决也是完全遵循少数服从多数的原则来决定的。在七人陪审合议庭中，陪审员的人数是多于法官的，从理论上来说，案件事实问题的评议可能出现陪审员全部同意，法官全部反对，从而完全根据陪审员的意见进行事实认定进而作出判决的情况。如果若遇到这种问题就提交审委会，明显是法院对陪审员决断不信任的体现，有可能损害陪审员参与陪审的积极性。

二是陪审制度和审级制度间的关系问题，即二审制度面对一审陪审制度的变化如何改革的问题。我国的二审法院对于案件的事实问题与法律问题都有审查和改判的权力，如果说一直以来二审法院对于一审判决的审查是将陪审员与法官等同视之，那么七人陪审合议庭制度的设立，改变了合议庭的权力结构，对两种不同模式的陪审制度，二审法院对于一审判决的态度必然是有所区别的。但改革中立法仍未对此方面进行确认，且我国目前两种模式混合适用，这无疑增加了理论研究的复杂性，也不利于实践中陪审制度的适用。[2]

基于以上问题，我国刑事陪审中法律问题与事实问题之区分，宜采取问题清单模式。具体来说就是：陪审员必须回答系列案件具体事实问题、法官酌情决定是否有必要让陪审员回答被告是否有罪的问题。陪审员对案件具体事实问题的回答，对法官之裁判具有约束力；对被告是否有罪之回答，仅供法官定罪量刑时参考。[3]

（二）借鉴英美法系国家的陪审团模式

有论者认为，就民众陪审发挥有效的作用来保障诉讼的民主性而言，陪审制显然优于参审制；就诉讼任务分工的合理性及制度设置的有效性而言，陪审制也大大优于参审制。我国陪审团制度可以取代参审制度，使职业法官不直接参与案件的事实问题的裁判，改由陪审团负责，法官只负责适用法律，这样能够避免审判中的行政干预和法院内部领导的干预及其他不良因素的干扰，确保司法公正。

---

[1] 刘峥：“人民陪审员制度中的区分事实审和法律审”，载 2018 年 10 月 20 日《人民法院报》。

[2] 余为青、王昊：“我国七人陪审合议庭制度的问题与对策：以日本裁判员制度为镜鉴”，载《阜阳师范大学学报（社会科学版）》2020 年第 3 期。

[3] 陈学权：“刑事陪审中法律问题与事实问题的区分”，载《中国法学》2017 年第 1 期。

实行陪审团制还可避免现行参审制存在的种种弊端，追求程序公正，实现更大意义的司法民主和司法公正。

我国的民众是否接受陪审团制度也是一个有争议的问题。学者在论及引进陪审团制度存在的阻碍时，往往会提到传统文化和理念的缺失，但当代中国民众对陪审团制度的接受程度到底如何仍没有相应的实证调查分析。而从新闻媒体的报道和网络对一些争议案件的评论来看，似乎许多民众对引进陪审团制度抱有较高的认同。俄罗斯学者在分析本国推行陪审团制度的阻碍时认为：不是人民不接受陪审制，而是法学家的职业联盟阻碍了它的贯彻和推行。陪审制度的形成与生存只能是一个公共选择的过程，而不是一种历史发展的必然产物，换言之，陪审制度并非历史演进的逻辑产物。[1]

（三）试行有限的陪审团制度、陪审团和参审制并存的模式

有论者认为，陪审团和参审制均有利有弊。针对我国来说，既不能废除参审制，也不宜完全引入陪审团制，而应是选择采取陪审团和参审制共存制度的模式，以参审制为主，以陪审团为辅。对重大、复杂、疑难的刑事案件可以考虑适用陪审团制度审理，陪审团享有独立的对审判事实的裁判权。其主要理由为：从历史角度考虑，法国参审制虽历经种种改革，但却延续了英美陪审制所固有的价值理念。从制度层面考虑，法国参审制提供了与传统职权主义诉讼模式契合的技术可能性。此外，法国对陪审制进行了法国式的改造，形成了颇具法兰西色彩的人民参与制度。法国的参审制为中国现行的人民陪审员制度改革提供诸多宝贵经验。[2]也有论者认为，陪审制是一项重要的司法民主制度，主张废弃陪审制或移入陪审团制均存在偏颇，应当对陪审制的作用予以重新认识与发展。[3]在具备相应的条件时，可以考虑对重大案件，如可能被判处死刑的案件适用陪审团制度审理。刑事诉讼活动关系到犯罪控制和社会稳定，也关系到公民的基本权利保障，和宪法紧密联系，为人民群众密切关注。死刑案尤为典型，它涉及被告人的生命

---

❶ 刘磊："陪审制的知识考古"，载陈光中主编：《诉讼法理论与实践（刑事诉讼法学卷 2003 年）（上）》，中国政法大学出版社 2004 年版，第 160–161 页。

❷ 施鹏鹏："法国参审制：历史、制度与特色"，载《东方法学》2011 年第 2 期。

❸ 蒋安："论我国的陪审制度与司法改革"，载《法学评论》1999 年第 6 期。

权这一最基本的人权，对其生命以国家的名义予以剥夺，如果没有普通民众的话语权，仅由职业法官根据较为僵硬的立法掌握被告人的生杀大权有违现代民主法治的精神。两大法系国家对于陪审制度有一个相似的理念，即在重大的刑事案件中更关注陪审团制度的适用。[1]

问题与思考

一项制度的实际功用并不一定同它所设立的初始目的相一致，制度作用的发挥同它所处的社会环境和文化传统有着莫大的关联。因此，研究陪审制度，不仅应当对法律规定的文本进行分析与探讨，更重要的是面向陪审制度实施的现实，关注实践中存在的问题。关于其功能与价值等意义问题的研究，更须与其适应的政治法律制度相结合。我国人民陪审员制度的功能与价值问题有其独特性，需要研究的问题很多，既有陪审“职能异化”的现实问题，也有其发展所带来的新问题。例如，既不同于参审制，也与陪审团制相异的七人合议庭，特别是司法实践中的案件事实认定问题与法律适用问题往往相互交织、难以完全区分开来，如何区分事实认定问题和法律适用问题，不仅需要实践探索，也需要理论论证，以使其真正实现人民陪审员制度的价值。

权力监督与司法民主是否还是我国陪审制度的核心价值和基本功能？对此问题进行研究需要将陪审制度与诉讼制度结合起来，特别注意与我国庭审方式改革相结合进行探讨。如陪审如何贯彻直接言词原则、不间断原则、当庭确认原则及庭审后如何处理其与审判委员会的关系等问题，如果陪审制度的改革能促进这些问题的解决，其积极意义当会更加凸显。而专家作为陪审员参与审判疑难案件，是将其作为民众监督、制约审判还是扮演司法的专业辅助者的角色，其利弊及其参与机制等，是一个亟待研究的问题。

---

[1] 龙宗智：“徘徊于传统与现代之间——论中国刑事诉讼法的再修改”，载《政法论坛（中国政法大学学报）》2004 年第 5 期。

三 参考文献

一、论文类

[1] 左卫民．七人陪审合议制的反思与建言［J］．法学杂志，2019（4）．
[2] 樊传明．陪审案件中的审判责任制：以保障和管控人民陪审员裁判权为核心［J］．法学家，2019（5）．
[3] 丁相顺．比较法视野下的人民陪审员制度改革［J］．浙江大学学报（人文社会科学版），2018（3）．
[4] 陈学权．刑事陪审中法律问题与事实问题的区分［J］．中国法学，2017（1）．
[5] 苗炎．司法民主：完善人民陪审员制度的价值依归［J］．法商研究．2015（1）．
[6] 张嘉军．人民陪审制度：实证分析与制度重构［J］．法学家，2015（6）．
[7] 何进平．司法潜规则：人民陪审员制度司法功能的运行障碍［J］．法学，2013（9）．
[8] 廖永安，刘方勇．社会转型背景下人民陪审员制度改革路径探析［J］．中国法学，2012（3）．
[9] 李拥军．我国人民陪审制度的现实困境与出路：基于陪审复兴背后的思考［J］．法学，2012（4）．
[10] 彭小龙．人民陪审员制度的复苏与实践：1998—2010［J］．法学研究，2011（1）．
[11] 刘计划．我国陪审制度的功能及其实现［J］．法学家，2008（6）．
[12] 王志华．转型时期俄罗斯的陪审制度［J］．环球法律评论，2007（2）．
[13] 吴丹红．中国式陪审制度的省察：以《关于完善人民陪审员制度的决定》为研究对象［J］．法商研究，2007（3）．
[14] 易延友．陪审团移植的成败及其启示：以法国为考察重心［J］．比较法研究，2005（1）．
[15] 周永坤．人民陪审员不宜精英化［J］．法学，2005（10）．
[16] 林劲松．我国合议庭评议制度反思［J］．法学，2005（10）．
[17] 李昌道，董茂云．陪审制度比较研究［J］．比较法研究，2003（1）．

［18］荀晓平．试论如何建立完善我国的陪审制度［J］．当代法学，2003（4）．
［19］姚莉．中国陪审制度的理论反思和制度重构［J］．法学家，2003（6）．
［20］蔡定剑，王新宇．英国现行陪审制度［J］．环球法律评论，2001（2）．
［21］焦诸华．英国陪审制度的历史嬗变及存废之争［J］．政治与法律，2001（5）．
［22］陈林林．陪审在现代法治社会中的功能：以形式合理性为中心的若干思考［J］．法律科学（西北政法学院学报），2001（5）．
［23］王利明．我国陪审制度研究［J］．浙江社会科学，2000（1）．
［24］许睿，郑志华，姚明铭．陪审制在美国的运作［J］．政治与法律，2000（2）．
［25］程德文．中国陪审制度改革的前景与出路［J］．南京师大学报（社会科学版），2000（3）．
［26］何家弘．陪审制度纵横论［J］．法学家，1999（3）．
［27］王敏远．中国陪审制度及其完善［J］．法学研究，1999（4）．
［28］陈瑞华．陪审团制度与俄罗斯的司法改革［J］．中外法学，1999（5）．
［29］赵宇红．陪审团审判在美国和中国香港的运作［J］．法学家，1998（6）．
［30］林永谋．德国陪审、参审采行之理念上观察［J］．法令月刊，1995，46（1）．
［31］孙斌．英国陪审制度今昔［J］．比较法研究，1991（4）．
［32］余汉平．我国应当废除陪审制度［J］．法学评论，1989（1）．
［33］苏惠渔，荀志伟．对我国现行陪审制度变更原因的认识［J］．法学，1984（4）．
［34］COLLINS P A，GIALOPSOS B M.Answering the Call：An Analysis of Jury Pool Representation in Washington State［J］.Criminal Justice，Law & Society，2021，22（1）．
［35］KLEIN A L.Meaningless Guarantees：Comment on Mitchell E. McCloy’s "Blind Justice：Virginia’s Jury Sentencing Scheme and Impermissible Burdens on a Defendant’s Right to a Jury Trial"［J］.Washington and Lee Law Review，2021，78（1）．
［36］OFFIT A.Playing by the Rule：How ABA Model Rule 8.4（g）Can Regulate Jury Exclusion［J］.Fordham Law Review，2020，89.
［37］HERZOG M."The Intent to Influence"：Jury Tampering Statutes and the First Amendment［J］.Cornell Law Review，2020，106（3）．

[38] FEINGOLD K D，DEZEMBER A.Does a Trial Penalty Exist in a Criminal Justice System That Provides a Right to Jury Sentencing [J].Courts & Justice Law Journal，2019，1 (2).

二、著作类

[1] 廖永安，等.人民陪审员制度实证研究（2004-2014）以中部H省为分析样本[M].北京：中国人民大学出版社，2018.
[2] 刘方勇.人民陪审员角色研究[M].北京：法律出版社，2016.
[3] 钟莉.价值·规则·实践：人民陪审员制度研究[M].上海：上海人民出版社，2011.
[4] 张志伟.陪审制度的民主问题辨析[M].北京：人民出版社，2010.
[5] 任蓉. 英美陪审团审判制度机理与实效研究[M]. 北京：中国社会科学出版社，2010.
[6] 刘晴辉.中国陪审制度研究[M].成都：四川大学出版社，2009.
[7] 亨利·J.亚伯拉罕.司法的过程[M].7版.泮伟江，宦盛奎，等译.北京：北京大学出版社，2009.
[8] 威廉·L.德威尔.美国的陪审团[M].王凯，译.北京：华夏出版社，2009.
[9] 施鹏鹏，曾宪文.陪审制研究[M].北京：中国人民大学出版社，2008.
[10] 何家弘.中国的陪审制度向何处去[M].北京：中国政法大学出版社，2006.
[11] 麦高伟，等.陪审制度与辩诉交易：一部真实的历史[M].陈碧，等译.北京：中国检察出版社，2006.
[12] 怀效锋，孙本鹏.人民陪审员制度初探[M].北京：光明日报出版社，2005.
[13] 左卫民，等.合议制度研究：兼论合议庭独立审判[M].北京：法律出版社，2001.
[14] 宋冰.程序、正义与现代化：外国法学家在华演讲录[M].北京：中国政法大学出版社，1998.
[15] 托克维尔.论美国的民主[M].董果良，译.北京：商务印书馆，1997.

第十九章 立案制度

【导读】

立案是我国刑事诉讼的一个独立的程序。我国现行立案制度的确立是受苏联立法影响的结果。首先，从立法定位看，我国刑事启动程序主要属于对事模式，而且，刑事追诉活动的开始必须以作出立案决定为前提；其次，立案被视为一个独立的诉讼阶段，而且是所有刑事案件的必经程序。就具体案件而言，必须经过立案才能够展开刑事追诉活动，在作出刑事立案决定之前，一般不得采取强制性侦查手段。换言之，立案决定着法定强制侦查手段的适用可能。我国现行立案制度体现了"甄别案件，区别对待"的思路，而且这种甄别机制，被认为对实现人权保障具有较为现实的法律价值。

理解我国立案制度，应注意了解其历史渊源，并在与其他国家刑事诉讼启动模式的对照中把握其特色、功能和价值。具有鲜明特色的立案监督，在我国有其现实需要，同时也面临监察体制改革带来的新的难题。

对立案制度的研究，除了积极肯定这项制度在我国所具有的独特价值，关于立案制度实施中存在的种种问题，是我国刑事诉讼法学界的一个热点问题。其中，引起学者们诸多争议的议题主要集中在立案的条件、立案监督及立案程序的独立性和存废等问题上。

第一节　刑事立案制度概述

我国刑事诉讼中的立案，是指公安机关、人民检察院、人民法院[1]对报案、控告、举报和犯罪嫌疑人自首等方面的材料进行审查，判明是否有犯罪事实并需要追究刑事责任，依法决定是否作为刑事案件交付侦查或审判的诉讼活动。[2]立案制度就是规范立案活动的法律规范的总和。在我国刑事诉讼中，立案是每个刑事案件都必须经过的法定程序。只有经过立案，其他诉讼阶段才能依次进行。[3]

一、我国刑事立案制度的特征与实施情况

受苏联影响，我国在1979年刑事诉讼立法时，就将立案作为独立的诉讼阶段加以规定。1996年《刑事诉讼法》对立案制度作了扩充，增加了"立案监督"等内容。2012年和2018年两次《刑事诉讼法》修正，对立案部分均未作进一步修改，立案程序在立法上的独立地位得到进一步巩固。

（一）我国立案程序的特征

我国刑事立案是一个过程，是由一系列诉讼活动组成的立案程序，包括发现和接受立案材料、审查立案材料以及作出立案或者不立案的决定三个方面内容。[4]因此，立案又称立案阶段或立案程序，它并不是简单的立案决定，立案决定只是立案程序的一部分。

---

[1] 依据《监察法》的规定，监察立案由监察机关主要负责人批准；如果经调查，对没有证据证明被调查人存在违法犯罪行为的，监察机关应当撤销案件。立案与撤案均属监察机关权限范围。

[2] 樊崇义主编：《刑事诉讼法学》，中国政法大学出版社2002年版，第201页。

[3] 陈光中、徐静村主编：《刑事诉讼法学（修订版）》，中国政法大学出版社2000年版，第269页。

[4] 程荣斌主编：《中国刑事诉讼法教程》，中国人民大学出版社1997年版，第360页。

我国刑事诉讼立案程序具有以下特征：首先，无论是从内容还是从形式上看，立案都是我国刑事诉讼中一个独立、必经的启动程序，是刑事诉讼活动启动的标志。其他法治较为发达的国家，其刑事诉讼程序的启动是以某种诉因事实的存在作为程序启动标志和诉讼发展的推动力，如被害人 、现场目击者、其他对犯罪知情的人向侦查机关提出控告，或侦查机关主动发现的犯罪线索、消息而启动刑事诉讼程序。[1] 其次，刑事立案作为一种重要的诉讼活动，只具有程序上的意义，而不具有证明或确认犯罪的实质上的功能。[2] 最后，立案前审查的结果是决定是否立案的关键，我国检察机关的侦查部门在工作习惯上及内部文件中把立案前的审查称为“初查”。

（二）立案制度的实施情况

据学者研究，在我国刑事司法实践中，立案制度的实施还存在不少值得关注的问题。[3]

其一，立案难。在公安机关的工作实践中，存在报案后公安机关不接案，单位之间相互推诿，或者接案后既不受案也不立案的情形。在对公安机关受案、立案的统计中，刑事立案的数量在公安机关受理的治安案件数中所占比例仅五成左右。

其二，存在“先破后立”“不破不立”等立案不实的情况。公安机关受理案件后，如果发现侦破难度较大，则会先对案件进行侦查，若破案再补充立案程序，对于没有侦破的案件则不会进行立案，造成了立案不实的问题。

其三，违法立案。公安机关还存在违法立案的现象，包括越权立案、“关系案”“人情案”等。还有的地方的办案人员把一些本应当作为刑事案件立案的案件，作为一般治安违法案件处理，造成大案化小、重罪化轻、以罚代刑。

其四，立案审查与侦查混淆。由于法律对立案前的初查未作明确规定，实践

---

[1] 刘瑞榕、刘方权：“刑事诉讼程序启动研究——对我国现行立案制度的质疑”，载《中国刑事法杂志》2002 年第 1 期。

[2] 赵志建：“刑事立案若干问题探讨”，载《人民检察》2000 年第 4 期。

[3] 陈卫东主编：《刑事诉讼法实施问题调研报告》，中国方正出版社 2001 年版，第 30–32 页。董邦俊、马君子：“公安机关刑事立案问题及对策研究”，载《中南民族大学学报（人文社会科学版）》，2016 年第 5 期。罗筠莲：“浅议公安机关刑事立案程序中的问题及完善方法”，载《法制博览》，2020 年第 21 期。

中经常把初查混同于侦查，在立案审查过程中使用超出初查措施范围的侦查措施进行调查取证工作。如在初查中传唤、关押嫌疑人，进行搜查、冻结、扣押、查询等侦查活动。

二、刑事诉讼启动模式比较考察

（一）理论分类

各国刑事诉讼启动模式的形成有着不同的历史文化和政治经济背景，并受到司法体制等因素的影响。在理论上，学界一般将刑事诉讼启动模式分为以下几种。

1. 随机型启动模式和程序型启动模式

这是根据刑事诉讼启动要求的严格程度不同所作之划分。随机型启动模式，指侦查程序的启动以获悉犯罪信息为前提，一旦侦查机关通过各种途径获悉犯罪信息，就立即启动侦查程序加以调查，并不需要经过特别的案件处理程序。而程序型启动模式排斥侦查程序在启动上的随机性而强调程序性，通常必须经过一道专门的开启程序（一般成为提起刑事案件程序、提起追究刑事责任程序、提起刑事诉讼程序或立案程序）之后，才能正式启动侦查程序，展开侦查。[1]前者强调刑事诉讼启动的灵活性、主动性，开展侦查较为随意、直接、迅速，但是也可能造成侦查权力滥用，威胁人权保障。后者突出的是刑事诉讼启动的程序性、秩序性，能够限制侦查机关权力行使，但也可能导致立案难等问题。

2. 对人启动模式和对事启动模式

根据刑事诉讼启动标准不同，可分为对人模式和对事模式。所谓对人模式，是指刑事诉讼的启动以有确定的指控对象为前提条件，是否启动刑事诉讼程序取决于能否对特定的人提出具体的指控，反之，仅有犯罪事实的发生并不能启动刑事诉讼程序。所谓对事模式则以判断案件事实是否发生作为启动刑事诉讼程序的标准，只需有一定证据证明犯罪事实已经发生，无论是否发现特定的指控对象，均可启动刑事诉讼程序。[2]

---

[1] 谢佑平、万毅：《刑事侦查制度原理》，中国人民公安大学出版社，2003 年版，第 293-299 页。

[2] 孙康："比较与借鉴：刑事诉讼启动程序研究"，载《河北法学》2011 年第 9 期。

（二）实践分类

从各国立法和刑事司法实践来看，英美法系刑事诉讼启动模式可归为随机对人模式，大陆法系则可归为随机对事模式，俄罗斯继承了苏联的立法模式，可归为程序对事模式。

1. 英美的随机对人模式

英美法系国家，是否启动刑事诉讼程序取决于是否能够对特定公民提出指控，或者说是否存在特定的指控对象。在警察开始侦查前，任何人的任何形式的告发无须办理专门手续。

在美国，根据《美国联邦刑事诉讼规则》有关规定，刑事案件首先要引起侦查官员的注意，才有可能开始被调查。多数案件是通过被害人或第三人的报案而引起侦查官员注意的。但也有一些犯罪是警察在执行公务时现场发现的，或者是通过告密、电子窃听、监控甚至是诱惑方法发现的。接到报案中心的通知后到达现场的警察，应当进行初步的调查，通过询问在场的人，了解案件情况并确定是否有明确的嫌疑人。如果怀疑某人身上可能携带有武器，警察可以在案发现场或公共场所拦住这个人，以便对其进行“拍身”检查，如果发现了武器，有“合理根据”相信其实施了犯罪时，便可无证逮捕。检察机关负责侦查的案件，在决定逮捕犯罪嫌疑人之前，往往会经过较长时间的秘密调查。

在英国，刑事案件通常来源于被害人的控告或者知情人的举报，包括警察在内的任何人都可以告发犯罪，举报可以用任何方式提出，包括电话报案。但是，申请发出逮捕令的告发必须用书面方式提出，并且需要用宣誓来证明告发是有根据的。警察在接到被害人的控告和知情人的举报后，有权对当事人进行询问。英国警察有广泛的调查询问权，根据 1964 年修订的《英国法官规则》第 1 条的规定，警察为了解案情和收集证据，可以询问任何人（不论其是否是犯罪嫌疑人），但除了成文法上有特别规定的（如恐怖主义分子）以外，被询问人可以拒绝回答警察的提问。警察询问后，如果认为被询问人有犯罪嫌疑则必须按照《英国法官规则》第 2 条和第 3 条的规定，告知犯罪嫌疑人有沉默权。被询问人愿意回答问题的，警察可以继续进行讯问。警察在被邀请人自愿的情况下，可以邀请任何人到警察局协助侦查。[1]

2. 法德的随机对事模式

法德等国的对事模式中，刑事诉讼程序的启动是以犯罪事实是否业已发生为标准的，只要有足够证据证明犯罪事实已经发生，无论是否存在具体的指控对象，均应当或可以启动刑事诉讼程序。

在法国，刑事诉讼的正式启动是从向法院提出指控开始的。一般情况下，提出控诉的主体是检察官，但在检察官没有提出指控的情形下，因犯罪行为遭受损害的受害人可以通过向刑事法院提起民事诉讼而发动公诉程序。但是，检察机关只有在对其已经知悉的犯罪搜集到某些特定情况、材料之后，才能作出追诉决定。因而在检察官提出控告之前，往往存在一个为决定是否提出指控而追查并确认发生了犯罪的预备性阶段。为了侦查的必要，司法警官有权“召见”有助于查明案情的、包括没有迹象表明足以确定其犯有罪行或企图犯罪的公民在内的任何公民，受到召见的人必须到场说明情况。如果受到召见的人拒不履行此项义务，司法警官将报告共和国检察官，后者有权决定强制其到场。在现行犯罪案件中，为了追诉犯罪，社会公众负有更多的协助义务，如作为证人必须提供证言；承受追诉机关的搜查和扣押；作为犯罪嫌疑人接受讯问等。

在德国，通过告发或者其他途径，检察院一旦了解到有犯罪行为嫌疑时，应当对事实情况进行审查，以决定是否提起公诉。德国的侦查工作是在下述三种情形下开始进行：（1）自官方发现犯罪后，每一个侦查人员均有义务开始进行侦查程序。（2）大多数的侦查程序均因检举告发的提起而开始。刑事诉讼法对公共机构（指有关当局）的告发义务规定了两种情形：一是当涉及非正常死亡或发现无名尸体时，社区的公权机关有告发义务；二是在审判时发生的违法行为，法官有告发义务。检察官和警察没有告发义务，因为他们不仅需要开始侦查程序，还有义务进行调查。私人的告发方式非常简单，其只需要用书面或口头向检察机关、警察机关或区法院提出。（3）侦查程序由提起刑事追诉的请求开始。告诉的提出，需书面形式在检察机关或法院制成笔录。开始侦查工作必须要有对犯罪行为

[1] 卞建林、刘玫：《外国刑事诉讼法》，中国政法大学出版社，2008年版，第29-31页、第59-60页。

的初步怀疑，依刑事经验而言，即有理由相信有需要追究违法犯罪行为存在，因为单纯的猜测不能成为侦查的理由。

3. 俄罗斯的程序对事模式

俄罗斯模式是一种比较特殊的程序启动方式，在时序结构上，其与法德模式比较接近，但又显然有其独特性。苏联刑事诉讼法典专门规定了刑事诉讼的启动程序，即“提起刑事诉讼”程序。现行俄罗斯刑事诉讼法典继续保留了这种立法模式，并对其程序规定进行了补充和细化。俄罗斯模式十分强调启动程序的阶段性特征。在法典体例上，在第二部分“审前程序”中设立了第七编“刑事案件的提起”和第八编“审前调查”。刑事案件的提起，是刑事诉讼的开始，分为公诉案件的提起和自诉案件的提起。该程序相当于中国刑事诉讼中的立案。公诉案件的提起由检察长、侦查员和调查机关、调查人员负责。提起刑事案件必须具备法定的事由和根据。提起刑事案件的事由是指存在着能够知悉发生了犯罪的信息的法定事件和材料来源，包括三种：检举犯罪、自首和从其他来源得到的关于已经实施或正在预备的犯罪的举报。而提起刑事案件的根据是存在说明犯罪要件的材料。可见，刑事案件的事由是一种客观地反映犯罪发生的事实，而刑事案件的根据则强调法定事由应当形成材料，这些材料应当能够说明犯罪要件，从而构成提起刑事案件的事实和法律依据。

第二节　立案制度研究综述

立案制度在其他国家的刑事诉讼法学中通常并不会成为关注点，而我国的刑事立案制度特色鲜明，学界对其讨论较多基于司法实践中的问题，主要集中在有关立案的功能、条件以及立案监督等问题。此外，学界关于立案制度存废的讨论也很热烈。

一、立案程序的功能、意义与价值

在刑事诉讼过程中，立案程序的基本功能是启动刑事程序。通说认为，刑事立案程序具体承担了以下三项功能：第一，输入功能。是指立案程序能够在一定程度上便利或推动业已发生的犯罪行为进入刑事诉讼程序的视野，启动刑事诉讼程序，发现业已发生的犯罪行为。第二，屏蔽功能。其一，表现为对普通公民社会日常生活的保护，即通过控制刑事诉讼的启动，排除不得或不应进行刑事追诉的情形，防止因滥用刑事诉讼程序而影响普通公民的日常生活；其二，表现为对案件的过滤作用。第三，案件分流功能。一是在不追诉方向上，区分依法不得进行刑事追诉的案件和能够进行追诉的案件，并作出不同的处理；二是在追诉方向上，表现在追诉程序的选择上，即根据案件的不同、选择不同的追诉程序。[1]

通说认为，立案程序具有以下几方面的意义：第一，立案是刑事诉讼的开始和必经程序，没有立案程序，就没有刑事诉讼的整个过程。第二，正确、及时立案，有利于迅速揭露犯罪、证实犯罪和惩罚犯罪。第三，正确、及时立案，可以有效地保护公民的合法权益不受侵犯。第四，正确、及时立案，有利于做好司法统计工作，有利于加强社会治安综合治理。[2]

有论者认为，根据我国刑事诉讼法的规定，对于公诉案件，立案之后紧跟着就是侦查程序，因此，我国立案程序的价值包括两个方面：一方面是立案程序本身所具有的价值，另一方面是立案程序通过限制侦查程序的适用而产生的价值。从立案程序本身看，我国现行立案程序基本上具有立案程序所具有的一般价值和功能。但是，从立法看，现行立案程序强调的重点是该程序所具有的屏蔽功能和权利保障价值。这方面最突出的表现是我国立案条件的要求比较高。[3]

也有论者认为，刑事诉讼立案制度的设置旨在最大限度地实现公正与效率价值。就立案制度对公正的追求来说：一是对侦查起着把关作用，因而可以保障无

---

[1] 宋英辉、吴宏耀：《刑事审判前程序研究》，中国政法大学出版社 2002 年版，第 112–120 页；宋英辉、李忠诚主编：《刑事程序法功能研究》，中国人民公安大学出版社 2004 年版，第 228 页。

[2] 陈光中、徐静村主编：《刑事诉讼法学（修订版）》，中国政法大学出版社 2000 年版，第 267–268 页；公安部教材编审委员会编：《刑事侦查学》，群众出版社 1999 年版，第 141–142 页。

[3] 宋英辉、吴宏耀：《刑事审判前程序研究》，中国政法大学出版社 2002 年版，第 134–138 页。

罪的人不受刑事追究；二是保证有罪的人难逃法网；三是严格的立案程序可以保证侦查的依法进行。就立案制度对效率的追求来说：一是有利于迅速揭露犯罪、证实犯罪和惩罚犯罪；二是有利于确定侦查管辖，解决因管辖问题引起的争议，不至于延误时机；三是能使司法机关准确统计案件数量，掌握犯罪动向，有利于加强社会治安综合治理，提高社会效益。[1]

二、立案的条件

刑事诉讼中的立案条件，是指公安机关、人民检察院、人民法院作出立案决定必须具备的条件，是刑事案件成立的前提。现行《刑事诉讼法》第112条规定："人民法院、人民检察院或者公安机关对于报案、控告、举报和自首的材料，应当按照管辖范围，迅速进行审查，认为有犯罪事实需要追究刑事责任的时候，应当立案。"

通说认为，立案条件必须同时具备两个条件，一是有犯罪事实。在刑事诉讼中，需要立案追究刑事责任的必须是依照刑法规定构成犯罪的行为；二是需要追究刑事责任。即行为人的行为已构成犯罪，并且依照刑事法律的有关规定应受刑罚处罚。[2]"有犯罪事实"是指客观上存在着某种危害社会的犯罪行为，这是立案的首要条件。其包括两个方面的意思：第一，要立案追究的，必须是依照刑法规定构成犯罪的行为。第二，要有一定的证据材料证明犯罪事实确已发生。"需要追究刑事责任"是指依法应当追究犯罪行为人的刑事责任。这是相关的另一个条件，也就是说仅有上述犯罪事实存在并不能作出立案决定，同时必须是根据这种犯罪事实依法应当追究行为人刑事责任的时候，才能决定立案。[3]要在事实上认为有犯罪事实存在和在法律上要有需要追究行为人刑事责任的必要，这实际上是一种实质性的审查判断标准。[4]

---

[1] 胡赪、祝吉军："从公正与效率的视角看现行刑事诉讼立案制度的存废"，载《湖南社会科学》2007年第5期。

[2] 陈光中主编：《刑事诉讼法学》，中国政法大学出版社2002年版，第218页。

[3] 程荣斌主编：《中国刑事诉讼法教程》，中国人民大学出版社1997版，第368–370页。

[4] 孙康："比较与借鉴：刑事诉讼启动程序研究"，载《河北法学》2011年 第29卷第9期。

有论者对有关立案的两个法定条件作了不同于通说的解释，指出："认为有犯罪事实存在"并不等同于"有犯罪事实存在"，一个反映的是主观判断，另一个是客观事实的存在。司法人员根据报案、控告、举报或自首的材料"认为有犯罪事实存在"，即可决定立案，并不需要确有犯罪事实的存在。这种决定是一种主观的判断，可能与客观事实相符，也可能与客观事实不相符，但无论哪一种情况，都需要通过立案后的侦查、起诉和审判来最终证明和解决。因此在决定立案时并不需要"有一定的证据证明犯罪事实存在"。认为，主张立案时必须"有一定证据证明犯罪事实存在"的观点是不符合立法精神的，其原因在于混淆了决定立案与逮捕的条件。因为"有证据证明有犯罪事实"，是逮捕所必须具备的事实条件。坚持立案必须要有证据的观点，在客观上还会混淆立案和侦查的界限，违背在侦查中获取证据的基本原则，造成有罪的先入为主。[1]

有论者主张，立案只需要一个事实条件，即只要存在"危害社会的、为刑法禁止的行为发生，就可立案"。需要追究刑事责任，主要是针对行为主体及其主观情况而言的，但由于立案是诉讼的最初阶段，作案人有时不能确定，自然不能要求立案时对作案人是否已达到刑事责任年龄、是否具备刑事责任能力等已经查清，因此，立案的条件若包括"需要追究刑事责任"是不现实的。[2]如果只有等到查明犯罪人是谁和罪过后才能立案。这样一来，那岂不将立案和侦查两个独立的诉讼阶段合二为一吗？这样做必然造成不破不立或先破后立。[3]

还有论者将法律条件分解为两个方面：实体法条件和程序法条件，实体法条件即通说中的"需要追究刑事责任"条件，程序法条件即管辖权条件。[4]另有论者认为立案的条件应有三个方面：管辖权条件、事实条件和法律条件。[5]

---

[1] 赵志建："刑事立案若干问题探讨"，载《人民检察》2000 年第 4 期。

[2] 王敏远：《刑事司法理论与实践检讨》，中国政法大学出版社 1999 年版，第 68 页。

[3] 李宏："立案问题探讨"，载《北京社会科学》1990 年第 1 期。

[4] 张旭：《刑事诉讼法学》中国人民大学出版社 2003 年版，第 276–279 页。

[5] 杨宗辉：《侦查学前沿问题研究》，群众出版社 2002 年版，第 462 页。

三、关于立案监督的讨论

刑事立案监督，是指负有法律监督职权的机关或人员对公安司法机关的立案是否合法实行监督。它有广义和狭义之分，狭义的立案监督，是指负有法律监督权的人民检察院对已经立案的案件实行监督。广义的立案监督，从监督的主体来看，既包括人民检察院的监督，也包括三机关相互间通过互相制约的监督，以及党的监督、人民代表大会的监督和人民群众的监督等。立案作为一个独立的程序，按照我国刑事诉讼法律监督的原理，理应受到监督。如何促使刑事立案依法进行，是学界讨论立案监督的重点问题。

（一）立案监督的范围

刑事立案监督是为了保障立案规范的实施，由监督主体对被监督者实施的具有法律效力的检察与督促活动，它是一种独立的刑事诉讼监督活动。从监督的范围来看，既包括对已经立案案件的监督，又包括对该立案而未立案的案件实行监督。[1]

基于上述有关立案监督含义的理解，学者们对立案监督的范围提出了不同的观点和看法。

有论者认为，按照刑事诉讼法有关规定，我国目前的立案监督的范围仅限于对公安机关不立案活动的监督。[2]另有论者认为，决定立案即积极的立案行为和决定不立案即消极的立案行为都属于立案行为，具有相同的法律属性。两者的地位、身份相同，没有理由只监督不立案决定，而对立案决定放任自流。同时在司法实践中不光存在“应立而不立”的情况，“不应立而立”现象也大量存在，其危害与消极立案中的违法行为造成的危害同样大。[3]立法把刑事立案监督的范围限于公安机关应予立案而不立案的情形，这是不全面的。虽然可根据《关于人民

---

[1] 刘根菊：《刑事立案论》，中国政法大学出版社 1995 年版，第 138 页；程荣斌主编：《中国刑事诉讼法教程》，中国人民大学出版社 1997 年版，第 378 页。

[2] 张穹主编：《人民检察院刑事诉讼理论与实务》，法律出版社 1997 年版，第 353 页。

[3] 莫勤德、刘选：“刑事立案监督中的若干问题”，载《法学评论》1998 年第 4 期；郭勤、施昌虬：“对刑事立案和撤案问题的几点思考”，载《浙江公安高等专科学校学报》2003 年第 12 期。

检察院立案监督工作问题的解答》对公安机关不应立案而立案的情形进行监督，但是，仍然没有法律上的依据，这种监督只能是“提出纠正违法意见”。[1]另有论者主张，应在刑事诉讼法中明确规定检察机关对公安机关不该立案而立案实行立案监督的内容，其理由是：其一，实践中公安机关对不应立案侦查的案件而立案侦查的现象，并非罕见。“不该立而立”现象的存在侵害了公民的人身权利、民主权利，其社会危害性并不比“该立不立”小。其二，虽然“不应立而立”的案件可以通过审查批捕、审查起诉得以纠正，但通过这种途径纠正有一个致命的缺点，那就是纠正不及时。[2]还有论者认为，立案监督的内容除了“应立而不立”和“不应立而立”两种情形外，还要监督公安机关是否有立案管辖权。理由是刑事诉讼法对管辖范围的规定与以前相比有比较大的变化。检察机关要监督法律规定中改变管辖的案件是否依法改变了管辖，防止突击立案或迟迟不立案，故意等待修改的刑事诉讼法实施后改变管辖等情况。[3]

有人认为，立案监督除了对公安机关的立案活动进行监督外，还包括对人民检察院自侦案件的立案监督；人民法院直接受理自诉案件以及公诉转自诉案件的立案监督，亦应包括在立案监督之内。[4]有学者也认为，根据我国宪法及刑事诉讼法有关规定，刑事案件的立案监督主要由人民检察院进行，即人民检察院应当对公安机关、人民法院的立案活动以及人民检察院自身的立案活动依法进行监督。同时，公检法三机关对彼此的立案活动要“相互制约”，也就是三机关对彼此各自的立案活动也要进行监督。为此，不仅应明确规定人民检察院对公安机关、人民法院以及本机关的立案活动有权依法进行监督，同时也要明确规定，公检法三机关对彼此相互的立案活动均有权进行监督，即明确规定公安机关、人民法院对人民检察院的立案活动以及公安机关、人民检察院对人民法院的立案活动均有权进行监督。[5]

---

[1] 周洪波、单民：“关于刑事立案监督的几个问题”，载《人民检察》2004 年第 4 期。

[2] 朱世洪、洪玲华：“当前刑事立案监督存在的主要问题”，载《检察实践》1999 年第 2 期。

[3] 付志安、高景峰：“刑事立案监督探索”，载《人民检察》1996 年第 6 期。

[4] 许山松：“不立案问题研究”，载《中国刑事法杂志》2000 年第 2 期。

[5] 张建良：“刑事立案监督立法的反思与重构”，载《中央政法管理干部学院学报》1997 年第 5 期。

（二）立案监督的措施

立案监督的措施是检察机关纠正违法立案决定或者不立案决定的手段。根据刑事诉讼法规定，人民检察院认为公安机关对应当立案侦查的案件而不立案侦查，或者被害人认为对应当立案侦查的案件不立案侦查，向人民检察院提出的，人民检察院应当要求公安机关说明不立案的理由。当人民检察院认为公安机关不立案的理由不能成立时，应当通知公安机关立案，公安机关接到通知后应当立案。由此可见，检察机关对不立案的纠正通知，是有法律约束力的，公安机关接到通知后应当立案。[1]

有学者指出，检察机关向公安机关发出违法纠正意见后，并非所有行为都能得到纠正，而法律并没有对公安机关是否进行纠正作出强制性规定。此外，法律赋予检察机关立案监督权，却没有规定检察机关不作为时需要承担的责任，因此检察机关的立案监督就成为一项可做可不做的任务，缺乏监督的积极性，主动对立案进行监督的意识较弱，同时检察机关案件来源渠道不够畅通，使得监督难以开展。[2]

2010 年 7 月 26 日，为加强和规范刑事立案监督工作，最高人民检察院、公安部制定了《关于刑事立案监督有关问题的规定（试行）》（以下简称《立案监督规定》），进一步完善了检察机关对违反规定不应当立案和应当立案而不立案的监督机制，确保侦查权的正确行使。其主要内容包括：其一，解决了检察机关对公安机关刑事立案情况的信息不畅问题。公安机关与检察机关应当建立刑事案件信息通报制度，定期相互通报刑事发案、报案、立案、破案和刑事立案监督、侦查活动监督、批捕、起诉等情况，重大案件随时通报。其二，建立了立案监督投诉机制并细化投诉处理方式。按照《立案监督规定》，检察机关对该立不立的监督，线索来源包括接受投诉和自行发现。“被害人及其法定代理人、近亲属或者行政执法机关，认为公安机关对其控告或者移送的案件应当立案侦查而不立案侦查，向人民检察院提出的，人民检察院应当受理并进行审查。”其三，明确了检察机

---

[1] 程荣斌主编：《中国刑事诉讼法教程》，中国人民大学出版社 1997 年版，第 381–382 页。

[2] 董邦俊、马君子：“公安机关刑事立案问题及对策研究”，载《中南民族大学学报（人文社会科学版）》，2016 年第 36 卷第 5 期。

关对“违法立案”的监督权。《立案监督规定》要求，检察机关经审查，有证据证明公安机关可能存在违法动用刑事手段插手民事、经济纠纷，或者办案人员利用立案实施报复陷害、敲诈勒索以及谋取其他非法利益等违法立案情形，且已采取刑事拘留等强制措施或者搜查、扣押、冻结等强制性侦查措施，尚未提请批准逮捕或者移送审查起诉的，经检察长批准，应当要求公安机关书面说明立案理由。认为公安机关立案理由不成立的，应当通知公安机关撤销案件。这些内容，于 2018 年《刑事诉讼法》之后，被 2019 年《人民检察院刑事诉讼规则》进一步认可。

（三）立案监督的类型

1. 人民检察院自侦案件的立案监督

对人民检察院自侦案件的立案监督，通说认为，应实施内部监督。检察机关监督公安机关、人民法院立案行为的措施和程序适用于检察机关内部，立案监督部门向自侦部门发出的说明不立案或立案的理由通知、决定立案或撤案的通知、纠正违法通知等法律文书，与检察机关为实施外部监督向公安机关、人民法院发出的上述文件具有同等的效力。[1]

有的学者对人民检察院自侦案件的立案监督提出了具体的构想：其一，根据检察院内部机构设置，增设自侦案件立案监督的部门建制。即通过检察长、检察委员会和上级人民检察院三条途径，对自侦案件立案监督进行审查。通过审查，应该立案的，可以由上级责令下级检察院立案，也可以由检察长、检察委员会决定具体的办案部门予以立案。其二，对群众的控告、举报及犯罪人的自首，可以参照对公安机关的刑事立案监督的规定。其三，应该由最高人民检察院制定对自侦案件立案监督的具体实施细则。其四，为避免立案后自侦部门“立而不查”或草草了事等情况的发生，应增设立案跟踪监督制度。其五，规定立案监督的处罚权。[2]

2. 人民法院受理自诉案件的立案监督

对于人民法院受理的自诉案件是否应接受立案监督，在理论上存在着分歧。

---

[1] 莫勤德、刘选：“刑事立案监督中的若干问题”，载《法学评论》1998 年第 4 期。

[2] 陶沁：“自侦案件立案监督的具体构想”，载《检察实践》1999 年第 2 期。

持肯定说的学者认为，根据我国《宪法》及《刑事诉讼法》关于三机关相互制约的原则，对刑事案件的立案监督理应包括人民检察院对人民法院直接受理的案件的立案监督。[1]《刑事诉讼法》只规定了监督公安机关应当立案而不立案的决定，忽略或放松了对检察院、法院的不立案活动的监督，不符合刑事诉讼法保护被害人合法权益的立法原意。对此，应进一步完善，明确对人民法院受理自诉案件的立案监督。[2]

3. 人民法院对公安机关不立案、人民检察院不起诉案件的监督和制约

依据《刑事诉讼法》，被害人有证据证明对被告人侵犯自己人身、财产权利的行为应当依法追究刑事责任，而公安机关或者人民检察院不予追究被告人刑事责任的案件，可以转为自诉案件。有论者认为这一规定是试图通过扩大自诉案件的范围来强化对公诉案件的立案监督，但存在以下两方面的问题：一方面，从诉讼理论上讲，控诉权和起诉权是两种性质不同的权利，如把这两种权利等同，就必然导致公诉权的行使和自诉制度的混乱。另一方面，这种规定在司法实践中可能会遇到以下三个问题：首先，由于被害人没有足够的取证能力，难以收集到确实充分的证据来证实犯罪，也无力将刑事被告人缉拿归案。其次，人民法院直接受理这类案件，在查明犯罪事实过程中，可能需要对案件进行侦查，而法律没有赋予人民法院侦查权。其结果势必是以“缺乏罪证”和“提不出补充证据”而说服自诉人撤回自诉或裁定驳回起诉。最后，试图以这样的规定来强化法院对公安机关和检察机关的立案监督，有可能给侦查机关和检察机关的办案人员推诿提供口实。[3]

另一种观点认为，法律规定公诉转自诉制度是合理的，尤其是赋予被害人直接起诉权十分必要。理由在于：其一，在保障被害人诉讼权利基础上，该规定有助于刑事诉讼由传统的注重被告人权利的保护向实现被害人、被告人权利与国家利益的平衡转变。在这一过程中，公诉权作为国家主动对犯罪进行追诉的一种刑

---

[1] 张建良：“刑事立案监督立法的反思与重构”，载《中央政法管理干部学院学报》1997 年第 5 期；刘根菊：《刑事立案论》，中国政法大学出版社 1995 年版，第 139 页。

[2] 夏炎森、李安铨：“论刑事立案监督操作规范的运用与完善”，载《检察理论研究》1997 年第 3 期。

[3] 张建良：“刑事立案监督立法的反思与重构”，载《中央政法管理干部学院学报》1997 年第 5 期。

罚请求权，具有举足轻重的作用。尤其是公诉机关的起诉裁量权越来越大，在赋予检察官广泛的自由裁量权时 为了防止不起诉的滥用，有必要对公诉权进行制约。其二，由于被害人是受犯罪行为直接侵害的人，也是刑事诉讼的启动因素之一，又是刑事诉讼要保护的中心人物，检察机关如果作出错误的不起诉决定，犯罪行为便得不到应有的法律制裁，直接影响法律对被害人合法权益的保护。因此，这一规定有利于改变实践中存在的司法机关相互推诿、老百姓告状无门等现象——既可实现被害人的自我救济功能，又可促进司法机关提高办案质量。被害人行使了赋予他的直接起诉权，实际上就是对公安机关和检察机关工作的一种否定性评价，迫使办案人员加强责任感和危机感，认真办案。[1]

四、立案程序的存与废

通说认为，无论是从内容还是从形式上看，立案在我国刑事诉讼程序中都是一个独立、必经的启动程序，是刑事诉讼活动启动的标志。[2] 首先，立案与侦查、提起公诉、审判等诉讼阶段相并列，具有特定的诉讼任务和实现任务的特定程序和方式，诉讼主体之间形成了特定的刑事诉讼法律关系，因而具有独立性。其次，司法机关办理任何刑事案件都必须经过立案阶段。尽管刑事诉讼中有立案、侦查、提起公诉、审判、执行等相对独立的诉讼阶段，某些案件可能不经过其中一个或几个阶段（如自诉案件，不经过侦查、提起公诉），但是必须经过立案阶段。[3] 再次，从我国刑事诉讼法的结构体例上看，我国的刑事诉讼（公诉案件）大致包括这样几个程序：立案、侦查、起诉、审判、执行，且各程序之间呈一种层级递进状态。立案侦查是整个刑事诉讼活动的第一级程序，是刑事诉讼程序启动的标志和基础，在我国的刑事诉讼程序中具有重要的地位。在法条结构上，《刑事诉讼法》以专节的形式对立案侦查进行了详尽的规定，包括立案的条

---

[1] 陈光中．“加强司法人权保障的新篇章”，载《政法论坛》1996 年第 4 期。

[2] 樊崇义等:《刑事诉讼法修改专题研究报告》，中国人民公安大学出版社 2004 年版，第 340 页。

[3] 陈光中主编:《刑事诉讼法学》，北京大学出版社、高等教育出版社 2002 年版，第 233 页。

件、管辖、程序、监督等内容。[1]最后，在立案审查过程中，侦查机关虽可自行调查、收集证据，必要时可以采取勘验、检查、查询、鉴定和询问知情人等一般调查方法。但是，不得对被查对象采取强制措施，不得查封、扣押、冻结被查对象的财产。通常情况下，人民检察院和公安机关对案件的侦查活动，以及人民法院对案件的审判活动，均应在立案以后进行。[2]

也有观点对刑事立案程序独立性提出了质疑。

有学者认为，我国刑事诉讼程序强调立案程序的独立性价值，将立案作为刑事诉讼程序开始的阶段性标志，不经过立案程序就不得进入刑事诉讼程序。这样的设计只具有程序上的意义，而无实际意义。原因在于，为判断是否达到立案标准，侦查机关在立案之前就必须采取相关措施对案件进行调查，实际上已行侦查之实。但由于强调立案程序的独立性，只因前一部分的侦查行为位于立案阶段之前，便人为地将侦查切割为两部分，前一部分即便有侦查之“实”也不赋予其“名”，不承认其地位和效力，实在于理不符，缺乏实际意义。[3]

还有学者认为，从刑事诉讼法的规定看，在决定是否立案之前，公安、司法机关必须对有关报案、控告、举报、自首等材料进行审查。对这种审查的性质和具体措施，刑事诉讼法并无规定，公安、检察机关内部规定将其命名为“初查”。尤其是由公安机关立案管辖的案件，往往具有突发性、紧迫性和不确定性。公安机关在接到报案、控告后，须立即赶赴现场进行现场勘查、物证勘验、搜查、调查访问（询问）、围追堵截犯罪嫌疑人等一系列行动，在此过程中，拘传、拘留等强制措施作为辅助手段和侦查措施也被大量适用。这就带来如下问题：其一，我们一向强调，侦查手段只能在刑事诉讼中适用。如果侦查手段在尚未立案之前被适用，从立法和学理的角度来看，均是非法行为。公安机关的初查行为，实质上形成了侦查先于立案的状态，因而可以说，刑事诉讼法对立案程序独立法律地位的明确界定，使得侦查机关在立案阶段对侦查手段和强制措施的适用非法化。

---

[1] 刘瑞榕、刘方权：“刑事诉讼程序启动研究——对我国现行立案制度的质疑”，载《中国刑事法杂志》2002 年第 1 期。

[2] 陈光中、徐静村主编：《刑事诉讼法学（修订版）》，中国政法大学出版社 2000 年版，第 278 页。

[3] 蔡宏图、蒋文玉：“刑事初查制度视角下我国刑事启动程序的改革初探”，载《山东社会科学》2014 年第 5 期。

其二，如果依立法精神不能颠倒诉讼阶段，立案前的审查就是一种非诉讼活动，在这种非诉讼活动中收集到的证据材料，能否自然进入诉讼来证明案件而不需要重新收集？如果立案前适用侦查手段不符合法律规定，在此期间收集到的证据材料是否应当排除？其三，虽然审查的方式就是各种侦查手段，但在要求上，没有任何法律和部门将它等同于侦查，这就造成审查的随意性。对此，立案监督并未从根本上解决问题，立案审查仍是一个模糊不清、随意性很大的司法活动，不利于公民合法权益保障。可见，现行立法的规定，不仅使执法者合理的司法行为非法化，还使立法自身陷入了不能自圆其说的尴尬境地。[1]

另有学者主张，未来刑事诉讼法应当逐渐弱化立案程序的案件分流功能，取消其作为刑事诉讼一个独立的诉讼阶段的地位，将之改造为侦查程序的前期工序，即只作为一种犯罪消息登记程序，用以获悉和记载犯罪消息，作为侦查程序发动的动力（信息）来源。[2]

理论界对立案作为刑事诉讼独立程序的存废问题，主要有保留说、废除说和完善说三种观点。

1. 保留说

通说认为立案作为刑事诉讼的开始和必经程序，是我国长期司法实践经验的总结。它对于健全我国社会主义法制，保证刑事诉讼的正确进行，有如下重要的意义：（1）立案能够保证司法机关及时、准确地同犯罪行为作斗争。（2）立案是保护公民合法权益不受侵犯、保障无罪的公民不受刑事追究的重要措施。（3）立案是准确评价社会治安形势和进行正确决策的重要依据。

2. 废除说

有论者对我国刑事诉讼程序的立案制度提出如下质疑：（1）对于“没有立案程序就没有整个刑事诉讼过程”说法的质疑。把立案作为整个刑事诉讼程序的第一阶段是刑事诉讼立法的结果，其本身并没有任何意义。如果立法不把立案作为刑事诉讼的第一阶段，而是把侦查作为刑事诉讼程序的第一阶段，那么侦查也就具有同样的意义，即是刑事诉讼的必经程序，没有侦查就没有整个刑事诉

---

[1] 吕萍：“刑事立案程序的独立性质疑”，载《法学研究》，2002 年第 3 期。

[2] 李奋飞：“对立案与侦查关系的再认识”，载《法学家》2006 年第 3 期。

讼程序。（2）对于“立案有利于迅速揭露犯罪、证实犯罪和惩罚犯罪”说法的质疑。该论者认为，迅速揭露犯罪、证实犯罪和惩罚犯罪不是建立在立案制度上的必然结果，如果只有立案而没有侦查机关深入细致的侦查工作，案件事实如何查清，证据如何做到确实充分？又如何迅速揭露犯罪、证实犯罪和惩罚犯罪？立案制度在程序流转上耗费了不必要的侦查资源，在时间上与迅速揭露犯罪相矛盾。刑事诉讼对于立案监督的规定其目的在于督促侦查机关依法采取侦查措施和侦查手段，而不是只要求侦查机关的立案，也就是说，即使侦查机关立案了，如果不采取进一步的侦查措施和手段，仍然不能实现迅速揭露犯罪、证实犯罪和惩罚犯罪的立法目的。（3）对于“立案可以有效地保护公民的合法权益不受侵犯”说法的质疑。我国司法实践中存在大量对公民的合法权益侵犯的现象，其根本的原因不在于实践中立案程序的虚化，而在于刑事诉讼价值理念选择上的偏失和诉讼构造的科学性方面的不足。（4）对于“立案有利于做好司法统计，有利于加强社会治安的综合治理”说法的质疑。由于司法实践中存在着“不破不立”“先破后立”“多报少立”等现象，以及其他种种复杂的原因，使司法统计严重失实，大量的犯罪黑数存在于官方的司法统计之外，这对于研究机构研究犯罪活动的规律、特点、社会治安形势而言有百害而无一利，对于国家刑事立法和刑事政策的制定会形成误导。该论者认为，立案制度的存在非但没有持肯定意见者所列举的前述意义，反而存在着多方面的不妥，主要表现为：立案之严格条件背离了人的认识规律；与无罪推定原则相背离，有审前预断之嫌疑；侦查机关立案前行为的法律性质不清。因此，我国现行立案制度既无存在的价值，也无存在的必要，鉴于立案制度存在的种种弊端，建议取消立案制度，重构我国刑事诉讼的启动程序。[1]

3. 保留完善说

有观点认为，刑事案件的诉讼过程都有一个开始阶段，这一阶段也是刑事诉讼过程的第一个阶段。在公诉刑事案件的诉讼过程中，立案是侦查机关展开侦查的前提和依据。立案正确与否，决定着侦查机关工作的方向和成效，关乎能否准确及时地揭露和惩罚犯罪，保障无罪的人不受刑事追究这一任务能否实现。同

---

[1] 陈瑞华：《刑事诉讼的前沿问题》，中国人民大学出版社2000年版，第321页。

时，立案正确与否，也可能对某个公民的命运产生重大的影响。但由于我国刑事立案程序的不完善，忽视了对刑事立案前审查程序的诉讼规范，致使公民在立案审查程序中的人身权利缺乏有效保障的情况比较严重。为此，应当健全刑事诉讼法制，从以下几个方面完善我国刑事立案程序：（1）完善刑事诉讼立法，对刑事案件立案前的审查活动加以规范。（2）通过宪法性立法和行政立法，规定除法律明文授权的国家机关且符合明确规定的条件可以对被查对象进行传唤讯问外，任何机关、组织和个人不得以任何理由限制或变相限制公民的人身自由或其他人身权利。（3）对公安机关在治安管理活动中限制违法犯罪嫌疑人人身自由并进行审查的权力进行适当限制。（4）增加公民权利程序性保障。（5）强化对立案审查行为的审查监督机制。根据公、检、法三机关互相监督、互相制约的原则，检察机关和人民法院，在刑事诉讼过程中，不仅应当对立案以后的诉讼程序行为进行合法性监督，而且应当把审查监督的内容延伸至立案审查阶段的活动。[1]

另有学者提出我国刑事诉讼启动程序的改革方向与思路：鉴于我国刑事诉讼法的立法传统以及司法实践的现实考虑，对我国刑事诉讼启动程序进行改革应采取渐进式路径。现阶段，应首先明确并承认初查的性质与法律地位，将其作为立案的必要前置程序看待，并赋予其初步侦查的法律地位。另外，应当承认侦查机关在初查阶段获取的证据的效力，明确该阶段取得的证据能够作为定案、起诉、审判、定罪量刑的依据。在承认初查的地位和该阶段获取的证据的效力之后，应借鉴西方法治国家对于刑事诉讼启动程序采取的模式，逐渐淡化立案程序的独立性价值。保留侦查、起诉及之后的环节，将初查与立案纳入整个侦查阶段，将侦查分为三个阶段，分别是初查、立案、正式侦查。初查仍强调调查的灵活性、及时性，若初查之后满足立案条件，则进入立案程序。立案仍作为一个程序保留，但手续简化为立案登记，在实施初查工作之后，若是认为犯罪事实已然发生，并且应当追究责任人的相关刑事责任，便进行相关的立案登记工作，同时制作立案决定书。进行立案登记不仅简化手续、节约资源、提高效率，同时也有利于司法

---

[1] 李建明："论立案审查程序中的人权保障"，载《南京师范大学学报（社会科学版）》2003年第1期。

统计工作的进行。在立案登记之后，进入正式侦查阶段。❶

还有论者提出，可以借鉴法国模式，实行立案权与侦查权相对分离的立案制度，逐步取消公安机关自主决定立案的权力，明确规定一切公诉案件的立案权如同公诉权一样，属于人民检察院专属的追诉权力。一切公诉案件的立案和撤案须经人民检察院批准或者决定。同时，将立案前的初查或“初步侦查”纳入刑事诉讼法规范的视野，确认初步侦查或非正式侦查在立案程序中的诉讼地位。初查取证一般可以放开进行，但是，除了为对付少数严重刑事犯罪或者情况紧急，并由法律特别授权外，初查不得使用可能侵犯公民权利的技侦手段，并明确规定立案前的初查不得对被查对象采取强制措施，不得查封、扣押、冻结被查对象的财产。❷

问题与思考

我国刑事诉讼法学关于刑事立案的理论，由于所针对的问题的特殊性而显得“独树一帜”。实践中先破后立、有案不立、不破不立、破而不立等现象的存在，这个制度面临的立案前所进行的调查活动得到的证据难以界定等诸多的问题，是国内学者研究立案程序的主要动因。有关立案的理论对立案程序的功能、价值、条件、监督和该程序的独立性与存废等方面研究，对我国刑事诉讼中的立案制度的变化产生了积极影响。监察体制改革又带来新的问题，在监检衔接中，对监察机关的职务犯罪立案，检察机关是否有权进行立案监督？如果有，又当如何构建具体制度机制？显然，随着实践发展，终究会成为一个难以忽视的问题。

关于立案制度的研究中，既需要纵向的历史考察，也需要横向的比较研究。在纵向的历史考察中，我们对1979年制定《刑事诉讼法》时的背景关注不够。对这个背景中的问题，有的已经引起关注，如立案制度受苏联影响，有的则尚未被重视，如立法者基于“文化大革命”中冤假错案的盛行而产生的应当慎重发动刑事诉讼的思考。关于横向的比较研究，学界已经关注到我国与多数国家在立案

---

❶ 蔡宏图、蒋文玉：“刑事初查制度视角下我国刑事启动程序的改革初探”，载《山东社会科学》2014年第5期。

❷ 陆剑凌、倪培兴：“论侦查监督的追诉体制基础及其改革”，载《人民检察》2003年第11期。

制度上的差异。然而，哪些内容可以被我国刑事立法和司法予以借鉴，则尚未达成共识。不得不说，制度变革上的路径依赖现象是如此难以克服，尽管我国立案制度无论在立法还是司法实践都暴露出众多问题，并已被学术界充分讨论，但对此问题的认识不应忽略路径依赖的历史惯性的力量，应当重视与此密切相关的刑事侦查的司法控制问题，以及由此引发的刑事诉讼构造的变革等问题。另外，诸如人工智能、大数据等新技术在刑事诉讼中的运用，由此产生了一些犯罪的发生与其被发现以及证据的收集和固定几乎同时，这对立案制度的冲击，是个不能回避的重要问题。

三 参考文献

一、论文类

[1] 罗筠莲 . 浅议公安机关刑事立案程序中的问题及完善方法 [J] . 法制博览，2020（21）.

[2] 董邦俊，马君子 . 公安机关刑事立案问题及对策研究 [J] . 中南民族大学学报，（人文社会科学版）2016（9）.

[3] 蔡宏图，蒋文玉 . 刑事初查制度视角下我国刑事启动程序的改革初探 [J] . 山东社会科学，2014（5）.

[4] 孙康 . 比较与借鉴：刑事诉讼启动程序研究 [J] . 河北法学，2011（9）.

[5] 胡赪，祝吉军 . 从公正与效率的视角看现行刑事诉讼立案制度的存废 [J] . 湖南社会科学，2007（5）.

[6] 李奋飞 . 对立案与侦查关系的再认识 [J] . 法学家，2006（3）.

[7] 周洪波，单民 . 关于刑事立案监督的几个问题 [J] . 人民检察，2004（4）.

[8] 李建明 . 论立案审查程序中的人权保障 [J] . 南京师范大学学报（社会科学版），2003（1）.

[9] 陆剑凌，倪培兴 . 论侦查监督的追诉体制基础及其改革 [J] . 人民检察，2003

（11）.
[10] 刘瑞榕，刘方权 . 刑事诉讼程序启动研究：对我国现行立案制度的质疑 [J] . 中国刑事法杂志，2002（1）.
[11] 吕萍 . 刑事立案程序的独立性质疑 [J] . 法学研究，2002（3）.
[12] 宫万路 . 论立案与提起侦查程序的完善 [J] . 江苏公安专科学校学报，2000（1）.
[13] 许山松 . 不立案问题研究 [J] . 中国刑事法杂志，2000（2）.
[14] 赵志建 . 刑事立案若干问题探讨 [J] . 人民检察，2000（4）.
[15] 张有成，李戬 . 刑事立案监督若干问题研究 [J] . 中国刑事法杂志，2000（6）.
[16] 陈志红 . 浅谈刑事立案监督的不足与完善 [J] . 人民检察，2000（9）.
[17] 朱世洪，洪玲华 . 当前刑事立案监督存在的主要问题 [J] . 检察实践，1999（2）.
[18] 陶沁 . 自侦案件立案监督的具体构想 [J] . 检察实践，1999（2）.
[19] 莫勤德，刘选 . 刑事立案监督中的若干问题 [J] . 法学评论，1998（4）.
[20] 夏炎森，李安铨 . 论刑事立案监督操作规范的运用与完善 [J] . 检察理论研究，1997（3）.
[21] 张建良 . 刑事立案监督立法的反思与重构 [J] . 中央政法管理干部学院学报，1997（5）.
[22] 吴明道 . 对公安机关管辖的刑事案件如何开展立案监督 [J] . 检察理论研究，1997（5）.
[23] 张大群 . 试拟刑事立案程序的一种方案 [J] . 政法论坛，1996（2）.
[24] 付志安，高景峰 . 刑事立案监督探索 [J] . 人民检察，1996（6）.

二、著作类

[1] 宋英辉，李忠诚 . 刑事程序法功能研究 [M] . 北京：中国人民公安大学出版社，2004.
[2] 樊崇义，等 . 刑事诉讼法修改专题研究报告 [M] . 北京：中国人民公安大学出版社，2004.
[3] 宋英辉，吴宏耀 . 刑事审判前程序研究 [M] . 北京：中国政法大学出版社，2002.
[4] 甄贞 . 刑事诉讼法学研究综述 [M] . 北京：法律出版社，2002.

[5] 陈光中. 中国法学会诉讼法学研究会历次年会综述汇编 [M]. 北京：中国人民公安大学出版社，2001.
[6] 陈卫东. 刑事诉讼法实施问题调研报告 [M]. 北京：中国方正出版社，2001.
[7] 陈瑞华. 刑事诉讼的前沿问题 [M]. 北京：中国人民大学出版社，2000.
[8] 王敏远. 刑事司法理论与实践检讨 [M]. 北京：中国政法大学出版社，1999.
[9] 张穹. 人民检察院刑事诉讼理论与实务 [M]. 北京：法律出版社，1997.
[10] 周其华. 中华人民共和国新刑事诉讼法专论 [M]. 北京：法律出版社，1996.
[11] 刘根菊. 刑事立案论 [M]. 北京：中国政法大学出版社，1995.
[12] 樊崇义. 刑事诉讼法学研究综述与评价 [M]. 北京：中国政法大学出版社，1991.

第二十章　侦查制度

【导读】

侦查制度是刑事诉讼的基本制度。由于刑事诉讼理论所关注的主要不是侦查中的技术问题，而是侦查制度的问题，因此，本章内容主要涉及的是与侦查制度相关的理论和实践问题。本章重点梳理了近年来学界对我国侦查制度中的几个热点问题的研究，分为侦查制度基本问题研究综述与侦查行为研究综述两部分。侦查制度基本问题研究综述分为侦查的法治原则、检警关系两个专题；侦查行为研究综述分为侦查讯问与遏制刑讯逼供、酷刑，以及秘密侦查的法治化、大数据侦查等专题。

侦查的法治原则是探讨我国侦查制度完善过程中的一个基础性问题，与传统侦查理论讨论的侦查工作原则不同，我们这里探讨的是侦查法治化所需要考虑的三项主要原则，即侦查权的司法控制原则或者称司法审查原则，任意侦查原则与强制侦查法定原则及侦查秘密原则。检警关系这一专题在最近这些年中是理论界探讨的一个重点问题，该问题对侦查制度的完善具有重要影响，在此我们择其要者进行梳理。

侦查行为可以被划分为常规侦查行为与特殊侦查行为，后者也被称为秘密侦查。遵循着这一分析框架，本章选取了常规侦查行为中最为引人注目也是目前侦查实践中存在问题最大的侦查讯问程序作为重点关注的对象。我们选取这一问题的直接动因在于，刑讯逼供依然是当前我国刑事司法以及侦查程序中存在的一个疑难问题，因此，结合 2012 年《刑事诉讼法》的情况，在侦查讯问专题中，我们对遏制刑讯逼供问题也予以关注。在特殊侦查行为领域，本章概括了近十年来展开的秘密侦查法治化问题的研究，并根据刑事诉讼法修改后秘密侦查的相关规定，就秘密侦查的界定、类型、范围、立法问题以及作为秘密侦查子类的技术侦查与诱惑侦查问题进行了专门的整理与综述。伴随着现代信息技术的发展，大数据侦查逐渐成为一种相对独立的侦查行为在侦查实践中得到愈发广泛的应用，本章将其作为独立一节进行阐释与分析。

需要说明的是，关于侦查程序的启动、侦查程序中的强制措施、侦查程序中的辩护问题的讨论，可参见本书相关章节的论述，为避免重复，本章对这些内容未予涉及。

第一节　侦查制度基本问题概述

侦查虽然是个技术性极强的工作，侦查程序中的问题往往也是实践性很强的问题，但在这一节中，我们主要讨论侦查制度中的原则和警检关系这样理论色彩极强的问题。这些问题的探讨不仅有助于认识现在的侦查制度的设计和运作，而且有助于研究侦查制度可能的发展趋势以及历史发展规律。

一、侦查的法治原则

现代侦查不仅仅是侦破犯罪、收集刑事案件证据的活动，而且应是在法治的框架中进行的、具有程序规范性的行为，因此，侦查的法治原则是现代侦查制度的基本原则。

（一）侦查权的司法控制（司法审查）原则

1. 侦查权司法控制的基本内涵与理论基础

我国较早关注侦查权司法控制问题的学者认为，我国侦查程序的结构性弊端突出表现在缺乏中立的司法机构对侦查权进行有效的控制，侦查程序成为行政性治罪程序。因此，学者们对西方国家侦查权的控制模式进行了考察，将其概括为三种主要的模式，即司法授权、司法救济与非法证据排除。司法授权是指法官对重大的、关系到公民重要权利的强制性侦查措施颁发许可令，授权警察实施相应的强制措施。西方国家普遍确认的司法授权制度（法官批准警方采取搜查、扣押、逮捕与窃听等强制措施）、司法救济（诉讼过程中，嫌疑人及其辩护人如果对有关强制侦查措施不服，可以向一个中立的司法机构或司法官提起诉讼，申请救济，如英、美、德等国家都规定了对羁押不服的控告）以及非法证据排除。❶

关于侦查权司法控制的内涵，有论者从司法审查原则的角度，提出了不同的观点。该论者认为，司法审查原则是指强制侦查权力的行使必须有独立的司法机关的授权，并且允许侦查机关的相对人，通过法定的程序向司法机关寻求救济，防止侦查机关违法行使侦查权力或者滥用侦查过程中的自由裁量权，具体包括司法授权与司法救济两个方面的内容。法治国家落实这一原则通常要求对强制侦查进行两次审查：第一次是事先的司法授权或者事后的司法确认审查，第二次是开庭审理之前或者法庭审理过程中，根据被告人以侦查违法为由提出的证据排除申请进行的合法性审查。两大法系国家具体贯彻该原则时在限度与范围上存在不同：大陆法系国家的普通法院只审查强制侦查的合法性，不能审查强制侦查的合宪性，即不能通过对侦查行为的审查，判断侦查所依据的法律是否符合宪法；而英美法系国家的普通法院则可以同时审查侦查行为的合法性与合宪性。大陆法系部分国家（如意大利）允许检察官授权实施部分强制侦查行为，而英美法系国家则普遍要求司法令状只能由法官签发。❷

关于对侦查权进行司法控制的理论基础，有论者认为包括三个方面：第一，保护被追诉人权利的现实需要。第二，正当程序理论在侦查程序中延伸的结果。因为侦查程序正当化必然要求司法对侦查程序的介入，使侦查结构具备控、辩、审三方组合，对强制侦查行为的决定权本质上是司法裁判权，应从属于审判职能的范畴，由侦查机关自行行使，将带来控、审不分的可怕局面。第三，落实司法最终裁决原则的要求。侦查阶段强制性措施的采用，可能引发公民权利与侦查权

---

❶ 陈卫东、李奋飞："论侦查权的司法控制"，载《政法论坛》2000 年第 6 期。

❷ 孙长永："强制侦查的法律控制与司法审查"，载《现代法学》2005 年第 5 期。

的争议与对抗，法院对这些程序性事项也应作出裁决。❶

也有学者研究了与司法审查原则紧密相连的令状原则。令状原则也被称为令状主义，是指在进行强制性处分时，关于该强制性处分是否合法，必须由法院或法官予以判断并签署令状；当执行强制性处分时，原则上必须向被处分人出示该令状。❷另外一种观点认为，令状制度是指通过令状的方式实施法律上的强制处分，并对利害关系人给予适当的司法救济的制度。❸

关于令状的性质，有观点借鉴日本学说，将令状的性质根据侦查构造上的差异分为两类：许可状与命令状。其中许可状是纠问式侦查构造的产物，法官仅审查侦查行为形式上的合法性，不审查强制处分的必要性等合目的事项，侦查机关在执行令状时具有较大的裁量权；而弹劾式侦查构造中，强制处分被认为是法官的固有权限，令状为法官签发的命令，侦查机关在执行该命令时没有太多的裁量权。❹

针对令状原则，有论者考察了两大法系令状原则的采用状况，认为起源于英国的令状（Warrant）就是指一种司法授权。令状本身作为授权的标志，用以证明侦查机关的强制侦查行为具有正当理由与根据。而后，美国宪法第四修正案确立了美国式的对搜查、扣押的令状制度。“二战”后的日本进一步在宪法中发展了这一制度。令状制度并非英美法系国家所独有，大陆法系国家也存在类似的制度，如在德国就有“法官保留原则”。侦查程序中的法官保留原则要求将特定的强制处分之决定权由法官来行使，并且只有法官能够行使，其他担当刑事诉讼程序的国家机关只有申请权。在考察上述各国的令状制度后，该论者将令状制度的内容概括为三个方面：侦查机关在实施重要强制侦查行为之前，应当向司法机关申请令状；法官经过审查认为侦查机关已经具备实施强制侦查行为的实质根据，有权签发令状，并在该令状中对强制侦查行为的时间、对象与范围作出严格的限定；原则上，侦查机关只有在获取令状具体授权的前提下，才能实施强制侦查行为，但侦查人员实施非强制性侦查行为、紧急侦查行为、附带搜查行为无需令状的授权。此外，关于令状制度与司法审查二者属于形式与内容的表里关系，令状

---

❶ 陈卫东、李奋飞：“论侦查权的司法控制”，载《政法论坛》2000 年第 6 期。

❷❹ 宋英辉、吴宏耀：《刑事审判前程序研究》，中国政法大学出版社 2002 年版，第 39 页。

❸ 孙长永：《侦查程序与人权》，中国方正出版社 2000 年版，第 28 页。

制度的本质是司法审查，令状制度是司法审查的表现形式。[1]

该论者还对人身保护令与刑事侦查中的令状制度的异同进行分析，认为两种令状制度具有相同的功能、共同的理论基础，本质上二者均属于司法审查的范畴；二者的区别在于适用范围与针对的权利保护对象不同。从二者发挥作用的时间段上来看，二者的一个重要区别在于人身保护令为事后的司法救济手段，而侦查程序中的令状制度以事先的司法审查为主，以事后的司法救济为补充，在这个意义上讲，人身保护令是刑事侦查中令状制度的救济程序之一。[2]

2. 构建我国侦查权司法控制机制的相关问题

鉴于我国尚未建立侦查权的司法控制机制，有论者提出应构建我国侦查权司法控制机制，内容包括法官作为中立的第三方介入侦查程序，对强制侦查行为进行司法令状许可与否的审查，紧急情形下实行后续审核机制；对现行刑事司法体制予以调整，确立审判权的中心地位与中立形象，废止三机关分工负责、互相配合、互相制约原则与检察监督原则；实行检警一体化，检察领导、指挥侦查；改革法官选任制度、实现法官的社会精英化；确立非法证据排除规则；实行拘留、逮捕与羁押的分离等。[3]

另有论者认为，在构建侦查程序的司法审查制度时应当坚持两项原则：一是要达到刑事司法国际准则的要求；二是从我国实际情况出发，分步实施。就具体的构建方案，该观点认为，在我国目前的现实情况下，应区别对待司法授权与司法救济的范围，司法授权的范围短期内可以小一些，先主要针对强制候审和延长羁押期限、搜查、扣押、通讯监控、查封、冻结、保全证据等，其他强制侦查措施以及紧急情形下的强制侦查可以由侦查机关自行决定，但利害关系人可以申请事后的审查救济。在审查内容上以合法性为主，例外情形下可以考虑必要性问题。在审查方式上，羁押候审与延长羁押裁判的司法审查采用听证方式进行，其他司法审查活动应以书面审查为原则。另外，应建立对强制侦查违法的程序性救济机制作为制度构建的配套制度。[4]

---

[1] 高峰：《刑事侦查中的令状制度研究》，西南政法大学 2007 年博士学位论文，第 65 页。

[2] 同上，第 12–13 页。

[3] 陈卫东、李奋飞：“论侦查权的司法控制”，载《政法论坛》2000 年第 6 期。

[4] 孙长永：“强制侦查的法律控制与司法审查”，载《现代法学》2005 年第 5 期。

有论者认为，构建司法审查原则也体现了刑事司法国际准则的要求，联合国《公民权利与政治权利国际公约》第 9 条第 3 款规定，“任何因刑事指控被逮捕或拘禁的人，应被迅速带见法官或其他经法律授权行使司法权力的官员，并有权在合理的时间内受审判或被释放”，虽然联合国人权事务委员会并没有将检察官排除在“其他经法律授权行使司法权力的官员”的范围之外，但现有的国际人权法实践已经表明，法官是更为恰当的司法审查主体，如欧洲人权公约及欧洲人权法院已经将上述司法审查的主体限定为法官。[1]1994 年世界刑法学协会第 15 届代表大会通过的《关于刑事诉讼中的人权问题的决议》第 8 条也明确规定：“影响被告人基本权利的任何政府措施，包括警察所采取的措施，必须有法官授权，并且接受司法审查。”因此有学者认为，司法审查原则已经成为国际公认的约束强制侦查权力的刑事司法准则。

有论者为便于分析，将我国现行侦查控制机制划分为几种不同的种类，如公安机关的内部控制与检察机关、审判机关等进行的外部控制；通过对侦查中的强制性行为事前是否许可的方式施加影响的直接控制，与通过对侦查中的强制性行为（及其效果）事后是否认可的方式施加影响的间接控制；强控制与弱控制。同时，该论者还就判断现行侦查控制机制的优劣提出了相应的参考标准，包括五项主要内容：（1）是否有助于我国刑事诉讼实现准确、有效、及时地发现、揭露、证实、惩罚犯罪的目标；（2）是否能够满足刑事诉讼中的人权保障的需要；（3）是否符合有关国际公约所确定的基本要求；（4）是否符合与刑事诉讼法律制度发展规律相适应的基本理念；（5）是否符合刑事诉讼程序对公正的要求。在适用上述标准斟酌处理相应问题时，同时应当注意不同要求的权重，考虑目前国情中存在的主要问题。[2]

关于在我国建立司法审查原则所面临的障碍，目前主要的争议在于检察机关的侦查监督与司法审查的关系问题。有论者指出，在讨论改革刑事侦查控制模式时，重要的问题并不是原有的控制模式中有无裁判职能，而是由谁承担裁判职能的问题。而“由谁承担裁判职能”的问题，绝不仅仅是效果如何的问题，而且还

---

[1] 徐美君：《侦查权的运行与控制》，法律出版社 2009 年版，第 186 页。

[2] 王敏远：“刑事审查程序司法控制的理论分析”，载中国民商法律网，2009 年 4 月 1 日访问。

是正当性如何的问题。这个在现代西方国家中并无争议的问题，在中国之所以是个问题，当然是由具有中国特色的公、检、法三机关的关系原则所决定的。许多其他观点也聚焦在检察机关的职能、定位及其与司法审查的关系上。如有论者认为，检察机关的批捕权并非令状制度，因为在行使批捕职能时我国检察机关并未保持中立，并且，批捕程序具有非诉讼性。由于检察院在批准逮捕时可以追加被批捕人，且在自侦案件中更是有权审查决定逮捕，其中立性更加值得怀疑；在具体的批捕程序中，检察院并没有对犯罪嫌疑人或被告人举行听审，不符合最低限度的司法保障要求。❶

相反的观点主张，我国法律已经规定了由检察机关进行司法审查的制度，只不过审查的范围不够全面，应当在未来改革中将搜查、扣押、拘留等关系公民重要权利的强制性措施交由检察官进行司法审查，同时改造目前检察官批捕的工作方式，令其采用听证的方式，进行诉讼化改造。持此观点者还认为，除检察院自侦案件的羁押可交由法院批准之外，批捕权应当由检察院继续行使而不应由法官进行司法审查，理由有：其一，法官批捕容易形成先入为主，影响其公正形象；其二，影响国家赔偿责任的落实。错捕案件由法院决定国家赔偿时将出现自己做自己案件的法官的尴尬局面；其三，由法院行使批捕权将令被追诉者丧失最后的司法救济途径。❷另外有观点也从现实中法院人力资源的情况出发，认为如果由法院承担对侦查权的监督，在目前的司法语境中无疑是一种乌托邦，因为目前我国的法院普遍办案力量不足，经费紧张，法院客观上无力承担这一职能。❸

（二）任意侦查原则与强制侦查法定原则

任意侦查原则，是指凡是侦查活动应当尽可能采取任意侦查的方式，强制侦查只有在法律规定的例外情形下才能使用。强制侦查法定原则要求，强制侦查只有在符合法律规定的实体要件和程序要件，并且一般应当经法官事先批准后才能进行，是程序法定主义在侦查阶段的具体体现，在英美法及日本法中，则表现

---

❶ 高峰：《刑事侦查中的令状制度研究》，西南政法大学 2007 年博士学位论文，第 94-95 页。

❷ 张智辉、邓思清："论我国刑事强制性措施制度的改革与完善"，载《法商研究》2006 年第 1 期。

❸ 左卫民、赵开年："侦查监督制度的考察与反思——一种基于实证的研究"，载《现代法学》2006 年第 6 期。

为令状原则。❶有论者对这两项相互关联的原则之内涵予以不同的解释，认为应将任意侦查作为原则，而强制侦查只能属于例外。对于任意侦查，法律没有特别限制，即使法律没有明文规定，原则上也可以采取适当的方式进行；对于强制侦查，则只要刑事诉讼法上没有具体的规定，就不得进行。这两项原则的实质精神在于尽可能减少和抑制侦查程序中强制力的行使，以避免过多或不当地实施强制性处分而导致侵犯人权。❷

阐释任意侦查原则与强制侦查法定原则，离不开对任意侦查与强制侦查的界分。目前理论界对这一问题存在两种不同的观点：一种观点以有无受处分人的同意作为基本要素，如认为任意侦查是以受被侦查人同意或承诺为前提进行的侦查，而强制侦查是指不受被侦查人意思的约束而进行的强制处分；另外一种表述为任意侦查是指不采用强制手段，不对相对人的权益强制性地造成损害，而由相对人自愿配合的侦查；强制侦查是指为了收集或保全犯罪证据、查获犯罪嫌疑人而通过强制方法对相对人进行的侦查。另外一种不同的界定方法是从任意侦查与强制侦查的主要发源地日本的刑事诉讼法中对其法律规范的表述得出的，即将有无法律明确的规范作为区分标准，任意侦查是指法律未对案件侦查的程序措施作出明确规定，因此侦查机关有权自行决定的侦查方法，强制性侦查是指由法律明确规定的，而且必须严格依照法定程序进行的侦查活动。❸

由于任意侦查原则与强制侦查法定原则来源于日本刑事诉讼法及其司法实践，因此为了正本溯源，有论者对日本刑事诉讼学界就任意侦查与强制侦查的界分进行了评介，并认为这对概念本身容易产生歧义，且区分标准本身值得怀疑。日本学界关于任意侦查与强制侦查的区分标准主要有五种学说：第一种，“形式强制力说”，即凡是伴随着直接物理性质的实力或强制力的行使或者使负有包含制裁效果的义务行为的处分，为强制侦查。第二种，“形式权利侵害说”，认为强制侦查就是指未经对方的同意而侵害个人权利与法益的行为。第三种，“重要权利侵害说”，强制侦查被界定为违反对方明示或暗示的意思而侵害其重要权益的行为。第四种，“单纯侵权说”，认为强制侦查就是指侵犯对方重要利益的行为。

---

❶ 孙长永：《侦查程序与人权》，中国方正出版社 2000 年版，第 24-26 页。

❷ 宋英辉、吴宏耀：《刑事审判前程序研究》，中国政法大学出版社 2002 年版，第 32-33 页。

❸ 何家弘：《外国犯罪侦查制度》，中国人民大学出版社 1995 年版，第 274 页。

第五种，“单纯同意说”，认为任意侦查是以被处分人同意或者承诺为前提而进行的侦查，强制侦查是以不受被处分人的意志约束而实施的侦查。分析上述各种学说，特别是目前在日本占主流地位的学说，同意要素是区分任意侦查与强制侦查的基础，然而恰恰是同意要素本身存在的若干缺陷使得基于这一要素之上，构建任意侦查与强制侦查的分类方法存在漏洞。同意标准的缺陷之一是在刑事诉讼中，在国家与受处分的个人之间存在实力悬殊、命令与服从的关系明显的情况下，能否产生真实的同意值得怀疑，换句话说，强迫是必然存在的；缺陷之二在于难以确定判断同意是否真实存在的标准，即使勉强确立一标准，也必然具有模糊性与极差的适用性，美国判例法的历史发展已经清楚地表明了这一问题；缺陷之三在于各种完善同意标准的途径，比如事先告知程序的设立，并不能解决同意标准在适用中的困境。持此观点者建议，在拒绝引入这对概念的同时，应充分吸收这对法律原则的合理内核，即确立任意侦查原则与强制侦查法定原则所体现的程序法定原则与比例原则。❶

有论者就任意侦查问题进行了专门研究，将任意侦查界定为“侦查机关在侦查刑事案件过程中，不违背或侵犯侦查相对方自由意志与重要权益，由侦查机关自行判断实施的非强制性侦查行为”。这是从侦查运行中对个人意志自由与个人权益侵犯程度的角度对侦查行为进行的划分。据此，任意侦查的基本要素被概括为三项：非强制性、个人意志自由与个人重要权益不受侵犯。而就界定两种侦查的具体标准而言，他认为应采用主、客观两种标准，主观标准包括侦查相对方有同意或承诺任意侦查的明确意思表示，且侦查相对方被明确告知相关权利，不存在任何可能压迫个人自由意志的强制与胁迫；客观标准从侦查行为内容来看，任意侦查是否侵犯重要权益，这里的“重要权益”包括人身自由权、重大财产权以及重要隐私权，不包括一般财产权与一般隐私权。❷

该论者还分门别类地就实践中的各种任意侦查的具体措施进行了适用研究，这些任意侦查措施包括：自愿同行、经同意搜查、任意讯问、任意询问以及经一方同意监听等。在考察了我国任意侦查现状的基础上，他认为在法律层面上，我

---

❶ 陈卫东、程雷：“任意侦查与强制侦查理论之介评——以同意取证行为为核心的分析”，载何家弘主编：《证据法论坛（第 7 卷）》，中国检察出版社 2004 年版，第 30 页。

❷ 马方：《任意侦查研究》，西南政法大学 2006 年博士学位论文，第 66-93 页。

国现行法律体制中缺乏任意侦查的法律明确规定；在现实层面上，实际的任意侦查行为游离于法律规定之外。他认为建立我国的任意侦查制度具有必要性与现实性。构建这一制度是加强人权保障、构建和谐社会的必然要求，且由于任意侦查是司法审查必不可少的基础与配套措施，因此建立任意侦查制度是侦查法治化的必要构成，更为重要的是，任意侦查制度有助于提高侦查效益，实现惩罚犯罪的基本目的。

（三）侦查秘密原则

较早对该原则展开探讨的研究者认为，“侦查秘密原则”有两层含义，一是对犯罪嫌疑人保密，即侦查机关不得违反侦查目的，把侦查的情况向嫌疑人泄露；二是对社会成员保密（主要是对新闻媒体），即除法律另有规定或者权利人同意或者法官批准外，侦查机关及有关知情人员不得对外泄露侦查情况以及侦查过程中了解到的情况。该论者还介绍了两大法系国家侦查程序中侦查秘密原则的法律依据与具体表现形式，其中大陆法系的德国、法国、意大利、日本对此均有法律的明文规定，而英美法系国家对侦查的秘密性控制地更为严格，美国刑事诉讼程序中的大陪审团的调查程序是侦查秘密性的集中体现。关于侦查秘密原则的依据，可概括为四点：防止被追诉人逃避追诉、防止干扰证人作证、鼓励知情人自由作证、保护无辜的被追诉者的名誉。[1]

另有论者则提出了“侦查公开说”，主张根据现代民主政治所要求的政务公开、公民的知情权要求侦查公开，而且公开是程序正义的一大要素，没有公开就无所谓正义。一方面侦查公开是实现实体公正的重要条件，可据此通过引入辩方的监督，能够减少侦查阶段冤假错案的出现，促进证据收集的全面性；另一方面通过侦查公开，能够更加有效地发动普通民众协助侦查的顺利展开。侦查适度公开原则的内容包括两方面：侦查过程要向当事人及其律师公开以及向社会公众公开。对当事人及其律师的公开包括侦查机关告知义务，羁押人与外界的联系与会见、辩护律师与被羁押人的会见、通信，被追诉方特别是律师的在场权、辩方的阅卷权或者通过证据开示知悉证据的权利，审前程序性审理。对社会公众的公开

[1] 孙长永：《侦查程序与人权》，中国方正出版社 2000 年版，第 34–37 页。

包括：建立侦查公报制度、侦查专线电话制度、错案质询制度、程序性问题公开审理以及错案公告制度。[1]

针对这两种不同的观点，有论者就侦查秘密原则的内容及原则与侦查公开原则之间的关系进行研究。他认为，侦查秘密原则，又称为侦查密行原则或者侦查不公开原则，是指侦查活动的内容不对外公开，除当事人以及相关关系人外，任何人均不得介入侦查活动，以避免侦查保密事项的泄露。从侦查秘密原则的界定出发，所谓侦查活动保持“秘密”状态实际上包括两个方面的内容，一是能否介入侦查活动的问题，二是知悉的侦查事项能否对外泄露的问题。就第一个方面而言，所谓侦查秘密原则就是要求除侦查主体、侦查对象及其相关人外，其他任何人不得介入侦查活动，此处是对知悉侦查活动的人员范围进行的界定；第二个方面进一步规定有权知悉侦查活动事项的人员，不得泄露侦查秘密，但依法可以公开的事项除外。该论者认为，该原则的构成要素至少应包括原则的范围与内容、适用时段、适用对象、保障机制四部分内容。其一，原则的适用范围与内容：有关侦查权的法律依据与法定程序、侦查主体应当奉行侦查公开原则；侦查对象，即犯罪嫌疑人的身份在侦查终结前原则上应当遵循侦查秘密原则；侦查措施与侦查行为也应当保密，但对行为、措施的适用对象即犯罪嫌疑人、证人、被害人不应保密；侦查进展应当保密。其二，适用时段：侦查秘密原则具有暂时性，侦查秘密原则仅仅适用于侦查终结前或者说起诉前的侦查程序。在案件起诉之后，应从秘密走向公开。其三，适用对象：从侦查秘密原则的双重法理依据出发，对犯罪嫌疑人、被害人以及相关辩护人、诉讼代理人等，本着保障侦查效率的角度应当保守相应的侦查秘密。在法定情形下，一方面，出于保障其相应参与权、辩护权等诉讼权利的考虑，允许其介入侦查程序或者告知其有关侦查事项。另一方面，从保障被追诉人受无罪推定原则保护的角度出发，侦查人员以及相应的知悉侦查进展的检察官甚至法官等司法人员均负有保密义务，其他知悉侦查事项的公众与媒体同样受该原则的约束。其四，保障机制：主要包括刑罚制裁机制与行政责任两种方式。[2]

---

[1] 陈永生：《侦查程序原理论》，中国人民公安大学出版社 2003 年版，第 180–215 页。

[2] 程雷等：“侦查秘密原则初步研究”，载《山东警察学院学报》2006 年第 4 期。

关于侦查秘密原则与侦查公开原则之间的关系，该学者认为，侦查公开有助于保护被追诉人在审前程序中的合法权益，增强其对抗能力，也有助于满足公众的知情权，增加公众的安全感，而侦查秘密原则事关侦查实效，关乎被追诉人无罪推定原则下的名誉权与公正审判权，二者各自承载的价值目标均具有正当性，但作为侦查活动进行的明确指引，法律应当在二者之间作出一种一般性的权衡决策，而不是令二者并列，诉诸个案衡量。应当确定侦查秘密为原则，侦查公开为侦查秘密原则的例外情形，侦查公开的事项正是侦查秘密原则的界限所在。侦查秘密原则的例外有四种情形：其一，犯罪嫌疑人及其辩护人参与侦查程序是侦查秘密原则“对内保密”内涵的重要例外。其二，引入司法监督，控制侦查程序合法性。其三，为推进侦查进程，发现侦破犯罪线索、抓捕犯罪嫌疑人而公开部分案情。其四，为预防同类犯罪的发生，增强公众的安全感、稳定社会秩序，允许在侦查进行过程中公开部分案情。

二、侦查制度中的检警关系问题

从程序推进的意义上说，侦查是为起诉做准备，因此，侦查阶段和起诉阶段、侦查机关与起诉机关的关系十分紧密。而负责侦查的警察与检察机关的关系模式，直接影响着侦查制度，也对刑事诉讼结构有着重要影响。因此，学界对警检关系十分关注并进行了深入讨论。

（一）国外检警关系的主要模式

有学者将各国的检警关系概括为三种模式：检警分立模式、检警结合模式与检警混合式。[1]检警分立模式主要为英美法系国家采用，如英国、美国、加拿大等国，其特点表现为：在追诉程序中警察与检察官相对独立，不存在指挥与被指挥的关系，分别行使各自的职权。而检警结合模式主要为大陆法系国家如德国、法国所采用，具体特点为：检察官享有侦查权和侦查领导权，是侦查活动的领导者。检警混合模式是检警分立与警检结合两种模式相互融合的产物，日本较为典

[1] 宋英辉：“刑事诉讼中的警检关系模式——兼谈我国刑事诉讼法之完善”，载樊崇义主编：《刑事审前程序改革与展望》，中国人民公安大学出版社 2005 年版，第 390-393 页。

型，即检察官与警察都有独立的侦查权，但在侦查案件范围上无明确的分工，司法警察为一线侦查机关，检察官被视为二线侦查机关，在侦查中检察官与司法警察是一种协作关系，但检察官可以从起诉的角度对司法警察给予指示和指挥，如果司法警察没有正当理由而不服从检察官的指示或指挥，可能会受到惩戒甚至罢免。

另有论者将两大法系主要代表性国家的检警关系模式概括为主导型、指导参与型与协助型三大类。其中主导型为大陆法系国家的检警模式，在这种模式中，侦查指挥权、侦查监督权集中赋予检察机关，并在检察机关的统一领导下由双方共同行使侦查权，检察官在侦查中处于主导地位。指导参与型检警关系模式的主要代表为美国，在这种模式中，检警之间相对独立，检察官虽不是经常亲自参与侦查活动，但对侦查取证活动从法律的角度给予指导。协助型检警关系在日本表现比较突出，基于侦查的目的是为公诉做准备，这就要求司法警察的侦查与检察官的工作应相互协助，检察官也从公诉的角度对司法警察的侦查行为进行制约，检察官也可自行开展侦查，但其侦查权处于第二性，检察官对司法警察拥有一般性的指示权与指挥权。[1]

（二）我国检警关系的特点与优劣

有论者认为，我国《宪法》和1996年《刑事诉讼法》规定的三机关分工负责、互相配合、互相制约原则目前是规范我国检警关系的主要准则，同时检察机关又具有法律监督的宪法地位，有权对警察的侦查活动进行监督。这种检警关系的设计忽视诉讼规律的客观要求。其弊端与缺陷如下：从法理上看，检警虽然存在内部职能分工，但并不是分工负责的关系，不能要求各自独立地对其诉讼职能负责，这是诉讼规律的要求；从诉讼经济与司法效率的角度来看，也不应允许在诉讼过程中承担相同职能的侦、检双方进行内耗式的“相互制约”；从司法实践的角度来看，导致了严重浪费司法资源、诉讼效率低下，更为严重的问题是，侦查程序出现严重失控状态，侦查程序由公安机关一家进行“暗箱操作”，容易导致侦查权蜕变成不受任何约束的法外特权。

---

[1] 陈卫东、郝银钟：“侦、检一体化模式研究——兼论我国刑事司法体制改革的必要性”，载《法学研究》1999年第1期。

也有论者认为，我国现行检警关系的鲜明特点在于三机关分工负责、互相配合、互相制约，同时侦查活动与审查起诉活动在程序上被明显地划分开，侦查是独立的诉讼阶段，与起诉相比，只是具体任务与作用不同，并无主次之分，公安机关的侦查活动并不附属于起诉，起诉也不统摄侦查。目前的这种检警模式虽然发挥了一定的积极作用，但也存在如下弊端：首先，由于检警关系的法律规范不完备，有时可能影响国家追诉权的有效行使，这一点主要体现在检察机关对公安机关应当立案而不立案的案件，由于监督手段缺乏刚性而难以有效监督。其次，检察机关实施监督的滞后性和被动性往往导致难以有效预防和及时纠正侦查违法，不利于保障犯罪嫌疑人及其他有关公民的合法权益不受非法侵犯。再次，检察机关与多数案件的侦查活动实际上相脱离，就难以从起诉的角度对侦查活动进行指导，在一定程度上也会影响其所作判断的正确性。最后，在一定程度上会影响检察机关审查起诉的效率。并且，检察机关与公安机关的侦查活动实际上相脱离，不利于促使公安机关侦查人员提高素质，侦查人员在缺少足够制约与外在压力的情况下，对提高自身素质与改进技术手段和侦查方法缺乏动力。[1]

还有论者认为，检警一体化将损害刑事司法的合理性与效率。理由如下：其一，从现代检察制度设立的意义来看，需要保持检警的适当分离以形成必要“张力”，从而维持对侦查进行“过滤”以及对侦查活动实施法律控制的机制。其二，如果将刑事警察从警察机关剥离，将大大损害刑事警察的侦查能力，因为“检警一体化”的观点强调的检警在组织、体制上的一体化，忽视了警察机关在侦查能力的构成上，绝不仅仅取决于它的专业刑侦力量，而是在相当程度上依靠公安机关的总体构成和综合能力，因此一体化势必会将削弱侦查机关的侦查能力。其三，由检察官全面负责刑事侦查在一定程度上是强其所难，不利于保证侦查的专业化和实现侦查的效能，这是由于检察官的学养为法律学养而非侦查学养，且与侦查人员的思维方式有别，检察官是“书桌官署”，而从事侦查的司法警察为“行动官署”。最后，这种观点从世界范围内各国检警关系的实践运行角度出发，认为警察是大部分侦查活动的实际主导者，警察是各国刑事侦查的主要力量；检

---

[1] 宋英辉：“刑事诉讼中的警检关系模式——兼谈我国刑事诉讼法之完善”，载樊崇义主编：《刑事审前程序改革与展望》，中国人民公安大学出版社 2005 年版，第 394-396 页。

察与警察具有不同的隶属关系，并未形成“一体化”。一般而言检察官属于法务系统，而警察属于内务系统，二者在组织上的分立是非常明显的。当然这种观点在反对“检警一体化”的同时，也认可该主张具有一定的积极意义，即适应刑事诉讼改革的需要，协调检警关系，加强控诉能力，且对作为现存警检关系基础的“三机关配合制约原则”的批评，也切中要害。[1]

（三）我国检警关系的改革方案

基于“检警一体化”方案，有论者提出了调整我国检警关系的具体设想，包括如下四个方面：第一，确立检察官在侦查阶段的主导核心地位，并增强检察机关对侦查程序的监控力度，使侦查机关的所有诉讼行为，特别是调查、取证行为服从检察机关的领导、指挥和监督，明确侦查权完全是一种依附于检察权的司法权力，废除现行的分工负责、相互制约原则。第二，司法体制改革中应将司法警察划归检察机关领导和管理，将司法警察（目前的刑警）与治安警察分离，对现行公安管理体制进行分流重组。第三，建立检察机关对立案、撤案、结案统一审查制度。第四，实现检察官的社会精英化——这是保障侦、检一体化模式高效运作的基本条件。

另有论者从强化肩负法律监督职责的检察机关对侦查活动的监督职能出发，提出了以检察官对警察的制约机制为基本架构的，完善检警关系的设想，包括加强对立案与撤销案件的监督与制约、对侦查机关强制处分权的监督与制约、检察机关可以根据需要派员参加公安机关对于重大案件的讨论和其他侦查活动，发现违法行为时可及时纠正、明确检察监督与制约的法律效力。[2]

反对检警一体化的研究者也提出了相应的改善我国检警关系的方案，主张应贯彻三项原则：一是检警二元制侦查原则，即大多数案件由公安机关负责侦查，同时检察院享有自侦案件侦查权和机动侦查权。二是保障侦查效率与实现法律控制相结合原则，检察官负责对侦查行为的日常性司法控制，侦查机关在一般刑事案件侦查中居于主导地位，并具有一定的机动权力，包括采取任意侦查、某些轻

---

[1] 龙宗智：“评‘检警一体化’兼论我国的检警关系”，载《法学研究》2000 年第 3 期。

[2] 宋英辉：“刑事诉讼中的警检关系模式——兼谈我国刑事诉讼法之完善”，载樊崇义主编：《刑事审前程序改革与展望》，中国人民公安大学出版社 2005 年版，第 397–399 页。

度影响公民权利的强制性侦查措施。三是法律实效性原则，即落实检察监督的法律效果以及在实践中的贯彻与应用。关于具体的改革方案，这种观点认为，第一，在检警模式上有两种备选方案，一种方案实行双重领导制，即对公安机关的刑事侦查活动实行公安与检察双重领导，类似于缉私警察同时受公安部与海关总署的双重领导机制；另一种方案实行一重领导，一重监督体制，但要强调将监督落在实处。第二，检察机关的监督要实质化，包括监督的范围应扩大，除轻微的强制性措施外，均由检察机关审批；监督措施要配套；管事与管人相结合，赋予检察机关一定的人事惩戒权。第三，赋予检察机关机动侦查权以及对涉及两个侦查机关管辖案件的侦查权。[1]

关于我国检警关系的改革模式，也有论者基于我国司法实践的探索，提出了“检察引导侦查”的建议，这种模式的基础是检警关系应为一种指导与被指导的关系；检察指导侦查是以法律监督手段为保障的检警关系，其实质是检察机关侦查监督的完善与发展，检察指导权来自于法律监督，并由法律监督予以保障，保障手段为程序性制裁、启动制裁程序；检察指导侦查具有实现追诉犯罪与保障人权的双重职能。在这种模式下，检察官对侦查机关享有建议权、程序控制权与制裁权。与检警一体和检警分离模式不同，检察引导侦查是适度的检警分离，双方保有独立的地位，同时检察机关具有优势地位，对侦查机关有指导权，警察负有接受指导的义务。[2]

第二节 侦查行为规范问题研究综述

旨在破获犯罪案件的刑事侦查，因为对公民的权益可能造成的影响，而受到理论研究的关注。刑事诉讼法学界对侦查行为的研究的关注点主要集中在从程序

---

[1] 龙宗智：“评‘检警一体化’兼论我国的检警关系”，载《法学研究》2000 年第 2 期。

[2] 种松志：《检警关系论》，中国政法大学 2006 年博士学位论文，第 165–166 页。

完善的角度，规范审讯以避免、减少刑讯逼供，规范秘密侦查，以预防对公民合法权益的损害等方面的问题。本节对于学界的这些讨论予以简要梳理。

一、完善侦查讯问程序与遏制刑讯逼供行为

侦查中的讯问最易于发生诸如刑讯逼供之类的严重侵犯人权的现象。因此，如何从程序完善的角度预防、遏制刑讯逼供，是学界特别关注的问题。学界的讨论主要集中在如下几个方面。

（一）侦查讯问程序的改革与完善

侦查讯问作为一种刑事诉讼法规定的专门调查手段与措施，由于与刑讯逼供这一困扰我国刑事司法发展的痼疾直接相连，近年来受到了理论界的高度关注。

有论者认为，侦查讯问程序的目的应当定位于，获取犯罪嫌疑人口供与保护犯罪嫌疑人权利的统一，这是刑事诉讼法惩治犯罪与保障人权双重目标在侦查讯问程序中的具体落实。[1]犯罪嫌疑人在侦查讯问中所享有的基本权利包括两项：保持沉默的权利与获得律师帮助的权利。在侦查讯问的手段选择问题上，该学者认为，应当严格禁止刑事逼供，但对威胁、引诱、欺骗的讯问手段应当有限制地允许。虽然我国1996年《刑事诉讼法》第43条明确禁止使用威胁、引诱、欺骗的方法获取口供，但我国侦查实践表明，该条立法并没有得到很好地贯彻、落实，同时西方法治发达国家的经验也表明，此类讯问方法应当得到有条件的允许，因此建议将我国《刑事诉讼法》第43条的规定修改为“禁止实施在当时情况下可能导致犯罪嫌疑人、被告人的供述不可靠的任何语言或行为”。同时，该论者还提出了确保我国侦查讯问程序正当性的一系列配套制度，包括讯问过程的同步录音录像、警察出庭作证制度、对未成年人讯问时有适当的成年人在场、口供排除法则与口供补强法则。[2]

也有论者从侦查实践的现实状况与需求出发，就侦查讯问改革方案提出了不同的观点，认为对于讯问时的律师在场权，在立法过程中应当仅赋予犯罪嫌疑

[1] 徐美君：《侦查讯问程序正当性研究》，中国人民公安大学出版社2003年版，第49–51页。

[2] 同上，第192–195页、第216–320页。

人可以聘请律师在场，但如果律师不能到场，讯问依然可以继续进行，这就意味着国家无需对律师在场权的推行提供财政支持。对讯问录音录像的对象应当有所限定，比如明确规定仅在若干特殊类型的犯罪或者特殊情形的案件中适用；应当确立反对强迫自证其罪原则以及沉默权制度，但应对沉默权规则的各项例外给予充分的体现；取消《刑事诉讼法》第 43 条规定的禁止使用“威胁、引诱、欺骗”的讯问方法，同时确立相应的规范原则；建立鼓励被讯问人自愿认罪的诉讼机制，加大对侦查工作的人、财、物的投入，缓解侦查讯问正当化对侦查效率可能带来的影响。[1]

另有论者从实证研究的角度，对律师在场制度进行了研究，认为律师在侦查讯问时在场能够有效遏制刑讯逼供与非法取证行为，解决非法证据的证明责任问题，同时可以平衡被告人的心理、保障口供质量并能够保障犯罪嫌疑人依法行使诉讼权利。目前律师在场制度在理论与实践中存在的问题为：律师资源的保障、律师在场的定位与角色以及“第一次讯问”的界定等。[2] 也有论者就律师在场制度在实践中的实验效果进行了分析，认为在讯问过程中安排律师在场是可以得到侦查人员的理解与支持的，且对侦查活动的正常进行基本上没有负面影响；律师在场制度由于可以强化侦查讯问的合法性与有效性，减少翻供率，因此对于公正与效率均有促进作用，且犯罪嫌疑人口供的可采性和证明力获得提高，能够促进认罪案件适用简易程序解决，加速我国的程序分流机制的构建。当然，律师在场制度的局限性也是非常明显的，比如诉讼成本过高、律师资源不足，因此有必要在建立律师在场制度时，同时考虑其他替代性措施，如录音录像制度等。[3]

（二）刑讯逼供行为及其治理

1. 刑讯逼供的成因

有论者从社会学的视角，从更为深刻的社会历史发展背景的角度，揭示了刑

---

❶ 郝宏奎：“侦查讯问改革与发展构想”，载樊崇义主编：《刑事审前程序改革与展望》，中国人民公安大学出版社 2005 年版，第 265–271 页。

❷ 樊崇义：“第一次讯问犯罪嫌疑人律师在场项目总结报告”，载樊崇义主编：《刑事审前程序改革与展望》，中国人民公安大学出版社 2005 年版，第 366–369 页。

❸ 顾永忠：“关于建立侦查讯问中律师在场制度的尝试与思考”，载孙长永主编：《现代侦查取证程序》，中国检察出版社 2005 年版。

讯逼供的原因，认为在当下中国反对刑讯逼供的实际是有所保留的，在某种程度上甚至起到了相反的作用，如司法实践中反对的是制造冤假错案的“蛮干型”刑讯逼供，而不是能够发现案件真实的审慎型刑讯逼供。从技术与实践层面，社会公众与司法部门对刑讯逼供有一定的容忍度。主要原因归于目前我国的社会控制、监控能力依然较为薄弱，刑事司法系统依然承担着极重的打击犯罪的角色，因此在某些情况下仍然需要依靠刑讯的方法发挥控制作用。另外，社会条件决定着我国社会证据客观生成机制仍然不够健全、有效，侦查机关依靠刑讯手段获取证据也就成为最为有效与省事的选择。同时，该论者也认为，从我国社会未来发展的长远角度来看，上述支撑刑讯逼供存在的社会条件势必将发生变化，人们社会意识的变化也逐步销蚀着刑讯逼供存在的社会基础，从而使得刑讯存在的社会基础逐步减少直至消亡，刑讯相应的也将遇到越来越严厉的打压与遏制。❶

还有其他论者也从社会学的角度分析了刑讯逼供产生的原因，认为刑讯逼供是刑讯者“过度角色化”的一种表现，是社会对警察以及讯问人员的角色期望给警察带来了较大的压力，从而产生攻击性行为。同时，这种观点还进一步对发生刑讯逼供案件的讯问情境进行了总结，勾勒出三项主要的情境特点：一是从时间上看，几乎所有的刑讯都存在长时间疲劳审讯的情形。二是从地点上看，讯问的场所通常是封闭程度较高的基层公安机关，特别是派出所。三是从参与者来看，发生刑讯时除刑讯者与被刑讯者之外，无第三人在场。此外，就讯问的外部情境来看，司法机关对刑讯逼供一直持功利主义的态度。刑讯的成本低、收益高，作为“经济人”和“理性人”的警察自然会选择这种有效的取证手法。从社会对待刑讯逼供的容忍度来看，程序法、实体法对刑讯的制裁与后果实际上都为刑讯预留了空间，公安机关、检察机关、审判机关实际上也在容忍这种做法，而从社会大众的角度来看，刘涌案充分说明了我国公众对于有罪的被刑讯者的态度。❷

2. 刑讯逼供的治理策略

有论者从完善程序法治的角度提出了五项制度性建设以加强对刑讯逼供的治理：（1）提升犯罪嫌疑人、被告人的诉讼主体地位。具体而言，需要明确规定无

❶ 左卫民、周洪波：“从合法到非法：刑讯逼供的语境分析”，载《法学》2002 年第 10 期。

❷ 吴丹红：“角色、情境与社会容忍　法社会学视野中的刑讯逼供”，载《中外法学》2006 年第 2 期。

罪推定原则，1996 年《刑事诉讼法》第 93 条之规定，赋予犯罪嫌疑人（有例外的）沉默权。（2）扩大辩护律师在刑事诉讼中的作用，加强对犯罪嫌疑人、被告人的人权保护，如增设侦查阶段法律援助的权利以及律师的在场权。（3）完善侦查结构，实行侦检一体化以加强检察官对侦查权的监督，同时应确立司法令状主义。（4）确立非法证据排除规则。（5）建立对刑讯逼供受害人的救济程序，实行刑讯逼供案件的举证责任倒置。[1]

（三）刑事诉讼法关于侦查讯问部分的修改评析

为进一步从制度上遏制刑讯逼供，刑事诉讼法对侦查讯问这一侦查行为进行了较大范围的完善，主要体现在以下几方面。

1. 加强看守所遏制刑讯的作用

“针对司法实践中刑讯逼供行为多发生于将犯罪嫌疑人送交看守所之前的情况”[2]，1996 年《刑事诉讼法》增加规定采取拘留或者逮捕的羁押措施之后，应当立即送看守所羁押，至迟不得超过 24 小时。同时 2012 年《刑事诉讼法》第 116 条明确被羁押的犯罪嫌疑人的讯问地点只能在看守所内进行。这一规定直接针对过去实践中经常发生的送看守所羁押后通过“提外审”的方式，将犯罪嫌疑人带出看守所，在办案场所或其他地点进行刑讯的做法。[3]公安部 1991 年发布的《中华人民共和国看守所条例实施办法（试行）》第 23 条规定，提讯人犯，一般应当在看守所内进行。因侦查工作需要，提人犯出所辨认罪犯、罪证或者起赃的，由县级以上办案机关负责人批准后，可以提解在押人员出所，由于这里的“提解”实践中经常扩大至提出看守所进行讯问，这种提出看守所进行讯问的做法被通俗地称为“提外审”。这一立法变动强调了看守所在遏制刑讯方面应当发挥的作用，这与近年来我国看守所系统进行的大幅度革新直接相关。2009 年“躲猫猫”事件以来，看守所系统推出了多项改革举措，包括全部讯问室实现物理隔离。根据

---

[1] 陈卫东、韩红兴：“论遏制刑讯逼供的程序保障”，载《河南公安高等专科学校学报》2002 年第 2 期、第 3 期。

[2] 郎胜：关于《中华人民共和国刑事诉讼法修正案（草案）》的说明，在 2011 年 8 月 24 日在第十一届全国人民代表大会常务委员会第二十二次会议上发言。

[3] 陈卫东主编：《中欧遏制酷刑比较研究》，北京大学出版社 2008 年版，第 292 页。

公安部发布的看守所建筑设计规范，讯问室内通过铁栅栏的方式将讯问人员与被讯问人员隔离，在这种房间布局内使用殴打、体罚等物理方式进行刑讯基本上得到了禁绝。看守所内电子监控系统逐步完善、严格细化提外审的理由与审批机制等，这些举措正在逐步促使着看守所的中立化，此次立法的修改旨在赋予其并部分监督制约着侦查办案机关的重任。

2. 反对强迫自证其罪原则与鼓励如实回答

2012 年《刑事诉讼法》在证据一章中的第 50 条增加规定“不得强迫任何人证实自己有罪”，确认了国际社会通行的反对强迫自证其罪原则，宣示了犯罪嫌疑人与被告人自愿供述或者反对任何形式的强迫供述的基本权利。反对强迫自证其罪原则的确立进一步明确了我国刑事诉讼中对禁止刑讯以及各种变相刑讯、虐待、不公正待遇的原则与理念，为后续以及未来一系列制度、机制的完善与确立奠定了良好的基础。

社会各界在高度评价这一修改的同时，也对继续保留 1996 年《刑事诉讼法》中的“如实回答义务”表达出较强的异议，多数意见认为二者直接冲突，应当删除如实回答的义务。立法机关在考虑这一条款的过程中认为，一方面，反对强迫自证其罪原则与沉默权制度是两个层次的问题，目前的国情与侦查水平尚不具备确立沉默权制度的条件。即使在确立沉默权制度的国家，犯罪嫌疑人要么始终保持沉默，要么选择供述，但一旦选择供述，则只能如实供述；另一方面，如实回答的规定并非一项义务，因为不如实供述，讯问人员也不能施加任何的压力，犯罪嫌疑人在讯问过程中也不会因为未如实供述承担任何的不利后果抑或责任。相反如实回答的规定是一种倡导性规定，鼓励犯罪嫌疑人如实供述自己的罪行，因此，在本条中可以增加第 2 款规定“侦查人员在讯问犯罪嫌疑人的时候，应当告知犯罪嫌疑人如实供述自己的罪行可以从宽处理的法律规定”，本款规定旨在进一步强化如实回答作为倡导性规定的定位，进一步将坦白从宽刑事政策明确化。

二、秘密侦查的法治化问题

侦查行为本身就具有秘密的特点，而秘密侦查则是侦查中更具神秘色彩的一种侦查方式。这种侦查方式的基本特点是相对于侦查对象来说，该侦查完全是在其不知情的情况下进行的。以这个特点来分析，技术侦查也属于秘密侦查。秘密侦查虽然对侦破犯罪案件、抓获犯罪嫌疑人有难以替代的积极作用，然而，使用不当，也会对公民权利造成损害。因此，如何从程序的角度规范秘密侦查，是学界关注的重点。

（一）秘密侦查的概念

秘密侦查的概念决定着这一制度的研究范围，因此成为探讨秘密侦查问题时首先需要予以解决的一个问题。有论者以“不为当事人所知悉”这一秘密侦查的核心要件出发，将秘密侦查界定为：侦查机关采取隐瞒身份、目的、手段的方法，在侦查对象不知晓的情况下，发现犯罪线索，收集犯罪证据，乃至抓捕犯罪嫌疑人的活动。[1]同样着眼于“秘密”要素，但与上述界定方式略有不同的另一种观点认为，秘密侦查是指侦查机关以揭露和证实犯罪为目的，针对侦查对象使用的，在主观上有强烈的保密需求，客观上采取了一定的保密措施，运用过程中对当事人不公开的一种侦查行为。[2]也有论者在界定秘密侦查时加入了价值判断，认为秘密侦查是指为了侦查某些具有严重社会危害性且采取公开侦查行为难以奏效的犯罪行为，由法定的国家机关或部门在法定职权范围内，依照法定程序采取法定的隐蔽性措施，以查明案情、收集证据和查获犯罪嫌疑人的一种专门调查工作。[3]也有观点从侦查法治化及刑事诉讼法的角度，将秘密侦查界定为，“侦查机关在法律授权的范围内，为了揭露和证实某些社会危害性大且侦破难度高的特殊犯罪，采用特殊技术手段或方法，对犯罪嫌疑人隐蔽实施的侦查行为”。[4]

还有论者从类型化的角度对秘密侦查的概念与研究范围进行界定：秘密侦查是指如被侦查行为相对方知悉，将难以开展或者完成的，那些以隐藏或欺骗的非强制性手段为特征的侦查行为或侦查措施，包括监控型秘密侦查（秘密监控）与乔装欺骗型秘密侦查（乔装侦查）。监控型秘密侦查指侦查人员通过一种不与侦查相对人直接接触的方式，对其与外界的联系、活动或者持有的物品进行秘密监视与控制的秘

---

[1] 何家弘：“秘密侦查立法之我见”，载《法学杂志》2004 年第 6 期。

[2] 艾明：《秘密侦查制度研究》，中国检察出版社 2006 年版，第 16 页。

[3] 谢佑平、邓立军：“秘密侦查的解读与诠释”，载《中国刑事法杂志》2005 年第 6 期。

[4] 张黎：《法治视野中的秘密侦查研究》，北京大学 2006 年博士学位论文，第 7 页。

密侦查方法，表现形式包括跟踪守候、密拍密录、窃听及电话监听等电信控制手段，电子监控、密搜密取、邮检、电子信息截获及控制下的交付等侦查措施；乔装欺骗型秘密侦查是指侦查人员或者侦查机关控制下的线人，通过隐瞒身份或目的的方式，打入犯罪组织或者接近犯罪嫌疑人以获取案件线索、收集犯罪证据的一类秘密侦查活动，表现为卧底侦查、诱惑侦查、线人侦查等侦查手段。[1]

关于秘密侦查的分类，也有其他的观点将其划分为三类：技术性侦查措施（如电子侦听、电话侦听、电子监控、秘密拍照或录像、邮件检查等）、诱惑类侦查措施（机会提供型诱惑、虚示购买、控制下交付）与派遣秘密调查人员类侦查措施（线人、卧底侦查等）。[2] 另有论者将秘密侦查划分为欺诈式秘密侦查措施与非欺诈式秘密侦查措施。欺诈式秘密侦查措施包括刑事特情、控制下交付、诱惑侦查与卧底侦查四类具体手段；非欺诈式秘密侦查措施包括监听、密拍密录、秘密逮捕、密搜密取、邮件检查、跟踪、监视等。[3]

（二）秘密侦查的立法问题

有论者认为，目前我国除人民警察法、国家安全法中对作为秘密侦查手段之一的技术侦查有十分宽泛的授权规定外，其余关于秘密侦查的规定均为内部保密的部门规章甚至是政策性规定。这种法律规范状况，远远不能适应目前侦查实践中秘密侦查大幅度增加适用所带来的各种问题与挑战。[4] 而我国《宪法》第 40 条明确要求，公民的通信自由和通信秘密受法律的保护。除因国家安全或者追查刑事犯罪的需要，由公安机关或者检察机关依照法律规定的程序对通信进行检查外，任何组织或者个人不得以任何理由侵犯公民的通信自由与通信秘密。根据《宪法》第 40 条的规定，限制通信自由的秘密侦查措施必须依照“法律规定的程序”方可实施，而目前我国秘密侦查的立法显然未达到宪法的要求，因此秘密侦查立法是合宪性的必然要求。[5]

---

[1] 程雷:《秘密侦查比较研究》，中国人民公安大学出版社 2008 年版，第 26-27 页。

[2] 唐磊、赵爱华:“论刑事司法中的秘密侦查措施”，载《社会科学研究》2004 年第 1 期。

[3] 俞波涛:《秘密侦查问题研究》，中国检察出版社 2008 年版，第 91 页。

[4] 陈卫东、程雷:“论秘密侦查及其对我国刑事司法制度的挑战”，载《现代侦查取证程序》，中国检察出版社 2005 年版。

[5] 程雷:《秘密侦查研究》，中国人民大学 2007 年博士学位论文，第 566-567 页。

有论者分析目前我国秘密侦查立法滞后的成因，认为传统文化影响下我国的秘密侦查具有浓厚的神秘主义色彩；社会生活习惯中“做而不说”的行为方式，造成目前的立法空白；权力本位观主导下，秘密侦查作为内部规定显然比公开的规定更便于职权机关的使用；重实体轻程序的司法公正观，导致我国司法实践活动中对秘密侦查，仅关注其目的正当性，而对于程序和手段的正当性则重视不够。这种观点进一步将外国有关秘密侦查立法的模式分为诉讼法律模式、综合法律模式与专门法律模式三种，并建议中国采用诉讼法律模式，即在《刑事诉讼法》再修改过程中，将秘密侦查纳入刑事诉讼法典当中加以规范。❶

还有论者从限权与授权的双重视角，对我国秘密侦查立法的需求与方向进行阐释，认为立法的过程既是对侦查机关的授权，也是对它的限权，是社会治安形势发展的客观要求，是诉讼效率与侦查效益的要求，是侦查模式从由供到证向由证到供进行转变的迫切需求，也是适应现代科技发展的需要。❷

另有论者从我国签署与批准的两项公约的落实角度，探讨了秘密侦查立法问题，认为《联合国打击跨国有组织犯罪公约》和《联合国反腐败公约》分别在第20条和第50条对特殊侦查手段作出了规定，允许各国主管机关在其领域内，酌情使用控制下交付或者在其认为适当时使用诸如电子或者其他监视形式和特工行动等其他特殊侦查手段，并允许法庭采信由这些手段产生的证据。在我国政府已经签署并批准上述两公约的情况下，有必要检视目前我国秘密侦查立法的不足，通过更为详细的立法，对特殊侦查手段进行规制。这既是加大打击犯罪的力度、提高侦查效能的需要，也是完善刑事诉讼制度、提高侦查效率的需要，并有助于维护公民权利、构建和谐社会。鉴于对此问题的理论研究已经比较充分，国家对于侦查基础设施的投入也逐年增加，打击犯罪是社会的基本需要，该论者认为当前开展秘密侦查立法已经具有一定的可行性。❸

---

❶ 何家弘：“秘密侦查立法之我见”，载《法学杂志》2004年第6期。

❷ 樊学勇：《犯罪侦查程序与证据的前沿问题》，中国人民公安大学出版社2006年版，第207-211页。

❸ 锁正杰：“特殊侦查手段的适用和立法建议”，载陈光中主编：《联合国打击跨国有组织犯罪公约和反腐败公约程序问题研究》，中国政法大学出版社2007年版，第126-128页。

（三）诱惑侦查的表现形式、法律依据及合法性问题

国内理论界在探讨诱惑侦查问题时，通常认为“犯意诱发型”与“机会提供型”两种诱惑侦查手段是诱惑侦查主要的表现形式。[1]其中针对已经具有犯罪倾向的人实施的诱惑手段，因为只是强化其固有的犯罪倾向，促使其实施具体的犯罪，所以称之为“机会提供型诱惑侦查”；而对原本无犯罪倾向的人实施诱惑，则是引诱其形成犯意，并促使其付诸实施，所以被称之为“犯意诱发型诱惑侦查”。[2]

有论者讨论了实践中大量采用的诱惑侦查法律依据的有无与合法性问题，提出，其一，我国刑事诉讼法以及其他法律、法规当中所规定的侦查手段、侦查措施当中，没有关于诱惑侦查的明确授权规定。根据程序法定、侦查行为法定原理，侦查机关在法无明文规定的情况下使用诱惑侦查手段明显违法。其二，我国刑事诉讼法关于立案程序的规定，要求所有侦查措施只有在立案后方可使用，诱惑侦查多为犯罪发生之前，也就是说立案前采用的侦查手段，明显违背了立案程序的规定。其三，我国 1996 年《刑事诉讼法》第 43 条明确规定，侦查人员必须依照法定程序，收集能够证实犯罪嫌疑人、被告人有罪或者无罪、犯罪情节轻重的证据。严禁刑讯逼供和以威胁、引诱、欺骗以及其他非法的方法收集证据。诱惑侦查明显属于引诱手段的使用，违背了《刑事诉讼法》该条的规定。[3]其四，我国刑事实体法也并没有赋予追诉人员实施犯罪行为的授权，根据现行刑法理论，追诉人员即使为了发现犯罪、查明犯罪，如果在此过程中实施了犯罪行为，同样应当承担刑事责任。[4]

赞同诱惑侦查合法性的研究者，则提出了部分反驳上述质疑的主张，对于第一项质疑，有论者认为，立法不可能涵盖一切合法行为，行为只要符合法律原则的规定就可以推定为合法，法律原则和立法精神是对某一行为性质作出理性评判

---

[1] 考察发现，国内研究著述中较早使用此种分类术语的文献为：马跃：“美、日有关诱惑侦查的法理及论争之概观”，载《法学》1998 年第 11 期；孙长永：《侦查程序与人权》，中国方正出版社 2000 年版，第 39 页。

[2] 马跃：“美、日有关诱惑侦查的法理及论争之概观”，载《法学》1998 年第 11 期。

[3] 马滔：“诱惑侦查之合法性分析”，载《中国刑事法杂志》2000 年第 5 期；张斌、雷建昌：“贿赂案件能否运用诱惑侦查”，载《人民检察》2004 年第 4 期。

[4] 吴宏耀：“论我国诱饵侦查制度的立法建构”，载《人民检察》2001 年第 2 期。

的最高依据，而有局限性的法条只是一个参考。对于第二项质疑，首先，提供机会型诱惑侦查，一般大多是寻找犯罪嫌疑人的过程，基本上都以确定的犯罪线索和特定的犯罪嫌疑目标为开始侦查的必备条件，即先有案件，然后通过立案程序启动侦查程序；在极少数的案件中也存在未经立案程序而进行初步侦查的情况，这应当看作对诱惑侦查这种特殊办案方式的一种例外。其次，我国的立案程序有必要进行改造，因情况紧急而未经立案进行侦查也应准许，因此“提供机会型”诱惑侦查应当是符合刑事程序法发展趋势的。[1]

关于诱惑侦查的讨论焦点在于合法界限的标准。到目前为止，国内形成了主观标准说与兼采主客观两种标准的混合标准说。采用主观标准的观点正是犯意引诱与机会提供两种分类中所体现的相应看法，即凡是没有诱发他人犯意的引诱则可以视为合法的引诱，而在他人没有犯罪意图，通过使用犯罪引诱手法而诱发他人产生犯意的诱惑侦查手法，为非法的诱惑侦查。这种围绕被引诱人犯罪意图探寻相应判断标准的思路，与美国法上的主观标准近似，可以视为主观标准的体现。由于主观标准需要对被引诱人的犯罪意图进行证明与判断，而判断主观意图——人的思想，天然地存在着困难，为了防止犯罪意图的判断在我国的现有司法环境中演变为法官的恣意裁决，有论者进一步主张：应当细化犯罪意图的证明规则，即将犯罪意图的有无转化为是否有犯意表示或犯罪预备行为来证明。[2]这种观点可以看作对主观标准的进一步限制，不仅仅要求存在犯罪意图，而且还进一步要求犯罪意图暴露为外在的意图流露或者更进一步要有相应的犯罪预备行为，这就意味着侦查机关只有在相对人犯罪意图具有一定客观表现行为时，才能使用相应的诱惑侦查手段，促使其犯意转化为犯罪实施行为。

除了主观标准的观点之外，国内也有研究者主张带有混合标准色彩的判断标准。如有论者主张确定诱惑侦查的合法性，应当采用确定诱惑侦查的犯意有无的主观说，并兼采诱惑者是否采取了诱发他人犯意行为的客观说，即采双重检验标准，但客观标准只是在主观标准难以判定的情况下才适用。[3]这种混合标准首

---

[1] 吴丹红、孙孝福：“论诱惑侦查”，载《法商研究》2001 年第 4 期。

[2] 马明亮：“诱惑侦查的法律分析”，载陈兴良主编：《刑事法评论（第 14 卷）》，中国政法大学出版社，第 556 页。

[3] 龙宗智：《理论反对实践》，法律出版社 2003 年版，第 189 页。

先要求适用犯罪意图的主观判断法对引诱行为的合法界限进行判定，在无法作出有效判定时，再借助客观标准中对执法者使用的引诱行为这一客观表现进行判定。判断引诱行为是否适当的标准是“诱惑侦查者是否实施了诱发他人犯意”的行为。对于这一标准值得深究的问题是，何种情况可以视为主观意图不能作出判定；在不能判定被引诱人是否具有犯罪意图时，为何不作出有利于被引诱人的推断，却还要继续进行合法性的判断；客观标准中何为“诱发他人犯意”的行为，既然适用客观标准的前提是犯罪意图的有无无法判定，又何来此处的“诱发犯意”，如果具有客观上的诱发犯意的行为，说明被引诱人本身并无犯意，那么无需通过客观标准，即使是仅仅依靠主观标准也可以得出相同的结论。

另一种混合标准的观点将成立警察圈套的标准细分为三点：首先，确定被告人在被警察引诱之前是否存在犯意，如果不具有犯意，则成立警察圈套。其次，如果具有犯罪意图还需要进一步考量第二项标准：确定被告人的犯罪行为与警察的引诱行为之间是否存在必然的因果联系。所谓“存在必然的因果联系”被解释为：如果没有警察提供机会型的引诱，被告人不会或不可能实施犯罪，而“不存在必然的因果联系”被解释为：被告人即使不被警察引诱，其犯罪也是必然会发生的。最后，在证明上述两点之后尚未完成整个判定过程，还需要确定警察的引诱行为是否遵循了正当程序的其他基本要求，即即使被告人在被引诱之前已经存在犯意，即使不被警察引诱，被告人的犯罪行为也必然会发生，但如果警察的诱惑侦查在程序上存在重大违法行为，如违反了立法中对诱惑侦查的使用原则、范围、对象以及控制程序等相关规定，则也应认定警察圈套成立，诱惑侦查违法。[1]此观点所主张的判断标准的混合性，同时适用了主客观两种标准，还加入了所谓正当程序的要求，在这种标准之下合法的诱惑侦查范围被大大限缩，第一步判断标准是典型的主观说，第二步判断标准引入因果关系的判断公式，表面上看来是体现了客观标准的色彩。

仔细推敲这一公式会发现：这实际上是一种主客观兼有的判断标准，因果关系可以被概括为“若非……不”的简要叙述，即若非警察引诱，他人就不会实施犯罪，而达到这种“若非……不”的结果，既可能是警察引诱行为过度，也可能

---

[1] 陈学权：“程序法视野中的诱惑侦查”，载《中国刑事法杂志》2004 年第 2 期。

是相对人本身有明确的犯罪意图，甚至有初步的犯罪准备，只是在警方引诱的机会出现后实施了犯罪行为。再从反面来看这种因果关系的具体含义，“即使没有警察的引诱，被告人的犯罪行为也必然会发生”，那么如何证明这一命题？在引诱手段已经导致犯罪发生的前提下，判断引诱手段合法性时，却要求判断者假定没有警方的引诱，去考量被告人的犯罪行为是否会发生，这实际上是要求判断者进行一种假设性质的判断。事实证明的不可回溯性使得这种证明过程根本不可能实现。退而求其次，判断者只能假定警方的引诱手段是否为犯罪人在正常的日常生活中所常见，以此来判断在没有警方引诱的情况下，被引诱人在遇到其他类似的犯罪机会或便利时也会实施相同的犯罪，这是西方国家判断标准中的客观说。另外一种使得判断者得出上述心证的证据，可能来自被引诱人自身的情况，即是否具有明显的犯罪意图。在被引诱人已经表示出明显的犯罪意图，其希望或者准备实施犯罪的情况下，即使没有警方引诱，他也可能实施犯罪，分析问题的思路又回到了主观说的标准下。因此无论是正面解释，还是反面解释，因果关系的推理公式自身并不具有独立的判断标准因素，只能是归入主观说或者客观说，或者混合地适用二者。

最后一步判断标准试图赋予诱惑侦查程序合法性的要求，但这一条件的适用前提是法律对诱惑侦查事先设定了比较详尽的明文规定，但比较法上的经验表明，至今为止，使用这种判断标准所要求具备的前提，即诱惑侦查在法律上具有明文规定与相应程序，在多数国家均不具备，主要的原因在于对诱惑侦查进行事先控制的可能性不大。

（四）技侦证据使用问题

2012年《刑事诉讼法》在侦查程序中新增了“技术侦查措施”[1]一节，这一引人瞩目的重大立法变动将长期游离于法治之外的对于打击犯罪与保障人权均具重大意义的技术侦查措施纳入到法律规范之下。其中2012年《刑事诉讼法》第152条专门规定了技术侦查措施获得的材料可以用作证据并规定了相应的庭审使用程序。该条规定“依照本节规定采取侦查措施收集的材料在刑事诉讼中可以作

---

[1] 为论述简洁并遵从实务部门的习惯称谓，以下笔者将“技术侦查措施”简称为“技侦”，将技术侦查措施获得的证据简称为“技侦证据”。

为证据使用。如果使用该证据可能危及有关人员的人身安全，或者可能产生其他严重后果的，应当采取不暴露有关人员身份、技术方法等保护措施，必要的时候，可以由审判人员在庭外对证据进行核实”。从立法过程来看，技侦证据使用问题是撬动政策技侦向法治技侦这一艰难转型的阿基米德杠杆，作为现行刑事诉讼法中对技侦措施实现司法监督的唯一途径，该条立法规定意义重大。遗憾的是，多年来，法律规定基本上流于形式，刑事庭审中对于重大犯罪案件的证明过程中罕见技侦证据的身影。2016 年最高人民法院、最高人民检察院、公安部、国家安全部、司法部《关于推进以审判为中心的刑事诉讼制度改革的意见》第 3 条明确提出“完善技术侦查证据的移送、审查、调查和使用规则”，这一司法改革任务的提出从反面印证了技侦证据不使用抑或无法用、不知如何用等一系列司法困境的存在及改革的迫切性。

法律的生命在于实施，欲破解技侦证据法律实施难题，平衡技术侦查权效能与公民权利保障两项立法目标是当下可以预期的合理路径。[1] 实现平衡目标需要完善一系列基本的技侦证据使用制度予以支撑，包括技侦证据可以用但不是必须用，证据使用的案件范围应当限于两人以上实施的、被告人不认罪的重大毒品犯罪案件；由检察机关而非公安机关决定是否使用技侦证据；技侦材料用作证据的，必须事先告知辩方并经辩方质证方可作为定案根据；技侦证据的形式应当是原始的实物证据，使用传来证据的，应当适用实物证据的鉴真规则；法官可以对技侦证据进行庭外核实，但仍应保障辩方的质证权。为保护技侦措施的方法与过程、国家秘密、公民的人身安全及基本权利，允许在技侦证据使用过程中设置若干变通措施，比如使用证据的替代品、衍生品；对技侦证据的来源予以保密；设立特定律师代理制度，经由特定律师而非被告人本人对技侦证据进行质证。

实现法律目标的平衡需要立法机关与司法实务部门作出各自的努力，从制度建设的角度看，上述制度完善方案部分内容可以通过司法解释的方式予以明确，但也有不少内容属于立法漏洞，需要通过立法解释或者修改法律的方式加以补足，比如他案监听与紧急情形下技术侦查措施的审批程序、检察机关的证据使用决定权、证据阅览范围的例外、特定律师代理制度等问题，唯有通过立法机关才

---

[1] 程雷：“技术侦查证据使用问题研究”，载《法学研究》2018 年第 5 期。

能作出相应的授权。

对公安机关而言，落实法律规定、实现法律目标的平衡显然需要付出更多的努力，技侦证据的使用将极大化地增加技侦执法的工作量与财政支出成本，包括语音等技侦材料的记录、保存、移送、鉴定等环节都需要大量的人力物力支撑。更为要紧的问题是技术侦查部门必须适当分离其情报信息与执法办案两大功能，防止技侦证据的使用对情报信息工作带来消极影响；同时，技侦证据的使用必然会从源头上对技侦取证的合法性程序产生深远影响，必将倒逼技侦部门健全并严格执行取证环节上各种规范化程序，这当然也是技侦立法之初的立法本意。

（五）2012年《刑事诉讼法》中秘密侦查合法化进程评析

2012年《刑事诉讼法》在“侦查章”增设单独一节将秘密侦查手段合法化，授权侦查机关使用技术侦查措施、隐匿身份侦查与控制下交付手段打击犯罪。纵览该节五个条款的规定，分别规定了秘密侦查手段的适用范围、使用主体与执行过程中的期限、保密以及诉讼中的证据使用问题。但这些规定的立法主要意图是扩充侦查手段、增强打击犯罪的能力，而对于保护公民隐私权、规范秘密侦查权的行使，并没有给予足够的关注。如对于技术侦查措施适用范围所指的“严重犯罪”缺乏明确的边界；又如，没有明确何为“经过严格的批准手续”；再如，技术侦查措施的种类与适用对象规定得非常模糊，秘密侦查的期限弹性过大等不足，都说明了此次立法，秘密侦查手段法治化进程中，仅仅迈出了由行政法规制走向程序法规制的第一步，距离法治化的要求还有一定距离。

（六）大数据侦查

自2011年美国相关咨询机构提出大数据的完整概念和构想以来，短短五六年的光景，大数据技术已经成为了影响世界发展格局的大趋势，并在自然科学、商业领域、政府管理等社会各个领域发挥着直接且深远的影响。社会发展形态的变迁直接决定着作为社会控制机制之一的犯罪侦查与预防工作也会相应地作出调整，大数据侦查正在中外警务界得到了愈发广泛的应用。然而，现有的刑事司法规范与体系在大数据侦查蓬勃发展的面前显得十分无力，面对陌生的新型技术手段，何为大数据侦查、如何从法律上评价大数据侦查、如何规制大数据侦查等一系列问题也迫切需要理论界予以回应。

有学者研究结论认为大数据技术在侦查中的各类技术应用方式统称为“大数据侦查”，系指通过计算机技术对数据库进行数据收集、共享、清洗、比对与挖掘从而发现侦查信息的侦查措施与方法。[1]国内有学者对大数据技术在刑事侦查中的具体应用方法进行了更为技术性与具体化的划分，包括数据库搜索、数据碰撞、数据挖掘、数据画像、犯罪网络分析以及大数据公司调取数据。[2]

大数据侦查作为一类伴随着大数据信息技术的发展而兴起的新型侦查手段，凸显出传统法律规范框架的滞后。有学者认为，大数据侦查的法律属性模糊，比如在中国刑事诉讼法的语境中，有三项既有的侦查行为似乎能与大数据侦查产生关联，即搜查、调取与技术侦查，但上述三种侦查行为都难以作为大数据侦查的规范依据，换言之，大数据侦查的法律属性既不是搜查，也不是调取，也不能视为技术侦查。[3]正是基于现行刑事诉讼法及法律解释中侦查行为的分类无法容纳大数据侦查这一新兴侦查措施，公安部在执法细则中将“查询、检索、比对数据”单列为了一种侦查措施，规定进行下列侦查活动时，应当利用有关信息数据库查询、检索、比对有关数据：（1）核查犯罪嫌疑人身份的；（2）核查犯罪嫌疑人前科信息的；（3）查找无名尸体、失踪人员的；（4）查找犯罪、犯罪嫌疑人线索的；（5）查找被盗抢的机动车、枪支、违禁品以及其他物品的；（6）分析案情和犯罪规律，串并案件，确定下步侦查方向的。[4]这一规定凸显出数据比对、挖掘等大数据侦查技术的独立性，侦查部门也已经认识到此类侦查措施与刑事诉讼法已经规定的传统侦查行为之间的差异以及单独予以规范的必要性。

对大数据侦查进行规制具有极大的必要性，体现在两个方面：任何科学技术都是双刃剑，因为科学技术的使用者都是人类，大数据技术概莫能外。大数据技术深度应用的明显代价之一就是全体公民的各类信息都成为了其分析对象。信息社会中的公民为了正常参与社会生活、享受信息社会的各种便利都不得不自愿同意交出各类个人信息，这些海量信息汇总到不同的社会管理机构、单位或者政府机构，大数据侦查将各类数据库中的数据作为了开展侦查的基础条件。在这一过

---

[1][3] 程雷：“大数据侦查的法律控制”，载《中国社会科学》2019 年第 11 期。

[2] 王燃：《大数据侦查》，北京：清华大学出版社 2017 年版，第 109 页。

[4] 《公安机关执法细则（第三版）》第 29-02 条。

程中，与传统的侦查行为仅仅针对具体的犯罪嫌疑人这一特点不同，大数据侦查中全民都成为潜在的侦查对象，大量的公民个人信息在大数据侦查的过程中被储存、比对、挖掘。

大数据也可能犯错，错误原因主要出现在两个方面：一方面，大数据技术通过机器学习与人工智能，根据侦查人员设计的各种模型对数据进行挖掘，而各种算法与分析模型的来源只能是侦查经验的人为积累。人类侦查经验的局限性同样会照搬给机器算法，大数据的预测功能同样会产生错误。另一方面，大数据的挖掘或预测结果取决于数据的质量，作为源头的数据质量瑕疵将直接导致误导性甚至根本性错误。而与商业领域不同，刑事司法领域的容错率相当有限，毕竟刑事司法事关公民的生命与自由。

大数据侦查对刑事程序权利的干预深度与广度甚至超过了技术侦查措施，在大数据时代，公民的日常生活、经济活动、接受政府的管理与服务等方方面面都被各种类型的数据库记录下活动的痕迹，且对于各类记录的留痕，公民本人作为信息主体基本上无从选择。这种监控状况远比技术侦查措施的秘密监控更为深远与广泛，因为在技术侦查面前，公民至少可以选择放弃使用通讯工具、避免进入某些场所、拒绝持有或传递各种物品，从而不会成为通讯监控、场所监控或物品监控的对象。从技术侦查措施的应用过程与成本的角度来看，每一项技术侦查行为都是针对特定目标展开的积极行为，产生的数据量与可投入的侦查资源都是有限的；而大数据侦查的资源多数为社会资源与政府资源，侦查机关主要是共享、使用了已经留存于各类社会数据库、政府数据库中的信息，信息资源更为丰富、使用成本更为低廉进一步促进了大数据侦查的广泛、深度应用。

总体上看，无论是从防范大数据侦查的弊端，还是规制侦查权对公民基本权利的干预角度，抑或基于与技术侦查措施对照的视角，从现有刑事诉讼规范体系的均衡性角度来看，将大数据侦查纳入到法律规范的框架内都具有极大的必要性。

问题与思考

相对于法治发达国家而言，我国侦查制度在整个刑事诉讼制度中的重要地位更为突出，从制度层面予以完善也因此突显。近年来媒体曝光的多起冤假错案反复证明了错案形成的原因大多源于侦查违法行为，由此，对侦查权的有效规制，或者说侦查的法治化问题已经成为决定我国刑事诉讼法治化水平的重要因素。

关于侦查法治原则，未来研究的重点应当关注各项法治原则在我国确立或者贯彻的具体机制，比如侦查保密原则如何细化为各种具体的机制，在侦查效能与无罪推定原则的前提下尽可能地保障诉讼参与人、社会公众的知悉权。再比如，司法审查原则在我国现有的政治框架下能否实现、如何实现？任意侦查原则与强制侦查法定原则在侦查实践中究竟如何？如果这两个概念并无实际作用，其合理因素如何反映到我国的刑事侦查制度中去？在侦查行为部分，本章仅仅探讨了讯问与秘密侦查两大类侦查行为，而与其并列的其他各种侦查行为也都需要分别开展深入研究，特别是随着公民财产权、隐私权观念的日益增强，针对财产与隐私的各种侦查行为的法治化问题日益突出，同时侦查实践中不断涌现出各种新型侦查手段，比如强制采样、电脑比对、数据库分析、网络监控——是科技化时代在刑事诉讼法中必然会有反映，理论界对此应当予以及时回应。

从更为宏观的视角来看，我国侦查法治化课题的研究所秉持的指导思想也需要进行反思，权利保护与权力制约是长期以来为学术界主流观点所坚持的主要思路，然而侦查权的规制需要从侦查权的本质属性与既定目标出发设计相应的策略，强调效率是侦查权区别于检察权、审判权的重要特征，侦查法治化不能采取单向度的思维模式，而应当兼顾侦查效能与人权保障两个基本目标，既要研究各种侦查行为所应当遵循的各种法定程序，也要探索提高侦查效能的各种机制与新型侦查措施，既要研究限制警察权的机制，也要探索侦查权保障措施与侦查权正当行使的替代性侦查行为。举例而言，理论界与实务界长期以来一直呼吁侦查模式应当从“由供到证”向“由证到供”的转化，然而，这一转化的利弊如何，转化是否适用于所有案件等问题，应深入、细致研究。在研究中不能仅限于规范讯问程序，还应当研究各种实物证据取证行为的问题与改进途径。

同时，2012年修正的《刑事诉讼法》，对刑事侦查增加了8个新条文、修改了14个条文，对所有的侦查行为都进行了或多或少的修改，并增加了“秘密侦查”一节作为单独的一类侦查行为。这些修改与变化都需要理论界加强适用研究，关注后续司法解释的动向，评估其对侦查实践与权利保障水平的影响。

由于篇幅的限制，对侦查制度中的其他问题，虽然理论界与实务界也进行了大量的研究，在此未予足够的关注，这些问题包括侦查权的目的与性质等基础理论问题、侦查程序各步骤的改革与完善问题（包括侦查程序的启动、终结等）等具体问题。有兴趣者可以参照本章所列明的参考文献对此予以进一步研究。

三 参考文献

一、论文类

[1] 程雷．大数据侦查的法律控制［J］．中国社会科学，2019（11）．

[2] 程雷．技术侦查证据使用问题研究［J］．法学研究，2018（5）．

[3] 王敏远．刑事审查程序司法控制的理论分析［EB/OL］．中国民商法律网，（2007-01-03）．

[4] 高峰．刑事侦查中的令状制度研究［D］．重庆：西南政法大学，2007.

[5] 程雷．秘密侦查研究［D］．北京：中国人民大学，2007.

[6] 王彬．论刑事搜查［D］．成都：四川大学，2007.

[7] 邱飞．侦查程序中的司法审查机制研究［D］．南京：南京师范大学，2007.

[8] 吴丹红．角色、情境与社会容忍　法社会学视野中的刑讯逼供［J］．中外法学，2006（2）．

[9] 程雷，等．侦查秘密原则初步研究［J］．山东警察学院学报，2006（4）．

[10] 张智辉，邓思清．论我国刑事强制性措施制度的改革与完善［J］．中国检察官，2006（6）．

[11] 左卫民，赵开年．侦查监督制度的考察与反思：一种基于实证的研究［J］．现代法

学，2006（6）.
[12] 袁坦中 . 刑事扣押研究 [D]. 重庆：西南政法大学，2006.
[13] 种松志 . 检警关系论 [D]. 北京：中国政法大学，2006.
[14] 马方 . 任意侦查研究 [D]. 重庆：西南政法大学，2006.
[15] 张黎 . 法治视野中的秘密侦查研究 [D]. 北京：北京大学，2006.
[16] 孙长永 . 强制侦查的法律控制与司法审查 [J]. 现代法学，2005（5）.
[17] 谢佑平，邓立 . 秘密侦查的解读与诠释 [J]. 中国刑事法杂志，2005（6）.
[18] 李箐箐 . 侦查程序诉讼化研究 [D]. 北京：中国政法大学，2005.
[19] 袁志 . 勘验、检查笔录研究 [D]. 成都：四川大学，2005.
[20] 宋英辉 . 刑事诉讼中的警检关系模式：兼谈我国刑事诉讼法之完善 [M] // 樊崇义 . 刑事审前程序改革与展望 . 北京：中国人民公安大学出版社，2005.
[21] 唐磊，赵爱华 . 论刑事司法中的秘密侦查措施 [J]. 社会科学研究，2004（1）.
[22] 陈学权 . 程序法视野中的诱惑侦查 [J]. 中国刑事法杂志，2004（2）.
[23] 何家弘 . 秘密侦查立法之我见 [J]. 法学杂志，2004（6）.
[24] 陈卫东，程雷 . 任意侦查与强制侦查理论之介评：以同意取证行为为核心的分析 [M] // 何家弘 . 证据学论坛（第 7 卷）. 北京：中国检察出版社，2004.
[25] 邓立军 . 秘密侦查法治化研究 [D]. 成都：四川大学，2004.
[26] 宫万路 . 侦查法治论 [D]. 北京：北京大学，2003.
[27] 陈卫东，韩红兴 . 论遏制刑讯逼供的程序保障 [J]. 河南公安高等专科学校学报，2002（2）.
[28] 左卫民，周洪波 . 从合法到非法：刑讯逼供的语境分析 [J]. 法学，2002（10）.
[29] 吴宏耀 . 论我国诱饵侦查制度的立法建构 [J]. 人民检察，2001（2）.
[30] 吴丹红，孙孝福 . 论诱惑侦查 [J]. 法商研究，2001（4）.
[31] 龙宗智 . 评“检警一体化”兼论我国的检警关系 [J]. 法学研究，2000（2）.
[32] 陈卫东，李奋飞 . 论侦查权的司法控制 [J]. 政法论坛，2000（6）.
[33] 陈卫东，郝银钟 . 侦、检一体化模式研究：兼论我国刑事司法体制改革的必要性 [J]. 法学研究，1999（1）.
[34] 宋英辉，张建港 . 刑事程序中警、检关系模式之探讨 [J]. 政法论坛，1998（2）.
[35] 马跃 . 美、日有关诱惑侦查的法理及论争之概观 [J]. 法学，1998（11）.

[36] SUNDBY S E.The Court and the Suspect：Human Frailty，the Calculating Criminal，and the Penitent in the Interrogation Room [J] Washington University Law Review，2020，98（1）.

[37] RODIS A.Fitbit Data and the Fourth Amendment：Why the Collection of Data from a Fitbit Constitutes a Search and Should Require a Warrant in Light of Carpenter v. United States [J] .William & Mary Bill of Rights Journal，2020，29（2）.

[38] LENTINI J J.A Model for Confronting Fire Investigation Errors，[J] .Lincoln Memorial University Law Review Archive，2020，7（2）.

[39] FRENCH D J.The Cutting Edge of Confession Evidence：Redefining Coercion and Reforming Police Interrogation Techniques in the American Criminal Justice System [J] .Texas Law Review，2019，97（5）.

[40] REED A.The Use of False DNA Evidence to Gain a Confession during Interrogation Is Classic Coercion：Why Such Coerced Confessions Should Not Be Admissible in a Criminal Tria [J] .Kentucky Law Journal，2016，104（4）.

[41] ARMALINE W T，VERA SANCHEZ C G，CORREIA M. "The biggest gang in Oakland"：Re-thinking police legitimacy [J] .Contemporary Justice Review，2014，17（3）.

[42] BLADER S L，TYLER T R.Testing and extending the group engagement model：Linkages between social identity，procedural justice，economic outcomes，and extrarole behaviour [J] .Journal of Applied Psychology，2009，94（2）.

二、著作类

[1] 陈华 . 警察法治的理论与实践 [M] . 北京：知识产权出版社，2019.

[2] 李双其 . 大数据侦查实践 [M] . 北京：知识产权出版社，2019.

[3] 王燃 . 大数据侦查 [M] . 北京：清华大学出版社，2017.

[4] 宋寒松. 大数据与职务犯罪侦查 [M]. 北京：中国检察出版社，2017.
[5] 刘伟. 刑事侦查系统论 [M]. 济南：山东人民出版社，2016.
[6] 徐美君. 侦查权的运行与控制 [M]. 北京：法律出版社，2009.
[7] 孙长永. 侦查程序与人权保障：中国侦查程序的改革和完善 [M]. 北京：中国法制出版社，2009.
[8] 程雷. 秘密侦查比较研究 [M]. 北京：中国人民公安大学出版社，2008.
[9] 俞波涛. 秘密侦查问题研究 [M]. 北京：中国检察出版社，2008.
[10] 刘小和. 侦查主体论 [M]. 北京：中国人民公安大学出版社，2008.
[11] 王晓霞. 职务犯罪侦查制度比较研究 [M]. 北京：中国检察出版社，2008.
[12] 杨志刚. 诱惑侦查研究 [M]. 北京：中国法制出版社，2008.
[13] 陈卫东. 中欧遏制酷刑比较研究 [M]. 北京：北京大学出版社，2008.
[14] 陈卫东. 刑事审前程序与人权保障 [M]. 北京：中国法制出版社，2008.
[15] 左卫民，等. 中国刑事诉讼运行机制实证研究 [M]. 北京：法律出版社，2007.
[16] 樊学勇. 犯罪侦查程序与证据的前沿问题 [M]. 北京：中国人民公安大学出版社，2006.
[17] 刘梅香. 刑事侦查程序理论与改革研究 [M]. 北京：中国法制出版社，2006.
[18] 万毅. 程序正义的重心：底限正义视野下的侦查程序 [M]. 北京：中国检察出版社，2006.
[19] 樊崇义. 刑事审前程序改革与展望 [M]. 北京：中国人民公安大学出版社，2005.
[20] 刘方权. 法治视野下的强制侦查 [M]. 北京：中国人民公安大学出版社，2004.
[21] 陈卫东. 刑事审前程序研究 [M]. 北京：中国人民大学出版社，2004.
[22] 陈永生. 侦查程序原理论 [M]. 北京：中国人民公安大学出版社，2003.
[23] 谢佑平，万毅. 刑事侦查制度原理 [M]. 北京：中国人民公安大学出版社，2003.
[24] 龙宗智. 理论反对实践 [M]. 北京：法律出版社，2003.
[25] 徐美君. 侦查讯问程序正当性研究 [M]. 北京：中国人民公安大学出版社，2003.
[26] 宋英辉，吴宏耀. 刑事审判前程序研究 [M]. 北京：中国政法大学出版社，2002.
[27] 孙长永. 侦查程序与人权 [M]. 北京：中国方正出版社，2000.
[28] 陈光中. 刑事诉讼法实施问题研究 [M]. 北京：中国法制出版社，2000.
[29] 何家弘. 外国犯罪侦查制度 [M]. 北京：中国人民大学出版社，1995.

第二十一章　公诉制度

【导读】

公诉制度确立了近现代刑事诉讼的基本结构和职能分工，是刑事诉讼迈向法治与文明的重要标志之一。现代各国的公诉制度主要分为两种类型：一种是公诉独占制度；另一种是公诉兼自诉制度，我国属于后者。我国的公诉制度在借鉴其他国家的同时，又有自己的特点。我国公诉制度的主要特征是：公诉与法律监督相统一；人民检察院是唯一行使公诉权的机关；“公诉人”不是“诉讼当事人”；承担公诉职能的检察机关与公安机关、人民法院互相配合、互相制约。

公诉制度最初源于法国，研究者应当掌握公诉制度的渊源、背景等有关知识和理论。有关公诉权的内涵、性质之争一直是理论界的研究热点之一。我国学者对公诉权的属性认识分歧较大，有行政权说、司法权说、准司法权说或双重属性说、法律监督权说等。与公诉权和公诉制度密切相关的检察权和检察制度同样是研究者必须关注的领域。

不起诉裁量权是公诉权的重要内容，是一种具有终结刑事诉讼功能的重要权力。为了保障不起诉裁量权的公正行使，规范不起诉裁量权已成为刑事司法改革和理论研究的焦点之一。

“捕诉合一”也称“捕诉一体”，是与捕诉分离相对的办案模式，指检察机关将其批捕职能与公诉职能交由同一个检察官承担的办案模式。“捕诉一体”是与捕诉分离相对的办案模式。这是近来检察系统内设机构改革的一项内容，对其理论和实践问题的探讨同样是学界研究的热点。

第一节 公诉权

学界关于公诉制度问题的研究内容较多。我国理论界的探讨主要围绕着公诉权的性质与特点、不起诉制度的完善等问题展开。本节对学界关于公诉制度的讨论进行简要梳理。

一、公诉权的渊源

现代公诉制度是以公诉机关和审判机关职能分离为前提建立的，即控诉职能走向专门化和独立化，控诉权独立于审判权。现代意义的职能分离发生在近代资产阶级革命之后，随着封建专制主义政治制度的废除，近代西方各国均建立了一种以权力分立理论为基础的宪政制度。

现代公诉制度的建立以检察官制度的创立为标志，检察官的创立废除了当时的纠问制度，确立诉讼上的权力分立原则。纠问制度乃中古时期盛行于欧陆的刑事诉讼程序，由纠问法官一手包办刑事之追诉与审判工作。纠问制度深受诟病，一来法官独揽追诉审判大权，欠缺监督制衡；二来法官自行侦查追诉，心理上早已先入为主，根本不可能无偏颇之虞，更遑论公正客观的裁判了。为杜绝流弊，改革的刑事诉讼制度将刑事程序拆解为侦查（追诉）、审判两阶段，由新创之检察官主导侦查程序，原来纠问法官之权力被削弱为单纯之审判官，在侦查、审判两段分离的结构下，侦查结果仅有暂定的效力，案件罪责问题终局之确定，则为审判阶段之任务。实行所谓“控诉原则”，由检察官担任控方，决定是否提起公诉，检察官成为控制法官裁判入口的把关者，法官被局限于被动消极的角色，但也因而保住其作为裁判官不可或缺的客观性。[1]

---

[1] 林钰雄:《检察官论》，法律出版社 2008 年版，第 6–7 页。

在公诉制度发展的过程中，为了防止检察官滥用公诉权，也逐渐出现了一些限制和约束公诉权行使的制度，主要包括：其一，民众的控制和社会的审查。如在美国对于重罪案件，检察官的指控决定一般要经过由普通民众组成的大陪审团的批准。其二，司法审查。如法国重罪案件的检察官起诉需经过法院起诉审查庭的审查批准。在日本某些特殊类型的案件的起诉，如滥用职权案起诉，也要经过法院的审查批准。其三，被害人意志的约束。有些侵犯个人权利的犯罪，检察官的起诉需要建立在被害人的告诉和同意的基础上。这些犯罪，即所谓纳入公诉的亲告罪。[1] 其四，对于公安机关怠于侦查、检察机关怠于起诉的案件，被害人有向法院提起自诉的权利。

二、公诉权的内涵与性质

（一）公诉权的内涵

公诉权是国家对犯罪进行追诉的权力，即国家以法律形式赋予检察机关代表国家依照法律规定行使的诉权。检察机关通过审查起诉、提起公诉和出庭公诉行使公诉权。公诉权是追诉权的一种，在现代刑事诉讼以国家追诉主义占主导的情况下，公诉权是最普遍、最重要的刑事诉追权。有论者认为，应从以下三个方面理解公诉权。[2]

1. 公诉权是一种司法请求权——这是公诉权最重要的特性

公诉权的功能是要求审判机关对刑事案件予以裁决，其中包括要求法院受理从而发动审判程序（但在某些国家为审判发动得慎重和适当性，尤其为保障被告人的权益，需要经过一个法院起诉审查程序，认为案件的公诉合法，才能启动审判）；还包括要求法院给予实体裁决并提供裁决方案和理由。因此这种司法请求权包含审判发动请求权和有罪判决请求权两项内容。公诉请求并不意味着单纯地提出诉愿，在合乎规范的情况下，公诉权具有一种法定的诉讼发动力和约束力，是对法院审判权的制约：其一是对审判发动的制约。审判的被动性决定了无起诉

---

[1] 龙宗智："论我国的公诉制度"，载《人民检察》2010 年第 19 期。

[2] 龙宗智："论刑事公诉制度的几个问题"，载孙谦主编：《检察论丛（第 1 卷）》，法律出版社 2000 年版。

就无审判，即所谓“不告不理”，公诉权制约审判的发动。其二是对审判范围的制约。法院审判的对象必须与公诉指向的人和事保持同一，不能审判未起诉的被告人和未起诉的犯罪（诉审同一性原则）。

这方面有两点值得注意：一是公诉权不具有实体判定权能。所谓实体判定，是指对案件事实的实质性法律关系作出权威性判断，如确认权利的性质和有无、犯罪的成立或不成立等。请求权意味着由受请求主体来进行实体判定，为最终的实体性处置设置前提。二是公诉权不具有最终处置权能。刑事最终处置权，是确定被告人应负的刑事责任的权力，包括刑罚的科处和财产的罚没等。这些对案件实质法律关系的终结性处理与实体性判定一样，应当通过正当的法律程序，由特定的裁决主体来决定。公诉主体原则上无权利用公诉权进行人和物的处罚。而相比之下，无论是行政权，还是审判权，对实体法律关系问题都有判定权和处置权。这是公诉权与行政权、审判权的基本区别。

公诉权是一种诉讼权，即程序性权力，其中包含对人的处置和对物的处置，是为实现实体权利判定与处置所采取的临时性措施，如对嫌疑人的羁押，对涉案财产的扣押、冻结等。不过，在公诉机关运用公诉权决定对案件不起诉时（“消极公诉权”的运用），公诉机关实际是起着一种“司法”的作用，即适用法律对案件进行判定和处置，包括：（1）对被追诉人犯罪和（或）刑事责任的否定；（2）在采用相对不起诉，即有罪不起诉时，不起诉决定中包含对行为的违法要素（事实和违法性）的认定；（3）对相关违法财产的处置。

2. 公诉权是一项犯罪追诉权

公诉权以追究被告人刑事责任、遏制犯罪、恢复被破坏了的法律秩序为使命。因而，就具体案件而论，公诉权因犯罪的发生而产生，因被告人死亡、时效的完成、赦免，以及确定性判决的既判力而消灭。由此在程序工具主义的意义上，称刑事公诉权为请求有罪判决以实现国家刑罚权的一种“助权”，或者说公诉权是刑罚权的实现基础。由于国家刑事法律关系的存在，犯罪行为一旦发生，行为实施者即承担一种由刑事法律关系所决定的义务，即国家对其判定有罪并处以刑罚的权力由此而产生。然而，国家刑罚权的实现必须依赖诉讼的运作，首先是公诉权（刑罚请求权）的发动和实行，而公诉权的实施必须符合一定的诉讼条件，刑罚的确定必须以公诉权的存在为前提。因此，公诉权对于刑罚权具有保障的功能。为实现其功能，公诉权的行使涉及公诉对象及其行为的甄别、公诉的提起和公诉的支持等，通过程序的进行，最终由审判实现其追诉目的。

3. 公诉权是一项具有专属性的法定职权

公诉权是由法律赋予公诉机关行使的一种专门权力，因而具有专属性，这与自诉权由公民普遍享有不同。公诉权在各国一般情况下由检察机关享有。这一权力通常是各国检察机关的主要权力。我国宪法和有关组织法所规定的职权原则对此作了明确肯定。在有的国家，公诉权并非完全由检察机关享有，某些法定的专门机构也在一定程度上享有或实际享有公诉权，如法国，对重罪案件起诉，必须经上诉法院公诉审查庭批准。审查庭有权修改起诉内容。这种强制性改变检察机关初始指控的权力，实际上是审查庭对公诉权的一种分享。多数国家的法院都有权建议和要求检察机关改变指控，但通常认为法院并不因此分享公诉权，就如同检察机关可以建议和要求法院如何判决，却并不因此而分享审判权一样。

公诉权在行使时受到严格的约束，主要表现在：其一，它不适用处分原则。由于公诉权是一种绝对权，其行使乃职务要求，依法律规定。在应当运用权力时，公诉机关必须依法行使其权力。反之，具备追诉条件时不追诉即违反法定职责。其二，它必须受制于一般公权力行使的限制性规范，如必须遵循合法性原则、合理性原则以及程序原则，必须防止权力的滥用。

（二）公诉权的性质

关于公诉权的性质，有论者认为，对我国的公诉权的性质应作如下理解。[1]

1. 从本质属性上看，公诉权是国家专政的工具

犯罪是具有一定的社会危害性、刑事违法性和应受刑罚惩罚的行为，其本质特征是具有相当程度的社会危害性。各种犯罪以不同的危害行为损害着统治阶级的利益，而公诉的目的就在于追诉犯罪，维护统治阶级在政治上的统治和经济上的利益，从其实质上看，公诉权的行使就是一种国家专政活动，是一种维护统治关系的手段。因此，公诉权的本质属性首先应当是它的阶级性。

---

[1] 杨诚、单民主编:《中外刑事公诉制度》，法律出版社 2000 年版，第 11-13 页。

2. 从行使的形式上看，公诉权是国家行使的诉权

所谓国家行使的诉权，即国家对一切危害国家主权、领土完整与安全，分裂国家、颠覆人民民主专政的政权和推翻社会主义制度，破坏社会秩序、经济秩序，以及侵犯公民人身权利、民主权利和其他权利，侵犯国有财产或劳动群众集体所有的财产，以及其他危害社会的，依法应当受到刑罚处罚的犯罪行为行使的诉权，它明显区别于自诉权。在刑事诉讼中，公诉权的地位明显高于自诉权，并优先得到行使。公诉权的这一“国家追诉”特征是适应同犯罪作斗争的一种需要。

3. 从法律属性上看，公诉权是国家以法律的形式赋予检察机关的一种权力

国家为了追究和惩罚犯罪，以维护正常的社会秩序，需要以国家行使诉权的方式来达到上述目的。在我国，宪法、人民检察院组织法和刑事诉讼法明确了人民检察院直接隶属于国家权力机关，是国家行使检察权的专门机关，是行使公诉权的唯一机关。

4. 从权力内容上看，公诉权含有法律监督的属性

我国《宪法》明确规定人民检察院是国家法律监督机关，人民检察院依照法律独立行使检察权。在刑事诉讼中，宪法的这一规定就表现为检察机关在行使公诉权时，每一行为均具有法律监督的性质。例如，公诉人出席法庭、支持公诉的过程中，在行使公诉权的同时，还要对人民法院的审判活动是否合法及判决、裁定是否有误进行监督，而提起公诉本身就是对国家工作人员及其他公民及单位是否守法予以法律监督，即公诉权中含有法律监督的属性。

（三）关于公诉权性质的争议

关于公诉权的性质，人们的意见存在分歧。我国学术界对刑事公诉权性质的不同意见，主要有如下几种。[1]

1. 行政权说

这种观点认为，在刑事诉讼制度演变的历史沿革中，检察官的公诉行为自诞生之日起，就一直是国家的行政行为，在国家权力体系中，刑事公诉权也一直隶

---

[1] 陈卫东主编：《刑事诉讼法学研究》，中国人民大学出版社 2008 年版，第 427 页。

属于行政权。其理由如下。

其一，在大多数国家的政治体制及司法体制中，承担公诉职能的检察机关在性质上都定位于行政机关，检察机关在实际上也隶属于国家行政机关——司法部或法务部，这在世界范围内都是一个不争的事实。

其二，承担公诉职能的检察机关，其组织体制和行动原则具有明显的行政性。检察一体化是检察机关在行使公诉职能时的一项最基本的原则。这项原则强调国家各级检察机关都是一个不可分割的整体，每个检察机关的活动都是整个检察机关活动的有机组成部分，各级检察机关之间在工作中要相互配合与协作。检察一体化原则具体体现在下列四项制度中：一是“阶层式建构”和上级的“指令权”。各国检察机关普遍实行行政机关的“阶层式建构”，上级检察机关对下级检察机关，上级检察官对下级检察官有指挥监督的“指令权”，而下级则有服从的义务。这种纵向位阶制和上下领导关系，是典型的行政性关系，也是刑事公诉权行政性的最突出的体现。二是职务收取和职务转移制。上级有权亲自处理属于下属检察官承办的案件和事项，同时上级检察官有权将下属检察官承办的案件和事项转交其他下属检察官承办，除非受到法律的特别限制。三是官员代换制。参与诉讼、出席法庭的检察官即使中途替换，对案件在诉讼法上的效果并无影响。四是首长代理制。在德国、俄罗斯等国，所属各级检察机关检察官在对外行使职权时，系检察首长的代理人。[1] 上述几项制度体现出检察一体化原则具有明显的上命下从的行政属性。

其三，在现代国家权力体系中，刑事公诉权显然既不属于立法权，也不属于承担依法裁判功能并受宪法保障的独立性司法权，检察机关一直受行政部门的领导和监督，属于行政组织系统，故刑事公诉权只能隶属于国家行政权。

其四，行使刑事公诉权的检察机关在刑事诉讼中代表国家追诉犯罪，在国家起诉原则和起诉法定主义之下，检察机关的诉讼活动更具有主动性、积极性，检察机关的这种职业特质与国家行政权的特征是十分吻合的，而与在社会冲突中始终应当保持中立性的司法权迥然不同。[2]

---

[1] 龙宗智：“论检察权的性质与检察机关的改革”，载《法学》1999 年第 10 期。

[2] 郝银钟：“检察权质疑”，载《中国人民大学学报》1999 年第 3 期。

其五，行使刑事公诉权的检察机关普遍承担侦查职能，有些国家直接将检察机关定性为侦查机关，这是刑事公诉权隶属于行政权的鲜明例证。

2. 司法权说

持这种观点的人发表的论文较多，[1] 其理由如下。

其一，行使刑事公诉权的检察官虽然与法官在刑事诉讼中承担不同的诉讼职能，但在性质上具有“等同性”，即所谓同质不同职。检察官虽非法官，但如同法官般地执行司法领域内的重要功能，而且检察官与法官一样都同样受宪法人身及事务独立性的保障，故检察机关也属于司法机关，刑事公诉权应当隶属于司法权。

其二，刑事公诉权与审判权的“接近度”，以及检察官与法官的“近似性”。检察官具有法律守护人的地位，对检察官和法官而言，事实的查明与法律的判断，应依同一目标行事，因而这是两者可以相提并论的有力论证。尤其明显的例证是检察官终结侦查之后所作的处分。在侦查终结之后，检察官应当依据侦查结果审查是否有足够的犯罪嫌疑提起公诉，此时所作出的决定，与法官随后的裁判决定极为相似。还有的学者提出，检察官与法官密切契合，犹如牵动的钟表齿轮一般，所以，所谓独立的司法权仅在检察官为司法官，并有相应保障的前提下才有可能。

其三，公诉权属于司法权——有利于防范行政不当干预刑事司法。由于现代检察官制度是资产阶级革命的产物，因此防止检察官成为行政的工具，是创制该制度以来的基本要求。如果检察官系行政官，执行任务时就必须受行政指令原则的制约，服从上级指挥，直至服从最高行政官员的命令，刑事追诉就可能不取决于法律的要求，而难以避免成为当权者达到某种目的的工具。

其四，从国家体制看，我国实行的是人民代表大会制，在“一府一委两院”的构架下，检察院与政府机关已彻底分离，体制上已不存在刑事公诉权是行政权的问题，再加上检察机关在我国所具有的特殊法律地位，不但承担法律监督职能，而且在体制上脱离行政系统，成为相对独立的另一类司法权。故应将检察机

---

[1] 龙宗智：“论检察权的性质与检察机关的改革”，载《法学》1999 年第 10 期；龙宗智：“试论检察官的定位”，载《人民检察》1999 年第 7 期；徐益初：“析检察权的性质及其运用”，载《人民检察》1999 年第 4 期；谢鹏程：“论检察权的性质”，载《法学》2000 年第 2 期。

关定位于司法机关。

其五，从司法权的含义看，司法是司法机关依司法程序就具体事实适用法律的活动，具有间接性特征，而行政执法一般表现为在其法定权限内行使权力，具有直接性特征。检察机关参加司法活动，在办理有关案件中采取强制措施，作出决定，是对个案具体事实适用法律的活动，符合司法权的特征。

其六，从诉讼程序看，诉讼是行使司法权的基本形式，检察机关是诉讼活动的主要参加者，刑事公诉权较多地采用诉讼的形式进行。检察官在刑事诉讼中行使侦查、起诉等权力，必须依统一的诉讼程序规定进行，是诉讼中行使司法权的重要部分。刑事公诉权的司法性质是由整个诉讼活动的法律性质决定的，而不能以权力行使方式上某些不同的特征为由，作为否定刑事公诉权司法性质的根据。

其七，从世界范围看，强调刑事公诉权的司法性并由此强化检察机关的独立性，应当是普遍的趋势。

其八，从总体效应上看，将检察权定位为司法权，利大于弊，有利于保障检察机关独立行使职权，有利于检察机关严格执法和有效进行监督。否则，司法的独立和公正确实难以实现。至于检察机关作为司法机关所带来的与审判权的冲突以及控辩平等等问题，可以考虑通过其他方面的制度来调整，并予以协调解决。

其九，检察官在刑事诉讼中以实现法律和维护公共利益为宗旨，是法律的守护人，在查明事实和作出法律判断方面，检察官与法官怀有同样的目标。刑事公诉权的行使不仅是启动司法程序的重大步骤，而且是完成司法程序的重要推动力量。检察官是司法活动的主体之一。

3. 准司法权说或双重属性说

这种观点学者认为，应当以检察机关最主要、最核心的权力，即公诉权作为确定其权力性质的依据。而刑事公诉权是一种准司法权，具有司法和行政的双重属性。[1]

4. 法律监督权说

持该观点的大多为检察系统的一些研究者。他们认为，广义的法律监督权与检察权是同等语义的，作为法律监督机关的人民检察院所拥有的各项职权，都是

[1] 马岭："我国检察机关的性质分析"，载《河南省政法管理干部学院学报》2010 年第 1 期。

由法律监督权派生出来的。检察机关的公诉权隶属于国家的法律监督权，或者称公诉权是法律监督权的具体体现之一。理由如下。

其一，列宁的法律监督理论。列宁指出社会主义国家的法律应该统一：为了维护法律的统一，必须有专门的法律监督机关；法律监督机关与行政机关、审判机关分立，独立行使职权。

其二，在诉讼理论上，我国不实行当事人主义，而采取职权主义，即检察机关在诉讼中不是一方当事人，而是国家公诉人。作为国家公诉人，检察机关不仅要维护国家、社会公共利益、被害人权利，同时也要保护被告人的合法权利，即负有维护司法公正、保障人权的使命。为了保证法律的正确统一实施，检察机关应当具有法律监督权。这体现了检察机关存在的价值，有利于强化其法律监督职能，保证司法公正的实现。[1]

（四）公诉权与有关权力的关系

在刑事诉讼中，公诉权由检察机关行使，而公诉权与所谓的检察权看似相似实则差异巨大。同时，在刑事诉讼中，公诉权与侦查权、审判权既存在分工配合又存在相互制约，以保证法律得到有效准确的执行。

1. 公诉权与检察权

在过去较长的一段时间内，我国的检察活动被认为是一种以刑事公诉为主要职能的活动。至于监督、引导、指挥侦查及直接侦查等职能，均被认为是公诉权说衍生的职能。[2]但随着司法改革的进程，尤其是在监察体制改革后，检察机关面临自身职能的调整。在2018年《中华人民共和国人民检察院组织法》修订中，增加了检察机关提起公益诉讼，对诉讼活动进行法律监督，对判决、裁定等生效法律文书的执行实行法律监督等职能，进而形成包括刑事检察、民事检察、行政检察、公益诉讼检察“四大检察”并行的格局。所谓检察权的内涵大大丰富，公诉权只是“四大检察”中刑事检察的一部分职能。

2. 公诉权与侦查权

侦查权与公诉权都是承担追诉犯罪职能的公权力，由于现代刑事诉讼所追

---

[1] 张穹主编：《公诉问题研究》，中国人民公安大学出版社2000年版，第73–74页。

[2] 朱孝清：“检察的内涵及其启示”，载《法学研究》2010年第2期。

求的价值目标不仅在于打击犯罪，更关注对被追诉者合法权益的保护，因此虽然侦查权与公诉权在追诉犯罪层面具有同质性，但公诉权对侦查权具有明显的监督制约色彩。近来，检察实务界呼吁检察官要在指控、证明犯罪中发挥主导责任。[1]笔者认为，在公诉权与侦查权的相互关系中，这种主导责任主要体现在两个方面。

一是对侦查活动的合法性进行控制。作为公诉权承担者的检察官在创设之初，即承担一项很重要职能，控制警察活动的合法性，摆脱警察国家的梦魇。[2]基于专业化分工而产生的刑事侦查权，因涉及人身自由、私有财产、个人隐私等基本人权，是警察权力中最危险的一种。检察机关通过对侦查行为的监督、对侦查结果的审查、对侦查违法的调查等方式，监督警察在侦查活动中依法规范用权，防止警察恣意行使权力。在我国刑事诉讼中，检察官通过运用法定不起诉或证据不足不起诉，对无辜者进行法律宣告。通过运用相对不起诉或附条件不起诉，对微罪者予以司法宽容评价。通过排除非法证据，保障取证的合法性。通过对侦查活动的监督和引导，规范侦查权力运行，这些都起到了防止警察恣意的作用；[3]二是对侦查取证活动进行引导。公诉引导侦查，是指检察机关为保证侦查机关依法、客观、全面地取证，按照出庭公诉的要求，准确、及时追诉犯罪，对搜集、固定、补充、保全证据，补正证据瑕疵、排除非法证据提出意见和建议。通过加强对侦查行为的引导，提高案件侦查的质量。

3. 公诉权与审判权

在以控审分离为原则的现代刑事诉讼中，公诉权对审判权之间的制约关系包括公诉权对审判权的制约，以及审判权对公诉权的制约。前者主要体现在起诉对审判范围的限定以及公诉机关对法院错误裁判的异议的权力，后者主要体现在法院有权通过对案件本身以及控诉方诉讼行为的审查，对起诉是否可以得到法律的肯定进行司法判断，并最终得出裁决。

（1）公诉权对审判权的制约。

首先，公诉权对审判权的制约，体现在对审判权启动的限制方面。尽管审判

---

[1] 张军：“关于检察工作的若干问题”，载《国家检察官学院学报》2019 年第 5 期。

[2] 林钰雄：《检察官论》，法律出版社 2008 年版，第 7 页。

[3] 孙谦：“全面依法治国背景下的刑事公诉”，载《法学研究》2017 年第 3 期。

权在刑事诉讼程序中处于中心地位，是高于控辩双方的裁判权。但审判权的启动开关，却由公诉权主体来控制。若检察机关没有提起公诉，法院不能跳过公诉径直发起审判程序。

其次，公诉权对审判的范围进行限制。法院审判的内容只限于起诉书中载明的被告人及写明的犯罪事实。在英美法系国家，一般都实行严格的诉因制度。“诉因”一词在英美法系中指的是起诉书中所陈述的犯罪对象，日本在引入这一制度时将其概括为“诉讼的原因”，即诉因。[1]法官只能就诉因的成立与否作出是与否的判断，无权就诉因以外的其他事实和罪名进行审判。在采取职权主义的大陆法系国家，一般不实行严格的诉因制度。职权主义诉讼注重追求实体真实，强调发挥司法机关在诉讼中的职权作用，尤其是法官的主导作用。实行职权主义的国家一般认为诉讼同一仅指事实的同一，只针对特定的行为和被告人，法院只在该范围内裁判。在法律适用上法院是完全自由的，法院不受起诉书及开启审判裁定所适用的法律条文的约束，有权也有义务主动对犯罪行为作出自己的评价。

最后，公诉权可以通过对裁判结果的异议，启动相应救济程序，实现对审判权一定程度上的制约。《德国刑事诉讼法》第 304 条第 1 款规定，检察官对法院在第一审或者上告审程序中作出的所有裁定、裁判，对审判长、法官在侦查程序中所做的决定、命令以及对受命、受托法官作出的决定、命令，不服时准许提起抗告，以法律未明确规定对这些裁定、裁判、决定和命令不得要求撤销、变更为限。对区法院的法官、陪审法庭作出的判决、决定不服时，检察官可以为被告人利益或不利益而上诉。[2]在日本的刑事诉讼中，检察官依法享有抗诉、抗告等上诉权；也可以请求再审。检察总长也可以审判违反法令为由，向最高法院声请非常上告。[3]

（2）审判权对公诉权的制约。

不管是大陆法系还是英美法系，审判权对公诉权的制约具有一定共性，即法院在庭审中，通过对起诉所依据的理由和证据进行审查，并最后对起诉成立与

---

[1] 李扬：“三论诉权理论在刑事诉讼中的导入——刑事诉因制度研究”，载《政法论坛》2009 年第 2 期。

[2] 卜开明：《刑事司法职权配置论》，中国法制出版社 2016 年版，第 94 页。

[3] 宋英辉等：《外国刑事诉讼法》，法律出版社 2006 年版，第 646 页。

否作出法律判断。除此以外，在一些国家，赋予了法院对检察机关提起公诉或作出不起诉决定的审查权，主要包括两种形式：一是对不当起诉的预审权。如葡萄牙刑事诉讼法中规定，法官可以实行预审调查，其目的是确认检察官的起诉，以监督检察官的行为。[1]在美国的预审程序中，预审程序的主要目的在于对控方指控被告人犯罪是否有合理根据进行司法审查，以便撤销缺乏根据或根据不足的指控。二是对不起诉行为的审查权。在英美法系国家，由于起诉便宜主义的广泛应用，检察官的起诉裁量权极少受到限制。对检察官作出的不起诉决定，审判权基本上不予干涉。但在大陆法系国家，由于是实行严格的起诉法定主义，除非不符合法定起诉条件的案件，检察官必须提起公诉。在德国，不起诉裁量权行使的方式有两种：一种是由检察官自己决定是否不起诉，但只限于纯粹财产犯罪的情形；另一种由检察官和法官共同决定不起诉，在检察官决定不起诉时，一般还需要经过法官的同意。在日本一般将不起诉的审查权交给检察审查委员会，但对于特定的案件，法院可以通过准起诉程序来抑制检察官的不当不起诉。[2]

第二节　不起诉制度

不起诉制度是公诉制度的组成部分。不起诉有广义和狭义之分。广义上的不起诉是指国家侦控机关对于不符合起诉条件以及不适宜起诉的案件所作出的不交付审判、撤回指控、终止诉讼程序的处分决定。狭义上的不起诉是指公诉机关因案件不符合提起公诉的法定条件或者没有追诉的必要，而决定不将其提交管辖法院审判，进而终止刑事诉讼程序的法律决定。我国刑事诉讼法规定的不起诉，是指人民检察院对公安机关、纪检监察机关等侦查、调查终结移送审查起诉的案件进行审查后，认为犯罪嫌疑人的行为不构成犯罪或依法不应当追究刑事责任；认

[1] 汪建成等：《欧盟成员刑事诉讼概论》，中国人民大学出版社 2000 年版，第 395 页。

[2] 卞开明：《刑事司法职权配置论》，中国法制出版社 2016 年版，第 97-100 页。

为其犯罪情节轻微，依照刑法规定不需要判处刑罚或者免除刑罚的，以及对于补充侦查的案件，仍然认为证据不足，不符合起诉条件的，应当或者可以对犯罪嫌疑人作出相应不起诉决定，并终止诉讼程序的一种制度。[1] 因此，我国的不起诉为狭义上的不起诉。如无特殊说明，在此所探讨的不起诉均为狭义上的不起诉。

一、不起诉裁量权的特征与效力

（一）不起诉裁量权的特征

不起诉裁量权是指当案件具备法定起诉条件时，检察官依然依法享有的基于自己的认识和判断而作出不起诉决定的处分权力。不起诉裁量权是法律赋予检察机关履行公诉职能的一种特有权力，是起诉便宜原则的具体体现和应有之义。[2]

英美法系国家在起诉问题上奉行起诉便宜主义，检察官对案件享有广泛的不起诉裁量权，很少受到限制。首先，检察官的不起诉裁量权极少受案件范围的限制。其次，检察官的不起诉裁量权包括两项具体内容，即起诉与否的裁量权，和在决定起诉时，选择较轻的罪名或以降格罪名起诉的裁量权。最后，检察官的不起诉裁量权具有很大的独立性。

大陆法系曾一度实行严格的起诉法定主义，否认检察官决定起诉与否的裁量权。但 20 世纪以后，大陆法系国家也开始赋予检察官一定的不起诉裁量权。首先，大陆法系国家检察官享有不起诉裁量权的案件范围仅限于轻微罪，与英美法系国家检察官对几乎所有案件都享有不起诉裁量权有着显著的区别。其次，大陆法系国家检察官的不起诉裁量权在行使时，尤其是在不起诉时，普遍受到一定的限制，而不像英美国家那样由检察机关自由行使裁量权。最后，大陆法系国家对检察官运用不起诉裁量权作出不起诉的案件，一般都设置有制约程序。

我国检察机关的不起诉裁量权具有以下特点。

第一，检察机关不起诉裁量权的案件范围较小。从立法的前后变化明显可以看出，“犯罪情节轻微”显然是基于限制酌定不起诉适用范围的目的而被写入 1996 年《刑事诉讼法》第 142 条第 2 款的目的是将检察机关的不起诉裁量权限

---

[1] 李岚：《论不起诉》，中国政法大学 2007 年博士学位论文，第 3 页。

[2] 同上，第 15 页。

定在犯罪情节轻微的案件，至于犯罪情节较重的案件，检察机关不得作出酌定不起诉。

第二，检察机关不起诉裁量权的实际运用具有相对不确定性。“犯罪情节轻微，依照刑法规定不需要判处刑罚或者免除刑罚”是酌定不起诉的法定条件，标志着检察机关行使不起诉裁量权的权限范围。我国检察机关在行使不起诉裁量权时，首先应当判断案件是否具备适用酌定不起诉的法定条件。每一个法定条件都需要检察机关综合全案作出裁量判断。

第三，检察机关不起诉裁量权以人为单位。在我国，对已经具备不起诉条件的案件赋予检察机关可以不起诉的权力，主要是基于“惩办与宽大相结合”的刑事政策，目的在于促使被不起诉人改过自新。因而，检察机关不起诉裁量权在具体行使时，应当以人为单位，根据具体案件中犯罪嫌疑人的不同情况作出慎重的选择。

第四，检察机关的不起诉裁量权受到严密的事后救济程序的制约。依据我国刑事诉讼法的规定，对于检察机关的酌定不起诉，公安机关有权申请复议、复核；被告人有权向作出决定的检察机关申诉；被害人有权向其上级检察机关申诉、向人民法院提起自诉。这些规定都体现了立法者对检察机关滥用不起诉裁量权的担心。[1]

（二）不起诉裁量权的效力

对于不起诉裁量权的效力问题，有两种不同的观点。一种认为不起诉决定兼有程序性与实体性双重效力，一种认为不起诉决定具有终止诉讼程序继续进行的程序性效力。[2]其中，持双重效力说者认为，起诉裁量权是对犯罪嫌疑人是否起诉作出决断的权力，它所作出的决定不限于只具有程序性的效力，在检察权的范围内，同样具有实体的效力。理由如下：第一，酌定不起诉是以犯罪嫌疑人的行为已构成犯罪为前提的。第二，酌定不起诉不仅是依据程序法，也是依据实体法作出的。第三，酌定不起诉是终局性处分，它不仅具有终止诉讼的程序效力，而

---

❶ 宋英辉、吴宏耀：“不起诉裁量权研究”，载《政法论坛》2000 年第 5 期；宋英辉、吴宏耀：《刑事审判前程序研究》，中国政法大学出版社 2002 年版，第 339 页。

❷ 陈卫东主编：《刑事诉讼法资料汇编》，法律出版社 2005 年版，第 420 页。

且决定本身就是对案件实体问题的一种处分，其实质是在犯罪嫌疑人有犯罪事实的情况下不以犯罪论处，一般会带来其他非刑罚处分的后果。[1] 持程序效力说者认为，不起诉决定不具有实体认定的效力，是一种特殊的权力，其存在的前提条件是案件必须具备法定的起诉条件，检察机关运用不起诉裁量权作出的酌定不起诉决定，是在具备起诉条件的情况下，放弃公诉权的结果。

二、不起诉权的制约机制

（一）我国刑事诉讼法对不起诉权的制约

有论者对我国《刑事诉讼法》关于不起诉的制约，归纳了五个方面。[2]

1. 来自公安机关的制约

1996 年《刑事诉讼法》第 144 条规定："对于公安机关移送起诉的案件，人民检察院决定不起诉的，应当将不起诉决定书送达公安机关。公安机关认为不起诉的决定有错误的时候，可以要求复议，如果意见不被接受，可以向上一级人民检察院提请复核。"

2. 来自上级人民检察院的制约

1999 年《人民检察院刑事诉讼规则》第 306 条规定："最高人民检察院对地方各级人民检察院的起诉、不起诉决定，上级人民检察院对下级人民检察院的起诉、不起诉决定，如果发现确有错误时，应当予以撤销或者指令下级人民检察院纠正。"上级检察机关有三种途径审查下级检察机关的不起诉决定是否"确有错误"：一是不起诉决定备案制度；二是定期专项复查制度；三是对申诉和复核案件的复查。

3. 来自被不起诉人的制约

对于人民检察院依照 1996 年《刑事诉讼法》第 142 条第 2 款作出的不起诉决定，被不起诉人如果不服，可以自收到不起诉决定书后 7 日以内向作出不起诉决定的人民检察院提出申诉。

---

[1] 卫跃宁："不起诉决定作出后能否再行提起公诉"，载《中央政法管理干部学院学报》1998 年第 4 期。

[2] 刘兰秋：《刑事不起诉制度研究》，中国政法大学 2006 年博士学位论文，第 132–133 页。

4. 来自被害人的制约

对于有被害人的案件，被害人如果对人民检察院的不起诉决定不服，可以自收到不起诉决定书后 7 天以内向上一级人民检察院申诉，请求提起公诉。而对于上级人民检察院维持不起诉决定的，被害人可以向人民法院起诉。被害人也可以不经申诉，直接向人民法院起诉。人民法院受理案件后，人民检察院应当将有关案件材料移送人民法院。

5. 来自人民法院的制约

人民检察院对公诉案件决定不起诉后，人民法院可以根据被害人的起诉对案件进行审理，不受不起诉决定的影响。

（二）其他国家刑事诉讼法对不起诉权的制约

无论在英美法系国家，还是在大陆法系国家，对于不起诉权均规定了某些制约机制。

1. 美国的不起诉制约途径

其一，检察官民选制。其二，大陪审团的制约。其三，被害人和法院的制约。其四，州总检察长的制约。如果美国的地方检察官基于被害人的告发拒绝签发指控，那么被害人就几乎不能追究他人的刑事责任，但地方检察官拒绝签发指控时，州总检察长有权签发指控。其五，行业内起诉标准的制约。为了防止检察官不经必要的考虑就随意作出不起诉处分，大检察官事务所大都制定了指控指南。[1]

2. 法国的不起诉制约机制

其一，来自检察官上级的监督。其二，来自预审法官和上诉法院审查起诉庭的制约。在预审过程中受理案件的上诉法院起诉审查庭，可以就检察机关提出的立案侦查意见书中未指出的主要犯罪事实或与之相关联的事实，命令对受到控告的人进行追诉，或者命令对尚未受到审查的人提起追诉。其三，私诉原告人制度。私诉原告人制度又称为民事原告人制度，是指当包括共和国检察官在内的国家公权力作出不予起诉（归档不究）等决定时，受害人有发动公诉的权利，即犯

[1] 杨诚、单民：《中外刑事公诉制度》，法律出版社 2000 年版，第 105 页。

罪受害人通过向刑事法院提起损害赔偿之诉，取得民事当事人地位，发动公诉从而启动国家刑罚权的制度。

3. 德国的不起诉制约机制

其一，对证据不足不起诉权的制约。为了防止检察官利用该条规定将符合证据条件的案件作出不起诉处理，德国刑事诉讼法规定了两种制约途径，即检察系统内部的监督制约和被害人起诉强制制度。其二，对裁量不起诉权的制约。为控制检察机关刑事不起诉斟酌权的适用，各州司法部普遍采用发布起诉标准的方式来进行规范。并且，德国检察官不起诉权的行使绝大多数须征得开始审判程序的法院的同意，只有对行为后果显著轻微尚未受到最低刑罚威慑的案件，检察机关才可以不经法院同意直接作出不起诉决定。

4. 日本的不起诉制约机制

其一，准起诉制度。准起诉制度又被称为交付审判制度，该制度是指对公务员的职权滥用罪或公安调查官、警察职员的职权滥用罪进行告诉或告发的人，如对检察官的不起诉处分有异议，可以请求管辖该检察官所属的检察厅所在地的地方法院将该案件交付法院审判的制度。1999 年的关于犯罪侦查中监听通讯的法律拓宽了准起诉制度的适用范围。其二，检察审查会制度。检察审查会设置在政府法令所规定的地方法院及地方法院支部所在地，其职责为审查检察官的不起诉处分是否恰当，随时向检察长提出关于检察事务改善的建议和劝告。审查后，检察审查会可以作出三种决议：认为检察官不起诉决定错误时，作出“应当起诉”的决议；认为检察官作出的不起诉处分有失妥当但未达到错误的程度时，作出“不起诉不当”的决议；认为检察官的不起诉处分适当时，作出“不起诉适当”的决议。

（三）制约不起诉权的基本原则

对于不起诉裁量权，有论者认为应受到下列原则的制约：第一，法治原则。检察机关的起诉活动属于法律规范的活动，其必然应当依照法律规范进行相应的诉讼活动，这也是程序法治原则的基本要求。检察机关行使检察裁量权时应当依据法律、根据案件的具体情况、基于对案件的认识和判断，自主决定是否提起公诉。第二，公益原则。检察机关的职能是保障国家秩序、维护社会公共利益。检察机关在行使不起诉裁量权时，不应加入个人利益，必须以公共利益为其行为准则。第三，程序原则。就不起诉裁量权本身特点来看，其属于司法裁量权的一种，而司法权运作的最大特点就是其程序性特征。我国刑事诉讼法关于不起诉裁量权有一系列的规定。不起诉裁量权的行使和运作必须遵循相应的程序性规定。[1]

（四）制约不起诉权的相关建议

关于不起诉权的制约，学者们主要建议如下：第一，确立慎用、少用酌定不起诉、存疑不起诉的适用原则。第二，应当明确列出虽符合酌定不起诉、存疑不起诉的条件，但宜于决定提起公诉的案件种类或一般情况。第三，将检察机关关于行使不起诉权的程序规定和上级检察院对下级检察院不起诉决定进行工作复查的规定具体化。第四，建立人大常委会的质询制度。第五，建立健全不起诉案件的错案追究制度。[2]此外，关于检察机关自侦的案件的不起诉监督问题，有人提出应建立对自侦案件的不起诉监督机制，具体从以下三方面入手：一是强化内部制约，严格审查程序；二是加强不起诉的外部监督制约；三是强化上下级人民检察院之间的监督制约。

三、合规不起诉制度

合规不起诉制度是我国为加强民营企业保护，由检察机关开始探索实施企业合规不起诉的制度，其主要特点在于，作出不起诉的理由不是因为犯罪情节轻微，依照刑法可以免除处罚，而是企业积极制定合规计划，对其管理漏洞进行有效弥补，侧重点在于预防企业再次犯罪，属于一种刑事激励措施。

法人犯罪的可责性一直存在争议。传统刑法认为法人既没有可以谴责的灵魂和肉体，也无受刑能力。美国传统理论采取的是代位责任，即上级对员工的行为所承担的责任，但从企业运营的实际情况来看，上级管理者无法做到事必躬亲，要实现有效的管理必须赋予下级员工一定的自主权。在此背景下，代位责任显得

---

[1] 李岚：《论不起诉》，中国政法大学 2007 年博士学位论文，第 143 页。

[2] 周清华："浅谈对不起诉权的监督与制约"，载《人民检察》1997 年第 3 期；张玉坤、孔庆生："论不起诉"，载《法学》1996 年第 10 期。

过于严苛，违背了责任主义的要求。在公司环境中，随着时间的推移，一些公司倾向于内部发展，最终使他们能够自我组织和自我管理。因此，逐渐出现通过企业内部的结构变化和演进，来抵御市场复杂性和随机性，对行为过程进行固定，形成一种组织文化。[1]合规的企业文化是企业作为一种组织所体现出的守法意识，有效的合规计划体现的是企业作为一种组织体对法律的敬畏、遵从，体现的是一种认罪悔罪的态度。对于涉嫌犯罪的企业来说，建立合规制度等于认罪认罚并积极在制度上进行整改，因此可以获得从宽处罚，甚至得到不起诉处理。

有学者对国外的相关制度进行整理，将合规不起诉分为三种模式。

一是主观过错免除模式，主要存在英美法系国家企业合规制度之中，这些国家确立的替代责任原则和统一性原则，强调企业承担刑事责任的基础，要么是公司代理人在职责范围内为公司利益实施的犯罪行为，要么是公司内部的董事、经理等高级管理人员在职责范围内为实现利益所实施的犯罪行为，在这两种情形下，企业要承担法律责任。企业为了免除自身的刑事责任，与代理人或高级管理人员的责任进行有效切割，就必须提出证据证明自身建立并实施了有效的合规管理体系，尽到了合规管理义务，对这些人员的犯罪行为既不存在授意行为也没有失职行为。因此，所谓主观过错免除模式是指，企业通过建立和实施有效合规计划，来证明自身对于关联人员所实施的犯罪行为不存在主观过错，从而免除其刑事责任的出罪模式。

二是法定管理义务履行模式，是指在法律确立“失职性犯罪”的情况下，企业通过建立或者实施合规管理体系来证明自己履行了法律规定的监督和管理义务，从而免除了自身的刑事责任，达成合规出罪的效果。这种模式适用的前提，是会在企业关联人员实施特定犯罪行为的情况下，法律推定企业在预防、阻止关联人员犯罪方面存在失职行为。而企业推行合规管理体系，则成为企业证明自身不存在失职行为的依据，也成为免除刑事责任的依据。法定管理义务履行模式具有以下三个方面的构成要素：其一是法律为企业确立了特定的强制合规义务，要求企业建立合规管理体系。其二是在企业内部关联人员实施特定违法犯罪行为的情况下，企业没有对员工、高管、子公司、第三方关联人员履行监督管理义务，

---

[1] 李勇："企业附条件不起诉的立法建议"，载《中国刑事法杂志》2021 年第 2 期。

存在失职行为。其三是企业一旦建立或者实施合规管理体系，可以将此作为抗辩事由，证明企业发布了合规政策和员工行为守则，对这些关联人员进行了合规培训，对违法违规人员作出过惩戒，尽到了合规管理义务，因此被免除刑事责任。

三是合规考察免责模式，是指在检察机关实施合规考察制度的情况下，对于那些已经构成犯罪的涉案企业，在责令其积极配合、有效补救的基础上，将其纳入合规考察对象，责令其建立有效合规计划，并根据其推进合规管理、展开制度整改的效果，作出不起诉决定。最早确立合规考察免责模式的是美国。20 世纪 90 年代以来，美国联邦检察机关将“审前转处协议”制度适用于企业犯罪案件之中，确立了暂缓起诉协议和不起诉协议制度。涉嫌犯罪的企业经过与检察机关协商后达成协议的，可以在缴纳高额罚款、积极配合、有效补救的基础上，在商定的合规考察期内实施有效合规计划，检察机关根据企业推行合规管理的效果，作出是否提起公诉的决定。[1] 目前，合规考察免责模式，逐渐被英国、法国、澳大利亚、加拿大、新加坡等国家采纳。2020 年以来，在最高人民检察院的指导下，我国一些地方检察机关开始试点企业合规不起诉制度，这种不起诉制度具有一定的合规考察免责模式特点，对于涉嫌轻微犯罪的企业，责令企业聘请外部独立监管人，推行合规管理机制，对于成功建立合规管理体系的企业，经检察机关验收后作出不起诉的决定。

第三节　捕诉（一体）合一制度

2018 年 7 月，最高人民检察院检察长张军提出，以检察机关内设机构改革为突破口，通过重组办案机构，以案件类别划分，实行“捕诉合一”。顾名思义，捕诉合一是指将批捕权和起诉权归于同一个检察官或检察团队行使的制度。在“捕诉分离”的模式之下，批捕权由侦查监督部门行使，公诉权由公诉部门行使，

[1] 陈瑞华：“企业合规出罪的三种模式”，载《比较法研究》2021 年第 2 期。

批捕和公诉由不同部门的不同检察官分别承担。而实行“捕诉合一”之后，这两个部门的职能合并，一个案件的批捕和公诉由一个检察官或检察团队来完成。

一、以往“捕诉合一”的实践类型

即使是在捕诉分离的时期，在实践中也存在“捕诉合一”，主要有如下几种情形。

一是未成年人检察工作中的“捕诉合一”模式。我国未成年人检察系统普遍实行“捕诉监防”一体化办案机制，由一名主任检察官或者检察官办案组同时对未成年人实行审查逮捕和审查起诉。[1]

二是简单案件的“捕诉合一”模式。一些地方检察院认为对简单案件实行“捕诉合一”既不会出现错案，又有利于提高办案效率，如湖北武汉市东西湖区检察院的批捕起诉部统一承担批捕和起诉工作，并将人员分为若干办案组。简易案件的批捕、起诉由一组办案人员全面负责，复杂案件则实行“捕诉分离”，由一个小组负责审查逮捕，另一个小组负责审查起诉。由于基层检察院以简单案件为主，这些地方的检察院实际上对大多数案件实行了“捕诉合一”。

三是专业案件的“捕诉合一”模式。随着社会和科技的发展，犯罪的复杂化、专业化程度不断提高，为适应这种挑战，有的检察机关成立了专业化的办案机构，如生态环境检察部（处）、国家安全和公共安全检察部（处）、金融犯罪检察部（处）、网络犯罪检察部（处）等。这些专门的内设机构办理的专业化案件，大多实行“捕诉合一”办案模式。

四是全面实行“捕诉合一”的模式。例如，重庆市渝北区检察院由刑事检察局承担所有案件的捕诉职能，将人员分为若干个检察官室，批捕和起诉由同一办案人员全面负责；佛山市顺德区检察院则是由公诉局承担捕诉职能，批捕和起诉由办案人员负责到底。[2]

---

[1] 张寒玉、陆海萍、杨新娥：“未成年人检察工作的回顾与展望”，载《预防青少年犯罪研究》2014年第5期。

[2] 伏波：“‘捕诉合一’抑或‘捕诉分离’：实务考察与理论研究”，载《人民检察院组织法与检察官法修议——第十二届国家高级检察官论坛论文集（2016年）》，中国检察出版社2016年版。

二、关于“捕诉合一”的争议

中华人民共和国成立后，检察机关批捕权与公诉权经过了几次合并与分立。对于捕与诉能否合并一直存在较大争议。主要集中在，批捕权具有司法属性，由承担审查起诉职能的检察官行使是否违背中立原则，具体观点如下。

对“捕诉合一”持肯定观点的学者认为，“捕诉合一”是检察机关进行内设机构调整和具体职能整合而采取的措施，在诉讼法理上并无障碍。实行“捕诉合一”确有其益处，理由如下：一是捕与诉之分与合，属于检察机关内部的职能分工，涉及的是内设机构如何设置的组织法意义上的问题，对诉讼法效力没有影响；二是可以避免不同检察官对同一案件进行的重复审查，可以减少工作量；三是可以减少检察机关内部环节，实现部门的整合；四是“捕诉合一”在减少内部环节的同时，有利于激活诉讼机制内的制约机制；五是更有利于检察官加强对侦查活动的引导；六是“捕诉合一”是一种客观存在，非自本次改革始有“捕诉合一”；七是“捕诉合一”是依据案件类型重新划定内部司法职能部门的需要。[1]有学者从检察职能出发，认为具有司法属性的审查逮捕权和兼有行政属性的公诉权是当下检察机关的主要权能，这也是我们讨论“捕诉合一”模式正当性的制度基础。从司法实践层面看，“捕诉合一”模式在实现诉讼目的和提高效率、强化监督和两法衔接等方面具有重要作用。[2]有的学者认为，“捕诉合一”相较于“捕诉分离”的优势有三：一是避免重复劳动，促进办案效率提升。二是避免监督空窗，促进大控方格局构建。三是诉监适度分离，促进监督发力。[3]

对捕诉合一持否定看法的学者认为，“捕诉合一”不符合正当程序原则，也与检察机关强化法律监督的改革路径不相吻合。要坚持“捕诉分离”原则，应当强化审查逮捕制度的司法属性。审查批准逮捕案件应当由与案件没有利害关系的检察官办理，程序应当司法化，对不服逮捕决定者应当建立规范化的救济程序制

---

[1] 张建伟：“‘捕诉合一’的改革是一项危险的抉择？——检察机关‘捕诉合一’之利弊分析”，载《中国刑事法杂志》2018 年第 4 期。

[2] 洪浩：“我国‘捕诉合一’模式的正当性及其限度”，载《中国刑事法杂志》2018 年第 4 期。

[3] 叶青：“捕诉一体’与刑事检察权运行机制改革再思考”，载《法学》2020 年第 7 期。

度。[1]此外，还有学者从与国际保持统一标准的角度出发，认为“捕诉合一”的核心问题在于，由缺乏必要的独立性和中立性的检察官行使批准逮捕的权力，既不符合刑事诉讼制度的发展规律，也违反了《公民权利和政治权利国际公约》等国际性、区域性人权公约的相关规定。[2]

三、“捕诉合一”制度的完善

有学者认为，关于捕诉一体（合一）的改革完善，需要研究的问题还有很多。例如，司法责任制虽然是催生捕诉一体改革的重要因素，然而，这对于解决目前存在的批准逮捕中的问题会产生怎样的影响，需要研究。众所周知，实践中逮捕条件的异化问题，即逮捕条件有异于法定条件，并非个别现象，但这却与捕诉模式关系不大，而主要与错捕的责任问题未能得到妥善解决密切相关。因此，以往审查批捕中出现的将逮捕条件拔高到与起诉条件相当的程度，问题的原因虽然不能简单归因于捕诉是否一体的模式，但是，“谁办案谁决定，谁决定谁负责”的司法责任制下，批捕之后不起诉的责任问题如何解决，则是捕诉一体改革中应当关注的问题。因为，在这种责任制的“压力”下，检察官更会倾向于拔高批捕的标准，以免承担因批捕后案件不能起诉所要承担的责任。在这个意义上，逮捕后不起诉的责任问题，亟待解决，尽管这个问题早就存在，但是，捕诉一体毕竟使之更加突出了。“捕诉一体”作为检察系统内设机构的改革措施，受到学术界和实务界的广泛关注并产生了争议。对此问题的深入讨论，有助于促进我国检察工作的改革与刑事司法改革相协调，提升刑事司法的品质。研究“捕诉一体”问题需要透过关于捕诉一体对逮捕与起诉质量、对辩护权的影响等问题的争议，分析这些问题产生的缘由；应当探讨捕诉一体的功能以及新的刑事司法体制和刑事诉讼体制等影响“捕诉一体”改革的主要因素；妥善解决“捕诉一体”在司法实践中面临的检察工作的相关问题与刑事辩护面临的新问题。[3]

有学者认为，“捕诉合一”制度的完善，应从以下几方面入手：第一，遵循

---

[1] 童伟华：“谨慎对待‘捕诉合一’”，载《东方法学》2018 年第 6 期。

[2] 孙长永：“‘捕诉合一’的域外实践及其启示”，载《环球法律评论》2019 年第 5 期。

[3] 王敏远：“透视‘捕诉一体’”，载《环球法律评论》2019 年第 5 期。

刑事司法原则，包括人权保障原则。检察机关在审查逮捕和审查起诉期间遵守刑事诉讼法规定，不允许检察机关恣意行使公权，并且在侦查权、司法裁量权、起诉权和公民人身自由权之间要实现合理制衡，完善规范化、程序化的制度，保障捕诉权力的理性行使。以及兼顾效率与质量原则。[1]捕诉合一旨在通过两个部门合二为一减少重复工作，重点在于提升刑事诉讼“效率”价值。

第二，入额检察官实行个人负责制、办案质量终身负责制和错案责任倒查问责制。在错案责任倒查问责制度的运行中，当入额检察官认为案件事实不清、证据不足而作出不批准逮捕决定后，可同时将不捕决定、理由及补充侦查提纲抄送本部门办公室备案，建立不捕案件动态跟踪机制，方便有问题可以随时查找和追责；对于羁押必要性审查，也应积极跟进，及时审查羁押是否必要，保证犯罪嫌疑人尽可能避免被羁押。同时，加强对案件质量考评和工作绩效考核，完善案件质量考评机制。

第三，完善监督机制。可以通过划分事权的办法进行改善。案件由同时捕诉的办公室随机轮流分案，各办公室均采用两种模式：一是针对轻微、简单、未成年人犯罪及过失犯罪等刑事案件，由一名承办检察官对同一案件负责办理批捕、起诉工作，负责到底；二是针对重大疑难案件、交办案件，以及涉检涉诉社会影响大的案件，由办公室内承办检察官交叉负责，即同案的批捕、起诉可由同一办公室内的两名不同检察官办理。

也有论者认为：第一，进行逮捕程序诉讼化改造，扩大逮捕必要性的公开审查案件范围。对于基本事实清楚、基本证据扎实，侦查机关、当事人、辩护人等各方对逮捕必要性有争议的案件，原则上均可纳入公开审查的范围，以往在检察实务中顾虑较多的犯罪性质、可能判处的刑罚等与逮捕必要性没有直接关联的问题不宜再列入能否适用公开审查机制的决定性因素。可以依据法律、司法解释、刑事政策设置若干排除适用公开审查的例外情形，如侦查保密需要、拟适用认罪认罚从宽制度等。[2]

第二，改造审查逮捕工作流程。对于完全满足逮捕法定条件的案件，检察官

---

[1] 郭烁：“适应鲜活实践彰显‘捕诉合一’价值”，载 2018 年 7 月 12 日《检察日报》。

[2] 叶青：“关于‘捕诉合一’办案模式的理论反思与实践价值”，载《中国刑事法杂志》2018 年第 4 期。

可以依法决定逮捕，并迅速将工作重心放到引导侦查上来，以庭审指控的需求为导向，提出取证方案、意见，督促侦查机关尽快依法精准地收集、固定证据，避免因工作延误导致证据灭失，在此情况下一名员额检察官已足以胜任。而对于经审查认为可能存在发生冤错案件等办案风险，或者虽已符合逮捕条件但和起诉标准距离较大的，应当重点研判后续侦查方案，必要时启动检察官联席会议机制并报检察长或者检察委员会决定是否逮捕。

第三，办案流程信息化监控、办案队伍专业化建设。其一，流程信息化监控应以“全程留痕以备评查”为首要目标，不应越俎代庖，干扰、代替检察官办案。如果在监控过程中发现检察官所作的司法决定确有错误的，只能视其情节轻重，发出预警信息提醒检察官自查自纠，或者报请检察长、检察委员会予以纠正。其二，信息化监控系统的数据填录工作应纳入司法责任制的范畴，由检察官指导司法辅助人员具体负责，并由检察官承担线下、线上均发生错误的司法责任，由司法辅助人员承担线下正确、录入错误的工作责任。

问题与思考

公诉权叠加法律监督权的立法模式，使得我国公诉制度特色鲜明，而关注公诉权属性问题，则是我国刑事诉讼理论的特色之一。我们需要在这一复杂的讨论背后寻找其缘由，才不至于走入解释我国公诉制度的各种观点所构成的“迷宫”。实际上，重要的不是哪种观点说得更好，而是哪种观点更有助于实现刑事诉讼的实体公正与程序公正的目标。因此，深层次地发掘公诉制度的原理，重要的不仅是为我国的公诉制度提供理论基础，也将为刑事诉讼制度的良性发展提供理论支持。

比较研究为公诉制度的发展提供了新的视野。有关域外辩诉交易、附条件不起诉、量刑建议及起诉阶段的刑事和解等方面的经验，引起国内学者及实务部门的较大兴趣。从近些年来理论探讨和实践探索的这些热点来看，我国刑事诉讼法在公诉制度方面的进一步修改完善应该可以期待。学术研究需要为此进行必要的准备和回应。

在研究我国公诉问题时，公诉中的技术性问题很少被关注。确实，研究公诉问题不仅需要将其置于刑事诉讼的背景之中，而且应将其置于刑事法律制度、司法制度的背景之中，这种宏观的视野很容易受到重视。然而，公诉中的技术性问题同样很重要，对此很少被关注的原因值得深思。在公诉权强大的背景下，兼具监督权而行使的公诉权，研究公诉中的技术性问题显得没有必要。然而，公诉权在现代刑事诉讼中，毕竟只是与审判权、辩护权鼎立存在才有意义的权能，由于辩护权处于较为弱化的地位，使公诉权行使中的技术性问题价值未能体现出来。

捕诉一体或者分离，实践中的做法曾经有过数次变化，对这个问题，学界虽有过讨论，但影响有限。自从2018年最高人民检察院主导的捕诉一体改革方案提出后，捕诉一体模式就引起了学界和实务界的广泛关注，并引发了赞成与异议者之间对相关问题的激烈争论。通过争论可以看到，捕诉一体的改革与司法体制、诉讼程序关系密切，且涉及的范围十分广泛。因此，透过捕诉一体的讨论深入研究这些问题，对于认识检察机关在新的时代背景中更好地履行其在刑事司法体制中的职责，具有重要意义。此外，近两年所倡导的“少捕慎诉慎押”对公诉实践的影响值得关注。

三 参考文献

一、论文类

[1] 陈瑞华. 企业合规出罪的三种模式 [J]. 比较法研究 2021(02).

[2] 李勇. 企业附条件不起诉的立法建议 [J]. 中国刑事法杂志 2021(02).

[3] 刘金林. 刑事公诉与检察公益诉讼衔接问题研究 [J]. 法学杂志 2021(4).

[4] 叶青. “捕诉一体”与刑事检察权运行机制改革再思考 [J]. 法学，2020(07).

[5] 孙长永. “捕诉合一”的域外实践及其启示 [J]. 环球法律评论，2019(5).

[6] 王敏远：透视“捕诉一体”[J]. 环球法律评论，2019(5).

[7] 张军. 关于检察工作的若干问题 [J]. 国家检察官学院学报，2019(5).

[8] 张建伟. “捕诉合一”的改革是一项危险的抉择？——检察机关“捕诉合一”之利弊

分析［J］. 中国刑事法杂志，2018（4）.
［9］叶青. 关于“捕诉合一”办案模式的理论反思与实践价值［J］. 中国刑事法杂志，2018（4）.
［10］洪浩. 我国“捕诉合一”模式的正当性及其限度［J］. 中国刑事法杂志，2018（4）.
［11］谢小剑. 检察机关“捕诉合一”改革质疑［J］. 东方法学，2018（6）.
［12］步洋洋. 除魅与重构：“捕诉合一”的辩证思考［J］. 东方法学，2018（6）.
［13］童伟华. 谨慎对待“捕诉合一”［J］. 东方法学，2018（6）.
［14］孙谦. 全面依法治国背景下的刑事公诉［J］. 法学研究，2017（3）.
［15］张寒玉，陆海萍，杨新娥. 未成年人检察工作的回顾与展望［J］. 预防青少年犯罪研究，2014（5）.
［16］朱孝清. 检察的内涵及其启示［J］. 法学研究，2010（2）.
［17］龙宗智. 论我国的公诉制度［J］. 人民检察，2010（19）.
［18］李扬. 三论诉权理论在刑事诉讼中的导入：刑事诉因制度研究［J］. 政法论坛，2009（2）.
［19］宋英辉. 日本刑事诉讼制度最新改革评析［J］. 河北法学，2007（1）.
［20］樊崇义，叶肖华. 论我国不起诉制度的构建［J］. 山东警察学院学报，2006（1）.
［21］陈光中，张建伟. 附条件不起诉：检察裁量权的新发展［J］. 人民检察，2006（4）.
［22］卞建林，孙锐. 诉审关系论辩：兼论对诉审关系异化的程序性抑制［J］. 环球法律评论，2006（5）.
［23］陈景辉. 原则、自由裁量与依法裁判［J］. 法学研究，2006（5）.
［24］段明学. 法国起诉裁量权的发展及启示［J］. 人民检察，2006（7）.
［25］下城区人民检察院课题组. 构建合理的不起诉权运行模式［J］. 浙江工业大学学报（社会科学版），2005（1）.
［26］刘炽，王建荣. 比较与借鉴：暂缓起诉制度研究［J］. 人民检察，2005（3）.
［27］赵旭光，侯冀燕. 论公诉转自诉制度的功能与实效［J］. 兰州学刊，2005（4）.
［28］宋振国. 我国刑事不起诉问题研究［J］. 人民检察，2005（5）.
［29］赵旭光，侯冀燕. 论对公诉转自诉制度的改造：兼谈对遭遇不起诉之被害人的救济问题［J］. 兰州学报，2005（5）.
［30］成凯. 不起诉的效力与公诉转自诉疑难问题探究［J］. 西南民族大学学报（人文社

科版)，2004（1）.
[31] 黄维智 . 不起诉制度听证程序研究 [J] . 社会科学研究，2004（1）.
[32] 马晓辉 . 不起诉制度之经济学研究 [J] . 检察实践，2004（1）.
[33] 刘根菊，刘少军 . 法国民事原告人制度评价与借鉴：兼论我国公诉转自诉制度的改革与完善 [J] . 比较法研究，2004（3）.
[34] 汪海燕 . 我国酌定不起诉制度的困境与出路：论赋予犯罪嫌疑人选择审判权的必要性 [J] . 政治与法律，2004（4）.
[35] 万毅 . 刑事不起诉制度改革若干问题研究 [J] . 政法论坛，2004（6）.
[36] 李喜春 . 英国起诉自由裁量权之借鉴 [J] . 国家检察官学院学报，2004（6）.
[37] 陈卫东，刘计划，程雷 . 法国刑事诉讼法改革的新进展：中国人民大学诉讼制度与司法改革研究中心赴欧洲考察报告之一 [J] . 人民司法，2004（10）.
[38] 陈卫东，刘计划，程雷 . 德国刑事司法制度的现在与未来：中国人民大学诉讼制度与司法改革研究中心赴欧洲考察报告之二 [J] . 人民司法，2004（11）.
[39] 陈卫东，刘计划，程雷 . 变动不居的意大利刑事司法制度：中国人民大学诉讼制度与司法改革研究中心赴欧洲考察报告之三 [J] . 人民司法，2004（12）.
[40] 李静 . 起诉法定原则与起诉裁量原则：兼论对我国不起诉制度制约机制的补充与完善 [J] . 广西政法管理干部学院学报，2003（3）.
[41] 宋高初 . 日本检察官职权行使制约机制研究 [J] . 法学评论，2003（3）.
[42] 高丽蓉，杨正彤 . 中澳不起诉制度比较研究 [J] . 中国刑事法杂志，2002（3）.
[43] 王超 . 起诉便宜主义相关问题评析 [J] . 国家检察官学院学报，2002（4）.
[44] 孙长永 . 珍视正当程序，拒绝辩诉交易 [J] . 政法论坛，2002（6）.
[45] 林劲松 . 日、德、中三国适用起诉便宜原则之比较 [J] . 浙江大学学报（人文社会科学版)，2002（6）.
[46] 陈光中 . 论我国酌定不起诉制度 [J] . 中国刑事法杂志，2001（1）.
[47] 王圣杨，李生斌 . 中外公诉裁量制度初探 [J] . 安徽大学学报，2001（2）.
[48] 何家弘 . 选择性起诉与辩诉交易 [N] . 检察日报，2001-8-21.
[49] 赵会平，张静 . 刑事不起诉当事人自我救济制度研究 [J] . 中国刑事法杂志，2000（1）.
[50] 汪建成 . 论起诉法定主义与起诉便宜主义的调和 [J] . 中国人民大学学报，2000

（2）.
[51] 谢鹏程 . 论检察权的性质 [J] . 法学，2000（2）.
[52] 樊崇义 . 我国不起诉制度的产生和发展 [J] . 政法论坛，2000（3）.
[53] 王敏远 . 暂缓起诉制度：争议及前景 [J] . 人民检察，2000（4）.
[54] 宋英辉，吴宏耀 . 不起诉裁量权研究 [J] . 政法论坛，2000（5）.
[55] 樊崇义，张建伟 . 自由裁量与不起诉制度的完善 [J] . 人民检察，2000（6）.
[56] 张朝霞 . 德国不起诉制度 [G] // 陈光中，江伟 . 诉讼法论丛（第 4 卷）. 北京：法律出版社，2000.
[57] 陈卫东，郝银钟 . 侦、检一体化模式研究：兼论我国刑事司法体制改革的必要性 [J] . 法学研究，1999（1）.
[58] 郝银钟 . 检察权质疑 [J] . 中国人民大学学报，1999（3）.
[59] 徐益初 . 析检察权的性质及其运用 [J] . 人民检察，1999（4）.
[60] 赵永红 . 公诉权制约研究 [J] . 中央政法管理干部学院学报，1999（4）.
[61] 龙宗智 . 试论检察官的定位 [J] . 人民检察，1999（7）.
[62] 龙宗智 . 论检察权的性质与检察机关的改革 [J] . 法学，1999（10）.
[63] 宋英辉，陈永生 . 英美法系与大陆法系国家检察机关之比较 [J] . 中央检察官管理学院学报，1998（3）.
[64] 李永鑫，吴步钦 . 论不起诉权的正确行使 [J] . 中国刑事法杂志，1998（3）.
[65] 陈国庆 . 论适用不起诉的几个问题 [J] . 中国刑事法杂志，1998（4）.
[66] 陈卫东，李洪江 . 论不起诉制度 [J] . 中国法学，1997（2）.
[67] 姜伟 . 我国不起诉制度的特色 [J] . 检察理论研究，1996（5）.
[68] 何家弘 . 论美国检察制度的特色 [J] . 外国法译评，1995（4）.
[69] MELDRUM R C，STEMEN D，KUTATELADZE S D.Progressive and Traditional Orientations to Prosecution：An Empirical Assessment in Four Prosecutorial Offices [J] .Criminal Justice and Behavior，2021，48（3）.
[70] MENDLOW G S.The Moral Ambiguity of Public Prosecution [J] .The Yale Law Journal，2021，130（5）.
[71] QUINTAS J，SOUSA P.Does a Coordinated Program between the Police and Prosecution Services Matter? The Impacts on Satisfaction and Safety

of Domestic Violence Victims [J] .Criminal Justice Policy Review，2021，32（4）.

[72] SCHLUETER D A，SCHENCK L.National，Military，and College Reports on Prosecution of Sexual Assaults and Victims' Rights：Is the Military Actually Safer than Civilian Society? [J] .Gonzaga Law Review，2021，56（2）.

[73] PICKERELL H.Critical Race Theory & Power：The Case for Progressive Prosecution [J] .Harvard Black Letter Law Journal，2020，36（1）.

[74] JONES M J.Determining Whether the Collateral Consequences of a Defendant's Prosecution and Conviction Can Serve as a Basis for a Downward Departure in Federal Sentencing [J] .American Journal of Trial Advocacy，2020，44（1）.

[75] BELLIN J.Defending Progressive Prosecution：A Review of Charged by Emily Bazelon [J] .Yale Law & Policy Review，2020，39.

二、著作类

[1] 樊崇义 . 检察制度原理 [M] . 北京：中国人民公安大学出版社，2020.

[2] 卜开明 . 刑事司法职权配置论 [M] . 北京：中国法制出版社，2016.

[3] 林钰雄 . 检察官论 [M] . 北京：法律出版社，2008.

[4] 樊崇义，等 . 域外检察制度研究 [M] . 北京：中国人民公安大学出版社，2008.

[5] 王新环 . 公诉权原论 [M] . 北京：中国人民公安大学出版社，2006.

[6] 彭东，张寒玉 . 检察机关不起诉工作实务 [M] . 北京：中国检察出版社，2005.

[7] 贺恒扬 . 公诉论 [M] . 北京：中国检察出版社，2005.

[8] 张培田，张华 . 近现代中国审判检察制度的演变 [M] . 北京：中国政法大学出版社，2004.

[9] 孔璋 . 中美公诉制度比较研究 [M] . 北京：中国检察出版社，2003.

[10] 陈光中 . 辩诉交易在中国 [M] . 北京：中国检察出版社，2003.

[11] 陈光中 . 中德不起诉制度比较研究 [G] . 北京：中国检察出版社，2002.

[12] 宋英辉，吴宏耀．刑事审判前程序研究［M］．北京：中国政法大学出版社，2002.
[13] 杨诚，单民．中外刑事公诉制度［M］．北京：法律出版社，2000.
[14] 郝铁川，陆锦碧．杨兆龙法学文选［M］．北京：中国政法大学出版社，2000.
[15] 江礼华，杨诚．外国刑事诉讼制度探微［M］．北京：法律出版社，2000.
[16] 张穹．公诉问题研究［M］．北京：中国人民公安大学出版社，2000.
[17] 王敏远．刑事司法理论与实践检讨［M］．北京：中国政法大学出版社，1999.
[18] 刘生荣，蔺剑，张寒玉．刑事不起诉的理论与司法实务［M］．北京：中国检察出版社，1998.
[19] 陈兴良．刑事诉讼中的公诉人［M］．北京：中国人民公安大学出版社，1997.
[20] 张穹．人民检察院刑事诉讼理论与实务［M］．北京：法律出版社，1997.

第二十二章　一审普通程序

【导读】

刑事一审普通程序是刑事案件初次审判的基本程序，在整个审判体系中具有基础性的位置。研究一审普通程序应把握有关审判的基本含义与基本原理，掌握审级制度的基础知识。对一审普通程序的研究不仅需要熟练掌握我国刑事诉讼法关于一审程序的规定，还应了解《人民法院组织法》和《法官法》等法律规定，了解相关司法解释与规范性文件及我国刑事政策中有关审判程序、制度的规定。同时理解我国《宪法》关于“人民法院审理案件，除法律规定的特别情况外，一律公开进行”“被告人有权获得辩护”，以及“人民法院依照法律规定独立行使审判权，不受行政机关、社会团体和个人的干涉”等规定的要求，还需要对有关审判程序司法改革的理论与实践，尤其是推进以审判为中心刑事诉讼制度改革的理论与实践有所了解。这些内容是研究我国一审普通程序必需的基础知识与不可缺少的背景资料。

研究一审普通程序，应关注当事人主义审判模式、职权主义审判模式及混合审判模式的理念和结构，了解现代刑事审判模式的改革脉络与方向，特别是近年来一些国家如日本、意大利和俄罗斯的审判模式改革的背景和内容，对国际刑事司法准则有关审判程序的规定有所了解，如《国际律师协会关于司法独立最低标准的规则》，联合国《关于司法机关独立的基本原则》等。这些知识也是研究一审普通程序不可或缺的基础知识。

刑事第一审程序作为法院对刑事案件的初次审判程序，是第二审程序、再审程序的基础。对这些程序进行研究应从一审程序基本问题入手。本章在考察学界关于一审程序问题讨论的基础上，探讨进一步深入研究一审程序需要关注的理论和实践改革等前沿性和探索性的问题。

第一节 刑事一审普通程序概述

刑事一审普通程序，是指人民法院对人民检察院提起公诉以及自诉人提起自诉的案件进行初次审判的程序。刑事一审普通程序主要包括庭前审查、庭前准备、法庭审判、延期和中止审理等诉讼阶段。在此讨论的刑事一审普通程序专指人民法院审判第一审刑事公诉案件所适用的程序，属于狭义的一审公诉案件审判的基本程序。因而，不包括自诉案件一审程序、简易程序以及缺席审判程序。鉴于公开审判原则理论界已形成共识，直接言词原则在其他章节（如证人作证制度、鉴定人出庭作证制度）已有讨论，在此不作论述。

刑事一审普通程序是整个刑事诉讼中最基本的程序，是其他审判程序的基础，也是对被告人有罪与无罪、轻罪与重罪等实体问题作出裁决的必经程序。一个刑事案件的实体处理，或许不经过二审及其他后续程序，但是绝不可能不经过第一审程序。因而，一审程序在整个审判程序中具有举足轻重的地位，这一程序是最集中、最充分体现刑事诉讼法中具有权利保障价值之各项基本原则的程序。[1] 对这一程序进行深入研究，有助于推动刑事诉讼制度的完善、推进我国司法改革的进程和实现刑事诉讼犯罪控制和人权保障之双重目的。刑事一审普通程序的审判质量不仅关系到犯罪控制与人权保障的诉讼目的实现，也关系到当事人合法权益保障的落实。刑事诉讼其他后续程序，如二审、死刑复核、再审等，都是对一审程序的检验和监督程序。推进以审判为中心的诉讼制度改革，一审程序是中

---

[1] 例如，审判公开原则、被告人有权获得辩护原则、司法机关独立原则、无罪推定原则、直接言词原则以及控辩平等原则等。

心、庭审环节是关键。刑事一审程序在刑事诉讼中居于最重要的地位，作为审判程序的基础性程序，其价值不仅在于检验侦查、起诉的质量，而且在于通过以控辩审三方为主角的庭审，使以公开、公正之方式实现正义成为可能。从程序正义的角度来，刑事诉讼中控辩审三方之间的应然关系，特别是控辩平等、控审分离等刑事诉讼法的基本原则，在一审程序的设置中应当得到最为充分的落实，因此，深入研究第一审普通程序对于完善整个审判制度具有特别重要的意义。对于我国一审程序的研究除掌握我国《刑事诉讼法》第三编第二章“第一审程序”的第一节“公诉案件”外，还应关注修改内容的变化，如开庭前准备程序、案卷移送制度、证人和鉴定人出庭、认罪认罚案件程序等的变化，特别是应关注作出证据不足的无罪判决后再次审判可以作出有罪判决等问题。

第二节　一审普通程序研究综述

学界以往关于一审普通程序的讨论较多，基于深入研究的考虑，本节仅对学界讨论的案卷移送与公诉审查程序、庭前会议制度、检察机关撤回公诉制度、人民法院变更指控罪名，以及“庭审实质化”等方面的问题予以梳理和综述。

一、案卷移送与公诉审查程序

《刑事诉讼法》在1996年修正之前实行案卷移送制度，法官在开庭前对案卷细致阅读，当对被告人定罪存在疑惑或者指控犯罪证据不足时，则采取讯问被告人、询问证人、勘验检查、鉴定等庭前调查方式予以核实，甚至不惜自行补充控方未收集的证明被告人有罪的证据材料。这种做法使得后继的审判程序成为法官对审前预断的核实或者验证程序，审判程序不再具有听证的实质性意义。1996年《刑事诉讼法》吸收了“起诉状一本主义”因素，将案卷移送制度改造为复印件移送制度。这种具有折中主义的“中间道路”因遗留影响法官产生预断的可能，被有些学者视为导致庭审空洞化的原因。2012年的《刑事诉讼法》又退回1979年《刑事诉讼法》的“案卷移送制度”的原位。2012年《刑事诉讼法》修改为，“人民法院对提起公诉的案件进行审查后，对于起诉书中有明确的指控犯罪事实的，应当决定开庭审判”。

从庭前公诉审查制度保持检察官与法官职权分工的程序视角来看，2012年《刑事诉讼法》如果是简单地恢复1979年的“案卷移送制度”并在实施中不改变程序安排，这种制度不是一种职权主义的回归，而是一种程序正义的倒退。[1]因为1996年存在的“辩护人的阅卷权”行使不充分问题，以及法官庭前不了解控辩双方的争点影响诉讼效率问题，在这次修法中已经解决。如辩护律师在人民检察院审查起诉之日可以复制本案的案卷材料，原来案件移送法院前辩护律师无法获得案卷材料的问题已经不复存在，况且在开庭以前，审判人员可以召集公诉人、当事人和辩护人、诉讼代理人，对回避、出庭证人名单、非法证据排除等与审判相关的问题，了解情况，听取意见，尤其是最高人民法院在司法解释中赋予了庭前会议更多的功能与任务，律师在庭前会议中能够与控方进行一定程度的交流。有论者指出，这就使得中国的刑事审判制度回到1979年的原点，也标志着从1996年以来开始的制度改革探索宣告失败。[2]但立法机关认为，这“不是简单地退回到1979年刑事诉讼法的规定，是对庭审方式的进一步改革完善”。[3]然而，现在的案卷移送制度的背景和环境虽然不同于1979年，但仍存在需要讨论的问题。

一是对案件移送制度应当按照现代程序理念予以理解或者解释，摆脱刑事诉讼仅仅作为办案机关便利工具的思维与窠臼。在程序设计上更应倾注于审判的直接言词原则，保障证人、鉴定人出庭作证，而非因庭前知悉案情，即使在公诉人、当事人和辩护人、诉讼代理人对证人证言有异议，且该证人证言对案件定罪量刑有重大影响仍认为证人没有必要出庭，使庭审也随案卷移送制度回归到1979年《刑事诉讼法》的书面审的状态。

---

[1] 郭华：“我国案卷移送制度功能的重新审视”，载《政法论坛》2013年第3期。

[2] 陈瑞华：《刑事诉讼的中国模式》，法律出版社2018年版，第264页。

[3] 李寿伟主编：《中华人民共和国刑事诉讼法解读》，中国法制出版社2018年版，第458页。

二是在程序制度安排上应将案卷移送制度与辩护律师的阅卷制度、庭前会议制度结合起来考虑，实行庭前接受移交案卷的程序审查制度。一方面，由法院对公诉机关移送的案卷材料进行审查，从实质上将不具备起诉条件的案件拦挡在审判程序之外，以免轻率地将被告人交付审判，使庭前审查程序真正发挥“案件过滤和人权保障”的功能，不得因案卷移送断送这一功能；另一方面，法院的庭前会议仅限于解决庭审中的程序性问题，不得成为实质性审判程序甚至成为定案程序，以便使新增加的制度发挥功能（以免在庭审中证人、鉴定人出庭作证制度、非法证据排除制度、量刑相对独立制度流于形式）。如果解决不好这些问题，新增加制度叠加之功能不仅在实施中不会得到强化，反而会因制度之间相互牵制，而影响各自功能的发挥。

三是在机制上应建构法庭审判中的新机制，即法官改变积极发现真实的庭审角色而转向保持中立；检察官以当事人地位进行诉讼；辩护人负起调查有利被告证据以及积极抗辩的责任。同时，建立案卷移送后的法官通知辩护人、诉讼代理人制度，以便辩护人及时阅卷；人民检察院不得在庭前会议前“取回有关案卷材料和证据”，防止案卷移送仅仅作为保障法官熟悉案情、甚至书面审理资料的制度；辩护人针对庭前会议争议的内容有权再次阅读移送的案卷材料；对人民检察院未移送的案卷证据不得作为庭审证据出示，以免辩护律师未能知悉案卷的全部内容，从而影响其在庭前会议和庭审中作用的有效发挥。[1]

二、一审程序的庭前会议制度

庭前会议是2012年《刑事诉讼法》新增加的一项制度。2017年《人民法院办理刑事案件庭前会议规程（试行）》（以下简称《庭前会议规程》）《人民法院办理刑事案件第一审普通程序法庭调查规程（试行）》（以下简称《法庭调查规程》）等规定的实施，在诉讼制度上也有所突破，如庭前合意排除法则、刑事庭前会议报告对庭审的约束力等。但庭前对抗式调查与庭前申请引导机制的缺乏、庭审中不当申请的惩罚规定缺失以及主持刑事庭前会议的法官与主持庭审法官未分离等

[1] 郭华：“我国案卷移送制度功能的重新审视”，载《政法论坛》2013年第3期。

问题，依然亟待解决。庭前会议制度在实践中导致法官无所适从，实践效果不佳。庭前会议的立法预设目的没有完全得到实现。[1]有学者认为，“这一程序设计允许法官于开庭前，在控辩双方同时参与下，对案件的程序性问题集中听取意见。这样规定有利于确定庭审重点，便于法官把握庭审重点，有助于提高庭审效率，保证庭审质量。本款规定的审判人员可以是合议庭组成人员”。[2]庭前会议的制度定位是程序性审查，而在司法实践中，庭前会议呈现出明显的“实体化”倾向，并僭越立法定位，在一定程度上有取代正式庭审的征兆。

由于我国庭前会议与国外的规定不同。我国理论界研究者基于不同的标准，对庭前会议制度的理论与实践，提出了不同的观点与看法。对于刑事庭前会议制度之性质、功能以及作用在理论上存在不同观点。有论者认为，刑事庭前会议程序的建构应当紧紧围绕可能直接影响审判效率的问题展开，旨在为庭审扫清阻碍、保证庭审集中审理。也有观点认为，在刑事庭前会议制度的构建与完善中，立法者应当以防止庭审法官预断、促进司法公正为第一位的价值目标，至于效率，则是刑事庭前会议制度价值体系当中不可或缺的必要补充。对此，笔者认为，以效率作为唯一价值或者主要价值的做法，无法有效发挥庭前会议制度本身可能具有的潜在功能。有论者认为，刑事庭前会议制度承载了公正与效率价值，具有强化庭审中心地位、程序分流和防止庭前预断等功能。还有论者认为，应当在刑事庭前会议中解决非法证据的排除问题。也有观点认为，应当在刑事庭前会议中听取控辩双方对非法证据排除的意见，在正式刑事庭审中决定是否启动非法证据排除程序。有论者支持，庭前会议中审判人员不能行使裁决权并不意味着无所作为，他完全可以而且应当积极地沟通协调，引导乃至促进控辩双方达成合意，以尽可能多地解决所涉问题。[3]尽管《庭前会议规程》以合意制等规定，在一定程度上强化了庭前会议的效力，但实践中，庭前会议很难起到预设的作用，因为这种合意制并不具有强行性之效力。

关于完善庭前会议制度。有论者指出，与定罪量刑相关的事实和证据等广泛

---

[1] 左卫民．“未完成的变革：刑事庭前会议实证研究”，载《中外法学》2015 年第 2 期。

[2] 李寿伟主编：《中华人民共和国刑事诉讼法解读》，中国法制出版社 2018 年版，第 460-461 页。

[3] 郭华：“刑事庭前会议制度的功能与价值——以审判为中心诉讼制度改革背景下的思考”，载《人民检察》2016 年第 5 期。

的实体性问题被纳入庭前会议处理事项导致庭前会议“实体化”，庭前会议召集人兼任庭审法官使法庭审理虚置。因此，应当将庭前会议处理事项严格限定为程序性事项，使庭前会议功能回归立法初衷；应当将召集庭前会议的审判人员与参与法庭审理的法官相分离，防止庭前预断；法律应当明确赋予庭前会议对争议事项处理的效力，以保证此后的庭审实质化高效实现。[1]不是所有案子都要召开庭前会议，而是只有大概 30% 左右被告人不认罪或者被告人虽然认罪但是案情疑难复杂、社会影响重大或控辩双方对事实证据存在较大争议等情形的案件才可能需要召开庭前会议，而且这 30% 左右的案件也不是都需要开庭前会议，而是要根据实际情况决定。《庭前会议规程》规定：如果庭前会议中涉及和被告人权利相关的关键证据，庭前会议可以在看守所开；如果庭前会议涉及和被告人权利相关的关键证据，而被告人又不参加庭前会议，只须在庭前会议前就处理事项听取被告人意见，但对后续被告人缺席时的权利如何保障未涉及。如果存在辩护人不进行有效辩护的情形，甚至其在庭前会议未开始前不听取被告人的意见或者与其意见存在分歧，这种情形下就难以保障庭前会议被告人缺席下的权利。辩护人应当在召开庭前会议之前听取被告人的意见，和被告人进行沟通。在庭前会议被告人缺席情形下，庭前会议结束以后，辩护人还要告知被告人庭前会议的情况，以便他们在法庭上达成初步共识。庭前会议具有一定的拘束力，在庭前会议上达成一致意见的事项或作出的决定等，都要到法庭上进行确认；在庭前会议上，控辩双方达成一致，并作出承诺且法官也认可的，控辩双方或其中一方到法庭上如果反悔，又没有新的理由和证据材料，法庭一般不再进行处理；对于控辩双方未达成一致的事项，则要在法庭上进行法庭调查和质证。

对我国庭前会议制度的完善，既需要程序正义作为引领，也需要程序之间协调安排，不应沿用国外的制度来替换或者安排我国原有的诉讼制度，尤其是不应以价值判断来替代事实判断，从而造成价值与事实的混淆。改革刑事庭前会议制度需要将其改造为有别于开庭前准备程序的独立程序，并放置在整体审前程序的背景下进行制度设计。否则，在司法责任终生追究的背景下，刑事庭前会议制度的异化，有可能会侵蚀庭审制度，甚至影响推进以审判为中心的诉讼制度改革之深入进行。

---

[1] 汪海燕：“论刑事庭审实质化”，载《中国社会科学》2015 年第 2 期。

三、一审程序中检察机关撤回公诉制度

刑事公诉案件撤诉，是指公诉机关提起公诉之后，在法院判决宣告之前，按照一定的条件和程序规定，决定撤回起诉的行为。我国 1979 年《刑事诉讼法》对公诉机关的撤诉权作出了概括性的规定，1996 年修正后的《刑事诉讼法》对此没有规定。2007 年最高人民检察院《关于公诉案件撤回起诉若干问题的指导意见》对于公诉案件撤回起诉的具体情形、程序作出具体规定。鉴于实践中检察机关在行使撤诉权时存在较多问题，[1]2019 年《人民检察院刑事诉讼规则》吸收了上述 2007 年司法意见的相关规定。学界对提起公诉之后的撤诉制度，存在支持、否定和应予完善三种不同的意见。

（一）支持的观点

有论者认为，公诉权可分为积极公诉权和消极公诉权。消极公诉权即不起诉权，是指拒绝开启审判程序并阻止诉讼活动继续进行的公诉权。积极公诉权，是指启动审判程序并积极推动诉讼向前发展的公诉权，具体表现为提起公诉、支持公诉、变更公诉、抗诉等推进诉讼活动的控诉性诉讼行为。其中，变更公诉又表现为变更指控、撤回指控、追加指控等内容。撤回公诉是积极公诉权中公诉变更权的一种具体表现形式。有论者指出，1996 年《刑事诉讼法》之所以没有规定撤回公诉制度，是因为立法者的疏忽，而不是刻意为之，这只能说是制度缺失，而不是有意废除。尽管刑事诉讼法没有直接规定公诉撤回，但却明确规定了刑事公诉权属于检察院，且公诉权可以变更，而公诉撤回则是公诉变更的重要内容。[2]当今世界各国普遍认为行使公诉权的检察机关应当是一个完全致力于公平正义的机关，检察机关必须从客观立场出发公正地行使公诉权。公诉权的公平正义性要求检察机关在提起公诉之后，如果发现提起公诉违背了其所追求的公平正义的价值目标时，应当赋予其撤回公诉的权力。如果检察机关错误地提了公诉，但又不

---

[1] 童建明、万春主编：《〈人民检察院刑事诉讼规则〉理解与适用》，中国检察出版社 2020 年版，第 263 页。

[2] 郑金莲："我国刑事公诉案件撤诉的理论基础"，载《前沿》2006 年第 10 期。

能撤回的话，那么公诉权就没有满足公正性的要求，公诉的价值就受到损害。有论者认为，没有公正的公诉就是一个没有任何灵魂和思想的外壳。[1]

也有论者从不同视角对此作出论证，认为设置撤回公诉制度的价值取向是多元的，主要体现在两个方面：一方面，撤诉可以有效地保护被错误提起公诉的被告人的人权。错误的起诉若不能被及时撤回，即使被告人最后被宣告为无罪，但其在审判中所受之痛苦与折磨已对其人权造成侵犯；另一方面，审判程序运行需要司法资源的投入，错误的起诉必将会造成大量的人力、物力和财力的浪费，也使得法院很难将主要精力集中到重大复杂的案件上。通过撤诉终止毫无意义的审判程序，符合诉讼经济原则，也可以节约司法资源、提高诉讼效率。[2]

在支持撤诉的观点中，存在撤回起诉的范围和时间方面的争论。有观点认为，刑事诉讼法规定的三种不起诉情形均可作为撤诉理由。有观点认为，撤诉仅仅适用绝对不起诉情形。[3]还有观点认为，撤诉除了适用绝对不起诉外，还可以适用证据不足的不起诉情形。在撤诉的时间上，存在开庭审理前撤诉 、一审辩论终结前撤诉、合议庭合议前撤诉和判决宣告前撤诉等不同观点。[4]

（二）反对的观点

有论者认为，撤回公诉是撤诉的滥用，并以此否定撤回公诉存在的必要性。其主要理由如下。[5]

其一，撤回公诉制度是司法解释造成的非法产物，从刑事诉讼法中是找不到撤回公诉的相关规定的，现在所有有关撤回公诉的规定全部来自最高人民检察院和最高人民法院的司法解释。

其二，撤回公诉制度有损“程序安定”的价值。提起公诉后，案件即产生诉

---

[1] 贺恒扬：《公诉论》，中国检察出版社 2005 年版，第 2 页。

[2] 余经林：“论撤回公诉”，载《法学评论》2007 年第 1 期。

[3] 常艳：“试析公诉案件的撤回起诉”，载《人民检察》1999 年第 4 期。

[4] 陈学权：“对‘以撤回公诉代替无罪判决’的忧与思”，载《中国刑事法杂志》2010 年第 1 期；王唐飞、蒋义红：“刑事撤回公诉辨析”载《中国刑事法杂志》2011 年第 7 期；顾静薇：“论撤回起诉的规范化”，载《中国刑事法杂志》2010 年第 11 期。

[5] 刘建平：“对一审刑事公诉案件检察机关享有‘撤诉权’的质疑”，载《长江论坛》2002 年第 5 期；郝银钟：“‘撤回起诉’现象应予废止——兼谈司法解释越权无效原则”，载 2006 年 9 月 28 日《法制日报》。

讼系属，法院不能拒绝裁判，被告人就可以期待获得及时、正确的刑事判决。而检察机关任意撤回公诉的行为，因撤回公诉后案件未能进行实体裁判，其撤回公诉的确定力与不起诉相同，会因此导致被告人的判决迟迟不能确定，而被告人就永远处于不清不白的焦虑状态之中。这种程序的不安定只实现了检察机关的部门利益，却会导致司法权威的破灭。

其三，撤回公诉制度成为公诉机关规避败诉风险、扭曲司法权力运行机制的手段。当法庭所进行的程序表明公诉方可能败诉时，公诉方就可能运用自己手中撤回公诉的权力，规避败诉风险。如果刑事法律对撤回公诉没有具体的限制，就会加大这种情形出现的概率。这样的做法会导致以下两方面的结果：一方面看似这种处理对被告人有利，其实是剥夺了被告人获得无罪判决的权利；另一方面如果对检察机关撤回公诉不作任何限制，法院不审查公诉机关规避风险的诉讼行为，可能会使“无罪判决率”为零。

（三）完善撤回公诉制度的观点

有论者认为，检察机关当然拥有撤诉权，关键是要规范撤诉的范围、阶段和程序。[1]总的来看，在当事人主义诉讼模式下，起诉便宜主义占主导地位，检察官有比较充分的撤诉权；而在职权主义诉讼模式下，起诉法定主义占主导地位，检察官的撤诉权大多受到一定限制。[2]由于立法的缺位，实践中存在着许多亟待解决的问题。撤回公诉制度的存在有其法理基础和实践操作的必要性，建议对其完善。[3]

四、一审程序庭审实质化之落实问题

庭审实质化改革是诉讼制度改革的重要内容。如何推进以审判为中心的诉讼

---

❶ 樊崇义主编：《刑事诉讼法实施问题与对策研究》，中国人民公安大学出版社 2001 年版，第 416 页。

❷ 龙宗智：《刑事庭审制度研究》，中国政法大学出版社 2001 年版，第 238 页。

❸ 林劲松：“论撤回公诉”，载《国家检察官学院学报》2003 年第 1 期；刘继国：“刑事诉讼中的撤回公诉问题研究”，载《人民检察》2004 年第 1 期。

制度改革，是近年来理论界与实务界高度关注与热烈讨论的重要问题。有论者认为，庭审实质化的核心为被告人刑事责任在审判阶段通过庭审解决，并将庭审实质化视为以审判为中心的诉讼制度改革的落脚点。也有论者认为，推动庭审实质化为构建审判中心主义的突破口与主要抓手，应沿着现实的进路，渐次展开我国刑事司法改革。还有论证认为，以审判为中心的诉讼制度改革突出了庭审实质化的实质要求。基于以上基本观点，就以下问题重点梳理与分析。

（一）何为庭审实质化

刑事庭审实质化是“以审判为中心的诉讼制度改革”的基本要求，其内核是被告人的刑事责任在审判阶段通过庭审方式解决。刑事庭审实质化，是指应通过庭审的方式认定案件事实并在此基础上决定被告人的定罪量刑。刑事庭审实质化的基本要求包括两个方面：一是审判应成为诉讼中心阶段，被告人的刑事责任应在审判阶段而不是在侦查、审查起诉或其他环节解决；另一个是庭审活动是决定被告人命运的关键环节，即审判案件应当以庭审为中心。事实证据调查在法庭，定罪量刑辩护在法庭，裁判结果形成于法庭。[1]在实践中，庭审实质化一定意义上成为以审判为中心诉讼制度改革的替代语和同义词。有论者对此提出不同观点，指出事实上，以审判为中心与庭审实质化是不同的概念，认为二者可以等同的看法，或者认为通过庭审实质化可以实现审判“中心化”的观点都值得商榷，甚至本身可能就属于错误认识。以审判为中心与庭审实质化不能划等号，推行庭审实质化也不必然实现以审判为中心，因为忽略司法体制层面的改革难以真正推进以审判为中心的改革。从逻辑上讲，“以审判为中心”自然也必然要求区分中心与非中心的诉讼阶段，强调审判在整个诉讼过程中的中心地位，其主要着眼点是侦、诉、审三大诉讼阶段之间的结构关系调整以及相应的功能转变，它涉及的是更为宏观的刑事诉讼结构甚至是体制问题。[2]党的十八届四中全会通过的《中共中央关于全面推进依法治国若干重大问题的决定》要求，推进以审判为中心的诉讼制度改革，确保侦查、审查起诉的案件事实证据经得起法律的检验。全面贯彻证据裁判规则……完善证人、鉴定人出庭制度，保证庭审在查明事实、认定证

---

[1] 汪海燕：“论刑事庭审实质化”，载《中国社会科学》2015 年第 2 期。

[2] 左卫民：“地方法院庭审实质化改革实证研究”，载《中国社会科学》2018 年第 6 期。

据、保护诉权、公正裁判中发挥决定性作用。有论者对此进行解读，认为以审判为中心的诉讼制度改革是完善我国刑事诉讼制度，实现程序正义的核心，其重要意义或许仅次于司法人员分类管理等四项基础性改革措施，而庭审实质化是审判中心主义的应有之义。

（二）庭审实质化之实现

对如何推进庭审实质化问题，多数论者从克服影响庭审实质化的因素作为论证重点。有论者认为，推进庭审实质化并非是刑事庭审制度局部的技术性改良，而是刑事审判方式转型的系统性工程。首先，应当从确定案件类型、审理层级、审理内容三个维度上对庭审实质化予以推进。其次，要重塑以抗辩制为内核的庭审事实发现机制，构建庭审内外部的裁判心证约束机制，规范合议决策和法院案管决策的案件裁断审决机制。[1]有论者认为，庭审实质化的改革成功与否，除却技术层面的设计与安排，更重要的是将固有的司法结构予以再次审视和调整，否则将无法摆脱技术操作层面改革难以破解体制结构问题的困局。[2]为适应庭审实质化要求，应改善庭审准备、加强辩护权保障、推动案件繁简分流以及建立、完善司法责任制。也有论者认为，庭审实质化的基本模式由三部分组成，即庭前准备程序、实质化庭审程序和当庭裁判机制。其中，庭前准备程序以庭前会议为载体，试点改革将庭前会议从非正式的“听取意见”机制塑造成规范化的庭前准备程序，以争点整理（法律争点、事实争点和证据争点）、排非程序的审查与启动与证据方法（调取证据、证人出庭、证据调查的顺序与方式）的确定为核心内容，为正式的庭审做好充分的程序准备。实质化庭审程序也有三个主要环节：一是繁简结合的法庭调查程序，对没有争议的事实、证据简化调查，对存在争议的事实、证据采用直接、言词方式进行调查，当简则简，当繁则繁；二是直接式的物证（客观性证据）调查方式，即对存在争议的物证采用原物、原件展示、识别的方式进行调查，以更有效地判断其证明力；三是混合式的人证调查方式，包括控辩询问与法官职权补充询问的混合、交叉询问机制与传统质证方式的混合。当庭裁判机制则要求法官对事实认定的结论应当来源于当庭调查的证据，而非来

---

[1] 陈实：“刑事庭审实质化的维度与机制探讨”，载《中国法学》2018 年第 1 期。

[2] 左卫民：“地方法院庭审实质化改革实证研究”，载《中国社会科学》2018 年第 6 期。

源于庭外的材料；合议庭对案件的裁判结果来源于建立在法庭调查和辩论基础上的独立判断，而非来源于案件审批、请示汇报等途径的“领导意志”。在此意义上，当庭裁判并非等同于“当庭宣判”，而仅仅是强调裁判依据来源于直接的听审，如果合议庭通过听审认为案情复杂需要反复斟酌的，可以决定定期宣判。[1]对此，多数论证认为应当从四个方面实现庭审实质化：（1）完善庭前会议，发挥庭前会议的程序功能，以提高庭审效率，保障庭审质量；（2）完善证人、鉴定人出庭制度，建立传闻证据规则；（3）完善非法证据排除规则；（4）健全庭审调查程序，需要完善举证、质证和认证规则，充实法庭调查和辩论程序，保证庭审在查明事实、认定证据、保护诉权、公正裁判中发挥决定性作用。

（三）庭审实质化之保障

有论者认为，推进法庭审判实质化，尚需完善以下配套改革措施：建立健全认罪认罚从宽制度；完善繁简分流制度；扩大适用法律援助制度；落实证人、鉴定人出庭作证制度；更加重视推进一审庭审实质化；完善其他配套措施（规范庭前预备程序、庭审调查和庭外调查三者之间的关系；贯彻集中审理原则，强调庭审的连续性、持续性；建立新型审判权运行机制，着力克服司法行政化倾向，逐步减少以致最终取消内部审批制度、案件请示制度和裁判文书送阅制度等）。有论者认为，实现庭审实质化，需适度阻断侦审联结，直接、有效地审查证据，包括完善证人出庭作证制度和非法证据排除程序；需充实庭审调查，改善举证、质证与认证；需完善庭审调查规则，调整审判节奏，加强释明权的运用，改革裁判方式；需充实二审庭审，明确检察官在二审法庭的职能定位，发挥其诉讼功能，合议庭则应当运用职权推动二审审理的精细化和庭审实质化。[2]有论者从实证数据发现，斩断庭前书面证据与庭审的直接链接是庭审实质化改革的重要目标，这需要改变目前的庭前与庭审的证据关系结构，必须对现有的控辩、控侦、控审的关系结构进行根本上的调整与变革。庭审实质化改革是一种在司法领域尤其审判领域展开的有限改革举措，并不能成为以审判为中心改革的主要抓手，未来应更

---

[1] 马静华：“庭审实质化：一种证据调查方式的逻辑转变——以成都地区改革试点为样本的经验总结”，载《中国刑事法杂志》2017 年第 5 期。

[2] 龙宗智：“庭审实质化的路径和方法”，载《法学研究》2015 年第 5 期。

多关注以法院为中心的司法体制层面的改革，确保裁判权力的实质性和独立性。[1]也有论者认为，欲实现刑事庭审实质化，从纵向维度看，应当消除“逮捕中心主义”，切断审查逮捕与审判的联系，建立“庭审中心”的诉讼构造。卷宗中心主义的裁判模式是造成刑事庭审虚置的首要因素，需要强化直接言词审理，提高刑事庭审实质化的程度。[2]

五、一审程序中法院变更起诉罪名问题

我国刑事诉讼法对法院变更起诉罪名未作规定，2012 年最高人民法院《关于适用〈中华人民共和国刑事诉讼法〉的解释》第 241 条第（二）项规定：“起诉指控的事实清楚，证据确实、充分，指控的罪名与审理认定的罪名不一致的，应当按照审理认定的罪名作出有罪判决。”学术界对司法解释规定的合理性一直存有争议，存在诸多不同观点。

（一）法院变更公诉罪名的争鸣

学界对法院变更公诉罪名问题形成了两种不同的观点：一种观点认为，法院无权变更起诉机关指控的罪名，法院变更指控罪名的做法是不诉而审，无辩而判，形成了罪名变更否定说；另一种观点认为，法院不是“量刑工具”，法院有权变更起诉机关指控的罪名，形成了罪名变更肯定说。在两方争论中，学界就此问题也形成了第三种观点，罪名变更折中说。

1. 罪名变更肯定说

罪名变更肯定说的理由主要为：（1）法院作为审判权的独享机关，具有最终确定刑罚的权力。（2）法院改变公诉罪名是保证实体公正的需要。（3）法院较公诉机关掌握更为全面的案件事实。（4）法院变更公诉罪名可以提高诉讼效率。有论者认为，否定法院拥有判决变更罪名权，将导致控审关系的僵化和诉讼结构的机械化，最终导致诉讼程序的重复运作和诉讼机制运转的低效率，这种低效率以

---

[1] 左卫民：“地方法院庭审实质化改革实证研究”，载《中国社会科学》2018 年第 6 期。

[2] 汪海燕：“论刑事庭审实质化”，载《中国社会科学》2015 年第 2 期。

及由此带来的高成本，是崇尚与追求效率的现代刑事诉讼所不能承受的。[1]

也有论者从比较法的视角进行分析，认为在现代刑事诉讼中，采用职权主义诉讼的德国、法国等大陆法系国家普遍认同法院享有对被告人的最终定罪权，法官可以自由适用法律，赋予法官变更指控罪名的权力，且没有范围和种类的限制。大陆法系国家提倡限制检察院的作用，强调法官在庭审中的主动性。即使在注重程序公正的当事人主义诉讼模式的英美法系国家，虽以不允许法官变更指控罪名为原则，而且特别强调庭前对公诉书进行修正、修改，但也规定了限制性的罪名变更权作为补充，如英国就强调所谓部分裁判（partial verdict），法院可以认定所控之罪不成立，而判定被告人的行为构成其他罪名，称为替换裁判（alternative vertict）。[2]

主张肯定说的学者，认为对于法院变更控诉罪名也应予以规范。法院虽然拥有变更罪名的权力，但不能未经对被告人事先告知而突然改变罪名，因而主张设置一个罪名改变通知程序。[3]

2. *罪名变更否定说*

该说反对变更罪名的主要理由有：（1）审判权是被动性权力，直接变更罪名是无诉而审，违反了控审分离原则；（2）法院改变公诉罪名可能实现了实体公正，也可能破坏了程序公正；（3）法院直接变更公诉罪名可能侵害或者剥夺被追诉者的合法权益。

也有论者从公诉权和审判权的关系上考虑，认为法院直接变更罪名否定了公诉效力。从刑事诉讼法关于刑事起诉与刑事审判的相关规定中，所能推导得出的结论只能是人民法院不得享有变更指控罪名的判决权。法院享有变更指控罪名权，不仅与刑事诉讼法的具体规定相冲突，而且与其自身的规定也相矛盾。主要的问题还在于它违反了现代法治社会中，由宪法予以规定的、在进行刑事诉讼时所必须遵守的不告不理原则和被告人有权获得辩护的原则。法院未经起诉、未经防御也未经法庭上的辩论，就强加给被告人一项新的罪名，无论如何都构成了一

---

[1] 万毅、刘沛清："再论罪名变更的法理基础及其模式选择——刑事一体化角度的思考"，载《四川大学学报（哲学社会科学版）》2005 年第 3 期。

[2] 倪泽仁："论罪名的指控与变更"，载《人民检察》2000 年第 6 期。

[3] 龙宗智：《理论反对实践》，法律出版社 2003 年版，第 106 页。

种司法专横。[1]

还有论者认为，法院判决变更罪名违背了不告不理原则，侵犯了被告人的辩护权，破坏了现代刑事诉讼中控辩审三方合理的角色定位。[2]在检察院提起公诉后，被告人及其辩护人的防御准备活动是围绕起诉书指控的罪名来进行的，在法庭审理中的辩护则更是以推翻或削弱起诉书指控的罪名为目标而进行的，法院直接通过判决对起诉书指控的罪名弃置不顾而确定被告人构成新的罪名，这就意味着被告人及其辩护人所作的防御准备和辩护活动全都失去实际意义、成为无的放矢。法院判决变更罪名，具有"突袭裁判"的性质。[3]

3. 罪名变更折中说

折中观点者认为，法院变更罪名的权力不是无限的。有论者在肯定法院变更指控罪名的权力的同时，主张法院变更指控罪名的方式以协商变更为主，直接变更为辅。[4]也有论者从罪名与罪状的关系入手，肯定了法院变更指控罪名的权力，同时阐述了法院变更指控罪名需遵守的五个原则。[5]另有论者认为，对于我国公诉变更制度的改革应当重回到公诉事实同一性理论，以自然的历史进程说为基础，再辅之以法律评价重大变更说，方能使检法在诉审分离的前提下，启动公诉变更程序。其主张赋予法院基于同一公诉事实的罪名变更权，同时，法院要履行罪名变更之告知义务。[6]

（二）法院变更罪名的多种样态

有论者指出，法院变更公诉罪名存在着多种样态。这些样态主要表现为：（1）纯粹罪名的改变，其表现是公诉机关以罪名甲起诉，审判机关以罪名乙定罪量刑。按照罪名甲和罪名乙在实体法中的评价和轻重程度不同又可以分为由轻

---

[1] 江晓阳："评人民法院变更指控罪名权"，载《人民检察》1999年第9期。

[2] 陈光中主编：《刑事诉讼法实施问题研究》，中国法制出版社2000年版，第232-234页。

[3] 李昌林："诉判同一与变更罪名"，载《现代法学》2003年第2期。

[4] 蒋石平："论法院拥有变更指控罪名权——兼评綦江虹桥案法院变更罪名程序"，载《现代法学》2000年第3期。

[5] 周国均："关于法院能否变更指控罪名的探讨"，载《法学研究》2000年第4期。

[6] 刘磊："诉审分离与罪名变更——以'公诉事实同一性'为中心"，载《中国刑事法杂志》2006年第2期。

到重的变更、由重到轻的变更和罪名不同、刑罚相当的变更等种类。（2）罪名的追加，其表现形式是公诉机关以罪名甲起诉，审判机关以罪名甲和罪名乙定罪量刑。（3）罪名的减少，其表现形式是公诉机关以罪名甲和罪名乙起诉，审判机关以罪名甲定罪量刑。此种情况可以理解被告人面临两个诉讼，审判机关对罪名甲的诉讼做了有罪判决，对罪名乙的诉讼做了无罪判决。（4）罪名的拆分，其表现形式是公诉机关以罪名甲起诉，审判机关以罪名乙和罪名丙定罪量刑。例如，人民检察院以生产、销售伪劣商品罪一个罪名起诉，人民法院认定为生产、销售不符合卫生标准的食品罪和生产、销售有毒、有害食品罪。（5）罪名的合并，其表现形式是公诉机关以罪名甲和罪名乙起诉，审判机关以其中的一个罪名定罪量刑，或者是甲罪或者是乙罪。这种情况主要适用于牵连犯、想象竞合犯、吸收犯等的情况。（6）罪名本身不变，但犯罪的状态发生变化。例如，公诉机关以既遂犯起诉的，审判机关以未遂犯处罚。（7）共同犯罪中，法院对各被告人在共犯中的地位和作用，作出了不同于检察机关的认定。例如，公诉机关认定甲为从犯或者胁从犯，而人民法院却认定甲是主犯。[1]

问题与思考

第一审程序作为刑事诉讼的关键性阶段，经历了三次重大修改，基本趋势是，增加庭前会议制度，改革庭审方式，增强控辩双方的对抗性，弱化法官依职权调查证据。这些年来，关于一审庭审规则的修改，旨在强调法庭审理中的法官中立、控辩平等，保障庭审的实质化。然而，在刑事诉讼法修改中也不乏案卷移送方面立法规定之反复等问题，而实践中存在的诸多问题依然未能得到解决。

一是 2018 年《刑事诉讼法》未将推进以审判为中心的诉讼制度改革作为重要内容，未从推进以审判为中心的诉讼制度改革中凝练出所谓的“审判中心主义”。对于学界来说，何为“审判中心主义”，仍未有一个标准的图景或者公认的模式。理解审判中心主义应当厘清审判中心与以审判为中心在理论上的不同。就

---

[1] 赵红星、张宇：“罪名变更问题研究”，载《河北法学》2004 年第 9 期；白建军：“变更罪名实证研究”，载《法学研究》2006 年第 4 期。

审判中心而言，其在一般意义上可以与庭审中心通用，旨在强调所有诉讼法律关系的主体，包括控辩双方等均需要在庭审中表达意见，以及作为诉讼参与人的证人、鉴定人、侦查人员、勘验人员在法庭上提供证据以及接受质证，实实在在贯彻直接言词原则，保障法官的审理案件的亲历性，以致于庭审成为诉讼法律关系主体进行诉讼活动的中心。相对于其他诉讼阶段而言，均未有如此的场景。以审判为中心不能等同于以法院为中心，案件裁判的结果虽然是由法庭作出，但裁判的基础取决于控辩双方的质证和辩论。法院判决的权威性来自中立的法庭和公正的庭审，法院自身也不能游离于庭审活动之外进行事实认定活动[1]，使裁判真正建立在庭审的基础之上。

二是庭前会议的安排是否发挥了预想的功效。我国目前的庭前会议易于产生虚化庭审的内容和效应，加剧庭审难以实质化的痼疾等问题，对该问题的缘由需要深入研究。在庭前会议中还存在被告人是否参加所引发的各种问题，即其参加有无正当的理论基础，如何参加，参加应当遵循何种程序，以及如何保障被告人参加庭前会议，其提出不同意见如何处理等问题。这些问题均有待于深入研究。

三是变更控诉问题绝不仅限于法院的变更罪名问题，而是涉及范围很广的问题，如从诉的视角如何限定法院的审判范围问题，检察机关对起诉的追加、撤回和变更所涉及的程序公正问题，尤其是检察机关的重复追诉问题等。而随着关于量刑的检察建议的推行，变更量刑问题也将突显。这些问题不但影响到一审程序中检察机关与审判法院的关系，而且对被追诉人的人权保障密切相关。同时，变更控诉还涉及诉讼程序中公正与效益之间的关系问题。

四是在一审因证据不足、指控犯罪不成立的无罪判决作出后，检察机关又收集了新的证据并再次基于同一事实起诉的问题。这种问题是否与禁止双重危险冲突？这样的重复追究应否受到限制？这些都是理论界需要深入研究的问题。

此外，关于量刑程序改革也有许多问题需要进一步研究。例如，在强调审判程序简化的背景中，怎样认识量刑程序的复杂化问题；如何处理检察机关的量刑建议权与法官自由裁量权之间的关系；定罪程序与量刑程序的关系；量刑程序改革对法官自由裁量权予以严格规范和约束的情况下，如何确保控辩双方平等地行

---

[1] 魏晓娜："以审判为中心的刑事诉讼制度改革"，载《法学研究》2015年第4期。

使诉权，而不至于导致检察官刑事追诉权的强势化，避免陷入一种从法官滥用自由裁量权转变为检察官垄断法庭程序控制权，进而恣意行使追诉权，辩方因控方权力的增长而更为不利的状况等。这些均是量刑制度改革的过程中需要理论界予以回应的问题。尤其是程序繁简分流后出现了简单案件更加简化，而复杂案件依然简化的问题。

三 参考文献

一、论文类

[1] 陈实 . 刑事庭审实质化的维度与机制探讨 [J]. 中国法学，2018（1）.

[2] 秦宗文，鲍书华 . 刑事庭前会议运行实证研究 [J]. 法律科学（西北政法大学学报），2018（2）.

[3] 左卫民 . 地方法院庭审实质化改革实证研究 [J]. 中国社会科学，2018（6）.

[4] 熊秋红 . 刑事庭审实质化与审判方式改革 [J]. 比较法研究，2016（5）.

[5] 左卫民 . 未完成的变革：刑事庭前会议实证研究 [J]. 中外法学，2015（2）.

[6] 汪海燕 . 论刑事庭审实质化 [J]. 中国社会科学，2015（2）.

[7] 魏晓娜 . 以审判为中心的刑事诉讼制度改革 [J]. 法学研究，2015（4）.

[8] 龙宗智 . 庭审实质化的路径和方法 [J]. 法学研究，2015（5）.

[9] 郭华 . 我国案卷移送制度功能的重新审视 [J]. 政法论坛，2013（3）.

[10] 陈瑞华 . 论彻底的事实审：重构我国刑事第一审程序的一种理论思路 [J]. 中外法学，2013（3）.

[11] 韩红兴 . 我国刑事公诉审查程序的反思与重构 [J]. 法学家，2011（2）.

[12] 陈瑞华 . 论量刑建议 [J]. 政法论坛，2011（2）.

[13] 陈瑞华 . 量刑程序改革的模式选择 [J]. 法学研究，2010（1）.

[14] 汪贻飞 . 论社会调查报告对我国量刑程序改革的借鉴 [J]. 当代法学，2010（1）.

[15] 陈卫东 . 论隔离式量刑程序改革：基于芜湖模式的分析 [J]. 法学家，2010（2）.

[16] 李玉萍 . 中国法院的量刑程序改革 [J] . 法学家，2010（2）.
[17] 龙宗智 . 论建立以一审庭审为中心的事实认定机制 [J] . 中国法学，2010（2）.
[18] 汪建成 . 量刑程序改革中需要转变的几个观念 [J] . 政法论坛，2010（2）.
[19] 左卫民 . 中国量刑程序改革：误区与正道：基于比较与实证研究的反思 [J] . 法学研究，2010（4）.
[20] 仇晓敏，温克志 . 关于量刑程序改革几个难点问题的思考 [J] . 中国刑事法杂志，2010（9）.
[21] 章礼明 . 日本起诉书一本主义的利与弊 [J] . 环球法律评论，2009（4）.
[22] 谢进杰 . 审判对象的运行规律 [J] . 法学研究，2007（4）.
[23] 刘磊 . 诉审分离与罪名变更：以“公诉事实同一性”为中心 [J]. 中国刑事法杂志，2006（2）.
[24] 白建军 . 变更罪名实证研究 [J] . 法学研究，2006（4）.
[25] 刘继国 . 刑事诉讼中撤回公诉问题研究 [J] . 人民检察，2004（1）.
[26] 龙宗智 . 论公诉变更 [J] . 现代法学，2004（6）.
[27] 王友明，杨新京 . 公诉案件撤回起诉质疑 [J] . 国家检察官学院学报，2003（3）.
[28] 谢佑平，万毅 . 刑事公诉变更制度论纲 [J] . 国家检察官学院学报，2002（1）.
[29] 孙长永 . 刑事庭审方式改革出现的问题评析 [J] . 中国法学，2002（3）.
[30] 汪建成，杨雄 . 比较法视野下的刑事庭前审查程序之改造 [J] . 中国刑事法杂志，2002（6）.
[31] 张泽涛 . 法院可以变更指控罪名 [J] . 政治与法律，2001（3）.
[32] 陈岚 . 论检察官的自由裁量权：兼析起诉便宜主义原则的确立及其适用 [J] . 中国法学，2000（1）.
[33] 陈卫东，郝银钟 . 我国公诉方式的结构性缺陷及其矫正 [J]. 法学研究，2000(4).
[34] 周国均 . 关于法院能否变更指控罪名的探讨 [J] . 法学研究，2000（4）.
[35] 何志刚 . 公诉案件撤回起诉亟待完善的三个问题 [J] . 人民检察，2000（8）.
[36] 常艳 . 试析公诉案件的撤回起诉 [J] . 人民检察，1999（4）.
[37] 张小玲 . 关于我国检察机关变更公诉权的法律思考 [J] . 中央政法管理干部学院学报，1999（4）.
[38] 魏晓娜 . 刑事审判中罪名变更问题探讨 [J] . 人民司法，1999（8）.

[39] 江晓阳 . 评人民法院变更指控罪名权 [J] . 人民检察，1999 (9) .

[40] 刘根菊 . 刑事审判方式改革与案卷材料的移送 [J] . 中国法学，1997 (3) .

[41] 孙长永 . 日本起诉状一本主义研究 [J] . 中国法学，1994 (1) .

[42] 王敏远 . 刑事审判中的变更控诉问题 [J] . 法学评论，1986 (1) .

[43] BUTT S.Indonesia’s Criminal Justice System on Trial：The Jessica Wongso Case [J] .New Criminal Law Review，2021，24 (1) .

[44] BROWN D K.The Case for a Trial Fee：What Money Can Buy in Criminal Process [J] .California Law Review，2019，107.

[45] GRANT A J.Mirroring the Trial：Making Sense of the Law of Closing Argument in Criminal Cases [J] .Western New England Law Review，2019，41 (1) .

[46] BURDZIEJ S，GUZIK K，BARTOSZ P.Fairness at Trial：The Impact of Procedural Justice and Other Experiential Factors on Criminal Defendants’ Perceptions of Court Legitimacy in Poland [J] .Law & Social Inquiry，2019，44 (2) .

[47] FAIRLIE M A.The Unlikely Prospect of Non-Adversarial Trial at the International Criminal Court [J] .Journal of International Criminal Justice，2018，16 (2) .

[48] COULLING R，JOHNSTON M S.The Criminal Justice System on Trial：Shaming，Outrage，and Gendered Tensions in Public Responses to the Jian Ghomeshi Verdict [J] .Crime，Media，Culture：An International Journal，2017，14 (3) .

[49] BOYD C L，NELSON M J.The Effects of Trial Judge Gender and Public Opinion on Criminal Sentencing Decisions [J] .Vanderbilt Law Review，2017，70 (6) .

二、著作类

［1］谢安平，郭华 . 中国刑事诉讼制度的改革：基于以审判为中心诉讼制度改革的思考［M］. 北京：知识产权出版社，2017.

［2］卞建林，杨宇冠 . 刑事诉讼庭前会议制度研究［M］. 北京：中国政法大学出版社，2017.

［3］邓陕峡 . 我国刑事庭前会议的实证研究与理论阐释［M］. 北京：中国政法大学出版社，2017.

［4］汪贻飞 . 量刑程序研究［M］. 北京：北京大学出版社，2016.

［5］王敏远，等 . 重构诉讼体制：以审判为中心的诉讼制度改革［M］. 北京：中国政法大学出版社，2016.

［6］王禄生 . 刑事诉讼的案件过滤机制：基于中美两国实证材料的考察［M］. 北京：北京大学出版社，2014.

［7］陈瑞华 . 量刑程序中的理论问题［M］. 北京：北京大学出版社，2011.

［8］李玉萍 . 程序正义视野中的量刑活动研究［M］. 北京：中国法制出版社，2010.

［9］胡云腾 . 中美量刑改革国际研讨会论文集［M］. 北京：中国法制出版社，2009.

［10］甄贞，汪建成 . 中国刑事诉讼第一审程序改革研究［M］. 北京：法律出版社，2007.

［11］汪建成，甄贞 . 外国刑事诉讼第一审程序比较研究［M］. 北京：法律出版社，2007.

［12］杰罗姆 · 弗兰克 . 初审法院：美国司法中的神话与现实［M］. 赵承寿，译 . 北京：中国政法大学出版社，2007.

［13］陈光中 . 刑事一审程序与人权保障［M］. 北京：中国政法大学出版社，2006.

［14］许兰亭 . 刑事一审程序理论与实务［M］. 北京：中国人民公安大学出版社，2002.

［15］龙宗智 . 相对合理主义［M］. 北京：中国政法大学出版社，1999.

［16］李义冠 . 美国刑事审判制度［M］. 北京：法律出版社，1999.

第二十三章　二审程序

【导读】

我国的刑事二审程序既是上诉审程序也是终审程序。基于两审终审的制度设置，二审程序在整个审判程序中具有举足轻重的地位。研究二审程序应当掌握有关审级制度和审判的基本含义及其基本结构、基本原理等基础性知识和相关法律、司法解释对刑事二审程序的规定。

研究二审程序在掌握以上内容的基础上，应对“无救济即无权利”“过程价值”“不告不理”“上诉不加刑”“既判力”“法的安定性”“禁止双重危险”等诉讼原理与制度有所认识；对国外的“上诉审”“事实审”与“法律审”的价值内涵有所把握；同时，还应当对联合国《公民权利和政治权利国际公约》第14条第（5）项规定的“凡被判定有罪者，应有权由一个较高级法庭对其定罪及刑罚依法进行复审”有准确的理解，以便把握现代刑事二审的功能与发展趋势。

根据我国二审终审制的规定，二审程序是处理刑事案件的最后一道关口。回顾以往的司法实践，刑事二审程序如果存在问题，将会使刑事诉讼的最后一道防线失守，带来司法公正、效率及权威等价值的减损，导致难以弥补的损失。本章将从二审程序基本问题入手，在考察二审程序司法实践及不同理论观点的基础上，分析研究二审程序中值得关注的前沿性问题，为进一步深入研究提出思考方向。

第一节　刑事二审程序概述

我国的刑事诉讼实行两审终审制，刑事第二审程序既是上诉审程序，也是终审程序（除死刑案件、法定刑以下处以刑罚的案件外）。二审程序以实现司法公正为基本任务，当事人尤其是被告人的上诉权以及法院在刑事诉讼中的基本职能，是现代刑事二审程序的核心所在；刑事二审程序的纠错（纠正一审的错误裁判）、救济（吸收当事人对一审裁判的不满、促进裁判的可接受性）和监督等基本功能，则是我们认识、构建现代刑事二审程序的基础。

一、我国刑事二审程序的概念

我国刑事二审程序，是指根据当事人或检察院对于尚未生效的一审判决或裁定的上诉或抗诉申请，上一级法院依法再次对案件进行审判的诉讼程序。我国刑事二审程序包括检察院认为一审裁判确有错误提起抗诉后启动的审判程序和当事人对于一审裁判不服提起上诉后启动的审判程序。对于刑事第二审程序可作以下几个方面的理解。

其一，刑事二审程序是刑事一审普通程序的救济程序。对当事人公正审判权及上诉权的保障，是我国刑事二审程序立法的基本价值取向，所要解决的争议是一审裁判是否公正，意欲实现上级法院对下级法院的审判监督，旨在通过二审案件的审判增强裁判的公正性，保证法制的统一。

其二，第二审程序启动后，使一审案件脱离原审法院而转移至上级法院重新审判，具有纠正一审裁判错误以及阻止一审判决生效的功能。二审程序在整个审判程序中尽管具有实现实体公正的功能，但并不仅以查明事实为己任，还具有撤销或者变更一审法院错误裁判的机能。[1]

其三，第二审程序因当事人的上诉或者检察机关的抗诉而启动，其上诉或者抗诉的对象只能是一审人民法院作出的尚未发生法律效力的刑事判决或者裁定。

其四，上诉和抗诉主体有资格限制。有权对尚未发生法律效力的一审刑事判决、裁定提出上诉或者抗诉的主体，只能是利益受到一审裁判影响的诉讼主体或者对一审裁判负有客观关照职责的且具有一定诉讼职权的检察机关。

二、我国刑事二审程序的基本功能

基于两审终审制的要求，以及刑事诉讼中禁止双重危险原则的制约，二审程序是我国刑事司法的最后一道防线。因而，确保司法公正是我国刑事二审程序的基本目标，而救济、纠错、监督等是我国刑事二审程序的基本功能。

（一）纠错功能

我国主流观点认为，刑事二审程序的主要功能或者首要功能就是纠错。纠错是刑事上诉程序的传统功能。但是，传统的上诉纠错与现代刑事二审程序的纠错功能存在根本差异，比如中国古代司法采行一种逐级转审制的方式实现纠错，同时还存在越级申诉、京控等上诉制度，这些制度在传统社会中设置的初衷是为了管理司法官吏，促进司法权力的中央集权化。[2] 而现代刑事二审程序，则通过保障当事人的上诉权来实现纠错功能。各国上诉权的法律规定都具有阻止和纠正不公正审判的作用，在这个意义上，上诉权可以被视为现代刑事二审程序独有的质量控制装置。[3]

（二）救济功能

在我国刑事二审程序中，司法公正首先体现为二审程序的正当性与终局性。

---

❶ 大陆法系国家将其定位于继续审理或者复审，其功能注重实体公正与程序公正。英美法系国家将实体公正定位在一审程序，其二审程序的功能多表现在实现法制统一的法律监督意义等方面。

❷ 李春雷:《中国近代刑事诉讼制度变革研究（1895–1928）》，北京大学出版社 2004 年版，第 198 页。

❸ 蔡墩铭主编:《两岸比较刑事诉讼程序法》，台湾五南图书出版公司 1996 年版，第 351 页。

在两审终审制之下，二审程序正当性和终局性的实现有赖于二审程序救济功能的发挥。允许当事人就一审裁判向上一级法院提起上诉，对于司法公正的实现，具有非常重要的价值。因为，当不满意裁判结果的当事人知道他们能够促使一个不同的、公开的和中立的法院对案件进行重新考虑时，他们将会有更多的理由相信自己的案件受到了足够的关注，从而了解司法者的裁判意见和理由，并逐渐对司法裁判产生尊重。由此使当事人有理由相信，其基本权利与自由受到了公正对待，从而增强了司法裁判的可接受性和正当性。

（三）监督功能

我国上下级法院的关系是监督与被监督的关系。根据我国刑事诉讼法规定，如果二审法院审理发现一审中违背了法定的程序规则，且由此可能影响一审裁判的正确性，二审法院可以撤销原判，将案件发回重审。二审程序监督功能的具体内容包括：二审法院根据上诉或抗诉，对一审法院作出的裁判进行司法审查后，依法维持正确的一审裁判、纠正尚未生效但确有错误的裁判、对一审法院的程序违法行为进行程序性的规制，督促一审法院遵守法定的诉讼程序，保证一审法院的审判质量。

三、我国刑事二审程序的法律规定与司法解释

我国刑事诉讼法关于刑事二审程序的规定主要包括上诉抗诉的基本要求、审理范围、审判方式、上诉不加刑原则及发回重审制度等方面，同时亦规定，刑事第二审程序除特殊规定外，应“参照第一审程序的规定进行”。2019 年《人民检察院刑事诉讼规则》、2021 年《刑诉法解释》等司法解释规定了二审程序适用的具体规则。此外，司法机关对于二审程序还有一些专门的规定，如《关于规范上下级人民法院审判业务关系的若干意见》（2010 年）、《刑事抗诉案件出庭规则（试行）》（2001 年）、《关于刑事抗诉工作的若干意见》（2001 年）、《关于死刑第二审案件开庭审理工作有关问题的会谈纪要》（2006 年）、《关于死刑第二审案件开庭审理程序若干问题的规定（试行）》（2006 年）、《关于刑事第二审判决改变第一审判决认定的罪名后能否加重附加刑的批复》（2008 年）、《关于

加强和改进刑事抗诉工作的意见》（2014年）、《关于上诉发回重审案件重审判决后确需改判的应当通过何种程序进行的答复》（2014年）、《关于适用刑事诉讼法第二百二十五条第二款有关问题的批复》（2016年）、《人民检察院刑事抗诉工作指引》（2018年），以及《人民检察院办理死刑第二审案件和复核监督工作指引（试行）》（2018年）等。

（一）关于上诉、抗诉的规定

《刑事诉讼法》第227条规定："被告人、自诉人和他们的法定代理人，不服地方各级人民法院第一审的判决、裁定，有权用书状或者口头向上一级人民法院上诉。被告人的辩护人和近亲属，经被告人同意，可以提出上诉。附带民事诉讼的当事人和他们的法定代理人，可以对地方各级人民法院第一审的判决、裁定中的附带民事诉讼部分，提出上诉。对被告人的上诉权，不得以任何借口加以剥夺。"根据2021年《刑诉法解释》第378条的规定，被告人、自诉人、附带民事诉讼当事人及其法定代理人不服地方各级人民法院准许撤回起诉、终止审理等裁定，亦可以提出上诉。

《刑事诉讼法》第228条规定："地方各级人民检察院认为本级人民法院第一审的判决、裁定确有错误的时候，应当向上一级人民法院提出抗诉。"为规范刑事抗诉工作，强化法律监督，最高人民检察院于2017年颁布了《人民检察院刑事抗诉工作指引》，就抗诉的情形与不抗诉的情形等抗诉权行使的规范性问题予以规定。[1]2019年《人民检察院刑事诉讼规则》就二审程序中检察机关对于刑事判决、裁定的监督也予以具体规定。根据2021年《刑诉法解释》第385条的规定："人民检察院在抗诉期限内要求撤回抗诉的，人民法院应当准许。人民检察院在抗诉期满后要求撤回抗诉的，第二审人民法院可以裁定准许，但是认为原判存在将无罪判为有罪、轻罪重判等情形的，应当不予准许，继续审理。上级人民检察院认为下级人民检察院抗诉不当，向第二审人民法院要求撤回抗诉的，适用前两款规定。"

《刑事诉讼法》第237条规定了上诉不加刑原则，即："第二审人民法院审理

---

[1] 最高人民检察院颁布的《人民检察院刑事抗诉工作指引》明确规定：提出或者支持抗诉的案件，应当充分考虑抗诉的必要性。

被告人或者他的法定代理人、辩护人、近亲属上诉的案件，不得加重被告人的刑罚。第二审人民法院发回原审人民法院重新审判的案件，除有新的犯罪事实，人民检察院补充起诉的以外，原审人民法院也不得加重被告人的刑罚。人民检察院提出抗诉或者自诉人提出上诉的，不受前款规定的限制"。2021 年《刑诉法解释》第 401 条、第 402 条对于上诉不加刑原则也作出了详细规定，明确规定审理被告人或者其法定代理人、辩护人、近亲属提出上诉的案件，不得对被告人的刑罚作出实质不利的改判。[1]

（二）关于审理范围、审判方式的规定

关于二审程序的审理范围，《刑事诉讼法》第 233 条第 1 款规定："第二审人民法院应当就第一审判决认定的事实和适用法律进行全面审查，不受上诉或者抗诉范围的限制。" 2021 年《刑诉法解释》第 391 条规定了二审法院对上诉、抗诉案件着重审查的内容，其中，第（八）项"对涉案财物的处理是否正确"为新增加的内容。另外，2021 年《刑诉法解释》第 390 条还增加了"共同犯罪案件，上诉的被告人死亡，其他被告人未上诉的，第二审人民法院应当对死亡的被告人终止审理；但有证据证明被告人无罪，经缺席审理确认无罪的，应当判决宣告被告人无罪。具有前款规定的情形，第二审人民法院仍应对全案进行审查，对其他同案被告人作出判决、裁定"之规定。

关于二审程序的审理方式，《刑事诉讼法》第 234 条规定："第二审人民法院对于下列案件，应当组成合议庭，开庭审理：（一）被告人、自诉人及其法定代理人对第一审认定的事实、证据提出异议，可能影响定罪量刑的上诉案件；（二）被

[1] 根据《刑诉法解释》第 401 条、第 402 条的规定，上诉不加刑包括以下内容：（1）同案审理的案件，只有部分被告人上诉的，既不得加重上诉人的刑罚，也不得加重其他同案被告人的刑罚。（2）原判认定的罪名不当的，可以改变罪名，但不得加重刑罚或者对刑罚执行产生不利影响。（3）原判认定的罪数不当的，可以改变罪数，并调整刑罚，但不得加重决定执行的刑罚或者对刑罚执行产生不利影响。（4）原判对被告人宣告缓刑的，不得撤销缓刑或者延长缓刑考验期。（5）原判没有宣告职业禁止、禁止令的，不得增加宣告；原判宣告职业禁止、禁止令的，不得增加内容、延长期限。（6）原判对被告人判处死刑缓期执行没有限制减刑、决定终身监禁的，不得限制减刑、决定终身监禁。（7）原判判处的刑罚不当、应当适用附加刑而没有适用的，不得直接加重刑罚、适用附加刑。原判判处的刑罚畸轻，必须依法改判的，应当在第二审判决、裁定生效后，依照审判监督程序重新审判。（8）人民检察院只对部分被告人的判决提出抗诉，或者自诉人只对部分被告人的判决提出上诉的，第二审人民法院不得对其他同案被告人加重刑罚。

告人被判处死刑的上诉案件；（三）人民检察院抗诉的案件；（四）其他应当开庭审理的案件。第二审人民法院决定不开庭审理的，应当讯问被告人，听取其他当事人、辩护人、诉讼代理人的意见。”[1]

（三）关于裁判方式的规定

《刑事诉讼法》第236条规定：“第二审人民法院对不服第一审判决的上诉、抗诉案件，经过审理后，应当按照下列情形分别处理：（一）原判决认定事实和适用法律正确、量刑适当的，应当裁定驳回上诉或者抗诉，维持原判；（二）原判决认定事实没有错误，但适用法律有错误，或者量刑不当的，应当改判；（三）原判决事实不清楚或者证据不足的，可以在查清事实后改判；也可以裁定撤销原判，发回原审人民法院重新审判。原审人民法院对于依照前款第三项规定发回重新审判的案件作出判决后，被告人提出上诉或者人民检察院提出抗诉的，第二审人民法院应当依法作出判决或者裁定，不得再发回原审人民法院重新审判。”

《刑事诉讼法》第238条规定：“第二审人民法院发现第一审人民法院的审理有下列违反法律规定的诉讼程序的情形之一的，应当裁定撤销原判，发回原审人民法院重新审判：（一）违反本法有关公开审判的规定的；（二）违反回避制度的；（三）剥夺或者限制了当事人的法定诉讼权利，可能影响公正审判的；（四）审判组织的组成不合法的；（五）其他违反法律规定的诉讼程序，可能影响公正审判的。”

根据刑事诉讼法及司法解释的规定，二审法院对案件发回重审的理由至少有四种，即事实不清、证据不足，程序违法，一审量刑畸轻，同种漏罪。[2]2010年12月28日最高人民法院《关于规范上下级人民法院审判业务关系的若干意见》第6条规定：“第一审人民法院已经查清事实的案件，第二审人民法院原则上不得以事实不清、证据不足为由发回重审。第二审人民法院作出发回重审裁定时，应当在裁定书中详细阐明发回重审的理由及法律依据。”最高人民法院2016

---

[1] 根据2021年《刑诉法解释》第393条的规定，被告人被判处死刑缓期二年执行的案件亦必须开庭审理。

[2] 根据1993年4月16日最高人民法院《关于判决宣告后又发现被判刑的犯罪分子的同种漏罪是否实行数罪并罚问题批复》之规定，对二审期间发现同种漏罪的，也可发回重审。

年6月公布的《关于适用刑事诉讼法第二百二十五条第二款有关问题的批复》明确规定:（1）对于最高人民法院依据《刑事诉讼法》第239条和2012年《刑诉法解释》第353条裁定不予核准死刑，发回第二审人民法院重新审判的案件，无论此前第二审人民法院是否曾以原判决事实不清楚或者证据不足为由发回重新审判，原则上不得再发回第一审人民法院重新审判；有特殊情况确需发回第一审人民法院重新审判的，需报请最高人民法院批准。（2）对于最高人民法院裁定不予核准死刑，发回第二审人民法院重新审判的案件，第二审人民法院根据案件特殊情况，又发回第一审人民法院重新审判的，第一审人民法院作出判决后，被告人提出上诉或者人民检察院提出抗诉的，第二审人民法院应当依法作出判决或者裁定，不得再发回重新审判。[1]

第二节　我国刑事二审程序的司法实践

《刑事诉讼法》于2012年修正后，2013年，公安部颁布《关于进一步加强和改进刑事执法办案工作切实防止发生冤假错案的通知》，最高人民检察院颁布《关于切实履行检察职能防止和纠正冤假错案的若干意见》，最高人民法院颁布《关于建立健全防范刑事冤假错案工作机制的意见》。由此，疑罪从无原则开始在我国二审程序中逐步落实。念斌案等案件的审理与裁判反映出二审庭审实质化对于保障被告人基本权利之重要功效。而于欢案等案件的进程也反映了二审法院在

[1] 有论者指出，这里的“特殊情况”只限于原判事实不清、证据不足的情形，如果原判事实清楚、证据充分，只是适用法律错误，或者量刑不当的，高级人民法院就不能再发回中级人民法院重审。结合死刑复核案件实际，该批复所称“特殊情况”，包括下列三种情形：一是高级人民法院第一次发回重审时明确提出了核实证据、查清事实的具体要求，中级人民法院未予查实又作出死刑判决的；二是最高人民法院发回重审时提出了核实新的证据、查清新的事实的要求，高级人民法院认为只有发回中级人民法院重新审判，才更有利于查清事实的；三是其他因事实、证据问题，发回中级人民法院重新审判更有利于查清事实、保障案件审理质量和效果的。参见黄应生：“《关于适用刑事诉讼法第二百二十五条第二款有关问题的批复》的理解与适用”，载《人民司法》2016年第25期。

行使审判监督权、纠正一审错误、对被告人予以救济等方面作出的努力。[1]但由于立法留下了弹性空间，刑事二审程序的审理和裁判违背已有立法规定的情况依旧存在，二审程序的实质化程度依然薄弱。

一、二审开庭审理情况

我国1996年《刑事诉讼法》已规定开庭审理是刑事二审案件审理的基本方式，但由于“侦查案卷裁判中心主义”[2]的影响，二审不开庭审理成为普遍现象，开庭比率极低。根据最高人民法院数据统计，2007年至2011年全国法院开庭审理二审刑事案件的比率为15.33%。有论者经实证分析亦指出，2012年《刑事诉讼法》修正后，二审案件开庭数相应增加，但总体比例不大。二审开庭案件改判率逐年增加，但整体仍较低。[3]

实践中，一些地方仍有二审案件开庭率的考核，直接影响法院决定是否开庭审理的积极性。对此，有论者指出，二审开庭是否必要，关键应当看二审争议的具体问题是什么，而不能人为划定一个比例。因此，是否需要开庭的关键判断要素，是要看辩方是否存在需要通过开庭予以保障的权利，而如果应予保障的权利未获充分保障，则二审本身构成程序违法。在开庭与否的问题上，目前没有明确赋予特定的程序法后果。刑事诉讼法其实已经对这一问题提供了可能的解决办法——根据2012年《刑事诉讼法》第242条第（四）项，生效裁判如果“违反法律规定的诉讼程序，可能影响公正审判的”，人民法院应当启动审判监督程序重新审判。据此，2012年《刑事诉讼法》第223条有关二审开庭的规定当然属于“法律规定的诉讼程序”，若违反之，当有启动审判监督程序的可能性，关键

---

[1] 在大量防卫行为被认定为普通犯罪的司法实践中，山东高院二审认定于欢的行为是防卫过当，改判五年有期徒刑，其对于防卫权刑法保障的落实有推动作用。但正如有学者所指出的，二审法院防卫过当的认定未能充分考量本案不法侵害的特殊性，这是令人遗憾的。参见陈兴良：“正当防卫如何才能避免沦为僵尸条款——以于欢故意伤害案一审判决为例的刑法教义学分析”，载《法学家》2017年第5期。

[2] “侦查案卷裁判中心主义”的观点，参见陈瑞华：“侦查案卷裁判中心主义：对中国刑事二审程序的重新考察”，载《政法论坛》2007年第5期。

[3] 李婷：“司法改革背景下刑事二审庭审实质化问题思考——以刑事二审审判权的运行实践为出发点”，载《法律适用》2016年第7期。

要看其是否达到“可能影响公正审判”的程度。2012 年《刑事诉讼法》第 223 条应与第 242 条第（四）项挂起钩来，以后者确保前者贯彻，这是立法者早已提供的一项配套措施，但由于司法机关对此类配套措施不善使用，导致二审开庭的实践状况难以令人满意。[1]

有律师指出，二审不开庭，罪魁祸首是立法模糊。每当律师提出公开开庭申请时，二审法院总是以法律规定可以书面审理为由予以拒绝，哪怕该案的上诉人认为是被冤枉的、辩护人以事实不清、证据不足为当事人作无罪辩护的案件，二审法院依然坚持不开庭审理就直接下裁判，甚至不顾明确生效的法律规定，直接维持一审判决。[2]《刑事诉讼法》第 234 条第 2 款规定：“第二审人民法院决定不开庭审理的，应当讯问被告人，听取其他当事人、辩护人、诉讼代理人的意见。”实务中，有刑事上诉案件辩护律师向检察院控告二审法院存在决定不开庭审理后应当听取辩护人意见而未听取等违法行为。检察院审查认为，二审法院作出不开庭决定后，未听取律师意见等情况，违反了《中华人民共和国刑事诉讼法》第 97 条、第 234 条，最高人民法院、最高人民检察院、公安部、国家安全部、司法部《关于依法保障律师执业权利的规定》第 2 条、第 6 条和第 21 条、第 22 条的规定，侵犯了辩护律师知情权、发表意见权等诉讼权利，向二审法院提出了纠正意见，并发出检察建议。[3]

二、上诉不加刑原则实施情况

我国刑事诉讼法将二审程序定位于查明案件事实、没有错漏及不枉不纵等实体真实目标的实现。因此，司法实践中，上诉加刑、重审加刑、再审加刑的情形时有发生。实践中司法机关变通上诉不加刑原则的办法有以下几种。

其一，二审法院认为一审判决对被告人量刑过轻，但又只有被告人上诉的，

---

[1] 孙远：“二审开庭与辩护人诉讼权利之保障”，载吴宏耀、郭烁主编：《行进中的中国刑事诉讼 2015》，人民日报出版社 2016 年版，第 63–69 页。

[2] 洪树涌：“七问刑事二审不开庭”，搜狐网，最后访问时间：2020 年 5 月 13 日。

[3]《最高检公报：二审案不开庭审理未听取辩护律师意见，属于程序违法》，http://tags.news.sina.com.cn/ 庭审程序，最后访问时间：2021 年 5 月 28 日。

为了在二审判决中体现有错必纠的原则，可以要求检察院提出抗诉或自诉人提起上诉，以使二审能够加重被告人的刑罚。有论者指出，在认罪认罚从宽制度试点期间，部分试点地区出现了“上诉引发抗诉”的现象，即对于一审认罪认罚被告人提出上诉的案件，检察机关有针对性地提出抗诉，从而使得二审法院获得改判加刑的权力，进而迫使上诉人撤回上诉，并威胁其他被告人不得上诉。有的试点地区甚至在相关实施细则中明确规定检察机关有权针对被告人的上诉提起抗诉。❶

其二，二审法院以事实不清或证据不足为由，根据刑事诉讼法的规定，将案件发回重审，通过重审加刑。2012 年修正的《刑事诉讼法》对于重审加刑予以限制后，有论者指出，司法实践中，检察机关现在普遍使用“全国检察机关统一业务应用系统”，在该系统中，对于已经有判决的案件不可以补充起诉或变更起诉，因此对于发回重审的案件，检察机关只能重新起诉。实践中存在上诉案件被发回重审后，一审检察院将原起诉事实进行重新明确或定性后重新起诉，根据此类新事实被告人被加重刑罚的情况。对于被发回重审的案件，如果检察机关认为第二次的一审判决确有错误，能否通过抗诉增加被告人的刑罚，亦有不同观点。2014 年 2 月最高人民法院研究室《关于上诉发回重审案件重审判决后确需改判的应当通过何种程序进行的答复》中规定：对被告人上诉、人民检察院未提出抗诉的案件，第二审人民法院发回原审人民法院重新审判的，只要人民检察院没有补充起诉新的犯罪事实，原审人民法院不得加重被告人的刑罚。原审人民法院对上诉发回重新审判的案件依法作出维持原判的判决后，人民检察院抗诉的，第二审人民法院也不得改判加重被告人的刑罚。❷

其三，二审法院认为一审判决量刑过轻，可以改变案件管辖，对该案件重新进行第一审，从而达到加刑的目的。

其四，二审法院认为一审法院量刑过轻，可以维持一审原判，根据审判监督

---

❶ 有论者研究指出，认罪认罚从宽案件“上诉引发抗诉”的现象在多地均有出现。参见孙长永：“比较法视野下认罪认罚案件被告人的上诉权”，载《比较法研究》2019 年第 3 期。

❷ 姚彩云、王乐、朱梅：“从三个案例看上诉不加刑原则的异化”，载《法制与社会》2016 年第 10 期（上）。

程序提起再审，在再审程序中加刑。[1]

三、发回重审情况

实践中因程序违法而被发回重审的案件数量极少。即便被告人及其辩护律师就一审法院的“程序性违法行为”提出了异议，甚至将其作为重要的上诉理由，二审法院也往往会置之不理，继续作出维持原判的裁定。[2]二审法院将案件发回重审，通常也不会在裁判文书中指出一审法院违反法律程序的事实，更不会对重新进行的法庭审判提出纠正程序性违法的要求。这就使得二审法院通过宣告无效来制裁一审程序性违法行为的效果，受到严重的限制。[3]

二审法院如果认为不开庭有疑问，轻易改判可能面临误判风险时，往往利用审级优势，将案件发回重审。[4]案件被发回重审后，被告人的处境更加恶化。《刑事诉讼法》规定，二审法院对于不服发回重审的上诉、抗诉案件，必须依法作出判决或裁定，不得再发回原审法院重审。但是，我国发回重审制度的基本格局并没有发生重大变化。实践中，二审法官若认为案件“事实不清，证据不足”，依然不会轻易作出无罪判决，而会为查清案件事实，将案件发回重审。重审后，若案件又上诉到二审法院，法官仍认为案件“事实不清，证据不足”，需进一步查清案件事实的，会适用《刑事诉讼法》第 238 条第（五）项的规定，再次将案件

---

[1] 例如，2021 年《刑诉法解释》第 401 条第 1 款第（七）项规定：“原判判处的刑罚不当，应当适用附加刑而没有适用的，不得直接加重刑罚、适用附加刑。原判判处的刑罚畸轻，必须依法改判的，应当在第二审判决、裁定生效后，依照审判监督程序重新审判。”再如：最高人民法院 2011 年颁布的《关于死刑缓期执行限制减刑案件审理程序若干问题的规定》第 4 条规定：“高级人民法院审理判处死刑缓期执行没有限制减刑的上诉案件，认为原判事实清楚、证据充分，但应当限制减刑的，不得直接改判，也不得发回重新审判。确有必要限制减刑的，应当在第二审判决、裁定生效后，按照审判监督程序重新审判。”

[2] 陈瑞华：“刑事程序失灵问题的初步研究”，载《中国法学》2007 年第 6 期。有论者指出，从发回重审的理由分析，多数案件是以“事实不清、证据不足”为由发回重审，而这部分案件中，有相当一部分应当是程序违法发回重审的。司法实践中很多经常发生的限制、剥夺被告人辩护权的行为，都无法被二审法院通过“撤销原判”的方式加以宣告无效。参见陈瑞华：“法律程序构建的基本逻辑”，载《中国法学》2012 年第 1 期。

[3] 汪海燕：“论刑事程序倒流”，载《法学研究》2008 年第 5 期。

[4] 葛琳：“刑事诉讼程序回转现象之反思”，载《西部法学评论》2010 年第 6 期。

发回重审。有论者分析，部分二审法官可能不会为了司法公正而将需要自己承担更大责任的结案方式作为首选，甚至可能为了避免替一审“背黑锅”，对本应改判的案件也发回重审。[1]

《刑事诉讼法》规定，二审法院发回重审案件，“除有新的犯罪事实，人民检察院补充起诉的以外，原审人民法院也不得加重被告人的刑罚”。司法实践中，对事实清楚、证据充分，但判处的刑罚畸轻，或者应当适用附加刑而没有适用的案件，二审法院也常常为“纠错”而借事实不清或证据不足将案件发回重审，以谋求对被告人加刑的处理。

第三节　二审程序研究综述

1979 年《刑事诉讼法》实施以来，理论界与司法实务界对于二审程序的基本功能、性质与定位、二审程序的构造以及审理方式、裁判方式等方面进行了持续的研讨。既有研究在二审程序的基础性问题和具体制度方面已形成了诸多共识，又对《刑事诉讼法》的修改完善发挥了推动作用。本节重点对上诉权、上诉不加刑原则，以及发回重审制度方面的研究进行综述。

一、上诉权

上诉权是国际社会公认的基本人权。根据公约的要求，必须给予被告人符合其关于上诉权、公正审判权保障要求的基本而必要的救济。从世界范围来看，在审级制度上，多数国家实行三级司法等级结构，为当事人提供两次上诉救济的机会。我国刑事诉讼中，上诉人只有一次上诉机会。有论者认为，我国刑事诉讼之

---

[1] 沈霞：“对我国刑事二审发回重审制度执行困境与架构重塑之思考——以某市中级人民法院刑事二审案件为例”，载《法律适用》2013 年第 10 期。

所以一直实行两审终审制，主要是因为在全面审查原则、开庭审理等一系列诉讼制度的保障之下，没有必要增加更多的审级。[1]但是，实践中刑事二审程序不开庭审理的普遍化以及发回重审时有发生等问题，已然说明被告人上诉权的行使可能导致自身权利状况进一步恶化，被告人上诉存在巨大风险。因此，应当基于被告人上诉权保障之需要，完善二审审理方式，实现二审程序审理的实质化；完善发回重审制度，可能导致被告人处境进一步恶化的发回重审必须受到严格限制。[2]有研究者指出，以往关于我国刑事二审程序的研究缺乏对近十余年刑事司法改革动态的跟进，而未能处理案件剧增、刑法扩张和一审程序多元化发展所带来的上诉制度需相应调整问题。[3]近年来，理论研究方面，认罪认罚从宽案件中被告人的上诉权、死刑案件上诉权以及程序性上诉权等方面值得关注。

（一）认罪认罚从宽案件上诉权

有观点认为，上诉权是被告人的一项基本权利，不能剥夺或限制。只有保障被告人对于认罪认罚反悔上诉的权利，才能使其拥有对审判程序和诉讼结果的自由选择权，进而对最终的裁判结果不产生抵触情绪，增强对认罪认罚结果的接受度。这一点已成为学界和实务界的共识。认罪认罚案件中，被告人在法院判决前，可以反悔，撤销具结书。法院判决后，被告人发现自己系基于错误认识而认罪认罚的，可以依法提出上诉，或者向人民法院和人民检察院申诉。但被告人无正当理由的上诉，与立法创制认罪认罚从宽制度的初衷相悖，这种情况下，检察机关应当提出抗诉，从而使二审法院能有机会通过依法审判，适当加重被告人刑罚，促使被告人形成尊重认罪认罚具结和承诺的自觉，从而减少无谓的上诉和不必要的二审程序，助推认罪认罚从宽制度的良性运行。[4]有论者通过对认罪认罚

---

[1] 陈光中：《刑事诉讼法》，北京大学出版社、高等教育出版社 2002 年版，第 324 页。

[2] 实践中二审法院发回重审，并非都基于一审裁判错误，新证据、新事实、自由裁量事项、其他不可归咎于一审法院的原因等，都可能导致二审法院将案件发回重审。有论者指出，我国刑事二审发回重审制度的功能，在实践中已经由救济异化为惩罚。参见王超："刑事二审发回重审制度的功能异化：从救济到惩罚"，载《政治与法律》2011 年第 11 期。

[3] 牟绿叶："我国刑事上诉制度多元化的构建路径——以认罪认罚制度为切入点"，载《法学研究》2020 年第 2 期。

[4] 对检察机关提出幅度刑量刑建议，法院在幅度中线或者上线量刑后，被告人上诉的则不宜抗诉。参见蒋安杰："认罪认罚从宽制度若干争议问题解析"，载 2020 年 4 月 29 日《法制日报》。

从宽案件上诉理由的调研发现，在以量刑过重为由而提起上诉的案件中，很多被告人的真实动因是留所上诉。[1]有论者指出，如果认罪认罚案件中的被告人提出上诉只是为了拖延诉讼时间，希望留在看守所服刑，那么开启该类案件的二审程序几乎没有实际意义，不如直接取消被告人的上诉权，改为一审终审。[2]有论者认为，对于适用速裁程序审理的认罪认罚案件，应当实行一审终审，不应允许被告人上诉。[3]

有论者指出，我国认罪认罚从宽制度运行的现实条件与域外相距甚远，现阶段要对认罪认罚案件被告人的上诉权进行严格的限制，尚存在很大的困难。我国当下被追诉人的有效法律帮助权尚未得到充分的保障，控辩平等对抗、平等协商的诉讼机制尚未完全得到确立。检察机关对指控犯罪理由和认罪认罚法律后果的告知尚不够明确、完整，被追诉人难以准确理解认罪认罚的含义及后果。被追诉人认罪认罚的自愿性、真实性以及合法性很难得到充分的保障。根据中央关于司法改革的顶层设计，以审判为中心的诉讼制度改革与完善认罪认罚从宽制度是两项配套的司法改革举措，前者侧重于提升司法公正，核心是庭审实质化；后者侧重于提升司法效率，核心是建立兑现从宽政策的程序机制以及多元化的刑事诉讼制度体系。目前庭审实质化进展缓慢，"三项规程"2018 年 1 月才开始在全国全面试行，直接言词原则以及相应的交叉询问规则尚未得到立法或者司法解释的认可。这种情况下，如果不适当地限制认罪认罚被告人的上诉权，很可能会导致一些在认定事实或者适用法律上确有错误的案件进入刑罚执行程序，甚至酿成新的冤假错案。但随着认罪认罚从宽制度在全国范围内的全面实施以及相关运行条件的进一步改善，我国立法机关应认真考虑对认罪认罚被告人的上诉权进行一定限制。对于认罪认罚的被告人提出上诉的案件，上诉审法院应当先进行形式审查，对不属于法定允许上诉理由范围的案件，应当裁定不予受理；根据法定上诉理由提出上诉的案件，才需要进入实体审理。[4]

---

[1] 董坤："认罪认罚从宽案件中留所上诉问题研究"，载《内蒙古社会科学》2019 年第 5 期。

[2] 郑瑞平："比较法视野下我国刑事速裁程序之完善——以处罚令制度为视角"，载《中国刑事法杂志》2016 年第 6 期。

[3] 汪建成："以效率为价值导向的刑事速裁程序论纲"，载《政法论坛》2016 年第 1 期。

[4] 孙长永："比较法视野下认罪认罚案件被告人的上诉权"，载《比较法研究》2019 年第 3 期。

（二）程序性上诉权

有论者指出，程序性上诉作为一种重要的对法律错误的上诉，是以下级法院在适用诉讼程序规范方面的错误作为上诉理由而提起的上诉。这种上诉启动了上级法院对原审法院审判程序合法性的司法审查程序，通过宣告下级法院的判决无效，对违反法律程序的下级法院加以惩戒和规训，确保刑事诉讼法所确立的程序在各个法院得到统一的遵守，使得所有案件、所有当事人都能得到大体同等的对待和处理。实践中，当事人在第一审程序中向法院提出的绝大多数程序请求，法院都是以决定的名义作出是否准许的裁决结果的。[1] 而按现行刑事诉讼法的规定，只有一审法院作出的判决和裁定才能成为当事人的上诉对象。二审法院对于“决定”的上诉审查缺乏来自当事人诉权的制约，因而陷入任意行使裁判权的泥潭之中。而对于这种程序错误的审查和纠正，完全取决于二审法院的意愿，因此扩大当事人的程序性上诉权，可以使当事人通过以有效行使诉权的方式，促使二审法院行使上诉审查权，保障当事人对二审法院的程序合法性之裁判程序进行有效地参与，并施加积极的影响。[2]

（三）死刑案件上诉权

有论者认为，鉴于我国司法实践中死刑案件审判程序的重要性，死刑案件的程序设计应趋向复杂化：应当在保障并完善死刑案件二审全面审查、开庭审理等基本规定的情况下，将死刑复核程序改造为第三审程序，被告人对于死刑判决可以行使第二次上诉权，上诉至最高人民法院。此方面域外经验值得借鉴。例如，在美国，死刑案件必须做到程序无瑕，非死刑案件中被告人一般只有一次上诉机会，而死刑案件可能经历八级审判。美国死刑案件的上诉程序注重的并不是是否发生无辜的被告人被判处死刑，而是整个审判的程序在宪法上看，是否公正，是否合理。[3] 有论者指出，死刑案件应当建立强制上诉制度。现阶段，构建强制上

---

[1] 例如，对于当事人提出的有关法官、陪审员、检察官等回避的申请；对于当事人要求通知新的证人到庭、调取新的物证、申请重新鉴定或勘验的申请；对于当事人提出的延期审理的申请等，初审法院都可以决定的方式作出是否准许的裁决结论。

[2] 陈瑞华：“刑事诉讼中的程序性上诉”，载《社会科学战线》2005 年第 5 期。

[3] 陈卫东主编：《刑事二审开庭程序研究》，中国政法大学出版社 2008 年版，第 353-354 页。

诉制度应当对关键问题进行改革，取消高级人民法院与最高人民法院对死刑案件的一审管辖权，在二审中注重对事实、法律问题进行全面审查，赋予法官特定的“关照”义务，确保这一制度在我国得到落实。❶

二、上诉不加刑原则

在我国，上诉不加刑原则是应当废除还是保留完善，曾存在论争。多数学者认为，上诉不加刑原则应当保留。主要理由包括：遵循上诉不加刑符合刑事诉讼民主、科学、文明原则；法院审判必须受诉讼主张的限制，在只有被告人一方提出上诉的情况下，法院是依据被告人要求减轻刑罚的请求进行第二审程序的，理所当然不能加重对被告人的处罚；如果二审判决加重了对被告人的处罚，就明显超越了诉讼主张的限制，违背了不告不理原则和控审分离原则，等等。

（一）上诉不加刑原则的理论基础

有论者认为，诉判同一原则和利益平衡原则是上诉不加刑原则的理论基础。诉判同一原则要求审判范围不得超出上诉范围。英美法系国家的诉因制度，充分体现了诉判同一原则的要求，其意义在于：一是确定审判对象；二是确定当事人的攻防焦点。在检察机关没有抗诉、仅有被告人上诉的情况下，二审程序加重被告人的刑罚，违背了诉判同一原则，等于判非所诉、答非所问，有违诉讼的基本逻辑。利益平衡原则要求牺牲部分的实体真实而追求通过上诉权的行使带来的整体上纠错功能的实现。从利益平衡原则角度分析，上诉不加刑虽在客观上造成了对实质正义、罪刑相适应原则等价值与原则的冲击，但可以通过赋予被害人及其亲属上诉权的方式，避免一审量刑畸轻或适用法律错误而检察机关怠于行使抗诉权所导致的价值冲突。❷

对此，有论者认为，利益平衡原则仅仅是从功利的角度论证了上诉不加刑原则对于实现二审程序之纠错功能所具有的价值，并未体现上诉不加刑原则的价

❶ 宋英辉、尹泠然：“死刑案件强制上诉制度的功能与构建”，载《河南社会科学》2018 年第 10 期。

❷ 王晨、张忠斌、王纳新：“论我国上诉不加刑原则的立法完善——以诉审关系为分析视角”，载陈光中主编：《中国刑事二审程序改革之研究》，北京大学出版社 2011 年版，第 294 页。

值内涵，因此并不能将其作为上诉不加刑原则的理论基础。诉判同一原则可视为上诉不加刑原则的技术基础，之所以要求诉判同一，其实质还是要贯彻控审分离这一公正审判的基本法治理念。因此，控审分离原则，应当是我国上诉不加刑原则的理论基础。依据控审分离原则的要求，法院不得追加、变更诉讼请求。无论是初审还是上诉审，审判的性质没有发生改变，审判的对象和范围必须受限于控诉的对象和范围，无控诉即无审判。而控审分离原则在二审程序中的基本要求即为：二审法院不得超越控辩双方诉讼主张作出对被告人不利的裁判；在仅有被告人上诉，自诉人或控方提出有利于被告人的上诉或抗诉的情况下，二审法院不得对被告人改判加刑；二审法院不得通过重审加刑或者再审加刑等方式规避上诉不加刑原则。如果二审法官主动加刑，则其将自己置于追诉方的立场，公正的审判无从谈起。此外，现代刑事诉讼制度确立上诉不加刑原则是为了保障被告人的上诉权和辩护权，维护被告人的刑事诉讼主体地位，从而维护被告人的自由和尊严。因此，尊重和保障人权也应是上诉不加刑原则的理论基础。[1]

（二）余某案引发的理论研讨[2]

2020 年的余某交通肇事案，引发法学理论界、实务界在实体与程序领域展开广泛讨论。其中，在程序法层面，争论的焦点问题是二审法院加重刑罚是否符合法律规定。

有观点认为，根据刑事诉讼法的规定，既有上诉又有抗诉的情形下，二审裁判不受上诉不加刑原则的限制。这里的抗诉是就主体而言的，没有对抗轻还是抗重作限制。二审程序是一个纠错程序，实行全面审查和全面处理原则，不受上诉、抗诉理由的限制。就认罪认罚案件而言，二审法院更要严格进行全面审查，

---

[1] 陈心歌：《中国刑事二审程序问题研究》，中国政法大学出版社 2013 年版，第 117 页。

[2] 2019 年 6 月 5 日 21 时，中铁股份公司纪检干部余某酒后驾车，在北京市门头沟区撞到被害人宋某致其死亡，撞人后余某驾车逃逸。6 月 6 日 5 时许，余某到公安机关投案。根据司法鉴定，被害人宋某为颅脑损伤合并创伤性休克死亡。交管部门认定，余某酒后驾车，且驾车逃逸，负事故全部责任。6 月 17 日，余某的家属赔偿宋某的近亲属各项经济损失共计人民币 160 万元，获得了被害人近亲属的谅解。余某自愿认罪认罚，签署具结书，同意门头沟区检察院提出的有期徒刑 3 年、缓刑 4 年的量刑建议，但该量刑建议未被门头沟区法院采纳，余某一审被判处有期徒刑 2 年。此后，余某提出上诉。门头沟区检察院也提起抗诉，认为一审法院不采纳量刑建议的理由不能成立，北京市检察院第一分院支持抗诉。北京市第一中级法院二审判处余某有期徒刑 3 年 6 个月。

根据庭审查明的情况依法作出判决，确保认罪认罚从宽制度得到正确实施，确保控辩协商的案件经得起审判的检验，这是由二审程序的功能所决定的。[1]

有论者指出，抗诉与上诉均为被告人利益，具有同质性，在这种情况下，应当进行实质性判断，仍然适用上诉不加刑原则。对此，虽然没有法律明确规定，但检察机关为被告人利益抗诉的情况下，亦不得加重刑罚，在我国为主流法律观点。更值得注意的是此种情况下不能加刑的诉讼法理依据：其一，因被告人利益诉求进行再次审判时，禁止作出（对被告人的）不利变更原则（简称不利益变更禁止原则），这就是法律程序中“上诉不加刑”规范的法理根据。否则，将会严重损害被告人获得法律救济的权利；其二，控审分离原则。因为控诉方支持被告人，要求从轻处罚，而法院从重判处，势必形成法院既为裁判机关，又为控诉者的“自诉自审”现象，有违一般程序公正法理。应当说，此种做法已超越了职权主义法理，损害程序公正。[2]

有论者认为，该案引出的一大法律问题，是禁止不利益变更原则在刑事诉讼制度中的全面建构问题。这一原则统摄上诉不加刑、禁止双重危险以及为被告人之利益提出的抗诉不得加重刑罚等具体要求。显然，我国亟须通过这类个案推动相关立法与司法解释，在立法和司法解释出台之前，应当参照禁止不利益变更原则妥善处理案件。该案这种二审法院之改判加重刑罚的做法，打破了诉讼利益格局，造成诉讼中各方利益的失衡。认罪认罚从宽制度和诉讼和解制度存在着诉讼利益的对等分配和平衡关系，如果诉讼合意因二审加重刑罚被打破，诉讼利益的平衡关系就被打破，如该案被告人付出高额赔偿却未能实现自己的诉讼结果预期，就是这种平衡被打破的表现。因此，一审人民法院是否采纳量刑建议以及二审人民法院是否改判加重刑罚，需要进行诉讼利益考量，这些利益中既包含国家刑罚权落实的实体利益，也包括节约司法资源等的程序利益，以及如被害人获得赔偿之类其他诉讼中的利益，不能只看到部分利益，看不到利益格局的全貌。[3]

上诉不加刑原则是否得到充分、完整的贯彻，关系到我国刑事二审程序乃至刑事诉讼程序的良性发展，关系到被告人刑事诉讼主体地位的确立和保障。我

---

[1][2][3] 蒋安杰：“实体正义之‘轮’不能滑离程序正义之‘轨’”，载2020年4月22日《法制日报》。

国刑事诉讼法规定的上诉不加刑原则，在司法实践中经常被各种变相加刑的做法所违背。鉴于这种情况，应当对我国刑事诉讼法中的上诉不加刑原则作出如下修改：其一，控方或自诉人为被告人利益提起的抗诉、上诉，二审法院不能加重对被告人的处罚。其二，只有被告人一方上诉的案件，或者控方、自诉人为被告人利益提起的抗诉、上诉的案件，二审发回重审后，原审法院不能加重对被告人的处罚。其三，立法中明确规定，只是单纯的量刑不当，不应作为再审的理由，杜绝在二审之后通过提起再审变相加刑的错误做法。

三、发回重审制度

现行《刑事诉讼法》第236条第1款第（三）项的规定："原判决事实认定不清或者证据不足的，可以在查清事实后改判；也可以裁定撤销原判决，发回原审人民法院重新审判。"该条源于1979年《刑事诉讼法》第163条。而1979年的这一条款又源于1956年最高人民法院《各级人民法院刑事案件审判程序总结》中关于发回重审的规定。1955年以前，上级法院对上诉案件基本不发回重审，而是像一审一样外出走访、调查案情，在查清案件事实基础上改判。有论者指出，效率至上或许是坚持保留发回重审制度的重要理由，但这偏离了制度创设初衷。[1]

（一）保留（改良）抑或废除的观点[2]

有论者指出，发回重审不能成为常态，刑事二审程序的立法和司法活动应确立并遵循"程序不可倒流原则"。根据"程序不可倒流原则"的要求，应当在立法中将发回重审限定为极其例外的情况下方可适用。例如，在严重程序性违法影响诉讼结果的情况下可将案件发回重审。目前的立法规定使得发回重审制度在实践中未能发挥应有功能，反而造成了没完没了地循环审判和重复追诉，不仅增加了诉讼成本，而且削弱了二审程序的正当性基础。部分学者提出废除发回重审

---

[1] 熊谋林、王馨兰、陈强："合理运用监视居住：从错案到发回重审反思审前羁押（1979–2014）"，载《山东大学学报（哲学社会科学版）》2017年第5期。

[2] 基于我国发回重审制度实践中问题已有研究的诸多共识，此处讨论的肯定观点为改良论，否定的观点为废除论。

制度的主张；也有一些学者认为，发回重审制度的存在具有必要性和合理性，同时，鉴于实践中已然存在的严重问题，对于我国发回重审制度必须进行限制性重构。限制发回重审的主张与废除发回重审的主张也存在共同之处，即均主张取消“证据不足”发回重审之规定，对第二审法院认为“事实不清”的案件，原则上应当直接改判，不应发回重审。

1. 废除发回重审制度的主张

有论者认为，发回重审制度的存在严重损害了被告人的合法权益：不但可能导致许多案件出现超期羁押的后果，还可能导致二审法院借发回重审的机会对上诉人变相加刑，因此刑事诉讼法应当规定，二审案件一律由二审法院开庭审理，并直接作出裁判，以充分体现二审程序的救济功能。[1]取消发回重审制度，代之以二审法院直接改判，有利于实现第二审法院审理的实质化，防止第二审程序的形式主义，真正发挥第二审的纠错功能，同时对于加快案件审结速度、提高审判效率也具有积极意义。

有论者认为，发回重审是职权主义的副产品，随着职权主义向当事人主义的转化，法院不再承担过多的主动查证责任，举证责任更多是由控辩双方承担。如果确实存在事实不清、证据不足的情况，应该由控诉方进行举证，而不是再发回原审法院重审。[2]

有论者指出，我们现在的重审制度并不是充分借鉴外国重审制度的产物，我们不必以外国存在和继续存在重审制度，来看待我们自己的重审制度的存废，我们应按自己的实际情况，废弃发回重审制度。二审法院应当直接依据审理结果作出裁判，而不能推卸裁判职责，尤其在裁判遭受阻压或者为了回避某种矛盾时。[3]

2. 限制发回重审制度的观点

有论者认为，从理论上讲，取消一项制度应至少同时满足两个条件：一是该制度存在的缺陷无法得到克服；二是该制度本身没有存在的合理性。但这两个条

---

[1] 徐静村：“刑诉法修正：完善基本原则、强化程序设计”，载《人民检察》2012 年第 3 期。

[2] 张建伟观点，转引自张建升：“反思价值目标定位、细化程序操作规范——刑事二审程序：难题与应对论坛综述”，载《人民检察》2008 年第 6 期。

[3] 张步文、杨加明：“论刑事发回重审制度之废除——解读《中华人民共和国刑事诉讼法》第二修正案（学者建议稿）的相关规定”，载《重庆邮电大学学报（社会科学版）》2006 年第 1 期。

件在刑事二审发回重审制度上显然不存在。[1] 有论者认为，废除发回重审制度，刑事二审程序的功能势必大打折扣。如果取消发回重审，二审法院或者维持原判，或者直接改判——这两种方式无法充分发挥上诉程序的救济、纠错或者监督功能。有律师指出，有二审法院似乎经常发回重审，这至少表明其不会轻易维持下级法院的错判。[2]

有论者指出，实践中发回重审制度的缺陷是其功能异化的重要表现，解决之策应是通过制度改革实现其功能回归。通过限制发回重审的理由、次数或者方式，完全可以将刑事二审发回重审制度存在的缺陷降到最低程度。[3] 有论者认为，凡是违反诉讼程序的案件，无论是否影响案件的公正审理，均应发回重审。[4] 有论者提出，发回重审在不同上诉审构造之下有不同的适用条件，而并非一个可以任意决定的问题。是否发回重审应当依据有审必有判的原则而决定。在各种上诉审构造中，若以原案件为审判对象则意味着就案件的事实和法律两方面实体问题展开审理，那么，上诉法院就应当对这两个方面作出判决。同理，在以原判决为审判对象的上诉审中，若上诉法院在受原审对事实问题所获心证的约束下，仅对适用实体法的正确性展开审查，亦属对实体问题的审查，因此应根据审理结果，就系争的实体法适用问题自为判决。但是，如果上诉审法院的审判对象仅为原判决作出的程序合法性问题，由于未对实体问题展开审理，无从作出判决，上诉法院若发现原审存在法定程序违法事由时，则以发回重审为主要裁判方式。[5]

（二）发回重审的完善

笔者赞同保留并重构我国发回重审制度的观点，应当在立法中严格限制发回重审的适用。只有这样，才能发挥重审制度所具有的维持原判和变更判决所无法替代的功能。

首先，应当将发回重审制度的适用定位为对被告人基本权利的救济。在发回

---

[1] 王超："刑事二审发回重审制度的功能异化：从救济到惩罚"，载《政治与法律》2011 年第 11 期。
[2] 徐昕：《无罪辩护：为自由与正义呐喊》，清华大学出版社 2019 年版，第 136 页。
[3] 王超："刑事二审发回重审制度的功能异化：从救济到惩罚"，载《政治与法律》2011 年第 11 期。
[4] 谢萍："二审刑事案件改判、发回重审的原则和标准"，载《人民司法》2002 年第 5 期。
[5] 孙远："论刑事上诉审构造"，载《法学家》2012 年第 4 期。

重审制度的设置中，应当尊重当事人的程序选择权，并以此促进其刑事诉讼主体地位之提升。立法层面应当规定如下内容：（1）二审法院经审理认为原审法院认定事实错误，直接改判无罪。（2）二审法院经审理认为原审法院适用法律错误以及控方或被害人提起不利于被告人的抗诉或上诉，并提出可能加重被告人刑罚的新证据等情况下是否发回重审，应尊重当事人的程序选择权。为了增强发回重审制度的正当性，所有利益牵涉方有必要围绕是否发回重审进行听证，通过听证程序审理决定是否将案件发回重审。听证程序中，控辩双方各自发表意见，赋予辩方提出反驳和辩论的机会，裁判者在此基础上作出裁决。[1]（3）自诉人或检察院提起有利于被告人的上诉或抗诉，审理中发现可能加重被告人刑罚的新证据，二审法院不得将案件发回重审，也不得作出不利于被告人的改判。此外，实践中，存在刑事二审法院通过“内函”的方式指导原审法院重审案件的情形。这种情况下，对当事人而言，无法进行辩护准备，减损了司法公正。且原审法院根据“内函”指导重审案件，也使得重审制度丧失了独立的功能。因此，应当取缔“内函”，规定二审法院应当在发回重审的裁定中明确阐述发回重审的理由与法律依据，保障当事人的诉讼权利。

其次，应当完善关于程序性违法发回重审的法律规定，通过该制度的运用确保刑事诉讼法所确立的程序在下级法院得到统一的遵守，使得所有案件、所有当事人都能得到大体同等的对待和处理。[2]对原审法院违反程序的违法行为，应当分别处理：（1）对于轻微的程序违法，并非必须“发回重审”，而是可以作出纠正程序错误的裁判，以免被告人“遭受双重危险”。（2）违法情节较为严重，导致当事人的诉讼权利受到重大损害且影响诉讼结果的程序性违法案件，二审法院审查后应当发回原审人民法院重新审判。（3）对于原审法院的极其严重的程序违法行为，应当增加更为严厉的裁判方式，如直接作出无罪判决，使违法者承担不利的法律后果。[3]严重违反刑事诉讼程序发回重审，造成的“负担”不能由被告人承受，因此案件发回重审时应当审查羁押的必要性；如不符合羁押条件的，应

[1] 葛琳：“刑事诉讼程序回转现象之反思”，载《西部法学评论》2010年第6期。

[2] 陈瑞华：“刑事诉讼中的程序性上诉”，载《社会科学战线》2005年第5期。

[3] 陈卫东、李奋飞：“刑事二审‘发回重审’制度之重构”，载《法学研究》2004年第1期。

当立即释放或者变更为其他强制措施。[1]另外，二审法院确定案件需要发回重审后，应当将案件移送与原审法院同一级别的其他法院进行审判。（4）限定程序违法发回重审的次数。实践中，二审法院把刑事诉讼法程序性违法发回重审作为推卸责任、回避矛盾的挡箭牌，将案件多次发回重审，造成循环审判，浪费司法资源。有论者指出，既然刑事诉讼法对因“事实不清，证据不足”发回重审的次数限定为一次，那么基于刑事诉讼法程序性违法事项发回重审次数也应予以限定为一次。[2]有律师指出，进入审判阶段后，检察院不得补充侦查和补充证据。建议对审判阶段检察院的补充侦查和补充证据进行严格限制，最终实现彻底的证据关门。二审、发回重审、再审阶段，检察院不得补充侦查和补充证据；证据不足，应当宣告无罪。[3]

再次，发回重审案件应当由异地同级法院审理。根据刑事诉讼法的规定，负责重审的法院只能是原审法院，这对于节约诉讼资源、方便当事人诉讼和调查取证方面具有明显的优势，但其弊端也显而易见。发回重审案件继续由原审法院审理无法实现上诉程序的纠错功能，因而，应由二审法院指定本辖区内同级法院审理。

最后，对于发回重审案件的被告人予以司法救济。实践中案件发回重审后，往往又会从一审退回审查起诉阶段，甚至可能直接退回侦查阶段——程序如此倒流，不受任何限制，致使被告人在刑事诉讼中的处境不断恶化，彻底沦为司法机关纠错和查明真相的客体。重审加刑的案件也占有一定比例，二审法官无法加刑，但可以通过发回重审变相加刑，规避法律的限制。有论者通过对近年来的冤假错案的分析，建议对事实不清、证据不足发回重审案件中被告人的强制措施变更为监视居住：发回重审和重新计算审限，在审押并存的情况下，无形中延长了对无辜者的羁押期限。原审法院不可能轻易承认错案。以“事实不清、证据不足”只能发回重审一次虽方便了法院，但对无辜者没有益处。因为发回重审一次

---

[1] 汪海燕：“论刑事程序倒流”，载《法学研究》2008 年第 5 期。

[2] 蔡雨薇：“基于程序违法的刑事二审发回重审制度探究——以《刑事诉讼法》第 227 条第（5）项为视角”，载《法律适用》2016 年第 10 期。

[3] 徐昕：“呼吁：刑事诉讼急需完善十项制度”，载 http：//www.rmfzwqw.cn/，最后访问时间：2019 年 5 月 4 日。

以后，必然还会有原审法院裁判和二审法院审理，每个程序中平均耗费260天。任何一次不必要的发回重审将延长羁押近一年半（520天）。现行刑事诉讼法没有限制违反程序的发回重审，二审法院依然有可能滥用发回重审。这意味着无辜者还会被羁押超过3年或者更长。一个比刑罚还长的羁押不能不说代价太高，这肯定不是现行刑事诉讼法改革的初衷。司法解释中明确肯定监视居住，可使一线司法人员顺利作出裁定，从而杜绝各种干扰的借口。早日在法律框架和诉讼程序内释放潜在无辜者，这是刑事正义的必然要求。[1]

问题与思考

从学界对二审程序的探讨和二审程序在实践中的实际情况及立法变化来看，二审程序涉及多重价值目标，人们对这些价值的重视程度存在差异，因此，不仅需要深入研究解决有关二审程序的一些基础性问题，而且应当关注诸如认罪认罚从宽案件中出现的上诉权保障等具体问题。

一是如何理解二审的监督功能问题，尤其是两审终审意义的问题。对此问题，需要展开研究的是二审程序如何促进程序正义及发回重审与程序正义之间的价值关系，特别是因一审法院程序违法而发回重审的案件。这种违反程序而发回重审的案件，对于被告人来说，并未因此获得程序性的利益，而且还因再次接受一审的审判遭受程序烦琐带来的不利。因此，被告人应否对发回重审有异议权，就是可以考虑的问题。

二是如何理解二审的救济功能问题。受历史传统和现实条件的限制，刑事二审程序救济功能的发展完善不可能一蹴而就。但即便如此，也必须给予被告人符合公约关于上诉权、公正审判权保障要求的基本而必要的救济。刑事二审程序救济功能的理论研究中还有一些问题有待深入思考，比如，二审程序作为救济程序的目的是什么，是以查明事实、不错不漏、不枉不纵等实现实体真实为目标，还是以保障被告人的救济权利等体现救济功能为宗旨，这一问题不仅仅是一个认识

[1] 熊谋林、王馨兰、陈强："合理运用监视居住：从错案到发回重审反思审前羁押（1979–2014）"，载《山东大学学报（哲学社会科学版）》2017年第5期。

论问题，更是一个决定着二审程序的基本结构的价值论问题。再如，同为对刑事诉讼当事人的救济，对于被害人的救济与对于被告人的救济有何共性，又有何差异？自诉案件的救济与公诉案件的救济有何共性，又有何差异？这些问题均需要深入研讨。

三是二审程序发现一审裁判的事实不清、证据不足的案件如何处置的问题。能否如同一审裁判的规定那样，直接作出证据不足、指控犯罪不成立的无罪判决。

四是基于我国刑事诉讼两审终审的审级制度和全面审查原则的要求，我国二审法院不仅要承担一审法院监督者的角色，还要承担事实真相发现者的角色。那么，二审程序是对一审的监督程序还是一审的继续？“有错必纠”与程序正义在二审程序中如何协调？二审终局效力与再审程序的关系如何？

这些问题亟待理论予以回应，以便为制度安排提供支持。否则，即使实行三审终审制度，也难以实现设置上诉审的目的，甚至会使二审程序成为一个虚置的程序。

三 参考文献

一、论文类

[1] 牟绿叶．我国刑事上诉制度多元化的构建路径：以认罪认罚制度为切入点［J］．法学研究，2020（2）．

[2] 孙长永．比较法视野下认罪认罚案件被告人的上诉权［J］．比较法研究，2019（3）．

[3] 董坤．认罪认罚从宽案件中留所上诉问题研究［J］．内蒙古社会科学，2019（3）．

[4] 谢进杰．认真对待无罪命题［J］．四川大学学报（哲学与社会科学版），2018（2）．

[5] 宋英辉，尹泠然．死刑案件强制上诉制度的功能与构建［J］．河南社会科学，2018（10）．

[6] 陈有为，任国权，方勇．庭审实质化背景下刑事二审证人出庭必要性审查研究［J］．

证据科学，2017（4）.
[7] 熊谋林，王馨兰，陈强 . 合理运用监视居住：从错案到发回重审反思审前羁押（1979-2014）[J]. 山东大学学报（哲学社会科学版），2017（5）.
[8] 汪建成 . 以效率为价值导向的刑事速裁程序论纲 [J]. 政法论坛，2016（1）.
[9] 徐建新，方彬微 . 论上诉不加刑原则实践中的问题及对策 [J]. 法律适用，2016（2）.
[10] 陈瑞华 . 新间接审理主义：庭审中心主义改革的主要障碍 [J]. 中外法学，2016（4）.
[11] 郑瑞平 . 比较法视野下我国刑事速裁程序之完善：以处罚令制度为视角 [J]. 中国刑事法杂志，2016（6）.
[12] 李婷 . 司法改革背景下刑事二审庭审实质化问题思考：以刑事二审审判权的运行实践为出发点 [J]. 法律适用，2016（7）.
[13] 姚彩云，王乐，朱梅 . 从三个案例看上诉不加刑原则的异化 [J]. 法制与社会，2016（10）.
[14] 黄应生 . 关于适用刑事诉讼法第二百二十五条第二款有关问题的批复的理解与适用 [J]. 人民司法，2016（25）.
[15] 龙宗智 . 以审判为中心的改革及其限度 [J]. 中外法学，2015（4）.
[16] 龙宗智 . 庭审实质化的路径和方法 [J]. 法学研究，2015（5）.
[17] 刘泉 . 上诉不加刑原则的异化与回归 [J]. 法学论坛，2013（2）.
[18] 孙远 . 论刑事上诉审构造 [J]. 法学家，2012（5）.
[19] 陈光中，曾新华 . 刑事诉讼法再修改视野下的二审程序改革 [J]. 中国法学，2011（5）.
[20] 温如敏，沙云飞 . 上诉不加刑适用中的两个问题 [J]. 法学，2010（5）.
[21] 陈瑞华 . 脱缰的野马：从许霆案看法院如何滥用自由裁量权 [J]. 中外法学，2009（1）.
[22] 易延友 . 我国刑事审级制度的建构与反思 [J]. 法学研究，2009（3）.
[23] 甄贞，赵永红 . 检察机关二审法律监督若干问题研究 [J]. 法学家，2008（5）.
[24] 汪海燕 . 论刑事程序倒流 [J]. 法学研究，2008（5）.
[25] 刘根菊，封利强 . 论刑事第二审程序的审判范围：以程序功能为视角 [J]. 时代法

学，2008（6）.
[26] 王超 . 虚置的程序：对刑事二审功能的实践分析 [J] . 中外法学，2007（2）.
[27] 秦宗文 . 刑事二审全面审查原则新探 [J] . 现代法学，2007（3）.
[28] 陈瑞华 . 侦查案卷裁判主义：对中国刑事第二审程序的重新考察 [J] . 政法论坛，2007（5）.
[29] 陈瑞华 . 刑事程序失灵问题的初步研究 [J] . 中国法学，2007（6）.
[30] 周永年 . 刑事二审程序中履行检察职能的若干问题研究 [J] . 华东政法学院学报，2006（3）.
[31] 陈卫东，李奋飞 . 刑事二审"发回重审"制度之重构 [J] . 法学研究，2004（1）.
[32] 陈永生 . 刑事二审审理方式之改革 [J] . 政治与法律，2004（1）.
[33] 陈光中 . 刑事诉讼法再修改之基本理念 [J] . 政法论坛，2004（3）.
[34] 左卫民，万毅 . 我国刑事诉讼制度改革若干基本问题研究 [J] . 中国法学，2003（8）.
[35] 陈瑞华 . 刑事诉讼中重复追诉问题 [J] . 政法论坛，2002（5）.
[36] 陈卫东 . 刑事二审"全面审查原则"的理性反思 [J] . 中国人民大学学报，2001（2）.
[37] 陈瑞华 . 对两审终审制的反思：从刑事诉讼角度的分析 [J] . 法学，1999（12）.
[38] MCDONNELL J.Garza v. Idaho：Prioritizing Client Autonomy in Criminal Appeals Regardless of an Appeal Waiver [J] .Loyola University Chicago Law Journal，2020，52.
[39] DARGUE P.The Safety of Convictions in the Court of Appeal：Fresh Evidence in the Criminal Division through an Empirical Lens [J] .The Journal of Criminal Law，2019，83（6）.
[40] CORNS C.Leave to Appeal in Criminal Cases：The Victorian Model [J] . Current Issues in Criminal Justice，2017，29（1）.
[41] ROBERTS S.Fresh Evidence and Factual Innocence in the Criminal Division of the Court of Appeal [J] .The Journal of Criminal Law，2017，81（4）.
[42] MCGAUGHEY M D.When the United States Loses in a Criminal Case：

The Government Appeal Process [J] .The Journal of Appellate Practice and Process，2017，18（2）.

[43] DOW D R，NEWBERRY J R.When an Appeal Goes Wrong：A Criminal Justice Nightmare [J] .The Journal of Appellate Practice and Process，2017，18（2）.

[44] BUBALOVIC T.High Curt Decisions regarding the Appeal against Criminal Judgement - Legal Regulation and Some Experiences in the Practice of Croatian Courts [J] .Journal of Criminal Law & Criminology，2016，54.

[45] AMATO D A.The Eternit Case after the Decision of the Court of Appeal：Some Reflections about the Presence of the Civil Plaintiffs in the Criminal Proceeding [J] .New Journal of European Criminal Law，2013，4（3）.

二、著作类

[1] 孙长永 . 中国刑事诉讼法制四十年：回顾、反思与展望 [M] . 北京：中国政法大学出版社，2021.

[2] 徐昕 . 无罪辩护：为自由与正义呐喊 [M] . 北京：清华大学出版社，2019.

[3] 左卫民 . 实证研究：中国法学的范式转型 [M] . 北京：法律出版社，2019.

[4] 陈瑞华 . 刑事诉讼的前沿问题 [M] . 北京：中国人民大学出版社，2016.

[5] 张军，江必新 .2012 年刑事诉讼法及司法解释适用解答 [M] . 北京：人民法院出版社，2013.

[6] 刘计划 . 控审分离论 [M] . 北京：法律出版社，2013.

[7] 陈心歌 . 中国刑事二审程序问题研究 [M] . 北京：中国政法大学出版社，2013.

[8] 吴宏耀，郭烁 . 行进中的中国刑事诉讼 [M] . 北京：人民日报出版社，2013.

[9] 郎胜 . 中华人民共和国刑事诉讼法修改与适用 [M] . 北京：新华出版社，2012.

[10] 陈光中 . 中国刑事二审程序改革之研究 [M] . 北京：北京大学出版社，2011.

[11] 王超 . 刑事上诉程序的构造与功能 [M] . 北京：中国人民公安大学出版社，2008.

[12] 宋世杰 . 刑事审判制度研究 [M] . 北京：中国法制出版社，2005.

[13] 顾永忠 . 刑事上诉程序研究 [M] . 北京：中国人民公安大学出版社，2003.

[14] 樊崇义 . 刑事诉讼法实施问题与对策研究［ M ］. 北京：中国人民公安大学出版社，2001.
[15] 龙宗智 . 刑事庭审制度研究［ M ］. 北京：中国政法大学出版社，2001.
[16] 王敏远 . 刑事司法理论与实践检讨［ M ］. 北京：中国政法大学出版社，1999.

第二十四章　死刑复核程序

【导读】

死刑是最严厉的刑罚，故，对相关程序应有特别的规定。在我国，死刑案件的管辖有其特殊性，唯有中级或者中级以上人民法院可以管辖。死刑复核程序是我国刑事诉讼法规定的一种独立于普通审判程序之外的特别的审查核准程序，具有检验死刑案件一审程序、二审程序质量的功能，也是在一审和二审程序的基础上增加的人权保障机制，体现了立法者对死刑案件极其审慎的态度，防止和纠正死刑案件可能发生的偏差和错误，从程序上保证死刑案件的质量，贯彻少杀、慎杀、防止错杀的方针，在刑事诉讼中具有重要价值。国际上对于死刑存废的讨论也很激烈，废除死刑已经在大多数国家和地区成为现实。如今世界上保留死刑的少数国家都对死刑采取了十分慎重的态度。

研究死刑复核程序，应当对我国宪法规定的“尊重和保障人权”，刑法有关死刑的限制性规定，以及刑事诉讼中有关死刑核准权的下放、收回的历史发展有所认识；应当掌握和理解我国有关死刑复核问题的相关刑事政策，如“少杀、慎杀”“控制死刑”“宽严相济”，等等。学习死刑复核程序，应注意律师辩护、检察监督等也是死刑复核程序的重要组成部分。研究死刑复核程序还应当对《公民权利与政治权利国际公约》以及废除死刑的该公约第二任择议定书、《联合国反酷刑宣言》《联合国反酷刑公约》《关于保护面对死刑的人的权利的保障措施》《欧洲人权公约》《美洲人权公约》《中美洲预防和惩罚酷刑公约》等有关死刑问题的国际公约、地区公约有所认识，同时还需要对法治发达国家有关死刑问题观点、理论有所了解。

学习死刑复核程序以死刑案件的一审程序、二审程序为基础，是死刑案件的终审程序，是死刑案件审判程序的最后一道防线，也是学习死刑案件执行及其变更的前提。

第一节　死刑复核程序基本问题研究综述

死刑复核程序的目的在于审查刑事诉讼中可能存在的、侵犯犯罪嫌疑人与被告人诉讼权利或者实体权利的错误，防止对无辜者或者可以不判死刑的人判处并执行死刑。通过死刑复核程序发现无辜者，也有利于对真凶的追诉，维护社会秩序和法律秩序、司法权威。

20 世纪 80 年代初期出现了严重的社会治安状况，为了从重从快严厉打击严重刑事犯罪活动，最高人民法院将死刑核准权下放到部分高级人民法院。1980 年 2 月 12 日，第五届全国人大常委会第 13 次会议作出决定，在 1980 年内，对杀人、抢劫、强奸、放火和其他严重危害社会治安的现行刑事犯罪分子判处死刑的核准权，由最高人民法院授权省、自治区、直辖市高级人民法院行使。1981 年 6 月 10 日，第五届全国人大常委会第 19 次会议作出《关于死刑案件核准问题的决定》，在 1981 年至 1983 年内延续对反革命、贪污犯等案件之外的死刑案件核准权下放的授权。1983 年 9 月 2 日第六届全国人大常委会第二次会议修改了《人民法院组织法》，修改后的该法第 13 条规定：杀人、强奸、抢劫、爆炸以及其他严重危害公共安全和社会治安判处死刑的案件的核准权，最高人民法院可以在必要的时候授权省、自治区、直辖市的高级人民法院行使。1983 年 9 月，最高人民法院发布《关于授权高级人民法院核准部分死刑案件的通知》，对杀人、强奸、抢劫、爆炸以及其他严重危害公共安全和社会治安判处死刑的案件的核准权，依法授权各省、自治区、直辖市高级人民法院和解放军军事法院行使。1991 年 6 月 6

日和 1993 年 8 月 18 日，最高人民法院先后又将毒品犯罪死刑案件的核准权，授权给云南省和广东省高级人民法院行使。2005 年以来，最高人民法院开始就收回死刑复核权问题在人员、法律、舆论、理论等多个方面进行准备，最高人民法院发布的二五改革纲要中明确，要将死刑核准权统一收归最高人民法院行使。2007 年 1 月 1 日起，最高人民法院开始对死刑案件统一行使核准权。[1]

一、死刑复核程序的理论渊源

死刑复核程序是我国刑事诉讼所特有的诉讼程序，是指最高人民法院或者高级人民法院（含中国人民解放军军事法院）对判处被告人死刑的案件进行审查核准的一种特殊审判程序。我国实行两审终审制，但死刑案件除最高人民法院判处的死刑和死缓案件以及高级人民法院判处的死缓案件外，经过两级人民法院的审理后并不生效，还必须经过有核准权的人民法院复核后才能生效。所以，对于死刑案件而言，死刑复核程序是其终审程序。死刑复核程序作为一种特殊的救济程序，对于保证死刑案件的质量具有十分重要的程序价值，一直以来发挥着积极的作用。这和死刑复核程序的理论渊源有着密切的联系。

有研究认为，我国死刑复核程序的理论渊源如下：[2]

第一，历史传统。我国封建社会长期存在死刑复奏制度，包括三复奏和五复奏。这虽然更多地体现了皇权权威，但这些制度也在很大程度上体现了对死刑的慎用思想。死刑复核程序的形成受到了历史传统的影响，是对死刑复奏制度的历史继承和现代化。

第二，慎刑思想。中华人民共和国成立后，共产党对死刑的适用继续保持着审慎的态度。针对死刑这一人命关天的重大问题，毛泽东曾说，“一颗脑袋落地，历史证明是接不起来的，也不像韭菜那样，割了一次还可以长起来，割错了，想

---

[1] 关于死刑复核权的下放与收回，参见王敏远主编：《刑事诉讼法学》（下），知识产权出版社 2013 年版，第 845–852 页。

[2] 谭世贵、李建波：“试论慎刑慎杀的刑事诉讼基本理念”，载《海南大学学报（人文社会科学版）》2007 年第 5 期。

改正错误也没有办法”。[1]死刑复核程序就是这种指导思想的法律化、程序化，体现了对生命价值的尊重。

第三，监督理论。死刑复核程序在启动上具有自动性，层层上报最高人民法院复核。这体现了我国宪法预设的上级人民法院主动监督下级人民法院审判活动的理念，是由最高人民法院对高级人民法院以及中级人民法院、高级人民法院对中级人民法院行使审判权的审判监督职能的一种具体表现形式。

第四，程序保障理论。设置死刑复核程序，在两审终审制的基础上增加一道专门的复核程序，比普通案件多了一道把关程序，以保障死刑适用的准确性和必要性，体现了对死刑案件更加重视程序保障的理念。

二、死刑复核程序的适用范围

死刑复核程序适用于判处死刑立即执行和死刑缓期执行的案件，一般由报请复核和复核两个阶段组成。在实际操作中，关于该程序的适用范围经常出现一些问题，引起理论界与实务部门的探讨。

（一）高级人民法院二审死缓案件的复核程序

高级人民法院复核的死缓案件有三种：第一种是中级人民法院一审判处死缓后没有上诉和抗诉的；第二种是中级人民法院一审判处死缓后上诉或者抗诉，高级人民法院二审的；第三种是高级人民法院一审判处死缓没有上诉抗诉的，这种案件较少。关于第二类案件即高级人民法院二审的死缓案件是否必须经过死刑复核程序核准，学界不同的看法。

1. 二合一说

有的学者认为，高级人民法院的二审死缓判决和裁定，可以把二审判决与死刑复核合并起来不须经过核准程序，以终审权立即生效。[2]

2. 分立说

权威解释认为，高级人民法院按照第二审程序进行审理后维持死缓判决的，

---

[1] 毛泽东：“论十大关系”，载《毛泽东选集》第 7 卷，人民出版社 1999 年版，第 38 页。

[2] 陈国庆等：《修改后刑事诉讼法实施疑难问题解答》，中国检察出版社 1997 年版，第 267 页。

应当另行组成合议庭进行复核。[1]

（二）死刑案件的同案犯中没有被判处死刑的裁判是否一并进行复核

对于对死刑案件的同案犯中没有被判处死刑的裁判是否一并进行复核，刑事诉讼法未予规定，造成实务部门理解的差别。

1. 部分报送说

此种观点认为，死刑复核程序中，仅需对被判处死刑的案犯予以报请复核。[2]

2. 全案报送说

有学者认为死刑复核的对象固然是死刑被告人的裁判，但原裁判作为一案审理，特别是共同犯罪的案件，不仅犯罪事实互相牵连，犯罪证据互相印证，而且适用法律、定罪和量刑都有互相攀比的问题。如果不全案上报，复核法院是没有办法进行死刑复核的。[3]2021 年《刑诉法解释》第 425 条第 2 款也规定，"同案审理的案件应当报送全案案卷、证据"。

3. 全案报送一并处理说

有观点认为，对此种死刑案件复核时，应当全案报送，一并复核，并且对所有被告人的判决都要在死刑复核程序之后才能发生法律效力。[4]

4. 全案报送全案审查分别处理说

这部分学者认为在死刑复核程序中应坚持全案上报，全面审查，分别处理的做法。在死刑复核程序中，全案材料都上报，对已过上诉或抗诉期限的、判处死刑以下的同案犯的裁判已生效的，应交付执行，如果在复核中发现这些裁判确有错误，依审判监督程序改判。[5]

（三）在死刑复核中能否将死缓直接改判为死刑立即执行

对于中级人民法院判处死刑缓期二年执行的案件，高级人民法院在办理死刑复核时，如果认为应当判处死刑立即执行，具体通过哪种程序来解决改判问题，

[1] 郎胜主编：《〈中华人民共和国刑事诉讼法〉的修改与适用》，新华出版社 2012 年版，第 415 页。
[2] 陈建国主编：《刑事诉讼制度的改革与完善》，红旗出版社 1997 年版，第 211 页。
[3] 陈光中主编：《中国刑事诉讼程序研究》，法律出版社 1993 年版，第 310 页。
[4] 陈国庆等：《修改后刑事诉讼法实施疑难问题解答》，中国检察出版社 1997 年版，第 261 页。
[5] 肖胜喜：《死刑复核程序论》，中国政法大学出版社 l989 年版，第 85 页。

学者们有不同的看法。

1. 比照二审程序不加刑说

即在审判程序上，按照二审案件对待，坚持不加刑原则，只要属被告人一方上诉案件，不得在复核中加重被告人的刑罚。

2. 发回重审说

对于中级人民法院判处死缓而高级人民法院认为应当判处死刑立即执行的案件，高级人民法院采取提审或发回重审的方式较为适宜。

3. 比照二审程序直接改判说

此类案件可以比照二审程序认为原判决量刑不当则应当改判的相关规定。直接改判为死刑立即执行后，仍然要依据死刑复核程序核准，以保证案件的质量。[1]

4. 审判监督说

持该观点的研究者认为，对于上述情况，高级人民法院应该先核准死缓，然后再依照审判监督程序，改判为死刑。[2]

《刑事诉讼法》第 237 条规定了重审不加刑，“第二审人民法院发回原审人民法院重新审判的案件，除有新的犯罪事实，人民检察院补充起诉的以外，原审人民法院也不得加重被告人的刑罚”。2021 年《刑诉法解释》第 469 条规定了再审不加刑，“除人民检察院抗诉的以外，再审一般不得加重原审被告人的刑罚。再审决定书或者抗诉书只针对部分原审被告人的，不得加重其他同案原审被告人的刑罚”。第 428 条第 2 款规定了死缓案件的复核不加刑，“复核死刑缓期执行案件，不得加重被告人的刑罚”。因此，从现行法看，对死缓案件在复核程序中是否能够加刑的问题，答案是否定的。

三、死刑复核程序的存废

鉴于死刑复核程序中存在制度设计和执行中的一些问题，有的学者主张废除死刑复核程序，也有学者主张对死刑复核程序予以完善。

---

[1] 樊崇义主编:《刑事诉讼法学研究综述与评价》，中国政法大学出版社 1991 年版，第 535 页。

[2] 肖胜喜:《死刑复核程序论》，中国政法大学出版社 1989 年版，第 181 页。

（一）死刑复核程序应予保留并完善

持此观点的学者建议保留并完善死刑复核程序。鉴于历史传统和慎刑思想，死刑复核程序是可以保留的。但基于这一程序并不完备的现状，必须完善立法以规范这一程序的运作，从而实现这一程序应有的功能。

有学者提出以下几点完善建议：（1）摒弃认识上的“重实体轻程序”观念，正确认识程序的价值，确保诉讼公正。（2）创建开放式的死刑复核程序，让人民检察院、诉讼当事人、辩护人等参加死刑复核程序并赋予其相应的诉讼权利。完善诉讼构造，实现诉讼目的。（3）通过程序限制、减少适用死刑，与国际接轨。[1]

（二）实行三审终审制取消死刑复核

有学者主张取消死刑复核程序，对死刑案件进行三审终审制改造，并对于死刑案件三审终审制作如下具体设计。

（1）中级人民法院一审判处死刑的案件，强制上诉至高级人民法院，由高级人民法院依照第二审程序进行审理，为最高人民法院的审理奠定基础。在具体审理方式的选择上，有以下观点：其一，全面审查案件事实和适用法律问题。其二，取消全面审查原则，将第二审和第三审法院审查的范围限制在上诉和抗诉所提出的理由内。其三，高级人民法院应当开庭审理第二审死刑案件。

（2）高级人民法院二审判处死刑的案件，被告人及其法定代理人可以上诉至最高人民法院，检察机关可以抗诉至最高人民法院。[2]关于第三审程序审理方式，有以下观点。一是有学者认为，要区分事实审和法律审，第三审法院仅进行法律审，就原审裁判和审理过程中涉及的法律适用问题和是否违反法律程序问题进行审查。二是有学者主张最高人民法院审理死刑案件第三审应当开庭审理并作出最终的裁判。三是最高人民法院通过审理第三审死刑案件，起到统一法律实施作用，实行“三审终审制”的最后一步，就是建立中国式的判例制度。[3]

有学者认为，死刑案件实行三审终审制增加了被告人获得救济的机会，有利于其对判决发表意见，切实保障其诉讼权利。由于死刑案件数量有限，并已经高

---

[1] 李汉昌、章青山：“关于我国死刑复核程序的检讨”，载《法商研究》2000 年第 2 期。

[2] 陈卫东、刘计划：“关于死刑复核程序的现状及存废的思考”，载《中国法学》1998 年第 5 期。

[3] 陈瑞华：“对两审终审制的反思：从刑事诉讼角度的分析”，载《法学》1999 年第 12 期。

级人民法院二审，所以由最高人民法院进行三审，相比于死刑复核程序不会增加其工作负担；相反，却有利于最高人民法院有针对性地进行审理，有利于审理有效率地进行，切实保证死刑判决的质量。[1]

（三）全面审查模式与重点审查模式

有学者对最高人民法院全面审查原则在确保办案质量方面的作用进行审查后，认为由于近年来死刑复核效果总体不错，为最高人民法院获得不少社会认同，也使最高人民法院缺乏改革的现实动力，三审制改造在当前仍缺乏紧迫性，全面审查原则也未到废除地步。[2]

有学者提出重点审查模式。死刑复核程序不再笼统地对所有的死刑案件实行全面审查，而是对于可能影响死刑正确适用的重点问题进行审查。由于审查内容的减少，重点审查在降低最高人民法院死刑复核工作量方面的意义是显而易见的。具体观点包括：第一种观点以辩方主张为基础，认为死刑复核程序应重点审查被告人方提出的主张与理由、判处死刑的关键事实、证据、法律适用以及一审二审中控辩双方争议焦点等三个问题。[3]第二种观点是，死刑审查包括事实问题和法律问题，但以法定上诉人或检察机关提出上诉或抗诉的范围为限，对推定上诉案件一般只审查法律问题。[4]第三种观点从死刑复核功能的角度出发，认为应重点审查证据的充分性、事实认定的内在逻辑性以及死刑案件之间适用标准的一致性与统一性。[5]第四种观点主张重点审查的范围是法律适用、程序合法性以及事实证据的有限性，对于不认罪案件、无罪辩护案件，仍应坚持全面审查原则。[6]

有学者指出，死刑复核程序的规定仅仅是一种制度轮廓，这也为我国死刑复核程序的进一步发展留下相当大的可塑空间。[7]但2012年《刑事诉讼法》关于死刑复核程序的规定在2018年《刑事诉讼法》修正时未予变动。

---

[1] 陈卫东、刘计划："死刑案件实行三审终审制改造的构想"，载《现代法学》2004年第4期。
[2] 高通："最高人民法院死刑复核全面审查原则再检视"，载《法学家》2017年第3期。
[3] 左卫民："死刑控制与最高人民法院的功能定位"，载《法学研究》2014年第6期。
[4] 顾永忠：《刑事上诉程序研究》，中国人民公安大学出版社2003年版，第123页。
[5] 魏晓娜："以审判为中心的刑事诉讼制度改革"，载《法学研究》2015年第4期。
[6] 高通："最高人民法院死刑复核全面审查原则再检视"，载《法学家》2017年第3期。
[7] 吴宏耀："死刑复核程序的律师参与"，载《国家检察官学院学报》2012年第6期。

第二节　死刑复核程序理论和实践之发展与瞻望

2007 年最高人民法院统一行使死刑案件复核权，当年全国法院判处死缓的数量，多年来首次超过判处死刑立即执行的数量。[1]2007 年，因原判事实不清、证据不足、量刑不当、程序违法等原因不核准的案件，占复核死刑案件的 15% 左右。[2]死刑复核率被作为衡量死刑案件办案质量的一项重要指标，各地报请核准率呈现出不降或上升趋势。2017 年各地方法院报请最高人民法院死刑案件核准率约为 94%，约 6% 的报请复核案件没有被核准。[3]

一、死刑复核程序的性质

死刑复核程序的性质定位意义重大。“死刑复核程序的性质是建构死刑复核程序运作机制的前提，不同的性质决定着不同的参与主体、审理方式、审理内容、裁决方式等。”[4]

关于死刑复核程序的性质，学界有行政审批说、纯粹审判程序说、特别程序说、混合式程序说四种观点。

（1）行政审批说认为：死刑复核的本质是“核”而非“审”，复核程序应当按照审批的思路设计。[5]

---

❶ 魏铭言：“肖扬：去年全国被判死缓人数首超立即执行”，载 http：//ztpd.nmgnews.com.cn/system/2008/03/11/010017458.shtml，最后访问时间：2019 年 5 月 24 日。

❷ 胡云腾：“死刑复核程序成功改革的几点启示”，载《法制日报》2008 年 3 月 21 日。

❸ 高通：“最高人民法院死刑复核全面审查原则再检视”，载《法学家》2017 年第 3 期。

❹ 陈卫东：“关于完善死刑复核程序的几点意见”，载《环球法律评论》2006 年第 5 期。

❺ 胡云腾、申庆国、李红兵：“论死刑适用兼论死刑复核程序的完善”，载《人民司法》2004 年第 2 期。

（2）纯粹审判程序说认为：死刑复核程序在本质上应定位于审判程序；应当废除死刑复核程序，改为实行死刑案件二审强制上诉制度，增加三审并原则上设定为法律审，并实现辩护权的最大化。❶

（3）特别程序说并不绝对排斥死刑复核的审判程序属性，但是认为该程序应当有别于一二审程序。如有学者将其定位为一种复查核准的救济程序，因此无须控、辩、审三方构造格局，“检察机关和律师当然不能像一二审程序那样参与死刑复核程序”。❷

（4）有学者将该程序定位为兼具行政性和审判性的一种混合型程序，并提出以控辩双方是否有不同意见为标准设计律师参与程序。❸

有学者认为，立法层面的改革使得死刑复核程序已经打破了传统的封闭空间，允许辩护律师和最高人民检察院提出意见，从形式上看，已经具备了司法程序的裁判者和两造主体结构。当然，由于目前立法规定的仅仅是控辩双方和最高人民法院之间的单方或“单线”行为，程序的启动也非按照不告不理原则进行，因此，控辩双方还未形成诉讼结构中的“对抗”关系，还不能称之为程序意义上的控辩双方。但是，随着控辩双方的参与，死刑复核程序的诉讼化改造方向已不可逆转。❹

二、死刑复核程序中的法官讯问

2007 年最高人民法院统一收回复核权后，死刑复核法官到地方看守所讯问被告人、调查核实证据，带来了人力、物力、财力方面巨大的压力，法官一年中几乎有三分之一以上的时间在各地奔波，大量的精力和时间浪费在往返于地方县市与首都之间。❺

---

❶ 陈卫东、刘计划：“死刑案件实行三审终审制改造的构想”，载《现代法学》2004 年第 4 期。

❷ 樊崇义：“死刑复核程序的性质定位和运作”，载《人民法院报》2007 年 3 月 27 日。

❸ 谢佑平、杨富云：“死刑复核程序理论思考与立法构想”，载《华东政法学院学报》2006 年第 2 期。

❹ 穆远征：“死刑复核程序中律师辩护的困境与改革”，载《法学论坛》2014 年第 4 期。

❺ 胡铭：“大区巡回法院：一个现实主义的进路——以死刑复核程序为例的分析”，载《浙江社会科学》2012 年第 9 期。

2008年最高人民法院首次通过远程提讯系统讯问死刑复核案件被告人，[1]此后远程讯问作为一种常规的办案方式，被认为是在现实压力之下迫不得已的选择，有其客观基础。有学者指出，远程讯问存在的问题容易被忽视。其一，在远程讯问中，被告人与法官之间有空间、物理上的隔离，这种隔离使得远程讯问与传统的讯问有所不同。生活常识表明，面对面的交流能传递更多的信息，这一点是远程讯问所无法实现的。在面对面交流过程中，法官不仅能够听取被告人的陈述，而且能够细致地观察被告人的表情、神态，从而更为直接地感知被告人的心理状况和情绪变化。另外，在面对远程讯问时，被告人更可能会出现紧张、不自然、不适应等问题，以致影响讯问的质量。其二，远程讯问在司法的仪式感方面，存在着难以弥补的缺陷。在诉讼活动中，必要的司法仪式绝非可有可无，而是承载着重要的功能。在传统讯问方式下，最高法院的承办法官奔波劳苦与被告人进行面对面的对话，这种严格的程序实际上带有强烈的仪式感，向被告人传递司法对每一个被告人的尊重，国家对每一个生命的珍视。而远程讯问极易给被告人一种受到轻视的感觉，[2]"其会自然而然地产生已经被国家放弃或抛弃的悲观情绪，会打击其认真经历死刑复核程序的积极性，而被告人以消极或无所谓的心态对待死刑复核程序将很难对增进死刑裁判的可接受性产生实质性作用。"[3]

有学者指出，这种被广泛宣传为办案信息化典范的远程讯问方式隐藏的问题值得反思。采用远程讯问方式，在提升效率的同时，程序的公正性则受到损害。因此，在公正与效率之间如何寻求平衡，是探求完善远程讯问制度的一大难题。另外，实践中，负责死刑复核的法官主要都依靠审查作为一审、二审裁判依据的案卷材料，这导致讯问被告人的作用非常有限。[4]

有学者建议要限制远程讯问方式的适用范围，规定被告人对是否采用远程讯问享有选择权，限制适用远程讯问的案件类型，对于事实不清、重大复杂的案件和可能存在严重程序违法的案件不宜采用远程讯问方式。[5]

---

[1] 王斗斗、柴黎："最高法院首次远程提讯死刑被告人"，载2008年4月26日《法制日报》。

[2][4][5] 陈永生、白冰："死刑复核程序中辩护权之保障"，载《四川大学学报（哲学社会科学版）》2015年第2期。

[3] 刘加良："远程提讯死刑被告人应当慎行"，载2008年5月6日《检察日报》。

三、死刑复核程序中的律师辩护

（一）死刑复核程序中律师辩护的理论与实践

20 世纪 90 年代以来有学者建议把辩护人参加诉讼也扩大至死刑复核程序，可以有以下四种做法：一是被告人要求在死刑复核程序中委托辩护人的，应当允许，死刑复核合议庭应当直接听取辩护人的意见。二是被告人不另外委托辩护人的，或被告人不知已进入死刑复核程序的，要延长辩护人的委托期限，即由一审或二审延长到死刑复核程序。三是最高人民法院复核的死刑案件，如果交通方便，也应直接听取辩护人的意见；复核边远省区的死刑案件，要求写成详尽的书面辩护意见，随卷附送最高人民法院。四是可以规定死刑复核中的辩护人一律由律师担任。[1]死刑复核程序中律师辩护的理论与实践目前依然处于不断完善过程之中。

1. 死刑复核案件中的法律援助

1996 年《刑事诉讼法》规定被告人可能被判处死刑而没有委托辩护人的，人民法院应当为其指定辩护律师。据此规定，被追诉人在审判阶段首次获得立法上的法律援助权。此后，2012 年《刑诉法解释》第 42 条第 2 款和 2021 年《刑诉法解释》第 47 条第 2 款规定，“高级人民法院复核死刑案件，被告人没有委托辩护人的，应当通知法律援助机构指派律师为其提供辩护”。但有实证研究表明这一时期，律师在最高人民法院死刑复核程序中的参与率非常低，大多数死刑复核案件中被告人没有聘请律师。[2]2015 年中共中央办公厅、国务院办公厅《关于完善法律援助制度的意见》，要求建立法律援助参与死刑复核案件办理工作机制——这一机制正在建立过程中。《法律援助法》第 25 条第 1 款第（五）项规定，对申请法律援助的死刑复核案件被告人，人民法院应当通知法律援助机构指派律师担任辩护人。

2. 辩护律师的参与途径

其一，2021 年《刑诉法解释》第 428 条第 1 款第（五）项规定，“复核期间

[1] 陈光中主编：《中国刑事诉讼程序研究》，法律出版社 1993 年版，第 324 页。

[2] 叶青、王晓光：“律师有效参与死刑复核程序研究”，载《比较法研究》2017 年第 2 期。

出现新的影响定罪量刑的事实、证据的，应当裁定不予核准，并撤销原判，发回重新审判”。据此规定，辩护律师可以通过向合议庭提交新的事实和证据，促使案件发回重审。

其二，辩护律师可以向合议庭提交个人意见、法学专家咨询意见等。2018 年《刑事诉讼法》第 251 条规定，辩护律师提出要求的，应当听取辩护律师的意见。2021 年《刑诉法解释》第 434 条规定：“死刑复核期间，辩护律师要求当面反映意见的，最高人民法院有关合议庭应当在办公场所听取其意见，并制作笔录；辩护律师提出书面意见的，应当附卷。”有实证研究表明，在提交了律师意见的案件中，仅 4.55% 案件裁定书针对律师意见说理。[1]最高人民法院认为案件承办法官在评议报告、审查报告中已经提及律师意见，死刑复核裁定书作为制式文书不宜对律师意见进行讨论。[2]

其三，律师可以向最高人民检察院提起申诉，但是律师能够成功通过这种途径，最终由最高人民检察院提交检察意见或建议的方式来介入最高人民法院的死刑复核程序，是非常少见的。

其四，辩护律师的知情权扩大，如依据 2014 年《关于办理死刑复核案件听取辩护律师意见的办法》第 9 条的规定：“复核终结后，受委托进行宣判的人民法院应当在宣判后五个工作日内将最高人民法院裁判文书送达辩护律师。”辩护律师获得死刑复核案件裁判文书的权利有了法律依据。

3. 律师辩护的质量

有学者对 22 起不予核准案件中辩护律师的作用开展实证研究，发现辩护律师对常规量刑情节的把握非常精准，如初犯、偶犯、自首、立功、民间纠纷、主观恶性等。辩护意见对这些情节的分析，与最高人民法院裁定不予核准理由的匹配度非常高。而且，辩护律师对于共同犯罪的把握也相当精准。其中涉及共同犯罪问题的有 12 起，最高人民法院因区分共同犯罪中作用不同而不予核准的有 7 起。在这 7 起案例中，被告人和辩护律师在一二审程序中都对共同犯罪问题提出辩护意见。但辩护律师对事实问题的辩护则薄弱，22 起案件中仅出现 3 起，这首先反

---

[1] 叶青、王晓光：“律师有效参与死刑复核程序研究”，载《比较法研究》2017 年第 2 期。

[2] 陈学权：“死刑复核程序中的辩护权保障”，载《法商研究》2015 年第 2 期。

映出律师辩护质量有待提高，其次与被告人认罪后辩护律师的辩护方式有关。[1]

有研究指出，实践中，质量不高一直是困扰我国刑事法律援助的重要问题。在许多案件中，法律援助律师都发表一些无足轻重的辩护意见，甚至庭前不作任何准备，开庭时恨不得庭审赶紧结束。[2]

4. 律师辩护权有待进一步保障

学界对于将来死刑复核程序的诉讼化改造的具体模式尽管仍有较大争议，但是对于死刑复核程序中辩护权的强化则是共识。[3]有学者指出："从司法的程序正义来看，最高人民法院在死刑复核程序中听取辩护方的意见，本身就是程序正义的体现，是程序正义的有机组成部分；从司法的实体正义而言，最高人民法院在死刑复核程序中听取辩护方的意见，是避免死刑案件发生错误裁判的有效保障。"[4]

有学者提出，完善死刑复核程序中的律师辩护权，一要从宏观上完善立法体系，实现死刑复核律师辩护权的全面覆盖，二要从微观上明确律师在死刑复核程序中的特殊权利实现方式。首先，保障辩护律师的知情权，明确律师提出意见的程序；其次，明确辩护律师会见、阅卷和调查取证权的实现方式；最后，明确死刑复核程序中律师辩护权的救济措施。[5]有学者提出，为使《刑事诉讼法》提出的"被告人有权获得辩护，人民法院有义务保证被告人获得辩护"的要求在死刑复核程序中落到实处，最高人民法院应当在司法解释中规定，未经被告人及其辩护人辩护的死刑案件，不得核准死刑。[6]

有学者提出，法官对于书面阅卷的片面重视也使辩护律师处于极为尴尬的境地。尽管近年来，按照法律、司法解释的规定，辩护律师获得了在死刑复核阶段当面向法官发表辩护意见的权利，但在案卷对法官的强大影响面前，即使辩护律师能够当面向法官陈述意见，辩护意见也很难对法官裁判产生实质性影响。在这种情况下，辩护权当然很难得到保障。此外，在内部审批机制面前，辩护方所做

---

[1] 高通："最高人民法院死刑复核全面审查原则再检视"，载《法学家》2017 年第 3 期。

[2] 陈永生、白冰："死刑复核程序中辩护权之保障"，载《四川大学学报（哲学社会科学版）》2015 年第 2 期。

[3][5] 穆远征："死刑复核程序中律师辩护的困境与改革"，载《法学论坛》2014 年第 4 期。

[4] 王敏远："如何看待新刑诉法完善死刑复核程序的规定"，载 2012 年 4 月 12 日《检察日报》。

[6] 顾永忠："死刑核准权回归后被告人辩护权的行使与保障"，载《中国司法》2006 年第 5 期。

的种种努力完全化为泡影：辩护律师以会见、阅卷、调查取证为基础，提出辩护意见的辩护活动均是以影响法官的裁判为目标的，而实际上，内部审批机制的存在使得真正的裁判者是“层层把关”的领导和上级部门，但辩护律师却没有影响作为把关者的领导和上级部门的渠道，这是辩护权在死刑复核程序中难以得到重视的又一根源。❶

为此，有学者建议：（1）要保障死刑复核被告人有获得法律援助的权利，要构建死刑案件法律援助的质量控制机制。（2）要完善辩护律师执业权利的保障机制，①要确立死刑复核案件的流程告知与联络机制，第一，中级人民法院、高级人民法院将案件报送死刑复核的，应当通知被告人及其辩护人。第二，最高人民法院立案庭在完成死刑复核案件的收案登记和案件分配工作后，应当通知原审法院。原审法院应当通知被告人及其辩护律师。第三，设立死刑复核案件辩护律师联络室，辩护律师提交书面辩护意见、提出当面陈述辩护意见的，由联络室统一接受，统一传达。②要规定法官应当在控辩双方同时到场的情况下听取意见，辩审会谈而将最高人民检察院检察官排斥在会面之外的程序设计，会大大增加最高人民法院法官的职业风险，提高公众对死刑复核程序公正性提出合理怀疑的可能性，也不符合最基本的程序正义准则。❷有鉴于此，有论者主张：“法官听取辩护律师意见的程序须规范：应采开庭形式并通知最高人民检察院派检察官到庭，避免单方面听取辩护律师意见。”❸③保障辩护律师的会见权、阅卷权、调查取证权，主张采取“委托调查取证”的模式，向律师签发调查令，由律师进行调查取证。❹

（二）我国死刑复核程序中律师辩护的新发展

2019年《最高人民法院关于死刑复核及执行程序中保障当事人合法权益的若干规定》对律师辩护权的保障作出了更为详细的规定。

---

❶❹　陈永生、白冰：“死刑复核程序中辩护权之保障”，载《四川大学学报（哲学社会科学版）》2015年第2期。

❷　陈瑞华：“通过行政方式实现司法正义？——对最高人民法院死刑复核程序的初步考察”，载《法商研究》2007年第4期。

❸　刘计划：“死刑冤案的程序控制”，载《中国人民大学学报》2013年第6期。

（1）权利告知的规定。高级人民法院在向被告人送达依法作出的死刑裁判文书时，应当告知其在最高人民法院复核死刑阶段有权委托辩护律师，并将告知情况记入宣判笔录；被告人提出由其近亲属代为委托辩护律师的，除因客观原因无法通知的以外，高级人民法院应当及时通知其近亲属，并将通知情况记录在案。

（2）律师联络法院的规定。最高人民法院复核死刑案件，辩护律师应当自接受委托或者受指派之日起十日内向最高人民法院提交有关手续，可以经高级人民法院代收并随案移送，也可以寄送至最高人民法院。

（3）提交辩护意见的规定。辩护律师自接受委托或者指派之日起一个半月内提交辩护意见。辩护律师提交相关手续、辩护意见及证据等材料的，可以经高级人民法院代收并随案移送，也可以寄送至最高人民法院；最高人民法院复核裁定作出后，律师提交辩护意见及证据材料的，应当接收并出具接收清单；经审查，相关意见及证据材料可能影响死刑复核结果的，应当暂停交付执行或者停止执行，但不再办理接收委托辩护手续。

（4）复核裁定送达的规定。最高人民法院复核裁定下发后，受委托进行宣判的人民法院应当在宣判后五日内将裁判文书送达辩护律师。

四、死刑复核程序中的检察监督

随着死刑复核权收归最高人民法院，关于检察机关参与死刑复核程序问题的争论随之而起。2019 年《人民检察院刑事诉讼规则》对于检察机关参与死刑复核程序作出了相应的规定。

（一）关于死刑复核程序是否需要检察监督的争议

关于死刑复核程序是否需要检察监督，主要有肯定和否定两种相反的观点。

1. 肯定说

持肯定观点的学者提出两个方面的理由，一是司法被动性原则和诉讼本身的要求，二是检察机关作为法律监督机关的要求。

（1）死刑复核程序诉讼化的要求。

有的学者从法理上分析，主张对死刑复核程序进行诉讼化改造，检察机关应

当代表控诉方介入死刑复核程序。❶

（2）检察机关作为国家法律监督机关的要求。

在现行法律体系内，检察机关作为国家的法律监督机关，有权依照《宪法》和《刑事诉讼法》的相关规定对整个刑事诉讼程序行使法律监督权，应当在死刑复核程序中承担起监督审判工作的职能。❷“检察机关在死刑复核中的诉讼地位不是公诉人，而是法律监督者。检察机关可以通过备案审查、受理申诉控告等启动监督程序。”❸

2. 否定说

有学者反对检察机关以法律监督者身份参与死刑复核案件，认为我国刑事诉讼法中的死刑复核程序，是两审终审制以外的一种特殊救济程序，检察机关不应介入死刑复核程序。具体理由如下：（1）检察监督身份打破死刑案件控辩平等。（2）检察监督身份有损死刑案件中的控审关系，身兼法律监督职责的检察官成为“法官之上的法官”，审判权的权威性、独立性和中立性等就难以得到保障。❹（3）死刑复核程序不具有诉讼性不应诉讼化，属于法院内部审核程序。因此，检察机关不必参与。

死刑复核程序自动启动，在法院内部层层上报，使法院在启动审判程序方面不具有被动性和应答性，不符合司法审判具有被动性的重要特征。控辩双方不仅对程序启动不能加以选择，对整个程序也不能有效的参与，因该程序并不适用公开审判原则，而是沿用书面的、秘密的、单方面的审核方式，仅讯问被告人，仅在辩护律师要求时才听取辩护意见，容易影响程序的公正性。

有研究披露，最高人民法院的死刑复核具体流程主要有四个内容。一是合议庭三人独立阅卷。首先由合议庭承办法官进行阅卷，由承办法官撰写案件审查报告，审查报告从数十页到数百页不等。其次再由合议庭其他两名成员独立阅卷并撰写报告，如果审判长不是承办人，则审判长先阅卷，再交给另一名合议庭成

---

❶ 陈国庆、石献智：“检察机关参与死刑复核程序的几个问题”，载《人民检察》2006 年第 6 期（上）。

❷ 张智辉：“死刑复核程序改革与检察机关的介入权”，载《法律科学》2006 年第 4 期。

❸ 万春：“死刑复核法律监督制度研究”，载《中国法学》2008 年第 3 期。

❹ 郝银钟：“检察机关不应介入死刑复核程序”，载 2006 年 3 月 30 日《法制日报》。

员阅卷。二是庭长把关，三人独立阅卷后，在书记员记录下讨论，并将一致意见报庭长把关。三是报主管副院长通过，庭长把关后再报主管副院长通过后就能核准，四是由院长统一签发死刑执行命令。另外，重大、疑难案件要提交审委会讨论决定。这种审理模式更类似于行政化审批模式。[1]

这一流程具有高度行政化的特点。法官片面重视书面阅卷，书面阅卷和基于阅卷所撰写的书面报告仍然是死刑复核程序的核心之一。司法实践已经反复证明，一审法院如果主要审查书面卷宗，很难发现侦查、起诉阶段存在的问题，二审法院如果主要审查书面卷宗，也很难发现一审裁判存在的问题。同理，最高人民法院如果主要审查书面案卷进行死刑复核，也很难发现审前程序、原一审裁判、二审裁判存在的问题。另外，以法官讨论出的书面意见为基础，由合议庭向庭长报批，庭长向院领导报批，院领导享有实际的裁决权。这是行政化的另一个体现。

因此，控辩双方无法有效参与死刑复核程序，也难以直接向享有实际裁决权的审判人员提出控诉意见或者辩护意见，控辩双方更没有面对面的质证和辩论机会。所以，死刑复核程序的进一步改革应面向公诉权和辩护权的有效行使，进一步提供控辩双方公开对抗的参与机会，可以考虑由最高人民法院死刑复核合议庭以开庭公开审理的形式复核死刑案件。

（二）死刑复核程序中检察监督的新发展

《刑事诉讼法》明确规定："在复核死刑案件过程中，最高人民检察院可以向最高人民法院提出意见。最高人民法院应当将死刑复核结果通报最高人民检察院。" 2021 年《刑诉法解释》第 435 条也明确规定，死刑复核期间，最高人民检察院提出意见的，最高人民法院应当审查，并将采纳情况及理由反馈最高人民检察院。这虽然没有明确检察机关在死刑复核程序中的监督地位，但从法理及现行法律规定来看，检察机关作为国家的法律监督机关，对死刑复核程序进行法律监督具有正当性。2012 年下半年，最高人民检察院成立了死刑复核检察厅，承办死刑复核法律监督工作。当时的配套措施如程序规定、工作机制及人员配置有待完

[1] 叶青、王晓光："律师有效参与死刑复核程序研究"，载《比较法研究》2017 年第 2 期。

善，检察机关对死刑复核的监督仍面临现实障碍。[1]

2019年《人民检察院刑事诉讼规则》规定了监督的案件范围以及提请监督的范围。

关于监督的案件范围，2019年《人民检察院刑事诉讼规则》第603条规定：最高人民检察院和省级人民检察院对三类案件和自己认为应当监督的其他死刑复核案件进行法律监督：一是人民法院向人民检察院通报的死刑复核案件；二是下级人民检察院提请监督或者报告重大情况的死刑复核案件；三是当事人及其近亲属或者受委托的律师向人民检察院申请监督的死刑复核案件。

关于提请监督的案件范围，2019年《人民检察院刑事诉讼规则》第604条规定了省级人民检察院应及时向最高人民检察院提请监督的案件及情形：一是案件事实不清、证据不足，依法应当发回重新审判或者改判的；二是被告人具有从宽处罚情节，依法不应当判处死刑的；三是适用法律错误的；四是违反法律规定的诉讼程序，可能影响公正审判的；五是其他应当提请监督的情形。第605条、第607条还规定了报告和报请备案的两种情况。应予报告的情况是：省级人民检察院发现死刑复核案件被告人有自首、立功、怀孕或者被告人家属与被害人家属达成赔偿谅解协议等新的重大情况，影响死刑适用的，应当及时向最高人民检察院报告。应报请备案的情况是：对于适用死刑存在较大分歧或者在全国有重大影响的死刑第二审案件，省级人民检察院应当及时报最高人民检察院备案。对于省级人民检察院提请监督、报告重大情况的案件，最高人民检察院认为具有影响死刑适用情形的，应当及时将有关材料转送最高人民法院。

关于律师申诉与检察院监督手段，2019年《人民检察院刑事诉讼规则》第606条规定：律师在死刑复核期间，可以向最高人民检察院提出不服死刑裁判的申诉，由最高人民检察院死刑复核检察部门负责审查，审查主要采取书面方式。律师申诉成功即可以启动检察机关的诉讼监督职能。最高人民检察院受理律师申诉后，可以由死刑复核检察部门在听取原承办案件省级人民检察院的意见，审阅案卷，复核原案的主要证据，以及讯问被告人的基础上，向最高人民法院就死刑

---

[1] 刘仁文、郭莉："论死刑复核法律监督的完善"，载《中国刑事法杂志》2012年第6期；李奋飞："最高人民法院死刑复核程序新探"，载《国家检察官学院学报》2014年第5期。

复核提交检察意见或建议。如果得到最高人民检察院支持，可以通过最高人民检察院对死刑复核进行法律监督。通过人民检察院来调取证据、讯问被告人、提交检察建议或意见，可以有效弥补律师个人在参与死刑复核中遇到的手段不足问题。2019 年《人民检察院刑事诉讼规则》第 609 条规定了对死刑复核监督案件的审查可以采取的具体方式：一是审查人民法院移送的材料、下级人民检察院报送的相关案卷材料、当事人及其近亲属或者受委托的律师提交的材料；二是向下级人民检察院调取案件审查报告、公诉意见书、出庭意见书等，了解案件相关情况；三是向人民法院调阅或者查阅案卷材料；四是核实或者委托核实主要证据；五是讯问被告人、听取受委托的律师的意见；六是就有关技术性问题向专门机构或者有专门知识的人咨询，或者委托进行证据审查。该条还规定可以采取需要采取的其他方式，但对于需要采取的其他方式并未指明，意味着检察机关的监督手段具有开放性。

关于听取下级检察院的意见，2019 年《人民检察院刑事诉讼规则》第 610 条规定，审查死刑复核监督案件，具有三种具体情形之一的，应当听取下级人民检察院的意见：一是对案件主要事实、证据有疑问的；二是对适用死刑存在较大争议的；三是可能引起司法办案重大风险的。

关于提出检察意见的监督方式，2019 年《人民检察院刑事诉讼规则》第 611 条规定，最高人民检察院经审查发现死刑复核案件具有五种具体情形的，应当经检察长决定，依法向最高人民法院提出检察意见：一是认为适用死刑不当，或者案件事实不清、证据不足，依法不应当核准死刑的；二是认为不予核准死刑的理由不成立，依法应当核准死刑的；三是发现新的事实和证据，可能影响被告人定罪量刑的；四是严重违反法律规定的诉讼程序，可能影响公正审判的；五是司法工作人员在办理案件时，有贪污受贿，徇私舞弊，枉法裁判等行为的。其他必要情形下也可提出检察意见。

此外，根据规定，最高人民检察院同意最高人民法院核准或者不核准意见的，应当经检察长批准，书面回复最高人民法院。

问题与思考

死刑复核程序作为我国特有的一个程序，其在控制死刑的适用、把握死刑案件的质量、贯彻少杀慎杀的刑事政策等方面，发挥了积极作用。死刑复核程序不断完善的历史，就是这些功能的发展史。在这个意义上，今后的研究，当然应着眼于进一步发挥死刑复核程序的这些功能。在未废除死刑的时候，基于严格掌控死刑案件的质量的要求，为贯彻少杀慎杀的政策，根据以程序控制死刑的理念，应当继续推动死刑复核程序的完善，并着重考虑促进该程序中的权利保障内容，使辩护律师的有效参与成为常态。当然，对于死刑复核程序的"司法化"改造，即设置类似于庭审的审判程序，甚至将其改造成为第三审，其对发挥上述功能的利弊，需要研究。对于死刑案件的质量把控和贯彻少杀慎杀的刑事政策来说，究竟是多设一个审判程序为宜，还是完善死刑复核这个特别程序为宜，是个需要结合我国的司法实际，进行深入、细致分析的问题。

参考文献

一、论文类

[1] 元明.完善死刑复核监督机制[N].检察日报，2020-03-12(003).
[2] 陈光中，唐露露.我国死刑复核程序之完善刍议[J].法学杂志，2020(2).
[3] 何慧.我国死刑复核制度之完善研究：以清朝秋审为视角[J].法学杂志，2019(9).
[4] 元明，张萍.关于死刑复核的几个问题[J].中国检察官，2019(19).
[5] 吴雨豪.死刑威慑力实证研究：基于死刑复核权收回前后犯罪率的分析[J].法商研究，2018(4).
[6] 于增尊.论死刑复核期限制度之建构[J].海南大学学报(人文社会科学版)，2017

（1）.

[7] 李国华 . 毒品死刑犯罪实证研究：样态、归因与防控：以 78 例毒品犯罪死刑复核书为样本 [J] . 山西警察学院学报，2017（1）.

[8] 叶青，王小光 . 律师有效参与死刑复核程序研究 [J] . 比较法研究，2017（2）.

[9] 高通 . 论死刑复核程序的行政化传统 [J] . 西部法学评论，2017（3）.

[10] 高通 . 最高人民法院死刑复核全面审查原则再检视 [J] . 法学家，2017（3）.

[11] 吴宏耀，张亮 . 死刑复核程序中被告人的律师帮助权：基于 255 份死刑复核刑事裁定书的实证研究 [J] . 法律适用，2017（7）.

[12] 陈家林，汪雪城 . 我国刑法中“恐怖活动组织”的犯罪学分析：以最高院 10 例死刑复核裁定书为样本 [J] . 犯罪研究，2016（6）.

[13] 王小兰，李崇涛 . 省级检察院视野下死刑复核程序监督工作及路径 [J]. 人民检察，2016（18）.

[14] 陈永生，白冰 . 死刑复核程序中辩护权之保障 [J] . 四川大学学报（哲学社会科学版），2015（2）.

[15] 陈学权 . 死刑复核程序中的辩护权保障 [J] . 法商研究，2015（2）.

[16] 张贺 . 反思与超越：蜕变中的死刑复核程序：以对生命的尊重和对权利的保障为视角 [J] . 河北法学，2015（10）.

[17] 金石 . 死刑复核法律监督问题探讨 [J] . 中国检察官，2014（3）.

[18] 高继明，王春慧 . 省级检察院参与死刑复核监督程序研究 [J] . 中国刑事法杂志，2014（4）.

[19] 穆远征 . 死刑复核程序中律师辩护的困境与改革：以人权司法保障为视角 [J] . 法学论坛，2014（4）.

[20] 李奋飞 . 最高人民法院死刑复核程序新探 [J] . 国家检察官学院学报，2014（5）.

[21] 郭烁 . 论死刑复核程序中的律师参与：以我国新《刑事诉讼法》第 240 条第 1 款为中心 [J] . 法学杂志，2014（6）.

[22] 陈辐宽，邓思清 . 死刑复核法律监督的方向与路径 [J] . 法学，2014（7）.

[23] 王敏远 . 死刑审判程序之完善 [J] . 国家检察官学院学报，2013（2）.

[24] 罗海敏，郑旭 . 死刑复核开庭与否是个问题 [N] . 法制日报，2013-07-13（007）.

[25] 方文军 .《刑事诉讼法》修订后死刑复核程序的适用问题 [J] . 法律适用，2013（7）.
[26] 刘仁文 ，郭莉 . 完善死刑复核法律监督工作机制 [N] . 检察日报，2013-01-30（003）.
[27] 吴宏耀 . 死刑复核案件被告人享有法律援助权 [N] . 中国社会科学报，2013-01-23（A07）.
[28] 李永良 . 死刑复核中法医鉴定结论审查的特点与建议：基于 634 例统计分析 [J] . 证据科学，2012（3）.
[29] 黄书建，干红光 . 略论死刑复核程序检察监督的构造 [J] . 中国司法，2012（3）.
[30] 吴宏耀 . 死刑复核程序的律师参与 [J] . 国家检察官学院学报，2012（6）.
[31] 刘仁文，郭莉 . 论死刑复核法律监督的完善 [J] . 中国刑事法杂志，2012（6）.
[32] 吴宏耀 . 死刑复核案件律师享有完整的辩护权利 [N] . 中国社会科学报，2012-11-21（A07）.
[33] 高原 . 审级制度视野下死刑复核制度的缺陷及其完善路径 [J] . 政治与法律，2012（9）.
[34] 万娟 . 死刑复核检察法律监督的几个问题 [J] . 中国检察官，2012（19）.
[35] 周斌 . 我国死刑复核案件提讯率达九成 [N] . 法制日报，2012-03-23（005）.
[36] 秦宗文 . 中国控制死刑的博弈论分析：以最高人民法院行使死刑复核权为背景 [J] . 法商研究，2009（1）.
[37] 聂昭伟 .“治愈”抑或“缓解”：死刑复核程序的功能评析：死刑复核程序功能之不足与补足 [J] . 比较法研究，2008（2）.
[38] 邓思清 . 完善我国死刑复核法律监督制度：收回死刑复核权的后续配套改革 [J] . 西南政法大学学报，2008（3）.
[39] 韩红，杨春雷 . 死刑复核程序中的检察监督 [J]. 国家检察官学院学报，2008(3).
[40] 万春 . 死刑复核法律监督制度研究 [J] . 中国法学，2008（3）.
[41] 王宏治 . 唐代死刑复核制度探究 [J] . 政法论坛，2008（4）.
[42] 白建云 . 论检察机关参与死刑复核程序的法理依据 [J] . 中国检察官，2008（4）.
[43] 孙厚祥，屠晓景 . 死刑复核程序中的权利配置与权力制衡 [J] . 人民检察，2008（17）.

[44] 李建明. 死刑复核程序的功能目标与程序构建 [J]. 江海学刊，2007（1）.
[45] 陈瑞华. 通过行政方式实现司法正义？：对最高人民法院死刑复核程序的初步考察 [J]. 法商研究，2007（4）.
[46] 冀祥德. 死刑复核程序的现代定位 以死刑的程序控制为视角 [J]. 法律适用，2007（5）.
[47] 方金刚，罗国良. 论最高法院死刑复核裁判方式的改革与完善 [J]. 法律适用，2007（5）.
[48] 吉林省人民检察院研究室课题组. 死刑复核的法律监督 [J]. 国家检察官学院学报，2006（4）.
[49] 罗智勇. 死刑复核应当以诉讼的方式进行 [J]. 法学杂志，2006（4）.
[50] 张智辉. 死刑复核程序改革与检察机关的介入权 [J]. 法律科学（西北政法学院学报），2006（4）.
[51] 陈卫东. 关于完善死刑复核程序的几点意见 [J]. 环球法律评论，2006（5）.
[52] 罗翔. 刑事一体化视野下的死刑复核制度 [J]. 中国司法，2006（7）.
[53] 韩大元，王晓滨. 强化检察机关监督死刑复核程序的宪法学思考 [J]. 人民检察，2006（11）.
[54] 刘计划. 死刑复核程序需要检察机关参与 [J]. 人民检察，2006（11）.
[55] 王敏远. 论死刑的程序控制 [J]. 中国司法，2004（5）.
[56] YEHUDA J.Tinkering with the Machinery of Death：Lethal Injection，Procedure，and the Retention of Capital Punishment in the United States [J].New York University Law Review，2013，88.
[57] STEIKER C S，STEIKER J M.Atkins v. Virginia：Lessons from Substance and Procedure in the Constitutional Regulation of Capital Punishment [J]. DePaul Law Review，2008，57（3）.
[58] RONNNER A D.When Judges Impose the Death Penalty after the Jury Recommends Life：Harris v. Alabama as the Excision of the Tympanic Membrane in an Augmentedly Death-Biased Procedure [J].Hastings Constitutional Law Quarterly，1995，23（1）.

二、著作类

[1] 张伟珂 . 中国死刑改革进程中的民意问题研究 [M] . 北京：法律出版社，2016.

[2] 吴光侠 . 死刑裁量论 [M] . 北京：法律出版社，2016.

[3] 宋英辉 . 死刑案件证据运用指引建议论证稿 [M] . 北京：法律出版社，2016.

[4] 吴宏耀，石家慧 . 死刑案件中辩护律师的指定与辩护表现指引规则与评注 [M] . 北京：中国政法大学出版社，2016.

[5] 陈虎 . 死刑案件证明标准研究 [M] . 北京：知识产权出版社，2015.

[6] 刘仁文 . 死刑的温度 [M] . 北京：三联书店，2014.

[7] 顾永忠，等 . 暴力犯罪死刑适用的实体标准与证据标准研究 [M] . 北京：中国人民公安大学出版社，2014.

[8] 林维 . 最高法院如何掌控死刑：美国联邦最高法院死刑判例经典选编 [M] . 北京：北京大学出版社，2014.

[9] 石岩 . 死刑控制与证据制度 [M] . 北京：中国政法大学出版社，2014.

[10] 吴宏耀，周媛媛 . 美国死刑案件的无效辩护标准 [M]. 北京：中国政法大学出版社，2014.

[11] 吴宏耀，罗海敏 . 死刑的程序控制：中国死刑制度改革的必由之路 [M] . 北京：中国政法大学出版社，2014.

[12] 徐留成 . 死刑复核中法治理念研究 [M] . 北京：中国方正出版社，2012.

[13] 孙宝民 . 死刑检察监督制度研究 [M] . 北京：中国人民公安大学出版社，2012.

[14] 杨正万 . 死刑的程序限制 [M] . 北京：中国人民公安大学出版社，2008.

[15] 胡兴东 . 中国古代死刑制度史 [M] . 北京：法律出版社，2008.

[16] 刘树德 . 死刑片论：死刑复核收回之际的思考 [M] . 北京：人民法院出版社，2007.

[17] 肖胜喜 . 死刑复核程序论 [M] . 北京：中国政法大学出版社 1989.

第二十五章　执行程序

【导读】

依照刑法、刑事诉讼法等有关法律规定，我国行使行刑权的主体有监狱、公安机关和人民法院。2012 年和 2018 年《刑事诉讼法》，都对执行程序作了修改完善。在具体刑罚执行程序中，监禁刑是最常见的执行方式，死刑执行程序则是最大的关注点，对生命权的最大尊重是理解死刑审判和执行程序的精髓。在研究死刑执行程序时，还应当关注死缓的作用、定位及执行。暂予监外执行是监禁刑的执行在符合法律规定条件时的一种例外变通，体现了法治社会应当包含的人道主义精神。社区矫正作为非监禁刑罚执行方式，在我国经过十几年的发展，因《社区矫正法》的出台全面进入法治时代，但其执行情况如何，现实中遇到了哪些问题，亦值得进一步跟进研究。

学习本章，应重点关注刑事执行权的法律性质。由于宪法和法律没有对刑事执行权的法律性质进行明确定位，加之刑事执行权本身的复杂性，所以在理论和实践中还存在不少争论。应着重把握刑罚和刑事执行的人道化趋势，在此理念基础上认识和看待死刑执行（包括死缓）、暂予监外执行、社区矫正等制度存在的问题和不足。"纸面服刑"问题在一定时期比较突出，违背了基本的法治、公正信仰，也暴露出刑事执行中的重大制度漏洞。

刑事执行程序是实现刑事诉讼目的的关键环节，同时也是我国刑事司法价值理念、诉讼构造的延伸。相对于其他程序而言，我国刑事诉讼法学界对执行程序关注一直较少。其原因除了认为该程序缺乏重大的理论问题之外，另一重要原因是，刑事实体法对执行中的缓刑、减刑、假释等问题也作了相应的规定。因此，刑事执行程序中的问题不仅是刑事诉讼法学的研究对象，也是刑法学及刑事政策学、监狱学、犯罪学等学科的共同研究领域。

第一节　执行程序概述

刑事诉讼中的执行，是指人民法院、人民检察院、公安机关及刑罚执行机关等对于已经发生法律效力的判决、裁定所确定的内容依法付诸实施，以及解决实施中出现的变更执行等问题而进行的活动。执行是刑事诉讼的最后一个程序，也是使刑罚权得以实现的关键程序。对其概念的把握和特点、功能等方面的分析，是对进行深入研究的基础。

一、执行程序的概念与特点

有学者认为，刑事执行有广义、狭义之分。广义的刑事执行，包括对生效刑事裁判的执行和刑罚执行两部分。狭义的刑事执行，则指刑罚执行，又叫行刑，是指国家特定机关依照国家有关法律规定，将法院依法作出的有关刑事判决和裁定付诸实施的活动，它以刑罚执行为主要部分，以根据预防犯罪而设置的非刑罚措施为延伸。[1] 然而，并非对判决、裁定执行的整个过程和全部活动都属于刑事诉讼的范围。属于刑事诉讼活动的，仅指人民法院的交付执行、监狱及其他执行机关对刑罚的执行和刑罚变更等活动。而执行机关等对罪犯进行的监管、教育、组织劳动等活动，则属于司法行政活动，不具有诉讼活动的性质。

一般认为，执行程序具有如下特点：一是合法性。指刑罚执行机关执行的

---

[1] 郭春涛："《刑事诉讼法》修改中的刑事执行问题"，载《中国司法》2007 年第 11 期。

对象必须是已经发生法律效力的判决和裁定（宣告被告人无罪、免除刑事处罚立即释放在押被告人的除外）；执行活动必须是依照法律规定的诉讼程序进行。二是及时性。指人民法院的判决和裁定一经发生法律效力，就应当迅速执行，任何机关、团体和个人都无权阻止和拖延。三是强制性。指已经发生法律效力的判决和裁定，具有普遍的约束力，任何机关、团体和个人都应当执行。尤其是被判刑人，不论其是否同意裁判所确定的内容，都应当被强制无条件地执行。四是执行主体的广泛性。指有权利和义务执行生效裁判的机关、单位和组织在范围上的宽泛和层次上的多样化。根据刑事诉讼法的规定，有权利和义务执行生效判决和裁定的机关、单位和组织，除人民法院、人民检察院和公安机关以外，还有监狱、未成年犯管教所、拘役所、看守所以及由公安机关转交的罪犯所在单位或者基层组织等。

二、执行的功能、相关政策

（一）执行的功能

刑事执行的应有功能包括以下四点：一是实现判决、裁定的内容。首先要依法交付执行，其次就是要按照判决、裁定确定的刑罚内容，根据刑罚的种类，依照不同的行刑方法进行执行，同时根据执行中出现的新情况，依法变更执行的内容。二是惩罚功能。惩罚是通过执行来实现的，没有执行，惩罚就无从谈起。因而，惩罚是刑事执行的基本功能之一，其主要通过限制罪犯的人身自由、严格管理、强制劳动等方式实现。三是教育改造功能。在我国，刑事执行不完全是为了惩罚，还具有教育改造的功能。把罪犯改造成遵纪守法的新人，防止和减少犯罪的发生，既是执行的目的，也是执行功能的体现。四是促使罪犯回归社会。刑事执行不是简单地处理罪犯，而是要使罪犯得到改造，能够重新回归社会并为社会所接纳，成为自食其力、遵纪守法的人。通过减刑、假释、暂予监外执行等刑罚执行制度实现的回归或者暂时回归，体现了党和国家的刑事政策，给罪犯以改恶从善的机会与希望，使他们认真改造，争取重新做人。

（二）执行程序的相关政策

当前，我国刑事执行贯彻宽严相济政策，即根据犯罪行为人的不同情况，有策略地使用宽与严两种手段进行有区别的处理，该严则严、当宽则宽，宽中有严，严中有宽，宽严适度，宽严适时。[1]在刑事执行过程中，贯彻执行宽严相济刑事司法政策，是刑事执行得以充分发挥作用的内在要求。一是有利于促使罪犯积极接受教育改造，以重新回归社会。要达到这一目的，就必须要求对积极改造的罪犯与不积极改造的罪犯作宽严不同的处理，对前者除给予减刑或提前释放等奖励外，还可以探索适用宽缓管教措施，如给予离监探亲、行为规范的宽待等，对后者则不予以减刑或提前释放，并且进行严格管教措施。二是有利于节约行刑成本。一般来说，在消耗国家行刑成本方面，监禁刑要多于非监禁刑，罪犯所服的监禁刑的时间越长，其消耗的行刑成本也就越高。要想在降低行刑成本上有所作为，一个重要的措施就是在不影响社会正义与对罪犯进行教育改造的前提下，将积极改造而不具有人身危害性的罪犯予以假释或减刑而提前释放，或将罪犯放在社区进行矫正。[2]

三、刑事执行制度的问题

我国刑事执行的问题，体现在多个方面。从制度建设层面来看，主要存在如下几个方面的问题。

1. 刑事执行规范零散、滞后

我国至今尚无一部统一的刑事执行法，有关刑事执行法律规范散见于《刑法》《刑事诉讼法》及《监狱法》中，导致对某些刑罚（如死刑、徒刑）执行活动重复规范。此外，由于受传统刑罚思想的影响，及对当今世界非监禁刑罚化、非刑罚化以及刑罚替代措施的发展趋势研究和关注不够，刑事执行领域出现重监禁刑罚执行、轻非监禁刑罚和非刑罚处罚执行的倾向，反映在立法上，除监禁刑罚执行有较为完善的法律外，其他刑罚和非刑罚处罚执行的立法明显滞后。例

---

[1] 马克昌："宽严相济刑事政策刍议"，载《人民检察》2006 年第 19 期。

[2] 樊崇义、吴光升："宽严相济与刑事执行"，载《中国司法》2007 年第 6 期。

如，《刑法》规定犯罪人承担刑事责任的方式有刑罚方法和非刑罚方法，其中刑罚方法包括主刑五种和附加刑四种，然而仅有监狱法规定了徒刑的执行步骤和方法，对其他刑罚方法及非刑罚方法，尚未有法律规定。这种立法的真空状况，致使在特定时空条件下的某些区间，刑事执行活动基本上处于失控状态。

2. 执行主体分散、难以统一履行职责

依照《刑法》《刑事诉讼法》，人民法院、公安机关、司法行政机关都是刑事执行的主体。其中，死刑缓期二年执行、有期徒刑、扣除入狱前羁押剩余刑期3个月以上的有期徒刑由监狱执行；拘役、管制、剩余刑期不足3个月的有期徒刑、缓刑就近由公安机关执行，剥夺政治权利、对外国人适用的驱逐出境也由公安机关执行；死刑立即执行、罚金、没收财产由人民法院执行。但如下文所述，向公安机关、人民法院分配执行权力，实际超出了他们的职能职责和能力，而作为国家专门行刑机关的监狱却是不完全的行刑主体，影响了刑罚的实现和刑罚效益的提高。

3. 执行违法的责任规定不明

对于执行违法，目前法律没有相应的责任规定。刑事执行是以生效裁判确定的刑罚为主要内容，以公民的人身自由、财产和政治权利为对象的，因此，如果刑事执行工作出现差错，必然会对公民的合法权益造成侵害。实践中，刑事执行中违法执行所承担责任的情况除法律明文规定为犯罪的以外，还应当明确尚不构成犯罪的违法执行行为的责任。例如，应当交付执行没有依法交付执行，应当收监执行没有依法、及时收监，执行造成罪犯脱逃的，超时禁闭、违法使用械具的等，违法者都应当承担相应的法律责任。而由于缺乏执行违法的责任规定，实践中执行起来依据不足，影响了刑事执行法定功能的有效设计，更影响了法律对刑事执行应有功能的确立和保障。

4. 执行监督操作性不强

我国现行法律对监狱监管活动的监督基本上没有涉及，完全取决于检察机关内部规定，降低了监督的法律地位和权威性。在对减刑、假释及暂予监外执行、保外就医监督上，滞后问题严重。依照《刑事诉讼法》第274条，人民检察院认为人民法院减刑、假释的裁定不当，应当在收到裁定书副本后20日以内，向人民法院提出书面纠正意见。经常遇到的情况是，检察机关驻所检察室接到减刑、假释的裁定书后，着手审查、调查后再提出纠正意见往往超过了20日，而人民法院又以超过法定纠正期限20日为由而裁定驳回不予受理，使监督工作无法有效开展。对于暂予监外执行的案件由监狱报主管部门批准即可，一经决定就可以释放，而检察机关提出纠正意见往往只能是事后监督。

第二节 执行程序主要问题研究综述

就刑事执行在我国刑事法律体系中的地位而言，相关理论研究、法治建设、管理体制等许多方面都体现着较明显的弱势特征。这是我国刑事政策重打击、轻防范，重惩罚、轻教育，重侦查审判、轻刑事执行，重过程、轻结果的缩影。[1]学界以往的研究，主要集中在如下几个方面。

一、刑事执行权及其主体

（一）刑事执行权

由于宪法和法律没有对刑事执行权的法律性质进行明确定位，加之刑事执行权本身的复杂性，在理论界和实践中对刑事执行权的性质认定存在不少争论。归结起来主要存在以下几种不同的观点。

1. 行政权说

该观点为当前的通说，认为刑事执行权属于刑事行政权的范畴。

其一，刑事执行权是司法权的延伸和最终实现方式，其行使过程中渗透着司法权的因素，但不是司法权。司法权具有被动性、中立性等特征，而刑事执行权的运行，主要靠行刑主体对罪犯的主动干预、管理、控制来实现，罪犯完全处于被动接受教育与改造的地位，且行刑主体在作出决定时通常采取一种单方面运作

[1] 樊崇义等:《刑事诉讼法修改专题研究报告》，人民大学出版社2004年版，第617–620页。

的形式，其间并无中立的第三方。因此，刑事执行权宜定性为行政权，但又不是一般的行政权，它从刑事司法权中直接脱胎而来，应当是一种刑事行政权，是国家刑事权的一种。执行裁判权如减刑、假释的裁判权，本质上是一种司法权，不属于刑事执行权的范畴。

其二，刑事执行权与刑事裁判权之间动态的良性结合，对于刑罚权整体的良性运作起着重要作用。刑事裁判权要解决的是刑罚的具体裁量问题，而刑事执行权则是将刑事判决所确定的刑罚予以实现。在刑罚个别化理念下，行刑个别化要求在刑事判决执行过程中根据罪犯个体的表现来决定刑罚执行的实际方式与期限，刑事执行权的运行过程应力戒张扬，如果行刑主体作为后位运作因素涉权过多，势必逾越前位因素，造成机制内耗。所以，那种以确保刑事执行权完整为理由而要求行刑主体拥有刑罚变更决定权的主张不可取。对于法院变更刑罚之权力应当肯定，但立法中仍存在不足，可设置专门的法官负责刑事执行权变更事务，一并行使如减刑、假释、监外执行的裁判权，避免不必要的机制内耗。

其三，刑事执行权作为一种权力，不可能同时具有行政性和司法性。司法性强调权力的中立性和独立性，以及充分尊重当事者意愿的特性，而刑事执行权是国家特定机关依照国家有关法律规定，将人民法院依法作出的有关刑事判决和裁定付诸实施的活动，其以矫治犯罪、惩罚犯罪为宗旨，有自身的利益、功能追求，无中立性。行政权与司法权有质的区别，在内涵上不存在交叉关系，因此刑事执行权不可能同时具有司法权和行政权的性质。

其四，认为刑事执行权的性质根据其刑罚种类的不同而有差异的观点，仅从现行刑罚执行主体的不同性质来判断刑事执行权的性质，实质上是人为地割裂各种刑罚质的一致性，混淆了实然与应然的关系，违背了性质界定的准确性、绝对性原则，实质上根本没有界定该种权力的性质。[1]

---

[1] 邵名正、于同志："论刑事执行权的性质及理性配置"，载《中国监狱学刊》2002 年第 5 期；万毅："刑事执行制度之检讨与改造"，载《甘肃政法学院学报》2005 年第 6 期；郭春涛："《刑事诉讼法》修改中的刑事执行问题"，载《中国司法》2007 年第 11 期；冯殿美、侯艳芳："刑事执行权及其制约"，载《河南社会科学》2005 年第 1 期。

2. 司法权说

此种观点认为，刑事执行权是司法权，其与量刑权一样同属国家的司法权，与制刑权相对应。刑事执行权的认定主要应依据刑事执行权应怎样组成或行使更合理公正，将其归于三权中一类特定的权力。刑事执行行为是实现司法救济的基本手段，是审判行为的保障措施和当然的附属物，完整的司法行为必然包括审判行为和执行行为这两个部分。如果执行行为形同虚设，则审判行为如同纸上谈兵。同时我国司法权概念采用的是广义说法，既包括审判权也包括检察权，司法机关不仅仅是指法院，还包括检察机关。将刑事执行权归于广义的司法权范畴，也是符合我们对司法权的理解的。将刑事执行权定位于司法权，我国的原有机构不需要作大的调整，根据宪法的规定，人民检察院作为法律监督机关，理所当然有权对刑事执行权进行监督，同时还应重视法院中执行庭与审判庭的相互独立性。

行政权说的观点存在以下不合理之处。第一，行政机关的依据是行政法，及各种具有易变性的政策，某个领导人的讲话、指示或是其他机关的指示、命令。如果这些可以作为刑事执行权的依据，必然会导致公众特别是被害人对刑事执行行为的不信任，判决书的权威和公正将遭受质疑。第二，强调刑事执行权是行政权，是将执行机关放于管理者、指挥者地位，而将犯人置于被管理者的服从地位的角色来对待。实践中刑事执行机关与犯人双方地位的不平等性，完全是指法律权利和义务确定上的不平等，而在这些法律规范的适用上，二者都是平等的，即都只服从法律。将刑事执行权理解为行政权忽视了现代刑事执行法律关系与传统的用刑、受刑关系的区别，在惩罚犯罪的同时可能会忽视保障人权。第三，如果将刑事执行权视为行政权，则刑事执行机关可被认为是行政机关。根据权力性质，刑事执行机关如监狱可以对罪犯实施行政处罚，且在处理有关减刑、假释等刑罚变更问题时，也不需经法院裁决，由负责执行的机关或其上级执行机关单方面作出即可，这显然不利于实现公正，法院的既判力亦将受到严重威胁。

3. 折中说

该观点认为，刑事执行权具有司法权与行政权的双重属性，是司法权和行政权的统一。“行政权作为刑罚权的一个重要组成部分，它的直接属性是国家的一种司法权，……但是……不可避免地要涉及被执行罪犯的日常生活起居的管理，这使得刑事执行权就带有一种行政管理的性质。”[1] 折中说中又存在以司法权为主导、以行政权为主导以及刑事执行权是司法权与行政权的有机结合，是一种复合的、相对独立的完整的强制执行权这三种不同的观点。

批评者认为，折中说回避将刑事执行权归类于任何一种特定的权力，在司法权与行政权之间采用和稀泥的做法。根据分权理论与权力制约思想，刑事执行权应在现行宪法有关国家权力结构框架下的司法权或行政权之间选择。不能因为刑事执行过程中既具有行政权的一些特征，又具有司法权的一些特征，就把刑事执行权模糊地介于两者之间。把刑事执行权模糊地介于两者之间，司法权与行政权之间固然存在混合与交叉，但这种介入是有限度的，如果超过合理的范围，势必严重损害权力之间固有的张力与制约机制，易导致权力腐败。[2]

（二）刑事执行权的主体

我国刑事执行权是按照执行主体多元化配置的。有人认为，应当按照以下方案重新配置。

第一，公安机关不宜行使行刑权。公安机关在刑事司法中承担着侦查职责，由于我国目前对公安机关侦查行为的监督制约机制极不完善，犯罪嫌疑人遭受刑讯逼供或诱供的情况时有发生，如果将来可能再回到看守所服刑，他们会担心受到报复而不敢在法庭上翻供。而且，囚犯还会因此对公安机关产生强烈的排斥感，致使教育改造的目的落空。在现实中，由于熟人、朋友、上下级关系等，极个别看守所竟违法关押不属于自身收押范围的有期徒刑犯，严重破坏行刑的统一性和严肃性。此外，当前社会治安形势复杂，公安机关任务繁重，由其负责对管制、缓刑及假释人员的监督管理任务等，很难收到预期的目的。

第二，人民法院是国家的审判机关，在实现国家的刑罚权时，理论上应仅有判断的权利。由法院来执行刑罚，明显地破坏了法院中立者的形象，尤其是让法院担当行刑和家产抄没者的角色。对死刑的执行需要动用大量的警力来维护现场安全，法院的力量显然不足。与其每次执行都要动用武警、公安共同执行，倒不

---

[1] 夏宗素：“狱政管理问题研究”，载《中国监狱学刊》1999 年第 4 期。

[2] 金鉴：《监狱学总论》，法律出版社 1997 年版，第 228 页；王琟璨：“刑事执行权的性质探析”，载《法制与社会》2008 年第 12 期。

如由专门的执行机关负责。法院执行罚金、没收财产刑时也存在着力量不足的问题，造成“刑事执行难”的局面。随着国家法治的发展，法院作为纯粹的司法机关对行政行为的司法审查将更加细致、完善，如果法院本身行使了刑罚执行权，则对这一执行行为无从实现司法审查，不符合权力制约的理论和法治的要求。

第三，司法行政部门除去主管监狱工作外，很难找得出还承担什么“司法”任务。而监狱并非完全的行刑主体，使监狱在国家权力（司法权）分配及相应的法律地位、活动原则的确立中处于劣势（如监狱的法律地位具有依附性、从属性），无法取得与公检法机关同等的分工负责、互相配合、互相制约的地位，这不符合现代刑事司法注重刑罚效益的精神。[1]同时，作为改造机构象征的监狱不具有与其职能任务完全相适应（一致）的、必备的法律地位和物质条件（诸如监狱企业、监狱经济的存在即是明证），极大地影响了作为国家刑事司法行为体现的监狱行刑活动的权威、严肃和效率，对刑事法律整体效力的发挥构成了威胁。[2]

还有人认为，被害人应当参与刑事执行程序，其理由如下。

其一，被害人参与刑事诉讼中的执行程序是由其当事人的地位决定的。被害人作为犯罪行为的直接受害者，刑事诉讼活动的全过程都有他的利益，执行阶段不仅不能例外，而且是其中极为重要的阶段。如果法院的判决在刑罚执行阶段作了无原则的变更，那将从根本上降低被害人参与刑事诉讼活动的意义，给其造成极大心理伤害。刑罚的变更即使是依法进行的，如果被害人没有参与变更过程，特别是在司法腐败较为严重的情况下，更难免对刑罚的变更结果产生误解，从而对我们的刑事司法制度失去信任，以至于走上极端，选择私力救济。

其二，被害人利益与公共利益的差异性，决定了被害人参与刑事诉讼中的执行活动的必要性。刑事诉讼中的执行活动是由检察机关进行监督的。而检察机关进行监督的立足点在于维护国家、集体的整体利益和公民个人的合法权益。但是公民个人的合法权益与国家、集体的整体利益并不总是一致的，加上其他因素的影响，检察机关在诉讼中的行为及作出的决定，不一定能充分代表被害人的利益和意志。因此，应当允许被害人从受害者的角度，参与刑事诉讼中的执行活

---

[1] 国林：“论合理配置刑事执行权”，载《政法论坛》2001 年第 3 期。

[2] 张绍彦：《刑罚实现与行刑变革》，法律出版社 1999 年版，第 146 页。

动。这样不仅有利于从正当途径满足被害人的报复心理，而且有利于刑罚的正确执行。

其三，允许被害人参与刑事诉讼的执行阶段，有利于健全诉讼民主，加强对司法机关的监督。一般情况下，被害人都有使犯罪分子受到惩罚的决心。允许被害人参与刑事诉讼的执行阶段，可以督促和监督刑罚执行人员的工作，保证刑罚的正确执行。此外，允许被害人参与刑事诉讼的执行阶段，表达被害人对刑罚变更的意志，也可以增加诉讼的民主气氛。

其四，赋予被害人刑事执行程序参与权，符合刑事执行活动的诉讼性要求。作为刑事诉讼活动最后一个阶段的刑事诉讼执行程序，其诉讼性毋庸质疑。被害人参与刑事诉讼的执行阶段是程序正义的基本要义，意味着被害人不再单纯被视为国家追诉犯罪的手段，而是在刑事执行程序中拥有一席之地的程序主体。他可就刑罚的变更与其他各方面展开平等的协商、交涉、论证、说服和争辩，不仅可以积极影响执行程序中刑罚的变更结果，而且感受到了程序正义。

其五，赋予被害人刑事执行程序参与权是当事人双方诉讼地位平等性的要求。我国的刑事诉讼执行程序主要是关注被判刑者的利益。诸如刑罚执行的个别化原则、人道主义原则、社会化原则等都是为服刑者的利益而考虑的。作为矛盾的另一方的被害人却被排除在执行程序之外，这不能被认为是符合当事人诉讼地位平等的要求的。因此，赋予被害人刑事执行程序参与权有利于平衡当事人双方的利益。

其六，赋予被害人刑事执行程序参与权是被害人作为控诉的一方当事人行使控诉职能的要求。由于现代刑罚观念的影响，控诉职能在刑事诉讼的执行阶段仍然有发挥作用的余地。现代的教育刑观念强调刑罚随着受刑人的改造效果而变更。如果刑罚的变更没有完全反映受刑人的改造情况，则会威胁控诉职能行使的效果。特别是在我国现行的刑事执行体制存在漏洞的情况下，被害人的参与尤其有必要。如法律虽然原则规定将管制、缓刑等交由公安机关执行，但由于缺乏科学而具体的程序规定，加之公安机关存在职责与人力之间的矛盾，公安机关的执行活动事实上只是具有象征性意义。此种情况下让被害人参与到刑事诉讼的执行程序中来，法院在当事人双方参与下公开查明有关减刑的事实，对防止减刑的任意性和诉讼的公正性都具有极为重要的意义。[1]

二、死刑执行程序

对死刑犯在执行程序阶段的权利保障是现代刑事法治的必然要求，也是人道主义原则的充分体现，在某种意义上说，死刑执行程序的完善与否是衡量一个国家、社会文明与进步的重要标志。因此，各国关于死刑的执行一般都规定了比较严格的程序以确保死刑执行的准确无误和体现法律的人文关怀。我国有关死刑犯被执行死刑前同近亲属的会见、死刑执行的变更、死缓制度的规定正是体现了上述价值目标。

（一）死刑执行前的近亲属会见权

有学者指出，社会安全与秩序固然在司法诸价值目标中居于高位阶段，但个人的权利，即使是死刑犯的权利也不能被忽视。在死刑这种“恶”在现实阶段还不得不存在的情形下，应当穷尽所有可能的手段尽量削减这种“恶”所带来的消极影响，主要体现对死刑犯与其近亲属感情的体恤与慰藉。[2]死刑执行前的近亲属会见权，一方面符合人道主义的要求，另一方面也可以获得其他有用的情况，纠正可能发生的错案。从国际上来看，目前大多数国家的立法都允许被判处死刑的罪犯在执行死刑之前会见亲属。至于死刑犯会见亲属时可能发生的意外事件，只要加强现场防卫就完全可以消除隐患。

我国《刑事诉讼法》一直未有关于死刑犯被执行死刑前同近亲属会见权的规定，但在司法解释中却逐步予以认可。1998 年最高人民法院《关于执行〈中华人民共和国刑事诉讼法〉若干问题的解释》第 343 条规定，执行死刑前，罪犯提出会见其近亲属或者其近亲属提出会见罪犯申请的，人民法院可以准许。这里仅授予人民法院自由裁量权，而非强制性规范。2007 年 3 月，最高人民法院、最高人民检察院、公安部、司法部《关于进一步严格依法办案确保办理死刑案件质量的意见》第 45 条专门对执行死刑前的亲属会见权作了规定：“人民法院向罪犯送

---

[1] 杨正万：“论被害人的刑事执行程序参与权”，载《云南大学学报（法学版）》2002 年第 2 期。

[2] 樊崇义主编：《刑事诉讼法学研究综述与评价》，中国政法大学出版社 1991 年版，第 597 页。

达核准死刑的裁判文书时，应当告知罪犯有权申请会见其近亲属。罪犯提出会见申请并提供具体地址和联系方式的，人民法院应当准许；原审人民法院应当通知罪犯的近亲属。罪犯近亲属提出会见申请的，人民法院应当准许，并及时安排会见。”2021年《刑诉法解释》第505条再次确认了这一权利：“第一审人民法院在执行死刑前，应当告知罪犯有权会见其近亲属。罪犯申请会见并提供具体联系方式的，人民法院应当通知其近亲属……罪犯近亲属申请会见的，人民法院应当准许并及时安排，但罪犯拒绝会见的除外。”依此规定，“会见”是一种权利，“会见”申请对于人民法院具有约束力，人民法院对于会见申请“应当”准许，而没有选择权，由此大大提升了“会见”之法律地位，深化了其意义。

也有学者指出，按照一般法理，强行性法律规范的规则结构应当为“权利（权力）—义务—责任（第二性义务）”。因而，为了增强规定的强制效果，还应当增加相关责任或处罚规定，即在死刑执行前，如果人民法院违反了这一规定，使得死刑犯与其近亲属的会见权没有得到有效行使与保障，应当给予相关责任人员以比较严厉的处罚。这一规定虽然无法弥补该案死刑犯与其近亲属未能会见的遗憾，但对提高办案人员的责任心、保障以后死刑案件会见权的顺畅行使具有一定的积极影响。[1]

（二）死刑执行的变更条件

在死刑执行前，基于防止错杀的考虑，我国刑事诉讼法中规定了死刑执行的变更制度。我国死刑执行的变更制度主要体现于《刑事诉讼法》第262条和第263条中。第262条规定：“下级人民法院接到最高人民法院执行死刑的命令后，应当在七日以内交付执行。但是发现有下列情形之一的，应当停止执行，并且立即报告最高人民法院，由最高人民法院作出裁定：（一）在执行前发现判决可能有错误的；（二）在执行前罪犯揭发重大犯罪事实或者有其他重大立功表现，可能需要改判的；（三）罪犯正在怀孕的。”第263条第4款规定：“指挥执行的审判人员，对罪犯应当验明正身，讯问有无遗言、信札，然后交付执行人员执行死刑。在执行前，如果发现可能有错误，应当暂停执行，报请最高人民法院裁定。”

[1] 樊长春：“我国死刑执行程序的若干问题反思”，载《法学杂志》2008年第6期。

学界一般称第262条的规定为停止执行死刑制度，而称第263条的规定为暂停执行死刑制度。两者共同的问题是设置条件的模糊性，所谓“可能有错误”“重大犯罪事实”“重大立功表现”都没有明确的客观标准，留给法官的自由裁量权太大，容易导致因人而异现象的产生，影响了死刑执行变更制度立法目的的实现。两者主要的差异在于：一是停止的原因不同。前者停止执行的条件为三项，后者仅为一项。二是停止的时间和场合不同。前者是在接到执行死刑命令后7日内在羁押场所发现的；后者是在交付执行后，实施执行前，在刑场或羁押场所发现的。三是决定停止执行的主体不同。前者是原审人民法院，后者是临场指挥执行的审判人员。

有学者认为，停止执行死刑和暂停执行死刑的条件应当统一，这些条件包括：正在怀孕的，检举、揭发他人犯罪行为的，提供其他案件的线索的，阻止他人犯罪活动的，协助司法机关抓捕犯罪嫌疑人的，罪犯喊冤的以及公安司法机关有证据表明案件可能有错误的。具备上述条件中的一项，即应当暂停执行死刑，经查证属实的，即逐级上报，变更为死刑缓期二年执行。与刑诉法相比，上述条件一方面更加明晰和具有操作性，以具体内容代替“重大犯罪事实”“重大立功表现”等模糊性字眼，并以“罪犯喊冤”与“公安司法机关有证据表明案件可能有错误”取代简单的“可能有错误”的规定；另一方面标准明显降低，只要死刑犯有检举、揭发他人犯罪等行为，不论所涉犯罪事实是否“重大”，都表明了其已有悔过之心，因而，就不能放弃改造罪犯的机会，也不能剥夺罪犯重新做人的机会。[1]

有学者认为，只要罪犯在执行死刑前揭发重大犯罪事实，无论事实是否属实，均应停止死刑的执行。一是因为刑诉法规定暂停死刑执行的条件，体现了防止错杀、坚持少杀的原则。如果还要对罪犯所揭发的“重大犯罪事实”加以限制，显然违背了立法宗旨。二是因为该项规定旨在鼓励死刑犯检举揭发犯罪，如果再对“重大犯罪事实”加以限制，则可能会使一部分被判处死刑的罪犯产生失望、悲观情绪，不愿去揭发。[2]

---

[1] 樊长春：“我国死刑执行程序的若干问题反思”，载《法学杂志》2008年第6期。

[2] 甄贞主编：《刑事诉讼法学研究综述（1990—2001）》，法律出版社2002年版，第605页。

对于如何把握死刑判决是否是“可能有错误”，有学者认为，执行死刑的人民法院自接到执行死刑的命令以后，到实际执行死刑以前，不论什么时间，以何种方式，只要发现判决可能有错误，均应停止执行，以防错杀。此方面应当注意两点：第一，法律规定的是“可能有错误”，而非“必须有错误”，如果因为罪犯无法证明自己所提理由是真实的就执行死刑的话，则可能错杀无辜，放弃最后纠正错误判决的机会。第二，“可能有错误”中的错误，一般是指死刑判决认定事实或适用法律不当，影响死刑判决的正确性。如死刑判决认定的事实不存在，或者罪犯有投案自首、检举犯罪等法定的减轻、从轻情节等足以影响原判决的正确性。[1]

2008 年 11 月 24 日最高人民法院《关于适用停止执行死刑程序有关问题的规定》对死刑案件停止执行程序进一步加以明确。第 1 条规定：“刑事诉讼法第 211 条、第 212 条规定的判决‘可能有错误’包括下列情形：（一）发现罪犯可能有其他犯罪的；（二）共同犯罪的其他犯罪嫌疑人归案，可能影响罪犯量刑的；（三）共同犯罪的其他罪犯被暂停或者停止执行死刑，可能影响罪犯量刑的；（四）判决可能有其他错误的。”据此，第一项指“漏罪”，第二项指“漏犯”，第三项需要注意的是，如果导致其他罪犯被暂停或停止执行死刑的情形不涉及共同犯罪事实、证据问题，不会影响其他罪犯定罪量刑，如罪犯正在怀孕的，其他同案犯的死刑判决仍应继续执行。

（三）死刑缓期执行

死刑缓期二年执行不是独立的刑种，是我国死刑的一种特殊执行制度，指对罪该判处死刑的犯罪分子，如果不是必须立即执行，在判处死刑的同时宣告缓期二年执行，实行监管改造，以观后效的一种制度。死缓制度产生于 1951 年的镇压反革命时期，最初仅适用于反革命分子，后来也适用于其他刑事犯罪。1979 年《刑法》和《刑事诉讼法》以法律的形式确立了死缓制度。

有学者认为，把死缓作为死刑的一种执行制度存在着不可忽视的弊端。首先，死刑立即执行和缓期执行的前提都是死刑，结果却是一生一死，其区别只在

---

[1] 樊崇义主编：《刑事诉讼法学研究综述与评价》，中国政法大学出版社 1991 年版，第 595 页。

于是否必须“立即执行”。但刑法典并未给出“不是必须立即执行”的定义，不利于实现执法的公正性。其次，虽然相当一部分被判处死刑的人都通过死刑缓期执行制度活了下来，但死缓的存在却使我国刑法看上去挂死刑的条款过多，容易使人误认为中国刑罚具有重刑主义倾向。因而学者主张，有必要对我国死缓制度进行改革。

有的建议将死缓作为执行死刑的必经的前置程序。一是使得每个死刑犯都有机会获得缓期二年执行的机会，只要其没有故意犯罪，就可免予一死。这样，更能体现我国“少杀、慎杀”的刑事政策。二是大大减少死刑的适用，从而为死刑的最终废除奠定制度基础。三是为死刑犯提供最后的机会，使其在执行死刑前，在很大程度上享有对自己生死的决定权，有利于最大限度地保护死刑犯的权益。[1]

亦有学者提出应将死缓改为独立的刑种，排列于无期徒刑和死刑立即执行之间。其适用的条件是：犯罪行为给国家和人民的利益造成了严重的危害，但是还没有达到最为严重的程度，或者是罪行虽然严重，但犯罪人犯罪后投案自首，检举揭发同案犯罪分子或者有立功表现。死缓既有无期徒刑的特点，又有执行死刑的可能性，实际上已经具有了一个单一刑种的特点。现实中，司法机关也是把其当作一个刑种对待，因而只需在立法上修改一下名词而已。

也有不少学者不同意这种意见：第一，死缓与立即执行之间的执行结果上的差异，恰恰说明了死缓制度的实际价值，而不是构成了取消它的理由。至于“不是必须立即执行”的内涵，可以通过立法和司法解释予以完善。第二，中国刑法挂死刑的条款过多，与死缓制度没有必然的联系，而取消死缓制度，可能导致重刑或轻刑的双重弊病。第三，如将死缓改为独立刑种，如何理解“严重的危害”“最严重的程度”？如何划分死缓与无期徒刑之间的界限？对有立功和自首情节的罪犯降格为死缓是否符合法定从轻幅度？这些都是难以解决的问题。第四，死缓并不具备刑种的条件。作为刑种必须有明确的含义和特定性质的结果，而死缓不仅名称容易让人产生混乱，且没有独特的后果，只有减为无期徒刑和执行死刑两种可能。司法机关将死缓当成一个独立刑种，本身就是有错误的，不能构成

---

[1] 樊长春：“我国死刑执行程序的若干问题反思”，载《法学杂志》2008 年第 6 期。

改为独立刑种的理由。[1]

（四）死刑执行的监督

执行监督是人民检察院诉讼监督权的有机组成部分，其中当然包括对死刑执行的监督。《刑事诉讼法》对此仅有一款规定[2]，即“人民法院在交付执行死刑前，应当通知同级人民检察院派员临场监督”。这一规定显然过于原则，不能满足实践中的执法要求。于是，《人民检察院刑事诉讼规则》《关于进一步严格依法办案确保办理死刑案件质量的意见》等司法解释又作了进一步细化，从而更具有可操作性。但对实践来说仍嫌不足，比较突出的问题有两个。其一，人民检察院对于罪犯本人生前或其近亲属愿意捐献遗体的相关材料以及有关机关提取什么器官及其依据，都无法了解，导致无法对死刑犯尸体处理情况进行监督，影响了对死刑犯权益的保护。建议刑事诉讼法增加规定，人民法院和有关机关得到有关死刑犯尸体处理的材料，如本人或近亲属同意捐献器官，或者某些机关需要提取某些器官等，应当到执行法院的同级人民检察院备案。其二，当前，人民检察院发现具有法定应当停止执行死刑的情形的，只是“建议”停止执行死刑，体现了监督效力的软化，影响对死刑适用的限制。建议改为，人民检察院发现具有法定应当停止执行死刑的情形，向人民法院提出的，人民法院应当立即停止执行死刑。[3]

三、暂予监外执行

暂予监外执行，是执行监禁刑的一种例外变通，指被判处监禁刑本应在监狱服刑的罪犯，因出现某种法定特殊情形不宜在监狱内执行时，暂时将其放到监狱外交由法定的监外行刑机关执行刑罚的一种方式。人道是暂予监外执行制度的价值取向。

---

[1] 陈卫东主编:《刑事诉讼法资料汇编》，法律出版社 2005 年版，第 625-626 页。

[2] 1996 年《刑事诉讼法》第 212 条第 1 款，2018 年《刑事诉讼法》第 263 条第 1 款。

[3] 樊长春:“我国死刑执行程序的若干问题反思”，载《法学杂志》，2008 年第 6 期。

（一）暂予监外执行的性质与主体

关于暂予监外执行的性质，存在不同理解。权利说认为，获得暂予监外执行是罪犯的一种法定权利，符合法定情形的，司法机关就应该为其办理。权力说认为，根据《刑事诉讼法》规定，符合法定条件的罪犯，只是“可以”而非“应当”暂予监外执行，因而暂予监外执行是国家的一种刑罚处遇措施，是一种国家权力，而非罪犯享有的法定权利。[1]在权力说中，还有人认为暂予监外执行权的性质应为行政权，不是司法权，因为其着眼点在于执行，而不在于对判决的更改。[2]

关于暂予监外执行权的主体，有学者认为应当分为两种情况。一是交付执行前，人民法院决定的暂予监外执行，即人民法院在判决时发现犯罪分子具有法定暂予监外执行条件的，应由人民法院作出暂予监外执行的决定。二是在执行过程中，对具备监外执行条件的罪犯，应当由监狱或者其他执行机关提出书面意见，报省、自治区、直辖市监狱管理机关或其他主管机关批准。[3]另有学者认为，应分三种情形。一是人民法院在判决时发现犯罪分子符合法定暂予监外执行条件的，在宣告判决的同时，决定对被告人暂予监外执行。二是人民法院宣判后，公安机关将罪犯交付监狱执行时，监狱在对被交付执行的罪犯进行身体检查时，发现罪犯符合暂予监外执行条件的，应暂不收监，由作出生效判决的人民法院决定对其暂予监外执行。三是在刑罚执行过程中，发现罪犯符合暂予监外执行条件的，由监狱或其他执行机关提出书面意见，报省、自治区、直辖市监狱管理机关或者其他主管机关批准。[4]

（二）暂予监外执行的适用

1. 暂予监外执行的适用条件

暂予监外执行的法定条件包括对象条件、实质条件和禁止条件。对象条件是指被判处有期徒刑或者拘役的罪犯；实质条件是指罪犯符合有严重疾病需要保外

---

[1] 尚爱国：“暂予监外执行若干争议问题研究”，载《人民检察》2008 年第 7 期。

[2] 张传伟：“暂予监外执行的本质：功利人道与公正人道的统一——兼论我国暂予监外执行制度的完善”，载《政法论丛》2008 年第 4 期。

[3] 程荣斌主编：《中国刑事诉讼法教程》，中国人民大学出版社 1997 年版，第 513 页。

[4] 陈卫东主编：《刑事诉讼法资料汇编》，法律出版社 2005 年版，第 625 页。

就医、怀孕或者正在哺乳自己婴儿的妇女、生活不能自理三种情形之一的；禁止条件是指适用暂予监外执行可能有社会危害性以及自伤自残的罪犯。

（1）原判死缓和无期徒刑的罪犯能否适用暂予监外执行？

《刑事诉讼法》规定，对于“被判处有期徒刑或者拘役的罪犯，可以暂予监外执行”。据此，原判死缓或者无期徒刑的罪犯，在死刑缓期执行期间和无期徒刑服刑期间是绝对不能适用暂予监外执行的。因为立法者既考虑了无期徒刑和死缓罪犯罪行的严重性和人身危险性，也考虑到了社会大众以及被害人的心理承受能力。问题在于，原判死缓或者无期徒刑后来又被减刑为有期徒刑的罪犯，能否适用暂予监外执行？如果从法律的字面含义严格解释，这类罪犯不是“被判处”有期徒刑的罪犯，因此不能适用。但是，按照目的解释方法，考虑到暂予监外执行制度的人道主义价值，以及原判死缓或者无期徒刑的罪犯被减刑为有期徒刑，说明其人身危险性已经减小，因此将其纳入可以暂予监外执行的罪犯范围是符合立法精神的。

（2）如何理解“有严重疾病需要保外就医”的规定？

所谓“有严重疾病需要保外就医”，是指罪犯患有危及生命或者如果不予治疗或者迟延治疗可能会造成严重残疾的疾病，由于刑罚执行机关的医疗条件不具备等原因而无法在监所内进行医治，而需要让犯罪分子保外医治的情形。包括两个条件：第一，必须患有严重疾病。1990 年最高人民检察院、公安部、司法部联合制定的《罪犯保外就医执行办法》附件“罪犯保外就医疾病伤残范围”中对严重疾病的范围作了具体规定，虽然这一规定有待完善，但是在新的规定出台前仍须严格执行。需要注意的是，执法机关不能因为罪犯的某种疾病难以治愈或者具有传染性等原因而认为该种疾病是需要保外就医的严重疾病。另外，严重残疾不是严重疾病，不能适用保外就医，当然如果罪犯有严重残疾达到“生活不能自理”条件的，也可以被暂予监外执行。第二，必须是“需要保外就医”的。保外就医是出于人道主义考虑的制度设计，目的是保护罪犯的生命健康权，如果罪犯的疾病可以在监狱的医院内治疗而无死亡、残疾之虞，那么就不需要保外就医了。

（3）如何理解“怀孕或者正在哺乳自己婴儿的妇女”？

怀孕的妇女，是指刑事判决、裁定生效时或交付执行后正处在妊娠期的女犯。正在哺乳自己婴儿的妇女是指刑事判决、裁定生效时或交付执行后正处在哺乳自己所生婴儿（一般是指分娩后一年以内）的女犯。因为怀孕的女犯有随时生产的可能，以执行机关的医疗条件而言，一般无法接生婴儿，因此需要在监狱外生产。妇女分娩后，狱内的环境不适合婴儿的生长发育，根据国际惯例，婴儿不能随服刑的母亲在监狱内生长，对正在哺乳自己婴儿的女犯适用暂予监外执行也是十分必要的。

在执法实践中，还需注意如下特殊情形。第一，对于分娩后婴儿死亡的女犯，因已不存在“正在哺乳自己婴儿”的事实基础，不应适用暂予监外执行。第二，对分娩后根本不哺乳自己婴儿的女犯，不应该继续被暂予监外执行。第三，为逃避刑罚而故意怀孕的女犯，不符合法律规定暂予监外执行的立法目的，不应适用暂予监外执行。第四，对怀孕而流产的女犯，有人认为，“不论其属于自然流产还是人工流产，仍然应当视为怀孕妇女。其怀孕流产后监外执行的时间长短，依照法定休息时间而定”。[1]有人认为应区别两种情况：一是如果该女犯因怀孕而被暂予监外执行，在暂予监外执行期间流产的，则执行机关应该在法定的流产休息时间过后及时将该女犯收监执行；二是如果女犯虽然怀孕但执行机关并不知道，在关押执行期间流产的，则执行机关知道后不应该再批准其暂予监外执行，当然应在监所内给予女犯必要的治疗和休息时间。[2]

2. 暂予监外执行的适用对象

1979年《刑事诉讼法》对暂予监外执行的对象规定了三类，即被判处无期徒刑的罪犯、有期徒刑的罪犯或者拘役的罪犯。但从1996年《刑事诉讼法》开始，均只规定了“被判处有期徒刑的罪犯或者拘役的罪犯”两类。被判处无期徒刑的罪犯不论其具有何种情况，均不再适用暂予监外执行。这样规定对于稳定社会秩序、预防犯罪、惩罚犯罪以及对罪犯实行有效的监督改造都有重大意义。

对于有严重疾病的无期徒刑罪犯，可以在监狱设置的医院接受治疗；病情复杂的，可由监狱聘请专家前往监狱进行诊断或者由监狱警察陪同罪犯到有条件诊断的医院确诊后，回监狱接受治疗；对于怀孕的无期徒刑罪犯，监狱应根据其生

---

[1] 曾芳文：“‘暂予监外执行’适用论”，载《法学杂志》1999年第3期。

[2] 尚爱国：“暂予监外执行若干争议问题研究”，载《人民检察》2008年第7期。

理特点，安排适当的劳动或者休息，在饮食居住等方面也要给予照顾；对于正在哺乳自己婴儿的无期徒刑罪犯，人民法院可以考虑罪犯的要求，将婴儿委托罪犯的近亲属或者基层组织协助予以抚养。至于被判处死刑缓期二年执行的罪犯或者无期徒刑的罪犯依法被减为有期徒刑后，如果具有法定的情形，则可以对其适用暂予监外执行。[1]

出于刑罚人道主义考虑，一般情况下，对于符合法定条件的罪犯应尽量批准暂予监外执行，但在某些特殊情况下，也可以不予批准。一是外国籍、无国籍罪犯。对外国人或无国籍罪犯能否适用暂予监外执行，我国法律没有特殊规定。按照刑罚适用平等原则，如其符合法定条件，也应可以适用。但根据刑法属地管辖的原则，除非有国际条约或者双边条约的特殊规定，触犯我国刑法的外国籍、无国籍罪犯必须在中国境内服刑，若其不具备固定住所、合适保证人等条件，则不得监外执行，尤其不得在其本国或者第三国执行。二是患有艾滋病和携带艾滋病毒的罪犯。根据 1990 年《罪犯保外就医执行办法》，“艾滋病毒反应呈阳性”属于保外就医的疾病范围，但在实践中，艾滋病犯人保外就医出监后，容易给社会带来严重的安全隐患和危害，因此对于艾滋病犯人不适宜适用暂予监外执行。建议国家设立专门的监狱或者在监狱设置专门的监区，集中关押和治疗艾滋病犯。

四、社区矫正

社区矫正，是与监狱矫正相对的行刑方式，指将经法院直接宣告缓刑和经法院裁定假释以及由监狱等部门予以监外执行的罪犯放在社区，由专门的国家机构，在机关团体、民间组织和社会志愿者的协助下，矫正其犯罪意识和恶习的刑罚执行活动。[2]与监禁刑罚相比，社区矫正动员社会各方面力量参与对罪犯的监督和教育，有助于调动犯罪人改造的积极性，改善刑罚执行的法律效果和社会效果，同时还可减少和避免监禁场所犯人之间的“交叉感染”。

社区矫正的萌芽可以追溯到 18 世纪后半叶英国监狱改革家约翰 · 霍华德提

---

[1] 卫跃宁、焦素芬：“关于暂予监外执行的几个问题”，载《检察理论研究》1996 年第 6 期。

[2] 司法部社区矫正制度研究课题组：“改革和完善我国社区矫正制度之研究（上）”，载《中国司法》2003 年第 5 期。

出的反对监狱非人道化刑罚的监狱改革理论。经 1841 年美国波士顿市约翰·奥古斯塔的缓刑尝试，到 1973 年美国明尼苏达州正式颁布世界上第一部《社区矫正法》，社区矫正经历了一条从初生到顶峰再到日益理性化的运用道路。[1]我国刑罚制度一直以监禁刑为主，社区刑罚长期没有明确的立法确认。2003 年最高人民法院、最高人民检察院、公安部、司法部联合下发《关于开展社区矫正试点工作的通知》，并在六个省（市）进行试点，2009 年进一步在全国范围内试行。2004 年 5 月司法部发布《司法行政机关社区矫正工作暂行办法》。2011 年，社区矫正概念首次出现在《刑法修正案（八）》中，2012 年《刑事诉讼法》也予以了吸纳。2019 年颁布《社区矫正法》，2020 年最高人民法院、最高人民检察院、公安部、司法部联合发布《社区矫正法实施办法》。

从宏观视角看，《社区矫正法》规定了中国特色的社区矫正基本制度，树立了我国社区矫正新的里程碑，在世界上可能也是第一部由国家立法机关制定的专门的社区矫正法律，在我国乃至国际社会社区矫正的发展历史上具有重要的历史地位。[2]概而言之，该法有如下主要内容。

1. 确定了身份单一的适用对象

从国际社会的情况看，社区矫正对象除了罪犯之外，也包括其他人员，特别是处在刑事诉讼过程中的犯罪嫌疑人。我国《社区矫正法》第 2 条第 1 款明确规定："对被判处管制、宣告缓刑、假释和暂予监外执行的罪犯，依法实行社区矫正。"这意味着，我国的社区矫正对象都是罪犯，不包括处在刑事诉讼过程中的犯罪嫌疑人，因此我国社区矫正的适用范围要小于一些国家。

2. 确立了机构、人员和职责

《社区矫正法》确立各级司法行政部门为社区矫正工作的主管部门，规定地方人民政府可根据需要设立社区矫正委员会，负责统筹协调和指导本行政区域内的社区矫正工作，并要求社区矫正机构应当配备具有法律等专业知识的专门国家工作人员（称社区矫正机构工作人员）履行监督管理、教育帮扶等执法职责。实践中，经过这些年的发展，在我国大部分地方，逐步建立了以司法行政部门工作

---

[1] 荣容、肖君主编：《社区矫正的理论与制度》，中国民主法制出版社 2007 年版，第 2–3 页。

[2] 吴宗宪："我国社区矫正法的历史地位与立法特点"，载《法学研究》2020 年第 4 期。

人员（社区矫正执法者）为主，社会工作者协助、社会志愿者配合的社区矫正工作队伍。

3. 明确了社区矫正的工作程序和主要工作内容

《社区矫正法》第三章 “决定和接收”程序，不仅规定了如何“接收”已被决定实行社区矫正的罪犯的程序，也规定了有关“决定”的程序及作出科学“决定”之前的准备性程序，即调查评估程序。第六章规定了“解除和终止”程序，包括：（1）正常结束，指社区矫正期满从而结束社区矫正的情形；（2）赦免结束，指社区矫正对象被赦免从而结束社区矫正的情形；（3）撤销结束，大体而言，可分为行为违规撤销、行政违法撤销、实施新罪撤销、发现漏罪撤销、收监执行撤销等；（4）死亡结束，指社区矫正对象死亡从而结束社区矫正的情形。此外，还对与终止社区矫正密切相关的一种特殊情形———追捕逃跑的社区矫正对象，作了程序性规定。第四章、第五章则规定了我国社区矫正的核心内容，包括监督管理、教育矫正和帮困扶助。

4. 构建了社会参与的机制

首先，规定了鼓励社会参与的一般原则。《社区矫正法》第 3 条规定了“专门机关与社会力量相结合”的工作原则。第 13 条规定，“国家鼓励、支持企业事业单位、社会组织、志愿者等社会力量依法参与社区矫正工作”。其次，规定了鼓励社会参与的具体内容。如第 7 条规定了对社会力量参与社区矫正工作的奖励机制，第 18 条规定了社会力量参与调查评估工作的机制，第 25 条规定了社会力量参与社区矫正的重要组织形式——矫正小组等。

五、“纸面服刑”与刑事执行监督

所谓“纸面服刑”，指的是被判处徒刑的罪犯，通过违规减刑、违规保外就医等手段，实际没有在监所服满法院判决的刑期，甚至根本没有服刑的现象。该词出自内蒙古自治区巴某案。巴某因故意杀人罪获刑 15 年，但判决生效后，他却直接从看守所回到村庄生活，并在日后当选村委会主任乃至旗人大代表。案发 15 年之后，一天牢也没坐的巴某从监狱拿到“刑满释放证明书”，在纸面上“服”完了 15 年的刑期。该案于 2020 年 9 月被《半月谈》报道，立刻引起舆论关注。而在此之前，媒体已经相继报道了山东王某红、云南孙某果、北京郭某思等人违规减刑、违规保外就医案，特别是云南孙某果案，因其情节之恶劣和离奇，一度引发公众广泛的猜疑。“纸面服刑”问题，给司法公正造成极大损害，并由此引发社会对刑事执行及其监督的严重关切。

我国《刑事诉讼法》及《监狱法》赋予了检察机关刑事执行监督权，但长期以来，在检察机关内部一直分别由两个部门行使的：刑事公诉部门负责对死刑立即执行的监督，监所检察部门承担死刑缓期两年执行、服刑犯又犯罪而被判处死刑的以及其他刑罚执行活动的监督。其中，监所检察的监督对象是监狱、看守所、劳教所、拘役所，对在上述四个监管场所进行的刑罚执行和监管活动进行法律监督，是我国检察机关的传统业务之一。[1] 随着劳动教养制度的废止，特别是根据2012年《刑事诉讼法》修正后及随后修订的《人民检察院刑事诉讼规则》，监所检察部门增加了指定居所监视居住执行监督、强制医疗执行监督、社区矫正执行监督、刑罚变更执行同步监督、羁押必要性审查、临场监督执行死刑监督、财产刑执行监督、对在押人员诉讼权利的保障8项新职责。鉴于职能的拓展已超出原监所检察范畴，经报请中编办审核，2014年12月30日，最高检“监所检察厅”更名为“刑事执行检察厅”。[2] 此番更名即意味着在全国推行刑事执行检察机构的设置，监所检察向刑事执行检察发展的转型取得了实质成果。[3] 但由于长期以来受到重裁判轻执行的司法惯性、刑事执行主体的多元化等因素的影响，刑事执行检察工作的现状与司法改革的目标要求上尚存在一定的差距。有学者提出完善刑事执行监督制度的三项建议。第一，完善刑事执行监督立法、健全刑事执行检察权配置。包括：一是建立检察人员有权列席执行机关的减刑、假释、暂予监外执行评审委员会会议和其他有关会议制度，二是赋予检察机关对刑事执行随时介入和调查核实权，三是赋予检察机关纠正违法意见一定的强制力，四是赋予检察机关对减刑假释裁定的抗诉权。第二，完备刑事执行程序设计，规范刑事执

---

[1] 周伟：“刑事执行检察：监所检察理论与实践的发展”，载《国家检察官学院学报》2013年第4期。

[2] 桑先军、张泽涛：“论新时代刑事执行检察体制改革”，载《河南社会科学》2018年第11期。

[3] 卞建林、谢澍：“刑事执行检察监督：资源整合与体系建构”，载《河南社会科学》2015年第7期。

行检察权运行模式。包括：一是推进刑事执行同步监督机制，开展预防性监督。二是完善巡视检察机关检察制度。三是坚持和完善专项检察制度。第三，改革刑事执行检察体制，筑牢刑事执行检察监督堤坝。包括：其一，改革刑事执行检察部门，建立大部门大监督格局。其二，规范派驻检察机构的设置和管理。其三，填补非监禁刑检察机构设置缺口。[1]

也有学者提出，从长远来看，刑事执行检察监督职能的转变与监督体系的构建对于整个检察监督职能的强化和监督体系的完善，具有明显的启迪和促进作用。可以逐步探索将刑事执行检察机构拓展为专门的诉讼监督机构，监督范围进一步向刑事执行检察监督以外延伸，借此对检察机关同时承担的诉讼职能和诉讼监督职能进行适度分离，实现检察机关诉讼职能与诉讼监督职能的优化配置。

问题与思考

当前有关执行程序基本理论问题的研究中，执行权性质的讨论虽然在某种程度上达成了共识，但是，执行主体的复杂性和多变性等特征，必然会对该观点的说服力形成一定的冲击。在法学界，不少学者使用权力分立作为理论基础分析执行权的性质。值得注意的是，刑事程序中涉及的法定权力的属性问题虽然重要，但该权力的规制问题更应研究，以实现执行程序对人权保障的价值追求与对惩罚犯罪、改造罪犯的目标。

现行执行程序（如死刑和监外执行程序）存在的诸多问题，引起了有关诸多研究领域（刑事诉讼法学、刑法学、监狱学、犯罪学）关注，不同学科的研究视角、主导价值观的不同，影响对同一执行问题的观点差异。财产刑执行的问题亦不少见，而相关研究关注还不够。对刑事程序法学研究者而言，一方面，应当反思现行刑事执行程序是否需要以及如何调整规范范围，重整与其他法律调整的关系。另一方面，应当着手从程序价值观出发研究执行程序的种种实践问题。

---

[1] 陈治军、马燕："我国刑事执行检察制度的立法完善"，载《人民检察》2015年第21期。

三 参考文献

一、论文类

[1] 张建伟 . 检察机关刑事执行职权模式比较研究 [J]. 中国刑事法杂志，2022（2）.
[2] 彭春朝 .《社会矫正法》立法精神与价值分析 [J]. 法制与社会，2020（2）.
[3] 吴宗宪 . 我国社区矫正法的历史地位与立法特点 [J]. 法学研究，2020（4）.
[4] 王强 . 维护刑事被执行人合法权益的难点及对策 [J]. 法制与社会，2018（11）.
[5] 袁其国 . 刑事执行检察权的运行方式 [J]. 中国检察官，2018（8）.
[6] 张传伟 . 暂予监外执行的本质：功利人道与公正人道的统一 [J]. 政法论丛，2008（4）.
[7] 王璀璨 . 刑事执行权的性质探析 [J]. 法制与社会，2008（4）.
[8] 樊长春 . 我国死刑执行程序的若干问题反思 [J]. 法学杂志，2008（6）.
[9] 尚爱国 . 暂予监外执行若干争议问题研究 [J]. 人民检察，2008（7）.
[10] 王吉霞，苏世利 . 罪犯保外就医中存在的问题与检察监督之强化 [J]. 人民检察，2007（4）.
[11] 樊崇义，吴光升 . 宽严相济与刑事执行 [J]. 中国司法，2007（6）.
[12] 郭春涛 .《刑事诉讼法》修改中的刑事执行问题 [J]. 中国司法，2007（11）.
[13] 胡配军 . 监外执行立法矛盾解析 [J]. 江苏警官学院学报，2006（5）.
[14] 马克昌 . 宽严相济刑事政策刍议 [J]. 人民检察，2006（19）.
[15] 冯殿美，侯艳芳 . 刑事执行权及其制约 [J]. 河南社会科学，2005（1）.
[16] 李桂华，梁志勇 . 保外就医的法律条件及其制度完善 [J]. 人民检察，2005(5 下).
[17] 万毅 . 刑事执行制度之检讨与改造 [J]. 甘肃政法学院学报，2005（6）.
[18] 蒋世强 . 保外就医监督机制的改革与完善 [J]. 人民检察，2005（9）.
[19] 何承斌 . 中国死刑执行程序的检讨与改进 [J]. 现代法学，2004（4）.
[20] 李忠诚 . 刑事执行功能研究 [J]. 中国法学，2003（3）.
[21] 杨正万 . 论被害人的刑事执行程序参与权 [J]. 云南大学学报（法学版），2002(2).

[22] 邵名正，于同志．论刑事执行权的性质及理性配置[J]．中国监狱学刊，2002（5）．
[23] 王利荣．论行刑权运作的两种趋势[J]．政治与法律，2001（3）．
[24] 国林．论合理配置刑事执行权[J]．政法论坛，2001（3）．
[25] 顾培东．中国司法改革的宏观思考[J]．法学研究，2000（3）．
[26] 邵名正，于同志．论刑事执行法的创制[J]．犯罪与改造研究，2000（10）．
[27] 何平．试论我国刑事执行一体化的立法和体制改革[J]．犯罪与改造研究，2000（10）．
[28] 储槐植，汪永乐．论刑事执行主体的合理配置[J]．犯罪与改造研究，2000（10）．
[29] 杨殿升，余净．论刑事执行法中非刑罚方法的执行：从刑事一体化角度观察[J]．犯罪与改造研究，2000（10）．
[30] 狄小华．关于完善我国刑事执行立法的思考[J]．犯罪与改造研究，2000（12）．
[31] 曾芳文．“暂予监外执行”适用论[J]．法学杂志，1999（3）．
[32] 夏宗素．狱政管理问题研究[J]．中国监狱学刊，1999（4）．
[33] 邵名正．我国刑事执行法的立法构想[J]．中国监狱学刊，1999（6）．
[34] 张绍彦．刑事执行新探[J]．现代法学，1998（3）．
[35] 陈敏．论减刑权的性质及其归属[J]．犯罪与改造研究，1998（12）．
[36] 陈瑞华．程序正义论：从刑事审判角度的分析[J]．中外法学，1997（2）．
[37] 卫跃宁，焦素芬．关于暂予监外执行的几个问题[J]．中国刑事法杂志，1996（6）．
[38] MCKENDY L，RICCIARDELLI R.The Pains of Release：Federally-Sentenced Women’s Experiences on Parole[J].European Journal of Probation，2021，13（1）．
[39] RODDY A L，MORASH M，HOSKINS K M.An Exploration of Employment-Related Personal Projects Undertaken by Women on Probation and Parole[J].Feminist Criminology，2021，16（1）．
[40] FERNANDEZ A."Juveniles Are Different"：Easier Said than Done Resolving Disparities among Courts regarding the Constitutionality of Sentencing Juveniles to De Facto Life-without-Parole[J].FIU Law Review，2021，14（4）．
[41] SLOBOGIN C.Preventive Justice：How Algorithms，Parole Boards，and

Limiting Retributivism Could End Mass Incarceration [J] .Wake Forest Law Review，2021，56.
[42] RICCIARDELLI R，MCKENDY L.A Qualitative Analysis of Parole Suspensions among Women on Parole [J] .Canadian Journal of Criminology and Criminal Justice，2021，63 (1) .
[43] MOYD O.Racial Disparities Inherent in America' s Fragmented Parole System [J] .Criminal Justice，2021，36.
[44] GIUNTA J.Roper v. Simmons：The Execution of Juvenile Criminal Offenders in America and the International Community' s Response [J] . St. Johns Journal of Legal Commentary，2008，22 (3) .

二、著作类

[1] 王顺安 . 社会矫正法治研究 [M] . 北京：中国政法大学出版社，2020.
[2] 王鹏飞 . 刑事执行一体化研究 [M] . 北京：中国政法大学出版社，2018.
[3] 卞建林 . 刑事执行程序 [M] . 北京：中国检察出版社，2017.
[4] 欧阳俊 . 刑事执行学 [M] . 北京：中国法制出版社，2017.
[5] 袁其国 . 刑事执行检察工作重点与方法 [M] . 北京：中国检察出版社，2015.
[6] 陈卫东 . 刑事诉讼法资料汇编 [M] . 北京：法律出版社，2005.
[7] 樊崇义，等 . 刑事诉讼法修改专题研究报告 [M] . 北京：人民大学出版社，2004.
[8] 甄贞 . 刑事诉讼法学研究综述 (1990—2001) [M] . 北京：法律出版社，2002.
[9] 王利荣 . 行刑法律机能研究 [M] . 北京：法律出版社，2001.
[10] 翟中东 . 刑罚个别化研究 [M] . 北京：中国人民公安大学出版社，2001.
[11] 陈敏 . 减刑制度比较研究 [M] . 北京：中国方正出版社，2001.
[12] 邱兴隆 . 关于惩罚的哲学：刑罚根据论 [M] . 北京：法律出版社，2000.
[13] 陈光中 . 刑事诉讼法实施问题研究 [M] . 北京：法律出版社，2000.
[14] 张秀夫 . 中国监狱法实施问题研究 [M] . 北京：法律出版社，2000.
[15] 张文学 . 刑罚执行变更理论与实务 [M] . 北京：人民法院出版社，2000.
[16] 邱兴隆 . 刑罚理性评论 [M] . 北京：中国政法大学出版社，1999.

[17] 杨殿升，张金桑 . 中国特色监狱制度研究 [M]. 北京：法律出版社，1999.

[18] 张绍彦 . 刑罚实现与行刑变革 [M]. 北京：法律出版社，1999.

[19] 武延平 . 中外监狱法比较研究 [M]. 北京：中国政法大学出版社，1999.

[20] 邱兴隆 . 刑罚理性导论：刑罚的正当性原论 [M]. 北京：中国政法大学出版社，1998.

[21] 肖扬 . 当代司法体制 [M]. 北京：中国政法大学出版社，1998.

[22] 陈国庆，等 . 修改后刑事诉讼法实施疑难问题解答 [M]. 北京：中国检察出版社，1997.

[23] 储槐植 . 刑事一体化与关系刑法论 [M]. 北京：北京大学出版社，1997.

[24] 甘雨沛 . 比较刑法学大全 [M]. 北京：北京大学出版社，1997.

[25] 周红梅 . 刑罚执行论 [M]. 沈阳：辽宁人民出版社，1994.

[26] 马克昌，等 . 刑法学全书 [M]. 上海：上海科学技术文献出版社，1993.

[27] 樊崇义 . 刑事诉讼法学研究综述与评价 [M]. 北京：中国政法大学出版社，1991.

[28] Franck，Hans Garan. The Barbaric Punishment：Abolishing the Death Penalty. Martinus Nijhoff Publishers，2003.

[29] Foley，Michael A. Arbitrary and Capricious：the Supreme Court，the Constitution，and the Death Penalty. Praeger Publishers，2003.

[30] Urnett，Cathleen. Justice Denied：Clemency Appeals in Death Penalty Cases. Northeastern University Press，2002.

[31] Daniel Van Ness，AllisonMorris，Gabrielle Maxwell. Introducing Restorative Justice. Allison Morris；Gabrielle Maxwell（eds.）.Restorative Justice For Juveniles—Conferencing，Mediation and Circles. Oxford and Portland，Oregon，USA：Hart Publishing，2001.

[32] Todd R. Clear，Harry R. Dammer. The Offender in the Community. Belmont，CA：Wadsworth/Thomson Cengage Learning，1999.

[33] Megivern，James J. The Death Penalty：An Historical And theological Survey. NewYork：Paulist Press，1997.

[34] Robert M.Baird and Stuart E.Rosenbaum，Punishment and the Death Penalty：The Current Debate，Prometheus Books，1995.

第二十六章　审判监督程序

【导读】

审判监督程序又称再审程序，是刑事审判的救济程序。再审程序与立案程序、一审程序和二审程序关系密切，因此研究再审程序需要具备这项相关程序的基本知识，理解和掌握我国《刑事诉讼法》第三编第五章、2021年《刑诉法解释》、2019年《人民检察院刑事诉讼规则》等关于再审的规定，以及《关于推进以审判为中心的刑事诉讼制度改革的意见》《关于办理刑事案件严格排除非法证据若干问题的规定》等改革文件，同时，应当认识“不枉不纵”“不错不漏”“实事求是”“有错必纠”等观念对我国再审制度的影响。

研究再审程序还应当对《公民权利和政治权利国际公约》中“任何人因一国法律及刑事程序被最后定罪或者宣告无罪者，不得就同一罪名再予审判或惩罚”的规定有所认识。这些知识和规定是研究再审程序不可缺少的基础性知识。

刑事再审程序是刑事诉讼中一种特殊的纠错程序，依据独特的理念和原则而设置。本章将就再审程序的概念、再审程序中的具体问题，以及再审程序中具有重要意义的禁止双重危险原则等问题，从再审的法律规范、实际运行及学界的讨论等不同层面展开研究。研究刑事再审程序有助于我们进一步认识现代刑事诉讼法规范职权、保障权利之精神。

第一节　刑事再审程序概述

按照我国刑事诉讼两审终审的制度设计，终审意味着裁判生效并交付执行。然而，鉴于司法裁判可能存在的错误，为使其可得以纠正，我国《刑事诉讼法》特别设置了第五章“审判监督程序”，该程序也被称为再审程序。再审程序相对于普通程序，不论从程序的具体设计来看，还是从其所依据的基本原理而言，都具有非常特殊的内容。由于再审程序涉及生效裁判的变动，因而影响法的安定性和生效裁判的稳定性问题，需要予以特别的研究。本节从再审程序的概念、特点和设置内容入手，对再审程序的基本原理进行探讨。

一、刑事再审程序的概念、特点

针对生效裁判的刑事再审程序，各国的差异较大，我国的特色尤其鲜明。通过比较可以对此有清晰地认识。

（一）我国刑事再审程序的概念及其特点

我国的《刑事诉讼法》第三编第五章是以“审判监督程序”为名规定再审的。根据我国刑事诉讼法的规定，学界主流观点认为，刑事再审程序又称为审判监督程序，是指“人民法院、人民检察院对已经发生法律效力的判决和裁定，如果发现在认定事实或适用法律上确有错误，依法提出并进行重新审理的程序”。[1]

学界普遍认为，我国的刑事再审程序具有以下特点：（1）对象的特定性（只有那些既发生了法律效力而又确有错误的判决、裁定才可以成为其审理对象）；（2）启动时间的无限制性（只要在认定事实或者适用法律上确有错误，任何时候

[1] 樊崇义主编：《刑事诉讼法学》，中国政法大学出版社 2002 版，第 325 页。

都可以提起再审，只有在发现新罪或无罪改为有罪时，才应该在刑法规定的追诉时效期限内提起）；（3）再审裁判的非特定性（可以改判重于原判决的刑罚，这是其与上诉不加刑原则的区别）。

相对于其他国家的规定，在我国，法院可以自行启动对被告人不利的刑事再审程序。这被普遍认为是我国再审制度的最大特点，也是受到人们质疑最多的地方。

（二）两大法系刑事再审程序的概念及其特点

对于已生效刑事裁判依法再行审理的程序，大陆法系国家大都予以肯定。有的国家称为“非常上诉程序”，有的国家称为“再审程序”。大陆法系刑事再审程序的制度名称着重体现了申请再审是当事人的一项诉讼权利。英美等普通法系国家并没有完整、系统的刑事再审。由于“禁止双重危险”原则的限制，相对于大陆法系国家，英美普通法系国家再审的提起限制更加严格。两大法系的刑事再审程序的共同特点在于：其一，遵从法的安定性，即强调法的安定性。其二，求取法的安定性和法的公平性的平衡。在具体制度设计上，两大法系在法的安定性和法的公平性发生冲突时所做的选择基本上是一致的，即原则上生效裁判不得被推翻，以维护法的安定性；在生效判决的事实基础已经不存在，或者原审程序有重大的瑕疵，以至于如果不进行再审将导致严重的不公正，将严重影响法院的权威时，可以对生效裁判进行再审。[1]

二、刑事再审程序的理论基础和法律规定

刑事再审程序的理论基础决定了再审程序的构造和运作。中外再审程序的差异，很大程度上是由其不同的理论基础所决定的。

---

[1] 罗科信指出：“当事后才被发现的新事实对该判决而言，出现了在公平性上实在无可忍受的显然错误时，则法律效力确定必须让步。”参见［德］克劳思·罗科信：《刑事诉讼法》，吴丽琪译，法律出版社 2003 年版，第 541 页。

（一）我国刑事再审程序的理论基础

有论者指出，我国刑事审判监督程序的理论基础包括两个方面：马克思主义哲学认识论和诉讼法理论上的实体真实主义。首先，刑事再审程序的哲学基础是马克思主义哲学认识论。设立审判监督程序，纠正那些已经发生了法律效力但又确有错误的判决、裁定，就是为了排除原来的错误认识，使人们对案件事实的认识由相对真理向绝对真理迈进。法律规定再审程序的主要目的之一就是为了确定生效裁判是否达到了客观真实，如果发现错误，不论有多大的阻力都应有错必纠。

其次，刑事再审程序的诉讼法学理论基础是实体真实主义。不枉不纵是我国刑事诉讼的追求，它体现出对实体公正的尊崇。我国刑事审判监督程序坚持实体真实主义，为了实现实体公正，对生效的判决、裁定一经发现错误便发动审判监督程序予以纠正，而错误的种类与原因在所不问。司法实践中，对已经生效的判决、裁定启动审判监督程序时，要进行全面审查，即包括事实和法律两方面。[1]

（二）我国刑事再审程序的法律规定

我国1954年颁布的《人民法院组织法》、1956年颁布的《人民检察院组织法》在立法上正式规定了审判监督程序。在立法中明确规定了再审的条件和程序，我国刑事再审制度由此得以初步确立，并沿用至今。

1979年《刑事诉讼法》明确把我国再审程序规定为“审判监督程序”，规定可以对生效裁判提出申诉的人包括“当事人、被害人及其家属和其他公民”，明确了法院按审判监督程序重新审判的案件，“应当另行组成合议庭进行，原来是第一审案件，应当依照一审程序进行审判，所作的裁决、裁定，可以上诉、抗诉；如果原来是第二审案件，或者是上级人民法院提审的案件，应当依照第二审程序进行审判，所作的判决、裁定，是终审的判决、裁定”，从而使审判监督程

---

[1] 陈卫东：《刑事审判监督程序研究》，法律出版社2001年版，第47页。

序进一步规范。[1]

修正后的1996年《刑事诉讼法》对再审程序的规定并未有根本的变化，仅有5个条文，因过于原则而导致司法实践中对再审程序的操作随意性较大。为规范刑事申诉、审查、受理和审判，最高人民法院于2001年12月、2002年9月先后公布了2001年《关于刑事再审案件开庭审理程序的具体规定》（以下简称《具体规定》）、2002年《关于规范人民法院再审立案的若干意见（试行）》（以下简称《若干意见》）等两个司法解释。《若干意见》采用明文列举的方法规定了当事人等提出申诉的四项法定理由，并明确规定了再审时限，使再审制度进一步发展。[2]2001年《具体规定》限定了开庭审理的案件范围，规定了应当依法开庭审理的案件，规定部分再审案件可以不开庭审理，确立了再审不加刑原则等。但是，司法解释对于再审所依据的基本原则未予触动。

修正后的2012年《刑事诉讼法》对申诉案件再审的条件予以明确，规定：非法证据未排除可以申诉申请再审；程序违法行为"可能影响公正审判的"应当再审。刑事诉讼法还明确了指令再审的管辖法院（以原审法院以外的其他下级法院进行再审的原则）；规定了开庭审理案件中检察院派员出庭义务；规定了再审程序中强制措施的决定主体；规定了再审程序中原判决、裁定中止执行制度等。但是，修正后的《刑事诉讼法》依旧保留了法院主动提起再审的规定，再审所依据的基本原则依旧未予触动。2012年《刑诉法解释》对再审程序的法律规定予以细化。最高人民检察院也于2014年颁布了《人民检察院复查刑事申诉案件规

---

[1] 有论者指出，如果我们对照苏联刑事诉讼法典的相关规定，就会发现，我国现行再审制度与苏联刑事诉讼法的规定有诸多相合之处。甚至有人认为，我国再审程序的有关概念，我国刑事再审程序中的主要问题和其中不符合诉讼原则的诸多规定，大都是从苏俄刑事诉讼法中照搬来的。参见元轶："比较法视野下的中国刑事再审程序改革——从俄罗斯刑事再审程序谈起"，载《比较法研究》2010年第6期。该学者指出，《苏联刑事诉讼法典》第六编第三十章"监督审的诉讼程序"不仅在名称上，而且在程序上也与我国《刑事诉讼法》中关于再审的程序规定如出一辙，如该法第371条规定，对生效判决、裁定和裁决的监督审诉讼程序只能由检察长、法院院长以及他们的副职提起，但是，《苏联刑事诉讼法典》中的监督审诉讼程序只是其刑事再审程序中的一部分，其第六编第三十章"根据新发现的情况而恢复案件"则构成了其刑事再审制度的另一部分。很明显，我国粗放式的刑事立法模式并没有吸收后一程序。

[2] 《若干意见》第10条规定了申诉的期限及其例外；第6条则规定了申诉的提出和审查处理程序；第7条、第11条完善了申诉应当再审的情形；第13条规定了非法定主体申诉不予受理并确立"二申终申"原则。

定》。此后，2018 年《刑事诉讼法》增加了再审案件可以缺席审判等规定。2019 年《人民检察院刑事诉讼规则》第 11 章第 5 节、第 13 章第 6 节，2021 年《刑诉法解释》第 19 章对于再审程序也有专门规定。

此外，为深入推进以审判为中心的刑事诉讼制度改革、深化庭审实质化，最高人民法院制定的刑事审判的“三项规程”(《人民法院办理刑事案件庭前会议规程（试行）》《人民法院办理刑事案件排除非法证据规程（试行）》《人民法院办理刑事案件第一审普通程序法庭调查规程（试行）》）于 2018 年 1 月施行。实践中，“三项规程”在再审案件中也已开始适用，并取得较好效果。

（三）西方国家关于刑事再审程序的理论基础及法律规定

1. 英美法系刑事再审程序的理论基础及法律规定

英美法系刑事再审程序的理论基础是“禁止双重危险”原则。例如，《美国宪法第五修正案》明确规定了“禁止双重危险”原则。美国“禁止双重危险”原则的例外主要表现在以下几个方面：（1）“双重主权”的例外。（2）“污点判决”的例外。（3）第一次审判在判决形成之前被宣告为“误审”（mistrial）因此被终止的，如果该“误审”并非控方的疏忽或者故意所造成，则被告人可以受到重新审判。（4）已被生效裁判认定构成犯罪的被告人可以求助的非常救济手段，主要是“人身保护令”（writ of habeas corpus）和“事实错误令”（writ of error coram nobis）。前者适用于尚在服刑者，后者适用于服刑完毕者。无论在联邦司法系统，还是在州司法系统，相对于“事实错误令”和申请重审而言，人身保护令程序对于纠正错误或者非法的有罪判决都是最为重要的。当然，人身保护令的申请要受到很多的限制。[1]

2. 大陆法系刑事再审程序的理论基础及法律规定

作为对已生效裁判的特殊救济程序的再审制度，依据其独特的理论基础，在大陆法系国家较为发达。大陆法系刑事再审程序的理论基础是既判力理论。该理论认为，既判的事实应当“被看成是对事实真相的表达”[2]，不论其正确还是错误，

---

[1] 黄士元：《刑事再审制度的价值与构造》，中国政法大学出版社 2009 年版，第 35–36 页。

[2] ［法］卡斯东・斯特法尼等：《法国刑事诉讼法精义》，罗结珍译，中国政法大学出版社 1999 年版，第 875 页。

任何法院或法官都不能将其推翻。在价值追求上，传统的既判力理论强调的是防止法院就同一事实作出前后矛盾的判决，从而维护国家司法权的威信，保证法秩序的“安定性”。当然，在极为特殊的情况下，当生效裁判存在严重错误，不予以纠正将严重危害司法公正时，大陆法系国家就会允许对生效裁判进行再审。现代大陆法系国家的再审可分为两种模式，一种是“保护被告人模式”，被称为“法国模式”，一种是“实体真实模式”，被称为“德国模式”。[1] 法国的再审程序强调对被告人的保护，再审只为被告人的利益而提起，不利于被告人的再审几乎被绝对禁止。采用这种模式的还有日本、意大利、葡萄牙、西班牙、比利时、卢森堡、荷兰等国家。德国的再审程序强调对实体真实的追求，再审不限于为了被告人的利益，也可以进行不利于被告人的再审，只是对提起不利于被告人的再审理由有更为严格的限制。此外，法院经过重新审判，即使维持其有罪的裁判结论，也不能作对被告人不利的变更。与上诉不加刑原则相同，坚持再审不加刑原则。采用这种模式的国家和地区还包括奥地利、丹麦、芬兰和我国台湾地区。

三、关于“禁止双重危险”原则的研讨

《公民权利与政治权利国际公约》第 14 条第 7 款对禁止双重危险原则作了明确规定，其内容是：任何人已经依照一个国家的法律和刑事程序被最后定罪或者宣告无罪的，不得以同一罪名再予审判和惩罚。根据该原则的要求，同一个人因为同一个行为不得遭受两次审判或者惩罚。

有学者认为，就其实质来讲，禁止双重危险规则是一项人权规则，其锋芒指向主要是国家追诉机关，其制度功能在于防止国家滥用追诉权。禁止双重危险规则价值理念可以概括为以下四个方面的关切。第一，关于错误定罪的风险。这一关切的意思是，就同一犯罪行为，反复的审判会增加错误定罪的风险。当然，为了减少错误定罪的风险而引入这一规则，则可能增加另一方面的风险，即确实有罪的人有可能逃脱惩罚。对此“冤枉一个无辜的人比放掉一个有罪的人要恶劣得多”。“在刑事诉讼中程序保障的要旨是，为了公正之目的，有时候我们必须要冒

---

[1] 黄士元:《刑事再审制度的价值与构造》，中国政法大学出版社 2009 年版，第 35-36 页。

造成这种损失（犯罪分子逃脱惩罚）的风险。”第二，关于刑事审判过程带来的痛苦。第三，关于终局性之需要。第四，关于激励有效侦查和起诉的需要。[1]

有论者指出，我国刑事再审制度与禁止双重危险原则存在如下矛盾：第一，我国的刑事诉讼几乎不存在终审的问题。而根据禁止双重危险原则，终审的判决一旦作出，诉讼就终结了；只是发现生效裁判有错误，并不能成为启动再审程序的充分条件。第二，我国的审判监督程序强调的是有错必纠，不论这种错误是什么原因造成的（是由于故意犯罪造成的，还是其他什么原因造成的），不论这种错误的性质是什么（是有利于被告人的还是不利于被告人的），而禁止双重危险原则要求的却与此并不相同。该原则强调，纠正错误只能在特定情况下可以允许；而且，一般纠正的只能是结果有利于被告人的错误，或者在严格限制的条件下，对某些基于刑事诉讼中的故意犯罪而导致的错误，才可予以纠正。第三，审判监督程序的指导思想和该原则不一致。我国再审程序的指导思想是有错必纠，我们所注重、强调通过职权机关对以往的错误一个个予以纠正的方式来减少错误。然而，禁止双重危险原则所强调的是权利保障和规范职权行为，禁止职权机关在纠正错误时的任意性。而我们设计再审程序是缺乏这个指导思想的。[2]

第二节　我国刑事再审程序的实践情况

长期以来，我国刑事再审的程序设计、制度内容虽然未发生根本性的变化，实践情况却有十分明显的变化。从 20 世纪 80 年代为纠正冤假错案而大规模地进行再审，到“严打”时期的再审，以及近些年来一些轰动案件再审纠错与改判，等等，再审程序所发生的变化应当引起关注。了解再审的实践情况，有助于我们

---

[1] 张毅：“禁止双重危险规则与中国刑事再审制度改革论纲”，载陈光中主编《刑事再审程序与人权保障》，北京大学出版社 2005 年版，第 236–239 页。

[2] 王敏远：“刑事诉讼法若干原则的修改”，载陈泽宪主编：《刑事法前沿（第 3 卷）》，中国人民公安大学出版社 2006 年版，第 28–31 页。

进一步认识我国的刑事再审程序曾经经历的变化及原因，思考今后的发展趋势。

一、我国刑事再审案件基本情况

从相关统计资料来看，1980 — 2018 年全国法院审理各类刑事再审案件的收案、结案以及维持原判、改判、发回重审、撤诉等基本情况见表 1、表 2。

表 1　1980—2018 年全国法院审理各类刑事再审案件基本情况统计

单位：件

年份	收案	结案	其中					
			维持	改判	撤诉	发回重审	调解	其他
1980	318702	332210	—	—	—	—	—	—
1981	178724	219975	—	—	—	—	—	—
1982	136871	166496	—	—	—	—	—	—
1983	155630	142441	—	—	—	—	—	—
1984	135440	131924	—	—	—	—	—	—
1985	209563	223577	—	—	—	—	—	—
1986	461778	457783	—	—	—	—	—	—
1987	380921	447967	—	—	—	—	—	—
1988	95040	119315	74339	31134	3316	—	—	10526
1990	51174	57394	36634	13099	1554	—	—	6107
1991	44864	47474	30453	11194	1188	—	—	4639
1992	38495	41041	25879	10201	875	—	—	3986
1993	29615	73121	34195	14271	6655	4456	2389	11155
1994	23196	25283	15344	5803	—	628	—	3508
1995	20837	22063	—	—	—	—	—	—
1996	19269	19437	—	—	—	—	—	—
1997	18753	18613	—	—	—	—	—	—
1998	13514	14196	—	—	—	—	—	—
2000	9343	9836	5359	2287	49	393	—	1748

续表

年份	收案	结案	其中					
			维持	改判	撤诉	发回重审	调解	其他
2001	7957	8809	4215	1898	41	404	—	1454
2002	4182	4625	—	—	—	—	—	—
2003	3633	3785	1601	1371	36	321	25	435
2004	3445	3331	1259	1371	36	308	22	335
2005	3271	3227	1121	1140	41	305	19	341
2006	3124	3101	1096	1332	49	308	22	294
2007	2831	2862	976	1238	50	337	17	224
2008	2930	2858	967	1193	43	380	18	275
2009	2788	2935	944	1240	58	397	21	275
2010	3356	3305	978	1378	59	421	17	452
2011	3055	3080	975	1236	74	402	14	379
2012	2816	2853	859	1246	55	342	10	341
2013	2826	2785	839	1176	54	302	7	407
2014	2972	2906	766	1317	39	314	7	463
2015	2787	2844	734	1357	47	281	2	423
2016	2736	2713	716	1376	36	225	3	357
2017	2820	2769	647	1521	57	245	12	287
2018	3299	3176	662	1821	34	351	8	300
合计	240255	2599128	—	—	—	—	—	—

数据来源：历年《最高人民法院工作报告》《中国法律年鉴》（1989—2011 年）以及《全国法院司法统计公报》（2012—2018 年）。

注：结案含上年旧存，1989 年、1999 年除外。

表 2　2000—2018 年全国刑事再审案件改判率、维持原判率及发回重审率的基本情况统计

年份	维持原判率	改判率	发回重审率
2000	54.5%	23.3%	4%
2001	47.8%	21.5%	4.6%
2003	42.3%	36.2%	8.5%

续表

年份	维持原判率	改判率	发回重审率
2004	37.8%	41.2%	9.2%
2005	34.7%	35.3%	9.5%
2006	35.3%	43%	9.9%
2007	34.2%	43.3%	11.8%
2008	33.8%	41.7%	13.3%
2009	32.2%	42.3%	13.5%
2010	29.6%	41.7%	12.7%
2011	31.7%	40.1%	13.1%
2012	30.1%	43.7%	12%
2013	30.1%	42.2%	10.8%
2014	26.4%	45.3%	10.8%
2015	25.8%	47.7%	10%
2016	26.4%	50.7%	8%
2017	23.4%	54.9%	9%
2018	20.8%	57.3%	11%

数据来源：《全国法院司法统计公报》(2000—2018 年)。
注：2002 年除外。

二、我国刑事再审程序基本情况分析

通过对表 1、表 2 统计信息的分析，有以下问题值得关注。

(一) 我国刑事再审程序纠错功能的发挥

2000 年以来，再审维持原判率逐年降低，由 2000 年的 54.5% 降至 2018 年的 20.8%。改判率呈上升趋势，由 2000 年的 23.3% 升至 2018 年的 57.3%。2004 年至 2018 年，刑事再审案件年改判率均超过年均维持原判率。2006 年以来，全国刑事再审案件的年改判率在 40% 以上（2016 年改判率为 50.7%，2017 年改判率为 54.9%，2018 年改判率为 57.3%）。[1]

（二）刑事裁判的终局性与正当性问题

有论者指出，司法的终局性是审级制度的一项基本内容。对于“× 审终审制”的普遍定义为：案件经过 × 审之后即告终结。当经过“× 审”之后仍不能终结的案件达到一定量时，以“× 审终审制”命名的审级制度就发生质变，“终审”不终意味着整个审级制度失去意义。[2] 有论者曾分析认为，我国刑事再审案件平均改判率明显高于刑事二审改判率，说明刑事再审功能的扩张已经严重破坏了司法的终结性，并对两审终审的审级制度造成了严重的冲击。[3] 有论者指出，对生效裁判不分错误的性质、不论错误的原因，一味强调“实事求是、有错必纠”，蕴涵着允许刑事诉讼中的职权机关恣意而为的趋势，意味着对被告人可以重复追究的可能性。如果不将其置于刑事诉讼规律的制约之中，其在刑事诉讼中发挥作用的正当性是有疑问的。[4]

2002 年以来全国刑事再审案件数大幅度减少，其中 2003—2018 年，全国法院每年受理的刑事再审案件数量不超过 4000 件。有论者认为，裁判的终局性的确是获得了实现，但是正当性却值得怀疑。当事人的不满不断地通过申诉和上访等途径进行宣泄。在如此之低的再审比例和较高的申诉率之下，我们需要担心的不是裁判的终局性问题，而是裁判的正当性问题。我国刑事司法改革就应当以解决刑事裁判的程序正当性为核心目标。任何旨在改善我国刑事司法环境的举措，都应当首先着眼于正当性的实现，通过审级制度的建构，消弭被告人因遭受不利裁判所造成的不满，而不能执迷于终局性的追求。[5]

---

[1] 根据《人民法院年鉴》公布的统计数字，在 1990 年以前，再审案件的数量高于二审案件数量；在再审案件中，经再审后维持原判的占 62% 左右，改判的占 23% ~ 5% 左右。参见车雷、张力、徐振东：“再审：从辛普森案说开去”，载 2002 年 11 月 16 日《南方周末》。

[2] 傅郁林：“审级制度的建构原理——从民事程序视角的比较分析”，载《中国社会科学》2002 年第 2 期。

[3] 王超：“虚置的程序——对刑事二审功能的实践分析”，载《中外法学》2007 年第 2 期。

[4] 王敏远：“刑事诉讼法学研究的转型——以刑事再审问题为例的分析”，载《法学研究》2011 年第 5 期。

[5] 易延友：“我国刑事审级制度的建构与反思”，载《法学研究》2009 年第 3 期。

三、聂树斌案再审之申诉与审理[1]

2016年12月2日最高人民法院第二巡回法庭在辽宁沈阳对原审被告人聂树斌被控故意杀人、强奸妇女再审案公开宣判，宣告撤销原审判决，改判聂树斌无罪。有论者指出，在聂树斌案漫长的申诉和复查过程中，我们既看到了具有积极意义的改革尝试，也看到了“自我纠错”的弊端。聂树斌案的申诉和再审为我们提供了一个很好的研究范本。[2]

关于再审案件的申诉和审理方面，有观点认为，聂树斌案申诉再审程序反映出如下问题：其一，河北高院消极对待申诉，一拖再拖致使司法公信力尽失。自2005年聂家人开始申诉一直到2014年最高人民法院指定山东高院复查该案的10年间，河北高院从未允许律师阅卷。其二，申诉复查听证程序有违程序正义。最高人民法院指定山东高院复查申诉案件，并无法律依据。申诉复查程序存在值得商榷之处。例如，申诉审查采用听证会形式，值得探讨。其三，再审未能开庭审

---

[1] 1994年8月5日下午，石家庄市液压件厂女工康某在郊区路边的玉米地被人强奸杀害。警方根据群众反映的情况抓获犯罪嫌疑人聂树斌，并获得有罪供述。1995年3月15日，石家庄市中级人民法院以故意杀人罪、强奸罪判处被告人聂树斌死刑。4月25日，河北省高级人民法院作出终审判决，核准死刑。两天后，年仅21岁的聂树彬即被执行死刑。十年之后，王书金供认自己曾经于1994年8月5日在石家庄郊区一路边的玉米地内强奸杀害了一个女青年。他讲述的作案过程和一些细节与康某被强奸杀害案吻合，他后来也对作案现场进行了指认。聂树斌的母亲张焕枝得知这一消息后开始不断申诉。河北省政法委虽然于2007年成立专案组进行复查，但一直没给出正式结论。2014年12月12日，最高人民法院指定山东省高级人民法院对聂树斌案进行复查。参见何家弘、刘译矾：“刑事错案申诉再审制度实证研究”，载《国家检察官学院学报》2015年第6期。

[2] 聂树斌案进入申诉阶段后，学界有学者提出，可以根据《宪法》第71条，由全国人民代表大会或全国人民代表大会常务委员会成立特别委员会进行调查并作出决议。还有学者建议由最高人民法院邀请三至五位法学专家组成聂树斌案的复查组，在全面公开地审查本案证据的基础上作出是否启动再审的决定。另有学者提出，上述建议或操作难度太大，或法律依据不足，以及意味着对司法的不信任，因此难以付诸实施。聂树斌案原审判决建立在“以口供为中心的两面印证式 ”证据构造基础上 ，虽缺乏供同一认定的关键物证 ，但仍属裁判有据 。王书金自认真凶这一新证据的出现，动摇了原证据构造。虽然其供述存在矛盾，导致“事实真伪不明”，但对王为真凶、聂案错判仍存合理怀疑。裁判单位应当与时俱进，从“有错才纠”走向“有疑即纠”，以彰显新的政法理念，回应社会质疑。可采用专家咨询方式帮助判断并分担社会压力 。参见龙宗智：“聂树斌案法理研判”，载《法学》2013年第8期。山东高院对聂树斌案进行再审复查，历时1年半，自2014年12月开始，经过2015年6月、9月、12月和2016年3月，4次延期，直至2016年6月完成。

理有违审判公开原则。其四，聂树斌案虽已再审改判，但仍留下悬而未决的问题。王书金能否被认定为真凶，是一个需要全面评价的问题。❶

第三节 刑事再审程序研究综述

鉴于我国刑事再审的程序设置、其所依据的理念以及实践中存在的诸多问题，学界对再审程序的问题与完善进行了广泛、深入的讨论。以往的研究应当成为进一步探讨我国刑事再审程序问题的基础。

一、刑事再审程序的启动主体、再审事由与申诉权保障

（一）启动主体

我国刑事诉讼法关于启动再审的主体的规定引起许多学者的质疑。质疑主要集中在人民法院启动再审程序的主体资格。

我国的再审程序可以由法院自己主动提起，而法院主动提起的再审往往又是对被告人不利的。我国的法院通过提起再审程序主动进行对被告人不利的审判，曾经引起广泛讨论。例如 2003 年的“刘涌案”。这样做尽管完全符合我国现行刑事诉讼法的规定，但它却与“禁止双重危险”原则明显冲突。❷关于是否取消人民法院主动启动刑事再审程序的主体资格，学界有不同观点。

---

❶ 刘计划：“刑事冤错案件的程序法分析——以聂树斌案为例”，载《比较法研究》2017 年第 3 期。有论者指出，认真辨析聂树斌案再审判决及裁判依据，可能生出某些疑问。一个突出问题是，再审判决为何缺了王书金。此种裁判方式是否适当，值得探讨。参见龙宗智：“评聂树斌案再审判决回避王书金：兼论《刑事诉讼法》第 242 条之修改”，载《中外法学》2017 年第 5 期。

❷ 关于“刘涌案”最高人民法院直接启动再审程序并改判死刑的分析，参见周长军：“中国司法改革的困局与出路”，载陈兴良主编：《刑事法评论（第 14 卷）》，中国政法大学出版社 2004 年版；冯军：“最高人民法院再审刘涌案刑事判决书——兼评从刘涌案中表现出的种种法治乱象”，载陈兴良主编：《刑事法评论（第 14 卷）》，中国政法大学出版社 2004 年版。

1. 取消人民法院启动再审程序的主体资格

有论者从不同的角度论证法院不能成为再审程序的启动者，理由如下：其一，法院启动再审程序违背控审分离的诉讼原则。作为刑事案件裁判者的法院自行启动再审程序，不仅与刑事诉讼控审分离的基本原则相悖，也与我国刑事诉讼制度改革要建立的控辩式庭审模式的基本要求不符。其二，法院主动发起再审程序，既作为裁判者审理案件，又作为控诉机关指控犯罪，有违客观中立的地位。其三，法院启动再审程序与"不能自以为非"的诉讼规律相悖。法院作为裁判者应当自觉维护生效裁判的权威性与稳定性，不能自以为非。其四，法院启动再审程序是为"有错必纠"，但必须遵守刑事审判的基本规律，通过法律的正当程序。[1]有论者指出，我国的《刑事诉讼法》赋予了人民法院主动启动再审的权力，无论是本级人民法院还是上级人民法院抑或最高人民法院，只要发现生效裁判确有错误就可以启动再审。这种违背刑事诉讼基本原则的做法尽管能够发挥再审程序的纠错功能，但从长远角度来看，其弊大于利。任何违背刑事诉讼基本原则的行为，都将侵蚀整个刑事诉讼大厦的基石，也是对正当程序的颠覆。[2]有论者认为，法院主动启动再审有违控审分离、不告不理、居中裁判的司法精神，如若严格按照司法规律，最科学的办法就是取消法院自行启动再审权，而只是授予法院的再审审查权。[3]

2. 保留并限制人民法院再审程序启动权

有研究者认为，完全否定法院可以主动提起再审，并不利于被告人的权益保障和上级法院对下级法院的审判监督。为了防止自我纠错的常见弊病和法外不正当因素的干扰，体现上级法院对下级法院的审判监督职能，有利于被告人的再审，只能由原作出生效裁判的上级法院发起，本级法院无权发起。同时，法院在重新审理前应当通知控辩双方，听取他们对决定再审的意见。对于控辩双方的再审启动权，应当遵循控辩平等的现代刑事司法理念的基本要求，将当事人的申诉权和检察院的抗诉权置于同等地位，公平对待。一方面要强化当事人的申诉权，

---

[1] 向泽选："刑事再审程序启动权的归属"，载《人民检察》2005 年第 20 期。

[2] 陈卫东、杜磊："再审程序的理解与适用——兼评《刑事诉讼法》关于再审程序的修改"，载《法学杂志》2012 年第 5 期。

[3] 卞建林、桂梦美："启动刑事审判监督程序的困境与出路"，载《法学》2016 年第 4 期。

建立再审之诉，将申诉权改造为诉权，只要当事人的申诉符合再审的法定条件，法院就必须启动再审程序；另一方面要弱化检察院的抗诉效力，抗诉也要经过法院审查，只有符合再审的法定条件，才能启动再审程序，而不能将检察院的抗诉权凌驾于当事人的申诉权之上，当然引发再审。

（二）再审事由

2012年《刑事诉讼法》新增非法证据未排除申诉再审的事由，新增程序违法行为“可能影响公正审判的”应当再审等再审事由。对此，有论者指出，对据以定罪量刑的证据“依法应当予以排除”的申诉，人民法院应当再审的新规定，实际上明确了非法证据未排除的不利法律后果，即将导致再审程序的启动，这就在客观上加重了人民法院排除非法证据的责任。但是，意图遏制程序违法行为的程序违法再审事由的设置，因“可能影响公正审判”的标准难以操作，在适用上也面临着范围难以确定的难题。[1]

有论者指出，在刑事再审事由的厘定上，由于缺乏非常上诉制度，我们不可能废除再审事由中的适用法律错误，但应当在平等对待控辩双方的前提下，建构申请再审之诉，区分有利于与不利于受判决人的再审，严格限制不利于受判决人利益再审的提起，并将再审事由细化，通过列举的方式将再审事由集中于新证据、严重程序违法、司法欺诈行为以及司法不端行为，通过明晰、具体、细化的再审事由撬动当下的刑事再审程序改革。[2]

有论者认为，再审程序的设置，可以借鉴我国台湾地区以及日本、韩国刑事诉讼关于再审程序和非常上告程序的有关规定来进行改革，将审判监督程序分为对事实认定错误的再审程序和对法律适用错误的特别抗诉程序两类。其中，再审程序只适用于已生效裁判存在事实认定错误的各种情形。基于事实认定错误而启动再审程序的，应当区分有利于被告人的再审和不利于被告人的再审，严格限定提起不利于被告人的再审。特别抗诉程序只适用于法律适用错误的各种情形。当法院作出的已生效裁判存在法律适用错误而需要纠正时，因涉及法律在全国范围

---

[1] 陈卫东、杜磊：“再审程序的理解与适用——兼评《刑事诉讼法》关于再审程序的修改”，载《法学杂志》2012年第5期。

[2] 李训虎：“刑事再审程序改革检讨”，载《政法论坛》2014年第3期。

内的统一正确实施，应由最高人民检察院向最高人民法院提出特别抗诉。对于最高人民检察院基于法律适用错误提起特别抗诉的，最高人民法院应当依法受理并组成合议庭对已生效裁判中的法律适用问题进行开庭审理，作出是否撤销已生效裁判或者已生效裁判中的违法事项，并重新作出裁判。最高人民法院作出的新裁判，只针对原生效裁判中法律适用错误的内容，除非新裁判有利于被告人，否则，其效力不及于原审被告人。[1]

（三）申诉权保障

有论者指出，我国《刑事诉讼法》第254条规定，各级法院院长、上级人民法院、最高人民法院、上级人民检察院以及最高人民检察院均可以对已经发生法律效力的裁判有权决定再审或者因抗诉必然导致再审。当事人却没有该项权利，只有再审申诉请求权且并不必然发生再审。申诉人与检察院地位不平衡的事实，严重违背了控辩平等原则，导致上访多、申诉难。人民法院对当事人或案外人的申诉如何进行审查或者复查，在法律上及有关司法解释或文件上都没有明确的具体规定，从而导致了实践中乱象丛生。[2]

有论者建议：其一，建立相对中立的刑事申诉复查机构。其二，改良再审刑事案件合议庭的组成模式。其三，明确刑事申诉案件再审的证明标准。此外，还应当推行刑事申诉再审阶段的法律援助制度，以保证无钱聘请律师的申诉人能够获得具有专业水平的法律服务和帮助。[3]

有论者指出，2017年4月1日，最高人民法院、最高人民检察院、司法部联合发布《关于逐步实行律师代理申诉制度的意见》第9条规定："依法保障代理申诉律师的阅卷权、会见权。在诉讼服务大厅或者信访接待场所建立律师阅卷室、会见室，为律师查阅、摘抄、复制案卷材料等提供方便和保障。"但这一规定在实践中并没有得到严格执行。实践中，律师在申诉过程中，仍然很难查阅案

---

[1] 卞建林、王贞会："检察机关基于法律错误提起再审抗诉之探讨：以马乐案为例"，载《河南社会科学》2016年第10期。

[2] 卞建林、桂梦美："启动刑事审判监督程序的困境与出路"，载《法学》2016年第4期。

[3] 何家弘、刘译矾："刑事错案申诉再审制度实证研究"，载《国家检察官学院学报》2015年第6期。《关于逐步实行律师代理申诉制度的意见》第1条规定："申诉人因经济困难没有委托律师的，可以向法律援助机构提出申请。"

卷材料。[1]有论者指出，为了有效发挥再审程序的特别救济功能，必须进一步完善申诉制度，建立有效的申诉程序，保障再审程序能够及时启动。首先，建议建立律师代理申诉制度。凡有两名律师签署申诉书的，或者有两名律师代理提出申诉的，法院应当受理审查。其次，实行逐级申诉制。申诉应依次向作出生效裁判的原审法院及其上级法院提出。原审及上级法院必须受理，并负有审查及结果告知义务。最后，申诉权人穷尽地方各级法院、检察院的申诉程序后，有权向最高人民法院、最高人民检察院提出申诉，最高人民法院、最高人民检察院应当受理。[2]

二、刑事再审案件的审理

有论者指出，对再审案件的法庭审判，在制度供给方面，无论是刑事诉讼法还是司法解释，均十分简略，并未充分反映不同案件刑事再审的实际情况和需要，而有关的学术研究也很欠缺。在推动“以审判为中心”及“庭审实质化”改革的过程中，各方面对刑事再审案件庭审的实质化问题也缺乏探究。[3]

有论者认为，刑事审判监督程序是针对已生效裁判而设置的特殊救济程序，是司法公正的最后一道屏障。从应然的角度讲，再审案件既不应适用一审程序，

---

[1] 陈永生、邵聪：“冤案难以纠正的制度反思”，载《比较法研究》2018 年第 4 期。

[2] 刘计划：“刑事冤错案件的程序法分析——以聂树斌案为例”，载《比较法研究》2017 年第 3 期。例如，2020 年 11 月 13 日，最高人民检察院第十检察厅在江西省广昌县人民检察院就陈某某刑事申诉案举行公开听证。2010 年 5 月 20 日，章某某因贪污罪被抚州市中级人民法院（二审）判处有期徒刑三年，缓刑三年。判决生效后，章某某不服，先后向抚州市中级人民法院、江西省高级人民法院、最高人民法院提出申诉，均被驳回。之后，章某某及其母亲陈某某又向检察机关提出申诉，江西省抚州市人民检察院、江西省人民检察院均认为申诉人的申诉理由不能成立，审查结案。陈某某仍不服，以原审判决认定事实错误、采信证据错误，有新证据证实章某某不构成贪污罪为由，向最高人民检察院提出申诉。听证会围绕原审判决认定事实是否清楚、证据是否确实充分以及陈某某的诉求是否应当支持等展开。参见抚州市人民检察院：《最高检在抚州召开刑事申诉案公开听证会》，澎湃新闻，2020 年 11 月 20 日访问。

[3] 龙宗智：“刑事再审案件的审理方式与证据调查——兼论再审案件庭审实质化”，载《法商研究》2019 年第 6 期。

也不应适用二审程序，而应设置并适用专门的再审案件审判程序。[1]有论者指出，刑事诉讼法关于再审程序分别适用第一审或第二审程序审理的规定，主要指再审案件裁判是否生效，是否可上诉或抗诉，并引起再次审理。再审案件的审理方式并不仿效原审审判的全面审理，而是采取按争议点审理的基本方式，包括无异议的同案原审被告人（原审上诉人）可以不出庭，庭审首先应当在审判长主持下，由控辩双方就事实、证据和适用法律等问题分别进行陈述，然后由合议庭进行归纳，确定争议点，法庭调查和辩论围绕争议问题进行。质证程序亦非全面举证质证，而是要求控辩双方针对新证据或者有异议的原审据以定罪量刑的证据进行质证。[2]

关于再审案件的审理程序的具体建构，有论者指出，应设置并适用专门、独立、特殊的刑事冤案再审程序。这类再审案件的审理不需要按照一审、二审的庭审程序全面审理案件事实，再审案件的审理过程检察机关应当全面介入。其审理方式以书面审理为原则，以开庭审理为例外。书面审理主要适用类似佘祥林、赵作海、杜培武等“死者复生”，真凶归案的案件。开庭审理主要适用已发现的新证据足以推翻原生效判决但尚未达到像“死者复生”、真凶归案那样使人一目了然程度的同时还有被害人的案件。[3]有论者认为，应当根据案件的不同类型确定审理与证据调查的方式。再审案件按其实质来源划分，有源于申诉、源于抗诉，以及因法院发现而决定再审几类，诉与启动再审的主体不同，证据调查程序应有区别。应当区分再审案件的有争议与无争议。具有“真凶发现”“被害人复活”等无争议的颠覆原判的新证据的案件，在诉讼法律关系上已无“控诉方”。这类“无控诉案件”如何进行审理，我国刑事诉讼法并无明确的规定，应予明确。对

---

[1] 顾永忠：“特殊程序应当特别安排——关于完善审判监督程序的几个问题”，载《中国刑事法杂志》2011 年第 2 期；顾永忠：“关于刑事冤案再审程序的几个问题——以刑事冤案应当专设再审程序为研究重点”，载《法学杂志》2016 年第 1 期。

[2] 龙宗智：“刑事再审案件的审理方式与证据调查——兼论再审案件庭审实质化”，载《法商研究》2019 年第 6 期。还有论者曾指出，再审审理程序的依附性也是造成大量案件再审审而不决的重要原因。这种规定实际上是忽略了再审审理程序的实质。参见陈卫东、杜磊：“再审程序的理解与适用——兼评《刑事诉讼法》关于再审程序的修改“，载《法学杂志》2012 年第 5 期。

[3] 顾永忠：“关于刑事冤案再审程序的几个问题——以刑事冤案应当专设再审程序为研究重点”，载《法学杂志》2016 年第 1 期。

于有争议的案件，则按照程序正当性要求，以法庭为中心展开证据调查，实现庭审实质化，保证审判的有效性。例如，对于是否构成犯罪的问题，从根本上影响定罪量刑，必要时应当允许进行全面举证质证。为深入推进以审判为中心的刑事诉讼制度改革，最高人民法院制定了规范刑事审判的“三项规程”。对此，有观点认为，这些规程若可适用于刑事再审案件，则可在一定程度上弥补再审审判程序制度供给不足的缺陷。但“三项规程”对在刑事再审案件审理中能否适用该规范并未作出明确具体的规定，并且各项规程对其适用范围的规定亦有所不同，因此，“三项规程”在再审案件中能否适用及如何适用，仍然需要探讨。[1]

三、刑事再审案件的裁判

有论者指出，再审裁判维持原判，那么就会出现再审启动决定所认定的事实与再审裁判的事实认定相矛盾的情况，而这既会损害法院的公信力，又会使那些因启动再审程序而满怀希望的当事人产生被戏弄的感觉。为尽量避免出现这种矛盾，一旦法院决定再审，再审案件即进入趋于改变（包括部分改变）原判的轨道；如果再审审理后仍然维持原判，那么须提供较充分的理由，包括就再审启动决定与再审判决之间的矛盾作出合理的解释，以避免或减少对法院公信力的损害。[2]

有论者认为，刑事冤案的再审判决无罪的直接法律依据应当是“依据法律认定被告人无罪的，应当作出无罪判决”。刑事冤案的再审应当公开宣判，以此消除此前的有罪判决给其本人、家庭造成的严重名誉损害及其他不利影响。[3]

---

[1][2] 龙宗智：“刑事再审案件的审理方式与证据调查——兼论再审案件庭审实质化”，载《法商研究》2019 年第 6 期。

[3] 顾永忠：“关于刑事冤案再审程序的几个问题——以刑事冤案应当专设再审程序为研究重点”，载《法学杂志》2016 年第 1 期。

问题与思考

在我国刑事诉讼制度、程序问题的研究中，有几个问题的疑难程度特别突出，再审问题无疑是其中之一。在研究如何完善我国再审程序的问题时，在立足本国的具体国情的同时究竟应如何兼顾国际准则的最低限度要求，就是个令人困惑的问题。在职权机关基于追诉犯罪需要的“纠错”与基于规范其任意性从而实现权利保障的“救济”之间，再审程序的设计是否可能寻求较好的融合，也是个十分棘手的问题。

探讨我国刑事再审程序时所面临的疑难，远不止上述问题，我们所遇到的疑难问题，甚至会超出刑事诉讼法学的范围。例如，现代刑事再审对禁止双重危险原则的肯定、对既判力的尊崇，均与“司法乃正义的最后防线”的观念相关。而在我国，这些尚不是被普遍肯定的观念。在这样的背景下，对比法治发达国家，我国刑事再审程序问题的讨论，会遇到许多特殊的疑难。或许，学界需要通过研究的转型，才能期待进一步拓展、深入。[1]

参考文献

一、论文类

[1] 龙宗智．刑事再审案件的审理方式与证据调查：兼论再审案件庭审实质化［J］．法商研究，2019（6）．

[2] 陈永生，邵聪．冤案难以纠正的制度反思：以审判监督程序为重点的分析［J］．比较法研究，2018（4）．

---

[1] 王敏远：“论刑事诉讼法学研究的转型——以刑事再审问题的研究为例的分析”，载《法学研究》2011 年第 5 期。

[3] 汪海燕．刑事审判制度改革实证研究［J］．中国刑事法杂志，2018(6)．

[4] 徐岱．聂树斌案件的延展反思［J］．东北师范大学学报（哲学社会科学版），2017（3）．

[5] 姚建宗．寻觅制度的那颗善良的中国心［J］．东北师范大学学报（哲学社会科学版），2017（3）．

[6] 刘计划．刑事冤错案件的程序法分析：以聂树斌案为例［J］．比较法研究，2017（3）．

[7] 胡云腾．聂树斌案再审：由来、问题与意义［J］．中国法学，2017（4）．

[8] 龙宗智．评聂树斌案再审判决回避王书金：兼论《刑事诉讼法》第242条之修改［J］．中国法学，2017（4）．

[9] 顾永忠．关于刑事冤案再审程序的几个问题：以刑事冤案应当专设再审程序为研究重点［J］．法学杂志，2016（1）．

[10] 陈卫东，赵恒．刑事申诉听证制度研究［J］．法学杂志，2016（1）．

[11] 杨凯．论审判中心主义视角下刑事冤错案防范机制建构：以湖北高院六年175件刑事再审发改案件为样本的实证分析［J］．法学评论，2016（1）．

[12] 李玉华．从念斌案看禁止双重危险原则在我国的确立［J］．法学杂志，2016（1）．

[13] 顾永忠，胡婧．"疑罪从无"判决的再审［J］．法学，2016（9）．

[14] 卞建林，王贞会．检察机关基于法律错误提起再审抗诉之探讨：以马乐案为例［J］．河南社会科学，2016（10）．

[15] 李训虎．刑事再审程序改革检讨［J］政法论坛，2014（3）．

[16] 龙宗智．聂树斌案法理研判［J］．法学，2013（8）．

[17] 陈卫东，杜磊．再审程序的理解与适用：兼评《刑事诉讼法》关于再审程序的修改［J］．法学杂志，2012（5）．

[18] 王永杰．论我国应确立绝对再审不加刑原则［J］．河南社会科学，2011（1）．

[19] 顾永忠．特殊程序应当特别安排：关于完善审判监督程序的几个问题［J］．中国刑事法杂志，2011（2）．

[20] 龙宗智．生效判决犹在、公诉焉能撤回：评"天价过路费案"之公诉撤回［J］．法学，2011（3）．

[21] 江必新．完善刑事再审程序若干问题探讨［J］．法学，2011（5）．

[22] 王敏远 . 论刑事诉讼法学研究的转型：以刑事再审问题的研究为例的分析［ J ］. 法学研究，2011（5）.
[23] 江必新 . 完善刑事再审程序若干问题探讨［ J ］. 法学，2011（5）.
[24] 李奋飞 . 从有错必纠到有限纠错［ J ］. 中国检察官，2011（11）.
[25] 周强 . 我国刑事再审目的的重构：比较法视角的分析［ J ］. 山西师大学报（社科版），2010（1）.
[26] 元轶 . 比较法视野下的中国刑事再审程序改革：从俄罗斯刑事再审程序谈起［ J ］. 比较法研究，2010（6）.
[27] 李扬 . 权利与权力的博弈：从聂树斌案谈我国刑事诉权的缺失与补正［ J ］. 中国刑事法杂志，2009（1）.
[28] 易延友 . 我国刑事审级制度的建构与反思［ J ］. 法学研究，2009（3）.
[29] 李奋飞 ."禁止双重危险"原则在英国的发展及其启示［ J ］. 中国检察官，2007（1）.
[30] 白彦 . 论刑事再审申请审查程序之构建［ J ］. 法学杂志，2007（2）.
[31] 杨迎春，何挺 . 论再审的次数［ J ］. 法律评论，2007（4）.
[32] 昌智伟 . 探析我国刑诉法对"一事不再理"原则的移植［ J ］. 法制与社会，2007（6）.
[33] 黄文 . 中外刑事再审制度比较研究［ J ］. 法学杂志，2006（1）.
[34] 王敏远 . 刑事诉讼法若干原则的修改［ G ］// 陈泽宪 . 刑事法前沿（第 3 卷）. 北京：中国人民公安大学出版社，2006.
[35] 熊秋红 . 禁止双重危险原则之建构［ G ］// 陈泽宪 . 刑事法前沿（第 3 卷）. 北京：中国人民公安大学出版社，2006.
[36] 焦悦勤 . 公正与效率视野下的刑事再审程序重构［ J ］. 理论导刊，2006（8）.
[37] 王新清，李江海 . 刑事案件启动再审条件的分解与重构［ J ］. 人民检察，2006（13）.
[38] 刘少军 . 论刑事程序对被追诉者的权利保障［ J ］. 安徽大学学报（哲学社会科学版），2005（1）.
[39] 张建良，胡子君 . 我国刑事再审事由设置的反思与重构［ J ］. 法学评论，2005(1).
[40] 陈光中，郑未媚 . 论我国刑事再审程序之改革［ J ］. 中国法学，2005（2）.

[41] 韩阳．刑事再审理由探析［J］．法学研究，2005（3）．
[42] 张新民．刑事再审指定管辖与发回重审案件的程序适用及其属性［J］．法律适用，2005（5）．
[43] 姜焕强，刘冰．当前我国刑事再审程序存在的问题及改进路程［J］．河北法学，2005（12）．
[44] 向泽选．刑事再审程序启动权的归属［J］．人民检察，2005（20）．
[45] 苏彩霞．从《公民权利和政治权利国际公约》看我国刑事再审程序改革［J］．环球法律评论，2004（1）．
[46] 张述元．论刑事审判监督程序的理论基础［J］．政法论坛，2004（1）．
[47] 张志铭，等．被二审再审改判是不是"错案"［N］．人民法院报，2004（3）．
[48] 张卫平．"错案"与"违法裁判"有质的区别［N］．人民法院报，2004（3）．
[49] 刘计划，李大伟．评最高人民法院关于刑事审判监督程序的两个司法解释［J］．法商研究，2004（3）．
[50] 张志铭．张扬职业理性，正确看待二审或再审改判［J］．清华大学法律对策研究通讯，2004（7）．
[51] 邓思清，蔡巍．论我国刑事再审启动程序的缺陷及其完善［J］．人民检察，2004（9）．
[52] 陈卫东．论刑事再审程序的提起方式［J］．法学论坛，2003（1）．
[53] 张剑秋．刑事再审程序性质研究：兼论实体真实主义与既判力之间的矛盾［J］．中国刑事法杂志，2003（3）．
[54] 张旭．关于"一事不再理"原则的再思考［J］．法学评论，2003（4）．
[55] 陈卫东，李训虎．公正、效率与审级制度改革［J］．政法论坛，2003（5）．
[56] 郑利明，刘爱美．论再审不加刑［J］．理论月刊，2003（9）．
[57] 张改清，韦鹏．论刑事再审程序的提起主体：从控审分离的视角审视［J］．河北法学，2003（11）．
[58] 傅郁林．审级制度的建构原理［J］．中国社会科学，2002（2）．
[59] 刘少军．关于我国刑事再审程序的法律思考［J］. 国家检察官学院学报，2002(4).
[60] 陈卫东，石献智．法院主动提起审判监督程序之研讨［J］．中国刑事法杂志，2001（2）．

[61] 谢佑平，万毅 . 一事不再理原则重述 [J] . 中国刑事法杂志，2001（3）.
[62] 姜发根 . 刑事再审程序问题研究 [G] // 陈兴良 . 刑事法判解（第 4 卷）. 北京：法律出版社，2001.
[63] 邵俊武，郭丽红 . 再审程序与审判监督程序的分立 [J] . 人民检察，2000（3）.
[64] 姚剑波 . 终局性规则下的利益平衡：关于刑事诉讼一事不再理原则的比较研究 [J] . 比较法研究，2000（4）.
[65] 陈卫东 . 刑事再审一审终审制之改造 [J] . 法学家，2000（4）.
[66] 陈永革，志平 . 刑事再审制度改进与完善探析 [N] . 检察日报，2000（10）.
[67] 王敏远 . 论我国检察机关对刑事司法的监督 [J] . 中外法学，2000（6）.
[68] 陈瑞华 . 刑事再审程序研究 [J] . 政法论坛，2000（6）.
[69] 徐美君，李奋飞 . 刑事再审程序的理性思考 [J] . 法学，2000（10）.

二、著作类

[1] 孙长永 . 中国刑事诉讼法制四十年：回顾、反思与展望 [M] . 北京：中国政法大学出版社，2021.
[2] 最高人民法院刑事审判庭 . 刑事审判参考（办理顾雏军再审案专辑，总第 116 集）[M] . 北京：法律出版社，2019.
[3] 秋山贤三 . 法官因何错判 [M] . 曾玉婷，魏磊杰，译 . 北京：法律出版社，2019.
[4] 田口守一 . 刑事诉讼法（第八版）[M] . 张凌，于秀峰，译 . 北京：法律出版社，2019.
[5] 陈永生 . 刑事冤案研究 [M] . 北京：北京大学出版社，2018.
[6] 程相鹏 . 刑事再审程序专论 [M] . 北京：中国政法大学出版社，2018.
[7] 史蒂芬 · 沙曼 . 比较刑事诉讼案例教科书 [M] . 施鹏鹏，译 . 北京：中国政法大学出版社，2018.
[8] 托马斯 · 达恩史戴特 . 失灵的司法：德国冤错案启示录 [M] . 郑惠芬，译 . 北京：法律出版社，2017.
[9] 陈瑞华 . 刑事诉讼的前沿问题 [M] . 北京：中国人民大学出版社，2016.
[10] 世界各国刑事诉讼法编辑委员会 . 世界各国刑事诉讼法（亚洲卷）[M] . 北京：中

国检察出版社，2016.
[11] 格雷格 · 伯曼，等 . 失败启示录：刑事司法改革的美国故事 [M] . 何挺等，译 . 北京：北京大学出版社，2016.
[12] 焦悦勤 . 刑事审判监督程序研究 [M] . 北京：法律出版社，2015.
[13] 乔治 · C. 托马斯 III. 禁止双重危险：历史沿革与法律规定 [M] . 郭志媛，译 . 北京：中国政法大学出版社，2013.
[14] 易延友 . 中国刑诉与中国社会 [M] . 北京：北京大学出版社，2010.
[15] 黄士元 . 刑事再审制度的价值与构造 [M] . 北京：中国政法大学出版社，2009.
[16] 李哲 . 刑事裁判的即判力研究 [M] . 北京：北京大学出版社，2008.
[17] 陈光中 . 比较与借鉴：从各国经验看中国刑事诉讼法改革路径 [M] . 北京：中国政法大学出版社，2007.
[18] 宋英辉 . 刑事诉讼原理 [M] . 北京：法律出版社，2007.
[19] 宋英辉 . 刑事诉讼法修改问题研究 [M] . 北京：中国人民公安大学出版社，2007.
[20] 谢佑平 . 刑事救济程序研究 [M] . 北京：中国人民大学出版社，2007.
[21] 汪建成 . 冲突与平衡：刑事程序理论的新视角 [M] . 北京：北京大学出版社，2006.
[22] 孙长永 . 探索正当程序：比较刑事诉讼法专论 [M] . 北京：中国法制出版社，2005.
[23] 林钰雄 . 刑事诉讼法（上、下册）[M] . 北京：中国人民大学出版社，2005.
[24] 森下中 . 国际刑法入门 [M] . 阮齐林，译 . 北京：中国人民公安大学出版社，2004.
[25] 樊崇义，等 . 刑事诉讼法修改专题研究报告 [M] . 北京：中国人民公安大学出版社，2004.
[26] 张毅 . 刑事诉讼中的禁止双重危险规则论 [M] . 北京：中国人民公安大学出版社，2004.
[27] 陈瑞华 . 问题与主义之间：刑事诉讼基本问题研究 [M] . 北京：中国人民大学出版社，2003.
[28] 麦高伟，威尔逊 . 英国刑事司法程序 [M] . 姚永吉等，译 . 北京：法律出版社，2003.

[29] 伟恩 · R. 拉费弗，等 . 刑事诉讼法（上、下册）[M] . 卞建林等，译 . 北京：中国政法大学出版社，2003.
[30] 斯黛丽，弗兰克 . 美国刑事法院诉讼程序 [M] . 陈卫东，徐美君，译 . 北京：中国人民大学出版社，2002.
[31] 甄贞 . 刑事诉讼法学研究综述 [M] . 北京：法律出版社，2001.
[32] 陈卫东 . 刑事审判监督程序研究 [M] . 北京：法律出版社，2001.
[33] 陈光中 . 刑事诉讼法实施问题研究 [M] . 北京：中国法制出版社，2000.
[34] 卡斯东 · 斯特法尼，等 . 法国刑事诉讼法精义 [M] . 罗结珍，译 . 北京：中国政法大学出版社，1999.
[35] 陈光中，严端 . 中华人民共和国刑事诉讼法修改建议稿与论证 [M] . 北京：中国方正出版社，1999.
[36] 张卫平 . 程序公正实现中的冲突与衡平 [M] . 成都：成都出版社，1993.
[37] 杨克佃 . 刑事再审程序的理论与实践 [M] . 北京：人民法院出版社，1993.
[38] 陈光中 . 中国刑事诉讼程序研究 [M] . 北京：法律出版社，1993.
[39] 陈卫东，等 . 刑事特别程序的实践与探讨 [M] . 北京：人民法院出版社，1992.
[40] 桑德罗 · 斯奇巴尼 . 司法管辖权 · 审判 · 诉讼 [M] . 黄风，译 . 北京：中国政法大学出版社，1992.
[41] 樊崇义 . 刑事诉讼法学研究综述与评价 [M] . 北京：中国政法大学出版社，1991.
[42] 汪建成 . 刑事审判监督程序专论 [M] . 北京：群众出版社，1990.
[43] 陈光中 . 外国刑事诉讼程序比较研究 [M] . 北京：法律出版社，1988.

第二十七章　认罪认罚从宽制度

【导读】

2014年十八届四中全会提出完善认罪认罚从宽制度，2014年开始的速裁程序试点和随之而来的2016年认罪认罚从宽试点，使认罪认罚从宽进入立法前经验积累阶段。在此过程中，中央政法委提出要借鉴美国辩诉交易有益经验，认可了认罪认罚从宽制度要在研究比较法的基础上发展。需要掌握的是，在美国，辩诉交易是与陪审团审判、法官审判并列的诉讼制度，而我国的认罪认罚从宽是以审判为中心的诉讼体制为基础的一项新的诉讼制度。

2018年修正后的《刑事诉讼法》规定了认罪认罚从宽，而强制措施制度、辩护制度、侦查、起诉、审判等程序中的相关规定均随之变化，成为认罪认罚从宽的配套措施。对认罪认罚从宽的认识和定位，应从诉讼体制的角度、深度和广度来展开。学习认罪认罚从宽，在法理上要掌握作为其基础的无罪推定、公平审判、有效辩护等刑事法基本原则，在比较法上要了解其他国家的相关制度，如美国辩诉交易制度、德国的量刑协商制度等，此外还要了解博弈和谈判理论。

掌握认罪认罚从宽制度，不仅有助于把握现代刑事司法在公正与效率之间应注重公正优先，而且将加强和深化对刑事诉讼基本原则、制度、诉讼程序的综合理解与运用。

第一节　关于认罪认罚从宽制度性质的研究

明确刑事诉讼中认罪认罚从宽制度的定位、含义与意义，是研究认罪认罚从宽制度的基础和前提，学界对认罪认罚从宽制度在刑事诉讼中的定位，以及对“认罪”“认罚”“从宽”的具体性质、各自含义展开了讨论。

一、从实体法向程序法的转向

有学者提出：“认罪认罚从宽制度，不论是从其字面来看，还是究其本源，指的是刑事实体法的制度。十八届四中全会《关于全面推进依法治国若干重大问题的决定》中专门提出了‘完善刑事诉讼中认罪认罚从宽制度’的要求，使对认罪认罚从宽制度的关注从实体法转向程序法方面……认罪认罚原本就有实体和程序两方面的内容。其实体法意义上的内容，主要是自首和坦白以及积极退赃、赔偿等，而其程序法意义上的内容，以往人们关注的只是基于实体法意义上的自首和坦白的程序含义，即主动投案以及之后的如实交代罪行并接受刑事追诉以及审判程序从简等。”[1]

有研究认为，认罪认罚从宽制度不是一项单一的法律制度，而是由一系列具体法律制度、诉讼程序组成的集合性的法律制度。在传统观念上，“认罪认罚从宽”属于实体法范畴，将认罪认罚从宽制度引入程序法领域，其意义在于：一是从程序上确保嫌疑人、被告人的认罪认罚是自愿的；二是对于嫌疑人、被告人认罪认罚后的从宽，不仅应当体现在实体法上使其得到从宽处罚，而且还应当体现在程序法上使其获得从宽处理，譬如不予逮捕、撤销案件、不起诉以及适用简易

[1] 王敏远：“认罪认罚从宽制度疑难问题研究”，载《中国法学》2017 年第 1 期。

程序等方面。[1]

有学者认为，在以审判为中心的诉讼制度中，实质上包含了认罪认罚从宽制度。前者是对所有案件及被告人获得公正审判的保障，任何人都有获得公正审判的权利，据此要求对其案件进行实质性审判，以保障其依法享有的各项诉讼权利。后者则是被告人自愿选择并对前者自愿放弃的结果。在此情形下，只要确保被告人的选择、放弃确系自愿，对他的案件就可以不必进行实质化审判，而采用简化、简易的程序审判。[2]

二、对认罪认罚从宽含义的认识

对于认罪认罚从宽的内涵，学术界从不同的角度作出了不同的解读。有对认罪、认罚、从宽三个术语予以区分，分别予以解释的观点；还有不区分认罪和认罚，对认罪认罚一体解释的各种观点。

（一）不区分认罪认罚的观点

在不区分认罪认罚的观点中，有不区分供述、自首与认罪认罚的量刑情节说、证据说，也有区分自首与认罪认罚的独立量刑情节说和双重评价说等。

1. 量刑情节说与证据说

第一种解释是在区分实体法与程序法的基础上提出的量刑情节说与证据说。持该种解释的学者认为，“认罪认罚在刑事实体法中主要是作为量刑的一个情节，而在刑事程序法中认罪认罚主要应作为一种证据，一种对刑事诉讼程序的运行有重要作用且对定罪、量刑有重要作用的证据”。[3]作为量刑情节，又有法定情节与酌定情节之分。有研究进一步认为，作为证据的认罪，是“提供一份在法律上具有证据能力和证明力的完整口供”。

2. 独立量刑情节说与双重评价说

以认罪认罚是否属于独立的量刑情节为标准可分为以下两种观点。一是否定

---

[1] 顾永忠：“关于‘完善认罪认罚从宽制度’的几个理论问题”，载《当代法学》2016 年第 6 期。
[2] 顾永忠：“关于‘完善认罪认罚从宽制度’的几个理论问题”，载《当代法学》2016 年第 6 期。
[3] 王敏远：“认罪认罚从宽制度疑难问题研究”，载《中国法学》2017 年第 1 期。

独立性的重复评价说，持此观点认为，认罪认罚包含认罪、认罚的一系列情节，不是新的独立的量刑情节。如此也意味着二者是重合的，存在重复评价的问题，不利于量刑建议的公正性。二是肯定独立性的独立量刑情节说，该观点认为，从规范形式看，认罪认罚和自首是两项分别由实体法和程序法确立的、独立的刑事法制度，彼此不可互相代替。认罪认罚应当是自首、坦白、当庭认罪之外的新独立的量刑情节。但认罪认罚作为独立的量刑情节，必然引发一系列连锁反应，特别是涉及《刑法》中自首规定的修改问题。该研究者认为认罪认罚从宽是我国一项重要的诉讼制度和程序，认罪认罚不能只表现为量刑从宽，应当依照认罪认罚从宽制度的规定，依法进行审理和从宽处罚，理由为：一是在自首、坦白、从轻或减轻的基础上，应再给予适当从宽处罚，才能真正体现激励认罪认罚积极性的诉讼立法本意，才能真正促使其悔罪。二是认罪认罚从宽制度的本意和内涵，不仅有实体效果，程序法意义更重要，是指以法律正当程序原理为根基，促使认罪服判，心服口服，实体公正与程序正义紧密结合，构成完整的司法民主程序。因此，从刑事一体化的角度看，认罪认罚不是自首制度的翻版。在此基础上，关于认罪认罚的独立量刑情节之属性，最终需要通过修改刑法的方式予以明确。当前，可以通过司法解释或指导性案例制度等方式予以释明。[1]

（二）区分认罪与认罚的各种观点

在对认罪与认罚两个术语分别作出解释，区分认罪与认罚的观点中，有内容说和并列说两种观点。内容说认为，在逻辑上，认罚与认罪不同，其并非从宽处理的前提，而是从宽处理的具体内容。[2]并列说认为，认罪认罚并列使用，认罚具有不完全依附于认罪的独立含义，“认罚”首先表现为自愿接受所认之罪带来的刑罚后果，并积极退赃退赔；同时，“认罚”还要最终表现为接受法院判处的刑罚，因为如果不接受法院判处的刑罚并提出上诉，那就不是真正的“认罚”。认罚在不同的诉讼环节有不同的内容，“在侦查和审查起诉环节，表现为自愿接受所认之罪带来的刑罚后果；在起诉时，表现为同意检察机关的量刑建议；在审

---

[1] 樊崇义：“关于认罪认罚中量刑建议的几个问题”，载《检察日报》2019 年 7 月 15 日。

[2] 吴宏耀：“论认罪认罚从宽制度”，载《人民检察》2017 年第 5 期。

判后，表现为服从法院的判决”。❶

1. 关于对认罪的认识

（1）认事说。有研究认为，认罪只要求嫌疑人、被告人自愿如实供述自己的罪行，对指控的犯罪事实没有异议，不要求其承认被指控的行为构成犯罪。❷这一观点与证据说相似。

（2）认事并认罪说。有观点认为认罪不仅要求嫌疑人、被告人如实供述自己的罪行，对指控的犯罪事实没有异议，还要求其承认自己的行为构成犯罪。例如，认为“认罪”是指嫌疑人自愿供述自己的犯罪事实，并承认自己的行为犯罪。❸

（3）认事、认罪、认罪名。这种观点认为认罪不仅要求嫌疑人、被告人如实供述自己的罪行，对指控的犯罪事实没有异议，承认自己的行为是一种犯罪行为，而且要求其承认检察机关所指控的罪名。❹

最高人民法院、最高人民检察院、公安部、国家安全部、司法部《关于适用认罪认罚从宽制度的指导意见》对于认罪的把握基本采纳了这一观点，第6条指出“仅对个别事实情节提出异议，或者虽然对行为性质提出辩解但表示接受司法机关认定意见的，不影响‘认罪’的认定”。

2. 对认罚的各种认识

对何为认罚，被最广泛接受的认罚观点是认罚指笼统地接受刑罚后果。但是对于刑罚后果的范围可有不同的认识。

（1）刑罚后果说。

刑罚后果说有广义说和狭义说两种类型的观点。例如，有学者认为狭义认罚是指嫌疑人、被告人同意量刑建议，签署具结书，即对检察机关建议判处的刑罚种类、幅度及刑罚执行方式没有异议。该观点认为，认罚有狭义与广义之分，广义认罚以狭义认罚为基础，还包括刑事赔偿和解。❺例如，指出愿意接受处罚包

---

❶ 朱孝清：“认罪认罚从宽制度中的几个理论问题”，载《法学杂志》2017年第9期。

❷ 张建伟：“认罪认罚从宽处理：内涵解读与技术分析”，载《法律适用》2016年第11期。

❸ 朱孝清：“认罪认罚从宽制度的几个问题”，载《法治研究》2016年第5期。

❹ 陈瑞华：“‘认罪认罚从宽’改革的理论反思——基于刑事速裁程序运行经验的考察”，载《当代法学》2016年第4期；周新：“认罪认罚从宽制度立法化的重点问题研究”，载《中国法学》2018年第6期。

❺ 黄京平：“认罪认罚从宽制度的若干实体法问题”，载《中国法学》2017年第5期。

括接受刑罚处罚、主动退赃退赔、积极赔偿被害人损失、同被害人和解、预交罚金等。[1]还有学者认为认罚是指明确表示愿意接受司法机关给予的刑罚等处罚，一般是指嫌疑人、被告人对司法机关根据其犯罪事实、情节、认罪悔罪、赔偿或者和解等情况所给予的刑罚表示明确接受，特别是接受检察院提出的包括主刑、附加刑以及是否适用缓刑等的具体量刑建议。[2]

（2）概括意思表示说与诉讼阶段说。

有研究认为认罚是被追诉人对于可能刑罚的概括意思表示，并区分诉讼阶段予以说明，在侦查阶段的认罚是对未来可能刑罚的接受；在审查起诉阶段的认罚是对检察机关处理结果的接受，如起诉或者量刑建议等；在审判阶段的认罚是对裁判结果的认可，认罚体现其悔罪性，主动退赃退赔作为悔罪性的体现，是被追诉人认罚的一种特殊表现。[3]还有观点单通过区分诉讼阶段来解释认罚，认为认罚在不同的诉讼阶段会有不同的体现。在审查起诉阶段，认罚表现为同意量刑建议和程序适用并签署认罪认罚具结书，同意量刑建议是认罚的实质要件，签署具结书是认罚的形式要件。[4]

（3）程序简化是否属于认罚。

有学者认为认罚是指嫌疑人、被告人在认罪的基础上愿接受所认之罪在实体法上带来的刑罚后果，包括同意检察机关提出的量刑建议并达成协议，同意退赔退赃和简化诉讼程序。[5]有相反观点认为，同意量刑建议但不同意适用速裁程序、简易程序的，不影响认罚的认定。[6]

（4）不上诉说。

该观点认为认罚的要求包括不上诉。认罚先表现为愿接受所认之罪带来的刑罚后果，并积极退赃退赔；同时，认罚还要最终表现为接受法院判处的刑罚，因为如果不接受法院判处的刑罚并提出上诉，那就不是真正的认罚。[7]

《关于适用认罪认罚从宽制度的指导意见》第 7 条对于认罚的把握综合了刑

---

[1][4][6] 胡云腾主编：《认罪认罚从宽制度的理解与适用》，人民法院出版社 2018 年版，78 页。

[2] 王爱立主编：《中华人民共和国刑事诉讼法释义》，法律出版社 2018 年版，第 27 页。

[3] 陈光中、马康："认罪认罚从宽制度若干重要问题探讨"，载《法学》2016 年第 8 期。

[5] 陈卫东："认罪认罚从宽制度研究"，载《中国法学》2016 年第 2 期。

[7] 朱孝清："认罪认罚从宽制度的几个问题"，载《法治研究》2016 年第 5 期。

罚后果说、概括意思表示说和诉讼阶段说。

3. 对从宽的认识

（1）从宽加从简说。

有研究认为从宽既指实体处罚上的依法从轻、减轻或免除处罚，又指程序上适用较轻的强制措施和从简的诉讼程序；在实体上，既包括法院从宽判处，也包括检察院相对不起诉。[1] 持相似观点的学者认为，从宽处理包括实体从宽和程序从宽，适用于刑事诉讼的各个阶段。在侦查阶段，主要是程序从宽，表现为侦查机关变更、解除强制措施。在起诉阶段，表现为检察机关采取非羁押性强制措施，或者作出不起诉决定。在审判阶段，主要是实体从宽，表现为法院依据各个具体罪名的规定，在法定量刑幅度内从宽处罚。[2]

（2）匹配说。

匹配说是指认罪作为证据的作用应与从宽的幅度相匹配。基于对认罪认罚有其证据属性、案件侦破难易程度、犯罪严重程度等分析，有学者通过比较坦白、自首、如实供述等在不同案件中的不同作用以及刑事实体法的相关规定，认为认罪在不同案件中的作用应与从宽的程度相匹配，以避免“坦白从宽，牢底坐穿”的悖论。[3]

（3）精准量刑建议说。

有研究认为，从宽的核心是量刑建议。检察机关提出量刑建议是体现量刑减让、实体从宽的关键，量刑建议的精准提出有助于达成控辩协商，增强认罪认罚从宽制度的稳定性。[4]

（4）实体化说。

有研究认为认罪认罚从宽制度改革应致力于解决被追诉人认罪认罚却得不到适当、有效从宽处理的实践难题，因此，这一改革应主要从实体法层面着手，明确认罪认罚后从宽处理的具体规则；在程序法方面则应完善认罪认罚从宽案件审

---

[1] 朱孝清：“认罪认罚从宽制度的几个问题”，载《法治研究》2016 年第 5 期。

[2] 陈光中：“认罪认罚从宽制度实施问题研究”，载《法律适用》2016 年第 11 期。

[3] 王敏远：“认罪认罚从宽制度疑难问题研究”，载《中国法学》2017 年第 1 期。

[4] 樊崇义：“关于认罪认罚中量刑建议的几个问题”，载《检察日报》2019 年 7 月 15 日。

理的程序构造，更好地保障实体从宽的实现。[1]

《关于认罪认罚从宽制度的指导意见》第 8 条关于从宽的理解、第 9 条关于从宽幅度的把握，采纳了从宽加从简说以及匹配说的建议。2021 年《刑诉法解释》第 355 条第 1 款规定，“对认罪认罚案件，人民法院一般应当对被告人从轻处罚”。

第二节　主要争议问题与观点

认罪认罚从宽制度作为一项新的制度，学界对其的讨论较多，许多问题存在争议。对这些讨论进行梳理，有助于加深对这项制度的认识。

一、关于认罪认罚从宽的协商性质

关于认罪认罚从宽的协商性质的研究主要包括，其是否具有控辩协商性质，以及协商的内容主要有哪些、哪些内容不能协商。

（一）关于有无协商性质

学界对认罪认罚从宽是否带有协商性质基本上达成共识，也即大部分学者都持肯定说，有“关键”“过程”“包含”等不同的说法。

关键说认为，认罪认罚从宽制度的关键是认罪协商[2]，“需要明确的是，刑事诉讼中的认罪认罚从宽制度，确实涉及职能部门对认罪认罚作出从宽的允诺，以及被刑事追诉之人对这样的允诺是否认可的过程，诸如此类的‘协商’的过程，如果没有这样的过程，被刑事追诉之人认罪认罚就只是职能部门单方面的要求，

---

[1] 左卫民：“认罪认罚何以从宽：误区与正解——反思效率优先的改革主张”，载《法学研究》2017 年第 3 期。

[2] 樊崇义：“关于认罪认罚中量刑建议的几个问题”，载《检察日报》2019 年 7 月 15 日。

并必将导致被刑事追诉之人认罪认罚的非自愿，难以保证其真实性”。❶

包含说认为，“认罪认罚从宽制度包含了控辩协商”。❷在认罪认罚从宽制度的推行过程中，引入控辩双方的协商机制几乎是不可避免的一项改革配套措施，认罪认罚从宽制度包含着控辩双方就量刑问题的协商和讨价还价的成分。❸

过程说认为，刑事诉讼法所规定的“检察机关‘听取意见’的过程，是控辩双方围绕案件的处理进行互动协商的过程……犯罪嫌疑人签署认罪认罚具结书所体现的是控辩协商的成果……从检察机关‘听取意见’到犯罪嫌疑人‘签署具结书’，完整地体现了控辩双方就案件的处理进行协商并取得一致意见的过程”。❹

《关于适用认罪认罚从宽制度的指导意见》第 33 条也认可协商的存在，要求检察院和嫌疑人、辩护人或者值班律师对量刑建议“尽量协商一致”。

（二）关于协商的范围

有研究认为，“罪名不在控、辩双方协商的范围之内，控、辩双方可以协商的仅限于量刑，基于此，我国的认罪认罚从宽程序其实是一种量刑协商程序而非认罪协商程序。”❺

笔者认为，在《刑事诉讼法》第 173 条的规定中，犯罪事实、罪名、量刑等均列在辩方向检察院提出意见的范围之内；第 174 条则规定被告人同意量刑建议的才签署具结书，检察院的量刑建议不但包括刑罚内容，也包括定罪内容；第 182 条更规定了涉及重大立功、国家重大利益案件中的撤销案件、不起诉。《关于适用认罪认罚从宽制度的指导意见》第 33 条也要求检察院应当就主刑、附加刑、是否适用缓刑等提出量刑建议，提出量刑建议前，应当充分听取犯罪嫌疑人、辩护人或者值班律师的意见，尽量协商一致。从总体来看，依据法律规定，协商的范围比量刑更加广泛，是罪非罪、此罪彼罪、是否处罚、轻罚重罚均可协商。

---

❶ 王敏远：“认罪认罚从宽制度疑难问题研究”，载《中国法学》2017 年第 1 期。

❷❹ 朱孝清：“认罪认罚从宽制度中的几个理论问题”，载《法学杂志》2017 年第 9 期。

❸ 陈瑞华：“认罪认罚从宽制度的若干争议问题”，载《中国法学》2017 年第 1 期。

❺ 万毅：“认罪认罚从宽程序解释和适用中的若干问题”，载《中国刑事法杂志》2019 年第 3 期。

（三）关于协商的参与者

关于哪些主体参与协商有不同观点。有观点认为应为控辩协商；有观点认为在控辩协商的基础上，法院应参与，还有观点认为被害人应参与控辩协商。如主张控辩协商的观点认为，认罪认罚的协商过程，完全由控、辩双方合力完成，人民法院并不介入这一协商过程。[1]

从《关于适用认罪认罚从宽制度的指导意见》第33条的规定看，检察院提出量刑建议前，应当充分听取犯罪嫌疑人、辩护人或者值班律师的意见，尽量协商一致，因此，在这一规定中参与协商的是检察官、嫌疑人、辩护人或者值班律师。

二、认罪认罚中的嫌疑人、被告人权利

在认罪案件中，如果存在强迫认罪，会导致降低控方举证责任、剥夺被追诉人无罪推定的权利，打破司法底线，因此，认罪认罚应当以自愿为前提。有学者指出，“被刑事追诉之人的权利保障蕴含着刑事诉讼中的认罪认罚从宽制度的底线，应予特别关注”。[2] 关于嫌疑人、被告人的辩护权和值班律师制度的相关规定，请参见辩护章的相关内容。

（一）关于被告人弃权

有研究注意到，有关司法文件仅对犯罪嫌疑人、被告人认罪认罚的行为本身如何从宽作了具体规定，而未对其选择或同意适用相关诉讼程序而放弃其正当诉讼权利（如辩解权利和公正审判权等）的行为给予应有的待遇或补偿。[3]

（二）撤回权与反悔权

有研究认为具结书和量刑建议是控辩双方的诉讼合同、协议、契约。对于被

---

[1] 万毅：“认罪认罚从宽程序解释和适用中的若干问题”，载《中国刑事法杂志》2019年第3期。

[2] 王敏远：“认罪认罚从宽制度疑难问题研究”，载《中国法学》2017年第1期。

[3] 谭世贵：“实体法与程序法双重视角下的认罪认罚从宽制度研究”，载《法学杂志》2016年第8期。

告人撤回认罪、反悔的权利，实务界与学界的主流观点是认可的。

有研究认为虽然2018年修正后的《刑事诉讼法》对能否撤回具结书没有作出明确规定，法理上控、辩双方仍当然地享有撤回认罪认罚之意思表示的权利。辩方即被追诉人的撤回权在行使上是任意性的、无条件的，控辩双方应当在法院听取辩护人意见和被告人的最后陈述意见程序终结之前行使撤回权，控方即检察官的撤回权在行使上则受到较大限制，只能在辩方违约或拒不履约的情形下方能行使撤回权。[1]

（三）被告人的上诉权

1. 上诉权的存废

针对被告人的上诉权，有肯定说、否定说、限制说等观点。

肯定说认为，保留被告人对此类案件一审裁判的上诉权和检察院的抗诉权，坚持二审终审，有利于对被告人非自愿认罪认罚、案件不符合司法证明标准、法院裁判不当等情况进行救济，从而确保司法公正。[2] 还有学者认为，我国的刑事判决不能以控辩双方的合意为基础，控辩双方对于定罪量刑的共识不能阻碍被告人事后提起上诉。[3]

否定说是主张一审终审制，否定被告人享有上诉权。刑事速裁程序试点期间，被告人的上诉率为2.01%，检察机关的抗诉率仅为0.01%。在此背景下，一些法官、检察官主张对速裁案件实行一审终审制。也有学者认为，速裁程序中的被告人不享有上诉权，但可以提出事后异议。[4]

限制说认为应限制上诉权。有学者认为可以依据案件类型来限制上诉权，适用速裁程序审理的案件不允许提起上诉，但适用普通程序的认罪认罚案件仍可以上诉。[5] 有学者认为为了防止滥用上诉权、保障认罪认罚制度的效率价值，应在速裁程序中引入裁量型上诉和上诉许可制，法院认为具有合理理由并符合上诉条

---

[1] 万毅："认罪认罚从宽程序解释和适用中的若干问题"，载《中国刑事法杂志》2019年第3期。

[2] 朱孝清："认罪认罚从宽制度中的几个理论问题"，载《法学杂志》2017年第9期；陈瑞华："认罪认罚从宽制度的若干争议问题"，载《中国法学》2017年第1期。

[3] 孙长永："认罪认罚案件的证明标准"，载《法学研究》2018年第1期。

[4] 魏晓娜："完善认罪认罚从宽制度：中国语境下的关键词展开"，载《法学研究》2016年第4期。

[5] 陈卫东："认罪认罚从宽制度研究"，载《中国法学》2016年第2期。

件的，才启动正式的二审程序。[1]

有研究认为法律没有因为认罪认罚而限制上诉权，其提出了“假上诉”与“真上诉”“违约上诉”之说，一是认为为了拖延诉讼以达到留所服刑之目的的上诉是假上诉。二是认为“真上诉”是被告人确实对一审判决不服或者因其他程序性事由而提起上诉。三是认为被告人“违约上诉”的情况，在获得从宽判决后随即以量刑过重为由提起上诉，目的是希望利用上诉不加刑原则获得更轻的判决。[2]

《关于适用认罪认罚从宽制度的指导意见》第45条规定了速裁案件的二审程序，其规定“被告人不服适用速裁程序作出的第一审判决提出上诉的案件”，可见，既没有限制被告人的上诉权，也没有额外限制被告人的上诉理由。

2. 二审案件的审理

有研究认为要区分案件错误的类型，对结构性错误应撤销原判发回重审，对审判错误中的有害错误、无害错误、明显错误区分处理，应适用不同的证明机制和处理方式。[3]

《关于适用认罪认罚从宽制度的指导意见》第45条规定：“（一）发现被告人以事实不清、证据不足为由提出上诉的，应当裁定撤销原判，发回原审人民法院适用普通程序重新审理，不再按认罪认罚案件从宽处罚；（二）发现被告人以量刑不当为由提出上诉的，原判量刑适当的，应当裁定驳回上诉，维持原判；原判量刑不当的，经审理后依法改判。”

三、对侦查和公诉部门的权力制约

有研究认为，认罪认罚从宽制度使公诉机关、侦查机关的相关权力得到进一步增强这是不争的事实，无视这个事实，将使我们丧失对其滥用权力应予预防的警惕。一方面，需要明确的是刑事诉讼中的职能部门对认罪认罚从宽各有所需且原因各不相同，可能产生的问题，也就各有不同。以往人们在讨论完善刑事诉讼中的认罪认罚制度时，将原因主要归结于法院在刑事审判中的“案多人少”的矛

[1][3] 牟绿叶：“认罪认罚案件的二审程序——从上诉许可制展开的分析”，载《中国刑事法杂志》2019年第3期。

[2] 万毅：“认罪认罚从宽程序解释和适用中的若干问题”，载《中国刑事法杂志》2019年第3期。

盾急需解决，这是有理由的。然而，应当看到，刑事诉讼中的公诉机关和侦查部门，同样急需通过完善刑事诉讼中的认罪认罚制度以解决其所面临的众多问题。刑事司法改革所提出的各种预防刑讯逼供等禁止非法取证的制度设置，加强刑事辩护的权利，庭审实质化以及落实疑罪从无等相关要求，使侦查机关的破案、公诉部门的证明所承担的压力前所未有。另一方面，侦查机关受到的案件数量压力，并不比公诉和审判机关所承受的压力小，甚至更严重。在这样的背景下，通过让被刑事追诉之人真实且自愿地认罪认罚，从而实现侦查机关顺利破案、公诉部门完成证明的要求，希望就会特别强烈。在这个意义上，其改革愿望的迫切程度甚至会超过法院。[1]正是基于以上原因，更加需要在认罪认罚案件中加强对职权部门的权力制约。

认罪认罚从宽也能带来风险，"如果允许侦查机关作出对嫌疑人有足够'吸引力'的从宽承诺，则很容易失控"。"在侦查、审查起诉环节，控辩平等的实现主要靠法律规制和追诉方自觉。但事实和经验都表明，靠追诉方自觉往往是靠不住的。"[2]"既要承认刑事诉讼中的认罪认罚制度对侦查与起诉工作的压力缓解所具有的积极意义，又应看到由此可能导致的侦查权和公诉权的失控所带来的危害。关于这个疑难问题的破解，我认为，应当以职权规制与权利保障为原则，从预防和制约两个方面予以化解。所谓预防，主要是指侦查阶段当事人权利的充分保障，以避免侦查机关滥用职权。为此，不仅应设定其相应的权利及其保障措施，而且，应当设置有效的救济途径。一旦发生侦查机关、公诉部门借此放纵犯罪或冤枉无辜时，可以通过司法救济的途径予以揭露、得到解决。所谓制约，主要是指司法机关对其的制约。侦查失控导致的不公正问题，往往与司法机关对其制约的失灵直接相关。在认罪认罚制度中，只有切实加强司法机关对侦查的有效制约，不仅应从实体法和程序法这两个方面严格审查其'从宽允诺'的合法性，尤其是应当建立同步制约机制，才能有效预防严重损害公正的问题的产生。"[3]

---

[1][3] 王敏远："认罪认罚从宽制度疑难问题研究"，载《中国法学》2017年第1期。

[2] 朱孝清："认罪认罚从宽制度中的几个理论问题"，载《法学杂志》2017年第9期。

有研究认为，“有必要进一步加强被追诉人在侦查程序中的权利保障。为此，对于愿意认罪认罚的被追诉人，可以考虑给予如下程序权利保障：其一，保证其能够得到律师的帮助；其二，保证其认罪认罚过程有全程录音录像等”。[1]

四、关于检察院在认罪认罚从宽制度中的作用及其量刑建议

检察机关在认罪认罚从宽制度中的作用特别突出，以至于人们对其在该制度中的诉讼地位和职权问题，展开了讨论。

（一）关于检察机关在认罪认罚从宽中的地位与作用

有研究认为，在认罪认罚从宽制度中，检察机关成为整个刑事诉讼程序的主导者。其在审前程序中，“基于法律监督机关的定位，通过审查逮捕、审查起诉和诉讼监督等职权的行使，既追诉犯罪，又保障人权；既纠正违法，又维护合法；既引导侦查，又启动审判程序，从而保障法律在审前程序的正确实施，维护刑事诉讼的公平正义”。在认罪认罚从宽案件中，“检察机关是案件拟处理意见与辩方的协商者……检察机关是案件处理的实质影响者”。由于2018年修正后的《刑事诉讼法》第201条规定，“对于认罪认罚案件，人民法院依法作出判决时，一般应当采纳人民检察院指控的罪名和量刑建议”，且检察机关是案件作特殊处理的核准者，要发挥检察机关的主导作用。一要在严格依法办案的前提下与辩方协商，二要坚持客观公正立场，三要确保犯罪嫌疑人认罪认罚的自愿性和具结书内容的真实性、合法性，四要加大相对不诉、附条件不诉的力度，五要进一步提高量刑建议的能力和水平，六要充分发挥律师作用。[2]

（二）关于量刑建议

对实践中量刑建议发生争议的，有研究认为，所谓“量刑建议明显不当”有两种情况：一是“明显偏重”，即检察机关建议的量刑幅度下限超出可能判处

---

[1] 左卫民：“认罪认罚何以从宽：误区与正解——反思效率优先的改革主张”，载《法学研究》2017年第3期。

[2] 朱孝清：“检察机关在认罪认罚从宽制度中的地位和作用”，载2019年5月13日《检察日报》。

的刑罚；二是“明显偏轻”，即检察机关建议的量刑幅度上限低于可能判处的刑罚，或者不应判缓刑却建议缓刑。实践中尤以“明显偏轻”情形为多。实践中经常出现的问题要么是检察院在法院告知量刑建议“明显不当”后拒绝调整，要么是法院对量刑建议明显不当的案件不告知检察院调整而直接作出判决，这两种做法都不完全符合《刑事诉讼法》第 201 条规定的精神。[1]2021 年《刑诉法解释》第 354 条规定对于量刑建议是否明显不当的审查判断根据为审理认定的犯罪事实、认罪认罚的具体情况，并结合相关犯罪的法定刑、类似案件的刑罚适用等。

依据《关于适用认罪认罚从宽制度的指导意见》第 33 条，关于检察院提出量刑建议的规定有：第一，量刑建议的内容包括主刑、附加刑、是否适用缓刑等。第二，提出量刑建议前应当充分听取犯罪嫌疑人、辩护人或者值班律师的意见，尽量协商一致。第三，检察院一般应当提出确定刑量刑建议。第四，检察院对新类型、不常见犯罪案件，量刑情节复杂的重罪案件等，也可以提出幅度刑量刑建议。第五，提出量刑建议，应当说明理由和依据。第六，只有认罪认罚没有其他法定量刑情节的，检察院可以根据犯罪的事实、性质等，在基准刑基础上适当减让提出确定刑量刑建议。第七，认罪认罚且有其他法定量刑情节的，检察院应当综合认罪认罚和其他法定量刑情节，参照相关量刑规范提出确定刑量刑建议。第八，检察院以审查起诉阶段认罪认罚从宽为基础，对于嫌疑人在侦查阶段认罪认罚的，主刑从宽的幅度可以在此基础上适当放宽；被告人在审判阶段认罪认罚的，在此基础上可以适当缩减。第九，建议判处罚金刑的，参照主刑的从宽幅度提出确定的数额。

五、关于法官的作用

有研究认为，不论适用什么程序审判的案件，只要符合认罪认罚从宽制度

[1] 孙长永：“认罪认罚案件‘量刑从宽’若干问题探讨”，载《法律适用》2019 年第 13 期。

的条件，都可以适用认罪认罚从宽制度。❶ 现有研究表明，当时试点法院的法官对自身作用并不清楚，对认罪认罚从宽制度的性质也不清楚。2018 年《刑事诉讼法》修正后将法官的作用定位为审查认罪认罚案件中认罪的自愿、真实、合法性。对法官作用的研究表明，这一问题需要更进一步的探讨。

有调研认为“法官是否参与认罪协商、对协商如何进行司法审查等，诸多理论分歧与实践困惑依然存在。通过调研发现，法官不仅控制着速裁程序的适用，而且对认罪协商还进行实质性的司法审查，并主宰着事实的认定和法律的适用”。针对法官是否应参与协商一问，47.4% 的法官认为法官不应当参与协商，37.4% 的法官认为法官可以与被告人协商，但需要检察官参与或在场，有 15.2% 的受访法官认为法官可以参与协商。对 486 名被告人进行的问卷调查中，有 43.5% 的被告人表示更倾向于向法官认罪，40.8% 的被告人选择向侦查人员认罪，只有 15.7% 的被告人倾向于向检察官认罪。❷

关于法官重点审查什么，35.3% 的受访法官认为主要审查被告人供述是否与卷宗里的其他证据相互印证；33.3% 的法官认为需要全案审查，与审查其他案件没有区别；不过，也有 31.4% 的法官认为，侦查起诉阶段已然事实清楚、证据充分，庭审中要重点审查被告人认罪的自愿性与明智性。❸

《关于适用认罪认罚从宽制度的指导意见》对法官的审判实践具有重要的指导意义。第 39 条规定法官的作用之一是“审判阶段认罪认罚自愿性、合法性审查”，第 41 条则规定了对量刑建议的调整，主要包括以下内容：第一，权利告知，法院应当告知被告人享有的诉讼权利和认罪认罚的法律规定。第二，听取辩护意见，听取被告人及其辩护人或者值班律师的意见。第三，确认自愿性，在庭审中应当审查核实认罪认罚的自愿性、具结书内容的真实性和合法性。第四，审查核实的重点内容有五项：（1）被告人是否自愿认罪认罚，有无因受到暴力、威胁、引诱而违背意愿认罪认罚；（2）被告人认罪认罚时的认知能力和精神状态是否正常；（3）被告人是否理解认罪认罚的性质和可能导致的法律后果；（4）检察院、公安机关是否履行告知义务并听取意见；（5）值班律师或者辩护人是否与检

---

❶ 顾永忠：“关于‘完善认罪认罚从宽制度’的几个理论问题”，载《当代法学》2016 年第 6 期。

❷❸ 宋善铭：“认罪认罚从宽案件中法官作用的实证研究”，载《法律适用》2019 年第 13 期。

察院进行沟通，提供了有效法律帮助或者辩护，并在场见证认罪认罚具结书的签署。第五，审查核实自愿性的方式是，庭审中审判人员可以根据具体案情，围绕定罪量刑的关键事实，对被告人认罪认罚的自愿性、真实性等进行发问，确认被告人是否实施犯罪，是否真诚悔罪。第六，转换程序，被告人违背意愿认罪认罚，或者认罪认罚后又反悔，依法需要转换程序的，应当按照普通程序对案件重新审理。第七，处理非法证据事项。法院发现存在刑讯逼供等非法取证行为的，依照法律规定处理。第八，告知检察院调整量刑建议。法院认为量刑建议明显不当，或者被告人、辩护人对量刑建议有异议且有理有据的，法院应当告知检察院，检察院可以调整量刑建议。第九，法院认为调整后的量刑建议适当的，应当予以采纳；检察院不调整量刑建议或者调整后仍然明显不当的，法院应当依法作出判决。第十，不采纳量刑建议和审判程序转换。对于影响公正审判的五种情形，法院不采纳量刑建议并说明理由和依据：（1）被告人的行为不构成犯罪或者不应当追究刑事责任的；（2）被告人违背意愿认罪认罚的；（3）被告人否认指控的犯罪事实的；（4）起诉指控的罪名与审理认定的罪名不一致的；（5）其他可能影响公正审判的情形。对于前三种情形下没有适用普通程序的，改为适用普通程序。第十一，改变罪名。对于检察院指控的罪名与法院认定的罪名不一致的，但检察院起诉指控的事实清楚，量刑建议适当的，法院可以听取人民检察院、被告人及其辩护人对法院认定罪名的意见，依法作出裁判。

六、认罪认罚从宽制度中的证据问题

有研究认为，侦查中的认罪认罚使侦查机关得到了供述，有的供述还含有证据线索，“诸如赃款赃物隐匿何处，犯罪工具弃于何地等，成为获得实物证据的缘由”。认罪认罚不仅提高了侦查效率，更是使一些案件得以侦破。作为证据的独特含义使对认罪认罚从宽制度的研究不再局限于实体法范围，也不再局限于程序法的审判阶段。[1]

《刑事诉讼法》第 15 条对认罪的表述是“犯罪嫌疑人、被告人自愿如实供述

---

[1] 王敏远：“认罪认罚从宽制度疑难问题研究”，载《中国法学》2017 年第 1 期。

自己的罪行，承认指控的犯罪事实，愿意接受处罚的，可以依法从宽处理”。《关于适用认罪认罚从宽制度的指导意见》第6条关于“认罪”的把握，对认罪的表述是“犯罪嫌疑人、被告人自愿如实供述自己的罪行，对指控的犯罪事实没有异议。承认指控的主要犯罪事实，仅对个别事实情节提出异议，或者虽然对行为性质提出辩解但表示接受司法机关认定意见的”。可见认罪认罚从宽的要素是供述和承认，供述是法定证据种类，属于指控证据、定罪证据。

七、认罪认罚从宽案件的定罪证明标准

（一）认罪认罚案件证明标准理论与实践的分歧

证明标准问题是我国认罪认罚案件审判程序理论和实践一直以来都在研究和讨论的问题。认罪认罚试点初期就有研究指出了实务部门对认罪认罚从宽案件证明标准的需求以及证明标准问题的重要性，如果对于认罪认罚案件与不认罪案件在证明标准和证据要求方面不做区别把握，则两种类型案件的办案模式事实上也不会有区别，提高办案效率的目的也就没有了实现的基础。因此，应对试点过程中的证明标准问题予以重点关注与总结。[1]

2018年针对速裁程序的调研表明，90%的案件开庭时间在10分钟以内，平均5分钟左右。[2]另一针对刑事速裁程序试点情况的问卷调查显示，有超过95%的法官、检察官、警察和律师都回答自己在办理案件过程中做到证据确实、充分。[3]在针对8个试点法院的调研中，少数刑庭法官认为应达到《刑事诉讼法》规定的定罪证明标准，而大部分刑庭法官认为该类案件只审查认罪的自愿性、合法性及真实性，证明标准可适当低于普通程序。[4]

证明标准不明确导致理论和实践中出现了较大分歧。主流地位的学术观点认

---

[1] 苗生明：“认罪认罚案件对公诉人举证、质证等工作的新要求”，载《人民检察》2016年第2期。

[2] 廖大刚、白云飞：“刑事案件速裁程序试点运行现状实证分析——以T市八家试点法院为研究样本”，载《法律适用》2015年第12期。

[3] 李本森：“刑事速裁程序试点研究报告——基于18个试点城市的调查问卷分析”，载《法学家》2018年第1期。

[4] 张川、李国华：“我国认罪认罚从宽制度之审视与修正——以C市八家试点法院为研究样本”，载《湖北工程学院》2019年第4期。

为应当坚持“事实清楚证据确实充分”这一严格的要求。实务部门则有观点认为证明标准可适当降低。

笔者认为，认罪案件庭审时间极度缩短，如前述调研表明速裁案件庭审平均只有5分钟，同时在检察官不出示证据、法官看不到证据的前提下，法官如何判断是否证据确实充分、达到排除合理怀疑？这显然是法官无法达成的任务。适用简易程序、普通程序办理的认罪认罚案件也有类似逻辑。因此准确认识认罪认罚从宽案件的定罪证明标准是不容回避的。依据我国《刑事诉讼法》的规定，在法庭上，检察官不会提出合理怀疑，检察官如果认为案件有合理怀疑，就不能将案件提交审判。因此，提出合理怀疑是律师的事，如果被告人没有有效辩护，失去有效辩护也得不到救济，法官就根本听不到关于合理怀疑的意见，在庭审的几分钟内也无从判断案件是否有合理怀疑。无论是美国辩诉交易还是英美陪审团审判，控辩双方的充分对抗才可以揭示合理怀疑。况且，如果没有有效辩护，被告人的认罪就谈不上自愿。

（二）关于证明标准的理论争议

有研究总结了理论界提出的认罪认罚案件定罪证明标准，并对四种理论进行了讨论。[1]一是证明标准降低说，明确主张在认罪案件中，证明标准应予以降低，对定罪事实的证明所要达到的确信程度可适当低于普通程序所要求的排除合理怀疑。[2]二是证明对象限定说，认为基本事实清楚和基本证据确实、充分，就可以认为达到了刑事诉讼法所要求的证明标准。其中，基本事实是指影响被追诉人定罪量刑的主要犯罪事实和情节，基本证据是指能够证明案件基本事实存在的证据。[3]三是证明责任减轻说，认为虽然减轻了控方审查起诉、准备公诉活动、参与庭审举证、质证等方面的负担，但不意味着降低证明标准或者取消庭审程序。[4]四是证据调查简化说，认为协商程序中证明标准没有降低，只不过对被告人有罪的证明从严格证明转变为自由证明，不再恪守普通程序中的程序规则，尤其是直

---

❶ 孙远：“论认罪认罚案件的证明标准”，载《法律适用》2016年第11期。

❷ 谢登科：“论刑事简易程序中的证明标准”，载《当代法学》2015年第3期。

❸ 陈光中、马康：“认罪认罚从宽制度若干重要问题探讨”，载《法学》2016年第8期。

❹ 陈卫东：“认罪认罚从宽制度研究”，载《中国法学》2016年第2期。

接言词原则，法庭在讯问被告人的基础上，结合案卷、其他证据作出判决。[1]在批判以上研究的基础上，有学者提出隐性或实质降低说，认为实体要件“证明对象”与心证要件“排除合理怀疑”均不存在放宽或降低之可能性，只是由于程序要件即证据调查程序降低，造成的此类案件证明标准的实质降低。[2]

《关于适用认罪认罚从宽制度的指导意见》第3条规定“坚持法定证明标准，侦查终结、提起公诉、作出有罪裁判应当做到犯罪事实清楚，证据确实、充分，防止因犯罪嫌疑人、被告人认罪而降低证据要求和证明标准”可见，对于适用认罪认罚从宽制度的案件，证明标准不降低。

笔者认为，对于不能排除合理怀疑的案件，检察官不应起诉，律师也不应建议嫌疑人、被告人认罪。

八、被害人权利保障问题

被害人在我国刑事诉讼法的规定中是当事人，与嫌疑人、被告人的法律地位相同，但法律权利有差异。有学者认为，被害人参与认罪认罚从宽协商过程时，其量刑意见以及赔偿要求等，与控辩双方可能“达成的协议”相距甚远，应该怎么处理？……解决问题的重点是充分保障被害人有权参与认罪认罚从宽的相关程序，以使其有权提出量刑意见以及赔偿要求等诉求。但是，其意见在多大程度上被接受，则应视案件具体情况而定。如果一概以满足其诉求为原则则有将控辩双方之前的努力付诸东流的风险。当被害人认为控辩双方达成的不予起诉的协议不能接受时，决定根据刑事诉讼法的规定对该公诉案件向法院提起自诉，应该怎么处理？这是个无解的问题，因为控辩双方达成的协议并不能剥夺被害人的起诉权。[3]

有研究认为，与被害人达成和解协议、赔偿被害人损失、取得被害人谅解等本身即是对被告人进行量刑时必须考虑的情节，而非认罪认罚从宽制度所独有的内容。建议对取得被害人谅解作为量刑的重要考虑因素的规定予以淡化，明确被追诉人自愿认罪认罚即应从宽处罚的原则，使认罪认罚与从宽之间的联系更加直

---

[1] 魏晓娜：“完善认罪认罚从宽制度：中国语境下的关键词展开”，载《法学研究》2016年第4期。

[2] 孙远：“论认罪认罚案件的证明标准”，载《法律适用》2016年第11期。

[3] 王敏远：“认罪认罚从宽制度疑难问题研究”，载《中国法学》2017年第1期。

接、明确。[1]持同样观点的研究认为，被害人意见仅仅是适用认罪认罚从宽的重要因素之一，而非适用条件之一。因而，区别于刑事和解制度，若嫌疑人、被告人一方和被害人一方无法达成和解，公安司法机关仍然可以依照认罪认罚从宽制度作出从宽处理。[2]

《关于适用认罪认罚从宽制度的指导意见》第五部分要求检察院、公安机关记录被害人及其诉讼代理人的意见并随案移送；要求公检法告知被害人认罪认罚从宽等法律规定，应积极促进当事人自愿达成刑事和解，可以促进嫌疑人、被告人通过赔偿、道歉等获得被害人谅解，对和解、谅解意见应当随案移送；公检法对符合条件的被害人应当积极协调办理司法救助；被害人及其诉讼代理人对认罪认罚从宽有异议的，不影响适用这一制度。

九、关于速裁程序

2018年《刑事诉讼法》第三编第二章增加一节作为第四节速裁程序，自第222条至第226条，共5条。

第一，速裁程序适用的案件范围是认罪认罚的轻刑案件，对于基层人民法院管辖的可能判处三年有期徒刑以下刑罚的案件，案件事实清楚，证据确实、充分，被告人认罪认罚并同意适用速裁程序的，可以适用速裁程序。

第二，速裁案件的审判组织为独任庭，由审判员一人独任审判。人民检察院在提起公诉的时候，可以建议人民法院适用速裁程序。

第三，不适用速裁程序的案件包括被告人是盲、聋、哑人，或者是尚未完全丧失辨认或者控制自己行为能力的精神病人的；被告人是未成年人的；案件有重大社会影响的；共同犯罪案件中部分被告人对指控的犯罪事实、罪名、量刑建议或者适用速裁程序有异议的；被告人与被害人或者其法定代理人没有就附带民事诉讼赔偿等事项达成调解或者和解协议的；其他不宜适用速裁程序审理的。

---

[1] 左卫民："认罪认罚何以从宽：误区与正解——反思效率优先的改革主张"，载《法学研究》2017年第3期。

[2] 陈光中："认罪认罚从宽制度实施问题研究"，载《法律适用》2016年第11期。

第四，速裁案件的审理程序简化，不受送达期限的限制，一般不进行法庭调查、法庭辩论，但在判决宣告前应当听取辩护人的意见和被告人的最后陈述意见。适用速裁程序审理案件，应当当庭宣判。速裁案件的审限为十日，对可能判处的有期徒刑超过一年的，可以延长至十五日。

第五，关于程序转换及其条件，人民法院在审理过程中，发现有被告人的行为不构成犯罪或者不应当追究其刑事责任、被告人违背意愿认罪认罚、被告人否认指控的犯罪事实或者其他不宜适用速裁程序审理的情形的，应当按照普通程序或者简易程序的规定重新审理。”

速裁程序是只有宣告刑在三年以下的认罪认罚从宽案件才能适用的程序。从以上规定看，法庭审理程序极度简化，可仅保留听取辩护人意见和被告人最后陈述。对于不符合速裁程序适用条件的案件，转而适用普通程序或者简易程序。

有研究者认为，速裁程序是轻罪案件落实认罪认罚从宽的程序载体，是对轻罪诉讼体系的构建。❶在试点阶段，学者指出了速裁程序的许多缺憾。第一，在联动机制、审理方式、权利保障方面存在缺憾。❷第二，在案件适用范围、认罪程序、律师辩护、量刑协商等方面还存在缺陷。❸第三，速裁案件量刑虽在有期徒刑、拘役的裁量上基本保持均衡，但在缓刑的适用上存在犯罪类别之间、试点城市之间的较大偏差。❹第四，试点中虽然建立了值班律师制度，但被告人聘请律师辩护的比例很低。❺

学者探讨了速裁程序试点在效率和审理方式等方面的争议问题。第一，关于效率，有研究认为，刑事速裁程序试点在保障司法公正的前提下提高了诉讼效率，❻也有研究认为速裁案件的审判效率有显著提高，但审前效率的提高并不显著。❼第二，关于审理方式，有学者认为，速裁程序并不具备“书面审”的条件，

---

❶ 樊崇义、何东青：“刑事诉讼模式转型下的速裁程序”，载《国家检察官学院学报》2020 年第 3 期。

❷ 卞建林、吴思远：“刑事速裁程序的实践观察与立法展望”，载《中国政法大学学报》2019 年第 1 期。

❸ 李本森：“刑事速裁程序试点研究报告——基于 18 个试点城市的调查问卷分析”，载《法学家》2018 年第 1 期。

❹❺❻❼ 李本森：“刑事速裁程序试点实效检验——基于 1266 份速裁案件裁判文书的实证分析”，载《法学研究》2017 年第 5 期。

因为案件并不“轻微”、权利保障并不“充分”，开庭审理程序仍起着保障自愿性的重要作用。[1]

关于速裁程序的完善，学者提出了以下建议。第一，要转变诉讼理念，从轻罪诉讼分流全程化、制度设计层次化、配套保障体系化三个维度，对速裁程序予以完善。[2]第二，要构造对被指控人的认罪自愿性审查机制，建立规范的认罪控辩协商机制，制定速裁案件审理证据指引等。第三，要加快案件的审前流程，特别是要在提高取保候审和监视居住适用率的基础上，缩短取保候审和监视居住的法定期限。第四，规范速裁案件量刑指南，避免量刑在区域之间、犯罪类别之间的严重偏差。第五，在完善值班律师制度的基础上，可考虑实现速裁案件的强制性律师辩护，保障被告人的辩护权。[3]

问题与思考

认罪认罚从宽制度作为一项新的制度，需要研究的问题比较多，其中，有理论问题，而更多的则是实践问题。

关于认罪认罚从宽制度与以审判为中心的诉讼制度改革的关系，就是不能回避的问题。对此，一方面，应当摆脱两者的对立关系的思维窠臼，需要认识到我国的认罪认罚从宽制度应当以审判为中心作为基础；另一方面，也需要正确应对认罪认罚从宽制度的实施，对以审判为中心的诉讼制度改革可能带来的各种不同影响，并应探索这两项改革双赢的途径和方法，化解两者之间可能产生的矛盾。

关于认罪认罚的性质，应当将其置于现代刑事诉讼制度的背景中进行讨论。“公正审判既然是一项诉讼权利而不是诉讼义务，那么被追诉人根据自己的案情和需求也有权自愿放弃，选择采用简化的诉讼程序如速裁、简易程序对其审判，

---

[1] 贾志强：“‘书面审’抑或‘开庭审’：我国刑事速裁程序审理方式探究”，载《华东政法大学学报》2018年第4期。

[2] 樊崇义、何东青：“刑事诉讼模式转型下的速裁程序”，载《国家检察官学院学报》2020年第3期。

[3] 李本森：“刑事速裁程序试点研究报告——基于18个试点城市的调查问卷分析”，载《法学家》2018年第1期。

并在法定范围内获得‘好处’，这就是办案程序制度的实然需要。”[1]

认罪认罚从宽将对我国刑事诉讼体制和相关制度、程序，将带来长期而深刻的影响，对此，唯有通过对其实践效应的考察，才能获得真知。就此而言，学界的研究任重道远。

三 参考文献

一、论文类

[1] 王敏远，顾永忠，孙长永. 刑事诉讼法三人谈：认罪认罚从宽制度中的刑事辩护 [J]. 中国法律评论，2020（1）.

[2] 卞建林，陶加培. 认罪认罚从宽制度中的量刑建议 [J]. 国家检察官学院学报，2020（1）.

[3] 孙长永. 认罪认罚从宽制度的基本内涵 [J]. 中国法学，2019（3）.

[4] 孙长永. 认罪认罚案件的证明标准 [J]. 法学研究，2018（1）.

[5] 卞建林，谢澍. 职权主义诉讼模式中的认罪认罚从宽：以中德刑事司法理论与实践为线索 [J]. 比较法研究，2018（3）.

[6] 胡铭. 律师在认罪认罚从宽制度中的定位及其完善：以 Z 省 H 市为例的实证分析 [J]. 中国刑事法杂志，2018（5）.

[7] 周新. 认罪认罚从宽制度立法化的重点问题研究 [J]. 中国法学，2018（6）.

[8] 王敏远. 认罪认罚从宽制度疑难问题研究 [J]. 中国法学，2017（1）.

[9] 陈卫东. 认罪认罚从宽制度试点中的几个问题 [J]. 国家检察官学院学报，2017（1）.

[10] 叶青，吴思远. 认罪认罚从宽制度的逻辑展开 [J]. 国家检察官学院学报，2017（1）.

[1] 朱孝清：“认罪认罚从宽制度中的几个理论问题”，载《法学杂志》2017 年第 9 期。

[11] 左卫民．认罪认罚何以从宽：误区与正解：反思效率优先的改革主张［J］．法学研究，2017（3）．
[12] 闵春雷．认罪认罚案件中的有效辩护［J］．当代法学，2017（4）．
[13] 姚莉．认罪认罚程序中值班律师的角色与功能［J］．法商研究，2017（6）．
[14] 朱孝清．认罪认罚从宽制度中的几个理论问题［J］．法学杂志，2017（9）．
[15] 陈卫东．认罪认罚从宽制度研究［J］．中国法学，2016（2）．
[16] 魏晓娜．完善认罪认罚从宽制度：中国语境下的关键词展开［J］．法学研究，2016（4）．
[17] 顾永忠．关于“完善认罪认罚从宽制度”的几个理论问题［J］．当代法学，2016（6）．
[18] 陈光中，马康．认罪认罚从宽制度若干重要问题探讨［J］．法学，2016（8）．
[19] 樊崇义，李思远．认罪认罚从宽程序中的三个问题［J］．人民检察，2016（8）．
[20] 谭世贵．实体法与程序法双重视角下的认罪认罚从宽制度研究［J］．法学杂志，2016（8）．
[21] 庄永廉，张相军，顾永忠，陈瑞华，刘传稿．检察环节认罪认罚从宽制度的适用与程序完善［J］．人民检察，2016（9）．
[22] 张建伟．认罪认罚从宽处理：内涵解读与技术分析［J］．法律适用，2016（11）．
[23] 陈光中．认罪认罚从宽制度实施问题研究［J］．法律适用，2016（11）．
[24] 孙远．论认罪认罚案件的证明标准［J］．法律适用，2016（11）．
[25] 冀祥德，李瑛．律师介入认罪认罚从宽制度研究［J］．人民检察，2016（18）．
[26] FRAZIER A，SHOCKLEY KWILFORD M M，et al.When a Plea Is No Bargain at All：Comparing Sentencing Outcomes for Massachusetts Defendants in Non-Sexual and Sexual Crimes［J］.Albany law review，2019，82（3）．
[27] KUTATELADZE B L，LAWSON V Z.Is a Plea Really a Bargain：An Analysis of Plea and Trial Dispositions in New York City［J］.Crime & Delinquency，2018，64（7）．
[28] JOHNSON T.Measuring the Creative Plea Bargain［J］.Indiana Law Journal，2017，92（3）．

[29] ALKON C.Plea Bargain Negotiations：Defining Competence Beyond Lafler & Frye [J].Social Science Electronic Publishing，2016，53（2）.

[30] MYERS J.Crimes Involving Moral Turpitude：Determining Authority towards a Strictly Categorical Approach and Demonstrating Potential Plea Bargain Implications [J].Suffolk Journal of Trial and Appellate Advocacy，2015，20（1）.

[31] VELOSKI J P.Bargain for Justice or Face the Prison of Privileges – The Ethical Dilemma in Plea Bargain Waivers of Collateral Relief [J].Temple Law Review，2014，86（2）.

[32] MEERNIK J.What Kind of Bargain Is a Plea [J].International Criminal Law Review，2014，14（1）.

[33] STRUTIN K.Truth，Justice，and the American Style Plea Bargain [J].Albany Law Review，2013，77（3）.

[34] GREEN B A.The Right to Plea Bargain with Competent Counsel after Cooper and Frye：Is the Supreme Court Making the Ordinary Criminal Process Too Long，Too Expensive，and Unpredictable in Pursuit of Perfect Justice [J].Duquesne University Law Review，2013，51.

[35] CADE J A.The Plea-Bargain Crisis for Noncitizens in Misdemeanor Court [J].Cardozo Law Review，2012，34.

二、著作类

[1] 韩旭：认罪认罚从宽制度研究 [M].北京：中国政法大学出版社，2020.

[2] 孙道萃.认罪认罚从宽制度研究 [M].北京：中国政法大学出版社，2020.

[3] 孙谦.认罪认罚从宽制度实务指南 [M].北京：中国检察出版社，2019.

[4] 苗生明，崔杨，李华，张朝霞.认罪认罚从宽制度研究：以重罪案件为视角 [M].北京：中国检察出版社，2019.

[5] 祁建建.认罪认罚处理机制研究：无罪推定基础上的自愿性 [M].北京：中国人民公安大学出版社，2019.

[6] 胡云腾 . 认罪认罚从宽制度的理解与适用 [M] . 北京：人民法院出版社，2018.
[7] 冀祥德 . 控辩平等论 [M] . 北京：法律出版社，2018.
[8] 乔治 · 费希尔 . 辩诉交易的胜利 [M] . 郭志媛，译 . 北京：中国政法大学出版社，2012.
[9] 祁建建 . 美国辩诉交易研究 [M] . 北京：北京大学出版社，2007.
[10] 冀祥德 . 建立中国控辩协商制度研究 [M] . 北京：北京大学出版社，2006.

第二十八章　特别程序

【导读】

特别程序是基于犯罪嫌疑人、被告人的特殊性而特别设置的刑事诉讼程序。本章所论特别程序包括未成年人刑事案件诉讼程序，缺席审判程序，犯罪嫌疑人、被告人逃匿、死亡案件违法所得的没收程序，依法不负刑事责任的精神病人的强制医疗程序。

刑事诉讼程序发展的历史表明，根据刑事案件具体情况的差异设置不同的程序，是刑事诉讼法律制度发展的需要，而这种特殊程序的完善状况则是刑事法治发达程度的标志。学习和研究特别程序，首先，要掌握特别程序中被追诉人的特殊性。其次，要掌握特别程序中对被追诉人权利保障的特殊规定，掌握辩护的特殊性、审判的特殊性、证据与证明的特殊性以及救济的特殊性。最后，还要注意特别程序与普通程序的异同之处，注意特别程序向普通程序的转换问题。

学习普通程序是学习本章内容的基础。认识特别程序有助于深入理解刑事诉讼的目的与任务及其在特别程序中的要求。应基于不同的特别程序设置的不同原因，厘清普通程序与特别程序之间的联系与区别。

第一节　未成年人刑事案件诉讼程序

未成年人刑事案件诉讼程序属于刑事诉讼的一项特殊程序。未成年人刑事案件诉讼程序是我国落实有关未成年人刑事政策和保障未成年人合法权利的具体体现，也是我国履行有关未成年人国际公约义务的重要内容，它在刑事诉讼程序中具有重要的位置。《刑事诉讼法》将“未成年人刑事案件诉讼程序”作为特别程序的一章，共有 11 个条文。这些规定凝聚了我国未成年人保护事业多年来的相关努力（相关组织和人员的积极呼吁、广泛而深入的理论研究、不同部门的实践探索），对于稳固和推进刑事诉讼中的未成年人权利保护，具有十分重要的作用。[1]

一、未成年人刑事案件诉讼程序的特点

未成年人犯罪是一个复杂的社会现象，而且具有不同于成年人犯罪的特殊性，因此，对未成年人刑事案件应适用特别的程序，这已是具有普世性的共识。然而，未成年人刑事案件程序应具备怎样的特点，各国的情况有所不同。

有论者认为，我国未成年人刑事案件诉讼程序有如下特点：（1）突出教育改造的方针，寓教于审。（2）国家立法赋予未成年人更多的诉讼权利，而且还有更多的保护性措施。（3）对证据的要求比较高，除要求事实清楚、证据确实充分外，还要证明未成年人走向犯罪的家庭、社会、教育等方面的原因。（4）诉讼程序适合未成年人的特点，方式更加灵活多样，手段缓和趋松。[2]

西方各国基于历史和国情、司法制度等原因，对未成年人案件诉讼程序有

---

[1] 王敏远：“刑事诉讼法修改之后的未成年人权利保护问题探讨”，载《预防青少年犯罪研究》2012 年第 5 期。

[2] 程荣斌主编：《中国刑事诉讼法教程》，中国人民大学出版社 1997 年版，第 578 页。

不同的界定。美国是少年司法的重要发源地。在美国，未成年人司法被称为少年司法，少年司法制度被认为与成人司法存在“本质性差异”。美国少年司法创立了一套自有的概念体系，试图“从名称、形式到内容将未成年人从成年人司法制度中分离开来。触犯法律的未成年人不再被称为罪犯（criminal），而被称为过失人（delinquent）；未成年人触犯法律不被称为犯罪（crime），而是过失（delinquency）；要求审理未成年人的法律文件不是控诉（complain）或逮捕证（arrest warrant），而是请求书（petition）；对未成年人初步审理不是大陪审团裁决（indictment）或起诉书（information），而是收容审理（intake hearing）；法庭程序不是庭审（trial），而是司法听证（adjudication hearing）；有罪处理结果不是判决（sentencing），而是处理听证（disposition）”。[1] 美国少年司法制度如此细致精心设计上述概念，其用意在于要强化一种相对于成人司法的“本质性差异”。

有论者认为，西方国家未成年人案件诉讼程序存在以下特点：（1）未成年人诉讼程序的动态性及多样性。（2）未成年人刑事诉讼体系的相对独立性。（3）未成年人案件刑事诉讼程序与相关国际公约的协调一致。

二、关于“合适成年人（appropriate adult）参与制度”的研究

“合适成年人参与制度”是指在讯问未成年犯罪嫌疑人或被告人时，必须确保有合适的成年人在场。[2]

有论者从比较研究的角度，分析了“合适成年人参与制度”的几个方面特点。

（1）一般都把适当成年人介入视为未成年人所享有的，相对成年人而言属于额外的正当程序权利。因此，大都强调适当成年人与律师互相配合维护未成年人权益，但是律师不能替代适当成年人，以体现对未成年人保护的“额外性”。

（2）适当成年人介入的首要目的是维护未成年人的权益。如《英国警察及刑

[1] 刘卫政、司徒颖怡：《疏漏的天网——美国刑事司法制度》，中国社会科学出版社 2000 年版，第 241 页。

[2] 刘芹：“中欧少年司法制度——‘合适成年人参与制度研讨会’会议综述”，载《青少年犯罪问题》2003 年第 3 期。

事证据法》执行守则明确规定，适当成年人到场的主要作用，首先是为被讯问的未成年人提供意见并观察面谈是否进行的公平合理；其次是协助该未成年人与警察沟通。

（3）适当成年人介入的法律效果较为严格。这些国家或地区的法律大都规定，讯问未成年人时，适当成年人是否在场对于未成年人供述及警方获取的其他证据的法律效力具有非常关键性的影响。如果警察在讯问未成年人时没有适当成年人的介入，未成年人的供述一般都会依法排除。

（4）为了真正发挥适当成年人介入制度的作用，对适当成年人的资格要求严格。任何可能影响未成年人权益保障的人，如与警方有关联的人、未成年人拒绝的人、与案件有关联的人等，均不得充当适当成年人。

（5）为了确保未成年人被讯问时都能够有适当成年人介入，一般都建立了较为完善的配套保障制度。例如，英国建立了常备性的、随时待命的、专业化的适当成年人队伍，根据案件需要，适当成年人一般都可以在 2 ~ 3 个小时内到场。

三、关于未成年人刑事案件侦查程序

根据联合国《儿童权利公约》第 37（b）、第 40 条的规定以及联合国《少年司法最低限度标准规则》第 13 条规定的精神，为保证刑事诉讼的顺利进行，审前的羁押并非不可以用于未成年人；但是，对未成年人的审前羁押应当是一种不得已时的方法。

有论者主张，在我国现有强制措施的框架下，改革完善未成年人强制措施制度，主要集中在对未成年犯罪嫌疑人的取保候审制度领域。[1] 取保候审是一种相对缓和的强制措施，对未成年犯罪嫌疑人、被告人较为适宜。因为未成年人有其特殊的心理和生理特点，如果对其实行羁押性的强制措施，则一方面可能会造成交叉感染，另一方面不利于对其教育和改造。学界普遍认为，在刑事诉讼法取保候审方面有必要对未成年犯罪嫌疑人、被告人进行特殊的规定，构建适用于未成年人的取保候审制度，以充分保障未成年人的利益，有利于对未成年教育和感

---

[1] 姚建龙：《长大成人：少年司法制度的建构》，中国人民大学出版社 2003 年版，第 205 ~ 212 页。

化，保证刑事诉讼的顺利进行。[1]

四、关于未成年人刑事案件起诉程序问题的讨论

（一）暂缓起诉制度

暂缓起诉，是指检察机关对于触犯刑法的犯罪嫌疑人，根据其犯罪性质、年龄、处境、犯罪危害程度及犯罪情节、犯罪后的表现等情况，依法认为没有必要立即追究其刑事责任而作出的暂时不予提起公诉的制度。[2]

对未成年人是否应该引入暂缓起诉制度，在2012年修正《刑事诉讼法》之前，我国学界曾有反对与肯定两种观点。肯定意见者对我国实行暂缓起诉的价值判断，归纳起来主要有三个方面。第一，暂缓起诉可以促使未成年犯罪人真正悔改，重返社会，更好地体现“惩罚是手段，教育是目的”刑罚原则。第二，暂缓起诉是诉讼经济原则的体现。刑事诉讼是一项高成本的国家追诉犯罪的活动，而我国目前的司法资源又极其有限。这一矛盾促使我们不得不重视诉讼效率的重要性。如果实行缓诉制度，则可以降低司法成本，提高惩戒效率，使有限的司法资源用于重大案件中去。第三，实行暂缓起诉也是符合国际潮流的需要。“二战”后，世界各国无不结合本国国情，在充分考虑未成年人心理、生理特征的基础上，对本国的刑事政策予以调整，出现了社会化、非刑罚化、人道化的倾向，只是各国所采取的措施与程度有所区别而已。针对我国日趋严重的未成年人犯罪，我们有必要以“教育、感化、挽救”的方针对其实行缓诉，而非一味地定罪科刑。[3]

（二）附条件不起诉制度

《刑事诉讼法》第282条、第283条和第284条，分别规定了未成年人刑事案件中附条件不起诉的要件及异议、不起诉附的条件及监督、附条件不起诉的撤销及不起诉等内容。

---

[1] 徐建：“扩大取保候审适用率是我国少年司法新一轮改革的关键”，载《英国保释制度与中国少年司法制度改革》，中国方正出版社2005年版，第77页。

[2] 杨诚、单民：“中外刑事公诉制度”，法律出版社2000年版，第223页。

[3] 王敏远：“暂缓起诉制度争议及前景探讨”，载《人民检察》2006年第7期。

附条件不起诉有三个构成要件：（1）主体要件。涉嫌犯罪行为时未满 18 周岁的未成年人。（2）事实要件。涉嫌侵犯公民人身权利、民主权利罪，或侵犯财产罪，或妨害社会管理秩序罪，已经达到起诉法定条件，但情节轻微，可能判处一年有期徒刑以下刑罚，有悔罪表现。（3）程序要件。检察院“可以”（酌定）作出附条件不起诉与否的选择；检察院在作出附条件不起诉决定前，应当听取公安机关、被害人对附条件不起诉的意见。

对附条件不起诉的异议：（1）提出异议的主体。公安机关、被害人以及被附条件不起诉未成年犯罪嫌疑人及其法定代理人。（2）异议的方式及法律效力。其一，公安机关认为不起诉的决定有错误的，可向作出附条件不起诉的检察院提出复议要求，如果意见不被接受，可向其上一级检察院提出复核要求。其二，被害人如果不服，可以自收到附条件不起诉决定书后 7 日以内向上一级人民检察院申诉，请求提起公诉。对人民检察院维持不起诉决定的，被害人可以向人民法院起诉。被害人也可以不经申诉，直接向人民法院起诉。其三，未成年犯罪嫌疑人及其法定代理人对人民检察院决定附条件不起诉有异议的，人民检察院应当作出起诉的决定。

不起诉附加的条件及监督。人民检察院作出附条件不起诉决定，要对被起诉人设定一个六个月以上一年以下的考验期。在考验期内，被附条件不起诉的未成年犯罪嫌疑人，应当遵守法律、行政法规，服从监督；按照考察机关的规定报告自己的活动情况；离开所居住的市、县或者迁居，应当报经考察机关批准；按照考察机关的要求接受教育矫治。由人民检察院对被附条件不起诉的未成年犯罪嫌疑人进行监督考察。未成年犯罪嫌疑人的监护人，应当对犯罪嫌疑人加强管教，配合人民检察院做好监督考察工作。

附条件不起诉的撤销及不起诉：（1）撤销附条件不起诉，提起公诉的条件。在考验期内发现有下列情形之一的：实施新的犯罪或者发现决定附条件不起诉以前还有其他罪需要追诉的；违反治安管理规定或者考察机关有关附条件不起诉的监督管理规定，情节严重的。（2）不起诉的条件。一是被附条件不起诉的未成年犯罪嫌疑人，在考验期内没有上述情形；二是考验期满。

五、未成年人案件刑事诉讼的审理程序

学界对未成年人刑事审判讨论较多，涉及的问题包括未成年人刑事审判所适用的特殊原则、建议程序以及刑事和解等内容。

（一）未成年人案件刑事审判的原则

关于未成年人刑事审判的原则，有论者提出五原则说。

（1）双重保护原则。在审理未成年人犯罪案件的过程中，既要保护社会利益，同时又要注重保护未成年人。双重保护原则的核心，就在于在依法审判的前提下，把重点放在对犯罪未成人的教育、感化、挽救上，从而达到既保护社会又保护未成年人的目的。

（2）寓教于审原则。人民法院在审理未成年人刑事案件过程中，应当将教育寓于整个审判过程之中乃至审判之后，矫正治理犯罪未成年人的犯罪心理和犯罪行为，使其改邪归正，走上健康的成长道路。

（3）法律帮助原则。人民法院在审理未成年人犯罪案件时，必须依照相关法律的规定，保护未成年被告人获得良好适当的法律帮助。

（4）不公开原则。对未成年犯罪案件的审理一般不向社会公开。一是对未成年人的刑事审判情况，传播媒介一般不得予以传播，即使某种特定情况需要对外报道时，也不得泄露未成年被告人的具体情况。二是对于未成年人犯罪案件的档案，应当严加保密。

（5）从宽原则。对未成年人刑事犯罪的处罚，一律从宽，以矫治为主，不搞惩罚主义。[1] 还有论者提出，未成年人刑事审判的原则应包括程序亲和、量刑轻缓。[2]

（二）未成年人案件的社会调查

社会调查，是指在审理未成年人案件时，除一般的刑事调查程序外，增加对

---

[1] 康均心："未成年人刑事审判：中国的实践"，载《法学评论》1995 年第 1 期。

[2] 徐美君：《未成年人刑事诉讼特别程序研究——基于实证和比较的分析》，法律出版社 2007 年版，第 197–207 页。

未成年人背景的专门调查，包括未成年人的身心特征、成长环境、犯罪原因等，以便更好发挥少年司法教育、挽救的功能。社会调查制度是未成年人审判制度的一个重要特征，它表明未成年人刑事审判从以犯罪行为为本位转移到以犯罪主体为本位。[1]

对于设置社会调查程序的正当性问题，持肯定意见者认为，在未成年人刑事诉讼程序中提倡社会调查，既有助于理顺整个未成年人刑事诉讼体制，还有利于对有罪错的未成年人合理处置，实现诉讼的法律效果和社会效果的有机统一。持否定意见者认为，社会调查报告是对未成年犯罪嫌疑人、被告人的道德评价，社会调查制度意味着法官在法律概念中添加了道德含义，容易动摇法治的底线、影响司法公正。[2]

关于未成年人犯罪案件中社会调查主体的争论焦点主要集中于两个方面：一是公安、检察院、法院、司法行政机关还是以接受委托的其他组织作为社会调查的主体；二是应该以哪个机关或者组织为主进行调查。有论者认为，确定我国未成年人犯罪案件中的社会调查主体，必须综合考虑以下因素：社会调查的含义与目的、社会调查的对象、社会调查的能力、社会调查的时间以及社会调查报告的真实性与公正性。[3]

问题与思考

未成年人刑事案件的诉讼程序独立设置，既是基于未成年人犯罪的特殊情况，也是基于人们对解决和处理未成年人犯罪问题的诉讼程序所应给予的特别关照和保护之价值的认识。

我国的未成年人刑事程序的实践始于1984年上海长宁区，经过全国其他地区20多年来的共同努力和相关司法解释的推动。2012年《刑事诉讼法》将未成年人刑事程序作出了系统规定。然而，人们对这个问题的关注并不因此而减退。

一方面，虽然2012年《刑事诉讼法》系统规定了未成年人刑事程序，但这

[1] 徐建：《青少年法学新视野》，中国人民公安大学出版社2005年版，第751页。

[2] “道德评价不宜影响依法量刑”，载2007年4月21日《南方都市报》。

[3] 刘东根：“试论我国未成年人犯罪案件社会调查的主体”，载《青少年犯罪问题》2008年第6期。

并不意味着这项制度已经完善了，因此，根据实践情况对其予以进一步探讨，仍然是理论研究的重要任务；另一方面，关于未成年人刑事程序的诸多基础理论问题，仍然需要深入探讨，以便为构建完善的未成年人刑事程序奠定坚实的理论基础。例如，未成年人刑事程序旨在贯彻“教育、感化、挽救”的基本方针，对此虽然没有争议，但与此相关的许多基本问题尚有待于进一步研究：在未成年人刑事程序宗旨的内容上，是否可以考虑增加“保护、帮助”，使“六字方针”变为“十字方针”？显然，未成年人刑事程序正是基于对未成年人特别帮助的需要而产生的，也应当基于此而发展；而在未成年人刑事程序中，不论是合适成年人在场还是强制辩护的设置，都是基于对被刑事追诉的未成年人应予特别保护的需要。

对于未成年人刑事诉讼程序，我们应当予以特别的关注，不仅因为这是刑事诉讼的特别程序，而且由于这个特别程序对普通刑事程序所具有的积极意义。例如，在普通程序中难以解决的侦查审讯时律师在场的立法规定问题，对未成年人刑事程序而言，基于“保护、帮助、教育、感化、挽救”的需要，应当尽早实现。由此可见，一些有助于未成年人权利保障的特别程序的设置，往往可以成为普通程序中权利保障的“先行者”，而未成年人刑事诉讼程序发展、完善的价值，也因此怎么估量都不会过高。

当然，过于强调对未成年犯罪人的保护和帮助，也会产生新的问题。对此，我们不仅需要总结自己的实践，而且应当借鉴其他国家的经验教训，在甄别轻重程度不同的未成年人犯罪的基础上，对不同的未成年人刑事案件设置相应的刑事诉讼程序。

三 参考文献

一、论文类

[1] 孙明泽.未成年人刑事诉讼特别审判程序实施问题实证研究[J].广西社会科学，2019(3).

[2] 自正法 . 互联网时代未成年人刑事特别程序的模式及其改革面向 [J] . 法制与社会发展，2018（5）
[3] 王敏远 . 论未成年人刑事诉讼程序 [J] . 中国法学，2011（6）.
[4] 莫洪宪，邓小俊 . 试论社会调查制度在检察机关办理未成年人刑事案件中的运用 [J] . 青少年犯罪问题，2010（1）.
[5] 高维俭 . 美国少年审判机构现状概览：兼谈我国当前少年审判机构改革及其相关问题 [J] . 青少年犯罪问题，2010（2）.
[6] 皮艺军 . 中国少年司法理念与实践的对接 [J] . 青少年犯罪问题，2010（6）.
[7] 樊荣庆 . 未成年人刑事案件审查逮捕程序正义与改革模式研究 [J] . 青少年犯罪问题，2010（6）.
[8] 谢佑平，余剑，肖波 . 未成年人刑事审判中的量刑程序构建 [J] . 青少年犯罪问题，2010（6）.
[9] 莫洪宪，郭玉川 . 论我国未成年人恢复性司法的构建 [J] . 青少年犯罪问题，2009（2）.
[10] 宋远升 . 隐私权视角下的涉罪未成年人刑事司法保护 [J]. 青少年犯罪问题，2009（6）.
[11] 柏利民 . 未成年人犯罪案件特别诉讼程序研究 [J] . 云南大学学报（法学版），2008（3）.
[12] 沈利，陈亚鸣 . 刑事案件未成年被告人社会调查制度的法理考察与司法实践 [J] . 青少年犯罪问题，2008（4）.
[13] 刘立霞 . 合适成年人社会调查制度研究：以未成年犯罪嫌疑人、被告人为视角 [J] . 青少年犯罪问题，2008（4）.
[14] 刘东根 . 试论我国未成年人犯罪案件社会调查的主体 [J] . 青少年犯罪问题，2008（6）.
[15] 陈光中，汪海燕 .《刑事诉讼法》再修改与未成年人诉讼权利的保障 [J] . 中国司法，2007（1）.
[16] 姚建龙 . 少年司法的起源：美国少年矫正机构运动的兴起 [J] . 环球法律评论，2007（1）.
[17] 温小洁 . 我国少年刑事司法现状及相关制度构建之初探 [J] . 青少年犯罪问题，

2007（1）.
[18] 宋英辉 . 酌定不起诉适用中面临的问题与对策［ J ］. 现代法学，2007（1）.
[19] 冯卫国 . 未成年人刑事案件的审前调查制度探讨［ J ］. 青少年犯罪问题，2007(1).
[20] 姚建龙 . 标签理论及其对美国少年司法改革之影响［ J ］. 犯罪研究，2007（4）.
[21] 郭欣阳 . 未成年人社会调查报告的法律性质以及其审查起诉中的运用［ J ］. 人民检察，2007（11）.
[22] 王雪梅 . 儿童权利保护的“最大利益原则”研究（下）［ J ］. 环球法律评论，2003（1）.
[23] 黄京平，等 . 暂缓起诉的法理基础与制度构建［ J ］. 国家检察官学报，2003（5）.
[24] 徐美君 .“适当成年人”讯问时在场制度研究：以未成年犯罪嫌疑人为中心［ J ］. 现代法学，2003（5）.
[25] 康树华 . 论中国少年司法制度的完善［ J ］. 中国刑事法杂志，2000（3）.
[26] 姚建龙 . 中国少年司法制度发展中的问题与少年法院的创设［ J ］. 青年研究，2001（12）.
[27] 姚建龙 . 中国应建立独立的少年保释制度［ J ］. 青少年犯罪问题，2002（3）.
[28] 姚建龙 . 少年司法制度概念论［ J ］. 当代青年研究，2002（5）.
[29] 王雪梅 . 儿童权利保护的“最大利益原则”研究（上）［ J ］. 环球法律评论，2002（冬）.

二、著作类

[1] 徐美君 . 未成年人刑事诉讼中的权利保护：美国的宪法判例与启示［ M ］. 上海：上海财经大学出版社，2022.
[2] 叶青 . 未成年人刑事诉讼法学［ M ］. 北京：北京大学出版社，2019.
[3] 郭华 . 未成年人刑事诉讼程序［ M ］. 北京：中国人民公安大学出版社，2011.
[4] 钟勇，高维俭 . 少年司法制度新探［ M ］. 北京：中国人民公安大学出版社，2011.
[5] 顾军 . 未成年人犯罪的理论与司法实践［ M ］. 北京：法律出版社，2010.
[6] 姚建龙 . 权利的细微关怀：“合适成年人”参与未成年人刑事诉讼制度的移植与本土化［ M ］. 北京：北京大学出版社，2010.

[7] 翁跃强，雷小政．未成年人刑事司法程序研究［M］．北京：中国检察出版社，2010.
[8] 富兰克林·E. 齐姆林．美国少年司法［M］．高维俭，译．北京：中国人民公安大学出版社，2010.
[9] 张文娟．中美少年司法制度探索比较研究［M］．北京：法律出版社，2010.
[10] 顾军．未成年人犯罪的理论与司法实践［M］．北京：法律出版社，2010.
[11] 姚建龙．超越刑事司法：美国少年司法史纲［M］．北京：法律出版社，2009.
[12] 姚建龙．中国少年司法研究综述［M］．北京：中国检察出版社，2009.
[13] 罗森海姆，等．少年司法的一个世纪［M］．高维俭，译．北京：商务印书馆，2008.
[14] 张鸿巍．少年司法通论［M］．北京：人民出版社，2008.
[15] 刘立霞．品格证据在刑事案件中的运用［M］．北京：中国检察出版社，2008.
[16] 卢奇．中外少年司法制度研究［M］．北京：中国检察出版社，2008.
[17] 徐美君．未成年人刑事诉讼特别程序研究［M］．北京：法律出版社，2007.
[18] 姚建龙．中国少年司法研究综述［M］．北京：中国检察出版社，2007.
[19] 邹川宁．少年刑事审判若干程序问题研究［M］．北京：法律出版社，2007.
[20] 狄小华、刘志伟．恢复性少年司法理论与实践［M］．北京：群众出版社，2007.
[21] 王雪梅．儿童权利论：一个初步的比较研究［M］．北京：社会科学文献出版社，2005.
[22] 尹琳．日本少年法研究［M］．北京：中国人民公安大学出版社，2005.
[23] 徐建．英国保释制度与中国少年司法制度改革［M］．北京：中国方正出版社，2005.
[24] 徐建．青少年法学新视野［M］．北京：中国人民公安大学出社，2005.
[25] 姚建龙．长大成人：少年司法制度的建构［M］．北京：中国人民公安大学出版社，2003.
[26] 温小洁．我国未成年人刑事案件诉讼程序研究［M］．北京：中国人民公安大学出版社，2003.

第二节　缺席审判程序

我国刑事诉讼原本不能进行缺席审判。现行《刑事诉讼法》在第五编增设了“缺席审判程序”一章，含第 291 条至 297 条共 7 个条文。该章规定，对于贪污贿赂犯罪案件，以及需要及时进行审判，经最高人民检察院核准的严重危害国家安全犯罪、恐怖活动犯罪案件，犯罪嫌疑人、被告人在境外，监察机关、公安机关移送起诉，人民检察院认为犯罪事实已经查清，证据确实、充分，依法应当追究刑事责任的，可以适用缺席审判程序。并对该程序的管辖、送达、辩护、上诉和抗诉、重新审理以及被告人重病、死亡情形下缺席审判的适用，作出了相应的规定。学界对缺席审判程序的研究主要集中在以下方面。

一、对刑事缺席审判的理解

刑事缺席审判的含义、所适用的案件类型等，构成了研究缺席审判需要首先了解的内容。

（一）关于缺席审判的含义

有学者指出，刑事缺席审判是指在特定的刑事案件中对不在场的刑事被告人所进行的特殊审判，以解决其刑事责任问题。其含义包括特定的刑事案件、被告人在整个审判中不在场、适用特殊程序进行审判三个关键要素。[1]

有学者认为，缺席审判程序可作两种截然不同的理解：第一种是在被告人不参与的情况下提起的刑事诉讼，第二种是在没有听取被告人陈述的情况下作出有罪判决，但被告人可以通过上诉以获得参与审判的权利。这两种理解差别极大，

[1] 王敏远：“刑事缺席审判制度探讨”，载《法学杂志》2018 年第 8 期。

前者的根本特征在于被告人不参与刑事程序，后者则仅是未听取陈述，又称为“未经听取意见的判决”。中国刑事诉讼法中的缺席审判程序属于前者。[1]

有学者认为，类型化分析是刑事缺席审判领域的一种重要研究方法。根据案件严重程度，分为轻罪案件的缺席审判和严重犯罪案件的缺席审判；根据缺席的时点，分为自始缺席和中途缺席；根据被告人是否自愿，分为自愿缺席和非自愿缺席；根据国家刑事司法要求被告人到庭参加审判的权利与被告人出庭参加审判的权利之间的张力关系，可以将当前各国适用刑事缺席审判的情况分为审判障碍型缺席审判和非审判障碍型缺席审判。审判障碍的情形主要包括脱逃、出庭受阻、重病等。审判障碍的制度应对包括中止审理和缺席审判。非审判障碍型缺席审判，是因为在某些案件中往往是轻罪案件，对被告人在场不做必须之要求，审判活动中被告人可以在场，也可以不在场，以被告人自愿明确表示不参加庭审为条件启动缺席审判。[2]

（二）关于缺席审判的案件类型

依据《刑事诉讼法》第 291 条、第 296 条、第 297 条的规定，主要有三种类型的缺席审判：一是贪污贿赂等案件中被追诉人潜逃境外，经送达传票和起诉书副本，其未按要求归案的；二是因被告人患严重疾病无法出庭以至于中止审理超过六个月，其本人及法定代理人同意在被告人缺席的情况下继续审理的；三是被告人虽死亡但有证据证明其无罪的。[3]

三种案件类型出于三种不同的目的，对外逃贪官的缺席审判，属于典型的旨在追究逃避审判的人的刑事责任的缺席审判，而对被告人死亡但有证据证明其无罪的，旨在为冤屈的被告人平冤昭雪；至于对因病而中止审理超过六个月的被告人的缺席审判，虽然旨在追究其刑事责任，但显然并不属于对逃避审判者所进行的缺席审判。有学者指出，刑事缺席审判所针对的主要是逃避审判者。[4]有学者认为，从外逃人员缺席审判的适用条件看，“犯罪嫌疑人、被告人在境外”不仅

[1] 施鹏鹏：“缺席审判程序的进步与局限——以境外追逃追赃为视角”，载《法学杂志》2019 年第 6 期。

[2] 初殿清：“刑事缺席审判的分类与制度结构”，载 2019 年 1 月 24 日《人民法院报》。

[3][4] 王敏远：“刑事缺席审判制度探讨”，载《法学杂志》2018 年第 8 期。

指有可信的证据证明犯罪嫌疑人、被告人已经出境，而且指犯罪嫌疑人、被告人未死亡。❶

二、设置缺席审判的动因

全国人大常委会法制工作委员会主任在2018年4月25日第十三届人大常委会第二次会议上对《中华人民共和国刑事诉讼法（修正草案）》所作的说明指出，增设刑事缺席审判制度主要针对的是外逃贪官，即增设缺席审判基于高度重视反腐败和国际追逃追赃的需要。

有学者指出，外逃贪官的缺席审判制度的实际效果也应予以进一步分析。经缺席审判而作出的有罪判决在追逃方面的作用有限，我国与其他国家签订的引渡条约中，对缺席审判大都持疑虑态度，因此，其实际效果很可疑。❷

有学者指出，实践中境外追逃追赃的主要障碍是嫌疑人、被告人没抓捕归案或者不能确保到案，确立刑事缺席审判，不仅有利于境外追赃，也对追究重大腐败犯罪的刑事责任具有现实意义。❸

三、缺席审判的理论基础

有学者提出，与缺席审判制度直接冲突的是被告人的庭审在场权，庭审在场权作为被告，获得辩护权实现的基础，具有一定的基本权意义，原则上不得加以限制，但是，庭审在场权并非不可放弃。出于价值判断与利益权衡的考虑，在特定范围内允许被告人放弃出庭权是合理的，而建立在出庭权放弃基础上的缺席审判制度也因此获得了法理上的正当性。刑事缺席审判制度的理论基础在于控诉原则、起诉法定原则以及对被告人庭审在场权的合理限制。❹

有学者认为，被告人不出庭并不一定导致不利的后果，认为实际上在我国大

---

❶ 周长军："外逃人员缺席审判适用条件的法教义学分析"，载《法学杂志》2019年第8期。

❷ 王敏远："刑事缺席审判制度探讨"，载《法学杂志》2018年第8期。

❸ 樊崇义："腐败犯罪缺席审判程序的立法观察"，载《人民法治》2018年第7期。

❹ 陈卫东："论中国特色刑事缺席审判制度"，载《中国刑事法杂志》2018年第3期。

部分案件的审判中，“被告人是否到案，是否有口供，是否出席法庭受审，都不对审判结果发生影响”。[1]

四、完善缺席审判制度的建议

有学者指出，审判时被告人到场的意义，在现代刑事诉讼中包含两个方面：从审判者的角度而言，审判时被告人到场是被告人应当履行的义务，为此，可以强制其出庭受审；从被告人的角度来说，根据联合国人权公约的规定，被告人出席法庭审判是被告人的权利，不能剥夺。审判时被告人到场，不论是作为义务还是作为权利，都十分重要。相对于“在席审判”，被告人缺席这个特点决定了缺席审判是有天然缺陷的制度，需要加以完善。[2]

（一）严格限制范围

有学者认为，应严格限制对潜逃的被告人适用缺席审判，主要基于两个原因：其一，旨在追究逃避审判的被告人的刑事责任的缺席审判是有天然缺陷的审判制度，被告人在普通刑事审判中的权利因缺席而缺失且难以完全弥补，这对公正审判将造成现实的威胁。其二，缺席审判在实践中易对刑事诉讼的基本原理、基本原则、基本制度形成冲击，甚至损害。[3]被告人出席庭审权作为现代人权制度的重要内容。联合国《公民权利和政治权利国际公约》第 14 条第 3 款（丁）项将被告人出庭受审规定为司法机关对其进行刑事指控的最低限度保证。

（二）协调与违法所得没收程序之间的关系

有学者认为，缺席审判程序与违法所得没收程序无法相互替代；缺席审判的提起并非当然地涵盖违法所得没收申请的提出，法院作出无罪判决时不可附带作出违法所得的没收，缺席审判程序停顿状态下也不可独自开展违法所得没收程序；在被告人死亡的情形下追缴违法所得，只能启动违法所得没收程序。[4]

---

[1] 田圣斌、麻爱民：“我国公诉案件缺席审判制度探析”，载《法学评论》2008 年第 4 期。

[2][3] 王敏远：“刑事缺席审判制度探讨”，载《法学杂志》2018 年第 8 期。

[4] 周长军：“外逃人员缺席审判适用条件的法教义学分析”，载《法学杂志》2019 年第 8 期。

有学者认为，若贪污贿赂、恐怖活动犯罪中的嫌疑人、被告人身在境外，对于缺席审判程序与违法所得没收程序的法条竞合的情况，可根据案件证据情况适时在两种程序之间进行转换，以实现程序设置的目的。❶

（三）关于最低保障标准

有学者提出最低保障标准说，认为对外逃人员应当坚持刑事诉讼的最低保障标准，把知晓相关刑事诉讼情况确定为基本条件和启动缺席审判程序的前提条件，在潜逃的嫌疑人、被告人查无下落或者完全不可能向其发出诉讼通知的情况下，检察机关不应向法院提起公诉。相关立法应当注意在引渡问题上对受到缺席审判者的特殊法律保障，如果我国在引渡合作中作出了有关承诺，对于被引渡人也应当进行重新审判。对于接受“劝返”自愿回国投案的已受到缺席审判者，在重新审理时仍然可以对其适用我国《刑法》关于自首的规定。❷

有学者认为，适用缺席审判程序，需要证明被告人主动放弃出庭审判权，或者明确规定一定事实存在时推定被告人弃权如聘任了辩护人或者有证据证明其本人收到了出庭通知。❸

（四）正当程序与权利保障

刑事诉讼的缺席审判只是犯罪嫌疑人、被告人缺席，作为起诉方的检方并不会缺席，被告人出庭接受审判是被告人的权利，在审判中行使的其他权利如质证辩论，是公平审判权的一部分。因此，保障缺席审判程序中的被告人权利是至关重要的。

有学者提出，第一应完善正当诉讼程序的设计，基本程序规则应包括：管辖的确定、文书送达、监察机关侦查与移送审查起诉、提起公诉与程序启动、开庭审理与裁判范围、撤销缺席判决与重新审理；第二应充分保障被告人的诉讼权利，主要包括辩护制度，辩护人应出庭行使辩护权；法院应将判决书送达被告人

---

❶ 甄贞、杨静：“缺席审判程序解读、适用预期及完善建议”，载《法学杂志》2019 年第 4 期。

❷ 黄风：“对外逃人员缺席审判需注意的法律问题”，载《法治研究》2018 年第 4 期。

❸ 施鹏鹏：“缺席审判程序的进步与局限——以境外追逃追赃为视角”，载《法学杂志》2019 年第 6 期。

及其近亲属和辩护人；法院应告知被告人有权对裁判提出异议，归案被告人提出异议的应采取对席审判的方式重新审理；被告人未归案的，法院裁判时应对违法所得及其他涉案财产作出处理。[1]

有学者认为，评价一国的刑事缺席审判制度，必须一并考虑该国律师辩护制度的实质发展程度，因为准对席效果保障是审判障碍型缺席审判制度结构的基本方面。在律师辩护制度尚不发达和成熟的情况下，不宜在缺席审判领域做过多尝试。[2]

（五）拓展追赃追逃的多元渠道

有学者认为，由于缺席审判程序存在天然局限，需要拓宽多元追赃追逃渠道，如构建达成共识的国际合作框架是实现有效协作的基础。例如，《联合国反腐败公约》《联合国打击跨国有组织犯罪公约》《联合国禁止非法贩运麻醉药品和精神药物公约》以及欧洲委员会《关于洗钱和调查、扣押与没收犯罪收益公约》等为各国涉外资产的调查及追缴机制设定了极为广泛的国际合作框架。其中，在国际刑事司法合作方面，目前各国主要是通过建立国际协作的追逃追赃组织、加入公约、完善区域间司法合作等形式来实现的。[3]

问题与思考

缺席审判程序作为我国新设的特别程序，具有特殊的价值，也面临许多新的问题，对其所涉及的理论问题和实践中面临的问题，需要深入研究。在研究中首先应肯定不同类型的缺席审判具有不同的价值，同时，应当认识到，缺席审判是一种“天然”有缺陷的程序，因此，研究这个特别程序应坚持谨慎的立场，在规则层面应严格其适用条件，在实践中应慎重使用。特别重要的是，应当看到，不同类型的缺席审判，其宗旨与具体目的存在很大的差异，因此，不应混淆不同类

---

[1] 樊崇义：“腐败犯罪缺席审判程序的立法观察”，载《人民法治》2018 年第 7 期。

[2] 初殿清：“刑事缺席审判的分类与制度结构”，载 2019 年 1 月 24 日《人民法院报》。

[3] 施鹏鹏：“缺席审判程序的进步与局限——以境外追逃追赃为视角”，载《法学杂志》2019 年第 6 期。

型的缺席审判的不同价值，并应在此基础上研究其理论和实践问题。

研究缺席审判程序，除了基本原理和观念问题，许多具体问题有待展开讨论。例如，基于谨慎适用缺席审判程序的原则，就应排除对住址不详或在境外已经死亡的被调查人启动以缺席审判为目的的监察调查和侦查；而基于保障公正的需要，对因病等原因的被告人适用的缺席审判，就应考虑案件的轻重因素的影响，显然，重刑案件不适用于这样的缺席审判。但是，这样的缺席审判究竟应当限于何种程度的刑罚，不仅是个理论问题，更应是规则层面的抉择问题。

三 参考文献

一、论文类

[1] 杨雄．对外逃贪官的缺席审判研究［J］．中国刑事法杂志，2019（1）．

[2] 陈卫东，刘婉婷．检察机关适用刑事缺席审判的几个问题［J］．国家检察官学院学报，2019（1）．

[3] 顾永忠，张子君．我国刑事缺席审判制度的立法意图与特色［J］．理论学刊，2019（1）．

[4] 袁义康．刑事缺席审判程序的合理性及其完善［J］．华东政法大学学报，2019（2）．

[5] 黄风，齐建萍．监察机关参与刑事缺席审判法律问题探析［J］．湖南科技大学学报（社会科学版），2019（4）．

[6] 甄贞，杨静．缺席审判程序解读、适用预期及完善建议［J］．法学杂志，2019（4）．

[7] 张吉喜．刑事缺席审判的理论依据：类型及其运用［J］．比较法研究，2019（6）．

[8] 裴显鼎，王秀梅．全球视阈中的缺席审判研究［J］．吉林大学社会科学学报，2019（6）．

[9] 杨帆．刑事缺席审判制度的比较法考察：以适用范围与权利保障为切入点［J］．政治与法律，2019（7）．

[10] 李海滢，王延峰．缺席审判抑或独立没收：以“追赃”为基点的程序选择［J］．政

治与法律，2019（7）.
[11] 袁义康 . 证据法视野下的刑事缺席审判程序 [J] . 政治与法律，2019（7）.
[12] 周长军 . 外逃人员缺席审判适用条件的法教义学分析 [J] . 法学杂志，2019（8）.
[13] 董坤 . 论外逃人员缺席审判的三重关系 [J] . 法学杂志，2019（8）.
[14] 鲍文强 . 权利与义务视阈下刑事缺席审判程序的理论展开 [J] . 法学杂志，2019（8）.
[15] 黄豹 . 刑事缺席审判程序对侦查的冲击与影响研究 [J] . 法学杂志，2019（8）.
[16] 陈卫东 . 论中国特色刑事缺席审判制度 [J] . 中国刑事法杂志，2018（3）.
[17] 万毅 . 刑事缺席审判制度立法技术三题：以《中华人民共和国刑事诉讼法（修正草案）》为中心 [J] . 中国刑事法杂志，2018（3）.
[18] 胡志风 . 刑事缺席审判中的证明标准 [J] . 国家检察官学院学报，2018（3）.
[19] 王敏远 . 刑事缺席审判制度探讨 [J] . 法学杂志，2018（8）.
[20] 肖沛权 . 价值平衡下刑事缺席审判制度的适用 [J] . 法学杂志，2018（8）.
[21] 黄风 . 刑事缺席审判与特别没收程序关系辨析 [J] . 法律适用，2018（23）.
[22] 杨宇冠，高童非 . 中国特色刑事缺席审判制度的构建：以比较法为视角 [J] . 法律适用，2018（23）.
[23] 王晓东 . 国际追逃追赃视野下的我国刑事缺席审判制度 [J] . 法律适用，2018（23）.
[24] 喻海松 . 刑事缺席审判程序的立法进程 [J] . 法律适用，2018（23）.
[25] 彭新林 . 腐败犯罪缺席审判制度之构建 [J] . 法学，2016（12）.

二、著作类

[1] 孟军，朱虹宇 . 正当程序视野下的刑事缺席审判法律制度研究 [M] . 北京：中国法制出版社，2022.
[2] 史可 . 刑事缺席审判制度研究 [M] . 武汉：华中科技大学出版社，2021.

第三节　违法所得没收程序

犯罪嫌疑人、被告人逃匿、死亡案件违法所得的没收程序是 2012 年《刑事诉讼法》为了回应司法实践的需求而增设的程序。随着科技发展、全球化进程的推进，跨国犯罪、跨国资产转移等国际性因素频频在重大犯罪中出现，这些客观条件的变化为犯罪人逃匿、隐藏资产创造了条件，加大了打击犯罪的难度。为此，刑事诉讼法增设违法所得的没收程序，以解决实践中出现的难题。

关于违法所得没收程序的适用范围与审理程序，《刑事诉讼法》第 298 条至 301 条规定了没收程序的适用条件、人民检察院提出申请时的证明责任、人民法院受理此类案件的审查和处理、一审和二审审理程序、裁判方式、审理期限、裁定生效后异议的处理等。首先，在适用条件方面，规定了没收程序适用应当具备的四个条件，包括案件范围、事实条件、有追缴需要、提出没收违法所得申请的程序要件等方面。其次，为了防止公民的合法财产权益受到不法侵害，检察机关在提出没收违法所得申请时，应当承担相应的证明责任。再次，为了防止相关财产转移或流失，法院在必要的时候对于没有采取保全措施而申请没收的财产可以采取保全措施。最后，还规定了没收程序的管辖、公告、利害关系人的参与、审理方式、权利救济、程序转换、国家赔偿等程序条款。

一、违法所得没收程序的理论和现实基础

违法所得没收程序有其理论渊源、国际法基础，也有社会生活现实的需求。

首先，违法所得没收程序有其理论渊源，其源自罗马法对物诉讼，奉行“哪里有权利，哪里有救济”的原则，将诉讼分为对人诉讼、对物诉讼和混合诉讼。其中“对物诉讼”将物作为法律关系主体。现代对物诉讼还具有程序价值，是在

占有人失踪的案件中通过对物诉讼可迫使其出庭应诉。[1]

其次，违法所得没收程序符合我国加入的有关国际公约，如2003年《联合国反腐败公约》、2000年《联合国打击跨国有组织犯罪公约》的有关规定。

最后，在我国司法实践中，一些案件如贪污贿赂等腐败犯罪、恐怖活动犯罪等案件，犯罪嫌疑人在实施犯罪行为后，往往将违法所得和涉案财产转移境外或通过其他方式转移、隐藏，这些犯罪嫌疑人如果长期潜逃或死亡，对于外逃的贪官，我国请求他国提供司法协助时，外方往往会索要相关的法律文书，以至于实践中不仅无法对其犯罪行为进行相应的制裁，也无法挽回其犯罪行为所造成的经济损失。在继续犯和持续犯罪案件如恐怖活动犯罪案件中，如不及时没收与犯罪相关的财物，就无法有效防止有关犯罪行为的继续发生。[2]

对此，早在2002年就有学者建议，允许人民检察院以及政府执法机关，如公安机关、海关、税务机关等，根据已掌握的证据材料，请求人民法院对属于犯罪所得或收益的财物予以没收，即使有关嫌疑人尚未查清或者在逃、失踪、死亡或者对有关人员没有提起刑事诉讼。[3]

二、关于没收程序适用的案件范围之争

《刑事诉讼法》第298条规定："对于贪污贿赂犯罪、恐怖活动犯罪等重大犯罪案件，犯罪嫌疑人、被告人逃匿，在通缉一年后不能到案，或者犯罪嫌疑人、被告人死亡，依照刑法规定应当追缴其违法所得及其他涉案财产的，人民检察院可以向人民法院提出没收违法所得的申请。"除了明确列举"贪污贿赂犯罪、恐怖活动犯罪"这两类之外，还包括兜底性的"等重大犯罪案件"，对于重大犯罪案件包括哪些案件，学界有不同的观点。

（一）严格限制说

权威解释认为，实践中应当注意，违法所得的没收程序在适用时应仅限于贪

[1] 向明华："对物诉讼与我国的船舶扣押法律制度"，载《河北法学》2006年第4期。

[2] 王敏远等：《刑事诉讼法修改后司法解释研究》，中国法制出版社2016年版，第294页。

[3] 黄风："关于追缴犯罪所得的国际司法合作问题研究"，载《政治与法律》2002年第5期。

污贿赂犯罪、恐怖活动犯罪，不宜扩大适用到其他重大犯罪案件，在总结经验以后再研究是否需要扩大适用范围。[1]来自检察院的论者赞同权威解释，认为将违法所得没收程序的适用范围限制在较小的范围内，主要是为了避免以下风险：一是由于缺少辩护和对抗，有发生错案的风险；二是未出庭辩护就被没收财产，有大面积侵犯公民权利的风险；三是特别程序普遍化会额外增加程序成本，且发现错误后返还、赔偿的纠错成本也高；四是在逃的犯罪嫌疑人、被告人自动投案或者被抓获的，应终止审理，这就增加了程序空转的风险。[2]

（二）有限扩张说

有的观点认为，没收程序的案件范围应当有限制的扩张。有观点认为应在贪污贿赂案和恐怖活动案件之外，对扩大适用的案件类型予以列举，明确其适用范围，保持其谦抑性和明确性。如有学者认为我国目前存在对以下类型的犯罪适用没收程序的现实需要：（1）严重危害公共安全的犯罪；（2）毒品犯罪；（3）贪污贿赂犯罪；（4）有组织犯罪，包括恐怖组织、黑社会性质组织和其他给公众安全造成严重威胁的团伙犯罪；（5）严重损害公众生命健康的《刑法》分则第六章规定的犯罪。与此同时，为满足法律明确性要求，上述犯罪类型需要还原为《刑法》分则规定的具体犯罪，以个罪或类罪的方式在刑事诉讼法中加以规定，而且，应当删去“等重大犯罪”的兜底条款。[3]

（三）扩大适用说

有观点认为应扩张没收程序的适用范围，从立法目的上来说，所有“重大犯罪案件”都可适用没收程序，只要有需要追缴、没收的涉案财物，立法没有必要从案件性质与逃匿时间两方面限制适用范围。[4]有相似观点认为，遵循法律增设

---

[1] 郎胜主编：《中华人民共和国〈刑事诉讼法〉修改与适用》，新华出版社 2012 年版，第 486 页。

[2] 孙谦主编：《〈人民检察院刑事诉讼规则〉（试行）理解与适用》，中国检察出版社 2012 年版，第 356 页。

[3] 汪建成：“论特定案件违法所得没收程序的建立和完善”，载《国家检察官学院学报》2012 第 1 期。

[4] 吴光升：“我国违法所得没收程序的若干检讨——基于 2012 年《刑事诉讼法》相关规定的分析”，载《浙江工商大学学报》2012 年第 3 期。

该特别程序的精神，对照贪污贿赂和恐怖活动两种犯罪，适用没收程序的其他案件应符合两个条件，一是该案有应当追缴的违法所得及其他涉案财产，二是属于重大犯罪案件，其性质与贪污贿赂犯罪和恐怖活动犯罪严重程度相当。[1]2012年后，在司法解释的制定过程中，经过审慎的研究，最终采用了扩大解释。

三、关于没收程序的性质之争

对于没收程序性质，主流的观点有两种，分别是民事诉讼程序、刑事诉讼程序。

（一）民事程序性质说

持第一种观点即没收程序属于民事程序的学者，通常从诉讼标的和比较法的视角进行论述。如有观点认为，在程序法理上，区别刑事诉讼程序与民事诉讼程序的依据或标准，关键在于诉讼标的而非由哪部法律规定，要看到诉讼程序所要解决纠纷的性质不同：没收程序并不直接处理行为人的刑事责任，而仅仅是确认涉案财物的权利归属，因此，其本质上仍然是一种财产性质的纠纷，与民事诉讼程序的标的具有同质性，类属于民事诉讼中的确权之诉。从比较法的角度看，在具有代表性的主要法治国家的立法或相关国际公约中，没收程序又被称为“民事没收”，之所以在用语上称为“民事没收”而区别于“刑事没收”，主要就是因为该程序仅仅处理涉案财物的权利归属，而不过问和追究财物获取人或者持有人的刑事法律责任。[2]

（二）刑事程序性质说

持第二种观点即认为没收程序属于刑事诉讼的学者通常从没收程序的实体依据上、没收程序的运行特征上以及当事人的权利保护上展开论述。首先，因为在与普通刑事诉讼程序的关系上，违法所得没收程序始终与之存在紧密的联系。目

---

[1] 陈光中主编:《〈中华人民共和国刑事诉讼法〉修改条文释义与点评》，人民法院出版社2012年版，第428页。

[2] 万毅:“独立没收程序的证据法难题及其破解”，载《法学》2012年第4期。

标指向上没收程序指向的是犯罪而非一般的民事违法。在处理措施的属性上，违法所得没收存在一定的惩罚性，而非仅仅是补偿性。其次，没收程序是以适用保安处分措施为目的的特殊刑事诉讼程序，特殊之处在于它不以追究犯罪嫌疑人、被告人的刑事责任为目的，而是以处理犯罪嫌疑人、被告人的违法所得和其他涉案财产为目的。不以适用刑罚为目的，而是以适用保安处分措施为目的。[1]

四、没收违法所得案件的证明之争

2012年《刑事诉讼法》第280条第3款规定："没收违法所得的申请应当提供与犯罪事实、违法所得相关的证据材料，并列明财产的种类、数量、所在地及查封、扣押、冻结的情况。"关于没收违法所得案件中的证明，理论上存在争议。特别是围绕证明标准，有四种不同观点，即民事诉讼的优势证据证明标准、刑事诉讼排除合理怀疑的标准、高于民诉低于刑诉的中间标准、区分不同的证明对象或证明主体的二元或多元证明标准。

（一）优势证明标准说

对于没收程序性质的判断，往往会影响没收程序的证明规则。持优势证据证明标准的学者认为：从法解释上来说，排除合理怀疑只能适用于认定被告人有罪或处于刑罚的待证事项。而独立没收程序所处理的仅仅是涉案财物的权利归属问题，不能适用排除合理怀疑的证明标准；从程序法理上来说，独立没收程序性质属于民事诉讼程序，而非刑事诉讼程序，当然应当适用民事诉讼的优势证据证明标准。[2]

（二）排除合理怀疑说

主张没收程序属于刑事诉讼性质的学者通常认为，没收程序的证明规则应以刑事诉讼为依据，证明标准要达到排除合理怀疑。持排除合理怀疑证明标准的学者认为，我国的财产没收程序是刑事特别程序的组成部分，要接受刑事诉讼基本

---

[1] 朱孝清："违法所得没收程序的几个问题"，载《人民检察》2014年第15期。

[2] 万毅："独立没收程序的证据法难题及破解"，载《法学》2012年第4期。

原则的规范和约束。因此在没收程序中，仍应由检察机关承担举证责任，公诉人既应当提出证据证明被没收的财物是涉案财物，又要证明所没收的财物与犯罪行为之间存在实质联系，证据应确实、充分且达到排除合理怀疑的程度。这样才能符合程序正义的基本要求，防止判决前财产没收程序的滥用，更好地保障犯罪嫌疑人和被告人的财产权利。[1] 有学者主张应当类比我国《刑事诉讼法》有关证明标准的规定，没收违法所得或其他涉案财产也应当达到“事实清楚，证据确实、充分”的程度。[2]

（三）中间证明标准说

由于刑事诉讼法对没收程序的规定较为原则，为了破解没收程序适用的困境，最高人民法院、最高人民检察院《关于适用犯罪嫌疑人、被告人逃匿、死亡案件违法所得没收程序若干问题的规定》第 17 条明确规定：“申请没收的财产具有高度可能属于违法所得及其他涉案财产的，应当认定为本规定第十六条规定的‘申请没收财产属于违法所得及其他涉案财产’。”对于其所确立的证明标准，有学者认为采用了高于优势证据低于排除合理怀疑的高度盖然性证明标准。[3]

（四）二元及多元证明标准说

持二元证明标准的学者认为检察机关对犯罪嫌疑人、被告人构成犯罪的证明，应适用刑事诉讼的“案件事实清楚，证据确实、充分”的标准；检察机关对财物系犯罪违法所得及其他涉案财物的证明，利害关系人的抗辩，应适用民事诉讼的“优势证据”标准。[4] 有学者认为在违法所得没收中，既有程序法事实，又有实体法事实。因而，违法所得没收的证明标准不能是一元化标准，至少应当区分实体法事实与程序法事实，然后设置不同的证明标准。[5]

---

[1] 陈卫东：“构建中国特色刑事特别程序”，载《中国法学》2011 年第 6 期。

[2] 王敏远等：《刑事诉讼法修改后司法解释研究》，中国法制出版社 2016 年版，第 294 页。

[3] 黄风：“关于特别没收程序最新司法解释的几点解读”，载 2017 年 1 月 6 日《人民法院报》；胡志风：“刑事缺席审判中的证明标准”，载《国家检察官学院学报》2018 年第 3 期。

[4] 朱孝清：“违法所得没收程序的几个问题”，载《人民检察》2014 年第 15 期。

[5] 吴光升、南漪：“违法所得没收程序证明问题研究”，载《中国刑事法杂志》2018 年第 2 期。

五、关于利害关系人的权利保障

为了保障案外人的合法权益，《刑事诉讼法》第 299 条规定利害关系人有权申请参加诉讼，有权委托诉讼代理人。违法所得没收程序中的利害关系人包括两种，一种是犯罪嫌疑人、被告人的近亲属，一种是其他利害关系人，2012 年《刑诉法解释》第 513 条将“其他利害关系人”进一步明确为对申请没收的财产主张所有权的人。2021 年《刑诉法解释》第 616 条将“其他利害关系人”修正为对申请没收的财产主张权利的自然人和单位；近亲属参加诉讼的前提条件是应当向司法机关提供关系证明材料；其他利害关系人参加诉讼的条件是应当提供证明其对违法所得及其他涉案财产主张权利的证据材料。为了保障利害关系人充分、有效参与诉讼，主要有以下规定。

第一是保障利害关系人参加诉讼的规定。这主要包括以下内容：公告程序，通知参加诉讼。2021 年《刑诉法解释》第 615 条规定，人民法院已经掌握境外犯罪嫌疑人、被告人的近亲属和其他利害关系人的联系方式，经受送达人同意的，可以采用传真、电子邮件等能够确认其收悉的方式告知公告内容，并记录在案。第 617 条第 3 款规定，对于利害关系人在公告期满后申请参加诉讼，能够合理说明原因的，人民法院应当准许。利害关系人非因为自己的过失没有在公告期间确认权利，也没有参与审判的话，如果其能提供相应证明，应允许其参与二审程序。[1]

第二是人民法院对利害关系人申请参加或者委托诉讼代理人参加诉讼的案件，应当开庭审理。2021 年《刑诉法解释》第 619 条第 2 款作出了相关规定，比 2012 年《刑诉法解释》第 514 条第 2 款增加了委托诉讼代理人的情形。[2]

第三是规定了利害关系人上诉权利，利害关系人可以在 5 日内对裁定提起上诉。有论者认为，第二审案件一般可以不开庭审理，但少数情况下可以开庭审

---

[1] 张军、陈卫东主编：《刑事诉讼法新制度讲义》，人民法院出版社 2012 年版，第 402 页。

[2] 江必新主编：《最高人民法院刑事诉讼法司法解释理解与适用》，人民法院出版社 2015 年版，第 1325 页。

理，如对人民检察院抗诉的案件和有重大社会影响的案件可以开庭审理。[1]

第四是对于不属于应当追缴的财产的处理情况，与利害关系人权利的实现密切相关。依据《刑事诉讼法》第300条规定，人民法院经过审理，对不属于应当追缴的财产的，应当裁定驳回申请，解除查封、扣押、冻结措施。

第五是对于没收利害关系人财产确有错误的，应当予以返还、赔偿。有学者指出，如果利害关系人在裁定生效之后才发现自己的权利因没收受到损失的话，应允许其对没收裁定提出申诉。[2]

第六是有学者指出改革现有地域管辖制度可加强对利害关系人财产的保护功能，认为如果涉案财产主要集中犯罪地或犯罪嫌疑人、被告人居住地之外或者涉案财产为不动产时，应考虑可由财产所在地的法院管辖。[3]

六、违法所得没收案件的终止审理

《刑事诉讼法》第301条和2021年《刑诉法解释》第625条都规定了终止审理。对于在审理申请没收违法所得的案件过程中，在逃的嫌疑人、被告人到案的，意味着单独启动违法所得特殊程序的条件已不复存在，人民法院应当裁定终止审理，终止审理意味着已经结案。

如果人民检察院对其提起公诉的，属于新的案件，法院受理后，适用普通刑事程序，既要追究被告人的刑事责任，也要对其违法所得财产依法进行追缴等处理。[4]在条件具备的前提下，将对人的案件和对物的案件一并进行，不仅有利于节约司法资源，而且还有利于维护裁判的权威性。[5]

---

[1] 江必新主编：《最高人民法院刑事诉讼法司法解释理解与适用》，人民法院出版社2015年版，第1328页。

[2] 张军、陈卫东主编：《刑事诉讼法新制度讲义》，人民法院出版社2012年版，第402页。

[3] 王敏远等：《刑事诉讼法修改后司法解释研究》，中国法制出版社2016年版，第297页。

[4] 江必新主编：《最高人民法院刑事诉讼法司法解释理解与适用》，人民法院出版社2015年版，第1329页。

[5] 王敏远等：《刑事诉讼法修改后司法解释研究》，中国法制出版社2016年版，第294页。

七、违法所得没收裁定生效后的异议程序和国家赔偿

《刑事诉讼法》第 301 条第 2 款规定，没收犯罪嫌疑人、被告人财产确有错误的，应当予以返还、赔偿。对此，2021 年《刑诉法解释》规定了两种情况。

第一种情况是对被告人异议的处理。2021 年《刑诉法解释》第 628 条第 1 款、第 2 款规定，没收违法所得裁定生效后，犯罪嫌疑人、被告人到案并对没收裁定提出异议，人民检察院向原作出裁定的人民法院提起公诉的，可以由同一审判组织审理。人民法院经审理，应当区分不同情形分别处理：对于原裁定正确的，予以维持，不再对涉案财产作出判决；对于原裁定确有错误的，应当撤销原裁定，并在判决中对有关涉案财产一并作出处理。

第二种情况是按照审判监督程序再审。按照 2021 年《刑诉法解释》第 628 条第 3 款的规定，人民法院生效的没收裁定确有错误的，除与被告人刑事责任一起审理并撤销没收裁定的情况以外，应当依照审判监督程序予以纠正。有论者例举了两种情况，一是案外人确实因不可归责于自己的事由没有看到法院公告，未能参加诉讼的，可以允许其在诉讼时效内申请再审。二是利害关系人虽然参加了诉讼，但是在法院作出裁定之后出现了新证据，证明没收裁定认定的事实确有错误的，也应允许利害关系人通过审判监督程序予以纠正。[1]

2012 年《刑诉法解释》第 522 条对于刑事诉讼法规定的返还、赔偿方式也予以细化规定：对于已经没收的财产，应当及时返还；财产已经上缴国库的，由原没收机关从财政机关申请退库，予以返还；原物已经出卖、拍卖的，应当退还价款；造成犯罪嫌疑人、被告人以及利害关系人财产损失的，应当依法赔偿。这一规定在 2021 年的《刑诉法解释》中被删除。

问题与思考

从某种意义上来说，没收违法所得财产程序也是一种缺席审判程序。因此，

---

[1] 江必新主编：《最高人民法院刑事诉讼法司法解释理解与适用》，人民法院出版社 2015 年版，第 1332 页。

对该特别程序的研究，应特别注意权利保障与职权规制，并且，因为其针对财产问题，还需要特别关注涉案财产权益相关的“案外人”的权利保障，包括其财产性权益与相应的程序参与权利。

没收违法所得财产程序在缺席审判程序之前设置，表明了其所具有的独特内容与价值，因此，不应将两者混淆。从法律规定的内容来看，违法所得没收相对于缺席审判，适用条件更为宽松，对研究者来说，其原因不可不察。当然，这两个程序存在的关系，也应重视。例如，当犯罪嫌疑人、被告人逃匿境外的状态尚未确定，外逃人员处于或可能进入引渡或遣返审查程序，向境外被告人送达诉讼文书或与之联系遇到障碍，而涉案财产已被转移到境外并且需要借助国际合作加以追缴，或者缺席审判进程可能旷日持久并且涉案财物不宜长期封存或扣押时，应当先行采用特别没收程序。当然，这并不影响两种程序各自的独立性。

三 参考文献

一、论文类

[1] 张吉喜．违法所得没收程序适用中的相关问题研究［J］．现代法学，2019，41（1）．

[2] 吴光升，南漪．违法所得没收程序证明问题研究［J］．中国刑事法杂志，2018（2）．

[3] 刘晓虎，张宇．审理期间被告人死亡案件违法所得没收程序适用问题研究［J］．法律适用，2018（9）．

[4] 裴显鼎，王晓东，刘晓虎．违法所得没收程序重点疑难问题解读［J］．法律适用，2017（13）．

[5] 陈正云，张志强．违法所得没收程序若干问题研究：以任某某违法所得没收案为视角［J］．人民检察，2017（16）．

[6] 刘文峰．我国违法所得没收程序的实践困境及其破解［J］．河北大学学报（哲学社会科学版），2015（1）．

[7] 张惠芳，曹琳．论正确适用违法所得没收程序理念［J］．河北法学，2015，33

（9）.
[8] 赵建波 . 违法所得没收程序在我国的适用、问题与前景 [J] . 河北法学，2015，33（9）.
[9] 韩利 . 反腐败境外追赃视野下的违法所得没收程序之完善 [J] . 人民检察，2015（18）.
[10] 奚玮，张敬博 . 违法所得没收程序的正当性之辨 [J] . 西南民族大学学报（人文社会科学版），2014（4）.
[11] 朱孝清 . 违法所得没收程序的几个问题 [J] . 人民检察，2014（15）.
[12] 乐绍光，陈艳，曹晓静 . 违法所得没收程序司法疑难问题探讨 [J] . 人民检察，2014（20）.
[13] 毛兴勤 . 构建证明标准的背景与思路：以违法所得没收程序为中心 [J]. 法学论坛，2013（2）.
[14] 谢丽珍 . 违法所得没收程序的性质辨析 [J] . 江西社会科学，2013（11）.
[15] 汪建成 . 论特定案件违法所得没收程序的建立和完善 [J] . 国家检察官学院学报，2012（1）.
[16] 周加海，黄应生 . 违法所得没收程序适用探讨 [J] . 法律适用，2012（9）.
[17] 时延安，孟宪东，尹金洁 . 检察机关在违法所得没收程序中的地位和职责 [J] . 法学杂志，2012（11）.

二、著作类

[1] 刘文峰 . 犯罪收益独立没收程序研究 [M] . 北京：中国政法大学出版社，2016.
[2] 王君祥 . 违法所得没收特别程序问题研究 [M] . 北京：法律出版社，2015.
[3] 戴长林 . 刑事案件涉案财物处理程序：以违法所得特别没收程序为重点的分析 [M]. 北京：法律出版社，2014.
[4] 毛兴勤 . 违法所得特别没收程序研究 [M] . 北京：中国检察出版社，2014.

第四节　依法不负刑事责任的精神病人的强制医疗程序

2012 年《刑事诉讼法》新增了“依法不负刑事责任的精神病人的强制医疗程序”，内容包括强制医疗程序的适用对象、审理程序、法律援助、救济程序以及法律监督等。强制医疗程序的设置体现了对有暴力犯罪行为等的精神病人的关怀和保护，同时也避免他们继续危害社会，致力于有效解决实践中类似被精神病、假冒精神病人逃避刑事处罚、把精神病强制医疗作为收容审查替代品、家属无力看管精神病人而将其长期非法拘禁、无人看管的精神病人继续威胁公共安全等问题。《刑事诉讼法》有关该程序法律条文有 6 条，2021 年《刑诉法解释》的强制医疗程序一章有 20 条，2019 年《人民检察院刑事诉讼规则》的强制医疗程序一节有 17 条，2020 年《公安机关办理刑事案件程序规定》的强制医疗程序一节有 4 条。

一、强制医疗程序的适用范围

《刑事诉讼法》第 302 条规定：“实施暴力行为，危害公共安全或者严重危害公民人身安全，经法定程序鉴定依法不负刑事责任的精神病人，有继续危害社会可能的，可以予以强制医疗。”据此，只有同时符合以下三个条件的案件，才能适用强制医疗程序。

（一）行为条件

行为人必须实施了暴力行为，所谓暴力行为，是指使用武力侵犯被害人人身安全或者危害公共安全。如果行为人实施了非暴力行为，依法不得适用强制医疗程序。这是行为条件的第一个含义。

行为条件的第二个含义是指行为的严重程度必须是已经达到了犯罪的程度。2012 年《刑诉法解释》第 524 条及 2021 年《刑诉法解释》第 630 条均要求社会危害性已经达到犯罪程度。[1] 权威解释指出，所谓严重危害公民人身安全，一般是指杀人、伤害、强奸、绑架等严重侵害公民生命、健康权的行为。[2]

（二）主体条件

只有经法定程序鉴定为依法不负刑事责任的精神病人，才是适用强制医疗程序的适格主体。需要把握的问题主要有两个方面。

一是准确把握关于不负刑事责任的精神病人的实体法规定。依据刑法的规定，犯罪时不能辨认或者不能控制自己行为的精神病人，属于不负刑事责任的精神病人。对于间歇性精神病人在精神正常的时候犯罪或者尚未完全丧失辨认或者控制自己行为能力的精神病人犯罪的，应当负刑事责任，不属于依法不负刑事责任的精神病人，对于实施犯罪后患有精神病不适宜接受庭审的，可以中止审理、进行治疗，等待恢复正常后接受庭审、承担刑事责任。

二是经法定鉴定程序认定为依法不负刑事责任的精神病人。这是指根据刑事诉讼法和关于司法鉴定管理问题的决定规定，对精神病人的鉴定应当由符合条件鉴定机构和鉴定人按照法律规定的程序进行鉴定。[3]

（三）人身危险性条件

行为人有人身危险，有继续危害社会的可能的，才能适用强制医疗程序。对于实施暴力行为的精神病人，如果其不再具有继续危害社会或者他人的可能性的，应当责令其家属或者监护人严加看管，对其予以治疗，而不能放任不管。[4]

二、临时的保护性约束措施

《刑事诉讼法》第 303 条第 3 款规定："对实施暴力行为的精神病人，在人民法院决定强制医疗前，公安机关可以采取临时的保护性约束措施。"这种措施是非正式的、较短时间的，在性质上并非处罚措施，而是为了保障精神病人和社会

---

[1] 江必新主编:《最高人民法院刑事诉讼法司法解释理解与适用》，人民法院出版社 2015 年版，第 1337 页。

[2][3][4] 郎胜主编:《中华人民共和国刑事诉讼法修改与适用》，新华出版社 2012 年版，第 494 页。

公众安全而采取的具有保护作用的控制和约束措施，在必要的时候还应当进行一定的治疗。不适合采用刑事诉讼法规定的拘留、逮捕等强制措施，避免给精神病人带来更大的精神伤害和痛苦。

采用这种措施应当具备以下几个条件：一是行为人必须是实施暴力行为的精神病人，这既可以是已经经过鉴定确认的，也可以是正在进行鉴定之中的。二是必须在人民法院作出强制医疗决定前采取这种措施；如果人民法院作出不予强制医疗决定，也不能继续采取保护性约束措施，而是应当按照刑事诉讼法的规定采取强制措施或者立即释放。三是由公安机关执行。[1]

有学者认为，临时的保护性约束措施虽具有保护性的功能，但同样涉及对人身自由的限制和剥夺，其严厉程度与羁押性强制措施相近。除了紧急情况下，公安机关可以采取临时的保护性约束措施外，在该情况消失后，应当由另外一个相对中立的机关对该措施进行审查。从我国目前的司法体制看，该措施交由检察机关审查比较合适。另外，对临时的保护性约束措施的时间也应当作出具体的规定，否则，有可能导致行为人的人身自由长期被不合理地限制、剥夺。[2]

三、强制医疗程序与其他程序的关系及转换

公安机关在侦查阶段如果发现犯罪嫌疑人可能是精神病人，经鉴定确认犯罪嫌疑人是精神病人且在不能辨认或者控制自己行为的时候造成危害结果的，应当撤销刑事案件，写出强制医疗意见书，然后移送人民检察院。[3]

在审查起诉阶段，人民检察院发现公安机关移送的刑事案件犯罪嫌疑人可能是精神病人的，经审查、鉴定，发现符合强制医疗条件的，也应当向人民法院提出强制医疗的申请。

在审判阶段的第一审程序中，人民法院可以依职权启动强制医疗程序。《刑事诉讼法》第 303 条规定，“人民法院在审理案件过程中发现被告人符合强制医疗条件的，可以作出强制医疗的决定”。

---

[1] 郎胜主编：《中华人民共和国刑事诉讼法修改与适用》，新华出版社 2012 年版，第 497 页。

[2] 王敏远：《刑事诉讼法修改后司法解释研究》，中国法制出版社 2016 年版，第 304 页。

[3] 郎胜主编：《中华人民共和国刑事诉讼法修改与适用》，新华出版社 2012 年版，第 496 页。

有论者认为，赋予人民法院依职权启动强制医疗程序，是从节省司法资源、提高诉讼效率等角度作出的规定。但是必须按照法律规定的强制医疗程序对案件进行办理，充分保障精神病人的合法权益，避免强制医疗被滥用。[1]

在审判阶段的第二审程序中，人民法院也有权启动强制医疗程序。依据2021年《刑诉法解释》第640条的规定："第二审人民法院在审理刑事案件过程中，发现被告人可能符合强制医疗条件的，可以依照强制医疗程序对案件作出处理，也可以裁定发回原审人民法院重新审判。"

四、强制医疗决定的复议、监督

被人民法院决定强制医疗的人，享有一定的救济权利，并在条件符合时可以解除强制医疗。这方面需要讨论的问题如下。

（一）当事人方的复议权

依据《刑事诉讼法》第305条和2021年《刑诉法解释》第642条的规定，被决定强制医疗的人、被害人及其法定代理人、近亲属对强制医疗决定不服的，可以自收到决定书之日起五日内向上一级人民法院申请复议，复议期间不停止决定的执行。

复议的权利在性质上并非上诉权，复议程序的性质并非上诉程序。依据刑事诉讼法的规定，强制医疗案件的审理实行一审终审制。对此，有学者认为，应当赋予被申请人或者被告人上诉权，以充分保障被申请人或者被告人的合法权利。[2]

（二）强制医疗决定的检察监督

人民检察院对于强制医疗决定没有复议权，但享有检察监督权。2019年《人民检察院刑事诉讼规则》第547条规定，人民检察院认为人民法院作出的强制医疗决定或者驳回强制医疗申请的决定，具有事实不清、证据不足、严重违反法定

---

[1] 江必新主编：《最高人民法院刑事诉讼法司法解释理解与适用》，人民法院出版社2015年版，第1355页。

[2] 李娜玲："刑事强制医疗程序的法律思考"，载《人民司法应用》2012年第1期。

诉讼程序等六种情形之一的，应当在收到决定书副本后二十日以内向人民法院提出纠正意见。2021 年《刑诉法解释》第 648 条规定人民检察院认为强制医疗决定不当，在收到决定书后二十日内提出书面纠正意见的，人民法院应当另行组成合议庭审理，并在一个月内作出决定。此外，人民检察院对于执行中发现强制医疗决定确有错误的，也有权进行监督。

五、强制医疗案件的定期诊断评估与解除

（一）定期诊断评估与解除申请

《刑事诉讼法》第 306 条规定："强制医疗机构应当定期对被强制医疗的人进行诊断评估。对于已不具有人身危险性，不需要继续强制医疗的，应当及时提出解除意见，报决定强制医疗的人民法院批准。被强制医疗的人及其近亲属有权申请解除强制医疗。"

这一条主要规定三个方面的内容。一是强制医疗机构要对被强制医疗的人进行定期的诊断评估。在对被强制医疗的人进行必要治疗的同时，应当根据其病情，定期组织专业医师对其进行检查评定，确认其精神卫生状况。有学者认为应对诊断评估的时间间隔、具体期限等加以明确，建议定期诊断评估至少六个月进行一次。如果医疗机构认为有必要的可以不受此期限的限制。[1]

二是强制医疗机构对符合条件的人提出解除意见报请法院批准。对于经过评估认为已经具有辨认或者控制自己行为的能力，不会再危害公共安全或者他人的人身安全，不具有人身危险性，没有继续强制医疗必要性的人，强制医疗机构应向法院提出解除意见。

三是被强制医疗的人及其近亲属的解除强制医疗申请权。如果被强制医疗的人或其近亲属认为不应当被强制医疗，或者经过强制医疗已经被治愈，符合解除强制医疗的条件，有权向强制医疗机构申请，要求其进行诊断评估，提出解除意见报请法院批准，也有权直接向法院提出解除强制医疗的申请。[2]

---

[1] 王敏远：《刑事诉讼法修改后司法解释研究》，中国法制出版社 2016 年版，第 306 页。

[2] 郎胜主编：《中华人民共和国刑事诉讼法修改与适用》，新华出版社 2012 年版，第 501 页。

（二）解除强制医疗的审理程序及其检察监督

2021年《刑诉法解释》第647条对解除强制医疗的审理程序作出了明确规定，“强制医疗机构提出解除强制医疗意见，或者被强制医疗的人及其近亲属申请解除强制医疗的，人民法院应当组成合议庭进行审查，并在一个月以内，按照下列情形分别处理：（一）被强制医疗的人已不具有人身危险性，不需要继续强制医疗的，应当作出解除强制医疗的决定，并可责令被强制医疗的人的家属严加看管和医疗；（二）被强制医疗的人仍具有人身危险性，需要继续强制医疗的，应当作出继续强制医疗的决定”。必要时，人民法院可以开庭审理，通知人民检察院派员出庭。人民法院应当在作出决定后五日以内，将决定书送达强制医疗机构、申请解除强制医疗的人、被决定强制医疗的人和人民检察院。决定解除强制医疗的，应当通知强制医疗机构在收到决定书的当日解除强制医疗。

对于人民法院作出的解除强制医疗的决定，人民检察院有权进行检察监督，认为决定不当的，有权在收到决定书后二十日内提出书面纠正意见，人民法院应当另行组成合议庭审理，并在一个月内作出决定。

问题与思考

强制医疗案件涉及两个事实认定，第一是行为构成犯罪，第二是经鉴定认定为精神病。这两种事实认定均有高度专业性。在研究这个特别程序时，既需要注重对精神病人的特别保护，也需要注重防止以精神病为由逃避刑事责任。

强制医疗案件审理对象是不负刑事责任的精神病人，不具备诉讼行为能力，无法维护自身的权利和利益，规定其有获得法律援助的权利，体现了对弱势群体的关照与特殊保护。而且，这种特殊保护应当贯穿于诉讼的全过程。

因此，公安机关和检察机关在侦查阶段和审查起诉阶段发现犯罪嫌疑人符合强制医疗条件的，就应当通知法律援助机构指派律师为其提供辩护。依据《刑事诉讼法》第35条第2款的规定，对于尚未完全丧失辨认或者控制自己行为能力的精神病人，即限制刑事责任能力精神病人，在侦查、审查起诉和审判阶段，如果其没有委托辩护人的，公安司法机关应当提供法律援助。

刑事诉讼法并未明确强制医疗案件中参与诉讼的法律援助律师的法律地位，对此，2021 年《刑诉法解释》第 634 条明确规定其法律地位为诉讼代理人，为被申请人或者被告人提供法律帮助。

三 参考文献

一、论文类

[1] 王君炜 . 强制医疗程序中的证明问题研究［J］. 华侨大学学报（哲学社会科学版），2018（2）.

[2] 宋远升 . 精神病强制医疗中的法律父爱主义［J］. 政法论丛，2016（2）.

[3] 王志坤 . 刑事强制医疗的程序转换［J］. 国家检察官学院学报，2016（5）.175.

[4] 陈绍辉 . 论刑事强制医疗程序中人身危险性的判定［J］. 东方法学，2016（5）.

[5] 元轶 . 法官心证与精神病鉴定及强制医疗关系论［J］. 政法论坛，2016（6）.

[6] 陈绍辉 . 论强制医疗程序中危险性要件的判定［J］. 河北法学，2016（7）.

[7] 李娜玲 . 刑事强制医疗程序中"精神病人"之司法判定［J］. 法学杂志，2016（8）.

[8] 王君炜 . 我国强制医疗诉讼救济机制之检讨［J］. 法学，2016（12）.

[9] 徐世亮 . 依法不负刑事责任的精神病人强制医疗程序若干问题研究［J］. 法律适用，2016（12）.

[10] 张晓凤 . 我国刑事强制医疗程序定位探析［J］. 中国刑事法杂志，2015（2）.

[11] 王静 . 新《刑事诉讼法》视角下强制医疗问题探析［J］. 法学论坛，2015（3）.

[12] 张品泽 . 对精神病人强制医疗程序研究［J］. 中国刑事法杂志，2015（4）.

[13] 魏晓娜 . 从"被精神病"再现看我国非刑强制医疗制度之疏失［J］. 国家检察官学院学报，2015（4）.

[14] 王迎龙 . 美国刑事强制医疗程序研究：兼论我国刑事强制医疗程序的完善［J］. 中国政法大学学报，2015（6）.

[15] 施鹏鹏，周婧 . 强制医疗程序适用中的疑难问题及对策［J］. 人民检察，2015（7）.

[16] 张吉喜 . 强制医疗程序相关问题探析 [J] . 西南民族大学学报（人文社科版），2015（9）.
[17] 张吉喜 . 中美刑事强制医疗制度相关问题比较研究 [J]. 环球法律评论，2014（5）.
[18] 刘仁文，刘哲 . 强制医疗特别程序的问题与对策 [J] . 河南财经政法大学学报，2014（5）.
[19] 邓思清 . 完善刑事强制医疗程序及法律监督制度 [J] . 国家检察官学院学报，2014（6）.
[20] 王新清，吕晓刚 . 非政府组织参与刑事强制医疗程序研究 [J] . 湘潭大学学报（哲学社会科学版），2013（5）.
[21] 程雷 . 强制医疗程序解释学研究 [J] . 浙江工商大学学报，2013（5）.
[22] 陈卫东，柴煜峰 . 精神障碍患者强制医疗的性质界定及程序解构 [J] . 安徽大学学报（哲学社会科学版），2013（1）.
[23] 汪建成 . 论强制医疗程序的立法构建和司法完善 [J]. 中国刑事法杂志，2012（4）.

二、著作类

[1] 王君炜 . 我国刑事强制医疗程序研究 [M] . 北京：社会科学文献出版社，2018.
[2] 王迎龙 . 刑事强制医疗制度研究 [M] . 北京：中国政法大学出版社，2016.
[3] 杜志淳，等 . 强制医疗司法鉴定研究 [M] . 北京：法律出版社，2015.
[4] 潘侠 . 精神病人强制医疗法治化研究：从中美两国对话展开 [M] . 北京：中国政法大学出版社，2015.
[5] 赵春玲 . 刑事强制医疗程序研究 [M] . 北京：中国人民公安大学出版社，2014.
[6] 庄洪胜 . 精神病司法鉴定与强制医疗 [M] . 北京：中国法制出版社，2012.
[7] 李娜玲 . 刑事强制医疗程序研究 [M] . 北京：中国检察出版社，2011.

原版后记

作为这本教材的主编，在对全书进行统稿之后，将其交付出版社，是个艰难的决定。之所以艰难，主要不是因为统稿过程的漫长——在两年多的时间里不断审读、修改，许多章节的内容甚至经过了多次修改，而是因为感觉有些章节仍需要修改。在仍需修改的情况下，将其交付出版，当然就会感觉艰难。

之所以感觉有些章节仍需要修改，既是因为有许多内容需要补充——不仅之前理论界的许多观点不应忽略，需要在研究综述中得到应有的反映，而且，在2012年《刑事诉讼法》修改之后，书中研究综述中的许多内容显得“过时”了。当然，一方面，因为这本研究生的教材所强调的主要是对研究生学习刑事诉讼法学的基本原理，而书中的关于刑事诉讼法学的基本原理并未过时；另一方面，反映学界研究成果的教材总有过时的问题，只能在不断修改后再版时予以弥补，因此，我仍然决定将其交付出版。

除“绪论”是我给研究生的关于学习方法的讲课记录，本书各章撰写的分工情况如下（按照姓氏拼音排序）：程雷（第5章、第6章、第10章、第21章），郭华（第9章、第15章、第16章、第19章、第23章、第24章、第25章），郭华、李伟（第1章、第14章），郭云忠、龚卫（第3章、第7章、第11章、第27章），郭云忠、孔军（第29章、第30章），冀祥德（第4章、第13章）、祁建建（第12章、第18章、第26章），张品泽（第2章、第8章、第17章、第20章、第22章、第28章）。另需要说明的是，在统稿过程中，我对部分章节的修改补充量较大，列于每章最后的“问题与思考”甚至多数均已改写，因此，许多内容与各位作者编写的原稿有较大变化。

修改与研究永无止境，本书差错在所难免，敬请读者发现后告知，我们会在再版时予以修正。

王敏远

本书后记

本书作为国内刑事诉讼法学研究生教材，于2013年首次出版，[1]直到2019年，我们才决定进行再版。历时三年，经众多作者和出版社编辑的共同努力，总算完成了修改。再版付梓之时，就修改的相关情况在后记中补充几句，以说明再版的缘由、主要有哪些修改以及修改中重点考虑的问题等事项。

一、再版对原版的保留和修改

本书的再版，既是基于原版中的主要内容需要保留，也是基于许多方面需要进行修改，因此，就这两个方面的情况，有必要在此进行简单梳理。

概括而言，本书的再版不仅保留了原版中刑事诉讼法学理论的主体内容，而且基本保留原版的框架结构，包括整体结构与各章的内部结构；而修改则主要集中在，多数章节均有内容的修改与部分章节的增删及并合的处理。

就具体的修改情况来说，相对于原版，再版主要有三个方面的修改。

（一）内容的修改

除了个别章（如无罪推定）在内容上基本没有修订，本教材的绝大多数章节都进行了修改（或增，或删）。当然，修改的幅度，存在差异，有的章修改较多，有的则相对少一些。

另外，每一章开始部分的“导读”和结束部分的“问题与思考”，基本都重新撰写，每一章的参考文献也进行了增与删的修改，以适应修改后的内容。

---

[1] 2005年，根据中国社会科学院法学研究所的安排，我曾主编《刑事诉讼法学》（知识产权出版社出版）作为法律硕士的教材，该教材从体例到内容都不同于旨在为法学本科生所撰写的教材。

（二）章节的调整

原版的章节虽然基本保留，但也有一些调整，主要有新增、删减、分设与合并等方面的变化，从原有的30章改为28章。

（1）新增。新增"'以审判为中心'的诉讼制度改革研究（代序）""第二十七章认罪认罚从宽制度""第二十八章特别程序"。

（2）删减。删除了原版的"绪论""第二章正当程序"和"第三十章刑事诉讼中的法律监督制度"等。

（3）分设。将原版"第十三章 辩护与代理"分设为"辩护制度"和"刑事被害人及代理制度"两章。

（4）合并。将原版中分为四章的特别程序，合并为一章，即第二十八章特别程序，并将2018年《刑事诉讼法》新增的缺席审判，作为其中的一节。

（三）精简内容

原版有一百多万字，分上下两册，修订后通过删除若干章，以及精简各章中的"通说"等方式，将文字精简为不到100万字，并成一册。

另需要说明的是，相对于原版，再版的撰写者也有一些变化。原版的作者，除了主编，共有九位作者。再版则在基本保留原作者的同时，新增了四位作者。此外，作者的变化既体现在原版的个别作者未参与再版的撰写（修改），也体现在再版作者所负责撰写（修改）的章节与原版有所调整。

二、再版的缘由

本书再版，既由于原版的主要内容需要保留，也因为许多内容需要更新。就这两个方面的缘由，分别说明。

再版保留了原版关于刑事诉讼理论的主体内容以及各章的基本结构，包括法律的规定及其沿革、实践与理论研究综述等内容，形成了符合研究生教学特点及其需要的结构。例如，各章均保留的研究综述，旨在体现研究生教学与本科生教学的基本差异，即并不满足讲授确定的知识，而应让学生充分认识不同的理论。

总体而言，修改的缘由主要有三个方面。第一是自2014年以来，我国刑事司法改革范围广、程度深，推动刑事诉讼制度发生了很大变化，由此导致原版的很多内容需要更新。第二是近十年来刑事司法政策和实践发生了广泛而深刻的变化，尤其是“扫黑除恶”“少捕慎诉慎押”“刑事合规”等，对刑事诉讼实践和理论产生了重要的影响。第三是也是最重要的原因，是刑事诉讼法学研究的新进展，需要通过修改予以反映。

上述三个缘由对修改的实际影响，具体来说主要体现在如下几个方面。

第一，鉴于以审判为中心诉讼制度改革可能是迄今为止我国刑事诉讼领域最为深刻的一场变革，其对我国刑事诉讼的观念与原理、诉讼体制与规则以及实践来说，应该能够推动最为重要的变化。为此，我们将关于以审判为中心诉讼制度改革的研究放在了“代序”的位置，以示其重要性，虽然，这是一项仍在过程中的改革。而原版旨在通过对我国强制措施制度的分析阐述研究生教学方法的“绪论”，由于其主旨已经在本书具体内容中得以体现，故予以删减。

第二，鉴于刑事诉讼法新确立的认罪认罚从宽制度，已经并将继续对我国刑事诉讼的观念与规则、实践与理论产生广泛而重要的影响，需要专列一章予以反映。

第三，原版中刑事辩护与代理在同一章内，虽然契合我国刑事诉讼法的立法体例，但是，鉴于刑事辩护与代理的实践、理论与程序规则在近些年均有重要发展，因此需要分别列章予以反映。

第四，原版中的“正当程序”一章的诸多内容，与“刑事诉讼的目的”“程序公正与实体公正”等章节有重合，故予以删除；删除“简易程序”一章则主要因为“刑事诉讼效率”一章的内容与其多有重合；而删除“刑事诉讼中的法律监督”，一方面是因为其他相关章节对检察机关在刑事诉讼中履行法律监督职能的新发展有所反映，另一方面则是由于已经深入人心的“在办案中监督、在监督中办案”，体现了监督与办案同步的理念。因此，刑事诉讼中的法律监督相关的内容，应置于刑事诉讼相关程序之中，而不再单列。

第五，合并特别程序，主要是因为除了未成年人刑事诉讼程序的理论研究、制度建设和实践较为丰富，其他各特别程序的相关的理论研究则比较有限，可以构成经典的，相对较少；制度建设更是属于初创阶段，而实践正在成长过程中。

因此，将其合并为一章，同时也便于更加集中反映我国的刑事特别程序。

作者变更的原因，有两点需要说明。一是再版作者所负责撰写（修改）的章节与原版的作者并不完全同一，这是基于不同的作者的视角存在差异，更便于发现原版需要修改的内容。二是再版与原版的撰写者基本都与中国社会科学院法学研究所相关，或者是现任与前同事，或者是中国社会科学院研究生院诉讼法专业毕业的博士、出站的博士后。另需要说明的是，原版各章的撰写者名单，在再版的中依然保留原版的后记，因为再版是在原版的基础之上，理应尊重原版作者的辛劳。

三、再版修改重点考虑的几个问题

再版对原版作了大量修改，本应对如何修改予以说明。然而，鉴于在简短的后记中细述各章节如何进行修改，并无可能，因此，在此就修改中重点考虑的几个方面简要说明，以便就此反映如何修改的一些问题。

（一）适合研究生教学的需要

如果说本科生学习刑事诉讼法这门课旨在准确理解刑事诉讼法的规定、系统掌握刑事程序法的精神，那么，研究生对刑事诉讼法学的学习，重要的就不再是确定的知识，而学习的重点在于刑事诉讼法学，以便深刻认识刑事诉讼规则所依据的原理，全面认识刑事诉讼程序的理论、规定以及实践三者的关系，并通过纵向和横向的比较，掌握刑事诉讼的发展脉络。作为研究生教材，首先就应考虑如何更好地适应研究生教学的这种需要。

因此，再版维持了原版的基本结构，即全书以基本原理、基本制度与基本程序三个部分构成；各章则是围绕所确定的主题，就理论研究综述、制度演进及其比较、实践情况等相继展开，最后则是问题与思考，以及参考文献，旨在促进研究生课堂之外的继续研究与延伸阅读。再版维持了原版所确定的这种结构与内容，再版所进行的修改，是在此体系结构范围内的修改。

（二）注重理论研究

刑事诉讼法学的教学作为部门法学的教学，需要注重理论、制度与实践三个方面的内容，其中，首先需要注重的是刑事诉讼理论的教学，诚如爱因斯坦所言，正是“理论决定了我们能够观察到的东西”。[1]

当然，现在可以看到的国内外刑事诉讼法学理论研究的成果很多，令人目不暇接，这与20世纪80年代初期我在研究生学习时期的情况截然不同，因此，研究生教学只能在众多的理论研究成果中有所取舍。鉴于刑事诉讼法学理论可以分为两个部分，即经历了历史“沉淀”仍有活力的刑事诉讼理论和处于学术前沿的理论，因此，本书再版不仅保留了刑事诉讼法学理论中经历沉淀的内容，而且在再版中也删除了一些原版时处于“前沿”的理论，并增添了近十年来国内刑事诉讼法学新的“前沿”理论。

需要说明的是，作为主编，只是提出了要求，至于何为经历了“沉淀”仍有活力的理论，则充分信任各位撰写者的判断；而可以纳入本书作为“前沿”的理论，我们也提出了相应的要求，即对刑事诉讼理论和实践的“前沿”问题的研究，具有代表性的论述。

（三）强化研究能力的培育

研究生教学的基本目标应是研究能力的培养，以致于能够写出达到毕业水平的论文。为此，研究生教学中常遇到的问题，一是如何培育研究生的研究能力，二是如何确定论文的选题。本教材特别重视理论研究综述和每章的问题与思考，其用意就是基于研究生教学中这两个问题的需要。其中，“问题与思考”是我们为研究生的论文选题所提供的参考。而研究能力的培养，我以为，撰写研究综述是提升研究生研究能力的一个“捷径”。撰写研究综述不仅需要大量阅读以往的各种研究文献，而且需要对不同观点的流变、相关论著的异同以及不同研究者的得失有所判断，并因此可以认识到需要进一步研究的问题。显然，这样的撰写综述的经历可以使研究生因此得以十分便捷地提升其研究能力。本书每章均有研究

---

[1] （英）彼得·沃森:《20世纪思想史》(上)，张凤、杨阳译，译林出版社2019年出版，第389页。

综述，为研究生提供了撰写综述的“样板”。

当然，撰写综述便于站在以往研究的基础之上，并不意味着因此就高居超过以往研究的地位，虽然“从柏拉图的《理想国》开始，知识分子就有了把自己当作社会争议的最终裁判者的悠久传统”[1]，但是，对研究者来说，这并不是个好习惯。尤其是在当今时代，实践走在理论前面的情形不断发生，作为教与学的双方，我们与学生不仅需要对以往的研究抱有足够的尊重，而且应在实践中保持谦卑，积极吸取实践的营养，以促进研究能力和水平的提升。

最后，当然是致谢。不仅应当感谢各位撰稿人，尤其应当感谢其中参加统稿的作者。本书各章作者（按照汉语拼音排序）撰写的分工情况如下：

陈心歌撰写第二十三章、第二十六章；

程雷撰写第四章、第五章、第九章、第二十章；

郭华撰写第八章、第十八章、第二十二章；

郭云忠撰写第二章、第六章；

冀祥德撰写第三章、第十二章、第十三章；

孔军撰写第十章、第十九章、第二十五章；

刘晨琦撰写第十四章；

彭海青撰写第十五章、第十七章；

祁建建撰写第十一章、第二十四章、第二十七章、第二十八章；

杨东亮撰写第一章；

张品泽撰写第七章、第十六章、第二十一章。

还要感谢浙江大学研究生教材评审委员会的各位老师的肯定，使本书得以入选浙江大学 2021 年度校级研究生教材资助项目；特别感谢知识产权出版社的支持，尤其是龚卫编审不辞辛劳，使本教材得以再版。

王敏远

浙江大学求是村

2022 年 5 月

---

[1] 唐世平：《制度变迁的广义理论》，沈文松译，北京大学出版社 2016 年出版，第 125 页。